Cornelia Heinisch, Frank Müller-Hofmann,
Joachim Goll

Java als erste Programmiersprache

Cornelia Heinisch, Frank Müller-Hofmann,
Joachim Goll

Java als erste Programmiersprache

Vom Einsteiger zum Profi

5., überarbeitete und erweiterte Auflage

Teubner

Bibliografische Information der Deutschen Nationalbibliothek
Die Deutsche Nationalbibliothek verzeichnet diese Publikation in der
Deutschen Nationalbibliografie; detaillierte bibliografische Daten sind im Internet über
<http://dnb.d-nb.de> abrufbar.

 **Dr. Cornelia Heinisch, geb. Weiß,** Jahrgang 1976, studierte Softwaretechnik an der Hochschule Esslingen. Seit ihrem Diplom im Jahre 1999 ist sie Lehrbeauftragte für Objektorientierte Modellierung an der Hochschule Esslingen. Cornelia Heinisch arbeitet bei der Firma IT-Designers GmbH als System-Designerin für Verteilte Objektorientierte Systeme.

 **Frank Müller-Hofmann,** MSc, Jahrgang 1969, studierte Softwaretechnik an der Hochschule Esslingen nach Lehre und Beruf. Herr Müller-Hofmann arbeitet als System-Designer für Verteilte Objektorientierte Systeme bei IT-Designers. Er ist Lehrbeauftragter für Internettechnologien an der Hochschule Esslingen und für Kommunikation in Verteilten Systemen an der Brunel University of West-London.

 **Prof. Dr. Joachim Goll,** Jahrgang 1947, unterrichtet seit 1991 im Fachbereich Informationstechnik der Hochschule Esslingen Programmiersprachen, Betriebssysteme, Software Engineering, Objektorientierte Modellierung und Sichere Systeme. Während seiner beruflichen Tätigkeit in der Industrie befasste er sich vor allem mit dem Entwurf von Verteilten Informationssystemen. Prof. Goll ist Leiter des Steinbeis-Transferzentrums Softwaretechnik Esslingen.

1. Auflage 2000
5., überarbeitete und erweiterte Auflage März 2007

Alle Rechte vorbehalten
© B. G. Teubner Verlag / GWV Fachverlage GmbH, Wiesbaden 2007

Lektorat: Ulrich Sandten / Kerstin Hoffmann

Der B. G. Teubner Verlag ist ein Unternehmen von Springer Science+Business Media.
www.teubner.de

Umschlaggestaltung: Ulrike Weigel, www.CorporateDesignGroup.de
Druck und buchbinderische Verarbeitung: Strauss Offsetdruck, Mörlenbach
Gedruckt auf säurefreiem und chlorfrei gebleichtem Papier.
Printed in Germany

ISBN 978-3-8351-0147-0

Vorwort

Die Sprache Java ist durch ihre Betriebssystem-Unabhängigkeit ideal für die Realisierung verteilter Systeme, die aus verschiedenartigsten Rechnern vom Handy bis zum Großrechner aufgebaut sein können. Java wird heute bereits im Informatik-Unterricht an den Gymnasien unterrichtet und ist fester Bestandteil des Studiums von Ingenieuren und Betriebswirten geworden.

Java stellt im Grunde genommen eine einfache Sprache dar. Darüber hinaus werden jedoch in umfangreichen Klassenbibliotheken wertvolle und weitreichende Hilfsmittel zur Verfügung gestellt, die den Bau verteilter Systeme mit Parallelität, Oberflächen, Kommunikationsprotokollen und Datenbanken in erheblichem Maße unterstützen.

Dieses Buch wendet sich an Studierende, Umsteiger und Schüler, welche das Interesse haben, die Grundlagen von Java fundiert zu erlernen. Es erlaubt, Java ohne Vorkenntnisse anderer Programmiersprachen zu erlernen. Daher der Titel „Java als erste Programmiersprache". Dazu ist aber erforderlich, dass die Übungsaufgaben am Ende eines Kapitels bearbeitet werden. Wer das Buch nur lesen möchte, sollte bereits über die Kenntnisse einer anderen Programmiersprache verfügen.

Dieses Buch hat das ehrgeizige Ziel, dem Neuling die Sprachkonzepte von Java, die Grundkonzepte der objektorientierten Programmierung und wichtige Teile der Klassenbibliothek so präzise wie möglich und dennoch in leicht verständlicher Weise vorzustellen. Aber unterschätzen Sie dennoch den Lernaufwand nicht. Der Buchumfang ist nicht in einer einzigen Vorlesung zu schaffen. Vorlesungen über das Programmieren verteilter Systeme mit Java oder über Grafische Oberflächen mit Java machen erst dann Sinn, wenn die Grundlagen des Programmierens erlernt sind.

Die Kapitel 1 bis einschließlich 21 enthalten Übungsaufgaben, die zum selbstständigen Programmieren herausfordern. Dasselbe Ziel hat das Flughafen-Projekt, welches begleitend zu den einzelnen Kapiteln durchgeführt werden kann und zu einem System führt, das die Fluglotsen bei Start und Landung von Flugzeugen unterstützt.

Unser besonderer Dank bei dieser Auflage gilt Herrn Mathias Altmeyer, der in monatelanger Arbeit viele Kapitel wesentlich überarbeitet hat. Herrn Daniel Frank danken wir für die Überarbeitung der Kapitels Servlets und JavaServer Pages, Herrn Daniel Förster für die Erstellung der Anhänge Annotations und JNDI und Herrn Marco Hentschel für Rat und Tat beim Kapitel Swing. Herr Carsten Timm und Herr Norman Walter waren uns bei der Erstellung von Bildern und der CD eine große Hilfe.

Esslingen, im Februar 2007   C. Heinisch / F. Müller-Hofmann / J. Goll

Wegweiser durch das Buch

„Lernkästchen", auf die grafisch durch eine kleine Glühlampe aufmerksam gemacht wird, stellen eine Zusammenfassung eines Kapitels dar. Sie erlauben eine rasche Wiederholung des Stoffes.

Gerade als Anfänger in einer Programmiersprache macht man gerne den Fehler, sich beim Lesen an nicht ganz so wesentlichen Einzelheiten festzubeißen. Um zu erkennen, welche Information grundlegend für das weitere Vorankommen ist und welche Information nur ein Detailwissen darstellt – und deshalb auch noch zu einem späteren Zeitpunkt vertieft werden kann – weist dieses Buch Kapitel oder Kapitelteile, die beim ersten Lesen übersprungen werden können, mit dem Symbol ◎ aus.

Generell ist es empfehlenswert, ein oder mehrere Kapitel zu überfliegen, um sich einen Überblick zu verschaffen, und dann erst mit der Feinarbeit zu beginnen und gründlicher zu lesen. Dennoch gilt: Eine Vorgehensweise, die sich für den einen Leser als optimal erweist, muss noch lange nicht für alle Leser das Allheilmittel darstellen. Wenn Sie zu den Lesern gehören, die es gewohnt sind, von Anfang an möglichst detailliert zu lesen, um möglichst viel sofort zu verstehen, so sollten Sie zumindest darauf achten, dass Sie in den Kapiteln mit dem „Überspringe und komm zurück"-Zeichen beim ersten Durchgang nicht zu lange verweilen.

Bei all den guten Ratschlägen gilt: Programmieren hat man zu allen Zeiten durch Programmierversuche erlernt. „Do it yourself" heißt der rote Faden zum Erfolg. So wie ein Kleinkind beim Erlernen der Muttersprache einfach zu sprechen versucht, so sollten auch Sie möglichst früh versuchen, in der Programmiersprache zu sprechen – das heißt, eigene Programme zu schreiben. Gestalten Sie den Lernvorgang abwechslungsreich – lesen Sie einen Teil und versuchen Sie, das Erlernte im Programmieren gleich umzusetzen. Um die mühsame Tipparbeit am Anfang minimal zu halten, sind alle Beispielprogramme des Buches auf der CD zu finden. Die CD enthält auch die Bilder der einzelnen Kapitel, die Übungsaufgaben und Lösungen sowie das Flughafenprojekt.

Die nachfolgende Tabelle soll es dem Leser erleichtern, einzuordnen, welche Kapitel zu den Grundlagen (Symbol ☑) zählen und auf jeden Fall verstanden werden sollten, welche Kapitel zuerst übersprungen werden können und dann bei Bedarf gelesen werden sollten (Symbol ◎), und welche Kapitel rein fortgeschrittene Themen (Symbol ☺) behandeln, die unabhängig voneinander gelesen werden können.

1	Grundbegriffe der Programmierung	☑
2	Objektorientierte Konzepte	☑
3	Einführung in die Programmiersprache Java	☑
4	Einfache Beispielprogramme	☑
5	Lexikalische Konventionen	◯
6	Datentypen und Variablen	☑
7	Ausdrücke und Operatoren	☑
8	Kontrollstrukturen	☑
9	Blöcke und Methoden	☑
10	Klassen und Objekte	☑
11	Vererbung und Polymorphie	☑
12	Pakete	☑
13	Ausnahmebehandlung	☑
14	Schnittstellen	☑
15	Geschachtelte Klassen	◯
16	Ein-/Ausgabe und Streams	◯
17	Generizität	◯
18	Collections	☑
19	Threads	◯
20	Applets	☑
21	Oberflächenprogrammierung mit Swing	☑
22	Servlets	☺
23	JavaServer Pages	☺
24	Sockets	☺
25	Remote Method Invocation	☺
26	JDBC	☺
27	Enterprise JavaBeans 3.0	☺

Die folgende Tabelle zeigt die auf der CD enthaltenen Kapitel:

28	Java Native Interface	☺
29	Sicherheit	☺
30	Beans	☺
31	Reflection	☺
32	Java-Tools	☺
33	Java Management Extensions	☺

Schreibweise

In diesem Buch sind der Quellcode und die Ein-/Ausgabe von ganzen Beispielprogrammen sowie einzelne Anweisungen und Ein-/Ausgaben in der Schriftart
`Courier New` geschrieben. Dasselbe gilt für Programmteile wie Variablennamen,
Methodennamen etc., die im normalen Text erwähnt werden. Wichtige Begriffe im
normalen Text sind fett gedruckt, um sie hervorzuheben.

Ihre Verbesserungsvorschläge und kritischen Hinweise, die wir gerne annehmen,
erreichen uns via E-Mail:

Cornelia.Heinisch@it-designers.de

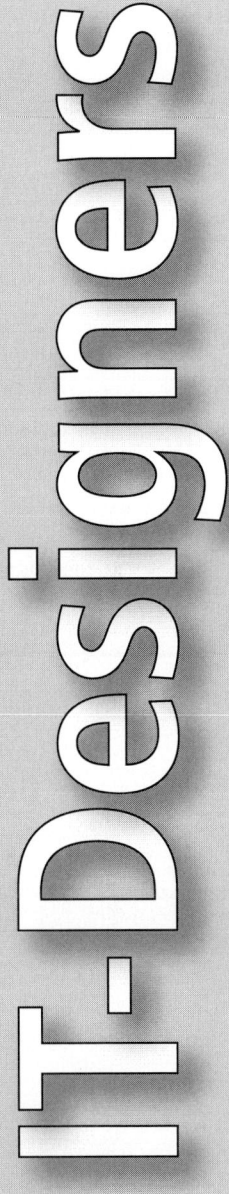

Inhaltsverzeichnis

1 GRUNDBEGRIFFE DER PROGRAMMIERUNG **2**

1.1   Das erste Programm...2

1.2   Vom Problem zum Programm 4

1.3   Nassi-Shneiderman-Diagramme 10

1.4   Zeichen 16

1.5   Variablen...18

1.6   Datentypen 19

1.7   Übungen 25

2 OBJEKTORIENTIERTE KONZEPTE..**28**

2.1   Modellierung mit Klassen und Objekten 28

2.2   Information Hiding und Kapselung 36

2.3   Abstraktion und Brechung der Komplexität 37

2.4   Erstes Programmbeispiel mit Objekten 41

2.5   Flughafen-Projekt 44

2.6   Übungen 56

3 EINFÜHRUNG IN DIE PROGRAMMIERSPRACHE JAVA..............**58**

3.1   Sprachkonzepte von Java 58

3.2   Eigenschaften von Java 59

3.3   Die Java-Plattform 60

3.4   Programmerzeugung und -ausführung...63

3.5   Das Java Development Kit 68

3.6   Java-Anwendungen und Internet-Programmierung...........................71

3.7   Übungen 72

4 EINFACHE BEISPIELPROGRAMME..**76**

4.1   Lokale Variablen, Ausdrücke und Schleifen.....................................76

4.2   Zeichen von der Tastatur einlesen 81

4.3   Erzeugen von Objekten 84

4.4   Initialisierung von Objekten mit Konstruktoren 85

4.5   Schreiben von Instanzmethoden 88

4.6   Zusammengesetzte Objekte 92

4.7   Selbst definierte Untertypen durch Vererbung 96

4.8   Die Methode printf() und die Klasse Scanner 99

4.9   Übungen 102

5 LEXIKALISCHE KONVENTIONEN 106

5.1   Zeichenvorrat von Java 106

5.2   Der Unicode.. 108

5.3   Lexikalische Einheiten 108

5.4   Übungen 125

6 DATENTYPEN UND VARIABLEN... 128

6.1   Abstrakte Datentypen und Klassen ◌ 128

6.2   Die Datentypen von Java 130

6.3   Variablen.. 137

6.4   Modifikatoren 154

6.5   Arrays 154

6.6   Aufzählungstypen 165

6.7   Konstante und variable Zeichenketten 173

6.8   Wrapper-Klassen.. 185

6.9   Boxing und Unboxing.. 189

6.10 Verkettung von Strings und Variablen anderer Datentypen 193

6.11 Übungen 194

7 AUSDRÜCKE UND OPERATOREN.. 204

7.1   Operatoren und Operanden 204

7.2   Ausdrücke und Anweisungen 205

7.3   Nebeneffekte 207

7.4   Auswertungsreihenfolge 207

7.5   L-Werte und R-Werte.. 209

7.6   Zusammenstellung der Operatoren 211

7.7   Konvertierung von Datentypen 230

7.8   Ausführungszeitpunkt von Nebeneffekten........................... 239

7.9   Übungen 240

8 KONTROLLSTRUKTUREN.. 244

8.1   Blöcke – Kontrollstrukturen für die Sequenz 244

8.2   Selektion 244

8.3   Iteration.. 251

8.4   Sprunganweisungen 258

8.5   Übungen 261

9 BLÖCKE UND METHODEN.. 266

9.1   Blöcke und ihre Besonderheiten... 266

9.2   Methodendefinition und -aufruf... 271

9.3   Polymorphie von Operationen 282

9.4   Überladen von Methoden 284

9.5   Parameterliste variabler Länge.. 286

9.6   Parameterübergabe beim Programmaufruf... 288

9.7   Iteration und Rekursion 290

9.8   Übungen 296

10   KLASSEN UND OBJEKTE..302

10.1   Information Hiding... 302

10.2   Klassenvariablen und Klassenmethoden 304

10.3   Die this-Referenz 310

10.4   Initialisierung von Datenfeldern 317

10.5   Instantiierung von Klassen 334

10.6   Freigabe von Speicher.. 336

10.7   Die Klasse Object 341

10.8   Übungen 342

11   VERERBUNG UND POLYMORPHIE..354

11.1   Das Konzept der Vererbung... 354

11.2   Erweitern und Überschreiben 359

11.3   Besonderheiten bei der Vererbung... 364

11.4   Polymorphie und das Liskov Substitution Principle 384

11.5   Verträge 399

11.6   Identifikation der Klasse eines Objektes.. 415

11.7   Konsistenzhaltung von Quell- und Bytecode....................................... 420

11.8   Übungen 423

12   PAKETE..432

12.1   "Programmierung im Großen" 432

12.2   Pakete als Entwurfseinheiten 434

12.3   Erstellung von Paketen... 435

12.4   Benutzung von Paketen 436

12.5   Paketnamen... 440

12.6   Gültigkeitsbereich von Klassennamen 444

12.7   Zugriffsmodifikatoren 447

12.8   Übungen 454

13   AUSNAHMEBEHANDLUNG 464

13.1   Das Konzept des Exception Handlings 464

13.2   Implementierung von Exception-Handlern in Java................................ 466

13.3 Ausnahmen vereinbaren und auswerfen 470

13.4 Die Exception-Hierarchie 472

13.5 Ausnahmen behandeln 475

13.6 Vorteile des Exception-Konzeptes 482

13.7 Assertions 483

13.8 Übungen 488

14 SCHNITTSTELLEN **496**

14.1 Trennung von Spezifikation und Implementierung 496

14.2 Ein weiterführendes Beispiel 498

14.3 Aufbau einer Schnittstelle 502

14.4 Verwenden von Schnittstellen 505

14.5 Vergleich Schnittstelle und abstrakte Basisklasse 519

14.6 Das Interface Cloneable 522

14.7 Übungen 529

15 GESCHACHTELTE KLASSEN **538**

15.1 Elementklassen 540

15.2 Lokale Klassen 545

15.3 Anonyme Klassen 549

15.4 Statische geschachtelte Klassen und Schnittstellen 554

15.5 Realisierung von geschachtelten Klassen 557

15.6 Übungen 562

16 EIN-/AUSGABE UND STREAMS **568**

16.1 Für ganz Eilige ein erstes Beispiel 568

16.2 Klassifizierung von Streams 572

16.3 Das Stream-Konzept 575

16.4 Bytestream-Klassen 579

16.5 Characterstream-Klassen 591

16.6 Standardeingabe und Standardausgabe 598

16.7 Ein- und Ausgabe von Objekten 601

16.8 Übungen 609

17 GENERIZITÄT **614**

17.1 Generische Klassen 615

17.2 Eigenständig generische Methoden 631

17.3 Wildcards 635

17.4 Generische Schnittstellen 641

17.5 Die Klasse Class<T> 653

17.6 Generizität und Polymorphie ◎ 657

17.7 Übungen 659

18 COLLECTIONS..668

18.1 Überblick über die Collection-API 669

18.2 Iterieren über Collections 675

18.3 Listen 677

18.4 Warteschlangen 695

18.5 Mengen 705

18.6 Verzeichnisse 713

18.7 Besonderheiten bei der Anwendung von Collections 718

18.8 Übungen 720

19 THREADS..724

19.1 Zustände und Zustandsübergänge von Betriebssystem-Prozessen 729

19.2 Zustände und Zustandsübergänge von Threads 730

19.3 Programmierung von Threads 733

19.4 Scheduling von Threads 741

19.5 Zugriff auf gemeinsame Ressourcen 742

19.6 Daemon-Threads 765

19.7 Übungen 766

20 APPLETS..772

20.1 Die Seitenbeschreibungssprache HTML 773

20.2 Das "Hello, world"-Applet... 784

20.3 Der Lebenszyklus eines Applets 788

20.4 Parameterübernahme aus einer HTML-Seite............................ 793

20.5 Importieren von Bildern.. 794

20.6 Importieren und Abspielen von Audio-Clips 796

20.7 Übungen 797

21 OBERFLÄCHENPROGRAMMIERUNG MIT SWING.................802

21.1 Architekturmuster Model-View-Controller 802

21.2 Die Swing-Architektur 808

21.3 Ereignisbehandlung für Swing... 811

21.4 Integration von Swing in das Betriebssystem 827

21.5 Swing-Komponenten 834

21.6 Layout-Management.. 875

21.7 Weitere Technologien der Ein- und Ausgabe 892

21.8 Übungen 894

22   SERVLETS **900**

22.1 Das Internet und seine Dienste 900

22.2 Dynamische Erzeugung von Seiteninhalten.......................... 908

22.3 Web-Anwendungen erstellen 912

22.4 Wichtige Elemente der Servlet-API 917

22.5 Der Deployment Deskriptor 922

22.6 Das Servlet "Forum" 924

23   JAVASERVER PAGES.. **934**

23.1 Skriptelemente... 937

23.2 Direktiven... 942

23.3 Aktionen... 946

23.4 Verwendung von JavaBeans... 949

23.5 Tag-Bibliotheken.. 954

24   NETZWERKPROGRAMMIERUNG MIT SOCKETS.................... **964**

24.1 Verteilte Systeme.. 964

24.2 Rechnername, URL und IP-Adresse 967

24.3 Sockets 975

24.4 Protokolle.. 996

25   REMOTE METHOD INVOCATION **1002**

25.1 Die Funktionsweise von RMI 1002

25.2 Entwicklung einer RMI-Anwendung...................................... 1004

25.3 Ein einfaches Beispiel.. 1009

25.4 Object by Value und Object by Reference 1015

25.5 Verwendung der RMI-Codebase 1028

25.6 Häufig auftretende Fehler und deren Behebung 1043

26   JDBC **1046**

26.1 Einführung in SQL 1047

26.2 JDBC-Treiber... 1056

26.3 Installation und Konfiguration von MySQL 1058

26.4 Zugriff auf ein DBMS 1060

26.5 Datentypen 1085

26.6 Exceptions 1086

26.7 Metadaten.. 1087

26.8 JDBC-Erweiterungspaket 1089

26.9 Connection Pooling.. 1090

27 ENTERPRISE JAVABEANS 3.0..**1098**

27.1 Idee der Enterprise JavaBeans 1099

27.2 Objektorientierte Modellierung...1099

27.3 Abbildung von Klassen auf Bean-Typen 1105

27.4 Überblick über die Enterprise JavaBeans-Architektur......................1106

27.5 Konzept der EJB-Typen...1111

27.6 Session-Beans...1112

27.7 Der Applikations-Server JBoss..1121

27.8 Java Persistence API..1130

27.9 Vollständiges Beispiel: Eine einfache Bankanwendung....................1157

ANHANG A DER ASCII-ZEICHENSATZ...**1171**

ANHANG B GÜLTIGKEITSBEREICHE VON NAMEN.....................**1174**

ANHANG C DIE KLASSE SYSTEM...**1179**

ANHANG D JNDI...**1182**

ANHANG E ANNOTATIONS...**1199**

BEGRIFFSVERZEICHNIS...**1207**

LITERATURVERZEICHNIS..**1216**

INDEX...**1218**

Kapitel 1

Grundbegriffe der Programmierung

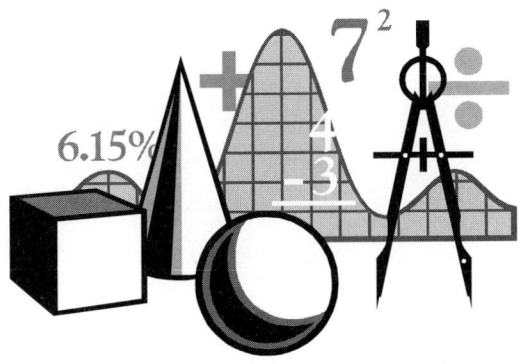

1.1   Das erste Programm
1.2   Vom Problem zum Programm
1.3   Nassi-Shneiderman-Diagramme
1.4   Zeichen
1.5   Variablen
1.6   Datentypen
1.7   Übungen

1 Grundbegriffe der Programmierung

Bevor man mit einer Programmiersprache umzugehen lernt, muss man wissen, was ein Programm prinzipiell ist und wie man Programme konstruiert. Damit wird sich das erste Kapitel befassen. Leser, die bereits eine höhere Programmiersprache erlernt haben, können prüfen, ob sie tatsächlich die hier präsentierten Grundbegriffe (noch) beherrschen und gegebenenfalls dieses Kapitel "überfliegen". Ehe es "zur Sache geht", zunächst als spielerischen Einstieg in Kapitel 1.1 das Programm "Hello, world".

1.1 Das erste Programm

Seit Kernighan und Ritchie ist es Usus geworden, als erstes Beispiel in einer neuen Programmiersprache mit dem Programm "Hello, world" zu beginnen. Das Programm "Hello, world" macht nichts anderes, als den Text "Hello, world!" auf dem Bildschirm auszugeben. In Java sieht das "Hello, world"-Programm folgendermaßen aus:

```
// Datei: HelloWorld.java

public class HelloWorld    // Klasse zur Ausgabe von "Hello, world!"
{
   public static void main (String[] args)  // Methode main() zur
   {                                         // Ausgabe der Zeichen-
      System.out.println ("Hello, world!"); // kette
   }
}
```

Die Methode `println()` – sie wird ausgesprochen als print line – wird über `System.out.println()` aufgerufen und schreibt die Zeichenkette "Hello, world!" auf den Bildschirm. Bitte erstellen Sie dieses Programm mit einem Texteditor, der Ihnen vertraut ist, und speichern Sie es unter dem Dateinamen `HelloWorld.java` in einer Datei ab. Dieses Programm besteht aus einer Klasse mit dem Namen `HelloWorld`. Eine Klasse ist dadurch gekennzeichnet, dass sie das Schlüsselwort `class` trägt. Beachten Sie, dass alles, was hinter zwei Schrägstrichen in einer Zeile steht, zusammen mit den beiden Schrägstrichen einen so genannten Kommentar darstellt. Ein Kommentar dient zur Dokumentation eines Programms und hat keinen Einfluss auf den Ablauf des Programms.

> In Java kann man nur objektorientiert programmieren. Alle Programme in Java basieren von ihrem Aufbau her komplett auf Klassen.

Bitte achten Sie sowohl beim Eintippen des Programms im Texteditor, als auch bei der Vergabe des Dateinamens auf die Groß- und Kleinschreibung, da in Java zwischen Groß- und Kleinbuchstaben unterschieden wird. In anderen Worten: Java ist case sensitiv.

Kompilieren Sie das Programm mit dem `javac`-Compiler[1] des Java Development Kits[2] durch die folgende Eingabe auf der Kommandozeile:

```
javac HelloWorld.java
```

Danach drücken Sie die <RETURN>-Taste. Auf der <RETURN>-Taste ist oftmals das Symbol ↵ zu sehen. Der `javac`-Compiler übersetzt dann den Java-Quellcode der Datei `HelloWorld.java` in so genannten Bytecode und legt diesen in der Datei `HelloWorld.class` ab. Durch die Eingabe von

```
java HelloWorld
```

und das anschließende Drücken der <RETURN>-Taste wird der Bytecode-Interpreter `java` gestartet, der den Bytecode interpretiert, d.h. in Maschinencode übersetzt und zur Ausführung bringt. Hierbei ist Maschinencode ein spezieller Code, den der entsprechende Prozessor versteht. Java-Anwendungen können – wie hier gezeigt – von der Kommandozeile aus gestartet werden. Sie können aber auch aus Entwicklungsumgebungen wie z.B. aus Eclipse aufgerufen werden. Bild 1-1 zeigt die Ein- und Ausgaben in einer Windows-Konsole.

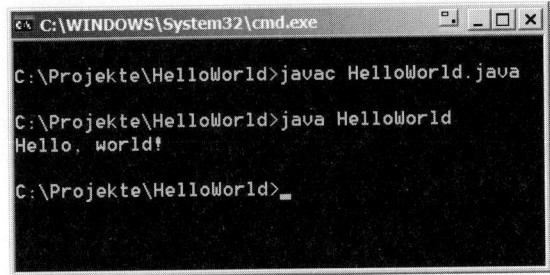

Bild 1-1 Kompilieren und Starten über Kommandos in der Windows-Konsole

Zu beachten ist, dass der Interpreter `java` den Klassennamen `HelloWorld` und nicht den Dateinamen `HelloWorld.class` verlangt!

Die Ausgabe des Programms ist:

```
Hello, world!
```

Wie Sie bemerkt haben, werden die Anführungszeichen " nicht mit ausgegeben. Sie dienen nur dazu, den Anfang und das Ende einer **Zeichenkette** (eines **Strings**) zu markieren. So schnell kann es also gehen. Das erste Programm läuft schon. Sie hatten "ein Händchen" im Umgang mit Texteditor, Compiler und Interpreter. Da es hier nur darum geht, ein allererstes Programm zu starten, wird auf eine detaillierte Erläuterung des Programms verzichtet.

---

[1] Der Name `javac` wurde gewählt als Abkürzung für **Java C**ompiler.
[2] Die Installation des Java Development Kits wird in Kap. 3.5.1 beschrieben.

1.2   Vom Problem zum Programm

Der Begriff **Programm** ist eng mit dem Begriff **Algorithmus** verbunden. Algorithmen sind Vorschriften für die **Lösung eines Problems**, welche die Handlungen und ihre Abfolge – kurz, die Handlungsweise – beschreiben. Im Alltag begegnet man Algorithmen in Form von Bastelanleitungen, Kochrezepten und Gebrauchsanweisungen. Abstrakt kann man sagen, dass die folgenden Bestandteile und Eigenschaften zu einem Algorithmus gehören:

- eine **Menge von Objekten**, die durch den Algorithmus bearbeitet werden,
- eine **Menge von Operationen**, die auf den Objekten ausgeführt werden,
- ein definierter **Anfangszustand**, in dem sich die Objekte zu Beginn befinden,
- und ein gewünschter **Endzustand**, in dem sich die Objekte nach der Lösung des Problems befinden sollen.

Dies sei am Beispiel Kochrezept erläutert:

Objekte:	Zutaten, Geschirr, Herd, ...
Operationen:	waschen, anbraten, schälen, passieren, ...
Anfangszustand:	Zutaten im "Rohzustand", Teller leer, Herd kalt, ...
Endzustand:	fantastische Mahlzeit auf dem Teller.

Was dann noch zur Lösung eines Problems gebraucht wird, ist eine Anleitung, ein Rezept oder eine Folge von Anweisungen und jemand, der es macht. Mit anderen Worten, man benötigt einen **Algorithmus** – also eine Rechenvorschrift – und einen **Prozessor**.

Während aber bei einem Kochrezept viele Dinge gar nicht explizit gesagt werden müssen, sondern dem Koch aufgrund seiner Erfahrung implizit klar sind – z.B. dass er den Kuchen aus dem Backofen holen muss, bevor er schwarz ist –, muss einem Prozessor alles explizit und eindeutig durch ein Programm, das aus Anweisungen einer **Programmiersprache** besteht, gesagt werden. Ein Programm besteht aus einer Reihe von einzelnen **Anweisungen** an den Prozessor, die von diesem der Reihe nach – in anderen Worten **sequenziell** – ausgeführt werden.

Ein Algorithmus in einer Programmiersprache besteht aus Anweisungen, die von einem Prozessor ausgeführt werden können.

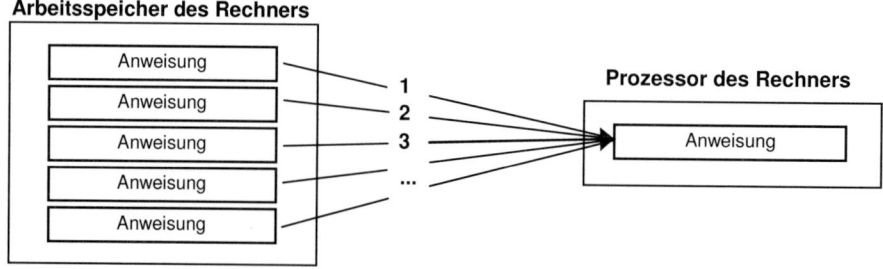

Bild 1-2 Der Prozessor bearbeitet eine Anweisung des Programms nach der anderen

Bild 1-2 zeigt Anweisungen, die im Arbeitsspeicher des Rechners abgelegt sind und nacheinander durch den Prozessor des Rechners abgearbeitet werden.

1.2.1 Der Euklid'sche Algorithmus als Beispiel für Algorithmen

Als Beispiel wird der Algorithmus betrachtet, der von Euklid ca. 300 v. Chr. zur Bestimmung des **größten gemeinsamen Teilers (ggT)** zweier natürlicher Zahlen aufgestellt wurde. Der größte gemeinsame Teiler wird zum Kürzen von Brüchen benötigt:

$$\frac{x_{ungekürzt}}{y_{ungekürzt}} = \frac{x_{ungekürzt}/ggT(x_{ungekürzt}, y_{ungekürzt})}{y_{ungekürzt}/ggT(x_{ungekürzt}, y_{ungekürzt})} = \frac{x_{gekürzt}}{y_{gekürzt}}$$

Hierbei ist $ggT(x_{ungekürzt}, y_{ungekürzt})$ der größte gemeinsame Teiler der beiden Zahlen $x_{ungekürzt}$ und $y_{ungekürzt}$.

Beispiel: $\dfrac{24}{9} = \dfrac{24/ggT(24,9)}{9/ggT(24,9)} = \dfrac{24/3}{9/3} = \dfrac{8}{3}$

Der Euklid'sche Algorithmus lautet:

Zur Bestimmung des größten gemeinsamen Teilers zwischen zwei natürlichen Zahlen x und y tue Folgendes[3]:

Solange x ungleich y ist, wiederhole:
    Wenn x größer als y ist, dann:
        Ziehe y von x ab und weise das Ergebnis x zu.
    Andernfalls:
        Ziehe x von y ab und weise das Ergebnis y zu.
Wenn x gleich y ist, dann:
    x (bzw. y) ist der gesuchte größte gemeinsame Teiler.

Man erkennt in diesem Beispiel Folgendes:

- Es gibt eine Menge von Objekten, mit denen etwas passiert: x und y. Diese Objekte x und y haben am Anfang beliebig vorgegebene Werte, am Schluss enthalten sie den größten gemeinsamen Teiler.
- Es gibt gewisse Grundoperationen, die hier nicht weiter erläutert werden, da sie implizit klar sind: vergleichen, abziehen und zuweisen.
- Es handelt sich um eine sequenzielle Folge von Anweisungen (Operationen), d.h. die Anweisungen werden der Reihe nach hintereinander ausgeführt.
- Es gibt aber auch bestimmte Konstrukte, welche die einfache sequenzielle Folge (Hintereinanderausführung) gezielt verändern: eine Auswahl zwischen Alternativen (**Selektion**) und eine Wiederholung von Anweisungen (**Iteration**).

---

[3] Die Arbeitsweise dieses Algorithmus für die Zahlen x == 24 und y == 9 wird anhand der Tabelle 1-1 in Kapitel 1.2.3 verdeutlicht.

Es gibt auch Algorithmen zur Beschreibung von **parallelen Aktivitäten**, die zum gleichen Zeitpunkt nebeneinander ausgeführt werden. Diese Algorithmen werden unter anderem bei Betriebssystemen oder in der Prozessdatenverarbeitung benötigt. Im Folgenden werden bewusst nur **sequenzielle Abläufe** behandelt, bei denen zu einem Zeitpunkt nur eine einzige Operation durchgeführt wird.

1.2.2 Beschreibung sequenzieller Abläufe

Die Abarbeitungsreihenfolge von Anweisungen wird auch als **Kontrollfluss** bezeichnet.

Den Prozessor stört es überhaupt nicht, wenn eine Anweisung einen Sprungbefehl zu einer anderen Anweisung enthält. Solche Sprungbefehle werden in manchen Programmiersprachen beispielsweise mit dem Befehl GOTO und Marken wie z.B. 100 realisiert:

```
       IF(a > b) GOTO 100
       Anweisungen2
       GOTO 300
100    Anweisungen1
300    Anweisungen3
```

In Worten lauten diese Anweisungen an den Prozessor: "Vergleiche die Werte von a und b. Wenn[4] a größer als b ist, springe an die Stelle mit der Marke 100. Führe an der Stelle mit der Marke 100 die Anweisungen Anweisungen1 aus. Fahre dann mit den Anweisungen3 fort. Ist aber die Bedingung a > b nicht erfüllt, so arbeite die Anweisungen Anweisungen2 ab. Springe dann zu der Marke 300 und führe die Anweisungen Anweisungen3 aus."

Will jedoch ein Programmierer ein solches Programm lesen, so verliert er durch die Sprünge sehr leicht den Zusammenhang und damit das Verständnis. Für den menschlichen Leser ist es am besten, wenn ein Programm einen einfachen und damit überschaubaren Kontrollfluss hat. Während typische Programme der sechziger Jahre noch zahlreiche Sprünge enthielten, bemühen sich die Programmierer seit Dijkstras grundlegendem Artikel "Go To Statement Considered Harmful" [1], möglichst einen Kontrollfluss ohne Sprünge zu entwerfen. Beispielsweise kann der oben mit GOTO beschriebene Ablauf auch folgendermaßen realisiert werden:

```
IF(a > b)
   Anweisungen1
ELSE
   Anweisungen2
ENDIF
Anweisungen3
```

---

[4]   "Wenn" wird ausgedrückt durch das Schlüsselwort IF der hier verwendeten Programmiersprache
      FORTRAN.

Hierbei ist wieder `IF(a > b)` die Abfrage, ob `a` größer als `b` ist. Ist dies der Fall, so werden die Anweisungen `Anweisungen1` ausgeführt. Ist die Bedingung `a > b` nicht wahr, d.h. nicht erfüllt, so werden die Anweisungen `Anweisungen2` des `ELSE`-Zweigs durchgeführt. Mit `ENDIF` ist die Fallunterscheidung zu Ende. Unabhängig davon, welcher der beiden Zweige der Fallunterscheidung abgearbeitet wurde, werden nun die Anweisungen `Anweisungen3` abgearbeitet.

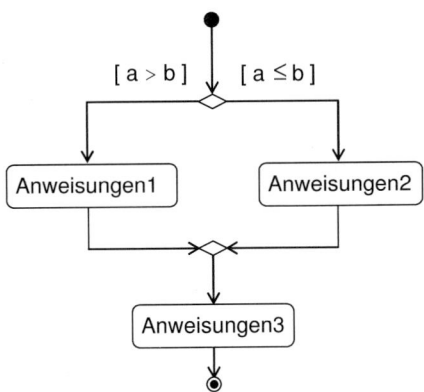

Bild 1-3 Grafische Darstellung der Verzweigung

Unter einer **Kontrollstruktur** versteht man eine Anweisung, welche die Abarbeitungsreihenfolge von Anweisungen beeinflusst.

Zu den Kontrollstrukturen gehört die **Fallunterscheidung (Selektion)**, bei der in Abhängigkeit davon, ob eine Bedingung erfüllt ist oder nicht, entweder die eine oder die andere Anweisung abgearbeitet wird, oder eine **Wiederholung (Iteration)** einer Anweisung. Zu den Kontrollstrukturen gehört auch die so genannte **Sequenz**. Eine Sequenz ist eine Anweisungsfolge – ein so genannter Block – die eine sequenzielle Folge von Anweisungen enthält, wobei die ganze Anweisungsfolge von der Sprachsyntax her als eine einzige Anweisung zu werten ist.

Betrachtet man nur sequenzielle Abläufe, so gibt es **Kontrollstrukturen** für

* die **Selektion**,
* die **Iteration**
* und die **Sequenz**.

Im Beispiel des Euklid'schen Algorithmus stellt

Solange `x` ungleich `y` ist, wiederhole:

   . . . . .

eine **Iteration** dar, die in freier Sprache ausgedrückt ist.

Wenn x größer als y ist, dann:

. . . . .

Andernfalls:

. . . . .

stellt eine **Fallunterscheidung (Selektion)** in freier Sprache dar.

Die Ideen von Dijkstra und anderen fanden ihren Niederschlag in den Regeln für die **Strukturierte Programmierung**. Danach gilt, dass in einer **Sequenz** eine Anweisung nach der anderen, d.h. in einer linearen Reihenfolge, abgearbeitet wird. Man geht über einen einzigen Eingang (**single entry**), nämlich von der davor stehenden Anweisung in eine Anweisung hinein und geht über einen einzigen Ausgang (**single exit**) aus der Anweisung heraus und kommt automatisch direkt zur nächsten Anweisung (siehe Bild 1-4).

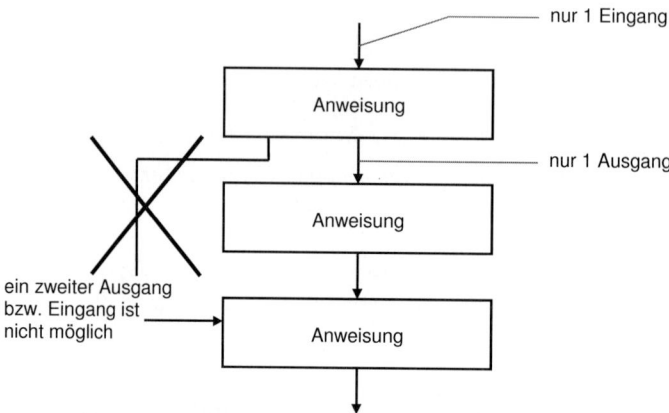

Bild 1-4 Single entry und single exit bei der Sequenz

Haben Kontrollstrukturen für die **Selektion** und **Iteration** die gleichen Eigenschaften wie einzelne Anweisungen (single entry, single exit), so erhält man für alle Anweisungen einen linearen und damit überschaubaren Programmablauf. Programme, die nur Kontrollstrukturen mit dieser Eigenschaft aufweisen, gehorchen den Regeln der **Strukturierten Programmierung** und können mit Hilfe von **Nassi-Shneiderman-Diagrammen** visualisiert werden (siehe Kap. 1.3).

1.2.3 Variablen und Zuweisungen

Die von dem Euklid'schen Algorithmus behandelten Objekte sind natürliche Zahlen. Sie sollen jedoch nicht von vornherein festgelegt werden, sondern der Algorithmus soll für die Bestimmung des größten gemeinsamen Teilers beliebiger natürlicher Zahlen verwendbar sein. Anstelle der Zahlen werden daher Namen verwendet, die als **variable Größen** oder kurz **Variablen** bezeichnet werden. Den Variablen werden im Verlauf des Algorithmus konkrete Werte zugewiesen. Diese Wertzuweisung an Variablen ist eine der grundlegenden Operationen, die ein Prozessor ausführen können muss. Auf Variablen wird noch ausführlicher in Kapitel 1.5 eingegangen.

Der im obigen Beispiel beschriebene Algorithmus kann auch von einem menschlichen "Prozessor" ausgeführt werden – andere Möglichkeiten hatten die Griechen in der damaligen Zeit auch nicht. Als Hilfsmittel braucht man dazu Papier und Bleistift, um die Zustände der Objekte – im obigen Beispiel der Objekte x und y – zwischen den Verarbeitungsschritten festzuhalten. Man erhält dann eine Tabelle, die auch **Trace-Tabelle**[5] genannt wird und für die Zahlen $x == 24$ und $y == 9$ das folgende Aussehen hat:

Verarbeitungsschritt	Werte von	
	x	y
Initialisierung $x = 24, y = 9$	24	9
$x = x - y$	15	9
$x = x - y$	6	9
$y = y - x$	6	3
$x = x - y$	3	3
Ergebnis: ggT = 3		

Tabelle 1-1 Trace der Variableninhalte für Initialwerte x == 24, y == 9

Diese Tabelle zeigt sehr deutlich die Funktion der Variablen auf: Die Variablen repräsentieren über den Verlauf des Algorithmus hinweg unterschiedliche Werte. Zu Beginn werden den Variablen definierte Anfangs- oder Startwerte zugewiesen. Diesen Vorgang bezeichnet man als **Initialisierung** der Variablen. Die **Werteänderung** erfolgt – wie in den Verarbeitungsschritten von Tabelle 1-1 beschrieben – durch so genannte **Zuweisungen**. Als **Zuweisungssymbol** haben wir hier das Gleichheitszeichen (=) benutzt, wie es in der Programmiersprache Java üblich ist.

Beachten Sie, dass in der Unterschrift von Tabelle 1-1 x == 24 zu lesen ist als "x ist gleich 24". Damit werden wie in Java zwei Gleichheitszeichen direkt hintereinander als **Gleichheitssymbol** verwendet.

Für eine andere Ausgangssituation sieht die Trace-Tabelle beispielsweise so aus:

Verarbeitungsschritt	Werte von	
	x	y
Initialisierung $x = 5, y = 3$	5	3
$x = x - y$	2	3
$y = y - x$	2	1
$x = x - y$	1	1
Ergebnis: ggT = 1		

Tabelle 1-2 Trace der Variableninhalte für Initialwerte x == 5, y == 3

Die Schreibweise $x = x - y$ ist zunächst etwas verwirrend. Diese Schreibweise ist nicht als mathematische Gleichung zu sehen, sondern meint etwas ganz anderes: Auf der rechten Seite des Gleichheitszeichens steht ein arithmetischer Ausdruck, dessen Wert zuerst berechnet werden soll. Dieser so berechnete Wert wird dann in

---

[5] Mit der Trace-Tabelle verfolgt man die Zustände der Variablen.

einem zweiten Schritt der Variablen zugewiesen, deren Namen auf der linken Seite steht. Im Beispiel also:

Nimm den aktuellen Wert von x. Nimm den aktuellen Wert von y.
Ziehe den Wert von y vom Wert von x ab.
Der neue Wert von x ist die soeben ermittelte Differenz von x und y.

Eine Zuweisung verändert den Wert der Variablen, also den Zustand der Variablen, die auf der linken Seite steht. Bei einer Zuweisung wird zuerst der Ausdruck rechts vom Gleichheitszeichen berechnet und der Wert dieses Ausdrucks der Variablen auf der linken Seite des Gleichheitszeichens zugewiesen.

> Variablen tragen Werte. Ein Wert einer Variablen wird auch als ihr **Zustand** bezeichnet.

1.2.4 Vom Algorithmus zum Programm

Die Beispiele im vorangegangenen Kapitel zeigen, wie ein Algorithmus sequenzielle Abläufe und Zustandstransformationen seiner Variablen beschreibt. Wird derselbe Algorithmus zweimal durchlaufen, wobei die Variablen am Anfang unterschiedliche Werte haben, dann erhält man in aller Regel auch unterschiedliche Abläufe. Sie folgen aber ein und demselben Verhaltensmuster, das durch den Algorithmus beschrieben ist.

Wenn ein Algorithmus derart formuliert ist, dass seine Ausführung durch einen bestimmten Prozessor möglich ist, dann spricht man auch von einem **Programm** für diesen Prozessor. Bei einem Computerprogramm müssen alle Einzelheiten bis ins kleinste Detail festgelegt sein und die Sprachregeln müssen absolut eingehalten werden. Der Prozessor macht eben haarscharf nur das, was durch das Programm festgelegt ist, und nicht das, was noch zwischen den Zeilen steht. Hingegen muss ein Koch bei einem Rezept Erfahrungen mit einbringen und beispielsweise den Topf mit der Milch vom Herd nehmen, bevor die Milch überläuft.

Generell kann man bei Sprachen zwischen **natürlichen Sprachen** wie der Umgangssprache oder den Fachsprachen einzelner Berufsgruppen und **formalen Sprachen** unterscheiden.

Formale Sprachen sind beispielsweise die Notenschrift in der Musik, die Formelschrift in der Mathematik oder Programmiersprachen beim Computer. Nur das, was durch eine formale Sprache – hier die Programmiersprache – festgelegt ist, ist für den Prozessor verständlich.

1.3 Nassi-Shneiderman-Diagramme

Zur Visualisierung des Kontrollflusses von Programmen – das heißt zur grafischen Veranschaulichung ihres Ablaufes – wurden 1973 von Nassi und Shneiderman [2] grafische Strukturen, die so genannten **Struktogramme**, vorgeschlagen. Diese Struktogramme werden nach ihren Urhebern oftmals auch als **Nassi-Shneiderman-**

Diagramme bezeichnet. Nassi-Shneiderman-Diagramme enthalten kein GOTO, sondern nur die Sprachmittel der Strukturierten Programmierung, nämlich die Sequenz, Iteration und Selektion.

Die **Strukturierte Programmierung** ist eine Programmiermethode, bei der das vorgegebene Problem in Teilprobleme und in die Beziehungen zwischen diesen Teilproblemen zerlegt wird, sodass jede Teilaufgabe weitgehend unabhängig von den anderen Teilaufgaben gelöst werden kann. Dabei wird eine Programmiertechnik eingesetzt, bei der nur Kontrollstrukturen mit **einem Eingang** und **einem Ausgang** verwendet werden.

Entwirft man Programme mit Nassi-Shneiderman-Diagrammen, so genügt man also automatisch den Regeln der Strukturierten Programmierung. Nassi und Shneiderman schlugen ihre Struktogramme als Ersatz für die bis dahin üblichen Flussdiagramme (DIN 66001 [3]) vor. Traditionelle Flussdiagramme erlauben einen Kontrollfluss mit beliebigen Sprüngen in einem Programm. Spezifiziert und programmiert man strukturiert, so geht der Kontrollfluss eines solchen Programmes einfach von oben nach unten – eine Anweisung folgt der nächsten. Wilde Sprünge, welche die Übersicht erschweren, sind nicht zugelassen.

Das wichtigste Merkmal der Struktogramme ist, dass jeder **Verarbeitungsschritt** durch ein rechteckiges Sinnbild dargestellt wird:

Bild 1-5 Sinnbild für Verarbeitungsschritt

Ein Verarbeitungsschritt kann dabei eine Anweisung oder eine Gruppe von zusammengehörigen Anweisungen sein. Die obere Linie des Rechtecks bedeutet den Beginn des Verarbeitungsschrittes, die untere Linie bedeutet das Ende des Verarbeitungsschrittes. Generell kann ein Sinnbild als erste Innenbeschriftung einen Namen (Namen des Sinnbildes) tragen. Die Struktogramme sind genormt (DIN 66261 [4]).

Der **Block**

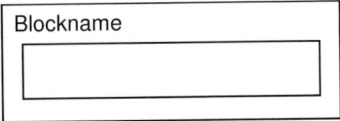

Bild 1-6 Sinnbild für Block

stellt eine Folge logisch zusammenhängender Verarbeitungsschritte dar. Er kann einer **Methode oder Funktion**[6] in einer Programmiersprache entsprechen, kann aber auch nur einfach **mehrere Verarbeitungsschritte** unter einem Namen zusammenfassen.

---

[6] Anweisungsfolgen, die unter einem Namen aufgerufen werden können, heißen in der objektorientierten Programmierung "Methoden", in der klassischen Programmierung "Funktionen" wie z.B. in C oder aber auch "Prozeduren".

1.3.1 Diagramme für Sequenz, Selektion und Iteration

Im Folgenden werden Sequenz, Selektion und Iteration in abstrakter Form, d.h. ohne Notation in einer speziellen Programmiersprache, betrachtet. Die Kontrollstrukturen für Selektion und Iteration können, wie von Nassi und Shneiderman vorgeschlagen, in grafischer Form oder auch mit Hilfe eines Pseudocodes dargestellt werden.

Ein **Pseudocode** ist eine Sprache, die dazu dient, Anwendungen zu entwerfen. Pseudocode kann von einem freien Pseudocode bis zu einem formalen Pseudocode reichen. Freier Pseudocode oder formaler Pseudocode dient dazu, Methoden oder Funktionen zu entwerfen.

Bei einem **freien Pseudocode** formuliert man Schlüsselwörter für die Iteration, Selektion und Blockbegrenzer und fügt in diesen Kontrollfluss Verarbeitungsschritte ein, die in der Umgangssprache beschrieben werden.

Ein **formaler Pseudocode**, der alle Sprachelemente enthält, die auch in einer Programmiersprache enthalten sind, ermöglicht eine automatische Codegenerierung für diese Zielsprache. Dennoch ist es das eigentliche Ziel eines Pseudocodes, eine Spezifikation zu unterstützen. Freie Pseudocodes sind für eine grobe Spezifikation vollkommen ausreichend.

1.3.1.1 Sequenz

Bei der Sequenz folgen zwei Verarbeitungsschritte (hier V1 und V2 genannt) hintereinander. Dies wird als Nassi-Shneiderman-Diagramm folgendermaßen dargestellt:

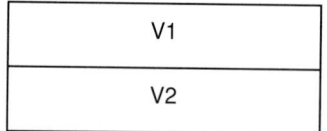

Bild 1-7 Nassi-Shneiderman-Diagramm für die Sequenz

Nicht nur im Falle der Selektion oder Iteration gibt es eine Kontrollstruktur, die den Ablauf von Anweisungen steuert. Auch für die Sequenz gibt es eine Kontrollstruktur, nämlich den bereits in Bild 1-6 vorgestellten Block. Die Kontrollstruktur eines Blocks bedeutet, dass die einzelnen Verarbeitungsschritte des Blocks sequenziell abgearbeitet werden.

1.3.1.2 Selektion

Bei der Kontrollstruktur für die Selektion kann man zwischen

- der **einfachen Alternative** (Bild 1-8),
- der **bedingten Verarbeitung** (Bild 1-9)
- und der **mehrfachen Alternative** (Bild 1-10) unterscheiden.

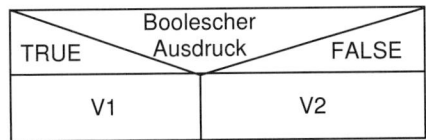

Bild 1-8 Struktogramm für die einfache Alternative

Bei der **einfachen Alternative** wird überprüft, ob ein **Boolescher Ausdruck**[7] wie z.B. $a > b$ wahr ist oder nicht.

> Ein Boolescher Ausdruck kann die Wahrheitswerte TRUE bzw. FALSE annehmen. Ein solcher Boolescher Ausdruck wird auch als **Bedingung** bezeichnet.

Ist der Ausdruck wahr, so wird der Zweig für TRUE ausgewählt und der Verarbeitungsschritt V1 ausgeführt. Ist der Ausdruck nicht wahr, so wird der FALSE-Zweig ausgewählt und der Verarbeitungsschritt V2 durchgeführt. Jeder dieser Zweige kann einen Verarbeitungsschritt bzw. einen Block von Verarbeitungsschritten enthalten.

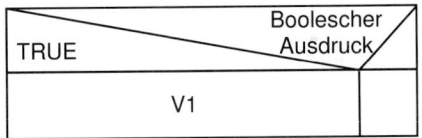

Bild 1-9 Struktogramm für die bedingte Verarbeitung

Bei der **bedingten Verarbeitung** (siehe Bild 1-9) wird der TRUE-Zweig ausgewählt, wenn der Ausdruck wahr ist. Ansonsten wird direkt der nach der bedingten Verarbeitung folgende Verarbeitungsschritt ausgeführt.

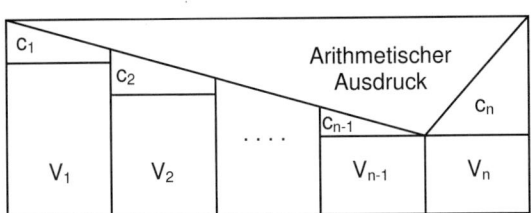

Bild 1-10 Struktogramm für die mehrfache Alternative

Bei der **mehrfachen Alternative** (siehe Bild 1-10) wird geprüft, ob ein **arithmetischer Ausdruck**[8] einen von n vorgegebenen Werten $c_1 \ldots c_n$ annimmt. Ist dies der Fall, so wird der entsprechende Zweig angesprungen, ansonsten wird direkt zu dem nächsten Verarbeitungsschritt übergegangen.

---

[7] Ein **Ausdruck** ist eine Verknüpfung von Operanden durch Operatoren und runden Klammern (siehe Kap. 7).

[8] Bei einem arithmetischen Ausdruck werden arithmetische Operatoren auf die Operanden angewandt, wie z.B. der Minusoperator im Ausdruck $6 - 2$ auf die Operanden 6 und 2.

1.3.1.3 Iteration

Bei der Iteration kann man drei Fälle von Kontrollstrukturen unterscheiden:

a) **Wiederholung mit vorheriger Prüfung (abweisende Schleife)**

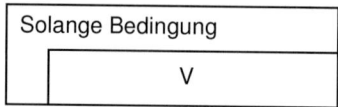

Bild 1-11 Struktogramm der Wiederholung mit vorausgehender Bedingungsprüfung

Das zugehörige Struktogramm ist in Bild 1-11 dargestellt. In einem Pseudocode kann man eine abweisende Schleife folgendermaßen darstellen:

```
WHILE (Bedingung) DO V
```

Hat zu Beginn der Schleife die `Bedingung` den Wert `TRUE`, so muss die Bedingung während der Bearbeitung verändert werden, sonst entsteht eine **Endlos-Schleife**. Eine Endlos-Schleife ist eine Schleife, deren Ausführung nie abbricht.

Die `FOR`-Schleife (siehe auch Kap. 8.3.2) ist ebenfalls eine abweisende Schleife. Sie stellt eine spezielle Ausprägung der `WHILE`-Schleife dar. `FOR`-Schleifen bieten eine syntaktische Beschreibung des Startzustandes und der Iterationsschritte (z.B. Hoch- oder Herunterzählen einer so genannten Laufvariablen, welche die einzelnen Iterationsschritte durchzählt).

b) **Wiederholung mit nachfolgender Prüfung (annehmende Schleife)**

Bild 1-12 Struktogramm der Wiederholung mit nachfolgender Bedingungsprüfung

Das zugehörige Struktogramm ist in Bild 1-12 dargestellt. Die annehmende Schleife kann man in einem Pseudocode folgendermaßen darstellen:

```
DO V WHILE (Bedingung)
```

Die annehmende Schleife wird mindestens einmal durchgeführt. Erst dann wird die Bedingung bewertet. Die `DO-WHILE`-Schleife wird typischerweise dann benutzt, wenn der Wert der Bedingung erst in der Schleife entsteht, beispielsweise wie in der folgenden Anwendung "Lies Zahlen ein, solange keine 0 eingegeben wird". Hier muss zuerst eine Zahl eingelesen werden. Erst dann kann geprüft werden, ob sie 0 ist oder nicht.

c) **Wiederholung ohne Prüfung**

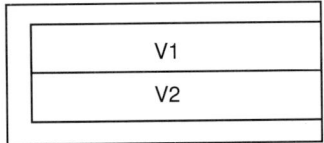

Bild 1-13 Struktogramm der Wiederholung ohne Bedingungsprüfung

Das zugehörige Struktogramm ist in Bild 1-13 dargestellt. In einem Pseudocode kann die Schleife ohne Bedingungsprüfung folgendermaßen angegeben werden:

```
LOOP V1 V2
```

Die Schleife ohne Bedingungsprüfung wird verlassen, wenn in einer der Verarbeitungsschritte V1 oder V2 eine BREAK-**Anweisung** ausgeführt wird. Eine BREAK-Anweisung ist eine spezielle Sprunganweisung und sollte nur eingesetzt werden, damit bei einer Schleife ohne Wiederholungsprüfung keine Endlos-Schleife entsteht. Die Regel, dass eine Kontrollstruktur nur einen Eingang und einen Ausgang hat, wird dadurch nicht verletzt, sondern der zunächst fehlende Ausgang wird erst durch die BREAK-Anweisung zur Verfügung gestellt. Bild 1-14 zeigt das Sinnbild für eine solche Abbruchanweisung.

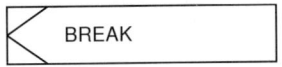

Bild 1-14 Abbruchanweisung

Im Falle der Programmiersprache Java sind die Kontrollstrukturen der Wiederholung mit vorheriger Prüfung, mit nachfolgender Prüfung und ohne Prüfung als Sprachkonstrukt vorhanden, d.h. es gibt in Java Anweisungen für diese Schleifen. Bild 1-15 stellt ein Beispiel für eine Schleife ohne Wiederholungsprüfung mit Abbruchanweisung dar.

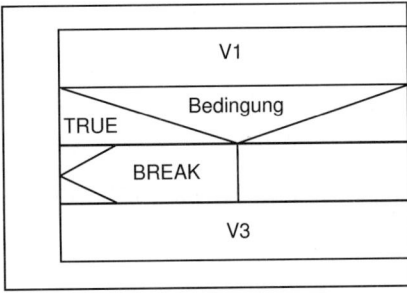

Bild 1-15 Struktogramm einer Schleife ohne Wiederholungsprüfung mit Abbruchbedingung

Hat die Bedingung nicht den Wert TRUE, so wird V3 abgearbeitet und dann die Schleife bei V1 beginnend wiederholt. Der Durchlauf der Schleife mit der Reihenfolge: "Ausführung V1", "Bedingungsprüfung", "Ausführung V3" wird solange wiederholt, bis die Bedingung den Wert TRUE ergibt. In diesem Fall wird die Schleife durch die Abbruchanweisung verlassen.

1.3.2 Euklid'scher Algorithmus als Nassi-Shneiderman-Diagramm

Mit den Mitteln der Struktogramme kann nun der Algorithmus von Euklid, der in Kapitel 1.2.1 eingeführt wurde, in grafischer Form dargestellt werden:

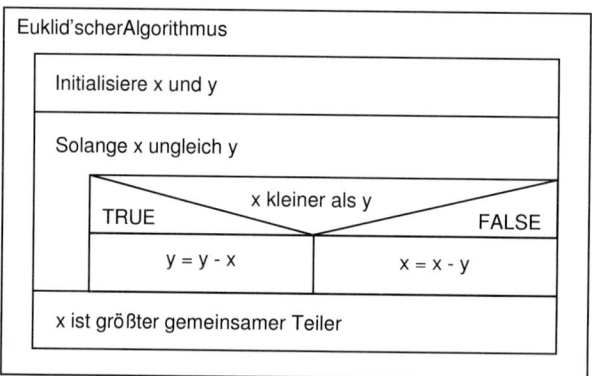

Bild 1-16 Struktogramm des Euklid'schen Algorithmus

1.4 Zeichen

Wenn ein Programm mit Hilfe eines Texteditors geschrieben wird, werden Zeichen über die Tastatur eingegeben. Einzelne oder mehrere aneinander gereihte Zeichen haben hierbei eine spezielle Bedeutung. So repräsentieren die Zeichen x und y bei der Implementierung[9] des Euklid'schen Algorithmus die Namen von Variablen.

Ein **Zeichen** ist ein von anderen Zeichen unterscheidbares Objekt, welches in einem bestimmten Zusammenhang eine definierte Bedeutung trägt.

Zeichen können beispielsweise Symbole, Bilder oder Töne sein. Zeichen derselben Art sind **Elemente** eines **Zeichenvorrats**. So sind beispielsweise die Zeichen I, V, X, L, C, M Elemente des Zeichenvorrats der römischen Zahlen. Eine **Ziffer** ist ein Zeichen, das die Bedeutung einer Zahl hat.

Von einem **Alphabet** spricht man, wenn der Zeichenvorrat eine strenge Ordnung aufweist.

So stellt beispielsweise die geordnete Folge der Elemente

0, 1	das Binäralphabet,
a, b, c ... z	die Kleinbuchstaben ohne Umlaute und ohne ß,
0, 1, ... 9	das Dezimalalphabet

dar.

---

[9] Implementierung bedeutet Realisierung, Umsetzung, Verwirklichung.

Rechnerinterne Darstellung von Zeichen

Zeichen sind zunächst **Buchstaben**, **Ziffern** oder **Sonderzeichen**. Zu diesen Zeichen können auch noch **Steuerzeichen** hinzukommen. Ein Steuerzeichen ist beispielsweise ^C, das durch gleichzeitiges Anschlagen der Taste Strg (Steuerung) und der Taste C erzeugt wird. Die Eingabe von ^C kann dazu dienen, ein Programm abzubrechen.

Rechnerintern werden die Zeichen durch Bits dargestellt. Ein **Bit**[10] kann den Wert 0 oder 1 annehmen. Das bedeutet, dass man mit einem Bit 2 verschiedene Fälle darstellen kann. Mit einer Gruppe von 2 Bits hat man 2 * 2 = 4 Möglichkeiten, mit einer Gruppe von 3 Bits kann man 2 * 2 * 2 = 8 verschiedene Fälle darstellen, und so fort. Mit 3 Bits sind die Kombinationen

000   001   010   011   100   101   110   111

Bit2   Bit1   Bit0

möglich. Jeder dieser Bitgruppen kann man je ein Zeichen zuordnen, das heißt, jede dieser Bitkombinationen kann ein Zeichen repräsentieren. Man braucht nur eine eindeutig umkehrbare Zuordnung (z.B. erzeugt durch eine Tabelle) und kann dann jedem Zeichen eine Bitkombination und jeder Bitkombination ein Zeichen zuordnen. Mit anderen Worten, man bildet die Elemente eines Zeichenvorrats auf die Elemente eines anderen Zeichenvorrats ab. Diese Abbildung bezeichnet man als **Codierung**.

Begriff eines Codes

Nach DIN 44300 ist ein **Code** eine Vorschrift für die **eindeutige Zuordnung** oder **Abbildung** der Zeichen eines Zeichenvorrats zu denjenigen eines anderen Zeichenvorrats, der so genannten Bildmenge.

Dieser Begriff des Codes wird aber nicht eindeutig verwendet.

Oftmals wird unter Code auch der Zeichenvorrat der Bildmenge verstanden.

Relevante Codes für Rechner

Für die Codierung von Zeichen im Binäralphabet gibt es viele Möglichkeiten. Für Rechner besonders relevant sind Codes, die ein Zeichen durch 7 bzw. 8 Bits repräsentieren. Mit 7 Bits kann man 128 verschiedene Zeichen codieren, mit 8 Bits 256 Zeichen. Zu den am häufigsten verwendeten Zeichensätzen gehören:

- Der ASCII[11]-Zeichensatz mit 128 Zeichen – die US-nationale Variante des ISO-7-Bit-Code (ISO 646), die aber weit verbreitet ist.
- Der erweiterte ASCII-Zeichensatz mit 256 Zeichen.

---

[10] Abkürzung für binary digit (engl.) = Binärziffer.
[11] ASCII = American Standard Code for Information Interchange (siehe Anhang A).

- Der Unicode, der jedem Zeichen aller bekannten Schriftkulturen und Zeichensysteme eine Bitkombination zuordnet. In der aktuellen Version 5.0 des Unicodes gibt es Codierungen verschiedener Länge. Java verwendet für Zeichen die ursprüngliche UTF-16-Repräsentation, bei der jedes Zeichen einer Bitkombination einer Gruppe von 16 Bits entspricht. Die ersten 128 Zeichen des UTF-16-Codes sind die Zeichen des 7-Bit ASCII-Zeichensatzes.

1.5 Variablen

Bei imperativen Sprachen – zu dieser Klasse von Sprachen gehört Java – besteht ein Programm aus einer Folge von Befehlen, wie z.B. "Wenn x größer als y ist, dann:", "ziehe y von x ab und weise das Ergebnis x zu". Wesentlich an diesen Sprachen ist das Variablenkonzept – Eingabewerte werden in Variablen gespeichert und weiterverarbeitet.

Eine **Variable** ist eine benannte Speicherstelle. Über den **Variablennamen** kann der Programmierer auf die entsprechende Speicherstelle zugreifen.

Variablen braucht man, um in ihnen Werte abzulegen. Im Gegensatz zu einer Konstanten ist eine Variable eine veränderliche Größe. In ihrem Speicherbereich kann bei Bedarf der Wert der Variablen verändert werden. Der **Wert** einer Variablen muss der Variablen explizit zugewiesen werden. Ansonsten ist ihr Wert undefiniert. Da im Arbeitsspeicher die Bits immer irgendwie ausgerichtet sind, hat jede Variable automatisch einen Wert, auch wenn ihr vom Programm noch kein definierter Wert zugewiesen wurde. Ein solcher Wert ist jedoch rein zufällig und führt zu einer Fehlfunktion des Programms. Daher darf es der Programmierer nicht versäumen, den Variablen die gewünschten **Startwerte** (**Initialwerte**) zuzuweisen, d.h. die Variablen zu **initialisieren**.

Variablen liegen während der Programmausführung in Speicherzellen des Arbeitsspeichers. Die Speicherzellen des Arbeitsspeichers (siehe Bild 1-17) sind durchnummeriert. In der Regel ist beim PC eine Speicherzelle 1 Byte[12] groß. Die Nummern der Speicherzellen werden **Adressen** genannt. Eine Variable kann natürlich mehrere Speicherzellen einnehmen (siehe Bild 1-17).

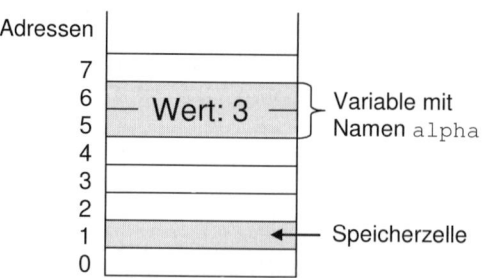

Bild 1-17 Variable im Arbeitsspeicher

---

[12] Ein **Byte** stellt eine Folge von 8 zusammengehörigen Bits dar.

Während man in C sowohl über den Variablennamen als auch über die Adresse auf den in einer Variablen gespeicherten Wert zugreifen kann, kann man in Java nur über den Namen einer Variablen ihren Wert aus den Speicherzellen auslesen und verändern. Damit wird ein häufiger Programmierfehler in C – der Zugriff auf eine falsche Adresse – verhindert.

Physikalische Adressen, d.h. Adressen des Arbeitsspeichers, werden in Java vor dem Programmierer verborgen.

Eine Variable hat in Java 3 Kennzeichen:

- Variablennamen,
- Datentyp
- und Wert.

1.6 Datentypen

Der **Datentyp** ist der Bauplan für eine Variable. Der Datentyp legt fest, welche Operationen auf einer Variablen möglich sind und wie die Darstellung (Repräsentation) der Variablen im Speicher des Rechners erfolgt. Mit der Darstellung wird festgelegt, wie viele Bytes die Variable im Speicher einnimmt und welche Bedeutung jedes Bit der Darstellung hat.

1.6.1 Einfache Datentypen

Die Sprache Java stellt selbst standardmäßig einige Datentypen bereit, wie z.B. die einfachen Datentypen

- int zur Darstellung von ganzen Zahlen
- oder float zur Darstellung von Gleitpunktzahlen[13].

Kennzeichnend für einen **einfachen Datentyp** ist, dass sein **Wert** einfach im Sinne von **atomar** ist. Ein einfacher Datentyp kann nicht aus noch einfacheren Datentypen zusammengesetzt sein. Datentypen, die der Compiler zur Verfügung stellt, sind **Standardtypen**. Ein **Compiler** ist hierbei ein Programm, das Programme aus einer Sprache in eine andere Sprache übersetzt. Ein C-Compiler übersetzt z.B. ein in C geschriebenes Programm in Anweisungen eines so genannten Maschinencodes, die der Prozessor direkt versteht.

1.6.1.1 Der Datentyp int

Der Datentyp int vertritt in Java-Programmen die **ganzen Zahlen (Integer-Zahlen)**. Es gibt in Java jedoch noch weitere Integer-Datentypen. Sie unterscheiden sich vom Datentyp int durch ihre Repräsentation und damit auch durch ihren Wertebereich.

---

[13] **Gleitpunktzahlen** dienen zur näherungsweisen Darstellung von reellen Zahlen.

Die `int`-Zahlen umfassen auf dem Computer einen endlichen Zahlenbereich, der nicht überschritten werden kann. Dieser Bereich ist in Bild 1-18 dargestellt.

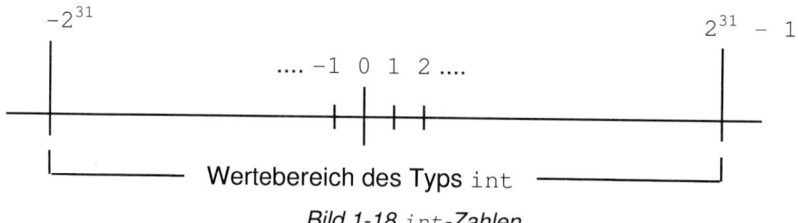

Bild 1-18 `int`-Zahlen

-2^{31}, d.h. -2147483648, und $2^{31} - 1$, d.h. 2147483647, sind die Grenzen der `int`-Werte für Java auf jeder Maschine. Somit gilt für jede beliebige Zahl x vom Typ `int`:

x ist eine ganze Zahl, $-2147483648 \leq x \leq 2147483647$

Rechnet man mit einer Variablen x vom Typ `int`, so ist darauf zu achten, dass beim Rechnen nicht die Grenzen des Wertebereichs für `int`-Zahlen überschritten werden. Wird beispielsweise `2 * x` berechnet und ist das Ergebnis `2 * x` größer als 2147483647 oder kleiner als -2147483648, so kommt es bei der Multiplikation zu einem Fehler, dem so genannten **Zahlenüberlauf**. Hierauf muss der Programmierer selbst achten. Der Zahlenüberlauf wird nämlich in Java nicht durch eine Fehlermeldung oder eine Warnung angezeigt. Meist wird in der Praxis so verfahren, dass ein Datentyp gewählt wird, der für die gängigen Anwendungen einen ausreichend großen Wertebereich hat. Sollte der Wertebereich dennoch nicht ausreichen, kann ein Gleitkomma-Datentyp oder die Klasse `BigInteger` eingesetzt werden. Die Klasse `BigInteger` ermöglicht beliebig lange Ganzzahlen. Sie wird als Bibliotheksklasse (siehe Kap. 1.6.2) von Java zur Verfügung gestellt.

> Die **Variablen** vom Typ `int` haben als Werte ganze Zahlen. Die Darstellung von `int`-Zahlen umfasst in Java 32 Bit. Dies entspricht einem Wertebereich von -2^{31} bis $+2^{31}-1$.

1.6.1.2 Der Datentyp float

`float`-Zahlen entsprechen den rationalen und reellen Zahlen der Mathematik. Im Gegensatz zur Mathematik ist auf dem Rechner jedoch der Wertebereich endlich und die Genauigkeit der Darstellung begrenzt. `float`-Zahlen werden auf dem Rechner in der Regel als **Exponentialzahlen** in der Form **Mantisse * Basis ^{Exponent}** dargestellt (siehe Kap. 6.2.1.3). Dabei wird sowohl die Mantisse als auch der Exponent mit Hilfe ganzer Zahlen dargestellt, wobei die Basis auf dem jeweiligen Rechner eine feste Zahl wie z.B. 2 oder 16 ist. Während in der Mathematik die reellen Zahlen unendlich dicht auf dem Zahlenstrahl liegen, haben die `float`-Zahlen, welche die reellen Zahlen auf dem Rechner vertreten, tatsächlich diskrete Abstände voneinander. Es ist im Allgemeinen also nicht möglich, Brüche, Dezimalzahlen, transzendente Zahlen oder die übrigen nicht-rationalen Zahlen wie z.B. die Quadratwurzel aus 2, $\sqrt{2}$, exakt darzustellen. Werden `float`-Zahlen benutzt, so kommt es also in der Regel zu Rundungsfehlern. Wegen der Exponentialdarstellung werden die Rundungsfehler für große Zahlen größer, da die Abstände zwischen den im Rechner darstellbaren `float`-Zahlen zunehmen. Addiert man beispielsweise eine kleine Zahl y zu einer großen Zahl x und zieht anschließend die große Zahl x wieder ab, so erhält man meist nicht mehr den ursprünglichen Wert von y.

> Die Variablen vom Typ `float` haben als Werte reelle Zahlen.

Außer dem Typ `float` gibt es in Java noch einen weiteren Typ von reellen Zahlen, nämlich den Typ `double` mit erhöhter Rechengenauigkeit.

1.6.1.3 Operationen auf einfachen Datentypen

Ein einfacher Datentyp wie `int` oder `float` ist definiert durch seine **Wertemenge** und die **zulässigen Operationen** auf Ausdrücken dieses Datentyps. Im Folgenden soll der Datentyp `int` betrachtet werden. Der Wertebereich der `int`-Zahlen erstreckt sich über alle ganzen Zahlen von -2^{31} bis 2^{31} - 1. Die für `int`-Zahlen möglichen Operationen sind:

Operator	Operanden	Ergebnis
Vorzeichenoperatoren `+, - (unär)`[14]	`int` ➜	`int`
Binäre arithmetische Operatoren `+, -, *, /, %`	`(int, int)` ➜	`int`
Vergleichsoperatoren `==, <, <=, >, >=, !=`	`(int, int)` ➜	`boolean` (Wahrheitswert)
Wertzuweisungsoperator `=`	`int` ➜	`int`

Tabelle 1-3 Operationen für den Typ `int`

Die Bedeutung von Tabelle 1-3 wird am Beispiel

Operator	Operanden	Ergebnis
Binäre arithmetische Operatoren + (binär)	`(int, int)` ➜	`int`

erklärt. Dieses Beispiel ist folgendermaßen zu lesen: Der **binäre Operator** + verknüpft zwei `int`-Werte als Operanden zu einem `int`-Wert als Ergebnis.

In Tabelle 1-3 ist / der Operator der ganzzahligen Division, % der **Modulo-Operator**, der den Rest bei der ganzzahligen Division angibt, == der Vergleichsoperator "ist gleich", <= der "kleiner gleich"-Operator und != der Operator "ungleich". Das **unäre** + und – sind Vorzeichenoperatoren.

---

[14] Ein **unärer Operator** hat nur einen Operanden (siehe Kap. 7.1).

1.6.2 Selbst definierte Datentypen

Neben den einfachen Datentypen gibt es in modernen Programmiersprachen auch so genannte **selbst definierte Datentypen**. Selbst definierte Datentypen sind dem Compiler standardmäßig nicht bekannt. Wenn die Programmiersprache hierfür die Sprachmittel anbietet, so ist es dem Programmierer möglich, eigene Datentypen zu erfinden – die für die Modellierung einer Anwendung von Bedeutung sind – und diese dem Compiler bekannt zu machen.

Java bietet für selbst definierte Datentypen das Sprachkonstrukt der Klasse (`class`) oder des Aufzählungstyps (`enum`). Eine Klasse bildet ein Objekt der realen Welt in ein Schema ab, das der Compiler versteht, wobei ein Objekt z.B. ein Haus, ein Vertrag oder eine Firma sein kann – also prinzipiell jeder Gegenstand, der für einen Menschen eine Bedeutung hat und den er sprachlich beschreiben kann. Will man beispielsweise eine Software für das Personalwesen einer Firma schreiben, so ist es zweckmäßig, einen selbst definierten Datentyp Mitarbeiter, d.h. eine Klasse Mitarbeiter, einzuführen.

Es gibt bereits eine große Anzahl vordefinierter Datentypen, die in der Java-Klassenbibliothek als so genannte **Bibliotheksklassen** zur Verfügung gestellt werden.

Ein selbst definierter Datentyp kann durch eine Bibliothek zur Verfügung gestellt oder von einem Programmierer eingeführt werden.

1.6.3 Von den einfachen Datentypen zu den Klassen

Dieses Kapitel soll kurz aufzeigen, wie sich in der Geschichte der Programmiersprachen die Entwicklung von den einfachen Datentypen zu den Klassen vollzogen hat. Ein Programmieranfänger, der keine anderen Programmiersprachen kennt und sich allein auf das Erlernen der objektorientierten Programmierung mit Java fokussieren möchte, kann dieses Kapitel problemlos überspringen.

Einen Punkt mit ganzzahligen Koordinaten x und y kann man beschreiben durch zwei einzelne `int`-Variablen:

```
int x;
int y;
```

Geht man so vor, so muss sich der Programmierer natürlich im Kopf merken, dass x und y zum selben Punkt gehören. Nikolaus Wirth [17] führte zum ersten Mal in seiner Programmiersprache Pascal neuartige **zusammengesetzte Datentypen** – die so genannten Records – ein, die es erlauben, zusammengesetzte Variablen – hier einen Punkt – zu definieren, die aus Komponentenvariablen aufgebaut sind. Das Konzept des Records erlaubt es, dass die Komponentenvariablen auch von verschiedenem Typ sein können. Kernighan und Ritchie wollten den Begriff Record nicht übernehmen und führten in C den Begriff Struktur (`struct`) für diesen neuartigen selbst definierten Datentyp ein. Damit war es in C möglich, durch

```
struct Punkt
{
    int x;   // Komponentenvariable x
    int y;   // Komponentenvariable y
}
```

einen neuen Datentyp `struct Punkt` zu definieren, der die Komponenten `x` und `y` enthält. Eine Variable dieses Typs kann eingeführt werden durch

```
struct Punkt p;
```

`p` ist eine Strukturvariable, welche die beiden Komponenten `x` und `y` hat. Eine Festlegung der Koordinaten des Punktes kann erfolgen, indem man den Komponenten einzeln Werte zuweist, z.B. durch

```
p.x = 1;
p.y = 1;
```

Grundsätzlich neu ist hierbei, dass ein Sprachmittel gefunden ist, um einen Punkt, der über seine 2 kartesischen Koordinaten x und y definiert ist, als Ganzes zu beschreiben. Der Zugriff auf die Komponenten x und y eines Punktes p erfolgt im Programm durch die Punktnotation `p.x` bzw. `p.y`.

Selbstverständlich kann man Variablen vom Datentyp `struct Punkt` mit Funktionen bearbeiten. Dabei werden in C die Funktionen jedoch außerhalb der Struktur definiert. Eine Funktion `get_x()` beispielsweise wird außerhalb der Struktur definiert durch

```
int get_x (struct Punkt p)
{
    return p.x;
}
```

Diese Funktion soll an dieser Stelle nicht komplett diskutiert werden. Wichtig ist jedoch, dass eine Funktion `get_x()`, die außerhalb der Struktur definiert werden muss, natürlich nicht wissen kann, auf welchem der Punkte sie arbeiten soll. Daher muss der zu bearbeitende Punkt in der Parameterliste – hier `(struct Punkt p)` – an die Funktion übergeben werden.

Den nächsten Fortschritt brachte **C mit Klassen**, das später dann **C++** hieß. In C mit Klassen wurde es möglich, dass eine Struktur nicht nur Daten, sondern auch Funktionen enthielt. Das obige Beispiel sieht dann so aus[15]:

```
struct Punkt
{
    int x;
    int y;
```

---

[15] Aus Symmetriegründen wurde hier auch eine Funktion `get_y()` aufgenommen.

```
int get_x()
{
    return x;
}

int get_y()
{
    return y;
}
}
```

Eine Variable p vom Typ `struct Punkt` wird durch

```
struct Punkt p;
```

vereinbart. Eine solche Variable repräsentiert in C++ ein Objekt. Dieses Objekt p hat als Komponenten zum einen die Komponentenvariablen x und y – also Daten – und zum anderen die Funktionen `get_x()` und `get_y()`. In C++ werden die Daten-Komponenten Attribute genannt. In Java werden die Daten-Komponenten jedoch als Datenfelder bezeichnet. Daher verwenden wir im Folgenden den Begriff Datenfeld. Funktions-Komponenten tragen in der objektorientierten Programmierung generell den Namen Methoden.

Bitte beachten Sie, dass `get_x()` jetzt keinen Übergabeparameter mehr benötigt. Warum? Die Methode `get_x()` wird jetzt innerhalb der Struktur definiert – das ist in C++ neu gegenüber C und typisch für die Objektorientierung – und damit haben die Methoden automatisch Zugriff auf die Datenfelder x und y.

> Eine klassische Struktur in C kann nur Daten als Komponenten haben. Eine Struktur in C++ kann Daten und Funktionen (Methoden) als Komponenten haben. Grundsätzlich gilt in der Objektorientierung, dass ein Objekt Daten und Methoden als Komponenten hat.

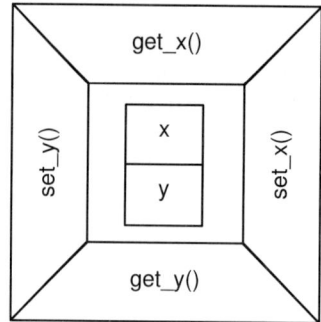

Bild 1-19 Methoden und Datenfelder sind die Komponenten eines Objektes

Bild 1-19 zeigt ein Objekt des Datentyps `struct Punkt` mit den Datenfeldern x und y und den Methoden `get_x()`, `get_y()`, `set_x()` und `set_y()`. Die Methoden `set_x()` und `set_y()` dienen zum Setzen der Werte der Datenfelder x und y.

> In der Objektorientierung haben die Methoden eines Objektes automatisch Zugriff auf die Datenfelder eines Objektes.

Der Aufruf der Methoden `get_x()` und `get_y()` erfolgt wie beim Zugriff auf die Datenfelder über die Punktnotation, z.B. durch

```
p.get_x();
```

Schreibt man statt `struct Punkt` nun `class Punkt`:

```
class Punkt
{
    int x;
    int y;

    int get_x()
    {
        return x;
    }

    int get_y()
    {
        return y;
    }
}
```

so ist man bereits bei den Klassen angelangt. Der Unterschied zwischen `struct Punkt` und `class Punkt` in C++ ist nur der, dass für den Zugriff auf Komponenten für `struct` und `class` verschiedene Default-Zugriffsrechte gelten. Default-Zugriffsrechte sind die Zugriffsrechte, die automatisch bestehen, wenn nicht explizit bestimmte Zugriffsrechte angegeben werden.

Als Datentyp ist in C++ neben `struct Punkt` bzw. `class Punkt` nun auch einfach `Punkt` möglich, wobei der Datentyp `Punkt` identisch zum Datentyp `class Punkt` ist. Das hier vorgestellte Konzept der Klassen wird auch in Java übernommen. Klassen stellen einen Datentyp dar. Bei der Bildung von Variablen gibt es jedoch Unterschiede zwischen C++ und Java, die aber hier nicht diskutiert werden müssen.

1.7 Übungen

Aufgabe 1.1: Nassi-Shneiderman-Diagramm Quadratzahlen

Vervollständigen Sie das unten angegebene Nassi-Shneiderman-Diagramm für ein Programm, welches in einer **(äußeren) Schleife** Integer-Zahlen in eine Variable n einliest. Die Reaktion des Programms soll davon abhängen, ob der in die Variable eingelesene Wert positiv, negativ oder gleich Null ist. Treffen Sie die folgende Fallunterscheidung:

- Ist die eingelesene Zahl n größer als Null, so soll in einer inneren Schleife folgende Ausgabe erzeugt werden:

```
Zahl            Quadratzahl
1                  1
2                  4
.                  .
.                  .
.                  .
n                 n*n
```

- Ist die eingelesene Zahl n kleiner als Null, so soll ausgegeben werden:

```
Negative Zahl
```

- Ist die eingegebene Integer-Zahl n gleich Null, so soll das Programm (**die äußere Schleife**) abbrechen.

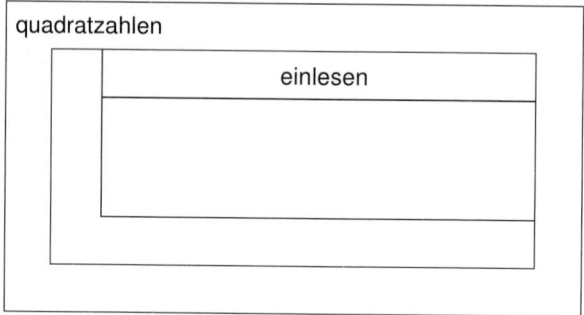

Bild 1-20 Nassi-Shneiderman-Diagramm für das Programm `quadratzahlen`

Aufgabe 1.2: Verständnisfragen

1.2.1 Was wird unter einem **Algorithmus** verstanden?
1.2.2 Was wird unter einer **Kontrollstruktur** verstanden?
1.2.3 Welche Kontrollstrukturen gibt es bei sequenziellen Abläufen?
1.2.4 Was ist ein **Datentyp**? Was ist eine **Variable**? Wie hängen Datentyp und Variable zusammen?
1.2.5 Was ist der Unterschied zwischen einem zusammengesetzten Datentyp und einem einfachen Datentyp? Nennen Sie je ein Beispiel.
1.2.6 Welche Schritte sind notwendig, um ein Java-Programm zum Laufen zu bringen, wenn nur der Quellcode vorliegt?
1.2.7 Was beinhalten `.class`-Dateien?
1.2.8 Was wird unter einem **Code** verstanden?

Kapitel 2

Objektorientierte Konzepte

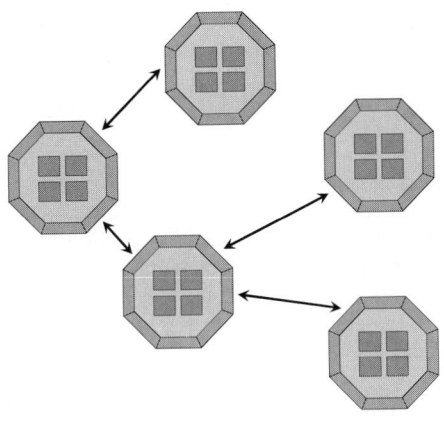

2.1   Modellierung mit Klassen und Objekten
2.2   Information Hiding und Kapselung
2.3   Abstraktion und Brechung der Komplexität
2.4   Erstes Programmbeispiel mit Objekten
2.5   Flughafen-Projekt
2.6   Übungen

2 Objektorientierte Konzepte

Entscheidend für den objektorientierten Ansatz ist nicht das objektorientierte Programmieren, sondern das **Denken in Objekten** vom Start des Projektes an. Dies wird dadurch erleichtert, dass bei den objektorientierten Techniken in Konzepten und Begriffen der realen Welt anstatt in computertechnischen Konstrukten wie Haupt- und Unterprogrammen gedacht und entsprechend programmiert wird.

2.1 Modellierung mit Klassen und Objekten

Bevor ein neues System mit Hilfe einer Programmiersprache realisiert wird, analysiert man, welche Objekte von Bedeutung sind, um die Aufgaben des Systems zu erfüllen. In weiteren Schritten macht man sich Gedanken, wie man ein System in Systemteile gliedern kann, welche Objekte welchem Systemteil zugeordnet werden und wie die Kommunikation von Systemteilen bzw. Objekten aussieht. All diese Überlegungen werden in einer Systemspezifikation festgehalten und erst dann beginnt man, das System mit Hilfe einer Programmiersprache umzusetzen.

2.1.1 Problem- und Lösungsbereich

Bei der objektorientierten Modellierung denkt man lange Zeit hauptsächlich im **Problembereich (problem domain, Anwendungsbereich)** – also in der Begriffswelt des Kunden. Dies hat den großen Vorteil, dass der Kunde die Projektunterlagen verstehen kann.

Bild 2-1 Bei objektorientierten Techniken sprechen Kunde und Entwickler dieselbe Sprache. Man versteht sich!

Im Rahmen der so genannten **Systemanalyse** wird studiert, welche **Aufgaben (Geschäftsprozesse)** in einem Geschäftsfeld durchgeführt werden und welche Objekte beim Ausführen der Aufgaben eine Rolle spielen. Hat der Kunde noch kein EDV-System, so führt er zum Zeitpunkt der Systemanalyse alle Aufgaben "von Hand" durch[16].

Meistens kommen zu einem späteren Zeitpunkt der Systementwicklung noch neue Objekte hinzu, an die man zu Beginn der Entwicklung gar nicht gedacht hat. Das ist aber gar nicht so schlimm, da objektorientierte Systeme sehr stabil sind gegen nach-

---

[16] Oft genug kommt es allerdings vor, dass man ein abzulösendes EDV-System untersuchen muss, um zu erkennen, welche Geschäftsprozesse ablaufen.

trägliche Änderungen. Denkt man z.B. an ein Fluglotsensystem, so sind Objekte, auf die es ankommt, ganz bestimmt die einzelnen Flugzeuge, die Start- und Lande- bahnen und die Parkpositionen der Flugzeuge. Objekte haben Eigenschaften. Zu einer Startbahn gehört z.B. ihre Länge, der Belegtstatus und der Zeitraum der Belegung, die relative Windrichtung zur Startbahn und die entsprechende Wind- stärke. Mit Objekten kann man in der Realität und im Programm etwas anfangen. So kann der Fluglotse eine Start- und Landebahn freigeben oder belegen.

Bei der Systemanalyse, der Modellierung des Problembereichs, werden **selbst definierte Datentypen** wie Flugzeug, Start- und Landebahn, Parkposition, Flug- gesellschaft, Lotse, Verwaltungsangestellter etc. in der Form von **Klassen** einge- führt. Eine **Klasse** entspricht einem **Typ eines Gegenstands der realen Welt**. Dabei beschränkt man sich nicht nur auf Dinge. Auch Wesen – wie z.B. Mitarbeiter – und **Konzepte** – wie z.B. Verträge – werden darunter gesehen. Als Oberbegriff für konkrete Gegenstände, Wesen und Konzepte wird das Wort Entität verwendet.

> Eine **Entität** hat im Rahmen des betrachteten Problems eine definierte Bedeutung. Sie kann einen **Gegenstand** oder ein **Wesen** oder ein **Konzept** darstellen.

Es ist ein großer Vorteil der Objektorientierung, in Entitäten, d.h. in Abstraktionen von Gegenständen, Wesen oder Konzepten der realen Welt zu denken. Eine Entität entspricht einer Instanz (einem Objekt). Der Begriff Entitätstyp ist eine Analogie zum Begriff der Klasse. Etwas schwieriger ist in der deutschen Sprache, dass Instanzen und Typen gleich benannt werden. So wird ein konkretes Flugzeug gleichermaßen wie der Typ, d.h. die Klasse, Flugzeug genannt.

> Der Ansatz der Objektorientierung basiert darauf, **Objekte der realen Welt** mit Hilfe softwaretechnischer Mittel abzubilden.

Mit dem EDV-System – also einem technischen System – befasst man sich erst beim **Systementwurf**. In der **Systemanalyse** hingegen ist man in der Welt der Logik der Aufgaben und hat dabei noch gar keinen Rechner. Man befindet sich in einer idealen Welt, in der alles unendlich schnell abläuft und in der es keine technischen Fehler gibt. Beim Systementwurf betritt der Entwickler den **Lösungsbereich**. Von Vorteil ist, dass die Objekte des Problembereichs dabei nahtlos in den Lösungsbereich über- nommen werden können. Es liegt auf der Hand, dass zu den Verarbeitungs- funktionen des Problembereichs beim Eintritt in den Lösungsbereich eine ganze Reihe technischer Funktionen hinzutreten müssen. So werden spezielle technische Klassen benötigt, um das Programmsystem zu starten, oder technische Klassen, um die Daten im Programmsystem dauerhaft (persistent) zu speichern. Wurden die wich- tigsten Daten bei der Arbeit von Hand vielleicht manuell in einem Ordner abgelegt, so sollten sie in einem EDV-System auf der Festplatte abgelegt werden. Ein anderes

Beispiel für technische Klassen sind GUI[17]-Klassen, die einem Anwender den Dialog mit dem EDV-System erlauben.

2.1.2 Klassen und Objekte

Die Daten des Systems werden in den so genannten **Datenfeldern** von Objekten abgelegt. Datenfelder sind Komponentenvariablen eines Objekts, also Variablen, die ein Bestandteil, d.h. eine Komponente, eines Objektes sind. Was man mit dem Objekt alles tun kann, wird durch Methoden beschrieben.

> **Klassen** stellen die **Baupläne für Objekte** dar. **Klassen** sind die **Datentypen**, die **Objekte** die **Variablen** (**Instanzen**) dieser Datentypen. Die Objekte werden gemäß der in den Klassen abgelegten Baupläne erzeugt.

Im Folgenden soll eine Klasse `Punkt` betrachtet werden. Sie wird benötigt für einen grafischen Editor, der dazu dienen soll, Punkte und Figuren zu zeichnen. Ein Punkt, der gezeichnet wird, stellt ein Objekt oder eine Instanz der Klasse `Punkt` dar.

Punkt
x : int
y : int
zeichne( )
verschiebe( )
loesche( )

Klassenname `Punkt`

Datenfeld `x` vom Typ `int`
Datenfeld `y` vom Typ `int`

Methode `zeichne()`
Methode `verschiebe()`
Methode `loesche()`

Bild 2-2 Klasse `Punkt`

Eine Klasse trägt stets einen Klassennamen. Der Klassenname lautet hier `Punkt`. In einer Ebene hat ein Punkt – d.h. ein Objekt der Klasse `Punkt` – 2 Koordinaten. Wählt man kartesische Koordinaten, so sind dies seine Abszisse auf der x-Achse, `x` genannt, und seine Ordinate auf der y-Achse, `y` genannt. Punkte in der realen Welt sind beispielsweise p1(1|1), p2(2|3) oder p3(0|0). Was man mit einem Punkt alles anfangen kann, beschreiben die Methoden. Man kann einen Punkt zeichnen (Methode `zeichne()`), einen Punkt verschieben (Methode `verschiebe()`) und löschen (Methode `loesche()`).

> Eine Klasse trägt einen **Klassennamen** und enthält **Datenfelder** und die **Methoden**, die auf diese Datenfelder zugreifen.

Bei der Modellierung werden aus den Punkten (Objekten) der realen Welt Objekte der Modellierung wie im Falle des Punktes `p1`, der in Bild 2-3 dargestellt ist. Der

---

[17] GUI = Graphical User Interface.

Punkt p1 ist ein Objekt der Klasse Punkt. Dies wird notiert durch <u>p1 : Punkt</u>. Dass die Koordinaten vom Typ int sind, wird angegeben durch x : int und y : int.

<u>p1 : Punkt</u>	Objektname p1
	Klassenname Punkt
x : int	Datenfeld x
y : int	Datenfeld y
zeichne( )	Methode zeichne()
verschiebe( )	Methode verschiebe()
loesche( )	Methode loesche()

Bild 2-3 Objekt p1 der Klasse Punkt

Beachten Sie, dass ein Doppelpunkt gefolgt von einem Klassennamen und beides unterstrichen ein **Objekt** der entsprechenden Klasse charakterisiert. Steht vor dem Doppelpunkt noch ein unterstrichener Name, dann ist dies der **Name des Objektes**. Steht vor dem Doppelpunkt nichts, so wird **irgendein Objekt** der entsprechenden Klasse betrachtet, d.h. ein so genanntes anonymes Objekt.

Bei der Objektorientierung werden die Daten eines Objekts und die Methoden, welche die Daten eines Objekts ein- und ausgeben und miteinander verknüpfen, als eine zusammengehörige Einheit – als ein so genanntes **Objekt** – betrachtet. Ein Objekt der Klasse Punkt enthält alles, was man für einen Punkt braucht – seine Daten und seine Methoden – quasi in einer Kapsel. Die Methoden, welche auf die Daten zugreifen dürfen, stehen bei ihren Daten und "bewachen" diese. Damit werden die Daten vor einem direkten unbefugten Zugriff von außen geschützt.

Ein Objekt kann sinnbildlich mit einer Burg verglichen werden. Die Daten stellen den Goldschatz der Burg dar. Die Daten werden durch die Wächter – die Methoden – bewacht und verwaltet. Eine Änderung der Daten oder ein Abfragen der Datenwerte kann nur durch einen Auftrag an die Wächter, d.h. die Methoden, erfolgen.

Bild 2-4 Daten stellen einen bewachten Goldschatz einer Burg dar

Möchte also eine Methode auf die Daten eines anderen Objektes zugreifen, so kann sie dies i.a. nicht direkt tun. Sie muss eine der Methoden des Objektes – zu dem auch die Daten gehören – bitten, auf die gewünschten Daten zuzugreifen. Die Methoden eines Objektes stellen also die Schnittstellen eines Objektes zu seiner Außenwelt dar.

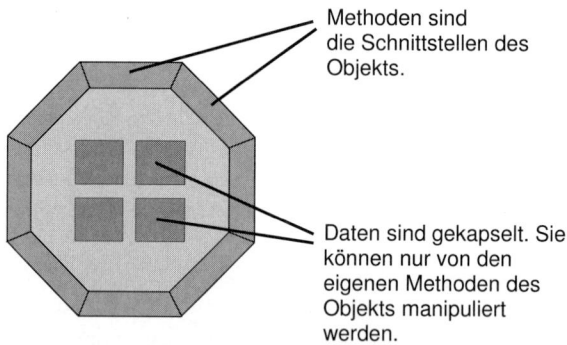

Methoden sind die Schnittstellen des Objekts.

Daten sind gekapselt. Sie können nur von den eigenen Methoden des Objekts manipuliert werden.

Bild 2-5 Daten und Methoden – die Bestandteile (Komponenten) von Objekten

Der interne Aufbau eines Objektes, der nach außen nicht sichtbar ist, besteht aus privaten Daten, privaten Methoden und der Implementierung der Rümpfe der nach außen sichtbaren Methodenschnittstellen. Private Methoden dienen als Hilfsmethoden (Service-Methoden) und können durch eine nach außen sichtbare Methode oder eine andere private Methode aufgerufen werden.

Die **Methoden** erfüllen die **Aufgaben**:

- **Werte** der Datenfelder eines Objektes **auszugeben**,
- **Datenfelder** zu **verändern**
- und mit Hilfe der in den Datenfeldern gespeicherten Werte **neue Ergebnisse zu berechnen**.

Die Methoden beschreiben, was man mit dem Objekt anfangen kann, d.h. wie sich ein Objekt zu seiner Umgebung verhält. Das Objekt enthält damit auch sein **Verhalten**.

Datenfelder definieren die **Datenstruktur** der Objekte, die **Methoden** bestimmen das **Verhalten** der Objekte.

2.1.3 Zustände von Objekten

Ein Objekt hat – wie schon gesagt – einen Satz von Variablen (Datenfeldern) und Methoden, die zu ihm gehören. Jedes Datenfeld hat Werte aus seinem Wertebereich. Der **Zustand** eines Objektes ist festgelegt durch den momentanen Wert seiner Datenfelder. Verändert werden kann der Zustand eines Objektes durch die

Methoden des Objektes. Die Methoden führen ein Objekt von einem Zustand in einen anderen über.

Der Begriff des Zustandes eines Objektes kann noch etwas präzisiert werden:

Jede Kombination von Datenfeldwerten stellt einen Zustand dar, der von uns als **mikroskopischer Zustand** eines Objektes bezeichnet wird.

Ein Objekt kann sehr viele mikroskopische Zustände haben.

Wichtig bei der Modellierung sind jedoch diejenigen Zustände eines Objektes, die für eine Anwendung eine Bedeutung haben. Diese Zustände werden von uns **makroskopische Zustände** genannt.

Um den Unterschied zwischen mikroskopischen und makroskopischen Zuständen zu erläutern, soll ein Fahrstuhl betrachtet werden. Im Fahrstuhl soll es einen Gewichtssensor geben, welcher das Gewicht der im Fahrstuhl befindlichen Personen feststellt. Jeder Wert des Gewichtssensors entspricht dann einem mikroskopischen Zustand. Für die Anwendung ist jedoch nur interessant, ob der Fahrstuhl überladen ist oder nicht. "Überladen" oder "nicht überladen" sind zwei makroskopische Zustände. Ist der Fahrstuhl "überladen", so fährt er nicht los. Es müssen so lange Fahrgäste aussteigen, bis er nicht mehr "überladen" ist.

Weitere Beispiele für makroskopische Zustände eines Objektes Fahrstuhl sind "Warten auf Knopfdruck", "Türen schließen sich", "Fahren", "Türen öffnen sich". Generell sind makroskopische Zustände von Bedeutung, wenn man Zustandsübergänge von Objekten betrachtet, z.B. dass ein Objekt Fahrstuhl beim Drücken eines Knopfes vom Zustand "Warten auf Knopfdruck" in den Zustand "Türen schließen sich" übergeht.

Ein makroskopischer Zustand resultiert durch Wechselwirkungen mit der Umgebung – im Falle eines Fahrstuhls z.B. durch Wechselwirkungen mit der Mechanik bei "Türen öffnen sich" oder mit dem Motor bei "Fahren" oder durch das Warten auf ein Ereignis.

In welchem Zustand sich ein Objekt dabei befindet, wird durch entsprechende Datenfelder des Objektes festgehalten.

2.1.4 Zusammenarbeit von Objekten

Objektorientierte Systeme erbringen ihre Leistungen durch das Zusammenwirken von Objekten.

Eine funktionale Leistung, die ein System zur Verfügung stellt, wird als **Anwendungsfall (Use Case)** bezeichnet. Ein Use Case stellt einen Geschäftsprozess oder Teil eines Geschäftsprozesses dar, der durch ein EDV-System unterstützt wird.

Ganz zu Beginn der Systemanalyse betrachtet man zunächst die Geschäftsprozesse und fällt dann die Entscheidung, welche Geschäftsprozesse bzw. welche Anteile durch den Rechner unterstützt werden sollen. Nach einigen Vorarbeiten wird dann für jeden Use Case[18] ein Interaktionsdiagramm erstellt. Diese Interaktionsdiagramme – sei es in der Ausprägung so genannter Kommunikationsdiagramme oder so genannter Sequenzdiagramme – können sowohl bei der Systemanalyse als auch beim Systementwurf erfolgreich verwendet werden. Im Rahmen der Systemanalyse bildet man die Wechselwirkungen zwischen den Objekten auf einen Nachrichtenaustausch zwischen den Objekten ab. Bildlich gesprochen heißt dies, dass die Objekte miteinander "reden". Bild 2-6 symbolisiert einen Austausch von Nachrichten zwischen den Objekten. Bitte beachten Sie, dass dieses Bild nur der Veranschaulichung dient und keineswegs UML[19]-konform ist.

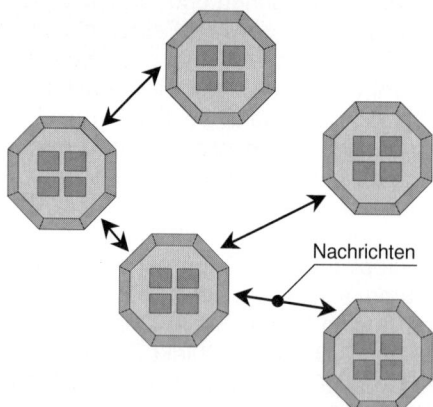

Bild 2-6 Informationsaustausch zwischen Objekten über Nachrichten in der Systemanalyse

Die in Bild 2-6 eingezeichneten **Nachrichten** (Botschaften) der Systemanalyse entsprechen beim Entwurf und bei der Programmierung dem Aufruf von Java-Methoden.

Mit dem Aufruf einer Methode wird die **Kontrolle an das Objekt, an das die Nachricht gerichtet ist, übergeben. Wie das Objekt handelt, ist Sache des Objektes**.

Ein **Aufruf über Nachrichten bzw. Methoden** stellt eine **schwache Kopplung** zwischen Objekten dar. Eine schwache Kopplung hat den Vorteil, dass bei Änderungen eines Objektes die Rückwirkungen auf ein anderes Objekt gering bleiben. Auf Grund der schwachen Kopplung sind objektorientierte Systeme auch

---

[18] Der Begriff Use Case wurde von Ivar Jacobson [22] geprägt.
[19] Die UML (Unified Modeling Language) stellt eine grafische Spezifikationssprache dar, um objektorientierte Systeme zu modellieren.

leicht erweiterbar, sodass kein Schaden entsteht, wenn man zu Beginn des Projektes nicht alle Klassen des Problembereichs sofort findet. Bei **stark gekoppelten Systemen** – wie z.B. bei einer Kopplung über globale Variablen in der klassischen prozeduralen Programmierung – führen Änderungen an einer Stelle oftmals zu einer Vielzahl von unliebsamen Folgeänderungen.

Die Menge der Nachrichten, auf die ein Objekt antworten kann, legt sein "**Protokoll**" fest. Sichtbar nach außen sind von einem Objekt nur seine Nachrichten, in anderen Worten sein Protokoll.

2.1.5 Instanzvariablen, Instanzmethoden, Klassenvariablen und Klassenmethoden

Bild 2-7 zeigt drei Objekte der Klasse `Punkt` und die Klasse `Punkt` selbst. Die Namen dieser Objekte lauten `p1`, `p2` und `p3`. Ein jeder Punkt trägt seine individuellen Koordinaten. So hat der Punkt `p1` die Koordinaten x ist gleich 1 und y ist gleich 1. Diese Werte sind "persönliche" Eigenschaften des Punktes `p1`, sie gehören zu dem Punkt-Objekt, in anderen Worten zu der Punkt-Instanz. Solche "persönlichen" Variablen eines Punktes werden als **Instanzvariablen** bezeichnet. Bei jedem Punkt-Objekt gibt es die Methoden `zeichne()`, `verschiebe()` und `loesche()`. Diese Methoden arbeiten auf den Instanzvariablen und werden als **Instanzmethoden** bezeichnet.

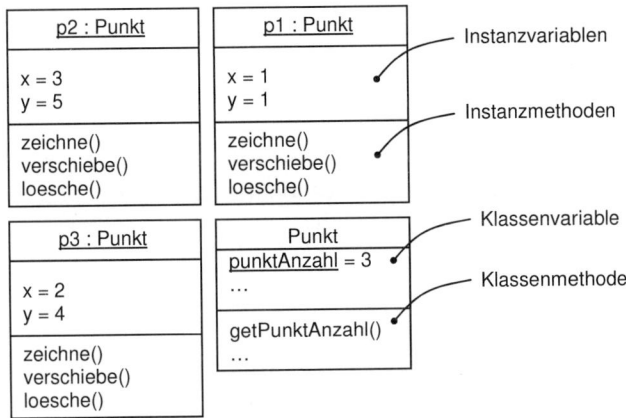

Bild 2-7 Drei Instanzen der Klasse `Punkt` und die Klasse `Punkt` selbst

Die Anzahl der erzeugten Punkte ist jedoch keine Eigenschaft eines individuellen Punktes, sondern ist eine Eigenschaft der Menge aller Punkte. Die Variable `punkt-Anzahl` kann aus Symmetriegründen bei keinem der Punkt-Objekte untergebracht werden, da alle Punkte von Haus aus vollkommen gleichberechtigt sind. Es liegt deshalb nahe, dass eine Variable, die eine Eigenschaft aller Instanzen derselben Klasse darstellt, in der Klasse selbst angelegt wird – im betrachteten Beispiel also in der Klasse `Punkt`. Dass der Speicherort der Variablen die Klasse selbst ist, wird durch den Namen **Klassenvariable** zum Ausdruck gebracht. Methoden, die auf Klassenvariablen zugreifen, werden dementsprechend **Klassenmethoden** genannt.

Die Klassenmethode `getPunktAnzahl()` gibt bei ihrem Aufruf den Wert von `punktAnzahl` an den Aufrufer zurück.

Klassenvariablen stellen globale Variablen für alle Objekte einer Klasse dar.

Die Instanzen werden mit den angegebenen Initialwerten – z. B. `3` für `x` und `5` für `y` im Falle von `p2` – initialisiert.

Im Rahmen der Objektorientierung werden Variablen, die allen Instanzen einer Klasse gemeinsam sind, als **Klassenvariablen** bezeichnet. Klassenvariablen werden in der Klasse selbst als Unikat für alle Objekte der Klasse gemeinsam angelegt. Variablen, die bei jedem Objekt – also bei jeder Instanz – angelegt werden und bei jedem Objekt eine individuelle Ausprägung annehmen können, werden als **Instanzvariablen** bezeichnet.

Üblicherweise arbeiten **Instanzmethoden** auf Instanzvariablen. **Klassenmethoden** sind dazu da, um auf Klassenvariablen zu arbeiten. Da Klassenvariablen globale Variablen für alle Instanzen einer Klasse sind, kann eine **Instanzmethode** nicht nur auf Instanzvariablen, sondern **auch auf Klassenvariablen zugreifen**.

2.2 Information Hiding und Kapselung

Hinter den Mechanismen der objektorientierten Programmierung verbirgt sich ein neues Denkmodell, das sich von den bisher gebräuchlichen sehr stark unterscheidet. Es beruht im Kern darauf, dass man Daten und die Methoden, die auf ihnen arbeiten, nicht mehr getrennt, sondern als Einheit betrachtet: Daten und Methoden sind zusammen in einer Kapsel. Sie verschmelzen zu einem Objekt. Diese Kapselung ist eines der wichtigsten Konzepte der objektorientierten Programmierung.

Da die Daten einer Kapsel im Idealfall nur durch die Methoden der Kapsel manipuliert werden können, sind sie nach außen nicht direkt sichtbar. Ein solches Objekt tritt mit seiner Umgebung im Idealfall nur über wohldefinierte Schnittstellenmethoden in Kontakt und unterstützt auf diese Art und Weise das **Geheimnisprinzip**, d.h. das Information Hiding.

Diese **Prinzipien der Kapselung und des Information Hiding** [6] haben einen wichtigen Hintergrund: Die Außenwelt soll am besten gar keine Möglichkeit haben, Daten im Inneren des Objekts direkt zu verändern und so möglicherweise unzulässige Zustände herbeizuführen. Das Verstecken sämtlicher Daten und der Implementierung der Methoden in einer "Kapsel" und die Durchführung der Kommunikation mit der Außenwelt durch definierte Aufrufschnittstellen der Methoden bringt dem **Programmierer** den **Vorteil**, dass er bei der Implementierung der Algorithmen in den Methoden und bei den Datenstrukturen des Objektes sehr viele Freiheiten hat. Dem **Benutzer** bringt dies im Gegenzug den Vorteil, dass er sich nicht darum kümmern muss, was genau im Inneren des Objekts wie passiert, und dass er immer mit der neuesten Version des Objekts arbeiten kann. Er ist ja nicht vom speziellen inneren Aufbau des Objekts abhängig, und der Programmierer der Klasse kann diesen immer wieder optimieren, ohne Nebenwirkungen befürchten zu müssen. Nur die Schnittstellen müssen gleich bleiben. Bereits an dieser Stelle kann man erkennen, wie wichtig die Schnittstellen sind. Es ist also unbedingt nötig, diese sorgfältig zu entwerfen. Um trotzdem ein Höchstmaß an Flexibilität zu gewährleisten, ist es jedoch immer noch möglich, Teile eines Objekts so zu vereinbaren, dass sie ohne weiteres direkt von außen zugänglich sind. Zumindest für die Aufrufe der Methoden, die als Schnittstellen nach außen dienen sollen, muss diese Eigenschaft in jedem Fall zutreffen.

Das Prinzip des **Information Hiding** bedeutet, dass ein Teilsystem (hier ein Objekt) **nichts von den Implementierungsentscheidungen eines anderen Teilsystems wissen** darf.

Es darf mit einem anderen Teilsystem nur über wohldefinierte Schnittstellen Informationen austauschen und keinerlei Kenntnisse über den inneren Aufbau seines Partners haben. Damit haben Änderungen im Inneren eines Teilsystems keine Auswirkungen auf andere Teilsysteme, solange die Schnittstellen stabil bleiben.

Das Prinzip des Information Hiding gewährleistet die Modifizierbarkeit eines Teilsystems.

Der Begriff **Kapselung** konzentriert sich auf die Implementierung dieses Verhaltens, dass nach außen nur die definierten Schnittstellen sichtbar sind, diejenigen Eigenschaften, die nach außen nicht sichtbar sein sollen, jedoch verborgen werden.

2.3 Abstraktion und Brechung der Komplexität

Das Prinzip der Abstraktion ist ein weiterer Schlüssel für die Entwicklung einer guten Software. Die Kunst der Abstraktion ist, das Wesentliche zu erkennen und das Unwesentliche wegzulassen. Abstraktion ist in allen Entwicklungsphasen ein effizientes Mittel, um die Komplexität eines Systems überschaubar zu machen.

Abstraktion bedeutet immer Konzentration auf das Wesentliche.

Abstraktion zur Abgrenzung des Problembereichs

Dies beginnt schon beim Projektstart, wo man entscheiden muss, welcher Ausschnitt aus der realen Welt den **Problembereich** darstellt, der analysiert werden soll. Der so genannte **Problembereich (Problem Domain)** ist der Bereich der zu untersuchenden Aufgaben. Er ist derjenige Teil der realen Welt, der später durch die zu realisierende Software abgedeckt werden soll.

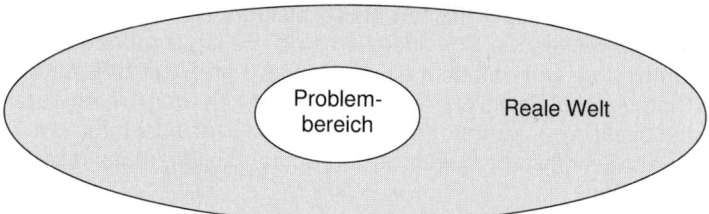

Bild 2-8 Abstraktion zur Identifikation des Problembereichs als relevanten Ausschnitt der realen Welt

Abstraktion zum Finden der Objekte des Problembereichs

Hat man den Problembereich umrissen, so gilt es, die Objekte des Problembereichs zu finden. Das sind diejenigen Objekte der realen Welt, die auf Objekte der Programmiersprache abgebildet werden sollen. Ob ein Objekt des Problembereichs in ein Objekt des Programmsystems überführt werden soll, wird durch Beantwortung der Frage entschieden, ob es notwendig ist, Informationen über dieses Objekt im System zu führen. Die Beschränkung auf das wirklich Notwendige bedeutet wieder eine Abstraktion.

Abstraktion zum Erkennen der Datenfelder und Methoden eines Objekts

Hat man erkannt, welche Objekte man braucht, so ist zu abstrahieren, welche Informationen über ein Objekt erforderlich sind oder nicht. Und dies hängt ganz entscheidend von der jeweiligen Anwendung ab! So wird etwa ein Autohersteller zu einem Objekt Auto alle Komponenten des Autos speichern, um beispielsweise die richtigen Ersatzteile liefern zu können. Das Finanzamt, das auf die Autos die Kraftfahrzeugsteuer erhebt, interessiert sich für wesentlich weniger Merkmale eines Autos, nämlich nur für diejenigen, die steuerrelevant sind wie z.B. der Hubraum.

Abstraktion zur Festlegung der Schnittstellen eines Objektes

Entscheidet man, welche Methoden eines Objektes nach außen sichtbar sein sollen und was im Inneren des Objektes verborgen werden soll, so muss erneut abstrahiert werden.

Abstraktion zur Bildung von Hierarchien

Abstraktion und Information Hiding sind effiziente Mittel, um mit der Komplexität fertig zu werden. Ein weiteres Mittel ist die Bildung von Hierarchien. Die Bildung von Hierarchien hat aber auch mit der Bildung von Abstraktionen zu tun. Dabei gibt es in der Objektorientierung zwei wichtige Hierarchien:

- die Vererbungshierarchie (auch "kind of"-Hierarchie oder "is a"-Hierarchie genannt)
- und die Zerlegungshierarchie (auch "part of"-Hierarchie genannt).

Bei der **Vererbungshierarchie** (siehe Bild 2-9) werden die Klassen **in Abstrak-tionsebenen** angeordnet. Geht man in der Hierarchie von unten nach oben, so spricht man von **Generalisierung**, geht man von oben nach unten, so kommt man zu spezielleren Klassen – man spricht von **Spezialisierung**. Die jeweils tiefer stehende Klasse ist eine Spezialisierung der Klasse, von der sie abgeleitet ist. So sind in Bild 2-9 die Klassen B, C und D verschiedene Spezialisierungen ihrer Basisklasse A, in anderen Worten, jede der Klassen B, C und D ist von der Klasse A abgeleitet.

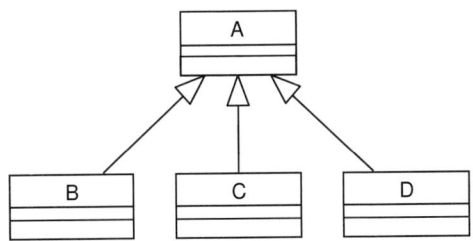

Bild 2-9 Vererbungshierarchie

Typisch für solche Vererbungshierarchien sind die Klassifikationsschemen[20] der Tiere und Pflanzen in der Biologie (siehe Bild 2-10).

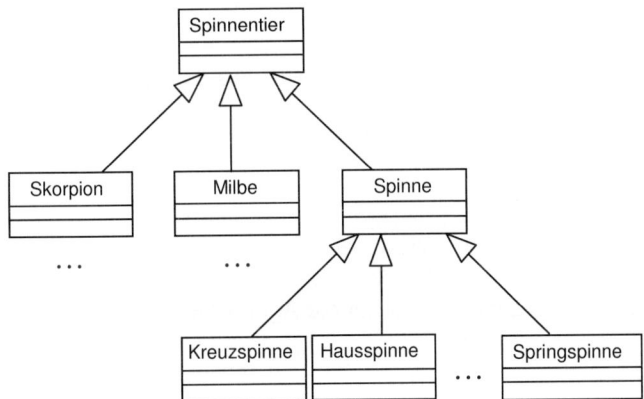

Bild 2-10 Klassifikation von Spinnentieren

Eine Kreuzspinne, Hausspinne, Springspinne ist eine Spinne. Ein Skorpion, eine Milbe und eine Spinne ist ein Spinnentier. Spinnentiere wiederum gehören zum Stamm der Gliederfüßler und stehen auf einer Ebene mit Krebstieren, Tausend-füßlern und Insekten [18].

Bei der **Zerlegungshierachie** (siehe Bild 2-11) hat man auch verschiedene **Abstrak-tionsebenen**. Sieht man nur das Ganze, so ist man eine Ebene höher, als wenn man die Teile betrachtet. Ein Objekt kann als Datenfelder andere Objekte in Form einer **Komposition** oder einer **Aggregation** enthalten. Komposition und Aggregation unterscheiden sich bezüglich der **Lebensdauer** des zusammengesetzten Objektes und seiner Komponenten. Bei einer Komposition ist die Lebensdauer des zusam-

---

[20] Während man in der Objektorientierung nur von Klassen redet, werden in der Biologie die Namen Stamm, Klasse, Unterklasse, Ordnung, Familie, Gattung, Art und Rasse verwendet.

mengesetzten Objektes identisch zur Lebensdauer der Komponenten. Bei einer Aggregation sind die Lebensdauern von zusammengesetztem Objekt und den Komponenten entkoppelt – so können die Teile auch länger leben als das Ganze.

Ein Beispiel für eine Aggregation ist ein Ordner. Der Ordner und sein Inhalt, die aggregierten Seiten, können verschieden lange leben. Man kann die Seiten, d.h. die Komponenten, zur gleichen Zeit wie den Ordner, aber auch früher oder später als den Ordner wegwerfen oder Ordner samt Inhalt zur selben Zeit. Ein anderes Beispiel ist ein Auto und seine Räder. Die Räder sind nur aggregiert. Man kann die Sommer-reifen gegen die Winterreifen austauschen oder die Winterreifen verkaufen, wenn das Auto verschrottet wird.

Bei einer Komposition sind "Groß"- und "Klein"-Objekt fest "verschweißt". Ein Beispiel für eine Komposition ist ein Buch. Hier sind die Seiten und der Umschlag fest verklebt. Das Ganze, das Buch, und die Komponenten, die Seiten, leben gleich lange. Sie können nur gemeinsam vernichtet werden.

Programmiertechnisch kann man eine Aggregation mit Hilfe von Zeigern oder Referenzen erzeugen. Ein "Groß"-Objekt enthält dann als Datenfeld eine Variable, in welcher die Stelle des Arbeitsspeichers notiert ist, an welcher das "Klein"-Objekt liegt. Eine solche Variable heißt **Referenzvariable**, da sie einen Verweis (eine Referenz) enthält.

Eine **Referenz** auf ein Objekt **enthält als Wert die Adresse des Objekts**, auf das die Referenz zeigt. Die Adresse gibt an, an welcher Stelle das Objekt **im Arbeitsspeicher** liegt.

Eine Komposition kann man programmiertechnisch erzeugen, wenn ein "Groß"-Objekt als Datenfeld ein "Klein"-Objekt enthält. Datenfelder sind bekanntermaßen mit ihrem Objekt untrennbar verbunden. Während C++ sowohl die Komposition als auch die Aggregation zulässt, erlaubt Java nur die Aggregation.

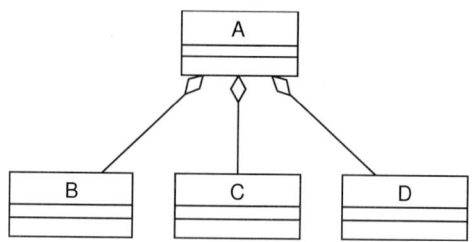

Bild 2-11 Aggregationshierarchie

Die Klasse A enthält Referenzen auf Objekte der Klassen B, C und D. Wird ein Objekt der Klasse A zerstört, so können dennoch die Objekte der Klassen B, C und D weiter-leben. Damit ist die Lebensdauer von zusammengesetzten Objekten und Komponen-ten entkoppelt. Es handelt sich also um eine **Aggregation**. Dies wird in Bild 2-11 ausgedrückt durch die nicht ausgefüllte Raute. Eine Komposition im Gegensatz zu einer Aggregation würde in Bild 2-11 durch eine ausgefüllte Raute veranschaulicht.

2.4 Erstes Programmbeispiel mit Objekten

In diesem Kapitel soll wie in Kapitel 2.1.2 wieder die Klasse `Punkt` als Anwendungsbeispiel herangezogen werden. Dabei soll eine Anwendung geschrieben werden, in der Punkte, d.h. Objekte der Klasse `Punkt` erzeugt werden. Betrachtet man den Punkt als Objekt, so beschreiben dessen Methoden, was man mit dem Objekt alles anfangen kann. So kann man beispielsweise

- die Koordinaten eines Punktes festlegen,
- die Koordinaten eines Punktes abfragen,
- einen Punkt auf dem Bildschirm verschieben,
- einen Punkt auf dem Bildschirm zeichnen
- und einen Punkt auf dem Bildschirm löschen.

Damit hat ein zweidimensionaler Punkt mit ganzzahligen Koordinaten in der Notation von Java die Datenfelder

```
int x
int y
```

und die Methoden

```
setX()
setY()
getX()
getY()
zeichne()
verschiebe()
loesche()
```

Diese Eigenschaften – Datenfelder und Methoden – gelten für jeden beliebigen Punkt. Diese Gemeinsamkeit wird in der Objektorientierung durch die Klasse `Punkt` dargestellt. Ein jeder Punkt wird nach dem Bauplan dieser Klasse `Punkt` gebaut.

Um möglichst einfach zu beginnen, sollen die Methoden `zeichne()`, `verschiebe()` und `loesche()` hier außer Acht gelassen werden. Unter dieser Annahme hat die Klasse `Punkt` das im Folgenden gezeigte Aussehen, wobei es hier an dieser Stelle nicht wichtig ist, Schlüsselwörter wie `public`, `return`, `void` usw. zu verstehen. Vielmehr soll auf den **prinzipiellen Aufbau** geachtet werden.

```
// Datei: Punkt.java
// Deklaration der Klasse Punkt. Dem Compiler wird gesagt, dass es
// einen Namen Punkt gibt, wobei Punkt eine Klasse ist.
public class Punkt
{
    private int x;                      // Datenfelder für die x- und
    private int y;                      // y-Koordinate vom Typ int

    public int getX()                   // eine Methode, um den Wert
    {                                   // von x abzuholen
        return x;
    }
```

```
public int getY()                // eine Methode, um den Wert
{                                // von y abzuholen
    return y;
}

public void setX (int i)         // eine Methode, um den Wert
{                                // von x zu setzen
    x = i;
}

public void setY (int i)         // eine Methode, um den Wert
{                                // von y zu setzen
    y = i;
}

// Mit main() beginnt eine Java-Anwendung ihre Ausführung.
public static void main (String[] args)
{
    Punkt p = new Punkt();       // hiermit wird ein Punkt
                                 // erzeugt
    p.setX (3);                  // Aufruf der Methode setX()
    p.setY (2);                  // Aufruf der Methode setY()

    System.out.println ("Die Koordinaten des Punktes p sind: ");
    System.out.println (p.getX()); // Wert von x wird ausgegeben
    System.out.println (p.getY()); // Wert von y wird ausgegeben
}
}
```

Die Ausgabe des Programmes ist:

```
Die Koordinaten des Punktes p sind:
3
2
```

Beachten Sie, dass eine Erläuterung hinter einem **Doppelschrägstrich** ein so genannter **Kommentar** ist. Ein Kommentar dient nur zur Dokumentation und hat auf die Ausführung eines Programms keinen Einfluss. Es ist nicht das Ziel dieses Beispiels, alle Details zu betrachten. Zuallererst soll zum Ausdruck kommen, dass eine Klasse einen **Klassennamen** – hier Punkt – hat und aus **Datenfeldern** und **Methoden** aufgebaut ist. Ferner wird hier gezeigt, dass zu einer **Java-Anwendung** eine Methode main() gehört. In der Methode main() werden Objekte geschaffen und Methoden aufgerufen. Hat man eine Anwendung aus mehreren Klassen, deren Objekte gemeinsam die Anwendung realisieren, so schreibt man normalerweise eine separate Klasse mit der Methode main(), um die Anwendung zu starten. Zusätzlich kann aber jede Klasse noch eine eigene Methode main() enthalten, die zum Test der jeweiligen Klasse verwendet wird.

Da Objekte erst in der Methode main() selbst angelegt werden, kann main() nicht zu einem Objekt, sondern muss zu der Klasse selbst gehören. Das bedeutet, dass main() eine Klassen-methode ist.

Klassenvariablen und **Klassenmethoden** erhalten bei Java das Schlüsselwort `static`.

Eine Klassenmethode kann auch aufgerufen werden, ohne dass ein Objekt dieser Klasse existiert (siehe Kap. 2.1.5).

Die Methode `main()` muss auch stets `public` sein, d.h. für alle sichtbar. Sonst kann der Java-Interpreter, der das Programm starten und ausführen soll, nicht auf `main()` zugreifen.

Methoden sind in der Regel `public`. Datenfelder sind in der Regel `private`.

Das Schlüsselwort `public` ist ein so genannter **Zugriffsmodifikator**, der angibt, dass diese Methode ungeschützt ist und von allen anderen Klassen aus aufgerufen werden kann. Die Datenfelder eines Objektes sollen nicht ungeschützt der Außenwelt ausgeliefert sein. Daher werden sie mit dem Modifikator `private` versehen. Ein Außenstehender wie z.B. eine Testklasse kann nur "geordnet", d.h. über speziell vorgesehene Methoden, auf die Datenfelder zugreifen.

Eine **Klasse** kann als eine abstrakte Beschreibung eines Objektes angesehen werden. Wird mit Hilfe dieser Beschreibung ein Objekt im Arbeitsspeicher angelegt, so spricht man von der **Instantiierung einer Klasse**. Man erhält ein arbeitsfähiges Exemplar im Speicher. In Java werden die Begriffe Exemplar, Instanz und Objekt synonym verwendet.

Mit der Klassenbeschreibung wird ein Schema zur Bildung von Objekten dieser Klasse vereinbart. Dieses Schema enthält:

- den **Namen** der Klasse,
- die **Datenfelder** dieser Klasse
- und die **Methoden** dieser Klasse.

Ein Objekt ist eine **Instanz** einer Klasse. Ein Objekt hat eigene Werte für die Datenfelder. Ein Objekt teilt Datenfeldnamen und Methodennamen mit anderen Objekten der Klasse. Alle Objekte besitzen eine eigene **Identität**, sind also eigene Wesen, selbst wenn ihre Datenwerte (Werte der Instanzvariablen) identisch sind. Ein Objekt hat in sich eine implizite Referenz, d.h. einen versteckten Verweis, auf seine eigene Klasse. Es "weiß", zu welcher Klasse es gehört.

2.5 Flughafen-Projekt

Dieses Kapitel richtet sich zum einen an diejenigen, die daran interessiert sind, wie man eigentlich auf die Objekte kommt, die in den Programmen verwendet werden. Zum anderen wendet es sich an all jene, die das hier vorgestellte Flughafen-Projekt selbst durchführen wollen. Alle Teilschritte des Projektes befinden sich auf der beiliegenden CD. Die Aufgaben der einzelnen Teilschritte zur Realisierung des Flughafen-Informationssystems sind in den Übungskapiteln zu finden. So kann das Flughafen-Informationssystem begleitend zum Buch erstellt werden.

Im Folgenden soll anhand eines Beispiels prinzipiell gezeigt werden, wie Objekte gefunden werden können. Nehmen wir einmal an, Sie seien Mitglied eines Teams von Systemanalytikern, die von einem Flughafenbetreiber die in Kapitel 2.5.1 dargestellte Ausschreibung[21] erhalten würden. Ausgehend von dieser Ausschreibung sollen dann in Kapitel 2.5.2 erste Objekte gefunden werden, und zwar Objekte, die Abstraktionen von Entitäten der realen Welt sind.

2.5.1 Ausschreibung für ein neues Flughafen-Informationssystem

Ein neues Informationssystem für einen Flughafen soll es den **Fluglotsen** ermöglichen, die Landung und den Start von Flugzeugen rechnergestützt zu überwachen. Ferner sollen die **Angestellten der Flughafenverwaltung** bei der Erhebung der Start- und Landegebühren unterstützt werden.

Das Informationssystem soll Daten über die Position der Flugzeuge von verschiedenen Sensoren erhalten. Diese **Sensoren** sind:

- Radar des Flughafens   liefert Positionsdaten der Flugzeuge in der Luft
- Positionsmelder des Flugzeugs   liefert über eine automatisierte Funkschnittstelle die Positionsdaten des Flugzeugs in der Luft
- Flugplatzsensoren   liefern Positionen der Flugzeuge am Boden
- Parksensoren   liefern Belegungsstati der Parkpositionen

Der Flughafen verfügt über 4 getrennte Bahnen, wovon eine jede als Lande- oder als Startbahn benutzt werden kann. Die Steuerung der Flugzeuge soll über Sprechfunk vom Lotsen an die Piloten erfolgen. Die Steuerung ist ein eigenständiges System und nicht Bestandteil des neuen Informationssystems. Auf dem Vorfeld werden die Flugzeuge durch ein "Follow me"-Fahrzeug geleitet. Die Verwaltung des Vorfeldes ist ebenfalls nicht Teil des neuen Systems.

Das System soll selbstständig einen Alarm mit einer Hupe generieren, wenn das Radar andere Positionsdaten als der Positionsmelder des Flugzeugs meldet.

---

[21] Wie Sie wissen, ist das "echte Leben" stets wesentlich komplexer als einfache Schulungsaufgaben. Sehen Sie bitte großzügig darüber hinweg, dass die "Ausschreibung" erhebliche Lücken aufweist.

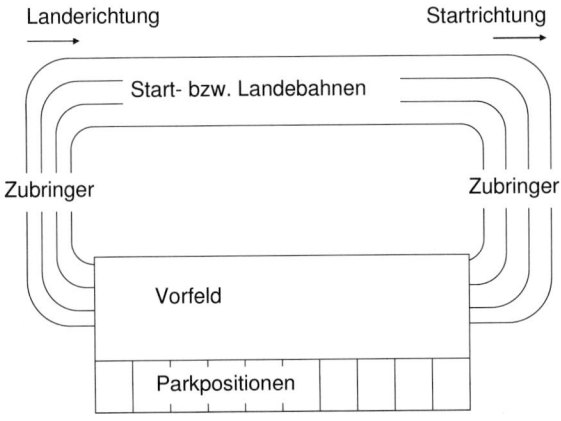

Bild 2-12 Skizze des Flughafens

Um die Bahnkurve eines Flugzeugs grafisch darstellen zu können, sollen alle Positionsdaten eines Flugzeugs im System geführt werden. Für ein Objekt der Klasse Flugzeug selbst sollen Soll-Zeitpunkt der Landung, Ist-Zeitpunkt der Landung, Soll-Zeitpunkt des Starts, Ist-Zeitpunkt des Starts, Landebahn, Parkposition, Startbahn, betreuender Lotse, Flugzeugtyp und Luftfahrtgesellschaft gespeichert werden können. Jede Start-/Landebahn sowie jede Parkposition soll im System gespeichert werden und von den Lotsen belegt werden können. Damit soll sichergestellt werden, dass ein solches Objekt von den Lotsen nicht zur selben Zeit mehrfach zugeteilt wird. Alle Fluggesellschaften sollen ebenfalls im System geführt werden.

Das System soll den Anwender bei den folgenden Aufgaben unterstützen:

- Positionsdaten von Flugzeugen in der Luft am Bildschirm kontrollieren

- Positionsdaten von Flugzeugen am Boden am Bildschirm kontrollieren

- Starts und Landungen mit Hilfe eines Zeitplans planen

- Durchführen der Landung

  Ein Flugzeug kann sich bei einem Lotsen für eine Landung anmelden. Wird die Landung nicht wegen schlechten Wetters verweigert, so trägt der Lotse Flugzeugtyp, Luftfahrtgesellschaft und sich selbst als betreuender Lotse in das System ein.

  Ist die Luftfahrtgesellschaft des sich im Landeanflug befindenden Flugzeugs dem System noch nicht bekannt, so wird sie vom Lotsen in das System aufgenommen (Name, Adresse). Der Lotse verschafft sich einen Überblick über die Start-/Landebahnen und trägt die von ihm zugeteilte Landebahn und den Soll-Zeitpunkt der Landung in das System ein. Der Lotse schaut sich die vergebenen und freien Parkpositionen an und trägt die von ihm vergebene Parkposition in das System ein. Ist keine Landebahn oder Parkposition frei, wird eine Warteschleife angeordnet, ansonsten wird der Landeanflug freigegeben. Hat das Flugzeug die Parkposition erreicht, so trägt der Lotse den Ist-Zeitpunkt der Landung in das System ein und gibt die Landebahn wieder frei.

Treten während der Landung zwingende Gründe für einen Abbruch der Landung ein, so hat der Lotse den Abbruch unter Angabe von Gründen in das System einzutragen.

- Durchführen des Starts

  Im Rahmen der Startzuweisung lässt sich der Lotse die vergebenen und freien Start-/Landebahnen darstellen und trägt die zugeteilte Startbahn und den Soll-Zeitpunkt des Starts in das System ein. Hat das Flugzeug beim Starten die Startbahn erreicht, so gibt der Lotse die Parkposition wieder frei. Hat das Flugzeug den Flughafen verlassen – dies ist ersichtlich aus den Positionsmeldungen des Radars –, gibt der Lotse die Startbahn wieder frei und trägt den Ist-Zeitpunkt des Starts in das System ein. Mit der Freigabe ist eine automatische Buchung verbunden. Dabei wird aufgrund des Flugzeugtyps eine bestimmte Gebühr für Start und Landung gemäß der Gebührenliste dem Rechnungskonto der Fluggesellschaft zugeordnet.

- Gelandete Flugzeuge, die auf das separate Parkfeld oder auf die Werft gebracht werden, sind im System entsprechend zu kennzeichnen.

- Positionsdaten fusionieren

  Das System frägt zyklisch die Positionsdaten eines Flugzeugs beim Radar und beim Positionsmelder des Flugzeugs ab. Weichen die vom Radar und vom Positionsmelder des Flugzeugs gemeldeten Daten um mehr als eine vorgegebene Toleranz voneinander ab, so wird automatisch ein akustischer Alarm mit der Hupe generiert.

- Jeweils am Ersten eines Monats werden automatisch die Rechnungen an die Fluggesellschaften ausgedruckt und von den Angestellten der Verwaltung weitergeleitet.

- Die Angestellten buchen von den Fluggesellschaften bezahlte Rechnungen auf dem Konto der Fluggesellschaften

- Die Angestellten der Verwaltung können die Preisliste der Start- und Landegebühren abändern.

Das System soll in Java mit einer Swing-Oberfläche realisiert werden. Die Bedienung soll einfach sein. Fehler der Software sollen an die Anwender gemeldet werden, damit diese im Fehlerfall auf ein manuelles Verfahren umsteigen können. Das System soll modular aufgebaut sein, um Änderungen leicht durchführen zu können.

Die hier vorgestellte Ausschreibung wird von dem Auftragnehmer geordnet in eine Anforderungs-Spezifikation mit so genannten funktionalen und nicht-funktionalen Anforderungen übertragen und mit dem Auftraggeber abgestimmt. Diese Anforderungs-Spezifikation kann aus Platzgründen hier nicht wiedergegeben werden. Sie befindet sich auf der dem Buch beigelegten CD.

2.5.2 Systemanalyse

Die Objekte des Problembereichs – die Entitäten der realen Welt entsprechen – sind implizit im Text der Ausschreibung enthalten. Diese Objekte zu finden, ist eine der Aufgaben der Systemanalyse. Natürlich gibt es in der Literatur verschiedene Möglichkeiten, Objekte den Texten zu entnehmen. Erwähnt sei die Analyse aller Hauptwörter [21] oder die CRC-Methode [20]. In Kapitel 2.5.2.4 wird ein Use Case-basierter Ansatz vorgestellt, der nach Ansicht der Autoren am effizientesten ist, da er systematisch einen Use Case nach dem anderen behandelt und damit automatisch dafür sorgt, dass bei der Analyse alle Use Cases erfasst werden. Beachten Sie, dass ein Use Case (auf Deutsch: Anwendungsfall) nichts anderes ist als eine Grundfunktion eines Systems.

Ohne Systemanalyse kommen wir nicht weiter

Bild 2-13 Objekte des Problembereichs werden bei der Systemanalyse gefunden

2.5.2.1 Kontextdiagramm

Im ersten Schritt der Systemanalyse soll das Kontextdiagramm für das Flughafen-Informationssystem gezeichnet werden. Ein Kontextdiagramm ordnet ein System in seine Umgebung ein und zeigt durch so genannte Datenflüsse die Wechselwirkung des Systems mit seiner Umgebung. Der Name Kontextdiagramm rührt daher, dass dieses Diagramm das System in seiner Umgebung, d.h. seinem Kontext, zeigt. Zur Umgebung gehören bestehende Geräte oder Fremdsysteme, die Daten mit dem System elektronisch austauschen, aber auch die Bediener des Systems. Die Umgebung wird modelliert durch so genannte Aktoren, die in der Regel als Strichmännchen, versehen mit dem Namen der Rolle oder des Fremdsystems, gezeichnet werden. Generell findet sich all das, was neu gebaut wird, im Kasten des Systems wieder, vorhandene Fremdsysteme oder die Nutzer des Systems stehen außerhalb des zu bauenden Systems und werden als Aktoren gezeichnet. Ein Datenfluss wird stets dargestellt durch einen Pfeil, der den Namen der ausgetauschten Daten trägt.

Zu beachten ist, dass in Bild 2-14 die folgenden Gruppendatenflüsse eingeführt wurden, um das Kontextdiagramm übersichtlich zu gestalten:

- Landung Flugzeug :=
  Initialisierung Landeanflug + Reservierung Start-/Landebahn + Soll-Zeitpunkt Landung + Ist-Zeitpunkt Landung + Reservierung Parkposition + Freigabe Start-/Landebahn + Gründe für Abbruch

- Start Flugzeug :=
  Reservierung Start-/Landebahn + Soll-Zeitpunkt Start + Freigabe Parkposition +
  Freigabe Start-/Landebahn + Ist-Zeitpunkt Start

So entspricht der eingezeichnete Gruppendatenfluss "Landung Flugzeug" im Falle
einer erfolgreichen Landung den einzelnen Datenflüssen "Initialisierung Landeanflug", "Reservierung Start-/Landebahn", "Soll-Zeitpunkt Landung", "Ist-Zeitpunkt Landung", "Reservierung Parkposition" und "Freigabe Start-/Landebahn". Im Falle eines
Abbruchs umfasst der Gruppendatenfluss "Landung Flugzeug" die Gründe für den
Abbruch und die tatsächlich durchgeführten Schritte. Wird die Landung erfolgreich
durchgeführt, so entfallen die Gründe für den Abbruch.

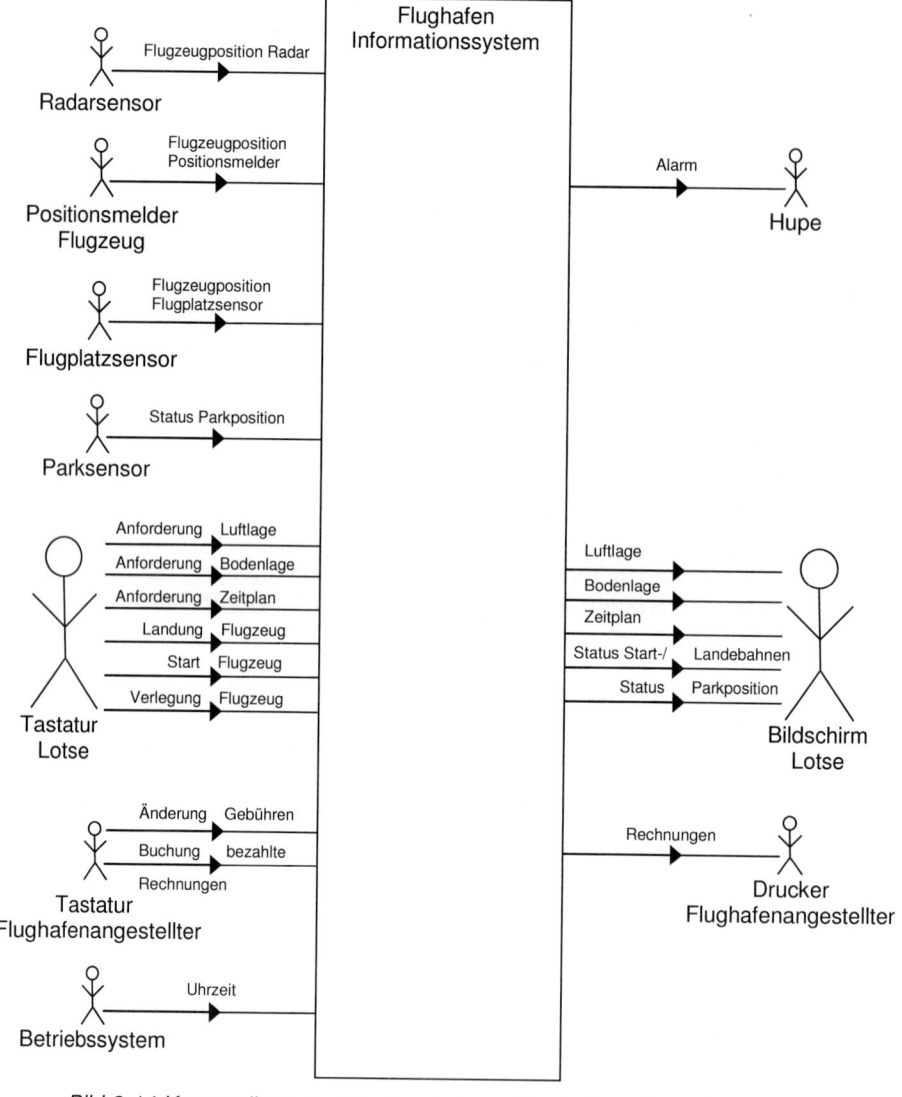

Bild 2-14 Kontextdiagramm für das System "Flughafen-Informationssystem"

Das Programm "Flughafen-Informationssystem" erhält Daten von "Radarsensor", "Positionsmelder Flugzeug", "Flugplatzsensor", "Parksensor", "Tastatur Lotse", "Tastatur Flughafenangestellter" und "Betriebssystem" und erzeugt Ausgaben für "Hupe", "Bildschirm Lotse" und "Drucker Flughafenangestellter".

2.5.2.2 Use Case-Diagramme

Im nächsten Schritt werden die Use Case-Diagramme für den Bedienertyp Lotse und Angestellter der Verwaltung gezeichnet. Eine Besonderheit dieser Anwendung ist, dass die Use Cases der Lotsen und der Angestellten der Verwaltung streng getrennt sind. Bei anderen Anwendungen hingegen können in einem Use Case mehrere Rollen zusammenarbeiten. Ein Use Case-Diagramm enthält alle Use Cases und die an dem jeweiligen Use Case beteiligten Aktoren. Die an einem Use Case beteiligten Aktoren sind mit einer Linie mit dem Use Case (in Form einer Ellipse) verbunden.

Wie bereits bekannt ist, ist ein Use Case eine Leistung, die ein System zur Verfügung stellt. Leistungen eines Systems können

- asynchron (ereignisorientiert) angefordert werden,
- zeitgesteuert erfolgen
- oder so genannte "Dauerläufer" sein.

"Dauerläufer" sind Prozesse, die kontinuierlich ablaufen, solange das System in Betrieb ist. So etwas kommt selten vor. Das Normale ist die asynchrone oder zeitgesteuerte Anforderung. Eine asynchrone Anforderung liegt beispielsweise vor, wenn ein Benutzer das Generieren und Ausdrucken einer Liste vom System anfordert, wenn er sie braucht. Ein zeitgesteuerter Use Case liegt vor, wenn beispielsweise eine bestimmte Liste, die einen Tag bilanziert, jede Nacht um 24 Uhr automatisch erzeugt und ausgedruckt wird.

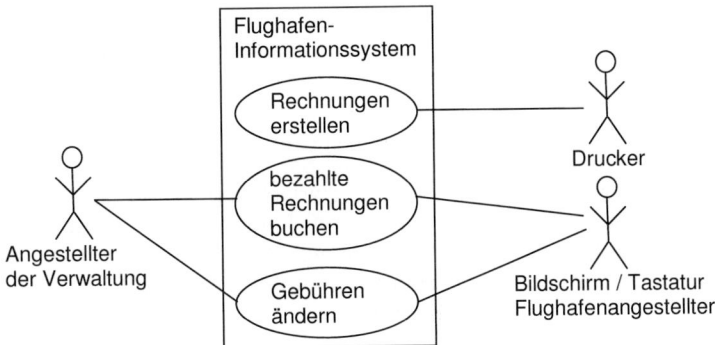

Bild 2-15 Use Case-Diagramm Angestellter der Verwaltung

Die Angestellten der Verwaltung führen die Aufgaben "Rechnungen erstellen", "bezahlte Rechnungen buchen" und "Gebühren ändern" rechnergestützt durch. Der Use Case "Rechnungen erstellen" wird zeitgesteuert angestoßen. Die Use Cases "bezahlte Rechnungen buchen" und "Gebühren ändern" werden auf Anforderung durch den Bediener, d.h. ereignisorientiert, durchgeführt.

Ein Lotse führt ereignisorientiert im Dialog mit dem System die Use Cases "Luftlage anzeigen", "Bodenlage anzeigen", "Zeitplan anfordern", "Landung durchführen", "Start durchführen" und "Flugzeug verlegen" durch.

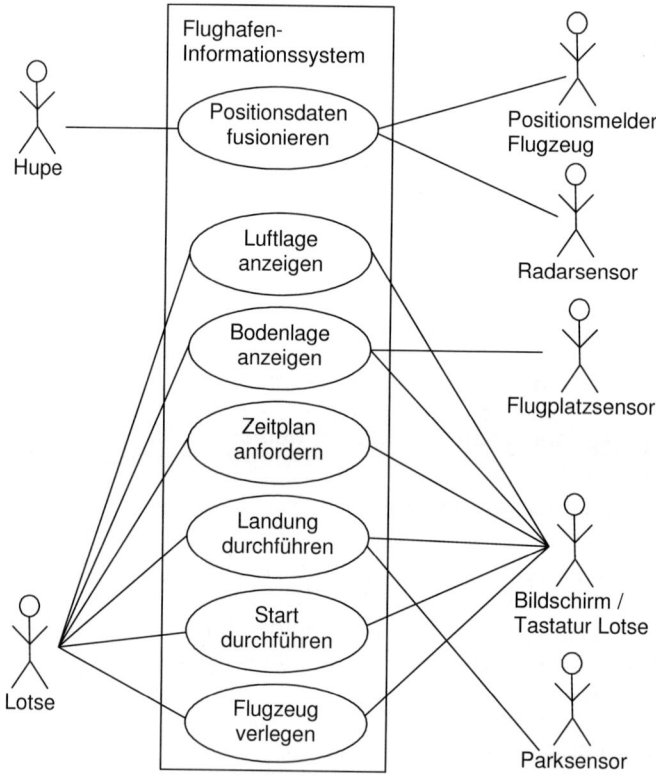

Bild 2-16 Use Case-Diagramm Lotse

Der Use Case "Positionsdaten fusionieren" kommt ohne Zutun des Lotsen zustande. Er läuft stets zyklisch im Hintergrund mit. Dieser Use Case liest die Positionsdaten des Positionsmelders und des Radars ein und prüft, ob die zulässigen Toleranzen überschritten werden. Er löst einen Alarm mit der Hupe aus, wenn die vorgegebene Toleranz zwischen den Positionsdaten des Radars und denen des Positionsgebers im Flugzeug überschritten wird. Es ist dann Aufgabe des Lotsen, sich um das Problem zu kümmern. Auch wenn der Lotse diesen Use Case nicht anstößt, so wird er dennoch dem Lotsen zugeordnet, da er dem Lotsen einen Nutzen bringt.

2.5.2.3 Use Case Beschreibungen

Zu einem jeden Use Case ist eine Use Case-Beschreibung in textueller Form zu erstellen, die mit dem Auftraggeber abgestimmt wird. Für den Use Case "Landung durchführen" kann diese Beschreibung wie folgt aussehen. Aus Platzgründen wird die Beschreibung nur bis zum Aufsetzen des Flugzeugs durchgeführt. Es liegt auf der Hand, wie die Beschreibung weitergeht.

Use Case: "Landung durchführen"

Initiator: Lotse

Beteiligte Aktoren: Bildschirm / Tastatur Lotse, Parksensor

Basisablauf: Meldet sich ein Flugzeug zur Landung an, so nimmt der Lotse das Flugzeug in das System auf. Er schaut dann nach, welche Landebahn wann frei ist und weist dem Flugzeug eine Landebahn zu. Der Soll-Zeitpunkt der Landung wird in das System aufgenommen. Er schaut nach, welche Parkposition frei ist – dies wird über die Parksensoren gemeldet – und weist dem Flugzeug eine Parkposition zu. Ist das Flugzeug gelandet, so trägt der Lotse den Ist-Zeitpunkt der Landung ein. Ist das Flugzeug an der Parkposition angekommen, so gibt der Lotse die Start-/Landebahn frei.

Alternativablauf: Bei schlechtem Wetter wird die Landung abgebrochen. Der Lotse muss den Grund für den Abbruch in das System eintragen.

Alternativablauf: Ist die Fluggesellschaft dem System nicht bekannt, so müssen Name und Adresse der Gesellschaft in das System aufgenommen werden.

Alternativablauf: Alle Landebahnen belegt. Der Lotse ordnet eine Warteschleife an.

Alternativablauf: Alle Parkpositionen belegt. Der Lotse ordnet eine Warteschleife an.

2.5.2.4 Klassendiagramm der konzeptionellen Sicht der Systemanalyse

Ein Klassendiagramm der konzeptionellen Sicht enthält nur solche Klassen, deren Objekte im Alltag sichtbar sind. Im Rahmen der Objektorientierten Modellierung sind das die Entity-Klassen, die Entitätstypen der realen Welt entsprechen.

Für das Aufstellen eines Klassendiagramms der konzeptionellen Sicht gehen wir hier folgendermaßen vor: Ein Bediener des Systems wird im Rahmen der konzeptionellen Sicht als Klasse dargestellt. Für jeden Use Case, den der Bediener ausführt, werden alle Klassen identifiziert, die der Bediener für die Durchführung dieses Use Case benötigt, und die Beziehungen (Assoziationen) zwischen den gefundenen Klassen gezeichnet. Eine Assoziation ist hierbei eine Verbindungslinie zwischen den Klassen, die einen Namen trägt. Der Namen charakterisiert hierbei diese Beziehung. In entsprechender Weise sind für die zeitgesteuerten Use Cases und für "Dauerläufer"-Use Cases die erforderlichen Klassen und ihre Beziehungen zu ermitteln.

Im Folgenden werden die in Bild 2-15 und Bild 2-16 gefundenen Use Cases eingeteilt in ereignisorientierte Use Cases, die asynchron vom Benutzer angefordert werden, und zeitgesteuerte Use Cases, die vom System selbst ausgelöst werden. "Dauerläufer"-Use Cases kommen beim Flughafen-Informationssystem nicht vor.

Ereignisorientierte Use Cases sind:

Luftlage anzeigen
Bodenlage anzeigen
Anforderung Zeitplan
Landung durchführen
Start durchführen
Flugzeug verlegen

Gebühren ändern
Bezahlte Rechnungen buchen

Zeitgesteuerte Use Cases sind:

Positionsdaten fusionieren
Rechnungen erstellen

Für jeden Use Case werden nun die beteiligten Klassen und ihre Beziehungen gezeichnet. Durch Überlagerung der für die einzelnen Use Cases gefundenen Teildiagramme kommt man zum Klassendiagramm des Systems. Es folgen nun die
Teildiagramme für die einzelnen Use Cases:

Luftlage anzeigen

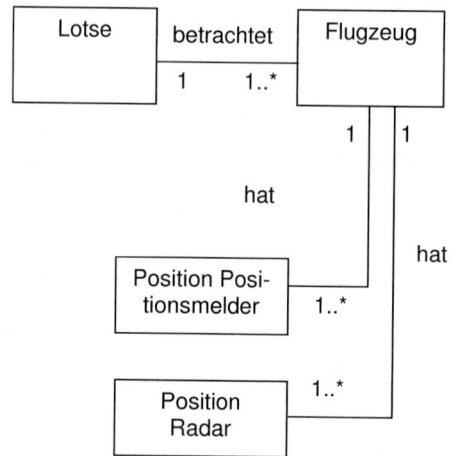

Bild 2-17 Klassen und Beziehungen für den Use Case "Luftlage anzeigen"

Beachten Sie bitte die Multiplizitäten an den Beziehungen. So hat in Bild 2-17 ein
Flugzeug 1..*, d.h. 1 oder mehrere Positionsdaten, die vom Radar gemeldet werden.
Das ist klar – schließlich soll, wenn das Flugzeug zum erstenmal auf dem Bildschirm
auftaucht, seine Bahnkurve am Bildschirm dargestellt werden können.

Bodenlage anzeigen

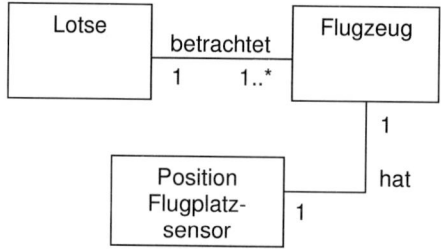

Bild 2-18 Klassen und Beziehungen für den Use Case "Bodenlage anzeigen"

Der Lotse kann sich im Lageplan des Flughafens anzeigen lassen, an welcher Stelle
des Flughafens sich aktuell welches Flugzeug befindet.

Anforderung Zeitplan

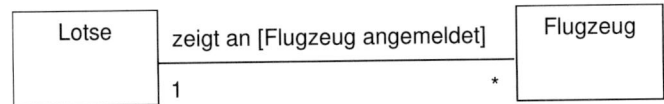

Bild 2-19 Klassen und Beziehungen für den Use Case "Anforderung Zeitplan"

Der Zeitplan wird dadurch generiert, indem alle für Start bzw. Landung angemeldeten Flugzeuge – dies wird ausgedrückt durch die Bedingung [Flugzeug angemeldet] – aufgelistet werden.

Landung durchführen

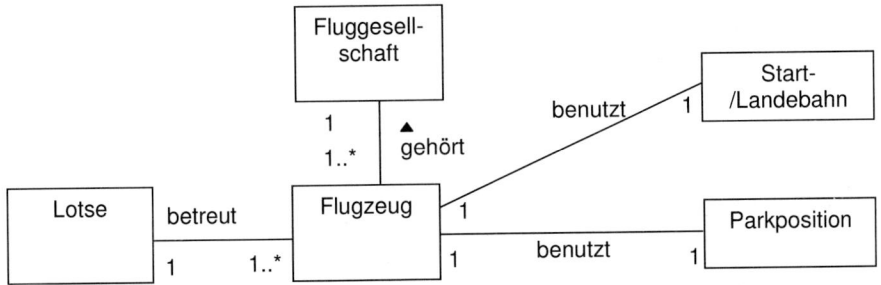

Bild 2-20 Klassen und Beziehungen für den Use Case "Landung durchführen"

Beachten Sie bitte den Lesepfeil bei "gehört". In UML wird der Lesepfeil durch ein Dreieck dargestellt. Standardmäßig werden die Beziehungen von links nach rechts gelesen und von oben nach unten. Beispiele hierfür sind in Bild 2-20 "Lotse betreut Flugzeug" oder "Flugzeug benutzt Parkposition". Die Beziehung "Flugzeug gehört Fluggesellschaft" ist von unten nach oben zu lesen. Daher der Lesepfeil.

Start durchführen

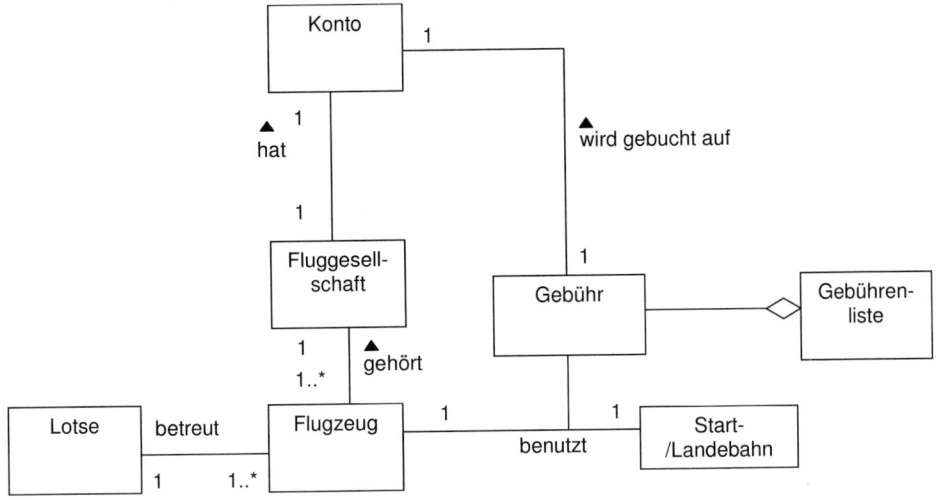

Bild 2-21 Klassen und Beziehungen für den Use Case "Start durchführen"

Eine Besonderheit ist hier zu sehen. Die Klasse Gebühr stellt eine **Assoziations-klasse** dar. Eine Assoziationsklasse gehört zu einer Beziehung (Assoziation) und spezifiziert diese näher. Entfällt die Beziehung, so muss auch die zugeordnete Assoziationsklasse wegfallen. Da keine Gebühr anfällt, wenn die Start-/Landebahn nicht benutzt wird, muss die Klasse Gebühr also eine Assoziationsklasse sein.

Flugzeug verlegen

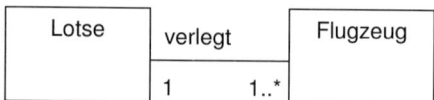

Bild 2-22 Klassen und Beziehungen für den Use Case "Flugzeug verlegen"

Gebühren ändern

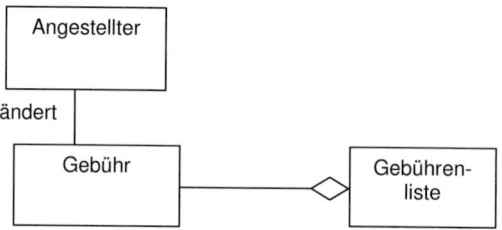

Bild 2-23 Klassen und Beziehungen für den Use Case "Gebühren ändern"

Positionsdaten fusionieren

Hier werden zyklisch die Flugzeugpositionsdaten des Radars und des Positions-gebers abgefragt und geprüft, ob sie im Rahmen einer vorgegebenen Toleranz-grenze übereinstimmen. Der Vergleich wird realisiert durch ein Kontrollobjekt[22], das sich zyklisch die Positionsdaten vom Radar und vom Positionsgeber beschafft, den Vergleich durchführt, die Positionsdaten vom Radar und vom Positionsgeber im System anlegt – wenn die Toleranzgrenze nicht überschritten wird – und bei Überschreiten der Toleranzgrenze einen Alarm auslöst. In der konzeptionellen Sicht leistet dieser Use Case keinen Beitrag zum Klassendiagramm – außer, dass es die Klassen Position Positionsmelder und Position Radar gibt –, da in der konzeptio-nellen Sicht nur Entity-Objekte betrachtet werden.

Rechnungen erstellen

Durch ein Kontrollobjekt, welches auf die Uhr schaut, werden in automatischer Weise jeweils am Ersten eines Monats die Rechnungen auf Grund der Kontoinformationen automatisch generiert und ausgedruckt. Die Angestellten müssen die Rechnungen noch kuvertieren und versenden. In der konzeptionellen Sicht gibt dieser Use Case keinen Beitrag zum Klassendiagramm, da in der konzeptionellen Sicht nur Entity-Objekte betrachtet werden. Die Rechnungen sind keine Entity-Objekte, d.h. Objekte von Entity-Klassen, da sie nicht im System gespeichert werden. Sie werden erzeugt und sofort ausgedruckt.

---

[22] Kontrollobjekte haben kein Gegenstück in der realen Welt.

Bezahlte Rechnungen buchen

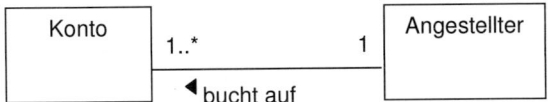

Bild 2-24 Klassen und Beziehungen für den Use Case "Bezahlte Rechnungen buchen"

Durch die Multiplizität wird zum Ausdruck gebracht, dass für ein bestimmtes Konto nur 1 bestimmter Angestellter ermächtigt ist zu buchen. Ein Angestellter ist aber für mehrere Konten zuständig.

Durch Zusammensetzen der für die einzelnen Use Cases gefundenen Teildiagramme, d.h. von Bild 2-17 bis Bild 2-24, erhält man das gesamte Klassendiagramm:

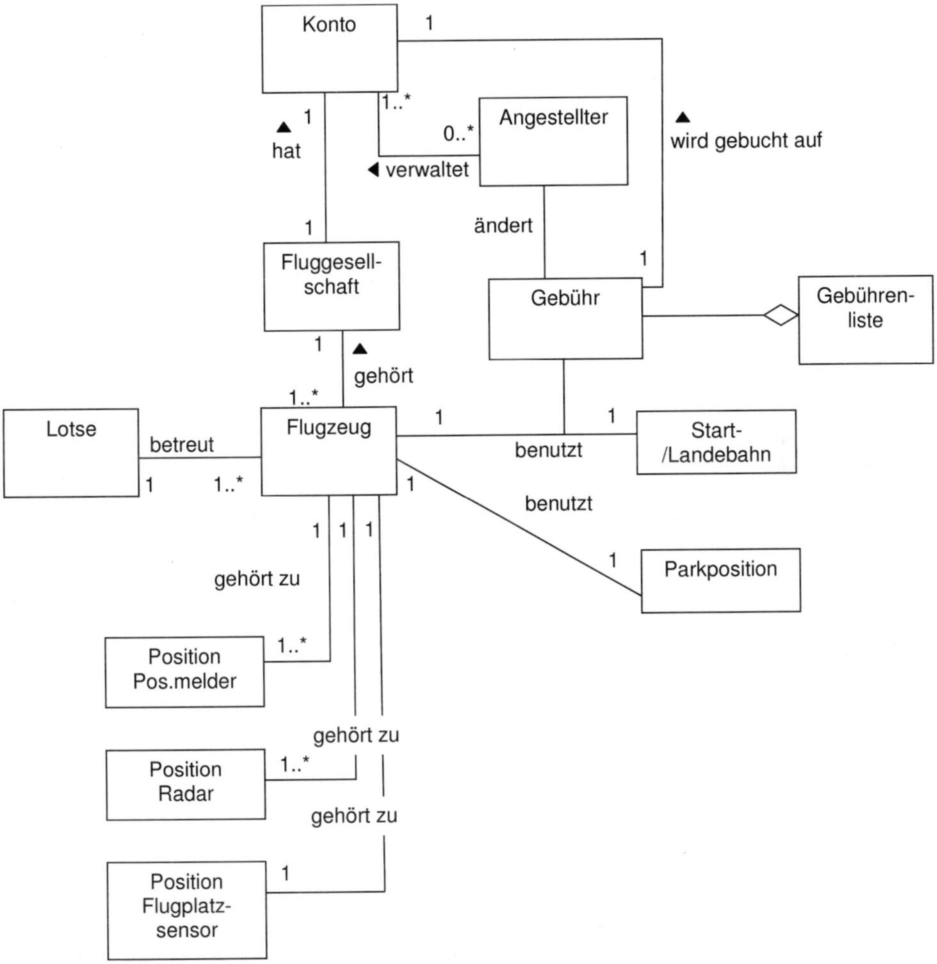

Bild 2-25 Klassendiagramm Flughafen-Informationssystem

2.6 Übungen

Aufgabe 2.1: Verständnisfragen

2.1.1   Was versteht man unter Problembereich und unter Lösungsbereich?
2.1.2   Was sollte bei einer Klasse im Idealfall komplett verborgen sein?
2.1.3   Was ist beim objektorientierten Ansatz entscheidend?
2.1.4   Worauf basiert der objektorientierte Ansatz?
2.1.5   Aus welchen Bestandteilen besteht eine Klasse?
2.1.6   Erläutern Sie, was eine Methode ist und welche Aufgaben sie erfüllt.
2.1.7   Wodurch wird der Zustand eines Objektes festgelegt?
2.1.8   Was ist der Unterschied zwischen einer Klassenmethode und einer Instanzmethode?
2.1.9   Wann werden Klassenvariablen verwendet?
2.1.10 Wann werden Instanzvariablen verwendet?
2.1.11 Kann eine Instanzmethode auf eine Klassenvariable zugreifen? Begründung!
2.1.12 Kann eine Klassenmethode auf eine Instanzvariable zugreifen? Begründung!
2.1.13 Erläutern Sie die Begriffe Generalisierung und Spezialisierung.
2.1.14 Erläutern Sie die Begriffe Aggregation und Komposition.

Kapitel 3

Einführung in die Programmiersprache Java

3.1   Sprachkonzepte von Java
3.2   Eigenschaften von Java
3.3   Die Java-Plattform
3.4   Programmerzeugung und -ausführung
3.5   Das Java Development Kit
3.6   Java-Anwendungen und Internet-Programmierung
3.7   Übungen

3 Einführung in die Programmiersprache Java

Im Jahre 1991 befasste sich ein Mitarbeiterteam von Sun Microsystems mit der Entwicklung von Set-Top Boxen für Fernsehgeräte mit dem Ziel des interaktiven Fernsehens. Für die Software dieser Boxen wurde zunächst C++ verwendet, die damals gängige Sprache für objektorientierte technische Anwendungen. Unzufriedenheit über die Komplexität von C++ und die daraus resultierende mangelnde Sicherheit veranlasste das Team, ausgehend von C und C++ eine neue Sprache – die Sprache Java – zu entwickeln.

3.1 Sprachkonzepte von Java

Bei der Definition der Programmiersprache Java wurden von verschiedenen Programmiersprachen herausragende Konzepte übernommen und in einer bisher nicht bekannten Kombination zusammengefügt (siehe Bild 3-1).

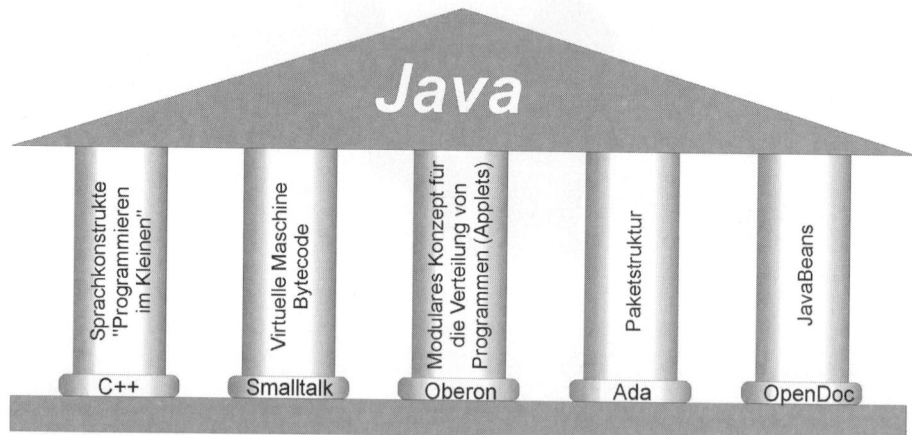

Bild 3-1 Die Väter von Java

Die **Sprachkonstrukte** für das **"Programmieren im Kleinen"** wie die einfachen Datentypen und die Operatoren sind an **C++** angelehnt.

Das Konzept der virtuellen Maschine zur Ausführung des **Bytecodes** hat sich in Smalltalk bewährt. Die Idee der virtuellen Maschine stammt von N. Wirth. Dessen Pascal-Compiler übersetzte in den so genannten P-Code und dieser wurde dann interpretiert. Der Gedanke, der dahinter steckt, ist, **unabhängig von der** jeweiligen **Rechner-Plattform** zu werden.

Unter **Rechner-Plattform** wird die **Kombination** von **Betriebssystem** und zugehöriger **Rechner-Hardware** verstanden.

Um die Unabhängigkeit des Bytecodes von der Rechner-Plattform zu ermöglichen, braucht man ein Stück Software, das den Bytecode auf die jeweilige Rechner-Plattform abbilden kann. Diese Aufgabe wird von der **virtuellen Maschine** wahrgenommen. Die virtuelle Maschine bietet einem auszuführenden Programm stets dieselbe Schnittstelle, egal welche Rechner-Plattform auch immer von der virtuellen Maschine angesteuert wird. Damit kann ein Programm weltweit auf jeder Rechner-Plattform, die über eine virtuelle Maschine verfügt, laufen und verhält sich auch immer gleich. Mit Hilfe der virtuellen Maschine kann die Idee **"write once, run anywhere"**[23] umgesetzt werden.

Das Konzept der **Applets**[24] in Java, die bei Bedarf geladen werden, wurde von den Modulen in **Oberon**[25] übernommen.

Pakete dienen zur Gruppierung von inhaltlich zusammengehörigen Klassen und Schnittstellen. Ein Paket stellt eine Bibliothek für einen bestimmten Zweck dar. Pakete als Gruppierung kleinerer Bausteine wurden bereits in Ada verwendet.

Die Idee des **JavaBeans-Komponentenmodells** wurde von OpenDoc beeinflusst. OpenDoc wurde von den Firmen Apple, Novell, Borland, WordPerfect und IBM entwickelt und ist eine offene Dokumentenarchitektur, die es ermöglicht, beliebige Dokumententeile aufzunehmen. Ein Komponentenmodell soll die Verwendung von vorgefertigten Software-Bausteinen auf einfache Weise ermöglichen. Erstellte JavaBeans-Komponenten, die sich an die JavaBeans-Spezifikation halten, können in einfacher Weise wiederverwendet werden. Sie können als fertige Bausteine mit Hilfe eines Werkzeugs – eines so genannten Application Builders – in eine neue Anwendung integriert werden.

Enterprise JavaBeans wurden später als die hier erwähnten JavaBeans in die Klassenbibliothek von Java aufgenommen. Sie haben mit JavaBeans nichts zu tun, außer dass es sich auch hier um ein Komponentenmodell handelt, das jedoch speziell zur Realisierung von Server-Architekturen dient.

3.2 Eigenschaften von Java

Java-Programme sind einfach, stabil, objektorientiert, verteilbar, sicher und portierbar.

Einfachheit und Stabilität

Zur Erhöhung der Einfachheit der Programmiersprache und der Stabilität der Programme wurden in Java gegenüber C und C++ verschiedene Sprachkonstrukte wie z.B. die Zeigerarithmetik weggelassen.

Objektorientiertheit

Mit Java wurde eine echte objektorientierte Sprache entworfen, die den Programmierer zwingt, objektorientiert zu programmieren. Es ist generell nicht möglich, Methoden von einer Klasse bzw. von den Objekten zu trennen.

---

[23] Einmal schreiben, überall laufen lassen.

[24] **Java-Applets** sind kleine Programme, die nur innerhalb eines Web-Browsers oder eines Applet-Viewers ausgeführt werden können. Sie sind in einer HTML-Seite eingebettet.

[25] **Oberon** ist eine objektorientierte Programmiersprache, die wie Pascal und Modula von N. Wirth entwickelt wurde.

Verteilbarkeit

Java wurde von Anfang an für die Verteilung von Programmen auf verschiedene Rechner entworfen. Infolge einer umfangreichen Unterstützung durch die Java-Klassenbibliothek ist Java nahezu optimal für die **Client/Server-Programmierung** geeignet. Des Weiteren wurde durch das Konzept der Applets – die von einem zentralen Web-Server auf einen anderen Rechner über das Netz geladen werden können – das Problem der **Verteilung bei Software-Updates** elegant gelöst.

Sicherheit

Java hat wie kaum eine andere Sprache ein mehrstufiges Sicherheitskonzept, das die Ausführung von kritischen oder für das System gefährlichen Operationen verhindert.

Portierbarkeit

Durch die Kompilierung in einen von der Rechner-Plattform unabhängigen Bytecode, der von einer virtuellen Maschine ausgeführt wird, ist Java unabhängig vom jeweiligen Betriebssystem und der zugehörigen Rechner-Hardware. Software-Entwickler müssen ihre Programme nicht für jede Rechner-Plattform speziell anpassen. Durch die exakte Definition aller Datentypen in Länge und Aussehen und das Vorhandensein von Threads als Sprachmittel für parallel ausführbare Programme ist ein Java-Programm ohne Probleme von einer Rechner-Plattform auf die andere portierbar (übertragbar). Je geringer die Zahl der Eingriffe in ein Programm ist, um es auf einer anderen Rechner-Plattform ausführen zu können, desto höher ist die Portabilität. Bei Java sind in einem Programm keine Eingriffe erforderlich, um es auf einer anderen Rechner-Plattform auszuführen. Vorausgesetzt wird aber, dass für jede Rechner-Plattform eine virtuelle Maschine existiert. Versucht man das Gleiche in C++, einer Sprache, die auf allen gängigen Maschinen vertreten ist, gerät man schon bei der unterschiedlichen Darstellung der einfachen Datentypen in Schwierigkeiten. Darüber hinaus gibt es in C++ keine Sprachmittel für parallele Programme, sodass das Erreichen von Parallelität dort betriebssystemabhängig ist. Die Portierbarkeit erstreckt sich in Java auch auf die grafische Oberfläche, welche traditionsgemäß bisher betriebssystemabhängig war. So wurde die Oberfläche beispielsweise unter UNIX mit OSF Motif und unter Windows mit Hilfe der Microsoft Foundation Classes realisiert.

3.3   Die Java-Plattform

Meistens ist – wenn man über Java spricht – die Programmiersprache Java gemeint. Java ist aber viel mehr als eine Programmiersprache. Die Programmiersprache Java bildet zusammen mit verschiedenen Werkzeugen, der **Java Virtuellen Maschine** und einer umfangreichen **Java-Klassenbibliothek** die **Java-Plattform**.

Zu einer **Java-Plattform** gehören:

- die Programmiersprache Java,
- Werkzeuge wie zum Beispiel der Java-Compiler (`javac`),
- die **Java Virtuelle Maschine** (JVM) – in anderen Worten ein **Bytecode-Interpreter** für eine Rechner-Plattform
- und eine umfassende **Klassenbibliothek**.

Die Java Plattform existiert als Standard Edition (bekannt unter dem Namen **Java SE**), als Enterprise Edition (**Java EE**) und als Micro Edition (**Java ME**). Die einzelnen Ausführungen unterscheiden sich im Wesentlichen durch Art und Umfang der Klassenbibliothek und durch die verfügbaren Werkzeuge. Die Java EE und die Java ME bauen hierbei auf der Java SE auf und spezialisieren diese für Server-Anwendungen und für den Einsatz auf mobilen Endgeräten.

Das **Java Development Kit** (JDK) bezeichnet eine Java-Plattform mit einem für die jeweilige Rechner-Plattform spezifischen Bytecode-Interpreter. Will man mit Java Programme entwickeln, so benötigt man also ein JDK. Hierbei gibt es für die verschiedenen Java Editions (Java SE, Java EE und Java ME) jeweils ein JDK für alle gängigen Rechner-Plattformen. Eine **Java Runtime Environment** (JRE) beinhaltet nur diejenigen Bestandteile eines JDKs, welche zum Ausführen von Java-Programmen benötigt werden. Damit besteht eine JRE aus einem Bytecode-Interpreter für die jeweilige Rechner-Plattform und der Java-Klassenbibliothek.

Auf die Java Virtuelle Maschine wird in Kapitel 3.3.1 und auf die Java Klassenbibliothek der Standard Edition in Kapitel 3.3.2 noch näher eingegangen.

3.3.1 Die Java Virtuelle Maschine

Bei Java wird bei der Kompilierung aus dem Quellcode nicht Maschinencode[26], sondern ein **Bytecode (Zwischencode)** erzeugt. Der Bytecode wird dann von einem **Bytecode-Interpreter**, der **Java Virtuellen Maschine (JVM)**, die für jede Rechner-Plattform verfügbar ist, zur Ausführung gebracht. Der Bytecode-Interpreter kann ein eigenes Programm sein – wie im Falle des Interpreters `java` des Java Development Kits – oder in einen Browser – wie z.B. den Netscape Navigator – oder in den Microcode eines Java-Prozessors integriert sein.

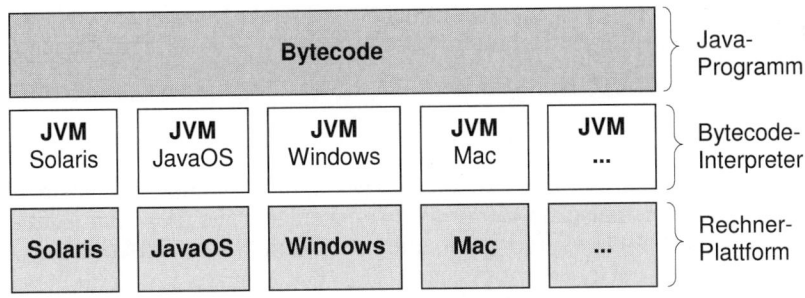

Bild 3-2 Die Java Virtuelle Maschine (JVM)

Durch das Bytecode-Konzept ist jedes Java-Programm auf jeder Rechner-Plattform mit einem Bytecode-Interpreter ausführbar.

---

[26] **Maschinencode** ist eine prozessorspezifische Programmiersprache, die ein spezieller Prozessor direkt versteht.

Sonst wäre das Konzept der Applets, das vorsieht, von einem beliebigen Rechner des Internets ein Applet zu laden und auf einem beliebigen anderen Rechner des Internets auszuführen, nicht umsetzbar.

3.3.2 Die Java Klassenbibliothek

Erleichtert wird das Programmieren von Java-Anwendungen durch eine umfangreiche Klassenbibliothek, die Java-API[27].

> Die Klasse `java.lang.Object` ist die Wurzel des Java-Klassenbaums, also auch der Java-API.

Die Java-Klassenbibliothek der Standard Edition lässt sich in drei Bereiche aufteilen:

- **Java Base Libraries**

  Diese Bibliotheken umfassen Klassen und Schnittstellen, welche die grundlegende Funktionalität der Java-Plattform bereitstellen. So sind darin unter anderem Klassen für die String-Verarbeitung, Ein-/Ausgabe, Sicherheit, Netzwerk-Kommunikation und Internationalisierung definiert.

- **Java Integration Libraries**

  Diese Bibliotheken setzen sich aus Klassen und Schnittstellen zusammen, welche für die systemübergreifende Kommunikation benötigt werden. Sie bestehen unter anderem aus der **Java Database Connectivity (JDBC) API** für den Zugriff auf Datenbanken, der **Remote Method Invocation (RMI) API** für den entfernten Methodenaufruf zwischen unterschiedlichen virtuellen Maschinen und der **Java Naming and Directory Interface (JNDI) API** für das Suchen von Klassen innerhalb eines Namensraumes.

- **Java User Interface Libraries**

  Mit Hilfe dieser Bibliotheken können verschiedenste Benutzerschnittstellen programmiert werden. Beispiele hierfür sind Druckerschnittstellen, Tonausgabe, Bildverarbeitung und die Entwicklung von grafischen Benutzerschnittstellen.

Eine ausführliche Beschreibung der Klassen und Schnittstellen kann der Java API-Dokumentation entnommen werden. Sie ist zu finden unter der Java-Webseite von Sun

```
http://java.sun.com/docs/index.html
```

oder auf der dem Buch beigefügten CD. Bild 3-3 zeigt die Startseite der API-Dokumentation Java SE 6.0.

---

[27] API = Application Programming Interface.

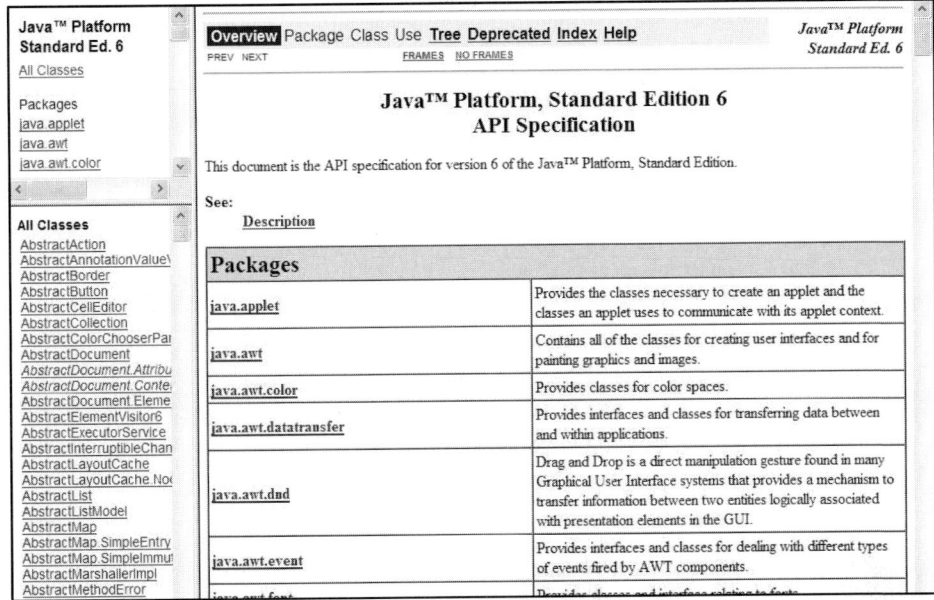

Bild 3-3 Startseite der Java API-Dokumentation in einem Browser

Die Java-API enthält mehrere Tausend Klassen und Schnittstellen. Diese können unmöglich alle in diesem Buch erklärt werden. Vielmehr beschränken wir uns auf die Beschreibung und Erläuterung der grundlegenden Spracheigenschaften von Java und stellen einige wenige ausgewählte Klassen der Klassenbibliothek vor.

3.4 Programmerzeugung und -ausführung

Die Erzeugung und das Starten von Java-Programmen unterscheidet sich in einigen Punkten grundlegend von anderen Programmiersprachen. Im Wesentlichen kann man sagen, dass kein **ausführbares Programm**[28] (**executable program**) erzeugt wird, sondern dass Bytecode interpretiert wird, wobei benötigte Klassen zur Laufzeit durch die Java Virtuelle Maschine nachgeladen werden.

Mit dem Begriff "zur Laufzeit" ist gemeint, dass eine Aktion – beispielsweise das Laden einer Klasse in die virtuelle Maschine – ausgeführt wird, während das Programm läuft.

In Java wird kein ausführbares Programm erzeugt.

---

[28] Ein ausführbares Programm besteht aus Maschinencode und kann nach seinem Aufruf selbständig auf dem Prozessor laufen.

Das folgende Bild zeigt das Erzeugen und Starten einer Java-Anwendung:

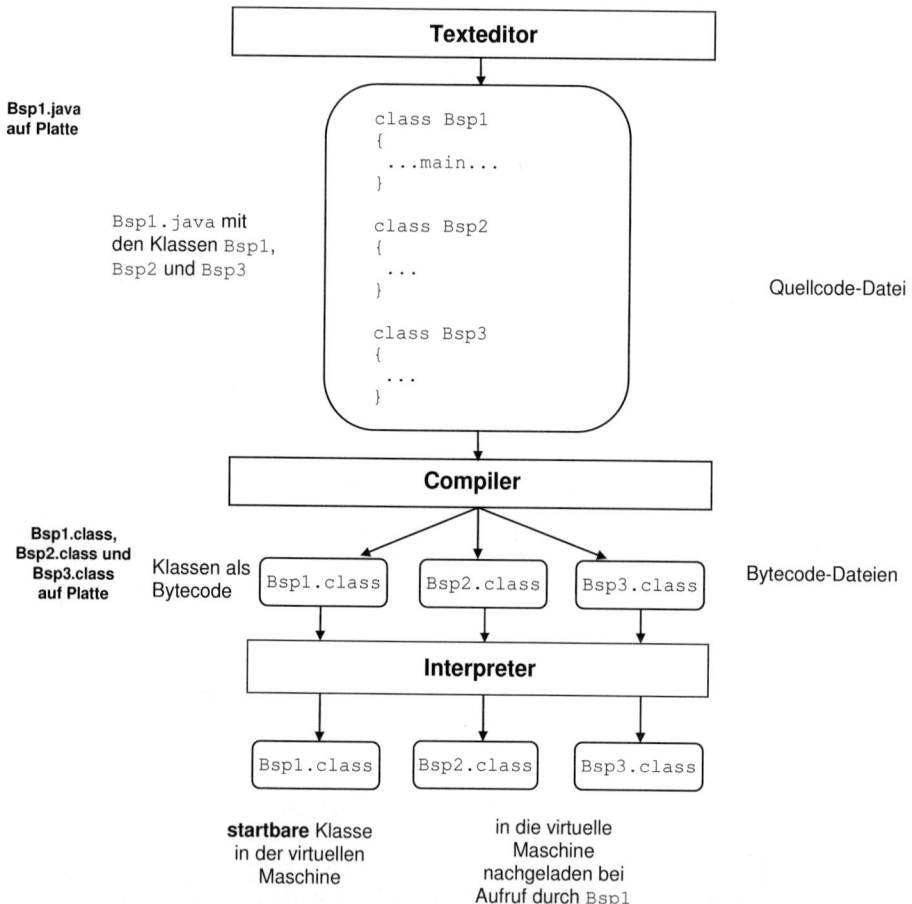

Bild 3-4 Ablauf und Erzeugnisse beim Kompilieren und Laden

Der Quelltext eines Programms wird mit einem **Editor**, einem Werkzeug zur Erstellung von Texten, geschrieben und auf der Festplatte des Rechners unter einem Dateinamen als Datei abgespeichert. Da eine solche Datei Quellcode enthält, wird sie auch als **Quellcode-Datei** (oder Quelldatei) bezeichnet. Durch Kompilieren erhält man aus der Quellcode-Datei `Bsp1.java` die drei Bytecode-Dateien `Bsp1.class`, `Bsp2.class` und `Bsp3.class`. Dabei werden die Bestandteile des Dateinamens hinter dem Punkt als **Extension** (**Dateinamenserweiterung**) bezeichnet. Für jede Klasse in der Quellcode-Datei wird also eine Bytecode-Datei erzeugt, die den Namen der Klasse trägt und die Extension `class` hat.

Die Klasse `Bsp1` soll eine `main()`-Methode haben und als **Startklasse** dienen. Wird diese Klasse vom **Interpreter** aufgerufen, so wird sie vom **Klassenlader** geladen und ihre `main()`-Methode ausgeführt.

Klassen, die eine `main()`-Methode haben, können zum **Starten einer Java-Anwendung** verwendet werden.

Werden nun innerhalb der `main()`-Methode Klassenvariablen oder Klassenmethoden der beiden anderen Klassen `Bsp2` oder `Bsp3` angesprochen oder Objekte dieser Klassen angelegt, so müssen diese Klassen vom Klassenlader dynamisch zur Laufzeit vom aktuellen Rechner, einem Intranet oder dem Internet in die virtuelle Maschine nachgeladen werden.

Ein "Programm" in Java besteht aus einem losen Verbund von einzelnen `.class`-Dateien, die bei Bedarf in die virtuelle Maschine geladen werden. **Dynamisches Laden** bedeutet, dass die Klassen, wenn sie das erste Mal benötigt werden, in die virtuelle Maschine nachgeladen werden.

3.4.1 Kompilieren

Am Anfang der Programmerzeugung stehen eine oder mehrere Quellcode-Dateien. Diese Dateien enthalten den in Java geschriebenen Programmtext und werden durch den Compiler `javac` in **Bytecode** übersetzt. Für jede Klasse wird beim Kompilieren eine interpretierbare `.class`-Datei erzeugt. Der Bytecode ist unabhängig von der Rechner-Plattform, auf welcher der Programmcode entwickelt bzw. kompiliert worden ist. Man kann den erzeugten Bytecode auch als Maschinencode für einen virtuellen Prozessor, genauer die Java Virtuelle Maschine, bezeichnen.

Der **Bytecode** ist ein **Zwischencode**. Er stellt noch nicht den Maschinencode eines existierenden physikalischen Prozessors dar. Er stellt die **Maschinensprache für** eine abstrakte Maschine, die **Java Virtuelle Maschine**, dar.

Der Kompiliervorgang durchläuft die vier Bearbeitungsschritte

- Lexikalische Analyse,
- Syntaxanalyse,
- Semantikanalyse
- und Codeerzeugung.

3.4.1.1 Lexikalische Analyse

Bei der Lexikalischen Analyse wird versucht, in der Folge der Zeichen eines Programms Wörter der Sprache – das sind die kleinsten Einheiten einer Sprache, die eine Bedeutung besitzen – zu erkennen. Die Wörter einer Sprache werden auch **Symbole** genannt. Beispiele für Symbole sind Namen, Schlüsselwörter, Operatoren. Zwischenräume und Kommentare dienen dem Compiler dazu, zu erkennen, wo ein

Wort zu Ende ist. Ansonsten haben sie keine Bedeutung für den Compiler und werden überlesen.

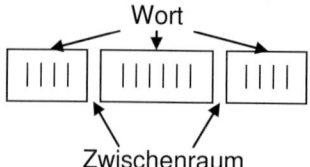

Bild 3-5 Erkennen von Wörtern

3.4.1.2 Syntaxanalyse

Für alle modernen Sprachen existiert ein Regelwerk, welches formal die zulässigen Folgen von Symbolen (Wörtern) festlegt. Im Rahmen der Syntaxanalyse wird geprüft, ob die bei der lexikalischen Analyse ermittelte Symbolfolge eines zu übersetzenden Programms zu der Menge der **zulässigen Symbolfolgen** gehört.

3.4.1.3 Semantische Analyse

Die semantische Analyse versucht die Bedeutung der Wörter herauszufinden. Die Bedeutung in einem Programm bezieht sich im Wesentlichen auf dort vorkommende Namen, also muss die semantische Analyse herausfinden, was ein Name, der im Programm vorkommt, bedeutet. Jeder Name wird mit einer Bedeutung versehen, d.h. an eine Deklaration des Namens im Programm gebunden. Grundlage hierfür sind die Sichtbarkeits-, Gültigkeits- und Typregeln einer Sprache. Neben der Überprüfung der **Verwendung von Namen im Rahmen ihrer Gültigkeitsbereiche**[29] spielt die Überprüfung von **Typverträglichkeiten bei Ausdrücken** eine Hauptrolle. Ein wesentlicher Anteil der semantischen Analyse befasst sich also mit der Erkennung von Programmfehlern, die durch die Syntaxanalyse nicht erkannt werden konnten, wie z.B. die Addition von zwei Werten mit unterschiedlichem und nicht verträglichem Typ. So ist es beispielsweise unzulässig, Boolesche Werte und Zahlen zu addieren.

Nicht alle semantischen Regeln einer Programmiersprache können durch den Compiler abgeprüft werden. Man unterscheidet zwischen der **statischen Semantik** (durch den Compiler prüfbar) und der **dynamischen Semantik** (erst zur Laufzeit eines Programmes prüfbar). Die Prüfungen der dynamischen Semantik werden von der virtuellen Maschine durchgeführt.

3.4.1.4 Codeerzeugung

Während Lexikalische Analyse, Syntaxanalyse und Semantische Analyse sich nur mit der **Analyse** des zu übersetzenden Quellcodes befassen, kommen bei der Codegenerierung die Eigenschaften der virtuellen Maschine mit ins Spiel. Bei der Codeerzeugung wird kein Maschinencode für einen physikalischen Prozessor einer Plattform, sondern Maschinencode – nämlich der Bytecode – für die virtuelle Maschine erzeugt.

---

[29] Siehe Kap. 9.1.5.

3.4.1.5 Virtuelle Maschine

Die virtuelle Maschine übernimmt Aufgaben wie die Speicherverwaltung des Programms zur Laufzeit und ist für Ein-/Ausgabe-Operationen und für Interaktionen mit dem Betriebssystem zuständig. Sie bildet somit die **Laufzeitumgebung (Laufzeitsystem)** des auszuführenden Java-Programms. Zu den Aufgaben der virtuellen Maschine gehören alle Prüfungen der dynamischen Semantik, kurz eine ganze Reihe von Fehlerroutinen. An besonderen Sprachmerkmalen wie Threads (parallele Prozesse) oder Exceptions (Ausnahmen) ist die virtuelle Maschine ebenfalls beteiligt. Die Sicherheitsverwaltung der virtuellen Maschine entscheidet zum Beispiel, auf welche Ressourcen – wie z.B. eine Festplatte – ein in Ausführung befindliches Programm zugreifen darf und auf welche nicht.

> Die **virtuelle Maschine** bildet die **Laufzeitumgebung (Laufzeitsystem)** für das auszuführende Programm. Sie stellt einem Programm zusätzliche Funktionen (Routinen) zur Verfügung, welche für die Ausführung des Programms benötigt werden. Dazu gehören unter anderem Funktionen zur Speicheranforderung oder Fehlererkennung.

3.4.2 Laden in die virtuelle Maschine

Das Laden der Klassen erfolgt durch die Java Virtuelle Maschine. Beim Starten eines Programms wird die **Startklasse** dem Interpreter bekannt gemacht, der den **Klassenlader** verwendet, um die Startklasse in den Arbeitsspeicher zu laden. Dies geschieht durch den Aufruf von `java Klassenname` auf der Kommandozeile. Da ein Java-Programm nicht wie die meisten herkömmlichen Programme aus einer einzelnen ausführbaren Datei, sondern aus mehreren `.class`-Dateien besteht, werden die anderen Java-Klassen zur Laufzeit, also zu dem Zeitpunkt, an dem sie gebraucht werden, durch die Java Virtuelle Maschine nachgeladen. Trifft also der Java-Interpreter auf eine Klasse, die nicht im Speicher der virtuellen Maschine ist, so benutzt er den **Klassenlader**, um die Klasse in den Arbeitsspeicher nachzuladen.

3.4.3 Ausführen von Bytecode

Die virtuelle Maschine setzt den Java-Bytecode in Maschinencode des jeweiligen Prozessors um. Erfordert eine Bytecode-Instruktion den Aufruf einer Betriebssystemroutine, so wird ein Sprungbefehl an die Adresse, an der sich die Betriebssystemroutine im Speicher befindet, generiert. Alle Betriebssystemroutinen liegen dabei fertig kompiliert im entsprechenden Maschinencode bereit.

3.4.4 Bytecode

Das Konzept des Bytecodes wurde schon seit den siebziger Jahren eingesetzt, um Programme leichter portieren zu können. Beispiele hierfür sind Bytecode-Systeme für die Sprachen BCPL, LISP, Prolog, aber auch für Pascal. Dabei war beispielsweise ein Bytecode-System für Pascal nicht die Regel, sondern die Ausnahme. Für Smalltalk und Java ist der Bytecode jedoch Bestandteil der Architektur der Sprache und damit zwingend vorgeschrieben.

Der Bytecode hat die folgenden Eigenschaften:

- Er besteht **aus Instruktionen** (**Befehlen**) für eine **virtuellen Maschine**.
- Eine **Instruktion** ist **ein Byte lang** – daher auch die Bezeichnung Bytecode für den Zwischencode.
- Der Bytecode ist **unabhängig von einer Rechner-Plattform** und damit unabhängig vom Betriebssystem und der Rechner-Hardware.
- Der Bytecode ist **maschinennah**. Die Phasen Lexikalische Analyse, Syntaxanalyse, Semantikanalyse und Codegenerierung zum Bytecode sind bereits durchlaufen, sodass man näher am Maschinencode als am Quellcode ist.
- Der Bytecode spiegelt in der Regel die **Eigenschaften der Programmiersprache** wider. So kann es zum Beispiel spezielle Instruktionen für den Zugriff auf die Komponenten von Objekten geben.
- Der Bytecode wird durch einen **Bytecode-Interpreter** ausgeführt, der die Befehle der virtuellen Maschine ausführen kann, mit anderen Worten, der die virtuelle Maschine emuliert.
- Da ein Bytecode für die jeweilige Programmiersprache optimiert ist, ist das resultierende **Programm sehr kompakt**. Mit anderen Worten, Bytecode-Programme eignen sich gut für die Übertragung in Netzen.
- Bytecode ist **portabel**. Programme, die in Bytecode übersetzt wurden, sind auf jeder Rechner-Plattform lauffähig, für die ein Bytecode-Interpreter zur Verfügung steht.
- Da der **Interpreter** eine virtuelle Maschine emuliert und in die Emulation die Zugriffe auf physikalische Betriebsmittel wie Drucker oder Dateien eingebunden sind, kann in den Emulator sehr leicht eine **Sicherheitsschicht** eingezogen werden, die unter gewissen Umständen Zugriffe auf bestimmte Betriebsmittel verwehrt.

Das Konzept des Bytecodes stellt insgesamt gesehen eine Zwischenstufe zwischen der reinen Interpretation eines Quellcodes und der Ausführung von Instruktionen eines speziellen Prozessors dar. Wird – wie bei anderen Sprachen – der reine Quellcode interpretiert, so stellen die Anweisungen im Quellcode die Instruktionen für eine virtuelle Maschine auf höherem Niveau dar.

Letztendlich wird der Zugewinn an Portabilität und Sicherheit durch den erhöhten Zeitaufwand für den Interpreter erkauft. Um diesen Nachteil zu kompensieren, kann man den Interpreter selbst als Hardware – als **Java-Prozessor** – realisieren, der direkt die Bytecode-Instruktionen ausführt, anstatt als Programm auf einem herkömmlichen Prozessor.

3.5   Das Java Development Kit

Die offizielle Quelle für das Java Development Kit (JDK) ist die Firma Sun Microsystems. Im Internet ist diese erreichbar über die Adresse

```
http://www.java.sun.com
```

Von dort kann das JDK für alle gängigen Rechner-Plattformen kostenlos auf den eigenen Rechner geladen werden. Außerdem führen von diesen Seiten Links zu Herstellern professioneller Entwicklungssysteme oder Herstellern des JDKs für weniger bekannte Rechner-Plattformen. Die JDKs für die Plattformen Windows 32 Bit/64 Bit und LINUX 32 Bit/64 Bit befinden sind auch auf der CD.

3.5.1 Installation und Konfiguration des JDKs

Um mit Java arbeiten zu können, muss es für das entsprechende Betriebssystem ein Java Development Kit geben.

Die Größe des Arbeitsspeichers des Arbeitsplatzrechners sollte 64 MB nicht unterschreiten. Für die Komplettinstallation der JDK-Version 6.0 werden mindestens 300 MB an Plattenplatz benötigt, für die Version 5.0 mindestens 200 MB.

Das JDK-Installations-File entpackt sich bei der Installation unter Microsoft Windows selbst. Standardmäßig werden die Dateien in das Verzeichnis `Java` im Programmverzeichnis von Windows installiert (z.B. `C:\Programme\Java`). Nach der Installation befinden sich darin die beiden Verzeichnisse `jre1.6.0` und `jdk1.6.0` für die Version 6.0 beziehungsweise `jre1.5.0` und `jdk1.5.0` für die Version 5.0. Im Verzeichnis `jdk1.6.0` – beziehungsweise `jdk1.5.0` – werden mehrere Verzeichnisse angelegt, unter anderem ein Verzeichnis namens `bin`. In diesem Verzeichnis befinden sich alle Programmdateien wie zum Beispiel `javac.exe` oder `java.exe` des JDKs. Im Unterverzeichnis `demo` liegen nützliche Beispielprogramme. Im Unterverzeichnis `include` sind Header-Dateien abgelegt, die zur Einbindung von C-Programmen in Java-Programme benötigt werden. In Archive[30] zusammengefasste Java-Klassendateien befinden sich in dem Unterverzeichnis `lib`.

Setzen der Umgebungsvariable PATH

Um die Java-Programmdateien – wie `javac` oder `java` – direkt von der Kommandozeile aufrufen zu können, muss der Suchpfad für ausführbare Dateien um das entsprechende Verzeichnis erweitert werden. Unter Windows 2000/XP geschieht dies wie folgt:

- **Temporär**

  Will man die `PATH`-Variable temporär – also nur in der aktiven Kommandozeile – um den Pfad zu den Java-Programmdateien erweitern, muss der Befehl

  ```
  set PATH=%path%;C:\Programme\Java\jdk1.x.0\bin
  ```

  in der Kommandozeile eingegeben werden, wobei `x` durch `5` für die Java Version 5.0 bzw. durch `6` für die Version 6.0 ersetzt werden muss. Nach dem Schließen des Fensters der Kommandoebene, d.h. der Shell in LINUX bzw. der Windows-Konsole unter Windows, ist diese Einstellung wieder ungültig.

---

[30] **Archive** dienen zur Zusammenstellung mehrerer Dateien – in gepackter oder ungepackter Form – in einer einzigen Datei. Archivdateien haben die Extension `jar`.

- **Permanent**

  Um den Pfad zu den Java-Programmdateien permanent in die PATH-Variable aufzunehmen, muss wie folgt vorgegangen werden. In der Windows System-steuerung System auswählen und dort den Reiter Erweitert selektieren. Auf diesem Reiter muss dann der Knopf Umgebungsvariablen gedrückt werden. Unter Systemvariablen – für alle Benutzer gültige Variablen – oder unter Benutzervariablen – nur für den aktuellen Benutzer gültige Variablen – muss die Variable PATH ausgewählt und der Eintrag

  ```
  ;C:\Programme\Java\jdk1.x.0\bin
  ```

  am Ende hinzufügt werden.

Es empfiehlt sich, ein eigenes Arbeitsverzeichnis zu erstellen, damit die installierten Programme des JDKs und die eigenen Anwendungsprogramme nicht gemischt abgelegt werden. Damit lässt sich die Erstellung von Sicherungskopien des eigenen Programmcodes in einfacher Weise durchführen.

Setzen der Umgebungsvariable JAVA_HOME

Die Umgebungsvariable JAVA_HOME wird von vielen Programmen verwendet, die auf dem JDK aufbauen. Diese Umgebungsvariable zeigt immer auf das Basisverzeichnis des JDKs, beispielsweise C:\Programme\Java\jdk1.x.0. Bei der Installation unter Windows wird diese Umgebungsvariable automatisch gesetzt, unter Unix/Linux muss sie von Hand gesetzt werden. Das kann beispielsweise so aussehen:

```
export JAVA_HOME=/usr/java/jdk1.x.0
```

Setzen der Umgebungsvariable CLASSPATH

Die Umgebungsvariable CLASSPATH wird vom Compiler javac sowie vom Inter-preter java des JDK benutzt, um den Weg zu den **Bibliotheksklassen** der Java-Klassenbibliothek bzw. zu **benutzerdefinierten Klassen** zu finden. Seit der Version 1.2 des JDK wird der CLASSPATH automatisch um das aktuelle Verzeichnis und um den Weg zu den Bibliotheksklassen des JDKs bei der Ausführung des Compilers oder Interpreters erweitert. Deshalb ist es normalerweise nicht erforderlich, den CLASSPATH explizit zu setzen. Sollte der Compiler oder der Interpreter dennoch nicht den Weg zu den Bibliotheksklassen bzw. zu den selbst geschriebenen Klassen im aktuellen Verzeichnis finden, so ist es erforderlich, den CLASSPATH explizit zu setzen. Wie der CLASSPATH zu setzen ist, hängt vom jeweiligen Betriebssystem ab. Im Folgenden zwei Beispiele:

```
export CLASSPATH=/wrk:.          (UNIX/LINUX)[31]
set CLASSPATH=C:\wrk;.           (Windows)
```

Der Punkt . hinter dem Doppel- bzw. Strichpunkt steht dabei für das aktuelle Ver-zeichnis. Es ist auch möglich, mehrere verschiedene Pfade im CLASSPATH anzuge-ben. Dann kann der Compiler bzw. der Interpreter nach den Klassen in verschiede-

---

[31] Dieses Kommando gilt für die Bourne-Shell (sh).

nen Verzeichnissen suchen. Unter Windows werden alternative Pfadangaben durch ein Semikolon getrennt, unter UNIX-Systemen durch einen Doppelpunkt.

Der `CLASSPATH` kann auch direkt beim Kompilieren beziehungsweise beim Aufruf des Interpreters für ein Java-Programm angegeben werden:

```
javac -classpath C:\wrk;. HelloWorld.java
```

3.5.2 Java Homepages

Die Entwicklung von Java verläuft äußerst dynamisch, sodass herkömmliche Medien wie Bücher oder Zeitschriften mit der schnellen Entwicklung nicht Schritt halten. Die meisten Neuerungen erscheinen daher auf den einschlägigen Seiten im Internet.

Hier eine kleine Auflistung gängiger Java Homepages:

- `http://java.sun.com`
- `http://www.developer.com/java`
- `http://www.jars.com`
- `http://community.java.net`

3.6 Java-Anwendungen und Internet-Programmierung

Im Folgenden werden einige wichtige Java-Begriffe, die oft verwechselt werden, vorgestellt:

- **Java-Anwendungen** sind Programme, die in Java geschrieben sind und von der Kommandozeile eines Rechners aus gestartet werden können.
- **Java-Applets** sind Programme, die in einer **HTML-Seite** enthalten sind und zusammen mit einer HTML-Seite von einem **Web-Server** zu einem Rechner geschickt werden. Sie werden von einem Java-fähigen Web-Browser auf der Maschine des Nutzers ausgeführt, wenn die HTML-Seite geladen wird. Der Aufbau von Java-Anwendungen und Applets ist prinzipiell verschieden. Applets haben an Bedeutung verloren, seitdem es Servlets und JavaServer Pages gibt.
- **Java-Servlets** sind Programme, die auf einem Web-Server laufen und dynamisch HTML-Seiten für einen Web-Browser erzeugen.
- **JavaServer Pages (JSP)** ermöglichen das Einbinden von Java Code in HTML-Seiten. Dadurch kann der Seiteninhalt ähnlich wie bei der Verwendung von Servlets dynamisch generiert werden. JSPs bauen auf der Servlet-Technologie auf, sind aber einfacher in der Anwendung.
- **JavaScript** ist eine von Java unabhängige Skriptsprache. Es stellt eine Erweiterung von HTML zum Aufbau von Internet-Seiten dar und sollte nicht mit Java verwechselt werden.

3.7 Übungen

Aufgabe 3.1: Verständnisfragen

3.1.1   Was sind die besonderen Eigenschaften von Java?
3.1.2   Was gehört zur Java-Plattform?
3.1.3   Erläutern Sie das Konzept des Zwischencodes (Bytecodes).
3.1.4   Nennen Sie die drei Bereiche, in welche die Java-Klassenbibliothek der Standard Edition eingeteilt wird.
3.1.5   Nennen Sie die vier Schritte des Kompiliervorgangs.
3.1.6   Was macht der Java-Compiler bei der lexikalischen Analyse?
3.1.7   Was passiert bei der Syntaxanalyse?
3.1.8   Was wird bei der Codegenerierung generiert?

Aufgabe 3.2: Beschreibung der Java-Klassen

Eine Beschreibung aller Java-Klassen befindet sich auf der Homepage von SUN Microsystems. Diese Dokumentation kann heruntergeladen werden, steht aber auch online zur Verfügung.

a) Aufrufen der Java-API-Dokumentation

Die Java-API-Dokumentation finden Sie unter der folgenden Adresse:

`http://java.sun.com`

Starten Sie Ihren Browser und rufen Sie die oben genannte Seite auf. Im rechten Teil der Seite findet sich unter `Resources` der Link `APIs`. Auf der folgenden Seite sind die Dokumentationen nach Plattformen geordnet. Wählen Sie unter der Kategorie `Standard Edition` die aktuellste Version aus. Zum Zeitpunkt des Erscheinens dieses Buches ist dies die Version 6.0 API Specification. Der folgende Link führt Sie direkt zur API Specification:

`http://java.sun.com/javase/6/docs/api/index.html`.

Machen Sie sich mit der Klassendokumentation etwas vertraut, indem Sie etwas herumspielen.

b) `System.out.println()`

Um die Zeichenkette "`Hello World`" auf der Kommandozeile auszugeben, wird `System.out.println()` benutzt:

`System.out.println ("Hello World");`

Finden Sie mit Hilfe der Klassendokumentation schrittweise heraus, was sich hinter dieser Anweisung verbirgt. Hierzu folgende Hinweise:

- `System` ist eine Klasse im Paket `java.lang`
- `out` ist der Name einer Klassenvariablen in der Klasse `System`. Die Referenz `out` zeigt auf ein Objekt der Klasse `PrintStream`. Die Klasse `PrintStream` befindet sich im Paket `java.io`. Dieses Objekt der Klasse `PrintStream`

besitzt die Fähigkeit, in die Standardausgabe zu schreiben, die in der Regel auf den Bildschirm zeigt.

- `println()` ist eine Methode der Klasse `PrintStream`.

Beantworten Sie folgende Frage:

3.2.1 Welche weiteren Methoden gibt es in der Klasse `PrintStream` – außer der Methode `println()`?

c) Die Klasse `String`

Die Klasse `String` befindet sich genauso wie die Klasse `System` im Paket `java.lang`. Beantworten Sie die folgenden Fragen mit Hilfe der Klassendokumentation:

3.2.2 Welche Methode liefert einen Rückgabewert vom Typ `char` für einen bestimmten Index eines Strings? Hinweis zum Index eines Strings: Im String "`Hallo`" hat das Zeichen '`H`' den Indexwert 0.

3.2.3 Welche Methode gibt die Länge eines Strings zurück?

3.2.4 Welche Aufgabe erfüllt die Methode `trim()`?

3.2.5 Welche Aufgabe erfüllt die Methode `replace()`?

Aufgabe 3.3: Erste Versuche mit dem Programm "Hello, World" aus Kapitel 1

a) Installieren Sie als erstes das Java Development Kit, so wie in Kapitel 3.5.1 erläutert.

b) Schreiben Sie das "Hello, World"-Programm aus Kapitel 1.1 in einem von Ihnen gewählten Editor.

c) Kompilieren Sie die Java-Datei mit Hilfe des Java-Compilers `javac`.

d) Führen Sie die kompilierte `.class`-Datei aus.

Kapitel 4

Einfache Beispielprogramme

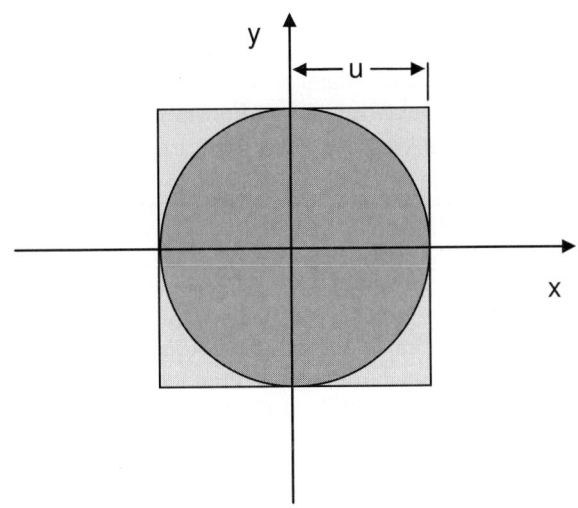

4.1   Lokale Variablen, Ausdrücke und Schleifen
4.2   Zeichen von der Tastatur einlesen
4.3   Erzeugen von Objekten
4.4   Initialisierung von Objekten mit Konstruktoren
4.5   Schreiben von Instanzmethoden
4.6   Zusammengesetzte Objekte
4.7   Selbst definierte Untertypen durch Vererbung
4.8   Die Methode printf() und die Klasse Scanner
4.9   Übungen

4 Einfache Beispielprogramme

Mit dem Programm "Hello, world" in Kap. 1.1 und dem Programm "Punkt" in Kap. 2.1 haben Sie bereits erste Erfahrungen im Programmieren gesammelt. Programmieren kann viel Spaß bereiten. Im Folgenden sollen deshalb andere kurze aussagekräftige Programme vorgestellt werden, damit Sie sich spielerisch voran arbeiten, um dann auch Augen und Ohren für die erforderliche Theorie zu haben. Alle Programme des Buches befinden sich auch auf der beiliegenden CD, sodass Sie die Programme nicht abzutippen brauchen.

Als Einstieg sollen in Kapitel 4.1 und Kapitel 4.2 einfache Programmbeispiele vorgestellt werden, die jedem C-Programmierer bekannt sind. Sie wurden in ihrer Formulierung in C durch Kernighan und Ritchie [9] weltberühmt. Die in diesen Kapiteln aufgeführten Beispiele sind für die Programmierung in Java eigentlich untypisch. Dennoch ist es sinnvoll, solche einfachen Beispiele zu betrachten, um mit **Variablen, Konstanten, Schleifen, Berechnungen** und der **Ein- und Ausgabe** vertraut zu werden. Die Wucht solch klassischer Beispiele ist so groß, dass in Java mit dem JDK 5.0 die Methode `printf()` mit Formatelementen zur Steuerung der Ausgabe wie in C eingeführt wurde (siehe Kap. 4.8).

Kapitel 4.3 erläutert, was beim Erzeugen von Objekten passiert und Kapitel 4.4, wie **Objekte mit** Hilfe von **Konstruktoren initialisiert** werden. Da bis zu dieser Stelle Methoden stets gebrauchsfertig vorgegeben waren, wird in Kapitel 4.5 erklärt, wie eine **Methode definiert** und **aufgerufen** wird und wie Parameter an Methoden übergeben werden können, d.h. wie **formale und aktuelle Parameter** zusammenhängen. In Kapitel 4.6 wird gezeigt, wie durch eine **Aggregation** "Groß"-Objekte aus "Klein"-Objekten (in der Form von Fertigteilen) "zusammengeschraubt" werden können und Kapitel 4.7 befasst sich schließlich mit dem Subtyping von Klassen durch den Vererbungsmechanismus, d.h. mit dem Schreiben von Klassen, die Spezialisierungen anderer Klassen sind.

4.1 Lokale Variablen, Ausdrücke und Schleifen

Als erstes Programm wird das Temperaturwandlungsprogramm von Kernighan und Ritchie vorgestellt. Es soll eine Temperaturtabelle zur Umrechnung von Fahrenheit-Graden in Celsius-Grade erzeugen. Dieses Programm vermittelt **erste Erfahrungen mit einer Schleife** und mit der **Berechnung von Ausdrücken**.

In der ersten Variante dieses Programms werden **symbolische Konstanten**[32] für die untere Grenze, die obere Grenze und die Schrittweite in Fahrenheit verwendet. Für die Temperatur in Celsius und Fahrenheit werden Variablen verwendet, um für verschiedene Werte in Fahrenheit jeweils den entsprechenden Celsius-Wert zu berechnen.

---

[32] Symbolische Konstanten sind Konstanten, die einen Namen tragen. An die Stelle eines Namens setzt der Compiler dann die der symbolischen Konstanten zugeordnete literale Konstante ein, also z.B. eine "nackte Zahl" wie die Zahl 10.

```java
// Datei: Fahrenheit.java

// Klasse zur Wandlung von Temperaturen von Fahrenheit nach Celsius
public class Fahrenheit
{
    public static void main (String[] args)
    {
        // Konstanten
        final int UPPER = 300;      // obere Grenze
                                    // UPPER ist eine symbol. Konstante
                                    // 300 ist eine literale Konstante
        final int LOWER =   0;      // untere Grenze
        final int STEP  =  20;      // Schrittweite

        // Variablen
        int fahr;                   // Definition der lokalen Variablen
                                    // fahr für die Temperatur in
                                    // Fahrenheit
        int celsius;                // Definition der lokalen Variablen
                                    // celsius für die Temperatur in
                                    // Celsius

        // Anweisungen
        fahr = LOWER;               // als Anfangswert wird fahr
                                    // der Wert 0 zugewiesen
        while (fahr <= UPPER)
        {
            celsius = 5 * (fahr - 32) / 9;
                                    // nach dieser Formel berechnet sich
                                    // der Celsius-Wert aus einem
                                    // Fahrenheit-Wert

            System.out.print (fahr);
                                    // der Wert von fahr wird auf
                                    // den Bildschirm ausgegeben
            System.out.print ("    ");
                                    // Leerzeichen in derselben Zeile
            System.out.println (celsius);
                                    // Der Wert von Celsius wird in
                                    // derselben Zeile ausgegeben.
                                    // Anschließend springt der Cursor
                                    // zum Anfang der nächsten Zeile.

            fahr = fahr + STEP;     // Der nächste Wert von fahr
                                    // wird berechnet
        }
    }
}
```

Hier ein Auszug der Programmausgabe:

```
 0      -17
20      -6
40       4
```

Die erzeugte Tabelle hat nicht dieselbe schöne, formatierte Form wie in C, wo in der Tabelle Einer unter Einern und Zehner unter Zehnern stehen. Der Grund hierfür ist, dass die Ein- und Ausgabemöglichkeiten in Java schwerpunktmäßig auf eine grafische Benutzerschnittselle ausgerichtet wurden, die fensterorientiert arbeitet. Eine zeilenorientierte Ein- und Ausgabe auf dem ganzen Bildschirm galt zunächst nicht mehr als Stand der Technik und hatte aus diesem Grund für die Entwickler von Java in den ersten Jahren von Java keine Priorität. Daher gibt es für die Methode `println()` keine Formatierungsmöglichkeiten. Da dies jedoch bemängelt wurde, wurde mit dem JDK 5.0 durch Einführen der Methode `printf()` (siehe Kap. 4.8) Abhilfe geschaffen.

Die Größen `LOWER`, `UPPER` und `STEP` sind **symbolische Konstanten**. Namen symbolischer Konstanten werden **üblicherweise in Großbuchstaben** geschrieben.

Bitte beachten Sie,

- dass die Division `5/9` Null ergibt (**ganzzahlige Division ohne Rest**). Daher wird die `5` zunächst mit `(fahr - 32)` multipliziert, damit vor der Division eine große Zahl entsteht. Im zweiten Schritt wird dann durch `9` geteilt.
- dass der **Zuweisungsoperator** das Zeichen `=` ist. Für den **Vergleichsoperator** "ist gleich" muss die Notation `==` verwendet werden.
- dass die `while`-Schleife abgearbeitet wird, solange die Bedingung `fahr <= UPPER` den Wert `true` hat.
- dass `println()` im Gegensatz zu `print()` im Anschluss an die Ausgabe des auszugebenden Ausdrucks den Cursor des Bildschirms zu Beginn der nächsten Zeile positioniert.
- dass mit `println()` bzw. `print()` nicht nur – wie im Falle von `"Hello, world"` – Text ausgegeben werden kann, sondern auch die Werte von Variablen.

Die Methoden `println()` und `print()` sind **überladen**. Überladen bedeutet, dass es zum selben Methodennamen verschiedene Methoden gibt, die sich im Typ ihrer Parameter unterscheiden. Für jeden Typ gibt es eine eigene Methode und automatisch wird die richtige Methode aufgerufen. So können an `println()` bzw. `print()` beispielsweise auch `int`- oder `float`-Variablen übergeben werden, wie z.B. die `int`-Variable `fahr` in `System.out.print (fahr)`.

Im Folgenden werden einige andere Varianten dieses Programms vorgestellt. Dabei soll in der nächsten Variante **ohne symbolische Konstanten** und nur mit **Integer-Größen**, d.h. mit **ganzzahligen Variablen und Ausdrücken** gearbeitet werden.

```java
// Datei: Fahrenheit2.java

public class Fahrenheit2
{
   public static void main (String[] args)
   {
      int fahr;
```

```
            for (fahr = 0; fahr <= 300; fahr = fahr + 20)
            {
                System.out.print (fahr);
                System.out.print ("      ");
                System.out.println (5 * (fahr - 32) / 9);
            }
        }
    }
```

Beachten Sie hierbei die folgenden Punkte:

- dass in der `for`-Schleife `fahr = 0` den Beginn der Schleife, `fahr <= 300` die Bedingung, solange die Schleife durchgeführt wird, und `fahr = fahr + 20` den nächsten Wert, für den die Schleife durchgeführt wird, darstellt.
- dass die Verwendung des Ausdrucks 5 * (fahr – 32) / 9 in der `println()`-Methode anstelle der Variablen `celsius` wie im vorherigen Beispiel beispielhaft für die allgemeine Regel ist:

> In jedem Zusammenhang, in dem der **Wert einer Variablen** eines bestimmten Typs stehen kann, kann **auch** ein **komplizierter Ausdruck** von diesem Typ stehen.

In der letzten Variante soll mit `celsius` als `float`-**Variable** und mit einer `while`-**Schleife** gearbeitet werden.

```
// Datei: Fahrenheit3.java

public class Fahrenheit3
{
    public static void main (String[] args)
    {
        // Konstanten
        final int UPPER = 300;      // obere Grenze
        final int LOWER =   0;      // untere Grenze
        final int STEP  =  20;      // Schrittweite

        int fahr;
        float celsius;

        fahr = LOWER;

        while (fahr <= UPPER)
        {
            celsius = (float) (5.0 / 9) * (fahr - 32);
            System.out.println (fahr + "      " + celsius);
            fahr = fahr + STEP;
        }
    }
}
```

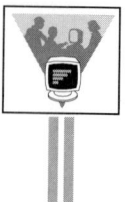

Hier ein Auszug der Programmausgabe:

```
0        -17.777779
20        -6.666667
. . . . .
280       137.77779
300       148.8889
```

Beachten Sie,

- dass die Konstante `5.0` vom Typ `double` ist. Damit ist

  `(5.0 / 9) * (fahr - 32)`

  vom Typ `double` – der Compiler muss `9` und `(fahr - 32)` ohne eine Anweisung des Programmierers **implizit** in den Gleitpunkttyp `double` wandeln. Man spricht von **impliziter Typkonvertierung**, wenn die Konvertierung vorgenommen wird, ohne dass der Programmierer dies explizit in der Programmiersprache formulieren muss. Die Konvertierung erfolgt automatisch, wenn ein Wert eines schmäleren Typs wie z.B. die `9` mit einem Wert eines breiteren Typs wie z.B. der `5.0` verknüpft wird (siehe Kap. 7.7).

- dass bei der Zuweisung

  `celsius = `**`(float)`**` (5.0 / 9) * (fahr - 32)`

  eine **explizite Typkonvertierung von** `double` **nach** `float` stattfinden muss, da die Variable `celsius` vom Typ `float` ist und damit ein breiterer Typ in einen schmäleren Typ gewandelt werden muss. Diese Typkonvertierung erfolgt mit Hilfe des so genannten **cast-Operators** (siehe Kap. 7.7.1), der von der **Form** **(datentypname)** ist. Dabei wird der hinter dem cast-Operator stehende Ausdruck in den Datentyp `datentypname` des cast-Operators gewandelt.

- dass mit `println()` bzw. `print()` auch Zeichenketten, die mit Variablen durch den Verkettungsoperator + verknüpft sind, ausgegeben werden.

  So kann anstelle von

  ```
  System.out.print (fahr);
  System.out.print ("     ");
  System.out.println (celsius);
  ```

  in knapper Form geschrieben werden:

  ```
  System.out.println (fahr + "      " + celsius);
  ```

Ist eine Variable mit einem String durch den Verkettungsoperator + verknüpft, so wird der **Wert der Variablen automatisch in einen String gewandelt** und an den **vorhandenen String angehängt**.

Bild 4-1 visualisiert die Programmstruktur für die drei Fahrenheit-Programme am Beispiel der Klasse `Fahrenheit3`. In allen drei Programmvarianten liegt jeweils nur eine Wrapper-Klasse[33] für `main()` vor, d.h. die Methode `main()` wird in eine Klasse eingehüllt.

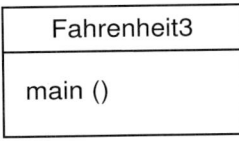

Bild 4-1 Visualisierung der Programmstruktur: eine Wrapper-Klasse für die Methode `main()`

4.2 Zeichen von der Tastatur einlesen

Im Folgenden wird ein Zeichenzählprogramm gezeigt, welches die Zeichen zählt, die von der Tastatur eingegeben werden. Der Programmablauf wird solange beim Aufruf der Funktion

```
c = System.in.read();
```

blockiert, bis der Bediener seine Eingabe von beliebig viele Zeichen mit der RETURN-Taste abgeschlossen hat. Danach liest das Programm aus dem **Tastaturpuffer**[34] die eingegebenen Zeichen solange aus, bis das Zeichen RETURN gelesen wird. Danach wird der Bediener erneut aufgefordert, Zeichen einzugeben. Die Eingabe von Zeichen kann mit der Tastenkombination Strg[35] + Z, also das gleichzeitige Drücken der Strg-Taste und der Taste mit dem Zeichen Z, abgebrochen werden. Diese Tastenkombination erzeugt das Steuerzeichen ^Z. Unter LINUX muss man die Tastenkombination <STRG> + D anstelle von <STRG> + Z betätigen.

Hier das Programm:

```
// Datei: Zeichen.java

public class Zeichen
{
    // beachten Sie die Deklaration der Methode main() nicht
    public static void main (String[] args) throws Exception
    {
        int c = 0;
        int anzahl = 0;

        System.out.print ("Bitte eine Folge von Zeichen eingeben ");
        System.out.println ("und mit <RETURN> abschliessen");

        do
        {
            // System.in.read() gibt einen int-Wert im Bereich 0 bis
            // 255 zurück. -1 wird zurückgegeben, wenn kein Zeichen
```

---

[33] Mit Hilfe einer Wrapper-Klasse wird ein nicht objektorientiertes Konstrukt – hier die Methode `main()` – in die Gestalt einer Klasse gebracht (eingehüllt = engl. wrapped).

[34] Von der Tastatur eingegebene Zeichen kommen zuallererst in den so genannten Tastaturpuffer.

[35] Die Abkürzung Strg steht für Steuerung.

```
        // mehr im Dateipuffer steht.
        c = System.in.read();

        // mit (char) c wird die int-Variable c
        // in ein Zeichen gewandelt
        System.out.println (
            "ASCII-Code: " + c + " Zeichen: " + (char) c);
        anzahl = anzahl + 1;

    } while (c != -1);
    System.out.println ("Anzahl: " + anzahl);
  }
}
```

Es wurde eingegeben:

```
FHTE<RETURN>
<STRG> + Z
```

Im Protokoll ist zu sehen, dass auf einem Windows-Rechner bei der Eingabe eines
`<RETURN>` das Zeichen `'\r'` mit dem ASCII-Wert 13 und das Zeichen `'\n'` mit
dem ASCII-Wert 10 erzeugt wird[36]. Die eingegebenen Zeichen – hier `'F'` `'H'` `'T'`
`'E'` – werden im Tastaturpuffer zwischengespeichert und werden erst mit der
Eingabe von `<RETURN>` an den so genannten Dateipuffer des Programms übergeben. Die Tastenkombination `<STRG> + Z` erzeugt das Steuerzeichen `^Z`. Dieses
Steuerzeichen hat den ASCII-Code `-1`.

Die Ausgabe des Programms ist:

```
FHTE
ASCII-Code: 70 Zeichen: F
ASCII-Code: 72 Zeichen: H
ASCII-Code: 84 Zeichen: T
ASCII-Code: 69 Zeichen: E
ASCII-Code: 13 Zeichen:
ASCII-Code: 10 Zeichen:

^Z
ASCII-Code: -1 Zeichen: ?
Anzahl: 7
```

Beachten Sie,

- dass `throws Exception` hier noch nicht erklärt werden kann und an dieser
  Stelle einfach unbesehen verwendet werden soll,
- dass die Notation `!=` "ungleich" bedeutet, `==` bedeutet "gleich",
- dass die Methode `System.in.read()` den Wert `-1` zurückgibt, wenn das Datei-
  ende – erzeugt durch `<CTRL> + Z` – erreicht ist.

---

[36] Bei einem UNIX-Rechner wird durch Eingabe von `<RETURN>` nur das Zeichen `'\n'` erzeugt, nicht
jedoch zusätzlich das Zeichen `'\r'`. Im ASCII-Zeichensatz (siehe Tabelle 5-6) trägt das Steuerzeichen `'\r'` den Namen CR (Carriage Return) und das Steuerzeichen `'\n'` den Namen NL
(New Line) oder LF (Line Feed).

Die Methode `System.in.read()` legt bei jedem Aufruf als Rückgabewert das nächste Zeichen des Eingabestroms in der Variablen c ab. Durch diese Zuweisung wird der vorhandene Wert von c durch den Wert des nächsten Zeichens überschrieben. Nach dem Aufruf der Methode `System.in.read()` steht der Lesezeiger im Dateipuffer ein Zeichen weiter als vor dem Aufruf. Der **Eingabestrom** der Zeichen wird als **Eingabedatei** (Standard-Input) gesehen. Deshalb spricht man statt vom **Lesezeiger** auch vom **Dateizeiger**.

Es sei von der Tastatur 'F' 'H' 'T' 'E' mit abschließendem <RETURN> eingegeben worden. Mit der Eingabe <RETURN> wird der **Inhalt des Tastaturpuffers** 'F' 'H' 'T' 'E' <RETURN> **als Dateipuffer** an das Programm übergeben. Der Dateizeiger steht dabei im Dateipuffer vor dem 'F' von 'F' 'H' 'T' 'E' '\r' '\n' (siehe Bild 4-2). Nach dem Aufruf der Methode `System.in.read()` steht der Dateizeiger ein Zeichen weiter, d.h. vor dem 'H'.

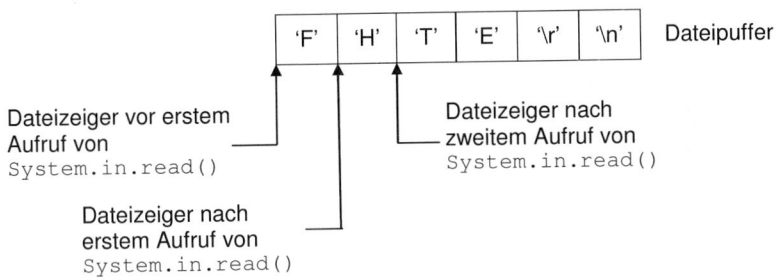

Bild 4-2 Veranschaulichung des Dateizeigers beim Lesevorgang mit `System.in.read()`

Liest man mit `System.in.read()` von der Tastatur ein, so werden die Zeichen zunächst im Tastaturpuffer zwischengespeichert (gepuffert), solange kein <RETURN> eingegeben wird. Der Inhalt des Tastaturpuffers wird erst dann in den Dateipuffer übergeben, wenn der Benutzer ein <RETURN> eingibt. Bild 4-3 zeigt ein Beispiel für die **zeilenweise**[37] **Pufferung** und die zeilenweise Übergabe des Inhalts des Tastaturpuffers in den Dateipuffer.

Tastatur-Eingabe von	Tastaturpuffer	Dateipuffer
'F'	'F'	
'H'	'F''H'	
'T'	'F''H''T'	
'E'	'F''H''T''E'	
<RETURN>	'F''H''T''E'<RETURN>	
		'F''H''T''E''\r''\n'

Bild 4-3 Zeilenweise Pufferung im Tastaturpuffer

---

[37] Eine Zeile ist definiert durch eine Folge von Zeichen bis zum ersten <RETURN>, dem Zeilenende.

Bild 4-4 visualisiert die Programmstruktur. Auch hier liegt nur eine Wrapper-Klasse für main() vor.

Zeichen
main ()

Bild 4-4 Visualisierung der Programmstruktur: eine Wrapper-Klasse für die Methode main()

4.3 Erzeugen von Objekten

Im Beispiel der Klasse Punkt in Kapitel 2.4 wurde ein Punkt erzeugt, indem in der Methode main() der Klasse Punkt die folgende Anweisung geschrieben wurde:

```
Punkt p = new Punkt();        // hiermit wird ein Punkt erzeugt
```

Die Erzeugung lässt sich auch in 2 Schritten durchführen:

```
Punkt p;
p = new Punkt();
```

Da

```
Punkt p;
```

im Methodenrumpf steht, bedeutet dies, dass in der Methode eine Variable p vom Typ der Klasse Punkt angelegt wird. Eine solche Variable ist nur innerhalb ihres Blocks – hier innerhalb des Methodenrumpfes – sichtbar. Sie wird als **lokale Variable** bezeichnet.

Eine Variable p einer Klasse Punkt ist in Java eine Referenz auf ein Objekt der Klasse Punkt. Eine Referenz ist nichts anderes als ein Zeiger. In Java spricht man aber nicht von Zeigern, sondern von Referenzen, weil man mit Zeigern in den Programmiersprachen C und C++ zum Teil sehr schlechte Erfahrungen gemacht hat. Der Unterschied zu den Zeigern in C und C++ ist, dass es in Java keine Zeigerarithmetik gibt. Es ist nur möglich, auf ein selbst erzeugtes Objekt zu zeigen. Es ist aber nicht möglich, wie in C oder C++ den Zeiger zu verändern und zu beginnen, von der entsprechenden Stelle an beliebig über den Arbeitsspeicher zu laufen und auf andere Speicherzellen zuzugreifen.

Mit

```
Punkt p;
```

wird in Java eine **Referenzvariable** mit dem Namen p angelegt. Diese Referenzvariable kann nur auf Objekte der Klasse Punkt zeigen, nicht aber auf Objekte anderer Klassen, wie z.B. der Klassen Pferd oder Blume.

Nun zur Anweisung

```
p = new Punkt();
```

Der `new`-Operator wird verwendet, um Objekte zu erzeugen. Mit

```
new Punkt
```

erfährt der `new`-Operator, dass er ein Objekt der Klasse `Punkt` erzeugen soll. Dies ist der erste Schritt:

```
p = new Punkt();
```

Der Aufruf des `new`-Operators mit seinem Parameter `Punkt` wurde zur besseren Übersicht unterstrichen. Im 2. Schritt wird der so genannte Default-Konstruktor, der keine Parameter hat, aufgerufen:

```
p = new Punkt();
```

Das Elegante an dieser Notation ist, dass `Punkt` zum einen ein Parameter für den `new`-Operator ist, damit dieser weiß, was für ein Objekt er überhaupt erzeugen soll, und dass zum anderen mit Absicht der Name des Konstruktors gleich dem Klassennamen gewählt wurde und damit `Punkt()` dem Aufruf des Konstruktors entspricht.

Der `new`-Operator gibt als Rückgabewert die Referenz auf die Stelle des Speichers zurück, an der er das Objekt erzeugt hat. Dieser Rückgabewert wird im Rahmen einer Zuweisung in die Referenzvariable `p` kopiert. Damit kann man im weiteren Programmverlauf mit Hilfe der Referenz `p` auf das Objekt zugreifen.

4.4 Initialisierung von Objekten mit Konstruktoren

Das folgende Beispiel zeigt die Klasse `Punkt2` und die Klasse `TestPunkt2`. Bei professionellen Programmen ist es üblich, für jede Klasse eine eigene Testklasse zu schreiben. Die Klasse `TestPunkt2` dient also dazu, die Klasse `Punkt2` auszutesten. Die Testklasse `TestPunkt2` ist wieder eine Wrapper-Klasse, die eine einzige Methode, die Methode `main()` enthält. Die Klasse `Punkt2` enthält keine `main()`-Methode. Dies bedeutet, dass die Klasse `Punkt2` nicht gestartet werden kann. Das ist vollkommen normal. Ein Punkt stellt ein Objekt dar, das benutzt wird und das nicht von selbst aktiv handelt. Das Erzeugen von Objekten, d.h. Punkten, und der Aufruf von Methoden der Punkt-Objekte findet in der `main()`-Methode der Testklasse statt.

In der Regel wird jede Klasse in einer eigenen Datei gespeichert.

Daher liegt die Klasse `Punkt2` in der Datei `Punkt2.java` und die Klasse `Test-Punkt2` in der Datei `TestPunkt2.java`.

> Es ist aber durchaus möglich, dass eine Datei mehrere Klassen enthält. Allerdings kann nur eine dieser Klassen `public` sein.

Hier das Programm:

```
// Datei: Punkt2.java

public class Punkt2
{
    private int x;

    public Punkt2()                 // Dieser Konstruktor wird
    {                               // noch erklärt
        System.out.println ("Default-Konstruktor");
        x = 1;
    }

    public Punkt2 (int u)           // Dieser Konstruktor wird noch
    {                               // erklärt
        System.out.print ("Konstruktor mit einem Parameter:");
        System.out.println (" x = " + u);
        x = u;
    }

    public void print()
    {
        System.out.println ("x = " + x);
    }
}


// Datei: TestPunkt2.java

public class TestPunkt2
{
    public static void main (String[] args)
    {
        Punkt2 p1 = new Punkt2();   // Erzeugen eines Punktes.
                                    // x wird durch Default-
                                    // konstruktor auf 1 gesetzt
        Punkt2 p2 = new Punkt2 (3); // Erzeugen eines Punktes.
                                    // x wird auf 3 gesetzt
        Punkt2 p3 = new Punkt2 (10);// Erzeugen eines Punktes.
                                    // x wird auf 10 gesetzt

        System.out.println ("Koordinate des Punktes p1:");
        p1.print();

        System.out.println ("Koordinate des Punktes p2:");
        p2.print();

        System.out.println ("Koordinate des Punktes p3:");
        p3.print();
    }
}
```

Die Ausgabe des Programms ist:

```
Default-Konstruktor
Konstruktor mit einem Parameter: x = 3
Konstruktor mit einem Parameter: x = 10
Koordinate des Punktes p1:
x = 1
Koordinate des Punktes p2:
x = 3
Koordinate des Punktes p3:
x = 10
```

Beachten Sie die Methode Punkt2():

```
public Punkt2()
{
    System.out.println ("Default-Konstruktor");
    x = 1;
}
```

Diese Methode ist etwas Besonderes. Sie trägt den gleichen Namen wie die Klasse und hat keinen Rückgabewert. Eine solche Methode heißt **Konstruktor**.

Eine Methode, die gleich heißt wie die Klasse, heißt **Konstruktor**. Ein Konstruktor dient zur Initialisierung eines Objekts.

Da kein Übergabeparameter angegeben ist, handelt es sich um einen so genannten **Default-Konstruktor**. Jeder Punkt, der mit diesem Default-Konstruktor initialisiert wird, hat dieselben Koordinaten. Mit Hilfe dieses Default-Konstruktors kann man nicht jeden Punkt individuell initialisieren. Dieser Konstruktor wird automatisch aufgerufen, wenn ein Objekt mit Hilfe des new-Operators erzeugt wird und die Parameterliste leer ist, d.h. zwischen den runden Klammern des Konstruktors nichts steht:

```
Punkt2 p1 = new Punkt2();
```

Die Klasse Punkt2 enthält noch einen zweiten Konstruktor:

```
public Punkt2 (int u)
{
    System.out.print ("Konstruktor mit einem Parameter:");
    System.out.println (" x = " + u);
    x = u;
}
```

Dieser wird automatisch aufgerufen, wenn ein Objekt mit Hilfe des new-Operators erzeugt wird und in der Parameterliste ein Parameter des Typs int steht, wie in folgendem Beispiel:

```
Punkt2 p2 = new Punkt2 (3);
```

Mit Hilfe dieses Parameters ist es nun möglich, einen jeden Punkt individuell zu initialisieren. Der Compiler hat keine Schwierigkeiten damit, dass es zwei Methoden mit demselben Namen gibt. An der Anzahl der Parameter sieht er hier, welche der beiden Methoden er zu nehmen hat. Man sagt, der Konstruktor ist überladen[38].

Wenn man selbst keinen Konstruktor schreibt, dann stellt der Compiler einen **vordefinierten Default-Konstruktor** bereit, der es ermöglicht, dass ein Aufruf

```
Punkt2 p1 = new Punkt2();
```

kompilierbar ist.

Bild 4-5 symbolisiert den Ablauf des Programms:

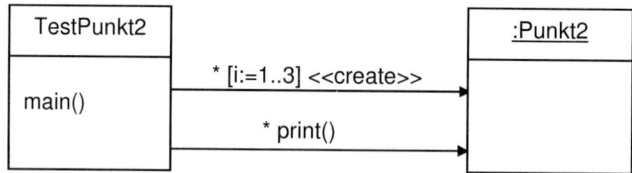

Bild 4-5 Wrapper-Klasse `TestPunkt2` *erzeugt 3 Punkte und gibt deren Koordinaten aus*

Aus der Klasse `TestPunkt2` heraus werden Punkte, d.h. Instanzen der Klasse `Punkt2`, geschaffen. Der Stern ist das Symbol für die Wiederholung, eine Bedingung ist charakterisiert durch eckige Klammern und `<<create>>` charakterisiert den `new`-Operator. Damit werden also durch `*[i:=1..3]<<create>>` genau 3 Objekte der Klasse `Punkt2` erzeugt. `*print()` bedeutet, dass für alle Objekte der Klasse `Punkt2` die `print()`-Methode aufgerufen wird.

4.5 Schreiben von Instanzmethoden

Mit Methoden kann man Objekte bearbeiten. Im Folgenden wird wieder eine Klasse `Punkt` behandelt. Punkt-Objekte liegen in einer zweidimensionalen Ebene und werden durch ihre kartesischen Koordinaten x und y charakterisiert. Dabei soll eine Methode geschrieben werden, um ein Punkt-Objekt zu verschieben. Der Punkt P1 mit den Koordinaten x und y soll um den Vektor (`deltaX`, `deltaY`), wie in Bild 4-6 gezeigt, verschoben werden.

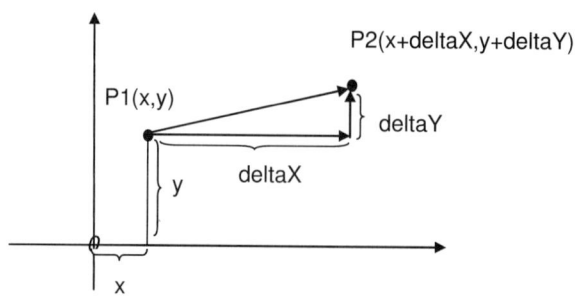

Bild 4-6 Verschieben eines Punktes (Translation)

---

[38] Überladen von Methoden wird in Kap. 9.4 behandelt.

Konkret soll der Punkt P1(1,2) um den Vektor (4,1) nach P2(5,3) verschoben werden.
Die bisherige Klasse `Punkt3` lautet:

```java
// Datei: Punkt3.java

public class Punkt3     // Deklaration der Klasse Punkt3
{
    private int x;        // Datenfeld für die x-Koordinate vom Typ int
    private int y;        // Datenfeld für die y-Koordinate vom Typ int

    public int getX()                    // eine Methode, um den x-Wert
    {                                    // abzuholen
        return x;
    }

    public int getY()                    // eine Methode, um den y-Wert
    {                                    // abzuholen
        return y;
    }

    public void setX (int i)             // eine Methode, um den x-Wert
    {                                    // zu setzen
        x = i;
    }

    public void setY (int i)             // eine Methode, um den y-Wert
    {                                    // zu setzen
        y = i;
    }
}

// Datei: TestPunkt3.java

public class TestPunkt3
{
    public static void main (String[] args)
    {
        Punkt3 p = new Punkt3();         // hiermit wird ein Punkt
                                         // erzeugt
        p.setX (1);                      // Aufruf der Methode setX()
        p.setY (2);                      // Aufruf der Methode setY()

        System.out.println ("Die Koordinaten des Punktes p sind: ");
        System.out.println (p.getX());
        System.out.println (p.getY());
    }
}
```

Die Ausgabe des Programms ist:

```
Die Koordinaten des Punktes p sind:
1
2
```

Im Folgenden soll die Realisierung der Methode `verschiebe()` betrachtet werden.
Methoden müssen in der Lage sein, für verschiedene Parameter zu funktionieren. Im

vorliegenden Beispiel muss eine Verschiebung eines beliebigen Punktes um einen
beliebigen Vektor realisiert werden können. Ein beliebiger Punkt hat das Datenfeld x,
welches einen konkreten Zahlenwert für die Abszisse trägt, und das Datenfeld y für
die Ordinate. Damit lautet der Algorithmus:

Nimm den aktuellen Wert von x und addiere den Wert von deltaX.
Nimm den aktuellen Wert von y und addiere den Wert von deltaY.

Dieser Algorithmus wird programmtechnisch auf jeweils eine Zuweisung abgebildet.
Der Algorithmus lautet:

```
x = x + deltaX;
y = y + deltaY;
```

Damit ist der Rumpf der Methode fast schon fertig. Ein **Rumpf einer Methode** hat
immer eine öffnende und eine schließende geschweifte Klammer:

```
{
    x = x + deltaX;
    y = y + deltaY;
}
```

Es ist üblich, die Anweisungen gegenüber den geschweiften Klammern einzurücken,
um die Blockgrenzen[39] besser zu erkennen.

Aufgerufen wird dieser Algorithmus über seinen Namen. Das ist der Methodenname.
Er lautet hier verschiebe. Er steht im **Methodenkopf**, welcher vor dem Methodenrumpf angeordnet ist. Einen Rückgabewert hat diese Methode nicht. Dies wird durch
das Schlüsselwort void[40] vor dem Methodennamen beschrieben. Die Methode soll
von außen aufrufbar sein. Also erhält sie den Zugriffsmodifikator public. Damit ist
die Definition der Methode schon fast fertig. Der momentane Zwischenstand ist:

```
public void verschiebe
{
    x = x + deltaX;
    y = y + deltaY;
}
```

Was noch fehlt, ist der Übergabemechanismus. Schließlich sollen deltaX und
deltaY als Parameter an die Methode übergeben werden. Zu diesem Zweck dient
die Liste der Übergabeparameter, welche im Methodenkopf hinter dem Methodennamen steht. In runden Klammern wird hierbei der Typ und Name eines jeden
Übergabeparameters aufgeführt. Damit lautet die vollständige Definition der Methode
verschiebe():

```
public void verschiebe (int deltaX, int deltaY)
{
    x = x + deltaX;
    y = y + deltaY;
}
```

---

[39] Ein Block enthält Anweisungen, die zwischen geschweiften Klammern als Blockbegrenzer stehen.
[40] void bedeutet "leer".

Nun zum Aufruf der Methode `verschiebe()`. Eine Instanzmethode wird für einen konkreten Punkt aufgerufen. In der Methode `main()` der Klasse `TestPunkt3` gibt es den Punkt p:

```
public static void main (String[] args)
{
    Punkt3 p = new Punkt3();  // hiermit wird ein Punkt erzeugt
    p.setX (1);               // Aufruf Methode setX() für den Punkt p
    p.setY (2);               // Aufruf Methode setY() für den Punkt p

    System.out.println ("Die Koordinaten des Punktes p sind: ");
    System.out.println (p.getX());
    System.out.println (p.getY());
}
```

Die Koordinaten des Punktes p werden mit Hilfe der Methoden `setX()` und `setY()` auf x gleich 1 und y gleich 2 gesetzt. Eine Verschiebung um den Vektor (4, 1) erhält man durch:

```
p.verschiebe (4, 1);
```

Hier das komplette Programm:

```
// Datei: Punkt4.java

public class Punkt4     // Deklaration der Klasse Punkt4
{
    private int x;      // Datenfeld für die x-Koordinate vom Typ int
    private int y;      // Datenfeld für die y-Koordinate vom Typ int

    public int getX()                // eine Methode, um den x-Wert
    {                                // abzuholen
        return x;
    }

    public int getY()                // eine Methode, um den y-Wert
    {                                // abzuholen
        return y;
    }

    public void setX (int i)         // eine Methode, um den x-Wert
    {                                // zu setzen
        x = i;
    }

    public void setY (int i)         // eine Methode, um den y-Wert
    {                                // zu setzen
        y = i;
    }

    public void verschiebe (int deltaX, int deltaY)
    {
        x = x + deltaX;
        y = y + deltaY;
    }
}
```

Die folgende Klasse `TestPunkt` soll testen, ob das Verschieben erfolgreich war:

```java
// Datei: TestPunkt4.java

public class TestPunkt4
{
   public static void main (String[] args)
   {
      Punkt4 p = new Punkt4();     // hiermit wird ein Punkt erzeugt
      p.setX (1);                  // Aufruf der Methode setX()
      p.setY (2);                  // Aufruf der Methode setY()

      System.out.println ("Die Koordinaten des Punktes p sind: ");
      System.out.println (p.getX());
      System.out.println (p.getY());

      p.verschiebe (4, 1);
      System.out.println ("Die Koordinaten des Punktes p sind: ");
      System.out.println (p.getX());
      System.out.println (p.getY());
   }
}
```

Die Ausgabe des Programms ist:

```
Die Koordinaten des Punktes p sind:
1
2
Die Koordinaten des Punktes p sind:
5
3
```

Was passiert nun beim Aufruf von `verschiebe (4, 1)`? Es werden die beiden lokalen Variablen `deltaX` und `deltaY` angelegt. `deltaX` und `deltaY` werden auch als **formale Parameter** bezeichnet. Diese werden mit den Werten der **aktuellen Parameter**, d.h. mit dem aktuellen Parameter `4` und dem aktuellen Parameter `1` initialisiert. Was programmtechnisch beim Aufruf abläuft, kann man sich am besten folgendermaßen veranschaulichen:

```java
int deltaX = 4; // Anlegen der Variablen deltaX und Zuweisung der 4
int deltaY = 1; // Anlegen der Variablen deltaY und Zuweisung der 1
```

Durch diesen Übergabemechanismus erhalten die lokalen Variablen `deltaX` und `deltaY` definierte Werte für die Abarbeitung des Methodenrumpfes.

4.6 Zusammengesetzte Objekte

Unter einem Kreiseck wird hier ein Quadrat – ein rechtwinkliges Viereck mit vier gleich langen Seiten – verstanden, welches von einem Kreis so ausgefüllt ist, dass die Seiten des Quadrats Tangenten an den Kreis sind. Mit anderen Worten, der Kreis soll einen Inkreis darstellen. Der Mittelpunkt des Kreisecks soll im Ursprung eines kartesischen Koordinatensystems liegen.

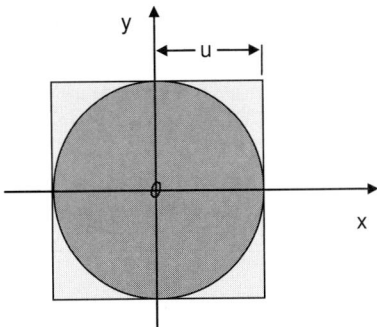

Bild 4-7 Kreiseck mit Mittelpunkt im Ursprung des kartesischen Koordinatensystems

In Java wird ein Kreiseck erzeugt durch eine Klasse, die einen Kreis und ein Eck (Quadrat) aggregiert. Das Eck selbst stellt eine Aggregation von 4 Punkten dar. Sind die Klassen Eck und Kreis schon bekannt, so kann ein Objekt der Klasse Kreiseck aus Objekten der schon bekannten Klassen Kreis und Eck zusammengebaut werden.

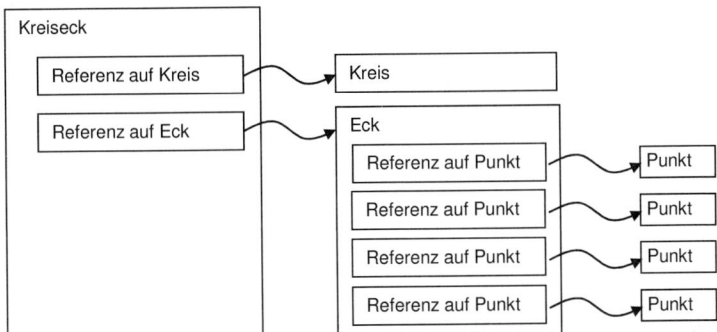

Bild 4-8 "Groß"-Objekt Kreiseck zusammengesetzt aus "Klein"-Objekten Kreis und Eck

Methodenaufrufe einer Anwendung gehen an das zusammengesetzte Objekt der Klasse Kreiseck, z.B. "skaliere (2)", was eine Vergrößerung um den Faktor 2 bedeuten soll. Die entsprechende Methode des zusammengesetzten Objektes leitet diese Botschaft dann weiter an das aggregierte Objekt der Klasse Kreis und das aggregierte Objekt der Klasse Eck durch Aufruf deren Skalierungsmethoden. Das "Groß"-Objekt delegiert also den Aufruf, der an das "Groß"-Objekt selbst gerichtet war, weiter an seine Komponenten, die "Klein"-Objekte. Dieses Prinzip wird als **Delegationsprinzip** bezeichnet. Das folgende Java-Programm enthält die Klassen Punkt5, Eck, Kreis, KreisEck und KreisEckTest.

```
// Datei: Punkt5.java

public class Punkt5
{
    private double x;
    private double y;
```

```java
    public Punkt5 (double x, double y)
    {
       this.x = x;
       this.y = y;
    }

    public double getX()
    {
       return x;
    }

    public void setX (double u)
    {
       x = u;
    }

    public double getY()
    {
       return y;
    }

    public void setY (double v)
    {
       y = v;
    }
}

// Datei: Eck.java

public class Eck
{
    private Punkt5 p1;
    private Punkt5 p2;
    private Punkt5 p3;
    private Punkt5 p4;

    public Eck (double u)      // u soll eine halbe Seitenlänge
    {                          // des Quadrats darstellen
       System.out.println ("Viereck wird erzeugt aus 4 Eckpunkten");
       p1 = new Punkt5 (u, u);
       p2 = new Punkt5 (-u, u);
       p3 = new Punkt5 (u, -u);
       p4 = new Punkt5 (-u, -u);
    }

    public void skaliere (double u)
    {
       p1.setX (p1.getX() * u);
       p1.setY (p1.getY() * u);
       p2.setX (p2.getX() * u);
       p2.setY (p2.getY() * u);
       p3.setX (p3.getX() * u);
       p3.setY (p3.getY() * u);
       p4.setX (p4.getX() * u);
       p4.setY (p4.getY() * u);
    }
```

```
    public double berechneFlaeche()
    {
        return (2 * p1.getX()) * (2 * p1.getY());
    }
}

// Datei: Kreis.java

public class Kreis
{
    private double radius;
    static final double PI = 3.1415; // PI ist eine konstante
                                     // Klassenvariable

    public Kreis (double u)
    {
        radius = u;
    }

    public void skaliere (double u)
    {
        radius = radius * u;
    }

    public double berechneFlaeche()
    {
        return (PI * radius * radius);
    }

    public double getRadius()
    {
        return radius;
    }
}

// Datei: Kreiseck.java

public class Kreiseck
{
    private Kreis kreisref;
    private Eck eckref;

    public Kreiseck (double alpha) // alpha ist der Radius des
                                   // Inkreises
    {
        kreisref = new Kreis (alpha);
        eckref = new Eck (alpha);
    }

    public void skaliere (double u)
    {
        kreisref.skaliere (u); // Delegationsprinzip. Der Aufruf
        eckref.skaliere (u);   // skaliere (u) wird an die Komponenten
    }                          // weitergeleitet.
```

```
    public double flaechendifferenz()
    {
        return (eckref.berechneFlaeche() -
                kreisref.berechneFlaeche());
    }

    public Kreis getKreis()
    {
        return kreisref;
    }
}

// Datei: KreiseckTest.java

public class KreiseckTest
{
    public static void main (String[] args)
    {
        Kreiseck kreiseckref = new Kreiseck (1);
        System.out.println ("Radius = " +
                            kreiseckref.getKreis().getRadius());
        System.out.println ("Die Flächendifferenz ist " +
                            kreiseckref.flaechendifferenz());
        kreiseckRef.skaliere (2);
        System.out.println ("Es wurde um den Faktor 2 skaliert");
        System.out.println ("Radius = " +
                            kreiseckref.getKreis().getRadius());
        System.out.println ("Die Flächendifferenz ist " +
                            kreiseckref.flaechendifferenz());
    }
}
```

Die Ausgabe des Programms ist:

```
Viereck wird erzeugt aus 4 Eckpunkten
Radius = 1.0
Die Flächendifferenz ist 0.858499999999998
Es wurde um den Faktor 2 skaliert
Radius = 2.0
Die Flächendifferenz ist 3.433999999999993
```

Beachten Sie, dass im Konstruktor des Kreisecks die Referenzen `kreisref` und `eckref` des Kreiseck-Objektes initialisiert werden müssen. Die Initialisierung erfolgt durch Erzeugen eines Objektes der Klasse `Kreis` bzw. der Klasse `Eck` mit Hilfe des `new`-Operators. Dabei wird der Referenz `kreisref` die Referenz auf das vom `new`-Operator erzeugte Objekt der Klasse `Kreis` zugewiesen und der Referenz `eckRef` die Referenz auf das vom `new`-Operator erzeugte Objekt der Klasse `Eck`. Genauso müssen im Konstruktor von Eck die Referenzen auf die vier Eckpunkte durch Erzeugen der Eckpunkte initialisiert werden.

4.7 Selbst definierte Untertypen durch Vererbung

Das folgende Programm soll eine erste Einführung in die Vererbung sein. Eine Klasse kann von einer so genannten Basisklasse, von der sie abgeleitet wird, den gesamten Code, der aus Datenfeldern und Methoden besteht, erben und kann diesen Code durch zusätzliche Datenfelder und Methoden ergänzen. Man spricht dann davon, dass die abgeleitete Klasse die Basisklasse erweitert. Dies dient dazu, um von einer bereits vorhandenen allgemeineren Klasse eine spezialisierte Klasse abzuleiten. Mit anderen Worten, Vererbung dient dem Subtyping, d.h. dem Bilden eines Untertyps für einen vorhandenen Typ. Als Beispiel für einen Typ soll die Klasse `Person` dienen. Ein Untertyp von `Person` ist die Klasse `Student`. Ein Objekt eines Untertyps (einer abgeleiteten Klasse) muss auch als Objekt des allgemeineren Typs (der Basisklasse) auftreten können. Dies kommt auch darin zum Ausdruck, dass die Beziehung zwischen den beiden Klassen als **"is a"-Beziehung** bezeichnet wird. Eine "is a"-Beziehung ist in Bild 4-9 zu sehen. Sie wird dargestellt durch einen Pfeil von der abgeleiteten Klasse zu der Basisklasse, wobei die Pfeilspitze ein nicht ausgefülltes Dreieck ist.

Abgeleitet werden Klassen. Objekte können nicht abgeleitet werden. Durch Ableitung wird ein Untertyp geschaffen. Dies nennt man auch **Subtyping**.

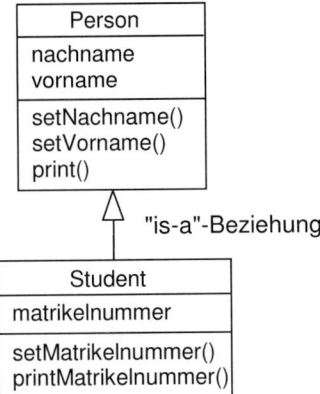

Bild 4-9 Ableitung der Klasse `Student` *von der Klasse* `Person`

Der Mechanismus der Vererbung hat auch den Vorteil, dass dem Programmierer beim Erstellen eines Untertyps ein fehlerträchtiges "Copy and Paste" der Datenfelder und Methoden des Obertyps in den Subtyp erspart bleibt.

Nun zum Beispiel des Studenten. Ein Student ist bekanntermaßen eine Person, die studiert. Wenn man studieren möchte, muss man immatrikuliert werden und erhält eine Matrikelnummer. Kurz, wer eine Matrikelnummer hat, ist eingeschrieben und ist somit ein Student. Also kann man einen Studenten beschreiben als eine Person, die eine Matrikelnummer hat.

```
// Datei: Person.java

import java.util.Scanner;

public class Person
{
```

```java
      private String name;         // Namen sind konstante Zeichenketten
      private String vorname;      // und können in einer Variable vom
                                   // Typ String gespeichert werden. Die
                                   // Klasse String ist eine Bibliotheks-
                                   // klasse.
      public Person()
      {
         System.out.print ("\nNachnamen eingeben ");
         System.out.print ("(Ende mit <CR>) : ");
         name = input();

         System.out.print ("Vornamen eingeben ");
         System.out.print ("(Ende mit <CR>) : ");
         vorname = input();
      }

      public String input()        // bitte überlesen Sie diese Methode
      {
         Scanner eingabe = new Scanner (System.in);
         return eingabe.next();
      }

      public void print()
      {
         System.out.print ("\nNachname: " + name);
         System.out.print ("\nVorname: " + vorname);
      }
}

// Datei: Student.java

public class Student extends Person
{
   private String matrikelnummer;

   public Student()
   {
      super();          // Aufruf des Konstruktors der Vaterklasse

      System.out.print ("Matrikelnummer eingeben ");
      System.out.print ("(Ende mit <CR>) : ");
      matrikelnummer = input();
   }

   public void printMatrikelnummer()
   {
      System.out.print ("\nMatrikelnummer : " + matrikelnummer);
   }

   public static void main (String[] args)
   {
      System.out.print ("\nErfasse Person");
      Person pers1 = new Person();

      System.out.print ("\nErfasse Student");
      Student stud1 = new Student();
```

```
        System.out.print ("\nAusgabe Person");
        pers1.print();

        System.out.print ("\n\nAusgabe Student");
        stud1.print();
        stud1.printMatrikelnummer();
    }
}
```

Die Ausgabe des Programms ist:

```
Erfasse Person
Nachnamen eingeben (Ende mit <CR>) : Schmidt
Vornamen eingeben (Ende mit <CR>) : Georg

Erfasse Student
Nachnamen eingeben (Ende mit <CR>) : Meiser
Vornamen eingeben (Ende mit <CR>) : Myriam
Matrikelnummer eingeben (Ende mit <CR>) : 512346

Ausgabe Person
Nachname: Schmidt
Vorname: Georg

Ausgabe Student
Nachname: Meiser
Vorname: Myriam
Matrikelnummer : 512346
```

Beachten Sie, dass der Compiler automatisch den Default-Konstruktor der Vater-klasse als erste Anweisung im Konstruktor der Sohnklasse aufruft, wenn es der Pro-grammierer nicht durch den Aufruf super() selbst tut. Der Aufruf des Default-Kon-struktors der Vaterklasse dient dazu, im Sohn-Objekt die Datenfelder, die vom Vater geerbt sind, zu initialisieren. In Kapitel 11.3.2 wird der Aufruf von Konstruktoren einer Basisklasse ausführlich behandelt.

4.8 Die Methode printf() und die Klasse Scanner

Das Programm Fahrenheit4 verwendet anstelle der Methode print() die Methode printf(). Die Methode printf() erwartet als ersten Parameter einen Formatstring, der von doppelten Hochkommata begrenzt ist. Innerhalb des Formatstrings stehen Formatelemente, welche die Formatierung der Ausgabe regeln. Formatelemente erkennt man an dem Zeichen %. Nach dem Formatstring kommen als weitere Parameter die auszugebenden Variablen bzw. Ausdrücke, jeweils getrennt durch ein Komma. Für jeden auszugebenden Wert muss im Formatstring ein Formatelement vorhanden sein.

Vor dem Programm zwei Beispiele:

```
System.out.printf ("%3d", 10);
System.out.printf ("%6.2f   %6.2f", 1.0f, 2.2f);
```

Im ersten Beispiel wird die Zahl 10 rechtsbündig ausgegeben in ein Feld, das 3 Zeichen breit ist. Das d steht für dezimal. Da die Zahl 10 nicht die volle Feldbreite ausfüllt, wird links mit einem Leerzeichen aufgefüllt. Im zweiten Beispiel werden die float-Zahlen 1.0 und 2.2 mit jeweils 2 Stellen hinter dem Punkt ausgegeben. Für den Punkt selbst wird eines der genannten 6 Zeichen verbraucht. Damit verbleiben vor dem Punkt noch 3 Zeichen, die von links mit Leerzeichen aufgefüllt werden. Wie aus dem Formatstring ersichtlich ist, stehen zwischen den beiden Feldern für die beiden Zahlen genau 3 Leerzeichen. Und nun das Programm Fahrenheit4:

```java
// Datei: Fahrenheit4.java

public class Fahrenheit4
{
    // Klassenmethode main() zur Ausgabe der Temperaturtabelle
    public static void main (String[] args)
    {
        // Konstanten
        final int UPPER = 300;      // obere Grenze
                                    // UPPER ist eine symbol. Konstante
                                    // 300 ist eine literale Konstante
        final int LOWER =   0;      // untere Grenze
        final int STEP =   20;      // Schrittweite

        // Variablen
        int fahr;                   // Definition der lokalen Variablen
                                    // fahr für die Temperatur in
                                    // Fahrenheit
        int celsius;                // Definition der lokalen Variablen
                                    // celsius für die Temperatur in
                                    // Celsius
        // Anweisungen
        fahr = LOWER;               // als Anfangswert wird fahr
                                    // der Wert 0 zugewiesen
        while (fahr <= UPPER)
        {
            // nach dieser Formel berechnet sich der Celsius-Wert aus
            // einem Fahrenheit-Wert
            celsius = 5 * (fahr - 32) / 9;

            // die Werte von fahr und celsius werden jeweils rechtsbün-
            // dig in einem 3 Zeichen breiten Feld auf ausgegeben
            System.out.printf ("\n%3d   %3d", fahr, celsius);
            fahr = fahr + STEP;     // nächsten Wert von fahr berechnen
        }
    }
}
```

Hier ein Auszug der Programmausgabe:

```
  0   -17
 20    -6
 40     4
  . . .
280   137
300   148
```

Neben der einfachen Ausgabemöglichkeit mit `printf()` gibt es seit dem JDK 5.0 auch eine einfache Möglichkeit für die Eingabe. Die Klasse `Scanner` kann aus einer Instanz vom Typ `InputStream` (siehe Kap. 16.4.2.1), aber auch aus einer Datei oder einer Variablen vom Typ `String` lesen. Dazu bietet sie verschiedene Methoden, mit denen Text und Werte primitiver Datentypen eingelesen werden können. Darüber hinaus bietet die Klasse `Scanner` die Möglichkeit, die Eingabedaten mit Hilfe von regulären Ausdrücken nach bestimmten Zeichenmustern zu durchsuchen. Auf reguläre Ausdrücke kann an dieser Stelle nicht näher eingegangen werden. Es wird hier auf die API-Dokumentation verwiesen.

Das folgende Beispiel zeigt das Einlesen einer Zeichenkette und von ganzen Zahlen mit den Methoden `next()` und `nextInt()` der Klasse `java.util.Scanner`:

```java
// Datei: EingabeTest.java

import java.util.Scanner;

public class EingabeTest
{
    public static void main (String[] args)
    {
        // Erzeugen eines Objektes der Klasse Scanner, um von
        // der Standard-Eingabe (Tastatur) einzulesen.
        Scanner eingabe = new Scanner (System.in);

        System.out.print ("Geben Sie Ihren Namen ein: ");
        String name = eingabe.next();
        System.out.println ("Hallo " + name +
                    "! Heute wollen wir zwei Zahlen addieren.");

        System.out.print (name + ", gib die erste Zahl ein: ");
        int zahl1 = eingabe.nextInt();
        System.out.print ("OK. Und nun die zweite Zahl: ");
        int zahl2 = eingabe.nextInt();
        System.out.println ("Das Ergebnis ist: " + zahl1 +
                    " + " + zahl2 + " = " + (zahl1 + zahl2));
    }
}
```

Die Ausgabe des Programms ist:

```
Geben Sie Ihren Namen ein: Martin
Hallo Martin! Heute wollen wir zwei Zahlen addieren.
Martin, gib die erste Zahl ein: 5
OK. Und nun die zweite Zahl: 4
Das Ergebnis ist: 5 + 4 = 9
```

Wie aus dem Programm ersichtlich ist, werden Zeichenketten mit der Methode `next()` eingelesen, `int`-Werte mit der Methode `nextInt()`. Analog gibt es weitere Methoden wie `nextFloat()`, `nextDouble()` und `nextByte()`.

Die vollständigen Möglichkeiten der Klasse `java.util.Scanner` können der API-Dokumentation entnommen werden.

4.9 Übungen

Aufgabe 4.1: Überladene Konstruktoren für die Klasse Punkt2

Schreiben Sie für die Klasse Punkt2:

- einen Konstruktor ohne Parameter, der die Koordinaten auf x = 0 und y = 0 initialisiert,
- einen Konstruktor mit einem Parameter, der den x-Wert des Punktes mit dem übergebenen Wert initialisiert und die y-Komponente auf 0 setzt,
- einen Konstruktor mit 2 Parametern, der den x-Wert und den y-Wert des Punktes mit den übergebenen Werten initialisiert.

Fehlende Stellen sind durch . . . . . markiert.

```java
// Datei: Punkt2.java

public class Punkt2
{
    private int x;
    private int y;

    public Punkt2()
    {
        System.out.println ("Konstruktor ohne Parameter");
        . . . . .
    }
    public Punkt2 (int u)
    {
        System.out.println ("Konstruktor mit einem Parameter: x = " +
                            u);
        . . . . .
    }
    public Punkt2 (int u, int v)
    {
        System.out.print ("Konstruktor mit zwei Parametern: ");
        System.out.println ("x = " + u + " y = " + v);
        . . . . .
    }
    public int getX()
    {
        return x;
    }
    public int getY()
    {
        return y;
    }
    public void print()
    {
        System.out.println ("x = " + x);
        System.out.println ("y = " + y);
    }
}
```

Schreiben Sie eine Testklasse `TestPunkt2`, die 3 Punkte in der Methode `main()` erzeugt. Der erste Punkt soll mit dem Konstruktor ohne Parameter, der zweite Punkt mit dem Konstruktor mit 1 Parameter und der dritte Punkt mit dem Konstruktor mit 2 Parametern initialisiert werden. Anschließend sind die Koordinaten aller 3 Punkte auszugeben.

Aufgabe 4.2: Definition einer Klasse für Schuhe

a) Definieren Sie eine Klasse `Schuh` mit den folgenden Eigenschaften:

- einem Datenfeld `groesse` vom Typ `int`
- je einem Datenfeld `hersteller` und `modellbezeichnung` vom Typ `String`
- den folgenden Methoden zum Setzen und Lesen der Datenfelder:

```
public void setGroesse (int groesse)
public void setHersteller (String hersteller)
public void setModellbezeichnung (String modell)
public int getGroesse()
public String getHersteller()
public String getModellbezeichnung()
```

Beachten Sie, dass **kein** direkter Zugriff auf die Datenfelder eines Objektes durch Methoden außerhalb der Klasse erfolgen darf.

b) Schreiben Sie eine Testklasse, die nur eine Methode `main()` enthält. Innerhalb dieser Methode soll ein Objekt der Klasse `Schuh` erzeugt werden, auf das mit der Referenz `s` gezeigt wird. Setzen Sie nun in der Testklasse die Daten des Schuhs mit Hilfe obiger Methoden auf folgende Daten (Größe 42; Hersteller "Mike" und Modellbezeichnung "Air Ultramatic"). Erweitern Sie zusätzlich die Klasse `Schuh` um die Methode `print()`, um alle Datenfelder eines Schuhs auf dem Bildschirm auszugeben.

Aufgabe 4.3: Konstruktoren für Schuhe

Ergänzen Sie die Klasse `Schuh` um einen **Default-Konstruktor**. Fügen Sie zur Kontrolle des Aufrufs des Konstruktors eine Protokoll-Ausgabe ein. Überladen Sie den Default-Konstruktor mit einem (oder mehreren) **Konstruktor(en) mit Parametern**. Fügen sie wiederum Protokoll-Ausgaben ein und überzeugen Sie sich, welcher Konstruktor bei der Erzeugung der Schuhe (z.B. durch `new Schuh()`, `new Schuh (44)`, `new Schuh (41, "Panther")`) aufgerufen wird.

Aufgabe 4.4: Zeichen zählen

Erweitern Sie das Programm `Zeichen` aus Kapitel 4.2 wie folgt:

a) Ermitteln Sie die Anzahl der eingegebenen Leerzeichen.
b) Zählen Sie die eingegebenen Zeilen.
c) Zählen Sie die Zeichen pro Zeile.

Aufgabe 4.5: Größter gemeinsamer Teiler

In Kapitel 1.2.1 wurde der Algorithmus von Euklid zur Bestimmung des größten gemeinsamen Teilers vorgestellt. Entwickeln Sie eine Anwendung, welche diesen Algorithmus implementiert. Berechnen Sie den größten gemeinsamen Teiler von:

24 und 9

Beachten Sie, dass das in Kapitel 1.3.2 vorgestellte Nassi-Shneiderman-Diagramm bei der Implementierung eine zusätzliche Hilfe darstellt.

Aufgabe 4.6 Ein- und Ausgabe mit der Klasse Scanner

Schreiben Sie ein Programm, welches mit Hilfe der Klasse `Scanner` drei `float`-Zahlen von der Tastatur einliest und dann deren Durchschnitt auf dem Bildschirm ausgibt.

Aufgabe 4.7: Erste Versuche mit der Klasse Person

Schreiben Sie eine Klasse `Person` mit den Datenfeldern:

```
private String name;
private String vorname;
```

und mit den Methoden:

```
public void setName (String n)
public String getName ()
public void setVorname (String n)
public String getVorname ()
```

Testen Sie diese Klasse mit der Klasse `TestPerson`:

```java
// Datei: TestPerson.java

public class TestPerson
{
   public static void main (String[] args)
   {
      String vorname;
      String name;
      Person schoettle;

      schoettle = new Person();

      schoettle.setName ("Schöttle");
      schoettle.setVorname ("Lothar");

      name = schoettle.getName();
      vorname = schoettle.getVorname();

      System.out.println ("Vorname: " + vorname);
      System.out.println ("Name:    " + name);
   }
}
```

Kapitel 5

Lexikalische Konventionen

5.1   Zeichenvorrat von Java
5.2   Der Unicode
5.3   Lexikalische Einheiten
5.4   Übungen

5 Lexikalische Konventionen

Nachdem jetzt schon eine gewisse Erfahrung im Programmieren vorliegt, sollen in den Kapiteln 5.1 bis 5.3 die "Rechtschreibregeln" von Java behandelt werden. Wer nur für "die Schule programmiert" und viel Zeit hat, kann sich auch vom Compiler belehren lassen. Da Fehlermeldungen in manchen Fällen wie das Orakel von Delphi klingen können, kann die Fehlerbeseitigung durchaus zu einer spannenden Geschichte werden. Wer industriell programmieren möchte und von vornherein möglichst keine Fehler machen will, wird sich aus Effizienzgründen zuerst mit den Regeln befassen. Es bleiben ihm dann einige langwierige Diskussionen mit dem Compiler erspart.

"Lexikalisch" bedeutet "ein Wort (eine Zeichengruppe) betreffend", ohne den Textzusammenhang (Kontext), in dem dieses Wort steht, zu berücksichtigen. Im Folgenden werden also die Konventionen, um Wörter in der Programmiersprache Java zu bilden, besprochen.

Die Wörter oder Zeichengruppen, aus denen ein Programmtext aufgebaut ist, werden als **lexikalische Einheiten** bzw. als **Token** bezeichnet.

5.1 Zeichenvorrat von Java

Ein Java-Programm wird als Programmtext aus einer Folge von lexikalischen Einheiten geschrieben. In der Regel wird ein solches Programm am Bildschirm erstellt. Es erhält damit zwangsläufig eine Zeilenstruktur[41]. Eine jede Anweisung endet mit einem Strichpunkt. Normalerweise schreibt man in eine Zeile nur eine einzige Anweisung. Eine Anweisung kann sich aber auch über mehrere Zeilen erstrecken oder mehrere Anweisungen können in einer Zeile stehen. Jede lexikalische Einheit darf nur Zeichen aus dem **Zeichenvorrat (Zeichensatz)** der Sprache umfassen.

Java benutzt den **Unicode**-Zeichensatz.

Der Zeichenvorrat von Java umfasst:

- **Buchstaben**
  lateinische Buchstaben nach ASCII und ISO-Latin-1[42] als Groß- und Kleinbuchstaben:
  ```
  A B C D E F G H I J K L M N O P Q R S T U V W X Y Z
  a b c d e f g h i j k l m n o p q r s t u v w x y z
  ```
  den Unterstrich _, das Dollarzeichen $, das Pfundzeichen £ und weitere

---

[41] Eine Zeile wird vom Programmierer durch Betätigung der `<RETURN>`-Taste abgeschlossen.
[42] ISO-Latin-1 ist ein 8 Bit-Zeichensatz.

Währungssymbole sowie weitere Buchstaben aus dem Unicode (siehe Kap. 5.2) wie z.B. griechische Symbole

- **Ziffern**
  Ziffern nach ASCII und ISO-Latin-1
  0 1 2 3 4 5 6 7 8 9
  und weitere Ziffern aus dem Unicode wie z.B. thailändische Ziffern

- **das Leerzeichen (blank)**

- **die Steuerzeichen**
  Zeilenendezeichen, horizontaler Tabulator und Seitenvorschub

- die **Sonderzeichen** für die **Satzzeichen (Interpunktionszeichen, engl. separators)**
  () {} [] ; , .

- die **Sonderzeichen** für die **Operatoren**
  = > < ! ~ ? : & | + - * / ^ %

- für **Ersatzdarstellungen** das **Sonderzeichen**
  \

- für **Zeichen** das einfache **Anführungszeichen**
  '

- und für **Strings (konstante Zeichenketten)** das **doppelte Anführungszeichen**
  "

In Java gehören der Unterstrich _ und das $-Zeichen sowie weitere Buchstaben aus dem Unicode mit zu den **Buchstaben** des Zeichensatzes von Java. Das Semikolon ; dient als Satzzeichen und dabei hauptsächlich zum Abschluss einer Anweisung. Die Sonderzeichen für die **Operatoren** werden gebraucht, um Operatoren darzustellen wie z.B. den Zuweisungsoperator = oder das logische UND, welches durch den Operator && bzw. den Operator[43] & dargestellt wird. Verschiedene Sonderzeichen finden sich sowohl bei den Operatoren, als auch bei den **Satzzeichen**. Ein Beispiel hierfür sind die runden Klammern, die als Operator für einen Methodenaufruf und als Satzzeichen zum Einschließen der Bedingung bei einer Selektion Verwendung finden. Zeichen werden begrenzt durch einfache Hochkommata, wie z.B. 'a'. Konstante Zeichenketten werden begrenzt durch Anführungszeichen, wie z.B. "Zeichenkette". Das Sonderzeichen \ wird für die Ersatzdarstellungen benötigt, die im Folgenden vorgestellt werden. Dieses Sonderzeichen wird als **Backslash (Gegenschrägstrich)** bezeichnet.

Java-Programme kann man vollständig in ASCII-Zeichen schreiben. Ist ein gewünschtes Unicode-Zeichen nicht auf der Tastatur verfügbar – eine Tastatur hat üblicherweise einen sehr eingeschränkten Zeichensatz – so kann dieses Zeichen durch eine Ersatzdarstellung der Form \u$x_1 x_2 x_3 x_4$ durch ASCII-Zeichen dargestellt werden.

Der Backslash \, das u und die Zeichen x_1, x_2, x_3 und x_4 sind ASCII-Zeichen. x_1, x_2, x_3 und x_4 sind dabei hexadezimale Zeichen, d.h. Zeichen aus dem Wertevorrat 0, 1, 2, ..., 9, A, B, ..., F. Die Buchstaben A ... F sind Abkürzungen. A entspricht der 10, B

---

[43] Siehe Kap. 7.6.5.

der 11, ... F der 15. Es spielt dabei keine Rolle, ob die Buchstaben A ... F groß oder klein geschrieben werden. a ist äquivalent zu A, b ist äquivalent zu B, usw.

Die Ersatzdarstellung

$\backslash ux_1 x_2 x_3 x_4$

entspricht dem Unicode-Zeichen, welches an der Position mit der dezimalen Nummer

$$x_1 * 16^3 + x_2 * 16^2 + x_3 * 16^1 + x_4 * 16^0$$

des Unicode-Zeichensatzes steht.

Groß- und Kleinschreibung

Java ist **case sensitiv**. Das bedeutet, dass Groß- und Kleinbuchstaben in Java streng unterschieden werden. Alle reservierten Wörter müssen klein geschrieben werden. Namen, die sich nur durch Groß- bzw. Kleinschreibung unterscheiden, stellen verschiedene Namen dar. So ist beispielsweise der Name alpha ein anderer Name als Alpha.

5.2   Der Unicode

Java basiert auf einem Zeichensatz, der geeignet ist, viele Zeichen aufzunehmen. Der gewählte Zeichensatz ist der so genannte Unicode. Unter der Adresse

http://www.unicode.org

kann man im Internet Informationen zu diesem Code abrufen[44].

Der Unicode war ursprünglich ein 16 Bit-Code, bestehend aus 2 Bytes. Der Unicode Standard erlaubt in der Zwischenzeit auch Zeichen, deren Darstellung mehr als 16 Bit erfordert. Der Zahlenraum des Unicodes erstreckt sich im Unicode Standard 4.0 von 0 bis $10FFFF_{16}$. Der Unicode Standard definiert drei Unicode Codierformen, nämlich UTF-8[45], UTF-16 und UTF-32. Java verwendet für Zeichen die UTF-16-Darstellung, wobei Zeichen, die einem Wert größer als FFFF entsprechen, als ein Paar von Zeichen dargestellt werden. Das heißt, dass Java mit 16-Bit Unicode-Zeichen arbeitet. Die ersten 128 Zeichen des verwendeten klassischen Unicodes sind die Zeichen des 7-Bit ASCII-Zeichensatzes und seine ersten 256 Zeichen die Zeichen des Zeichensatzes ISO-Latin-1.

5.3   Lexikalische Einheiten

Ein Programm besteht für einen Compiler zunächst nur aus einer Folge von Zeichen. Der **Scanner**-Anteil des Compilers hat die Aufgabe, Zeichengruppen zu finden. Zei-

---

[44]   Der **Unicode Standard**, Version 4.0, ist als Buch erhältlich [7]. Ein Buch über die neue Version 5.0 ist ab Dezember 2006 im Handel verfügbar.
[45]   UTF = Unicode Transformation Format.

chengruppen werden gefunden, indem man nach den Trennern sucht, beispielsweise einem Leerzeichen (Whitespace-Zeichen) oder einem Kommentar. Whitespace-Zeichen werden in Kapitel 5.3.1.1, Kommentare in Kapitel 5.3.1.2 behandelt. Stehen zwischen zwei Trennern noch weitere Zeichen, die keine Trenner enthalten, so ist eine **lexikalische Einheit (Token)** gefunden. Diese lexikalischen Einheiten werden dann vom **Parser** auf die Einhaltung der Syntax geprüft. Lexikalische Einheiten sind die Wörter einer Sprache.

Lexikalische Einheiten (Token) sind:

- **Namen,**
- **Schlüsselwörter (reservierte Wörter),**
- **Konstanten,**
- **Satzzeichen (Interpunktionszeichen, engl. separators)**
- **und Operatoren.**

Ersatzdarstellungen $\backslash$u$x_1x_2x_3x_4$ werden erkannt und in Unicode-Zeichen umgesetzt.

Bei der Kompilierung wird vor der Ermittlung der lexikalischen Einheiten eine vorliegende Java Quelltext-Datei, die z.B. in ASCII oder ISO-Latin-1 geschrieben wurde, in Unicode gewandelt.

Zu beachten ist, dass in Java wie in C **Operatoren und Satzzeichen auch** als **Trenner** wirken. Dies hat zum Beispiel die Konsequenz, dass Operatoren und Operanden zusammengeschrieben werden können, wie z.B. a+b. Der Compiler bildet immer die größt mögliche Token. So wird a--b stets als a -- b erkannt (wie später noch erklärt wird, ist -- der Dekrement-Operator) und nicht als a - - b (a abzüglich minus b), selbst wenn aus dieser Interpretation ein Kompilierfehler resultiert.

5.3.1 Trenner

Eine lexikalische Einheit wird gefunden, indem man die Trenner findet, die sie begrenzen.

Trenner sind **Zwischenraum (Whitespace-Zeichen), Kommentare, Satzzeichen (Separatoren)** und **Operatoren**.

Für den Compiler ist beispielsweise A&&B das logische UND (&&) zwischen A und B, da Operatoren ja Trenner sind. Denkt man an den menschlichen Leser des Programms, so empfiehlt es sich stets, nicht die Trenner-Eigenschaft der Operatoren zu verwenden, sondern nach jeder lexikalischen Einheit Leerzeichen einzugeben, damit das Programm leichter lesbar ist. Im genannten Beispiel also besser `A && B` schreiben!

5.3.1.1 Whitespace-Zeichen

Zu den **Whitespace-Zeichen** gehören **Leerzeichen, horizontaler Tabulator, Zeilentrenner** und **Seitenvorschub**.

Zwischen zwei aufeinander folgenden lexikalischen Einheiten kann eine beliebige Anzahl an Whitespaces eingefügt werden. Damit hat man die Möglichkeit, ein Programm optisch so zu gestalten, dass die Lesbarkeit verbessert wird. Üblicherweise wird vor jeder Methode mindestens eine Leerzeile eingefügt oder innerhalb eines Blocks[46] etwas eingerückt.

5.3.1.2 Kommentare

Java hat drei verschiedene Arten von Kommentaren:

* Kommentarblock,
* Zeilenkommentar
* und Dokumentationskommentar.

Kommentare dienen dazu, die Bedeutung von Anweisungen und Programmeinheiten schriftlich direkt an der entsprechenden Stelle im Quellcode festzuhalten. Da Kommentare Trenner sind, dürfen sie nicht innerhalb von Zeichenkonstanten (siehe Kap. 5.3.5.4) oder konstanten Zeichenketten (siehe Kap. 5.3.5.5) auftreten.

Kommentarblock

Ein Kommentarblock wird durch die Zeichen `/*` eingeleitet und durch die Zeichen `*/` beendet. Der ganze Block zwischen `/*` und `*/`, der auch über mehrere Zeilen gehen kann, wird vom Compiler als Trenner betrachtet und ignoriert. Kommentarblöcke dürfen nicht verschachtelt werden.

Beispiel:

```
/* dies ist ein Kommentar                *//
/* dieser Unfug /* ist auch ein Kommentar    */
```

Zeilenkommentar

Alle Zeichen von `//` bis zum Zeilenende werden vom Compiler ignoriert.

```
// Hier ist die ganze Zeile Kommentar
int x; // Hier ist nur ein Teil der Zeile Kommentar
```

---

[46] Ein **Block** wird begrenzt durch die Blockbegrenzer `{` und `}`. Die Definition eines Blockes wird in Kap. 9 behandelt.

Dokumentationskommentar

Mit Hilfe des Dokumentationskommentars kann man im Gegensatz zum Kommentarblock und zum Zeilenkommentar nicht nur den Quellcode kommentieren, sondern es besteht auch die Möglichkeit, den Dokumentationskommentar unter Verwendung eines Werkzeugs zu einer richtigen Dokumentation in Form von HTML-Dateien aufbereiten zu lassen. Das Werkzeug `javadoc`, das Teil des JDK ist, filtert alle Informationen, die sich zwischen den Kommentarsymbolen `/**` und `*/` befinden, heraus und legt diese Information in HTML-Dateien ab. Diese HTML-Dateien können dann mit einem Web-Browser angesehen werden.

Dokumentationskommentare können nur direkt **vor** einer **Klassendeklaration**, einem **Datenfeld** oder einer **Methode** stehen[47]. Das folgende Beispiel zeigt eine Klasse, die mit Dokumentationskommentaren versehen ist:

```
// Datei: DocuTest1.java

/** Ich bin ein Kommentar und erläutere die Klasse DocuTest1 */
public class DocuTest1
{
   /** Ich bin ein Kommentar und erläutere das Datenfeld x    */
   public int x;

   /** Ich bin ein Kommentar und erläutere die Methode
     * meth()
     */
   public void meth()
   {
      // Weitere Anweisungen
   }
}
```

Um die Dokumentationskommentare zu extrahieren, geht man am besten wie im folgenden Beispiel vor:

- In das Verzeichnis wechseln, in dem die `.java`-Datei liegt – hier die Datei `DocuTest1.java`.
- In der Kommandozeile `javadoc DocuTest1.java` eingeben.

Es ist zu beachten, dass nur aus den Quellcode-Dateien `*.java` Dokumentationskommentare extrahiert werden können, da in den `.class`-Dateien diese Information gar nicht mehr vorhanden ist.

Es werden mehrere HTML-Dateien erzeugt, die alle in das aktuelle Verzeichnis gelegt werden. Es lohnt sich auf jeden Fall, alle diese Dateien mit einem Web-Browser anzuschauen. Die wesentliche Information steht in der Datei `Dateiname.html` – hier also in der Datei `DocuTest1.html` (siehe Bild 5-1).

---

[47] Sie können auch vor Schnittstellen und Konstruktoren stehen. Schnittstellen (siehe Kap. 14) und Konstruktoren (siehe Kap. 10.4.4) sind an dieser Stelle noch nicht bekannt.

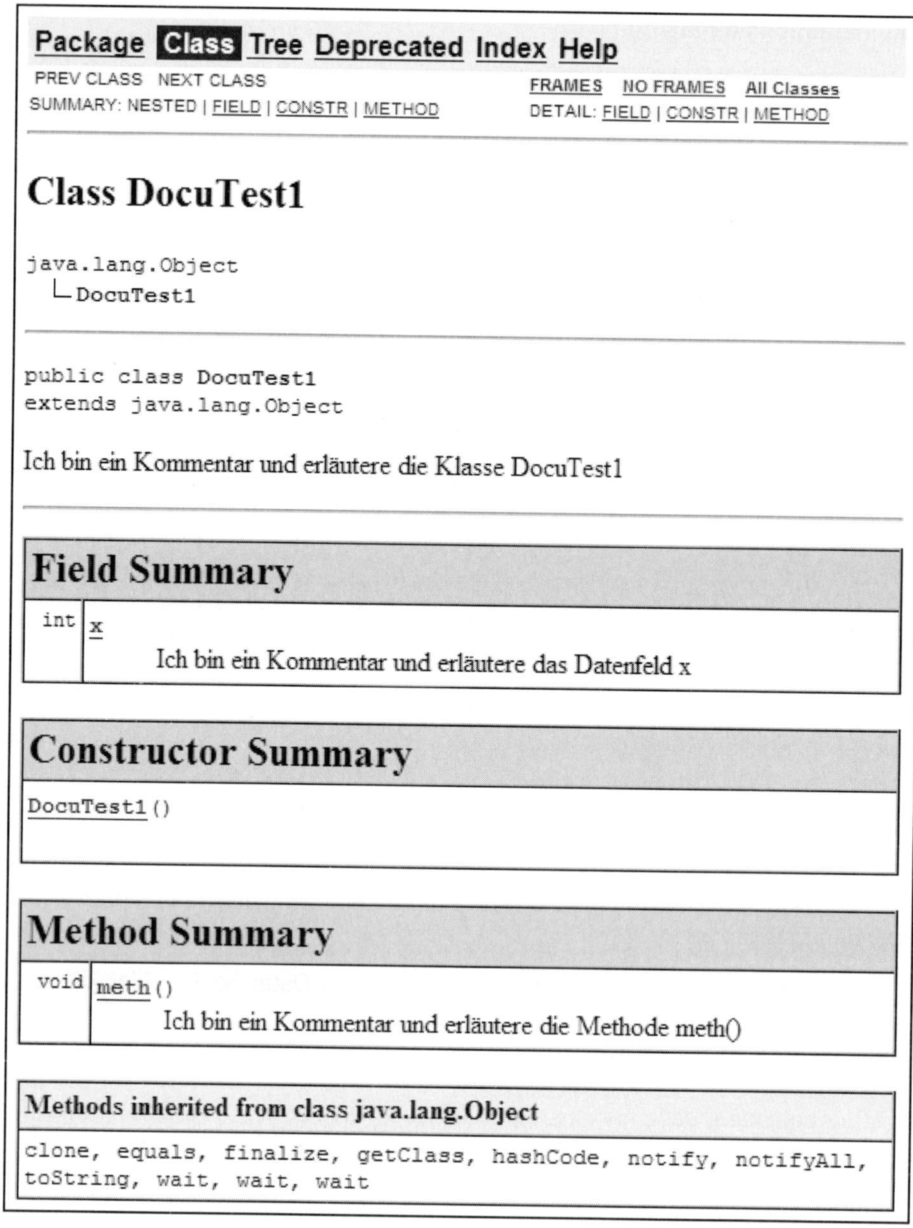

Package **Class** Tree Deprecated Index Help

PREV CLASS   NEXT CLASS

SUMMARY: NESTED | FIELD | CONSTR | METHOD

FRAMES   NO FRAMES   All Classes

DETAIL: FIELD | CONSTR | METHOD

Class DocuTest1

```
java.lang.Object
  └ DocuTest1
```

```
public class DocuTest1
extends java.lang.Object
```

Ich bin ein Kommentar und erläutere die Klasse DocuTest1

Field Summary

int	x
	Ich bin ein Kommentar und erläutere das Datenfeld x

Constructor Summary

DocuTest1()

Method Summary

void	meth()
	Ich bin ein Kommentar und erläutere die Methode meth()

Methods inherited from class java.lang.Object

```
clone, equals, finalize, getClass, hashCode, notify, notifyAll,
toString, wait, wait, wait
```

Bild 5-1 Ausschnitt aus der Datei `DocuTest1.html` *in einem Web-Browser*

Zusätzlich zu den Kommentaren von Klassen, Datenfeldern und Methoden können noch Übergabeparameter, Rückgabewerte und vieles mehr genauer durch so genannte Tags beschrieben werden. Diese Tags werden innerhalb der **Dokumentationskommentare für Klassen**, **Datenfelder** und **Methoden** verwendet. Die folgende Tabelle zeigt einen Ausschnitt der vorhandenen Tags und beschreibt, mit welchem **Kommentartyp** (**Klasse**, **Datenfeld** oder **Methode**) diese eingesetzt werden können:

Tag	Bedeutung	Kommentartyp
@see	erstellt einen Link zu anderen Klassen	Klasse, Datenfeld, Methode
@version	gibt die Version an	Klasse
@author	gibt den Autor an	Klasse
@param	beschreibt einen Parameter näher	Methode
@return	beschreibt den Rückgabewert	Methode
@exception	beschreibt die Exception näher	Methode
@deprecated	markiert ein Element als deprecated[48]	Klasse, Datenfeld, Methode

Tabelle 5-1 Tags zum Einsatz mit Dokumentationskommentaren

Eine ausführliche Beschreibung der oben genannten und eine Auflistung aller verfügbaren Tags kann auf der `javadoc`-Homepage

```
http://java.sun.com/j2se/javadoc/
```

nachgelesen werden. Im folgenden Beispiel werden einige der aufgelisteten Tags verwendet:

```
// Datei: DocuTest2.java

/** Ich bin ein Kommentar und erläutere die Klasse DocuTest2
  * @version 1.0
  * @author  Rainer Brang
  */
public class DocuTest2
{
    /** Ich bin ein Kommentar und erläutere das Datenfeld x */
    public int x;

    /** Erläuterung der Methode meth()
      * @param para Hier die Beschreibung des Parameters
      * @return  Kein Rückgabewert
      */
    public void meth (int para)
    {
        // Anweisungen
    }
}
```

Dem Werkzeug `javadoc` können beim Aufruf einige Optionen mitgegeben werden, mit deren Hilfe sich die Ausgabe in die HTML-Dateien steuern lässt. Wird für obiges Beispiel einfach `javadoc DocuTest2.java` eingegeben, so enthalten die erzeugten HTML-Dateien die Informationen über Autor und Version nicht. Durch Eingabe von `javadoc -version -author DocuTest2.java` werden auch diese Informationen extrahiert. Wer mehr über die Optionen erfahren möchte, gibt auf der Kommandozeile einfach nur `javadoc` ein. Dann wird eine Auflistung der zulässigen Optionen und deren Beschreibung ausgegeben.

---

[48] Engl. für missbilligt. Beschreibt, dass das markierte Element nicht mehr verwendet werden soll, da es in neueren Versionen der Bibliothek nicht mehr vorhanden sein muss.

5.3.2 Namen

Namen bezeichnen in Java:

- Klassen,
- Methoden,
- Konstruktoren,
- Datenfelder,
- lokale Variablen,
- Parameter (einer Methode, eines Konstruktors oder eines `catch`-Konstruktes[49]),
- Schnittstellen
- und Pakete.

Ein **Name** (**Bezeichner**) besteht aus einer beliebig langen Zeichenfolge aus Buchstaben und Ziffern, die mit einem Buchstaben beginnt. In Java zählen – wie bereits erwähnt – auch der Unterstrich _ und das `$`-Zeichen sowie andere Währungssymbole zu den Buchstaben. Zu den bereits vom ASCII-Code bekannten Zeichen kommen die Unicode-spezifischen Buchstaben und Ziffern hinzu.

Generell wird in Java und natürlich auch bei Namen zwischen Groß- und Kleinbuchstaben unterschieden. Reservierte Wörter (siehe Kap. 5.3.4) und die literalen Konstanten `true`, `false` und `null` dürfen nicht als Namen verwendet werden.

5.3.3 Programmier-Style Guide

Eine Gestaltungsrichtlinie (Style Guide) für das Erstellen von Programmen umfasst Darstellungsregeln, welche die Lesbarkeit der Programme erleichtern sollen. Solche Regeln beruhen immer auf einer gegenseitigen Übereinkunft (Konvention). Die Anwendung dieser Regeln ist nicht zwingend, da nicht die Korrektheit, sondern die Lesbarkeit der Programme von ihrer Einhaltung abhängt. Ein Programmierer, der sich an den im Projekt vereinbarten Style Guide hält, arbeitet teamorientiert, da seine Programme übersichtlich sind.

Zum Style Guide gehört auch eine Konvention über das Einrücken in Blöcken oder dass vor der Definition einer Methode eine Leerzeile stehen soll, damit man leichter erkennt, dass jetzt eine neue Methode kommt.

Für Namen hat sich in Java der folgende Programmierstil durchgesetzt:

Name	Konvention	Beispiel
Variablennamen	Kleinbuchstaben	`variable`
Datenfeldnamen	Kleinbuchstaben	`vorname`
Methodennamen	Kleinbuchstaben	`methode()`
Klassennamen	1. Buchstaben groß, Rest klein	`Person`
symbolische Konstanten[50]	alle Buchstaben groß	`MAXIMUM`

Tabelle 5-2 Style Guide-Konventionen

---

[49] Siehe Kap. 13.2.
[50] Siehe Kap. 5.3.5.

Aus mehreren Wörtern zusammengesetzte Namen werden ohne Unterstrich geschrieben. Dabei wird ab dem zweiten Wort jeweils der erste Buchstabe eines Wortes groß geschrieben. Für das erste Wort gilt die normale Konvention. Beispiele hierfür sind `dritteWurzel` als Variablennamen oder `verschiebeSchwerpunkt()` als Methodennamen. Im Falle der symbolischen Konstanten werden, da alle Buchstaben groß geschrieben sind, zur optischen Trennung der Wörter wie im Falle von `MAX_VALUE` Unterstriche verwendet.

5.3.4 Reservierte Wörter

Die **Schlüsselwörter** in der folgenden Tabelle sind in Java reserviert. Sie müssen stets klein geschrieben werden. Die Bedeutung dieser Schlüsselwörter ist festgelegt und kann nicht verändert werden. Eine vollständige Erklärung dieser Schlüsselwörter kann erst in späteren Kapiteln erfolgen.

abstract	Dient zur Deklaration abstrakter Klassen und Methoden.
assert	Hiermit lassen sich Zusicherungen (Assertions) gezielt überprüfen.
boolean	Einfacher Java-Datentyp, der einen Booleschen Wahrheitswert enthält.
break	Zum Herausspringen aus Schleifen oder der `switch`-Anweisung.
byte	Einfacher Java-Datentyp, der eine 8-Bit-Zahl enthält.
case	Auswahl-Fall in der `switch`-Anweisung.
catch	Leitet einen Programmblock zur Ausnahmebehandlung ein.
char	Einfacher Java-Datentyp, der ein 16-Bit-Unicode-Zeichen enthält.
class	Dient zur Deklaration einer Klasse.
const	Dieses Schlüsselwort ist reserviert, wird aber nicht benutzt.
continue	Starten eines neuen Durchgangs in einer Schleife.
default	Standard-Einsprungmarke in einer `switch`-Anweisung.
do	Teil einer Schleifen-Anweisung.
double	Einfacher Java-Datentyp, der eine 64-Bit-Fließkommazahl enthält.
else	Teil einer bedingten Anweisung.
enum	Dient zur Definition eines Aufzählungstyps.
extends	Dient zur Angabe der Vaterklasse bei der Klassendeklaration.
final	Modifikator für Klassen, Methoden, Datenfelder und Variablen.
finally	Dient zur Einleitung des `finally`-Blocks einer `try`-Anweisung.
float	Einfacher Java-Datentyp, der eine 32-Bit-Fließkommazahl enthält.
for	Schleifenanweisung.
goto	Dieses Schlüsselwort ist reserviert, wird aber nicht benutzt.
if	Teil einer bedingten Anweisung.
implements	Gibt bei der Klassendeklaration an, welche Schnittstelle implementiert wird.
import	Dient zur Bekanntgabe von Klassen und Schnittstellen aus anderen Paketen.
instanceof	Operator, der überprüft, ob eine Referenz auf ein Objekt zeigt, das vom Typ einer bestimmten Klasse ist.
int	Einfacher Java-Datentyp, der eine 32-Bit-Ganzzahl enthält.
interface	Dient zur Deklaration einer Schnittstelle.
long	Einfacher Java-Datentyp, der eine 64-Bit-Ganzzahl enthält.
native	Dient als Modifikator für Methoden, die in einer anderen Sprache als Java implementiert sind.

`new`	Erzeugt ein neues Objekt auf dem Heap.
`package`	Dient zur Deklaration eines Paketes.
`private`	Zugriffsmodifikator für Methoden, Konstruktoren, Datenfelder und Elementklassen.
`protected`	Zugriffsmodifikator für Methoden, Konstruktoren, Datenfelder und Elementklassen.
`public`	Zugriffsmodifikator für Methoden, Konstruktoren, Datenfelder, Elementklassen und Klassen.
`return`	Anweisung für den Rücksprung aus einer Methode zur aufrufenden Methode.
`short`	Einfacher Java-Datentyp, der eine 16-Bit-Ganzzahl enthält.
`static`	Dient als Modifikator für Methoden, Datenfelder und Klassen und wird auch beim statischen Initialisierungsblock verwendet.
`strictfp`	Kennzeichnet eine Methode, die Zwischenwerte von Operationen nach IEEE 754 (siehe [10]) berechnet.
`super`	Erlaubt den Zugriff im eigenen Objekt auf überschriebene Methoden und verdeckte Datenfelder, die von der Vaterklasse geerbt wurden. Weiterhin wird mit `super` der Aufruf des Konstruktors der Vaterklasse ermöglicht.
`switch`	Auswahlanweisung.
`synchronized`	Dient zur Thread-Synchronisation.
`this`	Bezeichnet eine Referenz auf das eigene Objekt oder dient zum Aufruf eines klasseneigenen Konstruktors.
`throw`	Dient zum Auswerfen einer Ausnahme.
`throws`	Dient zur Auflistung der Ausnahmen bei der Deklaration von Methoden.
`transient`	Kennzeichnung für Datenfelder, die bei der Serialisierung nicht berücksichtigt werden sollen.
`try`	Kennzeichnet einen Programmblock, in dem eine Ausnahme auftreten kann.
`void`	Dient zur Anzeige, dass eine Methode keinen Rückgabewert hat.
`volatile`	Kennzeichnet ein Datenfeld, das gleichzeitig von mehreren Threads verändert werden kann.
`while`	Schleifenanweisung.

Tabelle 5-3 Reservierte Wörter

5.3.5 Literale und symbolische Konstanten

In Java gibt es zwei Arten von Konstanten:

- literale Konstanten
- und symbolische (benannte) Konstanten.

Symbolische Konstanten haben einen Namen, der ihren Wert repräsentiert. Symbolische Konstanten sind Variablen, **die nach ihrer Initialisierung nicht verändert werden dürfen**. Zur Definition von symbolischen Konstanten wird in Java das Schlüsselwort `final` verwendet. Im folgenden Beispiel wird die symbolische Konstante UPPER definiert:

```
final int UPPER = 300;
```

Das Schlüsselwort `final`, welches die Konstanz gewährleistet, kann auf Klassen-variablen, Instanzvariablen und lokale Variablen (siehe Kap. 9.1.3) in Methoden angewandt werden.

Symbolische Konstanten, die zusammengehören und oft gebraucht werden, werden in der Regel in einer Klasse gruppiert wie in folgendem Beispiel:

```
public final class Math⁵¹
{
    public static final double PI = 3.141592654;
    public static final double E = 2.718281828;
    . . . . .
}
```

Da es unerwünscht ist, dass Konstanten als Instanzvariablen angelegt werden – Konstanten sind für jedes Objekt einer Klasse gleich – werden Konstanten als Klassenvariablen angelegt. Damit werden sie nur einmal angelegt, wie viele Objekte es auch immer von dieser Klasse gibt. Klassenvariablen werden in Java mit Hilfe des Schlüsselwortes `static` erzeugt.

Literale Konstanten – oft auch nur **Konstanten** oder **Literale** genannt – haben keinen Namen, sie werden durch ihren Wert dargestellt. So ist im letzten Beispiel die Zahl `3.141592654` eine literale Konstante.

Überall, wo von der Syntax her Konstanten erlaubt sind, können auch **konstante Ausdrücke**⁵² stehen. Dies liegt daran, dass ein konstanter Ausdruck ein Ausdruck ist, an dem nur Konstanten beteiligt sind.

Überall, wo von der Syntax her Konstanten oder konstante Ausdrücke erlaubt sind, kann man literale Konstanten oder symbolische Konstanten einsetzen. Es gibt ver-schiedene Arten von literalen Konstanten:

* **Ganzzahlige Konstanten**,
* **Gleitpunktkonstanten**,
* **Boolesche Konstanten**,
* **Aufzählungskonstanten (bei enum)**,
* **Zeichenkonstanten**,
* **String-Konstanten (konstante Zeichenketten)**
* und die **Nullkonstante**.

Jede dieser Konstanten hat einen definierten Datentyp. Aufzählungskonstanten werden in Kapitel 6.6 besprochen, die anderen werden im Folgenden genauer betrachtet.

---

[51] Die Klasse `Math` stellt eine Bibliotheksklasse dar.
[52] Ein **konstanter Ausdruck** ist eine Verknüpfung von Konstanten mit Operatoren und runden Klam-mern. Konstante Ausdrücke spielen eine Rolle bei den `case`-Marken der `switch`-Anweisung (siehe Kap. 8.2.3).

5.3.5.1 Ganzzahlige Konstanten

Ganzzahlige Konstanten wie 1234 sind vom Typ int. Wenn der Typ-Suffix l oder L an eine Konstante angehängt ist, so ist sie vom Typ `long`.

Zahlensysteme

Ganzzahlige Konstanten können in verschiedenen Zahlensystemen aufgeschrieben werden. Neben der normalen **Dezimaldarstellung** ist auch die Angabe als **oktale** (Basis 8) oder **hexadezimale Konstante** (Basis 16) möglich. Eine ganzzahlige **dezimale** Konstante ist die Konstante 0, sowie Konstanten, die mit einer Ziffer zwischen 1 und 9 beginnen. Konstanten, die mit einer 0 beginnen und weitere Ziffern haben, werden **oktal** interpretiert. Oktalzahlen haben die Ziffern 0, 1, 2, ..., 7. Beginnt die Konstante mit 0X oder 0x, also einer Null, gefolgt von einem großen oder einem kleinen x, so wird die Zahl **hexadezimal** interpretiert. Hexadezimale Ziffern sind: 0, 1, ..., 9, a (oder A), b (oder B), c (oder C), d (oder D), e (oder E) und f (oder F).

0 wird vom Compiler als Dezimalzahl betrachtet, 00 als Oktalzahl, 0x0 als Hexadezimalzahl. Alle drei Zahlen haben denselben Wert. Ansonsten gilt natürlich, dass mehrstellige, gleichlautende Ziffernfolgen in den drei Zahlensystemen unterschiedliche Werte haben. **Dezimale Konstanten** sind immer **positiv oder null**, **oktale und hexadezimale Konstanten** können **positiv, null oder negativ** sein. Der Hintergrund, warum oktale und hexadezimale Konstanten negativ werden können, dezimale Konstanten aber nicht, ist, dass int-Werte in der so genannten Zweierkomplementdarstellung berechnet werden, wobei der Compiler für oktale und hexadezimale Konstanten beliebige Werte zulässt, solange sie sich mit 32 Bit darstellen lassen und bei dezimalen Konstanten nur die Werte von 0 bis zur größten positiven Zahl 2147483647. Beispiele für ganzzahlige Konstanten sind:

14	int-Konstante in Dezimaldarstellung mit dem Wert 14 dezimal
−14	positive int-Konstante, auf die der Vorzeichenoperator − angewandt wird
014	int-Konstante in Oktaldarstellung mit dem Wert 12 dezimal
0x14	int-Konstante in Hexadezimaldarstellung mit dem Wert 20 dezimal
14L	long-Konstante in Dezimaldarstellung mit dem Wert 14

Die hexadezimale und oktale Schreibweise findet ihren Einsatz bei Bitmustern, ansonsten ist die dezimale Schreibweise vorzuziehen. Auf eine Konstante kann der **Vorzeichenoperator** angewendet werden. Das Ergebnis dieser Operation ist der mit (-1) multiplizierte Wert der Konstanten.

Den Wert einer oktalen bzw. hexadezimalen Zahl im Dezimalsystem kann man mit Hilfe einer Stellenwert-Tabelle berechnen. Solange das oberste Bit − bei einer int-Konstanten das 32. Bit, bei einer long-Konstanten das 64. Bit auf 0 gesetzt ist, ist die Berechnung des dezimalen Wertes einer oktalen bzw. hexadezimalen Konstanten ganz einfach, so wie im folgenden Beispiel:

16^2	16^1	16^0
2	0	a

Tabelle 5-4 Stellenwert-Tabelle für Hexadezimalzahlen

So berechnet sich der dezimale Wert der in Tabelle 5-4 dargestellten Hexadezimalzahl `20a` zu $2*16^2+0*16^1+10*16^0$ = 522. In entsprechender Weise kann auch bei
einer anderen Basis als 16 wie z.B. 8 vorgegangen werden. Ist das oberste Bit in der
Zweierkomplementdarstellung auf 1 gesetzt – dies ist der Fall, wenn die höchst
mögliche Hexziffer größer gleich 8 ist, so ist es am einfachsten, eine Wandlung in
Bits durchzuführen.

Ein Beispiel hierfür zeigt Bild 5-2:

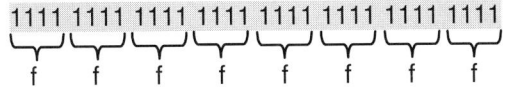

Bild 5-2 Die Konstante `0xffffffff`

Eine Ziffer einer hexadezimalen Zahl ist eine Folge von 4 Bits. Eine Folge von 4 Bits
wird auch als **Halbbyte** bezeichnet. `0xf` entspricht dem Bitmuster `1111`.
`0xffffffff` ist ein Bitmuster aus 8 Halbbytes, welches – wie in Bild 5-2 gezeigt –
eine Folge von 32 Einsern ist.

Bits werden üblicherweise von rechts nach links durchnummeriert. Das Bit ganz
rechts wird als Bit 0, das Bit ganz links in Bild 5-2 als Bit 31 bezeichnet. Der Stellenwert von Bit 31 des Typs `int` hat im Rahmen der Zweierkomplementdarstellung ein
negatives Vorzeichen. Der Stellenwert ist -2^{31}. Alle anderen Bits haben den üblichen
positiven Stellenwert. Wie man aus dem Beispiel mit 8 Bits in Kapitel 6.2.1.2 ableiten
kann, ist der Wert des angegebenen Bitmusters gleich minus Eins (-1).

5.3.5.2 Gleitpunktkonstanten

Eine **Gleitpunktkonstante (Fließkommakonstante)** wird in Dezimalform angegeben
und kann aus

- einer **Mantisse**,
- einem **Exponential-Anteil**
- und aus einer **angehängten Typkennung für einen Gleitpunkttyp (Typ-Suffix)**

bestehen, wie das folgende Beispiel zeigt:

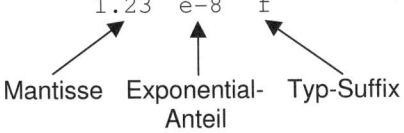

Beispiele für Gleitpunktkonstanten sind:

```
500.     .5    -500.6    5E2    5.e2    .5E3    1f
```

Der Teil einer Fließkommazahl vor dem `E` bzw. `e` ist die **Mantisse**. Der Exponential-
Anteil besteht aus einem `e` oder `E` gefolgt von einer ganzen Zahl, die den Exponen-
ten darstellt. Wird ein **Exponent** angegeben, so ist die Mantisse mit $10^{Exponent}$ zu

multiplizieren. Der Dezimalpunkt der Mantisse, der Exponent und der Typ-Suffix können fehlen, aber nicht alle drei zugleich. Entweder der ganzzahlige Anteil vor dem Punkt oder der Dezimalbruch-Anteil nach dem Dezimalpunkt darf fehlen, aber nicht beide zugleich.

Eine Gleitpunktkonstante hat den Typ double. Durch die Angabe eines **Typ-Suffixes** f oder F wird sie zu float. Es ist auch möglich, den Typ-Suffix d oder D für double anzuhängen, wie z.B. 1D. Die Gleitpunktkonstanten float und double werden nach dem Format IEEE 754 repräsentiert[53], wobei der Datentyp float 32 Bits und der Datentyp double 64 Bits hat.

Symbolische Gleitpunkt-Konstanten

In den Wrapper-Klassen[54] Float und Double gibt es die in Tabelle 5-5 aufgeführten symbolischen Gleitpunkt-Konstanten. In der Wrapper-Klasse Float sind die symbolischen Gleitpunkt-Konstanten dabei vom Typ float und in der Wrapper-Klasse Double vom Typ double. Dass ein und dieselbe Konstante das eine Mal vom Typ float und das andere Mal vom Typ double ist, darf nicht verwirren. Angesprochen werden die Konstanten über den Namen der jeweiligen Klasse, also z.B. als Float.MIN_VALUE bzw. Double.MIN_VALUE. Damit gibt es keine Doppeldeutigkeit.

Konstanten-Name	Bedeutung	Wert
MIN_VALUE	Kleinster positiver Wert des Typs float bzw. double, der von Null verschieden ist.	1.4E-45f für float 5E-324 für double
MAX_VALUE	Größter positiver endlicher Wert des Typs float bzw. double.	3.4028235E+38f für float 1.7976931348623157E+308 für double
NEGATIVE_INFINITY	Negativ Unendlich des Typs float bzw. double.	-1.0f/0.0f für float -1.0/0.0 für double
POSITIVE_INFINITY	Positiv Unendlich des Typs float bzw. double.	1.0f/0.0f für float 1.0/0.0 für double
NaN	Not-a-Number, d.h. eine Zahl außerhalb des Wertebereichs der float- bzw. double-Zahlen.	0.0f/0.0f für float 0.0/0.0 für double

Tabelle 5-5 Symbolische Konstanten für den Typ float und double

Der Wert NaN kann beispielsweise verwendet werden, um einen nicht zulässigen Wert anzuzeigen.

5.3.5.3 Boolesche Konstanten

Logische Ausdrücke wie z.B. a > b (a größer b) können prinzipiell nur zwei Werte annehmen. Entweder ist ein logischer Ausdruck wahr oder er ist nicht wahr, d.h. er

---

[53] Siehe Kap. 6.2.1.3.
[54] Siehe Kap. 6.8.

ist falsch. Die Werte wahr bzw. `true` und falsch bzw. `false` werden als **Wahrheitswerte** oder **Boolesche Werte**[55] bezeichnet. In Java werden die literalen Konstanten `true` und `false` als Wahrheitswerte verwendet. Die Konstanten `true` und `false` tragen keinen numerischen Wert.

5.3.5.4 Zeichenkonstanten

Eine **Zeichenkonstante** – auch Zeichenliteral genannt – ist ein Zeichen, eingeschlossen in einfache Anführungszeichen.

In Java ist eine Zeichenkonstante vom Typ `char`.

Mit Zeichenkonstanten kann man rechnen wie mit ganzen Zahlen. Man kann sie in ganzzahligen Ausdrücken verwenden. So hat beispielsweise das Zeichen `'0'` im Unicode-Zeichensatz den Wert 48. Meistens verwendet man Zeichenkonstanten jedoch, um Zeichen zu vergleichen.

Das folgende Beispiel zeigt die Ausgabe von Zeichen:

```
// Datei: Zeichen.java

public class Zeichen
{
    public static void main (String[] args)
    {
        char c;
        int d = 0;
        c = '3';
        System.out.println (c); // Ausgabe des Zeichens 3
        c = 49;
        System.out.println (c); // Ausgabe des Zeichens 1
        System.out.println (d); // Ausgabe der int-Zahl 0
        d = d + c;
        System.out.println (d); // Ausgabe der int-Zahl 49
    }
}
```

Die Ausgabe des Programms ist:

```
3
1
0
49
```

In Java repräsentiert ein Zeichenliteral immer genau ein Zeichen. Zeichenkonstanten dürfen das Zeichen `'` sowie Zeilentrenner nicht enthalten. Mit Hilfe von **Ersatzdar-**

---

[55] Benannt nach dem engl. Mathematiker George Boole (1815-1864), dem Begründer der mathematischen Logik.

stellungen kann man auch nicht darstellbare Zeichen aufschreiben. So entspricht \n einem Zeilentrenner. Ein Zeilentrenner ist ein auf dem Papier unsichtbares Zeichen (white space). \n sorgt dafür, dass die Ausgabe am linken Rand und auf einer neuen Zeile fortgesetzt wird. Das n in \n kommt von **n**ew line = Zeilenendezeichen.

Ersatzdarstellungen in Zeichenkonstanten und konstanten Zeichenketten

Ersatzdarstellungen – auch **Fluchtzeichenfolgen** (engl. **Escape-Sequences**) genannt – wie \n können **in Zeichenkonstanten und in konstanten Zeichenketten** verwendet werden.

Ersatzdarstellungen werden stets mit Hilfe eines Backslash \ (Gegenschrägstrich) konstruiert. Mit solchen Ersatzdarstellungen kann man Steuerzeichen oder Zeichen, die auf dem Eingabegerät nicht vorhanden oder nur schwer zu erhalten sind, darstellen.

	Bezeichnung	ASCII-Zeichensatz		Erläuterung
		Char.	Dez.	
\n	Zeilentrenner (New Line bzw. Line Feed)	NL (LF)	10	
\t	Tabulatorzeichen (Horizontal Tabulator)	HT	9	
\b	Backspace	BS	8	
\r	Wagenrücklauf (Carriage Return)	CR	13	
\f	Seitenvorschub (Form Feed)	FF	12	
\\	Gegenschrägstrich (Backslash)	\	92	
\'	Anführungszeichen (Einfaches Hochkomma)	'	39	wird gebraucht für das Zeichen einfaches Hochkomma
\"	Doppelanführungszeichen (Doppeltes Hochkomma)	"	34	wird gebraucht für das Zeichen doppeltes Hochkomma in Zeichenketten
\$o_1 o_2 o_3$	oktale Zahl			o_1, o_2, o_3 aus {0,...,7}

Tabelle 5-6 Ersatzdarstellungen für Zeichenkonstanten und konstante Zeichenketten

Die **Ersatzdarstellungen** in Tabelle 5-6 werden zwar als **zwei Zeichen oder mehr im Programmcode** hingeschrieben, werden aber **vom Compiler wie ein Zeichen behandelt**. Das **erste Zeichen** muss immer ein **Backslash** sein. Das **zweite** bzw. die weiteren Zeichen legen die **Bedeutung** der Ersatzdarstellung fest.

Die Ersatzdarstellung \' stellt ein einfaches Hochkomma dar und die Ersatzdarstellung \$o_1 o_2 o_3$ besteht aus einem Gegenschrägstrich \ gefolgt von 1, 2 oder 3 Oktalziffern, die als Wert des gewünschten Zeichens interpretiert werden. Auf diese Art kann eine Zeichenkonstante direkt über ihre oktale Zahlendarstellung angegeben werden. Werden drei Oktalziffern angegeben, so kann die erste Ziffer nur eine 0, 1, 2 oder 3 sein. Damit ist 255 die größte durch eine Fluchtzeichenfolge darstellbare Zahl.

Unicode-Ersatzdarstellungen

Die Unicode-Ersatzdarstellung $\backslash ux_1x_2x_3x_4$ – bestehend aus einem Gegenschrägstrich $\backslash$ gefolgt von dem ASCII-Zeichen u und 4 hexadezimalen Ziffern – wird als Wert des gewünschten Unicode-Zeichens interpretiert.

Solche Unicode-Ersatzdarstellungen sind nicht beschränkt auf Zeichenkonstanten oder konstante Zeichenketten. Sie können auch in Namen (Bezeichnern) auftreten.

Die Ersatzdarstellung $\backslash ux_1x_2x_3x_4$ ermöglicht, dass jedes beliebige Java-Programm vollständig durch ASCII-Zeichen geschrieben werden kann.

5.3.5.5 Konstante Zeichenketten

Konstante Zeichenketten (**String-Konstanten**, **String-Literale**) sind Folgen von Zeichen, die in doppelten Anführungszeichen eingeschlossen sind. Die **Doppelanführungszeichen** sind nicht Teil der Zeichenketten, sondern **begrenzen** sie nur. Beispiele für konstante Zeichenketten sind etwa `"Max"` oder `"Moritz"`.

In Java sind konstante Zeichenketten Instanzen der Klasse `String`. Mit anderen Worten, wird eine konstante Zeichenkette in Programmen angegeben, so wird bei der Abarbeitung des Programms ein Objekt der Klasse `String` erzeugt, das mit den Zeichen der konstanten Zeichenkette initialisiert wird. Innerhalb einer Zeichenkette dürfen Zeichen sowie Ersatzdarstellungen stehen.

Mit Hilfe des **Verkettungsoperators** (**Konkatenationsoperators**) + kann man mehrere Zeichenketten verketten. So hat der Ausdruck

```
"Max & " + "Moritz"
```

die gleiche Wirkung wie

```
"Max & Moritz"
```

Ist eine Zeichenkettenkonstante länger als eine Zeile, so stellt man sie als Summe ihrer Bestandteile verknüpft durch den Verkettungsoperator + dar.

In Zeichenketten sollten **bei oktalen Ersatzdarstellungen stets drei Ziffern** angegeben werden, z.B. `\033` statt `\33`. Dadurch wird vermieden, dass eine eventuell nachfolgende Ziffer zur Ersatzdarstellung gerechnet wird.

Vorsicht!

5.3.5.6 Nullkonstante

Die Nullkonstante (`null`-Referenz)

`null`

ist vom Typ `null`. Wie noch behandelt wird (siehe Kap. 10.4.1), initialisiert Java automatisch die Datenfelder von Objekten und Klassen mit Default-Werten. Handelt es sich bei den Datenfeldern um Referenzen, so werden sie mit der `null`-Referenz initialisiert.

5.3.6 Satzzeichen

Ein Satzzeichen (Interpunktionszeichen) ist ein Zeichen, das keine Operation spezifiziert. Es hat eine unabhängige syntaktische und semantische Bedeutung. Dasselbe Symbol kann auch als Operator oder Teil eines Operators vorkommen. In Java gibt es die folgenden Satzzeichen:

$$[] \quad () \quad \{\} \quad ; \quad , \quad .$$

Tabelle 5-7 Satzzeichen der Sprache Java

Die Satzzeichen `[]`, `()` und `{}` treten dabei stets in Paaren auf. So werden die eckigen Klammern für die Definition der Größe eines Arrays, die runden Klammern beispielsweise für das Aufnehmen einer Bedingung in einer `if`-Anweisung und die geschweiften Klammern als Blockbegrenzer und für Initialisierungslisten gebraucht. Das Komma wird beispielsweise benötigt als Trenner von Listenelementen etwa in der Parameterliste von Methoden, der Strichpunkt als Ende einer Anweisung und der Punkt z.B. zur Trennung eines Paketnamens von einem Unterpaketnamen bzw. einem Klassen- oder Schnittstellennamen. Satzzeichen wirken als Trenner.

5.3.7 Operatoren

Operatoren werden auf Operanden angewandt, um Operationen durchzuführen. Operanden können beispielsweise Konstanten, Variablen oder auch komplizierte Ausdrücke sein. Durch Operationen werden in der Regel Werte gebildet, aber auch so genannte Nebeneffekte (siehe Kap 7.3 und Kap. 7.8) durchgeführt. In Java gibt es die folgenden Operatoren:

```
=    >    <    !    ~    ?    :
==   >=   <=   !=   &&   ||   ++   --   ()    []    .
+    -    *    /    &    |    ^    %    <<    >>    >>>
+=   -=   *=   /=   &=   |=   ^=   %=   <<=   >>=   >>>=
(type)  instanceof new
```

Tabelle 5-8 Operatoren der Sprache Java

Operatoren wirken als Trenner. Operatoren werden detailliert in Kapitel 7 besprochen.

5.4 Übungen

Aufgabe 5.1: Verständnisfragen

5.1.1 Auf welchem Zeichensatz basiert Java?

5.1.2 Welche Zeichen verbergen sich hinter folgenden Unicodes?
  a) Dez. 65
  b) Dez. 122
  c) Dez. 33

5.1.3 Wie kann ein Zeichen eingegeben werden, welches nicht auf der Tastatur vorhanden ist?

5.1.4 Welche drei Arten von Kommentaren gibt es in Java?

5.1.5 Nennen Sie verschiedene Arten von literalen Konstanten und jeweils ein Beispiel.

5.1.6 Was sind symbolische Konstanten?

5.1.7 Nennen Sie alle möglichen Satzzeichen und erklären Sie kurz, was ein Satzzeichen ist.

5.1.8 Wie können in Java folgende Zeichen in einem String dargestellt werden?
  a) <RETURN>-Steuerzeichen zum Sprung des Cursors in eine neue Zeile
  b) <TAB>-Steuerzeichen zur Positionierung des Cursors auf die nächste Tabulatorposition
  c) doppeltes Hochkomma, d.h. das Zeichen "
  d) Gegenschrägstrich (Backslash), d.h. das Zeichen \
  e) eine oktale Zahl

5.1.9 Nennen Sie die zwei literalen Konstanten für Wahrheitsausdrücke.

5.1.10 Nennen Sie fünf reservierte Schlüsselwörter.

Aufgabe 5.2: Dokumentationskommentar

In Kapitel 4.6 wurde das Programm Kreiseck vorgestellt. Alle Klassen dieses Programms sollen in dieser Aufgabe mit Dokumentationskommentaren versehen werden. Was ein Dokumentationskommentar ist, wurde in Kapitel 5.3.1.2 anhand eines Beispiels erläutert.

Nachdem Sie die einzelnen Klassen und ihre Methoden dokumentiert haben, erzeugen Sie mit Hilfe des Werkzeugs javadoc eine HTML-Hilfe. Der Aufruf sollte wie folgt aussehen:

```
javadoc Punkt5.java Eck.java Kreis.java Kreiseck.java
     KreiseckTest.java
```

Kapitel 6

Datentypen und Variablen

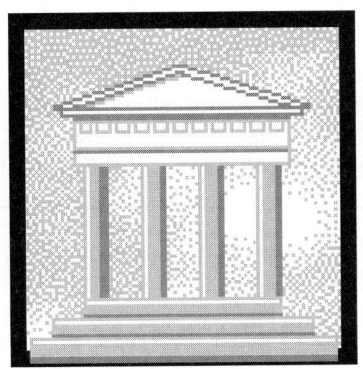

6.1   Abstrakte Datentypen und Klassen
6.2   Die Datentypen von Java
6.3   Variablen
6.4   Modifikatoren
6.5   Arrays
6.6   Aufzählungstypen
6.7   Konstante und variable Zeichenketten
6.8   Wrapper-Klassen
6.9   Boxing und Unboxing
6.10   Verkettung von Strings und Variablen anderer Datentypen
6.11   Übungen

6 Datentypen und Variablen

Datentypen stellen den **Bauplan für Variablen** dar. Alle Variablen eines Datentyps haben dieselbe Darstellung im Arbeitsspeicher, d.h. dieselbe Anzahl von Speicherzellen und dieselbe Interpretation der einzelnen Bits. Verschiedene Variablen können dabei individuelle Werte tragen. Java kennt einfache Datentypen wie `int` und Referenztypen. Ein Beispiel für einen Referenztyp ist eine Klasse. Die Datentypen von Java werden in Kapitel 6.2 vorgestellt. Zuvor wird in Kapitel 6.1 das Konzept eines abstrakten Datentyps erläutert. Dieses Kapitel kann beim ersten Lesen übersprungen werden.

6.1 Abstrakte Datentypen und Klassen

Ein großer Fortschritt in der Geschichte der Programmiersprachen war die Datenabstraktion. Mit dem Konzept der Datenabstraktion wurde das Ziel verfolgt, die Einzelheiten der Datendarstellung von den Beschreibungen der Operationen auf den Daten zu trennen, um eine gesteigerte Übertragbarkeit und Wartbarkeit, sowie höhere Sicherheit zu erreichen. Bei diesem Konzept ist dem Programmierer die Darstellung der Daten verborgen, er kennt nur die Operationen zum Zugriff auf die Daten.

Ein **abstrakter Datentyp** entspricht dem Konzept der Datenabstraktion in vollem Maße. Ein abstrakter Datentyp wird spezifiziert durch die Festlegung seiner Operationen, die öffentlich bekannt sind. Die Darstellung des Typs und die Implementierung der Operationen kennt nur der Ersteller des Typs, dem Benutzer des Typs sind sie verborgen. Bertrand Meyer [5] symbolisiert einen abstrakten Datentyp (ADT) durch einen Eisberg, von dem man nur den Teil über Wasser – sprich die Aufrufschnittstellen der Operationen – sieht. "Unter Wasser" und damit im Verborgenen liegt die Repräsentation des Typs und die Implementierung der Operationen.

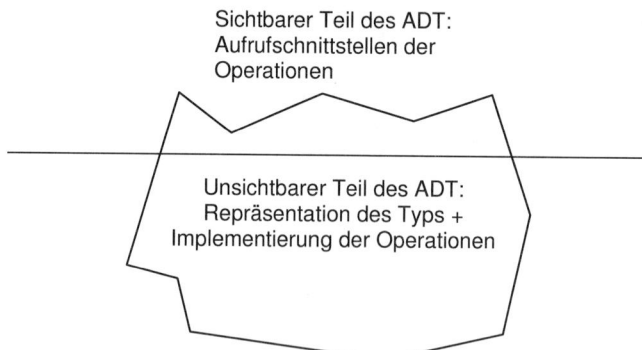

Sichtbarer Teil des ADT:
Aufrufschnittstellen der
Operationen

Unsichtbarer Teil des ADT:
Repräsentation des Typs +
Implementierung der Operationen

Bild 6-1 Verbergen der Implementierung eines abstrakten Datentyps

Als Beispiel für einen abstrakten Datentyp soll ein Stack von Elementen betrachtet werden. Ein Stack von Elementen ist eine lineare Datenstruktur. Man kann ihn sich am besten am Beispiel eines Bücherstapels veranschaulichen. Auf dem Stapel liegt eine bestimmte Anzahl von Büchern übereinander. Mit der Operation put[56] legt man ein weiteres Buch oben auf den Stapel. Mit der Operation get[57] kann man ein Buch oben an der Spitze des Stapels entnehmen. Ein Buch aus der Mitte des Stapels oder von ganz unten herauszuziehen ist jedoch nicht erlaubt.

Mathematisch formulieren kann man den abstrakten Datentyp eines Stacks durch: STACK[G]. Hierbei kann G ein Element irgendeines beliebigen Typs sein. Die Operation put lässt sich formulieren durch:

put: STACK[G] x G -> STACK[G]

In Worten ausgedrückt bedeutet dies: Die Operation put hat zwei Parameter, den Stack aus Instanzen von G und eine Instanz von G. Als Resultat der Operation (siehe rechts vom Pfeil) resultiert ein neuer Stack. Entsprechendes gilt für get.

Eine Klasse, die den abstrakten Datentyp STACK implementiert, muss die Methoden put() und get() in ausprogrammierter Form zur Verfügung stellen, genauso wie die Datenstruktur eines Stacks, die beispielsweise durch ein Array oder eine verkettete Liste realisiert wird. Nach außen werden nur die Aufrufschnittstellen der Methoden angeboten. Die Implementierung, d.h. die Datenstruktur und die Methodenrümpfe sind verborgen, sodass der Aufrufer gar nicht wissen kann, ob der Stack als Array oder verkettete Liste implementiert ist.

Erst die **Klassen** in objektorientierten Programmiersprachen erlauben es, dass Daten und die Operationen, die mit diesen Daten arbeiten, zu **Datentypen** zusammengefasst werden können. Dabei spricht man bei Klassen nicht von Operationen, sondern von Methoden.

Eine Klasse implementiert einen abstrakten Datentyp. Die Klasse implementiert die Operationen des abstrakten Datentyps in ihren Methoden.

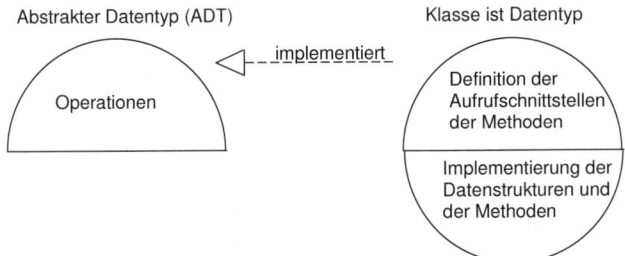

Bild 6-2 Eine Klasse implementiert einen abstrakten Datentyp

Objekte sind die **Variablen der Klassen**. Ein Ersteller eines objektorientierten Programms konzipiert Klassen, die seine Anwendungswelt widerspiegeln.

Im Falle von Klassen kann ein Programmierer – wie bei Java – im Idealfall auf die Daten eines Objektes nicht direkt zugreifen, sondern nur über die Methoden eines

---

[56] Statt put wird oft der Name push verwendet.
[57] Wird push verwendet, so tritt pop an die Stelle von get.

Objektes. Zu einer Klasse gehören die Methoden, die beschreiben, was man mit einem Objekt der Klasse tun kann. Dabei kann man nur auf diejenigen Daten zugreifen, für die explizit eine Methode zur Verfügung gestellt wird. Daten, für die es keine Methode gibt, dienen zu internen Berechnungen und bleiben nach außen verborgen.

6.2 Die Datentypen von Java

Java hat eine strenge Typprüfung. Jede Variable und jeder Ausdruck ist von einem bestimmten Typ.

In Java unterscheidet man zwischen:

- **einfachen (elementaren) Datentypen**
- und **Referenztypen**.

Einfache Datentypen sind in Java durch die Sprache vorgegeben. Selbst definierte einfache Datentypen gibt es in Java nicht.

In Java gibt es die folgenden einfachen Typen:

- die ganzzahligen Typen `byte`, `short`, `int`, `long`, `char`,
- die Gleitpunkttypen `float` und `double`
- und den logischen Typ `boolean`.

Das Schlüsselwort `void` stellt nicht – wie man vermuten könnte – einen Datentyp dar, sondern ist lediglich eine Kennzeichnung für Methoden, die keinen Rückgabewert haben. Dagegen gibt es aber den so genannten `null`-Typ, der nur die `null`-Referenz als Wert zulässt. Die `null`-Referenz wird durch die Nullkonstante `null` repräsentiert.

Referenztypen sind in Java – bis auf den Typ `null` – vom Programmierer **selbst definierte Datentypen** oder Datentypen der Klassenbibliothek wie z.B. **Bibliotheksklassen**.

Referenztypen haben als Variablen Zeiger auf Objekte.

Die **Datentypen** in Java können, wie in Bild 6-3 dargestellt, klassifiziert werden. Konkrete Typen sind die klassischen Datentypen von Java. Generische Datentypen gibt es in Java erst seit JDK 5.0. Auf generische Datentypen kann erst in Kapitel 17 eingegangen werden. Klassen-Typen werden in Kapitel 6.2.2 behandelt, Array-Typen in Kapitel 6.5, Aufzählungstypen in Kapitel 6.6 und Schnittstellen-Typen in Kapitel 14.

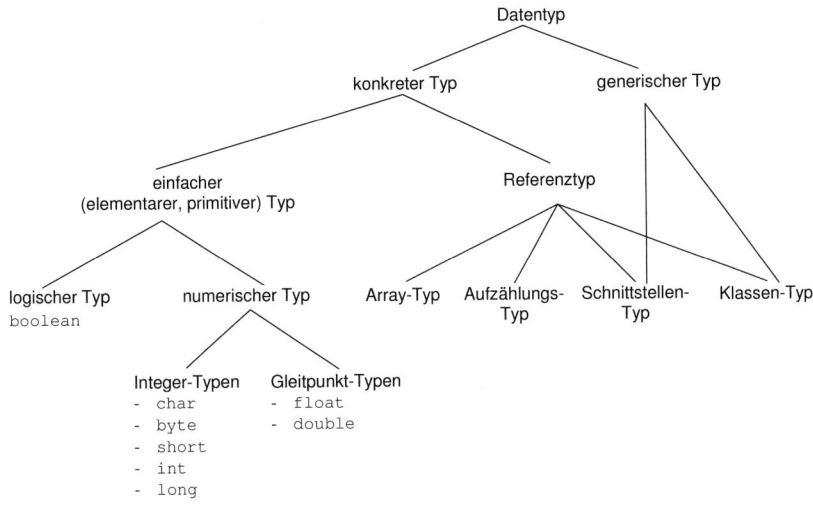

Bild 6-3 Klassifikation der Datentypen

Eine **Variable eines Klassen-Typs** ist eine Referenz auf ein Objekt dieser Klasse. Eine **Variable eines Array-Typs** ist eine Referenz auf ein Array-Objekt. Arrays sind in Java immer Objekte – es geht gar nicht anders! Eine **Variable eines Schnitt-stellentyps** ist eine Referenz auf ein Objekt, dessen Klasse den Schnittstellentyp implementiert.

6.2.1 Einfache Datentypen

Tabelle 6-1 fasst die einfachen Datentypen von Java zusammen und gibt den zulässigen Wertebereich für jeden Typ an:

Typ	Inhalt	Wertebereich
boolean	true oder false	true und false
char	16 Bit-Unicode **Zeichen**	0 bis 65535
byte	**8 Bit-Ganzzahl** mit Vorzeichen	-2^7 bis $+2^7-1$
short	**16 Bit-Ganzzahl** mit Vorzeichen	-2^{15} bis $+2^{15}-1$
int	**32 Bit-Ganzzahl** mit Vorzeichen	-2^{31} bis $+2^{31}-1$
long	**64 Bit-Ganzzahl** mit Vorzeichen	-2^{63} bis $+2^{63}-1$
float	**Gleitpunkttyp** mit Vorzeichen	$-3.4*10^{38}$ bis $+3.4*10^{38}$
double	**Gleitpunkttyp** mit Vorzeichen	$-1.7*10^{308}$ bis $+1.7*10^{308}$

Tabelle 6-1 Einfache Datentypen

6.2.1.1 Der logische Typ boolean

Logische Variablen sind in Java vom Typ `boolean`. Der Typ `boolean` hat die beiden Werte `true` und `false`. Diese Werte stellen Konstanten dar, keine Schlüsselwörter.

6.2.1.2 Die ganzzahligen Typen byte, short, int, long, char

In Java werden die Datentypen `byte`, `short`, `int`, `long`, `char` auf allen Rechnern gleich dargestellt. Die Typen `byte`, `short`, `int` und `long` sind ganze Zahlen in der Zweierkomplementdarstellung und umfassen 8, 16, 32 bzw. 64 Bits. Der Datentyp `char` umfasst 16 Bits. Er hat als einziger ganzzahliger Datentyp kein Vorzeichenbit und dient zur Darstellung von Unicode-Zeichen.

Zweierkomplement

Ganze Zahlen werden meist im so genannten **Zweierkomplement** gespeichert. Das höchste Bit der Zweierkomplement-Zahl gibt das Vorzeichen an. Ist es Null, so ist die Zahl positiv, ist es 1, so ist die Zahl negativ. Zur Erläuterung soll folgendes Beispiel einer Zweierkomplement-Zahl von der Größe 1 Byte dienen:

Bitmuster	MSB							LSB
	1	0	1	0	0	1	1	1

Stellen-wertigkeit	-2^7	$+2^6$	$+2^5$	$+2^4$	$+2^3$	$+2^2$	$+2^1$	$+2^0$
	Bit 7	Bit 6	Bit 5	Bit 4	Bit 3	Bit 2	Bit 1	Bit 0

Bild 6-4 Zweierkomplementdarstellung

Beachten Sie, dass Bit 0 das so genannte least significant bit (LSB) ist. Das höchste Bit wird als most significant bit (MSB) bezeichnet.

Der Wert dieses Bitmusters errechnet sich aufgrund der Stellenwertigkeit zu:

$$-1*2^7 + 0*2^6 + 1*2^5 + 0*2^4 + 0*2^3 + 1*2^2 + 1*2^1 + 1*2^0 =$$
$$-128 + 0 + 32 + 0 + 0 + 4 + 2 + 1 = -89$$

Die dem Betrag nach größte positive Zahl in dieser Darstellung ist:

$(0111\ 1111)_2 = 64 + 32 + 16 + 8 + 4 + 2 + 1 = 127$

Die dem Betrag nach größte negative Zahl in dieser Darstellung ist:

$(1000\ 0000)_2 = -128$

Die tief gestellte 2 bedeutet, dass es sich bei der Zahl um ein Bitmuster, welches bekanntlich die Basis 2 hat, handelt.

Eine andere (äquivalente) Rechenvorschrift zur Berechnung des Wertes negativer Zahlen ist:

Schritt 1:   da das höchste Bit 1 ist, ist die Zahl negativ
Schritt 2:   Invertiere alle Bits
Schritt 3:   Addiere die Zahl 1
Schritt 4:   Berechne die Zahl in der üblichen Binärdarstellung mit den Stellenwerten 2^7 ... 2^0 und füge anschließend das negative Vorzeichen (von Schritt 1) hinzu

Wendet man diese Rechenvorschrift auf das obige Beispiel an, so erhält man:

Schritt 1:   Zahl ist negativ
Schritt 2:   01011000
Schritt 3:   01011001
Schritt 4: $-(2^6 + 2^4 + 2^3 + 1) = -(64 + 16 + 8 + 1) = -89$

6.2.1.3 Die Gleitpunkttypen float und double

Gleitpunktzahlen sind das computergeeignete Modell der in der Mathematik vorkommenden reellen Zahlen. Nach IEEE 754 [10] werden die folgenden internen Darstellungen für `float`- und `double`-Zahlen verwendet:

`float:`   1 Vorzeichenbit (Bit 31)
            8 Bits für Exponenten (Bit 23 - 30)
            23 Bits für Mantisse (Bit 0 - 22)

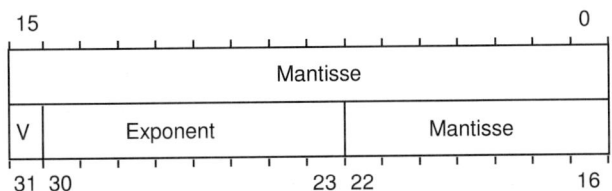

Bild 6-5 Darstellung einer `float`-Zahl (IEEE-Format)

`double:` 1 Vorzeichenbit
          11 Bits für Exponenten
          52 Bits für Mantisse

Das **Vorzeichenbit** hat für negative Zahlen den Wert 1, sonst den Wert 0.

Der Wertebereich der float-Zahlen liegt zwischen -10^{38} und 10^{38}, der von double-Zahlen zwischen -10^{308} und 10^{308}. Die Genauigkeit beträgt 7 Stellen bei float-Zahlen und 15 Stellen bei double-Zahlen.

6.2.2 Klassen-Typen und deren Definition

Klassen-Typen sind, wie in Bild 6-3 gezeigt wurde, **Referenztypen**. Wie bereits bekannt, implementiert eine Klasse einen **abstrakten Datentyp**. Die Realisierung des abstrakten Datentyps beschreibt man in der **Klassendefinition**.

Eine Klassendefinition gibt den Namen eines neuen Datentyps bekannt und definiert zugleich dessen Methoden und Datenfelder.

Das Schlüsselwort zur Definition einer neuen Klasse ist `class`. Auf das Schlüsselwort `class` folgt der Klassenname. Der **Klassenname** stellt den Namen für den neuen Datentyp dar. Er muss ein gültiger Java-Namen sein. Er sollte, wie in der Java-Welt allgemein üblich, mit einem **Großbuchstaben** beginnen.

```
class Punkt        // Deklaration des neuen Klassennamens Punkt
{                  // Der Klassenrumpf enthält
    . . . . .      // Datenfelder
}                  // und Methoden
```

Eine **Deklaration** gibt dem Compiler einen neuen Namen bekannt. Die **Definition** einer Klasse, d.h. die Festlegung ihrer Datenfelder und die Definition ihrer Methoden erfolgt innerhalb der geschweiften Klammern des **Klassenrumpfes**.

6.2.2.1 Methoden

Eine Methode ist eine Anweisungsfolge, die unter einem Namen abgelegt ist und über ihren Namen aufrufbar ist.

Eine Methode muss in einer Klasse definiert werden. Eine Methode besteht aus der **Methodendeklaration** und dem **Methodenrumpf**. Die Methodendeklaration gibt dem Compiler die Aufrufschnittstelle der Methode bekannt. Die Methodendeklaration wird auch als **Methodenkopf** bezeichnet.

```
Methodendeklaration    // Methodenkopf
{                      //
                       // Methodenrumpf
}                      //
```

Die Methodendeklaration beinhaltet im Minimalfall den Namen der Methode, dahinter eine öffnende und eine schließende runde Klammer und vor dem Methodennamen den Rückgabetyp der Methode oder das Schlüsselwort `void`.

Im folgenden Beispiel wird wieder die Klasse `Punkt` aus Kapitel 1.6.3 betrachtet:

```
public class Punkt
{                      // Mit der öffnenden geschweiften Klammer
                       // beginnt die Klassendefinition

    private int x;     // x-Koordinate vom Typ int
```

```
   public int getX()    // getX ist der Name der Methode. Die runden
                        // Klammern ohne Inhalt besagen, dass die
                        // Methode ohne Übergabeparameter aufgerufen
                        // wird. Das vor den Methodennamen gestellte
                        // int bedeutet, dass die Methode an der Stelle
                        // ihres Aufrufs einen int-Wert zurückliefert.

   {                    // Der Methodenrumpf beginnt mit einer öffnen-
                        // den geschweiften Klammer.

                        // Zwischen den geschweiften Klammern, die den
                        // Beginn und das Ende des Methodenrumpfes
                        // bilden, stehen die Anweisungen der Methode.

      return x;         // Die einzige Anweisung hier ist: return x.
                        // return x gibt an den Aufrufer der Methode
                        // den Wert des Datenfeldes x zurück.

   }                    // Der Methodenrumpf endet mit der
                        // schliessenden geschweiften Klammer.

   . . . . .            // Die weiteren Methoden dieser Klasse werden
                        // hier nicht betrachtet.

}                       // Mit der schliessenden geschweiften Klammer
                        // endet die Klassendefinition.
```

Die Methoden eines Objektes haben direkten **Zugriff auf** die **Datenfelder und Methoden desselben Objektes**.

Das folgende Beispiel zeigt den Zugriff einer Methode eines Objekts auf eine Methode desselben Objekts, nämlich den Zugriff der Methode `print()` auf die Methode `printSterne()`, und den Zugriff einer Methode eines Objektes auf ein Datenfeld desselben Objektes, nämlich den Zugriff auf das Datenfeld x durch die Methoden `getX()` und `setX()`.

```java
// Datei: Punkt6.java

public class Punkt6
{
   private int x;          // x-Koordinate vom Typ int

   public int getX()
   {                       // Zugriff der Methode getX() auf das
      return x;            // Datenfeld x desselben Objekts.
   }

   public void setX (int i)// Eine Methode, um den x-Wert zu setzen.
   {
      x = i;               // Zugriff der Methode setX() auf das
                           // Datenfeld x desselben Objekts.
   }
```

```
    public void printSterne()
    {
        System.out.println ("****************************************");
    }

    public void print()
    {
        printSterne();          // Zugriff der Methode print() auf die
                                // Methode printSterne() desselben
                                // Objekts.
        System.out.println ("Die Koordinate des Punktes ist: " + x);
        printSterne();
    }
}

// Datei: Punkt6Test.java

public class Punkt6Test
{
    // mit main() beginnt eine Java-Anwendung ihre Ausführung.
    public static void main (String[] args)
    {
        Punkt6 p = new Punkt6(); // Hiermit wird ein Punkt erzeugt.
        p.setX (3);              // Setzen der x-Koordinate auf 3.
        p.print();               // Aufruf der Methode print().
    }
}
```

Die Ausgabe des Programmes ist:

```
****************************************
Die Koordinate des Punktes ist: 3
****************************************
```

In Java werden konventionsgemäß die **Namen von Methoden** klein geschrieben. Bei zusammengesetzten Namen beginnt jedes Wort bis auf das erste mit einem Großbuchstaben.

Wird das Schlüsselwort `void` anstelle des Rückgabetyps angegeben, so gibt die Methode nichts zurück und deshalb ist **kein** `return` notwendig[58], ansonsten muss immer ein Wert mit Hilfe einer `return`-Anweisung zurückgegeben werden.

> Von einem fremden Objekt aus wird eine **Methode ohne Parameter** eines anderen Objektes aufgerufen, indem das fremde Objekt auf eine **Referenz auf das andere Objekt** den **Punktoperator** anwendet und den **Methodennamen** gefolgt von einem **leeren Klammerpaar** `()` angibt.

---

[58] Eine `return`-Anweisung ist nicht erforderlich, aber möglich. Die `return`-Anweisung gibt hier aber keinen Wert zurück, sondern bedeutet nur einen Rücksprung (siehe Kap. 9.2.3).

Von einem fremden Objekt aus wird eine **Methode mit
Parametern** eines anderen Objektes aufgerufen, indem das
fremde Objekt auf eine **Referenz auf das andere Objekt** den
Punktoperator anwendet und den **Methodennamen** gefolgt von
den **benötigten Parametern der Methode in runden Klammern** () angibt.

Jede Operation auf einer Referenz erfolgt tatsächlich auf dem referenzierten Objekt.
Die Methode `print()` wird über die Referenzvariable `p` folgendermaßen aufgerufen:

```
p.print();
```

Die Notation `p.print()` bedeutet, dass die Methode `print()`
des Objektes, auf das die Referenz `p` zeigt, aufgerufen wird.

6.2.2.2 Datenfelder

Die Datenfelder (Variablen) einer Klasse werden im Klassenrumpf definiert. Die
Definition kann an jeder Stelle des Klassenrumpfes erfolgen. Es empfiehlt sich
jedoch – aus Gründen der Übersichtlichkeit – die Variablen am Anfang einer Klasse
zu definieren. Die Vereinbarung einer Variablen im Klassenrumpf erfolgt durch:

```
datentyp name;
```

In Java werden konventionsgemäß die **Namen von Variablen** klein geschrieben. Bei
zusammengesetzten Namen beginnt jedes Wort bis auf das erste mit einem Großbuchstaben.

Der Zugriff auf ein Datenfeld eines fremden Objekts erfolgt ebenfalls mit der Punktnotation wie der Zugriff auf Methoden. So sei `p` eine Referenz auf ein Objekt der
Klasse `Punkt`. Der Zugriff auf das Datenfeld `x` des Objektes, auf das die Referenz `p`
zeigt, erfolgt dann mit[59]:

```
p.x;
```

6.3 Variablen

Prinzipiell unterscheidet man bei Programmiersprachen zwischen **statischen**[60] und
dynamischen Variablen. Im Folgenden wird an einem Beispiel eine **statische** und
eine **dynamische** Variable in Java gezeigt:

---

[59] Unter der Voraussetzung, dass der Zugriff erlaubt ist (siehe Kap. 12.7.2).
[60] Statisch im Sinne des Unterschieds zwischen statisch und dynamisch hat überhaupt nichts mit den
`static`-Variablen (Klassenvariablen) von Java zu tun. In diesem Kapitel kommen statische
Variablen nur in ihrer allgemeinen Bedeutung als Gegensatz zu dynamischen Variablen vor.

```java
// Datei: Punkt7.java

public class Punkt7            // Deklaration der Klasse Punkt7
{
    private int x;             // Datenfeld für die x-Koordinate
                               // vom Typ int

    public int getX()          // eine Methode, um den Wert
    {                          // von x abzuholen
        return x;
    }

    public void setX (int i)   // eine Methode, um den Wert
    {                          // von x zu setzen
        x = i;
    }
}

// TestPunkt7.java

public class TestPunkt7
{
    public static void main (String[] args)
    {
        int x = 3;             // x ist eine statische Variable
                               // eines einfachen Datentyps
        Punkt7 p;              // Die Referenzvariable p ist
                               // eine statische Variable

        p = new Punkt7();      // Erzeugen einer dynamischen
                               // Variablen mit dem new-Operator
        p.setX (x);            // Aufruf der Methode setX()

        System.out.println ("Die Koordinate des Punktes p ist: ");
        System.out.println (p.getX());
    }
}
```

Die Ausgabe des Programmes ist:

```
Die Koordinate des Punktes p ist:
3
```

Im obigen Beispiel stellen die **lokalen Variablen**[61] x und p **statische Variablen** dar. Mit `new Punkt7()` wird auf dem Heap[62] ein **namenloses Objekt** der Klasse `Punkt7` als **dynamische Variable** mit Hilfe des `new`-Operators erzeugt. Der Rückgabewert des `new`-Operators ist eine Referenz auf die dynamische Variable. Die zurückgegebene Referenz wird der statischen **Referenzvariablen** mit dem Namen p zugewiesen. Die statische Referenzvariable p stellt im obigen Beispiel die einzige Möglichkeit dar, auf das namenlose Objekt vom Typ `Punkt7` zuzugreifen.

---

[61] Lokale Variablen sind Variablen, die innerhalb von Methoden definiert werden.
[62] Der Heap ist ein von der virtuellen Maschine verwalteter Speicherbereich, in welchem die mit dem `new`-Operator dynamisch erzeugten Objekte abgelegt werden (siehe Kap. 6.3.5.2).

Eine Variable, die in einer Methode definiert wird, ist sowohl eine **lokale Variable** als auch eine **statische Variable**.

Eine **statische Variable** hat immer einen **Typ** und einen **Namen** (**Bezeichner**). Bei einer Definition muss der Typ und der Variablennamen wie in folgendem Beispiel angegeben werden:

```
int x;
```

Nach der Definition kann auf die Variable über ihren Namen zugegriffen werden. Eine solche Variable heißt **statisch**, weil ihr Gültigkeitsbereich und ihre Lebensdauer durch die **statische Struktur des Programms** festgelegt ist. Der **Gültigkeitsbereich** einer lokalen, statischen Variablen umfasst alle Stellen im Programm, an denen ihr Name durch die Vereinbarung bekannt ist.

Die **Lebensdauer** einer lokalen, statischen Variablen erstreckt sich über den Zeitraum der **Abarbeitung der Methode bzw. des Blocks**[63], zu dem sie gehört. Das heißt, während dieser Zeit ist für sie Speicherplatz vorhanden.

Die **Gültigkeit und Lebensdauer** einer **dynamischen Variablen** wird **nicht** durch **die statische Struktur des Programms**, wie z.B. die Blockgrenzen, **bestimmt**.

Dynamische Variablen erscheinen nicht explizit in einer Definition. Sie tragen keinen Namen. Daher kann auf sie nicht über einen Bezeichner zugegriffen werden. Dynamische Variablen werden mit dem Operator `new` im Heap angelegt. Der Zugriff auf dynamische Variablen erfolgt mit Hilfe von **Referenzen**.

Die Freigabe von nicht länger benötigten dynamischen Variablen erfolgt in Java durch den Garbage Collector (siehe Kap. 10.6).

Statische Variablen sind entweder **Variablen einfacher Datentypen** oder **Referenzvariablen**. **Dynamische Variablen** sind in Java immer **Objekte**.

---

[63] Ein Block (siehe Kap. 9) stellt eine zusammengesetzte Anweisung dar. Als Blockbegrenzer dienen die geschweiften Klammern. In jedem Block können Variablen definiert werden.

6.3.1 Variablen einfacher Datentypen

Von einfachen Datentypen kann man eine Variable erzeugen, die einen einfachen Wert in der ihr zugeteilten Speicherstelle aufnehmen kann. So enthält eine Variable vom Typ `int` genau einen `int`-Wert wie z.B. die Zahl 3.

Eine Definition einer Variablen

* legt den **Namen** und die **Art einer Variablen**
  - nämlich ihren **Typ**
  - und **Modifikatoren** wie `public`, `static` etc. fest
* und sorgt gleichzeitig für die **Reservierung des Speicher-platzes**.

Mit einer **Definition** ist stets auch eine **Deklaration** verbunden. Die **Deklaration** einer Variablen umfasst den Namen einer Variablen, ihren Typ, und ggf. ihren **Typmodifikator**. Mit der **Deklaration** wird **dem Compiler bekanntgegeben**, mit welchem **Typ** und mit welchem **Typmodifikator** er einen **Namen** verbinden muss.

Kurz und bündig ausgedrückt, bedeutet dies:

Definition = Deklaration + Reservierung des Speicherplatzes

In Java ist es nicht möglich, Variablen nur zu deklarieren und sie an anderer Stelle zu definieren, wohl aber in der Programmiersprache C.

Eine einzige Variable eines einfachen Datentyps wird definiert zu

```
datentyp name;
```

also beispielsweise durch

```
int x;
```

Mehrere Variablen vom selben Typ können **in einer einzigen Vereinbarung definiert** werden, indem man wie im folgenden Beispiel die Variablennamen durch Kommata trennt:

```
int x, y, z;
```

Die Namen der Variablen müssen den Namenskonventionen (siehe Kap. 5.3.2) genügen. Ein Variablenname darf nicht identisch mit einem Schlüsselwort sein.

6.3.2 Referenzvariablen von Klassen-Typen

Referenzvariablen ermöglichen den **Zugriff auf Objekte** im Heap. Als Wert enthalten sie die Adresse[64], an der sich das Objekt im Heap befindet.

Referenzvariablen zeigen in Java entweder auf:

• Objekte,
• oder nichts, wenn sie die `null`-Referenz als Wert enthalten.

Referenzvariablen können auch auf Arrays, Aufzählungskonstanten und auf Objekte, deren Klassen Schnittstellen implementieren, zeigen, da es sich hierbei auch um Objekte handelt. Arrays werden in Kapitel 6.5 vorgestellt, Aufzählungstypen in Kapitel 6.6 und Schnittstellen in Kapitel 14.

Eine Referenzvariable kann als Wert enthalten:

• die Adresse eines Objekts, dessen Klasse zuweisungskompatibel[65] zum Typ der Referenzvariablen ist,

• die `null`-**Referenz**.

In Java gibt es – wie bereits erwähnt – den so genannten `null`-**Typ**. Von diesem Typ gibt es nur einen einzigen Wert, die Konstante `null`. Diese Konstante wird verwendet als `null`-**Referenz** für Referenzvariablen, die noch auf kein Objekt zeigen. Die Referenz `null` ist eine vordefinierte Referenz, deren Wert sich von allen regulären Referenzen unterscheidet. Wird einer Referenzvariablen, die auf ein gültiges Objekt im Speicher zeigt, die `null`-Referenz zugewiesen, so können keine Methoden und keine Datenfelder über diese Referenzvariable mehr angesprochen werden. Eine `null`-Referenz ist zu allen anderen Referenztypen zuweisungskompatibel, d.h. jeder Referenzvariablen kann die Referenz `null` zugewiesen werden.

Objekte und Referenzvariablen haben einen Datentyp. Will man mit einer Referenzvariablen auf ein Objekt zeigen, so muss die Klasse des Objektes zuweisungskompatibel[65] zum Typ der Referenzvariablen sein. Vereinfacht ausgedrückt bedeutet dies: Ist ein Objekt vom Typ `Klassenname`, so braucht man eine Referenzvariable vom Typ `Klassenname`, um auf dieses Objekt zeigen zu können.

Eine Referenzvariable wird formal wie eine einfache Variable definiert:

```
Klassenname referenzName;
```

Die Definition wird von rechts nach links gelesen zu: "`referenz-Name` ist vom Typ `Klassenname` und ist eine Referenz auf ein Objekt der Klasse `Klassenname`".

---

[64] Es handelt sich hierbei nicht um die physikalische Adresse im Arbeitsspeicher des Rechners, sondern um eine logische Adresse, die von der virtuellen Maschine in die physikalische Adresse umgesetzt wird. Dass die Referenz nicht die physikalische Adresse enthält, hat Sicherheitsgründe.

[65] **Zuweisungskompatibilität** wird in Kap. 11.3.1 erläutert.

Durch diese Definition wird eine Referenzvariable `referenzName` vom Typ `Klassenname` definiert, wobei der Compiler für diese Referenzvariable Platz vorsehen muss. Beispiele für die Definition von Referenzvariablen sind:

```
ClassA refA;
ClassB refB;
ClassC blubb; //damit niemand meint, es müsse immer ref heißen
```

Durch die Definition sind Referenz und zugeordneter Typ miteinander verbunden. Durch die Definition einer Referenzvariablen wird noch kein Speicherplatz für ein Objekt vorgesehen, sondern nur für die Referenzvariable. Ebenso wie bei jeder anderen Variablen ist der Wert einer Referenzvariablen nach der Variablendefinition zunächst unbestimmt[66]. Der Wert ist noch nicht definiert! Die Referenz zeigt auf irgendeine Speicherstelle im Adressraum des Programms.

Wie bei einfachen Datentypen kann man **mehrere Referenzvariablen vom selben Typ** in einem Schritt definieren, indem man in der Definition eine Liste von Variablennamen angibt, wobei die verschiedenen Variablennamen durch Kommata voneinander getrennt sind wie im folgenden Beispiel:

```
Punkt p1, p2, p3;
```

Eine **Referenzvariable** ist also in Java eine Variable, die eine **Verknüpfung zu** einem im Speicher befindlichen **Objekt** beinhaltet. Die **Verknüpfung mit dem referenzierten Objekt** erfolgt durch einen **logischen Namen**. Eine Referenzvariable enthält als Variablenwert also einen logischen Namen, der auf das entsprechende Objekt verweist. Dieser logische Name wird von der virtuellen Maschine in eine Adresse umgesetzt. Von Java aus sind also die physikalischen Adressen des Arbeitsspeichers nicht direkt sichtbar. In Java kann damit die Adresse einer Variablen nicht ermittelt werden.

> Referenzen gibt es in Java nur auf Objekte, nicht auf Variablen einfacher Datentypen.

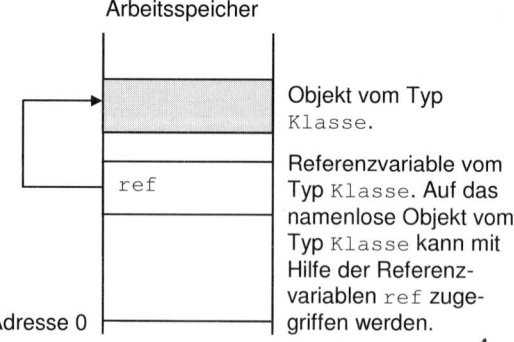

Arbeitsspeicher

Objekt vom Typ `Klasse`.

`ref`

Referenzvariable vom Typ `Klasse`. Auf das namenlose Objekt vom Typ `Klasse` kann mit Hilfe der Referenzvariablen `ref` zugegriffen werden.

Adresse 0

Bild 6-6 Referenzvariablen können auf Objekte zeigen

---

[66] Es sei denn, die Referenz stellt eine Instanz- oder Klassenvariable dar. Hierfür gibt es eine Default-Initialisierung.

Bruce Eckel [11] verwendet für Referenzen ein treffendes Beispiel. Er vergleicht das Objekt mit einem Fernseher und die **Referenz** mit der **Fernsteuerung**, die auf den Fernseher zugreift. Will man den Fernseher bedienen, so bedient man direkt die Fernsteuerung und damit indirekt den Fernseher.

Während man jedoch bei Fernsehgeräten oftmals auch ohne Fernsteuerung auskommen und den Fernsehapparat direkt einstellen kann, ist dies bei Objekten in Java nicht möglich. Objekte tragen in Java keinen Namen. Werden sie erzeugt, so erhält man eine Referenz auf das entsprechende Objekt. Diese Referenz muss man einer Referenzvariablen zuweisen, um den Zugriff auf das Objekt nicht zu verlieren.

> Objekte können in Java nicht direkt manipuliert werden. Sie können nur "ferngesteuert bedient" werden. Mit anderen Worten, **man kann auf Objekte nur indirekt mit Hilfe von Referenzen zugreifen**.

Eine Referenzvariable muss nicht immer auf das gleiche Objekt zeigen. Der Wert einer Referenzvariablen kann durch eine erneute Zuweisung auch verändert werden. Bei der Zuweisung

```
a = b;   // a und b sollen Variablen vom selben Typ sein
```

findet im Falle von einfachen Datentypen ein **Kopieren des Wertes** von b in die Variable a statt. Sind a und b Referenzvariablen, so wird ebenfalls der **Wert** der Referenzvariablen b in die Referenzvariable a **kopiert**. Nach einer solchen Zuweisung zeigen die Referenzvariablen a und b auf dasselbe Objekt.

Das folgende Beispiel zeigt die Zuweisung des Werts einer Referenzvariablen p1 an eine andere Referenzvariable p2. Nach dieser Zuweisung zeigt die Referenzvariable p2 auf dasselbe Objekt wie p1, um dann nach der Zuweisung p2 = p3 auf dasselbe Objekt wie p3 zu zeigen.

```
p2 = p1;
```

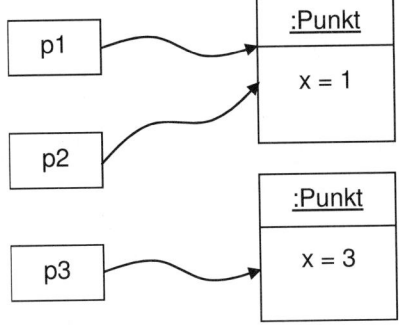

Bild 6-7 Nach der Zuweisung p2 = p1

```
p2 = p3;
```

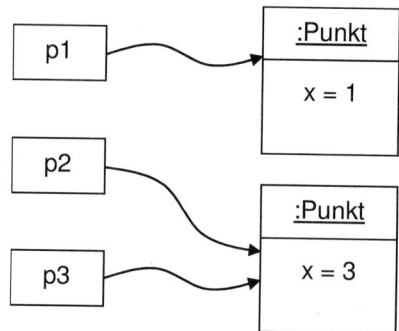

Bild 6-8 Nach der Zuweisung p2 = p3

```java
// Datei: Punkt8.java

public class Punkt8
{
   private int x;

   public int getX()
   {
      return x;
   }

   public void setX (int u)
   {
      x = u;
   }
}
```

```java
// Datei: TestPunkt8.java

public class TestPunkt8
{
   public static void main (String[] args)
   {
      Punkt8 p1 = new Punkt8(); // Anlegen eines Punkt-Objektes
      p1.setX (1);              // Dieses enthält den Wert x = 1
      Punkt8 p2;                // Anlegen einer Referenz auf ein
                                // Punkt-Objekt
      Punkt8 p3 = new Punkt8(); // Anlegen eines Punkt-Objektes
      p3.setX (3);              // x wird 3
      p2 = p1;                  // Nun zeigt p2 auf dasselbe Objekt
                                // wie p1
      System.out.println ("p1.x hat den Wert " + p1.getX());
      System.out.println ("p2.x hat den Wert " + p2.getX());
      System.out.println ("p3.x hat den Wert " + p3.getX());

      p2 = p3;                  // Nun zeigt p2 auf dasselbe
                                // Objekt wie p3
      System.out.println ("p2.x hat den Wert " + p2.getX());
```

```
      p2.setX (20);
      System.out.println ("p2.x hat den Wert " + p2.getX());
      System.out.println ("p3.x hat den Wert " + p3.getX());
   }
}
```

Die Ausgabe des Programms ist:

```
p1.x hat den Wert 1
p2.x hat den Wert 1
p3.x hat den Wert 3
p2.x hat den Wert 3
p2.x hat den Wert 20
p3.x hat den Wert 20
```

6.3.3 Dynamische Variablen – Objekte

Referenzen auf Objekte – die Referenzvariablen – können in Java als statische Variablen angelegt werden. Die **Objekte** selbst werden mit Hilfe des `new`-Operators als **dynamische Variablen** auf dem **Heap** angelegt.

Ein **Objekt** wird in Java erzeugt durch die Anweisung:

```
new Klassenname();
```

Ein **Objekt** wird vom Laufzeitsystem als **dynamische Variable** auf dem **Heap**, der ein Speicherreservoir für dynamische Variablen darstellt, angelegt.

Ist nicht genug Platz zum Anlegen des Objektes vorhanden, so muss das Laufzeitsystem versuchen, über eine Speicherbereinigung (Garbage Collection) Platz zu gewinnen. Schlägt dies fehl, so wird eine Exception vom Typ `OutOfMemoryError`[67] ausgelöst.

Dynamische Variablen erscheinen nicht in einer Variablendefinition. Auf dynamische Variablen kann man nicht über einen Bezeichner zugreifen. Der Zugriff auf dynamische Variablen erfolgt in Java mit Hilfe von Referenzen, den Referenzvariablen.

Die Definition einer Referenzvariablen und die Erzeugung eines Objektes lassen sich in einem Schritt wie folgt durchführen:

```
Klassenname var = new Klassenname();
```

Oftmals – wenn es nicht so genau darauf ankommt, oder wenn man mit der Sprache etwas nachlässig ist – verwendet man statt "Referenz auf ein Objekt" auch das Wort "Objekt". Liest man dann an einer Stelle das Wort "Objekt", so muss man aus dem

---

[67] Siehe Kap. 13.4.

Zusammenhang erschließen, ob das Objekt im Heap oder die Referenz auf das Objekt gemeint ist – denn woher soll man wissen, ob sich der Autor gerade "locker" oder präzise ausdrückt.

Bei einer exakten Sprechweise werden "Referenz auf ein Objekt" und "Objekt" unterschieden.

Objekte werden in der Regel mit `new` auf dem Heap angelegt. Es gibt noch einen **zweiten Weg**, **Objekte zu schaffen**. Dies erfolgt mit Hilfe der Methode `newInstance()` der Klasse `Class<T>` und wird in Kapitel 17 erklärt.

Im Weiteren soll jedoch die Erzeugung eines Objektes mit dem `new`-Operator am Beispiel der Klasse `Punkt` aus Kapitel 1.6.3 betrachtet werden:

```
public class Punkt
{
   private int x;                    // x-Koordinate vom Typ int

   public static void main (String[] args)
   {
      Punkt p = null;
      p = new Punkt();          // hiermit wird ein Punkt erzeugt
      // weitere Anweisungen
   }
}
```

Die Definition `Punkt p;` erzeugt die Referenzvariable `p`, die auf ein Objekt der Klasse `Punkt` zeigen kann. Mit `new Punkt()` wird ein Objekt ohne Namen auf dem Heap erzeugt. Der `new`-Operator gibt eine Referenz auf das erzeugte Objekt zurück. Diese Referenz wird der Referenzvariablen `p` zugewiesen.

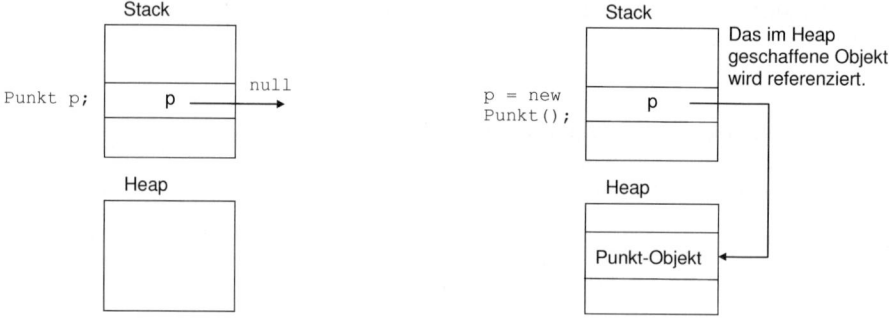

Bild 6-9 `null`-Referenz und Referenz auf ein Objekt

Eine **Referenzvariable als lokale Variable** in einer Methode wird vom Compiler **nicht automatisch** initialisiert.

Wird versucht, mit dem Punktoperator auf eine nicht initialisierte lokale Referenz-variable zuzugreifen, so meldet der Compiler einen Fehler. Dies soll anhand des folgenden Beispiels erläutert werden:

```java
// Datei: CompilertTest.java

class Punkt
{
   private int x;

   public void print()
   {
      System.out.println ("x: " + x);
   }
}

public class CompilerTest
{
   public static void main (String[] args)
   {
      // Anlegen der nicht initialisierten lokalen Variablen p
      Punkt p;

      // Zugriff auf die nicht initialisierte lokale Variable p
      p.print();
   }
}
```

Der Aufruf des Compilers lautet:

```
javac CompilerTest.java
```

Die Ausgabe des Compilers ist:

```
CompilerTest.java:21: variable p might not have
been initialized
        p.print();
        ^
```

Um das obige Beispielprogramm für den Compiler akzeptabel umzuschreiben, wird im folgenden Beispiel die lokale Variable p vom Typ Punkt mit der null-Referenz initialisiert. Wird das Programm nach der erfolgreichen Übersetzung gestartet, generiert das Laufzeitsystem jedoch eine Exception vom Typ NullPointer-Exception. Dies bedeutet, dass wir wieder nichts gedacht haben. Das Programm ist also immer noch falsch. Es gibt zwar keinen Kompilierfehler mehr, aber einen Laufzeitfehler. Was ist los? Die Antwort ist klar. Wir haben vergessen, der Variablen p eine Referenz auf ein Objekt der Klasse Punkt zuzuweisen. Eine Null-PointerException wird immer dann geworfen, wenn auf eine mit der null-Referenz initialisierten Referenzvariablen zugegriffen wird, beispielsweise durch einen Methodenaufruf. Das folgende Beispielprogramm verdeutlicht den Zusammen-hang:

```
// Datei: CompilerTest2.java

class Punkt
{
   private int x;

   public void print()
   {
      System.out.println ("x: " + x);
   }
}

public class CompilerTest2
{
   public static void main (String[] args)
   {
      // Anlegen einer mit null initialisierten lokalen Variablen
      Punkt p = null;

      // Zugriff auf die mit null initialisierte lokale Variable p
      p.print();
   }
}
```

Die Ausgabe des Programms ist:

```
Exception in thread "main" java.lang.NullPointerException
         at CompilerTest2.main(CompilerTest2.java:21)
```

Beim Zugriff auf eine mit `null` initialisierte Referenzvariable erzeugt die Laufzeitumgebung eine Exception vom Typ `Null-PointerException`. Diese Exception führt zu einem Programmabsturz.

Ein Zugriff auf eine mit `null` initialisierte Referenzvariable stellt einen häufigen Programmierfehler dar.

Um das Beispielprogramm nun zu korrigieren und eine fehlerfreie Übersetzung und Ausführung zu ermöglichen, wird die Referenzvariable p durch

```
p = new Punkt();
```

mit einer **Referenz auf ein Objekt vom Typ** Punkt **initialisiert**. Danach kann der Aufruf

```
p.print();
```

problemlos durchgeführt werden. Mit dieser Korrektur läuft dann das Programm ohne Fehler.

Referenzvariablen als Datenfelder werden **vom Compiler** automatisch mit `null` **initialisiert**.

6.3.4 Klassenvariablen, Instanzvariablen und lokale Variablen

Variablen dienen zum Speichern von Werten, wobei die abgespeicherten Werte auch wieder verändert werden können.

In Java gibt es die folgenden Arten von Variablen:

- **Klassenvariablen**,
- **Instanzvariablen**
- und **lokale Variablen**.

Klassenvariablen werden für jede Klasse einmal angelegt. **Instanzvariablen** gibt es für jede angelegte Instanz einer Klasse, also für jedes Objekt. **Lokale Variablen** gibt es in Methoden. Die Gültigkeit der lokalen Variablen kann sich auf den Methodenrumpf oder auf einen inneren Block – zum Beispiel den einer `for`-Schleife – erstrecken.

Übergabeparameter sind spezielle lokale Variablen. **Übergabeparameter** gibt es bei **Methoden**, **Konstruktoren** und `catch`-**Konstrukten**. `catch`-Konstrukte dienen zur Behandlung von Ausnahmen. Übergabeparameter, Konstruktoren und `catch`-Konstrukte können erst an späterer Stelle behandelt werden.

Das folgende Beispiel zeigt die Verwendung von Klassenvariablen, Instanzvariablen und lokalen Variablen:

```java
// Datei: VariablenTypen.java

public class VariablenTypen
{
   private int x;          // dies ist eine Instanzvariable
   private static int y;   // dies ist eine Klassenvariable

   public void print()
   {
      int z = 0;           // dies ist eine lokale Variable
   }
}
```

In Java werden Klassenvariablen und Instanzvariablen (Datenfelder eines Objektes) automatisch mit einem Default-Wert initialisiert (siehe Kap. 10.4.1). Lokale Variablen hingegen werden nicht automatisch initialisiert.

Der Compiler prüft, ob lokale Variablen initialisiert wurden. Eine lokale Variable muss dabei entweder **manuell initialisiert** werden wie im folgenden Beispiel

```
int x = 3;
```

oder mit Hilfe einer **Zuweisung** vor ihrer Verwendung mit einem Wert belegt werden, z.B.

```
int x;
. . . . .
x = 3;
a = x + 2; // hier wird x verwendet
```

Werden lokale Variablen verwendet, bevor sie initialisiert wurden, so erzeugt der Compiler eine Fehlermeldung.

Lokale Variablen sind **statische Variablen** und werden auf dem **Stack** angelegt. **Instanzvariablen** bilden einen Teil eines Objektes und sind damit Bestandteil einer **dynamischen Variablen**. Sie liegen deshalb auf dem **Heap**. **Klassenvariablen** sind **statische Variablen** und werden in der **Method Area** abgelegt.

Dabei kann eine **lokale Variable**, eine **Instanzvariable** und eine **Klassenvariable** entweder einen **einfachen Datentyp** haben oder eine **Referenzvariable darstellen**. Die Speicherbereiche für Variablen – Stack, Heap und Method-Area – werden im nächsten Kapitel genauer erläutert.

6.3.5 Speicherbereiche für Variablen

Die drei Variablenarten – lokale Variablen, Instanzvariablen und Klassenvariablen – werden in verschiedenen Speicherbereichen abgelegt. Diese Speicherbereiche – Stack, Heap und Method Area – werden alle von der virtuellen Maschine verwaltet. In den nächsten drei Abschnitten folgt deren kurze Vorstellung.

6.3.5.1 Der Stack

Als **Stack** wird ein Speicherbereich bezeichnet, auf dem Informationen temporär abgelegt werden können. Ein Stack wird auch als **Stapel** bezeichnet. Ganz allgemein ist das Typische an einem Stack, dass auf die Information, die zuletzt abgelegt worden ist, als erstes wieder zugegriffen werden kann. Denken Sie z.B. an einen Bücherstapel. Sie beginnen mit dem ersten Buch, legen darauf das zweite, dann das dritte und so fort. In diesem Beispiel soll beim fünften Buch Schluss sein. Beim Abräumen nehmen Sie erst das fünfte Buch weg, dann das vierte, dann das dritte, und so weiter, bis kein Buch mehr da ist. Bei einem Stack ist es nicht erlaubt, Elemente von unten oder aus der Mitte des Stacks wegzunehmen.

Eine solche Datenstruktur wird als **LIFO-Datenstruktur** bezeichnet. LIFO bedeutet **"Last in first out"**, d.h. das, was als Letztes abgelegt wird, wird als Erstes wieder entnommen. Das Ablegen eines Elementes auf dem Stack wird als **push**-Operation, das Wegnehmen eines Elementes als **pop**-Operation bezeichnet. Ein Stack wird damit durch seine beiden Operationen push und pop gekennzeichnet und der Einschränkung, dass die Zahl der Elemente auf dem Stack nicht kleiner als Null werden kann und auch nicht höher als die Stackgröße.

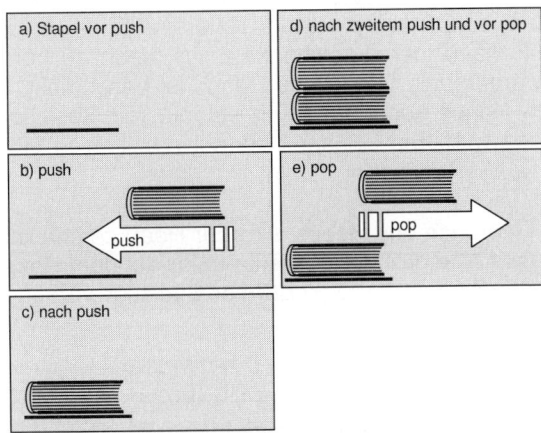

Bild 6-10 Auf- und Abbau eines Bücherstapels

In Programmen wird eine solche Datenstruktur dazu benutzt, um die Daten eines Programms zu organisieren. Auf einem Programmstack werden zum Beispiel lokale Variablen einer Methode gespeichert. Ruft eine Methode eine weitere Methode auf, so muss auch der Befehlszeiger der aufrufenden Methode zwischengespeichert werden, damit – wenn die aufgerufene Methode fertig ist – an der richtigen Stelle der aufrufenden Methode weiter gearbeitet werden kann. Dass auch die Übergabewerte für eine Methode sowie der Rückgabewert einer aufgerufenen Methode und der Inhalt der Prozessorregister vorübergehend auf dem Stack abgelegt werden, soll hier nur beiläufig erwähnt und nicht vertieft werden.

> Der Stack dient bei Programmen als Speicherbereich, um Daten zu organisieren. Bei einem Methodenaufruf werden auf dem Stack die lokalen Variablen einer Methode und die Rücksprungadresse einer Methode hinterlegt, die durch den Aufruf einer anderen Methode in ihren eigenen Anweisungen unterbrochen wurde.

6.3.5.2 Der Heap

Aufgabe des Heaps ist es, Speicherplatz für die Schaffung dynamischer Variablen bereit zu halten. Der `new`-Operator, der vom Anwendungsprogramm aufgerufen wird, um eine Variable auf dem Heap anzulegen, gibt dem Anwendungsprogramm eine Referenz auf die im Heap erzeugte dynamische Variable zurück. Die erhaltene Referenz ermöglicht den Zugriff auf die dynamische Variable im Heap. An welcher Stelle des Heaps die dynamische Variable angelegt wird, entscheidet nicht der Programmierer, sondern die virtuelle Maschine.

Die dynamischen Variablen stehen von ihrer Erzeugung bis zum Programmende zur Verfügung, es sei denn, der Programmierer benötigt diese Variablen nicht mehr. Dann kann der Programmierer die Referenz aufheben – dies erfolgt in Java, indem der Referenzvariablen die `null`-Referenz zugewiesen wird. Dies ist für den Garbage Collector in Java ein Zeichen, dass er das nicht mehr referenzierte Objekt aus dem Heap entfernen kann, sofern keine weitere Referenz mehr auf das entsprechende Objekt zeigt. Damit kann der Speicherplatz im Heap für andere dynamische Variablen benutzt werden. Die Größe des Heaps ist beschränkt. Daher kann es zu einem Überlauf des Heaps kommen, wenn ständig nur Speicher angefordert und nichts zurückgegeben wird. Ein solcher Überlauf resultiert in einer Exception vom Typ `OutOfMemoryError` (siehe Kap. 13.4).

Mit zunehmendem Gebrauch des Heaps wird der Heap zerstückelt, sodass der Fall eintreten könnte, dass keine größeren Objekte mehr auf dem Heap angelegt werden können, obwohl in der Summe genügend freier Speicher vorhanden ist, aber eben nicht am Stück.

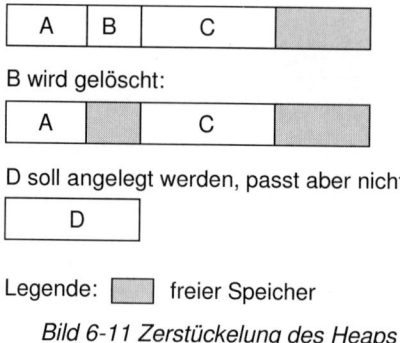

Bild 6-11 Zerstückelung des Heaps

In Java werden Objekte im Heap nicht explizit freigegeben. Es wird vielmehr in unregelmäßigen Abständen durch die virtuelle Maschine der so genannte **Garbage Collector** aufgerufen. Der Garbage Collector gibt den Speicherplatz, der nicht mehr referenziert wird, frei. Er ordnet ferner den Speicher neu, sodass auf dem Heap wieder größere homogene unbenutzte Speicherbereiche entstehen.

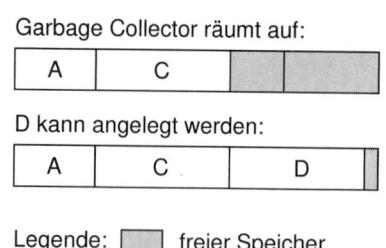

Bild 6-12 Garbage Collector gibt belegten Speicher frei und ordnet den Heap neu

Der Heap ist ein Speicherbereich, in dem von der virtuellen Maschine die dynamisch erzeugten Objekte ablegt werden. Wird ein Objekt auf dem Heap von keiner Referenzvariablen mehr referenziert, so wird der von dem Objekt belegte Speicherbereich durch den Garbage Collector wieder freigegeben.

6.3.5.3 Die Method-Area

In der Method-Area befindet sich der Speicherbereich für die Klassenvariablen. Klassenvariablen sind durch die Summe ihrer Eigenschaften statische Variablen – denn sie tragen einen Namen und ihr Gültigkeitsbereich und ihre Lebensdauer ist durch die statische Struktur des Programms bestimmt. Der Gültigkeitsbereich einer Klassenvariablen hängt von ihrem Zugriffsmodifikator (siehe Kap. 6.4) ab. Die Lebensdauer einer Klassenvariablen beginnt mit dem Laden der Klasse und endet, wenn die Klasse vom Programm nicht mehr benötigt wird. Nicht nur die Klassenvariablen liegen in der Method-Area, sondern der gesamte Programmcode einer Klasse. Damit der Programmcode einer Klasse ausgeführt werden kann, muss die Klasse erst einmal in die Method-Area geladen werden.

> Den Speicherbereich, in den die virtuelle Maschine den **Programmcode einer Klasse** und die **Klassenvariablen** ablegt, bezeichnet man als **Method-Area**.

6.3.6 Konstante Variablen

Mit dem Modifikator `final` kann jede Variable – Klassenvariable, Instanzvariable und lokale Variable – unabhängig davon, ob es nun eine Referenzvariable oder eine Variable eines einfachen Datentyps ist, konstant gemacht werden. Das heißt, ihr Wert ist konstant und kann nicht mehr verändert werden. Mit

```
final int konstantVar = 1;
```

wird eine Variable vom Typ `int` angelegt. Nach der Initialisierung mit dem Wert `1` kann keine weitere Zuweisung an die konstante Variable `konstantVar` erfolgen. Das Gleiche gilt für Referenzvariablen. Wird eine Referenzvariable mit Hilfe des Modifikators `final` zu einer konstanten Referenzvariablen gemacht, so muss diese Referenz immer auf das Objekt zeigen, mit dessen Adresse die Referenzvariable initialisiert wurde. Die folgende Codezeile legt eine konstante Referenz `p` an, die immer auf dasselbe Objekt der Klasse `Punkt` zeigt, mit dessen Referenz es initialisiert wurde:

```
final Punkt p = new Punkt();
```

> Die **Inhalte eines Objektes, auf das** eine **konstante Referenz zeigt, können problemlos verändert werden**, da ja nur die Referenz konstant ist. Es gibt in Java **keine Möglichkeit, ein Objekt konstant zu machen**.

> Wird mit dem Schlüsselwort `final` eine Variable zur Konstanten gemacht, so ist immer ihr Wert konstant. Im Falle von Referenzvariablen bedeutet dies, dass die Referenz als Wert immer die gleiche Adresse auf ein Objekt beinhalten muss und damit nie auf ein anderes Objekt zeigen kann.

6.4 Modifikatoren

Bei der Deklaration von Datenfeldern können zusätzlich Modifikatoren (engl. modifier) angegeben werden. Es gibt aber nicht nur Modifikatoren für Datenfelder, sondern auch für Methoden, Konstruktoren, Klassen und Schnittstellen. Im Folgenden werden alle Modifikatoren aufgelistet:

- `public`, `private`, `protected` für die Zugriffsrechte (siehe Kap. 12.7),
- `static` für Klassenvariablen, Klassenmethoden, geschachtelte Klassen und Schnittstellen.
- `final` für benannte (symbolische) Konstanten,
- `transient` für Datenfelder, die nicht serialisiert werden sollen (siehe Kap. 16.7.3),
- `volatile` für Datenfelder, die von mehreren Threads gleichzeitig benutzt werden können,
- `abstract` für die Kennzeichnung von abstrakten Klassen und Methoden,
- `native` für die Kennzeichnung von Methoden, die in einer anderen Sprache als Java implementiert sind,
- `synchronized` für den wechselseitigen Ausschluss von Methoden bzw. Blöcken (siehe Kap. 19).

Die Definition einer konstanten Klassenvariablen könnte zum Beispiel folgendermaßen aussehen:

```
final static float PI = 3.14f;
```

Die folgende Tabelle zeigt, welcher Modifikator mit einem Datenfeld, einer Methode, einem Konstruktor, einer Klasse oder einer Schnittstelle eingesetzt werden darf:

	Datenfeld	Methode	Konstruktor	Klasse	Schnittstelle
abstract		ja		ja	
final	ja	ja		ja	
native		ja			
private	ja	ja	ja	ja	ja
protected	ja	ja	ja	ja	ja
public	ja	ja	ja	ja	ja
static	ja	ja		ja	ja
synchronized		ja			
transient	ja				
volatile	ja				

Tabelle 6-2 Verwendung von Zugriffsmodifikatoren

6.5 Arrays

Ein Array ist ein Objekt, das aus **Komponenten (Elementen)** zusammengesetzt ist, wobei jedes Element eines Arrays vom selben Datentyp sein muss.

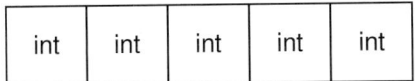

int	int	int	int	int

Bild 6-13 Ein Array aus 5 `int`-Elementen

Man kann in Java Arrays aus **Elementen** eines **einfachen Datentyps** oder aus Elementen eines **Referenztyps** anlegen. Ein Element eines Arrays kann auch selbst wieder ein Array sein. Dann entsteht ein mehrdimensionales Array.

Im Folgenden werden zunächst **eindimensionale Arrays** betrachtet. Mehrdimensionale Arrays werden in Kapitel 6.5.4 besprochen. Die **Länge** oder **Größe** eines Arrays legt die Anzahl der Elemente des Arrays fest. Die Länge muss als Wert immer eine positive ganze Zahl haben. Ist `laenge` die Länge des Arrays, so werden die Elemente von `0` bis `laenge - 1` durchgezählt. Die Nummer beim Durchzählen wird als **Index des Arrays** bezeichnet. Über den Index kann man auf ein Element zugreifen. Der Zugriff auf das `i`-te Element des Arrays mit dem Namen `arrayName` erfolgt durch `arrayName [i - 1]`.

Der Zugriff auf ein Element eines Arrays erfolgt über den Array-Index. Hat man ein **Array mit n Elementen** definiert, so ist darauf zu achten, dass in Java die **Indizierung der Array-elemente mit 0 beginnt und bei n - 1 endet.**

Der Vorteil von Arrays gegenüber mehreren einfachen Variablen ist, dass Arrays sich leicht mit Schleifen bearbeiten lassen, da der Index einer Array-Komponente eine Variable sein kann und als Laufvariable in einer Schleife benutzt werden kann.

In Java sind **Arrays** stets **Objekte**, auch wenn man Arrays aus einfachen Datentypen anlegt. Arrays werden zur Laufzeit im Heap angelegt. Dabei kann die Länge des anzulegenden Arrays zur Laufzeit berechnet werden. Ist das Array angelegt, so kann seine Länge nicht mehr verändert werden. Der Zugriff auf die Komponenten des Arrays erfolgt über die **Referenz** auf das **Array-Objekt**.

Die Definition einer **Array-Variablen** bedeutet in Java nicht das Anlegen eines Arrays, sondern die Definition einer **Referenzvariablen**, die auf ein **Array-Objekt** zeigen kann. Dieses Array-Objekt muss **im Heap angelegt** werden.

Die allgemeine Form der Definition einer Referenzvariablen zum Zugriff auf ein eindimensionales Array ist:

```
Typname[] arrayName;
```

Ein konkretes Beispiel hierfür ist:

```
int[] alpha;
```

wobei `alpha` eine Referenzvariable ist, die auf ein Array aus Elementen vom Typ `int` zeigen kann.

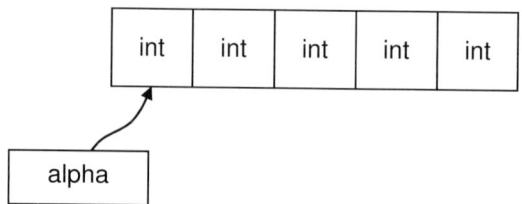

| int | int | int | int | int |

alpha

Bild 6-14 Ein Array-Objekt im Heap, auf das die Referenzvariable `alpha` *zeigt*

Die Referenzvariable `alpha` kann auf ein Array-Objekt aus beliebig vielen Komponentenvariablen vom Typ `int` verweisen.

Die Definition

```
int[] alpha;
```

wird von rechts nach links gelesen: `alpha` ist eine Referenzvariable, die auf ein Array-Objekt aus Elementen vom Typ `int` zeigen kann.

Die Namensgebung Array ist nicht einheitlich. In der Literatur findet man die synonyme Verwendung der Namen **Feld** und **Array**. Für Arrays in Java gibt es kein spezielles Schlüsselwort. Der Java-Compiler erkennt ein **Array** an den **eckigen Klammern**.

Arrays werden **in 3 Schritten angelegt**:

Schritt 1: **Definition** einer **Referenzvariablen**, die auf das Array-Objekt zeigen soll.

Schritt 2: **Erzeugen des Arrays**, d.h. eines Array-Objektes, welches aus Komponenten (Elementen) besteht.

Schritt 3: Belegen der Array-Elemente mit Werten, d.h. **Initialisierung des Arrays**.

Wie in Kapitel 6.5.1 gezeigt wird, können diese Schritte auch zusammengefasst werden.

Eine weitere Eigenschaft von Arrays in Java ist, dass eine genaue **Überwachung der Grenzen des Arrays durchgeführt** wird.

Es ist in Java nicht möglich, über die Grenzen eines Arrays hinaus andere Speicherbereiche zu überschreiben oder auszulesen. Bei einem solchen Versuch wird sofort eine Exception vom Typ `ArrayIndexOutOfBoundsException` geworfen.

Exceptions werden in Kapitel 13 behandelt.

6.5.1 Arrays aus Elementen eines einfachen Datentyps

Zunächst muss eine Referenzvariable für ein Array-Objekt definiert werden. Dies erfolgt, **ohne die Länge** anzugeben:

```
byte[] bArray;
```

Damit wird eine Referenzvariable `bArray` angelegt.

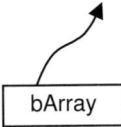

Bild 6-15 Die Referenzvariable `bArray`

Eine **Array-Variable** ist eine **Referenz auf ein Array-Objekt**. Mit der Definition einer Array-Variablen ist aber das Array-Objekt selbst noch nicht angelegt.

Erzeugen des Array-Objektes

Zum Erzeugen des Array-Objektes gibt es 2 Möglichkeiten:

- Die erste Möglichkeit ist, das Array **mit** `new` zu **erzeugen** und anschließend die Elemente mit den gewünschten Werten zu initialisieren.
- Die andere Möglichkeit ist, das Array **über eine Initialisierungsliste anzulegen und gleichzeitig zu initialisieren.**

Beim Erzeugen des Array-Objektes wird die Länge des Arrays festgelegt. Die Länge kann danach nicht mehr geändert werden.

Wenn ein Array angelegt ist, kann man über das **Datenfeld** `length`, das jedes Array besitzt, dessen Länge ermitteln.

Im Folgenden werden die beiden Möglichkeiten, ein Array-Objekt zu schaffen, vorgestellt:

- **Erzeugung mit dem new-Operator**

  Zunächst die erste Möglichkeit, d.h. die Verwendung von `new`, anhand eines Beispiels:

  ```
  bArray = new byte [4];
  ```

Mit `new byte [4]` wird ein neues **Array-Objekt** erstellt, das Werte vom Typ `byte` aufnehmen kann. Es hat vier Komponenten, die beim Erstellen des Objektes mit dem Default-Wert[68] 0 initialisiert werden.

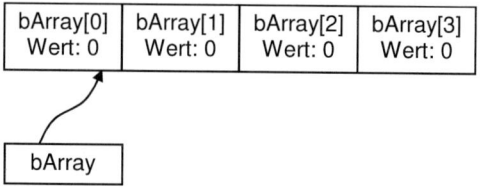

Bild 6-16 Mit 0 initialisiertes `byte`-Array

Es ist auch möglich, beide Schritte auf einmal durchzuführen:

```
byte[] bArray = new byte [4];
```

Die Länge des Arrays kann auch durch eine Variable angegeben werden. Damit kann die Länge des anzulegenden Arrays zur Laufzeit festgelegt werden:

```
int i = 5;
byte[] bArray = new byte [i];
```

Der Wert der Variablen `i` könnte somit auch von der Tastatur eingegeben oder mit Hilfe einer Berechnung bestimmt werden.

Initialisierung

Durch Zuweisung von Werten an die Komponenten können dann die Default-Werte mit sinnvollen Werten überschrieben werden, z.B.:

```
bArray [2] = 6;
```

● **Implizites Erzeugen über eine Initialisierungsliste**

Die andere Möglichkeit, das Array anzulegen, ist, das Array implizit über eine Initialisierungsliste zu erzeugen und gleichzeitig zu initialisieren:

```
byte[] bArray = {1, 2, 3, 4};
```

Das Erzeugen des Array-Objektes wird hier vom Compiler im Verborgenen durchgeführt. Hierbei wird also die Definition der Referenzvariablen `bArray`, das Anlegen des Array-Objektes und die Initialisierung der Array-Elemente in einem Schritt durchgeführt. Dabei wird das in Bild 6-17 dargestellte Array angelegt.

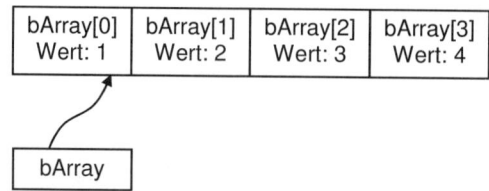

Bild 6-17 Mit einer Initialisierungsliste erzeugtes und initialisiertes `byte`-Array

---

[68] Bei Array-Komponenten gelten dieselben **Default-Werte** wie bei Datenfeldern (siehe Kap. 10.4.1).

Hervorzuheben ist, dass die Initialisierungsliste auch Ausdrücke und Variablen enthalten darf wie in folgendem Beispiel:

```
byte i = 1;
byte[] bArray = {i, i + 1, i + 2, i * 4};
```

6.5.2 Arrays aus Referenztypen

Zunächst muss die Referenzvariable, die auf das noch anzulegende Array-Objekt zeigen soll, definiert werden. Dies erfolgt, **ohne die Länge** des Arrays anzugeben:

```
Klasse[] kArray;
```

Damit wird eine Referenzvariable `kArray` angelegt. Das Array-Objekt selbst ist jedoch noch nicht angelegt. Wenn das Array-Objekt angelegt ist, kann man über das Datenelement `length`, welches jedes Array-Objekt hat, dessen Länge ermitteln.

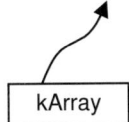

Bild 6-18 Die Referenzvariable `kArray`

Erzeugen des Array-Objektes

Auch hier gibt es die beiden schon bei den Arrays aus einfachen Datentypen gezeigten Möglichkeiten, nämlich die Array-Elemente mit `new` zu erzeugen oder eine Initialisierungsliste zu verwenden:

- **Erzeugen mit dem new-Operator**

  Zunächst die Verwendung von `new` anhand eines Beispiels:

```
kArray = new Klasse [4];
```

Mit `new Klasse [4]` wird ein neues Array-Objekt erstellt. Die vier Komponenten sind Referenzvariablen vom Typ `Klasse`.

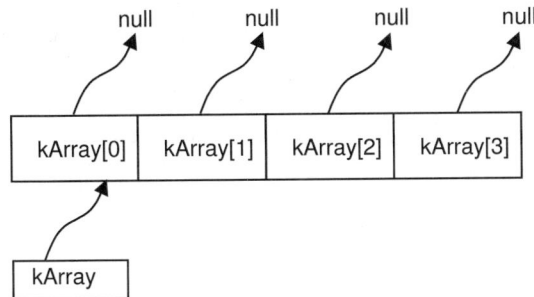

Bild 6-19 Mit `null` initialisiertes Array aus Referenzvariablen

Jede angelegte Referenzvariable vom Typ `Klasse` wird mit dem Default-Wert `null` initialisiert.

Es ist auch möglich, beide Schritte auf einmal durchzuführen:

```
Klasse[] kArray = new Klasse [4];
```

Initialisierung

Durch Zuweisung von Werten an die Komponenten können die Default-Werte mit sinnvollen Werten überschrieben werden, z.B.:

```
Klasse refAufObj = new Klasse();
. . . . .
kArray [2] = refAufObj;
. . . . .
```

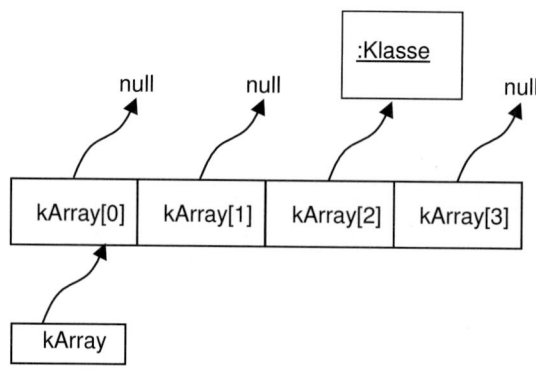

Bild 6-20 Mit einer Referenz auf ein Objekt der Klasse `Klasse` *initialisierte Referenzvariable* `kArray[2]` *des Arrays*

Das folgende Beispiel zeigt die Initialisierung des Arrays mit Hilfe von Objekten der Klasse `Klasse`:

```
for (int lv = 0; lv < kArray.length; lv = lv + 1)
     kArray [lv] = new Klasse();
```

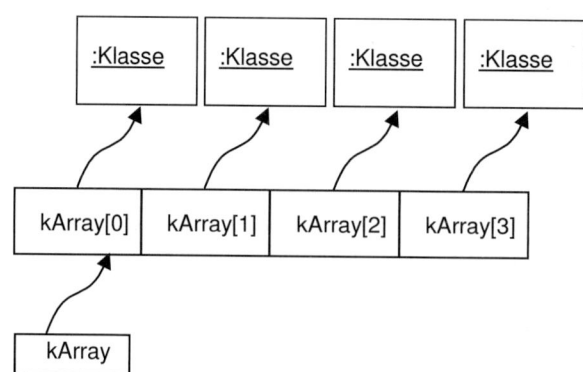

Bild 6-21 Mit Referenzen auf Instanzen initialisiertes Array aus Referenzvariablen

- **Implizites Erzeugen über eine Initialisierungsliste**

  Die andere Möglichkeit, das Array implizit über eine Initialisierungsliste anzulegen und gleichzeitig zu initialisieren, funktioniert auch bei Arrays aus Referenz-variablen:

  ```
  Klasse[] kArray = {refK1, refK2, refK3, new Klasse()};
                // dabei müssen refK1, refK2 und refK3
                // Referenzen auf vorhandene Objekte
                // vom Typ Klasse sein
  ```

  In der Initialisierungsliste können entweder Referenzvariablen angegeben, oder direkt Objekte eines bestimmten Typs mit Hilfe des `new`-Operators erzeugt werden.

  Die Erzeugung des Array-Objektes wird dabei implizit von der virtuellen Maschine durchgeführt. Mit einem Programmausschnitt soll das Anlegen eines Arrays über eine Initialisierungsliste und der Zugriff auf die in den Array-Elementen referen-zierten Objekte demonstriert werden:

  ```
  // Die Referenzen p1 und p2 sollen auf Objekte der Klasse
  // Person zeigen. Die folgende Codezeile legt eine Referenz-
  // variable arr für ein Array von Personen an. Es wird ein
  // Array-Objekt mit 2 Elementen auf dem Heap angelegt und
  // mit den Referenzvariablen p1 und p2 initialisiert.
  Person[] arr = {p1, p2};

  // Die folgende Codezeile zeigt einen Aufruf der Methode
  // print() für das erste Array-Element.
  arr [0].print();
  ```

6.5.3 Objektcharakter von Arrays

Arrays sind Objekte. Array-Variablen sind Referenzen auf Array-Objekte, die zur Laufzeit des Programms dynamisch auf dem Heap angelegt werden. Jedes Array wird implizit, d.h. ohne eine explizite Angabe des Programmierers, von der Klasse `Object` abgeleitet. Damit beinhaltet jedes Array automatisch alle Methoden der Klasse `Object`. Zusätzlich enthält jedes Array das Datenfeld `length` vom Typ `int`, das konstant ist und die Anzahl der Array-Elemente enthält.

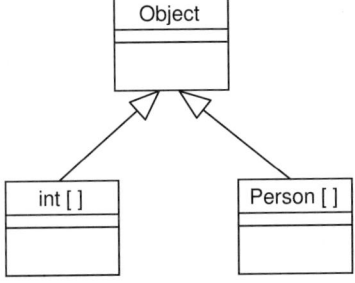

Bild 6-22 Arrays als implizite Subklassen von `Object`

Das folgende Beispiel demonstriert den Aufruf der Methode `equals()` der Klasse `Object` für Arrays sowie die Verwendung des Datenfeldes `length`. Die Methode `equals()` hat die Schnittstelle

```
public boolean equals (Object ref)
```

Diese Methode gibt bei einem Aufruf

```
x.equals (y)
```

`true` zurück, wenn `x` und `y` Referenzen auf dasselbe Objekt sind.

Beispiel:

```
// Datei: Arrays.java

public class Arrays
{
   public static void main (String[] args)
   {
      int[] alpha = new int [2];
      int[] beta;
      beta = alpha;              // beta zeigt auf dasselbe
                                 // Array-Objekt wie alpha
      System.out.println ("alpha equals beta ist " +
                          alpha.equals (beta));
      System.out.println ("alpha hat " + alpha.length +
                          " Komponenten");
   }
}
```

Die Ausgabe des Programms ist:

```
alpha equals beta ist true
alpha hat 2 Komponenten
```

Arrays aus Basisklassen dienen zur flexiblen Speicherung von Objekten verschiedenster abgeleiteter Klassen. Arrays aus Basisklassen werden in Kapitel 11.4.2 behandelt.

6.5.4 Mehrdimensionale Arrays

Mehrdimensionale Arrays stellen Arrays aus Arrays dar und werden wie in folgendem Beispiel erzeugt:

```
int[][][] dreiDimArray = new int [10][20][30];
```

Es können auch **offene Arrays** erzeugt werden. Offene Arrays sind Arrays, bei denen die Länge einzelner Dimensionen nicht angegeben wird. Hierfür lässt man einfach bei der Speicherplatz-Allokierung mit `new` die eckigen Klammern leer. Dies ist jedoch nur bei mehrdimensionalen Arrays möglich, da der ersten Dimension eines Arrays immer ein Wert zugewiesen werden muss. Es ist allerdings nicht erlaubt, nach einer leeren eckigen Klammer noch einen Wert in einer der folgenden Klammern anzugeben.

So ist beispielsweise

```
int[][][][] matrix = new int[5][3][][];
```

erlaubt, aber

```
int[][][][] matrix = new int[5][][][4];
```

nicht und genauso wenig die folgende Codezeile:

```
int[][][][] matrix = new int[][][][];
```

Mehrdimensionale Arrays müssen nicht unbedingt rechteckig sein. Es spricht nichts dagegen, die Elemente eines mehrdimensionalen Arrays einzeln mit unterschiedlich langen Arrays zu initialisieren.

Das folgende Beispielprogramm wendet dies an. Es legt ein dreiecksförmiges Array an, füllt es mit den Werten des Pascalschen Dreiecks bis zur zehnten Ebene und gibt dieses am Bildschirm aus.

```java
// Datei: PascalDreieck.java

public class PascalDreieck
{
    public static void main (String[] args)
    {
        final int EBENE = 10;
        int i;
        int j;
        int [][] binom = new int [EBENE][];

        for (i = 0; i < binom.length; i++)
        {
            // Anlegen eines Arrays mit der Größe der entsprechenden
            // Ebene.
            binom [i] = new int [i + 1];

            // Erstes Element einer Ebene mit 1 belegen.
            binom [i][0] = 1;

            // Letztes Element einer Ebene mit 1 belegen.
            binom [i][binom [i].length - 1] = 1;
            System.out.printf ("%1d ", binom [i][0]);

            for (j = 1; j < binom [i].length - 1; j++)
            {
                binom [i][j] = binom [i - 1][j - 1] + binom [i - 1][j];
                System.out.printf ("%3d ", binom [i][j]);
            }
        }
```

```
            if (i > 0)
            {
                // Für alle Ebenen ausser der ersten wird zum Schluss
                // noch eine 1 ausgegeben.
                System.out.printf ("%3d", binom[i][binom[i].length-1] );
            }
            // Ausgabe eines Zeilenumbruchs nach jeder Ebene.
            System.out.println();
        }
    }
}
```

Die Ausgabe des Programms ist:

```
1
1   1
1   2   1
1   3   3   1
1   4   6   4   1
1   5  10  10   5   1
1   6  15  20  15   6   1
1   7  21  35  35  21   7   1
1   8  28  56  70  56  28   8   1
1   9  36  84 126 126  84  36   9   1
```

Mit `int[][] binom = new int [EBENE][]` wird ein Array mit 2 Dimensionen angelegt. Dabei sind in der ersten Dimension 10 Elemente vorhanden. Die zweite Dimension wird noch nicht mit Elementen belegt. Bild 6-23 zeigt diesen Sachverhalt:

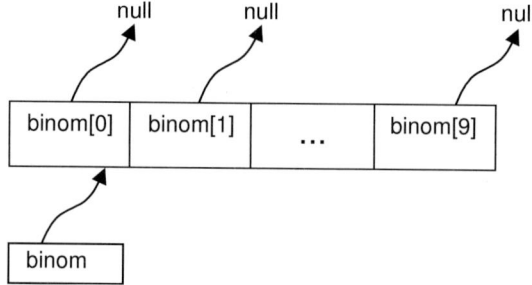

Bild 6-23 Ein zweidimensionales Array mit 10 Elementen in der ersten Dimension

Man beachte, dass in der zweiten Dimension `int`-Arrays mit unterschiedlichen Größen angelegt werden können. Da diese aber noch nicht angelegt wurden, zeigen alle Array-Elemente der ersten Dimension auf `null`.

Danach wird das Array – auf das `binom` zeigt – vom ersten Element an durchlaufen und jedem Element wird mit der Anweisung `binom [i] = new int [i + 1];` ein `int`-Array von der Größe der Variablen `i + 1` zugewiesen. Das `int`-Array, das `binom [0]` zugewiesen wird, hat also die Größe 1. Nach dem zweiten Schleifendurchlauf sieht der Sachverhalt folgendermaßen aus:

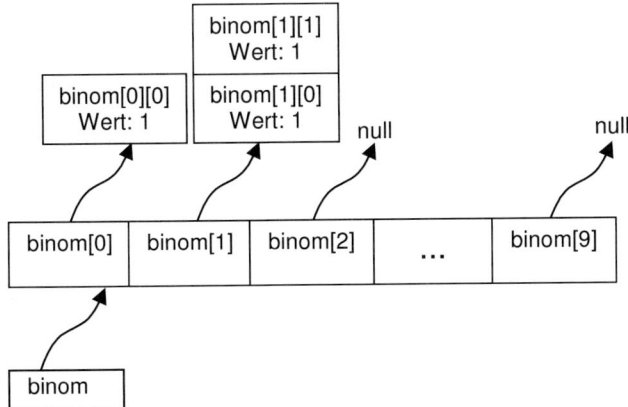

Bild 6-24 Array, auf das die Referenz `binom` zeigt, nach dem zweiten Schleifendurchlauf

Entsprechend werden die weiteren `int`-Arrays für die zweite Dimension angelegt.

6.5.5 Schreibweise von Arrays

Java erlaubt mehrere Syntax-Varianten bei der Definition von Referenzvariablen auf Arrays.

> Man kann die Array-Klammern entweder hinter oder vor dem Namen der Referenzvariablen angeben, wie im folgenden Beispiel gezeigt wird:
>
> ```
> int     zahl[];
> char[] buffer;
> ```

Die zweite Variante bedeutet zwar eine Umstellung zu der von C gewohnten Schreibweise, sie entspricht aber der von den einfachen Datentypen bekannten Form:

```
datentypname variablenname;
```

Es ist auch eine gemischte Schreibweise möglich:

```
byte[] zeile, spalte, matrix[];
```

Von der gemischten Schreibweise ist jedoch abzuraten.

6.6 Aufzählungstypen

Mit dem JDK 5.0 sind in Java Aufzählungstypen hinzugekommen, die in der Vergangenheit schmerzlich vermisst wurden. Aufzählungstypen sind vom Prinzip her einfache Datentypen – wie in Pascal oder C. Zur Erläuterung, was ein Aufzählungstyp prinzipiell ist, hier ein Beispiel in der Programmiersprache Pascal:

```
type werktag = (Mo, Di, Mi, Dn, Fr, Sa);
var x: werktag;
```

Mit dem Typ `werktag` wird festgelegt, dass eine Variable `x` dieses Typs als Wert genau eine der Aufzählungskonstanten `Mo` (steht für Montag), `Di` (Dienstag), etc. annehmen kann. Die Zuweisung anderer Werte an eine Variable, als in der Liste der Aufzählungskonstanten aufgeführt, wird vom Compiler abgelehnt. Damit wird die Typsicherheit bereits beim Kompilieren garantiert. Hätte man stattdessen die Wochentage durch ganze Zahlen beschrieben, könnten einer solchen Variablen beliebige ganze Zahlen zugewiesen werden, die keinen Wochentagen entsprechen würden – und der Compiler hätte keine Möglichkeit, solche Fehler zu verhindern.

Eine Variable eines Aufzählungstyps enthält nur einen einzigen Wert, der sich nicht aus weiteren Werten zusammensetzt. Mit anderen Worten, der Wert einer Variablen eines Aufzählungstyps ist atomar. Daher sind Aufzählungstypen in ihrer ursprünglichen Form wie in Pascal oder C einfache Datentypen.

In Java werden die Aufzählungstypen jedoch zu selbst definierten Klassen. Damit gehören sie in Java zu den Referenztypen und sind im Unterbaum Referenztypen in Bild 6-3 eingeordnet.

Aufzählungstypen – auch **enums** genannt – sind Datentypen, die als Wertebereich eine endliche geordnete Menge von Konstanten zulassen. Da die Elemente einer endlichen geordneten Menge abzählbar sind, erhielten diese Datentypen den Namen Aufzählungstypen (engl. enumeration type). Die Konstanten werden als **Aufzählungskonstanten** bezeichnet. Eine Variable eines Aufzählungstyps kann als Wert eine dieser Aufzählungskonstanten besitzen.

Enums wurden in Java mit dem JDK 5.0 eingeführt und funktionieren mit älteren Versionen des Compilers nicht.  Vorsicht!

Ein Aufzählungstyp trägt einen Namen. Bei der Definition des Typs werden die Aufzählungskonstanten in Form einer Liste wie im folgenden Beispiel angegeben:

```
enum AmpelFarbe {ROT, GELB, GRUEN}
```

`AmpelFarbe` ist hier der Name des Aufzählungstyps und `ROT`, `GELB` und `GRUEN` sind Aufzählungskonstanten. Durch die Angabe der Aufzählungskonstanten in Form einer Liste entsteht eine Reihenfolge. Ein Aufzählungstyp ist daher ein ordinaler Datentyp. Das bedeutet, dass den Aufzählungskonstanten vom Compiler Werte in aufsteigender Reihenfolge zugeordnet werden. Hier ein Programmbeispiel, das den Aufzählungstyp `AmpelFarbe` definiert und verwendet:

```
// Datei: Ampel.java

public class Ampel
{
   // Der Aufzählungstyp wird hier in der Klasse definiert, in der
   // er verwendet wird. Die Ampel kann ROT, GELB oder GRUEN sein.
   public enum AmpelFarbe {ROT, GELB, GRUEN}

   // Instanzvariable des Aufzählungstyps Ampelfarbe
   private AmpelFarbe farbe;
```

```
public void setAmpelFarbe (AmpelFarbe ampelFarbe)
{
    farbe = ampelFarbe;
}

public AmpelFarbe getAmpelFarbe()
{
    return farbe;
}

// main()-Methode zum Testen
public static void main (String[] args)
{
    Ampel ampel = new Ampel();

    // funktioniert
    ampel.setAmpelFarbe (AmpelFarbe.ROT);

    // Das Folgende geht nicht! Es können nur die Aufzählungs-
    // konstanten des Aufzählungstyps AmpelFarbe verwendet werden
    // ampel.setAmpelFarbe (3);

    System.out.println ("Die Ampel ist: "
                        + ampel.getAmpelFarbe());
    System.out.println ("Die Ordinalzahl ist: "
                        + ampel.getAmpelFarbe().ordinal());
    ampel.setAmpelFarbe (AmpelFarbe.GELB);
    System.out.println ("Der Name ist: "
                        + ampel.getAmpelFarbe().name());
    System.out.println ("Die Ordinalzahl ist: "
                        + ampel.getAmpelFarbe().ordinal());
}
}
```

Die Ausgabe des Programms ist:

```
Die Ampel ist: ROT
Die Ordinalzahl ist: 0
Der Name ist: GELB
Die Ordinalzahl ist: 1
```

Wie im obigen Beispiel zu sehen ist, sind Aufzählungstypen typsicher, d.h. der Compiler lässt keine ungültigen Zuweisungen zu.

Einer Variablen eines Aufzählungstyps können nur Werte aus der Menge der Aufzählungskonstanten zugewiesen werden.

Die einfache Notation

```
public enum AmpelFarbe {ROT, GELB, GRUEN}
```

setzt der Compiler in eine Notation der folgenden Art um:

```
public final class AmpelFarbe extends Enum
{
   public static final AmpelFarbe ROT = new AmpelFarbe ("ROT", 0);
   public static final AmpelFarbe GELB = new AmpelFarbe ("GELB", 1);
   public static final AmpelFarbe GRUEN =new AmpelFarbe ("GRUEN",2);

   private AmpelFarbe (String s, int i)
   {
      super (s, i);
   }
}
```

Ein **Aufzählungstyp** ist in Java eine **Klasse** und die **Aufzählungskonstanten** sind **Referenzvariablen auf Objekte des Aufzählungstyps**. Dem Aufzählungstyp können deshalb auch Methoden und Datenfelder hinzugefügt werden.

Die Klasse `Enum` ist eine Bibliotheksklasse und existiert in der Java-Klassenbibliothek im Paket `java.lang`. In der Klasse `Enum` werden auch die Methoden `ordinal()` und `name()` definiert, die damit zu jedem Aufzählungstyp aufgerufen werden können.

Wird eine Referenzvariable als `final` deklariert, so kann dieser Variablen kein anderer Wert zugewiesen werden und damit zeigt diese Referenzvariable immer auf dasselbe Objekt. Des Weiteren ist zu beachten, dass der Compiler für jede Aufzählungskonstante genau ein Objekt des Aufzählungstyps anlegt. Es ist nicht möglich, dass der Programmierer selbst mit Hilfe des `new`-Operators weitere Objekte eines Aufzählungstyps anlegt. Der Programmierer kann nur Referenzvariablen des Aufzählungstyps anlegen, die auf eine der definierten Aufzählungskonstanten zeigen können.

Jede Aufzählungskonstante zeigt auf ein Objekt des Aufzählungstyps, welches den Namen der Aufzählungskonstanten als String und auch den Ordinalwert der Aufzählungskonstanten als Instanzvariablen enthält.

Da für jede Aufzählungskonstante nur ein Objekt existiert, kann der Operator `==` verwendet werden, um Aufzählungskonstanten zu vergleichen.

Da ein Aufzählungstyp eine Klasse darstellt, können die Aufzählungstypen auch Datenfelder und Methoden haben, wie folgendes Beispiel zeigt:

```
// Datei: Name1.java

public enum Name1
{
   // Definition der Aufzählungskonstanten
   PETER,
   HANS,
```

```
    JULIA,
    ROBERT;

    // Datenfeld
    private int note;

    // Methoden, um auf das Datenfeld zuzugreifen
    public int getNote()
    {
        return note;
    }

    public void setNote (int var)
    {
        note = var;
    }
}
```

Die folgende Klasse holt die Aufzählungskonstante HANS des Aufzählungstyps Name1 und setzt die Note dieses Objekts. Anschließend wird die Note ausgelesen und ausgegeben:

```
// Datei: NameTest.java

public class NameTest
{
    public static void main (String[] args)
    {
        // Zuweisen des Elements HANS aus dem Aufzählungstyp Name1
        // an die Variable des Aufzählungstyps Name1.
        Name1 name = Name1.HANS;

        // Aufrufen von Methoden des Objekts des Aufzählungstyps
        name.setNote (2);
        System.out.println ("Hans hat die Note: " + name.getNote());
    }
}
```

Die Ausgabe des Programms ist:

```
Hans hat die Note 2
```

Ebenso wie normale Methoden können die Aufzählungstypen auch Konstruktoren enthalten. Diese müssen jedoch an der Stelle aufgerufen werden, an welcher der Compiler die Objekte für die Aufzählungskonstanten erzeugt. Um dies zu zeigen, wird dem obigen Beispiel noch ein Konstruktor hinzugefügt und entsprechend verwendet:

```
// Datei: Name2.java

public enum Name2
{
    // Anlegen der Aufzählungskonstanten
    PETER (2),
```

```
HANS (4),
JULIA (1),
ROBERT (2);

// Datenfeld
private int note;

// Kunstruktor
Name2 (int var)
{
    note = var;
}

// Methoden, um auf das Datenfeld zuzugreifen
public int getNote()
{
    return note;
}

public void setNote (int var)
{
    note = var;
}
}
```

Wird der Konstruktor – wie oben gezeigt – verwendet, wird das Datenfeld `note` für alle Elemente der Menge entsprechend initialisiert. Es gelten dieselben Regeln wie bei normalen Klassen: Wird ein eigener Konstruktor bereitgestellt, wird dadurch der Default-Konstruktor, der durch den Compiler bereitgestellt wird, unsichtbar und kann nicht mehr verwendet werden.

Jede Aufzählungskonstante kann die Methoden, welche im Aufzählungstyp definiert sind, überschreiben. Dieser Sachverhalt wird an folgendem Beispiel gezeigt: Hans möchte immer der Beste sein und behauptet daher, immer eine 1 geschrieben zu haben.

```
// Datei: Name3.java

public enum Name3
{
    // Anlegen der Aufzählungskonstanten
    PETER (1),
    // Überschreiben der Methode getNote()
    // für die Aufzählungskonstante HANS
    HANS (5){public int getNote(){return 1;}},
    JULIA (1),
    ROBERT (2);

    Name3 (int var)
    {
        note = var;
    }

    // Datenfeld
    private int note;
```

```
    // Methoden, um auf das Datenfeld zuzugreifen
    public int getNote()
    {
        return note;
    }

    public void setNote (int var)
    {
        note = var;
    }
}
```

In diesem Fall wird der Methodenaufruf `getNote()` für Hans immer 1 zurückliefern. Werden Methoden eines Aufzählungstyps als `abstract` definiert, müssen sie von allen Aufzählungskonstanten des Aufzählungstyps überschrieben werden.

Methoden können bei Aufzählungstypen für jede Aufzählungskonstante überschrieben werden. Dies geschieht an der Stelle, an der die Aufzählungskonstanten erzeugt werden.

Das folgende Beispielprogramm verwendet den oben angegebenen Aufzählungstyp `Name3`:

```
// Datei: NameTest2.java

public class NameTest2
{
    public static void main (String[] args)
    {
        // Zuweisen der Objekte JULIA und HANS aus der Menge der Auf-
        // zählungskonstanten an lokale Variablen des Aufzählungstyps.
        Name3 julia = Name3.JULIA;
        Name3 hans = Name3.HANS;
        // Beide bekommen ihre Note mitgeteilt
        System.out.println ("Professor: Julia hat die Note 2");
        julia.setNote (2);
        System.out.println ("Professor: Hans hat die Note 5");
        hans.setNote (5);
        // Beide werden nach ihren Noten gefragt
        System.out.println ("Julia: Ich habe eine "+ julia.getNote());
        System.out.println ("Hans: Ich habe eine " + hans.getNote());
    }
}
```

Die Ausgabe des Programms ist:

```
Professor: Julia hat die Note 2
Professor: Hans hat die Note 5
Julia: Ich habe eine 2
Hans: Ich habe eine 1
```

Da die Aufzählungskonstante HANS die Methode `getNote()` überschrieben hat, wird immer seine Wunschnote, die 1, zurückgegeben.

Neben den schon vorgestellten Instanzmethoden `name()` und `ordinal()`, die jeder Aufzählungstyp von der Klasse `Enum` erbt, werden vom Compiler beim Übersetzen des Aufzählungstyps automatisch die folgenden Klassenmethoden hinzugefügt:

```
public static E[] values()
public static E valueOf (String name)
```

Hierbei ist E der Name eines Aufzählungstyps. So liefert der Aufruf

```
Name3.values();
```

ein Array von Referenzvariablen auf alle Aufzählungskonstanten zurück, die innerhalb des Aufzählungstyps `Name3` deklariert sind, wobei die Reihenfolge der Deklaration innerhalb des Arrays eingehalten wird. Dahingegen liefert der Aufruf

```
Name3.valueOf ("HANS");
```

eine Referenz auf die Aufzählungskonstante HANS zurück. Das folgende Beispiel zeigt die Verwendung der Methoden `values()` und `valueOf()` am Beispiel des Aufzählungstyps `Name3`:

```java
// Datei: NameTest3.java

public class NameTest3
{
   public static void main (String[] args)
   {
      // Abfragen aller in Name3 deklarierten Konstanten
      Name3[] alleNamen = Name3.values();

      System.out.println
         ("Folgende Konstanten sind in Name3 deklariert:");

      // Ausgabe aller Namen auf dem Bildschirm
      // mit Hilfe einer for-Schleife.
      for (int i = 0; i < alleNamen.length; i++)
      {
         System.out.println (alleNamen [i].name());
      }

      // Beschaffen einer Referenz auf die Konstante HANS in Name3
      Name3 hans = Name3.valueOf ("HANS");
      System.out.println (hans + " ist in Name3 deklariert.");
   }
}
```

Die Ausgabe des Programms ist:

```
Folgende Konstanten sind in Name3 deklariert:
PETER
HANS
JULIA
ROBERT
HANS ist in Name3 deklariert.
```

6.7 Konstante und variable Zeichenketten

Strings sind in Java – wie auch in anderen Programmiersprachen – Zeichenketten, d.h. Folgen von Zeichen. In Java werden Strings durch Objekte dargestellt.

In Java gibt es drei verschiedene String-Klassen:

- die Klasse `String` für **konstante Zeichenketten**
- und die Klasse `StringBuffer` sowie die Klasse `String-Builder` für **variable Zeichenketten**.

Diese Datentypen sollen in den nächsten Unterkapiteln näher erläutert werden.

6.7.1 Konstante Zeichenketten

Eine konstante Zeichenkette ist eine Folge von Zeichenkonstanten, die nicht abgeändert werden kann. Sie kann also nur gelesen werden (read only). Tabelle 6-3 zeigt exemplarisch den Aufbau konstanter Zeichenketten aus Zeichenkonstanten.

konstante Zeichenkette (Objekt)	enthält
`"alpha"`	`'a''l''p''h''a'`
`"Pia"`	`'P''i''a'`

Tabelle 6-3 Konstante Zeichenketten enthalten eine konstante Folge von Zeichenkonstanten

Konstante Zeichenketten sind in Java Objekte der Klasse `String`. Die Klasse `String` repräsentiert eine Zeichenkette mit folgenden Eigenschaften:

- Die Länge eines Strings steht fest und kann auch nicht verändert werden.
- Der Inhalt des Strings kann nicht verändert werden.

Kurz und gut, der String ist eine Konstante. Ziel dieser zwei Eigenschaften ist es, ein ungewolltes Überschreiben von Speicherinhalten in Programmen zu vermeiden und diese dadurch sicherer zu machen.

Eine konstante Zeichenkette `"Peter"` ist ein Ausdruck und hat als Rückgabewert eine Referenz auf das String-Objekt, das den Inhalt `'P''e''t''e''r'` hat.

Um das Ende eines Strings bei vorgegebener Anfangsposition des Strings zu finden, gibt es zwei prinzipielle Möglichkeiten:

- Erstens, sich die Länge des Strings zu merken. Dann weiß man, an welcher Position das letzte Zeichen des Strings steht.
- Zweitens, ein besonderes Zeichen zu verwenden, das unter den Buchstaben und Ziffern des Alphabets nicht vorkommt und das an das letzte Zeichen des Strings angehängt wird, um das Ende anzuzeigen.

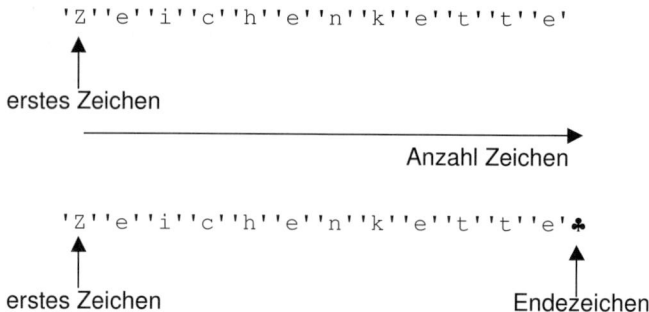

Bild 6-25 Erkennen des Stringendes mit Stringlänge oder speziellem Endezeichen

In Java wird die erste Methode angewandt.

Das Datenfeld, in dem die Länge eines Strings abgelegt ist, lässt sich mit der Methode `length()` der Klasse `String` abfragen. Beim Aufruf gibt sie die Anzahl der Zeichen des Strings zurück.

6.7.1.1 Erzeugung von Strings

Für die Erzeugung von Strings gibt es zwei prinzipielle Möglichkeiten:

- **Erzeugung eines String-Objektes mit dem new-Operator und Initialisierung mit einem Konstruktor**[69]

Durch die Erzeugung eines Strings mit `new` wird ein neues String-Objekt im Heap angelegt. Zur Initialisierung bietet die Klasse `String` verschiedene Möglichkeiten. So kann das String-Objekt mit einer konstanten Zeichenkette initialisiert werden wie in folgendem Beispiel:

```
String name1 = new String ("Anja");
```

Der `new`-Operator gibt dabei einen Zeiger auf das auf dem Heap angelegte String-Objekt `"Anja"` zurück, welcher in der Referenzvariablen `name1` abgespeichert wird.

In Analogie dazu zeigt die Referenzvariable `name2` auf das String-Objekt `"Herbert"` auf dem Heap:

```
String name2 = new String ("Herbert");
```

Objekte vom Typ `String` können nicht abgeändert werden. Eine Referenz vom Typ `String` ist eine Referenzvariable, die auf ein Objekt der Klasse `String` auf dem Heap zeigen kann.

---

[69] Konstruktor siehe Kap. 10.4.4.

Durch die Zuweisung

```
name1 = name2;
```

zeigt nun die Referenzvariable `name1` auch auf das String-Objekt `"Herbert"`.

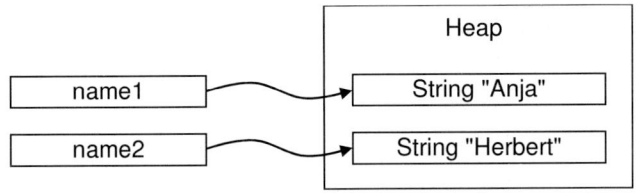

Bild 6-26 Referenzen und String-Objekte vor der Zuweisung `name1 = name2`

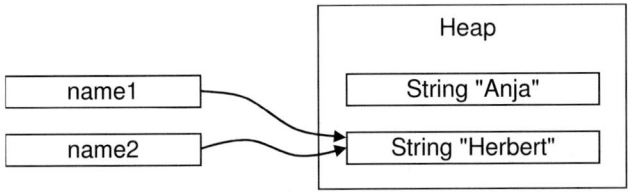

Bild 6-27 Referenzen und String-Objekte nach der Zuweisung `name1 = name2`

Einer Referenzvariablen vom Typ `String` kann eine Referenz auf ein anderes String-Objekt zugewiesen werden. Die auf dem Heap angelegten String-Objekte sind also unveränderlich, den Referenzvariablen vom Typ `String` können jedoch neue Werte zugewiesen werden.

Im nächsten Beispiel erfolgt die Initialisierung mit Hilfe einer Referenzvariablen, die auf ein Array von Zeichen zeigt, das mit Hilfe einer Initialisierungsliste angelegt wurde:

```
char[] data = {'A', 'n', 'j', 'a'};  // Array von Zeichen
String name = new String ("Anja");
String gleicherName = new String (data);
```

Für mit `new` erzeugte Strings wird immer ein neues `String`-Objekt im Heap erzeugt.

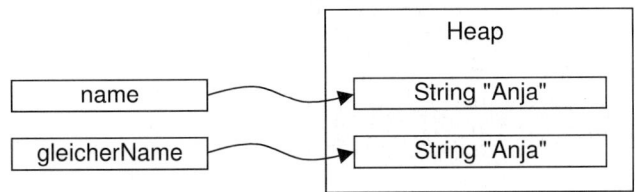

Bild 6-28 Heap nach der Erzeugung zweier Strings mit `new`

- **Implizites Erzeugen eines String-Objektes**

Strings können – wie Arrays – auch ohne expliziten Aufruf von `new` erzeugt werden. Die Erzeugung erfolgt implizit, wenn im Programm eine konstante Zeichenkette verwendet wird. Allerdings wird dabei nicht immer im Heap ein neues String-Objekt angelegt.

> Bei optimierenden Compilern können String-Objekte, die den gleichen Inhalt haben und implizit erzeugt werden, wieder verwendet werden.

Durch diese Wiederverwendung werden die `.class`-Dateien kleiner und es ist eine Einsparung von Speicher im Heap möglich. Im folgenden Beispiel werden zwei Referenzvariablen `name` und `gleicherName` vom Typ `String` angelegt und mit `"Anja"` initialisiert:

```
String name = "Anja";
String gleicherName = "Anja";
```

Der Compiler kann beiden Referenzvariablen die Adresse auf dasselbe String-Objekt zuweisen. Da die `.class`-Datei kleiner wird, ist sie für eine eventuelle Übertragung über ein Netzwerk optimiert.

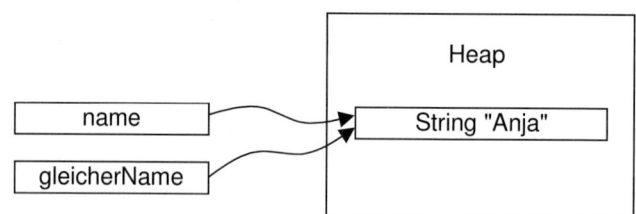

Bild 6-29 Heap nach der impliziten Erzeugung zweier Strings

Nicht nur der Compiler kann Optimierungen durchführen, auch der Interpreter hat die Möglichkeit, eine ähnliche Speicherplatzoptimierung durchzuführen. Während der **Compiler** die **Optimierung einer einzelnen** `.class`-**Datei** durchführt, kann der **Interpreter zur Laufzeit klassenübergreifend optimieren**. Werden in zwei unterschiedlichen Klassen die gleichen konstanten Zeichenketten verwendet, hat der Compiler keine Möglichkeit zu optimieren. Dagegen kann der Interpreter beim Laden einer Klasse prüfen, ob schon ein String-Objekt mit dieser konstanten Zeichenkette existiert. Existiert schon ein String-Objekt mit dem Inhalt der konstanten Zeichenkette, muss kein neues Objekt angelegt werden.

6.7.1.2 Vergleichen von Strings

Wenn zwei Referenzvariablen, die auf String-Objekte zeigen, **mit Hilfe des** `==` **Operators** verglichen werden, so werden ihre Werte, d.h. die **Referenzen, verglichen**. Mit anderen Worten, es wird verglichen, ob sie auf das gleiche String-Objekt zeigen. Es wird jedoch nicht geprüft, ob der Inhalt der String-Objekte übereinstimmt. Würden die in Kapitel 6.7.1 angesprochenen Optimierungen in jedem Fall greifen, so würde dieser Vergleich tatsächlich funktionieren. Da jedoch die Optimierung zumindest bei mit `new` erzeugten Strings nicht durchgeführt wird und bei implizit erzeugten String-Objekten nicht zwingend vorgeschrieben ist, muss zum **Vergleich des Inhalts** zweier String-Objekte **die Methode** `equals()` der Klasse `String` verwendet werden.

Zeigen `name1` und `name2` auf String-Objekte, so wird der Vergleich

```
if (name1.equals (name2))
    . . . . .
```

korrekt durchgeführt, ungeachtet dessen, ob die String-Objekte explizit oder implizit erzeugt wurden.

6.7.1.3 Stringverarbeitung – Methoden der Klasse String

Da eine konstante Zeichenkette eine Instanz der Klasse `String` ist, können auch alle Methoden dieser Klasse angewendet werden. Zu beachten ist:

> Jede Methode der Klasse `String`, die eine **Veränderung der Zeichenkette** zur Folge hat, z.B. der Aufruf der Methode `substring()`, liefert eine **neue Instanz** der Klasse `String` zurück und nicht die gleiche Instanz mit einem geändertem Inhalt. `String`-**Instanzen können nicht geändert werden**.

Die Klasse `String` ist im Paket `java.lang` definiert. Eine ausführliche Beschreibung aller Methoden kann in der Dokumentation der Java-API (siehe Kap. 3.3.2) nachgesehen werden. Im Folgenden sind kurz die gebräuchlichsten Methoden und ihre Aufgaben aufgezählt:

* `public int length()`
  Gibt die Anzahl der Zeichen einer Zeichenkette zurück.

* `public boolean equals (Object obj)`
  Vergleicht zwei Zeichenketten miteinander und gibt `true` zurück, falls die Zeichenketten den gleichen Inhalt haben. Ansonsten wird `false` zurückgegeben. Die Methode `equals()`, die in der Klasse `String` implementiert ist, unterscheidet sich von der Methode `equals()` der Klasse `Object`. Die Methode `equals()` der Klasse `Object` überprüft nur, ob die beiden Referenzen, die am Vergleich beteiligt sind, auf das gleiche Objekt zeigen. Bei zwei unterschiedlichen Objekten mit gleichem Inhalt gibt diese Methode immer `false` zurück.

* `public String substring (int anfang, int ende)`
  Schneidet eine Zeichenkette zwischen `anfang` und `ende` – 1 aus und gibt den ausgeschnittenen Teil als neues `String`-Objekt zurück. Beachten Sie, dass das erste Zeichen den Index 0 hat. Ist der Wert von `anfang` negativ oder geht der Wert von `ende` über die tatsächliche Länge hinaus, so wird eine Exception vom Typ `StringIndexOutOfBoundsException`[70] geworfen.

---

[70] Exceptions siehe Kap. 13.

- `public String trim()`
  Entfernt alle Leerzeichen am Anfang und am Ende der Zeichenkette und gibt den bearbeiteten String als neues `String`-Objekt zurück.

Im folgenden Beispiel werden diese Methoden verwendet:

```java
// Datei: Zeichenkette.java

public class Zeichenkette
{
   public static void main (String[] args)
   {
      String buchtitel = "Java als erste Programmiersprache";
      String buchtitelAnfang;
      System.out.println (buchtitel);
      System.out.println ("Anzahl der Zeichen des Buchtitels: "
                          + buchtitel.length());

      // Zuweisung eines Teilstrings an buchtitelAnfang
      buchtitelAnfang = buchtitel.substring (0, 5);
      System.out.println ("Anzahl der Zeichen des Buchtitel"
              + "anfangs vor trim(): " + buchtitelAnfang.length());

      // Entfernen der Leerzeichen von beiden Enden des Strings
      buchtitelAnfang = buchtitelAnfang.trim();
      System.out.println ("Anzahl der Zeichen des Buchtitel"
              + "anfangs nach trim(): " + buchtitelAnfang.length());

      if (buchtitelAnfang.equals ("Java"));
      {
         System.out.println ("Buchtitel fängt mit Java an");
      }
   }
}
```

Hier die Ausgabe des Programms:

```
Java als erste Programmiersprache
Anzahl der Zeichen des Buchtitels: 33
Anzahl der Zeichen des Buchtitelanfangs vor trim(): 5
Anzahl der Zeichen des Buchtitelanfangs nach trim(): 4
Buchtitel fängt mit Java an
```

6.7.2 Variable Zeichenketten mit der Klasse StringBuffer

Die Klasse `StringBuffer` gehört auch zum Paket `java.lang` und repräsentiert eine Zeichenkette mit den folgenden Eigenschaften:

- Die Länge der Zeichenkette in einem `StringBuffer`-Objekt ist nicht festgelegt.
- Die Länge vergrößert sich automatisch, wenn im `StringBuffer`-Objekt weitere Zeichen angefügt werden und der vorhandene Platz nicht ausreicht.
- Der Inhalt einer Instanz der Klasse `StringBuffer` lässt sich verändern.

Die Länge der Zeichenkette in einem Objekt vom Typ `StringBuffer` wird – wie auch bei der Klasse `String` – in einem zusätzlichen Datenfeld des Objektes abgelegt.

6.7.2.1 Erzeugung eines StringBuffer-Objektes

Im Gegensatz zur Klasse `String` gibt es bei der Klasse `StringBuffer` **nicht die Möglichkeit, ein Objekt implizit zu erzeugen**. Die Erzeugung ist nur mit dem Operator `new` möglich. Die Initialisierung eines Objektes der Klasse `StringBuffer` erfolgt durch Aufruf des Konstruktors, der im Anschluss an den `new`-Operator folgt und durch den Klassennamen, die runden Klammern und ihren Inhalt gegeben ist. Im Folgenden werden die Konstruktoren

```
StringBuffer()
StringBuffer (int length)
StringBuffer (String str)
```

vorgestellt. Dem ersten Konstruktor werden keine Parameter zur Initialisierung übergeben. Es wird ein `StringBuffer`-Objekt auf dem Heap angelegt, das 16 Zeichen aufnehmen kann. Hierbei wird – für den Programmierer unsichtbar – innerhalb des Konstruktors ein zweites Mal mit dem `new`-Operator Speicher auf dem Heap allokiert und die Referenz auf diesen Speicher dem privaten Datenfeld `value` vom Typ `private char[]` des `StringBuffer`-Objektes zugewiesen:

```
value = new char [16];
```

Ein `StringBuffer`-Objekt, das mit folgender Anweisung

```
StringBuffer str1 = new StringBuffer();
```

erzeugt wird, ist in folgendem Bild zu sehen:

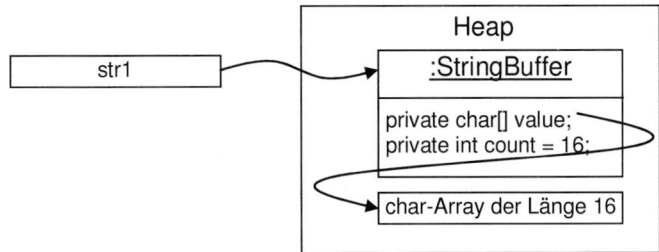

Bild 6-30 Erzeugtes `StringBuffer`-Objekt, das mit dem parameterlosen Konstruktor initialisiert wurde

Wird als aktueller Parameter des Konstruktors ein `int`-Wert übergeben, so wird ein `StringBuffer`-Objekt der Länge des übergebenen `int`-Wertes angelegt. Die Anweisung

```
StringBuffer str2 = new StringBuffer (10);
```

legt also ein `StringBuffer`-Objekt an, das 10 Zeichen aufnehmen kann. Man beachte, dass auch hier innerhalb des Konstruktors noch einmal vom `new`-Operator

Gebrauch gemacht wird, um ein `char`-Array der entsprechenden Länge auf dem Heap zu allokieren.

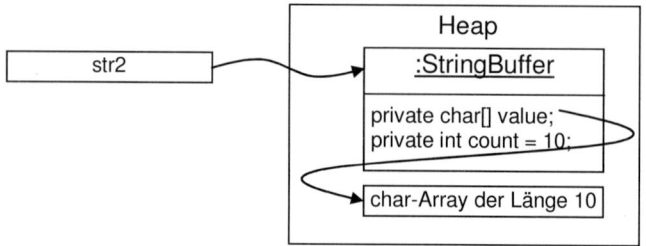

Bild 6-31 Erzeugtes `StringBuffer`-Objekt, das 10 Zeichen aufnehmen kann

`StringBuffer`-Objekte, die mit dem Konstruktor ohne Parameter bzw. mit dem Konstruktor, der die Länge eines `StringBuffer`-Objektes entgegennimmt, initialisiert werden, haben noch keine Zeichenkette, die sie beinhalten. Um ein `String-Buffer`-Objekt nach der Erzeugung mit einer Zeichenkette zu füllen, existieren die Methoden `append()` und `insert()` in unterschiedlichen Ausprägungen in der Java-API. Genauso kann nachträglich der schon bestehende Inhalt eines `String-Buffer`-Objektes durch Methoden wie `insert()`, `delete()`und `setCharAt()` verändert werden. Der volle Umfang der Methoden der Klasse `StringBuffer` und deren detaillierte Beschreibung kann der Dokumentation der Java-Klassenbibliothek entnommen werden.

Wird als aktueller Parameter des Konstruktors eine konstante Zeichenkette angegeben, so wird damit das `StringBuffer`-Objekt initialisiert. Mit der Codezeile

```
StringBuffer name = new StringBuffer ("Anja");
```

wird also ein `StringBuffer`-Objekt auf dem Heap angelegt und zusätzlich mit der konstanten Zeichenkette `"Anja"` initialisiert (siehe Bild 6-32).

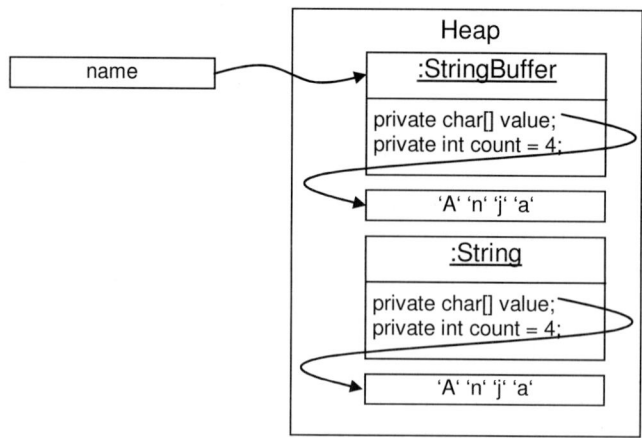

Bild 6-32 Erzeugtes `StringBuffer`-Objekt, das mit "Anja" initialisiert ist und das implizit erzeugte `String`-Objekt "Anja"

Auch hier wird innerhalb des Konstruktors vom `new`-Operator Gebrauch gemacht und ein entsprechendes `char`-Array auf dem Heap angelegt, das mit den Zeichen `'A'` `'n'` `'j'` `'a'` initialisiert wird. Dabei wird in das private Datenfeld `count` die Länge der Zeichenkette `"Anja"`, d.h. die Zahl 4, eingetragen.

Da bei der Erzeugung des Objektes der Klasse `StringBuffer` eine Referenz auf ein `String`-Objekt übergeben wird, kommt die Zeichenkette `"Anja"` zweimal im Heap vor, einmal als `String`-Objekt und einmal als `StringBuffer`-Objekt. Die Darstellung eines Strings im Arbeitsspeicher wurde bis zu Bild 6-32 noch nicht vorgestellt. Obwohl `String`-Objekte konstant und `StringBuffer`-Objekte variabel sind, sind ihre Datenfelder gleich, allerdings sind ihre Methoden verschieden.

Bei `StringBuffer`-**Objekten** wird **in keinem Fall** eine **Speicherplatzoptimierung** wie bei Strings vorgenommen. Es wird stets ein neues `StringBuffer`-Objekt im Heap angelegt.

6.7.2.2 Vergleichen von StringBuffern

Da für jede Zeichenkette ein neues Objekt der Klasse `StringBuffer` erzeugt wird, sollte man meinen, dass auch in diesem Fall ein Vergleich zweier Zeichenketten mit der Methode `equals()` erfolgt. Die Klasse `StringBuffer` erbt zwar wie jede Klasse die Methode `equals()` von der Klasse `Object`, allerdings wird sie jedoch nicht wie bei der Klasse `String` überschrieben und kann daher nicht sinnvoll eingesetzt werden. Wird sie für den Vergleich von `StringBuffer`-Objekten verwendet, so liefert sie ein unbrauchbares Ergebnis. Ein **Vergleich der Zeichenketten zweier** `StringBuffer`-**Objekte** ist **nur über** den **Umweg der Konvertierung beider Objekte in zwei String-Objekte möglich**. Die Konvertierung erfolgt mit der Methode `toString()`. Dies wird in folgendem Beispiel vorgestellt:

```
StringBuffer name1 = new StringBuffer ("Anja");
StringBuffer name2 = new StringBuffer ("Peter");
String name1String = name1.toString();
String name2String = name2.toString();

if (name1String.equals (name2String)). . . . .
```

6.7.3 Verkettung von Strings und StringBuffern

Die Verkettung von Strings und von `StringBuffer`-Objekten wird in diesem Kapitel zusammengefasst, da die Verkettung von `String`-Objekten auf der Verkettung von `StringBuffer`-Objekten aufsetzt.

6.7.3.1 Anhängen von Zeichenketten an einen StringBuffer

Das Anhängen einer konstanten Zeichenkette an einen StringBuffer erfolgt mit der Methode `append()` der Klasse `StringBuffer` wie in folgendem Beispiel:

```
StringBuffer name = new StringBuffer ("Anja");
name.append (" Christina");
```

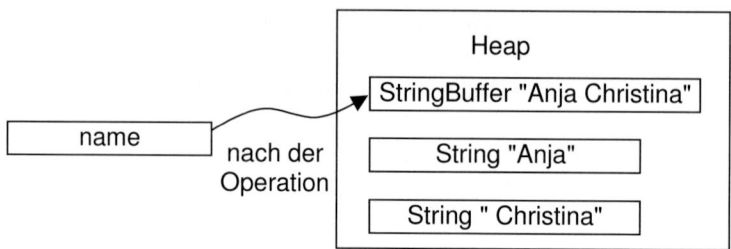

Bild 6-33 Anhängen einer Zeichenkette

Die beiden Strings "Anja" und " Christina" werden, sofern sie nicht von anderen Stellen in der virtuellen Maschine referenziert werden, zur gegebenen Zeit durch den Garbage Collector entfernt.

Die Verkettung von StringBuffer-Objekten erfolgt analog, wie im folgenden Beispiel gezeigt wird:

```
StringBuffer name1 = new StringBuffer ("Anja");
StringBuffer name1 = new StringBuffer (" Christina");
name1.append (name2);
```

6.7.3.2 Verkettung von Strings

Zur Verkettung von Strings gibt es in Java den Operator + als Verkettungsoperator. Da Objekte der Klasse String unveränderlich sind, wird hierbei eine neue String-Instanz erzeugt, welche die neue, verkettete Zeichenkette aufnimmt. Dies ist im folgenden Beispiel zu sehen:

```
String name = "Anja";
name = name + " Christina";
```

Lassen Sie sich hier nicht verblüffen. String-Objekte können tatsächlich nicht verändert werden. Mit name + " Christina" wird ein neues String-Objekt geschaffen. Mit name = name + " Christina" wird die Referenz name auf das neu erzeugte Objekt gerichtet.

Der Operator + wird dabei vom Compiler in einen append()-Aufruf der Klasse StringBuffer übersetzt. Die zwei Codezeilen des vorherigen Beispiels werden dabei sinngemäß in die folgenden Anweisungen übersetzt:

```
String name = "Anja";
StringBuffer b = new StringBuffer (name);
b.append (" Christina");
name = b.toString();
```

Im Heap werden mit diesen Anweisungen die in Bild 6-34 gezeigten String- und StringBuffer-Objekte angelegt.

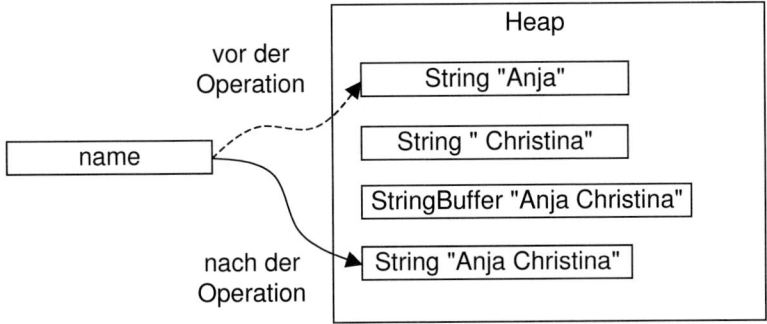

Bild 6-34 Zeichenketten im Heap vor und nach der Verkettung

Es werden also zwei `String`-Objekte erzeugt und miteinander über Umwege zu einem neuen `String`-Objekt verkettet. Die `String`-Objekte " `Christina`" und "`Anja`" sowie das `StringBuffer`-Objekt "`Anja Christina`" können, wenn sie nicht mehr von einem anderen Objekt in der virtuellen Maschine referenziert werden, vom Garbage Collector entfernt werden. Dieses Vorgehen ist, da die Erzeugung von Objekten viel Rechenzeit verbraucht, nicht besonders effizient. In Schleifen sollte deshalb die Verkettung von Strings vermieden werden. Stattdessen sollten besser `StringBuffer`-Objekte verwendet werden. Das folgende Beispiel zeigt, wie in einer `for`-Schleife der bestehende String jedesmal um ein Sternchen erweitert wird:

```
String s = "*";
for (int i = 0; i < 5000; i++)
{
   s = s + "*";   // Dies sollte vermieden werden
}
```

Für das vorangehende Beispiel empfiehlt sich daher die folgende Optimierung:

```
String s = "*";
StringBuffer tmp = new StringBuffer (s);
for (int i = 0; i < 5000; i++)
{
   tmp.append ("*");   // So ist es besser
}
s = tmp.toString();
```

Durch dieses Vorgehen ergibt sich eine Geschwindigkeitserhöhung.

6.7.4 Variable Zeichenketten mit der Klasse StringBuilder

Seit dem JDK 5.0 stellt das Paket java.lang auch eine Klasse `StringBuilder` zur Verfügung. Bisher war die Klasse `StringBuffer` die einzige Möglichkeit, um Zeichenketten zu verändern. Die Klasse `StringBuilder` ist eine neue Klasse mit einer höheren Performanz, die jedoch nicht verwendet werden darf, wenn eine Zeichenkette von mehreren Threads (siehe Kap. 19) parallel bearbeitet wird.

Die Klassen `StringBuffer` und `StringBuilder` werden hauptsächlich dazu verwendet, Zeichenketten aufzubauen oder abzuändern. Bestehende Zeichenketten, die in einem Objekt der Klasse `StringBuilder` oder `StringBuffer` gespeichert sind, werden dabei durch Anfügen oder Einfügen von neuen Zeichen oder Abändern von bestehenden Zeichen modifiziert.

Zu diesem Zweck bietet die Klasse `StringBuilder` die Methoden `append()`, `insert()` und `setCharAt()` an. Diese Methoden sind überladen, sodass sie Parameter verschiedener Datentypen entgegennehmen können. Die übergebenen Parameter werden gegebenenfalls in Strings konvertiert. Die Methode `append()` hängt die Stringrepräsentation ihres Parameters an das Ende einer Zeichenkette an. Im Gegensatz dazu wird der Parameter der Methode `insert()` an einer definierbaren Stelle in eine Zeichenkette eingefügt. Mit der Methode `setCharAt()`, kann an einer bestimmten Stelle in der Zeichenkette ein Zeichen verändert werden. Die Methode erwartet als ersten Parameter einen `int`-Wert, der die Stelle in der Zeichenkette angibt und als zweiten Parameter das neu zu setzende Zeichen vom Typ `char`.

Hierzu ein Beispiel:

```
// Datei: StringBuilderTest.java

public class StringBuilderTest
{
   public static void main (String[] args)
   {
      StringBuilder sb =
                    new StringBuilder ("Wilhelm Röntgen");
      System.out.println (sb);

      sb.insert (7, " Konrad");
      sb.append (", Matrikelnummer: ");
      sb.append (123456);
      System.out.println (sb);
      System.out.println ();

      // Einen neues StringBuilder-Objekt erzeugen
      sb = new StringBuilder ("Tasse");
      System.out.println (sb);

      sb.setCharAt (0, 'K');
      System.out.println (sb);

      sb.setCharAt (0, 'M');
      System.out.println (sb);
   }
}
```

Die Ausgabe des Programms ist:

```
Wilhelm Röntgen
Wilhelm Konrad Röntgen, Matrikelnummer: 123456

Tasse
Kasse
Masse
```

Die Konstruktoren und Methoden der Klasse `StringBuilder` entsprechen den Konstruktoren und Methoden der Klasse `StringBuffer` (siehe Kap. 6.7.2).

6.8 Wrapper-Klassen

Wrapper-Klassen sind Klassen, die dazu dienen, um eine Anweisungsfolge oder einen einfachen Datentyp in die Gestalt einer Klasse zu bringen.

> Wrapper-Klassen dienen dazu, ein nicht-objektorientiertes Konstrukt in die Form einer Klasse einzubetten.

Wrapper-Klassen, die nur eine Methode `main()` enthalten, wurden in Kapitel 4 vorgestellt. Die Wrapper-Klassen in diesem Kapitel sind Bibliotheksklassen, die geschaffen wurden, um einfache Datentypen aufzunehmen. Für alle einfachen Datentypen gibt es in Java im Paket `java.lang` Wrapper-Klassen.

> Ein Vorteil der Wrapper-Klassen des Paketes `java.lang` ist, dass sie Methoden zur Bearbeitung der entsprechenden einfachen Datentypen zur Verfügung stellen.

Beispiele hierfür sind Methoden zum **Umwandeln von Zahlen in Strings** und **von Strings in Zahlen**. Viele der vorhandenen Methoden sind `static`, sodass sie auch benutzt werden können, ohne dass eine Instanz einer Wrapper-Klasse gebildet werden muss.

> Variablen einfacher Datentypen können mit Hilfe von Wrapper-Klassen in Objekten abgelegt werden. Damit hat man die Möglichkeit, einfache Datentypen in der Hülle der Wrapper-Klasse als Referenzen an Methoden zu übergeben.

In Java gibt es die folgenden Wrapper-Klassen:

Einfache Datentypen	Wrapper-Klassen
char	Character
boolean	Boolean
byte	Byte
short	Short
int	Integer
long	Long
double	Double
float	Float

Tabelle 6-4 Einfache Datentypen und die zugehörigen Wrapper-Klassen

Es gibt auch eine Wrapper-Klasse `Void`, obwohl `void` in Java kein Datentyp ist. Da `void` eine leere Menge bedeutet und keine Informationen enthält, besitzt die Klasse `Void` weder Konstruktoren noch Methoden.

Wrapper-Klassen werden oft beim **Einlesen von Zahlenwerten von der Tastatur** eingesetzt. Hierbei werden im Programm die Ziffern, die von der Tastatur kommen, zuerst in einer Stringvariablen abgelegt und anschließend mit Hilfe von Methoden der Wrapper-Klassen in Zahlen gewandelt. Das folgende Beispiel verwendet die statische Methode `parseInt()` der Wrapper-Klasse `Integer`. Die Methode `parseInt()` gibt den Wert eines Strings als `int`-Wert zurück.

```
// Datei: WrapperTest.java

public class WrapperTest
{
   public static void main (String[] args)
   {
      String s1 = "100";
      // Verwenden statischer Methoden der Wrapper-Klasse Integer
      System.out.println ("100 im Dezimalsystem hat den Wert: "
                        + Integer.parseInt (s1));
      System.out.println ("100 im Oktalsystem hat den Wert: "
                        + Integer.parseInt (s1, 8));
      System.out.println ("100 im Hexadezimalsystem hat den Wert: "
                        + Integer.parseInt (s1, 16));
   }
}
```

Hier die Ausgabe des Programms:

```
100 im Dezimalsystem hat den Wert: 100
100 im Oktalsystem hat den Wert: 64
100 im Hexadezimalsystem hat den Wert: 256
```

Diese Funktionalität könnte gut in einem Taschenrechner verwendet werden, der die Eingaben des Benutzers einliest und je nach Wunsch den eingegebenen Wert in das entsprechende Zahlensystem umwandelt. Die Wrapper-Klassen `Float`, `Double`, `Byte`, `Short`, `Integer` und `Long` stellen entsprechende Methoden bereit, um ein String-Objekt in die einfachen Datentypen `float`, `double`, `byte`, `short`, `int` und `long` zu wandeln.

Es gab früher aber auch einen Nachteil von Wrapper-Klassen – man konnte vor dem JDK 5.0 mit Objekten von Wrapper-Klassen nicht rechnen wie mit Variablen einfacher Datentypen. Auf Variablen elementarer Datentypen kann man zum Beispiel die Operatoren + und – anwenden. Hat man die Werte von einfachen Datentypen in Wrapper-Klassen verpackt, so muss es selbstverständlich auch eine Möglichkeit geben, diese wieder aus der Wrapper-Klasse herauszuholen, um damit zu rechnen. Das folgende Beispiel zeigt, wie man die Werte, die in Objekten von Wrapper-Klassen gespeichert sind, in der alten Technik des JDK 1.4 und früherer Versionen wieder zurückgewinnen kann:

```java
// Datei: EntpackeWrapper.java

public class EntpackeWrapper
{
   public static void main (String[] args)
   {
      Integer i1 = new Integer (1);
      Integer i2 = new Integer (2);
      Double d = new Double (2.2);

      int summe = i1.intValue() + i2.intValue();
      double produkt = d.doubleValue() * 2;

      System.out.println ("Wert der Variablen summe: " + summe);
      System.out.println ("Wert der Variablen produkt: " + produkt);
   }
}
```

Hier die Ausgabe des Programms:

```
Wert der Variablen summe: 3
Wert der Variablen produkt: 4.4
```

Um einen Wert wieder aus einem Objekt einer Wrapper-Klasse zu entpacken, stellen Wrapper-Klassen entsprechende Methoden bereit. Im Falle der Wrapper-Klasse `Integer` ist dies die Methode `intValue()`, die den einfachen Datentyp `int` als Rückgabewert liefert.

Das folgende Beispiel zeigt die Verwendung von Wrapper-Klassen, wenn an eine **Methode Referenzen** als Parameter übergeben werden müssen, der Aufrufer aber einen **einfachen Zahlenwert** übergeben möchte.

```java
// Datei: EasyStack.java

public class EasyStack
{
   // Anlegen eines Object-Arrays, das vier Elemente aufnehmen kann.
   private Object[] stack = new Object [4];
   private int top = -1;

   public void push (Object o)   // Methode zum Ablegen eines Elemen-
   {                             // tes auf dem Stack.
      top = top + 1;
      stack [top] = o;
   }

   public Object pop()           // Methode, um ein Element vom Stack
   {                             // abzuholen.
      top = top - 1;
      return stack [top + 1];
   }
}
```

```
// Datei: EasyStackTest.java

public class EasyStackTest
{
   public static void main (String[] args)
   {
      EasyStack arr = new EasyStack();        // Ein Objekt der Klasse
      boolean booleanWert = false;            // EasyStack erzeugen
      char    charWert    = 'c';
      int     intWert     = 1234;
      double  doubleWert   = 1234.1234;

      arr.push (new Boolean (booleanWert)); // Stack füllen
      arr.push (new Character (charWert));
      arr.push (Integer.valueOf (intWert));
      arr.push (new Double (doubleWert));

      // Daten vom Stack abholen und ausgeben
      System.out.println ("Double: " + arr.pop());
      System.out.println ("Integer: " + arr.pop());
      System.out.println ("Character: " + arr.pop());
      System.out.println ("Boolean: " + arr.pop());
   }
}
```

Hier die Ausgabe des Programms:

```
Double: 1234.1234
Integer: 1234
Character: c
Boolean: false
```

Um ein Objekt vom Typ einer Wrapper-Klasse aus einem Ausdruck eines einfachen Datentyps zu erhalten, kann entweder der new-Operator oder die statische Methode valueOf() verwendet werden, wie im obigen Programmbeispiel beim Füllen des Stacks zu sehen ist. Jede Wrapper-Klasse besitzt eine statische Methode valueOf(), die eine Referenz auf ein Objekt vom Typ der jeweiligen Wrapper-Klasse zurückgibt. Die folgenden Zeilen zeigen die beiden Alternativen:

```
Integer i = Integer.valueOf (2); // Äquivalente Alternativen
Integer j = new Integer (2);     // zur Objekterzeugung
```

Die einfachen Datentypen boolean, char, int und double werden einfach in einem Objekt der entsprechenden Wrapper-Klasse verpackt und können damit an die Methode push() übergeben werden, die nur Referenzen akzeptiert. Warum einem formalen Parameter vom Typ Object ein aktueller Parameter eines jeden beliebigen Referenztyps zugewiesen werden kann, wird in Kapitel 11 erklärt.

Es gibt noch eine weitere Besonderheit im obigen Programm zu beachten. Die Methode pop() gibt eine Referenz auf ein Objekt vom Typ Object zurück.

Wird auf einen Referenztyp der Zeichenverkettungsoperator angewandt, so wird die `toString()`-Methode des entsprechenden Objektes aufgerufen.

Bei dem Aufruf von

```
System.out.println ("Double: " + arr.pop());
```

wird also in Wirklichkeit

```
System.out.println ("Double: " + arr.pop().toString());
```

aufgerufen.

Wird an `println()` ein Referenztyp `ref` übergeben:

```
System.out.println (ref);
```

so wird

```
System.out.println (ref.toString());
```

aufgerufen.

Die `toString()`-Methode ist bei den Wrapper-Klassen derart implementiert, dass immer die String-Repräsentation des gekapselten elementaren Datentyps zurückgegeben wird. Warum jedoch in obigem Beispiel der Klasse `EasyStack` bei `arr.pop()` die korrekte `toString()`-Methode des entsprechenden Objektes der Wrapper-Klasse – und nicht die `toString()`-Methode der Klasse `Object` – aufgerufen wird, liegt an der dynamischen Bindung und kann erst in Kapitel 11.4.2 erklärt werden.

Die Stringrepräsentation eines Referenztyps wird erzeugt, indem die `toString()`-Methode des entsprechenden Objektes aufgerufen wird.

6.9 Boxing und Unboxing

In Java werden Wrapper-Klassen benötigt, um Werte einfacher Datentypen in Objektform zu "verpacken". Will man dann wieder den Wert als einfachen Typ haben, so muss man diesen aus dem Objekt "auspacken". Das "Verpacken" bezeichnet man als Boxing, das "Auspacken" als Unboxing.

Boxing (in eine Schachtel packen) bedeutet, dass ein Wert eines einfachen Typs in eine Instanz einer Wrapper-Klasse umgewandelt wird. Bildlich gesehen stellt das Objekt der Wrapper-Klasse eine Box dar, in welche die Variable des einfachen Typs hineingelegt wird.

Unboxing ist genau das Gegenteil von Boxing. Bildlich gesehen wird hier die Variable des einfachen Typs aus der Schachtel (dem Objekt der Wrapper-Klasse) wieder herausgenommen.

Vor dem JDK 5.0 musste Boxing und Unboxing vom Entwickler selbst implementiert werden. Das folgende Programm zeigt dieses Vorgehen:

```java
// Datei: ManuellesBoxing.java

public class ManuellesBoxing
{
   public static void main (String[] args)
   {
      int testInt = 1;
      char testChar = 'c';
      boolean booleanValue = false;

      // Boxing: Verpacken des Werte in eine Instanz
      // der passenden Wrapper-Klasse
      Integer wrappedInt = new Integer (testInt);
      Character wrappedChar = new Character (testChar);
      Boolean wrappedBoolean = new Boolean (booleanValue);

      // Unboxing: Auspacken der Werte des primitiven Typs
      testInt = wrappedInt.intValue();
      testChar = wrappedChar.charValue();
      booleanValue = wrappedBoolean.booleanValue();
   }
}
```

Seit JDK 5.0 wird Boxing und Unboxing automatisch vom Compiler eingefügt, sodass der Programmierer selbst weniger aufschreiben muss.

Da der ganze Mechanismus von **Boxing** und **Unboxing** vom Compiler automatisch umgesetzt wird, spricht man auch von **Auto-Boxing** und **Auto-Unboxing**. Das folgende Beispiel zeigt das automatische Boxing und Unboxing:

```java
// Datei: AutoBoxing.java

public class AutoBoxing
{
   public static void main (String[] args)
   {
      // Anlegen von Variablen einfacher Typen
      int testInt = 1;
      char testChar = 'c';
      boolean testBool = true;
```

```
        // Boxing: Verpacken des Werts in eine Instanz
        // der passenden Wrapper-Klasse. Der Compiler
        // übernimmt dies hier automatisch bei der
        // Zuweisung.
        Integer wrappedInt = testInt;
        Character wrappedChar = testChar;
        Boolean wrappedBool = testBool;

        // Unboxing: Auspacken der Werte des primitiven Typs.
        // Der Compiler fügt automatisch den Unboxing-Code ein
        testInt = wrappedInt;
        testChar = wrappedChar;
        testBool = wrappedBool;

        // Aufruf einer Methode, die einen Referenztyp erwartet,
        // mit einem Parameter eines primitiven Typs.
        // Der Compiler fügt automatisch Boxing-Code ein.
        beispielMethode (testInt);
    }

    private static void beispielMethode (Integer i)
    {
        //... nicht relevant
    }
}
```

Die folgende Tabelle zeigt Boxing und Unboxing jeweils manuell und automatisch für den einfachen Typ int und die entsprechende Wrapper-Klasse Integer. Dabei ist die Variable i vom Typ int und die Variable wi vom Typ Integer.

Boxing		Unboxing	
Manuell	Automatisch	Manuell	Automatisch
Integer wi = new Integer(i);	Integer wi = i;	int i = wi.intValue();	int i = wi;

Tabelle 6-5 Beispiele für Boxing und Unboxing

Durch das Auto-Boxing wird es auch möglich, fast alle Operatoren, die bisher nur auf einfache numerische Datentypen anwendbar waren, auch für die entsprechenden Wrapper-Klassen zu verwenden. Genauso können die logischen Operatoren nicht nur auf Boolesche Ausdrücke, sondern auch auf Referenzen von Objekten der Wrapper-Klasse Boolean angewendet werden.

Beispielsweise können die Werte von zwei Objekten der Klasse Integer mit dem Operator + addiert werden, ohne sie vorher manuell auszupacken:

```
// Datei: AutoBoxing2.java

public class AutoBoxing2
{
    public static void main (String[] args)
    {
        // Anlegen von zwei Objekten der Wrapper-Klasse Integer
        // und zuweisen von Werten eines einfachen Typs (Der Compiler
        // fügt Boxing-Code ein)
```

```
    Integer i1 = 10;
    Integer i2 = 5;

    // Auto-Unboxing von i1 und i2, Addieren der Werte, danach
    // Auto-Boxing des Werts für die Zuweisung an i3
    Integer i3 = i1 + i2;

    // Ausgeben der einzelnen Werte und des Ergebnisses
    System.out.println (i1 + " + " + i2 " = " + i3);
    }
}
```

Die Ausgabe des Programms ist:

```
10 + 5 = 15
```

Durch das Auto-Unboxing können Referenzvariablen auf Objekte von Wrapper-Klassen numerischer Datentypen auch als Operanden der Postfix- und Präfix-Operatoren ++ und -- verwendet werden, genau so wie als Operanden der binären arithmetischen Rechenoperationen (+, -, / ,*, %) oder der bitweisen Operationen (&, ^, |, >>, <<, >>>).

Referenzvariablen auf Objekte der Wrapper-Klasse Boolean können Operanden von bestimmten relationalen Operationen werden oder in die Bedingung des Bedingungsoperators eingesetzt werden.

Zahlreiche Operatoren, die auf Variablen einfacher Datentypen angewandt werden können, können auch auf Referenzvariablen, die auf Objekte von Wrapper-Klassen zeigen, angewandt werden.

Werden die relationalen Operatoren == und != bei Referenz-variablen, die auf Objekte von Wrapper-Klassen zeigen, ver-wendet, so werden aber – wie bei Referenzvariablen üblich – die Referenzen verglichen und nicht die Inhalte!

Auto-Boxing kann jedoch auch Probleme verursachen: Existieren beispielsweise in einer Klasse zwei überladene Methoden[71], deren Methodenköpfe sich nur dadurch unterscheiden, dass einmal einfache Typen verwendet werden und einmal die entsprechenden Wrapper-Klassen, ist für den Compiler nicht klar, welche Methode aufgerufen werden soll. Dies wird durch einen Fehler beim Kompilieren angezeigt. Das folgende Beispiel zeigt diese Situation:

```
public void testMethode (int x)
{
    ...// nicht relevant
}
```

---

[71] Was das Überladen einer Methode genau bedeutet wird in Kapitel 9.4 noch ausführlich behandelt.

```
public void testMethode (Integer x)
{
    ...// nicht relevant
}

// Welche Methode soll der Compiler aufrufen?
// Durch Auto-Boxing ist der folgende Aufruf nicht mehr eindeutig.
testMethode (1)
```

Solche Mehrdeutigkeiten treten vor allem in Code auf, der vor dem JDK 5.0 geschrieben wurde, da dort noch kein Auto-Boxing enthalten war und sich viele Entwickler mit entsprechenden überladenen Methoden behalfen. Durch eine explizite Typkonvertierung beim Aufruf kann dieses Problem umgangen werden.

Bei der Deklaration von überladenen Methoden muss darauf geachtet werden, dass keine Mehrdeutigkeiten auftreten. Beim Überladen einer Methode sollte kein einfacher Typ in der Parameterliste durch einen Typ der Wrapper-Klasse ersetzt werden (und umgekehrt).

Auch bei Kontrollflusskonstrukten (siehe Kap. 8.2 und 8.3) kann dieser neue Mechanismus hilfreich sein. Es besteht nun auch die Möglichkeit, bei `if`-Anweisungen als Ausdruck eine Referenzvariable auf ein Objekt der Klasse `Boolean` zu verwenden. Gleiches gilt ebenfalls für `while`-, `do-while`- oder `for`-Schleifen, die nun in Ihrem Ausdruck auch eine Referenzvariable auf ein Objekt der Klasse `Boolean` akzeptieren.

Der Ausdruck der `switch`-Anweisung (siehe Kap. 8.2.3) kann wie bisher vom Typ `char`, `byte`, `short`, `int` sein oder aber nun auch vom Typ `Character`, `Byte`, `Short` oder `Integer`.

6.10 Verkettung von Strings und Variablen anderer Datentypen

In den Programmausgaben ist die Verkettung von Strings mit Variablen anderer Datentypen schon oft verwendet worden. Die folgende Programmzeile ist aus der Klasse `Punkt` entnommen:

```
System.out.println ("Die Koordinate des Punktes ist: " + x);
```

Die Variable `x` ist dabei vom Typ `int`. Um die Ausgabe zu bewerkstelligen, muss die Variable `x` vom Typ `int` in ein String-Objekt gewandelt werden und danach an den vorangehenden String angehängt werden.

Die Umwandlung eines einfachen Datentyps in ein String-Objekt erfolgt dabei über die Verwendung der entsprechenden Wrapper-Klasse. Die obige Variable `x` wird somit in einen Aufruf `new Integer (x)` verpackt. Natürlich hat man durch diese Umsetzung noch keine String-Repräsentation der einfachen Datentypen erlangt – aber da jeder einfache Datentyp nun in einem Objekt eines Referenztyps gekapselt ist, wird jetzt einfach die `toString()`-Methode der entsprechenden Wrapper-Klasse verwendet. Jede Klasse in Java erbt die `toString()`-Methode der Klasse `Object`. Die Wrapper-Klassen stellen für diese Methode jeweils eine spezielle Implementierung bereit, die dafür sorgt, dass die einfachen Datentypen richtig in ein String-Objekt konvertiert werden.

Die folgende Tabelle zeigt, welche Umsetzung bei den restlichen einfachen Datentypen erfolgt:

Datentyp	Umsetzung über Wrapper-Klasse
`boolean`	`new Boolean (x)`
`char`	`new Character (x)`
`byte, short, int`	`new Integer (x)`
`long`	`new Long (x)`
`float`	`new Float (x)`
`double`	`new Double (x)`

Tabelle 6-6 Wandlung von einfachen Datentypen in einen Referenztyp

6.11 Übungen

Aufgabe 6.1: Klassenvariablen

a) Es soll eine Klasse für Kfz-Zulassungen erstellt werden. Schreiben Sie hierzu eine Klasse `KfzZulassung`. Die Informationen einer Kfz-Zulassung bestehen aus den beiden Datenfeldern `kennzeichen` und `fahrzeughalter`, die jeweils aus einem String bestehen und `private` sein sollen. Es soll eine Klassenvariable `anzahl` vom Typ `int` geben, welche die Anzahl der erzeugten Zulassungen zählt und `public` ist. Als Methoden sollen zur Verfügung stehen:

1. eine Methode `print()` zur Ausgabe der beiden Datenfelder `kennzeichen` und `fahrzeughalter`,

2. ein Konstruktor mit 2 Parametern zur Initialisierung von `kennzeichen` und `fahrzeughalter`,

3. eine Methode `main()` zum Testen.

In der Methode `main()` soll ein Objekt der Klasse `KfzZulassung` mit den Werten `"ES-FH 2005"` und `"Martin Mustermann"` und ein Objekt mit den Werten `"ES-FH 2006"` und `"Markus Müller"` angelegt werden. Die Referenz `z1` soll auf das Objekt mit den Werten `"ES-FH 2003"` und `"Martin Mustermann"` und die Referenz `z2` auf das Objekt mit den Werten `"ES-FH 2004"` und `"Markus Müller"` verweisen. Bei jedem Erzeugen eines Objekts der Klasse `KfzZulassung` soll die Klassenvariable `anzahl` in der Methode `main()` um 1 hochgezählt werden. Vor und nach dem Erzeugen eines Objektes der Klasse `KfzZulassung` soll der Wert von `anzahl` am Bildschirm ausgegeben werden.

b) Nehmen Sie Ihre Lösung von a) und verlagern Sie die Methode `main()` in die Klasse `TestKfzZulassung`. Die Klasse `KfzZulassung` soll in die Klasse `KfzZulassung2` ohne eine Methode `main()` umgeschrieben werden. Versuchen Sie in der Methode `main()` der Klasse `TestKfzZulassung`, ob Sie über die Referenz `z1` das Kennzeichen ändern können durch

```
z1.kennzeichen = "N-EU 1111";
```

Ändern Sie den Zugriffsmodifikator des Datenfeldes `kennzeichen` von `private` auf `public` und versuchen Sie es erneut. Versuchen Sie dasselbe in der Methode `main()` der Klasse `KfzZulassung` aus Teilaufgabe a). Gibt es einen Unterschied?

c) Verbessern Sie Ihr Programm, indem Sie das Hochzählen der Anzahl der Zulassungen im Konstruktor durchführen.

Aufgabe 6.2: Klassenvariablen und Klassenmethoden

Ein Kinobesitzer möchte seine Kinosäle in einem Informationssystem halten können. Hierzu sind die Klassen `Kinosaal` und `TestKinosaal` zu entwickeln. Die Klasse `Kinosaal` besitzt:

- einen Konstruktor
- die beiden Instanzvariablen `saalNummer` und `anzahlSitzplaetzeSaal`
- die beiden Klassenvariablen `anzahlSitzplaetzeKino` und `anzahlKinosaele`
- eine get- und set-Methode, um die Anzahl der Sitzplätze eines Saals auszulesen bzw. festzulegen
- die beiden Klassenmethoden `getAnzahlSitzplaetzeKino()` und `getAnzahlKinosaele()`

Die Klasse `TestKinosaal` ist eine Wrapper-Klasse für die Methode `main()`. In dieser Methode soll die Klasse `Kinosaal` getestet werden. Hierzu sollen zwei Kinosäle mit 50 bzw. 100 Sitzplätzen angelegt werden. Alle Variablen sollen vom Typ `int` und `private` sein.

a) Schreiben Sie die Klasse `Kinosaal`. Bei jedem Erzeugen eines Kinosaals soll der Wert der Variablen `anzahlKinosaele` um 1 erhöht werden. Jeder Kinosaal soll beim Erzeugen eine eindeutige Nummer `saalNummer` erhalten, die direkt aus der Anzahl der Kinosäle abgeleitet wird. Mit der Methode

```
public void setAnzahlSitzplaetzeSaal (int anzahlSitzplaetzeSaal)
```

soll für einen neu erzeugten Kinosaal die `anzahlSitzplaetzeSaal` gesetzt werden. Dabei soll die `anzahlSitzplaetzeKino` um den Wert `anzahlSitzplaetzeSaal` erhöht werden.

b) Schreiben Sie die Methode

```
public void setAnzahlSitzplaetzeSaal (int anzahlSitzplaetzeSaal)
```

so um, dass die Anzahl der Sitzplätze eines Kinosaals nachträglich geändert werden kann und die Anzahl der Sitzplätze des Kinos entsprechend angepasst wird.

Aufgabe 6.3: Klasse Veranstaltung

Um Veranstaltungen besser zu organisieren, soll eine neue Klasse `Veranstaltung` geschrieben werden. Diese Klasse soll folgende Informationen enthalten:

* `bezeichnung` – Bezeichnung der Veranstaltung
* `kostenlos` – ob die Veranstaltung kostenlos ist
* `teilnehmer` – ein Array mit den Namen der Teilnehmer
* `anzahlTeilnehmer` – aktuelle Anzahl angemeldeter Teilnehmer

Die Klasse soll folgende Methoden besitzen:

* einen Konstruktor, dem die maximal mögliche Anzahl an Teilnehmern als `int`-Wert übergeben wird. Innerhalb des Konstruktors soll das Array `teilnehmer` mit der Anzahl an maximal möglichen Teilnehmern erzeugt werden.
* get- und set-Methoden für die beiden Instanzvariablen `bezeichnung` und `kostenlos`.
* `getAnzahlTeilnehmer()`, um die Anzahl der Teilnehmer einer Veranstaltung zu ermitteln.
* `addTeilnehmer()`, um einen Teilnehmer anzumelden. Hierzu wird der übergebene Name an die Stelle im Array `teilnehmer` geschrieben, auf welche die Instanzvariable `anzahlTeilnehmer` zeigt. Danach wird die Instanzvariable `anzahlTeilnehmer` um eins erhöht.
* `print()`, um die Informationen einer Veranstaltung auf dem Bildschirm darzustellen.

Neben der Klasse `Veranstaltung` soll eine weitere Klasse geschrieben werden. Diese Wrapper-Klasse enthält nur eine Methode `main()`. In dieser Methode sollen mehrere Veranstaltungen angelegt werden, jeweils ein paar Teilnehmer angemeldet und die Informationen mit Hilfe der Methode `print()` auf dem Bildschirm ausgegeben werden.

Aufgabe 6.4: int-Array als Stack

Die Klasse `Stack` soll ein `int`-Array kapseln, welches als Stack dienen soll. Die Funktionsweise eines Stack wird in Kapitel 6.3.5.1 erklärt. Zum Zugriff auf den Stack sollen die Methoden

```
public void push (int u)
public int pop()
```

bereitgestellt werden. Die Methode

```
public boolean isEmpty()
```

überprüft, ob der Stack leer ist, und liefert in diesem Fall `true` zurück, ansonsten wird `false` zurückgeliefert. Die Methode

```
public void stackPrint()
```

soll zu Testzwecken dienen und den Inhalt des gesamten Stacks ausgeben. Die Größe des Stacks soll dem Konstruktor übergeben werden können. Testen Sie die Klasse `Stack` mit Hilfe der folgenden Wrapper-Klasse:

```java
// Datei: TestStack.java

public class TestStack
{
   public static void main (String[] args)
   {
      Stack stackRef = new Stack (5);
      stackRef.push (7);
      stackRef.push (3);
      stackRef.push (4);
      stackRef.push (9);
      stackRef.push (1);

      stackRef.stackPrint();

      System.out.println ("\nAusgabe der Zahlen: ");
      while (stackRef.isEmpty() == false)
      {
         int rückgabe;
         rückgabe = stackRef.pop(); // oberste Zahl des Stacks wird
                                    // mit pop() vom Stack geholt
         System.out.println ("Die Zahl war " + rückgabe);
      }
   }
}
```

Aufgabe 6.5: Array mit einfachen Datentypen – FloatQueue

Die Klasse `FloatQueue` ist eine Warteschlange für `float`-Werte. In dieser Warteschlange können sich mehrere `float`-Werte befinden. Es kann jeweils nur ein Element gleichzeitig in die Warteschlange (hinten) eingereiht werden (`enqueue()`-Methode) oder aus der Warteschlange (vorne) entnommen werden (`dequeue()`-Methode). Im Gegensatz zu einem Stapelspeicher (Stack) handelt es sich bei einer Warteschlange um einen **FIFO**-Speicher (**"First In First Out"**).

Die Klasse `FloatQueue` soll folgende Methoden beinhalten:

- Konstruktor: `public FloatQueue (int laenge)`
  Der Übergabeparameter `int laenge` gibt die Anzahl der maximalen Speicherstellen der Warteschlange an.
- In die Warteschlange einfügen: `public void enqueue (float wert)`
  Sie soll den Wert am Ende der Warteschlange anfügen.
- Aus der Warteschlange entnehmen: `public float dequeue()`
  Sie soll den ersten Wert aus der Warteschlange zurückgeben und aus der Warteschlange entfernen. Ist die Warteschlange leer, so soll -1 zurückgegeben werden.
- Ausgabe des Inhalts der Warteschlange: `public void queuePrint()`
  Sie soll alle in der Warteschlange enthaltenen Werte ausgeben.

- Überprüfen, ob Warteschlange leer ist: `public boolean isEmpty()`
  Sie soll ermitteln, ob die Warteschlange leer ist und in diesem Falle `true`
  zurückliefern. Anderenfalls soll die Methode `false` zurückliefern.
- Leeren der Warteschlange: `public void clear()`
  Sie soll alle in der Warteschlange vorhandenen Werte löschen.

Testen Sie die Klasse `FloatQueue` mit Hilfe folgender Testklasse:

```java
// Datei: TestFloatQueue.java

public class TestFloatQueue
{
    public static void main (String[] args)
    {
        FloatQueue queue = new FloatQueue(5);
        queue.enqueue (2.45f);
        queue.enqueue (1.29f);
        queue.enqueue (4.31f);
        queue.enqueue (7.85f);

        queue.queuePrint();

        System.out.println ("\nAusgabe der Zahlen: ");
        while (queue.isEmpty() == false )
        {
            float rueckgabe;
            rueckgabe = queue.dequeue();
            System.out.println ("Die Zahl war " + rueckgabe);
        }

        queue.enqueue (1.11f);
        queue.queuePrint();
        queue.clear();
        queue.queuePrint();
    }
}
```

Aufgabe 6.6: Strings

a) Performance

Führen Sie die folgende Klasse `TestString` aus, welche zum Testen der Performance des Verkettungsoperators + von Strings dient. Die Zeit, welche die `for`-Schleife benötigt, wird in Millisekunden gemessen. Die Zeitmessung erfolgt mit Hilfe der Klasse `System` (siehe Anhang C).

```java
// Datei: TestString.java

public class TestString
{
    public static void main (String[] args)
    {
        String s = "Hello";
        System.out.println ("Starte Schleife, Bitte warten ...");
        long startTime = System.currentTimeMillis();
```

```
    for (int n = 0; n < 10000; n++)
    {
        s += "World";
    }
    long endTime = System.currentTimeMillis();

    System.out.println ("Mit dem + Operator braucht man hier " +
                        (endTime-startTime) + " Millisekunden");

    System.out.println ("Der zusammengesetzte String hat eine " +
                        "Länge von " + s.length () + " Zeichen");
    }
}
```

Die gemessene Zeit erscheint recht hoch. Wir benötigen allerdings einen Vergleich. Fügen Sie einen Block an, in dem der String "Hello" in einem Objekt der Klasse StringBuffer steht und der String "World" nicht über den Verkettungsoperator, sondern über die Methode append() der Klasse StringBuffer hinzugefügt wird. Sie können natürlich auch andere oder weitere Möglichkeiten programmieren und die Zeit messen.

Um welchen Faktor unterscheiden sich die Laufzeiten der beiden Möglichkeiten? Geben Sie eine Erklärung für die Laufzeitunterschiede an.

b) Dateiname

Benutzen Sie die Methoden der Klasse String, um eine Klasse Parser zu schreiben. Diese Klasse hat die Aufgabe, aus einem vollständigen Pfad in Form eines Strings das Verzeichnis, den Dateinamen und die Extension der Datei zu ermitteln. Lautet zum Beispiel der gesamte Pfad:

```
C:\Eigene Daten\Javatest\Beispiel.java
```

dann soll das Programm Folgendes extrahieren:

```
Extension:     java

Dateiname:     Beispiel

Verzeichnis:   C:\Eigene Daten\Javatest
```

Aufgabe 6.7: Boxing und Unboxing

a) Auto-Boxing und Auto-Unboxing von aktuellen Parametern

Erstellen Sie eine Klasse BoxingUnboxing mit zwei Methoden. Die eine Methode soll einen Übergabeparameter vom Typ int und die andere einen Übergabeparameter vom Typ Integer haben. Erstellen Sie eine main()-Methode, in der sie eine Variable vom Typ int und eine andere Variable vom Typ Integer anlegen. Rufen Sie die Methoden so auf, dass der Compiler Auto-Boxing bzw. Auto-Unboxing durchführen muss.

b) Operatoren mit Auto-Boxing und Auto-Unboxing

Erstellen Sie eine Klasse `BoxingUnboxing2` mit einer `main()`-Methode. Legen Sie in dieser Methode zwei Variablen vom Typ `Integer` an und initialisieren Sie diese mit Hilfe von Auto-Boxing.

Ändern Sie den Wert der Variablen mit Hilfe der unären Operatoren `++` und `--`.

Legen Sie eine dritte Variable vom Typ `int` an und initialisieren Sie diese mit der Differenz der Werte von Variable1 und Variable2.

Vergleichen Sie den Wert zweier Variablen vom Typ `Integer` mit Hilfe der relationalen Operatoren. Überlegen Sie, welche relationalen Operatoren nicht verwendet werden dürfen, weil damit nicht die Werte verglichen werden.

Nutzen Sie einen Bit-Operator, um den Wert einer der Variablen vom Typ `Integer` zu verdoppeln.

Legen Sie eine Variable vom Typ `Boolean` an und verwenden Sie diese mit dem Bedingungsoperator `?:`, um den jeweiligen Wert mit den Strings "wahr" oder "falsch" auszugeben.

Schreiben Sie eine `switch`-Anweisung, wobei Sie nach dem Wert einer Variablen vom Typ `Character` unterscheiden.

Die Ausgabe des Programms soll so aussehen:

```
Der Wert von i3 ist: 3
i1 > i2 : true
i1 < i2 : false
i1 == i2 : false
i1 != i2 : true
i1 vor der Bit-Operation: 4
i1 nachher: 8
b ist wahr
Der Ausdruck der switch-Anweisung hat den Wert 'c'.
```

Aufgabe 6.8: Wochentage

Definieren Sie einen Aufzählungstyp `Wochentag`, der die Tage der Woche repräsentiert, und eine Klasse `WochentagAusgabe`. In der `main()`-Methode der Klasse `WochentagAusgabe` soll die Methode `values()` des Aufzählungstyps verwendet werden, um alle Wochentage auszugeben. Zu jedem Wochentag soll die jeweilige Ordinal-Zahl ausgegeben werden. Die Ausgabe soll folgendermaßen aussehen:

```
MONTAG ist der 1. Tag der Woche.
DIENSTAG ist der 2. Tag der Woche.
MITTWOCH ist der 3. Tag der Woche.
DONNERSTAG ist der 4. Tag der Woche.
FREITAG ist der 5. Tag der Woche.
SAMSTAG ist der 6. Tag der Woche.
SONNTAG ist der 7. Tag der Woche.
```

Aufgabe 6.9: Rechenmaschine

Definieren Sie einen Aufzählungstyp `Operation` mit den Aufzählungskonstanten `PLUS`, `MINUS`, `TIMES` und `DIVIDE`. Der Aufzählungstyp soll die Methode `eval (double arg0, double arg1)` haben, die für jede Aufzählungskonstante entsprechend überschrieben werden muss. Implementieren Sie ein Klasse `Rechenmaschine`, die ein privates Datenfeld vom Typ `Operation` hat. Die Rechenmaschine soll so funktionieren, dass zuerst eine Operation gesetzt wird, dann werden zwei Parameter vom Typ `double` übergeben. Abschließend wird die Methode `ausfuehren()` aufgerufen, die das Ergebnis berechnet und ausgibt. Schreiben Sie eine `main()`-Methode, um die Klasse `Rechenmaschine` und den Aufzählungstyp zu testen. Nutzen Sie die Methode `values()` des Aufzählungstyps, um alle Operationen in einer Schleife zu testen.

Die Ausgabe soll folgendermaßen aussehen:

```
Die Operation PLUS ergibt für die Parameter  2.0 und 3.0 das
Ergebnis 5.0.
Die Operation MINUS ergibt für die Parameter 2.0 und 3.0 das
Ergebnis -1.0.
Die Operation TIMES ergibt für die Parameter 2.0 und 3.0 das
Ergebnis 6.0.
Die Operation DIVIDE ergibt für die Parameter 2.0 und 3.0 das
Ergebnis 0.6666666666666666.
```

Kapitel 7

Ausdrücke und Operatoren

$$X = (A + B) * C$$

7.1   Operatoren und Operanden
7.2   Ausdrücke und Anweisungen
7.3   Nebeneffekte
7.4   Auswertungsreihenfolge
7.5   L-Werte und R-Werte
7.6   Zusammenstellung der Operatoren
7.7   Konvertierung von Datentypen
7.8   Ausführungszeitpunkt von Nebeneffekten
7.9   Übungen

7 Ausdrücke und Operatoren

Ein **Ausdruck** ist in Java im einfachsten Falle der Bezeichner (Name) einer Variablen oder einer Konstanten. Meist interessiert der Wert eines Ausdrucks. So hat eine Konstante einen Wert, eine Variable kann einen Wert liefern, aber auch der Aufruf einer Instanz- oder Klassenmethode kann einen Wert liefern. Der Wert eines Ausdrucks wird oft auch als **Rückgabewert** des Ausdrucks bezeichnet. **Alles das, was einen Wert zurückliefert, stellt einen Ausdruck dar.**

Verknüpft man Operanden – ein Operand ist selbst ein Ausdruck – durch Operatoren und gegebenenfalls auch runde Klammern, so entstehen **komplexe Ausdrücke**. Runde Klammern beeinflussen dabei die **Auswertungsreihenfolge**. Das Ziel dieser Verknüpfungen ist die Berechnung neuer Werte oder auch das Erzeugen von gewollten Nebeneffekten (siehe Kap. 7.3).

7.1 Operatoren und Operanden

Um Verknüpfungen mit Operanden durchzuführen, braucht man **Operatoren** (siehe Kap. 5.3.7).

Es gibt in Java die folgenden Arten von Operatoren:

- einstellige (unäre, monadische)
- zweistellige (binäre, dyadische)
- und einen einzigen dreistelligen (ternären, tryadischen), nämlich den Bedingungsoperator ? :

Ein einstelliger (unärer) Operator hat einen einzigen Operanden. Ein Beispiel hierfür ist der Minusoperator als Vorzeichenoperator, der auf einen einzigen Operanden wirkt und das Vorzeichen des Wertes des Operanden ändert. So ist in $-a$ das $-$ ein Vorzeichenoperator, der das Vorzeichen des Wertes von a umkehrt.

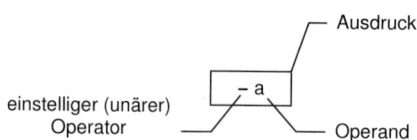

Bild 7-1 Ein unärer Operator angewandt auf einen Operanden

Benötigt ein Operator 2 Operanden für die Verknüpfung, so spricht man von einem **zweistelligen (binären) Operator**. Ein vertrautes Beispiel für einen binären Operator ist der Additionsoperator, der hier zur Addition der beiden Zahlen 3 und 4 verwendet werden soll:

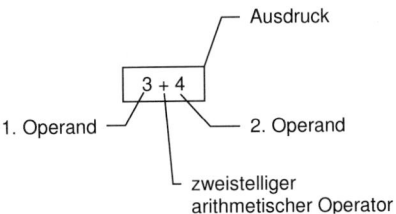

Bild 7-2 Ein binärer Operator verbindet zwei Operanden zu einem Ausdruck

Operatoren kann man auch nach ihrer Wirkungsweise klassifizieren. So gibt es außer den **arithmetischen Operatoren** beispielsweise auch **logische Operatoren**, **Zuweisungsoperatoren** oder **Vergleichsoperatoren** (relationale Operatoren).

Unäre Operatoren – Postfix- und Präfixoperatoren

Unäre Operatoren können vor oder hinter ihren Operanden stehen. Der Ausdruck

```
u++
```

stellt die Anwendung des Postfix-Operators ++ auf seinen Operanden u dar.

Postfix-Operatoren sind **unäre** Operatoren, die **hinter** (post) **ihrem Operanden** stehen. **Präfix-Operatoren** sind **unäre** Operatoren, die **vor** (prä) **ihrem Operanden** stehen.

Ein Beispiel für einen Präfix-Operator ist das unäre Minus (Minus als Vorzeichen), ein anderes Beispiel ist der Präfix-Operator ++, siehe folgendes Beispiel:

```
++u
```

Der Rückgabewert des Ausdrucks ++u ist u+1. Zusätzlich wird als Nebeneffekt die Variable u inkrementiert[72] und erhält den Wert u+1.

7.2 Ausdrücke und Anweisungen

Anweisungen und Ausdrücke sind nicht das Gleiche. Sie unterscheiden sich durch den Rückgabewert:

Ausdrücke in Java haben stets einen **Rückgabewert**. Alles das, was einen Wert zurückliefert, stellt einen Ausdruck dar. **Anweisungen** haben **keinen Rückgabewert**.

Was ist aber nun genau der Rückgabewert? Das soll anhand des Ausdrucks 3 + 4 erklärt werden. Durch die Anwendung des Additionsoperators + auf seine Operanden 3 und 4 ist der Rückgabewert des Ausdrucks 3 + 4 eindeutig festgelegt. Aus den

---

[72] Siehe Kap. 7.3.

Typen der Operanden ergibt sich immer eindeutig der **Typ des Rückgabewertes**. Da beide Operanden vom Typ `int` sind, ist der Rückgabewert der Addition ebenfalls vom Typ `int` und hat den Wert 7.

Der Wert eines Ausdrucks wird auch als sein **Rückgabewert** bezeichnet. **Jeder Rückgabewert hat** auch **einen Typ**.

Es werden die folgenden Anweisungen unterschieden:

- Selektionsanweisungen (siehe Kap. 8.2),
- Iterationsanweisungen (siehe Kap. 8.3),
- Sprunganweisungen (siehe Kap. 8.4),
- die leere Anweisung (siehe Kap. 9.1.2),
- die `try`-Anweisung (siehe Kap. 13.2),
- die `throw`-Anweisung (siehe Kap. 13.3),
- die `assert`-Anweisung (siehe Kap. 13.7.1)
- die `synchronized`-Anweisung (siehe Kap. 19)
- und Ausdrucksanweisungen.

Ausdrucksanweisungen werden sogleich im Folgenden behandelt.

Ausdrucksanweisungen

In Java kann man bei bestimmten Arten von Ausdrücken durch Anhängen eines Semikolons an den Ausdruck erreichen, dass der Ausdruck zu einer Anweisung wird. Man spricht dann von einer sogenannten **Ausdrucksanweisung**.

In einer solchen **Ausdrucksanweisung** wird der **Rückgabewert** eines Ausdrucks **nicht verwendet**. Lediglich wenn **Nebeneffekte** zum Tragen kommen, ist eine Ausdrucksanweisung sinnvoll.

Die folgenden Ausdrücke können in Java zu einer Anweisung werden:

- Zuweisungen
  (= und kombinierte Zuweisungsoperatoren wie z.B. +=),
- Postfix- und Präfix-Inkrement- und Dekrementoperator
  (++ und −−) angewandt auf eine Variable,
- Methodenaufrufe, unbenommen davon, ob sie einen Rückgabewert haben oder nicht,
- und Ausdrücke, die mit `new` ein Objekt erzeugen.

Das folgende Beispiel zeigt eine zulässige und eine unzulässige Ausdrucksanweisung:

```
. . . . .
int c = 0;
// 5 * 5;     // nicht zulässige Ausdrucksanweisung
. . . . .
c++;          // zulässige Ausdrucksanweisung
```

7.3 Nebeneffekte

Nebeneffekte werden auch als **Seiteneffekte** oder als **Nebenwirkungen** bezeichnet. Es gibt Operatoren, die eine schnelle und kurze Programmierschreibweise erlauben. Es ist nämlich möglich, während der Auswertung eines Ausdrucks Programmvariablen nebenbei zu verändern. Ein Beispiel dazu ist:

```
int u = 1;
int v;
v = u++;
```

Der Rückgabewert des Ausdrucks `u++` ist hier der Wert 1. Mit dem Zuweisungsoperator wird der Variablen `v` der Rückgabewert von `u++`, d.h. der Wert 1, zugewiesen. Die Zuweisung `v = u++` ist ebenfalls ein Ausdruck und `v = u++;` stellt eine **Ausdrucksanweisung** dar. Als Nebeneffekt des Operators `++` wird die Variable `u` inkrementiert und hat nach der Inkrementierung den Wert 2. Man sollte aber mit Nebeneffekten sparsam umgehen, da sie leicht zu unleserlichen und fehlerträchtigen Programmen führen.

In Java gibt es zwei Sorten von Nebeneffekten:

- Nebeneffekte von Operatoren
- und Nebeneffekte bei allen Methoden, die nicht nur lesend, sondern auch schreibend auf Datenfelder zugreifen.

7.4 Auswertungsreihenfolge

Wie in der Mathematik spielt es auch bei Java eine Rolle, in welcher Reihenfolge ein Ausdruck berechnet wird. Genau wie in der Mathematik gilt auch in Java die Regel "Punkt vor Strich", weshalb 5 + 2 * 3 gleich 11 und nicht 21 ist. Allerdings gibt es in Java sehr viele Operatoren. Daher muss für alle Operatoren festgelegt werden, welcher im Zweifelsfall Priorität hat.

7.4.1 Einstellige und mehrstellige Operatoren

Die Auswertung eines Ausdrucks mit Operatoren[73] wie `++`, `+`, `*` etc. wird nach folgenden Regeln durchgeführt:

---

[73] Methodenaufruf-, Array-Index- und Punktoperator werden hier noch nicht betrachtet.

1. Wie in der Mathematik werden als erstes **Teilausdrücke in Klammern** ausgewertet. Der Wert und Typ eines Ausdrucks ändert sich nicht, wenn er in Klammern gesetzt wird. So sind beispielsweise die beiden Zuweisungen `a = b` und `a = (b)` identisch.

2. Dann werden **Ausdrücke mit unären Operatoren** ausgewertet. Unäre Operatoren werden **von rechts nach links** angewendet. Dies bedeutet, dass `--~x` gleichbedeutend ist mit `-(~x)`. Anzumerken ist, dass der hier verwendete unäre Operator `~` alle Bits seines Operanden invertiert.

3. Abschließend werden Teilausdrücke mit **mehrstelligen Operatoren** ausgewertet.

Unäre Operatoren haben alle dieselbe Priorität. Die Abarbeitung mehrstelliger Operatoren erfolgt nach der Prioritätstabelle der Operatoren (siehe Kap. 7.6.8), wenn Operatoren verschiedener Prioritäten nebeneinander stehen. Bei Operatoren verschiedener Priorität erfolgt zuerst die Abarbeitung der Operatoren mit höherer Priorität. Bei gleicher Priorität entscheidet die **Assoziativität** (siehe Kap. 7.4.2) der Operatoren, ob die Verknüpfung von links nach rechts oder von rechts nach links erfolgt.

Durch das Setzen von Klammern (Regel 1) kann man von der festgelegten Reihenfolge abweichen.

7.4.2 Mehrstellige Operatoren gleicher Priorität

Unter **Assoziativität** versteht man die Reihenfolge, wie Operatoren und Operanden **verknüpft** werden, wenn Operanden durch Operatoren **derselben Priorität** (**Vorrangstufe**) verknüpft werden.

Ist ein Operator rechtsassoziativ, so wird eine Verkettung von Operatoren und Operanden von rechts nach links abgearbeitet, bei Linksassoziativität dementsprechend von links nach rechts.

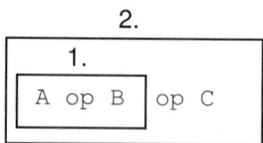

Bild 7-3 Verknüpfungsreihenfolge bei einem linksassoziativen Operator `op`

Im Beispiel von Bild 7-3 wird also zuerst der linke Operator `op` auf die Operanden `A` und `B` angewendet, als zweites wird dann die Verknüpfung `op` mit `C` durchgeführt.

Da Additions- und Subtraktionsoperator linksassoziativ sind und dieselbe Priorität haben, wird beispielsweise der Ausdruck `a - b + c` wie `(a - b) + c` verknüpft und nicht wie `a - (b + c)`. Es gibt **zwei Möglichkeiten** für die Verknüpfung des Ausdrucks `a - b + c`:

Fall 1: `a - b + c` wird verknüpft wie `(a - b) + c`.
Also erst `a` und `b` verknüpfen zu `a - b`, dann `(a - b)` und `c` verknüpfen zu `(a - b) + c`. Damit kam der linke Operator vor dem rechten an die Reihe. Die Linksassoziativität wurde nicht verletzt.

Fall 2: `a - b + c` wird verknüpft wie `a - (b + c)`.
Hier werden zuerst die Operanden `b` und `c` durch den Additionsoperator verknüpft. Die Linksassoziativität ist damit verletzt, da als erstes der Operator `-` hätte dran kommen müssen.

Einige der in Java vorhandenen Operatoren sind jedoch nicht links-, sondern rechtsassoziativ (siehe Zuweisungsoperator).

7.4.3 Bewertungsreihenfolge von Operanden

In Java werden die **Operanden** eines Operators **strikt von links nach rechts ausgewertet**.

Da in Java die Bewertungsreihenfolge von Operanden definiert ist, ist in Java auch ein Ausdruck

`a++ - a`

zulässig. Vor der binären Operation muss der linke Operand vollständig bewertet sein, d.h. der Nebeneffekt muss stattgefunden haben. Dass der linke Operand vollständig bewertet sein muss, bedeutet, dass sein Wert zwischengespeichert werden muss, um anschließend in einer Operation – hier der Subtraktion – verwendet zu werden.

Der Rückgabewert des Operanden `a++` ist `a`, nach Abarbeitung des Nebeneffekts ist der Wert von `a` um 1 erhöht. Dies bedeutet, dass `a++ - a` den Wert `-1` hat.

In Java ist festgelegt, dass jeder Operand eines Operators mit Ausnahme der Operatoren `&&`, `||` und `? :` vollständig ausgewertet wird, bevor irgendein Teil der Operation begonnen wird.

7.5 L-Werte und R-Werte

Die Begriffe L-Wert und R-Wert sind in C geläufig. Gosling [12] spricht statt von **L-Wert** von **Variablen**, statt **R-Wert** von **Wert**. Aus Gründen der Präzision behalten wir die Begriffe L- und R-Wert bei.

Einen Ausdruck, der eine Variable im Speicher bezeichnet, nennt man einen **L-Wert (lvalue** oder **left value).**

In Java stellt der Name `var` einer lokalen Variablen einen solchen Ausdruck dar. Andere Möglichkeiten für L-Werte sind der Name einer Instanzvariablen oder einer Klassenvariablen, der Zugriff auf ein Arrayelement, eine Variable eines Schnitt-stellentyps oder eine Variable eines Aufzählungstyps.

Das 'L' steht für links (left) und deutet darauf hin, dass dieser Ausdruck links vom Zuweisungsoperator = stehen kann. Natürlich kann ein L-Wert auch rechts vom Zuweisungsoperator stehen wie in

```
a = b
```

wobei `a` und `b` Variablen sind.

Ein **L-Wert** zeichnet sich dadurch aus, dass er einen **Speicher-platz** irgendwo **im Arbeitsspeicher** besitzt.

Steht ein Variablenname rechts neben dem Zuweisungsoperator, so wird über den Variablennamen der Wert an der entsprechenden Speicherstelle ausgelesen, d.h. es interessiert hier nur sein R-Wert. Links neben dem Zuweisungsoperator muss immer ein L-Wert stehen, da man eine Speicherstelle benötigt, die den Wert der Zuweisung aufnehmen kann.

Ist ein Ausdruck kein L-Wert, so ist er ein **R-Wert (rvalue** oder **right value)** und kann nicht links, sondern nur rechts vom Zuweisungsoperator stehen. Einem R-Wert kann man keinen Wert zuweisen, da er keine feste Speicherstelle besitzt.

Bild 7-4 Beispiele für L- und R-Werte

Des Weiteren wird zwischen modifizierbarem und **nicht modifizierbarem L-Wert** unterschieden. Das oben aufgeführte Beispiel beschreibt modifizierbare L-Werte. Ein Ausdruck, welcher eine `final`-Variable bezeichnet, ist zwar ein L-Wert, jedoch nur ein nicht modifizierbarer L-Wert. Auf der linken Seite einer Zuweisung darf also nur ein modifizierbarer L-Wert stehen, jedoch weder ein R-Wert noch ein nicht modifizier-barer L-Wert. Bestimmte Operatoren können nur auf modifizierbare L-Werte angewendet werden, wie z.B. der Inkrementoperator ++ oder der Dekrementoperator --. 5++ ist falsch, i++, wobei i eine Variable darstellt, ist jedoch korrekt.

7.6 Zusammenstellung der Operatoren

In den folgenden Kapiteln wird ein unärer Operator stets mit seinem Operanden bzw. binäre und tertiäre Operatoren mit ihren Operanden gezeigt. Es wird also stets die ganze Operation vorgestellt.

7.6.1 Einstellige arithmethische Operatoren

Im Folgenden werden die einstelligen (unären) **Operatoren**

- positiver Vorzeichenoperator: +A
- negativer Vorzeichenoperator: -A
- Postfix-Inkrementoperator: A++
- Präfix-Inkrementoperator: ++A
- Postfix-Dekrementoperator: A--
- Präfix-Dekrementoperator: --A

anhand von Beispielen vorgestellt. Die Inkrement- und Dekrementoperatoren können seit dem JDK 5.0 auch auf Referenzen auf Objekte numerischer Wrapper-Klassen angewendet werden.

Positiver Vorzeichenoperator: +A

Der positive Vorzeichenoperator wird selten verwendet, da er lediglich den Wert seines Operanden wiedergibt. Es gibt keine Nebeneffekte.

Beispiel:

```
+a                      // +a hat denselben Rückgabewert wie a.
```

Negativer Vorzeichenoperator: -A

Will man den Wert des Operanden mit umgekehrtem Vorzeichen erhalten, so ist der negative Vorzeichenoperator von Bedeutung. Es gibt keine Nebeneffekte.

Beispiel:

```
-a                      // -a hat vom Betrag denselben Rückgabe-
                        // wert wie a. Der Rückgabewert hat aber
                        // das umgekehrte Vorzeichen.
```

Postfix-Inkrementoperator: A++

Der Rückgabewert ist der unveränderte Wert des Operanden. Als **Nebeneffekt** wird der Wert des Operanden um 1 inkrementiert. Der Inkrementoperator kann auf modifizierbare L-Werte eines ganzzahligen oder eines Gleitpunkt-Typs – nicht jedoch auf nicht modifizierbare L-Werte und R-Werte – angewandt werden.

Beispiele:

```
a = 1
b = a++                  // Erg.: b = 1, Nebeneffekt: a = 2
```

Präfix-Inkrementoperator: ++A

Der Rückgabewert ist der um 1 inkrementierte Wert des Operanden. Als **Neben-effekt** wird der Wert des Operanden um 1 inkrementiert. Der Inkrementoperator kann nur auf modifizierbare L-Werte eines ganzzahligen oder eines Gleitpunkt-Typs ange-wandt werden.

Beispiele:

```
a = 1
b = ++a                  // Erg.: b = 2, Nebeneffekt: a = 2
```

Postfix-Dekrementoperator: A--

Der Rückgabewert ist der unveränderte Wert des Operanden. Als **Nebeneffekt** wird der Wert des Operanden um 1 dekrementiert. Der Dekrementoperator kann nur auf modifizierbare L-Werte eines ganzzahligen oder eines Gleitpunkt-Typs angewandt werden.

Beispiele:

```
a = 1
b = a--                  // Erg.: b = 1, Nebeneffekt: a = 0
```

Präfix-Dekrementoperator: --A

Der Rückgabewert ist der um 1 dekrementierte Wert des Operanden. Als **Neben-effekt** wird der Wert des Operanden um 1 dekrementiert. Der Dekrementoperator kann nur auf modifizierbare L-Werte eines ganzzahligen oder eines Gleitpunkt-Typs angewandt werden.

Beispiele:

```
a = 1
b = --a                  // Erg.: b = 0, Nebeneffekt: a = 0
```

7.6.2 Zweistellige arithmetische Operatoren

Im Folgenden werden die zweistelligen **Operatoren**

- Additionsoperator: `A + B`
- Subtraktionsoperator: `A - B`
- Multiplikationsoperator: `A * B`
- Divisionsoperator: `A / B`
- Restwertoperator: `A % B`

anhand von Beispielen vorgestellt. Seit dem JDK 5.0 gelten diese Operatoren auch für Referenzen auf Objekte numerischer Wrapper-Klassen, da hier beim Anwenden der arithmetischen Operatoren ein automatisches Unboxing erfolgt.

Additionsoperator: A + B

Wendet man den zweistelligen Additionsoperator auf seine Operanden an, so ist der Rückgabewert die Summe der Werte der beiden Operanden. Es gibt hier keine Nebeneffekte.

Beispiele:

```
6 + (4 + 3)
a + 1.1E1
PI + 1           // PI ist eine symbolische Konstante.
ref.meth() + 1   // Hier muss der Aufruf der Methode meth()
                 // einen arithmetischen Wert zurückgeben.
```

Subtraktionsoperator: A - B

Wendet man den zweistelligen Subtraktionsoperator auf die Operanden A und B an, so ist der Rückgabewert die Differenz der Werte der beiden Operanden. Es gibt keine Nebeneffekte.

Beispiel:

```
6 - 4
```

Multiplikationsoperator: A * B

Es wird die Multiplikation des Wertes von A mit dem Wert von B durchgeführt. Es gelten hier die "üblichen" Rechenregeln, d.h. Klammerung vor Punkt und Punkt vor Strich. Deshalb wird im Beispiel 3 * (5 + 3) zuerst der Ausdruck (5 + 3) ausgewertet, der dann anschließend mit 3 multipliziert wird. Es gibt keine Nebeneffekte.

Beispiele:

```
3 * 5 + 3        // Erg.: 18
3 * (5 + 3)      // Erg.: 24
```

Divisionsoperator: A / B

Bei der Verwendung des Divisionsoperators mit ganzzahligen Operanden ist das Ergebnis wieder eine ganze Zahl. Der Nachkommateil des Ergebnisses wird abgeschnitten.

In Java führt die Division durch 0 nicht wie in vielen anderen Sprachen zum Absturz des Programms. Bei der Ganzzahldivision durch 0 wird eine Ausnahme vom Typ ArithmeticException ausgelöst. Bei der Gleitpunktdivision wird als Ergebnis Infinity mit Berücksichtigung des Vorzeichens geliefert.

Ist bei einer **ganzzahligen Division** entweder der Zähler oder der Nenner negativ, so ist das Ergebnis negativ. Dabei bestimmt sich der Quotient vom Betrag her nach der Vorschrift, dass der Quotient die größtmögliche Ganzzahl ist, für die gilt: |Quotient * Nenner| <= |Zähler|. Wird also −7 durch 2 geteilt, so ist das Ergebnis −3 mit dem Rest −1, da |−3 * 2| <= |−7| ist.

Ist mindestens ein Operand eine `double`- oder `float`-Zahl, d.h. eine Gleitpunkt-Zahl, so ist das Ergebnis eine **Gleitpunktzahl**. Es gibt keine Nebeneffekte.

Beispiele:

```
5 / 5           // Erg.: 1
5 / 3           // Erg.: 1
11.0 / 5        // Erg.: 2.2
```

Beispiel für die Division durch 0:

```java
// Datei: DivisionTest.java

public class DivisionTest
{
    public static void main (String[] args)
    {
        float ergebnis;
        float nenner;
        float zaehler;

        zaehler = 20;
        nenner = 0;
        ergebnis = zaehler / nenner;
        System.out.println (zaehler + " / " + nenner + " = "
                        + ergebnis);

        zaehler = 0;
        nenner = 0;
        ergebnis = zaehler / nenner;
        System.out.println (zaehler + " / " + nenner + " = "
                        + ergebnis);
    }
}
```

Die Ausgabe des Programms ist:

```
20.0 / 0.0 = Infinity
0.0 / 0.0 = NaN
```

Die Division durch 0 ergibt mathematisch korrekt Unendlich (`Infinity`). Das Ergebnis der Division 0 durch 0 ergibt keine Zahl (`NaN` − Not a Number).

Restwertoperator: A % B

Der Restwertoperator oder Modulo-Operator gibt für ganzzahlige Operanden A und B den Rest bei der ganzzahligen Division des Operanden A durch den Operanden B an. Es gibt keine Nebeneffekte. Das Ergebnis der Restwert-Operation `A % B` ergibt sich aus: `A - (A / B) * B`. Das Ergebnis von `A % B` kann nur negativ sein, wenn der Zähler `A` negativ ist, es kann nur positiv sein, wenn der Zähler `A` positiv ist. Dies wird sofort an einem Beispiel klar:

```
(-7) %   2     = -1   // denn (-7) / 2 ergibt -3
(-7) % (-2)    = -1   // denn (-7) / (-2) ergibt 3
  7  % (-2)    =  1   // denn 7 / (-2) ergibt -3
  7  %   2     =  1   // denn 7 / 2 ergibt 3
```

Die Restwertbildung für den Nenner 0 führt nicht zum Absturz des Programms. Es wird eine Ausnahme vom Typ `Arithmetic-Exception` ausgelöst.

Weitere Beispiele:

```
5  % 3         // Erg.: 2
10 % 5         // Erg.: 0
3  % 7         // Erg.: 3
```

In Java gibt es den Restwertoperator nicht nur für ganzzahlige Operanden, sondern auch für Gleitpunktoperanden. Hierfür wird auf [12] verwiesen.

7.6.3 Zuweisungsoperatoren

Zu den Zuweisungsoperatoren gehören

der **einfache Zuweisungsoperator**:   `A  =  B`

sowie die **kombinierten Zuweisungsoperatoren**:

Additions-Zuweisungsoperator:	`A  +=  B`
Subtraktions-Zuweisungsoperator:	`A  -=  B`
Multiplikations-Zuweisungsoperator:	`A  *=  B`
Divisions-Zuweisungsoperator:	`A  /=  B`
Restwert-Zuweisungsoperator:	`A  %=  B`
Bitweises-UND-Zuweisungsoperator:	`A  &=  B`
Bitweises-ODER-Zuweisungsoperator:	`A  |=  B`
Bitweises-Exklusiv-ODER-Zuweisungsoperator:	`A  ^=  B`
Linksschiebe-Zuweisungsoperator:	`A <<=  B`
Rechtsschiebe-Zuweisungsoperator:	`A >>=  B`
Vorzeichenloser Rechtsschiebe-Zuweisungsoperator	`A >>>= B`

Dabei darf zwischen den Zeichen eines kombinierten Zuweisungsoperators kein Leerzeichen stehen. Die Operanden eines kombinierten Zuweisungsoperators müssen einen einfachen Datentyp haben oder Referenzen auf Objekte numerischer Wrapper-Klassen sein. Die einzige Ausnahme ist der Operator `+=`. Hier kann der linke Operand vom Typ `String` – und in diesem Fall – der rechte Operand von jedem beliebigen Typ sein.

Zuweisungsoperator A = B

Der Zuweisungsoperator wird in Java als binärer Operator betrachtet und liefert als **Rückgabewert** den **Wert des rechten Operanden** – es handelt sich bei einer **Zuweisung** also um einen **Ausdruck**. Zuweisungen können wiederum in Ausdrücken weiter verwendet werden. Bei einer Zuweisung wird zusätzlich zur Erzeugung des Rückgabewertes – und das ist der **Nebeneffekt** – dem linken Operanden der Wert des rechten Operanden zugewiesen. Sonst wäre es ja auch keine Zuweisung! Im übrigen muss der linke Operand A ein modifizierbarer L-Wert sein. Wie zu sehen ist, sind dadurch auch **Mehrfachzuweisungen** möglich. Da der Zuweisungsoperator rechtsassoziativ ist, wird der Ausdruck `a = b = c` von rechts nach links verknüpft. Er wird also abgearbeitet wie `a = (b = c)`.

1. Schritt: a   =   (b   =   c)

Rückgabewert c
Nebeneffekt: in der Speicherstelle b
wird der Wert von c abgelegt, d.h. b
nimmt den Wert von c an

2.Schritt: a   =   c

Rückgabewert c
Nebeneffekt: in der Speicherstelle a
wird der Wert von c abgelegt

Zuweisungsoperatoren haben eine geringe Priorität (siehe Kap. 7.6.8), sodass man beispielsweise bei einer Zuweisung `b = x + 3` den Ausdruck `x + 3` nicht in Klammern setzen muss. Erst erfolgt die Auswertung des arithmetischen Ausdrucks, dann erfolgt die Zuweisung.

> Der **Ausdruck rechts** des Zuweisungsoperators wird **implizit in den Typ der Variablen links des Zuweisungsoperators gewandelt**, es sei denn, die Typen sind identisch oder die implizite Typkonvertierung ist nicht möglich.

Die implizite Typkonvertierung wird in Kapitel 7.7.2 behandelt.

Beispiele:

```
b = 1 + 3
c = b = a            // Mehrfachzuweisung
Math.abs (x = 1.4)   // Zuweisung als aktueller Parameter
                     // beim Aufruf der Klassenmethode
                     // abs() der Klasse Math
```

Additions-Zuweisungsoperator: A += B

Der Additions-Zuweisungsoperator ist – wie der Name schon verrät – ein zusammengesetzter Operator. Zum einen wird die Addition `A + (B)` durchgeführt. Der Rückgabewert dieser Addition ist `A + (B)`. Zum anderen erhält die Variable A als Nebeneffekt den Wert dieser Addition zugewiesen. Damit entspricht der Ausdruck

`A += B` semantisch genau dem Ausdruck `A = A + (B)`. Die Klammern sind nötig, da `B` selber ein Ausdruck wie z.B. `b = 3` sein kann. Es wird also zuerst der Ausdruck `B` ausgewertet, bevor `A + (B)` berechnet wird.

Beispiel:

```
a += 1                    // hat den gleichen Effekt wie ++a
```

Wie zuvor erwähnt, kann der Additions-Zuweisungsoperator auf Referenzen auf Objekte der Klasse `String` angewandt werden. Weiterhin können auch Ausdrücke einfacher Datentypen wie `int`, `float` oder `boolean` über den Operator `+=` mit einer Referenz auf ein `String`-Objekt verknüpft werden. Es ist somit möglich, Strings mit einem anderen String oder mit einem Ausdruck eines einfachen Datentyps zu verketten.

Beispiel:

```
s1 = "Hallo "             // s1 zeigt auf den String "Hallo "
s2 = "Myriam "            // s2 zeigt auf den String "Myriam "
s1 += s2                  // s1 zeigt jetzt den neuen
                          // String "Hallo Myriam ".
s1 += 2                   // s1 zeigt jetzt auf den neuen
                          // String "Hallo Myriam 2".
```

Sonstige kombinierte Zuweisungsoperatoren

Für die sonstigen kombinierten Zuweisungsoperatoren gilt das Gleiche wie für den Additions-Zuweisungsoperator. Außer der konventionellen Schreibweise:

```
A = A op (B)
```

gibt es die zusammengesetzte kurze Schreibweise:

```
A op= B
```

Beispiele:

```
a -= 1            //  a = a - 1
b *= 2            //  b = b * 2
c /= 5            //  c = c / 5
d %= 5            //  d = d % 5
a &= 8            //  a = a & 8    Bitoperator
b |= 4            //  b = b | 4    Bitoperator
c ^= d            //  c = c ^ d    Bitoperator
a <<= 1           //  a = a << 1   Bitoperator
b >>= 1           //  b = b >> 1   Bitoperator
b >>>= 5          //  b = b >>> 5 Bitoperator
```

Bit-Operatoren werden in Kapitel 7.6.6 besprochen.

7.6.4 Relationale Operatoren

In diesem Kapitel werden anhand von Beispielen die folgenden zweistelligen relationalen **Operatoren** vorgestellt:

Gleichheitsoperator: `A == B`
Ungleichheitsoperator: `A != B`
Größeroperator: `A > B`
Kleineroperator: `A < B`
Größergleichoperator: `A >= B`
Kleinergleichoperator: `A <= B`

Relationale Operatoren werden auch als **Vergleichsoperatoren** bezeichnet. Nebeneffekte treten bei Vergleichsoperationen nicht auf. Die Priorität der Operatoren `==` und `!=` ist kleiner als die der Operatoren `>`, `>=`, `<` und `<=`. Besitzen die Operanden unterschiedliche, aber verträgliche Datentypen, werden implizite Typkonvertierungen durchgeführt. Bei den Vergleichsoperatoren `>`, `>=`, `<` und `<=` ist darauf zu achten, dass der Typ der Operanden nur ein numerischer Typ sein darf. Hat einer der Operanden einen anderen Typ, so gibt der Compiler eine Fehlermeldung aus. Der Rückgabewert von Vergleichsoperationen ist immer vom Datentyp `boolean`. Wenn ein Vergleich falsch ist, ist der Rückgabewert `false`, wenn er wahr ist `true`.

Gleichheitsoperator: A == B

Mit dem Gleichheitsoperator wird überprüft, ob der Wert des linken Operanden mit dem Wert des rechten Operanden übereinstimmt. Verglichen werden können zwei Operanden von einem numerischen Typ, zwei Operanden vom Typ `boolean` oder zwei Operanden eines Referenztyps bzw. vom Typ `null`. Bei Referenztypen wird verglichen, ob die Referenzen gleich sind – mit dem Vergleichsoperator lässt sich also nicht prüfen, ob zwei Objekte inhaltlich gleich sind. Im Falle von Aufzählungstypen können Aufzählungskonstanten mit dem Gleichheitsoperator verglichen werden. Ist ein Vergleich wahr, hat der Rückgabewert den Wert `true`. Andernfalls, d.h., wenn ein Vergleich falsch ist, hat der Rückgabewert den Wert `false`.

Beispiele:

```
3 == 3          // Erg.: true
2 == 3          // Erg.: false
```

Ein folgenschwerer Fehler ist in Java, statt des Gleichheitsoperators `==` versehentlich den Zuweisungsoperator `=` anzuschreiben. Ein solches Programm ist oft kompilier- und lauffähig, erzeugt aber andere Ergebnisse als erwartet. Programmiert man aber defensiv und schreibt bei einem Vergleich einer Konstanten mit einer Variablen die Konstante stets links und die Variable rechts, also z.B.

Vorsicht!

```
true == a
```

so merkt der Compiler den Fehler, da einer Konstanten kein Wert zugewiesen werden kann, weil sie kein L-Wert ist.

Im folgenden Beispiel wird dieser Umstand nochmals verdeutlicht:

Der Ausdruck in der `if`-Anweisung

```
if (Ausdruck)
{ . . . . .}
```

muss zu einem Booleschen Wert – also zu `true` oder zu `false` – auswertbar sein. Beispielsweise wird der Ausdruck

```
boolValue == true
```

zu `false` ausgewertet, wenn die Boolesche Variable `boolValue` den Wert `false` hat. Passt der Programmierer jedoch nicht auf und schreibt den Vergleichsoperator `==` nur mit einem Gleichheitszeichen, so hat der Compiler keine Chance, denn ein Gleichheitszeichen bedeutet Zuweisung.

```
boolean boolValue = false;
if (boolValue = true)
{
    // . . . . .
}
```

Die Anweisungen im `if`-Block werden **immer** ausgeführt, da zuerst die Zuweisung `boolValue = true` erfolgt und danach der Ausdruck ausgewertet wird.

Vermeiden lassen sich solche ungewollten semantischen Fehler, indem auf der linken Seite des Vergleichs-Ausdrucks die Konstante steht – beispielsweise `true` – und die Variable, deren Inhalt überprüft werden soll, sich auf der rechten Seite des Ausdrucks befindet. Der Compiler wird die Zeile

```
if (true = boolValue)
```

nicht übersetzen, weil hier versucht wird, einem R-Wert ein neuer Wert zuzuweisen.

Die **defensive Programmierung** beschreibt einen Ansatz, um die Qualität des Quellcodes zu verbessern. Dabei setzt man sich das Ziel, die Robustheit des Codes zu erhöhen und zufällige Fehler bei Programmänderungen zu verhindern.

Die defensive Programmierung definiert Techniken und Richtlinien, welche helfen, die oben aufgeführten Ziele zu erreichen. Dazu gehört unter anderem, dass unzulässige Benutzereingaben konsequent abgewiesen werden, was ein Abstürzen verhindert (Robustheit), und dass man Code-Konstrukte so formuliert, dass sie nicht fehlerträchtig sind und leicht erweitert werden können. Beispiele für defensiv formulierte Code-Konstrukte sind:

- Bei Vergleichen mit Konstanten die Konstante als linken Operanden anschreiben, was eine versehentliche Zuweisung statt eines Vergleichs verhindert, z.B. `true == boolValue`.
- Bei Selektionen und Iterationen stets einen Block verwenden, auch wenn der Block nur eine Anweisung enthält. Ein Beispiel für eine Selektion befindet sich im Kapitel 8.2.1.

Ungleichheitsoperator: A != B

Mit dem Ungleichheitsoperator wird überprüft, ob der Wert des linken Operanden ungleich dem Wert des rechten Operanden ist. Es können dieselben Operanden wie im Falle des Gleichheitsoperators verwendet werden. Bei Ungleichheit hat der Rückgabewert den Wert `true`. Andernfalls hat der Rückgabewert den Wert `false`.

Beispiele:

```
5 != 5          // Erg.: false
3 != 5          // Erg.: true
```

Größeroperator: A > B

Mit dem Größeroperator wird überprüft, ob der Wert des linken Operanden größer als der Wert des rechten Operanden ist. Ist der Vergleich wahr, so hat der Rückgabewert den Wert `true`. Andernfalls hat der Rückgabewert den Wert `false`.

Beipiele:

```
5 > 3           // Erg.: true
3 > 3           // Erg.: false
```

Kleineroperator: A < B

Mit dem Kleineroperator wird überprüft, ob der Wert des linken Operanden kleiner als der Wert des rechten Operanden ist. Ist der Vergleich wahr, hat der Rückgabewert den Wert `true`. Andernfalls hat der Rückgabewert den Wert `false`.

Beispiel:

```
5 < 5           // Erg.: false
```

Größergleichoperator: A >= B

Der Größergleichoperator ist aus den Zeichen > und = zusammengesetzt. Der Größergleichoperator liefert genau dann den Rückgabewert `true`, wenn entweder der Wert des linken Operanden größer als der Wert des rechten Operanden ist oder der Wert des linken Operanden dem Wert des rechten Operanden entspricht.

Beispiele:

```
2 >= 1          // Erg.: true
1 >= 1          // Erg.: true
```

Kleinergleichoperator: A <= B

Der Kleinergleichoperator ist aus den Zeichen < und = zusammengesetzt. Der Kleinergleichoperator liefert genau dann den Rückgabewert `true`, wenn entweder der Wert des linken Operanden kleiner als der Wert des rechten Operanden ist oder der Wert des linken Operanden dem Wert des rechten Operanden entspricht. Ansonsten ist der Rückgabewert `false`.

Beispiele:

```
10 <= 11       // Erg.: true
11 <= 11       // Erg.: true
```

7.6.5 Logische Operatoren

In diesem Kapitel werden anhand von Beispielen die folgenden **logischen Operatoren** vorgestellt:

- Operatoren für das logische UND: `A && B` bzw. `A & B`
- Operatoren für das logische ODER: `A || B` bzw. `A | B`
- Logischer Negationsoperator (unär):   `!A`

Die Operatoren für das logische UND/ODER sind zweistellig, der logische Negationsoperator ist einstellig. Mit diesen Operatoren lassen sich logische Verknüpfungen von Ausdrücken durchführen. Wie schon erwähnt, können die Operanden selber zusammengesetzte Ausdrücke sein. Von den logischen Operatoren hat der Negationsoperator die höchste Priorität, der Operator für das logische ODER die geringste (siehe Kap. 7.6.8).

Die logischen Operatoren können nur auf Operanden vom Typ `boolean` – und seit JDK 5.0 auch vom Typ `Boolean` – angewandt werden. Andere Typen führen zu einer Fehlermeldung des Compilers. Der Ergebnistyp ist ebenfalls vom Typ `boolean`.

Operatoren für das logische UND: A && B und A & B

Java bietet zwei verschiedene Operatoren für das logische UND an: Den Operator `&&`, der von C und C++ bekannt ist, und den Operator `&`, der in Java neu eingeführt wurde. Beide Operatoren haben eine identische Wahrheitstabelle. Sie liefern genau dann den Rückgabewert `true`, wenn ihr linker **und** ihr rechter Operand jeweils den Wahrheitswert `true` haben. Ansonsten ist der Rückgabewert `false`. Die Operanden müssen vom Typ `boolean` bzw. `Boolean` sein.

A	B	A && B
false	false	false
false	true	false
true	false	false
true	true	true

Tabelle 7-1 Wahrheitstabelle für das logische UND `A && B`

Die Wahrheitstabelle in Tabelle 7-1 wird folgendermaßen interpretiert: Der logische Ausdruck `A && B` ist nur dann `true`, wenn der Ausdruck `A` **und** der Ausdruck `B` `true` ist.

Beispiele:

```
true && false     // Erg.: false
true && true      // Erg.: true
```

Wird der Operator `&` zwischen zwei Operanden verwendet, so wird der rechte Operand immer ausgewertet, egal ob der linke Operand `true` oder `false` ist. Wird dagegen der Operator `&&` verwendet, so wird der rechte Ausdruck nur dann ausgewertet, wenn der linke Ausdruck `true` ist. Dies ist zu beachten, wenn die Operanden Nebeneffekte beinhalten.

Operatoren für das logische ODER: A || B und A | B

Java bietet zwei verschiedene Operatoren für das logische ODER an: Den Operator `||`, der von C und C++ bekannt ist, und den Operator `|`, der in Java neu eingeführt wurde. Beide Operatoren haben eine identische Wahrheitstabelle. Ein Operator für das logische ODER liefert genau dann den Rückgabewert `true`, wenn der linke **oder** der rechte Operand **oder** beide Operanden den Wahrheitswert `true` haben. Ansonsten ist der Rückgabewert `false`. Die Operanden müssen vom Typ `boolean` oder `Boolean` sein.

A	B	A || B
false	false	false
false	true	true
true	false	true
true	true	true

Tabelle 7-2 Wahrheitstabelle für das logische ODER `A || B`

Beispiele:

```
false || true      // Erg.: true
false || false     // Erg.: false
```

Wird der Operator `|` zwischen zwei Operanden verwendet, so wird der rechte Operand immer ausgewertet, egal ob der linke Operand `true` oder `false` ist. Wird dagegen der Operator `||` verwendet, so wird der rechte Ausdruck nur dann ausgewertet, wenn der linke Ausdruck `false` ist. Dies ist zu beachten, wenn die Operanden Nebeneffekte beinhalten.

Logischer Negationsoperator: !A

Mit dem einstelligen Negationsoperator werden **Wahrheitswerte negiert**, d.h. aus `true` wird `false` und aus `false` wird `true`. Wird der Negationsoperator zweimal auf seinen Operanden angewendet, bleibt der Wahrheitswert unverändert.

A	!A
true	false
false	true

Tabelle 7-3 Wahrheitstabelle für die Negation

Die Wahrheitstabelle wird folgendermaßen interpretiert: Der logische Ausdruck `!A` ist nur dann `true`, wenn der Ausdruck `A false` ist.

Beispiele:

```
!false              //  Erg.: true
!!true              //  Erg.: true
```

Priorität der logischen Operatoren

Die Operatoren für das logische UND/ODER haben eine sehr geringe Bindekraft. Die Vergleichsoperatoren haben eine höhere Priorität als die logischen Operatoren. Deshalb sind Klammern für die Bewertung der Ausdrücke oft nicht notwendig. So entspricht `(a < b) && (c == d)` dem Ausdruck `a < b && c == d`. Die Klammern erhöhen lediglich die Übersichtlichkeit der Programme.

Verknüpfungsreihenfolge

Ausdrücke, die durch den UND-Operator `&&` verknüpft sind, werden von links nach rechts zusammengefasst. Dasselbe gilt für Ausdrücke, die durch den ODER-Operator `||` verknüpft sind. Dies gilt natürlich nicht, wenn `&&` oder `||`-Operatoren gemischt sind, da der Operator `&&` eine höhere Priorität hat als der `||`-Operator.

Nebeneffekte

Nebeneffekte des rechten Operanden kommen bei den Operatoren `&` und `|` immer zum Tragen, bei den Operatoren `&&` und `||` nur, wenn der rechte Operand ausgewertet wird. Das kann dazu führen, dass Nebeneffekte der weiter rechts stehenden Ausdrücke nicht mehr ausgeführt werden:

```
1 < 0 && 2 < a++   // a++ wird nie ausgeführt, da die
                   // Auswertung vorher beendet ist.
```

7.6.6 Bit-Operatoren

Java besitzt auch Operatoren zur Bit-Manipulation. Im Folgenden werden die vier **logischen Bit-Operatoren**:

* UND-Operator für Bits: `A & B`
* ODER-Operator für Bits: `A | B`
* Exklusiv-ODER-Operator für Bits: `A ^ B`
* Negationsoperator für Bits (unär):   `~A`

und die drei **Shift-Operatoren** für Bits:

* Vorzeichenbehafteter Rechtsshift-Operator: `A >> B`
* Vorzeichenloser Rechtsshift-Operator: `A >>> B`
* Linksshift-Operator: `A << B`

anhand von Beispielen vorgestellt. Mit Einführung des JDKs 5.0 können diese Operatoren auch auf Referenzen auf Objekte vom Typ einer numerischen Wrapper-klasse angewendet werden. Dabei findet ein automatisches Boxing und Unboxing statt.

7.6.6.1 Logische Bit-Operatoren

Bit-Operationen finden auf allen Bits der Operanden statt. Bei den Bit-Operationen werden jeweils die Bits der entsprechenden Position miteinander verknüpft.

Bits können bekanntermaßen zwei Zustände annehmen: 0 oder 1. Die 1 wird bei Bits in Java als `true` interpretiert, die 0 als `false`.

Nebeneffekte treten bei den logischen Bit-Operatoren nicht auf.

UND-Operator für Bits: A & B

Die Operation bitweises UND findet auf allen Bits der Operanden statt. Dabei werden jeweils die Bits der entsprechenden Position miteinander verknüpft.

Bit n von A	Bit n von B	Bit n von A & B
0	0	0
0	1	0
1	0	0
1	1	1

Tabelle 7-4 Wahrheitstabelle für das bitweise UND

Die Wahrheitstabelle wird folgendermaßen interpretiert: Bei der UND-Verknüpfung ist die 0 dominant, d.h., ist mindestens eines der Bits (Bit n von A oder Bit n von B) eine 0, so ist das Ergebnis 0 (`false`). Damit kann man Bits in Bitmustern ausblenden. Der logische UND-Operator für Bits hat eine höhere Priorität als der logische ODER-Operator für Bits.

Beispiele:

```
0 & 1            //  0 & 1 = 0
14 & 1           //  1110 & 0001 = 0000
var & var        //  var & var = var
```

ODER-Operator für Bits: A | B

Die Operation bitweises ODER findet auf allen Bits der Operanden statt, dabei werden jeweils die Bits der entsprechenden Position miteinander verknüpft.

Bit n von A	Bit n von B	Bit n von A | B
0	0	0
0	1	1
1	0	1
1	1	1

Tabelle 7-5 Wahrheitstabelle für das bitweise ODER

Die Wahrheitstabelle wird folgendermaßen interpretiert: Bei der ODER-Verknüpfung ist die 1 dominant, d.h., ist mindestens eines der Bits (Bit n von A oder Bit n von B) eine 1, so ist das Ergebnis 1 (`true`). Damit kann man Bits in Bitmustern einblenden.

Beispiele:

```
 0 | 1              //  0 | 1 = 1
14 | 1              //  1110 | 0001 = 1111 = 15
var | 0            //  var | 0 = var
```

Exklusiv-ODER-Operator für Bits: A ^ B

Die Operation bitweises Exklusiv-ODER findet auf allen Bits der Operanden statt, dabei werden jeweils die Bits der entsprechenden Position miteinander verknüpft.

Bit n von A	Bit n von B	Bit n von A ^ B
0	0	0
0	1	1
1	0	1
1	1	0

Tabelle 7-6 Wahrheitstabelle für das bitweise Exklusiv-ODER

Die Wahrheitstabelle wird folgendermaßen interpretiert: Bei der Exklusiv-ODER-Verknüpfung ist das Ergebnis 1 (`true`), wenn entweder Bit n von Operand A oder Bit n von Operand B eine 1 ist. Haben beide zu vergleichende Bits denselben Wert (beide 0 oder beide 1), so ist das Ergebis der Exklusiv-ODER-Verknüpfung 0.

Beispiele:

```
0 ^ 1              //  0 ^ 1 = 1
14 ^ 1             //  1110 ^ 0001 = 1111 = 15
var ^ 0           //  var ^ 0 = var
14 ^ 3             //  1110 ^ 0011 = 1101 = 13
                   //  Bit 0 und Bit 1 von 1110
                   //  wurden invertiert.
```

Negationsoperator für Bits: ~A

Die Operation einer bitweisen Negation findet auf allen Bits des Operanden statt.

Bit n von A	Bit n von ~A
0	1
1	0

Tabelle 7-7 Wahrheitstabelle für die bitweise Negation

Die Wahrheitstabelle wird folgendermaßen interpretiert: Bei der Negation für Bits wird jedes Bit invertiert. Aus der 0 wird durch Negation eine 1 und aus der 1 eine 0.

Beispiel:

```
int a, b;
a = 9;     // a = 00000000 00000000 00000000 00001001
```

```
b = ~a;    // b = 11111111 11111111 11111111 11110110
           // b hat den Wert -10
```

7.6.6.2 Shift-Operatoren für Bits

Shift-Operatoren (Verschiebeoperatoren) können nur auf ganzzahlige Werte bzw. die entsprechenden Wrapper-Klassen-Objekte angewandt werden. Mit dem Shift-Operator << werden Bits nach links, mit dem Shift-Operator >> nach rechts mit Beachtung des Vorzeichens verschoben (engl. shift). Der Operator >>> wurde in Java eingeführt. Er verschiebt nach rechts ohne Beachtung des Vorzeichens.

Der **linke Operand** eines Shift-Operators ist stets **der zu verschiebende Wert**. Der **rechte Operand** gibt die **Anzahl der Stellen an, um die verschoben werden soll**.

Obwohl Verschiebeoperatoren binär sind, wird auf ihre Operanden nicht die Typanpassung für binäre Operatoren (siehe Kap. 7.7.3.4), sondern die Typanpassung für unäre Operatoren (siehe Kap. 7.7.3.3) in impliziter Weise angewandt. Der Rückgabetyp eines Shift-Ausdrucks ist der angepasste Typ des linken Operanden.

Wenn der (implizit angepasste) Typ des linken Operanden der Typ int ist, so werden nur die **5 niederwertigsten Bits des rechten Operanden als Verschiebe-Distanz interpretiert**. Mit den 5 niederwertigsten Bits kann maximal die Zahl 32 dargestellt werden, denn 2^5 ergibt 32. Daher kann nur um 0 bis 31 Stellen verschoben werden. Wird als Verschiebung beispielsweise -1 angegeben, so wird tatsächlich um $(2^0 + 2^1 + 2^2 + 2^3 + 2^4) = 31$ verschoben. Dies bedeutet, dass alle Verschiebungen – auch bei Angabe negativer Zahlen – um ganzzahlige positive Stellen von Bits erfolgen.

angegebene Verschiebung

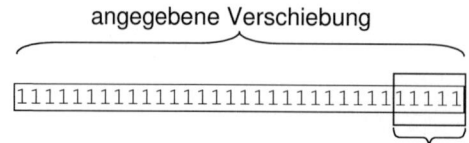

nur die untersten 5 Bits werden akzeptiert

Bild 7-5 Verschiebealgorithmus

Ist der angepasste Typ des linken Operanden der Typ long, so werden die **niedersten 6 Bits des rechten Operanden interpretiert**. Mit anderen Worten, es kann zwischen 0 und 63 Stellen verschoben werden (2^4 ergibt 64). Die **Verschiebe-Operationen** werden **auf der Basis** der **Zweierkomplement-Darstellung des linken Operanden** durchgeführt.

Vorzeichenbehafteter Rechtsshift-Operator: A >> B

Mit dem Rechtsshift-Operator A >> B werden B Bitstellen von A nach rechts geschoben. Dabei gehen die B niederwertigen Bits von A verloren. Ist die Zahl A positiv, so werden von links Nullen nachgeschoben, ist A negativ, werden Einsen nachgeschoben.

Beispiel:

```
int a;
```
                                                              verloren
```
a = 8;        // 00000000 00000000 00000000 00001000
```
              --►
```
a = a >> 3;   // 00000000 00000000 00000000 00000001
```
              aufgefüllt
                                                              verloren
```
a = -7;       // 11111111 11111111 11111111 11111001
```
              --►
```
a = a >> 3;   // 11111111 11111111 11111111 11111111
```
              aufgefüllt

Für nicht negative Werte entspricht eine Verschiebung um 3 Bits nach rechts einer abschneidenden Ganzzahl-Division durch $2^3 = 8$.

Vorzeichenloser Rechtsshift-Operator: A >>> B

Mit dem Rechtsshift-Operator `A >>> B` werden `B` Bitstellen von `A` nach rechts geschoben. Dabei gehen die `B` niederwertigen Bits von `A` verloren. Es werden stets Nullen von links nachgeschoben, egal ob die Zahl negativ oder positiv ist.

Beispiel:

```
int a;
```
                                                              verloren
```
a = 8;        // 00000000 00000000 00000000 00001000
```
              --►
```
a = a >>> 3;  // 00000000 00000000 00000000 00000001
```
              aufgefüllt
                                                              verloren
```
a = -7;       // 11111111 11111111 11111111 11111001
```
              --►
```
a = a >>> 3;  // 00011111 11111111 11111111 11111111
```
              aufgefüllt

Linksshift-Operator: A << B

Bei dem Linksshift-Operator `A << B` werden `B` Bitstellen von `A` nach links geschoben. Dabei gehen die `B` höherwertigen Bits von `A` verloren.

Beispiel:

```
int a;
```
              verloren
```
a = 8;        // 00000000 00000000 00000000 00001000
```
              ◄--
```
a = a << 3;   // 00000000 00000000 00000000 01000000
```
                                                              aufgefüllt

Die Verschiebung um 3 Bits nach links entspricht (auch bei einem Überlauf) einer Multiplikation mit 2^3.

7.6.7 Der Bedingungsoperator: A ? B : C

Eine echte "Rarität" ist der Bedingungsoperator. Er ist nämlich der einzige Operator, der drei Operanden verarbeitet. In einem **bedingten Ausdruck** `A ? B : C` wird zuerst der Boolesche Ausdruck `A` ausgewertet. Der Ausdruck `A` kann seit JDK 5.0 auch eine Referenz auf ein Objekt der `Boolean`-Wrapper-Klasse sein. Ist der Rückgabewert von Ausdruck `A` `true`, also wahr, so wird der Ausdruck `B` ausgewertet. Das Ergebnis von `B` ist dann der Rückgabewert des Bedingungsoperators. Ist jedoch der Ausdruck `A` gleich `false`, also falsch, so wird der Ausdruck `C` ausgewertet. Die Ausdrücke `B` und `C` müssen beide von einem numerischen Typ, beide vom Typ `boolean` oder beide jeweils entweder von einem Referenztyp oder vom `null`-Typ sein. Die Typen der Ergebnisausdrücke `B` bzw. `C` müssen zueinander zuweisungskompatibel (siehe Kap. 7.7.2) sein.

Eine Methode kann (siehe Kap. 9.2.3) mit der `return`-Anweisung einen Wert an den Aufrufer zurückliefern. Soll je nach dem Wahrheitswert von `A` der Wert von `B` bzw. `C` zurückgegeben werden, so kann statt

```
if (A) return B;
return C;
```

knapper

```
return A ? B : C;
```

geschrieben werden.

Der Typ des bedingten Ausdrucks `A ? B : C` ist – unabhängig davon, ob der Rückgabewert dieses Ausdrucks `B` oder `C` ist – stets der breitere Typ (siehe Kap. 7.7.3) der beiden Ausdrücke `B` und `C`. So ist beispielsweise der Rückgabetyp von

```
(3 > 4) ? 5.0 : 6
```

vom Typ `double` und der Rückgabewert ist `6.0`.

Bedingte Ausdrücke enthalten Ausdrücke, die selbst wieder bedingt sein können. Die Abarbeitungsreihenfolge ist von rechts her (Rechtsassoziativität). So wird

```
A ? B : C ? D : E ? F : G
```

abgearbeitet wie

```
A ? B : (C ? D : (E ? F : G))
```

7.6.8 Prioritätentabelle der Operatoren

Die in Tabelle 7-8 gezeigte Vorrangtabelle enthält die Priorität (Rangfolge) und die Assoziativität der Operatoren. **Priorität 1 ist die höchste Priorität**. So hat beispielsweise der Multiplikations- bzw. der Divisionsoperator eine höhere Priorität als der Additions- bzw. der Subtraktionsoperator. Durch gezielte Klammerungen `( )` lässt sich die Abarbeitungsreihenfolge verändern. Das wird im nächsten Beispiel ersichtlich:

```
5 * (3 + 4)
```
das Ergebnis ist 35

```
A && (B || C)
```
dieser Ausdruck ist `true`, wenn die Bedingung `A` und `B` erfüllt ist, oder wenn `A` und `C` erfüllt ist.

Grau hinterlegt in Tabelle 7-8 sind die unären Operatoren.

Priorität	Operatoren	Bedeutung	Assoziativität
Priorität 1	`[]`	Array-Index	links
	`()`	Methodenaufruf	links
	`.`	Komponentenzugriff	links
	`++`	Postinkrement	links
	`--`	Postdekrement	links
Priorität 2	`++`	Präinkrement	rechts
	`--`	Prädekrement	rechts
	`+ -`	Vorzeichen (unär)	rechts
	`~`	bitweises Komplement	rechts
	`!`	logischer Negationsoperator	rechts
Priorität 3	`(type)`	Typ-Umwandlung	rechts
	`new`	Erzeugung	rechts
Priorität 4	`* / %`	Multiplikation, Division, Rest	links
Priorität 5	`+ -`	Addition, Subtraktion	links
	`+`	Stringverkettung	links
Priorität 6	`<<`	Linksshift	links
	`>>`	Vorzeichenbehafteter Rechtsshift	links
	`>>>`	Vorzeichenloser Rechtsshift	links
Priorität 7	`< <=`	Vergleich kleiner, kleiner gleich	links
	`> >=`	Vergleich größer, größer gleich	links
	`instanceof`	Typüberprüfung eines Objektes	links
Priorität 8	`==`	Gleichheit	links
	`!=`	Ungleichheit	links
Priorität 9	`&`	bitweises UND	links
Priorität 10	`^`	bitweises Exclusiv-ODER	links
Priorität 11	`|`	bitweises ODER	links
Priorität 12	`&& &`	logisches UND	links
Priorität 13	`|| |`	logisches ODER	links
Priorität 14	`? :`	Bedingungsoperator	rechts
Priorität 15	`=`	Wertzuweisung	rechts
	`*= /= %=` `+= -= <<=` `>>= >>>=` `&= ^= |=`	kombinierter Zuweisungsoperator	rechts

Tabelle 7-8 Priorität und Assoziativität der Operatoren von Java

Wie man der Tabelle 7-8 entnehmen kann, gilt die folgende Aussage bezüglich der
Assoziativität:

> Rechtsassoziativ sind: Zuweisungsoperatoren, der Bedingungs-
> operator und unäre Operatoren. Alle anderen Operatoren sind
> linksassoziativ.

7.7 Konvertierung von Datentypen

In Java ist es nicht notwendig, dass die Operanden eines arithmetischen Ausdrucks
vom selben Typ sind. Genauso wenig muss bei einer Zuweisung der Typ der Operanden übereinstimmen[74]. In solchen Fällen kann der Compiler selbsttätig **implizite**
(**automatische**) **Typkonvertierungen** durchführen, die nach einem von der Sprache
vorgeschriebenen Regelwerk ablaufen. Diese Regeln sollen in diesem Kapitel vorgestellt werden.

Wenn man selbst dafür sorgt, dass solche Typverschiedenheiten nicht vorkommen,
braucht man sich um die implizite Typkonvertierung nicht zu kümmern. Insbesondere
kann man auch selbst mit Hilfe des cast-Operators **explizite Typkonvertierungen**
durchführen.

7.7.1 Der cast-Operator

Eine **explizite Typumwandlung** eines beliebigen Ausdrucks kann man mit dem
cast-Operator (**Typkonvertierungsoperator**) durchführen. Das englische Wort cast
heißt unter anderem "in eine Form gießen". Durch

```
(Typname) Ausdruck
```

wird der Wert des Ausdrucks in den Typ gewandelt, der in den Klammern eingeschlossen ist. Der **Typkonvertierungs-Operator** hat **einen** Operanden und ist damit
ein **unärer Operator**.

> Es kann nicht jeder Typ eines Operanden explizit in einen belie-
> bigen anderen Typ gewandelt werden. Möglich sind Wandlungen
>
> • zwischen numerischen Datentypen
> • und zwischen Referenztypen.

Die explizite Typkonvertierung soll anhand eines Beispiels veranschaulicht werden:

```
int a = 1;        // a hat den Wert 1
double b = 3.5;   // b hat den Wert 3.5
a = (int) b;      // Explizite Typkonvertierung in den Typ int
```

---

[74] Auch bei der Übergabe von Werten an Methoden und bei Rückgabewerten von Methoden (siehe
Kap. 9.2.3) kann der Typ der übergebenen Ausdrücke bzw. des rückzugebenden Ausdrucks vom
Typ der formalen Parameter bzw. vom Rückgabetyp verschieden sein.

Der Ausdruck `(int)` b hat den Rückgabewert 3 (die `0.5` wird abgeschnitten). Der Variablen a wird dann der Rückgabewert 3 zugewiesen.

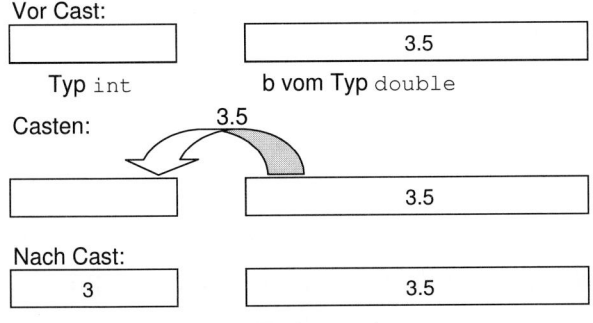

Vor Cast:

Typ `int`   b vom Typ `double`

Casten: 3.5

Nach Cast:
3   3.5

Bild 7-6 Typkonvertierung

Ein weiteres Beispiel ist:

```
a = (int) 4.1  // a bekommt den Wert 4 zugewiesen.
a = (int) 4.9  // a bekommt ebenfalls den Wert 4 zugewiesen.
```

7.7.2 Implizite und explizite Typkonvertierungen

Eine implizite Typumwandlung hat dasselbe Resultat wie die entsprechende explizite Typumwandlung. Allerdings sind bei Zuweisungen, wenn auf der rechten Seite Variablen stehen, **nur implizite Typumwandlungen in** einen **"breiteren" Typ** möglich. **Mit** dem **cast-Operator** sind **auch Wandlungen in** einen **"schmäleren" Typ** möglich. Allerdings sind solche Wandlungen potentiell sehr gefährlich, da nicht nur die Genauigkeit, sondern auch das Vorzeichen und die Größe verloren gehen kann.

Typkonvertierungen erfolgen in Java prinzipiell **nur zwischen verträglichen Datentypen**. Zwischen nicht verträglichen Datentypen gibt es keine Umwandlungen. Hier muss der Compiler bzw. das Laufzeitsystem einen Fehler melden.

> Kann ein Ausdruck in den Typ einer Variablen durch Zuweisung umgewandelt werden, so ist der Typ des Ausdrucks **zuweisungskompatibel** mit dem Typ der Variablen. Es findet eine implizite Typkonvertierung statt.

Implizite Typkonvertierungen gibt es:

- zwischen einfachen, numerischen (arithmetischen) Typen,
- zwischen Referenztypen,
- bei Verknüpfungen von Objekten der Klasse `String` mit Operanden anderer Datentypen
- und seit JDK 5.0 durch das automatische Boxing bzw. Unboxing zwischen einfachen numerischen Typen und Referenztypen numerischer Wrapper-Klassen.

Explizite Umwandlungen funktionieren wie implizite Umwandlungen, allerdings können mit expliziten Typumwandlungen auch
Wandlungen durchgeführt werden, die implizit nicht zulässig sind.

Das folgende Kapitel 7.7.3 behandelt die Typkonvertierung von einfachen Datentypen. Typkonvertierungen bei der Verknüpfung von String-Objekten mit Operanden
anderer Datentypen wurden bereits in Kapitel 6.10 behandelt. Das explizite und
implizite Casten – d.h. die explizite und implizite Typumwandlung – bei **Referenzen**
wird in Kapitel 11.3.1 behandelt.

7.7.3 Typkonvertierungen bei einfachen Datentypen

Zu den einfachen Datentypen gehören der Typ `boolean` und die numerischen Datentypen. Zwischen dem Typ `boolean` und den numerischen Datentypen kann
weder explizit noch implizit gecastet werden. Somit kann eine Typkonvertierung von
einfachen Datentypen nur innerhalb der numerischen Datentypen erfolgen. Typumwandlungen in einen "breiteren" Typ bzw. mit anderen Worten "erweiternde Umwandlungen" sind in Bild 7-7 dargestellt:

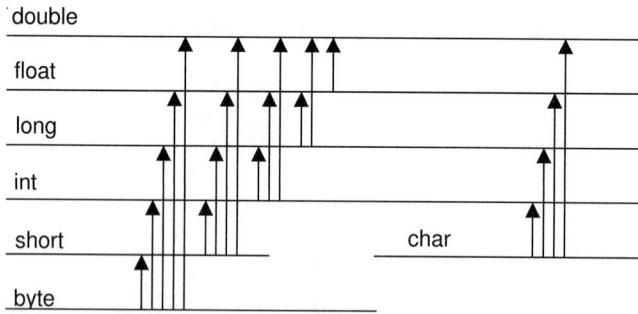

Bild 7-7 Erweiternde Umwandlungen numerischer Datentypen

Bei erweiternden Umwandlungen ist der Wert immer darstellbar. Allerdings kann man
an Genauigkeit verlieren, z.B. bei der Wandlung von `int` nach `float`, da die Gleitpunktzahlen nicht unendlich dicht aufeinander folgen. Typumwandlungen in einen
"schmäleren" Typ bzw. mit anderen Worten "einschränkende Umwandlungen" sind in
Bild 7-8 dargestellt:

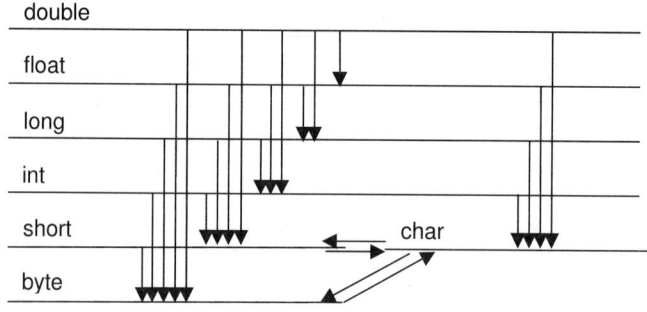

Bild 7-8 Einschränkende Umwandlungen numerischer Datentypen

Bei Wandlungen in einen "schmäleren" Typ kann es zu Informationsverlusten in der Größe, dem Vorzeichen und der Genauigkeit kommen. **Wandlungen in einen "schmäleren" Typ** sind in der Regel bei der impliziten Typkonvertierung nicht möglich und **müssen explizit mit dem cast-Operator durchgeführt werden**.

7.7.3.1 Implizite Typkonvertierungen bei numerischen Datentypen

Welche Wandlung wann vorgenommen wird, hängt davon ab, ob es sich:

- um eine Typkonvertierung von numerischen Operanden bei unären Operatoren,
- um eine Typkonvertierung von numerischen Operanden bei binären Operatoren,
- bzw. um eine Zuweisung

handelt.

Das Ergebnis einer bestimmten Typwandlung, die sowohl bei numerischen Operanden als auch bei Zuweisungen vorkommt, ist stets dasselbe. Bei numerischen Operanden gilt generell, dass der "kleinere" ("schmälere") Datentyp in den "größeren" ("breiteren") Datentyp umgewandelt wird. Bei Zuweisungen ist dies auch die Regel, es gibt jedoch einen Fall – siehe Kap. 7.7.3.5 – wo vom "größeren" in den "kleineren" Datentyp gewandelt wird.

7.7.3.2 Die Integer-Erweiterung

Mit `byte`-, `short`- oder `char`-Werten werden in Java in der Regel keine Verknüpfungen zu Ausdrücken durchgeführt. Operanden dieser Typen werden oftmals vor der Verknüpfung mit einem Operator in den Datentyp `int` konvertiert. Dies gilt für unäre und binäre Operatoren (siehe Kap. 7.7.3.3 und Kap. 7.7.3.4). Dieser Vorgang wird als **Integer-Erweiterung (integral promotion)** bezeichnet.

7.7.3.3 Anpassungen numerischer Typen bei unären Operatoren

Die **Integer-Erweiterung** eines einzelnen Operanden wird angewandt auf:

- den Dimensionsausdruck bei der Erzeugung von Arrays (siehe Kap. 6.5),
- den Indexausdruck in Arrays (siehe Kap. 6.5),
- Operanden der unären Operatoren + und –,
- den Operanden des Negationsoperators für Bits ~,
- jeden Operanden separat der Schiebeoperatoren >>, >>> und >>.

7.7.3.4 Anpassungen numerischer Typen bei binären Operatoren

Bei binären Operatoren **mit Ausnahme von Zuweisungen, logischen Operatoren und Bitshift-Operatoren** werden implizite Typkonvertierungen von numerischen Typen durchgeführt mit dem Ziel, einen gemeinsamen numerischen Typ der Operanden des binären Operators zu erhalten, der auch der Typ des Ergebnisses ist. Diese Typkonvertierungen finden bei den folgenden binären Operatoren statt: *, /, %, +,

$-$, $<$, $<=$, $>$, $>=$, $!=$, $==$, den bitweisen Operatoren $\&$, $\wedge$ und $|$, sowie in gewissen Fällen (siehe [12]) beim ternären Bedingungsoperator `?:`.

Wird beispielsweise eine Temperaturangabe von Grad Fahrenheit – hinterlegt in der Variablen `fahr` – nach Grad Celsius – abzuspeichern in der Variablen `celsius` vom Typ `double` – umgerechnet, wobei die Rechenvorschrift

```
celsius = (5.0 / 9) * (fahr - 32);
```

lautet, so werden bei der Berechnung der rechten Seite der Zuweisung automatisch die `int`-Konstante 9 und der Ausdruck `(fahr - 32)` in die `double`-Darstellung gewandelt, da `5.0` eine `double`-Zahl ist.

Dieses Beispiel ist eine Anwendung der folgenden Regel:

> Verknüpft ein binärer Operator einen ganzzahligen und einen Gleitpunktoperanden, so erfolgt eine Umwandlung des ganzzahligen Operanden in einen Gleitpunktwert. Anschließend wird eine Gleitpunktoperation durchgeführt.

Allgemeines Regelwerk

Bei binären Operatoren werden – bis auf die bereits genannten Ausnahmen – arithmetische Operanden in einen gemeinsamen Typ umgewandelt. D.h. in

`Ausdruck1 Operator Ausdruck2`

werden `Ausdruck1` und `Ausdruck2` auf den gleichen Typ gebracht. Von diesem Typ ist auch das Ergebnis. Die Umwandlung erfolgt in den höheren Typ der folgenden Hierarchie:

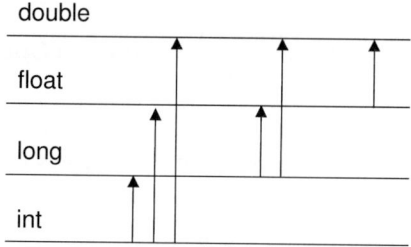

Bild 7-9 Wandlungen bei binären Operatoren

Das allgemeine Regelwerk für diese Konvertierung lautet dabei:

1. Zunächst wird geprüft, ob einer der beiden Operanden vom Typ `double` ist. Ist einer von diesem Typ, dann wird der andere ebenfalls in `double` umgewandelt.
2. Ist dies nicht der Fall, so wird, wenn einer der beiden Operanden vom Typ `float` ist, der andere in `float` umgewandelt.
3. Ist dies nicht der Fall, so wird, wenn einer der beiden Operanden vom Typ `long` ist, der andere in `long` umgewandelt.
4. Ist dies nicht der Fall, so werden beide der **Integer-Erweiterung** unterworfen und in den Typ `int` umgewandelt.

Beispiel:

```
2 * 3L + 1.1
```

Die Multiplikation wird vor der Addition ausgeführt. Bevor die Multiplikation durchgeführt wird, wird die `2` in den Typ `long` gewandelt. Das Ergebnis der Multiplikation wird in den Typ `double` gewandelt und anschließend wird die Addition ausgeführt.

7.7.3.5 Implizite Typkonvertierung von numerischen Typen bei Zuweisungen, Rückgabewerten und Übergabeparametern von Methoden

Stimmt der Typ der Variablen links des Zuweisungsoperators = nicht mit dem Typ des Ausdrucks auf der rechten Seite des Zuweisungsoperators überein, so findet eine implizite Konvertierung statt, wenn die Typen links und rechts "verträglich" sind. Bei nicht verträglichen Typen wird eine Fehlermeldung generiert. Numerische Typen sind verträgliche Typen. **Zulässig** bei einer Zuweisung sind **erweiternde Umwandlungen** in einen **"breiteren" Typ**.

Eine **implizite Umwandlung** in einen **schmäleren Typ** ist nur zulässig, wenn auf der rechten Seite der Zuweisung ein konstanter Ausdruck vom Typ `int` steht und auf der linken Seite eine Variable vom Typ `byte`, `short` oder `char` und wenn der Wert des Ausdrucks im Typ der Variablen darstellbar ist.

> Bei der Zuweisung wird – wenn zulässig – der rechte Operand in den Typ des linken Operanden umgewandelt, d.h. der Resultattyp einer Zuweisung ist der Resultattyp des linken Operanden, und der Wert ist der, der sich nach der Zuweisung im linken Operanden befindet.

Bei Rückgabewerten von Methoden wird der Ausdruck, der mit `return` zurückgegeben wird – wie bei einer Zuweisung – in den Rückgabetyp der Methode umgewandelt. Dies gilt auch für einen konstanten Ausdruck vom Typ `int` als Rückgabewert, der passend in den Typ `byte`, `short` oder `char` gewandelt wird (sofern der konstante Ausdruck vom Typ `int` im jeweiligen Typ dargestellt werden kann). Im Falle von Übergabeparametern bei Methodenaufrufen ist das jedoch nicht zugelassen.

> Verlangt eine Methode einen Parameter vom Typ `byte`, `short` oder `char`, so darf kein konstanter Ausdruck vom Typ `int` übergeben werden. Es ist in diesen Fällen immer eine explizite Typkonvertierung erforderlich.

7.7.4 Konvertiervorschriften für einfache Datentypen

Im Folgenden werden die Wandlungsvorschriften zwischen verschiedenen Typen behandelt.

Umwandlungen eines vorzeichenbehafteten Integer-Typen in den breiteren Typ

Wird ein Integer-Wert in einen größeren Integer-Typ mit Vorzeichen[75] gewandelt, so bleibt sein Wert unverändert. Es wird dabei links mit Nullen aufgefüllt und das Vorzeichenbit wird passend gesetzt.

Umwandlungen eines vorzeichenbehafteten Integer-Typen in den Typ char

Wird ein Integer-Wert vom Typ `short` in den Typ `char` gewandelt, so bleibt das Bitmuster erhalten, jedoch nicht die Bedeutung des Bitmusters. Dies bedeutet, dass eine negative Zahl als positive Zahl interpretiert wird. Ein korrektes Resultat ist für negative Zahlen nicht möglich, jedoch für positive Zahlen. Dies zeigt das folgende Beispiel:

```java
// Datei: Short2Char.java

public class Short2Char
{
   public static void main (String[] args)
   {
      char posChar, negChar;
      short posShort = 1;
      short negShort = -1;
      posChar = (char) posShort; // explizites Casten
      negChar = (char) negShort; // explizites Casten

      // Bei der Ausgabe muss vom Typ char nach int konvertiert wer-
      // den, da sonst ein entsprechendes Zeichen angezeigt wird.
      System.out.println ("positiver Short: " + posShort
                        + " ist als Char " + (int) posChar);
      System.out.println ("negativer Short: " + negShort
                        + " ist als Char " + (int) negChar);
   }
}
```

Die Ausgabe des Programms ist:

```
positiver Short: 1 ist als Char 1
negativer Short: -1 ist als Char 65535
```

Wird ein Integer-Wert vom Typ `byte` in den Typ `char` gewandelt, so wird von links mit Null-Bits aufgefüllt und das Vorzeichen propagiert. Da sich die Interpretation ändert, bleibt der Wert einer negativen Zahl nicht erhalten, jedoch der Wert einer positiven Zahl. Dies ist im folgenden Programm zu sehen:

```java
// Datei: Byte2Char.java

public class Byte2Char
{
   public static void main (String[] args)
   {
      char posChar, negChar;
```

---

[75] Die Integer-Typen `byte`, `short`, `int` und `long` haben ein Vorzeichen, der Typ `char` nicht.

```
byte posByte = 3;
byte negByte = -1;
posChar = (char) posByte;
negChar = (char) negByte;

// Bei der Ausgabe muss vom Typ char nach int konvertiert wer-
// den, da sonst ein entsprechendes Zeichen angezeigt wird.
System.out.println ("positives Byte: " + posByte
              + " hat als char den Dezimalwert " + (int) posChar);
System.out.println ("negatives Byte: " + negByte
              + " hat als char den Dezimalwert " + (int) negChar);
      }
}
```

Die Ausgabe des Programms ist:

```
positives Byte: 3 hat als char den Dezimalwert 3
negatives Byte: -1 hat als char den Dezimalwert 65535
```

Wird ein Integer-Wert vom Typ int oder long in den Typ char gewandelt, so ist ein korrektes Resultat für große Zahlen nicht gegeben, was in folgendem Programm demonstriert wird:

```
// Datei: Int2Char.java

public class Int2Char
{
   public static void main (String[] args)
   {
      int wert1 = 65535;
      int wert2 = 65536;
      char wert1Char = (char) wert1;
      char wert2Char = (char) wert2;
      // Bei der Ausgabe muss vom Typ char nach int konvertiert wer-
      // den, da sonst ein entsprechendes Zeichen angezeigt wird.
      System.out.println (wert1 + " hat als char den Dezimalwert "
                     + (int) wert1Char);
      System.out.println (wert2 + " hat als char den Dezimalwert "
                     + (int) wert2Char);
   }
}
```

Die Ausgabe des Programms ist:

```
65535 hat als char den Dezimalwert 65535
65536 hat als char den Dezimalwert 0
```

Umwandlungen zwischen Integer- und Gleitpunkt-Typen

• Integer nach Gleitpunkt

Wenn ein Wert aus einem Integer-Typ in einen Gleitpunkttyp umgewandelt wird, so werden als Nachkommastellen Nullen eingesetzt. In der Realität kann eine solche Zahl jedoch nicht exakt dargestellt werden. Das Resultat ist dann entweder der nächst höhere oder der nächst niedrigere darstellbare Wert.

- **Gleitpunkt nach Integer**

Bei der Wandlung einer Gleitpunktzahl in eine Integerzahl werden die Stellen hinter dem Komma abgeschnitten. Bei zu großen Zahlen ist ein korrektes Ergebnis nicht möglich, wie folgendes Beispiel zeigt:

```
// Datei: Double2Int.java

public class Double2Int
{
    public static void main (String[] args)
    {
        double d = 2147483642d;
        int i;
        for (int count = 0; count < 10; count++)
        {
            i = (int) d;
            System.out.println("Double " + d + " ist als int " + i);
            d++;
        }
    }
}
```

Die Ausgabe des Programms ist:

```
Double 2.147483642E9 ist als int 2147483642
Double 2.147483643E9 ist als int 2147483643
Double 2.147483644E9 ist als int 2147483644
Double 2.147483645E9 ist als int 2147483645
Double 2.147483646E9 ist als int 2147483646
Double 2.147483647E9 ist als int 2147483647
Double 2.147483648E9 ist als int 2147483647
Double 2.147483649E9 ist als int 2147483647
Double 2.14748365E9 ist als int 2147483647
Double 2.147483651E9 ist als int 2147483647
```

Umwandlungen zwischen Gleitpunkttypen

Wenn ein Gleitpunktwert mit niedrigerer Genauigkeit in einen Gleitpunkttyp mit einer höheren Genauigkeit umgewandelt wird, so gibt es keine Probleme. Die Größe bleibt selbstverständlich unverändert. Wenn ein Gleitpunktwert mit höherer Genauigkeit in einen Gleitpunkttyp mit einer niedrigeren Genauigkeit umgewandelt wird, so kann – wenn der Wert im zulässigen Wertebereich liegt – der neue Wert wegen der unterschiedlichen Genauigkeit der beteiligten Typen der nächst höhere oder der nächst niedrigere darstellbare Wert sein. Liegt der Wert nicht im zulässigen Wertebereich, so ist ein korrektes Ergebnis nicht möglich. Dies ist in folgendem Beispiel zu sehen:

```
// Datei: Double2Float.java

public class Double2Float
{
    public static void main (String[] args)
```

```
{
    double smallDouble = 9.999999999d;
    double bigDouble =    1.23E145;
    float smallFloat = (float) smallDouble;
    float bigFloat = (float) bigDouble;

    System.out.println ("kleiner Double-Wert: " + smallDouble
                        +" wird zu " + smallFloat);
    System.out.println ("grosser Double-Wert: " + bigDouble
                        +" wird zu " + bigFloat);
}
}
```

Die Ausgabe des Programms ist:

```
kleiner Double-Wert: 9.999999999 wird zu 10.0
grosser Double-Wert: 1.23E145 wird zu Infinity
```

7.8 Ausführungszeitpunkt von Nebeneffekten

Die Berechnung von Ausdrücken kann mit Nebeneffekten verbunden sein.

In Java wird jeder Operand eines Operators vollständig ausgewertet, bevor irgendein Teil der Operation begonnen wird. Damit haben (mit Ausnahme der Operatoren `&&`, `||` und `? :`) **vor einer Operation** die **Nebeneffekte der Operanden stattgefunden**.

In Java werden die **Operanden** eines Operators **strikt von links nach rechts ausgewertet**. Dies bedeutet, dass der **Nebeneffekt des linken Operanden vor** der **Bewertung des rechten Operanden** erfolgt ist.

In Java werden die aktuellen Parameter eines Methodenaufrufs von links nach rechts bewertet. Dies bedeutet, dass nach der Bewertung eines aktuellen Parameters ein **Nebeneffekt** dieses **aktuellen Parameters stattgefunden** hat und **erst dann der** rechts davon stehende aktuelle Parameter bewertet wird.

Ein Beispiel für die Auswertungsreihenfolge der aktuellen Parameter bei einem Methodenaufruf wird in Kapitel 9.2.6 gegeben.

Ein Nebeneffekt hat stattgefunden nach der Auswertung der folgenden Ausdrücke:

* Initialisierungsausdruck einer manuellen Initialisierung,
* Ausdruck in einer Ausdrucksanweisung,
* Bedingung in einer `if`-Anweisung (siehe Kap. 8.2.1),
* Selektionsausdruck in einer `switch`-Anweisung (siehe Kap. 8.2.3),
* Bedingung einer `while`- oder `do while`-Schleife (siehe Kap. 8.3.5),

- Initialierungsklausel in Form eines einzelnen Ausdrucks oder einer Ausdrucksliste, Booolescher Ausdruck, Aktualisierungs-Ausdrucksliste der for-Schleife (siehe Kap. 8.3.2),
- Ausdruck einer return-Anweisung (siehe Kap. 9.2.3).

7.9 Übungen

Aufgabe 7.1: Operatoren

a) Schreiben Sie eine Klasse ZahlenVergleich und fügen Sie der Klasse die Methode eingabeZahl() hinzu. Die Methode eingabeZahl() ermöglicht es Ihnen, eine int-Zahl von der Tastatur einzulesen. Ignorieren Sie den Aufbau der Methode. Sie soll an dieser Stelle einfach unbesehen verwendet werden.

```java
public int eingabeZahl()
{
   try
   {
      java.util.Scanner scanner =
         new java.util.Scanner (System.in);
      System.out.print ("Gib einen Wert ein: ");
      return scanner.nextInt ();
   }
   catch (Exception e)
   {
      System.out.println (e);
      System.exit(1);
   }
   return -1;
}
```

Lesen Sie nun zwei Zahlen von der Tastatur ein und vergleichen Sie die Zahlen miteinander auf Gleichheit (==). Sind die Zahlen gleich, soll folgender Text ausgegeben werden:

```
Die Zahlen sind gleich!
```

b) Erweitern Sie das Programm so, dass bei Ungleichheit der Zahlen ermittelt wird, welche der beiden Zahlen größer ist. Der Text würde beispielsweise so aussehen:

```
Die Zahl 5 ist größer als die Zahl 2!
```

Aufgabe 7.2: Bedingungsoperator

Gegeben seien folgende Codezeilen:

```java
int x = 5;
int y = 7;
int i = (x == y) ? 1 : 0;
```

a) Welchen Wert hat `i`?

b) Wie würden obige Codezeilen mit Hilfe einer `if-else` Abfrage aussehen?

Aufgabe 7.3: Gebrauch verschiedener Operatoren

Vor jeder Anweisung seien folgende Werte gegeben:

```
int a = 2;
int b = 1;
```

Finden Sie ohne Java-Compiler heraus, welchen Wert die Variablen a und b nach den einzelnen Anweisungen a) bis m) haben. Beachten Sie hierbei genau die Priorität der entsprechenden Operatoren. Erläutern Sie, wie Sie auf das Ergebnis kommen. Verifizieren Sie ihr theoretisch ermitteltes Ergebnis gegebenenfalls durch einen Programmlauf.

```
a)  a = b = 2;
b)  a = b * 3 + 2;
c)  a = b * (3 + 2);
d)  a *= b + 5;
e)  b %= 2 * a;
f)  a = --b;
g)  b = ~a;
h)  b = b++ * a;
i)  a = - 5 - 5;
j)  b = b << 2;
k)  b = (a == b) ? 5 : 7;
l)  a = --b * b++;
m)  a = a ^ b;
```

Aufgabe 7.4: Zweistellige arithmetische Operatoren

Welche Ausgabe erhalten Sie von folgendem Programm? Begründen Sie Ihre Antwort! Hier das Programm:

```java
// Datei: ZweistelligeOperatoren.java

public class ZweistelligeOperatoren
{
   public static void main (String[] args)
   {
      System.out.println ("Division von 10 durch 12: " + (10/12));
      System.out.println ("Division von 10. durch 12: " + (10./12));
      System.out.println ("Division von 10 durch 12.: " + (10/12.));
      int k;
      float f = 1.5f, g;
      k = 10 * (int) f;
      g = 10 * f;
      System.out.println ("Multiplikation (int)1.5f * 10: " + k);
      System.out.println ("Multiplikation 1.5f * 10: " + g);
   }
}
```

Aufgabe 7.5: Subtraktions-Zuweisungsoperator

Erläutern Sie, was folgender Programmcode berechnet:

```java
// Datei: ZuweisungsOperator.java

public class ZuweisungsOperator
{
   public static void main (String[] args)
   {
      int a = 39;
      int b = 5;

      while (a >= b) a -= b;

      System.out.println ("??????? ist: " + a);
   }
}
```

Kapitel 8

Kontrollstrukturen

8.1   Blöcke – Kontrollstrukturen für die Sequenz
8.2   Selektion
8.3   Iteration
8.4   Sprunganweisungen
8.5   Übungen

8 Kontrollstrukturen

Kontrollstrukturen steuern den Kontrollfluss eines sequenziellen Programms. So können beispielsweise in Abhängigkeit von der Bewertung von Ausdrücken gewisse Anweisungen übergangen oder ausgeführt werden. Da Kontrollstrukturen **einen** Eingang und **einen** Ausgang haben, bleibt der **Kontrollfluss** einer Methode dennoch **sequenziell**.

8.1 Blöcke – Kontrollstrukturen für die Sequenz

Erfordert die Syntax genau eine Anweisung, so können dennoch mehrere Anweisungen geschrieben werden, wenn man sie in Form eines Blockes[76] zusammenfasst:

```
{
    Anweisung_1
    Anweisung_2
        .
        .
    Anweisung_n
}
```

Die geschweiften Klammern { und } stellen die Blockbegrenzer dar. Die Anweisungen zwischen den Blockbegrenzern werden sequenziell abgearbeitet. Ein Block wird deshalb auch als **Kontrollstruktur für die Sequenz** bezeichnet. Bild 8-1 zeigt mehrere Anweisungen, die zu einem Block gruppiert sind.

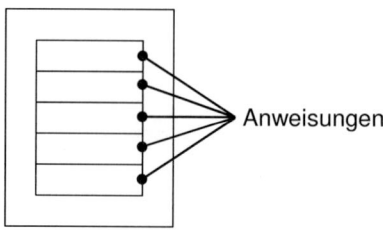

Bild 8-1 Ein Block ist eine Sequenz von Anweisungen

Ein **Block** (eine **zusammengesetzte Anweisung**) kann an jeder Stelle stehen, an der eine einzelne Anweisung angeschrieben werden kann.

8.2 Selektion

Die Selektion ermöglicht die Abarbeitung von Anweisungen abhängig von einer Bedingung. In Java gibt es die bedingte Anweisung, die einfache Alternative mit `if` und `else` und die mehrfache Alternative in den Ausprägungen `else if` und `switch`.

---

[76] Blöcke werden in Kap. 9 behandelt.

8.2.1 Bedingte Anweisung und einfache Alternative

Die Syntax der **einfachen Alternative** ist:

```
if (Ausdruck)
   Anweisung1
else
   Anweisung2
```

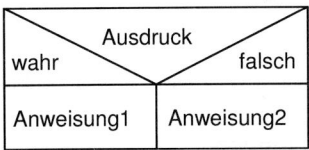

Bild 8-2 Struktogramm der einfachen Alternative (`if-else`-Anweisung)

Der `Ausdruck` in Klammern wird berechnet und ausgewertet. Trifft die Bedingung zu (hat also `Ausdruck` den Wert `true`), so wird `Anweisung1` ausgeführt. Trifft die Bedingung nicht zu (hat also `Ausdruck` den Wert `false`), so wird `Anweisung2` ausgeführt, falls ein `else`-Zweig vorhanden ist. Soll mehr als eine einzige Anweisung ausgeführt werden, so ist ein Block zu verwenden, der syntaktisch als eine einzige Anweisung zählt.

Der `else`-Zweig ist optional. Entfällt der `else`-Zweig, so spricht man von einer **bedingten Anweisung**.

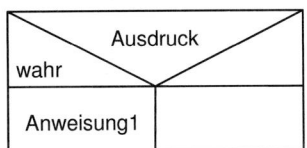

Bild 8-3 Struktogramm der bedingten Anweisung mit `if`

Die Syntax der bedingten Anweisung ist:

```
if (Ausdruck) Anweisung1
```

Fällt einem jetzt plötzlich ein, dass man eigentlich zwei Anweisungen ausführen wollte, wenn die Bedingung zutrifft, so darf man nicht die zweite Anweisung `Anweisung2` einfach hinter `Anweisung1` notieren. Bei

```
if (Ausdruck) Anweisung1
Anweisung2
```

wird nämlich die `Anweisung2` stets ausgeführt, auch wenn die Bedingung `Ausdruck` nicht zutrifft. Hier ist ein Block zu verwenden:

```
if (Ausdruck)
{
   Anweisung1
   Anweisung2
}
```

Für eine defensive Programmierung sollten stets geschweifte Klammern verwendet werden:

```
if (Ausdruck)
{
    Anweisung1
}
```

Damit kann der Handlungsablauf leicht um weitere Anweisungen ergänzt werden.

Vorsicht!

Der Begriff der defensiven Programmierung wurde in Kapitel 7.6.4 eingeführt.

Geschachtelte if-else-Anweisungen

Da der else-Zweig einer if-else-Anweisung optional ist, entsteht eine Mehrdeutigkeit, wenn ein else-Zweig in einer verschachtelten Folge von if-else-Anweisungen fehlt. Dem wird dadurch begegnet, dass der else-Zweig immer mit dem letzten if verbunden wird, für das noch kein else-Zweig existiert. So gehört im folgenden Beispiel

```
if (n > 0)
    if (a > b)
        z = a;
    else
        z = b;
```

der else-Zweig – wie die Regel oben aussagt – zum letzten, inneren if. Eine von Programmierern eventuell versuchte Umgehung der Zuordnung der if- und else-Zweige durch Einrücken (z.B. mit Tabulator) kann der Compiler nicht erkennen, da für ihn Whitespaces nur die Bedeutung von Trennern haben, aber sonst vollkommen bedeutungslos sind. Um eine andere Zuordnung zu erreichen, müssen entsprechende geschweifte Klammern gesetzt und somit Blöcke definiert werden:

```
if (n > 0)
{
    if (a > b)
        z = a;
}
else
    z = b;
```

8.2.2 Mehrfache Alternative – else-if

Die else-if-Anweisung ist die allgemeinste Möglichkeit für eine **Mehrfach-Selektion**, d.h. um eine Auswahl unter verschiedenen Alternativen zu treffen.

Die Syntax dieser Anweisung ist:

```
if (Ausdruck_1)
    Anweisung_1
```

```
else if (Ausdruck_2)
   Anweisung_2
      .
      .
      .
else if (Ausdruck_n)
   Anweisung_n
else                          // der else-Zweig
   Anweisung_else             // ist optional
```

In der angegebenen Reihenfolge wird ein Vergleich nach dem anderen durchgeführt. Bei der ersten Bedingung, die `true` ist, wird die zugehörige Anweisung abgearbeitet und die Mehrfach-Selektion abgebrochen. Dabei kann statt einer einzelnen Anweisung stets auch ein Block von Anweisungen stehen, da ein Block syntaktisch einer einzigen Anweisung gleichgestellt ist. Der letzte `else`-Zweig ist optional. Hier können alle anderen Fälle behandelt werden, die nicht explizit aufgeführt wurden. Ist dies nicht notwendig, so kann der `else`-Zweig entfallen.

Dieser `else`-Zweig wird oft zum Abfangen von Fehlern, z.B. bei einer Benutzereingabe, verwendet. Betätigt der Benutzer eine ungültige Taste, kann er in diesem `else`-Teil "höflichst" auf sein Versehen hingewiesen werden.

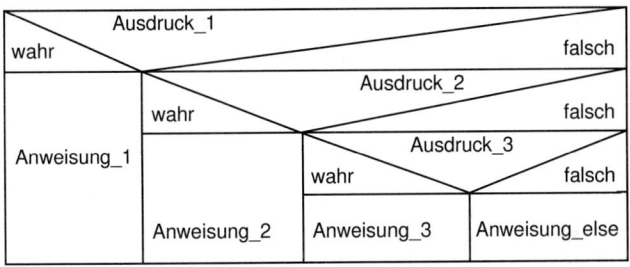

Bild 8-4 Beispiel für ein Struktogramm der `else-if`-Anweisung

8.2.3 Mehrfache Alternative – switch

Für eine Mehrfach-Selektion, d.h. eine Selektion unter mehreren Alternativen, kann auch die `switch`-Anweisung verwendet werden. Der `Ausdruck` in der `switch`-Anweisung muss vom Typ `char`, `byte`, `short`, `int` oder von einem Aufzählungstyp sein. Ferner muss jeder konstante Ausdruck `konstanter_Ausdruck_n` dem Typ von `Ausdruck` zuweisbar sein[77]. Die Syntax der `switch`-Anweisung lautet:

```
switch (Ausdruck)
{
   case konstanter_Ausdruck_1:
      Anweisungen_1
      break;                       // ist optional
```

---

[77] Siehe Kap. 7.7.3.5. Ist beispielsweise `Ausdruck` vom Typ `byte`, so kann `konstanter_Ausdruck_1` z.B. nicht den Wert 1000 annehmen.

```
case konstanter_Ausdruck_2:
    Anweisungen_2
    break;                              // ist optional


    .
    .
    .


case konstanter_Ausdruck_n:
    Anweisungen_n
    break;                              // ist optional
default:                                // ist optional
    Anweisungen_default
}
```

Jeder Alternative geht eine oder eine Reihe von `case`-Marken mit ganzzahligen Konstanten oder konstanten Ausdrücken voraus. Eine Konstante kann eine literale Konstante oder eine symbolische Konstante sein. Die symbolische Konstante wird meist mit `final` deklariert, kann aber auch als Aufzählungskonstante festgelegt werden. Dies wird in den folgenden Beispielprogrammen noch demonstriert. Ein Beispiel für eine `case`-Marke ist:

```
case 5:
```

Ein Beispiel für eine Reihe von `case`-Marken ist:

```
case 1:   case 3:   case 5:
```

Die vorangegangene `switch`-Anweisung wird durch das folgende Struktogramm visualisiert:

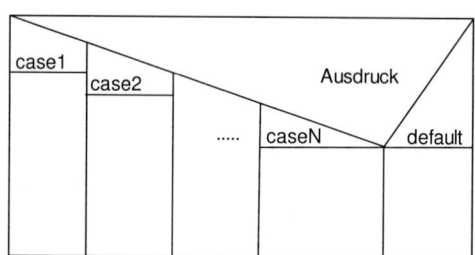

Bild 8-5 Struktogramm einer `switch`-Anweisung

Hier ein Beispiel:

```
// Datei: SwitchTest.java

public class SwitchTest
{
    private static final int EINS = 1; //symbolische Konstante mit
                                       //dem Namen EINS
    public void testSwitch (int zahl)
    {
```

```
        switch (zahl)
        {
           case EINS:
           {
              System.out.println ("Testergebnis: " + EINS);
              break;
           }
           case 2:
           {
              System.out.println ("Testergebnis: " + 2);
              break;
           }
        }
     }

     public static void main (String[] args)
     {
        SwitchTest test = new SwitchTest();

        test.testSwitch (1);
        test.testSwitch (2);
        test.testSwitch (EINS);
     }
  }
```

Die Ausgabe des Programms ist:

```
Testergebnis: 1
Testergebnis: 2
Testergebnis: 1
```

Ist der Wert des Ausdrucks einer switch-Anweisung identisch mit dem Wert eines der konstanten Ausdrücke der case-**Marken**, wird die Ausführung des Programmes dort weitergeführt. Stimmt keiner der konstanten Ausdrücke im Wert mit dem switch-Ausdruck überein, wird zu default gesprungen. default ist optional. Benötigt die Anwendung keinen default-Fall, kann dieser entfallen und das Programm wird beim Nichtzutreffen aller aufgeführten konstanten Ausdrücke nach der switch-Anweisung fortgeführt. Die Reihenfolge der case-Marken ist beliebig. Auch die default-Marke muss nicht als letzte stehen. Am übersichtlichsten ist es allerdings, wenn die case-Marken nach aufsteigenden Werten geordnet sind und default am Schluss steht.

Soll eine switch-Anweisung auf Aufzählungskonstanten angewendet werden, so muss der Ausdruck in der switch-Anweisung dem Aufzählungstyp entsprechen. Die konstanten Ausdrücke der case-Marken müssen die Aufzählungskonstanten des verwendeten Typs sein, da sie dem Ausdruck zuweisbar sein müssen. Die Angabe von Zahlen, stellvertretend für Konstanten, ist im Gegensatz zu obigem Beispiel hier nicht gestattet.

```java
// Datei: Richtungsweiser.java

public class Richtungsweiser
{
    public enum Richtung {LINKS, RECHTS}

    public static void main (String[] args)
    {
        Richtung ref = Richtung.RECHTS;

        switch (ref)
        {
            case LINKS:
                System.out.println ("LINKS");
                break;

            case RECHTS:
                System.out.println ("RECHTS");
                break;
        }
    }
}
```

Die Ausgabe des Programms ist:

```
RECHTS
```

Beachten Sie, dass Aufzählungskonstanten nicht qualifiziert sein dürfen, wenn sie als `case`-Marken verwendet werden. An allen anderen Stellen sind qualifizierte Namen erforderlich.

Im Falle der Marken geht der Typ der Aufzählungskonstanten aus dem Ausdruck der `switch`-Anweisung hervor. Eine wichtige Bedingung für die `switch`-Anweisung ist, dass – eigentlich selbstverständlich – alle `case`-Marken unterschiedlich sein müssen. Vor einer einzelnen Befehlsfolge können jedoch – wie bereits erwähnt – mehrere verschiedene `case`-Marken stehen, wie im nachfolgenden Beispiel demonstriert wird:

```java
// Datei: ZeichenTester.java

public class ZeichenTester
{
    public void testeZeichen (char c)
    {
        switch (c)
        {
            case '\t':
            case '\n':
            case '\r':
                System.out.println ("Steuerzeichen");
                break;
```

```
            default:
                System.out.println ("Kein Steuerzeichen: " + c);
        }
    }

    public static void main (String[] args)
    {
        ZeichenTester pars = new ZeichenTester();

        pars.testeZeichen ('\t');
        pars.testeZeichen ('A');
        pars.testeZeichen ('\r');
    }
}
```

Die Ausgabe des Programms ist:

```
Steuerzeichen
Kein Steuerzeichen: A
Steuerzeichen
```

Wird in der `switch`-Anweisung eine passende `case`-Marke gefunden, werden die anschließenden Anweisungen bis zum `break` ausgeführt. `break` springt dann an das Ende der `switch`-Anweisung (siehe auch Kap. 8.4.2).

Fehlt die `break`-Anweisung, so werden die Anweisungen nach der nächsten `case`-Marke abgearbeitet. Dies geht so lange weiter, bis ein `break` gefunden wird oder bis das Ende der `switch`-Anweisung erreicht ist.

Die folgenden Unterschiede zur `else-if`-Anweisung bestehen:

a) `switch` prüft nur auf die Gleichheit von Werten im Gegensatz zur `if`-Anweisung, bei der ein logischer Ausdruck ausgewertet wird.

b) Der Bewertungsausdruck der `switch`-Anweisung kann nur ganzzahlige Werte, Variablen von Aufzählungstypen oder Zeichen verarbeiten. Zeichen stellen dabei – wie Sie wissen – kleine ganze Zahlen dar.

8.3 Iteration

Eine Iteration ermöglicht das mehrfache (iterative) Ausführen von Anweisungen. In Java gibt es abweisende Schleifen, annehmende Schleifen und die Endlos-Schleife.

8.3.1 Abweisende Schleife mit while

Die Syntax der `while`-Schleife lautet:

```
while (Ausdruck)
    Anweisung
```

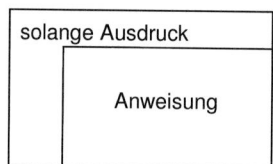

Bild 8-6 Struktogramm der `while`*-Schleife*

In einer `while`-Schleife kann eine Anweisung in Abhängigkeit von der Bewertung eines Ausdrucks wiederholt ausgeführt werden. Da der **Ausdruck vor der Ausführung** der Anweisung **bewertet wird**, spricht man auch von einer "abweisenden" **Schleife**. Der Ausdruck wird berechnet und die Anweisung dann und nur dann ausgeführt, wenn der Ausdruck `true` ist. Danach wird die Berechnung des Ausdrucks und die eventuelle Ausführung der Anweisung wiederholt. Um keine Endlos-Schleife zu erzeugen, muss daher ein Teil des Bewertungsausdrucks im Schleifenrumpf, d.h. in der `Anweisung`, manipuliert werden. Sollen mehrere Anweisungen ausgeführt werden, so ist ein Block zu verwenden. Das folgende Beispiel zeigt die Manipulation der Abbruchbedingung im Schleifenrumpf:

```
while (i < 100)
{
   . . . . .
   i++; // manipuliert Variable i der Abbruchbedingung i < 100
}
```

8.3.2 Abweisende Schleife mit for

Erste Erfahrungen mit der `for`-Schleife wurden bereits in Kapitel 4.1 gewonnen. Ein Beispiel für eine einfache `for`-Schleife ist:

```
for (int lv = 1; lv <= 5; lv++)
   System.out.println (lv);
```

Hierbei werden die Zahlen 1 bis 5 nacheinander jeweils in einer eigenen Zeile ausgegeben. Die `for`-Schleife ist wie die `while`-Schleife eine abweisende Schleife, da erst geprüft wird, ob die Bedingung für ihre Ausführung zutrifft. Die Syntax der `for`-Schleife lautet:

```
for (Initialisierungsklausel; BoolescherAusdruck;
                              Aktualisierungs-Ausdrucksliste)
      Anweisung
```

Die `for`-Anweisung ist per Sprachdefinition äquivalent zu[78]:

```
{
   Initialisierungsklausel;
```

---

[78] Vorausgesetzt, der bei der `for`-Schleife optionale `BoolescherAusdruck` ist tatsächlich vorhanden. Die Äquivalenz ist auch gegeben, wenn die optionale `Initialisierungsklausel` bzw. die `Aktualisierungs-Ausdrucksliste` fehlen. Fehlt `BoolescherAusdruck`, so entsteht eine Endlos-Schleife, da in der äquivalenten `while`-Schleife anstelle von `BoolescherAusdruck` die Konstante `true` tritt.

```
while (BoolescherAusdruck)
{
    Anweisung
    Aktualisierungs-Ausdrucksliste
}
}
```

Beachten Sie die erste und die letzte geschweifte Klammer. Durch den umfassenden Block wird in Java eine Schleifenvariable, die in der `Initialisierungsklausel` definiert wurde, beim Verlassen der `for`-Schleife ungültig.

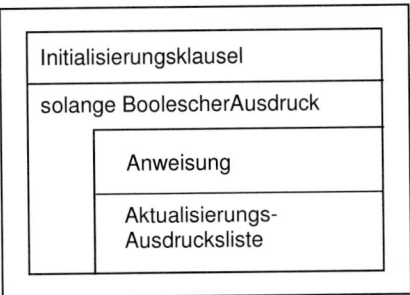

Bild 8-7 Struktogramm der zur `for`-Anweisung äquivalenten `while`-Schleife

Die Initialisierungsklausel

Zu Beginn der Schleife wird einmalig die `Initialisierungsklausel` zur Initialisierung der Schleife berechnet. In der Regel stellt die `Initialisierungsklausel` die **Definition und Initialisierung einer lokalen Variablen** dar, die als **Laufvariable**[79] verwendet wird und **nach der Beendigung der `for`-Schleife ungültig ist**. Eine `Initialisierungsklausel` kann bestehen aus:

- einem einzelnen Ausdruck
- oder einer Ausdrucksliste als Folge von Ausdrücken, getrennt durch Kommata.

Wird eine Ausdrucksliste verwendet, so können die Laufvariablen einzeln vor der `for`-Schleife definiert werden. Sind die Laufvariablen vom gleichen Typ – z.B. es werden nur Laufvariablen vom Typ `int` verwendet – so können diese innerhalb der `Initialisierungsklausel` in einer einzelnen Vereinbarung definiert werden (siehe Kap. 6.2.1), beispielsweise zu:

```
for (int i = 0, j = 0; i < 10, j < 10; i++, j++)
```

BoolescherAusdruck, Anweisung und Aktualisierungs-Ausdrucksliste

Nach der Auswertung der `Initialisierungsklausel` wird der Ausdruck `BoolescherAusdruck` berechnet. Ist dieser Ausdruck `true`, wird die `Anweisung` ausgeführt und anschließend die `Aktualisierungs-Ausdrucksliste` berechnet. Die Bewertung von `BoolescherAusdruck`, die Ausführung von `Anweisung` und die

---

[79] Die Laufvariable kann natürlich auch vor der `for`-Schleife definiert werden.

Berechnung von `Aktualisierungs-Ausdrucksliste` werden solange wiederholt, bis der Ausdruck `BoolescherAusdruck false` wird.

Gebräuchliche Form der for-Schleife in Java

In einer gebräuchlichen Form wird die `for`-Schleife so verwendet, dass die `Initialisierungsklausel` eine Laufvariable definiert und initialisiert und dass die `Aktualisierungs-Ausdrucksliste` ein einzelner Ausdruck in Form einer Zuweisung an die Laufvariable ist. Dies wird im folgenden Beispiel gezeigt, in welchem ein `int`-Array mit dem Wert der Laufvariablen initialisiert wird:

```
int[] a = new int [20];
for (int i = 0; i < 20; i = i + 1)
    a [i] = i;
```

Die Variable `i` in diesem Beispiel zählt die Zahl der Schleifendurchläufe hoch. Sie wird als **Laufvariable** bezeichnet. Für die Erhöhung des Wertes der Laufvariablen kann statt `i = i + 1` auch genauso gut `i++` oder `++i` geschrieben werden. Alle drei Schreibweisen sind hier äquivalent. Entscheidend ist nur, dass die Laufvariable erhöht wird. Der Rückgabewert von `Aktualisierungs-Ausdrucksliste` wird ja nicht abgeholt. Natürlich ist es von der Syntax her möglich, dass statt `i++` beispielsweise auch `x = i++`[80] geschrieben wird, wobei `x` eine bereits definierte Variable sein soll. Dann wird ebenfalls **der Schleifenindex (die Laufvariable)** erhöht, aber darüber hinaus noch der Wert der Variablen `x` verändert. Solche Kunststücke können leicht übersehen werden und machen deshalb das Programm schlecht lesbar.

Ausdruckslisten aus Folgen von Ausdrücken

In Java kann eine `Initialisierungsklausel` der `for`-Schleife entweder die Definition einer Laufvariablen mit Initialisierung sein oder ein einzelner Ausdruck oder eine Liste von Ausdrücken, die durch Kommata getrennt sind. Die `Aktualisierungs-Ausdrucksliste` kann ein einzelner Ausdruck sein oder eine Liste von Ausdrücken. Mit Hilfe dieser Listen von Ausdrücken ist es möglich, mehrere Laufvariablen gleichzeitig zu bearbeiten. Im Folgenden einige Beispiele:

```
// Datei: Schleifen.java

public class Schleifen
{
    public static void main (String[] args)
    {
        //Dieses Beispiel funktioniert
        int i = 0;
        int j = 0;

        for (i = 0, j = 2; j >= 0; i++, j--) //Liste von Ausdrücken
        {
            System.out.println ("i: " + i);
            System.out.println ("j: " + j);
        }
```

---

[80] `x = i++` stellt ja – wie bereits in Kapitel 7.2 vorgestellt – einen Ausdruck dar.

```
        // Dieses Beispiel funktioniert auch
        for (int k = 0, l = 2; l >= 0; k++, l--)
        {
            System.out.println ("k: " + k);
            System.out.println ("l: " + l);
        }

        // Dieses Beispiel funktioniert nicht.
        // Es ist nur eine Liste von Ausdrücken zulässig, nicht
        // aber eine Liste von Definitionen von Laufvariablen.
        // for (int m = 0, int n = 2; n >= 0; m++, n--)
        // {
        //     System.out.println ("m: " + m);
        //     System.out.println ("n: " + n);
        // }
    }
}
```

Die Ausgabe des Programms ist:

```
i: 0
j: 2
i: 1
j: 1
i: 2
j: 0
k: 0
l: 2
k: 1
l: 1
k: 2
l: 0
```

Beachten Sie, dass `int k = 0, l = 2;` eine einzige Definition darstellt. Es entspricht von der Wirkung her

```
int k = 0;
int l = 2;
```

Allerdings ist in der `for`-Schleife eine Liste von Definitionen nicht zugelassen.

8.3.3 For-each-Schleife

Die `for`-Schleife wird besonders gerne verwendet, um über Arrays oder die Elemente von Collection-Klassen (siehe Kap. 18) zu iterieren. Bei Arrays war dazu bisher immer die Einführung einer Laufvariablen (meist `i` genannt) notwendig, bei den Collection-Klassen wurde ein Iterator verwendet. Mit der erweiterten `for`-Schleife, die seit dem JDK 5.0 Bestandteil von Java ist, wird derselbe Code wesentlich kürzer und prägnanter. Das folgende Beispiel zeigt das Iterieren über ein Array:

```
// Datei: ForEachTest.java

public class ForEachTest
{
```

```
public static void main (String[] args)
{
   // Anlegen eines Arrays von Strings
   String[] testArray =
                      new String[] {"Hallo", "neue", "Schleife"};
   // Auslesen aller Elemente des Arrays
   // mit Hilfe der erweiterten for-Schleife
   for (String element : testArray)
   {
      // Zugriff auf das Element des Arrays
      System.out.println (element);
   }
}
}
```

Hier die Ausgabe des Programms:

```
Hallo
neue
Schleife
```

In der erweiterten `for`-Schleife wird zuerst eine Variable vom Typ eines Elements des Arrays definiert, im obigen Beispiel durch `String element`. Nach dem Doppelpunkt steht der Name des zu durchlaufenden Arrays.

Das obige Beispiel `for (String element : testArray)` kann gelesen werden als: "Für alle Elemente des Arrays `testarray`, das aus Referenzen auf Objekte vom Typ `String` besteht".

Die erweiterte `for`-Schleife wird auch **for-each Schleife** genannt, da sie immer über **alle** Elemente eines Arrays läuft. Sie kann durch eine `break`-Anweisung abgebrochen werden. Zudem kann die Reihenfolge, in der über die Elemente iteriert wird, nicht beeinflusst werden. Arrays werden immer in aufsteigender Reihenfolge durchlaufen. Damit ist die erweiterte `for`-Schleife nicht für Aufgaben geeignet, die eine andere als die aufsteigende Reihenfolge ohne Auslassungen verlangen.

8.3.4 Endlos-Schleife

Fehlt der Ausdruck `BoolescherAusdruck` in einer `for`-Schleife, so gilt die Bedingung immer als `true` und die Schleife wird nicht mehr automatisch beendet. Durch Weglassen von `BoolescherAusdruck` kann somit in einfacher Weise eine Endlos-Schleife programmiert werden. Die geläufigste Form ist dabei, alle drei Ausdrücke wegzulassen, wie im folgenden Beispiel:

```
for ( ; ; )       // Endlosschleife
{
   . . . . .
}
```

Beachten sie hierbei, dass die beiden Semikolon trotzdem hingeschrieben werden müssen. Eine schönere Möglichkeit ist, die `while`-Schleife zu verwenden und die Bedingung auf `true` zu setzen:

```
while (true)      // Endlosschleife
{
    . . . . .
}
```

8.3.5 Annehmende Schleife mit do-while

Die Syntax der do-while-Schleife ist:

```
do
    Anweisung
while (Ausdruck);
```

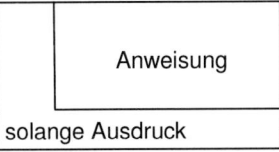

Bild 8-8 Struktogramm der do-while-Schleife

Die do-while-Schleife ist eine "annehmende Schleife". Zuerst wird die Anweisung der Schleife einmal ausgeführt. Danach wird der Ausdruck bewertet. Ist er true, wird die Ausführung der Anweisung und die Bewertung des Ausdrucks solange fortgeführt, bis der Ausdruck zu false ausgewertet wird.

Die do-while-Schleife wird somit auf jeden Fall mindestens einmal durchlaufen, da die Bewertung des Ausdrucks erst am Ende der Schleife erfolgt. Das folgende Programm gibt zu einer Zahl in Dezimaldarstellung den entsprechenden Wert in der Binärdarstellung aus:

```
// Datei: BinaerWandler.java

public class BinaerWandler
{
    public static void main (String[] args)
    {
        int zahl = 100;
        String binaer = "";
        // Variable, die den Rest der Division durch 2 speichert
        int rest;

        do
        {
            // Der Rest kann immer nur 1 oder 0 sein.
            rest = zahl % 2;
            zahl = zahl / 2;
            // Zusammensetzen des Strings zur Binärdarstellung
            binaer = rest + binaer;
        }while (zahl > 0);

        System.out.println ("100 dezimal ist: " + binär + " binär");
    }
}
```

Die Ausgabe des Programms ist:

```
100 dezimal ist: 1100100 binär
```

8.4 Sprunganweisungen

Mit der `break`-Anweisung (siehe Kap. 8.4.2) kann eine `while`-, `do-while`-, `for`-Schleife und `switch`-Anweisung abgebrochen werden. Die `continue`-Anweisung (siehe Kap. 8.4.3) dient zum Sprung in den nächsten Schleifendurchgang bei einer `while`-, `do-while`- und `for`-Schleife.

Sowohl bei `break`- als auch bei `continue`-Anweisungen können Marken verwendet werden. Eine **Marke** hat die gleiche Form **wie** ein **Variablenname. Anschließend** folgt ein **Doppelpunkt**. Eine **Marke steht vor** einer **Anweisung**. Zu den Sprunganweisungen zählt auch die `return`-Anweisung. Mit `return` springt man aus einer Methode an die aufrufende Stelle zurück. Die `return`-Anweisung wird in Kapitel 9.2.3 behandelt.

8.4.1 Marken

In Java können Anweisungen mit Marken versehen werden:

```
int a = 0;
int b = 1;
marke: if (a < b)
    . . . . .
```

Hierbei trennt ein Doppelpunkt die Marke von der ihr zugeordneten Anweisung. Dass eine Marke vor der Anweisung steht, ändert nichts an dem Charakter der Anweisung. Anweisungen oder Blöcke mit Marken spielen bei `break`- und `continue`-Anweisungen eine Rolle. Für die Syntax einer Marke gelten dieselben Konventionen wie für einen Bezeichner (Namen). Der Gültigkeitsbereich einer Marke ist der Block, in dem sie enthalten ist. Eine Marke in einem äußeren Block darf denselben Namen tragen wie eine Marke in einem inneren Block. Wird zu einer Marke gesprungen, so wird zur innersten Marke mit diesem Namen gesprungen.

8.4.2 break

Die `break`-Anweisung ohne Marke erlaubt es, eine `for`-, `do-while`- und `while`-Schleife sowie die `switch`-Anweisung vorzeitig zu verlassen. Bei geschachtelten Schleifen bzw. `switch`-Anweisungen wird jeweils nur die Schleife bzw. `switch`-Anweisung verlassen, aus der mit `break` herausgesprungen wird. Die Abarbeitung des Programms wird mit der Anweisung fortgesetzt, welche direkt der verlassenen Schleife bzw `switch`-Anweisung folgt. Bild 8-9 zeigt die Anwendung der `break`-Anweisung bei zwei ineinander verschachtelten `for`-Schleifen.

```
for (. . . . .)
{   ...
    for (. . . . . )
    { ...
        if (Bedingung) break;
        ...
    }
    ...
}
```

Bild 8-9 Beispiel einer break-*Anweisung bei geschachtelten* for-*Schleifen*

Beachten Sie, dass die Abarbeitung des Programms nach der schließenden Klammer der inneren for-Schleife fortgesetzt wird.

Im folgenden Beispiel wird eine Endlosschleife mit Hilfe von break verlassen. Der gezeigte Anmeldevorgang ist nur erfolgreich, wenn exakt "Anja" gefolgt von <RETURN> eingegeben wird. Bei korrekter Eingabe wird die Meldung "Anmelde-vorgang erfolgreich!" ausgegeben. Bei einer Falsch-Eingabe wird der Benut-zer aufgefordert, einen erneuten Anmeldeversuch zu starten.

```java
// Datei: Login.java

import java.util.Scanner;
public class Login
{
   public static void main (String[] args)
   {
      Scanner scanner = new Scanner (System.in);
      String eingabe = null;
      while (true)
      {
         System.out.print ("Bitte geben Sie Ihr Login ein: ");
         eingabe = scanner.next();

         if (eingabe.equalsIgnoreCase ("Anja"))
         {
            System.out.println ("Anmeldevorgang erfolgreich!");
            break;
         }
         else
         {
            System.out.println ("Falsche Eingabe!");
         }
      }
   }
}
```

Der folgende Dialog wurde geführt:

```
Bitte geben Sie Ihr Login ein: Mathias
Falsche Eingabe!
Bitte geben Sie Ihr Login ein: Anja
Anmeldevorgang erfolgreich!
```

8.4.3 continue

Die continue-Anweisung ist wie die break-Anweisung eine Sprung-Anweisung. Im Gegensatz zu break wird aber eine Schleife nicht verlassen, sondern der Rest der Anweisungsfolge der Schleife übersprungen und ein neuer Schleifendurchgang gestartet. Die continue-Anweisung kann auf die for-, die while- und die do-while-Schleife angewandt werden. Bei while und do-while wird nach continue direkt zum **Bedingungstest der Schleife** gesprungen. Bei der for-Schleife wird zuerst noch die Aktualisierungs-Ausdrucksliste (siehe Kap. 8.3.2) bewertet.

Angewandt wird die continue-Anweisung zum Beispiel, wenn an einer gewissen Stelle des Schleifenrumpfes mit einem Test festgestellt werden kann, ob der "umfangreiche" Rest noch ausgeführt werden muss.

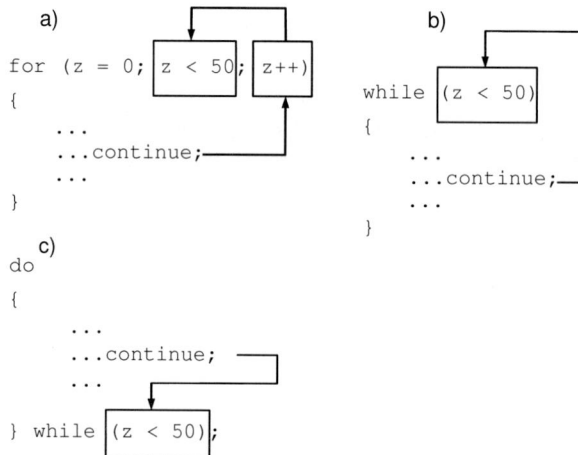

Bild 8-10 Kontrollfluss bei der continue-*Anweisung für eine* for-*Schleife (a), eine* while-*Schleife (b) und eine* do-while-*Schleife (c)*

Das folgende Beispiel zeigt die Verwendung der continue-Anweisung in einer while-Schleife. Es wird wiederum – wie im Beispiel mit der break-Anweisung – die Eingabe des Benutzers auf die Übereinstimmung mit "Anja" überprüft.

```java
// Datei: Login2.java

import java.util.Scanner;

public class Login2
{
   public static void main (String[] args)
   {
      Scanner scanner = new Scanner (System.in);
      String eingabe = null;

      while (true)
      {
         System.out.print ("Bitte geben Sie Ihr Login ein: ");
         eingabe = scanner.next();
```

```
            if (!eingabe.equalsIgnoreCase ("Anja"))
            {
                System.out.println ("Falsche Eingabe!");
                continue;
            }
            System.out.println ("Anmeldevorgang erfolgreich!");
            break;
        }
    }
}
```

Der folgende Dialog wurde geführt:

```
Bitte geben Sie Ihr Login ein: anja
Anmeldevorgang erfolgreich!
```

Es gibt die Möglichkeit, in Verbindung mit der `continue`-Anweisung Marken zu verwenden. Soll nicht zum Bedingungstest des innersten Blocks mit der `continue`-Anweisung gesprungen werden, sondern zum Bedingungstest eines äußeren Blocks, so ist die Anweisung, die den Bedingungstest enthält, mit einer Marke `amarke` zu versehen. Mit `continue amarke` kann dann dieser Bedingungstest angesprungen werden. Da jedoch bei einer disziplinierten Programmierung das Springen an Marken vermieden werden kann, wird hierzu kein Beispiel gezeigt.

8.5 Übungen

Aufgabe 8.1: Schleifen

Analysieren Sie folgendes Programm. Was erwarten Sie als Ausgabe?

```java
// Datei: Darstellen.java

public class Darstellen
{
    static final int BREITE = 20;
    static final int HOEHE = 10;

    public static void main (String[] args)
    {
        int hoehe;     // Zählvariable für die Höhe
        int breite;    // Zählvariable für die Breite

        breite = 0;
        do
        {
            System.out.print ("*");
            breite++;
        }
        while (breite < BREITE);

        System.out.println();
        hoehe = 0;
```

```
      while (hoehe < HOEHE - 2)
      {
          System.out.print ("*");

          breite = 1;
          do
          {
             System.out.print (" ");
             breite++;
          }
          while (breite < BREITE - 1);

          System.out.print ("*");
          System.out.println();
          hoehe++;
      }

      breite = 0;
      while (breite < BREITE)
      {
          System.out.print ("*");
          breite++;
      }
      System.out.println();
   }
}
```

Das Programm wurde umständlicherweise nur mit `while`- und `do-while`-Schleifen geschrieben. Schreiben Sie das Programm so um, dass es übersichtlicher wird. Verwenden Sie hierzu die `for`-Schleife.

Aufgabe 8.2: Schleifen

Schreiben Sie ein Programm, das ein gefülltes Dreieck auf dem Bildschirm darstellt. Geben Sie hierzu in jeder Zeile mit Hilfe einer Schleife erst die entsprechende Anzahl Leerzeichen aus. Verwenden Sie dann eine zweite Schleife, um die entsprechende Anzahl an Sternchen '*' auszugeben. Verwenden Sie zur Ausgabe der einzelnen Zeichen die Methode `System.out.print()`. Eine Beispielausgabe könnte z.B. so aussehen:

```
    *
   ***
  *****
 *******
*********
```

Aufgabe 8.3: Mehrfache Alternative

Analysieren Sie das unten stehende Programm. Was erwarten Sie als Ausgabe? Schreiben Sie das Programm so um, dass es anstatt der `if-else`-Anweisungen eine `switch`-Anweisung verwendet. Hier das Programm:

```
// Datei: Zahlen.java
import java.io.BufferedReader;
import java.io.InputStreamReader;
```

```java
public class Zahlen
{
    // Verwenden Sie die Methode eingabeZahl(), ohne sie nähers zu
    // studieren
    public static int eingabeZahl()
    {
        InputStreamReader inp = new InputStreamReader (System.in);
        BufferedReader buffer = new BufferedReader (inp);

        try
        {
            System.out.print ("Gib einen Wert zwischen 1 und 5 ein: ");
            String eingabe = buffer.readLine();

            Integer wert = Integer.valueOf (eingabe);
            return wert.intValue();
        }
        catch (Exception ex)
        {
        }
        return 0;
    }

    public static void main (String[] args)
    {
        int zahl = eingabeZahl();

        System.out.print ("Die eingegebene Zahl ist ");
        if (zahl == 1)
        {
            System.out.println ("EINS");
        }
        else if (zahl == 2)
        {
            System.out.println ("ZWEI");
        }
        else if (zahl == 3)
        {
            System.out.println ("DREI");
        }
        else if (zahl == 4)
        {
            System.out.println ("VIER");
        }
        else if (zahl == 5)
        {
            System.out.println ("FÜNF");
        }
        else
        {
            System.out.println ("UNBEKANNT");
        }
    }
}
```

Aufgabe 8.4: Endlos-Schleife

Ein Programmierer hat in folgendem Programmcode einen Fehler eingebaut, wodurch das Programm in einer Endlosschleife hängen bleibt. Eigentlich sollte das Programm beim Erreichen des Werts 10 beendet werden. Beheben Sie den Fehler mit Hilfe einer bedingten Sprunganweisung. Hier das fehlerbehaftete Programm:

```
// Datei: Endlos.java

public class Endlos
{
   public static void main (String[] args)
   {
      int i = 0;
      while (true)
      {
         i++;
         System.out.println (i);
      }
   }
}
```

Aufgabe 8.5: if-Abfrage vereinfachen

Wie lassen sich folgende Codezeilen vereinfachen?

```
if (wert > 0)
{
   if (wert < 5)
   {
      System.out.println ("Der Wert ist innerhalb 0 und 5");
   }
   else
   {
      System.out.println ("Der Wert ist ausserhalb 0 und 5");
   }
}
else
{
   System.out.println ("Der Wert ist ausserhalb 0 und 5");
}
```

Aufgabe 8.6: Zinsen berechnen

Schreiben Sie ein Programm, das die jährliche Vermehrung eines auf einem Sparbuch angelegten Geldbetrags auf dem Bildschirm ausgibt. Berechnen Sie die Entwicklung des Vermögens für einen Geldbetrag von 5000 € über einen Zeitraum von 5 Jahren und einen Zinssatz von 3%.

Der jährliche Zuwachs berechnet sich wie folgt:

```
neuesGuthaben = altesGuthaben * (zinssatz + 100) / 100
```

Kapitel 9

Blöcke und Methoden

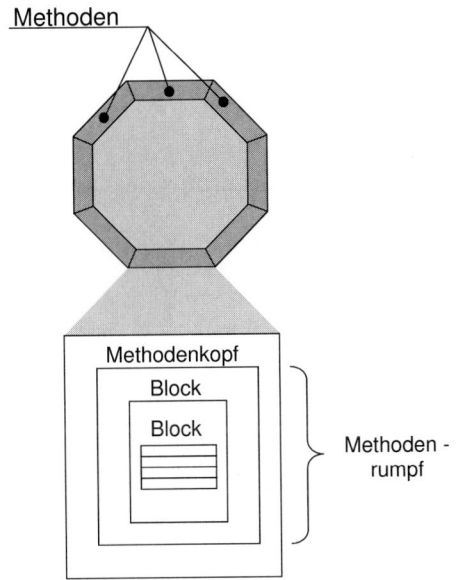

9.1   Blöcke und ihre Besonderheiten
9.2   Methodendefinition und -aufruf
9.3   Polymorphie von Operationen
9.4   Überladen von Methoden
9.5   Parameterliste variabler Länge
9.6   Parameterübergabe beim Programmaufruf
9.7   Iteration und Rekursion
9.8   Übungen

9 Blöcke und Methoden

Ein Block ist eine Folge von Anweisungen, die sequenziell hintereinander ausgeführt wird. Eine Methode ist eine Folge von Anweisungen, die unter einem Namen aufgerufen werden kann. Diese beiden Sätze enthalten bereits die Definition von Block und Methode. Den Aufbau von Blöcken und Methoden und die Verwendung lokaler Variablen als Zwischenspeicher für Daten benötigen Sie als grundlegendes Handwerkszeug beim Programmieren.

9.1 Blöcke und ihre Besonderheiten

Der Block als **Kontrollstruktur für die Sequenz** wurde bereits in Kapitel 8.1 vorgestellt. Die Anweisungen eines Blockes werden durch Blockbegrenzer – in C, C++ und Java sind dies die geschweiften Klammern – zusammengefasst. Statt Block ist auch die Bezeichnung **zusammengesetzte Anweisung** üblich.

Einen Block benötigt man aus zwei Gründen:

- zum einen ist der Rumpf einer Methode ein Block,
- zum anderen gilt ein Block syntaktisch als eine einzige Anweisung. Daher kann ein Block auch da stehen, wo von der Syntax her nur eine einzige Anweisung zugelassen ist, wie z.B. im `if`- oder `else`-Zweig einer `if-else`-Anweisung.

Ein Block in Java hat den folgenden Aufbau:

```
{
    Anweisungen
}
```

Nach dem Blockbegrenzer, der schließenden geschweiften Klammer, kommt kein Strichpunkt.

9.1.1 Die Deklarationsanweisung

Während in einem Block in der Programmiersprache C zuerst alle Vereinbarungen angeschrieben werden mussten und erst dahinter die Anweisungen:

```
{
    Vereinbarungen /* Aufbau eines */
    Anweisungen    /* Blockes in C */
}
```

können seit C++ in einem Block Vereinbarungen und Anweisungen "wild" gemischt werden. Möglich wurde dies durch das von Stroustrup – dem Vater von C++ – ausgedachte Konzept der **Deklarationsanweisung**. Mit diesem Konzept wird jede Vereinbarung als Anweisung gesehen und daher ist die Reihenfolge von Vereinbarungen und "echten" Anweisungen nicht mehr fest vorgegeben. Java folgt hier C++

und daher ist es nicht erforderlich, dass zu Beginn eines Blockes erst alle Vereinbarungen angeschrieben werden, auch wenn dies übersichtlicher wäre. In Bild 9-1 ist
die zulässige Blockstruktur für Java dargestellt.

```
{
      . . . . .
      Deklarationsanweisungen
      . . . . .
      Anweisungen
      . . . . .
      Deklarationsanweisungen
      . . . . .
      Anweisungen
      . . . . .
}
```

Bild 9-1 Zulässige Blockstruktur in Java

In Java können an einer beliebigen Stelle innerhalb eines Blockes
Variablen mit Hilfe einer Deklarationsanweisung definiert werden.

9.1.2 Die leere Anweisung und der leere Block

Eine so genannte **leere Anweisung** besteht nur aus einem Strichpunkt wie in folgendem Beispiel:

```
. . . . .
// primitive Warteschleife des Programmes
for (int i = 0; i < 100000; i++)
   ;                    // Der Strichpunkt ist fett gedruckt,
. . . . .                // damit er auffällt
```

Als leere Anweisung ist außer dem Strichpunkt auch der **leere Block** { } möglich.

Ist an einer von der Syntax für eine Anweisung vorgesehenen
Stelle in einem Programm keine Anweisung notwendig, so muss
dort eine leere Anweisung, d.h. ein ; oder ein { }, stehen, um die
Syntax zu erfüllen.

Damit man ein Semikolon als leere Anweisung besser erkennt, wird das Semikolon
für sich auf eine eigene Zeile geschrieben.

9.1.3 Lokale Variablen

Variablen, die innerhalb eines Blockes vereinbart werden, sind lokal für diesen Block
und werden **lokale Variablen** genannt. Sie werden angelegt, wenn der entsprechen-

de Block aufgerufen wird und im Programmcode des Blocks die Definition[81] der
Variablen erreicht wird.

Ein Block zählt syntaktisch als eine einzige Anweisung. Im Gegensatz zu einer normalen Anweisung besteht bei einem Block
jedoch die Möglichkeit, **Block-lokale Variablen** einzuführen.

Lokale Variablen werden durch das Laufzeitsystem auf dem **Stack** angelegt. Beim
Verlassen des Blocks, d.h. beim Erreichen der schließenden geschweiften Klammer,
werden die lokalen Variablen wieder ungültig und werden auf dem Stack zum
Überschreiben freigegeben.

9.1.4 Schachtelung von Blöcken

Da eine Anweisung eines Blocks selbst wieder ein Block sein kann, können Blöcke
geschachtelt werden.

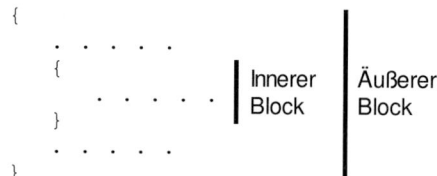

Bild 9-2 Schachtelung von Blöcken

In Java können in jedem Block – auch in inneren Blöcken –
Variablen definiert werden.

In einem inneren Block definierte Variablen sind nur innerhalb
dieses Blockes **sichtbar, in einem umfassenden Block** sind sie
unsichtbar. Variablen, die in einem umfassenden Block definiert
sind, sind für einen folgenden inneren Block **auch sichtbar.**

Bei **Java sind identische Namen im inneren und äußeren
Block nicht zugelassen.** Es resultiert ein Kompilierfehler.

Das folgende Programm demonstriert die **Sichtbarkeit** von Variablen in inneren und
äußeren Blöcken. Auf Variablen, die in äußeren Blöcken definiert wurden, kann in
inneren Blöcken zugegriffen werden.

---

[81] In Java bedeutet die Vereinbarung einer Variablen stets die Definition dieser Variablen.

```java
// Datei: BlockTest.java

public class BlockTest
{
   public void zugriff()
   {
      int aussen = 7;
      if (aussen == 7)
      {
         int innen = 8;
         System.out.print ("Zugriff auf die Variable");
         System.out.println (" des äußeren Blocks: " + aussen);
         System.out.print ("Zugriff auf die Variable");
         System.out.println (" des inneren Blocks: " + innen);
      }
   }

   public static void main (String[] args)
   {
      BlockTest ref = new BlockTest();
      ref.zugriff();
   }
}
```

Die Ausgabe des Programms ist:

```
Zugriff auf die Variable des äußeren Blocks: 7
Zugriff auf die Variable des inneren Blocks: 8
```

9.1.5 Gültigkeit, Sichtbarkeit und Lebensdauer

Im Folgenden werden neben lokalen Variablen auch Datenfelder betrachtet.

Die **Lebensdauer** ist die Zeitspanne, in der die virtuelle Maschine der Variablen einen **Platz im Speicher** zur Verfügung stellt. Mit anderen Worten, während ihrer Lebensdauer besitzt eine Variable einen Speicherplatz.

Die **Gültigkeit** einer Variablen bedeutet, dass an einer Programmstelle der Namen einer Variablen dem Compiler durch eine Vereinbarung bekannt ist.

Die **Sichtbarkeit** einer Variablen bedeutet, dass man von einer Programmstelle aus die Variable sieht, das heißt, dass man auf sie über ihren Namen zugreifen kann.

Eine Variable kann aber gültig sein und von einer Variablen desselben Namens verdeckt werden und deshalb nicht sichtbar sein. Ein **lokaler Variablenname kann** ein **Datenfeld** mit demselben Namen **verdecken**. Dann ist das **Datenfeld** zwar **gültig**,

aber nicht sichtbar. Es ist aber möglich, mit Hilfe der `this`-Referenz (siehe Kap. 10.3) auf eine **verdeckte Instanzvariable** zuzugreifen. Auf eine **verdeckte Klassenvariable** kann über den Klassennamen oder die `this`-Referenz zugegriffen werden. Das folgende Programm zeigt den Zugriff auf ein verdecktes Datenfeld:

```java
// Datei: Sichtbar.java

public class Sichtbar
{
    private int x;              // Datenfeld x

    public void zugriff()
    {
        int x = 7;              // lokale Variable x
        // Ausgabe der lokalen Variablen x
        System.out.println ("Lokale Variable x: " + x);

        // this zeigt auf das aktuelle Objekt und damit ist this.x die
        // x-Komponente des aktuellen Objektes
        // Ausgabe des Datenfeldes x
        System.out.println ("Datenfeld x: " + this.x);
    }

    public static void main (String[] args)
    {
        Sichtbar sicht = new Sichtbar();
        sicht.zugriff();
    }
}
```

Die Ausgabe des Programms ist:

```
Lokale Variable x: 7
Datenfeld x: 0
```

Wird das Verdecken von Datenfeldern durch lokale Variablen außer Acht gelassen, sind in Java Sichtbarkeits- und Gültigkeitsbereich identisch wie in folgender Tabelle zu sehen ist:

Variable	Sichtbarkeits- und Gültigkeitsbereich	Lebensdauer
Lokal	im Block einschließlich inneren Blöcken	Block ab Definition
Instanzvariable	im Objekt selbst[82]	vom Anlegen des Objektes bis das Objekt nicht mehr referenziert wird
Klassenvariable	in allen Objekten der entsprechenden Klasse und in allen zugehörigen Klassenmethoden[82]	vom Laden der Klasse bis die Klasse nicht mehr benötigt wird

Tabelle 9-1 Sichtbarkeit, Gültigkeit und Lebensdauer

---

[82] Bei entsprechenden Zugriffsmodifikatoren kann auch aus anderen Klassen zugegriffen werden. Darauf wird an späterer Stelle eingegangen.

> Bei lokalen Variablen fallen Gültigkeit und Sichtbarkeit zusammen. Bei Datenfeldern muss man prinzipiell zwischen **Gültigkeit** und **Sichtbarkeit** unterscheiden.

9.2 Methodendefinition und -aufruf

Methoden stellen Anweisungsfolgen dar, die unter einem Namen aufgerufen werden können. Methoden werden stets für Objekte – im Falle von **Instanzmethoden** – bzw. Klassen – im Falle von **Klassenmethoden** – aufgerufen.

Wie aus Kapitel 6.2.2.1 bekannt, besteht die Definition einer Methode in Java aus der Methodendeklaration und dem Methodenrumpf:

```
Methodendeklaration   // Methodenkopf
{                     //
                      // Methodenrumpf
}                     //
```

Methoden können einen Rückgabewert haben. Sie können auch Übergabeparameter haben. Der **Methodenrumpf** stellt einen Block dar. Im Methodenrumpf stehen die Anweisungen der Methode.

Die **Methodendeklaration** sieht im allgemeinen Fall folgendermaßen aus:

```
Modifikatoren Rückgabetyp Methodenname (Typ1 formalerParameter1,
                                        Typ2 formalerParameter2,
                                        . . . . .
                                        TypN formalerParameterN)
```

Ein Beispiel für einen Modifikator ist das Schlüsselwort `static`. Ein Beispiel für einen Rückgabetyp ist `int`.

9.2.1 Parameterlose Methoden

Bei parameterlosen Methoden wie z.B.:

```
int getX()      // Deklaration
{               // Definition der
   return x;    // parameterlosen
}               // Methode getX()
```

folgt in der Deklaration ein **leeres Paar runder Klammern** dem Methodennamen. Der Aufruf erfolgt durch Anschreiben des Methodennamens, gefolgt von einem leeren Paar runder Klammern, z.B.:

```
alpha = ref.getX();    // Aufruf
```

Dabei stellt `ref` eine Referenz auf ein Objekt dar[83].

---

[83] Klassenmethoden können auch über den Klassennamen aufgerufen werden.

9.2.2 Methoden mit Parametern

Hat eine Methode **formale Parameter** – das sind die Parameter in den runden Klammern der Deklaration der Methode – so muss der Aufruf mit **aktuellen Parametern** erfolgen (siehe auch Kap. 9.2.4).

Beispiel:

```
void setX (int var)     // var ist der Name des formalen Parame-
{                       // ters. Der Typ von var ist int.
   x = var;
}
```

Der Aufruf von `setX()` kann beispielsweise erfolgen durch:

```
ref.setX (intAusdruck);
```

Hier ist `intAusdruck` der aktuelle Parameter.

9.2.3 Der Rückgabewert – die return-Anweisung

Die Methodendeklaration beinhaltet im Minimalfall den Namen der Methode, ein Paar runder Klammern und den Rückgabetyp der Methode. Anstelle eines Rückgabetyps kann auch das Schlüsselwort `void` stehen. Zum Beispiel könnte eine Methode zur Rückgabe des Wertes eines Datenfeldes `x` wie folgt aussehen:

```
int getX()
{
   return x;
}
```

Mit Hilfe der `return`-Anweisung ist es möglich, den Wert eines Ausdrucks an den Aufrufer der Methode zurückzugeben. Nach `return` kann ein Ausdruck stehen:

```
return expression;
```

Im obigen Beispiel steht `x` als Ausdruck hinter `return`. Es kann aber auch ein beliebiger anderer Ausdruck wie beispielsweise `x * x` hinter `return` stehen. Der Typ des zurückzugebenden Wertes steht vor dem Methodennamen. Der zurückgegebene Wert ist im Beispiel also vom Typ `int`. Zurückgegeben wird der Wert des Ausdrucks hinter dem `return`, im Beispiel also der Wert von `x`. Stimmen Rückgabetyp und Typ des zurückzugebenden Ausdrucks nicht überein, so erfolgt eine implizite Typkonvertierung in den Rückgabetyp der Methode, wenn die Typen verträglich sind (siehe Kap. 7.7.3.5). Sind die Typen nicht verträglich, so resultiert ein Kompilierfehler.

Wird das Schlüsselwort `void` statt eines Rückgabetyps angegeben, so ist kein `return` notwendig. Es kann aber jeder Zeit mit `return` die Abarbeitung der Methode abgebrochen werden. Damit wird ein sofortiger Rücksprung zur Aufrufstelle bewirkt. In diesem Fall darf mit der `return`-Anweisung kein Wert zurückgegeben werden.

Wird keine `return`-Anweisung angegeben, so wird der Methodenrumpf bis zu seinem Ende abgearbeitet. Ist nicht `void`, sondern ein Rückgabetyp angegeben, so ist ein `return` erforderlich und es muss immer ein zum Rückgabetyp kompatibler Ausdruck hinter `return` stehen.

Eine `return`-Anweisung ohne einen nachfolgenden Ausdruck beendet die Ausführung einer Methode, liefert aber keinen Wert an den Aufrufer. Gleiches gilt, wenn das Ende des Programmtextes einer Methode – also die abschließende geschweifte Klammer des Methodenrumpfes – erreicht wird.

Eine Methode kann mit `return` nur **einen einzigen Wert** zurückgeben. Möchte man mehrere Werte zurückgeben, so kann dies über Referenzen auf Objekte in der Parameterliste gehen oder über die Schaffung eines Objektes mit mehreren Datenfeldern, auf das mit `return` eine Referenz zurückgegeben wird.

Gibt die Methode einen Wert zurück, so kann er – muss aber nicht – abgeholt werden, z.B. indem man den Rückgabewert einer Variablen zuweist:

```
alpha = ref.getX();
```

oder an eine andere Methode übergibt:

```
System.out.println (ref.getX());
```

Ebenso ist es erlaubt, den Rückgabewert wie in folgendem Beispiel zu ignorieren. Die Methodendeklaration soll

```
boolean insert (String s)
```

lauten. Der folgende Methodenaufruf ist dann erlaubt:

```
ref.insert ("Hanna");
```

An der aufrufenden Stelle darf der Wert, den eine Methode liefert, ignoriert werden. Mit anderen Worten, man kann eine Methode, die einen Rückgabewert hat, einfach aufrufen, ohne den Rückgabewert abzuholen.

9.2.4 Formale und aktuelle Parameter

In der Parameterliste der Methodendeklaration werden so genannte **formale Parameter** aufgelistet:

```
Modifikatoren Rückgabetyp Methodenname (Typ1 formalerParameter1,
                                        Typ2 formalerParameter2,
                                        . . . . .
                                        TypN formalerParameterN)
```

Mit den **formalen Parametern** wird festgelegt, **wieviel Über-gabeparameter** existieren, **von welchem Typ** diese sind **und welche Reihenfolge** sie haben.

Die Bezeichnung **formal** soll andeuten, dass sie **zur Beschreibung der Methode verwendet** werden.

Beim Aufruf werden den formalen Parametern die Werte der **aktuellen Parameter** zugewiesen.

Die formalen Parameter sind Variablen, welche die Werte der aktuellen Parameter entgegennehmen. Mit den Werten der aktuellen Parameter wird dann die Methode ausgeführt.

Beim Aufruf einer Methode mit Parametern finden Zuweisungen statt. Der **Wert** eines **aktuellen Parameters** wird dem entsprechenden **formalen Parameter zugewiesen**. Eine solche Aufruf-schnittstelle wird als **call by value-Schnittstelle** bezeichnet.

Die Namen der formalen Parameter können völlig frei vereinbart werden. Sie sind nur lokal in der jeweiligen Methode sichtbar. Der formale Parameter kann denselben Namen wie der aktuelle Parameter haben, muss es aber nicht.

Hat beispielsweise die Methode `setX()` den formalen Parameter `newX` vom Typ `int`, wie aus der Methodendeklaration `void setX (int newX)` ersichtlich, so wird der aktuelle Parameter, der beim Methodenaufruf `ref.setX (intAusdruck)` übergeben wird, dem formalen Parameter beim Aufruf zugewiesen. **Beim Aufruf wird der formale Parameter als spezielle lokale Variable angelegt** und **mit dem Wert des aktuellen Parameters** initialisiert. Dies kann man sich für das obige Beispiel so vorstellen, als ob quasi eine manuelle Initialisierung der lokalen Variablen `newX` bei ihrer Definition durchgeführt würde:

```
int newX = intAusdruck;
```

Ein formaler Parameter hat den Charakter einer lokalen Variab-len. Mit anderen Worten, ein formaler Parameter stellt eine spe-zielle lokale Variable dar. Dies hat zur Konsequenz, dass eine im Methodenrumpf definierte **lokale Variable nicht gleich heißen darf wie ein formaler Parameter**.

Ein **formaler Parameter** stellt stets eine **Variable** dar. Ein aktu-eller Parameter muss keine Variable sein. **Ein aktueller Para-meter ist irgendein Ausdruck eines passenden Typs**, den der Aufrufer an den formalen Parameter übergibt.

9.2.5 Übergabe von einfachen Datentypen und Referenzen

Generell finden bei **Übergabeparametern** und **Rückgabewerten Kopiervorgänge** statt. Unabhängig davon, ob es sich um einfache Datentypen oder Referenzen handelt, werden Werte kopiert. Bei einfachen Datentypen stellen die Werte Zahlen oder Boolesche Werte der Anwendung dar, im Falle von Referenzen werden Adressen kopiert. Adressen sind für den Anwender unsichtbare Größen. Sie stellen Verweise dar und erlauben den Zugriff auf Objekte.

Dies soll das nachfolgende Beispielprogramm für Übergabeparameter verdeutlichen. Der formale Parameter `par` der Methode `methode1()` ist von einem einfachen Datentyp, der formale Parameter `refPara` der Methode `methode2()` stellt eine Referenz auf ein Objekt der Klasse `RefTyp` dar. In beiden Fällen wird der Wert des aktuellen Parameters in den formalen Parameter kopiert. Die Änderungen, welche die Methode `methode1()` an der Variablen `par` vornimmt, haben keine Auswirkung auf den aktuellen Übergabeparameter `var`. Genauso hat eine Änderung an der Referenzvariablen `refPara` keine Auswirkung auf die Referenzvariable `ref`. Das Entscheidende jedoch ist, dass über `refPara` auf ein Objekt zugegriffen werden kann und über diese Referenz die Datenfelder dieses Objektes geändert werden können.

```java
// Datei: Parameter.java

class RefTyp
{
   int x;
}

public class Parameter
{
   public static void methode1 (int par)
   {
      par = 2;        // Änderung an der Kopie
   }

   public static void methode2 (RefTyp refPara)
   {                  // Änderung an dem Datenfeld x des Objektes,
      refPara.x = 2; // auf das refPara zeigt
   }

   public static void main (String[] args)
   {
      int var = 1;
      RefTyp ref = new RefTyp();
      ref.x = 1;

      System.out.println ("Übergabeparameter ist von einem" +
                          " einfachen Datentyp");
      System.out.println ("aktueller Parameter vor Aufruf : "+ var);

      methode1 (var);

      System.out.println ("aktueller Parameter nach Aufruf: "+ var);
```

```
    System.out.println ("Übergabeparameter ist ein Referenztyp");
    System.out.println ("Datenfeld vor Aufruf : " + ref.x);

    methode2 (ref);

    System.out.println ("Datenfeld nach Aufruf: " + ref.x);
  }
}
```

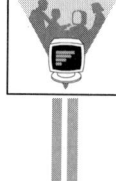

Die Ausgabe des Programms ist:

```
Übergabeparameter ist von einem einfachen Datentyp
aktueller Parameter vor Aufruf : 1
aktueller Parameter nach Aufruf: 1
Übergabeparameter ist ein Referenztyp
Datenfeld vor Aufruf : 1
Datenfeld nach Aufruf: 2
```

Bei einfachen Datentypen als Übergabeparameter wirken sich Änderungen am Wert des formalen Parameters – genauso wie bei Referenztypen – nur auf die Kopie aus – es gibt keinerlei Rückwirkungen auf das Original.

Da jedoch im Falle von Referenzen Kopie und Original dasselbe Objekt referenzieren, kann aus der Methode heraus über den Zugriff mit Hilfe des formalen Parameters das Original verändert werden. Das Bild 9-3 zeigt, wie die Referenz ref auf das Objekt der Klasse RefTyp zeigt. Beim Aufruf der Methode methode2() wird dem formalen Parameter refPara der Wert des aktuellen Parameters ref zugewiesen. Nach dieser Zuweisung zeigen beide Referenzen auf das gleiche Objekt.

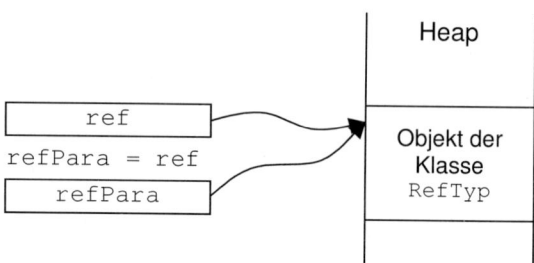

Bild 9-3 Der formale Parameter referenziert dasselbe Objekt wie der aktuelle Parameter

Ist der formale Parameter von einem einfachen Datentyp, so wird der Wert des aktuellen Parameters in den formalen Parameter kopiert. Damit sind formaler und aktueller Parameter vollständig entkoppelt. Änderungen am formalen Parameter haben keine Auswirkungen auf den aktuellen Parameter. Da der Wert des aktuellen Parameters zugewiesen wird, braucht der **aktuelle Parameter** keine Variable zu sein, sondern kann ein **beliebiger Ausdruck** sein. Da der Wert übergeben wird, spricht man auch von einem **call by value**.

Auf Objekte wird in Java über Referenzen zugegriffen. Beim Aufruf einer Methode wird dem formalen Parameter der Wert des aktuellen Parameters zugewiesen (call by value), d.h. eine Referenzvariable als formaler Parameter erhält als Kopie die

Referenz auf das Objekt, das der aktuelle Parameter referenziert. Es gilt auch hier, dass formaler und aktueller Parameter entkoppelt sind. Änderungen am formalen Parameter haben keine Auswirkungen auf den aktuellen Parameter. Der aktuelle Parameter kann ein Ausdruck sein. Dieser Ausdruck muss aber eine Referenz als Rückgabewert haben.

Da eine Referenz kopiert wird und man mit Hilfe dieser Referenz auf ein Objekt zugreifen kann, spricht man auch von einem **simulierten call-by-reference**. Tatsächlich liegt jedoch wie bei einfachen Datentypen eine **call-by-value Schnittstelle** vor, da der Wert des aktuellen Parameters in den formalen Parameter kopiert wird.

Sowohl einfache Datentypen (`int`, `char`, ...) als auch Referenzen werden "by value" übergeben. Da Referenzen aber auf Objekte zeigen, wird quasi ein " call by reference" simuliert.

Werden Referenzen übergeben, so referenziert der formale Parameter dasselbe Objekt wie der aktuelle Parameter. Eine **Operation auf dem formalen Referenzparameter erfolgt** auf dem Objekt, auf das die Referenz zeigt, in anderen Worten **auf dem referenzierten Objekt**.

9.2.6 Auswertungsreihenfolge der aktuellen Parameter

Die Auswertung der aktuellen Parameter in der Parameterliste erfolgt von links nach rechts. Die genauen Abläufe beim Aufruf einer Methode sollen am folgenden Beispiel erklärt werden:

```java
// Datei: Auswertung.java

public class Auswertung
{
    public static void main (String[] args)
    {
        int aktuell = 1;

        methode (aktuell++, aktuell);
        System.out.println ("Nach Methodenaufruf:");
        System.out.println ("Wert von aktuell: " + aktuell);
    }

    public static void methode (int formalA, int formalB)
    {
        System.out.println ("Innerhalb der Methode:");
        System.out.println ("Wert von formalA: " + formalA);
        System.out.println ("Wert von formalB: " + formalB);
    }
}
```

Die Ausgabe des Programms ist:

```
Innerhalb der Methode:
Wert von formalA: 1
Wert von formalB: 2
Nach Methodenaufruf:
Wert von aktuell: 2
```

Beim Aufruf der Methode `methode()` laufen folgende Zuweisungen ab:

```
formalA = aktuell++;
formalB = aktuell;
```

Als aktuelle Werte werden die Rückgabewerte der Ausdrücke `aktuell++` und `aktuell` an die formalen Parameter der Methode `methode()` zugewiesen. In Java werden die **aktuellen Parameter von links nach rechts bewertet**. Zuerst wird also der erste aktuelle Parameter ausgewertet. Der Rückgabewert `1` des Ausdrucks `aktuell++` wird dem ersten formalen Parameter zugewiesen. Nach der Bewertung des ersten aktuellen Parameters hat die Variable `aktuell` den Wert `2`. Dieser Wert wird dem zweiten formalen Parameter zugewiesen.

9.2.7 Beispielprogramm für die Verwendung von Methoden

Im Folgenden soll ein größeres Beispiel die Verwendung von verschiedenen Methoden zeigen. Die Klasse `IntArray` hat die Aufgabe, ein int-Array zu kapseln und komfortablere Schnittstellen bereitzustellen. Hierbei werden die folgenden Methoden verwendet:

- Die beiden Methoden `min()` und `max()` geben jeweils den minimalen bzw. maximalen Wert im Array zurück.
- Die Methode `average()` hat die Aufgabe, den Durchschnitt aller Araywerte zu berechnen.
- Die Methode `expand()` hat die Aufgabe, das Array zu vergrößern. Die Zahl der zusätzlich anzulegenden Array-Elemente wird durch den Wert des Übergabe-Parameters festgelegt.
- Die Methode `sort()` hat die Aufgabe, das Array zu sortieren. Der kleinste Wert soll sich nach dem Sortieren im Element mit dem Index 0 befinden. Als Sortierverfahren wird der **"Bubble Sort"**-Algorithmus benutzt. Beim Bubble Sort werden jeweils benachbarte Elemente vertauscht, wenn sie nicht wie gewünscht geordnet sind. Dabei steigt das jeweils größte Element wie eine Blase im Wasser auf, was dem Verfahren seinen Namen gegeben hat.
- Die Methode `swap()` tauscht den Inhalt von zwei Array-Elementen mit gegebenen Indexwerten.

Hier das Programm:

```java
// Datei: IntArray.java

public class IntArray
{
```

```java
private int[] arrayOfInt = null;

public IntArray()
{
   arrayOfInt = new int [1];
}

// Erweitern der Arraygröße um anzahlElemente Array-Elemente
public void expand (int anzahlElemente)
{
   int size = arrayOfInt.length;
   // neues größeres Array anlegen
   int[] tmp = new int [size + anzahlElemente];
   // bestehendes zu kleines Array umkopieren
   for (int i = 0; i < size; i++)
   {
       tmp [i] = arrayOfInt [i];
   }
   arrayOfInt = tmp;
}

public int max()
{
   int max = arrayOfInt [0];
   for (int i = 0; i < arrayOfInt.length; i++)
   {
       // Ist ein Element größer als das vorliegende Maximum, so
       // wird sein Wert zum neuen Maximum.
       if (arrayOfInt [i] > max)
          max = arrayOfInt [i];
   }
   return max;
}

public int min()
{
   int min = arrayOfInt [0];
   for (int i = 0; i < arrayOfInt.length; i++)
   {
       if (arrayOfInt [i] < min)
          min = arrayOfInt [i];
   }
   return min;
}

public void put (int index, int newValue)
{
   // Liegt die Position, an die der neue Wert geschrieben werden
   // soll, außerhalb der aktuellen Dimension, dann muss dass
   // Array vergrößert werden.
   if (arrayOfInt.length <= index)
      expand (index - arrayOfInt.length + 1);
   arrayOfInt [index] = newValue;
}

public int get (int index)
{
```

```
      if (arrayOfInt.length > index)
         return arrayOfInt [index];
      // Fehlerfall, der angegebene Index ist zu groß.
      return -1;
   }

   public void swap (int index1, int index2)
   {
      if ((index1 < 0) || (index2 < 0))
         return;
      int size = arrayOfInt.length;
      if ((index1 > size) || (index2 > size))
         return;
      int hilf = arrayOfInt [index1];
      arrayOfInt [index1] = arrayOfInt [index2];
      arrayOfInt [index2] = hilf;
   }

   public float average()
   {
      // Es ist ein Cast erforderlich, da Gleitpunktkonstanten vom
      // Typ double sind.
      float average = (float) 0.0;

      for (int i = 0; i < arrayOfInt.length; i++)
      {
         average += arrayOfInt [i];
      }
      average = average / arrayOfInt.length;
      return average;
   }

   public void sort()
   {
      // Anmerkung: Zu Beginn des bubblesort-Algorithmus ist die
      // Obergrenze gleich der Dimension des zu sortierenden
      // Arrays, d.h. gleich der Anzahl seiner Elemente
      // Hier der bubblesort-Algorithmus:
      // while Obergrenze > Index des 2. Feldelementes:
      // Gehe in einer Schleife vom 2. bis zum letzten zu sortie-
      // renden Array-Element (dessen Array-Index ist um 1 geringer
      // als die Obergrenze). Wenn ein Element kleiner ist als sein
      // Vorgänger, werden beide vertauscht. (Hinweis: Nach dem
      // ersten Durchlauf steht das größte Element am Ende). Nun
      // wird die Obergrenze um 1 verringert.

      int obergrenze = arrayOfInt.length;
      while (obergrenze > 1)
      {
         for (int lauf = 1; lauf < obergrenze; lauf++)
         {
            if (arrayOfInt [lauf] < arrayOfInt [lauf - 1])
               swap (lauf, lauf - 1);
         }
         obergrenze--;
      }
   }
```

```
    public void print()
    {
        System.out.println ("Ausgabe des Array-Inhaltes: ");
        for (int i = 0; i < arrayOfInt.length; i++)
        {
            System.out.print ('\t' + "Index: " + i + " Wert: ");
            System.out.println (arrayOfInt [i]);
        }
    }
}

// Datei: IntArrayTest.java

public class IntArrayTest
{
    public static void main (String[] args)
    {
        int[] array = {4, 19, 20, 7, 36, 18, 1, 5};
        IntArray intArray = new IntArray();

        // Das intArray mit den Werten von array füllen
        for (int i = 0; i < array.length; i++)
        {
            intArray.put (i, array [i]);
        }
        intArray.print();
        System.out.println ("Minimum: " + intArray.min());
        System.out.println ("Maximum: " + intArray.max());
        System.out.println ("Average: " + intArray.average());
        intArray.sort();
        intArray.print();
    }
}
```

Die Ausgabe des Programms ist:

```
Ausgabe des Array-Inhaltes:
        Index: 0 Wert: 4
        Index: 1 Wert: 19
        Index: 2 Wert: 20
        Index: 3 Wert: 7
        Index: 4 Wert: 36
        Index: 5 Wert: 18
        Index: 6 Wert: 1
        Index: 7 Wert: 5
Minimum: 1
Maximum: 36
Average: 13.75
Ausgabe des Array-Inhaltes:
        Index: 0 Wert: 1
        Index: 1 Wert: 4
        Index: 2 Wert: 5
        Index: 3 Wert: 7
        Index: 4 Wert: 18
        Index: 5 Wert: 19
        Index: 6 Wert: 20
        Index: 7 Wert: 36
```

9.3 Polymorphie von Operationen

Es ist problemlos möglich, dass Methoden in verschiedenen Klassen mit gleichen Methodenköpfen existieren. Dies liegt daran, dass eine Methode ja zu einer Klasse gehört und jede Klasse einen eigenen Namensraum darstellt.

> Eine Klasse stellt einen **Namensraum** dar. Damit ist es möglich, dass verschiedene Klassen dieselbe Operation implementieren, in anderen Worten, derselbe Methodenkopf kann in verschiedenen Klassen auftreten.

> Je nach Klasse kann eine Operation in verschiedenen Implementierungen – sprich in verschiedener Gestalt – auftreten. Man spricht hierbei auch von der **Vielgestaltigkeit (Polymorphie) von Operationen**.

Ein einfaches Beispiel ist die Methode `print()`. Alle Klassen, die ihren Objekten die Möglichkeit geben wollen, auf dem Bildschirm Informationen über sich auszugeben, stellen eine `print()`-Methode zur Verfügung. Von außen betrachtet macht die `print()`-Methode – unabhängig davon, zu welcher Klasse sie gehört – immer das Gleiche – sie gibt Informationen auf dem Bildschirm aus. Vom Standpunkt der Implementierung aus sind die Methoden grundverschieden, weil jede `print()`-Methode einen für die Klasse spezifischen Methodenrumpf hat. Das folgende Beispiel zeigt die Polymorphie von Methoden anhand der Klasse `Person2` und der Klasse `Bruch2`. Beide Klassen implementieren jeweils eine `print()`-Methode. Die Klasse `Polymorphie` dient als Testklasse. In der `main()`-Methode wird ein Objekt von beiden Klassen erzeugt und die `print()`-Methode für jedes erzeugte Objekt aufgerufen.

```java
// Datei: Person2.java

public class Person2
{
    private String name;
    private String vorname;
    private int alter;

    // Konstruktur für die Initialisierung der Datenfelder
    public Person2 (String name, String vorname, int alter)
    {
        this.name = name;
        this.vorname = vorname;
        this.alter = alter;
    }

    public void print()
    {
        System.out.println ("Name     : " + name);
        System.out.println ("Vorname : " + vorname);
        System.out.println ("Alter    : " + alter);
    }
}
```

```
// Datei: Bruch2.java

public class Bruch2
{
    private int zaehler;
    private int nenner;

    public Bruch2 (int zaehler, int nenner)
    {
        this.zaehler = zaehler;
        this.nenner = nenner;
    }

    public void print()
    {
        System.out.print ("Der Wert des Quotienten von " + zaehler);
        System.out.print (" und " + nenner + " ist " + zaehler
                          + " / ");
        System.out.println (nenner);
    }
}

// Datei: Polymorphie.java

public class Polymorphie
{
    public static void main (String[] args)
    {
        Bruch2 b;
        b = new Bruch2 (1, 2);
        b.print();

        Person2 p;
        p = new Person2 ("Müller", "Fritz", 35);
        p.print();
    }
}
```

Die Ausgabe des Programms ist:

```
Der Wert des Quotienten von 1 und 2 ist 1 / 2
Name     : Müller
Vorname  : Fritz
Alter    : 35
```

Jedes Objekt trägt die Typinformation, von welcher Klasse es ist, immer bei sich. Das heißt, dass ein Objekt immer weiß, zu welcher Klasse es gehört. Da ein Methodenaufruf immer an ein Objekt (im Falle von Instanzmethoden) bzw. an die Klasse (im Falle von Klassenmethoden) gebunden ist, ist immer eine eindeutige Zuordnung eines Methodenaufrufs möglich.

9.4 Überladen von Methoden

In der Regel gibt man verschiedenen Methoden verschiedene Namen. Oftmals verrichten aber verschiedene Methoden dieselbe Aufgabe, nur für verschiedene Datentypen der Übergabeparameter. Denken Sie z.B. an eine Ausgabe-Methode, welche die Ausgabe eines Übergabe-Parameters auf den Bildschirm bewerkstelligt. Je nach Datentyp des Parameters braucht man eine andere Methode. Jede der Methoden muss dabei im Detail etwas anderes tun, um die Ausgabe durchzuführen. Erlaubt eine Sprache das Überladen von Methoden (overloading), so können jedoch alle diese Methoden denselben Namen tragen. Anhand des Datentyps des Übergabeparameters erkennt der Compiler, welche der Methoden gemeint ist. Der Nutzen ist, dass man gleichartige Methoden mit dem gleichen Namen ansprechen kann. Die Verständlichkeit der Programme kann dadurch erhöht werden.

> Ein **Überladen** erfolgt durch die Definition verschiedener Methoden mit **gleichem Methodennamen**, aber **verschiedenen Parameterlisten**. Der Aufruf der richtigen Methode ist Aufgabe des Compilers.

Überladen wird der Methodenname, da er nun für verschiedene Methoden verwendet wird. Der Methodenname allein ist also mehrdeutig. Überladene Methoden müssen sich deshalb in der Liste ihrer formalen Parameter unterscheiden, um eindeutig identifizierbar zu sein. Mit anderen Worten: Die Signatur einer Methode muss eindeutig sein.

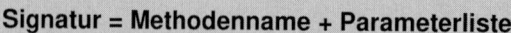

> Die Signatur setzt sich zusammen aus dem Methodennamen und der Parameterliste:
>
> **Signatur = Methodenname + Parameterliste**
>
> Der Rückgabetyp ist **nicht** Bestandteil der Signatur!

> Beachten Sie,
>
> - dass es nicht möglich ist, in der gleichen Klasse zwei Methoden mit gleichem Methodennamen und gleicher Parameterliste – d.h. gleicher Signatur – aber verschiedenen Rückgabetypen zu vereinbaren.
> - dass, wenn keine exakte Übereinstimmung gefunden wird, vom Compiler versucht wird, die spezifischste Methode zu finden. Besser ist es jedoch stets, selbst für passende aktuelle Parameter zu sorgen, gegebenenfalls durch eine explizite Typkonvertierung.

Vorsicht!

Dass zwei Methoden mit identischer Signatur und verschiedenem Rückgabetyp nicht zulässig sind, liegt daran, dass der Compiler keine Chance hat, die richtige Methode aufzurufen, wenn der Rückgabewert nicht abgeholt wird. Dass der Rückgabewert nicht abgeholt wird, ist zulässig.

Ein Überladen mit gleicher Signatur, aber verschiedenem Rückgabetyp ist nicht möglich.

Die Methode `static int parse (String var)` kann deshalb nicht in derselben Klasse wie die Methode `static float parse (String var)` vorkommen. Der Compiler könnte an dieser Stelle nicht unterscheiden, ob der Methodenaufruf `Klasse.parse ("7.7")` die Methode mit `float` als Rückgabetyp oder die Methode mit `int` als Rückgabetyp bezeichnet. Deshalb sind Methoden mit gleicher Signatur, aber unterschiedlichem Rückgabetyp in der gleichen Klasse nicht erlaubt.

Als erstes Beispiel soll die in der `java.lang.Math`-Klasse in überladener Weise definierte Methode `abs()` zur Ermittlung des Betrags eines arithmetischen Ausdrucks erwähnt werden. Die Methode `abs()` liefert den absoluten Wert im Format des jeweiligen Datentyps zurück. Die Methoden `abs()` sind wie folgt deklariert:

```
public static int     abs (int)
public static float   abs (float)
public static long    abs (long)
public static double  abs (double)
```

Das nächste Beispiel zeigt eine Klasse `Parser`, die überladene Methoden mit unterschiedlichen Parameterlisten für das Umwandeln von Strings in `int`-Werte zur Verfügung stellt. Alle diese Methoden sind als Klassenmethoden realisiert, da sie auch ohne die Existenz eines Objektes zur Verfügung stehen sollen:

```java
// Datei: Parser.java

public class Parser
{
    // Wandelt den String var in einen int-Wert
    public static int parseInt (String var)
    {
        return Integer.parseInt (var);
    }

    // Wandelt den Stringanteil von der Position pos
    // bis zum Stringende in einen int-Wert
    public static int parseInt (String var, int pos)
    {
        var = var.substring (pos);
        return Integer.parseInt (var);
    }

    // Wandelt den Stringanteil von der Position von bis
    // zur Position bis in einen int-Wert
    public static int parseInt (String var, int von, int bis)
    {
        var = var.substring (von, bis);
        return Integer.parseInt (var);
    }
}
```

```
// Datei: TestParser.java

public class TestParser
{
   public static void main (String[] args)
   {
      String[] daten =
         {"Rainer Brang", "Hauptstr. 17", "73732 Esslingen", "25"};
      System.out.println ("Alter: " + Parser.parseInt (daten [3]));
      System.out.println ("Hausnummer: " +
                        Parser.parseInt (daten [1], 10));
      System.out.println ("Postleitzahl: " +
                        Parser.parseInt (daten [2], 0, 5));
   }
}
```

Die Ausgabe des Programms ist:

```
Alter: 25
Hausnummer: 17
Postleitzahl: 73732
```

9.5 Parameterliste variabler Länge

Methoden konnten in Java bis zu JDK 5.0 nur eine feste Anzahl von Parametern haben. Sollten bisher in Java unterschiedlich viele Parameter an eine Methode übergeben werden, so gab es zwei verschiedene Wege:

* für jede Parametervariante schrieb man eine überladene Methode
* oder man verpackte die zu übergebenden Werte in einem Array oder Container. Eine Referenz auf das Array bzw. den Container wurde als aktueller Parameter an die Methode übergeben, die dadurch Zugriff auf die einzelnen Werte erhielt.

Seit JDK 5.0 ist dies nicht mehr notwendig, da Methoden eine Parameterliste mit variabler Länge – **varargs** genannt – besitzen können. In Anlehnung an die Ellipse in der Programmiersprache C, d.h. die **drei Punkte ... am Ende der Parameterliste**, führt auch Java eine variable Parameterliste ein.

In Java gibt es jedoch eine wesentliche Einschränkung gegenüber C: die Zahl der Parameter einer variablen Parameterliste kann zwar beliebig sein, jedoch muss **jeder** dieser **Parameter denselben Typ** besitzen. Um eine Parameterliste variabler Länge zu deklarieren, werden in Java drei Punkte '...' an den Datentyp des entsprechenden Parameters angefügt.

Eine Parameterliste kann sich in zwei Teile aufteilen: in einen Teil fester Länge, d.h. mit einer festen Anzahl von Parametern, und einen Teil variabler Länge. Dabei ist zu beachten, dass der variable Anteil sich nur auf einen spezifizierten Typ beschränkt und stets nach den explizit definierten Parametern der Parameterliste stehen muss:

```
public void myTestMethod (fester Anteil, variabler Anteil);
```

Dabei gilt:

```
fester Anteil      z.B.: int a, String b
variabler Anteil   z.B.: int... c
```

Die variable Parameterliste muss immer am Ende der Parameterliste stehen.

Das folgende Beispiel veranschaulicht die Benutzung:

```java
// Datei: TestVarargs.java

public class TestVarargs
{
   public static void main (String[] args)
   {
      varPar (1, 2, 3, "Dies", "ist", "ein", "Test!");
   }

   public static void varPar (int a, int b, int c, String... str)
   {
      System.out.printf ("Erster Parameter: %d\n", a);
      System.out.printf ("Zweiter Parameter: %d\n", b);
      System.out.printf ("Dritter Parameter: %d\n", c);

      for (int i = 0; i < str.length; i++)
      {
         System.out.println ("Variabler Anteil: " + str [i]);
      }
   }
}
```

Die Ausgabe des Programms ist:

```
Erster Parameter: 1
Zweiter Parameter: 2
Dritter Parameter: 3
Variabler Anteil: Dies
Variabler Anteil: ist
Variabler Anteil: ein
Variabler Anteil: Test!
```

Jetzt ein Beispiel mit einer variablen Liste von Objekten:

```java
// Datei: VarargsTest.java

public class VarargsTest
{
   public static void main (String[] args)
   {
      // Ein Beispiel mit 3 Parametern
      printAllObjects ("Jetzt folgen 2 Objekte",
                  new Integer (10), new Double (2.0));
```

```
    // Ein Beispiel mit 4 Parametern
    printAllObjects ("Jetzt folgen 3 Objekte",
                        new Integer (10),
                        new Integer (11),
                        new Double (3.0));
}

// Definition einer Methode mit einem festen Parameter und
// einer beliebigen Anzahl von Parametern vom Typ Object.
// Ein Leerzeichen nach dem Typ (hier Object) ist optional
public static void printAllObjects (String text,
                                Object... parameters)
{
    // Text ausgeben
    System.out.println (text);
    // Parameter ausgeben - dabei wird automatisch die
    // toString()-Methode der Parameter aufgerufen.
    for (int i = 0; i < parameters.length; i++)
    {
        System.out.println (parameters [i]);
    }
}
}
```

Die Ausgabe des Programmes ist:

```
Jetzt folgen 2 Objekte
10
2.0
Jetzt folgen 3 Objekte
10
11
3.0
```

Variable Parameterlisten werden innerhalb der Methode als Arrays des spezifizierten Typs behandelt.

Wie die beiden Beispiele zeigen, bietet der Aufruf einer Methode mit varargs gegenüber einer Methode mit einem Array als Parameter den Vorteil, dass die Übergabewerte direkt im Methodenaufruf angegeben werden können und nicht zuvor ein Array angelegt werden muss.

9.6 Parameterübergabe beim Programmaufruf

In Java ist es möglich, Übergabeparameter an ein Programm zu übergeben. Diese Möglichkeit wird durch den Übergabeparameter String[] args bereitgestellt:

```
public static void main (String[] args)
```

Die Array-Variable `args` ist eine Referenz auf ein Array von Referenzen, die auf die in der Kommandozeile übergebenen String-Objekte zeigen. Die Zahl der übergebenen Parameter kann dem Wert des Datenfeldes `args.length` entnommen werden.

C-Programmierer müssen berücksichtigen, dass sich an der ersten Position des String-**Arrays** `args` bereits **der erste Übergabeparameter** befindet.

Im folgenden Programm wird getestet, ob ein auf der Kommandozeile als Parameter mitgegebener String der Zeichenkette `"Java"` entspricht. Da die Inhalte der Strings mit der Methode `equals()` verglichen werden, ist der Vergleich `true`, wenn als Übergabe die Zeichenkette `"Java"` übergeben wird.

```java
// Datei: StringTest.java

public class StringTest
{
    public static void main (String[] args)
    {
        String a = "Java";
        String b = args [0];
        if (a.equals (b))
        {
            System.out.println ("Der String war Java");
        }
        else
        {
            System.out.println ("Der String war nicht Java");
        }
    }
}
```

Aufruf des Programms:

```
java StringTest Java
```

Die Ausgabe des Programms ist:

```
Der String war Java
```

Im nächsten Beispiel werden Zahlen als Strings übergeben. Sie werden mit Hilfe der statischen Methode `parseInt()` der Wrapper-Klasse `Integer` in einen `int`-Wert gewandelt. Die Integer-Zahlen werden dann addiert und das Ergebnis ausgegeben:

```java
// Datei: AddInteger.java

public class AddInteger
{
    public static void main (String[] args)
    {
        if (args.length != 2)
        {
            System.out.println ("FEHLER: Falsche Parameteranzahl");
```

```
            System.out.println ("Bitte zwei Parameter eingeben");
            System.out.println ("AddInteger <int1> <int2>");
        }
        else
        {
            int i1 = Integer.parseInt (args [0]);
            int i2 = Integer.parseInt (args [1]);
            System.out.println (args [0]+" + "+args [1]+" = "+(i1+i2));
        }
    }
}
```

Aufruf des Programms:

```
java AddInteger 5 4
```

Die Ausgabe des Programms ist:

```
5 + 4 = 9
```

9.7 Iteration und Rekursion

Ein Algorithmus heißt **iterativ**, wenn bestimmte Abschnitte des Algorithmus innerhalb einer einzigen Ausführung des Algorithmus mehrfach durchlaufen werden. Er heißt **rekursiv**[84], wenn er Abschnitte enthält, die sich selbst direkt oder indirekt aufrufen.

Iteration und Rekursion sind Prinzipien, die oft als Alternativen für die Programm-konstruktion erscheinen. Theoretisch sind Iteration und Rekursion äquivalent, weil man jede Iteration in eine Rekursion umformen kann und umgekehrt. In der Praxis gibt es allerdings oftmals den Fall, dass die iterative oder rekursive Lösung auf der Hand liegt, dass man aber auf die dazu alternative rekursive bzw. iterative Lösung nicht so leicht kommt.

Programmtechnisch läuft eine Iteration auf eine Schleife, eine **direkte Rekursion** auf den Aufruf einer Methode durch sich selbst hinaus. Es gibt aber auch eine indirekte Rekursion. Eine **indirekte Rekursion** liegt beispielsweise vor, wenn zwei Methoden sich wechselseitig aufrufen.

Das Prinzip der Iteration und der Rekursion soll an dem folgenden Beispiel der Berechnung der Fakultätsfunktion veranschaulicht werden.

Iterative Berechnung der Fakultätsfunktion

Bei der iterativen Berechnung der Fakultätsfunktion geht man aus von der Definition der Fakultät

$0! = 1$
$n! = 1 * 2 * ... * n$ für $n > 0$

---

[84] lateinisch recurrere = zurücklaufen

und beginnt bei den kleinen Zahlen. Der Wert von 0! ist 1, der Wert von 1! ist 0! * 1, der Wert von 2! ist 1! * 2, der Wert von 3! ist 2! * 3, usw.

Nimmt man eine Schleifenvariable i, die von 1 bis n durchgezählt wird, so muss innerhalb der Schleife lediglich der Wert der Fakultät vom vorhergehenden Schleifendurchlauf mit dem aktuellen Wert der Schleifenvariablen multipliziert werden.

Das folgende Programm zeigt die iterative Berechnung der Fakultätsfunktion:

```java
// Datei: IterativFaku.java

public class IterativFaku
{
   public static long berechneFakultaet (int n)
   {
      long faku = 1;
      for (int i = 1; i <= n; i++)
         faku = faku * i;
      return faku;
   }

   public static void main (String[] args)
   {
      long faku = berechneFakultaet (5);
      System.out.println ("5! = " + faku);
   }
}
```

Die Ausgabe des Programms ist:

```
5! = 120
```

Rekursive Berechnung der Fakultätsfunktion

Bei der rekursiven Berechnung der Fakultätsfunktion geht man ebenfalls aus von der Definition der Fakultät, beginnt aber nicht bei den kleinen Zahlen, sondern bei den großen Zahlen und läuft dann zu den kleinen Zahlen zurück.

n! = n * (n-1)!   für n > 0
0! = 1

Im Gegensatz zur Iteration schaut man jetzt auf die Funktion f(n) und versucht, diese Funktion durch sich selbst – aber mit anderen Aufrufparametern – darzustellen. Die mathematische Analyse ist hier ziemlich leicht, denn man sieht sofort, dass

f(n) = n * f (n-1)

ist. Damit hat man das Rekursionsprinzip bereits gefunden. Dies ist jedoch nur die eine Seite der Medaille, denn die Rekursion darf nicht ewig gehen! Das Abbruchkriterium wurde bereits oben erwähnt. Es heißt:

0! = 1

Durch n! = n * (n-1)! lässt sich also die Funktion f(n) auf sich selbst zurückführen, d.h. f(n) = n * f(n-1). f(n-1) ergibt sich wiederum durch f(n-1) = (n-1) * f(n-2). Nach diesem Algorithmus geht es jetzt solange weiter, bis das Abbruchkriterium erreicht ist. Das Abbruchkriterium ist bei 0! erreicht, da 0! nicht auf (-1)! zurückgeführt werden kann, sondern per Definition gleich 1 ist.

Dieser Algorithmus lässt sich leicht programmieren. Die Methode `berechne-` `fakultaet()` enthält zwei Zweige:

- Der eine Zweig wird angesprungen, wenn die **Abbruchbedingung nicht erfüllt** ist. Hier ruft die Methode sich selbst wieder auf. Hierbei ist zu beachten, dass die Anweisung, welche die Methode aufruft, gar nicht abgearbeitet werden kann, solange die aufgerufene Methode kein Ergebnis zurückliefert.

- Der andere Teil wird angesprungen, wenn die **Abbruchbedingung erfüllt** ist. In diesem Fall liefert die Methode zum ersten Mal einen Rückgabewert.

Rekursive Berechnung der Fakultätsfunktion als Programm

```
// Datei: RekursivFaku.java

public class RekursivFaku
{
   public static long berechneFakultaet (int n)
   {
      System.out.println ("Aufruf mit: " + n);
      if (n >= 1)   // Abbruchbedingung noch nicht erreicht
         return n * berechneFakultaet (n - 1);
      else // Abbruchbedingung erfüllt, d.h. n ist gleich 0.
         return 1;
   }

   public static void main (String[] args)
   {
      int n = 5;
      long z = berechneFakultaet (n);
      System.out.println ("5! = " + z);
   }
}
```

Die Ausgabe des Programms ist:

```
Aufruf mit: 5
Aufruf mit: 4
Aufruf mit: 3
Aufruf mit: 2
Aufruf mit: 1
Aufruf mit: 0
5! = 120
```

Die folgende Skizze in Bild 9-4 veranschaulicht die Berechnung der Fakultät für n = 3. Das Bild 9-5 zeigt den **Aufbau des Stacks** durch den rekursiven Aufruf der Methode `berechneFakultaet()`, bis das Abbruchkriterium erreicht ist. Das Abbruchkriterium liegt dann vor, wenn `berechneFakultaet()` mit n = 0 aufgerufen

wird. Danach beginnt durch die Beendigung aller wartenden `berechneFakul-`
`taet()`-Methoden der **Abbau des Stacks**. Der Abbau des Stacks wird in Bild 9-6
gezeigt.

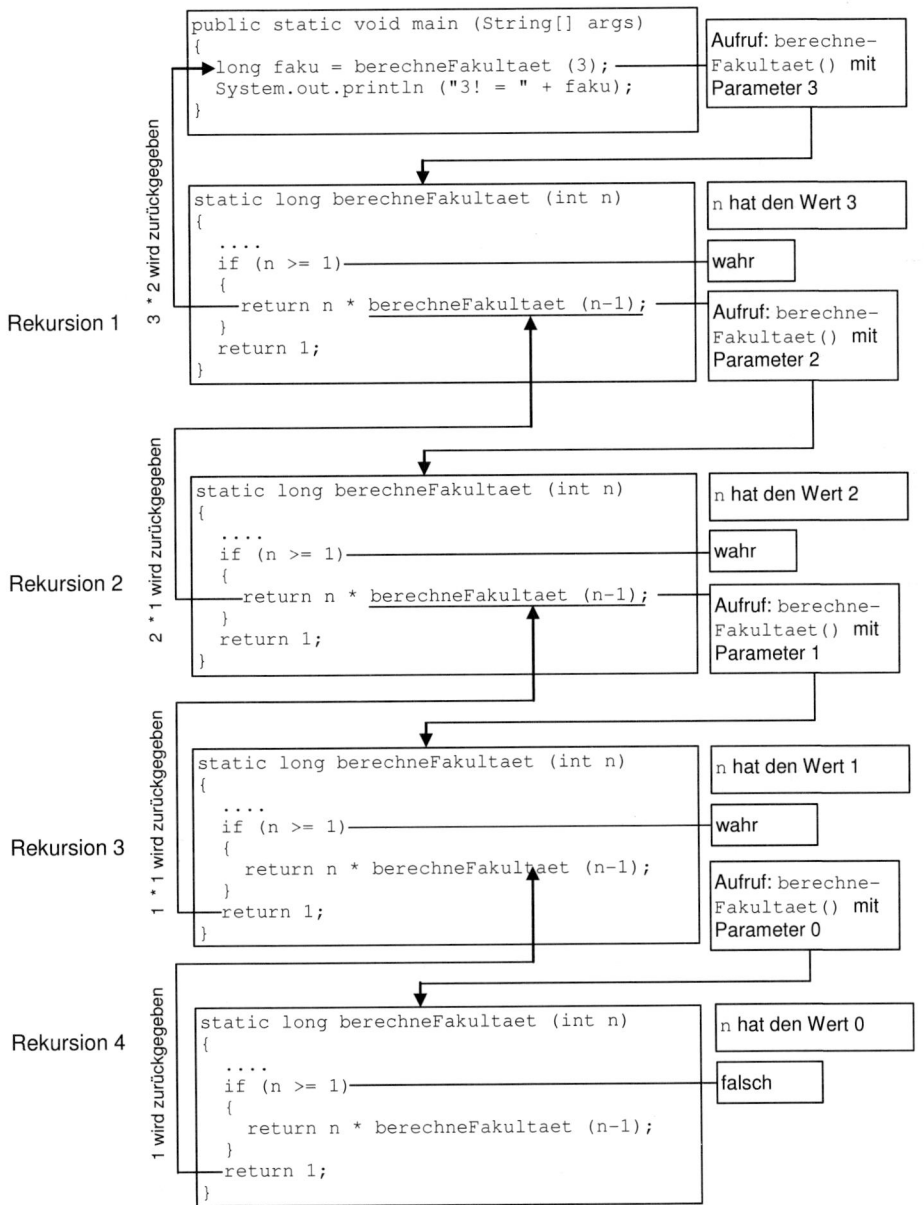

Bild 9-4 Verfolgung der rekursiven Aufrufe für `berechneFakultaet (3)`

In den folgenden zwei Bildern ist für die Fortgeschrittenen der Auf- und Abbau des
Stacks für den Aufruf `berechneFakultaet (3)` zu sehen. Aus Platzgründen
wurde dort der Methodenaufruf `berechneFakultaet()` mit `faku()` abgekürzt.

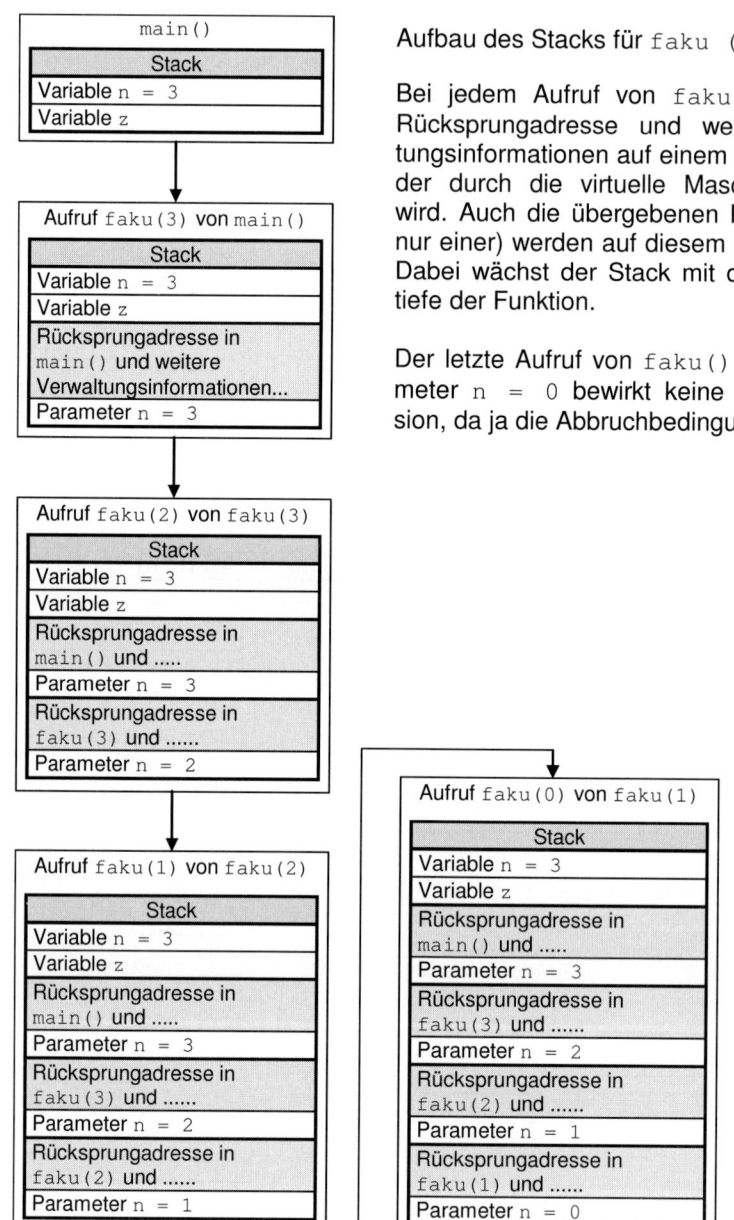

Aufbau des Stacks für `faku (3)`:

Bei jedem Aufruf von `faku()` werden die Rücksprungadresse und weitere Verwaltungsinformationen auf einem Stack abgelegt, der durch die virtuelle Maschine verwaltet wird. Auch die übergebenen Parameter (hier nur einer) werden auf diesem Stack abgelegt. Dabei wächst der Stack mit der Rekursionstiefe der Funktion.

Der letzte Aufruf von `faku()` mit dem Parameter `n = 0` bewirkt keine weitere Rekursion, da ja die Abbruchbedingung erfüllt ist.

Bild 9-5 Aufbau des Stacks für `faku (3)`

Der Abbau des Stacks geschieht in umgekehrter Reihenfolge. Dies wird im folgenden Bild 9-6 gezeigt.

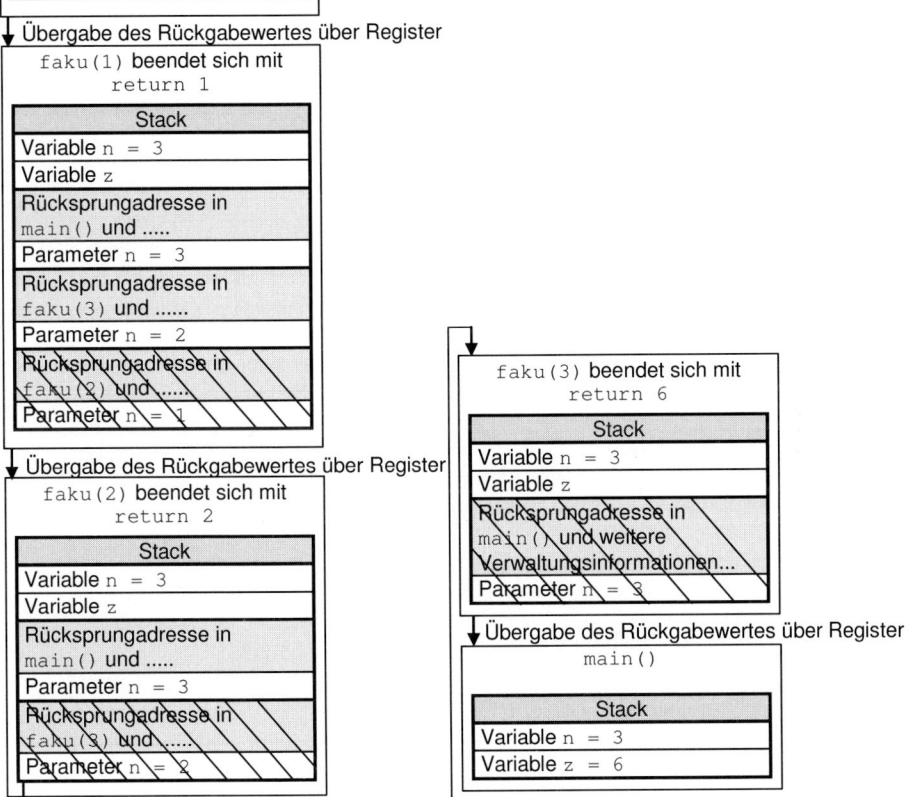

Abbau des Stacks für `faku (3)`:

Beim Beenden der aufgerufenen Funktion werden auf dem Stack die lokalen Variablen (übergebene Parameter) freigegeben und die Rücksprungadresse und sonstigen Verwaltungsinformationen abgeholt. Der Rückgabewert wird in diesem Beispiel über ein Register an die aufrufenden Funktionen zurückgegeben. Der Rückgabewert kann auf verschiedene Weise an die aufrufende Funktion zurückgegeben werden, beispielsweise auch über den Stack. Dies ist vom Compiler abhängig.

Bild 9-6 Abbau des Stacks für `faku (3)`

9.8 Übungen

Aufgabe 9.1: Sichtbarkeit

Analysieren Sie das folgende Programm. Was erwarten Sie als Ausgabe? Wie kann auf die Instanzvariable wert der Klasse SichtbarAufg zugegriffen werden?

```java
// Datei: SichtbarAufg.java

public class SichtbarAufg
{
   private int wert = 7;

   public int zugriff()
   {
      int wert = 77;
      return wert;
   }

   public static void main (String [] args)
   {
      SichtbarAufg sich = new SichtbarAufg();

      System.out.println (sich.zugriff());
      System.out.println (sich.wert);
   }
}
```

Aufgabe 9.2: Rekursion

Analysieren Sie das folgende Programm. Was wird hier berechnet? Ist Ihnen ein alternativer (nicht rekursiver) Lösungsweg bekannt?

```java
// Datei: Rekursion.java

public class Rekursion
{
   public int rekursAufruf (int n)
   {
      if (n > 1)
         return n + rekursAufruf (n - 1);

      return 1;
   }

   public static void main (String [] args)
   {
      Rekursion rek = new Rekursion();
      System.out.println (rek.rekursAufruf (50));
   }
}
```

Aufgabe 9.3: Iteration

Welche mathematische Formel berechnet das Programm? Wie lautet das Ergebnis?

```java
// Datei: Iteration.java

public class Iteration
{
   public int iterativAufruf (int n)
   {
      int wert = 1;

      for (int i = 2; i <= n; i++ )
      {
         wert *= i;
      }
      return wert;
   }

   public static void main (String [] args)
   {
      Iteration it  = new Iteration ();
      System.out.println (it.iterativAufruf (4));
   }
}
```

Aufgabe 9.4: Rekursion und Iteration

a) Es soll mit Hilfe einer Rekursion die Potenz a^n berechnet werden. Hierbei sollen a und n von der Tastatur eingelesen werden. Dabei soll sich die Berechnung auf Werte größer 0 für a und n beschränken. Vervollständigen Sie hierzu im folgenden Programm die mit . . . . . gekennzeichneten Stellen im unten angegebenen Code.

```java
// Datei: PotenzRekursiv.java

public class PotenzRekursiv
{
   public static . . . . . berechnePotenz (. . . . .)
   {
      . . . . .
   }

   public static void main (String [] args)
   {
      java.util.Scanner scanner = new java.util.Scanner (System.in);
      try
      {
         System.out.println ("Gib einen Wert >0 für a ein: ");
         int a = scanner.nextInt ();

         System.out.println ("Gib einen Wert >0 für n ein: ");
         int n = scanner.nextInt ();

         int ergebnis = berechnePotenz (a, n);
```

```
        System.out.println ("Das Ergebnis ist: " + ergebnis);
    }
    catch (Exception ex)
    {
        System.out.println (ex.toString());
    }
   }
}
```

b) Erweitern Sie die Methode `berechnePotenz()` so, dass sie auch mit 0 Werten für a und n zurecht kommt. Negative Werte sollen weiterhin nicht betrachtet werden. Hierbei ist zu beachten, dass eine Potenz für die Hochzahl 0 immer 1 liefert, außer für den Fall, dass a == 0 ist. Bei einem Wert von a == 0 ist das Ergebnis immer 0.

c) Schreiben Sie eine neue Klasse `PotenzIterativ`. Diese Klasse soll die Berechnung der Potenz (Lösung von Aufgabe b) in einer Iteration berechnen. Verwenden Sie dazu eine `for`-Schleife.

Aufgabe 9.5: Übergabe von Parametern beim Programmaufruf

Es soll ein einfaches Java-Programm entwickelt werden, welches eine ganze Zahl als String beim Programmaufruf als Parameter entgegen nimmt. Durch diese Zahl soll festgelegt werden, wie oft die Zeile "Hallo, Welt!" auf dem Bildschirm ausgegeben wird. Der übergebene String kann, wie im Beispiel `AddInteger` in Kapitel 9.6 gezeigt, mit Hilfe der Methode `parseInt()` der Wrapper-Klasse `Integer` in einen `int`-Wert gewandelt werden.

Es folgt ein Beispielaufruf, der viermal "Hallo, Welt!" auf dem Bildschirm ausgibt:

```
java MassenGruss 4
Hallo, Welt!
Hallo, Welt!
Hallo, Welt!
Hallo, Welt!
```

Aufgabe 9.6: Übergabe von Parametern beim Programmaufruf

Es soll ein einfacher Rechner entwickelt werden, der die vier Grundrechenarten (+, -, *, /) beherrscht. Dieser Rechner soll durch Parameter beim Programmaufruf gesteuert werden. Hierzu sollen dem Programm beim Aufruf zwei Zahlen als Strings sowie eine Bezeichnung für die durchzuführende Operation übergeben werden. Diese Zahlen können, wie im Beispiel `AddInteger` in Kapitel 9.6 gezeigt, mit Hilfe der Methode `parseInt()` der Wrapper-Klasse `Integer` in einen `int`-Wert gewandelt werden.

Die Reihenfolge der Parameter ist folgendermaßen definiert:

```
[Zahl1] [Operation] [Zahl2]
```

Die Operation kann eines der folgenden Schlüsselwörter darstellen:

`add`   Addition: Zahl1 + Zahl2
`sub`   Subtraktion: Zahl1 − Zahl2
`mul`   Multiplikation: Zahl1 * Zahl2
`div`   Division: Zahl1 / Zahl2

Ein Aufruf des Programms könnte beispielsweise so aussehen:

```
java Rechner 13 add 7
```

und würde zu folgendem Ergebnis führen:

```
13 add 7 ist 20
```

Aufgabe 9.7: Variable Länge einer Parameterliste

Erstellen Sie eine Klasse mit einer Methode, die eine variable Parameterliste vom Typ `int` und einen Parameter vom Typ `String` hat. Die Methode soll zuerst das String-Objekt ausgeben. Anschließend sollen die Parameter der variablen Parameterliste addiert werden und das Ergebnis ausgegeben werden.

Schreiben Sie auch eine entsprechende `main()`-Methode, um Ihre Methode zu testen.

Kapitel 10

Klassen und Objekte

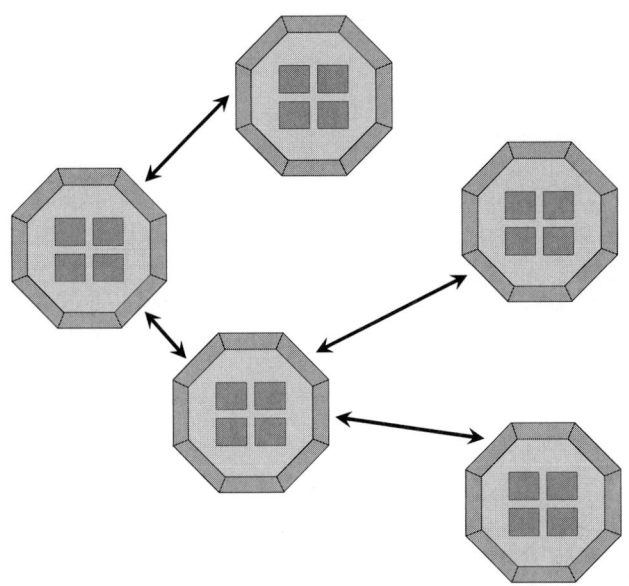

10.1 Information Hiding
10.2 Klassenvariablen und Klassenmethoden
10.3 Die this-Referenz
10.4 Initialisierung von Datenfeldern
10.5 Instantiierung von Klassen
10.6 Freigabe von Speicher
10.7 Die Klasse Object
10.8 Übungen

10 Klassen und Objekte

In Java kann man nur objektorientiert programmieren. Die Klassenbäume der Verer-
bungshierarchien, die Zerlegungshierarchien für aggregierte Klassen und der Aufbau
der einzelnen Klassen aus Datenfeldern und Methoden stellen das Skelett eines
Programms dar. Das Fleisch auf den Knochen und die Muskeln, die das Skelett zum
Leben und in Bewegung bringen, sind die Methoden, welche die Dynamik, d.h. die
Verarbeitung von Daten, beschreiben.

Alle Klassen in Java haben die Klasse `java.lang.Object` als Urvater. Klassen
sind vom Programmschreiber selbst entworfene und implementierte Datentypen oder
von der Java-Plattform bereitgestellte Bibliotheksklassen. Die Klassen enthalten die
Daten und die auf diesen Daten möglichen Operationen in Form von Methoden.

> Wenn eine Klasse nicht explizit von einer anderen Klasse
> abgeleitet wird, so ist die Klasse `java.lang.Object` auto-
> matisch ihre Vaterklasse.

Die **Methoden** repräsentieren die Schnittstellen eines Objektes bzw. einer Klasse
nach außen. **Objekte** sind Variablen, die nach dem Bauplan der Klasse gebaut sind.
Klassenbezogene Datenfelder stellen benannte Speicherstellen in einer Klasse, die
Klassenvariablen, dar. **Objektbezogene Datenfelder** werden in Form von **Instanzvariablen** in jedem Objekt angelegt.

10.1 Information Hiding

Ein Ziel der objektorientierten Programmierung ist es, die Repräsentation der Daten
und die Implementierung der Methoden zu verbergen. Das bedeutet, dass das **Prinzip des Information Hidings** angewandt werden soll. Es soll kein Unbefugter die
Daten verändern können. Nur die Methoden eines Objektes sollen auf die Daten Zugriff haben. Dies bedeutet, dass das folgende Beispiel zwar syntaktisch korrekt ist,
jedoch diesen Zielvorstellungen widerspricht.

```java
// Datei: Person.java

public class Person
{
   public String name;
   public String vorname;
   public int alter;

   public void print()
   {
      System.out.println ("Name    : " + name);
      System.out.println ("Vorname : " + vorname);
      System.out.println ("Alter   : " + alter);
   }
}
```

```
// Datei: TestPerson.java

public class TestPerson
{
    public static void main (String[] args)
    {
        Person p = new Person();

        // Die Daten der Klasse Person sind nicht geschützt, es kann
        // auf sie problemlos aus einer anderen Klasse heraus zuge-
        // griffen werden!
        p.name = "Müller";
        p.vorname = "Fritz";
        p.alter = 35;
        p.print();
    }
}
```

Die Ausgabe des Programms ist:

```
Name:    Müller
Vorname: Fritz
Alter:   35
```

Aus Gründen des Software Engineerings sollte es **keinen direkten Zugriff auf die Daten eines Objektes aus anderen Klassen** geben. Direkter Zugriff bedeutet, dass über eine Referenz direkt auf ein Datenfeld zugegriffen werden kann.

Das Verbergen von Daten erfolgt mit Hilfe des Schlüsselworts `private`:

```
// Datei: Person.java

public class Person
{
    private String name;
    private String vorname;
    private int alter;

    public void print()
    {
        System.out.println ("Name    : " + name);
        System.out.println ("Vorname : " + vorname);
        System.out.println ("Alter   : " + alter);
    }

    // Es folgen die anderen Methoden
    . . . . .
}
```

Damit hat man von der Methode `main()` der Klasse `TestPerson` aus keinen direkten Zugriff mehr auf die Daten eines Objektes der Klasse `Person`, sondern nur noch über die Methode `print()` der Klasse `Person`.

Dies ist die generelle Vorgehensweise. Man erlaubt klassenfremden Methoden in der Regel nicht den Zugriff auf die Daten einer Klasse. Dies ist ausschließlich Aufgabe der klasseneigenen Methoden. Damit ist auch bei fehlerhaften Datenbearbeitungen automatisch die Fehlersuche auf die klasseneigenen Methoden beschränkt.

Das hier vorgestellte Schlüsselwort `private` ist ein Zugriffsmodifikator, der den Zugriffsschutz regelt. Kapitel 12.7 behandelt auch die Zugriffsmodifikatoren `public` und `protected` und den Fall, dass kein Zugriffsmodifikator angegeben wird.

10.2 Klassenvariablen und Klassenmethoden

Klassenvariablen und Klassenmethoden wurden bereits in Kapitel 2.1.5 vorgestellt. Klassenvariablen und Klassenmethoden werden in Java mit Hilfe des Schlüsselwortes `static` deklariert. Die folgenden Unterkapitel zeigen Beispiele, in denen Klassenvariablen bzw. Klassenmethoden Anwendung finden.

10.2.1 Klassenvariablen

Klassenvariablen, die für alle Objekte einer Klasse als globale Daten zur Verfügung stehen, werden mit Hilfe des Schlüsselwortes `static` deklariert. Das folgende Beispiel behandelt die Schüler einer Schulklasse als Objekte. Die Schülerzahl ist keine Eigenschaft, die einem individuellen Objekt zugeordnet werden kann. Sie ist eine Eigenschaft des Verbunds aus allen Schüler-Individuen und wird daher als Eigenschaft der gesamten Schulklasse betrachtet und damit als Klassenvariable definiert.

```
// Datei: Schueler.java

public class Schueler
{
    private int nummerDesSchuelers;
    public static int klassenStaerke = 0;

    public void setzeNummer()
    {
        nummerDesSchuelers = ++klassenStaerke;
    }

    public void abzaehlen()
    {
        System.out.println ("Ich bin die Nr.: " + nummerDesSchuelers);
    }
}

// Datei: SchuelerTest.java

public class SchuelerTest
{
    public static void main (String[] args)
    {
        int lv;
        System.out.println ("Klassenstärke vor der Einschulung: "
                            + Schueler.klassenStaerke);
```

```
// Erzeugung eines Arrays für Schüler
Schueler[] schuelerInKlasse = new Schueler [10];

for (lv = 0; lv < schuelerInKlasse.length; lv++)
{
    schuelerInKlasse [lv] = new Schueler();
    schuelerInKlasse [lv].setzeNummer();
}

// Ausgabe der Schüler
for (lv = 0; lv < schuelerInKlasse.length; lv++)
    schuelerInKlasse [lv].abzaehlen();

System.out.println ("Klassenstärke nach der Einschulung: "
                + schuelerInKlasse [0].klassenStaerke);
    }
}
```

Hier ein Auszug der Programmausgabe:

```
Klassenstärke vor der Einschulung: 0
Ich bin die Nr.: 1
      . . . . .
Ich bin die Nr.: 10
Klassenstärke nach der Einschulung: 10
```

Klassenvariablen sind nicht Teil von Objekten, sondern werden bei der Klasse geführt und sind deshalb für alle Objekte einer Klasse nur einmal vorhanden.

Der Zugriff auf Klassenvariablen ist ohne die Existenz einer Instanz einer Klasse möglich. Der Zugriff erfolgt über den Klassennamen wie z.B. `Schueler.klassenStaerke`.

Innerhalb der eigenen Klasse kann der Zugriff auch direkt über den Namen der Klassenvariablen erfolgen, hier also über `klassenStaerke`.

Der Zugriff auf eine Klassenvariable kann auch über eine Referenz auf ein Objekt der entsprechenden Klasse erfolgen wie z.B. `schuelerInKlasse[0].klassenStaerke`, da ein Objekt weiß, zu welcher Klasse es gehört.

10.2.2 Klassenmethoden

Im Folgenden soll das Programm aus Kapitel 10.2.1 erweitert werden. Es soll die Klassenmethode `holeSchuelerAnzahl()` hinzukommen, welche die aktuelle Klassenstärke – also den Wert der Klassenvariablen `klassenStaerke` – zurückgibt. Die Klassenvariable `klassenStaerke` wird als `private` deklariert.

```java
// Datei: Schueler2.java

public class Schueler2
{
    private int nummerDesSchuelers;

    private static int klassenStaerke = 0;

    public void setzeNummer()
    {
        nummerDesSchuelers = ++klassenStaerke;
    }

    public void abzaehlen()
    {
        System.out.println ("Ich bin die Nr.: " + nummerDesSchuelers);
    }

    public static int holeSchuelerAnzahl()
    {
        return klassenStaerke;
    }
}

// Datei: Schueler2Test.java

public class Schueler2Test
{
    public static void main (String[] args)
    {
        int lv;

        // Zugriff auf Klassenmethode, ohne dass ein Objekt existiert
        System.out.println ("Klassenstärke vor der Einschulung: "
                            + Schueler2.holeSchuelerAnzahl());

        Schueler2[] schuelerInKlasse = new Schueler2 [10];

        for (lv = 0; lv < schuelerInKlasse.length; lv++)
        {
            schuelerInKlasse [lv] = new Schueler2();
            schuelerInKlasse [lv].setzeNummer();
        }

        for (lv = 0; lv < schuelerInKlasse.length; lv++)
            schuelerInKlasse [lv].abzaehlen();

        System.out.println("Klassenstärke nach der Einschulung: "
                            + schuelerInKlasse [0].holeSchuelerAnzahl());
    }
}
```

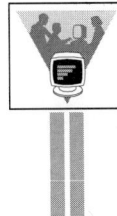

Hier ein Auszug der Programmausgabe:

```
Klassenstärke vor der Einschulung: 0
Ich bin die Nr.: 1
Ich bin die Nr.: 2
  . . . . .
Ich bin die Nr.: 10
Klassenstärke nach der Einschulung: 10
```

Sie sehen an diesem Beispiel, dass eine Klassenmethode aufgerufen werden kann:

- als Komponente der Klasse, wie im Falle

```
Schueler2.holeSchuelerAnzahl();
```

- oder durch Zugriff über eine Referenz auf ein Objekt, wie in folgendem Beispiel:

```
SchuelerInKlasse [0].holeSchuelerAnzahl();
```

In Java ist es möglich, eine **Klassenmethode über die Klasse selbst oder über eine Referenz auf ein Objekt anzusprechen. Instanzmethoden** sind **nur über eine Referenz auf ein Objekt** aufrufbar.

Es zeugt jedoch für einen guten Programmierstil, wenn Klassen-variablen und Klassenmethoden nur über den Klassennamen wie beispielsweise

```
Klassenname.klassenvariable
```

angesprochen werden.

10.2.3 Übergabe von Objekten an Klassenmethoden

Bild 10-1 zeigt das UML-Klassendiagramm der Klasse `Dampfer`. Jedes Schiff einer Flotte von Ausflugsdampfern wie z.B. der Dampfer "Michelangelo" oder "Leonardo da Vinci" ist eine Instanz dieser Klasse.

Dampfer
dampferNummer anzahlSitzplaetze <u>anzahlDampfer</u>
getAnzahlSitzplaetze() setAnzahlSitzplaetze() <u>getAnzahlDampfer()</u> <u>setAnzahlSitzplaetze()</u>

Bild 10-1 Klasse `Dampfer`

Bitte beachten Sie, dass Klassenvariablen und Klassenmethoden in UML-Diagrammen <u>unterstrichen</u> dargestellt werden. Jeder Dampfer erhält eine laufende Nummer, die `dampferNummer`. Bei jeder Inbetriebnahme eines neuen Dampfers wird die Anzahl der Dampfer, geführt in `anzahlDampfer`, um eins erhöht. Jeder Dampfer hat eine individuelle Sitzplatzkapazität `anzahlSitzplaetze`. Die Datenfelder `dampferNummer` und `anzahlSitzplaetze` sind Instanzvariablen, da sie für jede Instanz der Klasse `Dampfer` – also für jeden Dampfer – angelegt werden. Schließlich hat jeder Dampfer eine eigene Nummer und auch eine bestimmte Anzahl Sitzplätze. Die Anzahl der Dampfer einer Flotte gehört jedoch nicht zu einem individuellen Dampfer, sondern ist eine Eigenschaft der gesamten Flotte. Daher ist das Datenfeld `anzahlDampfer` eine Klassenvariable.

Die **Instanzmethode** `getAnzahlSitzplaetze()` gibt den Wert der Instanzvariablen `anzahlSitzplaetze` eines bestimmten Dampfers, d.h. einer bestimmten Instanz, zurück. Mit Hilfe der Instanzmethode `setAnzahlSitzplaetze()` kann die Sitzplatzanzahl für jeden Dampfer – also für jedes Objekt der Klasse `Dampfer` – individuell gesetzt werden. Mit dem Aufruf

```
michelangelo.setAnzahlSitzplaetze (100);
```

wird der Wert der Instanzvariablen `anzahlSitzplaetze` für das `Dampfer`-Objekt `michelangelo` auf 100 gesetzt.

Mit Hilfe der überladenen **Klassenmethode** `setAnzahlSitzplaetze()` wird im folgenden Beispiel ebenfalls die Anzahl der Sitzplätze eines Dampfers festgelegt. Da diese Klassenmethode aber nicht das Objekt kennt, auf dessen Methoden und Variablen sie arbeiten soll, muss ihr eine Referenz auf das entsprechende Objekt übergeben werden. Sie kann wie folgt aufgerufen werden:

```
Dampfer.setAnzahlSitzplaetze (michelangelo, 60);
```

Weiterhin stellt die Klasse Dampfer die Klassenmethode `getAnzahlDampfer()` bereit. Diese liefert den aktuellen Wert der Klassenvariablen `anzahlDampfer` zurück.

Instanzmethoden haben stets Zugriff auf **Instanzvariablen und auf Klassenvariablen**. Eine Instanzmethode kennt ihre Instanzvariablen, da diese zum gleichen Objekt gehören. Sie kennt auch ihre Klassenvariablen, da Klassenvariablen globale Variablen für alle Objekte einer Klasse darstellen.

Eine **Klassenmethode kann auch auf Instanzvariablen und Instanzmethoden arbeiten**, wenn ihr explizit eine **Referenz auf das entsprechende Objekt übergeben** wird.

Hier nun das beschriebene Beispielprogramm:

```java
// Datei: Dampfer.java

public class Dampfer
{
    private int dampferNummer = 0;
    private int anzahlSitzplaetze = 0;
    private static int anzahlDampfer = 0;

    public void init()
    {
        anzahlDampfer++;                    // Zugriff auf Klassenvariable
        dampferNummer = anzahlDampfer;
        System.out.print ("Dampfer Nr. " + dampferNummer);
        System.out.print (" angelegt, Dampfer insgesamt: ");
        // Zugriff auf Klassenvariable
        System.out.println (anzahlDampfer);
    }

    public static int getAnzahlDampfer()
    {
        // Klassenmethoden hat Zugriff auf Klassenvariable
        return anzahlDampfer;
    }

    public static void setAnzahlSitzplaetze (Dampfer dampfer,
                                            int sitzplaetze)
    {
        // Der Klassenmethode wird ein Objekt der eigenen Klasse über-
        // geben
        dampfer.setAnzahlSitzplaetze (sitzplaetze);
    }

    public void setAnzahlSitzplaetze (int sitzplaetze)
    {
        anzahlSitzplaetze = sitzplaetze;
        System.out.println ("Sitzplätze von Dampfer Nr. "
                        + dampferNummer + ": " + anzahlSitzplaetze);
    }

    public int getAnzahlSitzplaetze()
    {
        return anzahlSitzplaetze;
    }
}

// Datei: DampferTest.java
public class DampferTest
{
    public static void main (String[] args)
    {
        // Zugriff auf Klassenmethode, ohne dass ein Objekt existiert.
        System.out.println ("Dampfer insgesamt: "
                        + Dampfer.getAnzahlDampfer());
        // Zwei Dampfer anlegen
        Dampfer michelangelo = new Dampfer();
```

```
    michelangelo.init();
    Dampfer leonardoDaVinci = new Dampfer();
    leonardoDaVinci.init();

    // Sitzplätze festlegen
    michelangelo.setAnzahlSitzplaetze (100);
    leonardoDaVinci.setAnzahlSitzplaetze (150);

    // Leonardo Da Vinci wurde vergrößert
    Dampfer.setAnzahlSitzplaetze (leonardoDaVinci, 170);

    // Michelangelo wurde verkleinert
    Dampfer.setAnzahlSitzplaetze (michelangelo, 60);

    // Zugriff auf Klassenmethode über den Klassennamen.
    System.out.println ("Dampfer insgesamt: "
                        + Dampfer.getAnzahlDampfer());
  }
}
```

Hier die Ausgabe des Programms:

```
Dampfer insgesamt: 0
Dampfer Nr. 1 angelegt, Dampfer insgesamt: 1
Dampfer Nr. 2 angelegt, Dampfer insgesamt: 2
Sitzplätze von Dampfer Nr. 1: 100
Sitzplätze von Dampfer Nr. 2: 150
Sitzplätze von Dampfer Nr. 2: 170
Sitzplätze von Dampfer Nr. 1: 60
Dampfer insgesamt: 2
```

Instanzmethoden können zwar Klassenvariablen lesen. Das Schreiben von Klassenvariablen sollte jedoch nur in Klassenmethoden, Konstruktoren oder so genannten statischen Initialisierungsblöcken geschehen.

Aus Gründen des Software Engineerings sollen Klassenmethoden nicht auf Instanzvariablen zugreifen, es sei denn es handelt sich um allgemeine Hilfsmethoden. Beispiele für solche Hilfsmethoden sind Klassenmethoden zum Vertauschen von Objekten oder zum Umwandeln von Objekten von Wrapper-Klassen in Werte einfacher Datentypen.

10.3 Die this-Referenz

Jedes Objekt hat seine individuellen Instanzvariablen und in logischer Sicht dieselben Methoden – wie alle anderen Objekte der Klasse auch. Diese Methoden sind jedoch stets dieselben. Daher ist es aus Gründen des Speicherverbrauchs effizienter, diese an zentraler Stelle im Speicher abzulegen. Als zentrale Stelle bietet sich natürlich die Klasse selbst an. Dieser Sachverhalt soll an der vereinfachten Klasse Person1 im Folgenden diskutiert werden.

```
// Datei: Person1.java
public class Person1
{
    private int alter;
    public void print()
    {
        System.out.println ("Alter: " + alter);
    }

    public void setzeAlter (int alt)
    {
        alter = alt;
    }
}

// Datei: TestPerson1.java
public class TestPerson1
{
    public static void main (String[] args)
    {
        Person1 p = new Person1();
        p.setzeAlter (10);
        p.print();
    }
}
```

Die Ausgabe des Programms ist:

```
Alter: 10
```

Bei der Ausführung eines Programms liegen die **Methoden** in der **Method-Area** der virtuellen Maschine und die **Objekte** mit ihren Instanzvariablen auf dem **Heap**, wie in Bild 10-2 zu sehen ist.

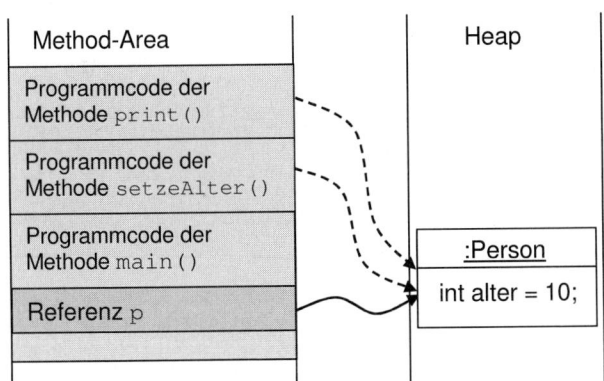

Bild 10-2 Instanzmethoden müssen Zugriff auf die Instanzvariablen im Heap haben

Damit gibt es zwei Probleme: zum einen muss ein Objekt seine Klasse finden und zum anderen muss eine Methode das Objekt finden, für welches sie aufgerufen wird. Das erste Problem wird in Kapitel 11.6 behandelt und auf das zweite Problem soll im

Folgenden eingegangen werden. Die Fragestellung ist also, woher die Methode print() weiß, wo das Datenfeld des Objektes liegt, wenn sie aufgerufen wird? Eigentlich bräuchte jede Methode, die auf Instanzvariablen arbeitet, auch eine Referenz auf die im Heap befindlichen Daten, die sie bearbeiten soll. Wenn 100 Personen angelegt werden, muss die print()-Methode in der Lage sein, auf die Daten der 100 verschiedenen Objekte zuzugreifen. Sie benötigt also zum Zeitpunkt der Abarbeitung immer eine Referenz genau auf die Daten desjenigen Objektes, zu dem der Methodenaufruf aktiviert wurde.

Also wäre es sinnvoll, wenn jede Instanzmethode einen zusätzlichen Übergabe-parameter bekommen würde, an den beim Methodenaufruf die Referenz auf das im Heap befindliche Objekt übergeben werden kann. Über diese Referenz kann dann auf die Daten zugegriffen werden. Genau auf diese Art und Weise wird der Zugriff einer Instanzmethode auf die entsprechenden Datenfelder zur Laufzeit auch reali-siert. Diese ganze Umsetzung erfolgt jedoch für den Programmierer unsichtbar. Zur Erläuterung wird in folgendem Beispiel so getan, als würde der Compiler diesen zusätzlichen Übergabeparameter einführen. Beachten Sie, dass dies nur fiktiv ist. Welche Rolle hierbei der Compiler und welche Rolle die virtuelle Maschine spielt, kann hier nicht untersucht werden. Das folgende Programmbeispiel dient also nur zu Demonstrationszwecken und ist natürlich nicht kompilierbar.

```
public class Person
{
    private int alter;

    public void print (Person this)
    {
        System.out.println ("Name: " + this.name);
    }

    public void setzeAlter (Person this, int alt)
    {
        this.alter = alt;
    }
}


public class PersonTest
{
    public static void main (String[] args)
    {
        Person p = new Person();
        Person.setzeAlter (p, 10);
        Person.print (p);
    }
}
```

Auf alle Datenfelder wird nun mit Hilfe der übergebenen Referenz zugegriffen. Diese fiktive Umsetzung veranschaulicht sehr schön, dass eine Methode zur Klasse gehört, denn mit dem Aufruf

```
Person.setzeAlter (p, 10)
```

wird gesagt: Rufe die Methode setzeAlter() der Klasse Person auf. Dabei soll die Methode auf den Daten des Objektes arbeiten, dessen Referenz als erster

Parameter übergeben wurde. Es ist kein Zufall, dass im obigen Beispiel dieser formale Parameter den Namen `this` trägt. Dieser Name ist bewusst gewählt, um nun die `this`-**Referenz** einführen zu können. Das oben Beschriebene ist für den Prorammierer zwar unsichtbar realisiert, aber er hat trotzdem die Möglichkeit, die `this`-Referenz in seinen Programmen in folgenden Fällen zu benutzen:

- Der Programmierer möchte explizit darauf aufmerksam machen, dass er auf eine Instanzvariable bzw. auf eine Instanzmethode des eigenen Objektes zugreift.

```java
// Datei: Person2.java

public class Person2
{
    private int alter;

    public void print()
    {
        this.printSterne();
        System.out.println ("Alter: " + this.alter);
        this.printSterne();
    }

    private void printSterne()
    {
        System.out.println ("********************");
    }

    public void setzeAlter (int alt)
    {
        this.alter = alt;
    }
}
```

```java
// Datei: TestPerson2.java

public class TestPerson2
{
    public static void main (String[] args)
    {
        Person2 p = new Person2();
        p.setzeAlter (10);
        p.print();
    }
}
```

Die Ausgabe des Programms ist:

```
********************
Alter: 10
********************
```

- Ein Datenfeld hat den gleichen Namen wie eine lokale Variable. In diesem Fall kann mit der `this`-Referenz auf das verdeckte Datenfeld zugegriffen werden.

```java
// Datei: Person3.java

public class Person3
{
   private int alter;
   private String vorname;
   private String name;

   public void print()
   {
      System.out.println ("Name:     " + name);
      System.out.println ("Vorname: " + vorname);
      System.out.println ("Alter:    " + alter);
   }

   public void setzeDaten (String name, String vorname, int alter)
   {
      // Zugriff auf verdeckte Datenfelder
      this.name = name;
      this.vorname = vorname;
      this.alter = alter;
   }
}
// Datei: TestPerson3.java

public class TestPerson3
{
   public static void main (String[] args)
   {
      Person3 p = new Person3();
      p.setzeDaten ("Brang","Rainer",25);
      p.print();
   }
}
```

Die Ausgabe des Programms ist:

```
Name:     Brang
Vorname: Rainer
Alter:    25
```

- Eine Referenz auf das aktuelle Objekt soll als Rückgabewert zurückgegeben werden. Damit können Methodenaufrufe für dasselbe Objekt verkettet werden.

```java
// Datei: Bruch.java

public class Bruch
{
   private int zaehler;
   private int nenner;

   public void print()
   {
      System.out.println (zaehler + "/" + nenner);
   }
```

```java
    public Bruch setzeWerte (int zaehler, int nenner)
    {
        this.zaehler = zaehler;
        this.nenner = nenner;
        return this;
    }

    public Bruch multipliziere (int faktor)
    {
        setzeWerte (zaehler * faktor, nenner);
        return this;
    }
}

// Datei: BruchTest.java

public class BruchTest
{
    public static void main (String[] args)
    {
        Bruch b1 = new Bruch();
        System.out.print ("Wert des Bruches b1: ");
        b1.setzeWerte (1, 2).print();
        Bruch b2 = new Bruch();
        System.out.print ("Wert des Bruches b2: ");
        b2.setzeWerte (1, 3).print();
        System.out.print ("Wert des Bruches b1: ");
        b1.multipliziere (10).print();
    }
}
```

Die Ausgabe des Programms ist:

```
Wert des Bruches b1: 1/2
Wert des Bruches b2: 1/3
Wert des Bruches b1: 10/2
```

- Eine Referenz auf das aktuelle Objekt soll als Übergabeparameter an eine Methode übergeben werden. Im folgenden Beispiel wird das vorangehende Beispiel der Klasse Bruch modifiziert:

```java
// Datei: Bruch2.java

public class Bruch2
{
    private int zaehler;
    private int nenner;

    public void print()
    {
        System.out.println (zaehler + "/" + nenner);
    }

    public void setzeWerte (int zaehler, int nenner)
    {
```

```
            this.zaehler = zaehler;
            this.nenner = nenner;
      }

      // Eine Klassenmethode zum Erweitern eines Bruches
      public static Bruch2 erweitere (Bruch2 b, int faktor)
      {
            Bruch2 tmp = new Bruch2();
            tmp.setzeWerte (b.zaehler * faktor, b.nenner * faktor);
            return tmp;
      }

      public void addiere (Bruch2 b)
      {
            // Benutzt zur Berechnung die Klassenmethode erweitere()
            Bruch2 tmp1 = erweitere (b, nenner);
            Bruch2 tmp2 = erweitere (this, b.nenner);
            zaehler = tmp1.zaehler + tmp2.zaehler;
            nenner = tmp1.nenner;
      }
}

// Datei: Bruch2Test.java

public class Bruch2Test
{
      public static void main (String[] args)
      {
            Bruch2 b1 = new Bruch2();
            b1.setzeWerte (1, 2);
            System.out.print ("Wert des Bruches b1: ");
            b1.print();
            Bruch2 b2 = new Bruch2();
            b2.setzeWerte (1,3);
            System.out.print ("Wert des Bruches b2: ");
            b2.print();
            System.out.print ("b1 + b2 = ");
            b1.addiere (b2);
            b1.print();
      }
}
```

Die Ausgabe des Programms ist:

```
Wert des Bruches b1: 1/2
Wert des Bruches b2: 1/3
b1 + b2 = 5/6
```

Am Schluss soll nochmals darauf hingewiesen werden, dass Klassenmethoden keine `this`-Referenz besitzen.

Klassenmethoden können nicht über die `this`-Referenz auf Instanzvariablen bzw. Instanzmethoden zugreifen.

10.4 Initialisierung von Datenfeldern

Dieses Kapitel behandelt, wie Datenfelder von Klassen und Objekten initialisiert werden. Nimmt der Programmierer keine Initialisierung vor, so werden die vom Compiler zur Verfügung gestellten Default-Initialisierungen implizit durchgeführt (siehe Kap. 10.4.1). Explizite Initialisierungen des Programmierers können sein:

- eine manuelle Initialisierung (siehe Kap. 10.4.2),
- eine Initialisierung mit einem Initialisierungsblock (siehe Kap. 10.4.3)
- sowie eine Initialisierung mit einem Konstruktor im Falle von Objekten. Klassen können jedoch nicht damit initialisiert werden (siehe Kap. 10.4.4).

10.4.1 Default-Initialisierungen von Datenfeldern

In Java werden Klassenvariablen und Instanzvariablen, d.h. klassen- und objekt-bezogene Datenfelder, automatisch mit **Default-Werten** (**Standard-Werten**) initialisiert. Lokale Variablen werden nicht automatisch initialisiert. Sie müssen von Hand initialisiert werden, wie bereits in Kapitel 6.3.4 behandelt. Die folgende Tabelle zeigt, mit welchen Default-Werten Datenfelder bei der **automatischen Initialisierung** (Default-Initialisierung) belegt werden. Dabei ist zu beachten, dass Datenfelder, die Referenzvariablen sind, mit der `null`-Referenz als Default-Wert belegt werden.

Typ	Default-Wert
boolean	false
char	'\u0000'
byte	0
short	0
int	0
long	0
float	0.0f
double	0.0d
Referenztyp	null

Tabelle 10-1 Default-Werte für Datenfelder

10.4.2 Manuelle Initialisierung von Datenfeldern

Will man die Datenfelder mit anderen Werten als Default-Werten belegen, so kann man die Datenfelder manuell wie im folgenden Beispiel initialisieren:

```java
// Datei: Punkt2.java

public class Punkt2
{
    // Manuelle Initialisierung von anzahl könnte entfallen, da der
    // Default-Wert auch 0 ist.
    private static int anzahl = 0;
    private int x;                  // Der Default-Wert ist 0
    private int y = 1;              // Manuelle Initialisierung
```

```
void print()
{
  System.out.println ("Die Koordinaten des Punktes sind:");
  System.out.println ("x = " + x + ", y = " + y);
}

public static void main (String[] args)
{
    System.out.println ("Anzahl der Punkte: " + anzahl);
    Punkt2 p1 = new Punkt2();     // Anlegen eines Punkt-Objektes
    p1.print();
    anzahl++;      // Eine bessere Lösung wird später gezeigt
    System.out.println ("Anzahl der Punkte: " + anzahl);
}
}
```

Die Ausgabe des Programms ist:

```
Anzahl der Punkte: 0
Die Koordinaten des Punktes sind:
x = 0, y = 1
Anzahl der Punkte: 1
```

Klassenvariablen, hier:

```
private static int anzahl = 0;
```

werden **beim Laden der Klasse initialisiert**.

Instanzvariablen, hier:

```
private int x;
private int y = 1;
```

werden **beim Anlegen eines Objektes initialisiert**. Wird einer Instanzvariablen kein Wert manuell zugewiesen, d.h. wird sie nicht manuell initialisiert, so erhält sie als Default-Wert den entsprechenden "Null"-Wert (`false`, `'\u0000'`, `0`, `0.0`, `null`) aus Tabelle 10-1.

In Java ist es möglich, bei einer manuellen Initialisierung nicht nur Konstanten zur Initialisierung zu verwenden, sondern beliebige Ausdrücke. Das folgende Beispiel zeigt die Möglichkeiten zur Initialisierung, die hierdurch entstehen:

```
public class Init
{
    // Eine Klassenmethode zur Initialisierung aufrufen
    private static int anzahl = Math.abs (-239);
    // Eine Klassenvariable der eigenen Klasse benutzen
    private int x = anzahl + 10;
    // Ein zuvor initialisierte Instanzvariable verwenden
    private int y = x - 100;
    // Ein Objekt mit Hilfe des new-Operators erzeugen
    private String str = new String ("Guten" + " Morgen");
}
```

Klassenvariablen werden beim Laden der Klasse initialisiert.

Instanzvariablen werden beim Erzeugen eines Objektes initialisiert.

Wird also irgendwo in einem Programmstück entweder auf eine Klassenvariable oder eine Klassenmethode zugegriffen, so wird die Klasse – sofern sie nicht schon früher benutzt wurde – in die virtuelle Maschine geladen und unmittelbar danach werden die Initialisierungen der Klassenvariablen der Reihe nach durchgeführt. Das Gleiche läuft ab, wenn mit Hilfe des `new`-Operators eine Instanz einer Klasse erzeugt wird. Auch dann wird zuerst die Klasse in die virtuelle Maschine geladen, die Initialisierungen der Klassenvariablen werden durchgeführt und erst danach kann das Objekt mit Hilfe des `new`-Operators erzeugt und die manuellen Initialisierungen für die Instanzvariablen durchgeführt werden.

Initialisierungen erfolgen stets der Reihe nach. Deshalb ist es nicht erlaubt, eine Klassenvariable manuell mit dem Wert einer anderen Klassenvariablen zu initialisieren, welche erst später definiert wird. Dasselbe gilt sinngemäß für Instanzvariablen.

Folgendes ist deshalb unzulässig:

```
public class Init
{
    // Benutzt Klassenvariable zur Initialisierung, die erst weiter
    // unten definiert ist. Der Compiler gibt einen Fehler aus.
    private static int anzahl = stat;
    private static int stat = 999;

    // Benutzt Instanzvariable zur Initialisierung, die erst weiter
    // unten definiert ist. Der Compiler gibt einen Fehler aus.
    private int y = x - 100;
    private int x = anzahl + 10;
}
```

Dagegen ist es natürlich möglich, bei der Initialisierung einer Instanzvariablen eine Klassenvariable zu benutzen, die erst weiter unten in der Klasse definiert ist. Dies liegt daran, dass Initialisierungen von Klassenvariablen beim Laden der Klasse erfolgen und Instanzvariablen erst nach der Erzeugung eines Objektes initialisiert werden. Das Folgende ist also korrekt:

```
public class Init
{
    private int x = anzahl + 10;
    private static int anzahl = Math.abs (999);
}
```

10.4.3 Initialisierung mit einem Initialisierungsblock

Eine weitere Möglichkeit zur Initialisierung von Datenfeldern ist die Initialisierung mit Hilfe eines **Initialisierungsblocks**. Ein Block, der mit dem Schlüsselwort `static` eingeleitet wird, ist ein **statischer Initialisierungsblock**. Ein solcher Block wird im Rahmen der **Initialisierung von Klassenvariablen**, d.h. beim Laden der Klasse genau einmal ausgeführt. Dies wird in folgendem Beispiel demonstriert:

```java
// Datei: StaticBlockTest.java

class StaticBlock
{
    // Zählt die erzeugten Objekte von der Klasse
    public static int anzahl = 0;
    // Enthält die Anzahl der Aufrufe des
    // statischen Initialisierungsblocks
    public static int anzahlAufrufeStaticBlock = 0;

    static
    {
        System.out.println ("* Betreten des statischen Blocks *");
        anzahlAufrufeStaticBlock++;
    }
}

public class StaticBlockTest
{
    public static void main (String[] args)
    {
        // Erstes Objekt erzeugen
        StaticBlock objekt1 = new StaticBlock();
        StaticBlock.anzahl++;
        System.out.println ("Anzahl erzeugter Objekte: " +
            StaticBlock.anzahl);
        System.out.println (
            "Anzahl Aufrufe statischer Initialisierungsblock: " +
            StaticBlock.anzahlAufrufeStaticBlock);

        StaticBlock objekt2 = new StaticBlock();
        StaticBlock.anzahl++;
        System.out.println ("Anzahl erzeugter Objekte: " +
            StaticBlock.anzahl);
        System.out.println (
            "Anzahl Aufrufe statischer Initialisierungsblock: " +
            StaticBlock.anzahlAufrufeStaticBlock);
    }
}
```

Die Ausgabe des Programms ist:

```
* Betreten des statischen Blocks *
Anzahl erzeugter Objekte: 1
Anzahl Aufrufe statischer Initialisierungsblock: 1
Anzahl erzeugter Objekte: 2
Anzahl Aufrufe statischer Initialisierungsblock: 1
```

Das Anschreiben des Klassennamens `StaticBlock` in der zweiten Zeile der `main()`-Methode signalisiert der Laufzeitumgebung, dass der Code dieser Klasse nun benötigt wird und in die virtuelle Maschine geladen werden soll. Dabei werden die Klassenvariablen `anzahl` und `anzahlAufrufeStaticBlock` von der virtuellen Maschine jeweils mit ihrem Default-Wert `0` initialisiert. Nachdem diese Initialisierung stattgefunden hat, wird der statische Initialisierungsblock abgearbeitet und die Anweisungen darin ausgeführt. Dort wird der Wert der Klassenvariablen `anzahlAufrufeStaticBlock` auf `1` gesetzt. Nach der Abarbeitung des Blocks ist die Initialisierung der Klasse abgeschlossen und es kann das erste Objekt `objekt1` erzeugt werden. Danach wird die Klassenvariable `anzahl` um `1` erhöht. Bei der Erzeugung des zweiten Objekts `objekt2` ist der Code der Klasse `StaticBlock` schon in der virtuellen Maschine vorhanden. Es findet also kein Laden und auch keine Initialisierung der Klassenvariablen statt. Der statische Initialisierungsblock wird also nicht mehr durchlaufen und es kann sofort das Objekt erzeugt werden. Die Klassenvariable `anzahlAufrufeStaticBlock` hat somit immer noch den Wert `1` und wird nicht mehr verändert. Die Klassenvariable `anzahl` hingegen wird erneut um `1` erhöht und hat dann den Wert `2`. Das Besondere an einem Initialisierungsblock ist, dass in ihm wie in jedem anderen Block beliebige Anweisungen stehen können.

> Ein statischer Initialisierungsblock kann beliebige Anweisungen enthalten. Er wird im Rahmen der Initialisierung von Klassenvariablen genau einmal ausgeführt.

Auch für die **Initialisierung von Instanzvariablen** gibt es einen **Initialisierungsblock**. Dieser ist allerdings nicht statisch, wie in folgendem Beispiel zu sehen ist:

```java
// Datei: Punkt3.java

public class Punkt3
{
    public static int anzahl = 0;
    private int x;
    private int y;

    {
        System.out.println ("Wert von x: " + x);
        System.out.println ("Wert von y: " + y);
        anzahl++;
        y = 1;
    }

    public void print()
    {
        System.out.println ("Die Koordinaten des Punktes sind:");
        System.out.println ("x = " + x + ", y = " + y);
    }
}
```

```
// Datei: TestPunkt3.java

public class TestPunkt3
{
   public static void main (String[] args)
   {
      System.out.println ("Anzahl der Punkte: " + Punkt3.anzahl);
      Punkt3 p1 = new Punkt3();    // Anlegen eines Punkt-Objektes
      p1.print();
      System.out.println ("Anzahl der Punkte: " + Punkt3.anzahl);
   }
}
```

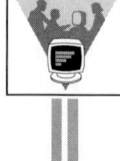

Die Ausgabe des Programms ist:

```
Anzahl der Punkte: 0
Wert von x: 0
Wert von y: 0
Die Koordinaten des Punktes sind:
x = 0, y = 1
Anzahl der Punkte: 1
```

Der nicht statische Initialisierungsblock wird einfach durch eine geschweifte öffnende Klammer eingeleitet und durch eine geschweifte schließende Klammer beendet. In ihm können wie im statischen Initialisierungsblock beliebige Anweisungen stehen. Ein nicht statischer Initialisierungsblock wird im Zuge der Initialisierungen von Instanzvariablen ausgeführt. Im obigen Beispiel ist zu erkennen, dass die Default-Initialisierungen der Instanzvariablen x und y schon durchgeführt sind, wenn mit der Abarbeitung des Initialisierungsblocks begonnen wird.

Der **nicht statische Initialisierungsblock** wird jedes Mal dann ausgeführt, wenn ein Objekt dieser Klasse angelegt wurde.

Damit ist der Initialisierungsblock dafür geeignet, die Klassenvariable `anzahl`, welche die Zahl der erzeugten Objekte der Klasse `Punkt` als Wert enthält, zu erhöhen.

Zuerst werden die Default-Initialisierungen durchgeführt. Manuelle Initialisierungen und Initialisierungen mit einem Initialisierungsblock werden der Reihe nach abgearbeitet und überschreiben die entsprechenden Default-Initialisierungen.

Anstatt des nicht statischen Initialisierungsblocks kann auch genauso gut ein Konstruktor verwendet werden. Für die Initialisierung der Objekte anonymer Klassen (siehe Kap. 15.3) wird jedoch der nicht statische Initialisierungsblock benötigt, da anonyme Klassen keinen Konstruktor besitzen.

10.4.4 Konstruktoren zur Initialisierung

Konstruktoren sind Initialisierungsroutinen, die automatisch beim Erzeugen eines Objektes ausgeführt werden. Das bedeutet, dass die Initialisierung eines Objektes sofort nach dem Anlegen des Objektes durch Aufruf des Konstruktors erfolgt. Hierzu ist es lediglich erforderlich, dass der **Name der Initialisierungsroutine gleich dem Namen der Klasse** ist. Dies wird in dem folgenden Beispiel demonstriert:

```java
// Datei: Punkt4.java

public class Punkt4
{
   public  static int anzahl = 0;

   private int x;
   private int y = 1;

   public Punkt4()         // Dies ist ein Konstruktor
   {
      System.out.println ("Anfang des Konstruktors");
      print();
      System.out.println ("Klassenvariable anzahl " +
                          "noch unverändert");
      System.out.println ("anzahl hat den Wert " + anzahl);

      // Initialisieren von Instanzvariablen
      x = 2;
      y = 3;
      print();

      // Hochzählen der Klassenvariable anzahl
      anzahl++;
      System.out.println ("\nKlassenvariable anzahl " +
                          "inkrementiert");
      System.out.println ("anzahl hat den Wert " + anzahl);
      System.out.println ("Ende des Konstruktors");
   }

   public void print()
   {
     System.out.println ("\nDie Koordinaten des Punktes sind:");
     System.out.println ("x = " + x + ", y = " + y);
   }
}

// Datei: TestPunkt4.java

public class TestPunkt4
{
   public static void main (String[] args)
   {
      System.out.println ("Anzahl der Punkte: " + Punkt4.anzahl);
      Punkt4 p1 = new Punkt4();   // Anlegen eines Punkt-Objektes
                                  // und Aufruf des Konstruktors
   }
}
```

Die Ausgabe des Programms ist:

```
Anzahl der Punkte: 0
Anfang des Konstruktors

Die Koordinaten des Punktes sind:
x = 0, y = 1
Klassenvariable anzahl noch unverändert
anzahl hat den Wert 0

Die Koordinaten des Punktes sind:
x = 2, y = 3

Klassenvariable anzahl inkrementiert
anzahl hat den Wert 1
Ende des Konstruktors
```

Mit

```
Punkt4 p1 = new Punkt4();    // Anlegen eines Punkt-Objektes
                             // und Aufruf des Konstruktors
```

wird die Referenzvariable `p1` angelegt, ein Objekt der Klasse `Punkt4` ohne Namen auf dem Heap durch den `new`-Operator geschaffen und die Referenz auf das namenlose Objekt – die der `new`-Operator zurückgibt – an die Referenzvariable `p1` zugewiesen. Im Anschluss an das Anlegen des Objektes auf dem Heap wird von der virtuellen Maschine automatisch der Konstruktor aufgerufen. Das Anlegen eines Objektes und der Konstruktoraufruf sind untrennbar miteinander verknüpft.

Beachten Sie, dass in obigem Beispiel im Konstruktor zum einen die **Initialisierung des Punktes** erfolgt und zum anderen auch die **Anzahl der angelegten Punkte** durch `anzahl++` **hochgezählt** wird. Bei jedem Aufruf des Konstruktors wird die Klassenvariable `anzahl` automatisch inkrementiert.

Da ein Konstruktor automatisch nach der Allokierung des Speicherplatzes für ein Objekt aufgerufen wird, wird

- in der Regel die Initialisierung im Konstruktor durchgeführt
- und die Anzahl der erzeugten Objekte am besten auch im Konstruktor hochgezählt.

Konstruktoren werden zu Beginn der Lebensdauer eines Objektes automatisch aufgerufen. Im Einzelnen gilt:

- Konstruktoren werden unmittelbar nach der durchgeführten Reservierung des Speicherplatzes auf dem Heap durch den `new`-Operator aufgerufen.
- Konstruktoren von Basisklassen werden **vor** den Konstruktoren ihrer Nachkommen aufgerufen (siehe Kap. 11.3.2).

10.4.4.3 Voreingestellter Default-Konstruktor

Der **voreingestellte Default-Konstruktor** wird vom Compiler zur Verfügung gestellt. Er ist für jede Klasse automatisch definiert, vorausgesetzt, es wird kein Konstruktor selbst definiert. Ein voreingestellter Default-Konstruktor einer Klasse hat keine Parameter. Er ist ein **parameterloser Konstruktor**.

Bevor weitere Erläuterungen folgen, sollen die Begriffe, die für Konstruktoren in den folgenden Kapiteln verwendet werden, hier nochmals zusammengefasst und gegeneinander abgegrenzt werden:

- Ein **Default-Konstruktor** ist ein Konstruktor ohne Parameter, der dem Benutzer in der Regel[85] keine frei vorgebbare individuelle Initialisierung von Datenfeldwerten ermöglicht, da keine Parameter übergeben werden können.

- Der **voreingestellte Default-Konstruktor** ist der vom Compiler zur Verfügung gestellte Default-Konstruktor ohne Parameter.

- Der **selbst geschriebene Default-Konstruktor** ist ein Default-Konstruktor ohne Parameter, der jedoch selbst geschrieben wurde.

- **Konstruktoren mit Parametern** erlauben eine frei vorgebbare individuelle Initialisierung von Objekten.

Wird also überhaupt kein Konstruktor selbst geschrieben, so wird automatisch nach dem Anlegen eines jeden Objektes der **voreingestellte Default-Konstruktor** aufgerufen. So war zum Beispiel im Programm `Bruch.java` in Kapitel 10.3 gar kein selbst geschriebener Konstruktor vorhanden. Mit

```
b = new Bruch();
```

wurde der voreingestellte Default-Konstruktor `Bruch()` des Compilers aufgerufen.

Konstruktoren können genauso wie normale Methoden überladen werden. Es können beliebig viele Konstruktoren selbst geschrieben werden, die sich in Typ und Anzahl der Übergabeparameter unterscheiden. Es ist jedoch folgendes zu beachten: Sobald **nur ein einziger selbst geschriebener Konstruktor existiert** – gleichgültig ob mit oder ohne Parameter –, ist der **vom Compiler zur Verfügung gestellte Default-Konstruktor nicht mehr sichtbar**. Deshalb kann von einer Klasse, die nur Konstruktoren mit Parametern zur Verfügung stellt, kein Objekt mehr mit der Anweisung

```
Klassenname refK = new Klassenname();
```

erzeugt werden. Der Compiler gibt in diesem Fall eine Fehlermeldung aus.

> Sobald nur ein einziger selbst geschriebener Konstruktor existiert, ist der vom Compiler zur Verfügung gestellte Default-Konstruktor nicht mehr vorhanden.

Vorsicht!

---

[85] Eine frei vorgebbare individuelle Initialisierung kann hier lediglich dadurch erreicht werden, dass im Konstruktur der Benutzer aufgefordert wird, von der Tastatur aus individuelle Werte einzugeben.

10.4.5 Aufruf eines Konstruktors im Konstruktor

Ein **Konstruktor** einer Klasse kann **in seiner ersten Anweisung** einen **anderen Konstruktor derselben Klasse** aufrufen. So kann beispielsweise ein selbst ge-schriebener Default-Konstruktor einer Klasse `Person4` einen Konstruktor mit Para-metern aufrufen und dabei die Default-Werte – bzw. die durch manuelle Initiali-sierung und Initialisierungen in einem Initialisierungsblock erzeugten Werte – der Datenfelder überschreiben. Mit Hilfe von

```
this (parameterliste)
```

kann ein solcher Aufruf erfolgen. Dies wird in folgendem Beispiel gezeigt:

```java
// Datei: Person4.java

public class Person4
{
   private String vorname;
   private String name;

   public Person4 (String v, String n)
   {
      System.out.println ("Im Konstruktor mit Parametern!");
      System.out.println ("   Name:    " + n);
      System.out.println ("   Vorname: " + v);
      vorname = v;
      name = n;
   }

   public Person4()
   {
      this ("Vorname unbekannt", "Nachname unbekannt");
      System.out.println ("Im parameterlosen Konstruktor!");
   }

   public void print()
   {
      System.out.println ("Ausgabe der print()-Methode");
      System.out.println ("   Name:    " + name);
      System.out.println ("   Vorname: " + vorname);
   }
}

// Datei: TestPerson4.java

public class TestPerson4
{
   public static void main (String[] args)
   {
      Person4 p = new Person4();
      p.print();
   }
}
```

Die Ausgabe des Programms ist:

```
Im Konstruktor mit Parametern!
     Name:    Nachname unbekannt
     Vorname: Vorname unbekannt
Im parameterlosen Konstruktor!
Ausgabe der print()-Methode
     Name:    Nachname unbekannt
     Vorname: Vorname unbekannt
```

Mit Hilfe von `this (parameterliste)` kann aus einem Konstruktor ein anderer Konstruktor der gleichen Klasse aufgerufen werden. Diese Anweisung muss allerdings die erste Anweisung im Rumpf des Konstruktors sein.

Bei der Ausgabe des Programms ist zu beachten, dass im parameterlosen Konstruktor als allererstes der Konstruktor mit den Parametern aufgerufen werden muss. Deshalb kann die Ausgabe "`Im parameterlosen Konstruktor!`" erst nach der Abarbeitung des Konstruktors mit Parametern erfolgen.

Genauso kann ein Konstruktor mit Parametern mit `this()` als erste Anweisung den entsprechenden parameterlosen Konstruktor aufrufen.

10.4.6 Arbeitsteilung zwischen new-Operator und Konstruktor bei einer Aggregation

Das folgende Beispiel soll dazu dienen, die Arbeitsweise des `new`-Operators und des Konstruktors im Falle einer Aggregation zu diskutieren.

Beim Erzeugen eines Objekts der Klasse `BspKlasse`:

```
BspKlasse p1 = new BspKlasse();
```

wird durch `new BspKlasse` der `new`-Operator aufgerufen[86]. Der `new`-Operator legt gemäß dem Klassennamen `BspKlasse` ein Objekt dieser Klasse auf dem Heap an, wobei die entsprechenden Instanzvariablen angelegt und initialisiert werden. Anschließend wird dann durch `BspKlasse()` der Default-Konstruktor der Klasse `BspKlasse` aufgerufen.

Im Falle einer Aggregation[87] enthält das aggregierende Objekt ("Groß"-Objekt) Referenzen auf die aggregierten Objekte ("Klein"-Objekte). Im folgenden Beispiel soll diskutiert werden, wie die aggregierten Objekte erzeugt werden. Bereits von vornherein muss klar sein, dass die "Klein"-Objekte nicht in einem Schritt zusammen mit dem "Gross"-Objekt erzeugt werden können, da die aggregierende Klasse ja nur Referenzen auf die aggregierten Objekte enthält. Dies bedeutet, dass der `new`-Operator für die aggregierende Klasse nur die Referenzen auf die aggregierten Objekte in der Form von Datenfeldern anlegen kann, mehr aber nicht!

---

[86] Siehe Kap. 10.5.1.
[87] Siehe Kap. 2.3 und 4.6.

Als Beispiel für diese Diskussion soll ein Programm geschrieben werden, welches es erlaubt, die größte Entfernung zwischen beliebigen Punkten in einer Ebene zu berechnen. Der Einfachheit halber soll sich das Test-Programm der Klasse `PunktArrayTest` auf 3 beliebige Punkte beschränken. Die Koordinaten dieser Punkte sollen im Dialog eingegeben werden können.

Das Programm soll aus der Testklasse `PunktArrayTest`, aus der Klasse `Punkt-Array` und aus der schon bekannten Klasse `Punkt` bestehen. Die Klasse `Punkt-Array` soll eine Referenz auf ein Array aus Referenzen auf Punkte enthalten. Diese Referenzen zeigen wiederum auf die `Punkt`-Objekte (siehe Bild 10-3):

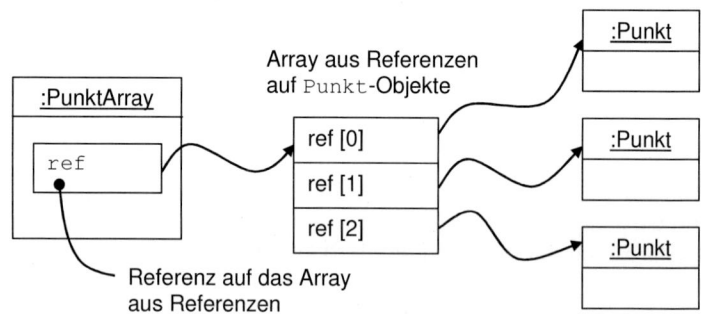

Bild 10-3 Datenstruktur eines Objektes der Klasse `PunktArray`

Wie viele Punkte ein Array-Objekt der Klasse `PunktArray` enthält, muss flexibel sein und muss im Rahmen der Initialisierung festgelegt werden können. Die Initialisierung ist Sache des Konstruktors `PunktArray()`. Er muss also einen Übergabeparameter besitzen, der die Anzahl der zu erzeugenden Punkte aufnimmt:

```
PunktArray (int anzahl)
```

Die Anzahl der zu erzeugenden Punkte wird dem Konstruktor dann als aktueller Parameter übergeben.

Die Klasse `PunktArrayTest` soll ein Objekt der Klasse `PunktArray` erzeugen. Dem Konstruktor der Klasse `PunktArray` wird als aktueller Parameter 3 mitgegeben. Dies bedeutet, dass das erzeugte Objekt der Klasse `PunktArray` 3 Punkte enthalten soll.

```java
// Datei: PunktArrayTest.java

public class PunktArrayTest
{
   public static void main (String args[])
   {
      PunktArray ref = new PunktArray (3);
      //Die Methode maximum() bestimmt die größte Entfernung
      //zwischen den Punkten
      System.out.println ("Maximale Entfernung: " + ref.maximum());
   }
}
```

Die Klasse `PunktArray` soll in ihrem Konstruktor die geforderte Anzahl von Punkten erzeugen und soll ferner eine Methode `maximum()` für die Berechnung der größten Entfernung bereitstellen. Diese Methode soll die Methode `entfernung()` verwenden, die den Abstand zwischen 2 Punkten berechnet.

```java
// Datei: PunktArray.java

public class PunktArray
{
   private Punkt5[] ref;

   PunktArray (int anzahl)
   {
      ref = new Punkt5 [anzahl];   // Schritt 1

      for (int lv = 0; lv < ref.length; lv = lv + 1)
         ref [lv] = new Punkt5(); // Schritt 2
   }

   double entfernung (Punkt5 q1, Punkt5 q2)
   {
      . . . . . // Der Quellcode wird später diskutiert
   }

   public double maximum()
   {
      . . . . . // Der Quellcode wird später diskutiert
   }
}
```

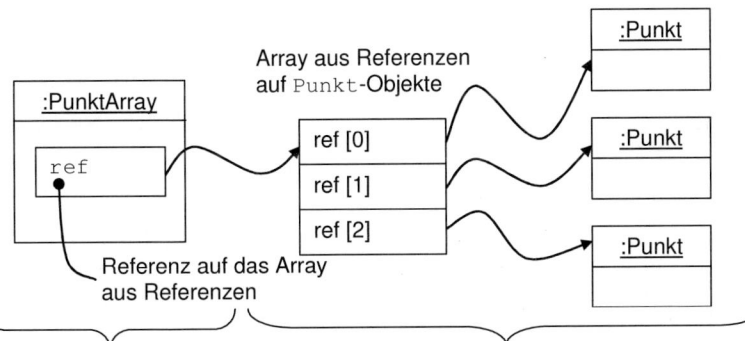

Das Anlegen des Objekts der Klasse `PunktArray` mit dem Datenfeld `ref` als Referenz auf das Array aus Referenzen auf Punkte macht der `new`-Operator durch

`new PunktArray`

Der Konstruktor-Aufruf `PunktArray (3)` erzeugt in **Schritt 1** das Array aus Referenzen auf 3 Punkte und weist die Referenz auf das erzeugte Array-Objekt dem Datenfeld `ref` zu.

Der Konstruktor erzeugt ferner in **Schritt 2** die 3 dazugehörigen Punkte und weist deren Referenzen den 3 Referenzvariablen `ref [0]`, `ref [1]` und `ref [3]` zu.

Bild 10-4 Arbeitsteilung bei der Objekterzeugung

Mit dem new-**Operator** werden für ein Objekt einer aggregierenden Klasse nur die **Referenzen auf die aggregierten Objekte angelegt**. Im **Konstruktor** werden dann die **aggregierten Objekte erzeugt** und die Referenzen auf die erzeugten aggregierten Objekte den Referenzen des aggregierenden Objektes zugewiesen.

Hier der Vollständigkeit halber der Quellcode der Methoden entfernung() und maximum():

```
double entfernung (Punkt5 q1, Punkt5 q2)
{
    return Math.sqrt ((q1.getX() - q2.getX()) *
                      (q1.getX() - q2.getX()) +
                      (q1.getY() - q2.getY()) *
                      (q1.getY() - q2.getY()));
                      // Satz des Pythagoras
}
```

Die Methode sqrt() liefert die Quadratwurzel eines Ausdrucks. Sie ist in der Klasse Math enthalten. Die Methode maximum() bestimmt den größten Abstand:

```
public double maximum()
{
    double max = 0;

    for (int i = 0; i < ref.length; i++)
    {
        for (int j = 0; j < i; j++)
        {
            double entfernung = entfernung (ref [i], ref [j]);
            if (entfernung >= max)
                max = entfernung;
        }
    }
    return max;
}
```

Hier zum Abschluss die Klasse Punkt5:

```
// Datei: Punkt5.java

import java.util.Scanner;

public class Punkt5
{
    private double x;
    private double y;

    public Punkt5()  // Ignorieren Sie den Konstruktor.
                     // Benutzen Sie ihn einfach unbesehen
    {
        Scanner scanner = new Scanner (System.in);
```

```
        String eingabeX;
        String eingabeY;
        System.out.println ("Gib den x-Wert ein: ");
        eingabeX = scanner.next();
        System.out.println ("Gib den y-Wert ein: ");
        eingabeY = scanner.next();

        try
        {
            x = Double.valueOf (eingabeX);
            y = Double.valueOf (eingabeY);
        }
        catch (NumberFormatException e)
        {
            System.out.println (e.toString());
            System.exit (1);
        }
    }

    public double getX()
    {
        return x;
    }

    public void setX (double u)
    {
        x = u;
    }

    public double getY()
    {
        return y;
    }

    public void setY (double v)
    {
        y = v;
    }
}
```

 Nach Aufruf der Klasse `PunktArrayTest` wurde folgender Dialog geführt:

```
Gib den x-Wert ein:
1
Gib den y-Wert ein:
1
Gib den x-Wert ein:
2
Gib den y-Wert ein:
2
Gib den x-Wert ein:
3
Gib den y-Wert ein:
3
Maximale Entfernung: 2.8284271247461903
```

10.5 Instantiierung von Klassen

Objekte werden nach dem Bauplan einer Klasse erzeugt.

Das Erzeugen eines Objektes einer Klasse wird auch als **Instantiierung** oder **Instantiieren** einer Klasse bezeichnet. Damit soll zum Ausdruck gebracht werden, dass eine **Instanz** dieser Klasse geschaffen wird.

Zwei Begriffe, deren Bedeutung oft verwechselt wird, sind **Instantiierung** und **Initialisierung**:

- Bei der **Instantiierung** wird ein neues Objekt einer Klasse auf dem Heap angelegt. Die Instantiierung wird mit dem `new`-Operator durchgeführt.
- Bei der **Initialisierung** werden die Datenfelder des erzeugten (instantiierten) Objektes mit Werten belegt. Die Initialisierung kann mit Default-Werten, mit Hilfe einer manuellen Initialisierung, mit einem Initialisierungsblock oder mit Hilfe des Konstruktors erfolgen.

Wird ein Objekt mit Hilfe des `new`-Operators geschaffen, so wird Speicher für dieses Objekt bereitgestellt. Durch Aufruf des Konstruktors wird das Objekt initialisiert.

10.5.1 Ablauf bei der Instantiierung

Anhand der folgenden Anweisung, in der `p1` ein Datenfeld einer Klasse sein soll und keine lokale Variable, wird betrachtet, welche Schritte in welcher Reihenfolge bei der Instantiierung ablaufen:

```
Person p1 = new Person();
```

Folgende Schritte laufen bei der Instantiierung ab:

- In **Schritt 1** wird die **Referenzvariable** `p1` vom Typ `Person` **angelegt** und mit `null` initialisiert.

- In **Schritt 2** wird durch `new Person` der `new`-Operator aufgerufen und die **Klasse** `Person` **instantiiert**, mit anderen Worten, es wird ein Objekt der Klasse `Person` auf dem Heap erzeugt.

- Schließlich erfolgt in **Schritt 3** die **Initialisierung des Objekts**. Es werden Default-Initialisierungen der Instanzvariablen durchgeführt (je nach Typ mit 0, 0.0f, 0.0d, '\u0000', false bzw. null) und dann eventuell angegebene manuelle Initialisierungen und Initialisierungen durch einen Initialisierungsblock. Anschließend wird der Konstruktor aufgerufen.

- In **Schritt 4** gibt der `new`-Operator eine **Referenz** auf das neu im Heap erzeugte Objekt zurück, welche **der Referenzvariablen** `p1` **zugewiesen** wird.

Beachten Sie, dass in der Tat der Konstruktor den gleichen Namen wie die Klasse tragen muss. Zum einen sagt in Schritt 2 der Klassenname `Person` dem new-Operator, dass ein Objekt der Klasse `Person` geschaffen werden soll. Weiterhin wird der new-Operator nach der Erzeugung des Objekts in Schritt 3 veranlasst, den Konstruktor `Person()` aufzurufen.

10.5.2 Verhindern der Instantiierung einer Klasse

Deklariert man alle selbst geschriebenen Konstruktoren als `private`, so ist es nicht möglich, Objekte dieser Klasse durch einen Aufruf von `new` verbunden mit einem Konstruktoraufruf in einer anderen Klasse zu erzeugen. Eine sinnvolle Anwendung ergibt sich, wenn man die Anzahl der lebenden Objekte einer bestimmten Klasse kontrollieren bzw. regulieren will. Das folgende Beispiel zeigt, wie sichergestellt wird, dass nur ein Objekt einer Klasse erzeugt wird:

```java
// Datei: Test.java

class Singleton
{
   private static Singleton instance;

   private Singleton()
   {
      System.out.println ("Bin im Konstruktor");
   }

   public static Singleton getInstance()
   {
      if (instance == null)
      {
         instance = new Singleton();
      }
      return instance;
   }
}

public class Test
{
   public static void main (String[] args)
   {
      // Singleton s = new Singleton(); gibt Fehler
      Singleton s2 = Singleton.getInstance();   // new wird
                                                // aufgerufen
      Singleton s3 = Singleton.getInstance();   // new wird nicht
                                                // mehr aufgerufen
   }
}
```

Die Ausgabe des Programms ist:

```
Bin im Konstruktor
```

10.6 Freigabe von Speicher

In der Programmiersprache Java hat der Programmierer nicht die Möglichkeit – aber auch nicht die Pflicht – Speicherplatz auf dem Heap, der nicht länger benötigt wird, selbst freizugeben. Der Garbage Collector der virtuellen Maschine hat alleine die Verantwortung, Speicherplatz auf dem Heap, der nicht länger benötigt wird, aufzuspüren und freizugeben. Der Programmierer kann die Freigabe eines Objektes nur dadurch beeinflussen, indem er alle Referenzen auf dieses Objekt auf `null` setzt. Denn wenn ein Objekt von niemanden mehr referenziert wird, kann es der Garbage Collector freigeben. Wann dies erfolgt, ist jedoch Sache der virtuellen Maschine.

In Java wird nicht garantiert, dass während der Laufzeit eines Programmes ein Objekt zerstört wird. Der Garbage Collector wird nur tätig, wenn er spürt, dass es eng im Heap wird.

10.6.1 Der Garbage Collector

Wenn zum Anlegen eines neuen Objektes der vorhandene Platz im Heap nicht ausreicht[88], muss die virtuelle Maschine versuchen, durch eine Speicherbereinigung des Garbage Collectors Platz zu gewinnen. Schlägt dieser Versuch fehl, so wird eine Exception vom Typ `OutOfMemoryError` ausgelöst.

> Bei einer Speicherbereinigung werden die nicht referenzierten Objekte aus dem Heap entfernt. Mit anderen Worten, ihr Platz wird zum Überschreiben freigegeben.

Lässt man im Beispiel

```
Person p1 = new Person();
```

durch

```
p1 = null;
```

die Referenz `p1` nicht länger auf das mit `new` geschaffene Objekt, sondern auf `null` zeigen, so wird damit vom Programmierer explizit das Objekt im Heap zur Speicherbereinigung freigegeben – vorausgesetzt, es existiert keine weitere Referenz auf dieses Objekt.

Wann die virtuelle Maschine einen Lauf des Garbage Collectors durchführt, ist Sache der virtuellen Maschine. Der Programmierer kann jedoch explizit mit `System.gc()` bzw. mit `Runtime.getRuntime().gc()` eine Speicherbereinigung erbitten. Nach der Rückkehr aus der Methode `gc()` kann man sicher davon ausgehen, dass der Garbage Collector nicht mehr benötigte Objekte aus dem Heap entfernt hat.

---

[88] Der Speicherbereich des Heap stößt dann an seine Grenzen, wenn mehr Objekte erzeugt werden, als der Heap aufnehmen kann.

Beeinflussen der Heap-Größe

Beim Aufruf eines Java-Programms mit

```
java Klassenname
```

wird die virtuelle Maschine standardmäßig mit einer maximalen Heap-Größe von 64 MB gestartet. Die Ausführung des Java-Interpreters `java` kann durch Hinzufügen verschiedenster Kommandozeilen-Optionen beeinflusst werden. So gibt es unter anderem die beiden Optionen -XMm und -XMx, mit deren Hilfe die minimale bzw. maximale Größe des Heaps der gestarteten virtuellen Maschine individuell festgelegt werden kann. So startet der Aufruf

```
java -XMx100m Klassenname
```

eine virtuelle Maschine mit einer maximalen Heap-Größe von 100 MB. Eine weitere Möglichkeit, wie man einem `OutOfMemoryError` begegnen kann, wird im folgenden Beispielprogramm gezeigt[89]. Ein Objekt der generischen Klasse[90] `Vector<T>` wird verwendet, um beliebig viele Objekte vom Typ `StringBuffer` aufnehmen. Das Füllen des `Vector<T>`-Objektes erfolgt innerhalb einer Endlosschleife. Es werden somit so lange Objekte vom Typ `StringBuffer` erzeugt und in das `Vector<T>`-Objekt eingefügt, bis der Heap keine Objekte mehr aufnehmen kann und der Speicher voll ist. Es wird dann eine Exception vom Typ `OutOfMemoryError` geworfen. Dies bedeutet, dass die Endlosschleife verlassen wird und das Programm normalerweise abbricht. In dem Beispiel unten wird die geworfene Exception durch das `try/catch`-Konstrukt abgefangen und behandelt. Innerhalb des `catch`-Blocks findet die Fehlerbehandlung statt. Es wird zuerst ein Objekt vom Typ `Runtime` referenziert. Auf diesem Objekt können dann die zwei Methoden `gc()` zum Anstoßen des Garbage Collectors und `freeMemory()` zum Abfragen des momentan noch freien Heap-Speichers aufgerufen werden:

```java
// Datei: GarbageCollectorTest.java

import java.util.*;
public class GarbageCollectorTest
{
   // Bitte beachten Sie nicht das throws Exception-Konstrukt
   public static void main (String[] args) throws Exception
   {
      Vector<StringBuffer> v = new Vector<StringBuffer>();

      try // try-Block
      {
         for(;;) // Endlosschleife
         {
            // Viele String-Buffer-Objekte erzeugen
            v.add (new StringBuffer (2000));
         }
      }
```

---

[89] Es wird hierbei auf die Themen Ausnahmebehandlung (siehe Kap. 13) und Collections (siehe Kap. 18) vorgegriffen. Das Beispielprogramm wird besser verstanden, wenn die beiden genannten Kapitel zuvor behandelt wurden.

[90] Generische Klassen werden in Kapitel 17 behandelt.

```
    catch (Throwable e) // catch-Block für die Fehlerbehandlung
    {
        // Hier wird die Exception vom Typ OutOfMemoryError
        // abgefangen. Es kann nun der Fehler behandelt werden.

        // Refereanz auf die aktuelle Laufzeitumgebung.
        Runtime r = Runtime.getRuntime();

        // Der Aufruf von freeMemory() auf dem Runtime-Objekt frägt
        // von diesem den im Moment des Aufrufs zur Verfügung
        // stehenden freien Speicher des Heaps ab.
        System.out.println (
            "Freier Speicher vor clear(): " + r.freeMemory());

        // Das Vector<T>-Objekt wurde mit Referenzen auf Objekte
        // vom Typ StringBuffer gefüllt. Das bedeutet, dass die
        // erzeugten StringBuffer-Objekte nur vom Vector<T>-Objekt
        // referenziert werden. Der Aufruf von clear() auf dem
        // Vector<T>-Objekt löscht nun alle im Vector gespeicherten
        // Referenzen. Somit werden die erzeugten StringBuffer-
        // Objekte nicht mehr referenziert und der Garbage
        // Collector kann die Objekte auf dem Heap löschen.
        v.clear();

        // Alle zuvor erzeugten Objekte vom Typ StringBuffer
        // werden nicht mehr referenziert und sind Datenmüll
        // Sie können vom Garbage Collector beseitigt werden.
        System.out.println (
            "Freier Speicher nach clear(): " + r.freeMemory());

        // Eine Sekunde warten. Vielleicht hat danach
        // die virtuelle Maschine "von selbst" aufgeräumt?
        Thread.sleep (1000);

        System.out.println (
            "Freier Speicher 1s nach clear(): " + r.freeMemory());
        System.out.println("Immer noch nicht aufgeräumt!!!");

        // Aufforderung, den Speicher mit Hilfe des
        // Garbage Collectors zu bereinigen.
        r.gc();

        System.out.println(
            "Freier Speicher nach gc(): " + r.freeMemory());
    }
  }
}
```

Die Ausgabe des Programms ist:

```
Freier Speicher vor clear(): 3192
Freier Speicher nach clear(): 3192
Freier Speicher 1s nach clear(): 3048
Immer noch nicht aufgeräumt!!!
Freier Speicher nach gc(): 66462400
```

Es ist zu erkennen, dass die virtuelle Maschine in dem Moment eine Speicherbereinigung durchführt, wenn der Programmierer dies mit dem Aufruf von `gc()`
anfordert.

10.6.2 Die Methode finalize()

Jede Klasse eines Java-Programmes ist automatisch von der Klasse `Object` abgeleitet. Im Zusammenhang mit der Methode `finalize()` ist dies deshalb wichtig,
weil diese Methode bereits in der Klasse `Object` definiert ist. Somit besitzt jedes
Objekt automatisch eine geerbte Methode `finalize()`, die nichts tut. Obwohl das
Überschreiben von Methoden hier noch nicht verstanden werden kann – darauf wird
erst in Kapitel 11.2.2 eingegangen – soll hier die prinzipielle Verwendung der
Methode `finalize()` erklärt werden. An dieser Stelle genügt es auch zu wissen,
dass eine Methode `finalize()`, die mit dem Methodenkopf

```
protected void finalize() throws Throwable[91]
```

in einer Klasse definiert wird, vom Garbage Collector für ein nicht mehr referenziertes
Objekt dieser Klasse aufgerufen wird, bevor er dieses aus dem Speicher entfernt.

> Entfernt der Garbage Collector ein Objekt aus dem Speicher, so
> wird zuvor die Methode `finalize()` für dieses Objekt abgear-
> beitet.

Dies ist im folgenden Beispielprogramm zu sehen:

```java
// Datei: FinalizeDemo1.java

public class FinalizeDemo1
{
   private static int anzahl = 0;
   private int nummer = 0;

   public FinalizeDemo1()
   {
      anzahl++;
      nummer = anzahl;
   }

   // throws Throwable und protected soll an dieser Stelle nicht
   // betrachtet werden
   protected void finalize() throws Throwable
   {
      System.out.print ("Nummer des gelöschten");
      System.out.println (" Objektes: " + nummer);
   }

   public static void main (String[] args)
   {
      FinalizeDemo1 ref;
```

---

[91] `throws Throwable` kann erst in Kap. 13 erläutert werden.

```
    for (int i = 0; i <= 100000; i++)
    {
        // Achtung, bei jeder erneuten Zuweisung bleibt das Objekt,
        // auf das die Referenz vorher gezeigt hat, als nicht mehr
        // referenziertes Objekt im Heap zurück!
        ref = new FinalizeDemo1();
    }
  }
}
```

Hier die Ausgabe des Programms:

```
Nummer des gelöschten Objektes: 1
Nummer des gelöschten Objektes: 2
Nummer des gelöschten Objektes: 3
Nummer des gelöschten Objektes: 4
.
.
.
```

In diesem Beispiel werden so viele Objekte angelegt, dass der Garbage Collector das Gefühl bekommt, der verfügbare Speicher werde knapp und er solle darum nicht mehr referenzierte Objekte entfernen. Hat man die Ausgabe beobachtet, bis sich das Programm beendet hat, wird man enttäuscht feststellen, dass gar nicht alle `fina-lize()`-Methoden ausgeführt wurden. Für die Objekte, die nicht zur Programm-laufzeit aus dem Speicher entfernt wurden, wurde auch die `finalize()`-Methode nicht ausgeführt.

In Wirklichkeit gibt es gegenwärtig keine sichere Möglichkeit[92], die Abarbeitung aller `finalize()`-Methoden zu erzwingen. Was es gibt, sind Methoden in der Klasse `System`, welche die Abarbeitung "erbitten", was aber eben im Klartext heißt, dass es nicht garantiert wird. Möchte man absolut sicher sein, dass die Methode `finalize()` auch für jedes Objekt abgearbeitet wird, gibt es nur eine Möglichkeit – sie muss explizit vom Programmierer aufgerufen werden. Das folgende Beispiel zeigt den expliziten Aufruf der Methode `finalize()`:

```
// Datei: FinalizeDemo2.java

public class FinalizeDemo2
{
    // throws Throwable und protected soll an dieser Stelle nicht
    // betrachtet werden
    protected void finalize() throws Throwable
    {
        super.finalize();
        System.out.println ("Finalize aufgerufen");
    }
```

---

[92] Es gibt zwar eine statische Methode `runFinalizersOnExit()` der Klasse `System`, nach deren Aufruf die virtuelle Maschine garantiert, dass alle `finalize()`-Methoden spätestens vor Beendi-gung des Programms abgearbeitet werden. Aber! Diese Methode gilt als "deprecated" und sollte nicht verwendet werden.

```
// throws Throwable soll an dieser Stelle nicht betrachtet werden
public static void main (String[] args) throws Throwable
{
    FinalizeDemo2 ref = new FinalizeDemo2();
    ref.finalize();
}
}
```

Hier die Ausgabe des Programms:

```
Finalize aufgerufen
```

Ruft man die `finalize()`-Methode für ein Objekt explizit auf, so wird diese nicht mehr vom Garbage Collector aufgerufen, auch wenn er das Objekt aus dem Speicher zur Laufzeit entfernt. Man kann also sicher sein, dass die `finalize()`-Methode nur ein einziges Mal für ein Objekt aufgerufen wird.

Der Aufruf `super.finalize()` sorgt dafür, dass die `finalize()`-Methode der Basisklasse auch abgearbeitet wird. In dem gezeigten Beispiel wird damit die `finalize()`-Methode der Klasse `Object` aufgerufen. Man sollte stets dafür Sorge tragen, dass alle `finalize()`-Methoden einer Vererbungshierarchie abgearbeitet werden. Näheres zu dem Schlüsselwort `super` erfahren Sie in Kapitel 11.2.2.

10.7 Die Klasse Object

Jede Klasse und jeder Array-Typ wird implizit, d.h. ohne eine explizite Angabe des Programmierers, von der Klasse `Object` abgeleitet. Damit beinhaltet jede Klasse und ein jedes Array automatisch alle Methoden der Klasse `Object`. Die Methoden der Klasse `Object` lassen sich in zwei Kategorien einteilen:

- in Methoden, die Threads[93] unterstützen
- und in allgemeine Utility-Methoden.

Hier werden nur die Utility-Methoden aufgeführt:

- `public String toString()`

  Die Methode `toString()` ermöglicht die Ausgabe eines Strings, der für das Objekt charakteristisch ist. Der Rückgabewert von `toString()` ist eine Zeichenkette, die das entsprechende Objekt charakterisiert.

- `public boolean equals (Object obj)`

  Diese Methode gibt bei einem Aufruf `x.equals (y)` das Ergebnis `true` zurück, wenn `x` und `y` Referenzen auf dasselbe Objekt sind.

---

[93] Siehe Kap. 19.

- `protected Object clone() throws CloneNotSupportedException`[94]

  Die Methode `clone()` erlaubt es, eine Kopie eines Objektes zu erzeugen.

- `protected void finalize() throws Throwable`[95]

  Die Methode `finalize()` erlaubt "Aufräumarbeiten" vor der Zerstörung eines Objektes.

10.8 Übungen

Aufgabe 10.1: Aggregierte Objekte. Die Klassen Dreieck und Punkt

Entwickeln Sie eine Klasse `Punkt`, eine Klasse `Dreieck` und eine Klasse `Test` zum Testen eines erzeugten Dreiecks. Die Klasse `Dreieck` soll drei Referenzen auf jeweils ein Objekt der Klasse `Punkt` enthalten, welche die Eckpunkte eines Dreiecks sind.

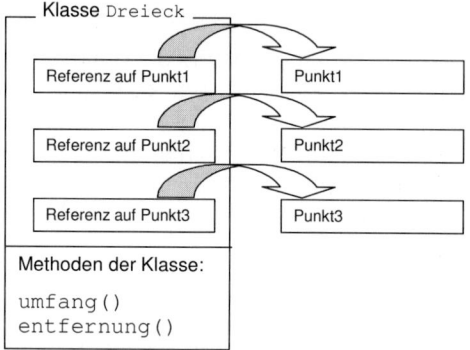

Bild 10-5 Klasse `Dreieck` referenziert auf Objekte vom Typ `Punkt`

Das Programm erlaubt es, mit Hilfe der Methode `umfang()` den Umfang eines Dreiecks zu bestimmen. Die Methode `umfang()` ruft als Hilfsfunktion die Methode `entfernung()` auf, die den Abstand zwischen 2 Punkten berechnet. Es liegt auf der Hand, dass der Umfang des Dreiecks die Summe der 3 Entfernungen zwischen den 3 Eckpunkten ist. Mit anderen Worten, der Umfang u ist gegeben durch u = s1 + s2 + s3.

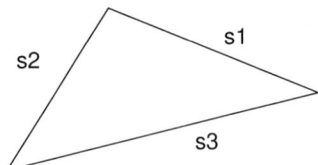

Bild 10-6 Dreieck mit den Seiten s1, s2 und s3

---

[94] Auf die Exception-Klasse `CloneNotSupportedException` soll hier nicht eingegangen werden.
[95] Die Exception-Klasse `Throwable` soll hier nicht betrachtet werden.

Wer sich an den Satz des Pythagoras noch erinnert, dem ist klar, dass der Abstand zwischen 2 Punkten i und j durch die Quadratwurzel von $(y_j - y_i)^2 + (x_j - x_i)^2$ gegeben ist.

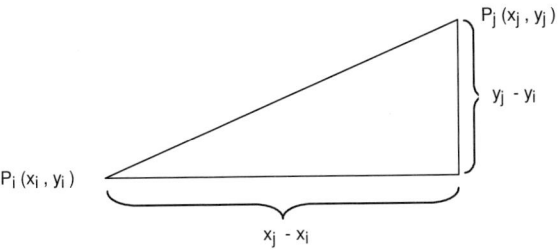

Bild 10-7 Berechnung des Abstandes zwischen zwei Punkten in kartesischen Koordinaten

Ergänzen Sie die fehlenden Teile des Programms:

```java
// Datei: Punkt.java

import java.util.Scanner;

public class Punkt
{
    private double x;
    private double y;

    public double getX()
    {
        . . . . .
    }

    public void setX (double u)
    {
        . . . . .
    }

    public double getY()
    {
        . . . . .
    }

    public void setY (double v)
    {
        . . . . .
    }

    public Punkt()   // Ignorieren Sie den Konstruktor in der heutigen
                     // Übung, benutzen Sie ihn einfach unbesehen
    {
        Scanner scanner = new Scanner (System.in);
        String eingabeX;
        String eingabeY;

        System.out.println ("Gib den x-Wert ein: ");
        eingabeX = scanner.next();
```

```
        System.out.println ("Gib den y-Wert ein: ");
        eingabeY = scanner.next();

        try
        {
           x = Double.valueOf (eingabeX);
           y = Double.valueOf (eingabeY);
        }
        catch (NumberFormatException e)
        {
           System.out.println (e.toString());
           System.exit (1);
        }
     }
}

// Datei: Dreieck.java

public class Dreieck
{
    private Punkt p1;
    private Punkt p2;
    private Punkt p3;

    public Dreieck()
    {
       System.out.println ("Dreieck wird erzeugt aus 3 Eckpunkten");
       p1 = . . . .;
       p2 = . . . .;
       p3 = . . . .;
    }

    public double entfernung (Punkt q1, Punkt q2)
    {
       return Math.sqrt ((q1.getX() - q2.getX()) *
                         (q1.getX() - q2.getX()) +
                         (q1.getY() - q2.getY()) *
                         (q1.getY() - q2.getY()));
    }

    public double umfang()
    {
        . . . . .
    }
}

// Datei: Test.java

public class Test
{
    public static void main (String[] args)
    {
       Dreieck d = . . . . .;
       System.out.println ("\nDas Dreieck hat den Umfang "
       + . . . . . );
    }
}
```

Aufgabe 10.2: Kontovergleich

Es soll eine Klasse `Konto` entwickelt werden. Ein Konto beinhaltet den Kontostand und wird einer Person zugeordnet. Um eine Person zu beschreiben, wird die schon bekannte Klasse `Person` mit den Instanzvariablen `name` und `vorname` verwendet. Die Klasse `KontoTest` wird zum Testen der Klasse `Konto` verwendet. Sie beinhaltet neben der `main()`-Methode eine weitere Klassenmethode mit der Bezeichnung `kontoVergleich()`. Dieser Methode werden zwei Objekte der Klasse `Konto` übergeben. Die übergebenen Konten werden dann auf die Höhe des Kontostands hin verglichen und das Ergebnis auf dem Bildschirm ausgegeben.

```java
// Datei: KontoTest.java

public class KontoTest
{
    public static void kontoVergleich ( . . . . . )
    {
        if ( . . . . . )
        {
            System.out.println (k1.getName()
                + " hat mehr Geld auf dem Konto als " + k2.getName());
        }
        else
        {
            System.out.println (k2.getName()
                + " hat mehr Geld auf dem Konto als " + k1.getName());
        }
    }

    public static void main (String[] args)
    {
        Konto konto1 = new Konto ("Müller", "Hans", 500);
        Konto konto2 = new Konto ("Krause", "Peter", 1500);
        Konto konto3 = new Konto ("Böhm", "Harald", 330);

        kontoVergleich (konto1, konto2);
        kontoVergleich (konto2, konto3);
        kontoVergleich (konto1, konto3);
    }
}

// Datei: Konto.java

public class Konto
{
    private Person person;
    private double kontostand;

    public Konto (String name, String vorname, float kontostand)
    {
        . . . . .
    }
    . . . . .
}
```

Aufgabe 10.3: Vernichtung von Objekten

Schreiben Sie eine Klasse `Alpha`. Die Zahl der erzeugten Objekte der Klasse `Alpha` soll im Konstruktor hochgezählt werden. Im Konstruktor soll der folgende Text ausgegeben werden:

```
ObjektX erzeugt
```

`X` soll dabei die Nummer des jeweiligen Objektes sein. In der `finalize()`-Methode der Klasse `Alpha` soll ausgegeben werden:

```
ObjektX wurde gelöscht
```

Zum Testen soll die Klasse `GarbageTest` dienen. Verwenden Sie die Klasse `GarbageTest` einfach unbesehen und konzentrieren Sie sich auf die Klasse `Alpha`. Beginnen Sie beim Erzeugen mit wenig Objekten und steigern Sie die Objektanzahl, bis der Garbage Collector tätig wird.

```java
// Datei: GarbageTest.java

public class GarbageTest
{
    static public void main (String[] args)
    {
        int n = 0;                 /* Anzahl zu erzeugender Objekte  */
        java.util.Scanner scanner = new java.util.Scanner (System.in);

        System.out.println ("Gib die Anzahl " +
                        "zu erzeugender Objekte ein: ");
        try
        {
            n = scanner.nextInt();
        }
        catch (NumberFormatException e)
        {
            System.out.println (e.toString());
            System.exit (1);
        }

        for (int lv = 0; lv < n; lv++)
        {
            Alpha alphaRef = new Alpha();
        }
    }
}
```

Aufgabe 10.4: Die Klasse Buch

Es soll eine Klasse `Buch` entwickelt werden, die ein Buch nach folgenden Attributen beschreibt: Titel, Autor, Verlag und Anzahl der Seiten.

Alle Instanzvariablen sollen `private` sein und nur über entsprechende `get()`- und `set()`-Methoden zugänglich sein. Schreiben Sie zusätzlich einen Konstruktor, der es erlaubt, die Instanzvariablen benutzerdefiniert zu initialisieren.

Schreiben Sie eine Testklasse, die in ihrer `main()`-Methode mehrere Bücher erzeugt und deren Inhalt auf dem Bildschirm ausgibt.

Aufgabe 10.5: Flughafen-Projekt

In Kapitel 2.5 wurde das Flughafen-Projekt vorgestellt. Dieses Projekt soll nun als eine durchgehende Projektaufgabe in diesem und in den restlichen Kapiteln realisiert werden. Diese Aufgabe unterscheidet sich hierbei von den Übungen dahingehend, dass der durch die Problemlösung entstehende Quellcode einer Projektaufgabe immer als Basis für die darauf folgende Projektaufgabe dient. Hierbei wird versucht, dass jeweils neu erworbene Wissen direkt in die Projektaufgaben der einzelnen Kapitel einfließen zu lassen. Auch soll bei diesen Projektaufgaben lediglich ein roter Faden vorgegeben werden, die eigentliche Implementierung kann dabei von der Musterlösung erheblich abweichen. Die Musterlösung soll somit nur als eine mögliche Beispiellösung dienen. Da die Realisierung des kompletten Flughafen-systems den Rahmen dieses Buches sprengen würde, wird nur ein ausgesuchter Teil realisiert. Dieser Teil beschränkt sich auf die Rolle des Lotsen. Es werden dabei folgende Use Cases betrachtet:

- Zeitplan anfordern
- Landung durchführen
- Start durchführen

Aufgabe 10.5.1: Erste Schritte mit der Klasse Flugzeug

Das wichtigste Objekt eines Flughafens ist das Flugzeug. Denn ohne Flugzeuge wird auch kein Flughafen benötigt. Aus diesem Grund beschäftigt sich diese Aufgabe damit, eine erste Version der Klasse `Flugzeug` zu erstellen. Diese Klasse soll dabei den Vorgang der Landung und den darauf folgenden Start eines Flugzeugs auf sehr einfache Weise ermöglichen.

Die Klasse `Flugzeug` soll folgende Instanzvariablen besitzen (wählen Sie jeweils einen Ihrer Meinung nach passenden Typ für die einzelnen Instanzvariablen):

- `fluggesellschaft`, Name der Fluggesellschaft, welcher das Flugzeug gehört
- `flugnummer`, kennzeichnet das Flugzeug durch eine eindeutige Flugnummer
- `flugzeugtyp`, gibt den Typ des Flugzeugs an
- `istzeitLandung`, die Istzeit, an der das Flugzeug gelandet ist
- `istzeitStart`, die Istzeit, an der das Flugzeug gestartet ist
- `landebahn`, die Bahn, welche dem Flugzeug zur Landung zugeteilt wird
- `parkstelle`, gibt an, wo das Flugzeug nach der Landung parken soll. Eine Parkstelle kann dabei eine Parkposition, die Werft oder ein separates Parkfeld sein.
- `sollzeitLandung`, die Sollzeit, an der das Flugzeug wahrscheinlich landet
- `sollzeitStart`, die Sollzeit, an der das Flugzeug wahrscheinlich startet
- `startbahn`, die Bahn, welche vom Flugzeug beim Start verwendet wird
- `status`, gibt den aktuellen Status des Flugzeugs an. Mögliche Stati sind: Wartend, Landeanflug, Gelandet, Geparkt, Startvorbereitung und Gestartet

Des Weiteren soll die Klasse Flugzeug eine Klassenvariable `anzahlFlugzeuge` besitzen. Diese Klassenvariable soll die Anzahl der erzeugten Flugzeuge zählen.

Die Landung lässt sich vorläufig in die folgenden vier Phasen einteilen:

- Neues Flugzeug melden

    Die Klasse soll hierzu einen Konstruktor mit drei Übergabeparametern besitzen. Diese drei Übergabeparameter beschreiben den Flugzeugtyp des Flugzeugs, die Fluggesellschaft, welcher das Flugzeug gehört, sowie die Sollzeit der Landung. Innerhalb des Konstruktors soll auch eine eindeutige Flugnummer generiert werden. Der Status des Flugzeugs soll auf "Wartend" gesetzt werden.

- Landebahn vergeben

    Hierfür soll eine Methode `vergebeLandebahn()` zuständig sein. Ihr soll die zu belegende Landebahn übergeben werden. Außerdem soll der Status des Flugzeugs auf "Landeanflug" gesetzt werden[96].

- Parkstelle vergeben

    Der Methode `vergebeParkstelle()` soll die zu belegende Parkstelle übergeben werden. Zusätzlich soll der Status auf "Gelandet" gesetzt werden.

- Erfolgreiche Landung melden

    Hierzu soll eine weitere Methode `meldeGelandet()` implementiert werden. Ihr wird die Istzeit der Landung übergeben. Des Weiteren soll der Status des Flugzeugs auf "Geparkt" gesetzt werden.

Für den Start können derzeit folgende zwei Phasen definiert werden:

- Startbahn vergeben

    Die Methode `vergebeStartbahn()` setzt die zu verwendende Startbahn, die erwartete Sollzeit für den Start und den Status auf "Startvorbereitung".

- Erfolgreichen Start melden

    Der Methode `meldeGestartet()` wird die Istzeit des Starts übergeben. Der Status wird auf "Gestartet" gesetzt.

Als letztes soll der Klasse Flugzeug eine Methode `print()` hinzugefügt werden. Diese Methode dient dazu, den aktuellen Zustand eines Flugzeuges auf dem Bildschirm auszugeben. Ein mögliches Klassendiagramm ist in Bild 10-8 zu sehen. Ein – in Bild 10-8 bedeutet hierbei `private`, ein + bedeutet `public`.

---

[96] Bitte beachten Sie, dass die Projektaufgabe hier von den Kundenanforderungen abweicht. Ein Abbruch der Landung muss bis zum Aufsetzen des Flugzeugs in der Realität möglich sein.

```
                    ┌─────────────────────────────────┐
                    │            Flugzeug             │
                    ├─────────────────────────────────┤
                    │ - anzahlFlugzeuge : int         │
                    │ - fluggesellschaft : String     │
                    │ - flugnummer : String           │
                    │ - flugzeugtyp : String          │
                    │ - istzeitLandung : String       │
                    │ - istzeitStart : String         │
                    │ - landebahn : int               │
                    │ - parkstelle : String           │
                    │ - sollzeitLandung : String      │
                    │ - sollzeitStart : String        │
                    │ - startbahn : int               │
                    │ - status : String               │
                    ├─────────────────────────────────┤
                    │ + Flugzeug()                    │
                    │ + meldeGelandet()               │
                    │ + meldeGestartet()              │
                    │ + print()                       │
                    │ + vergebeLandebahn()            │
                    │ + vergebeParkstelle()           │
                    │ + vergebeStartbahn()            │
                    └─────────────────────────────────┘
```

Bild 10-8 Klassendiagramm – Flugzeug

Schreiben Sie zum Testen der Klasse `Flugzeug` eine Klasse namens `Client`. Ein Programmablauf könnte wie folgend aussehen:

```
Flugzeug MI 101 befindet sich im Status 'wartend'.
Es ist vom Typ Bowling 474 und gehört der Fluggesellschaft Microair.

Flugzeug MI 101 befindet sich im Status 'Landeanflug'.
Es ist vom Typ Bowling 474 und gehört der Fluggesellschaft Microair.
Es wird verwendet/wurde verwendet:
- Landebahn 1

Flugzeug MI 101 befindet sich im Status 'Gelandet'.
Es ist vom Typ Bowling 474 und gehört der Fluggesellschaft Microair.
Es wird verwendet/wurde verwendet:
- Landebahn 1
- Parkposition 7

Flugzeug MI 101 befindet sich im Status 'Geparkt'.
Es ist vom Typ Bowling 474 und gehört der Fluggesellschaft Microair.
Es wird verwendet/wurde verwendet:
- Landebahn 1
- Parkposition 7

Flugzeug MI 101 befindet sich im Status 'Startvorbereitung'.
Es ist vom Typ Bowling 474 und gehört der Fluggesellschaft Microair.
Es wird verwendet/wurde verwendet:
- Landebahn 1
- Parkposition 7
- Startbahn 2

Flugzeug MI 101 befindet sich im Status 'Gestartet'.
Es ist vom Typ Bowling 474 und gehört der Fluggesellschaft Microair.
Es wird verwendet/wurde verwendet:
- Landebahn 1
- Parkposition 7
- Startbahn 2
```

Aufgabe 10.5.2: Benutzereingabe

In Projektaufgabe 10.5.1 wurde ein Flugzeug mit fest vorgegebenen Werten initialisiert. Teil dieser Projektaufgabe soll es sein, die für die Landung und den Start notwendigen Informationen interaktiv vom Benutzer abzufragen. Ändern Sie hierzu die Klasse `Client` ab. Ein möglicher Dialog könnte wie folgend aussehen:

```
Geben Sie den Flugzeug Typ ein: Bowling 474
Geben Sie die Fluggesellschaft ein: Microwing
Geben Sie die Sollzeit der Landung ein: 7:49

Flugzeug MI 101 befindet sich im Status 'wartend'.
Es ist vom Typ Bowling 474 und gehört der Fluggesellschaft Microwing.

Geben Sie die Landebahnnummer ein: 3

Flugzeug MI 101 befindet sich im Status 'Landeanflug'.
Es ist vom Typ Bowling 474 und gehört der Fluggesellschaft Microwing.
Es wird verwendet/wurde verwendet:
- Landebahn 3

Soll das Flugzeug in die Werft verlegt werden? (j/n) n
Soll das Flugzeug auf ein separates Parkfeld verlegt werden? (j/n) n
Geben Sie die Parkposition ein: 7

Flugzeug MI 101 befindet sich im Status 'Gelandet'.
Es ist vom Typ Bowling 474 und gehört der Fluggesellschaft Microwing.
Es wird verwendet/wurde verwendet:
- Landebahn 3
- Parkposition 7

Geben Sie die Istzeit der Landung ein: 7:53

Flugzeug MI 101 befindet sich im Status 'Geparkt'.
Es ist vom Typ Bowling 474 und gehört der Fluggesellschaft Microwing.
Es wird verwendet/wurde verwendet:
- Landebahn 3
- Parkposition 7

Geben Sie die Startbahn ein: 1
Geben Sie die Sollzeit für den Start ein: 9:13

Flugzeug MI 101 befindet sich im Status 'Startvorbereitung'.
Es ist vom Typ Bowling 474 und gehört der Fluggesellschaft Microwing.
Es wird verwendet/wurde verwendet:
- Landebahn 3
- Parkposition 7
- Startbahn 1

Geben Sie die Istzeit des Starts ein: 9:12

Flugzeug MI 101 befindet sich im Status 'Gestartet'.
Es ist vom Typ Bowling 474 und gehört der Fluggesellschaft Microwing.
Es wird verwendet/wurde verwendet:
- Landebahn 3
- Parkposition 7
- Startbahn 1
```

Für die Eingabe von der Tastatur können Sie folgende Klasse Abfrage verwenden:

```java
// Datei: Abfrage.java

public class Abfrage
{
   public static int abfrageInt (String frage)
   {
      try
      {
         int zahl = Integer.parseInt (abfrageString (frage));
         if (zahl < 0)
            throw new NumberFormatException ("");
         return zahl;
      }
      catch (NumberFormatException e)
      {
         System.out.println ("Bitte eine gültige Zahl eingeben");
         return abfrageInt (frage);
      }
   }

   public static String abfrageString (String frage)
   {
      try
      {
         System.out.print (frage + " ");
         return (new java.util.Scanner (System.in)).nextLine();
      }
      catch (Exception e)
      {
         return "";
      }
   }
}
```

Kapitel 11

Vererbung und Polymorphie

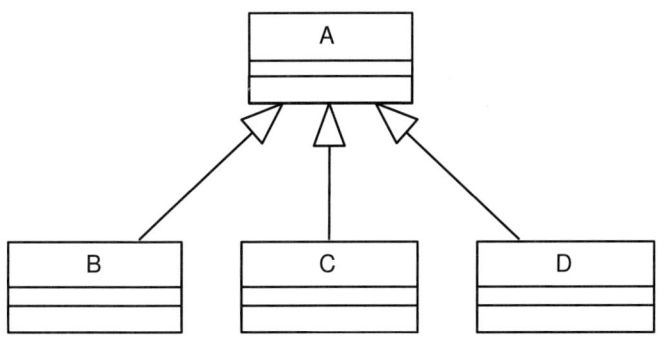

11.1 Das Konzept der Vererbung
11.2 Erweitern und Überschreiben
11.3 Besonderheiten bei der Vererbung
11.4 Polymorphie und das Liskov Substitution Principle
11.5 Verträge
11.6 Identifikation der Klasse eines Objektes
11.7 Konsistenzhaltung von Quell- und Bytecode
11.8 Übungen

11 Vererbung und Polymorphie

Neben der **Aggregation** stellt die **Vererbung** ein wesentliches Sprachmittel der objektorientierten Programmiersprachen dar, um **Programmcode wiederverwenden** zu können. Bei der **Vererbung** wird der **Quellcode einer Superklasse** in einer abgeleiteten Klasse **wiederverwendet**. Bei der **Aggregation** werden **vorhandene Klassen** von den aggregierenden Klassen **benutzt und** damit **wiederverwendet**. Die **Polymorphie** erlaubt die **Wiederverwendung kompletter Programmsysteme**.

11.1 Das Konzept der Vererbung

Bei der Vererbung erbt eine Sohnklasse alle **Eigenschaften** (Datenfelder, Methoden) ihrer Vaterklasse und fügt ihre eigenen individuellen Eigenschaften hinzu. Die Eigenschaften der Vaterklasse müssen nicht in der Spezifikation der Sohnklasse wiederholt werden. Man sagt, die **Sohnklasse** wird **von** der **Vaterklasse abgeleitet**.

Am einfachsten soll dies anhand des Beispiels eines Studenten erläutert werden. Ein Student ist bekanntermaßen eine Person, die studiert. Wenn man studieren möchte, muss man immatrikuliert werden und erhält eine Matrikelnummer. Kurz, wer eine Matrikelnummer hat, ist eingeschrieben und ist somit ein Student. Also kann man einen Studenten beschreiben als eine Person, die eine Matrikelnummer hat.

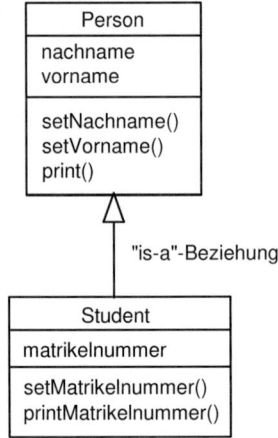

Bild 11-1 Ableitung der Klasse `Student` *von der Klasse* `Person`

Ein Student **ist eine** Person ("is a"-Beziehung). Damit kann man den Studenten durch eine Vererbungsbeziehung von Person ableiten. Dies bedeutet, dass infolge der Vererbungsbeziehung jedes Objekt der Klasse `Student` automatisch alle Instanzvariablen besitzt, die auch ein Objekt der Klasse `Person` hat. Genauso verfügt ein Objekt der Klasse `Student` auch über alle Methoden der Klasse `Person`. Dass ein Student eine spezielle Person ist, kommt dadurch zum Ausdruck, dass er zusätzliche Eigenschaften gegenüber einer normalen Person hat, nämlich die Matrikelnummer und die ihr zugeordneten Methoden.

Beachten Sie, dass der Ableitungspfeil von der **Subklasse (abgeleitete Klasse, Unterklasse, Sohnklasse)** zu der **Superklasse (Basisklasse, Oberklasse, Vaterklasse)** zeigt. Eine Superklasse merkt nicht, dass sie abgeleitet wird. Sie wird beim Vererben nicht aktiv.

Gibt es mehrere Hierarchieebenen der Vererbung, so wird mit **Superklasse** oder **Basisklasse** eine an einer beliebigen höheren Stelle des Vererbungspfades stehende Klasse, mit **Subklasse** oder **abgeleitete Klasse** eine an einer beliebigen tieferen Stelle des Vererbungspfades liegende Klasse bezeichnet. Mit **Vater-** und **Sohnklasse** werden von uns zwei Klassen, die in zwei direkt übereinander liegenden Ebenen eines Vererbungspfades angeordnet sind, benannt. Die oberste Klasse eines Klassenbaumes wird **Wurzelklasse** oder **Rootklasse** genannt.

Jedes Objekt der Klasse `Person` hat die Datenfelder und Methoden:

```
nachname
vorname
setNachname()
setVorname()
print()
```

Jedes Objekt der Klasse `Student` hat die Datenfelder und Methoden:

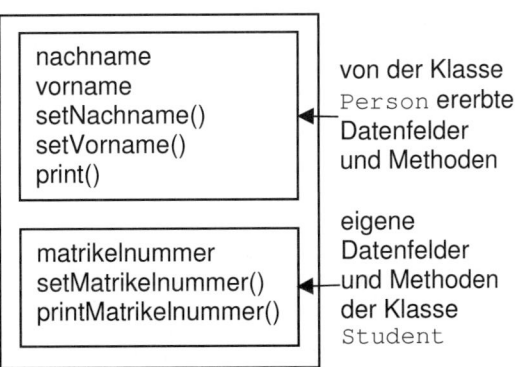

Bild 11-2 Eigenschaften von Objekten der Klasse `Person` *und der Klasse* `Student`

Bild 11-3 zeigt ein Objekt der Klasse `Person` und ein Objekt der Klasse `Student`:

Müller:Person
nachname = "Müller"
vorname   = "Peter"

Maier:Student
nachname   = "Maier"
vorname   = "Fritz"
matrikelnummer = 56123

Bild 11-3 Objekt `Müller` *der Klasse* `Person` *und Objekt* `Maier` *der Klasse* `Student`

Dieses Beispiel für eine Vererbung kann als Java-Programm – wie im Folgenden gezeigt – realisiert werden. Beachten Sie die fett gedruckten Teile.

```java
// Datei: Person.java

public class Person
{
   private String nachname;
   private String vorname;

   public void setNachname (String nachname)
   {
      this.nachname = nachname;
   }

   public void setVorname (String vorname)
   {
      this.vorname = vorname;
   }

   public void print()
   {
      System.out.println ("Nachname: " + nachname);
      System.out.println ("Vorname: " + vorname);
   }
}
```

```java
// Datei: Student.java

public class Student extends Person   // die Klasse Student wird von
{                                     // der Klasse Person abgeleitet
   private int matrikelnummer;

   // Methoden der Klasse Student
   public void setMatrikelnummer (int matrikelnummer)
   {
      this.matrikelnummer = matrikelnummer;
   }

   public void printMatrikelnummer()
   {
      System.out.println ("Matrikelnummer: " + matrikelnummer);
   }
}
```

```java
// Datei: Test.java

public class Test
{
   public static void main (String[] args)
   {
      System.out.println ("Student");
      Student studiosus = new Student();
      studiosus.setNachname ("Maier");
      studiosus.setVorname ("Fritz");
      studiosus.setMatrikelnummer (56123);
      studiosus.print();
      studiosus.printMatrikelnummer();
```

```
        System.out.println ("Person");
        Person pers = new Person();
        pers.setNachname ("Müller");
        pers.setVorname ("Peter");
        pers.print();
    }
}
```

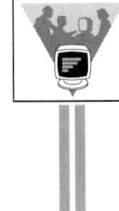

Die Ausgabe des Programms ist:

```
Student
Nachname: Maier
Vorname: Fritz
Matrikelnummer: 56123
Person
Nachname: Müller
Vorname: Peter
```

Das folgende Bild visualisiert die Methodenaufrufe:

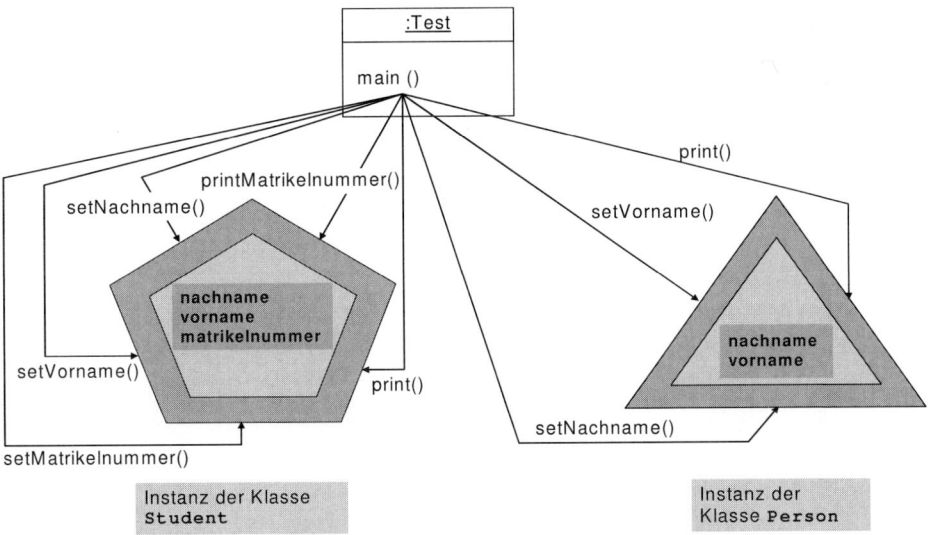

Bild 11-4 Visualisierung der Methodenaufrufe der Methode `main()`

In der Klassenmethode `main()` werden die Methoden `setNachname()`, `setVorname()`, `setMatrikelnummer()`, `print()` und `printMatrikelnummer()` zu einem Objekt der Klasse `Student` aufgerufen. Danach werden die Methoden `setNachname()`, `setVorname()` und `print()` zu einem Objekt der Klasse `Person` aufgerufen.

Das Konzept der Vererbung erlaubt es, dass eine Klasse, die von einer anderen Klasse abgeleitet wird, automatisch alle Eigenschaften (Datenfelder und Methoden) dieser anderen Klasse erhält, ohne diese explizit anschreiben zu müssen. Eine abgeleitete Klasse stellt eine **Spezialisierung** ihrer Basisklasse dar. In der abgeleiteten Klasse sind nur die neuen spezifischen und zusätzlichen Eigenschaften festzulegen.

Umgekehrt stellen natürlich die Basisklassen **Generalisierungen** ihrer abgeleiteten Klassen dar (siehe Bild 11-5):

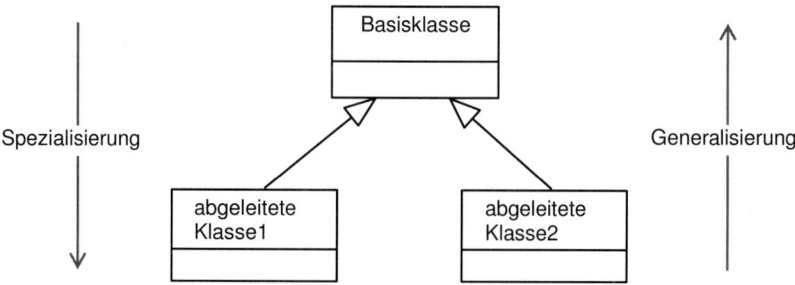

Bild 11-5 Vererbungshierarchie mit Generalisierung und Spezialisierung

Mit dem **Konzept der Vererbung** können **Wiederholungen im Entwurf vermieden** werden. Gemeinsame Eigenschaften mehrerer Klassen werden in gemeinsame Oberklassen ausgelagert. Dies führt zu mehr Übersicht und zu weniger Wieder-holung. Beim Design werden also Datenfelder und Methoden, die mehreren Klassen gemeinsam sind, nach oben in der Klassenhierarchie geschoben, da sie dann automatisch durch Vererbung wieder zu den abgeleiteten Klassen weitergegeben werden. Bild 11-6 zeigt ein Beispiel für die **Generalisierung** und die **Spezialisierung** in einer Klassenhierarchie.

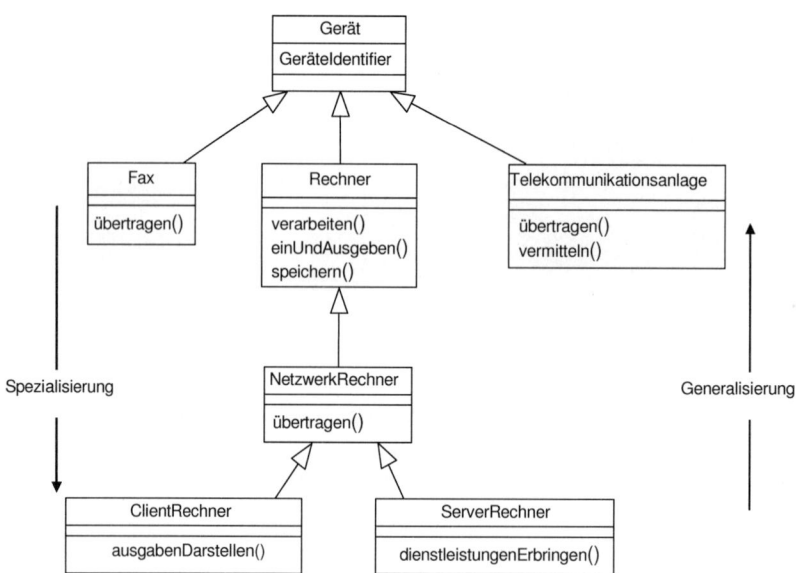

Bild 11-6 Beispiel für eine Klassenhierarchie

So ist ein `NetzwerkRechner` ein `Rechner`, der mit Hilfe einer Kommunikations-schnittstelle Daten übertragen kann. Ein `ClientRechner` wiederum ist ein Rechner-typ, der von Server-Rechnern Dienstleistungen erbringen lassen kann, um deren Ergebnisse darzustellen. Das heißt, ein `ClientRechner` verfügt gegenüber einem `NetzwerkRechner` über die zusätzliche Methode `ausgabenDarstellen()`. Ein

`ServerRechner` hat die zusätzliche Methode `dienstleistungenErbringen()`.
Die abgeleiteten Klassen stellen hier also **Erweiterungen** ihrer Basisklassen dar.

11.2 Erweitern und Überschreiben

Neben der Erweiterung einer Vaterklasse in einer Sohnklasse können auch Methoden einer Vaterklasse in einer Sohnklasse überschrieben werden, um eine Spezialisierung zu erreichen. Das Erweitern und Überschreiben wird in den folgenden
Kapiteln erläutert.

11.2.1 Erweitern

Wie in Kapitel 11.1 am Beispiel der Klassen `Person` und `Student` vorgestellt wurde,
erweitert die Klasse `Student` die Klasse `Person`. So erhält die Klasse `Student`
das zusätzliche Protokoll aus den beiden Methoden `setMatrikelnummer()` und
`printMatrikelnummer()`. Die Methoden der Vaterklasse werden im Rahmen der
Vererbung von der Sohnklasse unverändert übernommen. Dies bedeutet, dass in der
Sohnklasse zum geerbten **Protokoll der Vaterklasse** noch ein **sohnspezifisches
Zusatzprotokoll** hinzukommt (siehe Bild 11-7). Ein Objekt der Klasse `Sohn` besitzt
also sowohl das Protokoll der Vaterklasse als auch das Protokoll der Sohnklasse.

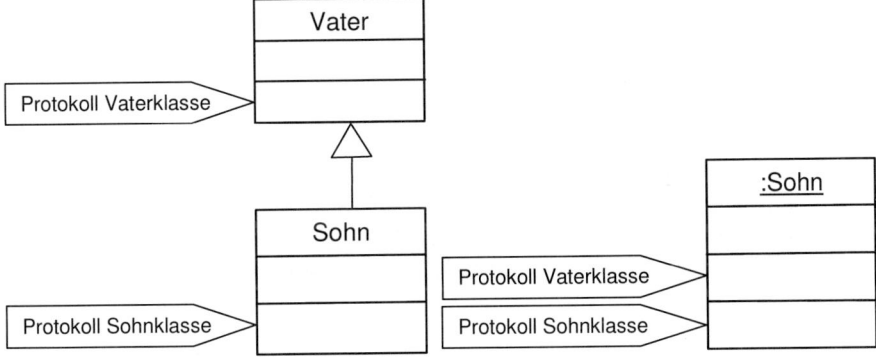

Bild 11-7 Zusatzprotokoll einer abgeleiteten Klasse

Es werden sowohl Instanzvariablen und Instanzmethoden, als auch Klassenvariablen
und Klassenmethoden vererbt. Eine Sohnklasse erbt also grundsätzlich alles – auch
private Datenfelder und Methoden. Dabei ist aber nicht alles, das geerbt wurde, in
der Sohnklasse automatisch sichtbar und damit zugreifbar. Die Vaterklasse kann die
Sichtbarkeit ihrer Datenfelder und Methoden über Zugriffsmodifikatoren steuern. Die
in der Vaterklasse festgelegten Zugriffsmodifikatoren haben auch Konsequenzen bei
der Vererbung (siehe Kap. 12.7).

11.2.2 Überschreiben

Enthält eine abgeleitete Klasse eine Methode mit gleicher Signatur und mit gleichem
Rückgabetyp wie eine Methode aus einer Basisklasse, so sagt man, dass die
Methode der Basisklasse durch die Methode der abgeleiteten Klasse überschrieben

wurde. Dabei müssen die formalen Parameter beider Methoden identisch sein, d.h. es muss dieselbe Anzahl, derselbe Typ und dieselbe Reihenfolge der formalen Parameter vorliegen.

Beim Überschreiben von Methoden muss die **Signatur** und der **Rückgabewert** der überschriebenen Methode **identisch** mit der Signatur und dem Rückgabewert der ursprünglichen Methode sein.

Im folgenden Bild wird das Überschreiben der Methode print() gezeigt.

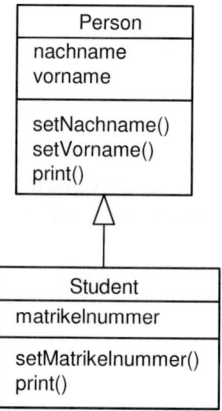

Bild 11-8 Überschreiben der Methode print()

Die Methode print() der Klasse Person2 gibt die Datenfelder nachname und vorname aus. Die Methode print() der Klasse Student2 hingegen sorgt dafür, dass die genannten Datenfelder und zusätzlich noch das Datenfeld matrikelnummer ausgegeben wird wie in folgendem Beispiel gezeigt:

```java
// Datei: Person2.java

public class Person2
{
    protected String nachname;
    protected String vorname;

    public Person2 (String vorname, String nachname)
    {
        this.nachname = nachname;
        this.vorname = vorname;
    }

    public void print()
    {
        System.out.println ("Nachname: " + nachname);
        System.out.println ("Vorname: " + vorname);
    }
}
```

```
// Datei: Student2.java
public class Student2 extends Person2
{
    private int matrikelnummer;

    public Student2 (String vorname, String nachname,
                    int matrikelnummer)
    {
        super (vorname, nachname);
        this.matrikelnummer = matrikelnummer;
    }

    public void print()
    {
        System.out.println ("Nachname: " + nachname);
        System.out.println ("Vorname: " + vorname);
        System.out.println ("Matr. Nr: " + matrikelnummer);
    }
}

// Datei: Test2.java
public class Test2
{
    public static void main (String[] args)
    {
        Person2 p1 = new Person2 ("Rainer", "Brang");
        System.out.println ("\nAusgabe der Person: ");
        p1.print();
        Student2 s1 = new Student2 ("Karl", "Klug", 123456);
        System.out.println ("\nAusgabe des Studenten: ");
        s1.print();
    }
}
```

Die Ausgabe des Programms ist:

```
Ausgabe der Person:
Nachname: Brang
Vorname: Rainer

Ausgabe des Studenten:
Nachname: Klug
Vorname: Karl
Matr. Nr: 123456
```

Beachten Sie, dass der Ausdruck super (vorname, nachname) im Konstruktor der Klasse Student2 den Konstruktor

```
public Person2 (String vorname, String nachname)
```

der Basisklasse Person2 aufruft. In Kapitel 11.3.2 wird auf diesen Sachverhalt ausführlich eingegangen. In der main()-Methode der Klasse Test2 wird zuerst ein neues Objekt der Klasse Person2 erzeugt und dann dessen print()-Methode aufgerufen. Wie nicht anders zu erwarten war, gibt die print()-Methode den Nachnamen und Vornamen des Objektes der Klasse Person2 aus. Danach wird ein Objekt der Klasse Student2 erzeugt und wieder die print()-Methode aufgerufen.

Betrachtet man die Ausgabe des Programms, so stellt man fest, dass nun die überschreibende, den Bedürfnissen der Klasse `Student2` angepasste Methode `print()` aufgerufen wird, die zusätzlich noch die Matrikelnummer ausgibt.

> Private Methoden einer Basisklasse können – da sie in einer Sohnklasse gar nicht sichtbar sind – nicht überschrieben werden. Es kann deshalb in einer Klasse eine Methode geben, welche die gleiche Signatur und den gleichen Rückgabetyp wie eine private Methode einer Oberklasse hat, ohne dass ein Überschreiben dabei stattfindet. Es handelt sich um eine Neudefinition.

Gründe für das Überschreiben einer Methode können sein:

- Überschreiben zur **Verfeinerung**
  Dieser Fall wurde soeben besprochen. Die Klasse `Student2` verfeinert die Klasse `Person2`. Die Methode `print()` der Klasse `Person2` kann die im Rahmen der Verfeinerung hinzugefügten zusätzlichen Datenfelder der Klasse `Student2` nicht kennen. Daher muss diese Methode in der Klasse `Student2` überschrieben werden.

- Überschreiben zur **Optimierung**
  Es kann nützlich sein, in einer abgeleiteten Klasse interne Datenstrukturen oder die Implementierung eines Algorithmus zu optimieren. Das Außenverhalten der Klasse darf sich dabei jedoch nicht ändern.

Überschriebene Methoden können in der überschreibenden Methode aufgerufen werden. Im vorigen Beispiel wurde die Methode `print()` in der Klasse `Student2` komplett neu geschrieben. Es wurden die Ausgaben von `name` und `vorname` wieder neu programmiert. Dies ist aber unnötig, da man zur Ausgabe von `name` und `vorname` die von `Person2` ererbte `print()`-Methode verwenden kann. Der Zugriff auf ein Element einer Basisklasse erfolgt mit Hilfe des Schlüsselwortes `super`. Im folgenden Beispiel wurde die Klasse `Student2` so verändert, dass sie die Methode `print()` der Klasse `Person2` für die Ausgabe von Name und Vorname verwendet:

```java
// Datei: Student3.java
public class Student3 extends Person2
{
    private int matrikelnummer;

    public Student3 (String vorname, String nachname,
                     int matrikelnummer)
    {
        super (vorname, nachname);
        this.matrikelnummer = matrikelnummer;
    }

    public void print()
    {
        super.print();
        System.out.println ("Matr. Nr: " + matrikelnummer);
    }
}
```

```
// Datei: Test3.java

public class Test3
{
    public static void main (String args[])
    {
        Person2 p1 = new Person2 ("Rainer", "Brang");
        System.out.println ("\nAusgabe der Person:");
        p1.print();

        p1 = new Student3 ("Karl", "Klug", 123456);
        System.out.println ("\nAusgabe des Studenten:");
        p1.print();
    }
}
```

Die Ausgabe des Programms ist:

```
Ausgabe der Person:
Nachname: Brang
Vorname: Rainer

Ausgabe des Studenten:
Nachname: Klug
Vorname: Karl
Matr. Nr: 123456
```

Überschriebene Instanzmethoden einer Basisklasse können mit Hilfe von `super` nur innerhalb von Instanzmethoden einer abgeleiteten Klasse angesprochen werden, da der Compiler den Aufruf `super.methode()` in `((Vaterklasse) this).methode()` umsetzt.

Das modifizierte Beispiel ist also um zwei Codezeilen kleiner geworden und verwendet die Methode `print()` der Klasse `Person2` in der Methode `print()` der Klasse `Student3`. Dass der Codeumfang hier reduziert wird, ist relativ belanglos. Wichtiger ist, dass der Code robuster wird, da Änderungen an der `print()`-Methode der Vaterklasse automatisch auch in der Sohnklasse wirksam werden.

Überschriebene Instanzmethoden einer Basisklasse können mit `super.methode()` in der überschreibenden Instanzmethode aufgerufen werden.

Wird eine Methode mit Hilfe von `super` angesprochen, so werden ausgehend von der aktuellen Klasse alle darüber liegenden Klassen des Vererbungsbaums der Reihe nach solange durchsucht, bis zum ersten Mal eine Methode `methode()` gefunden wird. Ein Aufruf einer Methode eines Großvaters ist deshalb mit `super.methodenname()` nur dann möglich, wenn diese Methode im Vater nicht überschrieben wurde. Einen Aufruf `super.super` gibt es nicht.

Überschriebene Klassenmethoden einer Basisklasse werden einfach durch Angabe des Klassennamens mit `Klassen-name.methode()` aufgerufen.

11.3 Besonderheiten bei der Vererbung

In diesem Kapitel werden wichtige Besonderheiten bei der Vererbung vorgestellt. Für den problemlosen Einsatz der Vererbung in der Praxis muss man Kenntnisse über die Typkonvertierung von Referenzen besitzen (siehe Kap. 11.3.1), die Initialisierung mittels Konstruktoren in einer Vererbungshierarchie beherrschen (siehe Kap. 11.3.2), wissen, dass Datenfelder beim Ableiten verdeckt werden können (siehe Kap. 11.3.3) und dass man das Ableiten von Klassen bzw. das Überschreiben von Methoden gezielt verhindern kann (siehe Kap. 11.3.4). Abschließend werden in Kapitel 11.3.5 abstrakte Basisklassen vorgestellt.

11.3.1 Typkonvertierung von Referenzen

In Java ist es nicht unbedingt erforderlich, dass der Typ einer Referenzvariablen identisch mit dem Typ des Objektes ist, auf das die Referenzvariable zeigt. Genauso wenig muss bei einer Zuweisung der Typ der an der Zuweisung beteiligten Referenzen identisch sein. Dies gilt auch bei der Zuweisung von aktuellen Parametern an formale Parameter bei einem Methodenaufruf – der Typ eines aktuellen Parameters muss nicht identisch mit dem Typ des formalen Parameters sein, er muss nur zuweisungskompatibel sein – und bei Rückgabewerten. Es gibt wie bei der Typkonvertierung von einfachen Datentypen auch bei Referenztypen eine **implizite (automatische) Typkonvertierung** und eine **explizite Typkonvertierung** mit Hilfe des **cast-Operators** (siehe Kap. 7.7.1).

11.3.1.1 Implizite Typkonvertierung von Referenzen

Eine implizite Typkonvertierung von Referenzen findet immer dann statt, wenn eine Referenzvariable vom Typ einer Sohnklasse einer Referenzvariablen vom Typ einer Basisklasse zugewiesen wird. Die folgende Vererbungshierarchie zeigt zwei Klassen in Vater-Sohn-Beziehung:

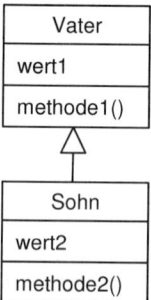

Bild 11-9 Vater-Sohn-Vererbungshierarchie

Die implizite Typkonvertierung soll anhand des folgenden Codestücks diskutiert werden:

```
Sohn refSohn = new Sohn();
Vater refVater = refSohn;
```

Die Referenz `refVater` ist vom Referenztyp `Vater` und zeigt auf ein Objekt der Klasse `Sohn`. Dies ist deshalb zulässig und möglich, weil ein Sohnobjekt durch den Vererbungsmechanismus auf jeden Fall alle Eigenschaften besitzt, die auch ein Vaterobjekt besitzt. Ein Objekt der Klasse `Sohn` ist stets vom Typ `Sohn` und vom Typ `Vater`. Allerdings hat die Referenz `refVater` nur Zugriff auf die Vateranteile des Sohnobjektes – die Sohnanteile sind für die Referenz `refVater` unsichtbar und damit auch nicht zugreifbar.

Ein Sohnobjekt ist sowohl vom Typ der eigenen Klasse als auch vom Typ jeder zugehörigen Basisklasse.

Bei der Zuweisung `refVater = refSohn` wird auf die Referenz `refSohn` implizit der cast-Operator `(Vater)` angewandt. Da die cast-Operation für den Programmierer unsichtbar erfolgt, spricht man auch von **impliziter Typkonvertierung**. Der Rückgabewert dieser impliziten cast-Operation ist eine Referenz vom Typ `Vater` auf das gleiche Objekt, allerdings mit einer **eingeschränkten Sichtweise**. Nach dieser cast-Operation zeigen also zwei Referenzen auf das Objekt. Das folgende Bild zeigt diesen Zusammenhang:

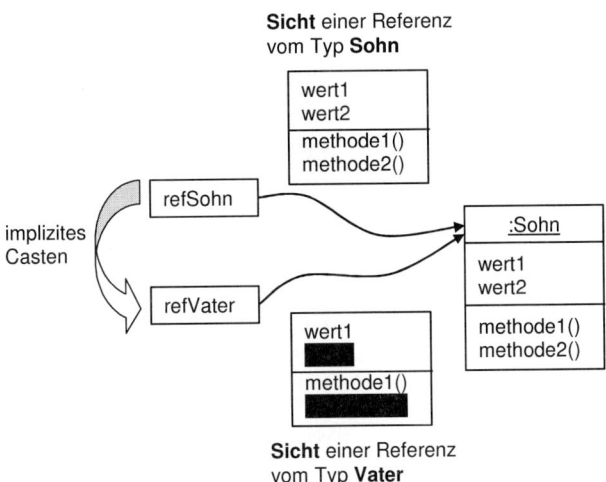

Bild 11-10 Referenzen unterschiedlichen Typs haben unterschiedliche Sichten auf das Objekt, auf das sie zeigen

Die **Referenz vom Typ** `Sohn` sieht das **gesamte Objekt** und die **Referenz vom Typ** `Vater` sieht nur die **Vateranteile des Sohn-Objektes**.

Die unsichtbaren Teile des Sohn-Objektes sind in Bild 11-10 durch einen schwarzen Balken[97] symbolisiert. Die implizite Typkonvertierung in eine Superklasse bezeichnet man auch als **Up-Cast**. Für einen gültigen Up-Cast gilt die folgende Regel:

Bei einer Zuweisung `refVater` = `refSohn` wird implizit der cast-Operator angewandt, wenn der Typ der Referenz `refVater` ein Supertyp der Referenz `refSohn` ist. Ansonsten resultiert ein Kompilierfehler.

11.3.1.2 Explizite Typkonvertierung von Referenzen

Eine explizite Typkonvertierung von Referenzen mit Hilfe des cast-Operators muss immer dann erfolgen, wenn bei einer Zuweisung eine Referenzvariable vom Typ `Vater`, die auf ein Objekt der Klasse `Sohn` zeigt, einer Referenzvariablen vom Typ `Sohn` zugewiesen wird. Im folgenden Codestück ist eine explizite cast-Operation bei einer Zuweisung zu sehen:

```
Sohn refSohn = new Sohn();
Vater refVater = refSohn;
Sohn refSohn2 = (Sohn) refVater;
```

Die Referenz `refVater` zeigt auf ein Objekt der Klasse `Sohn`. Auf dieser Referenz wird nun eine explizite cast-Operation ausgeführt. Der Rückgabewert der cast-Operation ist eine Referenz vom Typ `Sohn`, die der Referenz `refSohn2` zugewiesen wird. Das folgende Bild zeigt diesen Sachverhalt:

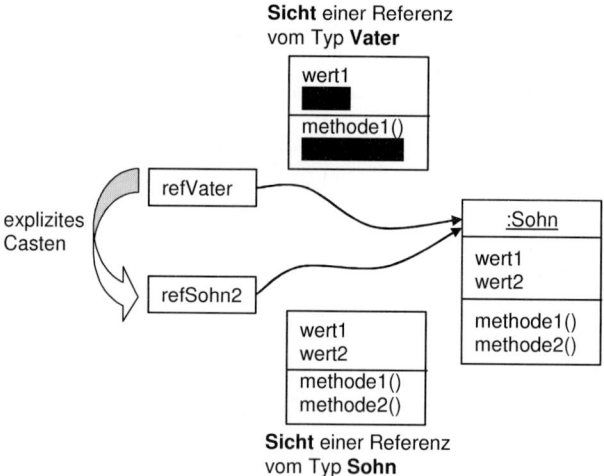

Bild 11-11 Durch einen Cast der Referenz in den ursprünglichen Typ des Objektes werden die verdeckten Eigenschaften des Objektes wieder sichtbar

Eine solche explizite Typkonvertierung mit Hilfe des cast-Operators bezeichnet man auch als **Down-Cast**. Für einen gültigen Down-Cast gilt die folgende Regel:

---

[97] Diese Darstellung gilt für den Fall, dass die Sohnklasse die Vaterklasse erweitert. Der Fall des Überschreibens wird erst später behandelt.

Bei einer Zuweisung `refSohn = (Sohn) refVater` ist die explizite cast-Operation nur dann zulässig, wenn die Referenz `refVater`

- auf ein Objekt vom Typ `Sohn` zeigt
- oder auf ein Objekt eines Subtyps der Klasse `Sohn` zeigt.

11.3.1.3 Gültige Up- und Down-Cast Operationen

Up-Cast bezeichnet einen **Cast in einen Typ, der in der Vererbungshierarchie weiter oben** liegt und **Down-Cast** bezeichnet einen **Cast in einen Typ, der in der Vererbungshierarchie weiter unten** liegt.

Anhand der folgenden einfachen Vererbungshierarchie sollen nochmals die gültigen Up- und Down-Cast-Operationen erläutert werden:

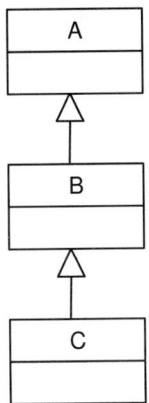

Bild 11-12 Vererbungshierarchie zur Diskussion der zulässigen cast-Operationen

In Bild 11-13 und in Bild 11-14 ist zu sehen, welche Referenz auf welches Objekt zeigen darf, und welche **impliziten Up-Cast-Operationen** bzw. welche **expliziten Down-Cast-Operationen** erlaubt sind.

Ein **Down-Cast** erfordert immer die **explizite Angabe des cast-Operators**.

Dies erklärt sich dadurch, dass der Compiler nicht wissen kann, auf welches Objekt eine Referenz in Wirklichkeit zeigt. Eine Referenz der Klasse A kann beispielsweise auf Objekte der Klasse A, B oder C zeigen.

Dagegen ist es bei einem gültigen **Up-Cast nie erforderlich, den cast-Operator anzugeben**.

Ein Up-Cast erfolgt bei Bedarf automatisch durch den Compiler.

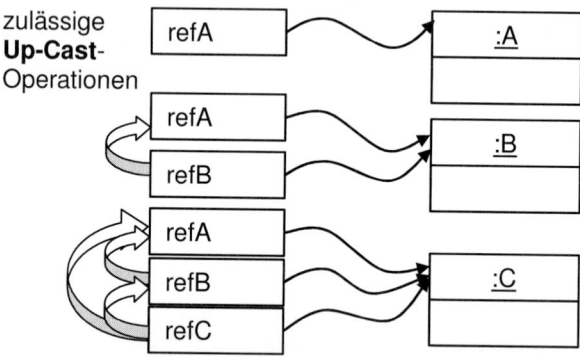

zulässige **Up-Cast**-Operationen

Bild 11-13 Zulässige implizite Up-Cast-Operationen

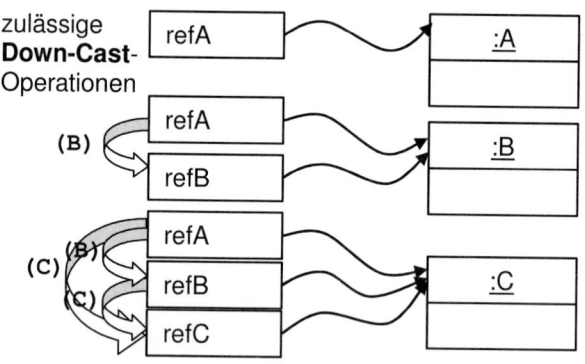

zulässige **Down-Cast**-Operationen

Bild 11-14 Zulässige explizite Down-Cast-Operationen

Durch den impliziten Up-Cast-Mechanismus ist es auch möglich, dass einer Methode, die als formalen Parameter eine Referenz einer Basisklasse hat, als aktueller Parameter eine Referenz vom Typ der Basisklasse oder eine Referenz vom Typ einer abgeleiteten Klasse übergeben werden kann. Bei der Zuweisung des aktuellen Parameters an den formalen Parameter findet eine implizite Typumwandlung des aktuellen Parameters in den Typ der Basisklasse statt.

Ist der formale Parameter einer Methode eine Referenz der Klasse `Object`, so kann jede beliebige Referenz an diese Methode übergeben werden, da bekanntlich jede Klasse von `Object` abgeleitet ist.

Wird – wie in Kapitel 11.3.1.1 besprochen – mit folgender Anweisung

```
B refB = new C();
```

eine Instanz der Klasse C angelegt, so ist das auf dem Heap erzeugte Objekt vom
Typ C, aber die Referenz vom Typ B. Bei der Zuweisung findet implizit ein Cast auf
die Klasse B statt.

Auf die Referenz refB kann nun – wie in Kapitel 11.3.1.2 gezeigt – der cast-
Operator (C) wie in folgender Anweisung angewandt werden:

```
C refC = (C) refB;
```

> Beim Down-Cast wird das Protokoll des Typs, auf den gecastet
> wird, sichtbar.

Mit dem cast-Operator kann auch explizit auf die Basisklasse A und die Basisklasse
Object gecastet werden. Allerdings ist dann natürlich nur das entsprechende Protokoll sichtbar, das dem Typ der Referenz entspricht, in den gecastet wird.

Wird versucht, eine Referenz explizit auf einen Typ zu casten, der nicht zulässig ist,
so wird eine Exception vom Typ ClassCastException zur Laufzeit geworfen.
Diese Exception wird nur bei expliziten Cast-Operationen geworfen, da die Korrektheit einer impliziten Cast-Operation immer schon zum Kompilierzeitpunkt überprüft
werden kann.

Folgendes Beispiel zeigt gültige und ungültige Cast-Operationen. Es wird die Vererbungshierarchie in Bild 11-15 zugrunde gelegt.

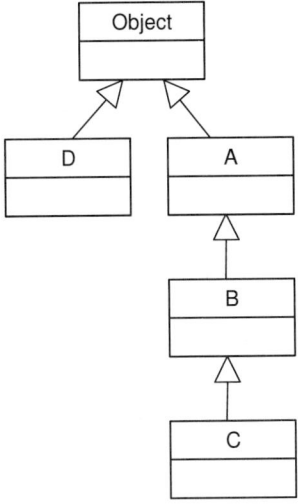

Bild 11-15 Klassenhierarchie

Man beachte, dass die Klasse D weder Subtyp noch Supertyp der Klassen A, B oder C ist. Cast-Operationen einer Referenz auf ein Objekt der Klasse A, B oder C in den Typ der Klasse D sind also unzulässig. Umgekehrt gilt natürlich das Gleiche: Eine Referenz auf ein Objekt der Klasse D kann nie in den Typ der Klasse A, B oder C gecastet werden.

```java
// Datei: Cast.java

class A
{
   private int x = 1;
}

class B extends A
{
   private int y = 2;
}

class C extends B
{
   private int z = 3;
}

class D
{
   private float f = 2.0f;
}

public class Cast
{
   public static void main (String[] args)
   {
      B b = new C(); // Referenz vom Typ B auf ein neues Objekt der
                     // Klasse C. Impliziter Cast nach B.

      A a = b;       // Impliziter Cast zu einer Basisklasse.
      Object o = b;  // Impliziter Cast nach Object.

      C c = (C) b;   // Expliziter Cast zur ursprünglichen Klasse.
      C c2 = (C) o;  // Expliziter Cast von Object zur
                     // ursprünglichen Klasse.

      //D d = (D) b; // Fehler, da D nichts mit C zu tun hat.
   }
}
```

Casten auf Array-Typen

Da Array-Typen Subtypen der Klasse Object sind, kann auch auf Referenzen, die auf Arrays zeigen, der cast-Operator angewandt werden. Die folgenden Codeausschnitte zeigen das Casten auf Arrays:

```java
String[] arr1 = {"Anna", "Katharina"};
Object ref1 = arr1;              // Impliziter Up-Cast
String[] arr2 = (String[]) ref1; // Expliziter Down-Cast
```

Beachten Sie, dass wenn eine Referenz `ref`, auf der eine cast-Operation (`String[]`) erfolgt, nicht auf ein Array des Typs `String[]` zeigt, eine `ClassCastException` zur Laufzeit geworfen wird.

Der folgende Codeausschnitt verdeutlicht nochmals, dass Arrays von elementaren Datentypen genauso Objekte sind wie Arrays aus Referenztypen:

```
int[] arr3 = {1, 2};
Object ref2 = arr3;
int[] arr4 = (int[]) ref2;
```

11.3.2 Konstruktoren bei abgeleiteten Klassen

Möchte man dem Benutzer einer Klasse die Möglichkeit bieten, zusammen mit der Objekterzeugung eine Initialisierung vorzunehmen, so stellt man ihm Konstruktoren zur Verfügung. Dieser Sachverhalt wurde bereits in Kapitel 10.4.4 vorgestellt. Natürlich besteht für Objekte abgeleiteter Klassen genauso wie für Objekte der Basisklassen der Bedarf zur Initialisierung von Datenfeldern. Um die ererbten Datenfelder des Vaters zu initialisieren, würde man sich wünschen, dass man einen Konstruktor einer Basisklasse aus dem Konstruktor einer abgeleiteten Klasse aufrufen kann. Damit könnte man die Konstruktoren der Basisklasse wiederverwenden. Ein Konstruktor der Basisklasse könnte den von der Vaterklasse geerbten Anteil der Sohnklasse initialisieren, der Konstruktor der Sohnklasse müsste dann nur noch die neu hinzu gekommenen Datenfelder initialisieren.

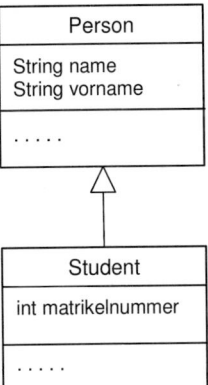

Bild 11-16 Vererbungshierarchie zur Diskussion von Konstruktoraufrufen

Und so ist es auch: Es ist möglich, innerhalb eines Konstruktors den Konstruktor einer Basisklasse aufzurufen. Dies wird mit dem Schlüsselwort `super` gemacht. Wie dieses Schlüsselwort eingesetzt wird, kann man sich zum größten Teil vom Compiler abschauen. Der Compiler ergänzt nämlich den folgenden Programmcode:

```
public class Person
{
    private String name;
    private String vorname;
```

```
    public Person()
    {
        name = "Unbekannt";
        vorname = "Unbekannt";
    }
}
public class Student extends Person
{
    private int matrikelnummer
}
```

zu:

```
public class Person extends Object
{
    private String name;
    private String vorname;

    public Person()
    {
        super();
        name = "Unbekannt";
        vorname = "Unbekannt";
    }
}

public class Student extends Person
{
    private int matrikelnummer

    public Student()      // Voreingestellter Default-Konstruktor wird
    {                     // vom Compiler eingefügt.
        super();
    }
}
```

Der `super()`-Aufruf muss immer in der ersten Zeile des Konstruktors stehen. Lässt man ihn weg, so fügt Java implizit einen Aufruf des Default-Konstruktors der Superklasse ein.

Dass die Anweisung `super()` im selbst geschriebenen Default-Konstruktor der Klasse `Person` in der ersten Codezeile steht, ist kein Zufall, es ist sogar ein Muss! Das bedeutet, dass der Konstruktor der obersten Klasse im Hierarchiebaum mit der Initialisierung beginnt und an letzter Stelle die Initialisierungsanweisungen des Konstruktors des mit `new` erzeugten Objektes abgearbeitet werden. Man beachte, dass mit dem Aufruf `super()` im selbst geschriebenen Default-Konstruktor der Klasse `Person` der voreingestellte Default-Konstruktor der Klasse `Object` aufgerufen wird.

Der **voreingestellte Default-Konstruktor** der **Klasse** `Object` hat einen leeren Rumpf, d.h. er tut nichts. Ein **voreingestellter Default-Konstruktor** einer anderen **Klasse ruft automatisch den parameterlosen Konstruktor der Vaterklasse** auf.

Ein Konstruktor der Basisklasse wird immer vor den Initialisierungsanweisungen des Konstruktors der abgeleiteten Klasse ausgeführt.

Der Grund dafür ist, dass die Initialisierungen des Konstruktors der Basisklasse übernommen werden können, aber auch bei Bedarf – sofern die Datenfelder der Basisklasse nicht `private` sind – im Konstruktor der abgeleiteten Klasse überschrieben werden können.

Der Compiler stellt immer einen Default-Konstruktor für jede Klasse zur Verfügung, wie in der obigen Klasse `Student`. Dieser voreingestellte Default-Konstruktor nimmt keine Initialisierungen vor und wird deshalb oft überschrieben, wie in der Klasse `Person` zu sehen ist. Wird ein selbst geschriebener Default-Konstruktor für eine Klasse zur Verfügung gestellt, so wird vom Compiler automatisch der selbst geschriebene Konstruktor verwendet.

Ein **Default-Konstruktor** hat **keine Parameter**. Der Programmierer kann **selbst** einen **Konstruktor ohne Parameter schreiben**. Dann wird vom Compiler dieser selbst geschriebene Default-Konstruktor und nicht der vom Compiler zur Verfügung gestellte Default-Konstruktor aufgerufen.

Die Probleme der Initialisierung der von der Vaterklasse geerbten Datenfelder sind durch den einfachen Aufruf von `super()` natürlich noch nicht gelöst, da nur der Default-Konstruktor damit aufgerufen werden kann. Für den Fall, dass Parameter im Konstruktor der Vaterklasse benötigt werden, kann man die Parameter mit Hilfe des Schlüsselwortes `super` an den Konstruktor der Vaterklasse weiterreichen. Bekanntlich besteht die Möglichkeit, für jede Klasse beliebig viele Konstruktoren zu schreiben. Die einzige Einschränkung hierfür ist: Die Parameterliste zweier Konstruktoren darf in Typ, Reihenfolge und Anzahl der Parameter nicht identisch sein. Wenn der Konstruktor der Basisklasse Parameter erwartet, so müssen diese vom Konstruktor der abgeleiteten Klasse bereitgestellt und mit Hilfe des Schlüsselwortes super an den entsprechenden Konstruktor der Basisklasse weitergereicht werden. Dabei gilt:

Ein formaler Parameter des Konstruktors der abgeleiteten Klasse kann als aktueller Parameter an den Konstruktor der Basisklasse übergeben werden.

Das folgende Beispiel zeigt die **Übergabe von Parametern an** den **Konstruktor** der **Vaterklasse**:

```
// Datei: Person4.java

public class Person4
{
    private String name;
    private String vorname;
```

```
    public Person4 (String name, String vorname)
    {
        System.out.println ("Konstruktoraufruf von Person4");
        this.name = name;
        this.vorname = vorname;
    }
}

// Datei: Student4.java
public class Student4 extends Person4
{
    private int matrikelnummer;

    public Student4 (String name, String vorname, int m)
    {
        super (name, vorname); // Aufruf des Konstruktors der
                               // Superklasse
        System.out.println ("Konstruktoraufruf von Student4");
        matrikelnummer = m;
    }
}

// Datei: Test4.java
public class Test4
{
    public static void main (String[] args)
    {
        Person4 p = new Person4 ("Müller", "Peter");
        Student4 s = new Student4 ("Brang", "Rainer", 666666);
    }
}
```

Die Ausgabe des Programms ist:

```
Konstruktoraufruf von Person4
Konstruktoraufruf von Person4
Konstruktoraufruf von Student4
```

Zum Schluss soll noch eine Kleinigkeit erwähnt werden, die des Öfteren zu unerwarteten Fehlern führt. Wird vom Programmierer ein Konstruktor mit Parametern geschrieben, so steht für diese Klasse kein Konstruktor mit leerer Parameterliste mehr zur Verfügung. Wird diese Klasse dann als Vaterklasse für eine andere Klasse verwendet, so setzt der Compiler automatisch in jeden Konstruktor der Sohnklasse – in dem kein expliziter Aufruf von super() mit Parametern erfolgt – den Aufruf von super() ein. Dieser Aufruf bezieht sich allerdings auf den Default-Konstruktor der Basisklasse, der ja gar nicht mehr existiert. Da die vom Compiler eingefügten Aufrufe von super() für den Programmierer nicht sichtbar sind, kann die Fehlersuche langwierig sein.

In den Konstruktor einer abgeleiteten Klasse wird automatisch vom Compiler der Aufruf des Default-Konstruktors der Vaterklasse durch super() eingefügt, es sei denn der Programmierer führt einen super()-Aufruf explizit selbst durch.

Dies hat die folgende Konsequenz:

Ein Programmierer sollte stets auch einen Default-Konstruktor für eine Klasse schreiben, wenn er einen Konstruktor mit Parametern schreibt, weil durch das Schreiben des Konstruktors mit Parametern der voreingestellte Default-Konstruktor nicht mehr zur Verfügung steht.

Vorsicht!

Bestimmt erinnern Sie sich an das Lernkästchen in Kapitel 10.4.5, in dem stand, dass mit Hilfe von `this(. . . . .)` aus einem Konstruktor ein anderer Konstruktor derselben Klasse aufgerufen werden kann, und dass dieser Aufruf in der ersten Codezeile des Konstruktors stehen muss. Das Gleiche gilt allerdings auch für den `super()`-Aufruf. Deshalb gilt:

In einem Konstruktor kann entweder ein anderer überladener Konstruktor derselben Klasse aufgerufen werden oder ein Konstruktor der Vaterklasse.

11.3.3 Verdecken

Es ist möglich, dass eine abgeleitete Klasse ein Datenfeld mit demselben Namen einführt. Das entsprechende **Datenfeld** der Vaterklasse wird zwar beim Sohn auch angelegt, ist aber infolge der Namensgleichheit **verdeckt**, d.h. unter dem Namen wird immer das entsprechende Datenfeld, das im Sohn neu eingeführt wurde, angesprochen.

11.3.3.1 Verdecken von Datenfeldern

Vom Verdecken eines Datenfeldes spricht man, wenn in der Sohnklasse ein Datenfeld angelegt wird, das den gleichen Namen trägt wie ein von der Vaterklasse geerbtes Datenfeld.

Das folgende Bild zeigt eine solche Vererbungshierarchie:

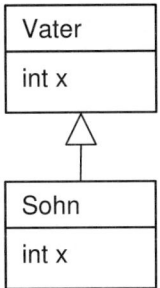

Bild 11-17 Klassenhierarchie, in der die Sohnklasse das gleiche Datenfeld wie die Vaterklasse definiert

Da eine Instanz der Klasse `Sohn` einmal die eigenen Datenfelder besitzt und zum anderen die Datenfelder der Vaterklasse erbt, kann es also vorkommen, dass das Sohnobjekt zwei Datenfelder mit dem gleichen Namen besitzt.

Wird von der Klasse `Sohn` mit

```
Sohn s = new Sohn();
```

eine Instanz gebildet, so enthält die Instanz der Sohnklasse sowohl die Datenfelder der Vaterklasse, als auch die Datenfelder der Sohnklasse. Ein Objekt der Sohnklasse ist in Bild 11-18 zu sehen:

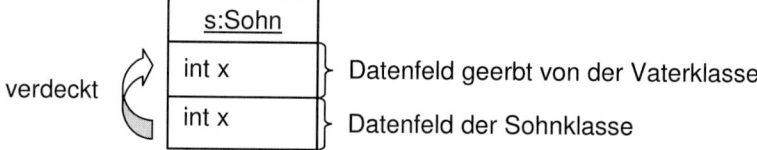

Bild 11-18 Doppelte Datenfelder in der Instanz der Sohnklasse

Dabei verdeckt aber das gleichnamige Datenfeld der Sohnklasse das von der Vaterklasse geerbte Datenfeld. Das bedeutet, dass man im Sohn über den Namen `x` stets auf das Datenfeld der Sohnklasse zugreift.

Das Verdecken von Datenfeldern erfolgt grundsätzlich bei Namensgleichheit. Deshalb wird ein `float`-Datenfeld `x` des Sohnes, das von der Vaterklasse geerbt wurde, auch durch ein `int`-Datenfeld `x` der Sohnklasse verdeckt.

Dies zeigt das folgende Bild:

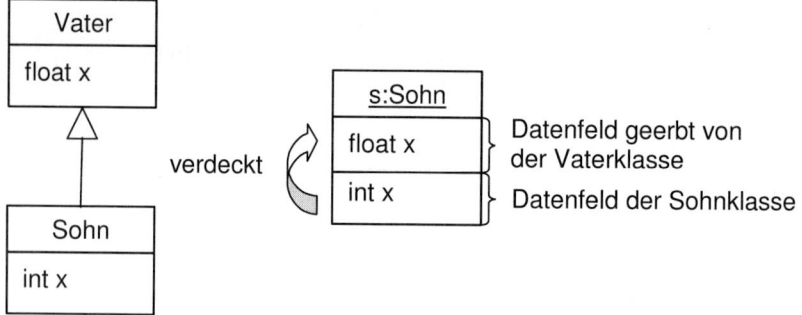

Bild 11-19 Datenfeld der Sohnklasse verdeckt gleichnamiges Datenfeld eines anderen Typs, das von der Vaterklasse geerbt wurde

11.3.3.2 Verwendung verdeckter Datenfelder

Zugriff auf verdeckte Instanzvariablen der Vaterklasse

Es soll folgendes Beispiel betrachtet werden: Die Klasse `Vater` hat ein Datenfeld `int x`. Die Klasse `Sohn`, die von `Vater` abgeleitet ist, definiert ebenfalls ein Datenfeld `int x`. Beide Datenfelder können unabhängig voneinander in der Sohnklasse existieren, und es kann sogar auf beide Datenfelder von der Sohnklasse aus zugegriffen werden, sofern das Datenfeld des Vaters nicht den Zugriffsmodifikator `private` hat.

```java
// Datei: VaterSohnTest.java

class Vater
{
   int x = 2;
}

class Sohn extends Vater
{
   int x = 1;

   public Sohn()
   {
      System.out.println ("x des Sohnes: " + x);
      System.out.println ("x des Sohnes: " + this.x);
      System.out.println ("vom Vater geerbtes x: " + super.x);
      System.out.println ("vom Vater geerbtes x: "+((Vater)this).x);
   }
}

public class VaterSohnTest
{
   public static void main (String[] args)
   {
      Sohn s = new Sohn();
   }
}
```

Die Ausgabe des Programms ist:

```
x des Sohnes: 1
x des Sohnes: 1
vom Vater geerbtes x: 2
vom Vater geerbtes x: 2
```

Für den Zugriff auf das eigene Datenfeld der Sohnklasse hat das Sohn-Objekt zwei Möglichkeiten, die schon bekannt sind:

* einfach über den Namen der Variablen: `x`
* mit Hilfe des `this`-Referenz: `this.x`

Dabei wird die erste Variante vom Compiler automatisch in die zweite Variante umgesetzt.

Auf das von der Vaterklasse geerbte Element, das von der Sohnklasse durch ein gleichnamiges Element **verdeckt** wird, kann nicht mehr einfach über den Namen der Variablen zugegriffen werden.

Für den Zugriff auf ein von der Vaterklasse ererbtes und verdecktes Datenfeld bestehen die beiden folgenden Möglichkeiten:

- Über das Schlüsselwort `super` mit `super.x`.
- Über einen Cast der `this`-Referenz in das Vaterobjekt:
  `((Vater) this).x`.

Dabei wird die erste Möglichkeit vom Compiler automatisch in die zweite Möglichkeit
umgesetzt. Das Schlüsselwort `super` wurde schon in Kapitel 11.3.2 vorgestellt. Dort
wurde es in der Notation `super()` verwendet, um den Konstruktor der Basisklasse
aufzurufen. An dieser Stelle wird es dazu verwendet, um ein verdecktes Datenfeld
der Vaterklasse aufzurufen. In der zweiten Möglichkeit wird von der `this`-Referenz
Gebrauch gemacht.

Wie bekannt, ist die `this`-Referenz eine Referenz auf das eigene
Objekt und kann genauso wie andere Referenzen auf den Typ
der Vaterklasse gecastet werden. Für eine Referenz, die auf den
Vater gecastet wird, sind nur noch die Datenfelder des Vaters
sichtbar und nicht mehr die des Sohnes.

Zugriff auf verdeckte Instanzvariablen einer "Großvaterklasse"

Hierzu soll folgendes Beispiel betrachtet werden: Die Klasse `Grossvater` hat ein
Datenfeld `float x`. Die Klasse `Vater`, die von `Grossvater` abgeleitet ist, hat ein
Datenfeld `int x` und die Klasse `Sohn`, die von `Vater` abgeleitet ist, ein Datenfeld
`String x`. Es soll hier der Fall betrachtet werden, wie auf verdeckte Datenfelder
zugegriffen werden kann, die im Klassenbaum weiter oben liegen und somit nicht
von der Vaterklasse stammen. Weiterhin wird demonstriert, dass zum Verdecken von
Datenfeldern nur Namensgleichheit jedoch nicht die Typgleichheit erforderlich ist.

```java
// Datei: Sohn2.java

class Grossvater2
{
    float x = 2.2F;
}

class Vater2 extends Grossvater2
{
    int x = 2;
}

public class Sohn2 extends Vater2
{
    String x = "Ich bin der Sohn";

    public Sohn2()
    {
        System.out.println ("x des Sohnes: " + x);
        System.out.println ("x des Sohnes: " + this.x);
        System.out.println ("ererbtes x vom Vater: " + super.x);
```

```
        System.out.println ("ererbtes x vom Vater: "
                             + ((Vater2) this).x);
        System.out.println ("ererbtes x vom Grossvater: "
                             + ((Grossvater2) this).x);
        // Das Folgende funktioniert nicht!
        // System.out.println ("ererbtes x vom Grossvater: "
        //                     + super.super.x);
    }

    public static void main (String[] args)
    {
        Sohn2 s = new Sohn2();
    }
}
```

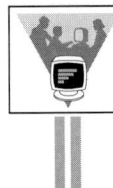

Die Ausgabe des Programms ist:

```
x des Sohnes: Ich bin der Sohn
x des Sohnes: Ich bin der Sohn
ererbtes x vom Vater: 2
ererbtes x vom Vater: 2
ererbtes x vom Grossvater: 2.2
```

Nach wie vor gibt es jeweils 2 Möglichkeiten, um auf die Datenfelder der eigenen Klasse und die ererbten Datenfelder der Vaterklasse zuzugreifen.

Es existiert aber in diesem Fall nur eine einzige Möglichkeit, um auf die ererbten Datenfelder der "Großvaterklasse" zuzugreifen. Nur der Cast der `this`-Referenz in die `Grossvater`-Klasse ermöglicht den Zugriff auf das verdeckte Datenfeld. Eine Aneinanderreihung von `super.super` gestattet der Compiler nicht!

Wird in obigem Programm nur die folgende minimale Abänderung gemacht:

```
class Vater2 extends Grossvater2
{
  int y = 2;
}
```

dann erhält man folgende Ausgabe des Programms:

Die Ausgabe des Programms ist:

```
x des Sohnes: Ich bin der Sohn
x des Sohnes: Ich bin der Sohn
ererbtes x vom Vater: 2.2
ererbtes x vom Vater: 2.2
ererbtes x vom Grossvater: 2.2
```

Es gibt **jetzt** 3 Möglichkeiten, auf das ererbte `x` der Klasse `Grossvater` zuzugreifen:

- über das Schlüsselwort `super` durch `super.x`
- über den Cast der `this`-Referenz in den Vater: `((Vater2)this).x`
- über den Cast der `this`-Referenz in den Grossvater: `((Grossvater2)this).x`

Der Zugriff mit `super.x` auf das Datenfeld x des Großvaters ist deshalb möglich, weil in der Klasse `Vater2` kein Datenfeld vorhanden ist, welches das geerbte x-Datenfeld der Klasse `Grossvater2` verdeckt.

Wird ein Datenfeld x mit Hilfe von `super` gesucht, so wird ausgehend von der aktuellen Klasse die gesamte Klassenhierarchie aufwärts der Reihe nach solange durchsucht, bis zum ersten Mal ein Datenfeld x gefunden wird. An dieser Stelle wird die Suche abgebrochen.

Zugriff auf verdeckte Klassenvariablen

Der Zugriff auf verdeckte Klassenvariablen erfolgt über den Klassennamen. Da ein Objekt seine Klasse kennt, kann auf eine verdeckte Klassenvariable genau wie auf eine verdeckte Instanzvariable zugegriffen werden. Das folgende Beispiel ist identisch mit dem vorhergehenden, mit dem einen Unterschied, dass alle Datenfelder `static` sind.

```
// Datei: Sohn3.java

class Grossvater3
{
   static float x = 2.2F;
}

class Vater3 extends Grossvater3
{
   static int x = 2;
}

public class Sohn3 extends Vater3
{
   static String x = "Ich bin der Sohn";

   Sohn3()
   {
      System.out.println ("x des Sohnes: " + x);
      System.out.println ("x des Sohnes: " + this.x);
      System.out.println ("x des Sohnes: " + Sohn3.x);

      System.out.println ("geerbtes x vom Vater: " + super.x);
      System.out.println ("geerbtes x vom Vater: "
                          + ((Vater3) this).x);
      System.out.println ("geerbtes x vom Vater: " + Vater3.x);

      System.out.println ("geerbtes x vom Grossvater: "
                          + ((Grossvater3) this).x);
      System.out.println ("geerbtes x vom Grossvater: "
                          + Grossvater3.x);

      // Das Folgende funktioniert nicht!
      // System.out.println ("geerbtes x vom Grossvater: "
      //                     + super.super.x);
   }
```

```
public static void main (String[] args)
{
    Sohn3 s = new Sohn3();
}
}
```

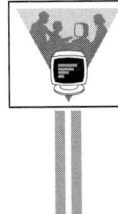

Die Ausgabe des Programms ist:

```
x des Sohnes: Ich bin der Sohn
x des Sohnes: Ich bin der Sohn
x des Sohnes: Ich bin der Sohn
geerbtes x vom Vater: 2
geerbtes x vom Vater: 2
geerbtes x vom Vater: 2
geerbtes x vom Grossvater: 2.2
geerbtes x vom Grossvater: 2.2
```

Wie aus dem Programm ersichtlich wird, besteht für Klassenvariablen immer die Möglichkeit, dass auf sie über den Klassennamen zugegriffen wird. Somit kann auf das x aus der Klasse Grossvater3 mit Grossvater3.x und auf das x aus der Klasse Vater3 mit Vater3.x und natürlich auf das x aus der Klasse Sohn3 mit Sohn3.x zugegriffen werden.

11.3.4 Finale Methoden und finale Klassen

Mit dem Schlüsselwort final gekennzeichnete **Methoden** lassen sich nicht überschreiben. Wird das aus Kapitel 11.2.2 bekannte Beispiel so modifiziert, dass man die Methode print() der Klasse Person2 als final deklariert, so lässt sich die Klasse Student2 nicht mehr kompilieren:

```
public final void print()
{
    System.out.println ("Nachname :" + nachname);
    System.out.println ("Vorname  :" + vorname);
}
```

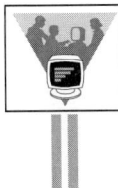

Die Ausgabe des Compilers ist:

```
Student2.java:12:  print()  in  Student2  cannot  overrid
print() in Person2; overridden method is final
    public void print()
                ^
1 error
```

Finale Methoden können in einer Subklasse nicht überschrieben werden.

Finale Klassen sind Klassen, von denen man keine weiteren Klassen ableiten kann. Damit kann man nur die Benutzung von Klassen, aber nicht die Ableitung erlauben.

Hierfür sind konzeptionelle Gründe des Designs denkbar – das Problem ist gelöst –, aber auch Sicherheitsgründe. Da ein abgeleitetes Objekt überall dort stehen kann, wo ein Vaterobjekt steht, kann auf diese Weise kein Trojanisches Pferd von einem Hacker eingeschleust werden. Finale Klassen werden mit dem Schlüsselwort `final` gekennzeichnet.

Datenfelder, die mit dem Schlüsselwort `final` gekennzeichnet werden, tragen einen konstanten Wert. Mit einer finalen Klasse lässt sich auch eine Konstantenklasse aufbauen. Da **Konstantenklassen nur Konstanten enthalten**, macht es keinen Sinn, solche Klassen zu instantiieren. Deshalb wird gerne der Konstruktor auf `private` gesetzt. Damit kann dann eine Instantiierung gezielt verhindert werden. Allerdings müssen dann auch alle Konstanten `static` sein, damit sie von anderen Klassen aus als Klassenvariablen angesprochen werden können.

Eine Konstantenklasse könnte zum Beispiel so aussehen:

```
// Datei: Konstanten.java

public final class Konstanten
{
    private Konstanten()        // Von der Klasse können keine
    {                           // Objekte erzeugt werden.
    }

    public static final float PI = 3.141f;
    public static final int MAX = 255;
}
```

Der Zugriff auf die Datenfelder erfolgt nun z.B. über

```
System.out.println (Konstanten.PI);
```

11.3.5 Abstrakte Basisklassen

In einer Klassenhierachie werden Klassen von unten nach oben zunehmend generalisiert und abstrahiert. Umgekehrt: je weiter man in der Hierarchie nach unten geht, desto mehr Datenfelder und Methoden werden eingebracht, um die speziellen Eigenschaften der abgeleiteten Klassen zum Ausdruck zu bringen.

Datenfelder und Methoden, welche bei mehreren Klassen gemeinsam vorhanden sind, werden in einer Basisklasse zusammengefasst.

Wird in einer Basisklasse nur die Schnittstelle von Methoden festgelegt und die eigentliche Implementierung einer, mehrerer oder aller Methoden erst in den abgeleiteten Klassen vorgenommen, so liegt eine abstrakte Basisklasse vor.

Abstrakte Basisklassen können nicht instantiiert werden, jedoch kann mit Referenzen, die vom Typ einer abstrakten Basisklasse sind, gearbeitet werden. Solche Referenzen können dann auf Objekte zeigen, deren Klassen von der abstrakten Basisklasse abgeleitet sind und alle abstrakten Methoden implementieren.

Methoden, für die nur die Schnittstelle festgelegt werden soll, die in einer Klasse also keinen Methodenrumpf besitzen, müssen mit dem Schlüsselwort `abstract` deklariert werden.

Ist auch nur eine einzige abstrakte Methode in einer Klasse enthalten, so ist die Klasse zwangsläufig abstrakt und ist damit mit dem Schlüsselwort `abstract` zu deklarieren. **Abstrakte Klassen** können **nicht instantiiert** werden.

Eine Klasse, in der **alle Methoden implementiert** sind, kann mit dem Schlüsselwort `abstract` zur einer **abstrakten Klasse** gemacht werden. Damit kann die Instantiierung einer solchen Klasse verhindert werden. Eine solche Klasse ist zwar vollständig, sie stellt aber eine Abstraktion dar, von der es in der Realität keine Objekte gibt. Eine solche abstrakte Basisklasse dient allein dem Ziel der Generalisierung in der Klassenhierarchie.

Klassen, die von einer abstrakten Klasse ableiten, müssen nicht unbedingt alle abstrakten Methoden implementieren. Implementiert eine abgeleitete Klasse nicht alle abstrakten Methoden, ist sie wiederum wie die Basisklasse abstrakt und muss deshalb mit dem Schlüsselwort `abstract` deklariert werden.

Ein kleines Programm soll die abstrakten Klassen verdeutlichen:

```java
// Datei: AbstractTest.java

abstract class X
{
   public X()
   {
      System.out.println ("Konstruktor X");
   }

   public abstract void testPrint (int x);
}

class Y extends X
{
   public Y()
   {
      System.out.println ("Konstruktor Y");
   }
```

```
    public void testPrint (int x)
    {
        System.out.println ("Übergabeparameter: " + x);
    }
}

public class AbstractTest
{
    public static void main (String[] args)
    {
        // X x = new X();        Fehler!!
        Y y = new Y();           // OK!
        X z = new Y();           // auch OK!
    }
}
```

Die Ausgabe des Programms ist:

```
Konstruktor X
Konstruktor Y
Konstruktor X
Konstruktor Y
```

11.4 Polymorphie und das Liskov Substitution Principle

Polymorphie ist neben Identität und Vererbung ein weiterer wichtiger Aspekt des objektorientierten Ansatzes. Polymorphie bedeutet Vielgestaltigkeit. Das Wort Polymorphie gibt es bei Operationen und Objekten.

Polymorphie von Operationen bedeutet, dass eine Operation in verschiedenen Klassen durch eine jeweils eigene Methode, welche den Namen der Operation trägt, implementiert wird.

Gleiche Methodenköpfe in verschiedenen Klassen stellen kein Problem dar, da jede Klasse einen eigenen Namensraum bildet. Polymorphie von Operationen wurde bereits in Kapitel 9.3 behandelt.

Eine **Polymorphie von Objekten** gibt es nur bei Vererbungshierarchien. An die Stelle eines Objektes einer Klasse in einem Programm kann problemlos stets auch ein Objekt einer von dieser Klasse abgeleiteten Klasse treten, solange nur erweitert wird, also nur Datenfelder oder Methoden hinzugefügt werden. Findet ein Überschreiben – also die Neudefinition einer Operation in einer abgeleiteten Klasse – statt, so muss darauf geachtet werden, dass in der abgeleiteten Klasse die Verträge der Methoden der Basisklasse eingehalten werden.

Tritt ein Objekt einer abgeleiteten Klasse an die Stelle eines Objektes einer Basisklasse, so wird einfach der spezialisierte Anteil der abgeleiteten Klasse ausgeblendet. Dies hat zur Konsequenz, dass ein Objekt einer abgeleiteten Klasse in der Gestalt eines Objektes einer Basisklasse auftritt und sich damit vielgestaltig oder polymorph verhält.

11.4.1 Polymorphes Verhalten bei der Erweiterung

Bei der Erweiterung von Basisklassen in Sohnklassen ist ein polymorphes Verhalten von Objekten der Sohnklasse problemlos möglich, da ein Objekt einer abgeleiteten Klasse alle Methoden und Datenfelder einer Basisklasse erbt, wie in Bild 11-20 zu sehen ist, und sie im Falle der Erweiterung nur um zusätzliche Datenfelder und Methoden ergänzt.

Ein Objekt einer Unterklasse kann auch Methodenaufrufe beantworten, die in der Basisklasse implementiert sind. Natürlich kann ein Objekt einer abgeleiteten Klasse zusätzliche Datenfelder oder Methoden besitzen. Aber an der Stelle im Programmcode, an der ein Objekt einer Basisklasse stehen kann, kann auch ein Objekt einer abgeleiteten Klasse die Aufgaben erfüllen. Es verhält sich an dieser Stelle als Objekt der Basisklasse. Die weiteren Eigenschaften des Objektes der abgeleiteten Klasse wie zusätzliche Datenfelder oder Methoden werden dann ausgeblendet bzw. sind über die Referenzvariable vom Typ einer Basisklasse nicht sichtbar. Dies bedeutet, dass ein Objekt einer abgeleiteten Klasse in **verschiedenen Gestalten** auftreten kann.

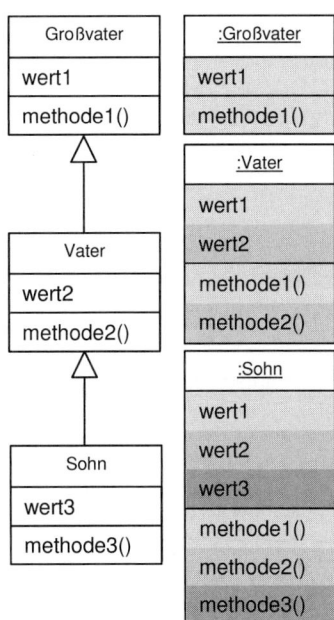

Bild 11-20 Ein Sohn-Objekt kann sich auch als Vater- bzw. als Großvater-Objekt verhalten, ein Vater-Objekt kann sich auch als Großvater-Objekt verhalten

Diese Polymorphie ist der Grund für die wunderbare Möglichkeit, dass sich ganze Klassenbibliotheken problemlos wiederverwenden lassen. **Polymorphie** von Objekten erlaubt es, einen wiederverwendbaren **Code** zu schreiben, **der** nur **Referenzen**

auf Objekte einer Basisklasse enthält. Da ein Objekt einer abgeleiteten Klasse, welche eine Basisklasse erweitert, das Protokoll der Basisklasse und dieselben Datenfelder wie die Basisklasse hat, kann ein **Objekt einer abgeleiteten Klasse** sich ohne jegliches Problem **wie** ein **Objekt einer Basisklasse verhalten.** Ein Zusatzprotokoll aufgrund weiterer Methoden der abgeleiteten Klasse kommt nicht zum Tragen, da diese Methoden im Quellprogramm, das nur die Basisklasse kennt, überhaupt nicht angesprochen werden. Das Zusatzprotokoll und die zusätzlichen Datenfelder einer abgeleiteten Klasse bleiben also unsichtbar.

Das folgende Beispielprogramm demonstriert die Wiederverwendung von Quellcode durch den polymorphen Einsatz von Objekten. Das Programm besteht aus den Klassen Person5, Student5, Utility und Test5. Die Klasse Student5 erweitert die Klasse Person5. In der Klasse Utility existieren die Klassenmethoden sortByName(), swap() und print(). Die Methode sortByName() kann ein Array von Personen nach dem Namen sortieren. Hierbei kommt der aus Kapitel 9.2.7 bekannte Bubblesort-Algorithmus zum Einsatz. Alle drei Methoden besitzen als formalen Parameter ein Array von Personen. Das Besondere ist nun, dass sämtliche Methoden der Klasse Utility nicht nur für ein Array von Personen verwendet werden können, sondern auch für ein Array von Studenten.

```java
// Datei: Person5.java

public class Person5
{
    private String nachname;
    private String vorname;

    public Person5 (String nachname, String vorname)
    {
        this.nachname = nachname;
        this.vorname = vorname;
    }

    public String getNachname()
    {
        return nachname;
    }

    public void print()
    {
        System.out.println (nachname + ", " + vorname);
    }
}

// Datei: Student5.java

public class Student5 extends Person5
{
    private int matrikelnummer;

    public Student5 (String nachname, String vorname,
                     int matrikelnummer)
    {
        super (nachname, vorname);
```

```
            this.matrikelnummer = matrikelnummer;
    }
    // weitere studentenspezifische Methoden
}


// Datei: Utility.java

public class Utility
{
    public static void sortByName (Person5[] ref)
    {
        int obergrenze = ref.length;

        while (obergrenze > 1)
        {
            for (int i = 1; i < obergrenze; i++)
            {
                String a = ref [i].getNachname();
                String b = ref [i - 1].getNachname();
                if(a.compareTo(b) < 0)
                    swap (ref, i, i - 1);
            }
            obergrenze--;
        }
    }

    public static void swap (Person5[] ref, int index1, int index2)
    {
        Person5 tmp = ref [index1];
        ref [index1] = ref [index2];
        ref [index2] = tmp;
    }

    public static void print (Person5[] ref)
    {
        for (int i = 0; i < ref.length; i++)
        {
            ref [i].print();
        }
    }
}


// Datei: Test5.java

public class Test5
{
    public static void main (String[] args)
    {
        // Sortieren von Personen
        Person5[] refPersonen = new Person5 [3];
        refPersonen [0] = new Person5 ("Müller", "Max");
        refPersonen [1] = new Person5 ("Auer", "Ulrike");
        refPersonen [2] = new Person5 ("Zink", "Mareike");
        Utility.sortByName (refPersonen);
        System.out.println ("Sortiertes Array mit Personen:");
        Utility.print (refPersonen);
```

```
    // Sortieren von Studenten
    Student5[] refStudenten = new Student5[3];
    refStudenten [0] = new Student5 ("Wunder", "Emanuel", 14567);
    refStudenten [1] = new Student5 ("Maier", "Sabrina", 14568);
    refStudenten [2] = new Student5 ("Binder", "Katharina",14569);
    Utility.sortByName (refStudenten);
    System.out.println ("\nSortiertes Array mit Studenten:");
    Utility.print (refStudenten);
  }
}
```

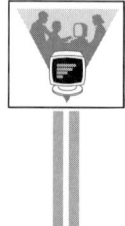

Die Ausgabe des Programms ist:

```
Sortiertes Array mit Personen:
Auer, Ulrike
Müller, Max
Zink, Mareike

Sortiertes Array mit Studenten:
Binder, Katharina
Maier, Sabrina
Wunder, Emanuel
```

In der Klasse Utility wird nur die Vaterklasse Person5 verwendet. Trotzdem kann der komplette Programmcode der Klasse Utility auch für Objekte der Klasse Student5 verwendet werden, da sich ein Student auch wie eine Person verhalten kann. Die Wiederverwendung kompletter Programmsysteme (im Beispiel die Klasse Utility) ist deutlich mehr als nur die Wiederverwendung von Klassen im Rahmen der Vererbung oder die Wiederverwendung von Klassen im Falle der Aggregation. Dass ganze Klassenbibliotheken infolge der Polymorphie wiederverwendet werden können, macht den eigentlichen Erfolg der Objektorientierung aus. Barbara Liskov [23] hat sich im Jahre 1988 mit der Polymorphie und Wiederverwendung befasst. Sie formulierte

Was gebraucht wird, ist etwas wie das folgende Substitutions-prinzip:

Wenn es für jedes Objekt o_1 vom Typ T ein Objekt o_2 vom Typ S gibt, sodass für alle Programme P, die auf der Basis des Typs S definiert wurden, das Verhalten von P unverändert bleibt, wenn o_1 für o_2 eingesetzt wird, dann stellt T einen Subtyp von S dar.

Mit dem Ziel der Wiederverwendung eines Programmcodes P, der für eine Basis-klasse S geschrieben wurde, lässt sich das Liskov Substitution Principle formulieren zu:

Liskov Substitution Principle im Falle der Erweiterung:

Im Falle der Erweiterung kann ein Objekt einer abgeleiteten Klasse problemlos an die Stelle eines Objektes einer Basisklasse treten.

Als Beispiel hierfür wurden Objekte der Klasse `Student` betrachtet. Ein Student ist eine Person. Deshalb kann ein Objekt der Klasse `Student` auch überall dort stehen, wo ein Objekt der Klasse `Person` verlangt wird. Umgekehrt ist nicht jede Person ein Student. Daher kann ein Objekt der Klasse `Person` im Programm nicht überall dort stehen, wo ein Objekt der Klasse `Student` steht. Quellcode, der für eine Basisklasse geschrieben wurde, kann im Falle der Erweiterung also von jeder beliebigen abgeleiteten Klasse benutzt werden.

Die Polymorphie erlaubt es, gegebenenfalls große Mengen von generalisiertem Code für Basisklassen zu schreiben, der dann später von Objekten beliebiger abgeleiteter Klassen benutzt werden kann. Dabei ist natürlich beim Schreiben des Codes für die Basisklasse überhaupt nicht bekannt, welche Klassen zu späteren Zeitpunkten von der Basisklasse abgeleitet werden.

11.4.2 Polymorphes Verhalten beim Überschreiben

Etwas diffiziler wird es, wenn das Überschreiben von Methoden ins Spiel kommt. Hier ist das Liskov Substitution Principle nicht mehr selbstverständlich gegeben. Der Programmierer muss hierfür selbst etwas tun! Er muss dafür sorgen, dass die Client-Programme, wie im vorherigen Beispiel die Klasse `Utility`, welche mit Referenzen auf Objekte einer Basisklasse arbeiten, keine Schwierigkeiten bekommen, wenn an die Stelle eines Objektes einer Basisklasse plötzlich ein Objekt einer abgeleiteten Klasse tritt.

Liskov Substitution Principle im Falle des Überschreibens:

Im Falle der Überschreibens muss der Programmierer selbst dafür sorgen, dass ein Objekt einer abgeleiteten Klasse an die Stelle eines Objektes einer Basisklasse treten darf. Er muss hierfür beim Überschreiben die Einhaltung der Verträge der Basisklasse gewährleisten.

Auf Verträge wird in Kapitel 11.5 eingegangen. Werden Instanzmethoden in einer Sohnklasse überschrieben, so tritt die überschreibende Instanzmethode an die Stelle der überschriebenen Methode.

Im Folgenden wird ein etwas umfangreicheres Beispiel vorgestellt, in dem gezeigt wird, wie eine abgeleitete Klasse den Code, der für eine Basisklasse geschrieben wurde, benutzen kann. Es soll eine kleine Bibliothek erstellt werden, die Klassen für ein Waren-Management-System enthält. Je nachdem, welche Waren verwaltet werden müssen (Lebensmittel, Drogeriewaren, etc.) können spezialisierte Unterklassen gebildet werden, die von den bestehenden Klassen in der Bibliothek abgeleitet werden. Als erstes wird die Klasse `Ware` vorgestellt. Die Klasse `Ware` hat die Instanzvariablen `nummer` (eindeutige Nummer für einen Warentyp), `name` (Bezeichnung für eine Ware), `preis` und `anzahl` (womit die zur Verfügung stehende Menge der Ware gemeint ist). Zusätzlich ist noch eine Klassenvariable `aktuelleNummer` vorhanden, die zum eindeutigen Durchnummerieren der Warentypen benutzt werden soll. Die

Methode `print()` ist fett hervorgehoben, da diese später in der Sohnklasse `Milch` überschrieben wird.

```java
// Datei: Ware.java

public class Ware
{
   protected int nummer;
   protected String name;
   protected float preis;
   protected int anzahl;
   protected static int aktuelleNummer = 0;

   public Ware (String name, float preis)
   {
      nummer = aktuelleNummer++;
      this.name = name;
      this.preis = preis;
      anzahl = 0;
   }

   public int getNummer()
   {
      return nummer;
   }

   public void stueckzahlErhoehen (int anzahl)
   {
      this.anzahl += anzahl;
   }

   public int getAnzahl()
   {
     return anzahl;
   }

   public void print()
   {
      System.out.print ("ID: " + nummer + "  Bezeichnung: " + name +
                        "  Anzahl: " + anzahl);
   }
}
```

Die folgende Klasse `Warenlager` stellt eine Methode `aufnehmen()` zur Verfügung, die es erlaubt, neue Waren ins Lager aufzunehmen oder bereits im Lager vorhandene Artikel nachzufüllen. Als Übergabeparameter erwartet diese Methode eine Referenz auf ein Objekt vom Typ `Ware`. Die Methode `ausgeben()` ermöglicht die Ausgabe des gesamten Lagerinhalts auf dem Bildschirm. Fett hervorgehoben sind hier einige Programmzeilen, in denen der Typ `Ware` verwendet wird.

```java
// Datei: Warenlager.java

public class Warenlager
{
   protected Ware[] arr;
```

```
public Warenlager (int max)
{
    arr = new Ware [max];
}


// Die Methode aufnehmen() kann neue, noch nicht im Lager enthal-
// tene Waren aufnehmen. Sie kann aber auch zu einer schon im
// Lager vorhandenen Ware die Anzahl der vorhandenen Exemplare
// erhöhen. Das Array wird beginnend vom Index 0 ab gefüllt.
// Die freien Array-Elemente entalten die null-Referenz.
// Die Methode gibt den Wert 1 zurück, wenn die Ware erfolgreich
// aufgenommen wurde, ansonsten -1.
public int aufnehmen (Ware neueWare, int anzahl)
{
    // Prüfen ob die Ware schon vorhanden ist.
    for (Ware ware : arr)
    {
        if ((ware != null) &&
            (ware.getNummer() == neueWare.getNummer()))
        {
            ware.stueckzahlErhoehen (anzahl);
            return 1;
        }
    }

    // Ware ist noch nicht vorhanden
    if (arr [arr.length - 1] != null)
    {
        return -1;            // Warenlager voll!
    }

    for (int i = 0; i < arr.length; i++)
    {
        if (arr [i] == null)   // Erstes freies Feld gefunden
        {                      // die Ware ist somit noch nicht
                               // vorhanden
            arr [i] = neueWare;
            arr [i].stueckzahlErhoehen (anzahl);
            break;
        }
    }
    return 1;
}

public void ausgeben()
{
    for (Ware ware : arr)
    {
        if (ware == null) break;
        ware.print();
        System.out.println();
    }
}
}
```

Die soeben gezeigten Klassen könnten jetzt in einer Bibliothek zur Verfügung gestellt werden und durch gezielte Ableitung an einen speziellen Problembereich angepasst werden. Für einen Milchlieferanten gibt es zum Beispiel eine Klasse Milch und eine Klasse Joghurt, die von der Klasse Ware abgeleitet sind. Für einen Lieferanten von Drogeriewaren sind dagegen ganz andere Klassen von Bedeutung. Exemplarisch wird hier eine von der Klasse Ware abgeleitete Klasse Milch gezeigt:

```java
// Datei: Milch.java

import java.util.GregorianCalendar;

public class Milch extends Ware
{
   private String typ;

   // Die Klasse GregorianCalendar befindet sich im Paket
   // java.util und ermöglicht die Speicherung und Bearbeitung
   // von Datumswerten!
   private GregorianCalendar verfallsDatum;
   private double maxLagerTemperatur;

   public Milch (String typ, float preis,
                 GregorianCalendar verfallsDatum,
                 double maxTemp)
   {
      super ("Milch", preis);
      this.typ = typ;
      this.verfallsDatum = verfallsDatum;
      this.maxLagerTemperatur = maxTemp;
   }

   // Überschreiben der print()-Methode der Klasse Ware
   public void print()
   {
      super.print();
      System.out.print (" Typ: " + typ);
   }
   // weitere spezifische Methoden für die Klasse Milch!
}
```

Objekte der Klasse Milch, welche durch die Vererbungsbeziehung zwischen den Klassen Milch und Ware auch Waren darstellen, können an die Methode aufnehmen() der Klasse Warenlager übergeben werden. Dies funktioniert aus dem Grund, weil die Klasse Milch eine Spezialisierung der Klasse Ware darstellt und die Klasse WarenLager auf Referenzen auf Objekte der Klasse Ware arbeitet. Das folgende Testprogramm zeigt, wie sich Objekte der Klasse Milch als Objekte der Klasse Ware verhalten und durch diese Eigenschaft den gesamten Code der Klasse Warenlager mitbenutzen können:

```java
// Datei: Test8.java

import java.util.GregorianCalendar;

public class Test8
{
   public static void main (String[] args)
   {
```

```
        final int anzahl1 = 50;
        final int anzahl2 = 200;
        final int anzahl3 = 300;
        final int anzahl4 = 500;
        final int anzahl5 = 1000;

        // Erzeugen eines Warenlagers für 4 verschiedene Warengruppen.
        Warenlager lager = new Warenlager (4);
        // Die Klasse java.util.GregorienCalendar ermöglicht die
        // Speicherung und Bearbeitung von Datumswerten.
        // Der erste Parameter gibt das Jahr an, der zweite Parameter
        // der Monat und der dritte den Tag.
        GregorianCalendar date = new GregorianCalendar (1, 5, 5);

        System.out.println ("Mit dem Einlagern wird begonnen");
        Milch milch = new Milch ("Fettarme Milch", 0.6f, date, 7.0);
        if (lager.aufnehmen (milch, anzahl4) < 0)
            System.out.println ("Lager voll");
        else
            System.out.println
                (anzahl4 + " Fettarme Milch eingelagert");

        if(lager.aufnehmen (new Milch ("Frischmilch", 0.8f, date, 6.0)
                        , anzahl5) < 0)
            System.out.println ("Lager voll");
        else
            System.out.println
                (anzahl5 + " Frischmilch eingelagert");

        if (lager.aufnehmen (new Milch ("H-Milch", 0.5f, date, 7.5)
                        , anzahl4) < 0)
            System.out.println ("Lager voll");
        else
            System.out.println (anzahl4 + " H-Milch eingelagert");

        if (lager.aufnehmen (milch, anzahl3) < 0)
            System.out.println ("Lager voll");
        else
            System.out.println
                (anzahl3 + " Fettarme Milch eingelagert");

        if (lager.aufnehmen (new Milch ("Dosenmilch", 8.8f, date, 18)
                        , anzahl2) < 0)
            System.out.println ("Lager voll");
        else
            System.out.println (anzahl2 + " Dosenmilch eingelagert");

        if (lager.aufnehmen (new Milch ("Kakao", 9.9f, date, 18)
                        , anzahl1) < 0)
            System.out.println ("Lager voll");
        else
            System.out.println (anzahl1 + " Kakao eingelagert");

        System.out.println ("\nDer Gesamtbestand des Lagers ist");
        lager.ausgeben();
    }
}
```

Die Ausgabe des Programms ist:

```
Mit dem Einlagern wird begonnen
500 Fettarme Milch eingelagert
1000 Frischmilch eingelagert
500 H-Milch eingelagert
300 Fettarme Milch eingelagert
200 Dosenmilch eingelagert
Lager voll

Der Gesamtbestand des Lagers ist
ID: 0  Bezeichnung: Milch  Anzahl: 800 Typ: Fettarme Milch
ID: 1  Bezeichnung: Milch  Anzahl: 1000 Typ: Frischmilch
ID: 2  Bezeichnung: Milch  Anzahl: 500 Typ: H-Milch
ID: 3  Bezeichnung: Milch  Anzahl: 200 Typ: Dosenmilch
```

Das Besondere ist nun, dass innerhalb der Methode ausgeben() der Klasse Warenlager ein Array vom Typ Ware durchlaufen und für jedes Objekt in diesem Array die print()-Methode aufgerufen wird. Hierbei wird immer die überschriebene Methode der Klasse Milch aufgerufen, auch wenn die Referenzen, welche auf diese Objekte zeigen, vom Typ Ware sind. Dies hat seine Ursache in der dynamischen Bindung (siehe Kap. 11.4.3).

Hier noch ein weiteres Beispiel für ein polymorphes Verhalten beim Überschreiben:

Nach dem Liskov Substitution Principle kann eine Referenz auf ein Objekt einer Superklasse stets auch auf ein Objekt einer Subklasse zeigen, wenn der Programmierer die Verträge der Methoden beim Überschreiben einhält. Geht man von der in Bild 11-21 gezeigten Vererbungshierarchie aus, so können in einem Array aus Referenzen auf Objekte der Klasse Object auch Referenzen auf Objekte der Klassen X, A, B, C und D gespeichert werden. Weiterhin können in einem Array aus Referenzen auf Objekte der Klasse A außer Referenzen auf Objekte der Klasse A auch Referenzen auf Objekte der Klasse B, C und D hinterlegt werden.

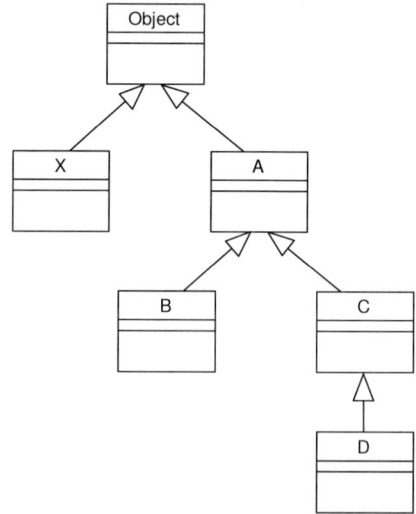

Bild 11-21 Vererbungshierarchie zur Veranschaulichung des Liskov Substitution Principles

Das folgende Beispiel veranschaulicht dies für ein Array aus Referenzen auf Objekte der Klasse Person6. Da ein Student eine Person ist, können in diesem Array auch Referenzen auf Objekte der Klasse Student6 gespeichert werden, weil beim Überschreiben der Methode print() keine Vertragsverletzung erfolgt. Die Methode print() gibt für das jeweilige Objekt die entsprechenden Daten aus. Handelt es sich um ein Objekt der Klasse Person6 wird die print()-Methode der Klasse Person6 aufgerufen, handelt es sich um ein Objekt der Klasse Student6, wird die überschreibende print()-Methode der Klasse Student6 aufgerufen.

```java
// Datei: Person6.java

public class Person6                      // dies ist die Vaterklasse
{
   private String nachname;              // Datenfeld nachname
   private String vorname;               // Datenfeld vorname

   public Person6 (String nachname, String vorname)
   {
      this.nachname = nachname;
      this.vorname = vorname;
   }

   public void print()
   {
      System.out.println ("Nachname:   " + nachname);
      System.out.println ("Vorname:    " + vorname);
   }
}
```

```java
// Datei: Student6.java

public class Student6 extends Person6    // dies ist die Sohnklasse
{
   private int matrikelnummer;

   public Student6 (String nachname, String vorname,
                    int matrikelnummer)
   {
      super (nachname, vorname);
      this.matrikelnummer = matrikelnummer;
   }

   public void print()
   {
      super.print();
      System.out.println ("Matrikelnummer: " + matrikelnummer);
   }
}
```

```java
// Datei: Test6.java

public class Test6
{
   public static void main (String[] args)
   {
```

```
Person6[] pa = new Person6 [3];
pa [0] = new Person6 ("Brang", "Rainer");
pa [1] = new Student6 ("Müller", "Peter", 123456);
pa [2] = new Person6 ("Mayer", "Carl");

for (Person6 person : pa)
{
   person.print();
   System.out.println ("");
}
   }
}
```

Die Ausgabe des Programms ist:

```
Nachname  : Brang
Vorname   : Rainer

Nachname  : Müller
Vorname   : Peter
Matrikelnummer : 123456

Nachname  : Mayer
Vorname   : Carl
```

Betrachtet man die Ausgabe des Programms näher, so stellt man fest, dass obwohl der zweite Aufruf der `print()`-Methode auf einer Referenzvariablen vom Typ `Person6` erfolgte, die `print()`-Methode der Klasse `Student6` aufgerufen wurde. Dieses Verhalten ist vielleicht auf den ersten Blick etwas überraschend. Mit etwas Überlegung erkennt man jedoch den Grund dafür. Wenn z.B. unterschiedliche Objekte, die eine gemeinsame Basisklasse haben, von einem Array aus Referenzen aus referenziert werden sollen, so ist von außen nicht erkennbar, auf welche Objekte die im Array hinterlegten Referenzen im einzelnen zeigen. Wenn man jedoch über die in dem Array gespeicherten Referenzen eine Methode aufruft, die in den abgeleiteten Klassen und ihrer Basisklasse verschieden definiert ist, so muss gewährleistet sein, dass die für die Klasse des vorliegenden Objekts implementierte Methode aufgerufen wird, auch wenn man gar nicht weiß, von welchem Typ das Objekt eigentlich ist.

Damit beim Überschreiben von Methoden – wie erwartet – die überschreibende Methode eines Objektes der abgeleiteten Klasse aufgerufen werden kann, benötigt man den Mechanismus der **dynamischen Bindung**.

11.4.3 Statische und dynamische Bindung von Methoden

Unter dem Begriff der Bindung versteht man die Zuordnung eines Methodenrumpfes zu einem aufgerufenen Methodenkopf. Wird eine Methode über ihren Namen aufgerufen, so ist der entsprechende Programmcode der Methode – das heißt der Methodenrumpf – auszuführen.

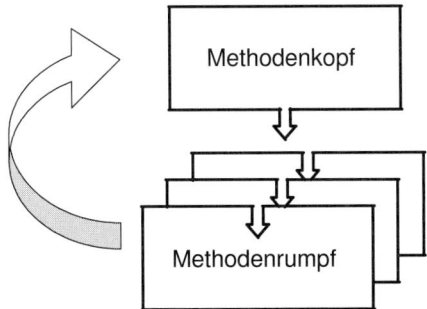

Bild 11-22 Zuordnung des Methodenrumpfs zum Methodenkopf

In der Objektorientierung kommen zwei prinzipiell verschiedene Arten des Bindens von Methoden in Programmen vor. Es gibt die **frühe Bindung** und die **späte Bindung**. Statt früher Bindung ist auch der Begriff **statische Bindung** üblich, und genauso anstelle von später Bindung der Begriff **dynamische Bindung**.

> Bei der **frühen Bindung** kann einem Methodenaufruf schon **zum Kompilierzeitpunkt** der entsprechende **Methodenrumpf zugeordnet** werden. Bei der **späten Bindung** wird dagegen einem Methodenaufruf **erst zur Laufzeit** der entsprechende **Methodenrumpf zugeordnet**.

Bindung	
statisch == früh == zur Kompilierzeit	dynamisch == spät == zur Laufzeit

Tabelle 11-1 Die beiden Bindungsarten

> In Java hat man keinen direkten Einfluss darauf, ob spät oder früh gebunden wird. Java verwendet in der Regel die späte Bindung, in wenigen spezifizierten Ausnahmefällen jedoch die frühe Bindung.

Wie schon bekannt, kann an jeder Stelle eines Programms, bei der ein Objekt einer Basisklasse verlangt wird, auch ein Objekt einer Klasse stehen, die von der Basisklasse abgeleitet wurde. Wird eine **Instanzmethode** aufgerufen, so wird stets – wenn die Methode weder `final` noch `private` ist – die Methode des Objektes aufgerufen, auf das die Referenz zeigt. Zeigt die Referenz vom Typ einer Basisklasse auf ein Objekt vom Typ einer Subklasse, so wird im Falle des Überschreibens die überschreibende Methode aufgerufen.

Ist eine Methode `static`, handelt es sich um eine **Klassenmethode**, also eine Methode, die exakt zu einer Klasse gehört. Da sie direkt zu einer Klasse gehört, macht das im Beispiel erwähnte Verhalten für sie keinen Sinn, da es gar keine Auswahl gibt. Es ist eindeutig, welche Methode aufgerufen werden muss. Wird nun eine Klassenmethode über eine Referenz auf ein Objekt oder über den Klassennamen aufgerufen, so wird dieser Aufruf vom Compiler direkt an die Klasse, von deren Typ die Referenz ist bzw. deren Klassennamen angegeben wird, gebunden.

Man sagt auch, sie wird **statisch gebunden**. Der Compiler weiß, welche Methode er aufrufen muss.

Im nächsten Beispiel ist die Methode `print()` der Klassen `Vater4` und `Sohn4` `static`. Wie oben schon beschrieben, werden Aufrufe von Klassenmethoden statisch gebunden. Dies bedeutet, dass in beiden Fällen die Klassenmethode direkt aufgerufen wird.

```java
// Datei: Vater4.java

public class Vater4
{
    public static void print()
    {
        System.out.println ("static print()-Methode des Vaters");
    }
}
```

```java
// Datei: Sohn4.java

public class Sohn4 extends Vater4
{
    public static void print()
    {
        System.out.println ("static print()-Methode des Sohns");
    }
}
```

```java
// Datei: Test9.java

public class Test9
{
    public static void main (String[] args)
    {
        Sohn4 s = new Sohn4();
        System.out.print ("s.print():      ");
        s.print();
        System.out.print ("Sohn4.print():  ");
        Sohn4.print();

        Vater4 v = s; // Impliziter Cast auf den Vater
        System.out.print ("v.print():      ");
        v.print();
        System.out.print ("Vater4.print(): ");
        Vater4.print();
    }
}
```

Die Ausgabe des Programms ist:

```
s.print():      static print()-Methode des Sohns
Sohn.print():   static print()-Methode des Sohns
v.print():      static print()-Methode des Vaters
Vater.print():  static print()-Methode des Vaters
```

Bei Instanzmethoden bestimmt der Typ des Objektes – und nicht der Typ der Referenz – welche Instanzmethode der Klassenhierarchie aufgerufen wird.

Bei Klassenmethoden bestimmt der Typ der Referenz bzw. der Klassenname, welche Klassenmethode der Klassenhierarchie aufgerufen wird.

Ist eine Methode `private`, handelt es sich um eine Methode, die nur innerhalb der Klasse sichtbar ist, in der sie definiert wird. Wird von einer Klasse abgeleitet, so werden **Methoden, die** `private` **sind, zwar** an die Sohnklasse **weitervererbt**, es kann aber nicht innerhalb des Sohnes darauf zugegriffen werden. Da die Methode außerhalb der Klasse, in der sie definiert wurde, zu keiner Zeit sichtbar ist, kann ein Aufruf der Methode nur innerhalb der Klasse erfolgen, in der sie definiert wurde. Für den Compiler ist es also bereits zur Zeit der Übersetzung des Quellcodes klar, dass er den Aufruf einer mit `private` gekennzeichneten Methode statisch zur aktuellen Klasse binden kann. **Methoden, die** `private` sind, werden also auch wie Klassenmethoden **früh gebunden**.

Ist eine **Methode** mit dem **Schlüsselwort** `final` **gekennzeichnet**, so kann sie niemals von einer abgeleiteten Klasse überschrieben werden. Wird nun eine Methode, die mit `final` gekennzeichnet ist, aufgerufen, so kann ein Compiler feststellen, zu welcher Klasse die Methode tatsächlich gehört. Der Methodenaufruf kann wie zuvor schon bei `private`- oder `static`-Methoden **früh gebunden** werden.

Bei allen anderen Methoden kann der Compiler – da jede Referenz vom Typ einer Basisklasse auch auf ein Objekt einer abgeleiteten Klasse zeigen kann – nicht wissen, in welcher Klasse er eine Methode aufrufen muss. Es ist folglich die Aufgabe des Interpreters, zur Laufzeit festzustellen, von welchem Typ ein Objekt ist, und daraufhin die entsprechende Methode aufzurufen. Man sagt auch, dass die Methode **dynamisch oder spät gebunden** wird.

Methoden, die `private`, `static` oder `final` sind, können vom Compiler **statisch** oder **früh gebunden** werden. Alle anderen Methoden werden **dynamisch** oder **spät gebunden**.

11.5 Verträge

Entwurf durch Verträge (engl. **Design by Contract**) wurde von Bertrand Meyer, dem Entwickler der Programmiersprache Eiffel, als Entwurfstechnik eingeführt. Diese Technik wurde im Falle von Eiffel in einer konkreten Programmiersprache umgesetzt, stellt aber ein allgemeingültiges Prinzip dar, das beim objektorientierten Entwurf unabhängig von der jeweiligen objektorientierten Programmiersprache eingesetzt werden kann.

Eine Klasse besteht nicht nur aus Methoden und Datenfeldern – eine Klasse wird benutzt von anderen Klassen, hier Kunden genannt, und hat damit Beziehungen zu all ihren Kunden. Das Konzept "Design by Contract" sieht diese Beziehungen als eine formale Übereinkunft zwischen den beteiligten Partnern an und definiert präzise, unter welchen Umständen ein korrekter Ablauf des Programms erfolgt.

Worum es hier vor allem geht, ist, dass sich beim **Aufruf einer Methode der Aufrufer und die aufgerufene Methode gegenseitig aufeinander verlassen können**. Die Beziehung zwischen Aufrufer und aufgerufener Methode kann man formal als einen **Vertrag einer Methode** bezeichnen, der nicht gebrochen werden darf, da ansonsten eine Fehlersituation entsteht. Bei einem Vertrag haben in der Regel **beide Seiten Rechte und Pflichten**. So wie im Alltag ein Vertrag die Beziehungen zwischen Vertragsparteien (Personen, Organisationen) regelt, beschreibt ein **Vorbedingungs-Nachbedingungs-Paar** den Vertrag einer Methode mit ihrem Kunden, dem Aufrufer.

Solange bei der Ableitung von einer Basisklasse der Vertrag der Basisklasse in einer Unterklasse nicht gebrochen wird, ist es möglich, den für die Basisklasse geschriebenen Code auch für die Unterklassen, die eventuell erst später erfunden werden, zu verwenden.

Kann in einem Programm das Protokoll einer abgeleiteten Klasse anstelle des Protokolls der Basisklasse verwendet werden, da der Vertrag der Basisklasse nicht verletzt wird, so kann im Quellcode ein Objekt der abgeleiteten Klasse an die Stelle eines Objektes der Basisklasse treten. Zusätzliche Protokolle der abgeleiteten Klasse werden nicht angesprochen.

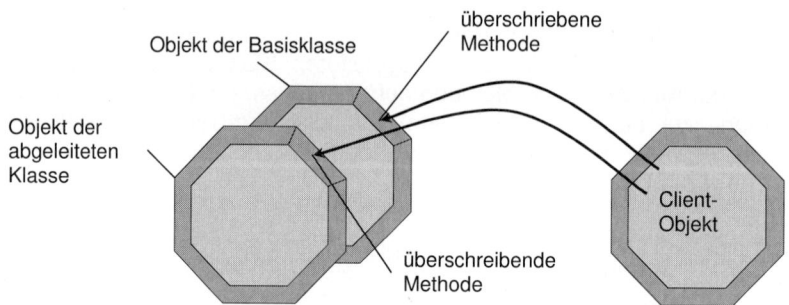

Bild 11-23 Liskov Substitution Principle

Das Client-Objekt bemerkt den "Objekt-Tausch" nicht, solange der Vertrag nicht gebrochen wird.

11.5.1 Zusicherungen

Allgemein werden nach Bertrand Meyer **Verträge** spezifiziert durch so genannte **Zusicherungen**. Eine Zusicherung ist ein Boolescher Ausdruck, der niemals falsch werden darf.

Entwurf durch Verträge verwendet drei verschiedene Arten von Zusicherungen:

- **Vorbedingungen**,
- **Nachbedingungen**
- und **Invarianten**.

Betrachtet werde nun ein Programmcode A, welcher den Zustand eines Programms von einem Zustand P vor der Abarbeitung seiner Anweisungen in den Zustand Q nach der Ausführung seiner Anweisungen überführt. Ein Zustand eines Programms ist dabei gegeben durch die aktuellen Werte aller Variablen zu einem bestimmten Zeitpunkt. Stellt P eine Vorbedingung dar, was bedeutet, dass die aktuellen Datenwerte einen korrekten Ablauf des Programmcodes A ermöglichen, so ist der Programmcode A korrekt, wenn der Zustand Q der Spezifikation entspricht. Dieser Umstand kann auch formal über das Hoare-Kalkül

{P} A {Q}   (Hoare-Tripel)

ausgedrückt werden. Hierbei ist P die Vorbedingung, A die auszuführende Anweisung bzw. der auszuführende Programmcode und Q die sogenannte Nachbedingung, d.h. der korrekte Zustand nach der Ausführung von A. Wenn die Vorbedingung P erfüllt ist, dann muss A in einen Zustand terminieren, der Q entspricht. Dann und nur dann ist A korrekt.

Der **Vertrag einer Methode** umfasst die Vor- und Nachbedingungen einer Methode.

Eine **Vorbedingung P (Precondition)** stellt die Einschränkungen dar, unter denen eine Methode korrekt funktioniert. So darf beispielsweise eine Methode push(), die ein Element auf einem Stack ablegt, nicht aufgerufen werden, wenn der Stack voll ist, genauso wenig wie eine Methode pop(), die ein Element von einem Stack abholen soll, aufgerufen werden darf, wenn kein Element mehr auf dem Stack ist.

Eine Vorbedingung stellt eine Pflicht für einen Aufrufer dar, sei es, dass der Aufruf innerhalb der eigenen Klasse erfolgt oder von einem Kunden. Ein korrekt arbeitendes System führt nie einen Aufruf in einem Zustand durch, der nicht die Vorbedingung der gerufenen Methode erfüllen kann. Eine Vorbedingung bindet also einen Aufrufer. Die **Vorbedingung** definiert die Bedingungen, unter denen ein Aufruf zulässig ist. Sie stellt eine **Pflicht für den Aufrufer** dar und einen **Nutzen für den Aufgerufenen**. Ist die Vorbedingung verletzt, so ist der Aufgerufene nicht an die Nachbedingung gebunden und kann machen, was er will. Zum Beispiel kann die Verletzung der Vorbedingung einen Programmabsturz verursachen.

Eine **Nachbedingung Q (Postcondition)** stellt den korrekten Zustand nach dem Aufruf einer Methode dar. So kann nach dem Aufruf von push() der Stack nicht leer sein und die Zahl der Elemente auf dem Stack muss um 1 höher sein als vor dem Aufruf der Methode. Umgekehrt kann nach dem Aufruf von pop() der Stack leer sein, wobei die Zahl der Elemente auf dem Stack um 1 geringer sein muss als vor dem Aufruf.

Eine Nachbedingung bindet eine Methode einer Klasse. Die Nachbedingung stellt die Bedingung dar, die von der Methode eingehalten werden müssen. Die **Nachbedingung** ist eine **Pflicht für den Aufgerufenen** und ein **Nutzen für den Aufrufer**. Mit der Nachbedingung wird garantiert, dass der Aufrufer nach Ausführung der Methode einen Zustand mit korrekten Eigenschaften vorfindet, natürlich immer unter der Voraussetzung, dass beim Aufruf der Methode die Vorbedingung erfüllt war.

Wichtig ist, dass kein redundanter Code geschrieben wird. Das wäre zu fehlerträchtig und außerdem nicht performant. Es gilt somit das **single source-Prinzip**. Die Vorbedingung muss stets vom Aufrufer geprüft werden und keinesfalls vom Aufgerufenen. Umgekehrt muss die Einhaltung der Nachbedingung stets vom Aufgerufenen überwacht werden. Der Aufrufer darf die Prüfung der Nachbedingung nicht durchführen.

Wie bei einem guten Vertrag im täglichen Leben haben also Aufrufer und Aufgerufener Pflichten und Vorteile. Der Aufrufer hat die Pflicht, den Aufgerufenen korrekt aufzurufen. Damit hat der Aufgerufene den Vorteil, dass er in einer korrekten Umgebung abläuft.

Der Aufgerufene wiederum hat die Pflicht, korrekte Werte zurückzugeben. Diese Pflicht des Aufgerufenen ist der Vorteil des Aufrufers, da er korrekte Werte erhält.

Invarianten beziehen sich nicht auf eine einzelne Methode. Invarianten beziehen sich immer das gesamte Objekt. Eine Invariante muss also für jedes einzelne Objekt erfüllt sein, damit ein System korrekt arbeitet oder in einem korrekten Zustand ist.

Da die Invarianten von allen Methoden einer Klasse, die von einem Kunden aufgerufen werden können, eingehalten werden müssen, um die Korrektheit zu gewährleisten, spricht man auch von **Klasseninvarianten**.

Eine **Invariante** ist eine Zusicherung bezüglich einer Klasse. Es soll dazu eine Klasse `Polygon` betrachtet werden. Ein Polygon besteht aus mindestens drei Eckpunkten, die mit geraden Linien verbunden sind. Somit besitzt die Klasse `Polygon` die Klasseninvariante, dass die Anzahl der aggregierten Punkte – die Punkte können beispielsweise durch die Klasse `Punkt` repräsentiert werden – mindestens drei betragen muss, damit ein Körper ein Polygon ist. Diese Eigenschaft gilt für die gesamte Klasse und nicht individuell nur für eine einzelne Methode. Sie ist damit eine Klasseneigenschaft im Gegensatz zu Vor- und Nachbedingungen, die einzelne Methoden charakterisieren.

Eine Invariante muss gelten vor Aufruf einer Methode und nach dem Aufruf einer Methode durch einen Kunden. Eine Invariante kann temporär verletzt werden während der Ausführung einer Methode oder beim Aufruf von Service-Methoden, die nicht außerhalb der Klasse sichtbar sind – also nicht exportiert werden. Dies stellt kein Problem dar, da die Invariante dem Kunden erst nach Ausführung einer exportierten Methode wieder zur Verfügung steht. Nach Ausführung einer exportierten Methode muss die Klasseninvariante wieder eingehalten sein. So hat zum Beispiel eine Klasse `Quadrat` – die Quadrate auf dem Bildschirm zeichnen, verschieben, drehen und skalieren kann – die Invariante, dass vor und nach dem Aufruf einer der Methoden `zeichne()`, `verschiebe()`, `drehe()` und `skaliere()` alle Seiten des Quadrats gleich lang sind und jeder Winkel ein rechter Winkel ist. Innerhalb der Methode `verschiebe()` kann aber temporär erst ein Teil der Eckpunkte verschoben sein, sodass temporär gar kein Quadrat vorliegt.

Eine Klasseninvariante muss vor und nach dem Aufruf einer nach außen sichtbaren Methode eingehalten sein.

Werden Methoden intern aufgerufen, wird eine Invariante nicht geprüft. Wenn Methoden von außen aufgerufen werden, wird in der Regel die Invariante überprüft, um sich der Korrektheit zu vergewissern.

Der **Vertrag einer Klasse** umfasst die Verträge der Methoden und die Invarianten. Werden verschiedenen Kunden einer Klasse jedoch verschiedene Leistungen der Klasse zur Verfügung gestellt, so ordnet man die Verträge der Methoden in verschiedene Verträge der Klasse jeweils mit dem entsprechenden Kunden ein.

11.5.2 Einhalten der Verträge bei der Vererbung

Leitet wie in Bild 11-24 gezeigt eine Klasse B von einer Klasse A ab, so müssen beim Überschreiben der Methoden bestimmte Regeln eingehalten werden. Die abgeleitete Klasse muss auch die Invarianten ihrer Basisklasse beachten. Auch hierfür gelten Regeln, die in den folgenden zwei Kapiteln vorgestellt werden.

11.5.2.1 Regeln für das Einhalten der Methodenverträge

Beim Überschreiben von Methoden dürfen die Verträge nicht gebrochen werden. Überschreibende Methoden dürfen die Vorbedingung der überschriebenen Methode nur aufweichen und nicht verschärfen, da sonst ein Aufrufer damit nicht fertig werden würde.

Überschreibende Methoden dürfen Nachbedingungen nur verschärfen, da mit aufgeweichten Nachbedingungen ein Aufrufer nicht leben könnte.

Im Folgenden soll die Vererbungshierarchie aus Bild 11-24 betrachtet werden:

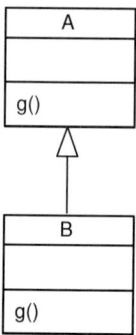

Bild 11-24 Überschreiben der Methode g()

Die Klasse B sei von der Klasse A abgeleitet und soll die Methode g() aus A überschreiben. Aufrufer von g() sei eine Methode f() in einer Klasse C. Die Methode
f() soll die folgende Aufrufschnittstelle besitzen: f (A a). Mit anderen Worten: an
f() kann eine Referenz auf ein Objekt der Klasse A oder eine Referenz auf ein
Objekt der abgeleiteten Klasse B übergeben werden.

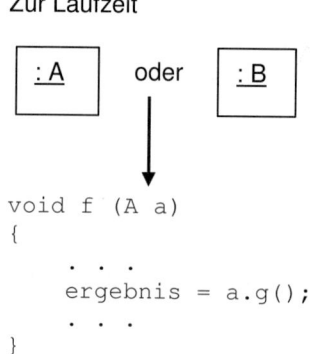

Bild 11-25 Eine Methode f() *akzeptiert Referenzen auf Objekte vom Typ* A *und Typ* B

Der Kunde f() kann zur Laufzeit nicht wissen, ob ihm eine Referenz auf ein Objekt
der Klasse A oder der Klasse B übergeben wird. Dem Kunden f() ist auf jeden Fall
nur die Klasse A bekannt und daran richtet er sich aus! Also kann f() **nur** den
Vertrag der Methode g() **aus** A **beachten.** f() stellt also die Vorbedingungen für
g() aus A sicher und erwartet im Gegenzug, dass g() aus A seine Nachbedingungen erfüllt.

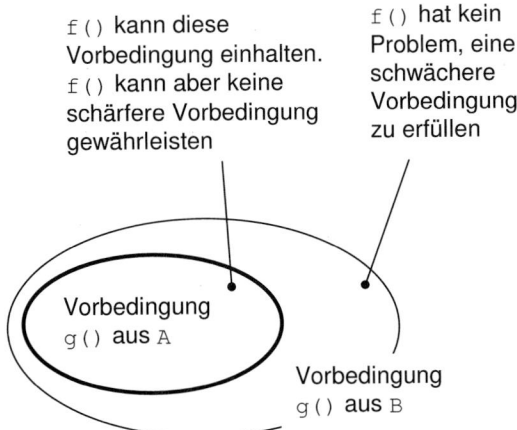

Bild 11-26 Aufweichen einer Vorbedingung in einer abgeleiteten Klasse

Wie im täglichen Leben auch, darf ein Vertrag übererfüllt, aber nicht verletzt werden! Dies hat zur Konsequenz, dass g() aus B die **Vorbedingungen nicht verschärfen** kann, denn darauf wäre der Kunde f() überhaupt nicht eingerichtet. g() aus B darf **aber** die **Vorbedingungen aufweichen**, wie in Bild 11-26 gezeigt wird. Dies stellt für f() kein Problem dar, denn aufgeweichte Vorbedingungen kann f() sowieso mühelos einhalten.

In entsprechender Weise liegt es auf der Hand, dass g() aus B die Nachbedingungen nicht aufweichen darf, denn der Kunde f() erwartet die Ergebnisse in einem bestimmten Bereich. Auf einen breiteren Bereich wäre der Kunde nicht eingerichtet, was im Bild 11-27 verdeutlicht wird.

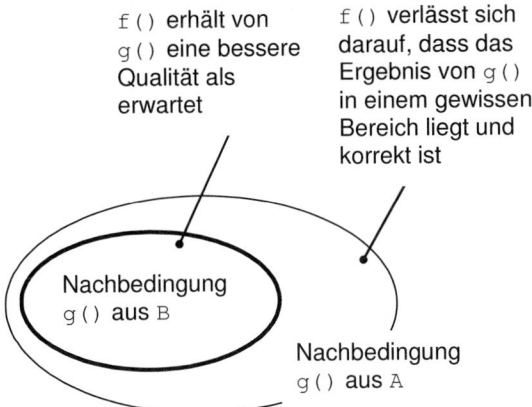

Bild 11-27 Verschärfen einer Nachbedingung in einer abgeleiteten Klasse

Eine Methode einer abgeleiteten Klasse darf:

- eine **Nachbedingung nicht aufweichen**, d.h. wenn eine Methode z.B. einen Rückgabewert vom Typ int hat und garantiert, dass sie nur Werte zwischen 1 und 10 liefert, so darf die überschreibende Methode keine Werte außerhalb dieses Bereichs liefern.

- eine **Vorbedingung nicht verschärfen**, d.h. wenn eine Methode z.B. einen formalen Parameter vom Typ int spezifiziert, und einen gültigen Wertebereich zwischen 1 und 10 hat, so darf die überschreibende Methode diesen Wertebereich nicht einschränken.

11.5.2.2 Regeln für das Einhalten der Gültigkeit von Klasseninvarianten

Beim Erweitern einer Klasse muss darauf geachtet werden, dass die von ihr ableitenden Klassen die Gültigkeit der Klasseninvarianten der Basisklasse nicht verletzen. Da eine Sohnklasse immer einen Vateranteil enthält, muss sichergestellt werden, dass der Vateranteil nach wie vor korrekt arbeitet. Aus diesem Grund gilt bei der Vererbung die Regel, dass sich die Invarianten einer abgeleiteten Klasse aus der Booleschen UND-Verknüpfung der Invarianten der Basisklasse und der in ihr definierten Invarianten ergeben. Ein Client, der ausschließlich mit Referenzen auf Objekte der Basisklasse arbeitet, kommt nur mit der Invariante der Vaterklasse klar. Tritt an die Stelle eines Objekts einer Basisklasse ein Objekt einer abgeleiteten Klasse, so darf dieses Objekt die Invarianten der Basisklasse nicht verletzen, da der Client nicht damit zurecht kommen würde.

Betrachten wir hierzu wieder das in Kap. 11.5.1 beschriebene Beispiel der Klasse Polygon, dessen Invariante für die Anzahl an aggregierten Eckpunkten "mindestens drei Punkte" lautet. Von der Klasse Polygon leitet nun die Klasse Rechteck ab. Das Rechteck definiert nun eine Invariante für die Anzahl der aggregierten Punkte, welche lautet: "genau vier Punkte". Mit anderen Worten, ein Objekt der Klasse Rechteck muss genau vier Objekte vom Typ Punkt aggregieren, damit es ein regelgerechtes Rechteck darstellt. Die Invariante des Vaters aus Client-Sicht ist dadurch nicht verletzt. Wenn dem Client nun eine Referenz auf ein Objekt der Klasse Rechteck zugewiesen wird, so kann er mit diesem Rechteck ohne Probleme arbeiten. Denn er weiß, dass die Klasseninvariante von Polygonen "mindestens drei Punkte" lautet. Ein Rechteck hat genau vier Punkte, also auch mindestens drei. Die Boolesche UND-Verknüpfung

"mindestens drei Punkte" && "genau vier Punkte"

hat den Wahrheitswert TRUE. Somit wurde die Invariante der Basisklasse Polygon von der abgeleiteten Klasse Rechteck nicht verletzt.

Die Invarianten einer Klasse ergeben sich aus der Booleschen UND-Verknüpfung der in ihr definierten Invarianten und der Invarianten, die in der Vaterklasse definiert sind.

11.5.3 Klassen als Übergabetypen und Rückgabetypen

Aufweichen bedeutet im Zahlenraum einen größeren Wertebereich, Verschärfen bedeutet im Zahlenraum einen schmäleren Wertebereich.

Verschärfung bedeutet Spezialisierung. Aufweichen bedeutet Generalisierung. Handelt es sich bei einem Übergabeparameter um ein Objekt statt um eine Zahl, so ist eine Verschärfung nicht erlaubt, sondern nur ein Aufweichen (Generalisieren). Beim Überschreiben einer Methode darf der Typ eines Übergabeparameters durch eine Basisklasse des Übergabeparameters ersetzt werden. Damit hat ein Kunde kein Problem, denn nach dem Liskov Substitution Principle kann ein Objekt einer abgeleiteten Klasse stets an die Stelle eines Objektes einer Basisklasse treten. Würde die überschreibende Methode an die Stelle der Klasse des Übergabe-parameters eine abgeleitete Klasse (Spezialisierung) setzen, so hätten die Client-Programme Schwierigkeiten, da sie solche Objekte nicht liefern könnten.

Beim Rückgabewert kann man beim Überschreiben verschärfen, denn das macht den Client-Programmen nichts aus. Verschärfen bedeutet Spezialisierung und Spe-zialisierung bedeutet in der Objektorientierung die Bildung eines Subtyps durch Ableitung. Wird in der überschreibenden Methode ein Subtyp des ursprünglichen Typs zurückgegeben, so macht das nichts aus, denn beim Aufrufer tritt dann an die Stelle eines Objektes der Basisklasse ein Objekt einer abgeleiteten Klasse. Und dies ist nach dem Liskov Substitution Principle möglich.

> Beim Überschreiben einer Methode dürfen die Übergabepara-meter nur durch den Typ einer Klasse ersetzt werden, die im Vererbungsbaum weiter oben steht. Bei den Übergabepara-metern ist nur eine Generalisierung erlaubt.
>
> Der Rückgabewert darf beim Überschreiben einer Methode nur verschärft werden. Die überschreibende Methode darf nur den Typ einer Klasse zurückgeben, die im Vererbungsbaum weiter unten steht.

11.5.4 Einhalten von Verträgen bei Rückgabewerten

Das folgende Programm greift das Beispiel des Waren-Management-Systems aus Kapitel 11.4.2 auf. Die dort vorhandene Klasse `Ware` wird in Klasse `Ware2` umbe-nannt und um die Methode `void stueckzahlVerringern (int anzahl)` zum Auslagern von Waren erweitert. Weiterhin wird eine Klasse `VerderblicheWare` von `Ware2` abgeleitet. Die in Kapitel 11.4.2 vorhandene Klasse `Warenlager` wird in Klasse `Warenlager2` umbenannt und ebenfalls um zusätzliche Funktionen erwei-tert. Weiterhin wird von `Warenlager2` eine Klasse `VerderblichesWarenlager` abgeleitet. Die Klasse `Test10` dient zum Testen des neuen Waren-Management-Systems.

Es wird nun die Situation betrachtet, dass ein Client-Programm eine Methode `methode()` für ein Objekt einer `Klasse1` aufruft, die in der von `Klasse1` abgeleiteten `Klasse2` überschrieben wird. Der Rückgabetyp der überschreibenden Methode soll ein Subtyp des Rückgabetyps der überschriebenen Methode sein.

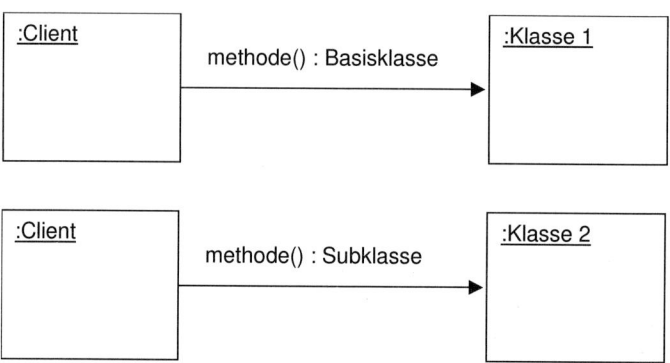

Bild 11-28 Subtyp als Rückgabetyp beim Überschreiben

Im folgenden Programm ist die Klasse `Test10` die Client-Klasse. Die Klasse `Klasse1` wird repräsentiert durch die Klasse `Warenlager2`. Die Klasse `Klasse2` wird repräsentiert durch die Klasse `VerderblichesWarenlager`, die von der Klasse `Warenlager2` abgeleitet wird.

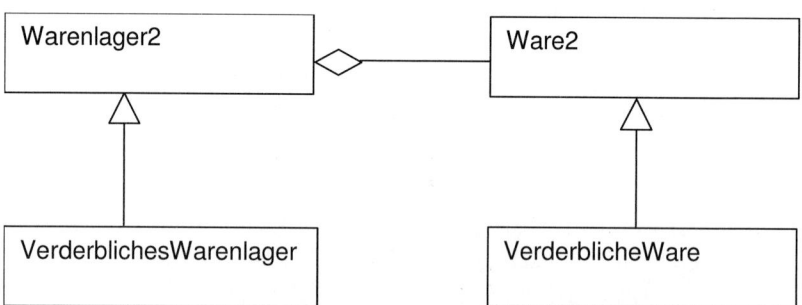

Bild 11-29 Klassenhierarchie für die Implementierung

Wie aus Bild 11-29 ersichtlich ist, kann die Klasse `VerderblichesWarenlager` wie `Warenlager2` verderbliche und nicht verderbliche Waren enthalten, hat aber spezielle Methoden für verderbliche Waren. Überschrieben wird in der Klasse `VerderblichesWarenlager` die Methode `entnehmen()`. In der Klasse `Warenlager2` lautet der Methodenkopf:

Ware2 `entnehmen (String warenname)`

In der Klasse `VerderblichesWarenlager` lautet der überschreibende Methodenkopf:

VerderblicheWare `entnehmen (String warenname)`

Der Rückgabetyp der überschreibenden Methode ist also ein Subtyp des Rückgabetyps der überschriebenen Methode. Hier nun das Programm:

```java
// Datei: Ware2.java

public class Ware2
{
   protected int warenId;
   protected String name;
   protected float preis;
   protected int anzahl;

   protected static int aktuelleNummer = 0;

   Ware2 (String name, float preis)
   {
      warenId = aktuelleNummer++;
      this.name = name;
      this.preis = preis;
      anzahl = 0;
   }

   int getWarenId()
   {
      return warenId;
   }

   String getName()
   {
      return name;
   }

   void stueckzahlErhoehen (int anzahl)
   {
      this.anzahl += anzahl;
   }

   void stueckzahlVerringern (int anzahl)
   {
      this.anzahl -= anzahl;
   }

   int getAnzahl()
   {
     return anzahl;
   }

   void setAnzahl(int zahl)
   {
     anzahl = zahl;
   }

   void print()
   {
      System.out.println ("ID: " + warenId +
                          " Bezeichnung: " + name +
                          " Anzahl: " + anzahl);

   }
}
```

Eine `VerderblicheWare` ist eine `Ware2` mit einer maximalen Lagertemperatur.

```java
// Datei: VerderblicheWare.java

public class VerderblicheWare extends Ware2
{
   private double maxLagerTemperatur;

   VerderblicheWare (String name,
                     float preis,
                     double maxLagerTemperatur)
   {
      super (name, preis);
      this.maxLagerTemperatur = maxLagerTemperatur;
   }

   void print()
   {
      super.print();
      System.out.println ("maximale Lagertemperatur " +
         maxLagerTemperatur);
   }
}
```

Die Klasse `Warenlager2` enthält Waren. Natürlich können dort auch verderbliche Waren eingelagert werden, da nach dem Liskov Substitution Principle stets ein Objekt einer abgeleiteten Klasse an die Stelle eines Objektes einer Basisklasse treten kann. Allerdings ist dort die Erweiterung der Waren zu verderblichen Waren nicht sichtbar (wegen Cast).

```java
// Datei: Warenlager2.java

public class Warenlager2
{
   protected Ware2[] arr;

   protected Warenlager2()
   {
   }

   protected Warenlager2 (int max)
   {
      arr = new Ware2 [max];
   }

   // Die Methode aufnehmen() kann neue, noch nicht im Lager enthal-
   // tene Waren aufnehmen. Sie kann aber auch zu einer schon im
   // Lager vorhandenen Ware die Anzahl der vorhandenen Elemente
   // erhöhen. Das Array wird beginnend vom Index 0 ab gefüllt.
   // Die freien Array-Elemente zeigen auf die null-Referenz.
   int aufnehmen (Ware2 ref, int anzahl)
   {
      // Prüfen, ob die Ware schon vorhanden ist.
      for (int i = 0; i < arr.length; i++)
      {
```

```
            if ((arr [i] != null) &&
                (ref.getWarenId() == arr [i].getWarenId()))
            {
                ref.stueckzahlErhoehen (anzahl);
                return 1;
            }
        }

        // Ware ist noch nicht vorhanden
        if (arr [arr.length - 1] != null)
        {
            return -1;              // Warenlager voll!
        }
        else
        {
            for (int i = 0; i < arr.length; i++)
            {
                if (arr [i] == null) // Erstes freies Feld gefunden. Die
                {                    // Die Ware ist somit noch nicht
                                     // vorhanden.
                    arr [i] = ref;
                    arr [i].stueckzahlErhoehen (anzahl);

                    break;
                }
            }
            return 1;
        }
    }

    // Die Methode entnehmen entnimmt 1 Exemplar einer Ware
    Ware2 entnehmen (String warenname)
    {
        Ware2 tmp = null;
        boolean gefunden = false;
        for (int i = 0; i < arr.length; i++)
        {
            if ((arr [i] != null) &&
                ((arr[i].getName()).equals (warenname)))
            {
                gefunden = true;

                if (arr[i].getAnzahl() >= 1)
                {
                    arr[i].stueckzahlVerringern (1);
                    tmp = arr[i];
                    tmp.setAnzahl(1);
                }
                else
                {
                    System.out.println (
                        "Ware nicht in ausreichender Anzahl am Lager");
                }
            }
        }
    }
```

```
         if (gefunden == false)
         {
            System.out.println ("Gesuchte Ware " + warenname +
               " ist nicht im Lager");
         }
         return tmp;
      }

   void print()
   {
      for (int i = 0; i < arr.length && arr [i] != null; i++)
      {
         arr [i].print();
      }
   }
}


// Datei: VerderblichesWarenlager.java

public class VerderblichesWarenlager extends Warenlager2
{
   public VerderblichesWarenlager (int max)
   {
      super (max);
   }

   // gibt nur verderbliche Waren aus
   void verderblicheWarenAusgeben ()
   {
      VerderblicheWare ref = null;
      for (int i = 0; i < arr.length && arr[i] != null; i++)
      {
         // Der Operator instanceof test, ob die Referenezvariable,
         // welche in arr [i] gespeichert ist, vom Typ
         // VerderblicheWare ist.
         if (arr[i] instanceof VerderblicheWare)
         {
            ref = (VerderblicheWare) arr[i];
         }
         else
         {
            ref = null;
         }
         if (ref != null)
         {
            ref.print();
         }
      }
   }

   // Die Methode entnehmen() entnimmt 1 Exemplar einer
   // verderblichen Ware. Ist die Ware nicht im Lager oder
   // nicht verderblich, wird null zurückgegeben.
   VerderblicheWare entnehmen (String warenname)
   {
      VerderblicheWare tmp = null;
      boolean gefunden = false;
```

```
      for (int i = 0; i < arr.length; i++)
      {
         if ((arr [i] != null) &&
             ((arr[i].getName()).equals (warenname)))
         {
            gefunden = true;
            if (arr[i].getAnzahl() >= 1)
            {
               arr[i].stueckzahlVerringern (1);

               // Der Operator instanceof testet, ob die
               // Referenzvariable, welche in arr [i] gespeichert
               // ist, vom Typ VerderblicheWare ist.
               if (arr[i] instanceof VerderblicheWare)
               {
                  tmp = (VerderblicheWare) arr[i];
                  tmp.setAnzahl(1);
               }
               else
               {
                  System.out.println ("Ware " + warenname +
                     " ist nicht verderblich");
               }
            }
            else
            {
               System.out.println (
                  "Ware nicht in ausreichender Anzahl am Lager");
            }
         }
      }
      if (gefunden == false)
      {
         System.out.println ("Gesuchte Ware " + warenname +
            " ist nicht im Lager");
      }
      return tmp;
   }
}

// Datei: Test10.java

public class Test10
{
   public static void main (String[] args)
   {
      Warenlager2 lager = new VerderblichesWarenlager (4);

      VerderblicheWare vRef =
         new VerderblicheWare ("Milch", .99f, 6.0);
      Ware2 wareref = new Ware2 ("Seife", .79f);

      lager.aufnehmen (vRef, 500);
      lager.aufnehmen (wareref, 300);
      lager.aufnehmen (wareref, 300); // Lagerbestand erhöhen
      lager.print ();
```

```
VerderblichesWarenlager lager2 =
    (VerderblichesWarenlager) lager;
System.out.println();
System.out.println ("Aufruf von verderblicheWarenAusgeben()");
lager2.verderblicheWarenAusgeben();
System.out.println();
System.out.println ("Aufruf von lager.print()");
lager.print();
System.out.println();
System.out.println (
                    "Test der Rückgabewerte von entnehmen():");

Ware2 ware = lager.entnehmen ("Seife");
if (ware != null)
{
    System.out.println ("Die folgende Ware wurde entnommen:");
    ware.print();
}

Ware2 ware2 = lager.entnehmen ("Milch");
if (ware2 != null)
{
    System.out.println ("Die folgende Ware wurde entnommen:");
    ware2.print();
}

Ware2 ware3 = lager.entnehmen ("Rasierschaum");
if (ware3 != null)
{
    System.out.println ("Die folgende Ware wurde entnommen:");
    ware3.print();
}
    }
}
```

Die Ausgabe des Programms ist:

```
ID: 0  Bezeichnung: Milch  Anzahl: 500
maximale Lagertemperatur 6.0
ID: 1  Bezeichnung: Seife  Anzahl: 600

Aufruf von verderblicheWarenAusgeben()
ID: 0  Bezeichnung: Milch  Anzahl: 500
maximale Lagertemperatur 6.0

Aufruf von lager.print()
ID: 0  Bezeichnung: Milch  Anzahl: 500
maximale Lagertemperatur 6.0
ID: 1  Bezeichnung: Seife  Anzahl: 600

Test der Rückgabewerte von entnehmen():
Ware Seife ist nicht verderblich
Die folgende Ware wurde entnommen:
ID: 0  Bezeichnung: Milch  Anzahl: 1
maximale Lagertemperatur 6.0
Gesuchte Ware Rasierschaum ist nicht im Lager
```

11.6 Identifikation der Klasse eines Objektes

Wie Sie in den letzten Kapiteln feststellen konnten, kann es vorkommen, dass man den Typ eines Objektes nicht kennt, auch wenn man eine Referenz hat, die auf dieses Objekt zeigt. Beispielsweise kann eine Referenz vom Typ `Object` auf jedes beliebige Objekt zeigen. Um den tatsächlichen Typ eines Objektes herausfinden zu können oder um testen zu können, ob ein Objekt von einem bestimmten Typ ist, gibt es Mechanismen, die in den folgenden beiden Kapiteln vorgestellt werden. Im Anschluss an diese Kapitel werden die erlaubten Operatoren für Referenztypen vorgestellt.

11.6.1 Der instanceof-Operator

Mit dem `instanceof`-Operator kann getestet werden, ob eine Referenz auf ein Objekt eines bestimmten Typs zeigt. Dies ist dann wichtig, wenn eine Referenz vom Typ einer Basisklasse ist. Eine solche Referenz kann ja auf Objekte aller abgeleiteten Klassen zeigen. Mit Hilfe des `instanceof`-Operators lässt sich nun nachprüfen, ob das referenzierte Objekt tatsächlich vom angenommenem Typ ist. Mit dieser Erkenntnis kann dann die Referenz in den entsprechenden Typ gecastet werden. Das heißt, man kann überprüfen, ob ein expliziter Cast zulässig ist.

Die Syntax ist:

```
a instanceof Klassenname
```

Dieser Ausdruck gibt `true` zurück, wenn die Referenz `a` auf ein Objekt der Klasse `Klassenname` – bzw. auf ein Objekt, **dessen Klasse von der Klasse** `Klassenname` **abgeleitet ist** – zeigt. Betrachten Sie hierzu die Vererbungshierarchie aus Bild 11-20 mit den Klassen `Grossvater`, `Vater` und `Sohn`. Es zeigen nun Referenzen vom Typ `Object` auf Objekte aller drei Klassen:

```
Object refA = new Grossvater();
Object refB = new Vater();
Object refC = new Sohn();
```

Dann geben alle drei Ausdrücke

```
refA instanceof Grossvater
refB instanceof Grossvater
refC instanceof Grossvater
```

`true` zurück, da sowohl ein Objekt vom Typ `Vater` als auch ein Objekt vom Typ `Sohn` vom Typ `Grossvater` ist. Wird die Referenz `refB` getestet, ob sie auf ein Objekt vom Typ `Object`, `Grossvater`, `Vater` oder `Sohn` zeigt, so geben alle Vergleiche

```
refB instanceof Object
refB instanceof Grossvater
refB instanceof Vater
```

`true` zurück. Dahingegen liefert der Vergleich

```
refB instanceof Sohn
```

den Wert `false`.

Die `null`-Referenz zeigt auf kein Objekt eines bestimmten Typs, deshalb ist

```
null instanceof Klassenname
```

immer `false`. Hier ein Beispiel für die Verwendung des `instanceof`-Operators:

```
// Test, ob ein Cast zulässig ist.

if (ref instanceof Sohn)
{
    Sohn refSohn = (Sohn) ref;
    . . . . .
}
```

11.6.2 Run Time Type Identification

Run Time Type Identification (RTTI) ist die **Erkennung** des **Typs** eines Objektes **zur Laufzeit**. In Bild 11-8 wurde die Vererbungshierarchie für eine Person und einen Studenten gezeigt. Die Klasse `Student` ist dabei von der Klasse `Person` abgeleitet. Beide Klassen definieren eine Methode `print()`.

Tritt ein Objekt der Klasse `Student` als Person auf, so sind die zusätzlichen Datenfelder und Methoden der Klasse `Student` zwar nicht mehr ansprechbar, wird aber die Methode `print()` zu dem Studenten aufgerufen, der gerade in Gestalt einer Person auftritt, so wird die **überschreibende** `print()`-Methode des Studenten und **nicht die überschriebene** Methode der Person aufgerufen. Es wird also zur Laufzeit erkannt, dass die Person ja eigentlich ein Student ist.

Wie dies von der virtuellen Maschine erreicht wird, soll im Folgenden aufgezeigt werden. Als Diskussionsgrundlage sollen nicht die Klassen `Person` und `Student` dienen, sondern eine besonders einfache Klasse, die Klasse `Test11`. Die Klasse `Test11` soll nur die Instanzmethode `toString()` besitzen, eine `main()`-Methode sowie das Datenfeld `var`. Die `toString()`-Methode der Klasse `Object` wird dabei in der Klasse `Test11` überschrieben.

```
// Datei: Test11.java

public class Test11 extends Object
{
    private int var = 1;
```

```
public String toString()
{
    return Integer.toString (var);
}

public static void main (String[] args)
{
    Object ref = new Test11();
    System.out.println (ref);
}
}
```

Die Ausgabe des Programms ist:

1

Es wird – wie zu erwarten – die `toString()`-Methode der Klasse `Test11` aufgerufen und nicht die geerbte `toString()`-Methode der Klasse `Object`. Die virtuelle Maschine muss also so organisiert sein, dass dieses Verhalten möglich ist. Bekanntlich liegen die Instanzvariablen eines Objektes im Heap und die Klassenvariablen und der Bytecode für die Methoden in der Method-Area. Bis zu diesem Zeitpunkt wurde zwar schon erwähnt, dass ein jedes Objekt seine Klasse kennt, aber es wurde immer verschwiegen, wie dies realisiert ist – und dabei ist es ganz einfach. Die erste Information, die zu einem Objekt im Heap abgelegt wird, ist ein Zeiger auf die in der Method-Area liegende Klasse des Objektes. Erst dann folgen die Instanzvariablen. Bild 11-30 soll diesen Zusammenhang zeigen:

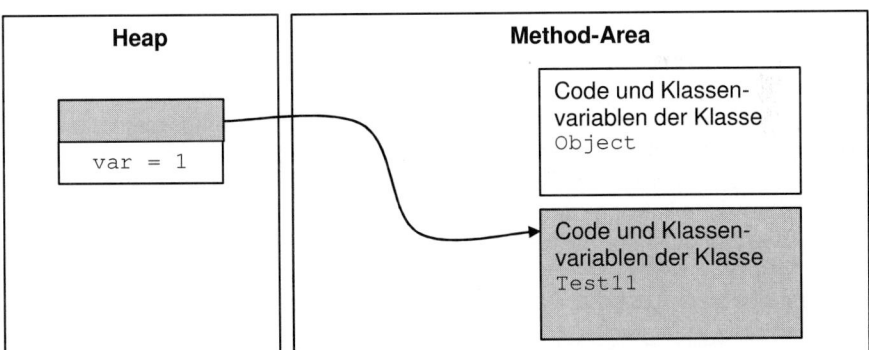

Bild 11-30 Die erste Information eines Objektes im Heap ist ein Zeiger auf die in der Method-Area liegende Klasse des Objektes

Das obige Bild ist eine vereinfachte Darstellung und soll im Folgenden vervollständigt werden. Damit es möglich wird, jedes Mal die richtige Methode aufzurufen, benötigt jede Klasse noch zusätzlich eine **Methodentabelle**. In dieser Tabelle sind die Zeiger auf die Methodenimplementierungen aller Methoden eines Typs, die dynamisch gebunden werden können, zusammengestellt. Eine mögliche Realisierung der dynamischen Bindung könnte so wie in Bild 11-31 aussehen.

Der Zeiger, der im Heap als erste Information vor den Instanzvariablen eines Objektes liegt, zeigt jetzt auf den ersten Eintrag in der Methodentabelle. Dort verweist wiederum der erste Eintrag auf den Bytecode der Klasse `Test11`. Wird eine Methode in der Klasse `Test11` überschrieben, so zeigt der Eintrag in der Methodentabelle auf die überschreibende Methode, hier also auf den Bytecode der Methode `toString()` der Klasse `Test11`. In der Methodentabelle befinden sich nur Zeiger auf die Methoden, die für die dynamische Bindung in Frage kommen. Deshalb haben private, statische oder finale Methoden keinen Eintrag in der Methodentabelle.

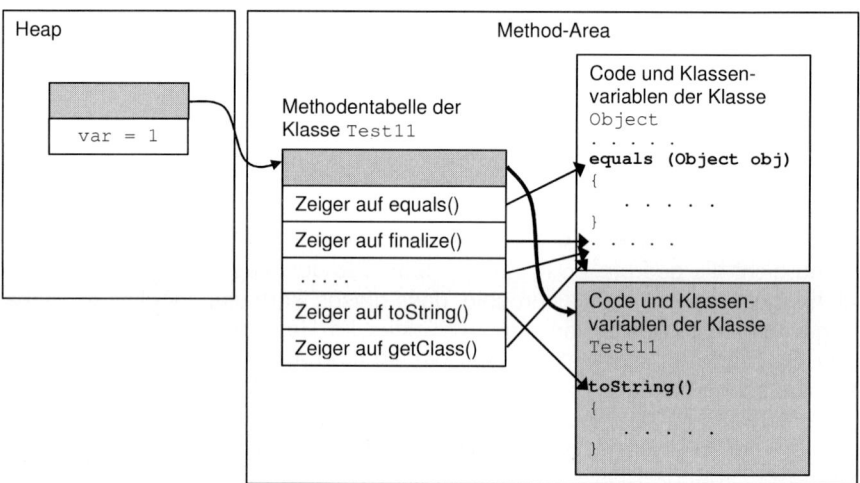

Bild 11-31 Zeiger in der Methodentabelle zeigen auf den Bytecode einer Methode

Wird nun die Methode `toString()` aufgerufen, so kommt man über den Verweis im Heap zur Methodentabelle und von dort zum Bytecode der Methode. Hierbei wird nun auch klar, dass es gar keine Rolle spielt, ob die Referenz vom Typ einer Vaterklasse ist – hier `Object` – oder ob die Referenz den genau gleichen Typ trägt wie das Objekt, auf das sie zeigt – es wird immer die gleiche Methodentabelle verwendet, egal von welchem Typ die Referenz ist. Das bedeutet, dass immer die **überschreibende** Methode des Objektes aufgerufen wird. Hierzu soll nochmals folgendes Beispiel diskutiert werden.

Die Klasse `Student` und die Klasse `Person` implementieren beide eine `print()`-Methode. Durch die folgenden beiden Aufrufe wird jeweils die `print()`-Methode der Klasse `Student` aufgerufen:

```
Student refStud = new Student();
ref.print();
```

```
Person refPers = refStud;
ref.print();
```

Dies ist auch nicht weiter verwunderlich, denn das Objekt und die zugehörige Methodentabelle in der Method-Area repräsentiert einen Studenten und keine Person, auch wenn die Referenz vom Typ `Person` ist.

> Beim Casten verändert sich nur die Sichtweise auf die zur Verfügung stehenden Methodenköpfe. Das Objekt, auf das eine Referenz zeigt und die zugehörige Methodentabelle bleiben beim Casten unverändert. Allerdings werden beim Cast auf eine Superklasse die erweiternden Methoden der abgeleiteten Klassen unsichtbar.

11.6.3 Operatoren für Referenztypen

Nachdem nun alle Operatoren, die auf Referenzen angewandt werden können, vorgestellt wurden, erfolgt hier nochmals eine übersichtliche Zusammenfassung:

- cast-Operator (siehe Kap. 11.3.1).

- instanceof-Operator (siehe Kap. 11.6.1).

- Der **Punkt-Operator** . wird auf eine Referenz angewandt, wenn ein **Datenfeld** eines Objektes **angesprochen** werden soll. Gleichermaßen findet der Punkt-Operator Anwendung, wenn über eine Referenz eine **Methode eines Objektes aufgerufen wird**.

- Der **Gleichheitsoperator** == und der **Ungleichheitsoperator** != können ebenso wie für elementare Datentypen auch für Referenztypen eingesetzt werden. Der Ausdruck ref1 == ref2 liefert dabei den **Rückgabewert** true, **wenn** ref1 **und** ref2 **auf das gleiche Objekt zeigen** und false, wenn sie auf verschiedene Objekte zeigen. Der Ungleichheitsoperator liefert genau die entgegengesetzten Ergebnisse. Im Falle von Aufzählungstypen können Aufzählungskonstanten auf Gleichheit oder Ungleichheit geprüft werden (siehe Kap. 6.6).

- Wird der Ausdruck ref1 + ref2 in einem Programmstück geschrieben, so ist dies ein gültiger Ausdruck, sofern mindestens eine der Referenzen auf ein String-Objekt zeigt. Der Operator + wird dann als **Verkettungsoperator für** String-**Objekte (String-Concatenation-Operator)** bezeichnet. Der Rückgabewert eines solchen Ausdrucks ist eine Referenz auf ein String-Objekt, das die Aneinanderreihung der String-Repräsentationen der Objekte enthält, auf die ref1 und ref2 zeigen. Die Stringrepräsentation eines Referenztyps wird erzeugt, indem die toString()-Methode des entsprechenden Objektes aufgerufen wird. Diese Methode ist bei jedem Objekt vorhanden, da sie in der Klasse Object implementiert ist. Jede Klasse hat die Möglichkeit, diese Methode zu überschreiben, um eine für die jeweiligen Objekte einer Klasse geeignete String-Repräsentation zur Verfügung zu stellen. Überschreibt eine Klasse die toString()-Methode nicht, so wird die toString()-Methode der Klasse Object aufgerufen. Der Rückgabewert dieser Methode ist der Namen der Klasse, von deren Typ das Objekt ist, gefolgt von dem Zeichen '@' und einer Nummer, welche die Identität des Objekts in codierter Form widerspiegelt.

- Beim **Bedingungsoperator** A ? B : C können die Ausdrücke B und C Referenztypen sein. Der Bedingungsoperator wurde ausführlich in Kapitel 7.6.7

behandelt. Die Bedingung A kann auch eine Referenz auf ein Objekt vom Typ
`Boolean` sein.

- Mit dem **Zuweisungsoperator** kann einer Referenzvariablen eine typkompatible
Referenz (siehe Kap. 11.3.1) oder die `null`-Referenz zugewiesen werden.

11.7 Konsistenzhaltung von Quell- und Bytecode

Der Ersteller eines Programms muss selbst darauf achten, dass der auszuführende
Bytecode nicht älter als der Quellcode seiner Klassen ist. Darauf wird im Folgenden
eingegangen. Es reicht aber überhaupt nicht aus, nur an seine eigenen Klassen zu
denken. Wenn man effizient arbeitet, verwendet man des Öfteren Basisklassen als
Ausgangspunkt für seine eigenen Klassen. Was aber, wenn die Basisklassen nach
dem Kompilieren des Programmsystems geändert werden? Zu all diesen Problemen
soll im Folgenden Stellung bezogen werden:

- Der einfachste Fall liegt vor, wenn man nur eine einzige Klasse hat. Hier ist der
Programmierer natürlich jedesmal selbst dafür verantwortlich, dass er seine
Klasse neu kompiliert, wenn er Änderungen an ihr vorgenommen hat, und die
Ausführung des neuen Codes wünscht.

- Nicht wesentlich komplizierter wird es, wenn mehrere Klassen in einer Aggregationsbeziehung zueinander stehen. Es soll folgendes Beispiel betrachtet werden:

```
// Datei: A.java

public class A
{
    private B bRef;
    // . . . . .
}

// Datei: B.java

public class B
{
    // . . . . .
}
```

Zu beachten ist, dass im Folgenden davon ausgegangen wird, dass Klassen, die
nichts miteinander zu tun haben, in jeweils unterschiedlichen Dateien liegen. Natürlich kann man die Konsistenzhaltungsprobleme auf unelegante Art und Weise
auch so lösen, dass man alle Klassen in einer einzigen Sourcecode-Datei unter-
bringt. Dies ist aber kein guter Programmierstil!

Innerhalb der Klasse A wird ein privates Datenfeld der Klasse B verwendet. Wird
nun die Klasse B verändert, so reicht es, die Klasse A neu zu kompilieren. Der
Compiler sorgt automatisch dafür, dass alle anderen Klassen, die innerhalb von
Klasse A – egal auf welche Weise – referenziert werden, neu kompiliert werden,
wenn die Sourcecode-Datei ein neueres Datum als die entsprechende Bytecode-
Datei hat. Dieser Vorgang setzt sich rekursiv fort, bis alle verwendeten Klassen mit
ihren aktualisierten `.class` Dateien vorliegen. Das klingt soweit wunderbar und

äußerst praktisch, aber dieser ganze Mechanismus gerät außer Tritt, sobald entweder mehrere Klassen in einer gemeinsamen .java-Datei zusammengefasst werden oder wenn der Name der Sourcecode-Datei nicht dem Klassennamen entspricht. Denn dann hat der Compiler keine Möglichkeit mehr, aufgrund des Klassennamens auf die entsprechende Sourcecode-Datei zu schließen, da es in diesen Fällen ja keine Namensgleichheit der Klasse mit der Sourcecode-Datei mehr gibt. Hierzu wird nochmals das obige Beispiel betrachtet:

```
// Datei: A.java

public class A
{
    private B bRef;
    . . . . .
}

// Datei: MeineKlasseB.java

class B
{
    . . . . .
}
```

Es existieren demnach die beiden Sourcecode-Dateien A.java und Meine-KlasseB.java sowie die beiden Bytecode-Dateien A.class und B.class. Werden nun beide Sourcecode-Dateien verändert und nur die Klasse A mit dem Aufruf javac A.java kompiliert, so funktioniert die rekursive Kompilierung der Klasse B nicht, da keine Sourcecode-Datei mit dem Namen B.java existiert.

> Man sollte sich am besten nie auf die rekursive Kompilierung verlassen und selbst eine Gesamtkompilierung durchführen.

- Im dritten Fall wird die Konsistenzhaltung von Quell- und Bytecode im Zusammenhang mit Vererbungshierarchien betrachtet. Hierzu soll das folgende Bild diskutiert werden.

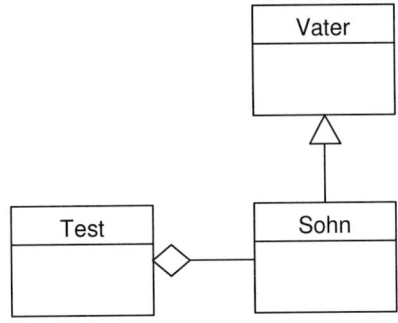

Bild 11-32 Vererbungshierarchie zur Diskussion der Konsistenzprüfung

Die Klasse Test aggregiert als Datenfeld ein Objekt der Klasse Sohn. Die Klasse Sohn ist wiederum von der Klasse Vater abgeleitet. Der Programmcode sieht hierzu folgendermaßen aus:

```
// Datei: Vater.java
public class Vater
{
   // . . . . .
}

// Datei: Sohn.java
public class Sohn extends Vater
{
   // . . . . .
}

// Datei: Test.java

public class Test
{
   private Sohn refS;

   public Test()
   {
      refS = new Sohn();
      // . . . . .
   }
   // . . . . .
}
```

Wird nun die Klasse Vater entweder an den Schnittstellen oder in den Methoden-rümpfen verändert, erfolgt ebenfalls eine Neukompilierung der Klasse Vater, wenn

```
javac Test.java
```

aufgerufen wird, obwohl der Quellcode der Klasse Sohn nicht verändert wurde. Der Programmierer kann also stets davon ausgehen, dass immer alle Quellcode-Dateien neu übersetzt werden, an denen Veränderungen vorgenommen wurden , auch wenn die veränderten Dateien nicht direkt von der neu zu übersetzenden Klasse abhängen. Das Verhalten des Compilers kann man sich veranschaulichen, wenn javac mit der Option verbose aufgerufen wird. verbose veranlasst den Compiler dazu, Informationen über seine Tätigkeiten auszugeben. Angenommen, die Klasse Vater wird wie folgt verändert:

```
// Datei: Vater.java

public class Vater
{
   // . . . . .
   public void f()      //Diese Methode wurde hinzugefügt
   {
      // Mache etwas
   }
}
```

Dann gibt der Compiler beim Aufruf

```
javac -verbose Test.java
```

folgende Informationen aus[98]:

Die Ausgabe des Programms ist:

```
[parsing started Test.java]
[parsing completed 31ms]
. . .
[loading .\Sohn.class]
[checking Test]
[loading .\Vater.java]
[parsing started .\Vater.java]
[parsing completed 0ms]
[wrote Test.class]
[checking Vater]
[wrote .\Vater.class]
[total 234ms]
```

Es ist zu erkennen, dass der Compiler alle Klassen überprüft, von welchen die Klasse Test direkt oder indirekt abhängt, also die Klassen Vater und Sohn. Die Klasse Vater wird neu übersetzt, weil sich deren Quellcode seit der letzten Übersetzung geändert hat.

11.8 Übungen

Aufgabe 11.1: Vererbung

Die Klassen Pkw und Motorrad sollen von der Klasse Fahrzeug abgeleitet werden. In der Klasse FahrzeugTest sollen die Klassen Pkw und Motorrad getestet werden. Das folgende Java-Programm enthält die Klassen Fahrzeug, Pkw, Motorrad und FahrzeugTest. Die fehlenden und zu ergänzenden Teile des Programms sind durch . . . . . gekennzeichnet. Lesen Sie zuerst die Fragen nach dem Programm, bevor Sie das Programm vervollständigen!

```
// Datei: Fahrzeug.java

import java.util.*;

class Fahrzeug
{
   private float preis;

   private String herstellerName;

   protected static Scanner scanner = new Scanner (System.in);
```

---

[98] Unwichtige Ausgaben sind durch die drei Punkt . . . ausgelassen worden.

```
    public Fahrzeug()
    {
        System.out.print("\nGeben Sie den Herstellernamen ein: ");
        herstellerName = scanner.next();

        System.out.print("Geben Sie den Preis ein: ");
        try
        {
            preis = scanner.nextFloat();
        }
        catch (InputMismatchException e)
        {
            System.out.println ("Keine gültige Preisangabe!");
            System.exit(1);
        }
    }

    public void print()
    {
        System.out.println();
        System.out.println("Herstellername   : " + herstellerName);
        System.out.println("Preis            : " + preis);
    }

    // Methode getPreis();
    . . . . .
}

// Datei: Pkw.java

class Pkw extends Fahrzeug
{
    private String fahrzeugtyp = "Pkw";
    private String modellBezeichnung;

    public Pkw()
    {
        . . . . .// Aufruf des Konstruktors
                 // der Basisklasse

        System.out.print("Geben Sie die Modellbezeichnung ein: ");
        modellBezeichnung = scanner.next();
    }

    public void print()
    {
        . . . . . .
    }
}

// Datei: Motorrad.java

class Motorrad extends Fahrzeug
{
    private String fahrzeugtyp = "Motorrad";
```

```
    public void print()
    {
        .  .  .  .  .  .
    }
}

public class FahrzeugTest
{
    public static void main (String args[])
    {
        System.out.println ("Start des Programms");

        // Anlegen eines Arrays aus 6 Fahrzeugen
        .  .  .  .  .

        // Die ersten 3 Elemente des Arrays sollen mit Pkws
        // gefüllt werden
        System.out.println();
        System.out.println ("3 Pkws");

        .  .  .  .  .

        // Die drei letzten Elemente mit Motorrädern füllen
        System.out.println();
        System.out.println ("3 Motorräder");

        .  .  .  .  .

        // Geben Sie in einer Schleife für alle Array-Elemente die
        // entsprechenden Datenfelder aus

        .  .  .  .  .

        // Ermittlung des Gesamtwerts aller Fahrzeuge

        .  .  .  .  .

        System.out.println ("\n\nGesamtwert aller Fahrzeuge: "
                                + summe);
    }
}
```

a) Schreiben Sie die Methode `getPreis()` der Klasse `Fahrzeug`.

b) Vervollständigen Sie den Konstruktor der Klasse `Pkw`.

c) In der Klasse Pkw soll die Methode `print()` der Klasse `Fahrzeug` überschrieben werden. Die Methode `print()` der Klasse `Pkw` soll alle Datenfelder
eines Objektes der Klasse `Pkw` ausgeben und dabei die Methode `print()` ihrer
Basisklasse aufrufen. Ergänzen Sie die Methode `print()` der Klasse `Pkw`.
Ergänzen Sie in analoger Weise die Methode `print()` der Klasse `Motorrad`.

d) Ergänzen Sie die fehlenden Teile der Klasse `FahrzeugTest`.

Aufgabe 11.2: Reihenfolge von Konstruktoraufrufen

Die Klasse `TestKonstruktoren` soll zum Test der Reihenfolge von Konstruktoraufrufen bei abgeleiteten Klassen dienen.

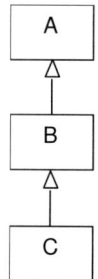

Bild 11-33 Betrachtete Klassenhierarchie

```
// Datei: TestKonstruktoren

public class TestKonstruktoren
{
   public static void main (String[] args)
   {
      System.out.println ("Exemplar von A wird angelegt");
      A aRef = new A();

      System.out.println();
      System.out.println ("Exemplar von B wird angelegt");
      B bRef = new B();

      System.out.println();
      System.out.println ("Exemplar von C wird angelegt");
      C cRef = new C();
      System.out.println();
   }
}
```

Schreiben Sie 3 Klassen A, B und C, welche jeweils nur einen Konstruktor ohne Parameter enthalten. Im Konstruktor der Klasse A soll ausgegeben werden:

```
System.out.println ("Klasse A - Konstruktor ohne Parameter");
```

Entsprechendes gilt für die Klassen B und C. Beachten Sie, dass B von A und C von B abgeleitet sein soll.

Aufgabe 11.3: Vererbungshierarchie

Ein produzierender Betrieb verwaltet seine hergestellten Produkte zurzeit mit folgenden drei Klassen:

```
public class Membranpumpe
{
   private String name;
   private int tiefe;
```

```
    private float maximalerBetriebsdruck;
    private int hoehe;
    private String membranmaterial;
    private int gewicht;
    private int maximaleFoerdermenge;
    private int breite;
}

public class Kreiselpumpe
{
    private int breite;
    private int hoehe;
    private int gewicht;
    private int anzahlSchaufeln;
    private int maximaleFoerdermenge;
    private int maximaleDrehzahl;
    private String name;
    private int tiefe;
    private float maximalerBetriebsdruck;
}

public class Auffangbecken
{
    private int tiefe;
    private int volumen;
    private int breite;
    private int gewicht;
    private String name;
    private int hoehe;
}
```

Entwickeln Sie eine passende Vererbungshierarchie, welche die gemeinsamen Attribute in Basisklassen zusammenfasst. Erweitern Sie zusätzlich alle Klassen um folgende Methoden:

- Konstruktoren, um eine einfache Initialisierung der Klassen zu ermöglichen,
- und eine Methode `print()`, um den Inhalt der Klasse auf dem Bildschirm auszugeben.

Schreiben Sie eine Testklasse, die mehrere Produkte anlegt und deren Inhalt auf dem Bildschirm ausgibt.

Aufgabe 11.4: Abstrakte Basisklasse

In dieser Übung sollen die beiden Klassen `Kreis` und `Quadrat` implementiert werden. Hierzu leiten beide Klassen von der abstrakten Basisklasse `BasisKlasse` ab und werden mit Hilfe der Klasse `TestBerechnung` getestet. Die beiden Klassen haben die Aufgabe, die Fläche und den Umfang eines Kreises bzw. Quadrats zu berechnen.

	Umfang	Fläche
Kreis	$2 \cdot \pi \cdot r$	$\pi \cdot r^2$
Quadrat	$4 \cdot a$	a^2

Eine Konstante für die Zahl π ist in der Klasse `java.lang.Math` definiert.

```java
// Datei: BasisKlasse.java

public abstract class BasisKlasse
{
   protected abstract double berechneFlaeche();
   protected abstract double berechneUmfang();

   public void print()
   {
      System.out.println ("Die Fläche beträgt: " +
                          berechneFlaeche());
      System.out.println ("Der Umfang beträgt: " +
                          berechneUmfang());
      System.out.println();
   }
}
```

```java
// Datei: TestBerechnung.java

public class TestBerechnung
{
   public static void main (String [] args)
   {
      Kreis kreisRef = new Kreis (5);
      Quadrat quadratRef = new Quadrat (10);

      kreisRef.print();
      quadratRef.print();
   }
}
```

Aufgabe 11.5: Flughafen-Projekt – Einführung von Entity-Klassen

In der vorgehenden Projektaufgabe 10.6 wurden sämtliche Informationen in einer einzigen Klasse gehalten. Die Informationen wurden dabei sehr einfach mit Werten vom Typ `int` und vom Typ `String` gehalten. Dies ist im Falle des Flughafensystems natürlich nicht ausreichend. So besitzt zum Beispiel eine Fluggesellschaft nicht nur einen Namen, sondern auch ein Strasse und einen Ort. Deshalb sollen in dieser Projektaufgabe neue Klassen – sogenannte Entity-Klassen – eingeführt werden. Ein Großteil der Arbeit wurde bereits durch das Finden dieser Klassen in der Systemanalyse in Kapitel 2.5.2 erledigt. Ein Teil dieser Entity-Klassen sollen jetzt implementiert werden. Folgendes Klassendiagramm soll erstmal einen Überblick über eine mögliche Lösung geben:

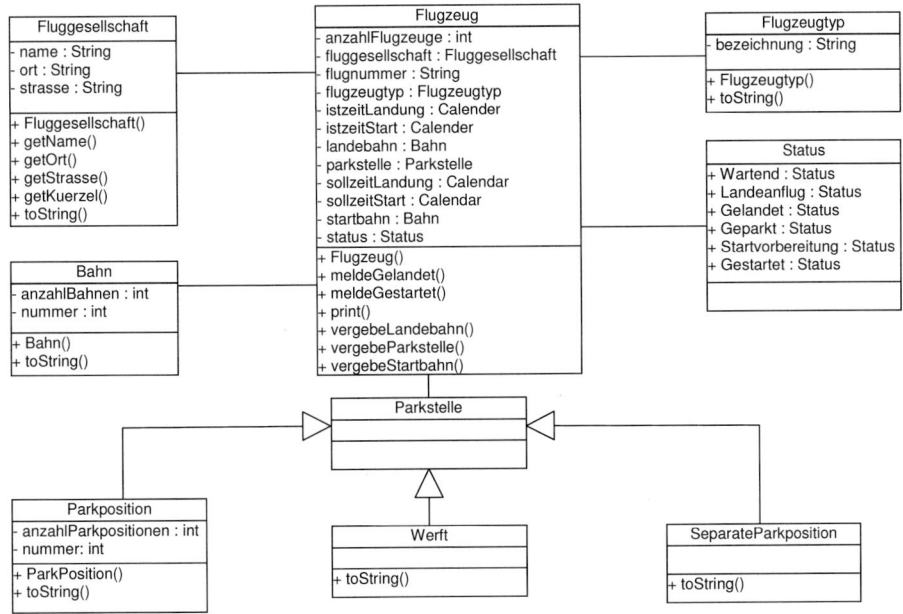

Bild 11-34 Vorschlag: Klassendiagramm

Die Klassen `Fluggesellschaft` und `Flugzeugtyp` sollten jeweils einen Konstruktor besitzen, der es ermöglicht, die einzelnen Strings zu setzen. Die Klasse
`Bahn` soll jeder erzeugten Instanz eine eindeutige Nummer vergeben. Der Aufzählungstyp `Status` definiert die unterschiedlichen Zustände, die ein Flugzeug
annehmen kann.

Die Klasse `Parkstelle` stellt eine abstrakte Klasse dar, die keine Methoden und
auch keine Instanzvariablen hält. Sie dient lediglich als gemeinsame Basisklasse für
die drei Klassen `Parkposition`, `Werft` und `SeparateParkposition`. Jede
Instanz der Klasse `Parkposition` soll eine eindeutige Nummer erhalten.

Für das Halten der Ist- und Sollzeiten soll die Klasse `java.util.Gregorian-`
`Calendar` verwendet werden. Diese Klasse wurde bereits in Kapitel 11.4.2 verwendet. Zum Einlesen einer Uhrzeit von der Tastatur können Sie die Klasse `Abfrage`
um folgende Methode erweitern:

```
public static java.util.Calendar abfrageUhrzeit (String frage)
{
    java.text.SimpleDateFormat formatter;
    formatter = new java.text.SimpleDateFormat ("HH:mm");
    try
    {
        java.util.Date date;
        date = formatter.parse (abfrageString (frage + " (HH:mm):"));
        java.util.Calendar calendar =
                        new java.util.GregorianCalendar();
        calendar.setTime (date);
        return calendar;
    }
```

```
    catch (java.text.ParseException e)
    {
       System.out.println ("Bitte eine gültige Uhrzeit eingeben!");
       return abfrageUhrzeit (frage);
    }
}
```

Kapitel 12

Pakete

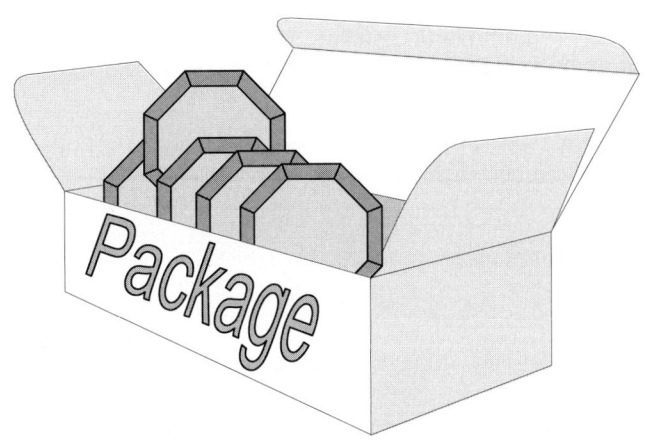

12.1 "Programmierung im Großen"
12.2 Pakete als Entwurfseinheiten
12.3 Erstellung von Paketen
12.4 Benutzung von Paketen
12.5 Paketnamen
12.6 Gültigkeitsbereich von Klassennamen
12.7 Zugriffsmodifikatoren
12.8 Übungen

12 Pakete

12.1 "Programmierung im Großen"

Eine moderne Programmiersprache soll das **Design** (den Entwurf) eines Programms unterstützen. Hierzu sind Sprachmittel erforderlich, die es erlauben, ein Programm in **Programmeinheiten** zu unterteilen, um das Programm übersichtlich zu strukturieren. Man spricht bei solchen Sprachmitteln auch vom "Programmieren im Großen".

Programmeinheiten sind **grobkörnige Teile eines Programmes, die** einen **Namen tragen**.

In der klassischen Programmierung stellen das Hauptprogramm und die dazugehörigen Unterprogramme in der Form von Funktionen die einzig möglichen Programmeinheiten dar.

Programmeinheiten in Java sind:

- Klassen,
- Schnittstellen (Interfaces),
- Threads
- und Pakete.

Programmeinheiten stellen **logische Bestandteile** eines Programms im Quellcode dar.

Threads werden eingesetzt, um eine quasiparallele[99] Bearbeitung zur Laufzeit zu ermöglichen. Beachten Sie, dass Threads mit Hilfe von Klassen definiert werden (siehe Kap. 19). Programmeinheiten sind – wie schon gesagt – unter einem eigenen Namen ansprechbar.

Die **physikalisch greifbaren Bestandteile** eines Programms in Form von Quellcode sind die Dateien. Dateien, die Quellcode enthalten, sind **kompilierfähige Einheiten**. Sie können an den Compiler übergeben werden.

Kompilierfähige Einheiten werden oft auch als **Module** bezeichnet. Eine Datei kann in Java Klassen, Schnittstellen und Threads enthalten.

---

[99] **Quasiparallel** bedeutet, dass es für den Anwender nur so aussieht, als ob die Threads parallel laufen würden. Tatsächlich erhalten die verschiedenen Threads jeweils nur abwechselnd für eine gewisse Zeit den Prozessor. Ist die Wechselzeit für die Threads kurz wie z.B. 100 ms, so merkt ein interaktiver Anwender nichts von dem Wechsel.

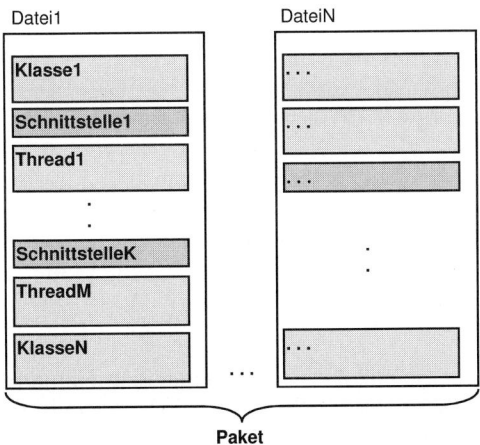

Bild 12-1 *Bestandteile eines Java-Programms*

Im Folgenden werden die Programmeinheiten kurz beschrieben:

* Eine **Klasse** implementiert einen abstrakten Datentyp und definiert die Methoden, die für diesen Datentyp zur Verfügung gestellt werden.

* Eine **Schnittstelle** ist eine **Zusammenstellung von Methodenköpfen** und **eventuell** von **Konstanten**. Implementiert eine Klasse eine Schnittstelle, so stellt sie eine konkrete Implementierung der Methoden der Schnittstelle bereit. Eine Schnittstelle spezifiziert ein **Protokoll**.

* Ein **Thread** definiert einen Bearbeitungsablauf, der parallel zu anderen Threads durchgeführt werden kann. Mehrere Threads können quasiparallel auf einem Prozessor ablaufen.

Ein **Paket** stellt eine **Klassenbibliothek** dar, die einen Namen trägt. Ein Paket kann Klassen, Threads, Schnittstellen und Unterpakete als Komponenten enthalten. Ein Paket kann aus einer oder aus mehreren Dateien bestehen.

Der Zugriff auf die Komponenten des Pakets erfolgt über den Paketnamen. Ein Paket ist auch ein Mittel zur **Strukturierung der Sichtbarkeit** von Klassen und Schnittstellen. **Klassen, Threads und Schnittstellen**, die im selben Paket liegen, haben **wechselseitig mehr Zugriffsrechte – wenn keine Zugriffsmodifikatoren** angegeben sind – **als ein außenstehender Benutzer**, der die Komponenten des Pakets benutzen will. Ein Nutzer eines Pakets kann prinzipiell nur diejenigen Teile eines Pakets nutzen, die der Ersteller des Pakets explizit zur externen Benutzung frei gegeben hat. Dies muss er mit Hilfe des Schlüsselwortes `public` zum Ausdruck bringen. Ein Paket stellt nicht nur eine **Strukturierungseinheit für die Sichtbarkeit** dar, sondern auch einen eigenen **Namensraum**. Dies bedeutet, dass ein und derselbe Name einer Komponente eines Pakets auch in einem anderen Paket vorkommen darf. Nur innerhalb desselben Pakets darf der Name nicht ein zweites Mal vorkommen.

Der Einsatz von Paketen bietet die folgenden Vorteile:

- Pakete bilden eigene Bereiche für den **Zugriffsschutz**. Mit Paketen kann man kapseln (Information Hiding).
- Jedes Paket bildet einen eigenen **Namensraum**. Damit können Namenskonflikte vermieden werden und identische Namen für Klassen bzw. Schnittstellen in verschiedenen Paketen vergeben werden.
- Pakete sind größere Einheiten für die **Strukturierung** von objektorientierten Systemen als die Klassen.

Zwei Klassen oder zwei Schnittstellen mit identischen Namen können zwar nicht in einem gemeinsamen Paket liegen, aber sehr wohl in zwei unterschiedlichen Paketen. Hierzu stelle man sich eine Klasse `Printer` vor. Einmal kann diese Klasse in einer Ausprägung zum Drucken von Grafiken im Paket `grafiken` vorhanden sein, ein zweites Mal kann eine andere Klasse `Printer` zum Ausdrucken von Dokumenten dem Paket `dokumente` angehören.

12.2 Pakete als Entwurfseinheiten

Pakete dienen dazu, die Software eines Projektes in größere inhaltlich zusammengehörige Bereiche, mit anderen Worten, in verschiedene **Klassenbibliotheken** einzuteilen. Jede Klassenbibliothek trägt einen Namen, den Paketnamen.

Pakete stellen die **gröbsten Strukturierungseinheiten** der objektorientierten Technik dar. Pakete werden im Rahmen des Entwurfs der Software konzipiert.

Da Pakete Bibliotheken darstellen und es der Übersichtlichkeit und Testbarkeit abträglich ist, wenn die Software eines Pakets die Software eines jeden anderen Pakets benutzen darf, versucht man in konkreten Projekten, eine gewisse Ordnung in die Beziehungen zwischen den Paketen zu bringen. Hierbei werden oft Schichtenmodelle derart aufgestellt, dass die in einem Paket enthaltenen Klassen nur die Klassen von Paketen in tieferen Schichten nutzen können.

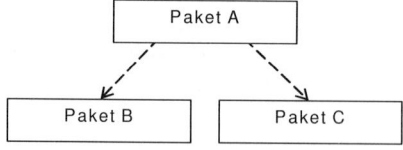

Bild 12-2 Schichtenmodell für Pakete. Der Pfeil bedeutet hier "benutzt"

Eine rekursive Benutzung (Paket A nutzt Paket B, Paket B nutzt Paket A) sollte aus Gründen der Überschaubarkeit vermieden werden.

12.3 Erstellung von Paketen

Ein Paket wird definiert, indem **alle Dateien** des Pakets mit der **Deklaration** des **Paketnamens** versehen werden. Die Deklaration eines Paketnamens erfolgt in Java mit Hilfe des Schlüsselworts `package` wie in folgendem Beispiel:

```java
// Datei: Artikel.java

package lagerverwaltung;   //Deklaration des Paketnamens

public class Artikel       //Definition der Komponente Artikel des
{                          //Pakets lagerverwaltung
   private String name;
   private float preis;

   public Artikel (String name, float preis)
   {
      this.name = name;
      this.preis = preis;
   }
   // Es folgen die Methoden der Klasse
}
```

Dabei dürfen in einer Datei der Deklaration des Paketnamens allerhöchstens Kommentare vorausgehen. Die Klasse `Artikel` gehört also zum Paket `lagerverwaltung`.

Paketnamen werden konventionsgemäß klein geschrieben.

Pakete können aus verschiedenen Quellcode-Dateien bestehen. Eine jede Übersetzungseinheit (Quellcode-Datei), die zu einem Paket gehört, muss mit derselben Paketdeklaration beginnen. Alle Programmeinheiten einer Quellcode-Datei gehören auf jeden Fall zum gleichen Paket. Daraus resultiert, dass es **für eine Datei nur eine einzige Paketdeklaration** geben darf.

Enthält eine **Datei** eine `public` **Klasse**, so muss der **Dateiname gleich** sein **wie der Name der** `public` **Klasse. Maximal eine Klasse einer Quellcode-Datei kann** `public` **sein.** Soll eine Klasse von einem anderen Paket aus nutzbar sein, so muss sie `public` sein. Ist sie es nicht, so ist sie nur innerhalb ihres eigenen Pakets als **Service-Klasse** (Hilfsklasse) verwendbar.

```java
// Datei: Lager.java
// Der Dateiname muss nicht dem Namen einer Klasse entsprechen,
// sofern keine Klasse in der Datei public ist.

package lagerverwaltung;
```

```
class Kunde
{
   private String name;
   private String vorname;
   private int kundennummer;

   public Kunde (String n, String v, int knr)
   {
      name = n;
      vorname = v;
      kundennummer = knr;
   }
   // Es folgen die Methoden der Klasse
}

class Lieferant
{
   private String lieferantenName;
   private int lieferantenNummer;

   public Lieferant (String name, int nummer)
   {
      lieferantenName = name;
      lieferantenNummer = nummer;
   }
   // Es folgen die Methoden der Klasse
}
```

In diesem Beispiel gehören die Klassen `Kunde` und `Lieferant` zum Paket `lager-verwaltung`. Keine der beiden Klassen ist `public`. Dies bedeutet, dass beide Klassen nur interne Hilfsklassen im Paket `lagerverwaltung` sind und von Klassen in anderen Paketen nicht genutzt werden können. Sie können nur von Klassen des Pakets `lagerverwaltung` verwendet werden.

Enthält eine Quellcode-Datei keine `public` Klasse, so kann der Dateiname beliebig sein, vorausgesetzt, der Dateiname ist syntaktisch zulässig.

Ein Paket selbst kann wiederum Pakete enthalten. Zum Beispiel könnte es ein Paket `betriebsverwaltung` geben, das die Pakete `lagerverwaltung`, `personal-verwaltung` und `finanzverwaltung` enthält. Die Deklaration des Paketes `lagerverwaltung`, die als erste Codezeile in jeder Datei stehen muss, die zu diesem Paket gehört, sieht dann folgendermaßen aus:

```
package betriebsverwaltung.lagerverwaltung;
```

Auf diese Art und Weise können beliebig tiefe Pakethierarchien aufgebaut werden.

12.4 Benutzung von Paketen

Sind die Klassen `A` und `B` einem Paket namens `paket` zugeordnet, so sind diese Klassen Komponenten des Pakets `paket`.

> Genauso wie die Komponenten von Klassen – die Datenfelder und Methoden – mit Hilfe des Punktoperators angesprochen werden können, können auch die Komponenten von Paketen, also die Klassen – bzw. Schnittstellen oder Unterpakete – mit Hilfe des Punktoperators angesprochen werden.

Soll also aus einer Klasse C heraus, die nicht Bestandteil des Pakets `paket` ist, die Klasse A des Pakets `paket` angesprochen werden, so erfolgt dies mit `paket.A`. In folgendem Beispiel wird in einer Klasse des Pakets `kreiseckpaket` die Klasse `Eck` aus dem Paket `eckpaket` und die Klasse `Kreis` aus dem Paket `kreispaket` verwendet.

```
// Datei: KreisEck.java

package kreiseckpaket;

public class KreisEck
{
    eckpaket.Eck eckRef      = new eckpaket.Eck();
    kreispaket.Kreis kreisRef = new kreispaket.Kreis();
}
```

Die import-Vereinbarung

Stellt man alle Klassen – wie es in der Java-API üblich ist – zu Paketen zusammen, so findet man es bald lästig, die Paketnamen gefolgt von Punktoperator und Klassennamen niederzuschreiben. Um diese unliebsame Schreibarbeit einzusparen, wird die `import`-Vereinbarung benutzt. Die `import`-Vereinbarung ermöglicht es, dass auf eine Klasse oder eine Schnittstelle in einem anderen Paket, die den Zugriffsmodifikator `public` besitzt, direkt über ihren Namen zugegriffen werden kann, ohne dass diesem Namen die Paketstruktur getrennt durch einen Punkt vorangestellt werden muss.

> Mit `public` deklarierte Klassen können mittels der `import`-Vereinbarung in anderen Paketen sichtbar gemacht werden.

> Die `import`-Vereinbarung muss hinter der `package`-Deklaration, aber vor dem Rest des Programms stehen.

Es können beliebig viele `import`-Vereinbarungen aufeinanderfolgen. Das oben gezeigte Beispiel der Datei `Kreiseck.java` wird nun mit Hilfe der `import`-Vereinbarung realisiert:

```
// Datei: Kreiseck.java
package kreiseckpaket;

import kreispaket.*;
import eckpaket.*;

public class Kreiseck
{
   Eck eckRef       = new Eck();
   Kreis kreisRef   = new Kreis();
}
```

Mit

```
import kreispaket.*;¹⁰⁰
```

werden alle `public`-Klassen und `public`-Schnittstellen des Pakets `kreispaket` importiert. **Unterpakete**, die in diesem Paket enthalten sind, **werden nicht importiert**. Soll nur eine Klasse oder nur eine Schnittstelle importiert werden, so wird der entsprechende Name hinter dem Punkt angegeben, wie z.B.

```
import kreispaket.Kreis;
```

Fallen bei Verwendung von mehreren `import`-Vereinbarungen jedoch zwei Namen zusammen, so muss stets der voll **qualifizierte Name** angegeben werden, um eine Eindeutigkeit herzustellen.

> Ein **qualifizierter Name** bezeichnet den Namen einer Klasse, der die Klasse durch Angabe der Paketstruktur gefolgt von einem Punkt und dem eigentlichen Klassennamen identifiziert.

Natürlich muss es auch eine Möglichkeit geben, die Klassen von Unterpaketen zu importieren. Dies ist einfach durch die Anwendung des Punktoperators für das entsprechende Unterpaket möglich. Mit

```
import betriebsverwaltung.lagerverwaltung.*;
```

werden alle `public`-Klassen und `public`-Schnittstellen, die sich im Unterpaket `lagerverwaltung` befinden, importiert.

> Richtet man eine Unterpaketstruktur ein, so spiegelt sich diese sowohl in der Paketdeklaration als auch in der `import`-Vereinbarung wider. Will eine Client-Klasse beispielsweise eine Klasse oder Schnittstelle aus dem Paket mit der Paketdeklaration `package betriebsverwaltung.lagerverwaltung` verwenden, so muss dafür die `import`-Vereinbarung `import betriebsverwaltung.lagerverwaltung` als Gegenstück in der Client-Klasse angeschrieben werden.

---

¹⁰⁰ Das Sternchen * stellt eine sogenannte Wildcard dar. An die Stelle der Wildcard kann jeder beliebige Bezeichner treten.

Die `import`-Vereinbarung ist für den Programmablauf nicht unbedingt nötig, sie kann dem Programmierer aber viel Schreibarbeit ersparen. Es gibt sogar einen Fall, bei dem der Compiler die Schreibarbeit für die `import`-Vereinbarung übernimmt:

> Das Paket `java.lang` aus der Java-API wird automatisch in jede Quellcode-Datei importiert.

Static Imports

Seit dem JDK 5.0 gibt es zusätzlich die sogenannten **Static Imports**. Bisher war es nur möglich, `public` Klassen oder Schnittstellen aus anderen Paketen zu importieren. Wurden Klassenmethoden oder -variablen aus anderen Klassen benötigt, so mussten diese Klassen importiert oder die entsprechenden statischen Elemente über den Klassennamen qualifiziert werden.

> Die normale `import`-Vereinbarung erlaubt es, direkt Klassen oder Schnittstellen zu verwenden, ohne ihren Namen durch die Angabe des Paket-Pfades qualifizieren zu müssen.

Oftmals werden Hilfsmethoden als Klassenmethoden von der Klassenbibliothek zur Verfügung gestellt. So enthält beispielsweise die Java-Klasse `java.lang.Math` eine ganze Reihe von Klassenmethoden für die Berechnung mathematischer Funktionen. In der Vergangenheit musste dabei stets der Klassenname mit angegeben werden, wenn man eine solche Klassenmethode einsetzte. Hierfür ein Beispiel:

```
class A
{
    . . . . .
    double wert = 3.;
    // Berechnung der Quadratwurzel aus 3.
    double quadratWurzelAusWert = Math.sqrt (wert);
    . . . . .
}
```

Dieses Beispiel kann mit Hilfe der `static import`-Vereinbarung nun so geschrieben werden, dass `sqrt()` ohne den qualifizierenden Zugriff im Programm verwendet werden kann:

```
import static java.lang.Math.sqrt;

class A
{
    . . . . .
    double wert = 3.0;
    double quadratWurzelAusWert = sqrt (wert);
    . . . . .
}
```

Die `static import`-Vereinbarung erlaubt es, direkt Klassenvariablen oder Klassenmethoden zu verwenden, ohne sie durch die Angabe des Klassennamens qualifizieren zu müssen.

Das Importieren statischer Klassenelemente geschieht mit folgender Syntax:

```
import static paketname.Klassenname.statElement;
```

oder

```
import static paketname.Klassenname.*;
```

Die erste Variante importiert nur ein einzelnes statisches Element der Klasse `Klassenname`. Die zweite Version importiert dagegen alle Klassenmethoden und Klassenvariablen der Klasse `Klassenname`. Anschließend können die statischen Elemente ohne weitere Qualifizierung durch den Klassennamen verwendet werden.

Allerdings sollte man mit dem Gebrauch von Static Imports vorsichtig und sparsam sein. Werden zu viele statische Elemente importiert, dann lässt sich nach einiger Zeit nicht mehr nachvollziehen, woher diese Elemente stammen und der Quellcode wird unleserlich.

12.5 Paketnamen

12.5.1 Paketnamen und Verzeichnisstruktur

Die Paketstruktur in Java wird in die Verzeichnisstruktur des Rechners umgesetzt. Dabei müssen alle `class`-Dateien, die zu einem Paket gehören, in einem Verzeichnis liegen, dessen Name identisch mit dem Paketnamen ist.

Im Folgenden wird also davon ausgegangen, dass der Paketnamen mit dem Verzeichnisnamen identisch ist. Da ein Verzeichnisname einen Knoten in einem Pfad darstellt (siehe Bild 12-3), muss zum Zugriff auf ein Paket der ganze Pfad bekannt sein. In Java dient dazu der so genannte `CLASSPATH`. Der `CLASSPATH` enthält den Pfad eines Verzeichnisses wie z.B.:

`C:\projekte\projekt1\classes`   (absoluter Pfadname)

Der `CLASSPATH` ist eine **Umgebungsvariable**, die dem **Compiler** und dem **Interpreter** sagt, wo diese nach Quellcode- und Bytecode-Dateien suchen sollen.

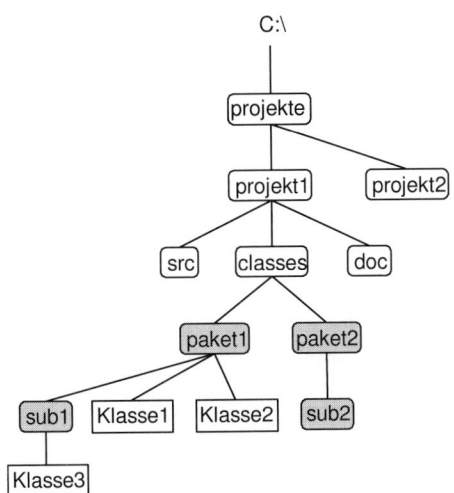

Bild 12-3 Verzeichnisstruktur mit Dateien im Dateisystem
(Verzeichnisse sind abgerundet, Dateien rechteckig gezeichnet)

Es ist auch möglich, ohne CLASSPATH zu arbeiten, wenn nur Klassen benutzt werden, die sich in einem Paket-Hierarchiebaum unterhalb des aktuellen Verzeichnisses befinden. Wenn jedoch mit mehreren Pakethierarchien in unterschiedlichen Verzeichnissen gearbeitet wird, die sich eventuell auch noch wechselseitig benutzen, ist es erforderlich, den CLASSPATH entweder explizit oder mit Hilfe von Parametern beim Aufruf der Werkzeuge zu setzen (siehe Kap. 3.5.1).

Wird beispielsweise der CLASSPATH auf C:\projekte\projekt1\classes gesetzt, so wird nach Klassen in den Paketen unterhalb dieses Verzeichnisses gesucht. Soll folglich aus einem beliebigen Verzeichnis heraus – beispielsweise aus dem Verzeichnis C:\test – die Klasse Klasse1 (siehe Bild 12-3) vom Interpreter gestartet werden (Voraussetzung ist natürlich, dass Klasse1 eine main()-Methode enthält), so geschieht dies mit dem Aufruf:

```
java paket1.Klasse1
```

Der Weg, den der Interpreter gehen muss, um zur Klasse zu finden, wird durch zwei Teile bestimmt:

```
C:\projekte\projekt1\classes\paket1
```

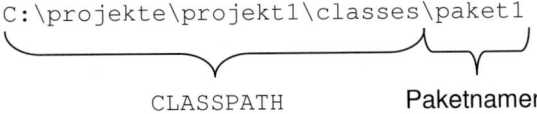

          CLASSPATH   Paketnamen

Fehlt einer der Teile, kann der Interpreter bzw. der Compiler die Klasse nicht finden. Beachten Sie bitte, dass paket1 im Betriebssystem ebenfalls ein Verzeichnis darstellt. Dieses Verzeichnis ist im Kontext der Klasse Klasse1 mit der Semantik "Paket" belegt.

Um eine Klasse, die zu einem Paket gehört, zu kompilieren, ist leider eine andere Notation als beim Aufruf des Interpreters notwendig. Ist in obigem Beispiel das aktuelle Verzeichnis ein anderes Verzeichnis als das Verzeichnis `paket1`, so wird der Compiler mit der Angabe von `javac paket1\Klasse1.java` aufgerufen. Dann wird über den `CLASSPATH` und den Paketnamen `paket1` auf `Klasse1.java` zugegriffen. Nur wenn das aktuelle Verzeichnis `paket1` selbst ist, kann man die Klasse `Klasse1` auch mit dem Aufruf `javac Klasse1.java` kompilieren.

Eine Klasse `Klasse1` innerhalb eines Paketes `paket1` kann kompiliert werden durch den Aufruf:

`javac paket1\Klasse1.java`

Diese Klasse `Klasse1` kann gestartet werden durch den Aufruf:

`java paket1.Klasse1`

Diese beiden Aufrufmöglichkeiten setzen voraus, dass entweder der `CLASSPATH` auf das Verzeichnis `C:\projekte\projekt1\classes` gesetzt ist, oder dass der Aufruf im Verzeichnis `C:\projekte\projekt1\classes` selbst erfolgt.

Des Weiteren ist zu beachten, dass

* die Verzeichnisnamen den Paketnamen entsprechen,
* Paketnamen konventionsgemäß stets vollständig klein geschrieben werden, auch bei zusammengesetzten Namen,
* jedes Unterpaket ein Unterverzeichnis darstellt.

Es gibt noch eine weitere Möglichkeit, den Compiler `javac` bzw. den Interpreter `java` aufzurufen, ohne die Umgebungsvariable `CLASSPATH` explizit zu setzen. Und zwar ist für beide Programme die Option `classpath` definiert. Wird beispielsweise die obige Verzeichnisstruktur `C:\projekte\projekt1\classes` zugrunde gelegt, in der sich das Paket `paket1` mit der Datei `Klasse1.class` befindet, so kann die Klasse `Klasse1` vom Interpreter aus jedem beliebigen Verzeichnis heraus auch folgendermaßen gestartet werden:

`java -classpath C:\projekte\projekt1\classes; paket1.Klasse1`

Der **vollständige Paketname** ist vom `CLASSPATH` aus anzugeben. Ein vollständiger Paketname setzt sich aus den einzelnen Paketnamen, die den Verzeichnisnamen entsprechen, zusammen. Für die Angabe eines vollständigen Paketnamens bei geschachtelten Pakethierarchien werden die **Unterpakete** von den **übergeordneten Paketen durch Punkte getrennt**. Der vollständige Paketnamen des Paketes `sub1` ist somit `paket1.sub1`. Der Zugriff auf eine Klasse muss immer über den vollständigen Paketnamen erfolgen. Auf die Klasse `Klasse3` kann entsprechend mit `paket1.sub1.Klasse3` zugegriffen werden.

Für die Bezeichner eines Verzeichnisses oder einer Datei gelten dieselben Einschränkungen wie bei Variablennamen.

Es ist möglich, im `CLASSPATH` auch mehrere Suchpfade anzugeben. Die Suchpfade müssen durch ein Semikolon ; voneinander getrennt werden. Insbesondere beim Aufruf des Compilers `javac` oder des Interpreters `java` mit der Option `classpath` muss der letzte Suchpfad mit einem Semikolon abschließen. Bei einer `import`-Vereinbarung sucht der Compiler nach den Paketen in den Verzeichnissen der verschiedenen Alternativen des `CLASSPATH`.

So wird beispielsweise bei

```
CLASSPATH=D:\projekte\projekt1\classes;C:\weitereKlassen;
```

nach Klassen sowohl in dem Verzeichnis `D:\projekte\projekt1\classes`, als auch im Verzeichnis `C:\weitereKlassen` gesucht. Alle Klassen, die sich im aktuellen Verzeichnis befinden, also im dem Verzeichnis, von dem aus der Compiler oder Interpreter aufgerufen wird, werden automatisch dem `CLASSPATH` hinzugefügt. Das aktuelle Arbeitsverzeichnis wird durch einen Punkt . symbolisiert. Die Angabe von .. würde für ein übergeordnetes Verzeichnis stehen, ausgehend von der Position im Verzeichnisbaum, wo der Compiler oder der Interpreter gestartet wird.

Die Klassen der Java Standard Edition sind in speziellen Java-spezifischen Archivdateien enthalten. Diese Dateien besitzen die Endung `jar`. Die `jar`-Dateien, welche die Klassen der Java-Klassenbibliothek der Standard Edition enthalten, sind im Verzeichnis

```
<JAVA_HOME>\jre\lib
```

untergebracht, wobei `<JAVA_HOME>` durch das Installationsverzeichnis des JDKs ersetzt werden muss – beispielsweise durch `C:\Programme\Java\jdk1.6.0`. In diesem Verzeichnis befinden sich die Dateien `rt.jar`, `jse.jar` und `jsse.jar`. Diese drei Dateien enthalten alle Klassen und Schnittstellen der Java Standard Edition. Wird der Compiler aufgerufen, so gehören diese drei Dateien automatisch dem Suchpfad an. Das heißt, die darin enthaltenen Klassen und Schnittstellen können in selbst geschriebenen Klassen verwendet werden. Sie müssen nur durch entsprechende `import`-Vereinbarungen wie z. B.

```
import java.util.*; // Importiert alle Klassen dieses Pakets
```

innerhalb der eigenen Klasse bekannt gemacht werden.

Soll eine `jar`-Datei zum Suchpfad – entweder über die Umgebungsvariable `CLASSPATH` oder über die Option `classpath` des Compilers `javac` oder des Interpreters `java` – hinzugefügt werden, so muss ihr ganzer Pfad mit angegeben werden. Sollen z.B. die `jar`-Dateien `a.jar` und `b.jar` im Verzeichnis `C:\test` zum `CLASSPATH` hinzugefügt werden, so muss

```
CLASSPATH=C:\test\a.jar;C:\test\b.jar;
```

angeschrieben werden. Es dürfen also keine Wildcards wie `C:\test\*.jar` verwendet werden. Achten Sie bitte darauf, dass auch hierbei die einzelnen `jar`-Dateien durch ein Semikolon getrennt sind und die letzte `jar`-Datei ebenfalls mit einem Semikolon abschließt.

12.5.2 Eindeutige Paketnamen

Möchte man seine Pakete nicht nur selbst verwenden, sondern sie einem größeren Benutzerkreis zur Verfügung stellen, so sollte man sich um eindeutige Paketnamen bemühen. Um weltweit eindeutige Paketnamen zu erhalten, macht man sich die Internet-Domain-Namen, die eine weltweite Eindeutigkeit garantieren, zu Nutze. Dies bedeutet aber nicht, dass es möglich ist, über den Internet-Domain-Namen auf Klassen zuzugreifen, die auf dem entsprechenden Rechner im Internet liegen. Möchte man also für seine Programme eindeutige Paketnamen haben, so sollte man die folgende Konvention verwenden: Der Internet-Domain-Name ist in umgekehrter Reihenfolge vor den Rest des Namens zu stellen. Das heißt, aus dem Domain-Namen `sun.com` wird der Paket-Name `com.sun`.

12.5.3 Anonyme Pakete

Wird in einer Übersetzungseinheit – das heißt einer Quellcode-Datei – kein Paketname deklariert, so gehört diese Übersetzungseinheit zu einem **anonymen** oder **unbenannten** Paket. Alle Klassen einer solchen Quellcode-Datei gehören also zu einem anonymen Paket. Alle Dateien, die sich innerhalb desselben Verzeichnisses befinden und die nicht explizit einem Paket zugeordnet wurden, gehören dann automatisch zum gleichen anonymen Paket.

Dies ist vor allem bei kleinen Testprogrammen sinnvoll, da man sich dann nicht um Pakete kümmern muss. Bei größeren Projekten sollte man sich jedoch auf jeden Fall über die Aufteilung der Anwendung in Pakete Gedanken machen.

12.6 Gültigkeitsbereich von Klassennamen

Das folgende Beispiel demonstriert, dass sich der **Gültigkeitsbereich** eines **Klassennamens auf das ganze Paket erstreckt**. Ein eingeführter Klassennamen gilt also automatisch an jeder Stelle in allen Dateien, die zum selben Paket gehören. Die Klasse `Zensur`, die am Ende der `Datei1.java` definiert wird, kann in dieser Datei bereits vor deren Definition verwendet werden. Ebenso kann sie in der Datei `Datei2.java`, die zum selben Paket gehört, problemlos benutzt werden.

Beachten Sie, dass keine der Klassen als `public` deklariert wird. Daher können die Dateinamen frei gewählt werden. `Datei1.java` enthält zwei Klassen, die Klasse `Student` und die Klasse `Zensur`, `Datei2.java` enthält die Klasse `Schueler`. Die Klassen `Student` und `Schueler` enthalten jeweils eine Methode `main()` zum Ausdrucken von Zeugnissen.

```
// Datei: Datei1.java

package personen;

class Student
{
    public String name;
    public String vorname;
    public int matrikelnummer;
    public Zensur[] zensuren;

    public Student (String name, String vorname,
                    int matrikelnummer, Zensur[] zensuren)
    {
        this.name = name;
        this.vorname = vorname;
        this.matrikelnummer = matrikelnummer;
        this.zensuren = zensuren;
    }

    public void print()
    {
        System.out.println ("Name     : " + name);
        System.out.println ("Vorname  : " + vorname);
        System.out.println ("Matr. Nr : " + matrikelnummer);

        for (int i = 0; i < zensuren.length; i++)
        {
            System.out.println (zensuren [i].fach +
                                " : " + zensuren [i].note);
        }
    }

    public static void main (String[] args)
    {
        Zensur[] z = new Zensur [2];
        z [0] = new Zensur ("Mathe   ", 1.2f);
        z [1] = new Zensur ("Java    ", 1.0f);
        Student s = new Student ("Heinz", "Becker", 123456, z);

        s.print();
    }
}

class Zensur
{
    public String fach;
    public float note;

    public Zensur (String f, float n)
    {
        fach = f;
        note = n;
    }
}
```

Die Ausgabe des Programms ist:

```
Name      : Heinz
Vorname   : Becker
Matr. Nr  : 123456
Mathe     : 1.2
Java      : 1.0
```

```java
// Datei: Datei2.java

package personen;

class Schueler
{
   public String name;
   public String vorname;
   public Zensur[] zensuren;

   public Schueler (String name, String vorname, Zensur[] zensuren)
   {
      this.name = name;
      this.vorname = vorname;
      this.zensuren = zensuren;
   }

   public void print()
   {
      System.out.println ("Name      : " + name);
      System.out.println ("Vorname   : " + vorname);

      for (int i = 0; i < zensuren.length; i++)
      {
         System.out.println (zensuren [i].fach +
                           " : " + zensuren [i].note);
      }
   }

   public static void main (String [] args)
   {
      Zensur[] z = new Zensur [2];
      z[0] = new Zensur ("Mathe   ", 1.2f);
      z[1] = new Zensur ("Deutsch ", 2.0f);
      Schueler s = new Schueler ("Brang", "Rainer", z);
      s.print();
   }
}
```

Die Ausgabe des Programms ist:

```
Name      : Brang
Vorname   : Rainer
Mathe     : 1.2
Deutsch   : 2.0
```

Der Gültigkeitsbereich eines Klassennamens erstreckt sich über alle Dateien eines Pakets. Der Compiler geht in Java mehrfach über den Quellcode, bis er alle Klassendeklarationen gefunden hat.

12.7 Zugriffsmodifikatoren

Pakete entsprechen Verzeichnissen. Natürlich können Verzeichnisse – und damit die Pakete – für bestimmte Nutzergruppen durch Mittel des Betriebssystems gesperrt sein. Im Folgenden wird davon ausgegangen, dass keine Sperrung durch Mittel des Betriebssystems erfolgt.

Zur Regelung des Zugriffsschutzes in Java gibt es die Zu-griffsmodifikatoren (Schlüsselwörter) `public`, `protected` und `private`.

Ohne Zugriffsmodifikator ist der **Zugriffsschutz default (friendly)**. Beachten Sie, dass **default** (bzw. **friendly) kein Schlüsselwort** von Java ist.

Während für Methoden, Datenfelder und Konstruktoren alle Zugriffsmodifikatoren – und auch das Weglassen eines Zugriffsmodifikators – erlaubt sind, kommen für Klassen[101] und Schnittstellen nur `public` oder default in Frage. In den nächsten Kapiteln werden alle Fälle detailliert diskutiert.

12.7.1 Zugriffsschutz für Klassen und Schnittstellen

Zum Zugriff auf Klassen und Schnittstellen in einem Paket gibt es für den Zugriffsschutz nur die beiden Möglichkeiten:

* default (friendly)
* oder `public`.

Eine Klasse oder Schnittstelle in einem Paket ist für Klassen bzw. Schnittstellen **aus anderen Paketen nur sichtbar** und kann damit beispielsweise durch `import` er-reicht werden – wenn sie mit dem **Zugriffsmodifikator** `public` versehen ist. Ist der **Zugriffsschutz** einer Klasse oder Schnittstelle **default**, so ist sie **nur für Klassen bzw. Schnittstellen desselben Paketes sichtbar**.

Selbst in Unterpaketen ist eine Klasse oder Schnittstelle, die den Zugriffsschutz **default** hat, **nicht sichtbar**. Das folgende Beispiel demonstriert die Sichtbarkeit von Klassen in Paketen:

---

[101] Anders sieht es bei Elementklassen, die geschachtelte Klassen (siehe Kap. 15) darstellen, aus.

```
// Datei: Artikel.java

package lagerverwaltung;

public class Artikel
{
   . . . . .
}

// Diese Klasse hat den Zugriffsschutz default
class Lieferant
{
   . . . . .
}

// Datei: Materialabrechnung.java

package abrechnung;

import lagerverwaltung.Artikel;
//import lagerverwaltung.Lieferant;    // Fehler, da nicht public

public class Materialabrechnung
{
   . . . . .
}
```

12.7.2 Zugriffsschutz für Methoden und Datenfelder

Für ein Datenfeld und eine Methode einer Klasse gibt es den Zugriffsschutz:

• default (friendly),
• `public`,
• `protected`
• und `private`.

Alle Datenfelder und Methoden innerhalb einer **Schnittstelle** sind dagegen implizit `public`. Werden sie explizit auf `private` bzw. `protected` gesetzt, so resultiert ein Kompilierfehler.

Auf Schnittstellen wird detaillierter in Kapitel 14 eingegangen.

Der Zugriffsschutz von Datenfeldern und Methoden wird anhand von Bild 12-4 erläutert. Dabei wird gezeigt werden, dass mit dem Zugriffsmodifikator `private` geschützte Datenfelder und Methoden einer Klasse den größten Zugriffsschutz besitzen, danach folgen default, `protected` und `public`. Für die Diskussion wird angenommen, dass die Klasse A `public` ist, sodass aus anderen Paketen auf sie zugegriffen werden kann.

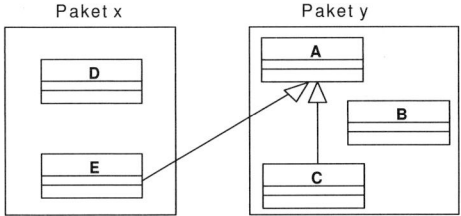

Bild 12-4 Anordnung der Klassen in Paketen

Die Klasse A im Paket y soll Datenfelder oder Methoden haben, die als Diskussions-grundlage zuerst den Zugriffsschutz `private` haben sollen, dann default, danach `protected` und zum Schluss `public`.

Unabhängig davon, ob Instanzvariablen und Instanzmethoden oder Klassenvariablen und Klassenmethoden betrachtet werden, der Zugriffsschutz bleibt der Gleiche, da der Zugriffsschutz in der Sprache Java **klassenbezogen** und nicht **objektbezogen** imple-mentiert ist.

Deshalb wird im weiteren Verlauf nur noch von Datenfeldern und Methoden gespro-chen.

Im Folgenden werden die vier verschiedenen Möglichkeiten für den Zugriffsschutz einzeln diskutiert:

Zugriffsmodifikator `private`

Auf Datenfelder oder Methoden, die mit dem Zugriffsmodifikator `private` geschützt sind, kann innerhalb der Klassendefinition, in der sie definiert sind, zugegriffen werden. Das bedeutet, dass folgender Zugriff erlaubt ist[102]:

```
public class Punkt
{
   private int x;

   public void tausche (Punkt p)
   {
      int help = p.x;
      p.x = x;
      x = help;
   }
}
```

Wird die Paketstruktur aus Bild 12-4 zugrunde gelegt, so kann aus keiner der Klassen B, C, D oder E auf die privaten Datenfelder und Methoden der Klasse A zugegriffen werden. Beachten Sie, dass in den folgenden Bildern ein **gestrichelter Pfeil mit** einem **Blitz** einen **verwehrten Zugriff** symbolisiert.

---

[102] Es gibt auch objektorientierte Programmiersprachen, bei denen der Zugriffsschutz objektbezogen ist. Dann würde das obige Beispiel nicht funktionieren, da dann jedes einzelne Objekt wirklich nur auf seine eigenen Datenfelder und Methoden mit der `this`-Referenz zugreifen kann.

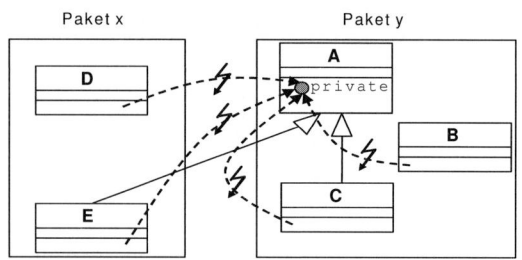

Bild 12-5 Zugriff auf `private` *Datenfelder und Methoden*

Zugriffsschutz default

Auf Datenfelder und Methoden, die den Zugriffsschutz default haben, kann aus Klassen heraus, die im gleichen Paket liegen, zugegriffen werden. Der Zugriffsschutz gegenüber den mit `private` geschützten Datenfeldern und Methoden wird aufgeweicht um die Zugriffsmöglichkeit von **allen Klassen im gleichen Paket**.

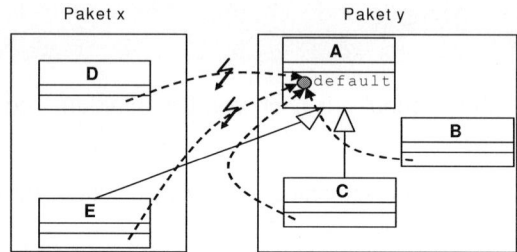

Bild 12-6 Zugriff auf `default` *Datenfelder und Methoden*

Zugriffsmodifikator `protected`

Auf Datenfelder und Methoden, die den Zugriffsschutz `protected` haben, besteht ein erweiterter Zugriff gegenüber Datenfeldern und Methoden mit dem Zugriffsschutz default. Auf solche Datenfelder und Methoden kann aus allen Klassen im gleichen Paket zugegriffen werden, und zusätzlich können Subklassen in anderen Paketen auf die von der Vaterklasse ererbten Datenfelder und Methoden zugreifen. Bedingung ist allerdings, dass auf die **eigenen ererbten Datenfelder und Methoden zugegriffen wird** und nicht z.B. in der Subklasse E ein neues Objekt der Klasse A angelegt wird und dann versucht wird, auf die `protected` Datenfelder und Methoden des neu angelegten Objektes zuzugreifen. Definiert die Klasse A z.B. eine `print()`-Methode mit dem Zugriffsmodifikator `protected`, so ist der Aufruf der Methode `print()` in den folgenden Anweisungen im Quellcode der Klasse E nicht zulässig:

```
A refA = new A();
refA.print();
```

Innerhalb der Klassendefinition von E kann aber auf die von der Vaterklasse A geerbte Methode `print()` zugegriffen werden. So kann an jeder Stelle im Programmcode der Klasse E, an der es erlaubt ist, eine Methode aufzurufen, die Anweisung `print();` stehen.

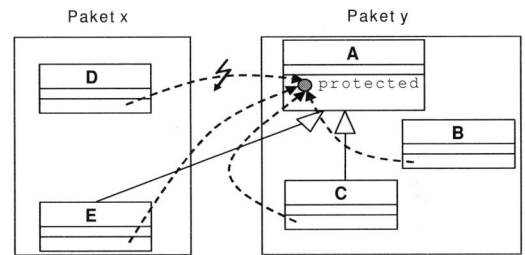

Bild 12-7 Zugriff auf `protected` *Datenfelder und Methoden*

Zugriffsmodifikator `public`

Datenfelder und Methoden, die den Zugriffsmodifikator `public` besitzen, haben keinen Zugriffsschutz mehr. Auf solche Datenfelder und Methoden kann von allen Klassen aus zugegriffen werden.

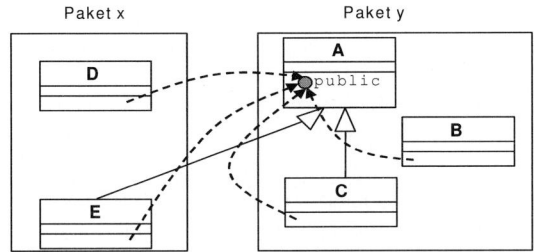

Bild 12-8 Zugriff auf `public` *Datenfelder und Methoden*

Das folgende Bild stellt den Zugriff auf Datenfelder und Methoden in einem Kreis dar:

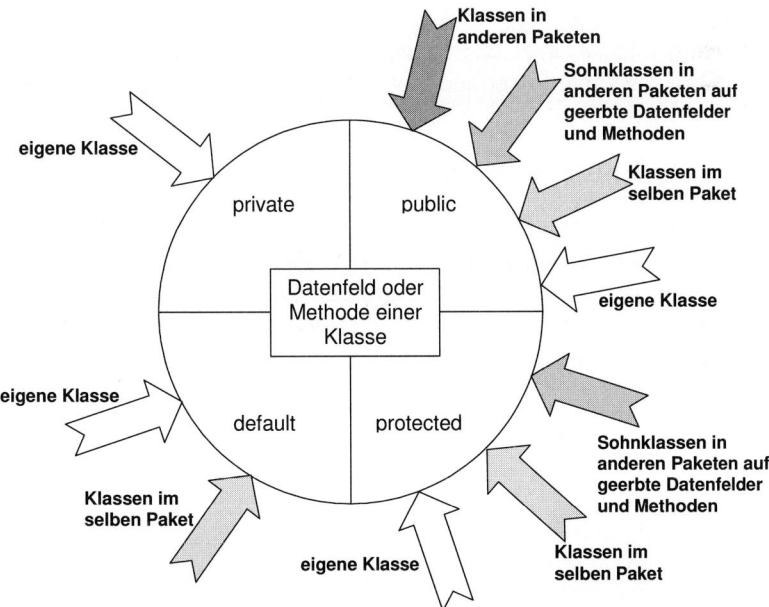

Bild 12-9 Zugriff auf die Datenfelder und Methoden einer Klasse bzw. eines Objektes

Die folgende Tabelle fasst den Zugriffsschutz bei den unterschiedlichen Zugriffsmodifikatoren zusammen. Dabei werden die Zugriffsmöglichkeiten der Klassen A, B, C, D und E aus Bild 12-4 auf Datenfelder und Methoden der Klasse A betrachtet.

hat Zugriff auf	`private` Datenfelder und Methoden	default Datenfelder und Methoden	`protected` Datenfelder und Methoden	`public` Datenfelder und Methoden
Klasse A selbst	Ja	Ja	Ja	Ja
Klasse B gleiches Paket	Nein	Ja	Ja	Ja
Subklasse C gleiches Paket	Nein	Ja	Ja	Ja
Subklasse E anderes Paket	Nein	Nein	Ja/Nein	Ja
Klasse D anderes Paket	Nein	Nein	Nein	Ja

Tabelle 12-1 Zugriff auf Datenfelder und Methoden der Klasse A[103]

Die Subklasse E hat nur Zugriff auf die geerbten Datenfelder und Methoden der Klasse A. Wird ein neues Objekt der Klasse A in E angelegt, so darf auf die `protected` Datenfelder und Methoden dieses Objektes nicht zugriffen werden. Man kann es auch einfach aus dem Gesichtspunkt betrachten, dass wenn E die Klasse A nicht im Sinne einer Vererbungsbeziehung benutzt – und das ist der Fall, wenn ein neues Objekt von A in E angelegt wird –, dass dann die Klasse E dieselben Zugriffsmöglichkeiten wie die Klasse D hat.

Bis auf `protected` ist der Zugriffsschutz gleich, egal ob auf geerbte Datenfelder und Methoden zugegriffen wird, oder ob in der entsprechenden Klasse ein neues Objekt der Klasse A angelegt wird und auf dessen Datenfelder und Methoden zugegriffen wird.

12.7.3 Zugriffsschutz für Konstruktoren

Stellt eine Klasse keinen Konstruktor mit dem Zugriffsmodifikator `public` bereit, sondern einen Konstruktor **ohne Zugriffsmodifikator**, so ist der Konstruktor nur von Klassen innerhalb des eigenen Pakets aufrufbar. So kann im folgenden Beispiel der Konstruktor `Student (String n, String v, int nummer)` nur von Klassen im Paket `hochschule` aufgerufen werden:

```
// Datei: Student.java
package hochschule;
public class Student
{
    private String name;
    private String vorname;
    private int matrikelnummer;
```

---

[103] Die betrachtete Klasse A hat natürlich den Zugriffsmodifikator `public` (`public class A{ . . . }`) damit der Zugriff auf die Klasse aus anderen Paketen möglich ist.

```
Student (String n, String v, int nummer)
{
    name = n;
    vorname = v;
    matrikelnummer = nummer;
}
}
```

Mit anderen Worten, hier ist es nur von Klassen innerhalb des Pakets hochschule aus möglich, Instanzen von der Klasse Student zu schaffen.

Stellt eine Klasse Konstruktoren mit dem Zugriffsmodifikator protected zur Verfügung, so können von allen Klassen aus, die im selben Paket liegen, Objekte erzeugt werden. Abgeleitete Klassen in anderen Paketen können keine Objekte erzeugen, können aber den Konstruktor der Vaterklasse mit Hilfe von super() aufrufen.

Werden alle Konstruktoren einer Klasse für private erklärt, so kann von keiner anderen Klasse aus ein Objekt dieser Klasse erzeugt werden. Nur innerhalb der Klasse selbst ist es noch möglich, Objekte dieser Klasse zu erzeugen. Diese Verhaltensweise wurde in Kapitel 10.5.2 dazu benutzt, um sicherzustellen, dass nur eine einzige Instanz einer Klasse erzeugt wird. Werden dagegen die Konstruktoren einer Klasse public gemacht, so kann von allen beliebigen Klassen aus ein Objekt dieser Klasse erzeugt werden.

> Wird **überhaupt kein Konstruktor zur Verfügung gestellt**, so existiert der vom Compiler zur Verfügung gestellte voreingestellte Default-Konstruktor. Dieser Konstruktor hat den Zugriffsschutz der Klasse. Ist die **Klasse** public, so ist auch der **voreingestellte Default-Konstruktor** public. Ist die **Klasse default**, so ist auch der **voreingestellte Default-Konstruktor default**.

12.7.4 Zugriffsmodifikatoren beim Überschreiben von Methoden

Man darf die Zugriffsmodifikatoren einer überschriebenen Methode nicht einschränken, sondern nur erweitern. Man darf also zum Beispiel eine protected-Methode als protected oder public redefinieren, eine public-Methode aber nur als public.

Zugriffsmodifikatoren in der Superklasse	Zugriffsmodifikatoren in der Subklasse
private	Kein Überschreiben möglich, aber neue Definition im Sohn.
default	default protected public
protected	protected public
public	public

Tabelle 12-2 Zugriffsmodifikatoren beim Überschreiben von Methoden

Der Grund für dieses Verhalten ist bereits in Kapitel 11.5.2 angesprochen worden. Würde man die Zugriffsrechte beim Überschreiben einer Methode einschränken, so könnte nicht an jeder Stelle, an der ein Vater verlangt wird, ein Sohn stehen – der Vertrag der Klasse wäre verletzt, da die Vorbedingung verschärft wurde. Bei Methoden, die als `private` deklariert sind, kann kein Überschreiben stattfinden, da sie zwar vererbt werden, aber im Code, der für den Sohn geschrieben wurde, nicht sichtbar sind.

12.8 Übungen

Aufgabe 12.1: Packages

a) Einfache Paket-Struktur

Vervollständigen Sie die Klasse `Person`, die in einem Paket `pers` liegen soll und die Klasse `Student`, die im Paket `studi` liegen soll. Die Klasse `Student` soll von der Klasse `Person` abgeleitet sein. Vervollständigen Sie die Klasse `Test`, die je ein Objekt der Klassen `Person` und `Student` erzeugt und die Datenfelder dieser Objekte ausgibt. Die Klasse `Test` liegt im aktuellen Arbeitsverzeichnis.

Welche Verzeichnisse müssen Sie einrichten? Wie lauten die Dateinamen Ihrer Programme in den Verzeichnissen?

```
// Datei: Person.java

. . . . .
import java.io.*;

public class Person
{
   private String name;
   private String vorname;

   public Person()
   {
      try
      {
         byte[] eingabe = new byte[80];
         System.out.print ("Geben Sie den Nachnamen ein: ");
         System.in.read (eingabe);
         name = new String (eingabe).trim();

         eingabe = new byte[80];
         System.out.print ("Geben Sie den Vornamen ein: ");
         System.in.read (eingabe);
         vorname = new String (eingabe).trim();
      }
      catch (IOException e)
      {
         System.out.println ("Fehler bei der Eingabe: " +
                           e.toString());
      }
   }
}
```

```
   public void print()
   {
      System.out.println ("Nachname: " + name);
      System.out.println ("Vorname: " + vorname);
   }
}

// Datei: Student.java
. . . . .
. . . . .
import java.io.*;

public class Student . . . . .
{
   private String matrikelnummer;

   public Student()
   {
      super();

      try
      {
         byte[] eingabe = new byte[80];
         System.out.print ("Geben Sie die Matrikelnummer ein: ");
         System.in.read (eingabe);
         matrikelnummer = new String (eingabe).trim();
         System.out.println();
      }
      catch (IOException e)
      {
         System.out.println ("Eingabefehler" + e.toString());
      }
   }

   public void print()
   {
      . . . . .
      System.out.println ("Matrikelnummer: " + matrikelnummer);
   }
}

// Datei: Test.java

. . . . .
. . . . .
public class Test
{
   public static void main (String args[])
   {
      System.out.println ("Start des Progamms");
      System.out.println();
      System.out.println ("Person");
      . . . . .
      System.out.println();
      System.out.println ("Student");
      . . . . .
      System.out.println();
```

```
      System.out.println ("Ausgabe Person");
      . . . . .
      System.out.println();
      System.out.println ("Ausgabe Student");
      . . . . .
   }
}
```

b) Struktur mit Subpackages

Erstellen Sie im Paket `pers` das Unterpaket `prof`. Dieses enthält die Klasse `Professor`, welche von der Klasse `Person` abgeleitet wird. Ein Objekt der Klasse `Professor` erzeugt dabei eine Instanz der Klasse `Student`. Erweitern Sie die Klasse `Test`, um Ihre neue Klasse `Professor` zu testen.

```java
// Datei: Professor.java

package . . . . .;

import java.io.*;
import . . . . .;
import . . . . .;

public class Professor . . . . .
{
   private String fb;
   private Student stud;

   public Professor()
   {
      super();
      try
      {
         byte[] eingabe = new byte[80];
         System.out.print ("Geben Sie den Fachbereich ein: ");
         System.in.read (eingabe);
         fb = new String (eingabe).trim();
         System.out.println();
         System.out.println ("Professor erstellt Student");
         stud = new Student();
      }
      catch (IOException e)
      {
         System.out.println ("Eingabefehler" + e.toString());
      }
   }

   public void print()
   {
      // Ausgabe der geerbten Attribute
      . . . . .
      System.out.println ("Fachbereich: " + fb);
      System.out.println ("Ausgabe des Studenten");
      . . . . .
   }
}
```

Aufgabe 12.2: Messwerte

Es sollen mehrere Klassen geschrieben werden, um Messwerte zu speichern und auszugeben. Entwickeln Sie die Klassen `Messwert`, `Messreihe` und `TemperaturMessreihe`.

Die Klasse `Messwert` soll folgende Kriterien erfüllen:

- Eine Klassenvariable `anzahlMesswerte` vom Typ `int` soll die Anzahl der Messwerte festhalten.
- Die Klasse soll die Datenfelder `wert` vom Typ `double`, `messDatum` vom Typ `GregorianCalendar` sowie `messwertID` vom Typ `int` enthalten.
- Die Klasse soll sich im Paket `messdaten` befinden.
- Es dürfen nur Klassen im selben Paket auf die Klasse `Messwert` zugreifen und sie verwenden.
- Der Konstruktor soll nur für Klassen im Paket `messdaten` aufrufbar sein. Der Konstruktor soll als Übergabeparameter `messwert` vom Typ `double` und `messDatum` vom Typ `GregorianCalendar` erwarten.

Folgende Methoden sollen implementiert werden:

- `double getWert()`
- `GregorianCalendar getMessDatum()`
- `int getMesswertID()`

Die Klasse `Messreihe` befindet sich ebenfalls im Paket `messdaten`, soll aber von Klassen in anderen Paketen verwendet werden können. Die Klasse erhält folgende Attribute und Methoden:

- `protected Messwert[] messwerte`
  Die Messwerte werden in diesem Array gespeichert.
- `public Messreihe (int messwertAnzahl)`
  Dem Konstruktor wird die Größe des Messwert-Arrays übergeben.
- `public void addMesswert (double messwert,`
  `                         GregorianCalendar datum)`
  Fügt dem Array ein neues Messwert/Datum-Paar hinzu.
- `public double getMesswert (GregorianCalendar datum)`
  Ermittelt den Messwert, der zum übergebenen Datum gehört.
- `public void print()`
  Gibt alle gespeicherte Messwerte auf der Konsole aus.

Die Klasse `TemperaturMessreihe` wird von der Klasse `Messreihe` abgeleitet und befindet sich im Paket `temperaturmessung`. Sie soll folgende Attribute und Methoden erhalten:

- `private String temperaturEinheit`
  Gibt die verwendete Temperaturskala an, z.B. °C.
- `public TemperaturMessreihe (int messwertAnzahl,`
  `                            String temperaturEinheit)`
  Der Konstruktor soll die Anzahl der zu speichernden Messwerte und die zu verwendende Temperaturskala entgegennehmen.

- `public void print()`
  Die Methode soll die verwendete Temperaturskala (z.B. °C) und alle gespeicherten Messwerte auf der Konsole ausgeben.
- `public static double CelsiusToFahrenheit (double celsiusTemp)`
  Die Methode konvertiert eine Temperaturangabe von Celsius nach Fahrenheit.

Die entwickelten Klassen können mit folgender Testklasse, die sich im Default-Paket befindet, getestet werden.

```
// Datei: TestMesswerte.java

import temperaturmessung.TemperaturMessreihe;
import java.util.GregorianCalendar;

public class TestMesswerte
{
   public static void main (String[] args)
   {
      double fahrenheit;
      TemperaturMessreihe temperaturMessungen =
                            new TemperaturMessreihe (5, "°C");

      GregorianCalendar datum1 = new GregorianCalendar (2000,5,10);
      temperaturMessungen.addMesswert (25.3, datum1);

      GregorianCalendar datum2 = new GregorianCalendar (2001,5,10);
      temperaturMessungen.addMesswert (23.0, datum2);

      GregorianCalendar datum3 = new GregorianCalendar (2002,5,10);
      temperaturMessungen.addMesswert (18.4, datum3);

      GregorianCalendar datum4 = new GregorianCalendar (2003,5,10);
      temperaturMessungen.addMesswert (26.9, datum4);

      GregorianCalendar datum5 = new GregorianCalendar (2004,5,10);
      temperaturMessungen.addMesswert (28.0, datum5);

      fahrenheit = TemperaturMessreihe.CelsiusToFahrenheit (25.0);
      System.out.println("25.0 °C entsprechen " +
                         fahrenheit + "° F.");
      System.out.println();
      temperaturMessungen.print();
   }
}
```

Aufgabe 12.3: Maßeinheiten umrechnen

Entwickeln Sie die drei Klassen `Umrechner`, `Laenge` und `Temperatur` zum Umrechnen von Maßeinheiten.

Die Klassen `Laenge` und `Temperatur` befinden sich im Paket `umrechnungskonstanten` und beinhalten die für die Umrechnung notwendigen Konstanten.

Die Klasse `Laenge` enthält folgende Attribute:

- `public static final float faktorMeilenNachKm`
  Diese Klassenkonstante enthält den Faktor 1,60934 für die Umrechnung von Meilen in Kilometer.

- `public static final float faktorKmNachMeilen`
  Diese Klassenkonstante enthält den Faktor 1/1,60934 für die Umrechnung von Kilometern in Meilen.

Die Klasse `Temperatur` enthält folgende Attribute:

- `public static final float faktorFahrenheitNachCelsius`
  Diese Klassenkonstante enthält den Faktor 5/9, der für die Umrechnung von °F in °C benötigt wird.

- `public static final float summandFahrenheitNachCelsius`
  Diese Klassenkonstante enthält den Summanden 32, der für die Umrechnung von °F in °C benötigt wird.

- `public static final float faktorCelsiusNachFahrenheit`
  Diese Klassenkonstante enthält den Faktor 9/5, der für die Umrechnung von °C in °F benötigt wird.

- `public static final float summandCelsiusNachFahrenheit`
  Diese Klassenkonstante enthält den Summanden 32, der für die Umrechnung von °C in °F benötigt wird.

Die Klasse `Umrechner` befindet sich im Paket `umrechnungstools` und enthält folgende Klassenmethoden:

- `public static float kmNachMeilen (float km)`
  Die Methode rechnet Längenangaben von Kilometern in Meilen um. Die Umrechnungsformel lautet: Meilen = km * (1/1,60934)

- `public static float meilenNachKm (float meile)`
  Die Methode rechnet Längenangaben von Meilen in Kilometer um. Die Umrechnungsformel lautet: km = Meilen * 1,60934

- `public static float celsiusNachFahrenheit (float celsius)`
  Die Methode rechnet Temperaturangaben von Celsius in Fahrenheit um. Die Umrechnungsformel lautet: °F = (°C * 9/5) + 32

- `public static float fahrenheitNachCelsius (float fahrenheit)`
  Die Methode rechnet Temperaturangaben von Fahrenheit in Celsius um. Die Umrechnungsformel lautet: °C = (°F − 32) * (5/9)

Die entwickelten Klassen können mit folgender Testklasse, die sich im Default-Paket befindet, getestet werden.

```
// TestEinheitenUmrechner.java

import umrechnungstools.Umrechner;

public class TestEinheitenUmrechner
{
    public static void main (String [] args)
    {
```

```
        float km = 100f;
        float kmInMeilen;
        float meilen = 250.35f;
        float meilenInKm;
        float celsius = 0f;
        float celsiusInFahrenheit;
        float fahrenheit = 85f;
        float fahrenheitInCelsius;

        kmInMeilen = Umrechner.kmNachMeilen (km);
        meilenInKm = Umrechner.meilenNachKm (meilen);
        celsiusInFahrenheit =
                        Umrechner.celsiusNachFahrenheit (celsius);
        fahrenheitInCelsius =
                        Umrechner.fahrenheitNachCelsius (fahrenheit);

        System.out.println (km + " km entsprechen " +
                            kmInMeilen + " Meilen");
        System.out.println (meilen + " Meilen entsprechen " +
                            meilenInKm + " km");
        System.out.println (celsius + " °C entsprechen " +
                            celsiusInFahrenheit + " °F");
        System.out.println (fahrenheit + " °F entsprechen " +
                            fahrenheitInCelsius + " °C");
    }
}
```

Aufgabe 12.4: Flughafen-Projekt – Integration von Paketen

Das Programm von Projektaufgabe 11.6 beinhaltet inzwischen 11 Klassen. Um die Übersichtlichkeit zu verbessern, sollen die Klassen nun in eine sinnvolle Paketstruktur eingeordnet werden. Ein Vorschlag hierfür wäre:

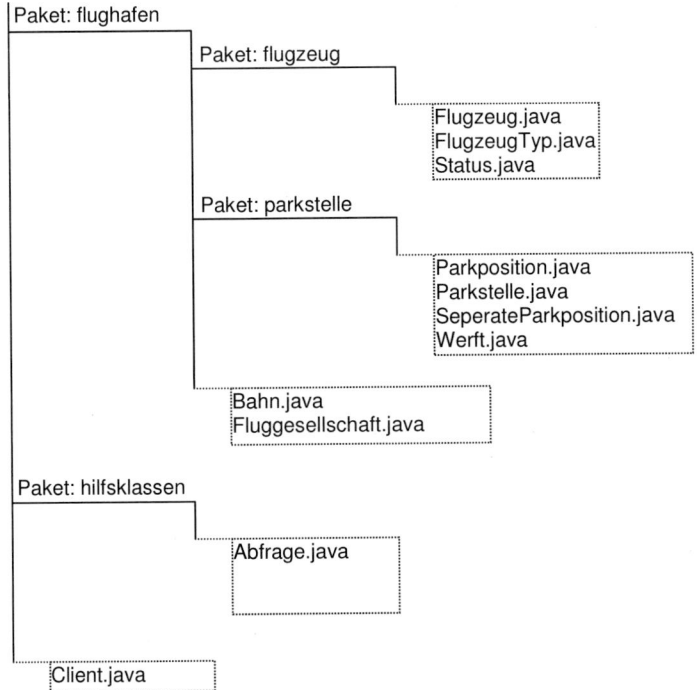

Bild 12-10 Vorschlag: Paketstruktur

Neben der Erstellung einer Paketstruktur soll eine Auswahl von Bahnen und Parkpositionen ermöglicht werden. Der bisherige Programmablauf hat einem Flugzeug
eine beliebige Parkposition und eine beliebige Bahn zugewiesen. Dabei besitzt der
Flughafen 4 Start-/Landebahnen und 10 Parkpositionen. Dem Lotsen soll nun ermöglicht werden, die Parkposition und auch Start-/Landebahn auszuwählen. Hierzu sollten zwei Arrays `parkpositionen` und `bahnen` mit den entsprechenden Größen
angelegt und mit Instanzen der Klasse `Parkposition` bzw. Instanzen der Klasse
`Bahn` gefüllt werden. Fügen Sie folgende Methode der Hilfsklasse `Abfrage` hinzu.
Diese Methode wird Ihnen bei der Eingabe eines Wertebereiches hilfreich sein:

```
public static int abfrageInt (String frage, int min, int max)
{
    int zahl = abfrageInt (frage);
    if (zahl < min || zahl > max)
    {
        System.out.println ("Bitte eine Zahl im Bereich von " + min +
                            " und " + max + " eingeben.");
        zahl = abfrageInt (frage, min, max);
    }
    return zahl;
}
```

Kapitel 13

Ausnahmebehandlung

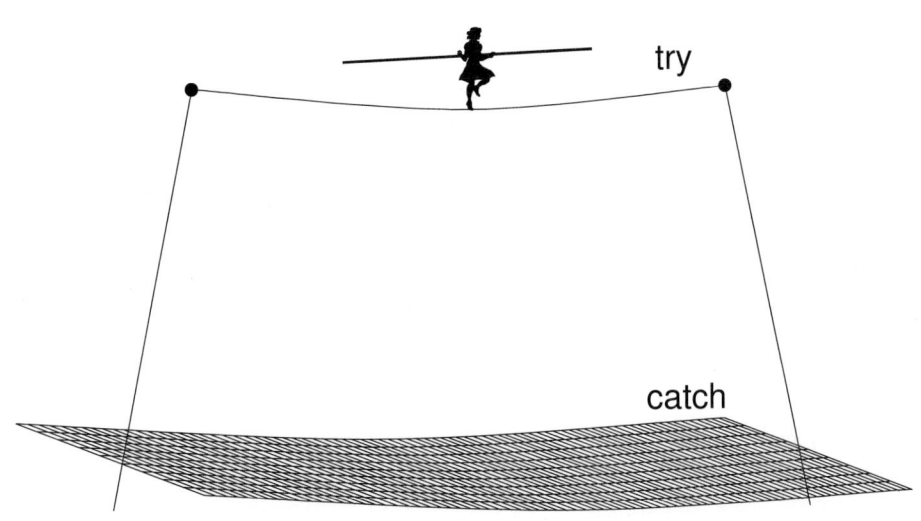

13.1 Das Konzept des Exception Handlings
13.2 Implementierung von Exception-Handlern in Java
13.3 Ausnahmen vereinbaren und auswerfen
13.4 Die Exception-Hierarchie
13.5 Ausnahmen behandeln
13.6 Vorteile des Exception-Konzeptes
13.7 Assertions
13.8 Übungen

13 Ausnahmebehandlung

Vor dem Einstieg in das Exception Handling von Java soll in Kapitel 13.1 das Konzept des Exception Handlings unabhängig von einer Programmiersprache vorgestellt werden.

13.1 Das Konzept des Exception Handlings

Während der normalen Abarbeitung einer Methode kann zur Laufzeit ein abnormales Ereignis auftreten, das die normale Ausführung der Methode unterbricht. Ein solches abnormales Ereignis ist eine **Exception (Ausnahme)**. Eine Exception kann z.B. **ein arithmetischer Überlauf, ein Mangel an Speicherplatz, eine Verletzung der Array-Grenzen**, etc. darstellen. Eine Exception stellt damit ein Laufzeit-Ereignis dar, das zum Versagen der Methode und damit zu einem Laufzeit-Fehler des Programms führen kann. In vielen Fällen führt eine Exception tatsächlich zum Versagen einer Methode und stellt dann auch einen Fehler dar. Es gibt aber auch die Möglichkeit, einen Exception-Handler zu schreiben, in welchem auf Exceptions, die man voraus-gesehen hat, so reagiert wird, dass sich das Programm von der Exception "erholt" und fehlerfrei weiterarbeitet.

Der Aufruf einer **Methode versagt, wenn** eine **Exception** während der Abarbeitung der Methode **auftritt und sich die Methode nicht von der Exception erholt**. Das **Versagen einer Methode** bedeutet **für** den **Aufrufer** der Methode ein abnormales Ereignis, d.h. ebenfalls eine **Exception**.

Tatsächlich stellt in der Praxis das Versagen einer gerufenen Methode eine der Hauptquellen für Exceptions dar.

Formal betrachtet tritt in einer Methode eine Exception auf, wenn trotz erfüllter Vorbedingung die Nachbedingung der Methode verletzt wird.

Ein defensiver Programmierstil gebietet es, auf Ausnahmen vorbereitet zu sein und zu verhindern, dass sie fehlerhafte Ergebnisse oder Ausfälle nach sich ziehen. Das erstellte Programm soll stabil sein. Daraus folgt, dass man **Programmcode zur Erkennung und Behandlung von Exceptions** vorsehen muss. Eine häufige Quelle für Exceptions sind beispielsweise Ein- und Ausgabeoperationen.

Eine der **traditionellen Methoden** zur Behandlung von Fehlern ist die **Rückgabe eines Fehlercodes** durch Funktionen, entweder als direkter Rückgabewert oder über eine **globale Variable**. Oftmals wird auch beides gemacht wie z.B. bei UNIX-Systemaufrufen. Der direkte Rückgabewert (-1 bei UNIX) zeigt an, dass etwas schief gelaufen ist, und eine globale Variable (UNIX: `errno`) enthält den genauen Fehler-code. Eine globale Variable ist dann notwendig, wenn der Rückgabewert einer Funktion keine Lücken aufweist, die man zur Fehlersignalisierung nutzen kann. Dies gilt z.B. für viele mathematische Funktionen.

Der zurückgelieferte Fehlercode muss nach jedem Aufruf geprüft werden. Diese Maßnahmen sind sehr aufwendig und resultieren nicht selten in Code, der nicht mehr sonderlich leicht zu lesen ist.

Ziel des Exception Handlings ist es, **normalen und fehler-behandelnden Code** übersichtlich **zu trennen** und Ausnahme-situationen sicher zu behandeln.

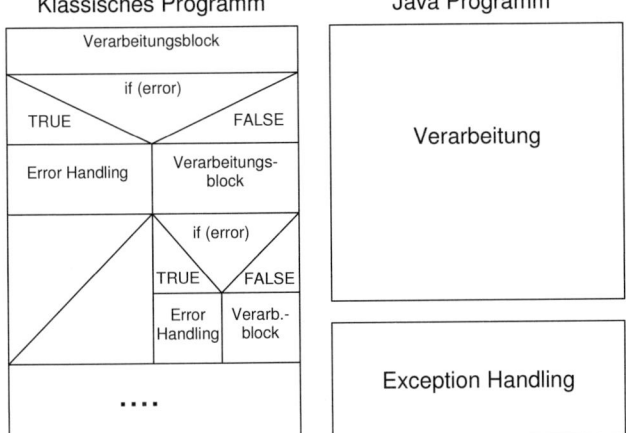

Bild 13-1 Klassische Fehlerbehandlung und Exception Handling in Java

Ein weiteres Ziel des Exception Handlings ist, bei gewissen Ausnahmen eine Ausein-andersetzung des Programms mit dem Fehler zu erzwingen. Es darf nicht sein, dass man in Folgeprobleme hineinläuft, weil man eine Ausnahme nicht behandelt hat.

Das Konzept, zwischen so genannten **Checked Exceptions** und **Unchecked Exceptions** zu unterscheiden, hat das Ziel, dass vom Compiler geprüft wird, ob der Programmierer alle zu berück-sichtigenden Ausnahmen (Checked Exceptions) tatsächlich behandelt hat. Ist dies nicht der Fall, so wird das Programm vom Compiler nicht übersetzt und der Programmierer muss nach-bessern, indem er die Checked Exception auch einer Fehler-behandlung unterzieht. Es wird also schon zur Übersetzungszeit und nicht erst zur Laufzeit durch den Compiler überprüft, ob das Programm für eine Checked Exception die verlangte Fehler-behandlung durchführt.

Auch im Zusammenhang mit **Bibliotheken**, die ja eine immer größere Rolle in der Programmierung spielen, lassen sich Ausnahmen elegant einsetzen: Der **Ersteller einer Bibliothek** weiß sehr genau, wie er **Ausnahmen entdecken** kann. Er kann jedoch schwerlich eine optimale Lösung für die Behandlung dieser Ausnahmen in allen Anwendungen, die auf der Bibliothek aufsetzen, implementieren. Der **Anwendungsprogrammierer** steht vor dem umgekehrten Problem. Er weiß zwar, wie er **mit den Ausnahmen umzugehen** hat, aber da er die Implementierung der Bibliothek in der Regel nicht kennt und nach dem Prinzip des Information Hiding auch gar nicht kennen soll, kann er sie – wenn überhaupt – nur unter Mühen entdecken. Auch hier bietet das Konzept des Exception Handling eine leistungsfähige Lösung. Es ist möglich, Exceptions zu "werfen". So kann ein Bibliotheksprogramm Exceptions dem Anwendungsprogramm, das die Bibliothek benutzt, "zuwerfen" und dieses kann dann gezielt reagieren.

> Exceptions ermöglichen es einer Bibliothek, Ausnahmezustände in einfacher Weise an das aufrufende Programm zu melden und gegebenenfalls sogar noch Daten über die näheren Begleitumstände zu liefern.

> Eine **Exception** kann man als **ein durch eine Datenstruktur repräsentiertes Ereignis auffassen**. Tritt der Ausnahmezustand ein, so wird er mit Hilfe der Datenstruktur der Exception gemeldet.

Dabei gilt jedoch, dass Exceptions nur **synchron** als Resultat von Anweisungen im Programm auftreten. Sie sind also nicht mit Interrupts oder anderen **asynchronen** Ereignissen zu verwechseln!

13.2 Implementierung von Exception-Handlern in Java

> Das Exception Handling wird in Java durch eine `try`-**Anweisung** realisiert. Eine `try`-**Anweisung** muss einen `try`-**Block** und kann ein oder mehrere `catch`-Konstrukte und ein `finally`-Konstrukt enthalten. Ist mindestens ein `catch`-Konstrukt da, so kann das `finally`-Konstrukt entfallen. Ist kein `catch`-Konstrukt vorhanden, so ist das `finally`-Konstrukt erforderlich.

Mit Hilfe von `try` wird ein Block aus beliebigen Anweisungen des normalen Programms gekennzeichnet, deren Ausführung "versucht" werden soll (`try`-**Block**), wobei aber Exceptions auftreten können, die eine normale Ausführung verhindern. Eventuell auftretende Exceptions können danach mit Hilfe von `catch` "gefangen", d.h. behandelt werden.

Eine `try`-**Anweisung** hat die folgende Struktur:

```
try
{                          // try-Block. Das ist der          ⎫
     . . . . .             // normale Code, in dem            ⎬  try-
}                          // Fehler auftreten können         ⎭  Konstrukt
```

```
catch (Exceptiontyp1 name1)
{                              // catch-Block 1.              catch-
    . . . . .                  // Fängt Fehler der            Konstrukt
}                              // Klasse Exceptiontyp1 ab

catch (Exceptiontyp2 name2)
{                              // catch-Block 2.
    . . . . .                  // Fängt Fehler der
}                              // Klasse Exceptiontyp2 ab

. . .                          // weitere catch-Konstrukte
                               // als Exception-Handler

finally                        // finally-Konstrukt ist
{                              // optional. Wird in jedem     finally-
    . . . . .                  // Fall durchlaufen, egal ob   Konstrukt
}                              // ein Fehler aufgetreten ist
                               // oder nicht.
```

Wird während der Ausführung eines Programms im `try`-Block ein Ausnahmezustand erkannt, kann mit Hilfe von `throw` eine Exception "geworfen", also eine Ausnahme ausgelöst werden.

Das Auslösen einer Ausnahme bricht die Anweisungsfolge ab, die gerade ausgeführt wurde. Die Kontrolle wird an das Laufzeitsystem der virtuellen Maschine übergeben und das Laufzeitsystem sucht einen Handler für die Ausnahme in der Umgebung des `try`-Blocks. Im einfachsten Fall steht der **Exception-Handler** direkt **in Form eines** `catch`-**Konstruktes** hinter dem `try`-Block.

> Falls ein Handler gefunden wird, werden die Anweisungen des Handlers als nächstes ausgeführt und das Programm nach den Handlern fortgesetzt.

Es wird also nicht an die Stelle des Auslösens zurückgekehrt. Falls kein Handler da ist, wird das Programm von der virtuellen Maschine abgebrochen.

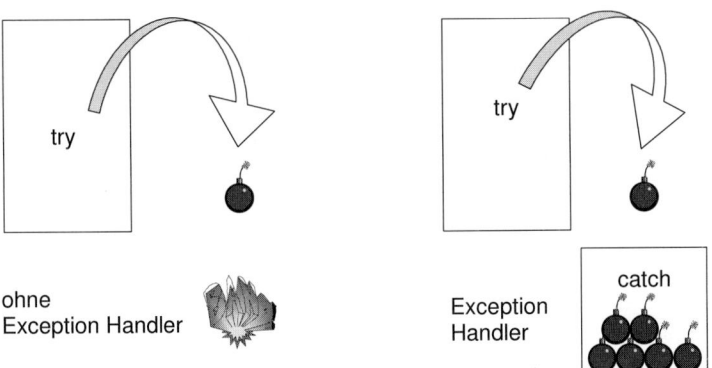

Bild 13-2 Ein Exception-Handler hat das Ziel, eine Exception zu "entschärfen", d.h. eine Methode vom Ausnahmezustand in den Normalzustand zu überführen.

Tritt ein Programmfehler in einem `try`-Block auf, wird eine **Instanz der entsprechenden Exception-Klasse** mit `throw` **geworfen** und der gerade ausgeführte `try`-Block verlassen. Die **Generierung eines Exception-Objektes** und die **Übergabe mit** `throw` **an die virtuelle Maschine** wird als das **Auslösen (Werfen) einer Exception** bezeichnet. Das Exception-Objekt enthält Informationen über den aufgetretenen Fehler.

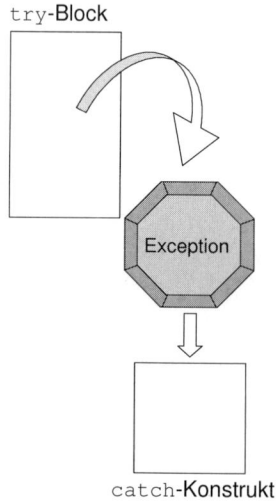

Bild 13-3 Auffangen einer im `try`-Block geworfenen Exception in einem `catch`-Konstrukt

Das `finally`-Konstrukt ist – wie schon gesagt – optional. Anweisungen in diesem Block werden auf jeden Fall ausgeführt, egal ob eine Exception geworfen wurde oder nicht. Der Block kann also dazu verwendet werden, Aktionen auszuführen, die immer vor dem Verlassen des aktuellen `try`-Blockes erledigt werden müssen, ungeachtet dessen, ob eine Ausnahme aufgetreten ist oder nicht. So können z.B. Dateien geschlossen oder Ressourcen freigegeben werden.

Prinzipiell gibt es für eine Methode, die nach dem Willen ihres Entwicklers von ihr ausgelöste Exceptions **selbst** abfangen soll, nur eine Möglichkeit:

Sie muss die Exception mit einem `try`-Block und `catch`-Konstrukt(en) abfangen.

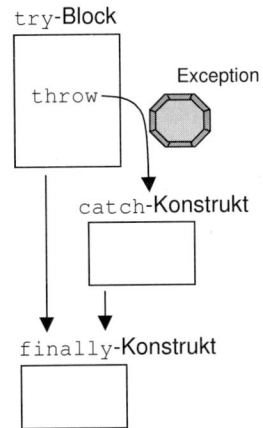

Bild 13-4 Ablauf einer Fehlerbehandlung unter Einschluss eines finally-Konstruktes

Es ist nicht zwingend erforderlich, dass Exceptions direkt nach dem try-Block in einem catch-Konstrukt abgefangen werden. Gefordert wird in Java nur, dass, wenn Anweisungen in einen try-Block eingeschlossen werden, nach einem try-Block mindestens ein finally-Konstrukt folgt. Es können dem try-Block jedoch beliebig viele catch-Blöcke folgen.

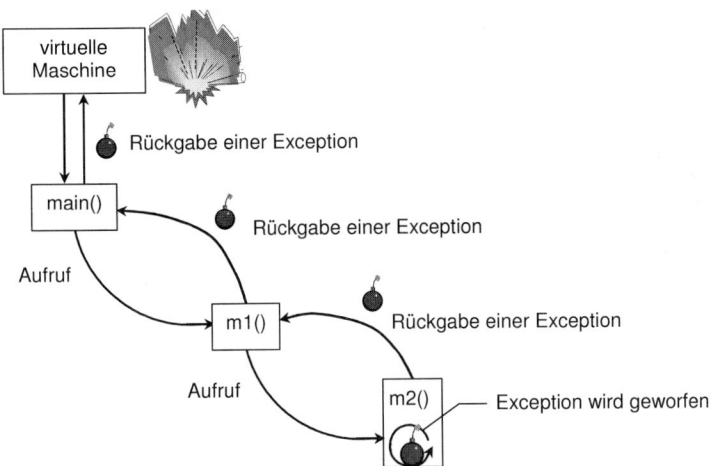

Bild 13-5 Propagieren nicht abgefangener Exceptions an den Aufrufer – bis hin zur virtuellen Maschine

Eine Methode muss Exceptions, die sie auslöst, nicht selber abfangen. Dies kann auch in einer sie aufrufenden Methode erfolgen. Man sagt, Exceptions werden **propagiert**. Mit anderen Worten, nicht behandelte Exceptions werden an den jeweiligen Aufrufer der Methode weitergereicht.

Die aufgerufene Methode kann die in ihr aufgetretene Exception an den Aufrufer weiterleiten, wenn sie diese nicht erfolgreich behandeln kann. Sie kann aber auch im Rahmen der Behandlung der aufgetretenen Exception eine andere Exception erzeugen und diese an den Aufrufer weiterleiten[104].

> Fängt eine Methode Exceptions nicht selbst ab, sondern leitet sie an ihren Aufrufer weiter, so muss die **Exception in der Schnittstellenbeschreibung der Methode** durch das Schlüsselwort `throws` **angegeben** werden. Ansonsten resultiert ein Kompilierfehler.

13.3 Ausnahmen vereinbaren und auswerfen

Bei der Ausnahmebehandlung kann der objektorientierte Ansatz konsequent eingesetzt werden. Eine Ausnahme wird in Java wie in C++ durch ein Objekt repräsentiert. Tritt eine Ausnahme ein, so wird das entsprechende Objekt erzeugt.

> In Java haben alle Exceptions eine gemeinsame Basisklasse. Dies ist die Klasse `Throwable` aus dem Paket `java.lang`.

Ausnahmen können mit Hilfe der Anweisung `throw` an beliebiger Stelle in einem `try`-Block ausgelöst oder "ausgeworfen" werden. Die `throw`-Anweisung akzeptiert jede Referenz, die auf ein Objekt vom Typ `Throwable` zeigt. Damit können natürlich alle Objekte eines Subtyps von `Throwable` mit `throw` geworfen werden[105].

> Eine Ausnahme-Klasse unterscheidet sich nicht von einer "normalen" Klasse, außer dass sie von `Throwable` abgeleitet ist. Die besondere Bedeutung erhält sie durch die Verwendung in `throw`-Anweisungen und in `catch`-Konstrukten.

Haben Ausnahmen ganz bestimmte spezifische Eigenschaften, die im **Klassenbaum der Exceptions** noch nicht vertreten sind, so wird man eine spezielle Klasse vereinbaren. Da Exceptions nichts anderes als Klassen[106] sind, leitet man sich für seine Bedürfnisse einfach eine Klasse von der Klasse `Exception` oder einer ihrer Subklassen ab. Dadurch können die Exceptions unterschieden und modifizierte Fehlermeldungen angegeben werden. Bei Bedarf kann man auch Datenfelder und Methoden hinzufügen.

Das folgende Beispiel zeigt, wie man eine selbst definierte Exception generieren, auswerfen und wieder fangen kann.

---

[104] Siehe Kap. 13.5.3.
[105] Ein Anwendungsprogrammierer wirft in der Regel ein Objekt vom Typ `Exception` oder eines Subtyps von `Exception`.
[106] Siehe Kap. 13.4.

```java
// Datei: MyClass.java

class MyException extends Exception
{
   public MyException()
   {
      // Aufruf des Konstruktors der Klasse Exception.
      // Ihm wird ein String mit dem Fehlertext übergeben.
      super ("Fehler ist aufgetreten!");
   }
}

public class MyClass
{
   public static void main (String[] args)
   {
      // Dieser try-Block ist untypisch, da in ihm nur eine
      // Exception zu Demonstrationszwecken geworfen wird.
      try
      {
         MyException ex = new MyException();
         throw ex;
         // Anweisungen unterhalb einer throw-Anweisung in einem
         // try-Block werden nie abgearbeitet.
      }
      catch (MyException e)
      {
         System.out.println (e.getMessage());
      }
   }
}
```

Die Ausgabe des Programms ist:

Fehler ist aufgetreten!

In konkreten Programmen muss eine Fehlermeldung natürlich aussagekräftig sein. Eine Fehlermeldung muss immer die Stelle, an welcher der Fehler aufgetreten ist, und die Fehlerursache enthalten. Jede Exception ist von einem bestimmten Typ.

Zur Erstellung einer eigenen Exception wird im Beispiel die Klasse MyException von der Klasse Exception abgeleitet. Im parameterlosen Konstruktor der Klasse MyException wird mit super() der Konstruktor der Klasse Exception aufgerufen. An den Konstruktor von Exception wird ein String übergeben, der den Fehlertext enthält. Der Fehlertext beschreibt die Exception genauer und kann aus einer Exception mit der Methode getMessage(), die in der Klasse Throwable definiert ist, ausgelesen werden. Dieser Fehlertext kann dann im Fehlerfall ausgegeben werden.

Im try-Block in der main()-Methode der Klasse MyClass wird durch new ein neues Exception-Objekt erzeugt. Dieses wird anschließend mit throw geworfen. Mit der throw-Anweisung wird der try-Block verlassen. Eine darauf folgende Codezeile wird nie erreicht. Die an die virtuelle Maschine übergebene Exception wird dann im catch-Konstrukt der main()-Methode gefangen und die übergebene Nachricht – also der Fehlertext – ausgegeben. Der Aufruf des catch-Konstruktes ist dabei durchaus mit dem Aufruf einer Methode zu vergleichen.

> Aufgerufen wird ein catch-Konstrukt nicht vom Programm, sondern von der Java Virtuellen Maschine. Ein Exception-Objekt wird an die virtuelle Maschine übergeben. Diese übernimmt die Kontrolle und sucht das passende catch-Konstrukt und übergibt ihm die Exception.

13.4 Die Exception-Hierarchie

Wie bereits erwähnt, haben alle Exceptions eine gemeinsame Basisklasse, die Klasse Throwable. Diese selbst ist von der Klasse Object abgeleitet. Das folgende Bild zeigt die Exception-Hierarchie:

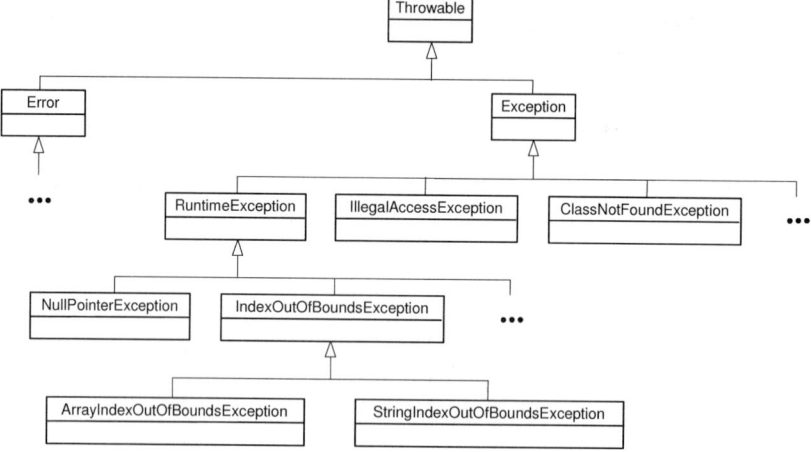

Bild 13-6 Ausschnitt der Klassenhierachie von Throwable

Throwable ist die Basisklasse der beiden Klassenhierachien java.lang.Error und java.lang.Exception. Spricht man von einer Exception, sind oft beide Hierarchien gemeint.

Die Klasse Error

Ausnahmen der Klasse Error sollten zur Laufzeit eines Java-Programms eigentlich gar nicht auftreten. Ein Programm sollte in der Regel nicht versuchen, einen solchen Fehler abzufangen. Denn wenn eine solche Ausnahme auftritt, ist ein schwerwiegender Fehler in der virtuellen Maschine aufgetreten, der eigentlich gar nicht auftreten sollte und in der Regel auch nicht während der Laufzeit des Programms behandelbar ist, wie z.B. ein Fehler beim dynamischen Binden. Hier soll die virtuelle Maschine das Programm abbrechen. Es kann allerdings auch Fälle geben, wo es Sinn macht, selbst den Fehler zu behandeln. Hat beispielsweise ein Server-Rechner Probleme mit dem verfügbaren Speicher und generiert einen OutOfMemoryError, so kann man in einem Exception-Handler beispielsweise die Clients des Servers davon verständigen, oder eventuell selbst genügend Speicher freigeben, damit die Exception nicht mehr auftritt.

Die Klasse `Exception`

Normalerweise lösen Java-Programme Exceptions aus, die von der Klasse `Exception` abstammen. Es handelt sich um Exceptions, die der Programmierer zur Laufzeit behandeln kann.

Die Klasse `Throwable` hat ein Datenfeld vom Typ `String` zur Beschreibung des Fehlers. Der Fehlertext kann dem Konstruktor der Klasse `Exception` übergeben werden. Der Empfänger einer Exception, ein `catch`-Konstrukt, kann sich den Fehlertext mit Hilfe der Methode `getMessage()` beschaffen.

13.4.1 Checked und Unchecked Exceptions

Weiter wird auch noch unterschieden, ob eine Exception durch den Programmierer aufgefangen und **bearbeitet werden muss** oder nicht.

Man spricht von **"Checked Exceptions"** falls eine Exception vom Programmierer behandelt werden muss, und dies auch vom Compiler überprüft (checked) wird.

Wird eine auftretende Exception nicht behandelt, so führt dies zum Programmabbruch.

Man spricht von **"Unchecked Exceptions"** falls eine Exception vom Programmierer weder abgefangen, noch in der `throws`-Klausel der Schnittstelle der Methode angegeben werden muss.

Auf Unchecked Exceptions wird ein Programm **vom Compiler nicht überprüft**.

Alle Exceptions bis auf diejenigen der Unterbäume `RuntimeException` und `Error` sind "Checked Exceptions", d.h. zu berücksichtigende Ausnahmen.

Unchecked Exceptions	Checked Exceptions
`RuntimeException` `Error`	alle anderen

Tabelle 13-1 Checked und Unchecked Exceptions

Checked Exceptions müssen vom Programmierer entweder **in einem Exception Handler** einer Methode behandelt werden **oder** aber **in** der `throws`-**Klausel** der Methode, welche die Exception wirft, **angegeben** werden, um anzuzeigen, dass sie die entsprechende Exception nach außen weitergibt.

Die Klasse `RuntimeException`

Ausnahmen der Klasse `RuntimeException` oder eines Subtyps treten zur Laufzeit in der virtuellen Maschine auf. Dies sind aber keine "harten" Fehler der virtuellen Maschine, sondern Fehler im Programm wie z.B. die Anwendung des Punkt-Operators auf eine `null`-Referenz. Dies kann passieren, wenn bei einem Methodenaufruf `a.f()`, die Referenz `a` noch kein Objekt referenziert, sondern eine `null`-Referenz darstellt. Eine `NullPointerException` kann im Prinzip bei jedem Zugriff auf ein Datenfeld oder eine Methode eines Objektes auftreten. Es wäre überhaupt nicht praktikabel, solche Fehler in der Anwendung zu behandeln, da es einfach zu viele Stellen im Programm gibt, wo ein solcher Fehler auftreten kann. Daher wurde bei der Definition von Java entschieden, dass Ausnahmen der Klasse `RuntimeException` von der virtuellen Maschine behandelt werden müssen. Der Programmierer hat die Möglichkeit, wenn er will, solche Ausnahmen zu behandeln. Der Compiler interessiert sich aber nicht dafür, ob es der Programmierer tut, da Exceptions der Klasse `RuntimeException` – wie schon gesagt – **Unchecked Exceptions** sind.

13.4.2 Beispiele für Exceptions

Im Folgenden einige Exceptions, die von der Klasse `Error` abgeleitet sind:

Exception	Erklärung
`AbstractMethodError`	Versuch, eine abstrakte Methode aufzurufen
`InstantiationError`	Versuchtes Anlegen einer Instanz einer abstrakten Klasse oder eines Interfaces
`OutOfMemoryError`	Es konnte kein Speicher allokiert werden
`StackOverflowError`	Der Stack ist übergelaufen

Tabelle 13-2 Beispiele für Exceptions vom Typ `Error`

Einige Exceptions, die von der Klasse `Exception` abgeleitet sind:

Exception	Erklärung
`ClassNotFoundException`	Eine Klasse wurde weder im aktuellen Verzeichnis noch in dem Verzeichnis, welches in der Umgebungsvariable `CLASSPATH` angegeben ist, gefunden
`CloneNotSupportedException`	Ein Objekt sollte kopiert werden, welches das Cloning aber nicht unterstützt
`IllegalAccessException`	Ein Objekt hat eine Methode aufgerufen, auf die es keinen Zugriff hat

Tabelle 13-3 Beispiele für Exceptions vom Typ `Exception`

Einige Exceptions, die von der Klasse `RuntimeException` abgeleitet sind:

Exception	Erklärung
`ArithmeticException`	Ein Integerwert wurde durch Null dividiert
`ArrayIndexOutOfBoundsException`	Auf ein Feld mit ungültigem Index wurde zugegriffen
`ClassCastException`	Cast wegen fehlender Typverträglichkeit nicht möglich
`NullPointerException`	Versuchter Zugriff auf ein Datenfeld oder eine Methode über die `null`-Referenz

Tabelle 13-4 Beispiele für Exceptions vom Typ `RuntimeException`

Werden zusätzliche Pakete benutzt, so können weitere Exceptions hinzukommen. Im Paket `java.io` werden z.B. Objekte vom Typ `IOException` benutzt, um Fehler bei der Ein- und Ausgabe anzuzeigen.

13.5 Ausnahmen behandeln

Ein `try`-Block kennzeichnet eine Anweisungsfolge, innerhalb derer Exceptions ausgelöst werden können. Vorgänge, die Exceptions auslösen können und behandelt werden sollen, müssen grundsätzlich in einem `try`-Block stehen.

Der `try`-Block bedeutet:

Es wird versucht, den Code in den geschweiften Klammern auszuführen. Wenn Exceptions geworfen werden, hat sich der Programmierer um die Behandlung zu kümmern.

Eine Exception kann in einem `catch`-Konstrukt, das dem `try`-Block folgt, behandelt oder an die aufrufende Methode zur Behandlung weitergereicht werden.

Unmittelbar hinter dem try-Block können ein oder mehrere **Exception-Handler** in Form von `catch`-**Konstrukten** folgen. Ein `catch`-Konstrukt besteht aus dem Schlüsselwort `catch`, gefolgt von einen formalen Parameter und dem Typ der zu behandelnden Exception in runden Klammern und einem anschließenden Codeblock zur Realisierung der Ausnahmebehandlung (z.B. Fehlermeldung ausgeben und für den Fehlerfall vorgesehene Default-Werte setzen, die ein Weiterarbeiten ermöglichen, oder einen Programmabbruch einleiten z.B. durch Aufruf der Methode `System.exit(1)`).

Existieren mehrere Handler, dann müssen diese unmittelbar aufeinander folgen. **Normaler Code zwischen den Handlern ist nicht erlaubt!** Existiert kein Exception-Handler in der Methode, kann die weitergereichte Exception in der aufrufenden Methode oder deren Aufrufer usw. gefangen werden.

Hat der Programmierer jedoch **keinen Exception-Handler für eine weitergereichte Checked Exception** geschrieben, dann meldet sich der **Compiler** mit einer **Fehlermeldung**. Damit erzwingt der Compiler, dass eine Checked Exception vom Programmierer behandelt wird.

Wird eine **weitergereichte Unchecked Exception** vom Programmierer **nicht abgefangen**, meldet sich das **Laufzeitsystem** mit einer **Fehlermeldung** und bricht das Programm ab.

Die Syntax des Exception Handling erinnert zum einen an die `switch`-Anweisung, zum anderen an Methodenaufrufe. Beide Vergleiche haben ihre Berechtigung:

- Der Code innerhalb des `try`-Blocks liefert ähnlich zu einem `switch` die Bedingung, gemäß derer einer der Handler (oder auch keiner) angesprungen wird.

- Im Unterschied zu `switch` sind jedoch keine `break`-Anweisungen zwischen den Handlern nötig, und wenn im `try`-Block keine Exception auftritt, werden alle Handler übersprungen!

- Die **Schnittstelle eines Handlers** sieht aus **wie die Schnittstelle einer einparametrigen Methode**.

13.5.1 Beispiel für das Fangen einer Exception

Am folgenden Beispiel wird das Fangen einer Exception der Klasse `ArrayIndexOutOfBoundsException`, einer Subklasse der Klasse `RuntimeException`, demonstriert. Die `ArrayIndexOutOfBoundsException` wird geworfen, wenn die Bereichsgrenzen eines Arrays überschritten werden. Eine Exception der Klasse `RuntimeException` oder eines Subtyps gehört zu den **Unchecked Exceptions** und **muss nicht – aber kann – vom Programmierer abgefangen werden**.

```
// Datei: Test.java

public class Test
{
   public static void main (String[] args)
   {
      int[] intarr = new int [4];
      for (int lv = 0; lv < 8; lv++)
      {
         try
         {
            intarr [lv] = lv;
            System.out.println (intarr [lv]);
         }
```

```
        catch (ArrayIndexOutOfBoundsException e)
        {
            System.out.println ("Array-Index " + lv +
                                " ist zu gross!");
        }
    }
  }
}
```

Die Ausgabe des Programms ist:

```
0
1
2
3
Array-Index 4 ist zu gross!
Array-Index 5 ist zu gross!
Array-Index 6 ist zu gross!
Array-Index 7 ist zu gross!
```

Dabei ist zu beachten, dass das Programm nach jeder Exception ganz normal mit der Abarbeitung der `for`-Schleife fortfährt.

13.5.2 Reihenfolge der Handler

Die Suche nach dem passenden Handler erfolgt von oben nach unten, d.h **die Reihenfolge der Handler ist relevant**. Der Handler für eine Exception, die im Klassenbaum der Exceptions am weitesten oben steht, muss an letzter Stelle stehen. Dies ist darauf zurückzuführen, dass überall da, wo ein Objekt einer Basisklasse erwartet wird, stets auch ein Objekt einer Unterklasse verwendet werden kann.

Ein Handler für Exceptions einer Klasse A passt infolge des Polymorphie-Konzeptes der Objektorientierung auch auf Exceptions aller von A abgeleiteten Klassen.

Würde ein Handler mit einem Parameter der Basisklasse also ganz vorne in der Liste der Handler stehen, so würde er jede Exception des entsprechenden Unterbaums abfangen und die für die Unterklassen spezialisierten Handler würden überhaupt nie aufgerufen werden. Also ist eine umgekehrte Anordnung der Handler erforderlich.

Zuerst müssen die **Handler für** die am meisten spezialisierten Klassen der **Exception-Hierarchie** aufgelistet werden und **dann in** der **Reihenfolge der zunehmenden Generalisierung** die entsprechenden allgemeinen Handler.

Hat man also eine Klassenhierarchie für Exceptions definiert, dann muss sich diese Hierarchie in den Handlern widerspiegeln – allerdings in umgekehrter Reihenfolge.

Fügt man am Ende der Folge der Handler noch einen Handler für die Basisklasse ein, ist man auch in Zukunft sicher, dass alle Exceptions behandelt werden, auch wenn jemand neue Exceptions ableitet.

Die richtige Anordnung der Handler wird vom Compiler überprüft. Der Compiler prüft, ob alle Handler erreichbar sind. Im folgenden Beispielprogramm wird ein Kompilierungsfehler durch ein nicht erreichbares `catch`-Konstrukt demonstriert:

```java
// Datei: Catchtest.java

class MyException extends Exception
{
   public MyException()
   {
      super ("Fehler ist aufgetreten!");
   }
}

public class Catchtest
{
   public void testMethode()
   {
      try
      {
         throw new MyException();
      }
      catch (Exception e)
      {
         System.out.println (e.getMessage());
      }
      catch (MyException e)
      {
         System.out.println (e.getMessage());
      }
   }

   public static void main (String[] args)
   {
      Catchtest x = new Catchtest();
      x.testMethode();
   }
}
```

Die Ausgabe des Programms ist:

```
Catchtest.java:25: catch not reached.
         catch (MyException e)
         ^
   1 error
```

13.5.3 Ausnahmen weiterreichen

Eine Exception gilt als erledigt, sobald ein Handler zu ihrer Bearbeitung gefunden und aufgerufen wurde.

Stellt sich innerhalb des Handlers (z.B. anhand der in der Exception übergebenen Informationen oder weil Korrekturmaßnahmen fehlschlagen) heraus, dass dieser Handler die Exception nicht behandeln kann, so kann **dieselbe Exception erneut** im `catch`-Block mit `throw` **ausgeworfen** werden. Der Handler kann aber gegebenenfalls auch **andere Exceptions auswerfen**.

Im Folgenden ein Ausschnitt aus einem Programm, der das erneute Auswerfen einer Exception zeigt:

```
try
{
    AException aEx = new AException ("schwerer Fehler");
    throw aEx;
}
catch (AException e)
{
    String message = e.getMessage();
    if (message.equals ("schwerer Fehler"))
        throw e;
}
```

13.5.4 Schichtenstruktur für das Exception Handling

Jede Gruppe von Handlern ist nur für die Behandlung von Exceptions aus ihrem zugeordneten `try`-Block verantwortlich.

Alle innerhalb von Handlern ausgeworfenen Exceptions werden nach außen an die nächste umschließende `try`-Anweisung weitergereicht. Die `try`-**Anweisungen** können also **geschachtelt** werden.

Dieser Mechanismus gestattet die Implementierung von mehreren Schichten zur Fehlerbehandlung. Ebenfalls nach außen weitergereicht werden Exceptions, für die kein Handler existiert. Das folgende Beispiel zeigt geschachtelte `try`-Anweisungen:

```
// Datei: Versuch.java

class MyException2 extends Exception
{
    public MyException2()
    {
        super ("Fehler ist aufgetreten!");
    }
}
```

```java
public class Versuch
{
   public static void main (String[] args)
   {
      try
      {
         try
         {
            throw new Exception ();
         }
         catch (MyException2 e)
         {
            System.out.println ("MyException2 gefangen");
         }
      }
      catch (Exception e2)
      {
         System.out.println ("Exception gefangen");
      }
   }
}
```

 Die Ausgabe des Programms ist:

```
Exception gefangen
```

Das folgende Bild zeigt die Anordnung der `try`-Anweisungen aus dem Beispielprogramm der Klasse `Versuch`:

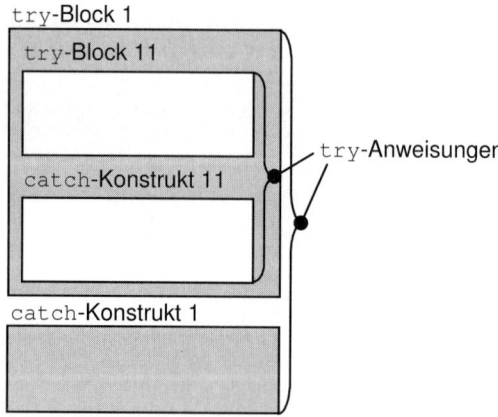

Bild 13-7 Geschachtelte `try`-Anweisungen

13.5.5 Ausnahmen ankündigen – die throws-Klausel

In Java wird zwingend verlangt, bestimmte Exceptions, die eine Methode auslösen kann, in die Deklaration der Methode mit Hilfe der `throws`-Klausel aufzunehmen. Dabei müssen **Checked Exceptions unbedingt angegeben** werden, während das bei Unchecked Exceptions nicht erforderlich ist. Dadurch wird dem Aufrufer signalisiert, welche Ausnahmen von einer Methode ausgelöst bzw. weitergereicht werden. Dies spielt auch eine Rolle bei Bibliotheken. Ein Programmierer, der Libraries nutzt, muss wissen, welche Exceptions die Library-Methoden werfen können. Seine Aufgabe ist es, die geworfenen Exceptions sinnvoll zu behandeln.

Eine Methode kann nur die Checked Exceptions auslösen, die sie in der `throws`-Klausel angegeben hat. Unchecked Exceptions hingegen kann sie immer werfen.

Soll also die Exception erst außerhalb einer Methode verarbeitet werden, muss die Methodendeklaration wie folgt erweitert sein:

```
[Zugriffsmodifikatoren] Rückgabewert Methodenname
([Parameter]) throws Exceptionname [,Exceptionname, . . . . .]
```

Beachten Sie, dass `throws Exceptionname [,Exceptionname, . . . . .]` die so genannte `throws`-Klausel darstellt. Die Methode gibt also eine oder mehrere Exceptions "nach außen" weiter.

Durch die `throws`-Klausel informiert eine Methode den Aufrufer (und den Compiler) über eine mögliche abnormale Rückkehr aus der Methode.

Diese zusätzliche Information bei der Deklaration dient nicht der Unterscheidung von Methoden im Sinne einer Überladung!

Die Exception kann also in der aufrufenden Methode, eventuell erst in der `main()`-Methode oder überhaupt nicht vom Anwendungsprogramm gefangen werden. Die Methode `pruefeDatum()` im nächsten Beispiel behandelt die Exception `Parse-Exception` nicht selbst und besitzt deshalb eine `throws`-Klausel. Die Exception wird in der aufrufenden Methode – hier in der `main()`-Methode – behandelt.

```
// Datei: DatumEingabe.java

import java.util.Date;
import java.text.*;

public class DatumEingabe
{
    public Date pruefeDatum (String datum) throws ParseException
    {
        // Eine auf die Rechnerlokation abgestimmte Instanz der Klasse
        // DateFormat wird erzeugt.
        DateFormat df = DateFormat.getDateInstance();

        // strenge Datumsprüfung einschalten
        df.setLenient (false);
```

```
        // Datum überprüfen und in ein Date-Objekt wandeln.
        // Die Methode parse() wirft eine ParseException, wenn in
        // datum kein gültiges Datum steht.
        Date d = df.parse (datum);
        return d;
    }

    public static void main (String[] args)
    {
        DatumEingabe v = new DatumEingabe();
        String[] testdaten = {"10.10.2006", "10.13.2006"};

        Date datum = null;
        for (int i = 0; i < testdaten.length; i++)
        {
            try
            {
                datum = v.pruefeDatum (testdaten [i]);
                System.out.println ("Eingegebenes Datum ist ok:\n"
                                    + datum);
            }
            catch (ParseException e)
            {
                System.out.println ("Eingegebenes Datum ist nicht ok:\n"
                                    + testdaten [i]);
            }
        }
    }
}
```

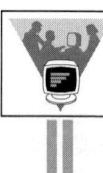

Die Ausgabe des Programms ist:

```
Eingegebenes Datum ist ok:
Tue Oct 10 00:00:00 CEST 2006
Eingegebenes Datum ist nicht ok:
10.13.2006
```

Für das Überschreiben von Methoden gibt es folgende Einschränkung: Wird eine Methode einer Vaterklasse, die keine Exceptions mit `throws` weiterreicht, bei einer Ableitung überschrieben, so kann die überschreibende Methode auch keine Exceptions weiterreichen. Die Fehlerbehandlung muss dann in der überschreibenden Methode selbst erfolgen. Verstöße gegen diese Vorschrift verursachen eine ganze Reihe von Fehlern beim Kompilieren.

13.6 Vorteile des Exception-Konzeptes

Vorteile des Exception Handling sind:

- Eine saubere **Trennung** des Codes **in "normalen" Code** und **in Fehlerbehandlungscode**.
- Der Compiler prüft, ob "Checked Exceptions" vom Programmierer abgefangen werden. Damit werden **Nachlässigkeiten** beim Programmieren **bereits zur Kompilierzeit** und nicht erst zur Laufzeit **entdeckt**.

- Das Propagieren einer **Exception** erlaubt, diese **auch in einem umfassenden Block oder** einer **aufrufenden Methode** zu **behandeln**.
- Da Exception-Klassen in einem Klassenbaum angeordnet sind, können – **je nach Bedarf** – **spezialisierte Handler oder generalisierte Handler geschrieben** werden.

13.7 Assertions

Mit Exceptions können auftretende Fehler während des Programmablaufs abgefangen und gegebenenfalls behandelt werden. Mit Assertions[107] besteht hingegen die Möglichkeit, zur Laufzeit eines Programms bestimmte Programmeigenschaften zu überprüfen. So kann beispielsweise geprüft werden, ob ein berechneter Wert innerhalb eines bestimmten Wertebereichs liegt, ob eine Variable nur bestimmte Werte annimmt oder ob ein bestimmter Zweig im Kontrollfluss nie durchlaufen wird. Dafür werden im Folgenden noch Programmbeispiele angegeben. Mit diesem Konzept können somit beim Debuggen die Ursachen von aufgetretenen Exceptions untersucht und beseitigt werden.

13.7.1 Notation von Assertions

Assertions werden umgesetzt, indem zur Laufzeit des Programms Boolesche Ausdrücke ausgewertet werden. Die Syntax in Java für Assertions kennt zwei Ausprägungen:

```
assert Ausdruck1;          /* erste Variante */
```

oder

```
assert Ausdruck1 : Ausdruck2; /* zweite Variante */
```

In der ersten Variante der `assert`-Anweisung wird der Boolesche Ausdruck `Ausdruck1` ausgewertet. Ergibt `Ausdruck1` den Wert `true`, d.h. die zu überprüfende Eigenschaft ist richtig, so wird die nächste Anweisung nach der Assertion ausgeführt. Ergibt der Boolesche Ausdruck den Wert `false`, dann wirft die `assert`-Anweisung einen `AssertionError`. Die Klasse `AssertionError` ist von der Klasse `Error` abgeleitet. Da Objekte der Klasse `Error` oder einer ihrer Subklassen wie zuvor erwähnt nicht vom Programmierer behandelt werden, wird die Ausführung des Programms abgebrochen. Bei der zweiten Variante der `assert`-Anweisung wird ebenfalls der Boolesche Ausdruck `Ausdruck1` ausgewertet. Ergibt die Auswertung `true`, so wird die Ausführung wiederum nach der Assertion fortgesetzt. Ist `Ausdruck1` allerdings `false`, dann wird `Ausdruck2` ausgewertet. Der Rückgabewert von `Ausdruck2` wird dem Konstruktor des `AssertionError`-Objekts übergeben, um die fehlgeschlagene Assertion genauer zu beschreiben und den Entwickler bei der Fehlersuche zu unterstützen.

Assertions können beim Programmstart sowohl aktiviert (enabled) als auch deaktiviert (disabled) werden. Eine Aktivierung der Assertions erlaubt die Auswertung der oben genannten Ausdrücke, während eine Deaktivierung zu einem verbesserten

---

[107] Engl. für Aussage, Behauptung.

Laufzeitverhalten führt. Standardmäßig sind Assertions beim Programmstart deaktiviert und müssen explizit eingeschaltet werden.

13.7.2 Anwendungsbeispiele

Es gibt verschiedene Situationen, in denen Assertions verwendet werden können, beispielsweise zur Überprüfung von:

- Invarianten von Klassen,
- Kontrollflüssen,
- Vor- und Nachbedingungen von Methoden

Beispiel 1: Überprüfung auf das Einhalten definierter diskreter Werte

Wird vorausgesetzt, dass eine Variable nur einige bestimmte Werte annehmen kann, so kann dies mit einer Assertion überprüft werden:

```
int zahl;
. . . . .
switch (zahl)
{
    case 1:   . . . . .
              break;
    case 2:   . . . . .
              break;
    case 3:   . . . . .
              break;
    default:  assert false;
}
. . . . .
```

Es wird erwartet, dass die Variable `zahl` keinen anderen Wert als 1, 2 oder 3 annimmt. Sollte dies wider Erwarten dennoch geschehen, so wird die Assertion im Default-Zweig fehlschlagen und eine Exception vom Typ `AssertionError` auslösen. Auf diese Weise wird erkannt, dass die erwartete Eigenschaft nicht erfüllt wird und dass der Quellcode überarbeitet werden muss.

Beispiel 2: Überprüfung des Kontrollflusses

Ebenso lässt sich überprüfen, ob eine Stelle im Kontrollfluss erreicht wird, die nie zur Ausführung kommen sollte.

```
void tuNichtGut()
{
    for (int i = 0; i <= 9; i++)
    {
        . . . . .
      if (i == 10)
          return;
    }
    assert false;
}
```

In diesem Beispiel löst die Assertion einen Fehler aus, wenn die Abbruchbedingung in der `if`-Abfrage nicht erfüllt und die `return`-Anweisung nicht ausgeführt wird.

Beispiel 3: Aktivierung und Deaktivierung von Assertions

Mit Assertions lassen sich auch die Vor- und Nachbedingungen von Methoden und Klasseninvarianten prüfen (siehe Kap. 11.5). Will man bei einem System im operationellen Einsatz Vor- und Nachbedingungen verwenden, so müssen Exceptions verwendet werden. Dies hat zwei Gründe:

- Assertions sind deaktivierbar.
- Assertions können nur Exceptions vom Typ `AssertionError` werfen. Diese sind für eine Fehleranalyse in Systemen im operationellen Einsatz nicht aussagekräftig genug.

Assertions können aktiviert oder deaktiviert werden. Hierfür gibt es die Kommandozeilenschalter `-ea` und `-da` der virtuellen Maschine. Standardmäßig sind Assertions deaktiviert. Diese Kommandozeilenschalter können mit verschiedenen Parametern aufgerufen werden:

- **ohne Parameter**
  Es werden die Assertions aller Klassen außer den Systemklassen deaktiviert bzw. aktiviert.
- **Paketname...**
  Die drei Punkte sind Teil der Syntax und müssen mit angegeben werden. Im angegebenen Paket und allen darin enthaltenen Unterpaketen werden die Assertions aktiviert bzw. deaktiviert.
- **...**
  Die drei Punkte sind Teil der Syntax und müssen angegeben werden. Assertions, die im anonymen Paket (aktuelles Arbeitsverzeichnis) enthalten sind, werden aktiviert bzw. deaktiviert.
- **Klassenname**
  Nur in der spezifizierten Klasse werden die Assertions aktiviert bzw. deaktiviert.

Sollen beispielsweise im Paket `javabuch.uebungen` die Assertions aktiviert werden, so lautet die Kommandozeile:

```
java -ea : javabuch.uebungen... MyAssertionTest
```

Sollen allerdings alle Assertions im Paket `javabuch.uebungen` aktiviert werden mit Ausnahme der Assertions in der Klasse `Test`, so lautet der Kommandozeilenaufruf:

```
java -ea : javabuch.uebungen...
     -da : javabuch.uebungen.Test
MyAssertionTest
```

Seit JDK 5.0 kann Quellcode, der `assert`-Anweisungen enthält, wie gewöhnlich kompiliert werden. Bei Verwendung des JDK 1.4 muss aus Gründen der Abwärtskompatibilität der Compiler mit dem Compilerschalter `-source` aufgerufen werden:

```
javac -source 1.4 MySourceFile.java
```

Assertions sind vorrangig ein Mittel zum Testen der eigenen Software. Um das Laufzeitverhalten zu verbessern, sollte ein Programm nach der Testphase mit deaktivierten Assertions ausgeführt werden.

Beispiel 4: Plausibilitätsprüfungen

Werden in einer Methode Berechnungen durchgeführt, so ist es unter Umständen sinnvoll, das Ergebnis auf bestimmte Anforderungen zu testen: das Ergebnis muss beispielsweise positiv sein, ein berechneter Stundenwert muss größer oder gleich 0 und kleiner oder gleich 23 sein, etc. Solche Überprüfungen können entweder direkt in der `assert`-Anweisung mit Hilfe eines Ausdrucks erfolgen, oder in einer Methode, die einen geeigneten Rückgabewert besitzt und von der Assertion aufgerufen wird:

```java
// Datei: AssertionTest.java

public class AssertionTest
{
   public static void main (String[] args)
   {
      int ergebnis = berechne(); // Der Rückgabewert von berechne()
                                 // soll überprüft werden.
      System.out.println("Das Ergebnis muss größer gleich 0 und " +
                         "kleiner als 24 sein.");

      try
      {
         assert testeErgebnis (ergebnis): ergebnis;
         System.out.println ("Das Ergebnis lautet: " + ergebnis);
      }
      catch (AssertionError ae)
      {
         System.err.println("Es ist ein AssertionError aufgetreten:"
                            + "ergebnis = " + ae.getMessage());
         System.exit (1);
      }
   }

   private static int berechne()
   {
      //beliebige Berechnung
      return -1;
   }

   private static boolean testeErgebnis (int erg)
   {
      //Das Ergebnis muss größer gleich 0
      //und kleiner gleich 23 sein
      if ((erg >= 0) && (erg <= 23))
         return true;
      return false;
   }
}
```

 Die Ausgabe des Programms ist:

```
Das Ergebnis muss größer gleich 0 und kleiner
als 24 sein.
Es ist ein AssertionError aufgetreten:
ergebnis = -1
```

Beachten Sie bitte, dass das Programm für die obige Ausgabe folgendermaßen aufgerufen wurde:

```
java -ea AssertionTest
```

Im vorangegangenen Beispiel wird im Fehlerfall das Ergebnis an den Konstruktor des `AssertionError`-Objekts übergeben. Dadurch erfährt der Entwickler nicht nur, dass die Berechnung fehlschlug, sondern auch welches Ergebnis den Fehler verursacht hat. Tritt eine Exception vom Typ `AssertionError` auf, so kann sie mit Hilfe eines `try-catch`-Konstrukts gefangen werden. Wie zuvor schon erwähnt, tritt eine Exception vom Typ `Error` – und damit auch vom Typ `AssertionError` – nur in schweren Ausnahmesituationen auf, von denen sich ein Programm normalerweise nicht erholt. Da die Ursache des Fehlers im Exception-Handler nicht behoben werden kann, liegt ein schwerer Fehler vor und das Programm wird im `catch`-Konstrukt durch `System.exit(1)` abgebrochen. Man kann auf das Abfangen der Exception und das Anfordern des Programmabbruchs verzichten, da das Programm abgebrochen wird, wenn die virtuelle Maschine keinen Exception-Handler für die aufgetretene Ausnahme finden kann. Der Einsatz eines Exception-Handlers hat den Vorteil, dass man im Exception-Handler noch Fehlerhinweise ausgeben kann.

13.7.3 Unterschied zwischen Exceptions und Assertions

Ist eine Zusicherung z.B. eine Vorbedingung (siehe Kap. 11.5.1) verletzt, so soll das Programm abbrechen, da es falsche Werte berechnet. In Java werden Assertions mit dem Schlüsselwort `assert` spezifiziert und auf Exceptions abgebildet. Diese dürfen aber nur zu Zwecken der Fehlerausgabe verwendet werden. Anschließend muss das Programm beendet werden, da es schlichtweg inkorrekt ist. Generell werden Zusicherungen, d.h. Vorbedingungen und Nachbedingungen von Methoden und Invarianten von Klassen mit Assertions umgesetzt und nicht mit Exceptions.

Assertions kann man ein- und ausschalten. Im Gegensatz zu Exceptions, die erwartete Fehlersituationen darstellen und typisiert sind (z.B. `OutOfMemory-Exception`), mit denen der Programmierer im Falle von Java entweder nicht fertig werden kann (Unchecked Exceptions) oder fertig werden kann (Checked Exceptions), handelt es sich bei Assertions um Fehler, deren Ursache unbekannt ist und die nur durch das Verletzen von Bedingungen erkannt werden können. Ist beispielsweise eine Plausibilität verletzt, so erkennt man mit Assertions nur das Symptom, nicht aber die Ursache. Natürlich kann man beim Debuggen dann weitere Assertions einbauen, um einen erkannten Fehler rückwärts im Programm weiter zu verfolgen. Assertions werden eingeschaltet während der Testphase und werden beim Kunden ausgeschaltet, da sie Performance verbrauchen. Erst im Falle eines Fehlers werden sie zu Debugging-Zwecken beim Kunden eingeschaltet, um beispielsweise zu untersuchen, welche Vor- oder Nachbedingung oder Invariante verletzt wird. Das folgende Beispiel zeigt die Anwendung von Assertions:

```
// Datei: AssertionTest.java

class AssertionTest
{
   public static void main (String [] args)
   {
      int y = 11;
      assert (y > 0 && y < 10) :
                  "Falscher Übergabeparameter von berechne()";
      System.out.println (berechne (y));
   }
   // Die Vorbedingung von berechne() ist: 0 < x < 10
   static int berechne (int x)
   {
      return x*x*x*x;
   }
}
```

Mit dem Schalter –ea wird dem Interpreter das Einschalten der Assertions mitgeteilt. Der Aufruf `java –ea AssertionTest` erzeugt folgende Ausgabe:

Die Ausgabe des Programms ist:

```
Exception in thread "main" java.lang.AssertionError:
Falscher Übergabeparameter von berechne()
          at AssertionTest.main(AssertionTest.java:7)
```

13.8 Übungen

Aufgabe 13.1: Division durch Null

Entwickeln Sie eine Klasse `Teilen`. Initialisieren Sie in der `main()`-Methode die zwei Variablen `zaehler` und `nenner` vom Typ `int`. Der Variablen `zaehler` wird eine beliebige ganze Zahl und der Variablen `nenner` die Zahl 0 zugewiesen. Danach soll das Ergebnis der Berechnung `zaehler/nenner` in der Konsole ausgegeben werden. Fangen Sie die bei der Berechnung entstehende Ausnahme `Arithmetic-Exception` in einem `try-catch`-Block ab. Analysieren Sie die Ausnahme, indem Sie sich Informationen über die Exception mit Hilfe der Methode `printStack-Trace()` in der Konsole ausgeben lassen.

Aufgabe 13.2: Exceptions

Erstellen Sie eine Klasse `Bankkonto`. Eine Kontoführung soll durch Einzahlungen und Auszahlungen simuliert werden. Die Klasse `Bankkonto` besitzt die Methoden:

- `public void einzahlen (double betrag)`
- `public void auszahlen (double betrag)`
- `public double getKontostand()`

Die Methoden `einzahlen()` und `auszahlen()` werfen eine Exception vom Typ `TransaktionsException` beim Auftreten eines Transaktionsfehlers. Leiten Sie hierzu die Klasse `TransaktionsException` von der Klasse `Exception` ab. Ein Transaktionsfehler wird durch einen negativen Einzahlungsbetrag oder ein nicht ausreichend großes Guthaben für einen Auszahlungsbetrag verursacht. Die Methode `getKontostand()` liefert den aktuellen Kontostand, der durch ein privates Datenfeld realisiert wird. Die Klasse `Bankkonto` soll mit folgender Klasse getestet werden:

```java
// Datei: TestBankkonto.java

public class TestBankkonto
{
    public static void main (String[] args)
    {
        Bankkonto konto = new Bankkonto();
        double betrag;
        System.out.println ("Kontostand: " + konto.getKontostand());

        try
        {
            betrag = 123.45;
            System.out.println();
            System.out.println ("Einzahlung: " + betrag);
            konto.einzahlen (betrag);
            System.out.println ("Kontostand: " +
                                konto.getKontostand());
        }
        catch (TransaktionsException ex)
        {
            System.out.println (ex.getMessage());
        }

        try
        {
            //Negative Einzahlung
            betrag = -12.45;
            System.out.println();
            System.out.println ("Einzahlung: " + betrag);
            konto.einzahlen (betrag);
            System.out.println ("Kontostand: " +
                                konto.getKontostand());
        }
        catch (TransaktionsException ex)
        {
            System.out.println (ex.getMessage());
        }

        try
        {
            betrag = 12;
            System.out.println();
            System.out.println ("Auszahlung: " + betrag);
            konto.auszahlen (betrag);
            System.out.println ("Kontostand: " +
                                konto.getKontostand());
        }
```

```
        catch (TransaktionsException ex)
        {
            System.out.println (ex.getMessage());
        }

        try
        {
            //Konto überziehen
            betrag = 130;
            System.out.println();
            System.out.println ("Auszahlung: " + betrag);
            konto.auszahlen (betrag);
            System.out.println ("Kontostand: " +
                                konto.getKontostand());
        }
        catch (TransaktionsException ex)
        {
            System.out.println (ex.getMessage());
        }
    }
}
```

Aufgabe 13.3: Exceptions

Es soll ein Login-Szenario entwickelt werden. Die Klasse `Login` besitzt folgende Instanzvariablen und Methoden:

- `private boolean angemeldet;`
- `public void anmelden (String benutzer, String passwort)`
- `public void abmelden()`
- `public void bearbeiten()`

Die Methode `anmelden()` setzt bei erfolgreicher Anmeldung die Instanzvariable `angemeldet` auf `true` und wirft bei fehlschlagender Authentisierung ein Objekt der Klasse `ZugriffUngueltigException`, die von der Klasse `Exception` abgeleitet wird. Ebenfalls soll, wenn ein nicht angemeldeter Benutzer auf die Methode `bearbeiten()` zugreifen möchte, eine Ausnahme vom Typ `KeineBerechtigungException` geworfen werden. Die Methode `abmelden()` setzt die Instanzvariable `angemeldet` auf `false`. Die Methode `bearbeiten()` gibt eine Meldung auf der Konsole aus, um einen Arbeitsvorgang zu simulieren. Entwickeln Sie die Klassen `Login`, `ZugriffUngueltigException`, `KeineBerechtigungException`. Die entwickelten Klassen soll mit folgender Testklasse getestet werden:

```java
// Datei: Testlogin.java

import java.io.BufferedReader;
import java.io.IOException;
import java.io.InputStreamReader;

public class TestLogin
{
    public static void main (String[] args)
    {
```

```
    Login login = new Login();
    InputStreamReader inp = new InputStreamReader (System.in);
    BufferedReader buffer = new BufferedReader (inp);

    String benutzer = "";
    String passwort = "";

    try
    {
        System.out.print ("Bitte geben Sie den " +
                          "Benutzernamen ein:");
        benutzer = buffer.readLine();
        System.out.println ("Bitte geben Sie das Passwort ein:");
        passwort = buffer.readLine();
    }
    catch (IOException ex)
    {
        System.out.println (ex.getMessage());
    }

    try
    {
        System.out.println ("Sie werden angemeldet ...");
        login.anmelden (benutzer, passwort);
        System.out.println ("Anmeldung erfolgreich!");
    }
    catch (ZugriffUngueltigException ex)
    {
        System.out.println (ex.getMessage());
    }

    try
    {
        System.out.println ("Methode bearbeiten() " +
                            "wird aufgerufen ...")
        login.bearbeiten();
    }
    catch (KeineBerechtigungException ex)
    {
        System.out.println (ex.getMessage());
    }

    System.out.println ("Sie werden abgemeldet ...");
    login.abmelden();

    try
    {
        System.out.println ("Methode bearbeiten() " +
                            "wird aufgerufen ...");
        login.bearbeiten();
    }
    catch (KeineBerechtigungException ex)
    {
        System.out.println (ex.getMessage());
    }
    }
}
```

Aufgabe 13.4: Aufgabe zu Assertions

Erweitern sie das letzte Beispielprogramm `AssertionTest` aus Kapitel 13.7.3 um einen Exception-Handler. Im Exception-Handler soll ausgegeben werden, mit welchem falschen aktuellen Parameter die Methode `berechne()` aufgerufen wurde. Vergessen Sie aber nicht, mit `System.exit (1)` das Programm zu verlassen!

```
// Datei: AssertionTest.java

class AssertionTest
{
   public static void main (String [] args)
   {
      int y = 11;

      assert (y > 0 && y < 10) :
         "Falscher Übergabeparameter von berechne()";

      System.out.println (berechne (y));
   }

   // Die Vorbedingung von berechne() ist: 0 < x < 10
   static int berechne (int x)
   {
      return x*x*x*x;
   }
}
```

Aufgabe 13.5: Flughafen-Projekt – Integration von Exceptions

Bevor Exceptions in das Flughafen-Projekt integriert werden, soll zuerst noch eine kleine Weiterentwicklung gemacht werden: Bisher konnte eine Parkstelle und eine Start-/Landebahn nicht als frei/belegt gekennzeichnet werden. Dies soll nun geändert werden. Fügen Sie die folgenden beiden abstrakten Methoden der Klasse `Parkstelle` hinzu:

```
public abstract void belegen (Flugzeug flugzeug);
public abstract void freigeben (Flugzeug flugzeug);
```

Diese Methoden sollen dann in den abgeleiteten Klassen implementiert werden. Da weder eine Werft noch ein separates Parkfeld als belegt zu kennzeichnen ist, sollen die Methodenrümpfe der beiden Klassen `SeparatesParkfeld` und `Werft` ohne Funktion – d.h. mit einem leeren Methodenrumpf – implementiert werden. Die Klasse `Parkposition` hingegen soll die Referenz auf das Flugzeug beim Aufruf von `belegen()` intern speichern und bei `freigeben()` wieder auf `null` setzen. Die gleiche Funktionalität soll in der Klasse `Bahn` implementiert werden. Ändern Sie dabei die Methoden für die Phasen "Landebahn vergeben", "Parkstelle vergeben" und "Startbahn vergeben" so ab, dass die Bahn beziehungsweise Parkstelle durch das Flugzeug belegt wird.

Die bisherigen Phasen für die Landung und den Start sollen um drei Phasen erweitert werden. Der Status eines Flugzeugs soll sich dadurch nicht ändern. Die drei Phasen sind:

- Landebahn freigeben
- Parkstelle freigeben
- Startbahn freigeben

Schreiben Sie die dafür notwendigen Methoden und passen Sie zusätzlich die Klasse `Client` so an, dass diese Methoden während des Lande- bzw. Start- vorgangs aufgerufen werden.

Bislang kann eine Landebahn von zwei verschiedenen Flugzeugen gleichzeitig belegt werden. Ein Beispiel hierzu wäre:

```
Bahn bahn = new Bahn();
bahn.belegen (flugzeug1);
bahn.belegen (flugzeug2);
```

Dieser und weitere Fehler sollen nun abgefangen werden. Es sollen dabei folgende zwei Exception-Klassen geschrieben werden:

- `BelegungsException`
  Die Exception `BelegungsException` soll in den Methoden `belegen()` der Klassen `Bahn` und `Parkposition` geworfen werden, wenn diese bereits von einem anderen Flugzeug belegt sind. Beachten Sie dabei, dass die Klasse `Park-position` die abstrakte Klasse `Parkstelle` erweitert, womit diese Klasse auch angepasst werden muss. Des Weiteren soll diese Exception beim Aufrufen der Methoden für die Phasen "Landebahn vergeben", "Parkstelle vergeben" und "Startbahn vergeben" geworfen werden, falls dem Flugzeug bereits eine Lande-/Startbahn bzw. Parkstelle zugewiesen wurde.

- `FreigabeException`
  Die Exception `FreigabeException` soll in den Methoden `freigeben()` der Klassen `Bahn` und `Parkposition` geworfen werden, wenn die Parkposition von einem anderen Flugzeug belegt ist. Diese Exception soll auch beim Aufrufen der Methoden für die Phasen "Landebahn freigeben", "Parkstelle freigeben" und "Startbahn freigeben" geworfen werden, falls dem Flugzeug noch keine Start-/Landebahn bzw. Parkstelle zugewiesen wurde.

Ändern Sie auch den Client so ab, dass die eventuell geworfenen Exceptions ge- fangen und verarbeitet werden. Die Verarbeitung könnte hierbei als ein erneuter Versuch oder auch ein Programmabbruch implementiert sein.

Kapitel 14

Schnittstellen

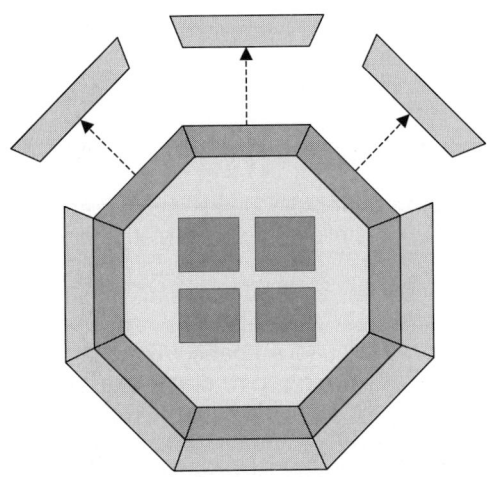

14.1 Trennung von Spezifikation und Implementierung
14.2 Ein weiterführendes Beispiel
14.3 Aufbau einer Schnittstelle
14.4 Verwenden von Schnittstellen
14.5 Vergleich Schnittstelle und abstrakte Basisklasse
14.6 Das Interface Cloneable
14.7 Übungen

14 Schnittstellen

Eine Klasse enthält Methoden und Datenfelder. Methoden bestehen aus Methoden-köpfen und Methodenrümpfen. **Methodenköpfe**[108] stellen die **Schnittstellen eines Objektes zu** seiner **Außenwelt** dar.

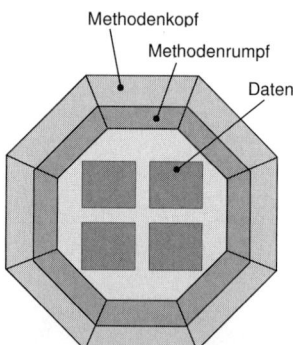

Bild 14-1 Methodenköpfe als Schnittstellen verbergen Methodenrümpfe und Datenfelder

In einer guten Implementierung sind die Daten im Inneren des Objektes verborgen. Nach außen sind nur die Schnittstellen – also die Methodenköpfe – sichtbar.

Entwirft man komplexe Systeme, so ist ein erster Schritt, diese Systeme in ein-fachere Teile, die Teilsysteme bzw. Subsysteme zu zerlegen. Die Identifikation eines Subsystems ist dabei eine schwierige Aufgabe. Als Qualitätsmaß für die Güte des Entwurfs werden hierbei das **Coupling**, d.h. die Stärke der Wechselwirkungen zwi-schen den Subsystemen, und die **Cohesion** (oder **Coherence**), d.h. die Stärke der Abhängigkeiten innerhalb eines Subsystems betrachtet. Ein Entwurf gilt dann als gut, wenn innerhalb eines Subsystems eine **Strong Coherence** und zwischen den Sub-systemen ein **Loosely Coupling** besteht.

Genügt der Entwurf diesen Anforderungen, so müssen als nächstes die Wechsel-wirkungen zwischen den Subsystemen "festgezurrt", in anderen Worten in Form von Schnittstellen definiert werden. Die Implementierung der Subsysteme interessiert dabei nicht und wird verborgen (**Information Hiding**), d.h. die Schnittstellen stellen eine **Abstraktion** der Subsysteme dar. Sind die Schnittstellen stabil, so können sich nun verschiedene Arbeitsgruppen parallel mit dem Entwurf der jeweiligen Subsys-teme befassen. Diese Arbeitsgruppen können vollkommen unabhängig voneinander arbeiten, so lange sie die Schnittstellen nicht antasten.

14.1 Trennung von Spezifikation und Implementierung

Beim Entwurf eines objektorientierten Systems geht man über verschiedene Stufen der Abstraktion. Im Rahmen der Systemanalyse interessiert man sich zunächst da-für, welche Klassen benötigt werden und welche Klassen miteinander Beziehungen

---

[108] Hierbei wird vorausgesetzt, dass die Methoden nicht den Zugriffsmodifikator `private` tragen.

haben (**Konzeptionelle Sicht**). Beim Entwurf interessiert man sich dafür, welche Schnittstellen eine Klasse hat (**Spezifizierende Sicht**) und schließlich kümmert man sich um die Implementierung der Methoden (**Implementierende Sicht**)[109].

Eine gute Programmiersprache sollte das **Programmieren im Großen** – sprich den Entwurf – unterstützen. Java bietet mit dem Sprachmittel `interface` die Möglichkeit, die **spezifizierende Sicht** zu unterstützen und die Schnittstellen einer Klasse in der Sprache Java zu formulieren. Die **Implementierung** stellt dann eine **Verfeinerung der Spezifikation** dar.

Damit die Sache greifbar wird, sofort ein Beispiel:

```
// Datei: Punkt.java

interface PunktSchnittstellen
{
    public int getX();        // Eine Methode, um den x-Wert abzuholen
    public void setX (int i);// Eine Methode, um den x-Wert zu setzen
}

public class Punkt implements PunktSchnittstellen
{
    private int x;            //x-Koordinate vom Typ int

    public int getX()         // Alle Methoden der Schnittstelle
    {                         // Punktschnittstellen müssen in der
       return x;              // Klasse implementiert werden, wenn die
    }                         // Klasse instantiierbar werden soll.

    public void setX (int i)
    {
       x = i;
    }

    public static void main (String[] args)
    {
       Punkt p = new Punkt(); // Hiermit wird ein Punkt erzeugt
       p.setX (3);
       System.out.println ("Die Koordinate des Punktes p ist: ");
       System.out.println (p.getX());
    }
}
```

Die Ausgabe des Programms ist:

```
Die Koordinate des Punktes p ist:
3
```

Visualisiert werden kann die Verwendung der Schnittstelle `PunktSchnittstellen` durch die folgende grafische Notation nach UML:

---

[109] Die Begriffe Konzeptionelle Sicht, Spezifikationssicht und Implementierungssicht wurden vorgeschlagen von Martin Fowler, Kendall Scott [13].

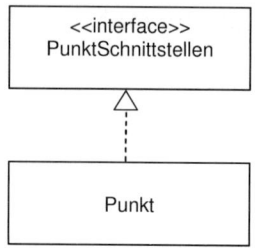

Bild 14-2 Implementierung der Schnittstelle `PunktSchnittstellen`

Hierbei symbolisiert der gestrichelte Pfeil von der Klasse `Punkt` zur Klasse `Punkt-Schnittstellen`, dass die Klasse `Punkt` die Schnittstelle `PunktSchnittstellen` implementiert. Der gestrichelte Pfeil bedeutet eine **Verfeinerung**. Mit anderen Worten, die Schnittstelle `PunktSchnittstellen` enthält nur die Spezifikation der Methodenköpfe, die Verfeinerung der Methoden – sprich die Implementierung der Rümpfe – erfolgt in der Klasse `Punkt`.

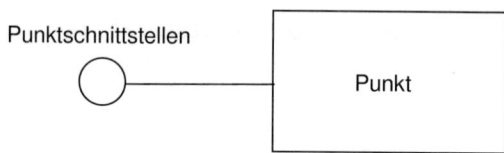

Bild 14-3 "Lollipop"-Notation

An Stelle der Notation mit einem Rechteckrahmen kann eine implementierte Schnittstelle auch als "Lollipop" – ein Kreis mit Linie – notiert werden (siehe Bild 14-3). Der "Lollipop" kann nur verwendet werden, wenn die Schnittstellendefinition an anderer Stelle bereits ersichtlich ist. Diese Darstellung hat jedoch den Vorteil, dass sie sehr kompakt ist.

> Eine **Schnittstelle** (ein **Interface**) ist ein **Sprachmittel für** den **Entwurf** (**Spezifizierungssicht**). Eine **Klasse beinhaltet** dagegen – sofern sie nicht abstrakt ist – den **Entwurf und** die **Implementierung**, d.h. die Methodenrümpfe.

Es ist auch möglich, dass eine Klasse mehrere Schnittstellen implementiert. Damit hat man die Möglichkeit, Schnittstellen aufzuteilen und auch "Bibliotheks-Schnittstellen" zu identifizieren, die in mehreren Klassen – ggf. mit verschiedenen Methodenrümpfen – implementiert werden können. Da die Schnittstellen einer Klasse ihr **Protokoll** darstellen, bedeutet dies, dass das Protokoll einer Klasse sich aus mehreren **Teilprotokollen** zusammensetzen kann.

14.2 Ein weiterführendes Beispiel

Es soll folgendes Szenario betrachtet werden: Eine Person ist immer an wichtigen Ereignissen interessiert. Deshalb implementiert sie eine **Schnittstelle** `NachrichtenEmpfaenger`. Nachrichten wiederum können von verschiedenen Quellen erzeugt werden, z.B. könnten Objekte wie Radio, Fernseher, Zeitung usw. Informationen erzeugen und sie an alle interessierten Benutzer senden. Die Fähigkeit, Nachrichten zu versenden, lässt sich somit auch in eine **Schnittstelle NachrichtenQuelle** abstrahieren. Alle Klassen, deren Objekte die Fähigkeit erhalten sollen, Nachrichten zu versenden, implementieren also die Schnittstelle `Nachrichten-Quelle`. Jede Person kann sich nun nach Interesse bei den verschiedenen Nachrichtenquellen anmelden. Erzeugt eine Nachrichtenquelle eine Nachricht, so werden alle angemeldeten Interessenten benachrichtigt.

Aus dieser Beschreibung ergeben sich folgende Schnittstellen:

```java
// Datei: Nachrichten.java

interface NachrichtenQuelle
{
    public boolean anmelden (NachrichtenEmpfaenger empf);
    public void sendeNachricht (String nachricht);
}

interface NachrichtenEmpfaenger
{
    public void empfangeNachricht (String nachricht);
}
```

Eine Klasse `Radio`, `Zeitung` oder `Fernseher` könnte z.B. die Schnittstelle `NachrichtenQuelle` implementieren.

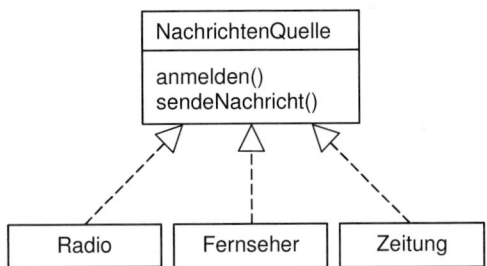

Bild 14-4 Klassen, welche die Schnittstelle `NachrichtenQuelle` implementieren

Genauso wie man, um Post zu empfangen, dem Sender seine Adresse mitteilen muss, müssen auch Objekte, die Nachrichten empfangen wollen, ihre Adresse dem Sender bekannt geben. Dies geschieht in der Methode `anmelden()`. Diese Methode hat die Aufgabe, die Adresse (programmtechnisch die Referenz) eines Objektes, welches das Interface `NachrichtenEmpfaenger` implementiert, entgegenzunehmen, damit bei einer auftretenden Nachricht der Interessent informiert werden kann. Der Code für eine Nachrichtenquelle `Zeitung` könnte folgendermaßen aussehen:

```java
// Datei: Zeitung.java

public class Zeitung implements NachrichtenQuelle
{
    private String name;
    private NachrichtenEmpfaenger[] arr;
    private int anzahlEmpfaenger = 0;
```

```
public Zeitung (String name, int maxAnzahlEmpfaenger)
{
   this.name = name;
   arr = new NachrichtenEmpfaenger [maxAnzahlEmpfaenger];
}

public boolean anmelden (NachrichtenEmpfaenger empf)
{
   if (anzahlEmpfaenger < arr.length)
   {
      arr [anzahlEmpfaenger ++] = empf;
      return true;
   }
   return false;
}

public void sendeNachricht (String nachricht)
{
   // Alle angemeldeten Nachrichtenempfänger
   // werden benachrichtigt
   for (int i = 0; i < anzahlEmpfaenger; i++)
   {
      arr [i].empfangeNachricht (nachricht);
   }
}
}
```

Wie in Bild 14-5 gezeigt, soll die Klasse `Person` die Schnittstelle `Nachrichten-Empfaenger` implementieren:

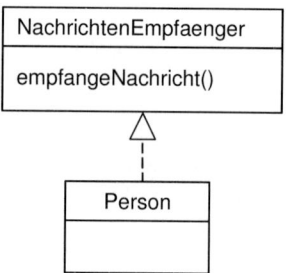

Bild 14-5 Klasse `Person` *implementiert Schnittstelle* `NachrichtenEmpfaenger`

Hier die Klasse `Person`:

```
// Datei: Person.java

public class Person implements NachrichtenEmpfaenger
{
   private String name;
   private String vorname;

   public Person (String name, String vorname)
   {
      this.name = name;
      this.vorname = vorname;
   }
```

```
   public void empfangeNachricht (String nachricht)
   {
      System.out.println ("an " + name + " " + vorname
                          + ":  " + nachricht);
   }
}
```

Zum Testen der Klassen `Person` und `Zeitung` wird folgendes Programm benutzt:

```
// Datei: Test.java

public class Test
{
   public static void main (String[] args)
   {
      Person p1 = new Person ("Fischer", "Fritz");
      Person p2 = new Person ("Maier", "Hans");
      Person p3 = new Person ("Kunter", "Max");

      Zeitung z1 = new Zeitung ("-Frankfurter Allgemeine-", 10);
      z1.anmelden (p1);
      z1.anmelden (p2);

      Zeitung z2 = new Zeitung ("-Südkurier-", 10);
      z2.anmelden (p1);
      z2.anmelden (p3);

      System.out.println ("Frankfurter Allgemeine Schlagzeile:");
      z1.sendeNachricht ("Neues Haushaltsloch von 30 Mrd. EURO");
      System.out.println();
      System.out.println ("Südkurier Schlagzeile:");
      z2.sendeNachricht ("Bayern München Deutscher Meister");
   }
}
```

Die Ausgabe des Programms ist:

```
Frankfurter Allgemeine Schlagzeile:
an Fischer Fritz:  Neues Haushaltsloch von 30 Mrd. EURO
an Maier Hans:  Neues Haushaltsloch von 30 Mrd. EURO

Südkurier Schlagzeile:
an Fischer Fritz:  Bayern München Deutscher Meister
an Kunter Max:  Bayern München Deutscher Meister
```

Mit dem Aufruf `z1.sendeNachricht ("Neues Haushaltsloch von 30 Mrd. Euro")` werden zwei Personen benachrichtigt. Das sind genau die Personen, die sich mit `z1.anmelden (p1)` und mit `z1.anmelden (p2)` als Nachrichtenempfänger angemeldet haben. Das folgende Bild veranschaulicht den Benachrichtigungsablauf.

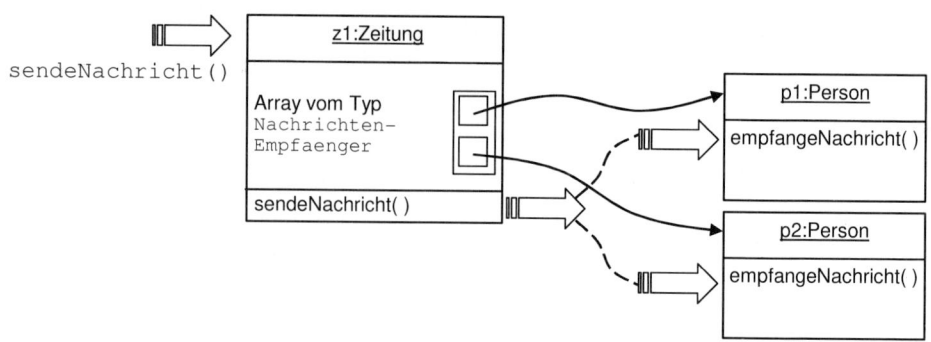

Bild 14-6 Nachrichtenquelle `Zeitung` *benachrichtigt die registrierten Nachrichtenempfänger*

Zusätzlich ist zu beachten, dass in der Deklaration der Methode `anmelden()` als **formaler Übergabeparameter** ein **Schnittstellentyp** angegeben wird. Als **aktueller Übergabeparameter** wird allerdings eine Referenz auf ein Objekt der Klasse `Per-son` übergeben. Dies funktioniert, da die Klasse `Person` die **Schnittstelle** `Nach-richtenEmpfaenger` **implementiert** und bei der Parameterübergabe ein Up-Cast in den Schnittstellentyp erfolgt.

> Wird als **formaler Übergabeparameter** ein **Schnittstellentyp** angegeben, so kann eine **Referenz auf ein Objekt, dessen Klasse diese Schnittstelle implementiert**, als **aktueller Parameter** übergeben werden. Referenzen auf Objekte eines anderen Typs werden vom Compiler abgelehnt.

14.3 Aufbau einer Schnittstelle

Eine Schnittstellendefinition besteht ähnlich wie eine Klassendefinition aus zwei Teilen:

* der Schnittstellendeklaration
* und dem Schnittstellenkörper mit Konstantendefinitionen und Methodendeklarationen.

Das folgende Beispiel demonstriert die Definition einer Schnittstelle:

```
public interface NachrichtenQuelle2        }  Schnittstellendeklaration
{
    public static final int SPORT = 0;
    public static final int POLITIK = 1;
    public static final int KULTUR = 2;
    public static final int ANZEIGEN = 3;
    public static final int GESAMT = 4;                 Schnittstellen-
                                                        körper
    public boolean anmelden
            (NachrichtenEmpfaenger empf, int typ);
    public void sendeNachricht (String nachricht);
}
```

Die Schnittstellendeklaration

Die Schnittstellendeklaration setzt sich aus drei Elementen zusammen:

- einem optionalen Zugriffsmodifikator `public`[110]. Wird `public` nicht angegeben, so wird der Zugriffsschutz default verwendet,
- dem Schlüsselwort `interface` und dem Schnittstellennamen,
- optional dem Schlüsselwort `extends` und durch Kommata getrennte Schnittstellen, von denen abgeleitet wird.

`public`	optional
`interface Schnittstellenname`	zwingend erforderlich
`extends S1, S2, . . . , Sn`	optional ableiten von anderen Schnittstellen `S1` bis `Sn`

Tabelle 14-1 Elemente einer Schnittstellendeklaration

Der Zugriffsmodifikator `public` sorgt dafür, dass die Schnittstelle nicht nur im eigenen Paket, sondern in allen Paketen sichtbar ist.

Mit `public` deklarierte Schnittstellen können – genauso wie Klassen – mittels der `import`-Vereinbarung in anderen Paketen sichtbar gemacht werden. Schnittstellen, die nicht mit `public` deklariert sind, sind default und damit nur im eigenen Paket sichtbar.

Ist eine Schnittstelle mit `public` deklariert, so darf in derselben Quellcode-Datei keine weitere Klasse oder Schnittstelle stehen, die auch `public` ist. Hier gelten die gleichen Konventionen wie bei Klassen.

Schnittstellen können mit `extends` **von** anderen **Schnittstellen abgeleitet werden**. Mit anderen Worten, es ist möglich, eigene **Schnittstellenhierarchien** aufzubauen.

Klassen können dagegen mit `extends` nicht von Schnittstellen abgeleitet werden. Sie können jedoch beliebig viele **Schnittstellen** mit `implements` **implementieren**.

Der Schnittstellenkörper

Der Schnittstellenkörper enthält:

- Konstantendefinitionen
- und Methodendeklarationen.

---

[110] Bei der Programmierung mit geschachtelten Klassen (siehe Kap. 15) sind auch die Zugriffsmodifikatoren `private` und `protected` für Schnittstellen möglich.

Alle in der Schnittstelle aufgeführten **Methoden sind automatisch** `public` und `abstract`. Somit enthält eine Schnittstelle auch keine Methodenimplementierung, da **abstrakte Methoden keinen Methodenrumpf** besitzen können.

> Bei der Methodendeklaration ist die explizite Angabe von `public` und `abstract` optional. Fehlen diese Schlüsselwörter, so werden sie automatisch vom Compiler eingefügt. Methoden in Schnittstellen besitzen – da sie `abstract` sind – keinen Methodenrumpf.

Versucht man, den Zugriffsmodifikator einer Schnittstellenmethode z.B. auf `private` zu setzen, bringt der Compiler eine Fehlermeldung. Es macht ebenso keinen Sinn, eine Schnittstellenmethode als `final` zu deklarieren, da als `final` deklarierte Methoden bekanntlich nicht mehr überschrieben und damit auch nicht implementiert werden können. Dies wird ebenfalls vom Compiler überprüft.

Zur Anschauung einige korrekte und falsche Methodendeklarationen:

```
public interface NachrichtenQuelle3
{
    // Explizit public abstract
    public abstract boolean anmelden (NachrichtenEmpfaenger empf);

    // Explizit public, implizit abstract
    public void sendeNachricht (String nachricht);

    // Auch möglich: Implizit public abstract
    // void sendeNachricht (String nachricht);

    // Nicht möglich
    // private sendeNachricht (String nachricht);
}
```

Konstanten in Schnittstellen werden in der Regel als Übergabeparameter für eine Schnittstellenmethode verwendet. Im oben angeführten Beispiel der Schnittstelle `NachrichtenQuelle2` sind die Konstanten `SPORT`, `POLITIK`, `KULTUR`, `ANZEIGEN` und `GESAMT` definiert und werden als Übergabeparameter für die Methode `anmelden()` verwendet. Damit kann ein `NachrichtenEmpfaenger` beim Anmelden angeben, welchen Nachrichtentyp er empfangen möchte.

Bezüglich der Angabe der Modifikatoren `public`, `static` und `final` bei den Konstantendefinitionen besteht vollkommene Freiheit. Es können alle angegeben werden, es können aber auch alle weggelassen werden. Die nicht angegebenen Modifikatoren werden dann durch den Compiler hinzugefügt. Wird jedoch versucht, explizit den Zugriffsmodifikator `private` oder `protected` zu setzen, so bringt der Compiler eine Fehlermeldung. Ob nun die Angabe `public static final` gemacht wird oder nicht, alle Konstanten einer Schnittstelle müssen initialisiert werden. Das folgende Beispiel zeigt verschiedene zulässige und nicht zulässige Varianten von Zugriffsmodifikatoren bei der Konstantendefinition:

```
public interface NachrichtenQuelle4
{
    public static final int SPORT = 0;
    int POLITIK = 1;    // ist public static final
    public int KULTUR = 2;
    public int ANZEIGEN = 3;
    public int GESAMT = 4;
    public int ZUFALL = (int) (Math.random() * 5);
    // private int REGIONALES = 5; Fehler, da kein Zugriff möglich
    // int SONSTIGES; Fehler, da Konstante initialisiert werden muss

    public boolean anmelden (NachrichtenEmpfaenger empf, int typ);
    public void sendeNachricht (String nachricht);
}
```

Jede Konstantendefinition in einer Schnittstelle muss einen Initialisierungsausdruck besitzen.

Der **Initialisierungsausdruck muss** dabei **nicht konstant sein**, sondern kann – wie im obigen Beispiel zu sehen ist – sogar einen Funktionsaufruf wie z.B. `Math.random()` enthalten.

14.4 Verwenden von Schnittstellen

Bei der Verwendung von Schnittstellen gibt es einige Besonderheiten zu beachten, welche in diesem Kapitel betrachtet werden sollen.

14.4.1 Implementieren einer Schnittstelle

Eine Schnittstelle kann durch Angabe des Schlüsselwortes `implements` und des Schnittstellennamens von einer Klasse implementiert werden. Durch

`class B extends A` **`implements I1, I2`**

deklariert eine Klasse B, dass sie ein Subtyp der Klasse A ist und zusätzlich die Schnittstellen I1 und I2 implementiert.

Eine Klasse gibt mit dem Schlüsselwort `implements` an, welche Schnittstellen sie implementiert.

Implementiert eine Klasse eine Schnittstelle, so muss sie **alle Methoden** der Schnittstelle **implementieren, wenn sie instantiiert werden soll** – d.h. wenn von ihr Objekte geschaffen werden sollen. **Ansonsten** muss die **Klasse** als **abstrakt deklariert** werden und ist **nicht instantiierbar**.

Implementiert die Klasse `Zeitung` aus Kapitel 14.2 nur die abstrakte Methode `anmelden()` aus der Schnittstelle `NachrichtenQuelle` und die Methode `sende-Nachricht()` nicht, so ist die Klasse `Zeitung` mit dem Schlüsselwort `abstract` zu kennzeichnen. Abstrakte Klassen können nicht instantiiert werden.

Eine Klasse, die eine Schnittstelle implementiert, erbt die in der Schnittstelle enthaltenen Konstanten und abstrakten Methoden. Es kann durch Schnittstellen keine Funktionalität geerbt werden, da Schnittstellen keine Methodenimplementierung beinhalten.

Ein Programmierer hat bei der Implementierung einer Schnittstellenmethode darauf zu achten, dass er den Vertrag der Methode erfüllt.

Vorsicht!

14.4.2 Schnittstellen als Datentyp

Einer Referenz vom Typ einer Schnittstelle kann als Wert eine Referenz auf ein Objekt zugewiesen werden, dessen Klasse die Schnittstelle implementiert. Hierzu soll das Beispiel aus Kapitel 14.2 nochmals betrachtet werden. Die Klasse `Person` implementiert die Schnittstelle `NachrichtenEmpfaenger`. Es kann also beim Anlegen von Objekten der Klasse `Person` anstatt

```
Person p1 = new Person ("Fischer", "Fritz");
NachrichtenEmpfaenger p1 = new Person ("Fischer", "Fritz");
```

geschrieben werden.

Eine **Schnittstelle** ist ein **Referenztyp**. Von ihm können **Referenzvariablen** gebildet werden, die **auf Objekte zeigen, deren Klassen die Schnittstelle implementieren**. Es ist damit auch möglich, **Arrays von Schnittstellentypen** anzulegen und diese Arrays mit Referenzen auf Objekte zu füllen, deren Klassen die Schnittstelle implementieren.

Das folgende Beispiel zeigt erneut die Testklasse aus Kapitel 14.2 mit der gleichen Funktionalität wie dort, hier jedoch in der Ausprägung, dass Arrays von Schnittstellen verwendet werden.

```
// Datei: Test2.java

public class Test2
{
    public static void main (String[] args)
    {
        NachrichtenEmpfaenger[] senke = new NachrichtenEmpfaenger [3];
        senke [0] = new Person ("Fischer", "Fritz");
        senke [1] = new Person ("Maier", "Hans");
        senke [2] = new Person ("Kunter", "Max");
```

```
NachrichtenQuelle[] quelle = new NachrichtenQuelle[2];
quelle [0] = new Zeitung ("-Frankfurter Allgemeine-");
quelle [0].anmelden (senke [0]);
quelle [0].anmelden (senke [1]);
quelle [1] = new Zeitung ("-Südkurier-");
quelle [1].anmelden (senke [0]);
quelle [1].anmelden (senke [2]);

System.out.println ("Frankfurter Allgemeine Schlagzeile:");
quelle [0].sendeNachricht ("Neues Haushaltsloch " +
                           "von 30 Mrd. EURO");
System.out.println();
System.out.println ("Südkurier Schlagzeile:");
quelle [1].sendeNachricht("Bayern München Deutscher Meister");
    }
}
```

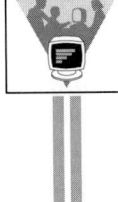

Die Ausgabe des Programms ist:

```
Frankfurter Allgemeine Schlagzeile:
an Fischer Fritz:  Neues Haushaltsloch von 30 Mrd. EURO
an Maier Hans:  Neues Haushaltsloch von 30 Mrd. EURO

Südkurier Schlagzeile:
an Fischer Fritz:  Bayern München Deutscher Meister
an Kunter Max:  Bayern München Deutscher Meister
```

Man beachte, dass mit der Programmzeile

```
NachrichtenEmpfaenger[] senke = new NachrichtenEmpfaenger [3];
```

ein Array von Referenzen vom Typ einer Schnittstelle angelegt wird (siehe Bild 14-7), wobei diese Referenzen auf Instanzen zeigen können, deren Klassen die Schnittstelle NachrichtenEmpfaenger implementieren.

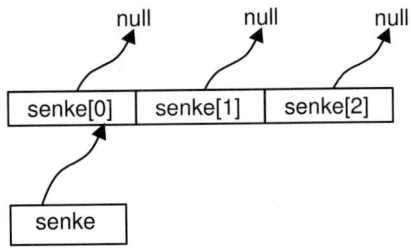

Bild 14-7 Array von Referenzen des Schnittstellentyps NachrichtenEmpfaenger

Da die Klasse Person die Schnittstelle NachrichtenEmpfaenger implementiert, können Referenzen auf Instanzen der Klasse Person den Komponenten des Schnittstellen-Arrays senke als Elemente zugewiesen werden. Nach den folgenden Anweisungen ist das Array gefüllt:

```
senke [0] = new Person ("Fischer", "Fritz");
senke [1] = new Person ("Maier", "Hans");
senke [2] = new Person ("Kunter", "Max");
```

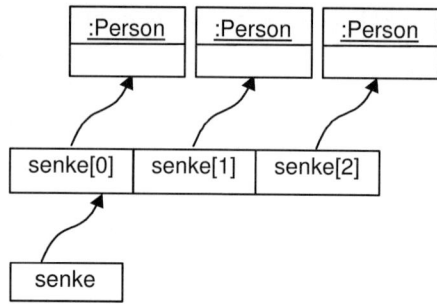

Bild 14-8 Referenzen im Array zeigen auf konkrete Objekte

14.4.3 Typsicherheit von Schnittstellen

Bisher wurde es immer als großer Vorteil angesehen, dass einer Methode, die als formalen Übergabeparameter eine Referenz vom Typ `Object` hat, ein Objekt einer beliebigen Klasse übergeben werden kann. Dies funktioniert deshalb, weil die gemeinsame Basisklasse aller Klassen in Java die Klasse `Object` ist. Genau diese Vorgehensweise kann unter Umständen zu Laufzeitfehlern führen. Betrachtet werden soll hierzu die bekannte Methode `anmelden()` aus der Schnittstelle `Nachrichten-Quelle`. Die Methode hat einen Übergabeparameter des Schnittstellentyps `NachrichtenEmpfaenger`:

```
interface NachrichtenQuelle
{
    public boolean anmelden (NachrichtenEmpfaenger empf);
    public void sendeNachricht (String nachricht);
}
```

An dieser Stelle könnte man auch einen Übergabeparameter vom Typ `Object` verwenden, wie es im folgenden Beispiel gemacht wurde:

```
interface NachrichtenQuelle
{
    public boolean anmelden (Object empf);
    public void sendeNachricht (String nachricht);
}
```

Die Implementierung der Methode `anmelden()` könnte dann wie folgt aussehen:

```
public boolean anmelden (Object empf)
{
    if (anzahlEmpfaenger < arr.length)
    {
        // Jetzt muss beim Zuweisen der übergebenen Referenz an das
        // Array arr vom Typ NachrichtenEmpfaenger ein expliziter Cast
        // durchgeführt werden.
        arr [anzahlEmpfaenger ++] = (NachrichtenEmpfaenger) empf;
            return true;
    }
    return false;
}
```

Von der Funktionalität her betrachtet, ist es egal, welche Variante verwendet wird – beide funktionieren gleich gut. Aber man sollte auch daran denken, dass man der jetzigen Methode `anmelden()` nicht mehr ansieht, dass es für den Übergabeparameter zwingend erforderlich ist, die Schnittstelle `NachrichtenEmpfaenger` zu implementieren. Wird eine Referenz auf ein anderes beliebiges Objekt übergeben, dessen Klasse diese Schnittstelle nicht implementiert, so kann dies erst zur Laufzeit festgestellt werden, wenn die Typumwandlung von `Object` nach `Nachrichten-Empfaenger` fehlschlägt und eine `ClassCastExcpetion` geworfen wird. Dies ist sehr nachteilig, da der Compiler keine Möglichkeit hat, diesen Fehler aufzudecken. Wird dagegen der Schnittstellentyp als Übergabeparameter angegeben, so können nur Referenzen auf Objekte übergeben werden, deren Klassen auch tatsächlich diese Schnittstelle implementieren. Werden andere Parameter übergeben, so meldet schon der Compiler einen Fehler.

Deshalb gilt stets: Wenn bei einem Referenztyp als Übergabeparameter nicht jede beliebige Referenz übergeben werden kann, so ist **davon abzusehen**, **den Referenztyp** `Object` als Übergabeparameter **zu verwenden**.

Schnittstellen bieten ein elegantes Mittel zur Prüfung, ob der Anwender den richtigen Typ übergeben hat. Deshalb sollte an jeder Stelle, an der ein Übergabeparameter ein ganz bestimmtes Protokoll einhalten muss, auch immer ein **Schnittstellentyp als Typ eines Übergabeparameters** verwendet werden.

14.4.4 Implementieren von mehreren Schnittstellen

Eine Klasse kann nicht nur eine, sondern **beliebig viele Schnittstellen implementieren**. Syntaktisch gibt die Klasse dies mit dem Schlüsselwort `implements` an, gefolgt von einer Liste von gültigen Schnittstellennamen, die durch Kommata getrennt sind. Im folgenden Beispiel ist eine Klasse `Vermittler` aufgeführt, die sowohl die Schnittstelle `NachrichtenQuelle` als auch die Schnittstelle `Nachrichten-Empfaenger` implementiert. Bild 14-9 zeigt dies grafisch.

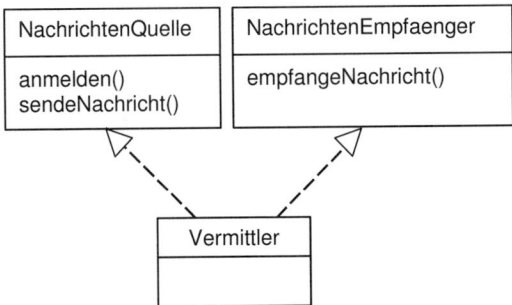

Bild 14-9 Die Klasse `Vermittler` *implementiert die Schnittstelle* `Nachrichten-Quelle` *und die Schnittstelle* `NachrichtenEmpfaenger`

```java
// Datei: Vermittler.java

public class Vermittler implements NachrichtenEmpfaenger,
                                   NachrichtenQuelle
{
   private NachrichtenEmpfaenger[] arr;
   private int anzahlEmpfaenger = 0;

   public Vermittler (int maxAnzahlEmpfaenger)
   {
      arr = new NachrichtenEmpfaenger [maxAnzahlEmpfaenger];
   }

   public boolean anmelden (NachrichtenEmpfaenger empf)
   {
      if (anzahlEmpfaenger < arr.length)
      {
         arr [anzahlEmpfaenger++] = empf;
         return true;
      }
      return false;
   }

   public void sendeNachricht (String nachricht)
   {
      // Alle angemeldeten Nachrichtenempfänger
      // werden benachrichtigt
      for (int i = 0; i < anzahlEmpfaenger; i++)
      {
         arr [i].empfangeNachricht (nachricht);
      }
   }

   public void empfangeNachricht (String nachricht)
   {
      sendeNachricht (nachricht);
   }
}
```

Ein Objekt der Klasse Vermittler kann sich nun bei einem Objekt der Klasse Zeitung als NachrichtenEmpfaenger über dessen Methode anmelden() registrieren lassen. Objekte der Klasse Person können sich wiederum bei einem Objekt der Klasse Vermittler – mit Hilfe der Instanzmethode anmelden() der Klasse Vermittler – registrieren und erhalten somit automatisch alle Nachrichten von allen Zeitungen. Damit muss sich eine Person nicht mehr bei allen Zeitungen einzeln anmelden, sondern gibt die Adresse nur einmal dem Vermittler bekannt, der alle Nachrichten von jeder Zeitung weiterleitet. Sicherlich ist dies nicht eine allzu realistische Variante, denn da nun alle Personen alle Zeitungsnachrichten erhalten, werden diese bald merken, dass sie zwar hervorragend informiert werden, aber dass Zeitungen eben auch Geld kosten. Es ist hierzu folgende Variante denkbar: Das Objekt der Klasse Vermittler bietet eine Anmeldeschnittstelle, die es ermöglicht, den Typ der Zeitung, die man abonnieren möchte, mit anzugeben. Damit hat jede Person die Möglichkeit, sich über das Objekt der Klasse Vermittler gezielt bei einer oder mehreren Zeitungen anzumelden. In dem vorliegenden Beispiel wird aber aus Aufwandsgründen nur die vereinfachte Variante betrachtet, in der eine Person, die sich über das Objekt vom Typ `Vermittler` anmeldet, alle Nachrichten aller Zeitungen erhält. Die folgende Testklasse veranschaulicht diese Variante:

```java
// Datei: VermittlerTest.java

public class VermittlerTest
{
   public static void main (String[] args)
   {
      NachrichtenQuelle z1 =
                  new Zeitung ("-Frankfurter Allgemeine-", 3);
      NachrichtenQuelle z2 = new Zeitung ("-Südkurier-", 3);
      Vermittler mittler = new Vermittler (3);

      // Vermittler tritt in Gestalt des Nachrichtenempfängers auf
      z1.anmelden (mittler);
      z2.anmelden (mittler);

      // Vermittler tritt in der Gestalt der NachrichtenQuelle auf
      mittler.anmelden (new Person ("Fischer", "Fritz"));
      mittler.anmelden (new Person ("Maier", "Hans"));
      mittler.anmelden (new Person ("Kunter", "Max"));

      System.out.println ("Frankfurter Allgemeine Schlagzeile:");
      z1.sendeNachricht ("Neues Haushaltsloch von 30 Mrd. EURO");
      System.out.println ();
      System.out.println ("Südkurier Schlagzeile:");
      z2.sendeNachricht ("Bayern München Deutscher Meister");
   }
}
```

Die Ausgabe des Programms ist:

```
Frankfurter Allgemeine Schlagzeile:
an Fischer Fritz:  Neues Haushaltsloch von 30 Mrd. EURO
an Maier Hans:  Neues Haushaltsloch von 30 Mrd. EURO
an Kunter Max:  Neues Haushaltsloch von 30 Mrd. EURO

Südkurier Schlagzeile:
an Fischer Fritz:  Bayern München Deutscher Meister
an Maier Hans:  Bayern München Deutscher Meister
an Kunter Max:  Bayern München Deutscher Meister
```

Falls es noch nicht aufgefallen ist, **unsere Objekte haben das Reden untereinander gelernt.** Einer Zeitung wird eine neue Nachricht zum Versenden gegeben, und diese schickt die Nachricht weiter an die angemeldeten Vermittler. Dabei weiß die Zeitung nichts davon, wie der Vermittler mit der Nachricht weiter umgeht. Der Vermittler benachrichtigt daraufhin alle ihm bekannten Nachrichtenempfänger. Überlässt man den Personen das Anmelden selbst, indem man z.B. im Konstruktor der Klasse `Person` die Anmeldung an einen übergebenen Vermittler vornimmt, so reden unsere Objekte in beiden Richtungen miteinander, wie im Bild 14-10 zu sehen ist:

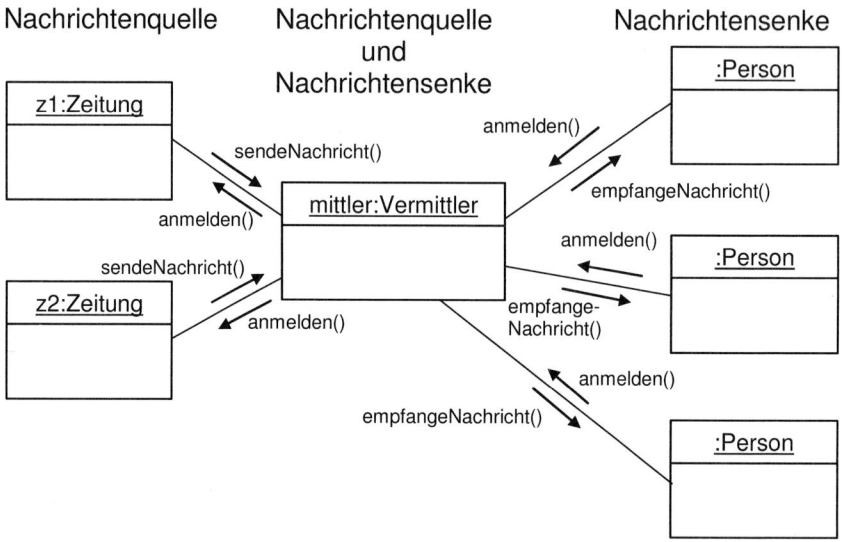

Nachrichtenquelle   Nachrichtenquelle   Nachrichtensenke
                              und
                        Nachrichtensenke

z1:Zeitung

sendeNachricht()

anmelden()   mittler:Vermittler

sendeNachricht()

z2:Zeitung
        anmelden()

anmelden()

empfangeNachricht()

anmelden()

:Person

empfange-
Nachricht()

anmelden()

empfangeNachricht()

:Person

:Person

Bild 14-10 Nachrichtenempfänger und Nachrichtenquellen reden miteinander

Die Instanz `mittler` der Klasse `Vermittler` tritt in zwei Gestalten auf:

- als `NachrichtenEmpfaenger`
- und als `NachrichtenQuelle`.

Durch die Implementierung einer Schnittstelle erhält ein Objekt die Möglichkeit, sich zusätzlich wie ein spezieller Schnittstellentyp zu verhalten. Es wird also ein zusätzliches Verhalten bzw. ein **zusätzliches Protokoll** implementiert. Jedes Objekt, dessen Klasse eine Schnittstelle implementiert, kann sich auch wie ein Typ der implementierten Schnittstelle verhalten.

Mit dem Schlüsselwort `implements` können **mehrere Schnittstellen** in einer Klasse **implementiert** werden. Dabei werden die Namen der zu implementierenden Schnittstellen durch Kommata getrennt hinter `implements` aufgeführt. Damit erhalten Instanzen einer Klasse, die mehrere Schnittstellen implementiert, die Fähigkeit, in der Gestalt von mehreren Typen aufzutreten. Die **Instanz kann als Referenztyp der Klasse oder als Referenztyp jeder implementierten Schnittstelle auftreten**.

Folgende Probleme können beim gleichzeitigen Implementieren von mehreren Schnittstellen auftreten:

Die zu implementierenden Schnittstellen:

- beinhalten Methoden mit gleicher Signatur und gleichem Rückgabewert, in anderen Worten, mit demselben Methodenkopf.
- beinhalten Konstanten mit demselben Namen.

- enthalten Methoden, die sich nur darin unterscheiden, dass sie unterschiedliche Exceptions werfen.
- beinhalten Methoden, die bis auf den Rückgabewert gleich sind.

Die soeben genannten Problemfälle werden im Folgenden diskutiert:

- **Zwei zu implementierende Schnittstellen haben die exakt gleiche Methode**

  In diesem Fall wird die Methode nur ein einziges Mal in der Klasse implementiert. Sie kann nicht für jede Schnittstelle getrennt implementiert werden. Auch die Verträge der beiden Methoden müssen übereinstimmen.

- **Zwei zu implementierende Schnittstellen haben Konstanten mit exakt demselben Namen**

  Das folgende Beispiel zeigt einen solchen Fall. Die Konstante VAR1 ist sowohl in der Schnittstelle Schnitt1 als auch in der Schnittstelle Schnitt2 und zusätzlich noch in der Klasse KonstantenTest vorhanden:

```java
// Datei: KonstantenTest.java

interface Schnitt1
{
   public static final int VAR1 = 1;
   public static final int VAR2 = 2;
}

interface Schnitt2
{
   public static final int VAR1 = 3;
   public static final int VAR3 = 4;
}

public class KonstantenTest implements Schnitt1, Schnitt2
{
   private static final int VAR1 = 9;
   public static void main (String[] args)
   {
      System.out.println (VAR1); // VAR1 der Klasse KonstantenTest
      System.out.println (VAR2);
      System.out.println (VAR3);
      System.out.println (Schnitt1.VAR1);
      System.out.println (Schnitt2.VAR1);
   }
}
```

Die Ausgabe des Programms ist:

```
9
2
4
1
3
```

Auf die doppelt vorhandenen Schnittstellenkonstanten kann nur über die Angabe des Schnittstellennamens, z.B. `Schnitt1.VAR1`, zugegriffen werden.

Existieren Konstanten mit demselben Namen in verschiedenen Schnittstellen oder sind sie von Datenfeldern der Klasse verdeckt, so müssen diese Konstanten über den qualifizierten Namen mit Angabe des Schnittstellennamens angesprochen werden.

- **Zwei zu implementierende Schnittstellen haben zwei Methoden, die bis auf die Exceptions in der throws-Klausel identisch sind**

Im folgenden Beispiel werden zwei Client-Programme `Client1` und `Client2` gezeigt, wobei `Client1` mit Referenzen auf Objekte vom Typ `Eins` und `Client2` mit Referenzen auf Objekte vom Typ `Zwei` arbeitet. In den Schnittstellen `Eins` und `Zwei` soll jeweils eine Methode deklariert sein, die sich nur durch den Typ der Exception in der `throws`-Klausel unterscheiden. Das Client-Programm `Client1` erwartet Ausnahmen vom Typ `Exception` und das Client-Programm `Client2` erwartet Ausnahmen vom Typ `MyException`. Solange die beiden Schnittstellen in getrennten Klassen implementiert werden, gibt es kein Problem.

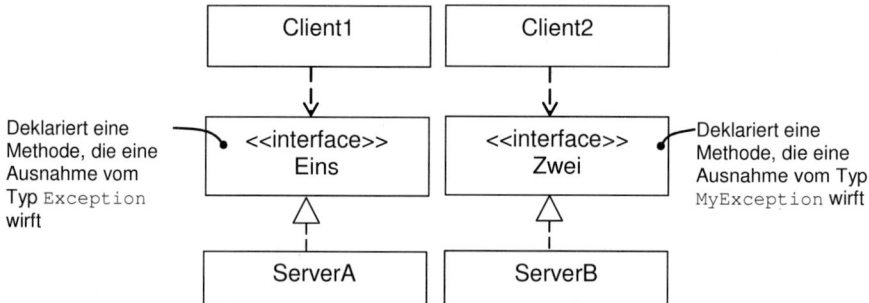

Bild 14-11 Client-Programme `Client1` und `Client2`, die Schnittstellen benutzen

Sollen beide Schnittstellen in einer gemeinsamen Klasse implementiert werden (siehe Bild 14-12), so ist dies nur dann möglich, wenn die beiden Ausnahmen zueinander in einer Vererbungshierarchie stehen (siehe Bild 14-13) und wenn die implementierte Methode nur Ausnahmen vom Typ der Klasse wirft, die in der Vererbungshierarchie weiter unten steht.

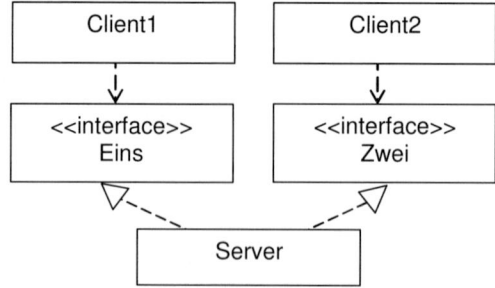

Bild 14-12 Implementieren der Schnittstellen `Eins` und `Zwei` in der Klasse `Server`

Das Client-Programm `Client1` erwartet Ausnahmen vom Typ `Exception` und das Client-Programm `Client2` erwartet Ausnahmen vom Typ `MyException`. Bekommt das Client-Programm `Client1` eine Ausnahme vom Typ `MyException`, so ist dies auch in Ordnung, da ein Sohnobjekt immer an die Stelle des Vaters treten kann. Bekommt aber das Client-Programm `Client2`, das ja Ausnahmen vom Typ `MyException` erwartet, nur eine Ausnahme vom Typ `Exception`, so kommt es zu einer Fehlersituation, da der `Client2` mehr erwartet.

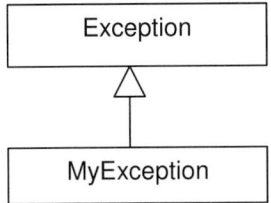

Bild 14-13 Vererbungshierarchie der Ausnahmen `Exception` und `MyException`

Wirft damit die Klasse `Server` eine Ausnahme vom Typ `MyException`, so sind beide Client-Programme `Client1` und `Client2` zufrieden.

Enthalten zwei Schnittstellen Methoden, die sich nur durch den Typ der Exception in der `throws`-Klausel unterscheiden, so können diese Schnittstellen nur dann von einer Klasse gemeinsam implementiert werden, wenn die beiden Ausnahmen zueinander in einer Vererbungshierarchie stehen und von der implementierten Methode nur die Exception geworfen wird, die in der Vererbungshierarchie weiter unten steht.

Hier nun das Programm:

```
// Datei: MyException.java
class MyException extends Exception
{
   MyException()
   {
      super ("MyException-Fehler!!");
   }
}
```

Hier die beiden Schnittstellen:

```
//Datei: Eins.java
public interface Eins
{
   public void methode() throws Exception;
}
```

```
//Datei: Zwei.java
public interface Zwei
{
   public void methode() throws MyException;
}
```

Hier die Klasse `Server`:

```
//Datei: Server.java

public class Server implements Eins, Zwei
{
   // Wirft die Methode methode() eine Exception vom Typ
   // MyException, so sind Client-Programme, welche die
   // Schnittstelle Eins verwenden, als auch Client-Programme,
   // welche die Schnittstelle Zwei verwenden, zufrieden.
   public void methode() throws MyException
   {
      throw new MyException();
   }
}
```

Im Folgenden werden die beiden Client-Programme `Client1` und `Client2` vorgestellt:

```
//Datei: Client1.java

class Client1
{
   public static void main (String[] args)
   {
      // Client1 arbeitet mit einer Referenzvariablen vom Typ
      // Eins. Aus deren Sicht ist die Methode bekannt,
      // die Ausnahmen vom Typ Exception wirft.
      Eins x = new Server();

      try
      {
         x.methode();
      }
      // Client1 ist auch mit Exceptions vom Typ MyException
      // zufrieden
      catch (Exception e)
      {
         System.out.println (e.getMessage());
      }
   }
}
```

```
//Datei: Client2.java

class Client2
{
   public static void main (String[] args)
   {
      // Client2 arbeitet mit einer Referenzvariablen vom Typ
      // Zwei. Aus deren Sicht wirft die Methode methode() eine
      // Exception vom Typ MyException.
      Zwei x = new Server();
```

```
        try
        {
            x.methode();
        }
        // Client2 arbeitet sowieso mit Exceptions vom Typ
        // MyException. Hier gibt es also auch keine Probleme.
        catch (MyException e)
        {
            System.out.println (e.getMessage());
        }
    }
}
```

Die Ausgabe des Programms Client1 ist:

MyException-Fehler!!

Die Ausgabe des Programms Client2 ist:

MyException-Fehler!!

- **Zwei zu implementierende Schnittstellen besitzen Methoden, die sich nur in ihrem Rückgabewert unterscheiden**

In diesem Fall können die Schnittstellen nicht gemeinsam implementiert werden, da die Methoden anhand des Rückgabewertes nicht unterschieden werden können (siehe Kap. 9.2.3).

```
interface ReturnObject
{
    public Object gebeWert();
}

interface ReturnInteger
{
    public Integer gebeWert();
}

class Implementierung implements ReturnObject//, ReturnInteger
{
    // Beide Methoden in der gleichen Klasse zu implementieren
    // funktioniert nicht, da sich die Methoden nur anhand ihres
    // Rückgabetyps unterscheiden und somit dem Compiler keine
    // Möglichkeit zur Differenzierung ermöglichen. Denn in Java
    // ist es nicht erforderlich, den Rückgabewert eines Methoden-
    // aufrufs abzuholen.
    public Object gebeWert()
    {
        return new Object();
    }
    // public Integer gebeWert()
    // {
    //     return new Integer();
    // }
}
```

14.4.5 Vererbung von Schnittstellen

Einfachvererbung bei Schnittstellen

Schnittstellen besitzen – genauso wie Klassen – die Möglichkeit, mit dem Schlüsselwort `extends` eine schon vorhandene Schnittstelle zu erweitern.

```java
// Datei: Einfach.java

interface NachrichtenQuelle
{
    public int SPORT    = 0;
    public int POLITIK  = 1;
    public int KULTUR   = 2;
    public int ANZEIGEN = 3;
    public int GESAMT   = 4;

    public boolean anmelden (NachrichtenEmpfaenger empf, int typ);
    public void sendeNachricht (String nachricht);
}

interface Vermittler extends NachrichtenQuelle
{
    public void empfangeNachricht (String nachricht);
}
```

Die Schnittstelle `Vermittler` erweitert die Schnittstelle `NachrichtenQuelle` um die Methode `empfangeNachricht()`. Wie bei der Vererbung von Klassen besitzt die Schnittstelle `Vermittler` neben den eigenen Elementen auch die von der Schnittstelle `NachrichtenQuelle` ererbten Elemente.

Mehrfachvererbung bei Schnittstellen

Im Gegensatz zur Einfachvererbung von Klassen ist in Java bei Schnittstellen eine Mehrfachvererbung erlaubt. Damit kann ein Schnittstelle nicht nur eine einzige Schnittstelle erweitern, sondern mehrere gleichzeitig.

> **Schnittstellen** lassen im Gegensatz zu Klassen **Mehrfachvererbung** zu.

```java
// Datei: Mehrfach.java
interface NachrichtenQuelle
{
    public int SPORT    = 0;
    public int POLITIK  = 1;
    public int KULTUR   = 2;
    public int ANZEIGEN = 3;
    public int GESAMT   = 4;

    public boolean anmelden (NachrichtenEmpfaenger empf, int typ);
    public void sendeNachricht (String nachricht);
}
```

```
interface NachrichtenEmpfaenger
{
    public void empfangeNachricht (String nachricht);
}

interface Vermittler extends NachrichtenQuelle,NachrichtenEmpfaenger
{
}
```

Dennoch ist die Mehrfachvererbung bei Schnittstellen von nicht allzu großer Bedeutung – **viel wichtiger ist die Möglichkeit, mehrere Schnittstellen gemeinsam in einer Klasse implementieren zu können**. Damit können Instanzen dieser Klassen sich zusätzlich wie Typen aller implementierten Schnittstellen verhalten. Dies wurde bereits in Kapitel 14.4.4 gezeigt.

14.5 Vergleich Schnittstelle und abstrakte Basisklasse

Abstrakte Basisklassen und Schnittstellen sind miteinander verwandt. Beide sind ein Mittel zur Abstraktion. Im Folgenden sollen die Übereinstimmungen und Gegensätze aufgezeigt werden.

Abstrakte Basisklassen können Variablen, Konstanten, implementierte und abstrakte Methoden enthalten. **Schnittstellen** können nur Konstanten und abstrakte Methoden enthalten.

Für Klassen stellt Java nur den Mechanismus der Einfachvererbung bereit. Es ist nicht möglich, von mehreren Klassen zu erben.

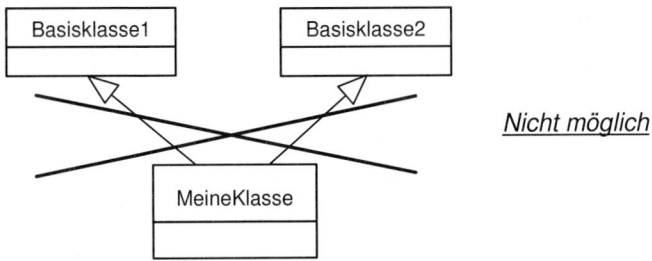

Bild 14-14 Bei Klassen ist keine Mehrfachvererbung erlaubt

Eine Klasse kann aber mehrere Schnittstellen implementieren, wie Bild 14-15 zeigt:

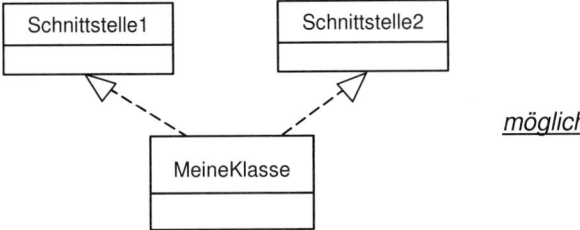

Bild 14-15 Eine Klasse kann mehrere Schnittstellen implementieren

Eine Klasse kann auch eine vorhandene abstrakte Basisklasse erweitern bzw. deren leere Methodenrümpfe ausprogrammieren und gleichzeitig eine oder mehrere Schnittstellen implementieren, wie folgendes Bild zeigt:

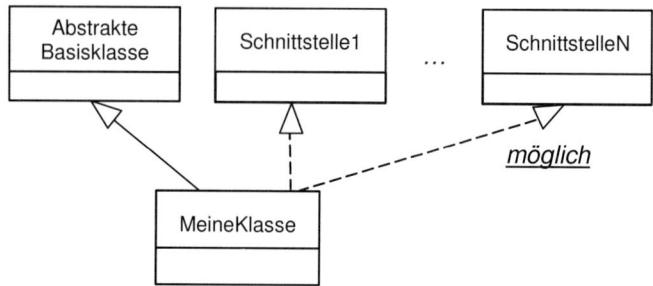

Bild 14-16 Eine Klasse kann gleichzeitig von einer Klasse ableiten und Schnittstellen implementieren

Mit dem Mechanismus der Schnittstelle ist es dann quasi möglich, von mehreren "abstrakten Basisklassen"[111], die nur abstrakte Methoden und Konstanten in der Form einer Schnittstelle enthalten, "abzuleiten". Aber es ist keine Vererbung, sondern eine **Verfeinerung** im Sinne einer schrittweisen Verfeinerung, in deren Rahmen erst die Schnittstelle festgelegt wird und im zweiten Schritt dann die Implementierung.

Sowohl eine **Unterklassenbildung** aus einer abstrakten Basisklasse im Rahmen der Vererbung als auch eine **Verfeinerung** einer Schnittstelle stellt **die Bildung eines Untertypen** dar. Ein Objekt einer Klasse – die eine Schnittstelle implementiert – ist vom Typ seiner Klasse und vom Typ der Schnittstelle.

Zwischen Klassen und Schnittstellen gibt es aber einen wichtigen Unterschied: Arbeitet man mit Klassen und dem Prinzip der Vererbung, so muss man die zu vererbende Information in die Wurzel des Klassenbaums bringen, wenn sie über alle Zweige nach unten vererbt werden soll.

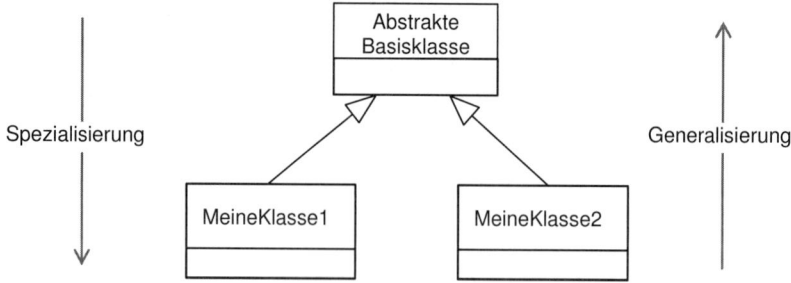

Bild 14-17 Vererbungsbaum mit einer abstrakten Basisklasse als Wurzel

---

[111] Es handelt sich natürlich um Schnittstellen.

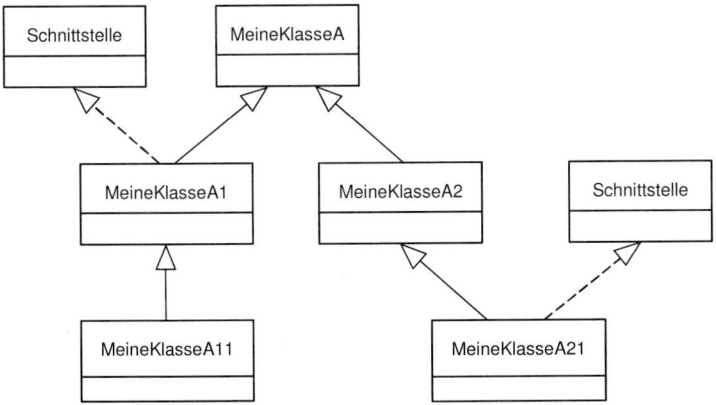

Bild 14-18 Gemischte Hierarchie mit Klassen und Schnittstellen

Eine Schnittstelle kann von jeder beliebigen Klasse implementiert werden, ohne dass die Schnittstelle in den Klassenbaum eingeordnet werden muss.

Eine implementierte Schnittstelle in einer Vaterklasse wird an abgeleitete Sohnklassen weitervererbt. Somit kann sich ein Objekt der Sohnklasse wie ein Objekt der Vaterklasse verhalten und zusätzlich wie ein Objekt aller in der darüberliegenden Hierarchie implementierten Schnittstellen. Mit Hilfe der Vererbungshierarchie in Bild 14-19 soll der Typbegriff von Objekten erläutert werden.

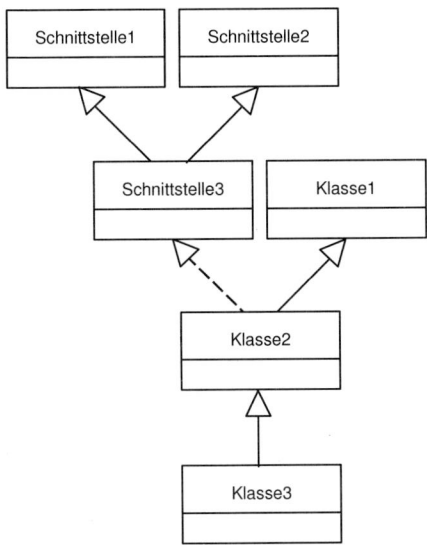

Bild 14-19 Klassenhierarchie zur Diskussion des Typbegriffs

Ein Objekt einer Klasse kann in der Gestalt unterschiedlicher Typen auftreten. In der Tabelle 14-2 ist aufgelistet, von welchem Typ ein Objekt der Klasse `Klasse1`, `Klasse2` und der `Klasse3` ist.

Objekt der Klasse	ist vom Typ
Klasse3	Klasse3, Klasse2, Klasse1, Schnittstelle3, Schnittstelle2, Schnittstelle1
Klasse2	Klasse2, Klasse1, Schnittstelle3, Schnittstelle2, Schnittstelle1
Klasse1	Klasse1

Tabelle 14-2 Ein Objekt einer Klasse kann in Gestalt mehrerer Typen auftreten

14.6 Das Interface Cloneable

Klonen bedeutet nichts anderes, als eine exakte Kopie von etwas schon Existentem zu erstellen. Wenn ein Objekt geklont wird, erwartet man, dass man eine Referenz auf ein neues Objekt bekommt, dessen Datenfelder exakt die gleichen Werte haben, wie die des Objekts, das als Klonvorlage benutzt wurde.

Im Folgenden soll der Unterschied zwischen den beiden Fällen:

• zwei Referenzen zeigen auf das gleiche Objekt,
• die zweite Referenz zeigt auf ein geklontes Objekt des ersten Objektes

erläutert werden. Betrachtet werden soll hierzu das folgende Programm:

```java
// Datei: KopieTest.java

class Kopie
{
    public int x;

    public Kopie (int x)
    {
        this.x = x;
    }

    public void print()
    {
        System.out.println ("x = " + x);
    }
}

public class KopieTest
{
    public static void main (String[] args)
    {
        Kopie ref1 = new Kopie (1);
        Kopie ref2 = ref1;

        System.out.print ("Wert über ref1: ");
        ref1.print();
        System.out.print ("Wert über ref2: ");
        ref2.print();
        ref1.x = 5;
        System.out.print ("Wert über ref1: ");
        ref1.print();
```

```
        System.out.print ("Wert über ref2: ");
        ref2.print();
    }
}
```

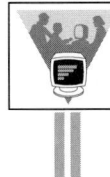

Die Ausgabe des Programms ist:

```
Wert über ref1: x = 1
Wert über ref2: x = 1
Wert über ref1: x = 5
Wert über ref2: x = 5
```

Das Ergebnis dürfte nicht verwundern. Da die Referenz `ref2` genau auf das gleiche Objekt zeigt wie die Referenz `ref1`, wird eine Datenänderung, egal ob sie über die Referenz `ref1` oder `ref2` erfolgt, immer am gleichen Objekt vorgenommen. Im folgenden Bild 14-20 ist dies grafisch zu sehen:

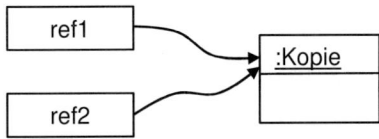

Bild 14-20 Zwei Referenzen, die auf das gleiche Objekt zeigen

Wenn ein Objekt geklont bzw. kopiert wird, erhält man zwei Objekte, deren Werte unabhängig voneinander verändert werden können. Bild 14-21 zeigt diese Situation:

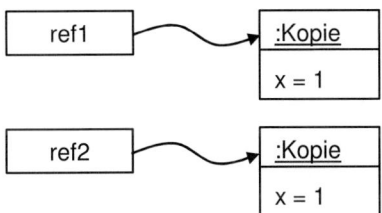

Bild 14-21 Zwei Referenzen, die auf zwei verschiedene Objekte mit gleichem Inhalt zeigen

Das folgende Programm, das gleich unterhalb des Programmcodes erläutert wird, erzeugt eine exakte Kopie:

```java
// Datei: CloneTest.java

class Kopie2 implements Cloneable
{
    public int x;

    public Kopie2 (int x)
    {
        this.x = x;
    }
    public void print()
    {
        System.out.println ("x = " + x);
    }
```

```
    // Überschreiben der clone()-Methode der Klasse Object
    public Object clone() throws CloneNotSupportedException
    {
        // Mit super.clone() wird die überschriebene clone()-Methode
        // der Klasse Object aufgerufen
        return super.clone();
    }
}

public class CloneTest
{
    public static void main (String[] args)
                        throws CloneNotSupportedException
    {
        Kopie2 ref1 = new Kopie2 (1);
        Kopie2 ref2 = (Kopie2) ref1.clone();
        System.out.print ("Wert über ref1: ");
        ref1.print();
        System.out.print ("Wert über ref2: ");
        ref2.print();
        ref1.x = 5;
        System.out.print ("Wert über ref1: ");
        ref1.print();
        System.out.print ("Wert über ref2: ");
        ref2.print();
    }
}
```

Die Ausgabe des Programms ist:

```
Wert über ref1: x = 1
Wert über ref2: x = 1
Wert über ref1: x = 5
Wert über ref2: x = 1
```

Das Ergebnis ist im Gegensatz zu dem vorherigen bemerkenswert. Die einzigen Änderungen, die in dem Programm vorgenommen wurden, sind fett hervorgehoben. Die Klasse Kopie2 implementiert die Schnittstelle Cloneable des Pakets java.lang und überschreibt die Methode clone() der Klasse Object. Man könnte zunächst vermuten, dass die Deklaration der clone()-Methode in der Schnittstelle Cloneable enthalten ist. Dies ist aber nicht der Fall – die Schnittstelle Cloneable hat einen leeren Schnittstellenrumpf:

```
package java.lang;

public interface Cloneable
{
}
```

Was gewinnt aber eine Klasse hinzu, wenn sie eine solche Schnittstelle implementiert? Die Klasse gibt damit an, dass ihre Objekte kopierbar sein sollen! Ein Überschreiben der clone()-Methode ist hierbei aus Gründen der Polymorphie zwingend erforderlich, auch wenn dies nicht vom Compiler überprüft werden kann, da in der Schnittstelle Cloneable die Methode clone() nicht enthalten ist. Das

Kompilieren der Klasse `Kopie2` wäre auch möglich, wenn die `clone()`-Methode der Klasse `Object` nicht überschrieben wird.

Da die `clone()`-Methode der Klasse `Object` den Zugriffsmodifikator `protected` hat, kann diese nur in Sohnklassen oder in Klassen, die sich im gleichen Paket befinden, aufgerufen werden. In der Klasse `Kopie2` kann also die von der Klasse `Object` geerbte `clone()`-Methode aufgerufen werden, während in der Klasse `CloneTest` dies nicht möglich ist. Würde deshalb in der Klasse `Kopie2` die `clone()`-Methode der Klasse `Object` nicht überschrieben, so würde der Aufruf `ref1.clone()` in der `main()`-Methode der Klasse `CloneTest` beim Kompilieren folgenden Fehler erzeugen:

```
CloneTest.java:23: clone() has protected access in java.lang.Object
      Kopie2 ref2 = (Kopie2) ref1.clone();
```

Liefert der Ausdruck

```
ref instanceof Cloneable
```

`true` zurück, so muss es auch möglich sein, `ref.clone()` aufzurufen. Dies ist aber nur dann möglich, wenn die `clone()`-Methode in der Klasse des Objektes, auf das `ref` zeigt, mit dem Zugriffsmodifikator `public` überschrieben wird.

> Dadurch, dass explizit bei einer Klasse angegeben werden muss, dass diese kopierbar ist, kann verhindert werden, dass Objekte von Klassen kopiert werden können, für die das gar nicht vorgesehen war, und für die die Kopierfunktionalität deshalb auch nicht richtig implementiert worden ist.

Schnittstellen, die gar keine Methoden enthalten, werden auch **Marker-Interfaces** genannt.

> Das Marker-Entwurfsmuster besteht aus einem leeren Interface, das dazu benutzt wird, Klassen zu markieren. Eine Klasse, die ein Marker-Interface implementiert, gibt bekannt, dass sie von einem bestimmten Typ ist.

Damit werden Klassen in zwei Mengen aufgeteilt: in diejenigen, die das Interface implementieren, und diejenigen, die es nicht implementieren. Mit Hilfe des `instanceof`-Operators kann geprüft werden, zu welcher der beiden Mengen ein Objekt gehört. Wichtige Beispiele für Marker-Interfaces sind: `java.lang.Cloneable`, `java.rmi.Remote` und `java.io.Serializable`.

Die Methode `clone()` der Klasse `Object` sieht folgendermaßen aus:

```
protected Object clone() throws CloneNotSupportedException
{
    . . . . . // Die Implementierung soll hier nicht betrachtet
             // werden
}
```

Die Aufgabe der Methode `clone()` der Klasse `Object` besteht darin, eine Eins-zu-Eins-Kopie des Objekts zu erstellen, für das sie aufgerufen wird. Mit anderen Worten:

> Die Methode `clone()` erzeugt ein neues Objekt und belegt die Datenfelder mit den exakt gleichen Werten wie das Objekt, für das die Methode aufgerufen wird. Es wird eine Referenz vom Typ `Object` auf das neue Objekt zurückgegeben. Diese muss nur noch in den richtigen Typ gecastet werden.

Alle Objekte besitzen also schon eine Kopierfähigkeit. Ihre Klassen müssen jedoch das Interface `Cloneable` implementieren, damit die Methode `clone()` der Klasse `Object` verwendet werden kann.

> Ob ein Objekt kopierbar ist oder nicht, kann folgendermaßen überprüft werden:
>
> ```
> if (ref instanceof Cloneable)
> {
>     // Kopie möglich
> }
> ```

Im vorliegenden Beispiel war es ausreichend, in der Methode `clone()` der Klasse `Kopie2` einfach die Methode `clone()` der Klasse `Object` aufzurufen. Die `clone()`-Methode der Klasse `Object` erzeugt eine Eins-zu-Eins-Kopie von allen Datenfeldwerten. Sobald die Datenfelder des Objektes nicht mehr nur aus primitiven Datentypen bestehen, muss deshalb in der `clone()`-Methode mehr erfolgen als nur der Aufruf der `clone()`-Methode der Basisklasse `Object`. Denn wenn ein Datenfeld eine Referenz ist, so wird von der `clone()`-Methode der Klasse `Object` nur die Referenz kopiert und kein neues Objekt angelegt. Es handelt sich um eine so genannte **"flache" Kopie**. Das folgende Bild zeigt diese Problematik:

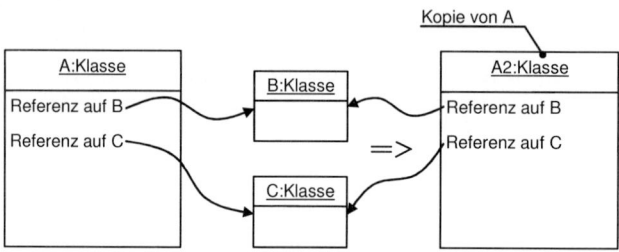

Bild 14-22 "flache" Kopie

Wird von dem Objekt `A` eine Kopie `A2` erzeugt, so werden die Objekte `B` und `C` nicht mit dupliziert. Wird zum Beispiel über die Referenzvariable, die auf das Objekt `A` zeigt, das Objekt `B` verändert, so hat sich auch der Inhalt von `B` über die Referenz aus der Kopie von `A` – d.h. aus `A2` – verändert.

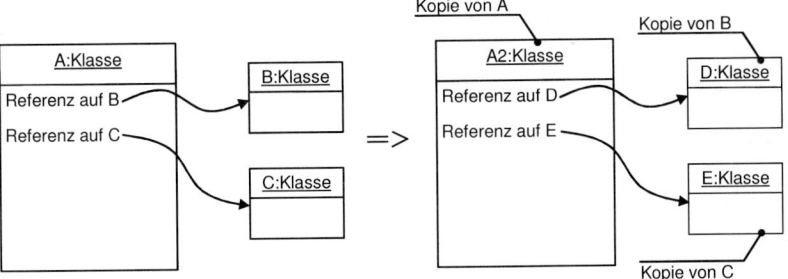

Bild 14-23 "tiefe" Kopie

Bei der **"tiefen" Kopie** hingegen entstehen die neuen Objekte D und E, die den gleichen Inhalt wie B und C besitzen. Eine Veränderung der Objekte B oder C wirkt sich nicht mehr auf D und E aus.

Das unten stehende Beispiel demonstriert die Realisierung einer **"tiefen" Kopie**. Die Klasse MyClass enthält eine Referenz auf die Klasse Mini (siehe auch Bild 14-24 und Bild 14-25). Beim Anlegen eines Objektes vom Typ MyClass wird auch die Klasse Mini instantiiert. Beim Kopieren über die überschriebene Methode clone() wird auch das Objekt der Klasse Mini mit kopiert.

Die Datenfelder der Objekte, auf welche die Referenzen orig und kopie zeigen, können daher völlig unabhängig voneinander verändert werden.

```java
// Datei: Clone2.java

class Mini implements Cloneable
{
   public int x = 1;
   public int y = 1;

   public Object clone() throws CloneNotSupportedException
   {
      return super.clone();
   }
}

class MyClass implements Cloneable
{
   public int var = 1;
   public Mini ref = new Mini();

   public Object clone() throws CloneNotSupportedException
   {
      MyClass tmp = (MyClass) super.clone(); // Flache Kopie
      tmp.ref = (Mini) ref.clone(); // Kopieren des Objektes, auf
      return tmp;                    // das die Referenz zeigt
   }
}
```

```
public class Clone2
{
   public static void main (String[] args) throws
                                    CloneNotSupportedException
   {
     MyClass orig = new MyClass();
     MyClass kopie = (MyClass) orig.clone(); // Kopie erstellen
     kopie.var = 2;        // Datenfeld der Kopie ändern
     kopie.ref.x = 2;      // Datenfeld der Kopie ändern
     System.out.println ("Original:");
     System.out.println ("var = " + orig.var);
     System.out.println ("Mini.x = " + orig.ref.x +
                         "    Mini.y = " + orig.ref.y);
     System.out.println();
     System.out.println ("Kopie:");
     System.out.println ("var = " + kopie.var);
     System.out.println ("Mini.x = " + kopie.ref.x +
                         "    Mini.y = " + kopie.ref.y);
   }
}
```

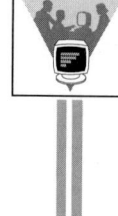

Die Ausgabe des Programms ist:

```
Original:
var = 1
Mini.x = 1      Mini.y = 1

Kopie:
var = 2
Mini.x = 2      Mini.y = 1
```

Die folgenden Bilder zeigen nochmals den Vorgang des Klonens für das obige Programm. Das erste Bild zeigt den Zustand der Objekte nach der Programmzeile

```
MyClass tmp = (MyClass) super.clone();
```

in der `clone()`-Methode der Klasse `MyClass`:

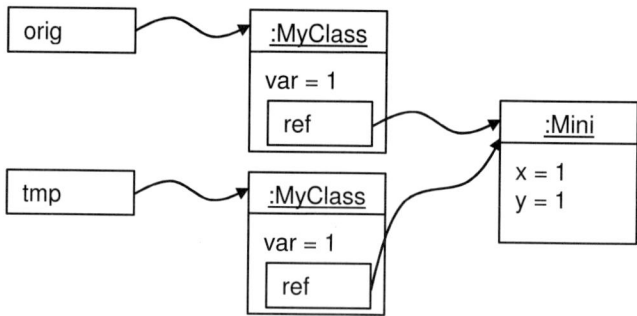

Bild 14-24 Objektzustand nach dem Aufruf `super.clone()`

Nach der Ausführung der folgenden Codezeile

```
tmp.ref = (Mini) ref.clone();
```

in der `clone()`-Methode sehen die Verhältnisse folgendermaßen aus:

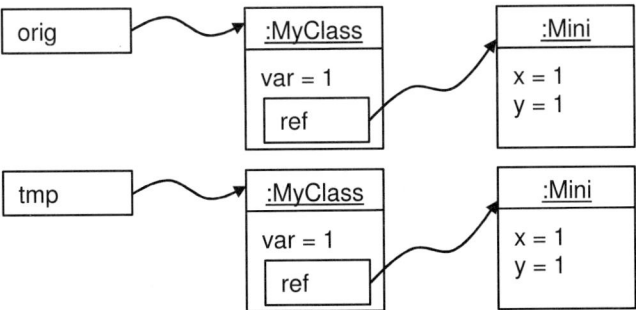

Bild 14-25 Objektzustände nach Aufruf der `clone()`*-Methode der Klasse* `Mini`

14.7 Übungen

Aufgabe 14.1: Interfaces

Implementieren Sie in der Klasse `Person` das Interface `Testschnittstelle`:

```
// Datei: Testschnittstelle.java

public interface Testschnittstelle
{
   public void print();
}
```

Die Methode `print()` soll die Werte aller Datenfelder eines Objektes ausgeben.

```
// Datei: Person.java

import java.util.Scanner;

public class Person . . . . .
{
   private String name;
   private String vorname;

   public Person()
   {
      Scanner eingabe = new Scanner (System.in);

      try
      {
         System.out.print ("\nGeben Sie den Nachnamen ein: ");
         name = eingabe.nextLine();

         System.out.print ("\nGeben Sie den Vornamen ein: ");
         vorname = eingabe.nextLine();
      }
```

```
            catch (Exception e)
            {
               System.out.println ("Eingabefehler");
               System.exit (1);
            }
         }
   . . . . .
}
```

Verwenden Sie zum Testen die Klasse `TestPerson`:

```
// Datei: TestPerson.java

public class TestPerson
{
   public static void main (String [] args)
   {
      Person refPerson = new Person();
      refPerson.print();
   }
}
```

Aufgabe 14.2: Interfaces

Die Klasse `Laserdrucker` soll das Interface `Drucker`, die Klasse `Faxgeraet` das Interface `Fax` und die Klasse `Kombigeraet` beide Interfaces `Fax` und `Drucker` implementieren.

Das Interface `Fax` ist gegeben durch:

```
// Datei: Fax.java
public interface Fax
{
   public void senden (String sendeRef);
}
```

und das Interface `Drucker` durch:

```
// Datei: Drucker.java
public interface Drucker
{
   public void drucken (String druckRef);
}
```

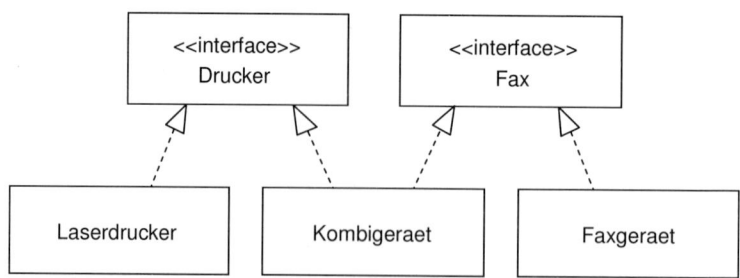

Bild 14-26 Klassendiagramm Interfaces

Schreiben Sie die Klassen Laserdrucker, Faxgeraet **und** Kombigeraet **so, dass die Klasse** TestGeraete

```java
// Datei: TestGeraete.java

public class TestGeraete
{
   public static void main (String[] args)
   {
      Laserdrucker l1 = new Laserdrucker();
      Laserdrucker l2 = new Laserdrucker();
      Faxgeraet f1 = new Faxgeraet();
      Faxgeraet f2 = new Faxgeraet();
      Kombigeraet k1 = new Kombigeraet();
      Kombigeraet k2 = new Kombigeraet();

      f1.senden ("Dies ist ein Test");
      f2.senden ("Dies ist ein Test");
      l1.drucken ("Dies ist ein Test");
      l2.drucken ("Dies ist ein Test");
      k1.senden ("Dies ist ein Test");
      k2.senden ("Dies ist ein Test");
      k1.drucken ("Dies ist ein Test");
      k2.drucken ("Dies ist ein Test");
   }
}
```

die folgende Ausgabe erzeugt:

```
Absender ist: Fax1

Das Senden wird simuliert
Dies ist ein Test

Absender ist: Fax2

Das Senden wird simuliert
Dies ist ein Test

Drucker Laser1 meldet sich

Es wird gedruckt
Dies ist ein Test

Drucker Laser2 meldet sich

Es wird gedruckt
Dies ist ein Test

Absender ist: Kombigerät1

Das Senden wird simuliert
Dies ist ein Test

Absender ist: Kombigerät2
```

```
Das Senden wird simuliert
Dies ist ein Test

Kombigerät Kombigerät1 meldet sich

Es wird gedruckt
Dies ist ein Test

Kombigerät Kombigerät2 meldet sich

Es wird gedruckt
Dies ist ein Test
```

Aufgabe 14.3: Vererbung, Schnittstellen

Der folgende Java-Code ist zu analysieren. Anschließend sind die folgenden beiden
Aufgaben zu lösen.

```java
// Datei: Adressierbar.java
public interface Adressierbar
{
    public void setEmpfaenger (String[] adresse);
    public String[] getEmpfaenger();
}

// Datei: Versendbar.java
public interface Versendbar extends Adressierbar
{
    public void setAbsender (String[] absender);
    public String[] getAbsender();
    public int getGewicht();
}

// Datei: Postamt.java
public class Postamt
{
    . . . . .
}

// Datei: Start.java

public class Start
{
    public static void main (String[] args)
    {
        int gewicht = 80;
        String[] an  = {"Thomas Vollmer",
                    "Flandernstrasse 101", "73730 Esslingen"};
        String[] von = {"Bernhard Hirschmann",
                    "Hölderlinweg 161", "73728 Esslingen"};
        Sendung brief = new Sendung (an, von, gewicht);
        Postamt post  = new Postamt();
        post.versende (brief);
    }
}
```

a) Implementieren Sie die `versende()`-Methode der Klasse `Postamt`. Es soll ein Übergabeparameter vom Typ `Versendbar` entgegengenommen werden. Außerdem soll folgende Bildschirmausgabe erfolgen:

```
Sendung wurde entgegengenommen und wird jetzt versandt.
Absender: Bernhard Hirschmann Hölderlinweg 161 73728 Esslingen
Empfänger: Thomas Vollmer Flandernstrasse 101 73730 Esslingen
```

b) Schreiben Sie eine gültige Implementierung der Klasse `Sendung`, welche die Schnittstelle `Versendbar` implementiert, sodass ein Objekt der Klasse `Sendung` von der Methode `versenden()` der Klasse `Postamt` verarbeitet werden kann.

Aufgabe 14.4: Schnittstellen

Schreiben Sie die Schnittstelle `Musikinstrument` mit der Methode `spieleInstrument()`. Implementieren Sie diese Schnittstelle in den beiden Klassen `Trommel` und `Trompete`. Das Musikinstrument soll hierbei beim Spielen eine entsprechende Ausgabe auf dem Bildschirm machen. So soll z.B. eine Trommel am Bildschirm "Trommel, Trommel" ausgeben. Zum Testen der Klassen soll die Methode `main()` in der Klasse `Musikantenstadl` mehrere Musikinstrumente erzeugen und abspielen.

Aufgabe 14.5: Bildschirmschoner

Die unten abgedruckte Klasse `BildschirmschonerTest` simuliert einen einfachen Bildschirmschoner, indem sie mehrere Objekte geometrischer Figuren erzeugt und deren Größe und Position verändert. In diesem Beispiel verwendet die Klasse `BildschirmschonerTest` die zwei Klassen `Kugel` und `Quader`. Damit auch andere geometrische Figuren in den Bildschirmschoner integriert werden können, werden zwei Schnittstellen verwendet, die von den verschiedenen Klassen zu implementieren sind. Die Schnittstelle `Position` enthält die Methode `verschiebe()`, um die Position einer Figur zu ändern. Die Schnittstelle `Groesse` enthält die Methode `aendereGroesse()`, um die Größe einer Figur ändern zu können. Die Klasse `Kugel` implementiert beide Schnittstellen. Zusätzlich enthält die Klasse ein Datenfeld `radius` vom Typ `float` sowie zwei `float`-Datenfelder, um den Mittelpunkt der Kugel zu definieren (alternativ können Sie für den Mittelpunkt auch die Klasse `Punkt` aus früheren Übungen verwenden). Die Klasse `Quader` implementiert nur die Schnittstelle `Position`. Außerdem enthält die Klasse `Quader` ein Datenfeld `seitenlaenge` vom Typ `float` und zwei `float`-Datenfelder, um die linke obere Ecke des Quaders zu bestimmen. Auch hier können Sie alternativ die Klasse `Punkt` wieder verwenden. Bei jeder Änderung der Größe oder der Position einer geometrischen Figur soll ein entsprechender Text auf der Konsole ausgegeben werden. Die Methode `aendereGroesse()` kann die Größe verändern, in dem sie den Radius des Kreises mit einem Faktor multipliziert, der als Parameter übergeben wird. Die Methode `verschiebe()` verändert die Position eines Körpers dadurch, dass sie die übergebenen Parameter zu den aktuellen Koordinaten hinzuaddiert. Eine grafische Ausgabe der geometrischen Figuren ist in dieser Übungsaufgabe nicht beabsichtigt.

Verwenden Sie bitte folgende Testklasse:

```java
// Datei: BildschirmschonerTest.java

import java.util.Random;

public class BildschirmschonerTest
{
    public static void main (String [] args)
    {
        Random random = new Random();

        for (int i = 0; i <= 10; i++)
        {
            Object koerper;
            if (random.nextBoolean())
            {
                koerper = new Kugel (2.0f);
            }
            else
            {
                koerper = new Quader (3.0f);
            }

            if (koerper instanceof Position)
            {
                Position position = (Position) koerper;
                position.verschiebe (random.nextFloat(),
                                     random.nextFloat());
            }
            if (koerper instanceof Groesse)
            {
                Groesse groesse = (Groesse) koerper;
                groesse.aendereGroesse (random.nextFloat());
            }
        }
    }
}
```

Aufgabe 14.6: Flughafen-Projekt – Simulator und Schnittstellen

Innerhalb dieser Projektaufgabe soll die bisherige Anwendung um einen Flugzeug-simulator erweitert werden. Dieser hat die Aufgabe, den Landeanflug und den Start-vorgang eines Flugzeugs zu simulieren, indem er den Statuswechsel des Flugzeugs anfordert.

Der Status eines Flugzeugs soll nun nicht mehr in den Methoden für die einzelnen Lande-/Startphasen gesetzt werden, sondern zentral über eine neue Methode. Diese Methode hat den folgenden Methodenkopf:

```java
void aktualisiereStatus() throws StatusUngueltigException
```

Die Methode ermittelt als Erstes bei jedem Aufruf den nächsten Status, überprüft dann, ob dieser gesetzt werden kann, und setzt – wenn möglich – den neuen Status. Ist der neue Status nicht möglich, soll eine Exception vom Typ StatusUngueltig-

`Exception` geworfen werden. So muss z.B. verhindert werden, dass das Flugzeug den Landeanflug einleitet, bevor diesem eine Landebahn zugewiesen wurde.

Schreiben Sie als nächstes die Klasse `FlugzeugSimulator`. Bei dieser Klasse soll das zu simulierende Flugzeug über eine Methode angemeldet werden. Zusätzlich erhält die Klasse `FlugzeugSimulator` eine Methode `aktualisiereStatus()`, welche bei jedem Aufruf die gleichnamige Methode `aktualisiereStatus()` des zu simulierenden Flugzeugs aufruft. Beachten Sie dabei, dass der Flugzeugsimulator derzeit nur ein einziges Flugzeug simulieren soll. Schreiben Sie auch die Klasse `StatusUngueltigException` und testen Sie Ihre Änderungen, indem Sie die Klasse `Client` anpassen.

Der Flugzeugsimulator soll nun zusätzlich bei Statusänderung des simulierten Flugzeuges angemeldete Interessenten über die Statusänderung benachrichtigen. Ein solches Konzept wurde schon in Kapitel 14.2 vorgestellt und soll nun in ähnlicher Form implementiert werden. Ein Interessent – also Nachrichtenempfänger – muss folgendes Interface implementieren:

```
public interface FlugzeugListener
{
    public void meldeStatusAenderung (Flugzeug flugzeug);
}
```

Um Benachrichtigungen zu empfangen, muss sich der Nachrichtenempfänger bei dem Flugzeugsimulator anmelden. Das Anmelden geschieht über die folgende Methode:

```
public void setFlugzeugListener (FlugzeugListener flugzeugListener)
{
    this.flugzeugListener = flugzeugListener;
}
```

Schreiben Sie eine Klasse, welche die Schnittstelle `FlugzeugListener` implementiert und bei jeder Statusänderung die Methode `print()` der Klasse `Flugzeug` aufruft. Melden Sie diese Klasse beim Flugzeugsimulator an und testen Sie Ihre Anwendung.

Kapitel 15

Geschachtelte Klassen

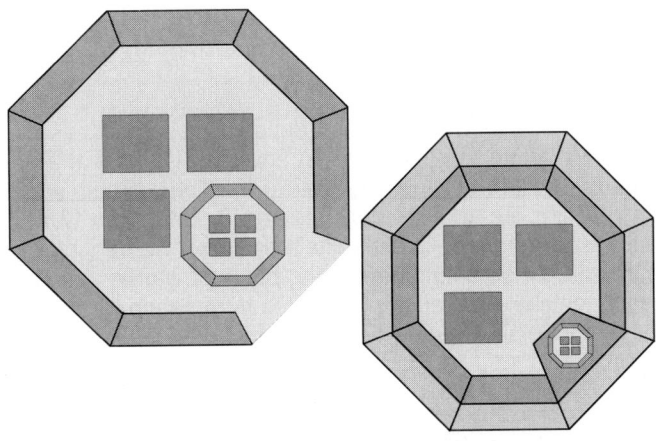

15.1 Elementklassen
15.2 Lokale Klassen
15.3 Anonyme Klassen
15.4 Statische geschachtelte Klassen und Schnittstellen
15.5 Realisierung von geschachtelten Klassen
15.6 Übungen

15 Geschachtelte Klassen

Eine Klasse bildet einen eigenen Namensraum. Innerhalb von Klassen kann man in Java nicht nur Datenfelder und Methoden definieren, sondern auch Datentypen, also Klassen. Solche Klassen heißen **geschachtelte Klassen**. Für geschachtelte Klassen sind auch die Begriffe **innere Klasse, eingebettete Klasse, nested class** bekannt.

Geschachtelte Klassen werden vor allem bei der Oberflächenprogrammierung benötigt. Doch darauf kann vorerst noch nicht eingegangen werden. Im Folgenden soll zuerst der Frage nachgegangen werden, was eine geschachtelte Klasse überhaupt ist.

> Das Konzept der geschachtelten Klassen in Java erlaubt es, **in einer Klasse andere Klassen** zu **definieren**. Damit können zum einen **zusammengehörige Klassen** in einem Sprachkonstrukt zusammengefasst werden. Zum anderen kann die **Sichtbarkeit** der inneren Klassen kontrolliert werden.

An dieser Stelle kann eingewendet werden, dass zu diesem Zwecke in Java bereits das Sprachmittel der Pakete existiert. Dies ist nur teilweise richtig! Pakete sollten ein grobes Strukturierungsmittel sein, um größere inhaltlich zusammengehörige Bereiche zusammenzufassen. Es ist nicht der Sinn von Paketen, nur wenige zusammengehörige Klassen aufzunehmen. Geschachtelte Klassen werden in Java dazu eingesetzt, um Klassen, die für die Implementierung benötigt werden, zu verbergen. Letztendlich sind geschachtelte Klassen ein Mittel des Information Hidings, um Implementierungsdetails, durch die sich andere Entwickler nicht beeinflussen lassen sollten, zu verbergen.

> Typen, die nur für die **Implementierung** einer Klasse erforderlich sind, sollen in der Klasse gekapselt werden und nicht in den Schnittstellen (den Methodenköpfen) der Klasse erscheinen. Damit können diese Typen bei Bedarf ohne Rückwirkungen problemlos geändert werden.

> **Innere und äußere Klassen** können – in vollkommen symmetrischer Weise – **wechselseitig auf ihre Datenfelder und Methoden zugreifen**.

Der **Namensraum eines Pakets** wird durch die Einführung von geschachtelten Klassen nicht beeinflusst. Wenn für eine Klasse, die nur geschachtelt in einer anderen Klasse verwendet wird, ein Allerweltsbezeichner verwendet wird, so wird der Namensraum außerhalb dieser Klasse dadurch nicht eingeschränkt, d.h. der Bezeichner kann im gleichen Paket noch anderweitig verwendet werden.

Es gibt **verschiedene Typen von geschachtelten Klassen:**
- die **Elementklasse** (gekapselt als ein Element in einer äußeren Klasse),
- die **lokale Klasse** (gekapselt in einem Block),
- die **anonyme Klasse** (lokale Klasse ohne Namen)
- und die `static` **geschachtelte Klasse**.

Java kennt nicht nur geschachtelte Klassen, sondern auch die `static` **geschachtelte Schnittstelle**. Elementklassen, lokale Klassen, anonyme Klassen und statisch geschachtelte Klassen sind grundlegend verschieden. Für alle Typen von geschachtelten Klassen gilt jedoch:

Eine **geschachtelte Klasse wird innerhalb** einer **umschließenden Klasse definiert.**

Bei Elementklassen, lokalen und anonymen Klassen treten innere Klassen in Form von Objekten als Bestandteile von Objekten bzw. Klassen auf, quasi als "Puppe in der Puppe". Das folgende Bild zeigt diese Möglichkeiten: eine instantiierte Elementklasse als inneres Objekt, eine instantiierte lokale bzw. anonyme Klasse als inneres Objekt und eine instantiierte lokale bzw. anonyme Klasse in einer Klassenmethode.

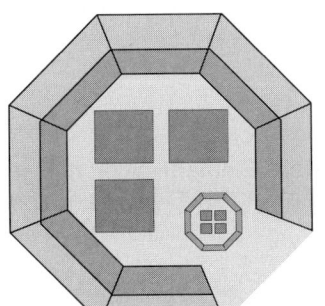

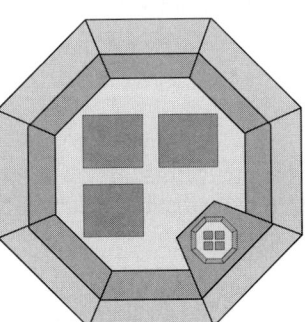

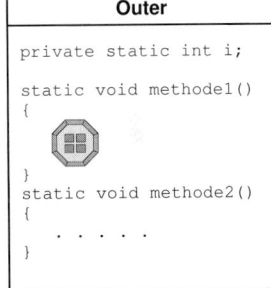

Outer

`private static int i;`
 	
`static void methode1()`
`{`
 	
`}`
`static void methode2()`
`{`
`    . . . . .`
 	
`}`

Objekt einer Elementklasse lebt in einem umschließenden Objekt.

Objekt einer lokalen bzw. anonymen Klasse lebt in einem Methodenrumpf (Block) des umschließenden Objektes.

Objekt einer lokalen bzw. anonymen Klasse lebt in einer Klassenmethode der umschließenden Klasse.

Bild 15-1 Innere Objekte "leben" in äußeren Objekten[112]

Statische geschachtelte Klassen haben den Charakter von **Klassenmethoden bzw. Klassenvariablen**.

---

[112] Diese Bilder sind logisch zu sehen. Wie in Kap. 2.3 erläutert, kennt Java keine Komposition. Java kennt nur die Aggregation. Dies bedeutet, dass das umschließende Objekt eine Referenz auf das eingeschlossene Objekt enthält.

Elementklassen sind Datentypen, die wie **Instanzmethoden bzw. Instanzvariablen** Elemente einer Klasse sind. Objekte **lokaler** und **anonymer Klassen** haben den Charakter von **lokalen Variablen**.

Statische geschachtelte Klassen werden zwar auch geschachtelt definiert, wie folgendes Bild 15-2 zeigt, sie werden jedoch vom Compiler in zwei nebeneinander stehende Klassen umgesetzt. Diese Klassen sind voneinander **unabhängig bis auf den gemeinsamen Namensraum**. Der Zugriff auf die im Innern definierte Klasse erfolgt über den Namensraum der äußeren Klasse.

Definition

```
class Outer
{
    . . . . .
    static class Inner
    {
        . . . . .
    }
}
```

Compiler

Outer

Outer.Inner

Bild 15-2 Eine statische geschachtelte Klasse existiert gleichberechtigt neben der Klasse, in der sie definiert ist.

Im folgenden Unterkapitel soll mit dem klassischen Ansatz für geschachtelte Klassen, den **Elementklassen**, begonnen werden.

15.1 Elementklassen

Eine Elementklasse ist – wie der Name schon sagt – ein **Element** einer Klasse. Damit ist der Zugriffsschutz gleich wie bei den schon bekannten Elementen einer Klasse, den Datenfeldern und Methoden.

Genauso wie man auf Instanzmethoden und Instanzvariablen nur über die Referenz auf ein Objekt zugreifen kann, kann man auch auf Objekte von Elementklassen nicht direkt zugreifen. Objekte von Elementklassen werden immer über das umschließende Objekt angesprochen.

Als Zugriffsschutz für eine Elementklasse existieren dieselben Möglichkeiten wie für Methoden und Datenfelder:

- private,
- protected,
- public
- und default.

Bei äußeren Klassen gibt es jedoch nur den Zugriffsschutz public und default.

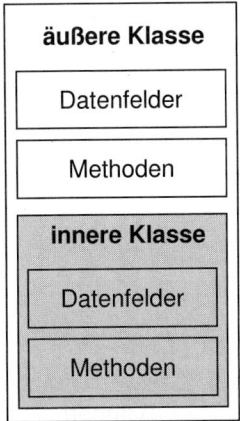

Bild 15-3 Geschachtelte Klasse als Element einer äußeren Klasse

Elementklassen können nur existieren, wenn auch ein Objekt der umschließenden Klasse existiert.

Die Möglichkeit einer Instantiierung einer Elementklasse ist also an die Existenz eines Objektes der umschließenden Klasse gebunden. Daraus folgt, dass nur über ein Objekt einer umschließenden Klasse ein Objekt einer Elementklasse erzeugt werden kann.

Eine Methode eines **Elementobjektes** kann auf alle Datenfelder und Methoden – selbstverständlich auch auf private – des Objektes zugreifen, von dem es eine Komponente ist. Genauso kann eine Methode eines Objektes einer äußeren Klasse auf jede Methode und jedes Datenfeld eines erzeugten Objektes einer Elementklasse zugreifen.

Innere und äußere Klasse sind also vollkommen gleichberechtigt und genießen keine speziellen Privilegien bezüglich des gegenseitigen Zugriffs.

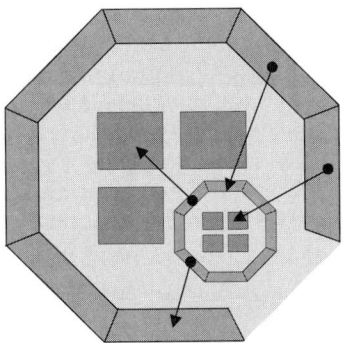

Bild 15-4 Wechselseitiger Zugriff zwischen Objekten der inneren und äußeren Klasse

Hier ein Beispiel für die **Syntax einer Elementklasse**:

```
public class AeussereKlasse
{
    . . . . .

    . . . . . class ElementKlasse
    {
       . . . . .
    }
}
```

Welcher Zugriffsmodifikator für eine Elementklasse verwendet wird, hängt davon ab, ob sie nur innerhalb der äußeren Klasse sichtbar sein soll (`private`), innerhalb eines Paketes (default bzw. `protected`), innerhalb einer Sohnklasse eines anderen Paketes (`protected`) oder ob sie auch für Klassen anderer Pakete sichtbar sein soll (`public`). Wird eine Schnittstelle als Element einer Klasse definiert, so können entsprechend wie bei Elementklassen die Zugriffsmodifikatoren `private`, default, `protected` und `public` verwendet werden.

Die Sichtbarkeit ändert allerdings nichts an der Tatsache, dass ein Objekt einer inneren Klasse nur mit Hilfe eines Objektes einer äußeren Klasse erzeugt werden kann. Ist die Elementklasse und die äußere Klasse z.B. `public`, so kann von jeder beliebigen Stelle eines Programms ein Objekt einer Elementklasse mit der folgenden Anweisung erzeugt werden:

```
AuessereKlasse ref = new AuessereKlasse();
AuessereKlasse.ElementKlasse elem = ref.new ElementKlasse();
```

Die Notation erscheint zuerst ein bisschen seltsam – was sie wohl auch ist – doch mit zunehmendem Verständnis gewöhnt man sich schnell daran. Dass die Element- klasse nur über den Namensraum der umschließenden Klasse – also mit der Punkt- notation `AuessereKlasse.ElementKlasse` – angesprochen werden kann, klingt logisch. Dagegen tut man sich wesentlich schwerer damit, dass mit `ref.new Ele- mentKlasse()` ein Objekt der Elementklasse erzeugt wird.

Der Compiler macht daraus jedoch Folgendes, was wiederum verständlicher wirkt:

```
new AuessereKlasse.ElementKlasse (ref);
```

Wie aus der soeben gezeigten internen Darstellung des Compilers ersichtlich ist, muss jede Elementklasse automatisch einen Konstruktor besitzen, der für den Pro- grammierer unsichtbar als ersten Parameter die Referenz `ref` auf ein Objekt der um- schließenden Klasse entgegennimmt. Diese Referenz wird in einem für den Pro- grammierer ebenfalls unsichtbaren, privaten Datenfeld des erzeugten Objektes der Elementklasse abgespeichert. Diese Referenz **gewährleistet** damit den **Zugriff auf die Datenfelder und Methoden des umschließenden Objektes vom Objekt der Elementklasse aus.**

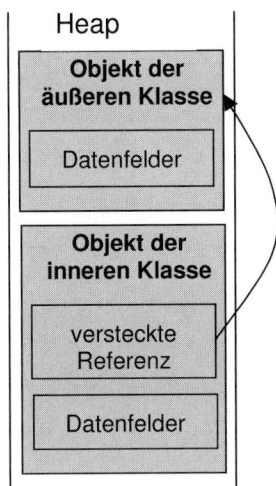

Bild 15-5 Zugriff eines Objektes einer inneren Klasse auf sein zugehöriges äußeres Objekt

Im folgenden Beispiel wird die Klasse `Viewer1` dazu benutzt, um Bilder anzuzeigen. Da nur bestimmte Formate unterstützt werden, benutzt die Klasse `Viewer1` eine Elementklasse `Typen`, um abzuprüfen, welche Bildformate erlaubt sind. Dabei wird im Konstruktor des Viewers mit Hilfe eines Objektes der Klasse `Typen` abgeprüft, ob das Bild angezeigt werden kann. Es ist sinnvoll, die Klasse `Typen` als eine innere Klasse zu entwerfen, da sie als eigene Klasse außerhalb der Klasse `Viewer1` keinen Sinn macht.

```java
// Datei: Viewer1.java

public class Viewer1                         // äussere Klasse
{
    private String typ;
    private String dateiname;

    // Konstruktor der äußeren Klasse
    public Viewer1 (String dateiname, String typ)
    {
        Typen refTyp = new Typen();          // Objekt der inneren
                                             // Klasse erzeugen
        this.typ = typ;
        this.dateiname = dateiname;

        if (refTyp.testTyp (typ))            // Methode für Objekt der
        {                                    // Elementklasse
            System.out.println ("Bild " + dateiname
                              + " kann angezeigt werden!");
            show();                          // Bild anzeigen
        }
        else
            System.out.println ("Es werden nur die Formate: "
                              + refTyp + " unterstützt.");
    }
```

```java
    public void show()                      // Methode der äußeren
    {                                       // Klasse
        //Bild am Bildschirm anzeigen
    }

    private class Typen                     // innere Klasse
    {
        private String typ1 = "gif";
        private String typ2 = "jpg";
        private String typ3 = "bmp";

        public boolean testTyp (String typ)
        {
            if (typ1.equals (typ) || typ2.equals (typ)
                || typ3.equals (typ))
                return true;
            return false;
        }

        public String toString()
        {
            return typ1 + " " + typ2 + " " + typ3;
        }
    }
}

// Datei: TestViewer.java

public class TestViewer
{
    public static void main (String[] args)
    {
        Viewer1 bild1 = new Viewer1 ("C:\\verz\\Bild.jpg", "jpg");
        Viewer1 bild2 = new Viewer1 ("C:\\verz\\Bild.cpg", "cpg");
    }
}
```

Die Ausgabe des Programmes ist:

```
Bild C:\verz\Bild.jpg kann angezeigt werden!
Es werden nur die Formate: gif jpg bmp unterstützt.
```

Zu beachten ist bei dem obigen Programm, dass

- in der Elementklasse die Methode `toString()`, die von der Klasse `Object` ererbt ist, überschrieben wird. Die Methode `toString()` wird automatisch aufgerufen, wenn die Stringrepräsentation für ein Objekt angefordert wird.

- die Codezeile `Typen refTyp = new Typen()` eine Kurzschreibweise für die Codezeile `Viewer1.Typen refTyp = this.new Typen()`[113] ist. Die Kurzschreibweise ist selbstverständlich aber nur innerhalb der äußeren Klasse erlaubt,

---

[113] Hierbei ist `this` eine Referenz auf das umschließende Objekt der Elementklasse.

weil nur dort der Elementname `Typen` bekannt ist. Im Konstruktor der äußeren Klasse wird also ein Objekt der Elementklasse erzeugt.

- der Compiler bei der Kompilierung der Klasse `Viewer1` zwei `.class`-Dateien generiert, nämlich die Dateien `Viewer1.class` und `Viewer1$Typen.class`.

Einschränkungen für Elementklassen

- Elementklassen dürfen keine Klassenvariablen, Klassenmethoden oder statische Klassen beinhalten. Klassenvariablen und Klassenmethoden sind nur bei einer statischen geschachtelten Klasse erlaubt.

- Elementklassen dürfen nicht den gleichen Namen wie eine umschließende Klasse besitzen.

15.2 Lokale Klassen

Innerhalb eines jeden Blockes (siehe Kap. 9.1.1) können Deklarationsanweisungen zwischen normalen Anweisungen stehen. Eine Deklarationsanweisung kann eine Definition einer Variablen, aber auch die Definition eines neuen Datentyps – sprich einer neuen Klasse – darstellen.

Lokale Klassen[114] werden im Rahmen einer Deklarationsanweisung definiert. Ihr Gültigkeitsbereich und ihre Sichtbarkeit erstreckt sich auf den umfassenden Block, wobei es Blöcke nur in Methoden gibt. Im weiteren Verlauf müssen **jedoch lokale Klassen innerhalb** von **Instanzmethoden** und **lokale Klassen innerhalb** von **Klassenmethoden** unterschieden werden.

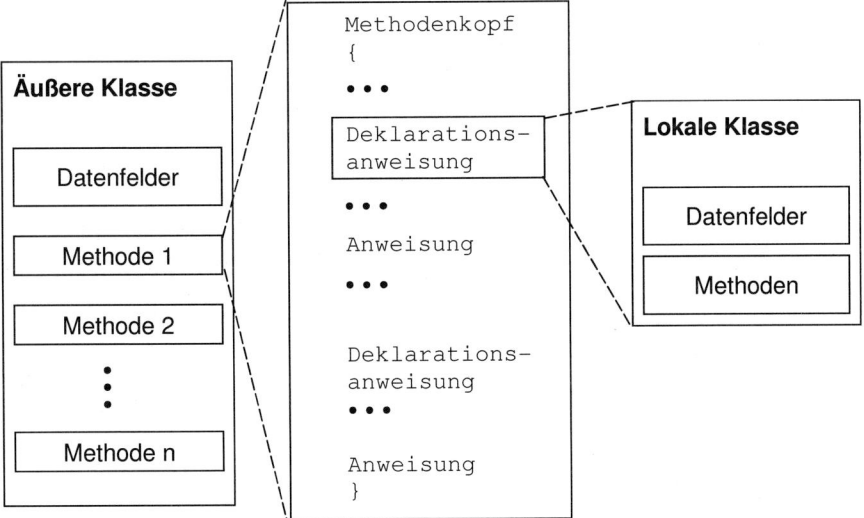

Bild 15-6 Eine lokale Klasse ist nur in ihrem umfassenden Block sichtbar.

---

[114] Lokale Interfaces gibt es nicht.

Für **lokale Klassen in Instanzmethoden** gilt:

Da jede Instanzmethode auf die Datenfelder und Methoden ihres Objektes zugreifen kann, besteht auch für **jedes Objekt einer lokalen Klasse** – das sich **innerhalb einer Instanzmethode** befindet – die Möglichkeit, auf die Instanzvariablen und Instanzmethoden ihres umschließenden Objektes zuzugreifen. Da jede Instanzmethode auch auf die Klassenvariablen und Klassenmethoden der zugehörigen Klasse zugreifen kann, hat jedes Objekt einer lokalen Klasse – das sich innerhalb einer Instanzmethode befindet – auch die Möglichkeit, auf die Klassenvariablen und Klassenmethoden der umschließenden Klasse zuzugreifen.

Für **lokale Klassen in Klassenmethoden** gilt:

Da jede Klassenmethode auf die Klassenvariablen und Klassenmethoden der eigenen Klasse zugreifen kann, besteht auch für **jedes Objekt einer lokalen Klasse** – das sich **innerhalb einer Klassenmethode** befindet – die Möglichkeit, auf die **Klassenvariablen und Klassenmethoden** der umschließenden Klasse zuzugreifen.

Lokale Klassen können innerhalb eines jeden Blocks definiert werden. Es gibt lokale Klassen somit in Instanzmethoden und in Klassenmethoden. Lokale Klassen sind nur in dem umschließenden Block sichtbar.

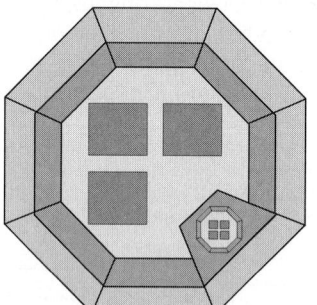

Objekt einer lokalen Klasse lebt in einer Instanzmethode des umschließenden Objektes.

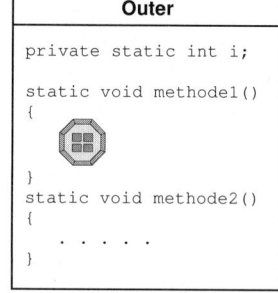

Objekt einer lokalen Klasse lebt in einer Klassenmethode der umschließenden Klasse.

Bild 15-7 Lokale Klassen "leben" in Instanzmethoden und Klassenmethoden

Das folgende Beispiel zeigt eine lokale Klasse `Inner`, die in ihrem Konstruktor auf ein Datenfeld der umschließenden Klasse zugreift.

```java
// Datei: Outer.java

public class Outer
{
   private int x;

   public void methode()
   {
      class Inner
      {
```

```
        Inner()
        {
            // Zugriff auf Datenfeld der umschliessenden Klasse
            System.out.println ("Wert des Datenfeldes x: " + x);
        }
    }

    // Erzeugung eines Objektes der lokalen Klasse
    new Inner();
}

public static void main (String[] args)
{
    Outer ref = new Outer();
    ref.methode();
}
}
```

Die Ausgabe des Programmes ist:

```
Wert des Datenfeldes x: 0
```

Man beachte, dass für lokale Klassen kein Zugriffsmodifikator vergeben werden kann. Dies würde auch keinen Sinn machen, da die Klasse sowieso nur innerhalb des Blockes gültig ist, in dem sie definiert wurde.

Ein Objekt einer lokalen Klasse kann aber nicht nur auf alle Datenfelder und Methoden des umschließenden Objektes zugreifen, sondern auch auf alle als final[115] deklarierten lokalen Variablen und Übergabeparameter der Methode, in der sich das Objekt befindet. Für alle mit final deklarierten lokalen Variablen, die von der lokalen Klasse benutzt werden, erstellt der Compiler für die lokale Klasse eine **lokale Kopie** in Form einer **privaten Instanzvariablen**.

Lokale Klassen können – unabhängig davon, ob sie nun innerhalb einer Instanzmethode oder einer Klassenmethode definiert werden – auf alle lokalen finalen Variablen innerhalb der umschließenden Methode zugreifen. Einzige Voraussetzung ist, dass die lokale finale Variable vor der lokalen Klasse definiert wird.

Das folgende Beispielprogramm zeigt, wie ein Objekt einer lokalen Klasse auf lokale Variablen der umschließenden Methode zugreift.

---

[115] Aufgrund der Einführung von lokalen Klassen mit dem JDK 1.1 musste der Einsatzbereich des final-Modifikators erweitert werden. Konnte er im JDK 1.0 nur für Datenfelder, Methoden und Klassen verwendet werden, kann er seit der Version JDK 1.1 nun auch auf lokale Variablen, Methodenparameter und auf den Exception-Parameter eines catch-Konstruktes angewendet werden.

```java
// Datei: Outer1.java

public class Outer1
{
    public void methode (final int y)
    {
        final int x = 1;
        class Inner
        {
            Inner()
            {
                // Zugriff auf lokale finale Variable x
                System.out.println ("Wert der lokalen finalen"
                                    + " Variablen x: " + x);
                // Zugriff auf einen finalen Übergabeparameter
                System.out.println ("Wert des Übergabeparameters y: "
                                    + y);
            }
        }
        // Erzeugung eines Objektes der lokalen Klasse
        new Inner();
    }

    public static void main (String[] args)
    {
        Outer1 ref = new Outer1();
        ref.methode (7);
    }
}
```

Die Ausgabe des Programmes ist:

```
Wert der lokalen finalen Variablen x: 1
Wert des Übergabeparameters y: 7
```

Da der Compiler eine Kopie für jede benutzte lokale Variable anlegt, ist es zwingend erforderlich, dass diese Variablen final sind. Denn die Kopien der benutzten Variablen werden beim Konstruktoraufruf angelegt und mit den entsprechenden Werten initialisiert. Da aber gewährleistet sein muss, dass die Kopie sowie die originale lokale Variable immer die gleichen Werte tragen, müssen sie folglich final sein, um zu verhindern, dass die Werte verändert werden können.

Lokale Klassen trifft man oft bei der Oberflächenprogrammierung an, wo diese entweder eine **Adapterklasse** ableiten oder eine Schnittstelle implementieren.

Diese Adapterklassen und Schnittstellen, von denen die lokalen Klassen ableiten, bzw. die diese implementieren, sind Klassen bzw. Schnittstellen aus der Java-API. Diese Klassen und Schnittstellen werden zur Ereignisbehandlung von Oberflächenkomponenten verwendet.

Da für jede Oberflächenkomponente in der Regel eine eigenständige Ereignisbehandlung erfolgen muss – diese Behandlung aber nur für die einzelne Komponente verwendet werden kann – ist es sinnvoll, diese Ereignisbehandlung in einer lokalen Klasse zu kapseln.

Einschränkungen für lokale Klassen

- Lokale Klassen dürfen wie die Elementklassen keine als `static` deklarierten Datenfelder, Methoden oder Klassen definieren.

- Lokale Klassen dürfen nicht den gleichen Namen wie die umschließende Klasse haben.

- Die lokale Klasse darf in der Klassendeklaration keinen der Modifikatoren `private`, `protected`, `public` oder `static` verwenden. All diese Modifikatoren sind gebräuchlich für Elemente einer Klasse – eine lokale Klasse ist aber kein Element einer Klasse.

15.3 Anonyme Klassen

Anonyme Klassen sind lokale Klassen ohne Namen, von denen sofort bei der Klassendefinition ein Objekt erzeugt wird. Da die Klasse keinen Namen trägt, kann man nur ein einziges Exemplar der Klasse erzeugen. Anonyme Klassen können genauso wie lokale Klassen innerhalb von Instanzmethoden und Klassenmethoden leben.

Anonyme Klassen werden **innerhalb eines Ausdrucks definiert und instantiiert**. Da eine anonyme Klasse keinen Namen hat, können auch keine Konstruktoren geschrieben werden.

Um Objekte anonymer Klassen initialisieren zu können, wurde in Java 1.1 der nicht statische Initialisierungsblock eingeführt (siehe Kap. 10.4.3).

Anonyme Klassen werden genau wie lokale Klassen oft von Adapterklassen abgeleitet oder implementieren eine Schnittstelle zur Ereignisbehandlung.

Das folgende Beispiel zeigt das schon bekannte Anwendungsbeispiel eines Viewers, der Bilder anzeigen soll. Hierbei wird eine anonyme Klasse definiert, die eine Schnittstelle implementiert.

```java
// Datei: Viewer2.java

interface ITypen
{
    public boolean testTyp();
}
```

```
public class Viewer2
{
    private String bildTyp;
    private String dateiname;

    // Lokale Variablen einer umschließenden Methode können nur dann
    // in anonymen oder lokalen Klassen verwendet werden, wenn diese
    // final sind.
    public Viewer2 (String dateiname, final String typ)
    {
        bildTyp = typ;
        this.dateiname = dateiname;

        // Erzeugung und Definition der anonymen Klasse, welche die
        // Schnittstelle ITypen implementiert. Dabei wird das
        // Schlüsselwort implements nicht verwendet. Die Erläuterung
        // folgt nach dem Beispiel.
        ITypen refTyp = new ITypen()
        {
            private String typ1 = "gif";
            private String typ2 = "jpg";
            private String typ3 = "bmp";

            public boolean testTyp()
            {
                if(typ1.equals (typ) || typ2.equals (typ) ||
                    typ3.equals (typ))
                {
                    return true;
                }
                return false;
            }

            public String toString()
            {
                return typ1 + " " + typ2 + " " + typ3;
            }
        };
        // Ende der anonymen Klasse

        // Zugriff auf die Methode der anonymen Klasse
        if (refTyp.testTyp())
            System.out.println ("Bild " + dateiname +
                                " kann angezeigt werden!");
        else
            System.out.println ("Es werden nur die Formate: "
                                + refTyp + " unterstützt.");
    }

    public void show()
    {
        //Bild am Bildschirm anzeigen
    }
}
```

Objekte anonymer Klassen werden durch eine spezielle **Variante des** new-**Operators** erzeugt. Dabei hat die folgende Deklarationsanweisung eine Bedeutung, die nicht ganz einfach ersichtlich ist.

```
ITypen refTyp = new ITypen()
{
    //Datenfelder und Methoden der anonymen Klasse
};
```

Zum Verständnis soll vergleichsweise eine Ersatzdarstellung für diese Deklarationsanweisung betrachtet werden:

```
class Viewer2$1 implements ITypen
{
    //Datenfelder und Methoden der Klasse
}
ITypen refTyp = new Viewer2$1();
```

Von der Bedeutung her ist die Ersatzdarstellung gleichwertig mit der obigen Deklarationsanweisung. Der Name der anonymen Klasse `Viewer2$1` kann allerdings vom Programmierer nicht verwendet werden. Der Compiler erzeugt für die anonyme Klasse in der Klasse `Viewer2` eine Datei mit dem Namen `Viewer2$1.class`. Für jede weitere anonyme Klasse innerhalb der Klasse `Viewer2` würde der Compiler einfach die `.class`-Dateien weiter durchnummerieren.

Doch nun zurück zu der eigentlichen Bedeutung der Deklarationsanweisung.

Mit dem Ausdruck `new ITypen()` und den nachfolgenden geschweiften Klammern wird ausgesagt, dass die in den geschweiften Klammern definierte anonyme Klasse die Schnittstelle `ITypen` implementiert. Gleichzeitig wird mit dieser Anweisung ein Objekt dieser anonymen Klasse angelegt und die zurückgegebene Referenz auf die Schnittstelle `ITypen` gecastet.

Eine anonyme Klasse kann auch von einer anderen Klasse ableiten. Dies wird in dem folgenden Codestück gezeigt:

```
Object ref = new Object()
{
    public String toString()
    {
        return super.toString().toUpperCase();
    }
};
```

Zum Verständnis soll auch hier die entsprechende Ersatzdarstellung betrachtet werden. Es soll angenommen werden, dass diese anonyme Klasse in der Klasse `Viewer2` unterhalb der anonymen Klasse vom Typ `ITypen` definiert wird. In diesem Fall würde der Compiler eine Klasse mit dem Namen `Viewer2$2` generieren:

```
class Viewer2$2 extends Object
{
    // Überschreiben der toString()-Methode der Klasse Object
    public String toString()
    {
        return super.toString().toUpperCase();
    }
}
Object ref = new Viewer2$2();
```

Anonyme Klassen implementieren entweder eine Schnittstelle oder leiten von einer Klasse ab und überschreiben deren Methoden. Es können nur die Methoden der implementierten Schnittstelle bzw. der Vaterklasse aufgerufen werden, da immer nur das Protokoll der Schnittstelle bzw. der Vaterklasse sichtbar ist.

Da immer nur das Protokoll der Schnittstelle bzw. der Basisklasse einer anonymen Klasse angesprochen werden kann, macht es keinen Sinn, zusätzliche Methoden, die public sind, in der anonymen Klasse zu definieren, da sie von außen nicht angesprochen werden können.

Das individuelle Überschreiben von Methoden für eine Aufzählungskonstante bei Aufzählungstypen wird ebenfalls mit Hilfe einer anonymen Klasse realisiert. Dies soll an folgendem Beispiel gezeigt werden:

```java
// Datei: AmpelTest.java

enum Ampel
{
    ROT,
    GELB,
    GRUEN
    {
        // Überschreiben der toString()-Methode der Klasse Enum
        // für die Aufzählungskonstante GRUEN.
        public String toString()
        {
            return super.toString().toLowerCase();
        }
    };
}

public class AmpelTest
{
    public static void main (String[] args)
    {
        Ampel amp1 = Ampel.ROT;
        Ampel amp2 = Ampel.GELB;
        Ampel amp3 = Ampel.GRUEN;
        System.out.println (amp1);
        System.out.println (amp2);
        System.out.println (amp3);
    }
}
```

Die Ausgabe des Programmes ist:

```
ROT
GELB
gruen
```

Für die Aufzählungskonstante GRUEN wird die toString()-Methode überschrieben. Beim Aufruf der toString()-Methode für die Aufzählungskonstante GRUEN werden damit Kleinbuchstaben anstatt Großbuchstaben ausgegeben. Da der Compiler für jede Aufzahlungskonstante ein Objekt des Aufzählungstyps anlegt, wird im obigen Programmcode mit

```
GRUEN
{
   public String toString()
   {
      return super.toString().toLowerCase();
   }
};
```

eine anonyme Klasse angelegt, die von der Klasse Ampel ableitet und die Methode toString() überschreibt. Der Compiler generiert auch eine entsprechende Datei Ampel$1.class. Die Ersatzdarstellung für die Deklarationsanweisung sieht damit folgendermaßen aus:

```
class Ampel$1 extends Ampel
{
   public String toString()
   {
      return super.toString().toLowerCase();
   }
}
public static final Ampel GRUEN = new Ampel$1();
```

Initialisierung des von der Basisklasse ererbten Anteils in einem Sohnobjekt

Da eine anonyme Klasse keinen Konstruktor besitzt, kann auch nicht mit Hilfe des Schlüsselwortes super ein Konstruktor mit Parametern in der Basisklasse aufgerufen werden. Doch auch hierfür gibt es eine Lösung, die in folgendem Beispiel vorgestellt werden soll:

```
// Datei: Outer2.java

class Basisklasse
{
   private int x;

   public Basisklasse (int x)
   {
      System.out.println ("Wert der Variablen x: " + x);
   }
   // sonstige Methoden
}
```

```
public class Outer2
{
    public Outer2 (int x)
    {
        // Es wird ein Objekt der anonymen Klasse, die von Basisklasse
        // abgeleitet ist, angelegt. Nach der Erzeugung erfolgt ein
        // Cast auf die Basisklasse. x ist der Parameter für den Kon-
        // struktor der Basisklasse.
        Basisklasse refB = new Basisklasse (x)
        {
            // Überschriebene Methoden
        };
        // Sonstige Anweisungen
    }
    // Sonstige Methoden

    public static void main (String[] args)
    {
        Outer2 out = new Outer2 (10);
    }
}
```

Die Ausgabe des Programmes ist:

```
Wert der Variablen x: 10
```

Die Parameter für die Basisklasse werden einfach in die runden Klammern geschrieben. Diese Parameter werden dann an den entsprechenden Konstruktor der Basisklasse weitergegeben.

Einschränkungen für anonyme Klassen

- Anonyme Klassen dürfen keine als `static` deklarierten Datenfelder, Methoden oder Klassen definieren.

- Anonyme Klassen können keinen Konstruktor haben, da sie auch keinen Namen tragen.

- Von anonymen Klassen kann nur eine einzige Instanz erzeugt werden. Deshalb sollte man lokale Klassen oder Elementklassen den anonymen Klassen dort vorziehen, wo man mehrere Instanzen einer inneren Klasse benötigt.

15.4 Statische geschachtelte Klassen und Schnittstellen

Statische geschachtelte Klassen und **statische geschachtelte Schnittstellen** werden auch als so genannte **statische Top-Level-Klassen** bzw. **statische Top-Level-Schnittstellen** bezeichnet. Auch wenn eine statische geschachtelte Klasse bis auf das Schlüsselwort `static` identisch definiert wird wie eine Elementklasse, so ist doch gerade dies der entscheidende Unterschied. Bei Elementklassen kennt ein eingeschlossenes Objekt sein umgebendes Objekt und umgekehrt. Bei statischen Top-Level-Klassen gibt es diesen Bezug nicht.

Bei statischen Top-Level-Elementen braucht man kein Objekt einer äußeren Klasse, um ein Objekt einer inneren Klasse zu erzeugen.

Eine geschachtelte Top-Level-Klasse oder eine geschachtelte Top-Level-Schnittstelle wird definiert als ein Element einer anderen Top-Level-Klasse oder einer anderen Top-Level-Schnittstelle, welches den Modifikator `static` aufweist.

Das Schlüsselwort `static` hat zur Konsequenz, dass diese Klasse bzw. diese Schnittstelle sich vollkommen gleich wie jede andere normale Top-Level-Klasse bzw. jede andere Top-Level-Schnittstelle verhält, mit dem Unterschied, dass die geschachtelte Klasse über den Namen der umschließenden Klasse angesprochen wird.

So wird eine geschachtelte Top-Level-Klasse z.B. über `AeussereKlasse.Innere-Klasse` aufgerufen. Damit bieten geschachtelte Top-Level-Klassen die Besonderheit, dass man zusammengehörige Klassen im Namensraum der umfassenden Klasse gruppieren kann und durch den gemeinsamen Namensraum die Zusammengehörigkeit demonstriert wird. Das folgende Beispiel zeigt geschachtelte Top-Level-Klassen und deren Instantiierung:

```java
// Datei: TopLSchicht1.java

public class TopLSchicht1
{
   // Datenfelder

   public TopLSchicht1()
   {
      System.out.println ("TopLSchicht1-Konstruktor");
   }

   public static class TopLSchicht2
   {
      // Datenfelder
      public TopLSchicht2()
      {
         System.out.println ("TopLSchicht2-Konstruktor");
      }

      public static class TopLSchicht3
      {
         // Datenfelder
         TopLSchicht3()
         {
            System.out.println ("TopLSchicht3-Konstruktor");
         }
      }
   }
}
```

```
// Datei: TestTopLevel.java

public class TestTopLevel
{
   public static void main (String[] args)
   {
      TopLSchicht1 refSchicht1 = new TopLSchicht1();
      TopLSchicht1.TopLSchicht2 refSchicht2
                  = new TopLSchicht1.TopLSchicht2();
      TopLSchicht1.TopLSchicht2.TopLSchicht3 refSchicht3
                  = new TopLSchicht1.TopLSchicht2.TopLSchicht3();
   }
}
```

Die Ausgabe des Programmes ist:

```
TopLSchicht1-Konstruktor
TopLSchicht2-Konstruktor
TopLSchicht3-Konstruktor
```

Bei geschachtelten Top-Level-Klassen ist das Schlüsselwort `static` immer explizit anzugeben. Bei geschachtelten Schnittstellen oder Klassen, die in Schnittstellen geschachtelt werden, kann man das Schlüsselwort `static` aber auch weglassen, da in Schnittstellen geschachtelte Klassen oder Schnittstellen implizit als `static` betrachtet werden. Ebenso sind geschachtelte Schnittstellen innerhalb von Klassen implizit `static` (siehe Bild 15-8).

Normalerweise kann innerhalb einer Schnittstelle keine Methodenimplementierung erfolgen. Jedoch kann eine statische geschachtelte Klasse ein Teil einer Schnittstelle sein. Die Regelungen von Schnittstellen werden nicht verletzt, da eine statisch geschachtelte Klasse in einer Schnittstelle selbst eine Top-Level-Klasse darstellt und nur über den Namensraum mit der Schnittstelle gekoppelt ist. Zu beachten ist, dass geschachtelte Top-Level-Klassen bzw. Schnittstellen nur innerhalb von Top-Level-Klassen bzw. -Schnittstellen und nicht in einer sonstigen geschachtelten Klasse (Elementklasse, lokale Klasse, anonyme Klasse) geschachtelt werden können.

```
class A                          interface A
{                                {
    static class B                   interface B
    {                                {
            . . . . .                        . . . . .
    }                                }
}                                }
```

```
class A                          interface A
{                                {
    interface B                      class B
    {                                {
            . . . . .                        . . . . .
    }                                }
}                                }
```

Bild 15-8 Geschachtelte Top-Level-Klassen und Top-Level-Schnittstellen

15.5 Realisierung von geschachtelten Klassen

Um das Verständnis für geschachtelte Klassen abzurunden, ist es hilfreich, sich anzusehen, wie der Compiler geschachtelte Klassen umsetzt. Ein Werkzeug namens javap wird mit dem JDK mitgeliefert. Mit Hilfe von javap ist es möglich, eine .class-Datei zu disassemblieren, das heißt aus Bytecode den Coderahmen des ursprünglichen Quellcodes herzustellen. Damit hat man die Möglichkeit zu sehen, wie der Java-Compiler geschachtelte Klassen umsetzt. Der Coderahmen umfasst die Definition der Klassen mit Datenfeldern und Methodenköpfen. Dabei können die zusätzlichen Datenfelder und Methoden, die vom Compiler zur Realisierung einer geschachtelten Klasse hinzufügt werden, sichtbar gemacht werden.

Elementklassen mit Zugriff auf die Datenfelder der umschließenden Klasse

Es soll betrachtet werden, wie es einer Elementklasse ermöglicht wird, auf die Datenfelder eines äußeren Objektes zuzugreifen:

```
// Datei: Outer3.java

public class Outer3
{
   private int x = 1;

   public class Inner
   {
      public Inner()
      {
         x = x + 10; // Zugriff auf Datenfeld der äußeren Klasse
      }
   }
}
```

Wird die Bytecode-Datei Outer3.class disassembliert, so erhält man folgende Ausgabe[116]:

```
// Ausgabe des Disassemblierers bei Eingabe javap -private Outer3
public class Outer3 extends java.lang.Object
{
   private int x;
   public Outer3();   //Default-Konstruktor
   // zusätzliche Methode, um Datenfeld x zu schreiben
   static int access$002 (Outer3, int);[117]
   // zusätzliche Methode, um Datenfeld x zu lesen
   static int access$000 (Outer3);
}

// Ausgabe des Disassemblierers bei Eingabe
// javap -private Outer3$Inner
public class Outer3$Inner extends java.lang.Object
{
   // Datenfeld, um auf das umschliessende Objekt zuzugreifen
   final Outer3 this$0;
```

---

[116] Die Kommentare wurden von Hand hinzugefügt.
[117] Beachten Sie, dass nur der Typ und nicht der Name des formalen Parameters angegeben wird.

```
// Konstruktor, dem im ersten Parameter eine Referenz auf das
// umschliessende Objekt übergeben wird
public Outer3$Inner (Outer3);
}
```

Die `access()`-Methode zum Lesen des Datenfeldes `x` wird nur dann angelegt, wenn innerhalb der Elementklasse lesend auf das Datenfeld `x` zugegriffen wird. Die `access()`-Methode zum Schreiben des Datenfeldes `x` wird nur dann angelegt, wenn innerhalb der Elementklasse schreibend auf das Datenfeld `x` zugegriffen wird. Dabei hat jedes Datenfeld, das von einer Elementklasse benutzt wird, seine eigenen `access()`-Methoden. Die private Referenz `this$0` in der Elementklasse und der Typ des formalen Parameters `Outer3` im Konstruktor werden immer vom Compiler ergänzt, unabhängig davon, ob nun auf Datenfelder der umschließenden Klasse zugegriffen wird oder nicht. Damit wird sichergestellt, dass ein Objekt der Elementklasse nur dann erzeugt werden kann, wenn auch tatsächlich ein umschließendes Objekt existiert. Denn ein Objekt der Elementklasse `Outer3.Inner` kann nur mit Hilfe eines Konstruktors initialisiert werden, dem eine Referenz auf ein Objekt der umschließenden Klasse übergeben wird.

Lokale Klasse mit Zugriff auf Datenfelder

Eine lokale Klasse kann nur innerhalb eines Blockes instantiiert werden. Ihre Sichtbarkeit beschränkt sich damit auf den umschließenden Block. Die lokale Klasse hat wie eine Elementklasse Zugriff auf die Datenfelder der umschließenden Klasse. Da eine lokale Klasse kein Element einer Klasse mehr ist, kann für sie auch kein Zugriffsmodifikator mehr vergeben werden. Im Folgenden wird eine lokale Klasse innerhalb eines Konstruktors diskutiert.

```
// Datei: Outer4.java

public class Outer4
{
   private int x;

   public Outer4()
   {
      class Inner
      {
         public Inner()
         {
            // Zugriff auf Datenfeld der äußeren Klasse
            x = 10;
         }
      }
   }
}
```

Zu beachten ist, dass der `.class`-Dateiname der lokalen Klasse `Inner` `Outer4-$1Inner` ist. Da innerhalb verschiedener Methoden einer Klasse lokale Klassen mit gleichem Namen definiert werden können, ist eine Durchnummerierung für lokale Klassen erforderlich. Hat beispielsweise eine Klasse `Outer` die Methoden `methode1()` und `methode2()`, so kann in jeder dieser Methoden eine lokale Klasse mit dem Namen `Inner` definiert werden. Der Compiler würde daraus dann die .class-Dateien Outer$**1**Inner und Outer$**2**Inner erzeugen. Das folgende Codestück wird vom Disassemblierer javap generiert, wenn auf der Kommandozeile javap -private Outer4$1Inner eingegeben wird:

```
class Outer4$1Inner extends java.lang.Object
{
    final Outer4 this$0;
    Outer4$1Inner (Outer4);
}
```

Das Ergebnis der Eingabe von javap -private Outer4 ist:

```
class Outer4 extends java.lang.Object
{
    private int x;
    public Outer4();
    static int access$002(Outer4, int);
}
```

Da in der lokalen Klasse nur schreibend auf das Datenfeld x der umschließenden Klasse zugegriffen wird, existiert nur die access()-Methode zum Schreiben des Datenfeldes x. Das folgende Beispiel zeigt die Zusammenhänge, wenn eine lokale Klasse innerhalb einer Klassenmethode liegt:

```
// Datei: Outer5.java

class Outer5
{
    private static int x;

    public static void methode()
    {
        class Inner
        {
            Inner()
            {
                // Zugriff auf Datenfeld der äußeren Klasse
                x = 10;
            }
        }
    }
}

// Eingabe von: javap -private Outer5$1Inner

class Outer5$1Inner extends java.lang.Object
{
    Outer5$1Inner();
}

// Eingabe von: javap -private Outer5

public class Outer5 extends java.lang.Object
{
    private static int x;
    Outer5();
```

```
      public static void methode();
      static int access$002 (int);
}
```

Die Referenzen auf ein umschließendes Objekt fallen sowohl bei den `access()`-Methoden, als auch beim Konstruktor weg. Dies ist auch logisch, da der Aufruf einer Klassenmethode ja nicht an die Existenz eines Objektes gekettet ist.

Lokale Klasse mit Zugriff auf lokale Variablen

Auf lokale Variablen eines umschließenden Blockes kann eine lokale Klasse zugreifen, sofern diese `final` sind. Der Compiler legt für jede finale lokale Variable, die in einer lokalen Klasse verwendet wird und deren Wert zum Kompilierzeitpunkt **nicht** bekannt ist, ein privates Datenfeld in der lokalen Klasse an. Das Datenfeld wird beim Konstruktoraufruf mit dem Wert der entsprechenden lokalen Variablen initialisiert. Der Wert wird somit kopiert. Für eine lokale finale Variable, deren Wert zur Kompilierzeitpunkt bekannt ist, wird einfach der Name der Variablen in der lokalen Klasse durch deren Wert ersetzt.

```
// Datei: Outer6.java

public class Outer6
{
   private int x;

   public Outer6()
   {
      final int y = Math.abs (-10);
      final int w = 11;

      class Inner
      {
         Inner()
         {
            int lokal = w;
         }
         public void print()
         {
            System.out.println (y);
         }
      }
   }
}

// Eingabe von: javap -private Outer6$1Inner

class Outer6$1Inner extends java.lang.Object
{
   // Kopie der benutzten lokalen Variablen speichern, da zum
   // Kompilierzeitpunkt der Wert noch nicht bekannt ist.
   final int val$y;

   final Outer6 this$0;
```

```
   // Übergabe der lokalen Variablen im Konstruktor und Initiali-
   // sierung von val$Y
   Outer6$1Inner (Outer6, int);

   public void print();
}
```

Der Code der Klasse `Outer6` bleibt unverändert, da auf keine Datenfelder zugegriffen wird.

Anonyme Klassen

Anonyme Klassen behandelt der Compiler identisch wie lokale Klassen. Für den Programmierer ergibt sich lediglich der Unterschied, dass er keinen Konstruktor für eine anonyme Klasse anlegen kann. Der Compiler jedoch erzeugt einen Konstruktor, um eine eventuell benötigte Referenz auf die umschließende Klasse bzw. die benötigten lokalen Variablen entgegenzunehmen.

```
// Datei: Outer7.java

public class Outer7
{
   private int x;

   public Outer7()
   {
      final int y = 10;

      Object obj = new Object()
      {
         // Überschreiben der toString()-Methode der Klasse Object
         public String toString()
         {
            return Integer.toString (x) + Integer.toString (y);
         }
      };
   }
}


// Eingabe von: javap -private Outer7$1

final class Outer7$1 extends java.lang.Object
{
   // Referenz auf umschliessendes Objekt aufnehmen
   final Outer7 this$0;

   // Konstruktor mit einer Referenz auf die umschließende Klasse
   Outer7$1 (Outer7);

   public java.lang.String toString();
}
```

15.6 Übungen

Aufgabe 15.1: Lokale Klasse

Implementieren Sie eine Klasse `Email`, die folgende Aufgaben erfüllt:

- Die Klasse soll die Instanzvariablen `betreff`, `text`, `empfaenger` und `absender` vom Typ `String` enthalten.

- Der Konstruktor soll folgende Übergabeparameter besitzen:
  - `String empfaenger`
  - `String absender`
  - `String betreff`
  - `String text`

  Der Konstruktor soll die Attribute mit den entsprechenden Übergabeparametern initialisieren.

- Schreiben Sie eine Methode `senden()`, die bei gültigen Mail-Adressen den Empfänger, den Sender, den Betreff und den Text auf dem Bildschirm ausgibt. Ist entweder die Mail-Adresse des Absenders oder die Mail-Adresse des Empfängers ungültig, so soll eine entsprechende Meldung auf dem Bildschirm ausgegeben werden. Um eine Mail-Adresse auf Gültigkeit zu überprüfen, verwendet die Methode `senden()` die Methode `isValid()` der lokalen Klasse `InternetMailAddress`.

Die Klasse `InternetMailAddress` soll als lokale Klasse in der Methode `senden()` der Klasse `Email` realisiert werden. Die lokale Klasse besitzt folgende Methode:

```
private boolean isValid (String address);
```

Diese Methode überprüft, ob eine übergebene Mail-Adresse gültig ist oder nicht. Gültige Adressen:

- besitzen genau ein @-Zeichen, das den Namen des Empfängers vom Server trennt (`empfaengername@servername`)
- erlauben folgende Zeichen für Empfängername und Server: a-z, A-Z, 0-9, _, .
- erfordern mindestens ein Zeichen für Empfängername bzw. Server
- beginnen mit einem Zeichen, das nicht @ oder * ist
- erlauben das Weglassen von `@servername`, falls das letzte Zeichen ein '*' ist

Trifft die letzte Regel zu, so wird von der Methode `isValid()` als Servername für die Mail-Adresse "`it-designers.de`" eingetragen. Beispiele:

- Hans.Muster@gmz.de   gültig
- Hans.Muster*   gültig (wird zu Hans.Muster@it-designers.de)
- @gmz.de   ungültig
- Hans.Mustergmz.de   ungültig

Zum Überprüfen der Gültigkeit einer Email-Adresse können Sie reguläre Ausdrücke in Kombination mit der Methode `matches()` der Klasse `String` verwenden. Konsultieren Sie hierzu die Java Dokumentation.

Testen Sie Ihre Klasse `Email` mit folgendem Programm:

```
// Datei: TestEmail.java

public class TestEmail
{
    public static void main (String[] args)
    {
        Email e1 = new Email ("Klaus.Gross*","Lotte.Klein@gmz.de",
                              "Hallo","Hallo Welt");
        e1.senden();

        Email e2 = new Email ("Klaus.Gross*","Lotte.Kleingmz.de",
                              "Hallo","Hallo Welt");
        e2.senden();
    }
}
```

Hier ein Auszug der Programmausgabe:

```
------------------------------------------------
Mail von: Lotte.Klein@gmz.de
An: Klaus.Gross@it-designers.de
Betreff: Hallo
Text:
Hallo Welt
------------------------------------------------

Die Email konnte nicht verschickt werden!
Die Email-Adresse des Absenders ist ungültig.
```

Aufgabe 15.2: Anonyme Klasse

Es wird ein Betankungsvorgang simuliert. Dazu werden die Klassen `Tank`, `Tanksaeule` und das Interface `FuellstandSensor` benötigt. Zusätzlich wird das Interface `FuellstandSensor` in einer anonymen Klasse implementiert.

Die Klasse Tank besitzt folgende Methoden und Instanzvariablen:

- `public Tank (int volumen)`
- `public void anmeldenFuellstandSensor`
            `(FuellstandSensor fuellstandSensor)`
- `public int fuellen()`
- `private int maxVolumen`
- `private int tankinhalt`
- `private FuellstandSensor fuellstandSensor`

Die Klasse `Tanksaeule` enthält folgende Methoden und Instanzvariablen:

- `public Tanksaeule()`
- `public void tankstutzenEntnehmen (Tank tank)`
- `public void startTanken()`
- `private Tank tank`
- `private boolean stopFuellen`

Im Interface `FuellstandSensor` soll folgende Methode spezifiziert werden:

`public void meldeFuellstand (int fuellstand, int maxVolumen)`

Der Tankvorgang wird mit dem Entnehmen des Tankstutzens aus der Tanksäule mit der Methode `tankstutzenEntnehmen()` eingeleitet. Anschließend beginnt durch Aufruf der Methode `startTanken()` das Befüllen. In `startTanken()` muss zuerst ein `FuellstandSensor` mit Hilfe einer anonymen Klasse erzeugt und der Methode `anmeldenFuellstandSensor()` übergeben werden. Nach Aufruf der Methode `anmeldenFuellstandSensor()` kann der eigentliche Füllvorgang beginnen. Durch Aufruf der Methode `fuellen()` wird der Tank jedes Mal um einen Liter gefüllt. Durch wiederholten Aufruf der Methode `fuellen()` wird der Tank aufgefüllt, bis das Maximalvolumen des Tanks erreicht ist. Nach jedem Auffüllen des Tanks um einen weiteren Liter wird die Methode `meldeFuellstand()` der anonymen Klasse – welche das Interface `FuellstandSensor` implementiert – aufgerufen. Innerhalb dieser Methode wird überprüft, ob der Tank vollständig gefüllt wurde. Ist dies der Fall, so wird der Tankvorgang beendet. Zusätzlich gibt die Methode `meldeFuell-stand()` den aktuellen Füllstand auf der Konsole aus.

Testen Sie die entwickelten Klassen mit folgender Klasse:

```
// Datei: TestTanken.java
public class TestTanken
{
   public static void main (String[] args)
   {
      Tanksaeule tanksaeule = new Tanksaeule();
      Tank tank = new Tank (50);
      tanksaeule.tankstutzenEntnehmen (tank);
      tanksaeule.startTanken();
   }
}
```

Aufgabe 15.3: Elementklasse

Es soll eine Liste zur Archivierung einer CD-Sammlung entwickelt werden. Hierzu wird die Klasse `CdListe` entwickelt. Diese Klasse besitzt folgende Methoden:

- `public CdListe (String archivTitel, int maxAnzahl)`
- `public void cdHinzufuegen (String cdTitel, String kuenstler, int jahr)`
- `public void listeAnzeigen()`

CDs sollen zum Archiv nur hinzugefügt werden können. Des Weiteren besteht die Möglichkeit, die gesamte Liste der im Archiv aufgenommenen CDs auf der Konsole auszugeben.

Die Klasse `CdListe` enthält noch eine innere Klasse `Cd`. Diese innere Klasse `Cd` ist als Elementklasse zu realisieren und besitzt die Methoden:

- `Cd (String cdTitel, String kuenstler, int jahr)`
- `public String toString()`

Entwickeln Sie die Klasse `CdListe`. Beim Hinzufügen einer CD soll ein neues Objekt der inneren Klasse `Cd` erzeugt und zu der Liste hinzugefügt werden. Die Ausgabe der CD-Liste erfolgt unsortiert auf der Konsole durch den Aufruf der Methode `listeAnzeigen()`.

Die Klasse `CdListe` könnte mit folgender Klasse getestet werden:

```
// Datei: TestCdListe.java

public class TestCdListe
{
    public static void main (String[] args)
    {
        CdListe liste = new CdListe ("Klassik", 3);
        liste.listeAnzeigen();

        liste.cdHinzufuegen ("Zauberflöte", "Mozart", 2003);
        liste.cdHinzufuegen ("Nussknacker", "Tschaikowsky", 2001);
        liste.listeAnzeigen();

        liste.cdHinzufuegen ("Für Elise", "Beethoven", 1990);
        liste.listeAnzeigen();
    }
}
```

Aufgabe 15.4: Statische innere Klasse

Schreiben Sie ein Interface `Obst`, welche die Methoden `getObstname()` und `getAnzahl()` deklariert. Weiter soll das Interface noch eine statische geschachtelte Klasse `Obstmengenausgabe` enthalten, welche die statische Methode `print (Obst obst)` implementiert. Die Methode `print (Obst obst)` soll die Art des Obstes und die Anzahl der entsprechenden Früchte auf der Konsole ausgeben. Implementieren Sie zusätzlich die Klassen `Apfel` und `Birne`, welche jeweils das Interface `Obst` implementieren. Im Konstruktor soll die Anzahl der Birnen oder Äpfel mit übergeben werden. Testen Sie ihre Klassen mit folgender Testklasse:

```
// Datei: TestObst.java

public class TestObst
{
    public static void main (String[] args)
    {
        Obst obst1 = new Apfel (9);
        Obst.Obstmengenausgabe.print (obst1);
```

```
            Obst obst2 = new Birne (7);
            Obst.Obstmengenausgabe.print (obst2);
        }
    }
```

Aufgabe 15.5: Flughafen-Projekt – Aufräumen

Ziel dieser Aufgabe ist, eine neue Klasse `Flughafen` einzuführen. Diese Klasse `Flughafen` soll das Erzeugen und Verwalten aller für den Flughafen notwendigen Objekte übernehmen. Es folgt die grafische Repräsentation dieser Klasse:

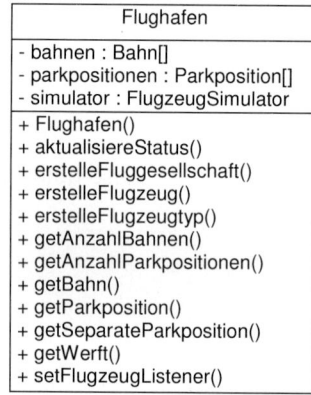

Bild 15-9 Grafische Repräsentation der Klasse `Flughafen`

Die Klasse `Flughafen` besitzt die folgenden Datenfelder und Methoden:

- ein Array für die Start- und Landebahnen (`Bahn[]`), ein Array für die Parkpositionen (`Parkposition[]`) und eine Referenz auf das Objekt vom Typ `FlugSimulator`.

- einen Konstruktor, um die drei Referenzen `bahnen`, `parkpositionen` und `simulator` zu initialisieren.

- die Methode `aktualisiereStatus()`, welche den Aufruf an den Flugzeugsimulator durchreicht.

- die Methoden `erstelleFluggesellschaft()`, `erstelleFlugzeug()` und `erstelleFlugzeugtyp()` zur Erstellung der entsprechenden Objekte.

- die zwei Methoden `getAnzahlBahnen()` und `getAnzahlParkpositionen()`, welche die jeweilige Anzahl zurückgeben.

- die Methoden `getBahn()`, `getParkposition()`, `getSeparateParkposition()` und `getWerft()`, um eine Referenz auf das angeforderte Objekt zu erhalten. Dabei muss den Methoden `getBahn()` und `getParkposition()` ein Index übergeben werden, da es mehrere Bahnen und Parkpositionen gibt.

- die Methode `setFlugzeugListener()`, um eine Klasse, die das Interface `FlugzeugListener` implementiert, beim Flugzeugsimulator anzumelden.

Ändern sie die Klasse `Client` so ab, dass diese mit der neuen Klasse `Flughafen` arbeitet. Bitte beachten Sie, dass diese Projektaufgabe keine geschachtelten Klassen enthält.

Kapitel 16

Ein-/Ausgabe und Streams

16.1 Für ganz Eilige ein erstes Beispiel
16.2 Klassifizierung von Streams
16.3 Das Stream-Konzept
16.4 Bytestream-Klassen
16.5 Characterstream-Klassen
16.6 Standardeingabe und Standardausgabe
16.7 Ein- und Ausgabe von Objekten
16.8 Übungen

16 Ein-/Ausgabe und Streams

Programme laufen fast immer nach dem Schema "Eingabe/Verarbeitung/Ausgabe" ab. Schon daran ist die Wichtigkeit der Ein- und Ausgabe in Programmen zu erkennen. Ein **gutes Ein- und Ausgabe-System** ist für die Akzeptanz einer Programmiersprache von großer Bedeutung. Gute Ein- und Ausgabe-Systeme sind jedoch nicht einfach zu entwerfen, denn es gibt nicht nur sehr viele **Datenquellen** (Tastatur, Dateien, Netzverbindungen), von denen Eingaben gelesen werden und **Datensenken** (Bildschirm, Dateien, Netzverbindungen), in welche die Ausgaben geschrieben werden, sondern mit diesen Datenquellen und Datensenken sollen Informationen auch in verschiedenen Einheiten wie z.B. Byte, Zeichen oder Zeilen ausgetauscht werden.

In Java wird dieses Problem sehr elegant durch die Verwendung von **Streams** gelöst. Ein Stream ist eine **geordnete Folge von Bytes**, ein sogenannter **Bytestrom**. Solche Byteströme sind meist von **unbekannter Länge**, d.h. die Anzahl der Bytes, die ein Bytestrom transportieren wird, ist im Voraus nicht ermittelbar. Das **Stream-Konzept verbirgt** die **komplizierten Einzelheiten** der Kommunikation. Die sogenannten Stream-Klassen, die für die Ein- und Ausgabe verwendet werden, befinden sich in dem Paket `java.io`.

16.1 Für ganz Eilige ein erstes Beispiel

Bevor auf die Einzelheiten des mächtigen Stream-Konzeptes eingegangen wird, soll hier erst einmal ein Beispiel vorgestellt werden, das zeigt, wie Sie Daten in eine Datei schreiben und wie Sie Daten aus einer Datei auch wieder einlesen können. In Kapitel 4.8 haben Sie bereits gelernt, wie man von der Tastatur Daten mit Hilfe der Klasse `Scanner` einlesen kann und wie man mit der Methode `System.out.printf()` Daten formatiert auf dem Bildschirm ausgeben kann. Beide Mechanismen werden auch in folgendem Beispiel benötigt. Es soll ein Adressbuch entwickelt werden, in welchem die Anschrift und die Handy-Nummer von Personen abgelegt werden kann. Für das Beispiel werden die Klassen `Person`, `Addressbuch` und `Test` benötigt. Als erstes wird die Klasse `Person` vorgestellt:

```java
// Datei: Person.java

import java.util.*;
import java.io.*;

public class Person
{
   private String name, vorname, str, ort, handy;
   private int hausNr, plz;

   public Person (Scanner in)
   {
      vorname = in.next();
      name = in.next();
      str = in.next();
      hausNr = in.nextInt();
      plz = in.nextInt();
```

```
        ort = in.next();
        handy = in.next();
    }

    public Person (InputStream in)
    {
        this (new Scanner (in));
    }

    public void ausgeben (PrintStream out)
    {
        out.printf ("%-10s %-10s\n%-12s %-3d\n%-5s %-10s\n%-14s\n",
                    vorname, name, str, hausNr, plz, ort, handy);
    }
}
```

Die Klasse `Person` hat zwei Konstruktoren. Der eine Konstruktor hat einen formalen Parameter vom Typ `Scanner` und der andere einen formalen Parameter vom Typ `InputStream`. Ein Objekt vom Typ `Scanner` kann auf eine beliebige Datenquelle zeigen und von dort Zeichen einlesen. Eine Datenquelle – die Sie bereits gut kennen – ist die Tastatur. Genauso gut kann eine Datenquelle aber auch eine Datei auf einer Festplatte sein.

Von der Tastatur werden Zeichen eingelesen, indem für die Klassenvariable `System.in` eine `read()`-Methode aufgerufen wird. Die Klassenvariable `System.in` ist vom Typ `InputStream`. Von einer Datei werden Zeichen mit Hilfe eines Objektes vom Typ `FileInputStream` eingelesen. Die Klasse `FileInputStream` ist hierbei von der Klasse `InputStream` abgeleitet. Sowohl beim Einlesen von Zeichen von der Tastatur als auch beim Einlesen von Zeichen aus einer Datei kommt also ein Objekt vom Typ `InputStream` zum Einsatz. Dies bedeutet, dass die beiden Konstruktoren in der Klasse `Person` sowohl von der Tastatur Zeichen einlesen können, als auch aus einer Datei.

Um Daten auf dem Bildschirm auszugeben, verwenden Sie das Datenfeld `out` der Klasse `System`. Das Datenfeld `out` ist vom Typ `PrintStream` – also auch vom Typ einer Stream-Klasse. Mit Hilfe der Methode `ausgeben()` der Klasse `Person` soll es aber nun möglich sein, sowohl auf den Bildschirm die Daten auszugeben, als auch die Daten in eine Datei zu schreiben. Das kann nur funktionieren, wenn eine Referenz vom Typ `PrintStream`, die als aktueller Parameter der Methode `ausgeben()` übergeben wird, das eine Mal auf ein Objekt zeigt, das die Daten auf dem Bildschirm ausgeben kann und das andere Mal auf ein Objekt zeigt, das die Daten in eine Datei schreibt.

Als nächstes soll die Klasse `Adressbuch` betrachtet werden. Die Daten des Adressbuches – ein Objekt vom Typ der Collection-Klasse `Vector` (siehe Kap. 18) – werden in einer Datei abgelegt. Von dieser Datei können die bereits im Adressbuch geführten Personen eingelesen werden (Methode `einlesen()`), es können neue Personen in das Adressbuch aufgenommen werden (Methode `addAdresse()`), das Adressbuch kann gespeichert werden (Methode `speichern()`) und das Adressbuch kann ausgegeben werden (Methode `ausgeben()`).

```java
// Datei: Adressbuch.java

import java.util.*;
import java.io.*;

public class Adressbuch
{
   private String dateiname = null;
   private Vector<Person> arr = new Vector<Person>();

   public Adressbuch (String dateiname) throws IOException
   {
      this.dateiname = dateiname;
      try
      {
         FileInputStream fis = new FileInputStream (dateiname);
         einlesen (fis);
         fis.close();
      }
      catch (FileNotFoundException e)
      {
         System.out.println (dateiname + " wird angelegt!");
      }
   }

   private void einlesen (InputStream in)
   {
      Scanner scan = new Scanner (in);

      // Solange noch weitere Elemente in der Datei sind,
      // werden Adressdaten von Personen eingelesen
      while (scan.hasNext())
         arr.addElement (new Person (scan));
   }

   // Methode, um dem Adressbuch einen Eintrag hinzuzufügen
   public void addAdresse (Person pers)
   {
      arr.addElement (pers);
   }

   // Methode, um das Addressbuch zu speichern
   public void speichern() throws IOException
   {
      FileOutputStream out = new FileOutputStream (dateiname);
      PrintStream print = new PrintStream (out);

      ausgeben (print);
      print.close();
      out.close();
   }

   // Adressbuch auf den Bildschirm oder in eine Datei schreiben
   public void ausgeben (PrintStream out)
   {
      Enumeration<Person> e = arr.elements();
```

```
        while (e.hasMoreElements())
        {
            e.nextElement().ausgeben (out);
        }
    }
}
```

Dem Konstruktor des Adressbuches wird der Dateiname übergeben. Ist die Datei vorhanden, werden in einem ersten Schritt mit Hilfe eines Objektes der Klasse `FileInputStream` – die ja von `InputStream` abgeleitet ist – alle Adressdaten aus der Datei mit Hilfe der Methode `einlesen()` eingelesen und in einem Objekt vom Typ `Vector<Person>` mit Hilfe der Methode `addElement()` abgelegt. Der Methode `addElement()` wird eine Referenz auf ein neu angelegtes Objekt vom Typ `Person` übergeben, in das bei der Abarbeitung des Konstruktors die Daten eingelesen werden. Die Methode `speichern()` ruft die Methode `ausgeben()` auf, die dann die gesamten Adressdaten mit Hilfe der übergebenen Referenz auf ein Objekt vom Typ `PrintStream` in eine Datei schreibt. Wird die Methode `ausgeben()` mit dem aktuellen Parameter `System.out` aufgerufen, so werden die Daten anstatt in eine Datei auf den Bildschirm geschrieben.

Warum das alles so polymorph funktionieren kann, werden Sie im Detail in den folgenden Kapiteln lernen. Zum Abschluss dieses Kapitels können Sie noch die folgende Testklasse studieren und eventuell mit diesem Beispiel ein wenig experimentieren.

```
// Datei: Test.java

import java.util.*;
import java.io.*;

public class Test
{
    public static void main (String[] args) throws IOException
    {
        Adressbuch buch = new Adressbuch (args[0]);

        System.out.println("Bitte in folgendem Format eingeben:");
        System.out.println("Vorname Nachname Str. Nr. PLZ Ort Handy");

        // Neue Einträge in das Adressbuch aufnehmen
        buch.addAdresse (new Person (System.in));
        buch.addAdresse (new Person (System.in));

        // Adressbuch auf dem Bildschirm ausgeben
        System.out.println ("******** Adressbucheinträge ********");
        buch.ausgeben (System.out);
        buch.speichern();
    }
}
```

Beim ersten Aufruf des Programms ist noch kein Adressbuch vorhanden. Sie können aber gleich ihre ersten Adressdaten eingeben. Der Aufruf erfolgte mit:

```
java Test Adressbuch.txt
```

Wenn Sie das Programm ein weiteres Mail aufrufen, existiert die Datei `Adress-buch.txt` bereits und die dort abgelegten Adressen werden ausgelesen und neue können hinzugefügt werden.

Der folgende Dialog wurde geführt:

```
Adressbuch.txt wird angelegt!
Bitte in folgendem Format eingeben:
Vorname Nachname Str. Nr. PLZ Ort Handy
Anna Klein Mozartstr. 17 72878 Leonberg 0172/7878878
Chris Valentin Enzweg 17 89898 Mainz 0173/6564343
******** Adressbucheinträge ********
Anna        Klein
Mozartstr.    17
72878 Leonberg
0172/7878878
Chris        Valentin
Enzweg        17
89898 Mainz
0173/6564343
```

16.2 Klassifizierung von Streams

Die Stream-Klassen, die Java zur Verfügung stellt, befinden sich fast alle im Paket `java.io` – einem der größten Pakete der Java-API. Das Paket ist jedoch trotz eines durchdachten Entwurfs recht unübersichtlich und enthält eine große Anzahl von Klassen, sodass es nicht leicht ist, sich einen Überblick zu verschaffen. Aus diesem Grund folgt hier zuallererst eine **Klassifizierung der Stream-Klassen**.

Stream-Klassen können auf mehrere Arten klassifiziert werden:

- anhand der **Klassenhierarchie** des Pakets `java.io`. Dadurch erhält man eine Aufteilung in **Byte- und Characterstream-Klassen**.

- nach **funktionalen Kriterien**. Hierdurch erfolgt eine Aufteilung in Klassen, die

  - in **Datensenken schreiben**, die **Sinkstream-Klassen**.
  - aus **Datenquellen lesen**, die **Springstream-Klassen**.
  - eine Sink- bzw. Springstream-Klasse benutzen und deren **Funktionalität erweitern**. Dies sind die **Processingstream-Klassen**.

Ein Bytestrom, der aus einer Datenquelle kommt, wird als **Eingabestrom bzw. Inputstream** bezeichnet. Ein Bytestrom, der in eine Datensenke hineingeht, wird als **Ausgabestrom bzw. Outputstream** bezeichnet.

16.2.1 Datensenken und -quellen

In Java können Datenquellen und Datensenken **Dateien**, **Pipes**[118], `byte`-**Arrays**, `char`-**Arrays**, **Strings** und **Netzverbindungen**[119] sein. Dabei stellen `byte`-Arrays, `char`-Arrays, Strings und Pipes **interne Datenquellen bzw. interne Datensenken** dar, d.h. sie befinden sich innerhalb eines Java-Programms. Dateien und Netzverbindungen sind **externe Datenquellen bzw. externe Datensenken**, d.h. sie befinden sich außerhalb eines Java-Programms (siehe Bild 16-1).

Klassen, die einen Bytestrom von einer Datenquelle einlesen können, bezeichnet man als **Eingabestrom-Klassen**. Klassen, die einen Bytestrom in eine Datensenke schreiben können, bezeichnet man als **Ausgabestrom-Klassen**. Mit der Notation :Ausgabestrom-Klasse wird ein Objekt der Klasse Ausgabestrom-Klasse dargestellt. Dabei ist die Klasse Ausgabestrom-Klasse keine existierende Klasse in Java – sie steht stellvertretend für die später vorgestellten Ausgabestrom-Klassen von Java.

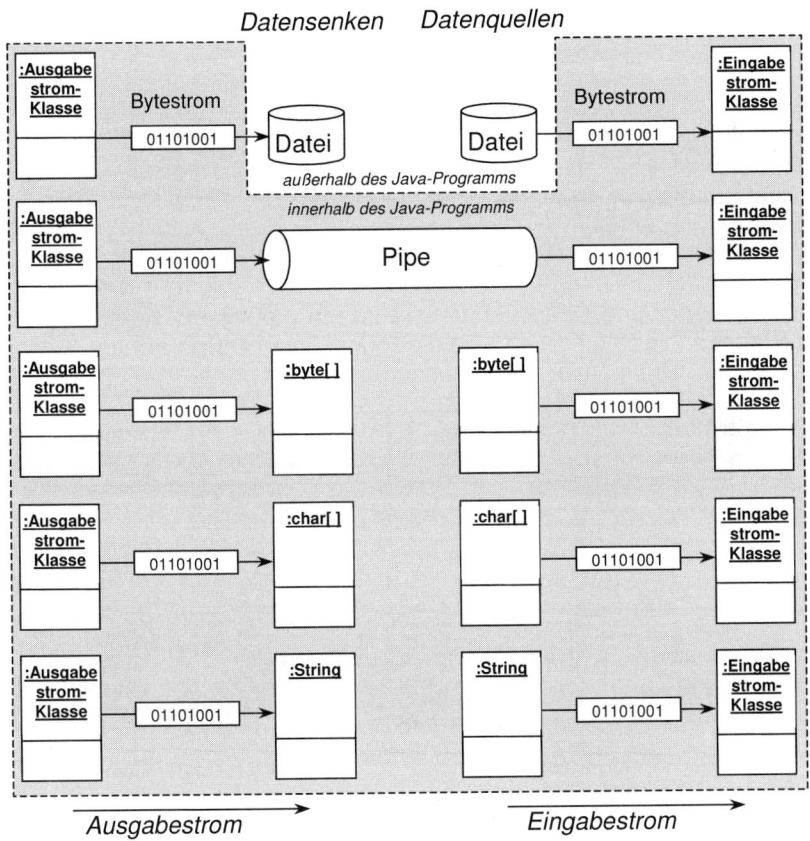

Bild 16-1 Datensenken und Datenquellen

---

[118] Eine Pipe ist in Java ein Mechanismus zur Interprozesskommunikation zwischen Threads (siehe Kap. 19). Die eine Seite der Pipe wird als Datensenke verwendet – auf dieser Seite kann ein Programm Bytes in die Pipe hineinschreiben. Die andere Seite der Pipe wird als Datenquelle verwendet – auf dieser Seite kann ein Programm Bytes aus der Pipe lesen.

[119] Siehe Kap. Sockets und RMI auf der Buch-CD.

Im Bild sind links Instanzen von Ausgabestrom-Klassen zu sehen, die geordnete Bytefolgen in interne und externe Datensenken schreiben. Objekte von Ausgabe-strom-Klassen werden von anderen Objekten des Java-Programms benutzt, um Daten in Datensenken zu schreiben. Rechts sind die entsprechenden Instanzen von Eingabestrom-Klassen zu sehen, die geordnete Bytefolgen aus internen und exter-nen Datenquellen lesen. Objekte von Eingabestrom-Klassen werden von anderen Objekten des Java-Programms benutzt, um Eingaben aus einer Datenquelle zu lesen.

16.2.2 Byte- und Characterstreams

Alle Stream-Klassen des Pakets `java.io` sind von einer der vier abstrakten Basis-klassen `InputStream`, `OutputStream`, `Reader` oder `Writer` abgeleitet.

Klassen, die von `InputStream` oder `OutputStream` abgeleitet sind, nennt man **Bytestream-Klassen** – sie sind hauptsächlich für die **Verarbeitung einzelner Bytes** verantwortlich.

Klassen, die von `Reader` oder `Writer` abgeleitet sind, nennt man **Characterstream-Klassen**. Diese sind für die korrekte **Verarbeitung von Zeichen** verantwortlich.

Innerhalb der Byte- und Characterstream-Klassen gibt es die sogenannten **Input-stream-Klassen**, die Daten lesen, und die sogenannten **Outputstream-Klassen**, die Daten schreiben. Somit ergibt sich folgende Klassifizierung:

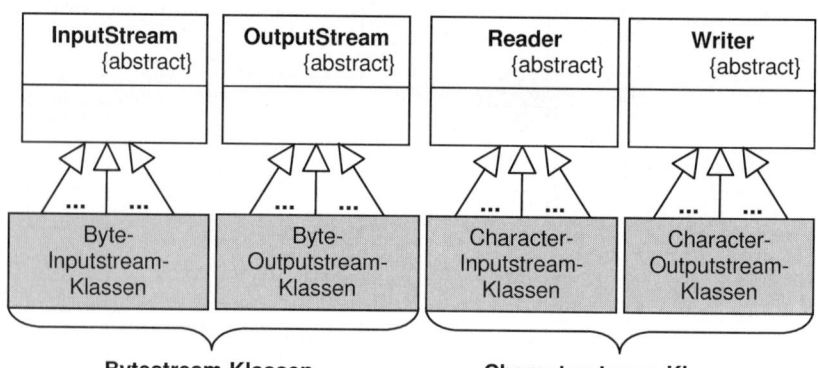

Bild 16-2 Klassifizierung der Stream-Klassen

Bytes und Characters in Java

Objekte von **Bytestream-Klassen** schreiben und lesen **Bytes**, also Werte vom Typ `byte`. Objekte von **Characterstream-Klassen** schreiben und lesen **Characters**, also Zeichen vom Typ `char`. Bei den meisten Programmiersprachen wird ein Zei-chen vom Typ `char` durch ein Byte dargestellt. In Java werden jedoch Zeichen des

Typs `char` in der UTF-16 Codierung des **Unicodes** (siehe Kap. 5.2) gespeichert. Für jedes Zeichen vom Typ `char` werden also **zwei Bytes** benötigt. Hierdurch können in Java auch Schriftzeichen von Sprachen wie Chinesisch, Arabisch oder Hebräisch repräsentiert werden.

Java unterstützt seit der Version 1.1 mit den Characterstream-Klassen die Verwendung von Unicode-Zeichen bei der Ein- und Ausgabe. Die bereits von Anfang an vorhandenen **Bytestream-Klassen** werden **durch** die **Characterstream-Klassen erweitert**, jedoch auf keinen Fall ersetzt. Bytestream-Klassen werden benötigt, um auf Dateien auf Speichermedien zuzugreifen, da das Lesen und Schreiben auf Speichermedien byteweise erfolgt.

Objekte der Bytestream-Klassen können selbst auch Daten vom Typ `char` und `String` – also Zeichen – verarbeiten, jedoch geht dabei das jeweils höherwertige Byte eines jeden Zeichens verloren. Deshalb muss darauf geachtet werden, dass für die korrekte Ein- und Ausgabe von Zeichen, die für ihre Darstellung mehr als 1 Byte benötigen, Characterstream-Klassen eingesetzt werden.

16.2.3 Sink-, Spring- und Processingstreams

Durch die Klassifizierung nach funktionalen Kriterien kann die Aufteilung der Bytestream- und Characterstream-Klassen noch verfeinert werden. **Bytestream-Klassen** und **Characterstream-Klassen besitzen** jeweils spezielle **Klassen**, die sich in die **Kategorien Sink-, Spring- und Processingstream** einteilen lassen.

Klassifizierung von Stream-Klassen:

- Ein Objekt einer **Sinkstream-Klasse** kann Daten in eine **Datensenke** schreiben.
- Ein Objekt einer **Springstream-Klasse** kann Daten direkt aus einer **Datenquelle** lesen.
- Ein Objekt einer **Processingstream-Klasse** benutzt intern ein Objekt einer Sinkstream- oder Springstream-Klasse und **erweitert** deren **Funktionalität**, zum Beispiel um `int`-Werte lesen oder gepuffert schreiben zu können.

In den folgenden Kapiteln werden nun alle Stream-Klassen des Paketes `java.io` vorgestellt und den inzwischen bekannten **Kategorien Sinkstream**, **Springstream** und **Processingstream** zugeordnet. In Kapitel 16.4 werden die Bytestream-Klassen behandelt und danach die Characterstream-Klassen in Kapitel 16.5. Bevor jedoch im Detail auf die einzelnen Klassen eingegangen wird, erfolgt eine allgemeine Einführung in das Stream-Konzept.

16.3 Das Stream-Konzept

Objekte von Sink- und Springstream-Klassen werden dazu verwendet, um Bytes oder Zeichen direkt in Datensenken zu schreiben oder direkt aus Datenquellen zu lesen. Ist eine erweiterte Funktionalität erwünscht, kommen Processingstreams zum

Einsatz. Es sind prinzipiell zwei Möglichkeiten denkbar, wie die Processingstream-Klassen die Funktionalität von Sink- und Springstream-Klassen erweitern und den Quellcode dieser Klassen wieder verwenden können:

- durch **Vererbung**
- oder durch **Aggregation**.

In Java hat man sich für die Aggregation entschieden und zwar enthält jede Processingstream-Klasse für eine

- Byte-**Input**stream-Klasse ein privates Datenfeld vom Typ `InputStream`,
- Byte-**Output**stream-Klasse ein privates Datenfeld vom Typ `OutputStream`,
- Character-**Input**stream-Klasse ein privates Datenfeld vom Typ `Reader`,
- Character-**Output**stream-Klasse ein privates Datenfeld vom Typ `Writer`.

Jede Processingstream-Klasse ist von einer der Klassen `InputStream`, `OutputStream`, `Reader` oder `Writer` abgeleitet und aggregiert gleichzeitig ein Objekt der entsprechenden Klasse. Bild 16-3 zeigt dies stellvertretend an einer Processingstream-Klasse für Byte-Outputstreams.

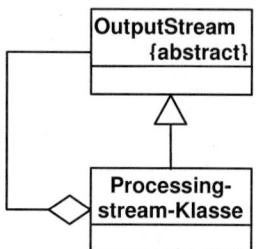

Bild 16-3 Beziehungen einer Processingstream-Klasse

Ein Objekt einer Processingstream-Klasse, die von `OutputStream` abgeleitet ist, aggregiert ein Objekt der Klasse `OutputStream`. Dies bedeutet, dass eine Processingstream-Klasse eine Referenzvariable vom Typ `OutputStream` als Instanzvariable hat. Eine Referenz vom Typ `OutputStream` kann auf ein Objekt zeigen, dessen Klasse von der abstrakten Klasse `OutputStream` abgeleitet ist. Die weitere Betrachtung soll der Einfachheit halber nur am Beispiel der **Byte-Outputstream-Klassen** erfolgen.

Bild 16-4 zeigt einen Ausschnitt aus der Vererbungshierarchie für die Byte-Outputstream-Klassen. Die grau hinterlegten Klassen sind Sinkstream-Klassen und die anderen von `OutputStream` abgeleiteten Klassen sind Processingstream-Klassen.

Alle **Processingstream-Klassen**, die von `OutputStream` abgeleitet sind, besitzen eine Instanzvariable vom Typ `OutputStream`. Diese Referenz kann auf jedes Objekt zeigen, dessen Klasse von `OutputStream` abgeleitet ist.

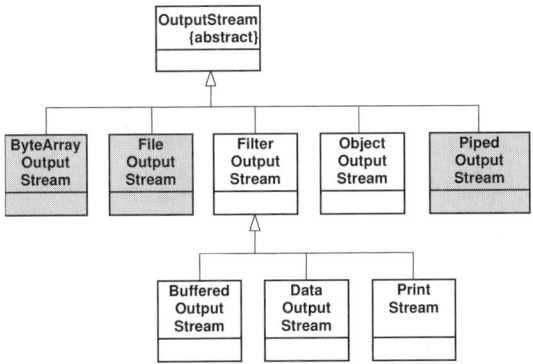

Bild 16-4 Die Klassenhierarchie der Byte-Outputstream-Klassen

Die **Klasse** OutputStream **gibt** nur ein **Protokoll vor**, mit dem man **Bytes** in eine **Datensenke schreiben** kann. Die Sinkstream-Klassen implementieren dieses Protokoll für die verschiedenen Datensenken. Möchte man eine erweiterte Funktionalität haben und möchte beispielsweise Werte elementarer Datentypen schreiben, so benötigt man eine der Processingstream-Klassen. Die Processingstream-Klasse DataOutputStream ermöglicht zum Beispiel das Schreiben von Werten elementarer Datentypen. Die drei Sinkstream-Klassen ByteArrayOutputStream, FileOutputStream und PipedOutputStream können von einem Objekt der Processingstream-Klasse DataOutputStream aggregiert werden, da alle diese Klassen von der Klasse OutputStream abgeleitet sind. Dies ist deshalb möglich, weil ein Objekt einer Sohnklasse sich immer so verhalten kann wie ein Objekt seiner Vaterklasse.

Jede Processingstream-Klasse stellt einen Konstruktor mit einem Übergabeparameter vom Typ OutputStream zur Verfügung. Der aktuelle Parameter wird dann der privaten Instanzvariablen vom Typ OutputStream zugewiesen.

Es ist also möglich, jede beliebige Referenz, die auf ein Objekt zeigt, dessen Klasse von OutputStream abgeleitet ist, als Konstruktorparameter einer Processingstream-Klasse zu übergeben. Damit ist die Vorgehensweise für eine Ausgabe mit erweiterter Funktionalität klar:

Zuerst wird ein Objekt einer Sinkstream-Klasse erzeugt. Dann wird ein Objekt einer Processingstream-Klasse erzeugt und im Konstruktoraufruf wird die Referenz auf das erzeugte Sinkstream-Objekt übergeben.

Dabei steht Processingstream stellvertretend für eine konkrete Processingstream-Klasse, z.B. DataOutputStream, und Sinkstream steht stellvertretend für eine konkrete Sinkstream-Klasse wie z.B. FileOutputStream.

Hier der Quellcode für die Erzeugung eines Processingstream-Objektes, das ein Sinkstream-Objekt aggregiert:

```
OutputStream sink = new Sinkstream-Klasse();
Processingstream pro = new Processingstream-Klasse (sink);
```

Grafisch lässt sich dies folgendermaßen darstellen:

Bild 16-5 Objekt einer Processingstream-Klasse benutzt ein Objekt einer Sinkstream-Klasse

Im Programm selbst werden nun die **komfortablen Methoden der Processingstream-Klasse aufgerufen**. Diese **leiten bei Bedarf** die **Aufrufe an das aggregierte Springstream-Objekt weiter**.

Ein Vorteil dieses Konzepts ist, dass nur eine Processingstream-Klasse pro zusätzlicher Funktionalität geschrieben werden muss und diese Funktionalität zu allen Springstream-Klassen individuell hinzugefügt werden kann.

> Eine Konstruktion, die es erlaubt, dass mehrere Klassen, die eine gemeinsam Basisklasse besitzen, um eine zusätzlich Funktionalität – hier die Funktionalität einer Processingstream-Klasse – individuell erweitert werden kann, ist unter dem Namen **Dekorierer** als **Entwurfsmuster** bekannt.

Hätte man, anstatt das Dekorierer-Entwurfsmuster einzusetzen, das mit einer Aggregationsbeziehung zur Vaterklasse arbeitet, die zusätzliche Funktionalität über eine Vererbungsbeziehung realisiert, so müsste für jede unterschiedliche Sinkstream-Klasse eine extra Processingstream-Klasse geschrieben werden. Die Processingstream-Klasse `DataOutputStream` müsste dann zum Beispiel in drei Varianten vorliegen – für jede Sinkstream-Klasse genau eine spezifische Unterklasse. Durch die Anwendung des Dekorierer-Entwurfsmusters bei den Processingstream-Klassen bleibt die Vererbungshierarchie des Pakets `java.io` also überschaubar.

Mit diesem Wissen ist nun auch das Beispiel aus Kapitel 16.1 verständlich. In der Methode `speichern()` der Klasse `Adressbuch` wird zuerst ein Objekt der Klasse `FileOutputStream` – ein Sinkstream-Objekt – erzeugt und dann wird ein Objekt der Klasse `PrintStream` – ein Processingstream-Objekt – erzeugt. Beim Konstruktoraufruf für das Processingstream-Objekt wird eine Referenz auf das Sinkstream-Objekt übergeben. Das heißt, das Objekt vom Typ `PrintStream` bietet die komfortablen Methoden – wie beispielsweise die Methode `printf()` – und das Objekt vom Typ `FileOutputStream` bietet Methoden, um einzelne Bytes in eine Datei zu schreiben. Das Objekt vom Typ `PrintStream` verwendet damit das **Delegationsprinzip**, um Bytes unter Verwendung eines Objektes vom Typ `FileOutputStream` in eine Datei zu schreiben.

16.4 Bytestream-Klassen

Bytestream-Klassen arbeiten, wie schon erwähnt, in den meisten Fällen nur mit **einzelnen Bytes**.

> Da externe Datensenken und Datenquellen byteweise arbeiten, sind grundsätzlich Bytestreams nötig, um in eine externe Datensenke zu schreiben oder um aus einer externen Datenquelle zu lesen. Deshalb gibt es bei **den Characterstream-Klassen**, wie Sie später noch sehen werden, auch **keine Sink- und Springstream-Klassen**, die **auf einer Datei** als externe Datensenke bzw. Datenquelle **arbeiten**.

Geht es um Daten, die mit nur einem Byte repräsentiert werden können, so ist eine Stream-Klasse, die Bytes verarbeiten kann, ausreichend. Geht es jedoch um Daten, die durch **mehrere Bytes** dargestellt werden müssen (`short`, `int`, `long`, `float`, `double` und `char`), so benötigt man **spezielle Processingstream-Klassen**, um diese Daten korrekt in eine Folge von Bytes zu wandeln, die dann von einem Bytestream-Objekt verarbeitet werden können. Umgekehrt müssen solche Daten, wenn sie aus einem Bytestream gelesen werden, von einem Processingstream-Objekt verarbeitet werden, um die einzelnen Bytes wieder korrekt zusammenzufügen.

16.4.1 Outputstream-Klassen

In Bild 16-4 wurde ein Ausschnitt der Byte-Outputstream-Klassenhierarchie gezeigt. Da es sich hier um Outputstream-Klassen handelt – also um Klassen, die Daten in eine Datensenke schreiben – sind in Bild 16-4 keine Springstream-Klassen zu finden. Die grau hinterlegten Klassen sind die Sinkstream-Klassen und die restlichen von `OutputStream` abgeleiteten Klassen sind Processingstream-Klassen.

16.4.1.1 Die Basisklasse OutputStream

Die Methoden der Klasse `OutputStream` ermöglichen das Schreiben von Bytes in eine Datensenke. Die abstrakte Klasse `OutputStream` deklariert folgende Methoden:

- `abstract void write (int b)`
- `void write (byte[] b)`
- `void write (byte[] b, int off, int len)`
- `void flush()`
- `void close()`

Nicht verwirren lassen darf man sich durch die Tatsache, dass die `write()`-Methode zum Schreiben eines Bytes jedoch einen Übergabeparameter vom Typ `int` verlangt. Dieser `write()`-Methode wird ein `int`-Wert im Wertebereich 0 bis 255 übergeben. Die anderen beiden `write()`-Methoden ermöglichen das Schreiben von `byte`-Arrays und Teilen von `byte`-Arrays in eine Datensenke. Es fällt auf, dass eine der drei `write()`-Methoden abstrakt ist. Alle Subklassen von `OutputStream` überschreiben diese abstrakte `write()`-Methode. Die Klasse `FileOutputStream` überschreibt diese Methode beispielsweise mit einer nativen[120] Methode, die ein Byte in eine Datei schreiben kann. Die anderen beiden `write()`-Methoden sind schon in der Klasse `OutputStream` implementiert und rufen die abstrakte `write()`-Methode in einer Schleife auf, um mehrere Bytes hintereinander auszugeben. Diese `write()`-Methoden verlassen sich also auf die Unterklassen, die garantieren, dass sie die abstrakte `write()`-Methode implementieren, wenn sie nicht auch abstrakt sein wollen.

In der Klasse `OutputStream` selbst befindet sich also keine wirkliche Ausgabefunktionalität. Diese muss von Subklassen wie z.B. `FileOutputStream` durch Implementieren der `write()`-Methode zur Ausgabe eines Bytes bereitgestellt werden.

Puffert eine Outputstream-Klasse – wie beispielsweise die Processingstream-Klasse `BufferedOutputStream` – die zu schreibenden Bytes, so kann die Methode `flush()` dafür verwendet werden, alle sich im Puffer befindenden Bytes wirklich in die Datensenke zu schreiben. Die Methode `close()`[121] schließt den Ausgabestrom. Nach dem Schließen sollte ein Ausgabestrom nicht mehr verwendet werden.

16.4.1.2 Sinkstream-Klassen

Es existieren die folgenden **Sinkstream-Klassen**[122] für Bytestreams:

- `ByteArrayOutputStream`

  Mit einem Objekt der `ByteArrayOutputStream`-Klasse kann man Bytes in ein `byte`-Array schreiben. Diese Klasse stellt zwei Konstruktoren zur Verfügung, einen ohne Parameter und einen, der einen `int`-Wert für die anzulegende Größe des `byte`-Arrays entgegennimmt.

- `FileOutputStream`

  Die Bytestream-Klasse `FileOutputStream` arbeitet direkt auf einer externen Datensenke. Sie bietet mehrere Konstruktoren an, unter anderem einen, dem als Parameter direkt der Name der Datei übergeben wird, in die geschrieben werden soll.

- `PipedOutputStream`

  Ein Objekt einer `PipedOutputStream`-Klasse schreibt Bytes in eine Pipe. Eine **Pipe** wiederum wird in Java durch ein `byte`-**Array realisiert**.

---

[120] Eine native Methode ist eine Methode, die in einer anderen Sprache als Java – z.B. in C – implementiert ist.

[121] In Java gibt es keine Methode `open()`, um einen Strom zu öffnen. Ein Strom ist nach der Erzeugung mit dem `new`-Operator automatisch geöffnet.

[122] Sinkstream-Klassen gibt es logischer Weise nur für Outputstreams und nicht für Inputstreams. Sinkstream bezieht sich immer auf eine Klasse, die etwas in eine Datensenke schreibt.

16.4.1.3 Processingstream-Klassen

Alle Processingstream-Klassen für Byte-Outputstreams aggregieren ein Objekt vom Typ `OutputStream`. Deshalb verlangen alle Konstruktoren der Processingstream-Klassen als ersten Parameter eine Referenz auf ein Objekt vom Typ `OutputStream`.

Die Processingstream-Klasse `FilterOutputStream` ist eine Klasse, die nur die Methoden der abstrakten Klasse `OutputStream` implementiert. Man kann zwar Exemplare der Klasse `FilterOutputStream` erzeugen, jedoch stellen diese noch keine erweiterte Funktionalität im Vergleich zu Objekten der Sinkstream-Klassen zur Verfügung. Alle Aufrufe, die an ein Objekt einer `FilterOutputStream`-Klasse gehen, werden direkt an das aggregierte Objekt vom Typ `OutputStream` weitergeleitet (delegiert). Die Processingstream-Klassen `BufferedOutputStream`, `DataOutputStream` und `PrintStream` leiten von der Klasse `FilterOutputStream` ab.

Im Folgenden werden einige **Processingstream-Klassen** vorgestellt und erläutert:

- `BufferedOutputStream`

  Die Klasse `BufferedOutputStream` hat als Instanzvariable eine Referenz auf ein `byte`-Array einer bestimmten Größe. Wird eine `write()`-Methode für ein Objekt der Klasse `BufferedOutputStream` aufgerufen, so wird dieser Aufruf nicht sofort an das aggregierte Objekt vom Typ `OutputStream` weitergeleitet, sondern die zu schreibenden Bytes werden zuerst in das `byte`-Array geschrieben. Erst wenn das `byte`-Array voll ist, wird der Schreibbefehl an das aggregierte Objekt vom Typ `OutputStream` weitergeleitet. Durch diese **Pufferung** ist ein wesentlich effizienteres Schreiben z.B. in eine Datei zu erreichen, da nicht jedes einzelne Byte getrennt geschrieben wird, sondern ein ganzes Array – d.h. ein Puffer – auf einmal.

- `DataOutputStream`

  Ein Objekt der Klasse `DataOutputStream` kann **alle primitiven Java-Datentypen** schreiben, auch diejenigen, die durch zwei oder mehr Bytes repräsentiert werden.

  Dabei müssen einige Dinge beachtet werden – z.B. die Reihenfolge, in der die Bytes geschrieben werden. Java schreibt Daten grundsätzlich im "big-endian" Format, d.h. das höherwertige Byte wird zuerst geschrieben.

  Die Klasse `DataOutputStream` kann auch String-Objekte schreiben.

Allerdings kann das String-Objekt nur in reinem Unicode mit der Methode `write-Chars (String data)` geschrieben werden. Benutzt man die Methode `write-Bytes (String data)`, kann einiges schief gehen. Enthält der String Unicode-Zeichen, die zu ihrer Darstellung das höherwertige Byte mitbenutzen, so geht die Information, die im höherwertigen Byte steht, einfach verloren. Es wird grundsätzlich einfach nur das niederwertige Byte eines jeden Zeichens geschrieben. Bei der Rekonstruktion erhält man den ursprünglichen String also nicht mehr zurück.

- `PrintStream`

> Die Klasse `PrintStream` bietet Methoden zum **Schreiben aller elementaren Datentypen**. Dabei wandeln die Schreibmethoden alle Datentypen in deren **Stringrepräsentation** und leiten diese an das aggregierte Objekt vom Typ `OutputStream` weiter. Diese Klasse wird zur einfachen Textausgabe benutzt.

Die Standardausgabe benutzt diese Klasse, um die Ausgaben auf dem Bildschirm zu tätigen. Mit `System.out.println()` wird die Methode `println()` eines Objektes vom Typ `PrintStream` aufgerufen, auf das die Referenz `out` zeigt.

- `ObjectOutputStream`

  Die Klasse `ObjectOutputStream` ist eine Processingstream-Klasse zum Schreiben von **Objekten in einen Ausgabestrom** (siehe Kap. 16.7).

Das folgende Beispiel zeigt die Verwendung der Processingstream-Klassen `BufferedOutputStream` und `PrintStream`. Die Puffergröße des Objektes der Klasse `BufferedOutputStream` wird auf `100` Bytes gesetzt. Das Objekt der Klasse `PrintStream` benutzt das Objekt der Klasse `BufferedOutputStream` und dieses wiederum benutzt die Standardausgabe, um auf den Bildschirm zu schreiben. Die zweite `for`-Schleife dient lediglich dazu, den Programmablauf zu verlangsamen, damit am Bildschirm beobachtet werden kann, dass immer mehrere Datensätze aufgrund der Pufferung gleichzeitig ausgegeben werden.

```java
// Datei: Messdaten.java

import java.io.*;

public class Messdaten
{
   public static void main (String[] args) throws IOException
   {
      BufferedOutputStream out =
                     new BufferedOutputStream (System.out, 100);
      PrintStream print = new PrintStream (out);
      for (int i = 0; i < 10; i++)
      {
         print.println ("Messwert Nr. " + i
                     + " hat den Wert: " + getMesswert());
         for (int j = 0; j < 500000000; j++)
            ;
      }
```

```
    // Dafür sorgen, dass der Puffer geleert wird und damit alles
    // ausgegeben wird.
    print.flush(); // den Rest noch ausgeben
}

public static double getMesswert()
{
    return Math.random() * 1000;
}
}
```

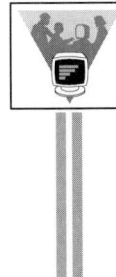

Der folgende Dialog wurde geführt:

```
Messwert Nr. 0 hat den Wert: 998.8001676001394
Messwert Nr. 1 hat den Wert: 620.4308663504445
Messwert Nr. 2 hat den Wert: 254.09528643582325
Messwert Nr. 3 hat den Wert: 565.4049915738923
Messwert Nr. 4 hat den Wert: 599.1219468716811
Messwert Nr. 5 hat den Wert: 223.6336443179907
Messwert Nr. 6 hat den Wert: 50.13028255727614
Messwert Nr. 7 hat den Wert: 700.8958107530149
Messwert Nr. 8 hat den Wert: 259.4003857856323
Messwert Nr. 9 hat den Wert: 387.79674635543824
```

16.4.2 Inputstream-Klassen

Die Byte-Inputstream-Klassen bilden das Gegenstück zu den Byte-Outputstream-Klassen. Einen Ausschnitt aus der Klassenhierarchie der Byte-Inputstream-Klassen ist in Bild 16-6 zu sehen.

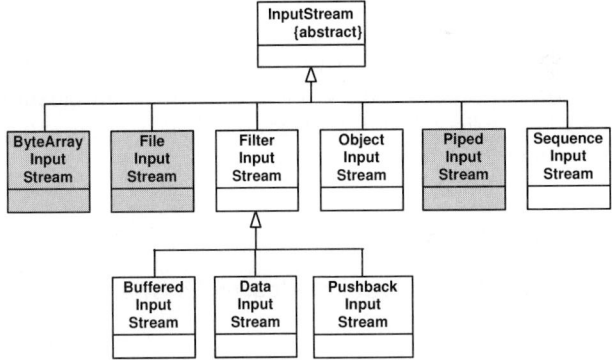

Bild 16-6 Die Klassenhierachie der Byte-Inputstream-Klassen

Bei den Inputstream-Klassen sind keine Sinkstream-Klassen zu finden, da mit Input-stream-Klassen aus Datenquellen gelesen wird – es sind also nur Springstream-Klassen vorhanden.

16.4.2.1 Die Basisklasse InputStream

Die abstrakte Klasse `InputStream` gibt das Protokoll für alle Byte-Inputstream-Klassen vor. Es werden die folgenden Methoden deklariert:

- `abstract int read()`
- `int read (byte[] b)`
- `int read (byte[] b, int off, int len)`
- `void close()`
- `long skip (long n)`
- `int available()`
- `void mark (int readlimit)`
- `void reset()`
- `boolean markSupported()`

Die drei `read()`-Methoden werden zum Lesen von einzelnen Bytes, `byte`-Arrays und Teilen von `byte`-Arrays aus einer Datenquelle verwendet.

Die `read()`-Methode, die ein einzelnes Byte einliest, ist abstrakt und muss von Subklassen implementiert werden. Die anderen beiden `read()`-Methoden verwenden die abstrakte `read()`-Methode, um mehrere Bytes in ein `byte`-Array einzulesen.

Die Methode `close()` schließt den Eingabestrom und die Methode `skip()` überliest die angegebene Anzahl von Bytes. Mit der Methode `available()` kann geprüft werden, wie viele Bytes zum Einlesen im Eingabestrom bereitstehen. Die drei Methoden `mark()`, `markSupported()` und `reset()` stellen eine Art Lesezeichen-Funktionalität bereit. Unterstützt ein Eingabestrom die Lesezeichen-Funktionalität, so gibt die Methode `markSupported()` den Wert `true` zurück. In diesem Fall kann mit `mark()` eine beliebige Stelle im Eingabestrom markiert werden, um dann später mit `reset()` an diese Stelle zurückspringen zu können.

16.4.2.2 Springstream-Klassen

Es existieren die folgenden **Springstream-Klassen** für Bytestreams:

- `ByteArrayInputStream`

  Mit einem Objekt der Klasse `ByteArrayInputStream` kann man Bytes aus einem `byte`-Array lesen. Im Konstruktor übergibt man die Datenquelle, von der gelesen werden soll, nämlich ein Objekt vom Typ `byte`-Array.

- `FileInputStream`

  Die einzige Bytestream-Klasse im Paket `java.io`, die direkt auf einer externen Datenquelle arbeitet, ist die Klasse `FileInputStream`. Sie bietet mehrere Konstruktoren an, unter anderem einen, dem als Parameter direkt der Name der Datei übergeben wird, aus der gelesen werden soll.

- `PipedInputStream`

   Ein Objekt einer `PipedInputStream`-Klasse kann nur im Zusammenhang mit einem Objekt der Klasse `PipedOutputStream` eingesetzt werden. Ein `Piped-InputStream`-Objekt liest aus der Datenquelle, die das Objekt vom Typ `Piped-OutputStream` als Datensenke verwendet. Dabei dient als Datenquelle bzw. als Datensenke ein `byte`-Array.

16.4.2.3 Processingstream-Klassen

Alle Processingstream-Klassen für Byte-Inputstreams aggregieren ein Objekt vom Typ `InputStream`. Der erste Parameter eines Konstruktors dieser Klassen ist deshalb vom Typ `Input-Stream`.

Die Processingstream-Klasse `FilterInputStream` ist eine Klasse, die nur die Methoden der abstrakten Klasse `InputStream` implementiert. Es gilt für diese Klasse das Gleiche wie für die entsprechende Klasse `FilterOutputStream` bei den Outputstreams. Bild 16-7 zeigt ein Objekt einer Processingstream-Klasse, das ein Objekt einer Springstream-Klasse benutzt. Das Objekt der **Springstream-Klasse** ist damit das **aggregierte Objekt**. An dieses Objekt leitet das Objekt der Processingstream-Klasse die Aufrufe weiter.

Bild 16-7 Objekt einer Processingstream-Klasse benutzt ein Objekt einer Springstream-Klasse

Die Processingstream-Klassen für Inputstreams sind zum großen Teil äquivalent zu den Processingstream-Klassen für Outputstreams. Diese wurden bereits detailliert vorgestellt. Daher wird hier nur das Wichtigste zusammengefasst:

- Die Klasse `BufferedInputStream` ermöglicht – mit einer äquivalenten Technik wie die Klasse `BufferedOutputStream` – das gepufferte und damit effizientere Lesen aus einem Eingabestrom.

- Ein Objekt der Klasse `DataInputStream` kann alle primitiven Java-Datentypen aus einem Eingabestrom lesen.

- Die Klasse `PushbackInputStream` stellt Methoden zur Verfügung, mit denen es möglich ist, Bytes in den Eingabestrom zurückzustellen.

- Die Klasse `SequenceInputStream` dient zum Verketten von mehreren Eingabeströmen. Damit können mehrere Eingabeströme hintereinander gehängt werden und es kann gelesen werden, als wenn nur ein einziger Eingabestrom vorhanden wäre.

- Die Klasse `ObjectInputStream` ist eine Processingstream-Klasse, die es ermöglicht, Objekte aus einem Eingabestrom zu lesen. Darauf wird in Kapitel 16.7 genauer eingegangen.

16.4.3 Bytes schreiben und lesen

Im Folgenden soll ein einfaches Beispiel zur Ein- und Ausgabe von einzelnen Bytes betrachtet werden. Zuerst werden mit Hilfe eines Objektes der Klasse `FileOutput-Stream` 10 Bytes in die Datei `Bytes.txt` geschrieben. Danach werden diese 10 Bytes mit Hilfe eines Objektes der Klasse `FileInputStream` wieder eingelesen und zur Kontrolle ausgegeben.

```java
// Datei: EinUndAusgabeVonEinzelnenBytes.java

import java.io.*;

public class EinUndAusgabeVonEinzelnenBytes
{
   public static void main (String[] args) throws IOException
   {
      FileOutputStream fos =
                     new FileOutputStream ("Bytes.txt");
      for (int i = 0; i < 10; i++)
      {
         fos.write (i);
      }
      fos.close(); // Schließen des Streams

      FileInputStream fis =
                     new FileInputStream ("Bytes.txt");
      for (int i = 0; i < 10; i++)
      {
         System.out.print (fis.read());
         System.out.print (" ");
      }
      fis.close(); // Schließen des Streams
   }
}
```

Die Ausgabe des Programms ist:

```
0 1 2 3 4 5 6 7 8 9
```

Um die Verwendung der Processingstream-Klassen zu verdeutlichen, soll im folgenden Beispiel die Klasse `BufferedOutputStream` verwendet werden. Diese Klasse erweitert ein Objekt der Klasse `FileOutputStream` um die Fähigkeit, Daten zu puffern, bevor diese in die Datei geschrieben werden.

```java
// Datei: GepufferteEinUndAusgabeVonEinzelnenBytes.java

import java.io.*;

public class GepufferteEinUndAusgabeVonEinzelnenBytes
{
   public static void main (String[] args) throws IOException
   {
      FileOutputStream fos = new FileOutputStream ("Bytes.txt");
      BufferedOutputStream bos = new BufferedOutputStream (fos, 5);

      for (int i = 0; i < 10; i++)
      {
         bos.write (i);
      }

      dateiInhaltLesen();
      bos.flush();
      bos.close();
      dateiInhaltLesen();
   }

   private static void dateiInhaltLesen() throws IOException
   {
      FileInputStream fis = new FileInputStream ("Bytes.txt");
      System.out.println();
      int b;

      for (int i = 0; i < 10; i++)
      {
         b = fis.read();

         if (b == -1)
            break;

         System.out.print (b);
         System.out.print (" ");
      }
      fis.close();
   }
}
```

Die Ausgabe des Programms ist:

```
0 1 2 3 4
0 1 2 3 4 5 6 7 8 9
```

In diesem Beispiel werden zuerst 10 Bytes in einen gepufferten Stream geschrieben. Die Puffergröße wurde beim Aufruf des Konstruktors auf **5 Bytes** festgelegt. D.h. der Inhalt des Puffers wird in die Datei geschrieben, sobald dieser voll ist und ein weiteres Byte in den Puffer geschrieben werden soll. Nach dem Schreiben der 10 Bytes wird der Inhalt der Datei ausgegeben, ohne dass der Puffer des Objektes der Klasse BufferedOutputStream explizit geleert wurde. Es ist zu erwarten, dass zu diesem Zeitpunkt nur die Bytes 0 bis 4 aus der Datei gelesen werden können, da sich die restlichen 5 Bytes noch im Ausgabepuffer befinden und noch gar nicht in der Datei angekommen sind. Die Ausgabe des Programms bestätigt dies. Nach dem Leeren des Puffers und dem Schließen des Streams können alle 10 Bytes aus der Datei gelesen werden.

16.4.4 Byte-Arrays schreiben und lesen

Das Schreiben und Lesen von `byte`-Arrays funktioniert im Prinzip genau gleich wie das Schreiben und Lesen einzelner Bytes. Das folgende Beispiel veranschaulicht dies:

```java
// Datei: EinUndAusgabeVonByteArrays.java

import java.io.*;

public class EinUndAusgabeVonByteArrays
{
    public static void main (String[] args) throws IOException
    {
        byte[] b = {0, 1, 2, 3, 4, 5, 6, 7, 8, 9};
        byte[] c = new byte [10];
        FileOutputStream fos = new FileOutputStream ("Bytes.txt");
        fos.write (b);
        fos.close();

        FileInputStream fis = new FileInputStream ("Bytes.txt");
        fis.read (c);
        fis.close();

        for (int i = 0; i < 10; i++)
        {
            System.out.print (c [i]);
            System.out.print (" ");
        }
    }
}
```

Die Ausgabe des Programms ist:

```
0 1 2 3 4 5 6 7 8 9
```

Da die Ein- und Ausgabe von `byte`-Arrays grundsätzlich schneller ist als die Ausgabe von einzelnen Bytes, ist es zu empfehlen, wann immer möglich `byte`-Arrays anstatt einzelner Bytes zu lesen oder zu schreiben.

16.4.5 Elementare Datentypen schreiben und lesen

Bei der Ein- und Ausgabe elementarer Datentypen wie z.B. `short`, `int`, `float` und `double` gibt es einiges zu beachten. Da die Ein- und Ausgabe bei Dateien auf der untersten Ebene nur mit einzelnen Bytes arbeitet, muss bei der Ein- und Ausgabe von Datentypen, die aus mehreren Bytes bestehen, die Reihenfolge der Bytes beachtet werden.

Dieser Sachverhalt soll an folgendem Beispiel veranschaulicht werden: Es soll eine einfache Folge von Bytes, z.B. ein byte-Array mit den vier Bytes 5A, 42, F7 und 1C in eine Datei geschrieben werden. Dabei gibt es in Bezug auf die Byte-Reihenfolge nichts weiter zu beachten. Da die Bytes in diesem Fall nicht Teile von Datentypen sind, die aus mehreren Bytes bestehen, sind sie voneinander unabhängig. Das heißt, es kann einfach Byte für Byte in die Datei geschrieben werden. Also erst 5A, dann 42, dann F7 und zuletzt 1C.

Wird nun ein int-Wert in die Datei geschrieben muss man sich auf eine bestimmte Byte-Reihenfolge einigen. Der int-Wert 447 362 175 besteht beispielsweise aus den vier Bytes 1A, AA, 34 und 7F. Wird dieser int-Wert nun in eine Datei geschrieben, so kann dies auf zwei grundsätzlich unterschiedliche Arten geschehen:

- Eine Möglichkeit ist, das höherwertigste Byte – also 1A – zuerst zu schreiben, dann die Bytes AA, 34 und 7F. Diese Reihenfolge wird "Big-Endian" genannt. Java verwendet ausschließlich diese Byte-Reihenfolge zur Speicherung von Daten im Hauptspeicher sowie beim Schreiben von Daten in einen Stream.

- Die zweite Möglichkeit ist, das niederwertigste Byte – hier 7F – zuerst zu schreiben und dann die Bytes 34, AA und 1A. Diese Reihenfolge wird "Little-Endian" genannt. Werden Daten z.B. von einem C-Programm auf einem Rechner mit Intel-Prozessor in eine Datei geschrieben, so geschieht dies in der "Little-Endian"-Byte-Reihenfolge.

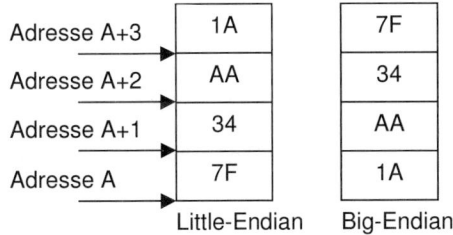

Bild 16-8 Byte-Reihenfolge für Little-Endian und Big-Endian

In Java wird immer die „Big-Endian"-Byte-Reihenfolge verwendet.

Die beiden Klassen DataOutputStream und DataInputStream werden zur Ein- und Ausgabe elementarer Datentypen benutzt. Sie können auch zur Ein- und Ausgabe von Zeichen verwendet werden. Dies ist jedoch nicht zu empfehlen, da diese Klassen Unicode-Zeichen nicht korrekt verarbeiten. Das folgende Beispiel zeigt, wie elementare Datentypen in eine Datei geschrieben werden können und aus dieser auch wieder ausgelesen werden können:

```java
// Datei: EinUndAusgabeVonDatenPrimitiverTypen.java

import java.io.*;

public class EinUndAusgabeVonDatenPrimitiverTypen
{
   public static void main (String[] args) throws IOException
   {
      FileOutputStream fos = new FileOutputStream ("Daten.txt");
      DataOutputStream dos = new DataOutputStream (fos);
      dos.writeInt (1);
      dos.writeDouble (1.1);
      dos.writeInt (2);
      dos.close();

      FileInputStream fis = new FileInputStream ("Daten.txt");
      DataInputStream dis = new DataInputStream (fis);

      System.out.println (dis.readInt());
      System.out.println (dis.readDouble());
      System.out.println (dis.readInt());
      dis.close();
   }
}
```

Die Ausgabe des Programms ist:

```
1
1.1
2
```

Die im Beispiel generierte Textdatei Daten.txt enthält die geschriebene Information als Bytes. Der int-Wert wird zum Beispiel mit 4 Bytes codiert in die Datei geschrieben. Hierbei spielt es keine Rolle, dass der Wert 1 auch in einem Byte codiert werden könnte. Das folgende Bild zeigt die beteiligten Stream-Klassen aus dem Beispielprogramm:

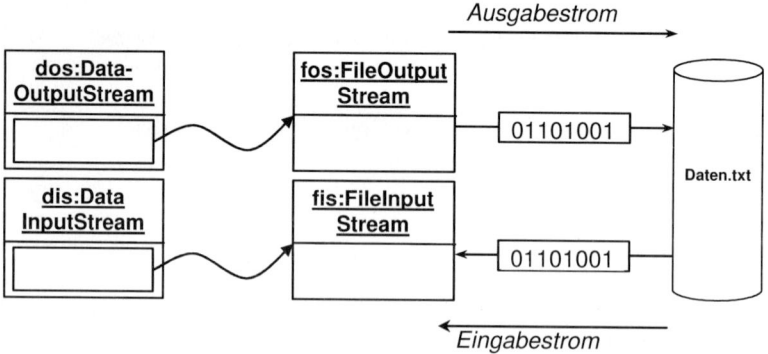

Bild 16-9 Schreiben und Lesen elementarer Datentypen mit Hilfe der Processingstream-Klassen *DataInputStream* und *DataOutputStream*

16.5 Characterstream-Klassen

Characterstream-Klassen arbeiten mit **Zeichen** statt nur mit einzelnen Bytes. Da auf **externe** Datensenken und Datenquellen – wie oben erwähnt – nur **byteweise** gearbeitet werden kann, sind **grundsätzlich Bytestreams** nötig, **um mit externen Datensenken und Datenquellen zu kommunizieren**. Aus diesem Grund gibt es auch keine Characterstream-Klassen, die direkt mit externen Datensenken/-quellen arbeiten. Sollen Zeichen in eine **externe** Datensenke – z.B. eine Datei – geschrieben oder umgekehrt aus dieser gelesen werden, so müssen sogenannte **Bridge-Klassen** verwendet werden.

> Bridge-Klassen können Bytes in Zeichen wandeln und umgekehrt.

Auf die genaue Funktionsweise und die damit zusammenhängende Problematik wird in Kapitel 16.5.3 genauer eingegangen.

Interne Datensenken und **-quellen** befinden sich komplett innerhalb eines Java-Programms und stellen letztendlich `char`-**Arrays** dar. Da innerhalb eines Java-Programms alles im **Unicode-Format** verarbeitet wird, muss keine Umsetzung von Bytes in Zeichen und umgekehrt stattfinden. Die Characterstream-Klassen bieten im Wesentlichen die gleiche Funktionalität wie die Bytestream-Klassen. Der Unterschied ist, dass Characterstream-Klassen Zeichen, die aus zwei Bytes bestehen, korrekt verarbeiten können.

16.5.1 Writer-Klassen

Bild 16-4 zeigt einen Ausschnitt der Klassenhierarchie der Character-Outputstream-Klassen. Die hier dargestellten Processingstream-Klassen und Sinkstream-Klassen sind von der abstrakten Klasse `Writer` abgeleitet. Die grau hinterlegten Klassen sind die Sinkstream-Klassen und die Klassen `BufferedWriter`, `FilterWriter` und `PrintWriter` sind die Processingstream-Klassen. Die Klasse `OutputStreamWriter` ist eine sogenannte Bridge-Klasse (siehe Kap. 16.5.3) und die Klasse `FileWriter` eine sogenannte Bequemlichkeitsklasse (siehe Kap. 16.5.4).

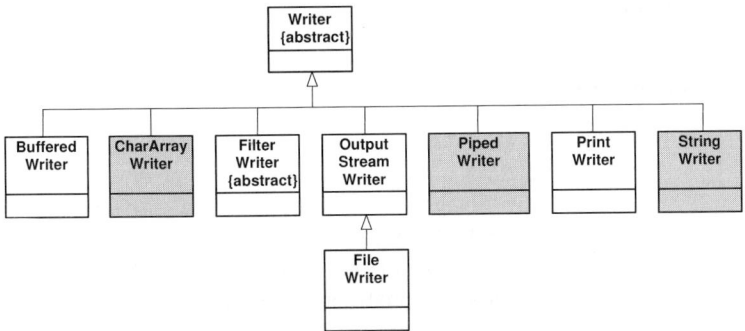

Bild 16-10 Die Klassenhierarchie der Character-Outputstream-Klassen

16.5.1.1 Die Basisklasse Writer

Die abstrakte Klasse `Writer` deklariert folgende Methoden:

- `void write (int c)`
- `void write (char[] c)`
- `abstract void write (char[] c, int off, int len)`
- `void write (String s)`
- `void write (String s, int off, int len)`
- `abstract void flush()`
- `abstract void close()`

Wie bei den Bytestreams gibt es auch hier drei grundlegende Ausgabemethoden. Eine Methode für die Ausgabe eines einzelnen Zeichens und zwei weitere für die Ausgabe eines Zeichen-Arrays. Ein Unterschied ist aber, dass die Methode zur Ausgabe von Zeichen-Arrays abstrakt ist und nicht diejenige für die Ausgabe einzelner Zeichen, wie es bei den Bytestreams der Fall war. Das Schreiben eines Zeichen-Arrays muss folglich von den Subklassen von `Writer` implementiert werden. Die Ausgabe eines einzelnen Zeichens ist dagegen in der Klasse `Writer` implementiert. Alle nicht abstrakten `write()`-Methoden der Klasse `Writer` benutzen wiederum gerade die von den Subklassen zu implementierende abstrakte `write()`-Methode für `char`-Arrays, um Zeichen zu schreiben. Die Methode `write (int c)` arbeitet intern beispielsweise folgendermaßen:

```
public void write (int c) throws IOException
{
    // . . . . .
    // writeBuffer ist ein char[]-Array
    writeBuffer [0] = (char) c;
    // Ab der Position 0 im char[]-Array 1 Element schreiben
    write (writeBuffer, 0, 1);
}
```

Weiterhin werden noch zwei Schreibmethoden zum Schreiben von String-Objekten zur Verfügung gestellt. Die abstrakte Methode `flush()` wird bei puffernden Streams zum Schreiben der im Puffer befindlichen Daten in die Datensenke verwendet und die abstrakte Methode `close()` schließt einen Ausgabestrom. Die Methoden `flush()` und `close()` sind abstrakt und müssen von den Sinkstream-Klassen implementiert werden.

16.5.1.2 Sinkstream-Klassen

Als Sinkstream-Klassen für Characterstreams existieren die Klassen `CharArray-Writer`, `PipedWriter` und `StringWriter`. Dabei benutzt ein Objekt der Klasse `CharArrayWriter` ein `char`-Array als Datensenke und ein Objekt der Klasse `StringWriter` ein String-Objekt als Datensenke. Ein Objekt der Klasse `Piped-Writer` funktioniert gleich wie ein Objekt der äquivalenten Klasse `PipedOutput-Stream` bei den Bytestreams mit dem Unterschied, dass als Datensenke kein `byte`-Array, sondern ein `char`-Array verwendet wird.

16.5.1.3 Processingstream-Klassen

Alle Processingstream-Klassen für Character-Outputstreams aggregieren ein Objekt vom Typ `Writer`. Deshalb verlangen alle Konstruktoren der Processingstream-Klassen als ersten Parameter eine Referenz auf ein Objekt vom Typ `Writer`.

Im Bild 16-10 fällt auf, dass die Klasse `FilterWriter` abstrakt ist und im Gegensatz zu ihrem Äquivalent `FilterOutputStream` keine Subklassen hat. Eine solche "Umorganisation" der Stream-Klassen ist bei den Characterstreams im Vergleich zu den Bytestreams leider vorzufinden und trägt nicht gerade zur Übersichtlichkeit des Pakets `java.io` bei.

Die Klasse `FilterWriter` kann dazu benutzt werden, Filter-Klassen durch Ableitung selbst zu schreiben. Die Processingstream-Klasse `BufferedWriter` ist eine Subklasse von `Writer`. `BufferedWriter` und `PrintWriter` funktionieren analog zu den Bytestream-Klassen `BufferedOutputStream` und `PrintStream`.

16.5.2 Reader-Klassen

Bild 16-11 zeigt einen Ausschnitt der Klassenhierarchie der Character-Inputstream-Klassen. Die gemeinsame Basisklasse ist die abstrakte Klasse `Reader`. Die grau hinterlegten Klassen sind die Springstream-Klassen und die Klassen `Buffered-Reader`, `LineNumberReader`, `FilterReader` und `PushbackReader` sind Processingstream-Klassen. Die Klasse `InputStreamReader` ist eine Bridge-Klasse (siehe Kap. 16.5.3) und die Klasse `FileReader` ist eine Bequemlichkeits-Klasse (siehe Kap. 16.5.4).

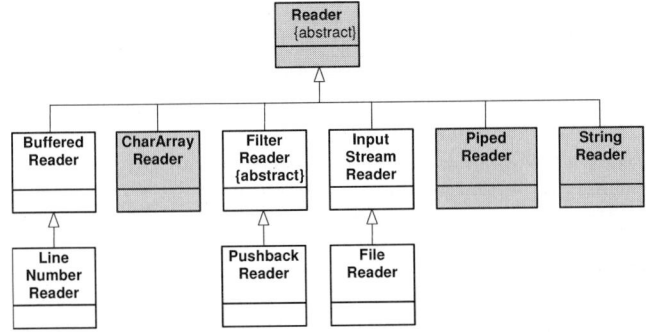

Bild 16-11 Die Klassenhierarchie der Character-Inputstream-Klassen

16.5.2.1 Die Basisklasse Reader

Die abstrakte Klasse `Reader` deklariert folgende Methoden:

- `int read()`
- `int read (char[] c)`

- `abstract int read (char[] c, int off, int len)`
- `boolean ready()`
- `long skip (long n)`
- `boolean markSupported()`
- `void mark (int readAheadLimit)`
- `void reset()`
- `abstract void close()`

Es existieren drei `read()`-Methoden zum Lesen eines Zeichens und zum Lesen von `char`-Arrays. Dabei ist auch wieder die Methode zum Lesen eines Zeichenarrays abstrakt und muss von den Subklassen der Klasse `Reader` (siehe Bild 16-11) implementiert werden.

Die Methode `ready()` kann mit der Methode `available()` der Klasse `Input-Stream` verglichen werden. Allerdings lässt sich mit `ready()` nur ermitteln, ob Zeichen zum Lesen bereitstehen, aber nicht wie viele. Die Methoden `skip()`, `mark-Supported()`, `mark()`, `reset()` und `close()` haben dieselbe Bedeutung wie bei der Klasse `InputStream`.

16.5.2.2 Springstream-Klassen

Als Springstream-Klasse bei den Character-Inputstreams ist die Klasse `Char-ArrayReader` zum Lesen von Zeichen aus einem `char`-Array, die Klasse `Piped-Reader` zum Lesen von Zeichen aus einer Pipe und die Klasse `StringReader` zum Lesen von Zeichen aus einem String-Objekt zu nennen.

16.5.2.3 Processingstream-Klassen

Als Processingstream-Klassen bei den Character-Inputstreams ist die Klasse `BufferedReader` zum gepufferten Lesen von Zeichen, die Klasse `FilterReader` (abstrakte Klasse) zur Spezialisierung von Filter-Klassen, die Klasse `LineNumber-Reader` zum zeilenweisen Lesen von Zeichen und die Klasse `PushbackReader` zum Zurückstellen von Zeichen in den Eingabestrom zu nennen. Weitere Processingstream-Klassen sind in der Java-API zu finden.

16.5.3 Bridge-Klassen

Eine Bridge-Klasse wandelt Zeichen in Bytes und umgekehrt. Bridge-Klassen verbinden damit die Characterstream-Klassen mit den Bytestream-Klassen. Die Umwandlung erfolgt unter Berücksichtigung eines Character Encodings. Die Bridge-Klassen `OutputStreamWriter` und `InputStreamReader` sind direkte Subklassen von `Writer` bzw. `Reader`. Diese Bridge-Klassen werden beim **Einlesen** von Zeichen **aus einer externen Datenquelle** bzw. bei der **Ausgabe** von Zeichen **in** eine **externe Datensenke** benötigt.

Sollen Zeichen in eine externe Datensenke, z.B. eine Datei, geschrieben werden, so müssen diese zuerst in Bytes umgewandelt werden, sodass ein Objekt einer Bytestream-Klasse diese in eine externe Datensenke schreiben kann. Ebenso können nur einzelne Bytes aus externen Datenquellen gelesen werden. Stellen diese einen Zeichenstrom dar, müssen die einzelnen Bytes wieder in Zeichen umgewandelt werden. Diese Umwandlung geschieht unter der Berücksichtigung eines Character Encodings. Beispiele für Character-Encodings sind: ASCII, Latin-1, Big-5, UTF-8 oder UTF-16 des Unicodes.

Wird ein Exemplar der Klasse `OutputStreamWriter` bzw. `InputStreamReader` erzeugt, so kann man im Konstruktor ein Character Encoding angeben. Wird der parameterlose Konstruktor verwendet, so wird das Default Encoding[123] der aktuellen Plattform verwendet.

16.5.4 Bequemlichkeits-Klassen

Die Klasse `FileWriter` ist keine wirkliche Sinkstream-Klasse, sondern eine Klasse, die nur so tut, als ob sie eine wäre. Ein Objekt der Klasse `FileWriter` aggregiert einfach ein Objekt der Klasse `FileOutputStream`, wie in Bild 16-12 zu sehen ist. Die Klasse `FileOutputStream` ist dabei die eigentliche Sinkstream-Klasse.

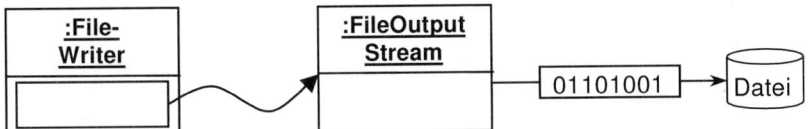

Bild 16-12 Ein Objekt der Klasse `FileWriter` benutzt ein Objekt der Klasse `FileOutputStream`, um in eine Datei zu schreiben

Die Klasse `FileWriter` wird deshalb Bequemlichkeitsklasse genannt, weil sie es dem Benutzer ermöglicht, Zeichen zu schreiben, die dann mit Hilfe der Klasse `File-OutputStream` in einen Bytestrom überführt werden. Hierzu müsste man eigentlich eine Bridge-Klasse verwenden, die Zeichen in Bytes wandelt. Die Bridge-Klasse wiederum müsste den Bytestrom an ein Objekt der Klasse `FileOutputStream` weiterleiten, um die Bytes in eine Datei zu schreiben. Der Programmierer spart sich durch die Verwendung der Klasse `FileWriter` die Benutzung einer Bridge-Klasse, verliert aber an Flexibilität, da immer ein Default-Encoding verwendet wird, um die Zeichen zu schreiben.

16.5.5 Ein- und Ausgabe von Zeichenketten

Die folgenden Zeilen erzeugen ein Objekt vom Typ `OutputStreamWriter`, welches die ihm übergebene Zeichenkette mit dem **Default Encoding** in die Datei `Text.txt` schreibt:

```
FileOutputStream fos = new FileOutputStream ("Text.txt");
OutputStreamWriter osw = new OutputStreamWriter (fos);
osw.write ("Sehr geehrter Herr Mustermann");
```

---

[123] Das Default-Encoding lässt sich mit dem Aufruf `System.getProperty ("file.encoding")` ermitteln.

Soll dagegen ein anderes Character Encoding benutzt werden, so muss dieses im Konstruktor der Klasse OutputStreamWriter angegeben werden:

```
OutputStreamWriter osw
                = new OutputStreamWriter (fos, "MacThai");
osw.write ("Sehr geehrter Herr Mustermann");
```

In diesem Fall wird die Zeichenkette "Sehr geehrter Herr Mustermann" per "MacThai" Encoding in die Datei geschrieben. Mit "MacThai" werden thailändische Texte auf einem Apple Computer dargestellt.

Ein OutputStreamWriter erwartet als ersten Konstruktorparameter einen Parameter vom Typ OutputStream. Es kann also eine Referenz auf ein Objekt übergeben werden, deren Klasse von OutputStream abgeleitet ist. Ein Objekt der Bridge-Klasse OutputStreamWriter aggregiert ein Objekt vom Typ OutputStream, wie z.B. ein Objekt vom Typ FileOutputStream:

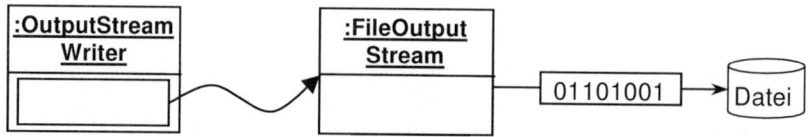

Bild 16-13 Ein Objekt der Bridge-Klasse OutputStreamWriter *aggregiert ein Objekt der Klasse* FileOutputStream

Zur Ausgabe der Zeichenkette im Unicode Format in der "Little-Endian"-Byte-Reihenfolge können folgende Anweisungen verwendet werden:

```
FileOutputStream fos = new FileOutputStream ("Text.txt");
OutputStreamWriter osw
                = new OutputStreamWriter (fos, "UnicodeLittle");
osw.write ("Sehr geehrter Herr Mustermann");
```

Das folgende Beispielprogramm schreibt die Zeichenkette "Gelb" mit unterschiedlichen Encodings in Dateien. In die Datei TextUnicodeBig.txt wird in der "Big-Endian" Byte-Reihenfolge geschrieben und in die Datei TextUnicodeLittle.txt wird in der "Little-Endian" Byte-Reihenfolge geschrieben. Anschließend wird der Inhalt der beiden Dateien byteweise ausgelesen und ausgegeben, um die unterschiedlichen Encodings sichtbar zu machen.

```java
// Datei: AusgabeVonZeichenketten.java

import java.io.*;

public class AusgabeVonZeichenketten
{
    public static void main (String[] args) throws IOException
    {
        String s = "Gelb";
        FileOutputStream fos;
        OutputStreamWriter osw;
```

```
fos = new FileOutputStream ("TextUnicodeBig.txt");
osw = new OutputStreamWriter (fos, "UnicodeBig");
osw.write (s);
osw.close();

fos = new FileOutputStream ("TextUnicodeLittle.txt");
osw = new OutputStreamWriter (fos, "UnicodeLittle");
osw.write (s);
osw.close();

dateiInhaltLesen ("TextUnicodeBig.txt");
dateiInhaltLesen ("TextUnicodeLittle.txt");
}

private static void dateiInhaltLesen (String d)
                                    throws IOException
{
    FileInputStream fis = new FileInputStream (d);
    System.out.println();
    int b = 0;

    while (true)
    {
        b = fis.read();

        if (b == -1)
            break;
        System.out.print (b);
        System.out.print (" ");
    }
    fis.close();
}
}
```

Die Ausgabe des Programms ist:

```
254 255 0 71 0 101 0 108 0 98
255 254 71 0 101 0 108 0 98 0
```

Um beim Einlesen von Unicode-Zeichen zwischen den beiden Byte-Reihenfolgen "Little-Endian" und "Big-Endian" unterscheiden zu können, werden die Bytes FE (254) und FF (255) als erste zwei Bytes in eine Datei geschrieben. Wird beim Einlesen zuerst das Byte FE (254) und dann FF (255) gelesen, so werden die nachfolgenden Bytes entsprechend der "Big-Endian"-Byte-Reihenfolge interpretiert – wird erst FF (255) und dann FE (254) gelesen, so werden die nachfolgenden Zeichen entsprechend der "Little-Endian"-Byte-Reihenfolge interpretiert. Die Ausgabe des Programms zeigt in der ersten Zeile die Zeichenkette "Gelb", codiert im "Big-Endian" Unicode-Format. Die zweite Zeile repräsentiert die Zeichenkette "Gelb" im "Little-Endian" Unicode-Format. Die Zeichenkette "Gelb" entspricht den vier ASCII-Werten 71, 101, 108 und 98.

16.6 Standardeingabe und Standardausgabe

Die Standardeingabe bzw. die Standardausgabe verwenden beide einen Bytestream, um Daten auf dem Bildschirm auszugeben bzw. um Daten von der Tastatur einzulesen. Die Standardausgabe verwendet ein **Objekt vom Typ** `PrintStream` und die Standardeingabe verwendet ein **Objekt vom Typ** `InputStream`. Über die Referenz `out` können alle Methoden, welche die Klasse `PrintStream` zur Verfügung stellt, aufgerufen werden – genauso können über die Referenz `in` alle Methoden, welche die Klasse `InputStream` zur Verfügung stellt, aufgerufen werden. Die Referenzen `out` und `in` sind dabei Klassenvariablen der Klasse `System` (siehe Anhang C).

Die Klasse `PrintStream` implementiert insbesondere Methoden zur Textausgabe. Hierzu benutzt sie überladene Varianten der Methoden `print()` und `println()`. So gibt es die Methoden `print()` und `println()` z.B. mit einem Übergabeparameter vom Typ `int`, `long`, `float`, `double`, `String` oder sogar `Object`.

Dabei werden alle Daten in deren Stringrepräsentation ausgegeben. Das heißt, wenn ein `int`-Wert 2 ausgegeben wird, werden nicht die vier Bytes 00 00 00 02 ausgegeben, sondern das Zeichen `'2'`.

Wird der Methode `print()` bzw. `println()` eine Referenz als Übergabeparameter übergeben, so wird der String ausgegeben, den die `toString()`-Methode des referenzierten Objekts zurückgibt oder der String `"null"`, wenn die Referenz die `null`-Referenz ist.

Die Methoden der Klasse `InputStream`, die mit der Referenz `in` der Klasse `System` zum Einlesen von der Tastatur benutzt werden können, sind ausführlich in Kapitel 16.4.2.1 erläutert.

16.6.1 Formatierte Ausgabe

In Kapitel 4.8 wurde bereits die Methode `printf()` vorgestellt. Die Methode `printf()` ermöglicht eine formatierte Ausgabe auf dem Bildschirm. Diese Art der formatierten Ausgabe wird auch durch die Methode `format()` der Klasse `java.lang.Formatter` und durch die Methode `format()` der Klasse `String` bereitgestellt. Dass beide Methoden gleich heißen, stellt kein Problem dar, da eine Klasse einen Namensraum darstellt.

Die im Formatstring angegebenen Formatelemente folgen einem allgemeinen Aufbau. Elemente in eckigen Klammern [ ] sind dabei optional:

%[Parameterindex$][Steuerzeichen][Feldbreite][.Genauigkeit]Umwandlungszeichen

Im einfachsten Fall ist einem auszugebenden Parameter genau ein Formatelement zugeordnet, wobei die Reihenfolge der Formatelemente identisch zur Reihenfolge der Parameter in der Parameterliste ist. Mit Hilfe des **Parameterindex** kann die Ausgabereihenfolge der Parameter von der Reihenfolge der Parameter in der Parameterliste abweichen, wie in den folgenden Beispielen gezeigt wird:

```
System.out.printf ("%d %d %n", 3, 4);        // Ausgabe entsprechend
                                             // der Reihenfolge
                                             // der Parameter

System.out.printf ("%2$d %1$d %n", 3, 4);    // Erst wird der zweite
                                             // Parameter ausgegeben,
                                             // dann der erste

System.out.printf ("%2$d %2$d %n", 3, 4);    // Es wird zweimal der
                                             // zweite Parameter
                                             // ausgegeben. Der erste
                                             // Parameter wird nicht
                                             // ausgegeben
```

Die Ausgabe dieses Programmausschnitts ist:

```
3 4
4 3
4 4
```

Steuerzeichen (auch flags genannt) sind zusätzliche Formatangaben, mit denen die formatierte Ausgabe erweitert werden kann. Beispielsweise kann mit '-' die Ausrichtung der Ausgabe linksbündig erfolgen oder bei der Formatierung von Zahlen mit dem Steuerzeichen '+' stets das Vorzeichen mit ausgegeben werden.

Durch die Angabe der **Feldbreite** kann die minimale Anzahl auszugebender Zeichen festgelegt werden. Wird für den Wert des Parameters weniger Platz benötigt, so werden Leerzeichen vorangestellt.

Das Feld für die **Genauigkeit** legt in der Regel die Breite der Ausgabe, d.h. die maximale Anzahl an Zeichen für die Ausgabe des Parameters, fest. Wird für den Wert des Parameters mehr Platz benötigt, so werden in der Ausgabe die Zeichen abgeschnitten, die die maximale Anzahl übersteigen. Bei Gleitkommazahlen bezieht sich die Genauigkeit auf die Anzahl der Stellen hinter dem Komma.

Die **Umwandlungszeichen** bestimmen das eigentliche Format der Ausgabe und sind vom Typ des Parameters abhängig. Es werden Parameter aller numerischen Typen wie int, byte, long, Integer, Double, Float, usw. unterstützt, sowie verschiedene Bibliotheksklassen wie Calendar und Date. Zudem gibt es Umwandlungszeichen, die generell auf Datentypen angewendet werden können. Dies sind z.B. 's' oder 'S' welche die Methode toString() des angegebenen Parameters benutzen.

Bei Formatelementen für die Ausgabe von Datum und Zeit entfällt die Option Genauigkeit, allerdings benötigen sie für alle Umwandlungszeichen das Präfix 't' (klein geschrieben) oder 'T' (groß geschrieben). Das groß geschriebene T bewirkt dabei die Ausgabe in Großbuchstaben.

Die nachfolgende Tabelle enthält die wichtigsten Umwandlungszeichen:

Umwand-lungs-zeichen	Typ des Parameters	Ausgabe
c, C	Zeichen	Ein einzelnes Zeichen (auch aus einer Zahl)
s, S	Generell	Darstellung als Zeichenkette
d	Ganzzahl	Dezimale Darstellung
o	Ganzzahl	Oktale Darstellung (zur Basis 8)
x, X	Ganzzahl	Hexadezimale Darstellung (zur Basis 16)
f	Gleitkommazahl	Dezimale Darstellung
e, E	Gleitkommazahl	Darstellung als Exponentialzahl
t, T	Datum/Zeit	Präfix für alle Datum- und Zeitausgaben
H	Zeit	Stunden der 24 Stunden Uhr: 00 - 24
I	Zeit	Stunden der 12 Stunden Uhr: 01 - 12
M	Zeit	Minuten: 00 - 59
S	Zeit	Sekunden: 00 - 59
B	Datum	Monatsname "Januar", "Februar", etc.
b	Datum	Monatsname abgekürzt "Jan", "Feb", etc.
Y	Datum	Jahreszahl im vierstelligem Format "2005"
n	-	Zeilenumbruch

Tabelle 16-1 Die wichtigsten Umwandlungszeichen für `printf()` *und* `format()`

Die Umwandlungszeichen, die auch in Großbuchstaben angeben werden können, bewirken, dass die jeweilige Ausgabe in Großbuchstaben umgewandelt wird. Für eine ausführliche Aufstellung aller unterstützten Formatelemente wird auf die Dokumentation der Java-API für die Klasse `java.util.Formatter` verwiesen.

16.6.2 Die Methode format()

Mit Hilfe der Methode `format()` der Klasse `String` kann eine formatierte Ausgabe in eine Stringvariable erfolgen. Die Formatelemente von `format()` stimmen mit denjenigen von `printf()` überein und sind auszugsweise in Tabelle 16-1 dargestellt.

Im Folgenden wird gezeigt, wie mit der Methode `format()` eine Stringvariable konstruiert wird:

```
Calendar calendar = Calendar.getInstance();
// Das aktuelle Datum wird mit der Klasse Calendar bestimmt

String s = String.format ("%1$td %1$tB %1$tY", calendar);
// Hier wird der aktuelle Tag, der Monat und das Jahr aus dem
// Objekt calendar hintereinander in einen String geschrieben.
```

Das folgende Programm zeigt die Anwendung von `format()` und `printf()`:

```java
// Datei: FormatTest.java

import java.util.Calendar;

public class FormatTest
{
    // Klassenmethode zur formatierten Ausgabe von Datum und Zeit
    public static void main (String[] args)
    {
        // Das aktuelle Datum wird mithilfe der Klasse Calendar
        // bestimmt
        Calendar calendar = Calendar.getInstance();

        // Mit dem Parameterindex 1$ wird auf denselben Parameter
        // mehrfach zugegriffen
        String datum = String.format ("%1$td %1$tB %1$tY", calendar);
        String zeit = String.format ("Uhrzeit: %1$tH:%1$tM", calendar);

        // Die Reihenfolge der Parameter kann durch die
        // Parameterindices verändert werden. Hier wird an erster
        // Stelle das Datum ausgegeben
        System.out.printf ("Heute ist der %2$s %n%1$s", zeit, datum);
    }
}
```

Die Ausgabe des Programms ist:

```
Heute ist der 26 Januar 2005
Uhrzeit: 10:49
```

16.7 Ein- und Ausgabe von Objekten

In Java kann man nicht nur Werte elementarer Datentypen in eine Datensenke schreiben und aus einer Datenquelle lesen, sondern ganze Objekte. Werden die Werte der **Datenfelder eines Objektes in einen Bytestrom überführt, der sich** wieder **rekonstruieren lässt**, so spricht man von Objektserialisierung. Dieser Mechanismus wird im folgenden Kapitel erläutert.

16.7.1 Objektserialisierung

Mittels der Objektserialisierung können Objekte genauso wie elementare Datentypen in einen Bytestrom geschrieben werden. Ebenso ist es möglich, aus einem Byte-strom, der aus einer Datenquelle kommt, die Datenfelder eines Objektes wieder einzulesen.

Für die Überführung der Datenfelder eines Objektes in einen Bytestrom ist die Klasse `ObjectOutputStream` zuständig. Für die Rekonstruktion der Datenfelder eines Objektes beim Lesen aus einem Bytestrom, der aus einer Datenquelle kommt, ist die Klasse `ObjectInputStream` zuständig.

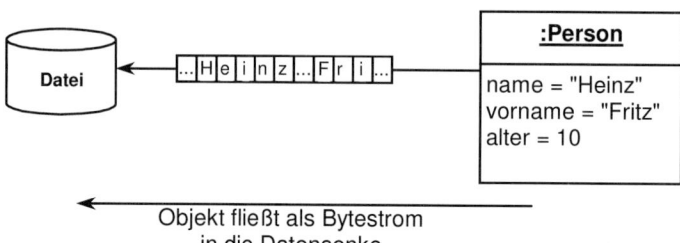

Bild 16-14 Serialisierung eines Objektes

Die Klasse `ObjectOutputStream` stellt Schreibmethoden für alle elementaren Datentypen zur Verfügung. Beispielsweise die Methode `writeDouble()`, die einen `double`-Wert in den Ausgabestrom schreibt, oder die Methode `writeInt()`, die einen `int`-Wert in den Ausgabestrom schreibt. Außer den Schreibmethoden für die elementaren Datentypen existiert auch eine Methode `writeObject()`, die eine Referenz auf ein Objekt als Parameter übergeben bekommt und die Datenfelder dieses Objektes in den Ausgabestrom schreibt:

```
public writeObject (Object data) throws IOException
```

Entsprechend existieren in der Klasse `ObjectInputStream` Lesemethoden für elementare Datentypen und die Methode `readObject()`, um die Datenfelder eines Objektes aus einem Bytestrom auszulesen:

```
public final Object readObject() throws OptionalDataException,
                                        ClassNotFoundException,
                                        IOException
```

Wird die Methode `writeObject()` aufgerufen, so wird das Objekt, auf das die übergebene Referenz zeigt, daraufhin überprüft, ob dessen Klasse die Schnittstelle `Serializable` implementiert. Die Schnittstelle `Serializable` kennzeichnet ein Objekt als serialisierbar. Implementiert die Klasse des zu serialisierenden Objektes die Schnittstelle `Serializable` nicht, so wird eine Exception vom Typ `NotSerializableException` geworfen.

Die **Schnittstelle** `Serializable` dient als **Kennzeichnung, dass** ein **Objekt einer Klasse serialisierbar** ist. Die Schnittstelle selbst deklariert keine Methoden.

Das folgende Beispiel zeigt, wie die Datenfelder eines Objektes in eine Datei geschrieben und wieder eingelesen werden.

```java
// Datei: Serial.java

import java.io.*;

class Person implements Serializable
{
    private String name;
    private String vorname;
    private int alter;

    public Person (String name, String vorname, int alter)
    {
        this.name = name;
        this.vorname = vorname;
        this.alter = alter;
    }

    public void print()
    {
        System.out.println ("Name: " + name);
        System.out.println ("Vorname: " + vorname);
        System.out.println ("Alter: " + alter);
    }
}

public class Serial
{
    public static void main (String[] args) throws Exception
    {
        ObjectOutputStream out =
            new ObjectOutputStream (new FileOutputStream ("text.txt"));
        Person pers1 = new Person ("Weiss", "Renate", 12);
        Person pers2 = new Person ("Maier", "Anja", 13);

        // Ein paar primitive Datentypen in die Datei schreiben
        out.writeInt (1);
        out.writeDouble (1.2);

        // Objekte pers1 und pers2 in die Datei schreiben
        out.writeObject (pers1);
        out.writeObject (pers2);
        out.close();
        ObjectInputStream in =
            new ObjectInputStream (new FileInputStream ("text.txt"));

        // Datentypen wieder einlesen und ausgeben
        System.out.println (in.readInt());
        System.out.println (in.readDouble());

        // Die Methode readObject() gibt eine Referenz vom Typ Object
        // zurück. Es muss ein expliziter Cast erfolgen, damit die
        // Methode print() der Klasse Person aufgerufen werden kann
        ((Person) in.readObject()).print();
        ((Person) in.readObject()).print();
        in.close();
    }
}
```

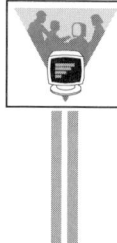

Die Ausgabe des Programms ist:

```
1
1.2
Name: Weiss
Vorname: Renate
Alter: 12
Name: Maier
Vorname: Anja
Alter: 13
```

Das Ganze funktioniert problemlos – und dazu muss recht wenig Aufwand betrieben werden. Es darf lediglich nicht vergessen werden, dass die Klasse der zu serialisierenden Objekte die Schnittstelle `Serializable` implementieren muss. Wobei dies, da `Serializable` keine Methoden deklariert, nur in der Klassendeklaration mit `implements Serializable` angegeben werden muss. Wird die Angabe `implements Serializable` im Beispiel bei der Klasse `Person` weggelassen, so wird beim Ausführen des Programms folgende Meldung ausgegeben:

`java.io.NotSerializableException: Person`

Bei der Serialisierung eines Objektes laufen folgende Schritte ab:

* Überprüfen, ob das zu serialisierende Objekt die Schnittstelle `Serializable` implementiert. Ist das nicht der Fall, wird eine Exception vom Typ `NotSerializableException` geworfen.

* Ein eindeutiger Identifikator der Klasse wird codiert in den Bytestrom geschrieben.

* Die Instanzvariablen werden der Reihe nach durch die entsprechende Methode der Klasse `ObjectOutputStream` in den Ausgabestrom geschrieben. Ist ein Datenfeld wiederum eine Referenz, so setzt sich dieser Mechanismus rekursiv beim ersten Schritt fort.

Bei der Rekonstruktion eines Objektes aus einem Eingabestrom werden folgende Schritte durchlaufen:

* Rekonstruktion der Klasse des Objektes.

* Laden der Klasse, wenn diese noch nicht in der virtuellen Maschine vorhanden ist. Kann die Klasse vom Klassenlader nicht gefunden werden, wird eine Exception vom Typ `ClassNotFoundException` geworfen. Für das zu rekonstruierende Objekt wird Speicher angelegt und die Instanzvariablen werden mit den Default-Werten belegt.

* Es werden alle Instanzvariablen der Reihe nach mit der entsprechenden Methode der Klasse `ObjectInputStream` eingelesen. Ist ein Datenfeld wiederum eine Referenz, so setzt sich der Vorgang rekursiv beim ersten Schritt fort.

16.7.2 Strom-eindeutige Bezeichner

Zu jeder Klasse, deren Objekte (de-)serialisiert werden sollen, berechnet die JVM einen eindeutigen Identifikator, die sogenannte `serialVersionUID`. An Hand dieser ID erkennt die JVM, ob sie für das serialisierte Objekt die passende Klasse geladen hat. Dazu vergleicht sie die ID aus dem Eingabestrom mit der ID der geladenen Klasse. Schlägt der Vergleich fehl, wird eine `InvalidClassException` geworfen.

Hat man in einem verteilten System eine Klasse, welche `Serializable` implementiert, erst einmal verbreitet, ist man für immer an die ursprüngliche Implementierung der Klasse gebunden. Jede Änderung und Erweiterung führt dazu, dass sich die `serialVersionUID` ändert. Wird also die interne Implementierung einer Klasse geändert, kann man mit dieser Klasse keine Objekte mehr einlesen, die mit der Vorgängerversion dieser Klasse geschrieben wurden. Daher wird eine Nutzung der Standardform der Serialisierung nicht empfohlen, da die physische Repräsentation der Klasse in der `serialVersionUID` codiert wird.

Umgehen kann man die Problematik, in dem man die `serialVersionUID` für eine Klasse selbst festlegt. Dies geht ganz einfach, indem man eine private Klassenvariable jeder serialisierbaren Klasse hinzufügt:

```
private static final long serialVersionUID = zufallsLongZahl;
```

Welcher Wert hier eingetragen wird ist prinzipiell nicht von Bedeutung, doch sollte er für diese Klasse eindeutig sein. Üblicherweise lässt man sich den Wert für die Klasse durch das Programm `serialver` errechnen. Das Programm `serialver` liegt im gleichen Verzeichnis wie der Compiler `javac` und der Interpreter `java`. Der Zugriffsmodifikator sollte immer `private` sein, da abgeleitete Klassen nicht dieselbe `serialVersionUID` haben dürfen. Das heißt, in jeder Subklasse ist eine neue eindeutige `serialVersionUID` festzulegen.

Einige Entwicklungsumgebungen bemerken das Fehlen des Datenfeldes `serialVersionUID` in einer Klasse vom Typ `Serializable` und geben eine Warnung aus.

16.7.3 Das Schlüsselwort transient

In Kapitel 16.7.1 wurde automatisch jede Instanzvariable eines Objektes in den Ausgabestrom geschrieben bzw. aus einem Eingabestrom rekonstruiert. Es kann aber auch durchaus vorkommen, dass es Instanzvariablen gibt, die nicht serialisiert werden sollen. Zum Beispiel kann es aus Sicherheitsgründen erforderlich sein, dass ein Passwort nicht in einer Datei abgespeichert werden soll. Manchmal werden auch Instanzvariablen angelegt, die nur temporäre Werte annehmen. Speichert eine Instanzvariable zum Beispiel, ob der rechte Mausknopf gedrückt ist oder nicht, so kann eine solche Information für eine persistente (dauerhafte) Speicherung uninteressant sein.

> Die **Serialisierung von Instanzvariablen** kann **unterdrückt werden**, indem das **Schlüsselwort** `transient` bei der Deklaration der Instanzvariablen angegeben wird.

Das folgende Beispiel zeigt, wie verhindert wird, dass das Datenfeld `alter` einer Klasse `Person` serialisiert wird.

```
public class Person implements Serializable
{
    private String name;
    private String vorname;
    private transient int alter;
    . . . . .
}
```

Wird nun ein Objekt der Klasse `Person` mit dem Aufruf der Methode `write-Object()` in einen Ausgabestrom geschrieben, so werden nur die beiden Datenfelder `name` und `vorname` serialisiert. Genauso wird bei der Rekonstruktion das Datenfeld `alter` nicht berücksichtigt.

16.7.4 Die Schnittstelle Externalizable

Die Objektserialisierung durch die Implementierung der Schnittstelle `Serializable` ist sehr komfortabel. Möchte man jedoch Einfluss auf die Serialisierung nehmen, so kann dies mit Hilfe der Schnittstelle `Serializable` nicht erfolgen. Zum Beispiel kann eine Abänderung des Formates, in dem die Objekte in den Ausgabestrom geschrieben werden, von Interesse sein. Für solche Fälle existiert die Schnittstelle `Externalizable`. Die Schnittstelle `Externalizable` ist von `Serializable` abgeleitet und erweitert diese um die folgenden beiden Methoden:

```
public abstract void writeExternal (ObjectOutput out)
                     throws IOException
public abstract void readExternal (ObjectInput in)
                     throws IOException,
                            ClassNotFoundException
```

Um nun Einfluss auf die Serialisierung eines Objektes zu nehmen, muss in dem zu serialisierenden Objekt die Schnittstelle `Externalizable` implementiert werden. Das folgende Beispiel macht genau das Gleiche wie das vorangehende Beispiel, benutzt aber die Schnittstelle `Externalizable`.

```
// Datei: Serial2.java

import java.io.*;

class Person2 implements Externalizable
{
    private String name;
    private String vorname;
    private int alter;
```

```java
    private static final long serialVersionUID = 1234;

    public Person2()
    {
        System.out.println ("Hallo, hier im Default Konstruktor");
    }

    public Person2 (String name, String vorname, int alter)
    {
        this.name = name;
        this.vorname = vorname;
        this.alter = alter;
    }

    public void print()
    {
        System.out.println ("Name: " + name);
        System.out.println ("Vorname: " + vorname);
        System.out.println ("Alter: " + alter);
    }

    public void writeExternal (ObjectOutput out) throws IOException
    {
        System.out.println ("Explizites Schreiben!");
        out.writeObject (name);
        out.writeObject (vorname);
        out.writeInt (alter);
    }

    public void readExternal (ObjectInput in) throws IOException,
                                         ClassNotFoundException
    {
        System.out.println ("Explizites Lesen!");
        name = (String) in.readObject();
        vorname = (String) in.readObject();
        alter = in.readInt();
    }
}

public class Serial2
{
    public static void main (String[] args) throws Exception
    {
        ObjectOutputStream out =
            new ObjectOutputStream (new FileOutputStream ("text.txt"));
        Person2 pers1 = new Person2 ("Mustermann", "Heinz", 45);
        Person2 pers2 = new Person2 ("Heinzelmann", "Max", 30);

        // Ein paar primitive Datentypen in die Datei schreiben
        out.writeInt (1);
        out.writeDouble (1.2);
        // Objekte pers1 und pers2 in die Datei schreiben
        out.writeObject (pers1);
        out.writeObject (pers2);
        out.close();
```

```
ObjectInputStream in =
    new ObjectInputStream (new FileInputStream ("text.txt"));

// Datentypen wieder einlesen und ausgeben
System.out.println (in.readInt());
System.out.println (in.readDouble());
((Person2) in.readObject()).print();
((Person2) in.readObject()).print();
in.close();
    }
}
```

Die Ausgabe des Programms ist:

```
Explizites Schreiben!
Explizites Schreiben!
1
1.2
Hallo, hier im Default Konstruktor
Explizites Lesen!
Name: Mustermann
Vorname: Heinz
Alter: 45
Hallo, hier im Default Konstruktor
Explizites Lesen!
Name: Heinzelmann
Vorname: Max
Alter: 30
```

Im Programm wird der Methode `writeObject()` eine Referenz vom Typ `Person` übergeben. Die Methode `writeObject()` schaut nun nach, ob die Referenz auf ein Objekt zeigt, das vom Typ `Externalizable` oder vom Typ `Serializable` ist. Ist das Objekt vom Typ `Externalizable` – wie im Falle der Klasse `Person` – wird die Methode `writeExternal()` aufgerufen. Wird ein Objekt mit `readObject()` eingelesen, so wird ebenfalls nachgeschaut, ob die Klasse des zu rekonstruierenden Objektes die Schnittstelle `Externalizable` oder `Serializable` implementiert. Implementiert die Klasse die Schnittstelle `Externalizable`, so wird die Methode `readExternal()` aufgerufen.

Zusätzlich zur Implementierung der Schnittstelle `Externalizable` wurde noch ein selbst geschriebener Default-Konstruktor eingeführt. Dieser wird bei der Rekonstruktion der Objekte aufgerufen. Nach dem Aufruf des Default-Konstruktors wird die Methode `readExternal()` aufgerufen. Ist kein Default-Konstruktor mehr vorhanden, weil er zum Beispiel durch einen Konstruktor mit Parametern überschrieben wurde, so wird zur Laufzeit folgende Fehlermeldung ausgegeben:

```
java.lang.NoSuchMethodError
```

16.8 Übungen

Aufgabe 16.1: Streams

a) Schreiben Sie eine Java-Anwendung, die eine Text-Datei mit Hilfe der Klasse `FileReader` einliest und auf dem Bildschirm ausgibt. Der Name der auszugebenden Datei, soll als Parameter an die Anwendung übergeben werden. Kann die Datei nicht geöffnet bzw. gelesen werden, so soll eine Fehlermeldung ausgegeben werden.

b) Erweitern Sie die Java-Anwendung, indem Sie die Zeilen einer Textdatei in umgekehrter Reihenfolge (die letzte Zeile der Datei zuerst) auf dem Bildschirm ausgeben. Sie können zur Implementierung die Klassen `java.lang.String` und `java.lang.StringBuffer` verwenden.

Aufgabe 16.2: Einmaleins

a) Schreiben Sie ein Programm, das die Zahlen des kleinen Einmaleins berechnet und in der Textdatei `einmaleins.txt` ablegt. Die Zahlen sollen jeweils durch einen Tabulator voneinander getrennt werden.

Die Textdatei `einmaleins.txt` sollte folgenden Inhalt haben:

```
1    2    3    4    5    6    7    8    9    10
2    4    6    8    10   12   14   16   18   20
3    6    9    12   15   18   21   24   27   30
4    8    12   16   20   24   28   32   36   40
5    10   15   20   25   30   35   40   45   50
6    12   18   24   30   36   42   48   54   60
7    14   21   28   35   42   49   56   63   70
8    16   24   32   40   48   56   64   72   80
9    18   27   36   45   54   63   72   81   90
10   20   30   40   50   60   70   80   90   100
```

b) Erweitern Sie das Programm so, dass die Größe der berechneten Tabelle durch den Benutzer angegeben werden kann. Die Größe soll als Parameter beim Programmaufruf übergeben werden, wie in folgendem Beispielaufruf:

```
java Einmaleins 100
```

Aufgabe 16.3: Filter

a) Machen Sie sich die Arbeitsweise der Klasse `Filter` klar und testen Sie diese mit einer beliebigen Textdatei.

Aufruf: `java Filter <Suchmuster> <Dateiname>`

```
// Datei: Filter.java

import java.io.*;
```

```
public class Filter
{
    public static void main (String args[])
    {
        if (args.length != 2)
        {
            System.err.println ("Bitte 2 Parameter: ");
            System.err.println ("<Suchmuster> <Dateiname>");
            System.exit (1);
        }

        String patt = args [0];
        String fileIn = args [1];

        try
        {
            LineNumberReader reader = new LineNumberReader
                                    (new FileReader (fileIn));
            String str;

            while ((str = reader.readLine()) != null)
            {
                if (str.indexOf (patt) != -1)
                {
                    int ln = reader.getLineNumber();
                    System.out.println (fileIn + "[" + ln + "]: " + str);
                }
            }
            reader.close();
        }
        catch (IOException e)
        {
            System.err.println ("IO-Fehler beim Filtern");
            e.printStackTrace();
        }
    }
}
```

b) Modifizieren Sie die Klasse `Filter` so, dass die Ausgabe nicht auf dem Bildschirm erscheint, sondern in eine Datei geschrieben wird. Der Name der Datei, in die geschrieben werden soll, wird als dritter Parameter beim Programmaufruf übergeben.

Aufgabe 16.4: Umleiten

Schreiben Sie ein Programm, welches den Fehler-Stream in die Datei `error.log` umleitet. Testen Sie das Programm, indem Sie mehrere Textzeilen auf der Standardausgabe und in den Fehler-Stream ausgeben.

Aufgabe 16.5: Ein- und Ausgabe

a) Schreiben Sie ein Programm, welches Zufallszahlen vom Typ `int` in eine Datei schreibt.

b) Schreiben Sie ein weiteres Programm, welches diese Zahlen aus der Datei einliest und die Anzahl sowie die Summe und den Durchschnitt der Zahlen berechnet und auf dem Bildschirm ausgibt.

Aufgabe 16.6: Objektserialisierung

Es soll die Klasse `BenutzerLogin` geschrieben werden. Diese Klasse kapselt einen Login mit den Attributen `name` vom Typ `String`, `passwort` vom Typ `String` und `online` vom Typ `boolean` und besitzt folgende Methoden:

- einen Konstruktor, der es ermöglicht, den Namen und das Passwort für den neu erzeugten Login zu setzen.
- `anmelden (String password)` zum Vergleichen der Passwörter und zum Setzen von `online` auf `true`, falls die Passwörter gleich sind.
- `print()` zur Ausgabe des Benutzernamens und der Information, ob der Benutzer online ist.

a) Implementieren Sie die Klasse `BenutzerLogin`.

b) Erzeugen Sie ein Objekt der Klasse `BenutzerLogin` und melden Sie sich bei diesem Objekt an. Überprüfen Sie hierbei, ob der Anmeldevorgang erfolgreich war, indem Sie die Methode `print()` vor und nach dem Anmelden aufrufen.

c) Speichern Sie das Objekt mit Hilfe der Objektserialisierung (`ObjectOutput-Stream`) in einer Datei. Beachten Sie hierbei, dass die Variable `online` nicht serialisiert (`transient`) werden soll.

d) Stellen Sie das Objekt mit Hilfe der Klasse `ObjectInputStream` wieder her und überprüfen Sie, ob der Benutzer immer noch angemeldet ist, indem Sie die Methode `print()` des neu erzeugten Objektes aufrufen.

Aufgabe 16.7: Flughafen-Projekt – Singelton / Laden und Speichern

Die Klasse `Flughafen` soll nun so erweitert werden, dass sie das Singleton-Pattern implementiert. Das Singleton-Pattern wird in Kapitel 10.5.2 erklärt. Verändern Sie die Klasse `Client` so, dass der Zugriff auf den Flughafen nur noch über das Singleton-Pattern geschieht.

Die im Flughafensystem gehaltenen Informationen sollen nun beim Beenden des Programms gespeichert und beim erneuten Starten des Programms wiederherge-stellt werden. Hierzu soll die Methode, welche für das Singleton-Pattern eingeführt wurde, erweitert werden. Diese Methode soll dabei folgendermaßen vorgehen: Exi-stiert noch keine Instanz, wird erst versucht, eine Instanz durch Objektserialisierung aus der gespeicherten Datei wiederherzustellen, schlägt dies fehl, so wir eine neue Instanz der Klasse `Flughafen` mit `new` erzeugt. Es muss noch eine weitere statische Methode implementiert werden, welche die Instanz der Klasse `Flughafen` vor Programmende mit Hilfe der Objektserialisierung in eine Datei speichert. Diese Methode muss manuell vor Programmende aufgerufen werden.

Kapitel 17

Generizität

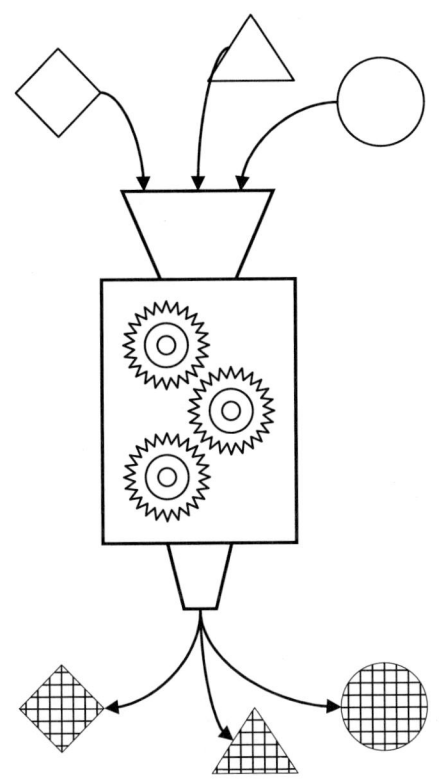

17.1 Generische Klassen
17.2 Eigenständig generische Methoden
17.3 Wildcards
17.4 Generische Schnittstellen
17.5 Die Klasse Class<T>
17.6 Generizität und Polymorphie
17.7 Übungen

17 Generizität

Seit dem JDK 5.0 wird die Definition generischer Klassen, generischer Schnittstellen und generischer Methoden von Java unterstützt.

> Generisch bedeutet nicht "generell", sondern dass die Programmeinheiten Klasse, Schnittstelle und Methode Parameter verwenden, welche einen Typ darstellen.

Dieses Konzept dient der Typsicherheit, wie im Folgenden noch gezeigt wird.

Die Generizität erlaubt es, die Definition von Klassen, Methoden und Schnittstellen mit Hilfe von einem oder mehreren formalen Typ-Parametern durchzuführen. Dadurch werden parametrisierbare Elemente geschaffen, die im Programm mit konkreten Datentypen als aktuellen Parametern aufgerufen werden können. Dies sieht man am besten an einem Beispiel. Definiert man eine Klasse `Punkt` mit einem **formalen Typ-Parameter T**

```
public class Punkt <T>
{
   private T x;
   private T y;

   public Punkt (T x, T y)
   {
      this.x = x;
      this.y = y;
   }
   // weitere Elemente der Klasse Punkt
}
```

so kann man beispielsweise Punkte mit Koordinaten vom Typ `Integer` oder `Double` anlegen durch:

```
// Aktueller Typ-Parameter Integer tritt an die Stelle von T
Punkt<Integer> intPunkt = new Punkt<Integer> (1, 2);
```

bzw.

```
// Aktueller Typ-Parameter Double tritt an die Stelle von T
Punkt<Double> doublePunkt = new Punkt<Double> (1.0, 2.0);
```

> Eine Klasse mit formalem Typ-Parameter stellt eine **generische Klasse** dar. Der formale Typ-Parameter ist ein symbolischer Name, der wie ein normaler Bezeichner in Java aufgebaut ist und eingeschlossen in spitzen Klammern nach dem Klassennamen angegeben werden muss.

Die Klasse `Punkt<T>` stellt eine generische Klasse mit dem formalen Typ-Parameter `T` dar. Die Entscheidung über den konkreten zu verwendenden Typ – hier `Integer` und `Double` – findet erst bei der Nutzung der generischen Klasse statt.

Generische Klassen bringen einen großen Vorteil bei den so genannten Collections oder Container-Klassen (siehe Kap. 18), da es nicht mehr erforderlich ist, dass die Collections aus Referenzen auf Objekte der Klasse `Object` aufgebaut sind. In eine Collection, die Elemente vom Typ `Object` enthält, können bekanntermaßen Objekte jeder beliebigen Klasse eingefügt werden, da jede Klasse von der Klasse `Object` abgeleitet ist. Werden die Collections als generische Datentypen definiert, so kann man Collections für bestimmte Typen erzeugen und man merkt bereits beim Kompilieren, ob versucht wird, eine Referenz auf ein Objekt eines falschen Typs in der Collection abzulegen. Dadurch werden Laufzeitfehler vermieden. Während bis einschließlich JDK 1.4 alle Collection-Klassen auf der Klasse `Object` basierten, sind seit dem JDK 5.0 alle Collection-Klassen generisch.

Mit der **Generizität** von Klassen, Schnittstellen und Methoden werden die folgenden Ziele verfolgt:

- Höhere Typsicherheit: Erkennen von Typ-Umwandlungsfehlern zur Kompilierzeit statt zur Laufzeit.
- Wiederverwendbarkeit von Quellcode.
- Vermeiden des expliziten Casts beim Auslesen aus einer Collection aus Elementen vom Typ `Object`.

Kapitel 17.1 zeigt, wie man generische Klassen in Java definiert und wo die entscheidenden Unterschiede zu herkömmlichen Klassen liegen. Kapitel 17.2 befasst sich mit der Definition eigenständig generischer Methoden und Kapitel 17.3 zeigt die Verwendung so genannter Wildcards. Nach der Definition generischer Schnittstellen in Kapitel 17.4 wird in Kapitel 17.5 die generische Klasse `Class<T>` vorgestellt. In den soeben erwähnten Kapiteln werden insbesondere auch die Grenzen der generischen Klassen betrachtet. Hierbei könnte der Eindruck entstehen, generische Klassen wären der Mühe nicht wert. Es soll daher nochmals darauf hingewiesen werden, dass die Vorteile der Generizität erst bei den Collection-Klassen, die Zusammenstellungen von Referenzen auf Objekte sind, voll zum Tragen kommen.

Zum Schluss wird in Kapitel 17.6 über den Zusammenhang von Generizität und Polymorphie reflektiert. Dieses "Theorie"-Kapitel kann beim ersten Lesen des Buches übersprungen werden.

17.1 Generische Klassen

Am Beispiel der Klasse `Punkt` wird gezeigt, wie generische Klassen implementiert werden können. Angenommen, die Klasse `Punkt` sei nicht generisch, dann könnte ihre Definition wie folgt aussehen:

```
public class Punkt
{
   private Integer x;
   private Integer y;

   public Punkt (Integer x, Integer y)
   {
      this.x = x;
      this.y = y;
   }
   // weitere Elemente der Klasse Punkt
}
```

Nachteilig an dieser Definition ist, dass hiermit die Koordinaten eines Punktes immer vom Typ `Integer` sein müssen. Will man vielleicht die Genauigkeit der Koordinaten eines Punktes erhöhen – etwa durch die Verwendung von Gleitkommawerten – so müsste dafür eine eigene Klasse – beispielsweise `PunktDouble` – definiert werden. Der ersten Klasse würde man dann vermutlich zur Differenzierung den Namen `PunktInteger` geben.

Eleganter lässt sich dieses Problem durch die Verwendung von **generischen Klassen** lösen. Sie werden mit einem so genannten **formalen Typ-Parameter** deklariert, der in spitzen Klammern `<>` direkt hinter dem Klassennamen angegeben wird:

```
public class Punkt<T>
```

Der Typ-Parameter `T` wird nun als Stellvertreter innerhalb der Klassendefinition verwendet. Dort, wo bei der herkömmlichen Definition der Klasse `Punkt` der Datentyp `Integer` verwendet wurde – beispielsweise bei der Definition der Instanzvariablen `x` und `y` – wird nun der formale Typ-Parameter `T` eingesetzt:

```
public class Punkt<T>
{
   private T x:
   private T y;

   public Punkt (T x, T y)
   {
      this.x = x;
      this.y = y;
   }
   // weitere Elemente der Klasse Punkt<T>
}
```

> Der **formale Typ-Parameter** `T` in der Klassendeklaration wird auch zur Definition der Datenfelder der generischen Klasse verwendet. Genauso tritt er als Typ für formale Parameter und Rückgabewerte von Methoden auf. Damit können Klassen unabhängig von einem speziellen Typ generisch definiert werden. Der formale Typ-Parameter wird bei der **Verwendung** der Klasse dann durch den gewünschten **konkreten Datentyp** ersetzt.

Bei der Verwendung einer generischen Klasse wird der formale Typ-Parameter durch einen **aktuellen Typ-Parameter** ersetzt. Aktuelle Typ-Parameter für die generische Klasse `Punkt<T>` sind beispielsweise `Integer`, `Float` oder `Double`. So wird ein Punkt mit den Koordinaten (1, 2), dessen Koordinaten vom Typ `Integer` sein sollen, folgendermaßen erzeugt:

```
Punkt<Integer> intPunkt = new Punkt<Integer> (1, 2);
```

Werden die formalen Typ-Parameter durch aktuelle Typ-Parameter ersetzt, so handelt es sich um eine konkrete Ausprägung einer generischen Klasse, in anderen Worten um eine **aktuell parametrisierte Klasse**.

Zu beachten ist, dass das Anlegen der Referenzvariablen `intPunkt` für die aktuell parametrisierte Klasse `Punkt<Integer>` erfolgt. Weiterhin erfolgt der Aufruf des `new`-Operators und des Konstruktors ebenfalls unter Angabe des aktuellen Typ-Parameters.

Will man eine höhere Präzision erreichen, indem man für die Abspeicherung der Koordinaten Gleitkommazahlen verwendet, – hier (1.0, 2.0) – so verwendet man die aktuell parametrisierte Klasse `Punkt<Double>`:

```
Punkt<Double> doublePunkt = new Punkt<Double> (1.0, 2.0);
```

Der Compiler erzeugt bei der Übersetzung einer generischen Klasse nur eine einzige Bytecode-Datei, unabhängig davon, wie viele aktuell parametrisierte Klassen der generischen Klasse verwendet werden. Für die generische Klasse `Punkt <T>` erzeugt der Compiler die Datei `Punkt.class`.

Der Bytecode einer generischen Klasse wird von allen aktuell parametrisierten Klassen gemeinsam benutzt. Dies wird auch als **Code Sharing** bezeichnet.

Der formale Typ-Parameter – beispielsweise `T` bei der Klasse `Punkt<T>` – wird bei der Verwendung der generischen Klasse durch einen aktuellen Typ-Parameter – z.B. `Integer` bei `Punkt<Integer>` ersetzt.

Weiterhin tritt der formale Typ-Parameter bei der Deklaration der Instanzmethoden einer generischen Klasse in Erscheinung. Beispielsweise wird innerhalb der generischen Klasse `Punkt<T>` die Methode zum Abholen der `x`-Koordinate wie folgt definiert:

```
public T getX()
{
   return x; // x ist vom Typ T
}
```

Der formale Typ-Parameter ersetzt immer dort einen konkreten Datentyp innerhalb einer Klassendefinition, wo man Generizität erreichen möchte.

17.1.1 Die generische Klasse Punkt<T>

Im Folgenden nun die generische Klasse `Punkt<T>` als Ganzes:

```java
// Datei: Punkt.java

public class Punkt<T>
{
   // Ein Punkt hat 2 Koordinaten vom Typ T
   private T x;
   private T y;

   // Der Konstruktor erwartet 2 Parameter vom Typ T
   public Punkt (T x, T y)
   {
      this.x = x;
      this.y = y;
   }

   // get- und set-Methoden für die Koordinaten
   public T getX()
   {
      return x;
   }

   public T getY()
   {
       return y;
   }

   public void setX (T x)
   {
      this.x = x;
   }

   public void setY (T y)
   {
      this.y = y;
   }

   public String toString()
   {
      return ("x = " + x + ", y = " + y);
   }
}
```

Zum Testen dient die Klasse `PunktTest`. Sie erzeugt Objekte der aktuell parametrisierten Klassen `Punkt<Integer>` und `Punkt<Double>` und gibt anschließend die Koordinaten der beiden Punkte aus:

```java
// Datei: PunktTest.java

public class PunktTest
{
   public static void main (String[] args)
   {
```

```
Punkt<Integer> intPunkt = new Punkt<Integer> (1, 2);
Punkt<Double> doublePunkt = new Punkt<Double> (1.0, 2.0);

System.out.print ("Punkt<T> mit aktuellem Parameter");
System.out.println (" Integer: " + intPunkt);

System.out.print ("Punkt<T> mit aktuellem Parameter");
System.out.println (" Double: " + doublePunkt);
    }
}
```

Die Ausgabe des Programms ist:

```
Punkt<T> mit aktuellem Parameter Integer: x = 1, y = 2
Punkt<T> mit aktuellem Parameter Double : x = 1.0, y = 2.0
```

17.1.2 Repräsentation aktuell parametrisierter Klassen

Wie bereits erwähnt, wird vom Compiler aus der generischen Klasse Punkt<T> der **Bytecode** für nur **eine einzige Klasse** erstellt. Diese Klasse enthält anstelle des formalen Typ-Parameters T den Typ Object. Aus diesem Grund können auch als aktuelle Typ-Parameter nur Datentypen verwendet werden, die von der Basisklasse Object ableiten, d.h. einfache Datentypen dürfen nicht verwendet werden. Die generische Klasse Punkt<T> kann dann mit Datentypen wie Integer, Float oder Number arbeiten.

Der aktuelle Typ-Parameter muss ein Referenztyp sein. Damit ist es in Java nicht möglich, generische Klassen zu schreiben, die als aktuellen Typ-Parameter einen einfachen Typ wie int, float oder double akzeptieren.

Bild 17-1 zeigt, wie durch Verwendung der generischen Klasse Punkt<T> mit verschiedenen aktuellen Typ-Parametern die aktuell parametrisierten Klassen Punkt<Integer>, Punkt<Float> und Punkt<Number> entstehen. Der Compiler ersetzt beim Übersetzen dieses Beispiels den formalen Typ-Parameter T durch den Typ Object und lässt im Klassennamen den Typ-Parameter weg.

Die generische Klasse Punkt<T> nimmt je nach aktuellem Typ-Parameter eine verschiedene Gestalt an. Sie ist also polymorph. Bitte beachten Sie, dass die **aktuell parametrisierten Klassen auf einer Ebene** stehen und dass zwischen ihnen **keine Vererbungsbeziehung** besteht.

Bitte beachten Sie in Bild 17-1, dass der Compiler mit der so genannten **Type Erasure[124]-Technik** beim Kompilieren quasi den formalen Typ-Parameter T "ausradiert". Anstatt des formalen Typ-Parameters T – als Typ für Datenfelder, formale

---

[124] Engl. für Typ-Auslöschung (siehe [26]).

Parameter und Rückgabewerte – wird die Klasse `Object` eingesetzt. Mit der Type Erasure-Technik wird also genau eine `class`-Datei erzeugt, ungeachtet dessen, wie viele konkrete Ausprägungen durch eine Substitution mit aktuellen Typ-Parametern davon erzeugt werden. Der Compiler-generierte sharable Bytecode wird auch **Raw Type** genannt.

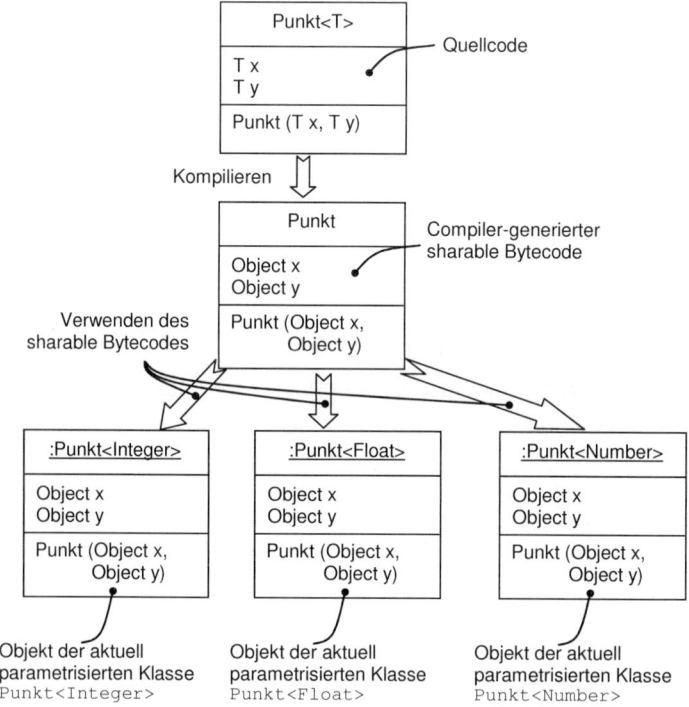

Bild 17-1 Objekte der aktuell parametrisierten Klassen `Punkt<Integer>` `Punkt<Float>` *und* `Punkt<Number>`

Durch das Type Erasure werden beim Übersetzen einer generischen Klasse alle Vorkommen des formalen Typ-Parameters `T` durch den Typ `Object` ersetzt. So wird beispielsweise für die Klasse

```
class GenKlasse<T>
{
    T ref;
}
```

folgender Bytecode erzeugt:

```
class GenKlasse
{
    Object ref;
}
```

Besonderes Augenmerk soll in Bild 17-1 auf die Instanz der aktuell parametrisierten Klasse `Punkt<Number>` gelegt werden. Bekanntermaßen ist die Klasse `Number` abstrakt. Es können von ihr also keine Instanzen mit Hilfe des `new`-Operators erzeugt werden. Trotzdem ist die Codezeile

```
Punkt<Number> punkt = new Punkt<Number> (1, 2);
```

vollkommen korrekt, da eine Instanz der aktuell parametrisierten Klasse `Punkt-<Number>` und keine Instanz der Klasse `Number` angelegt wird. Es tritt damit lediglich der aktuelle Typ-Parameter `Number` an die Stelle des formalen Typ-Parameters `T`. Beim Konstruktoraufruf für die aktuell parametrisierte Klasse `Punkt<Number>` werden Referenzen auf Objekte vom Typ `Number` erwartet. Der Compiler übersetzt

```
new Punkt<Number> (1, 2);
```

mit Hilfe des Auto-Boxing zu

```
new Punkt<Number> (Integer.valueOf (1), Integer.valueOf (2));
```

Da Objekte vom Typ `Integer` auch automatisch vom Typ `Number` sind, ist der Aufruf vollkommen korrekt.

Bild 17-2 visualisiert das Speicherabbild für ein Objekt vom Typ `Punkt<Number>`, das einmal mit Werten vom Typ `int` und einmal mit Werten vom Typ `double` gemäß den folgenden Anweisungen initialisiert wird:

```
Punkt<Number> intPunkt = new Punkt<Number> (1, 2);
Punkt<Number> doublePunkt = new Punkt<Number> (1.0, 2.0);
```

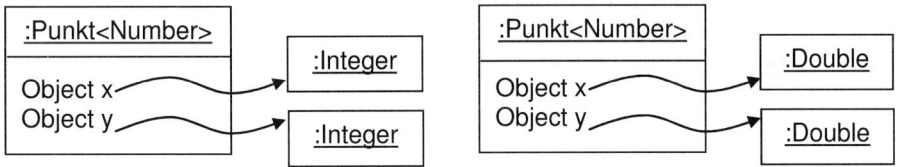

Bild 17-2 Repräsentation einer Instanz vom Typ `Punkt<Number>` *im Falle von Initialisierungsparametern vom Typ int und vom Typ double*

Im Folgenden soll nicht eine Instanz vom Typ `Punkt<Number>`, sondern eine Instanz vom Typ `Punkt<Integer>` betrachtet werden. Der Codeausschnitt

```
Punkt<Integer> ref = new Punkt<Integer> (1, 2);
```

zeigt, wie ein Objekt der aktuell parametrisierten Klasse `Punkt<Integer>` angelegt und die Referenz darauf der Referenzvariablen `ref` zugewiesen wird. Über `ref` können nun wie gewohnt Methodenaufrufe für die aktuell parametrisierte Klasse `Punkt<Integer>` erfolgen. Das Besondere daran ist nun, dass beim Abholen des Rückgabewertes kein expliziter Cast durchgeführt werden muss. Dies zeigt das folgende Beispiel:

```
Integer i = ref.getX(); // OK!
```

Auf den ersten Blick erscheint dieser Umstand nicht intuitiv, weil beim Übersetzen der generischen Klasse `Punkt<T>` alle Vorkommen des formalen Typ-Parameters `T` durch `Object` ersetzt wurden. Somit erzeugt der Compiler für die in der generischen Klasse `Punkt<T>` definierte Methode

```
public T getX() { . . . . . }
```

Bytecode für

```
public Object getX() { . . . . . }
```

Also müsste der Programmierer beim Aufruf der Methode `getX()` eigentlich einen expliziten Cast durchführen – hier auf `Integer`. Dies ist allerdings nicht erforderlich, da der Compiler bei der Übersetzung der Zeile

```
Integer i = ref.getX();
```

den expliziten Cast selbst einfügt:

```
Integer i = (Integer) ref.getX();
```

Die Methode `getX()` gibt also nach wie vor eine Referenz vom Typ `Object` zurück. Diese Referenz wird aber – unsichtbar für den Programmierer – explizit vom Compiler auf den entsprechenden Typ – hier also `Integer` – gecastet.

17.1.3 Klassen mit mehreren formalen Typ-Parametern

Die bisher gezeigten Beispiele weisen alle nur einen einzigen formalen Typ-Parameter auf. Eine generische Klasse kann aber mehrere formale Typ-Parameter besitzen. Die allgemeine Notation generischer Klassen ist:

```
modifier_opt class GenerischeKlasse<T1, . . . , TN>
    (extends BasisKlasse)_opt
    (implements I1, . . . , IN)_opt
```

Das tiefgestellte $_{opt}$ gibt an, welche Elemente bei der Klassendefinition optional sind. Beachten Sie, dass `modifier` einen Stellvertreter für die möglichen Zugriffsmodifikatoren `public`, `protected` und `private` und die weiteren zulässigen Schlüsselwörter `abstract` und `final` darstellt.

Die Liste mit den formalen Typ-Parametern in den spitzen Klammern, welche direkt nach dem Klassennamen angeschrieben wird, ist auch unter dem Namen **Typ-Parameter-Sektion** bekannt. Es ist somit möglich, eine generische Klasse mit beliebig vielen formalen Typ-Parametern zu versehen, beispielsweise:

```
class GenerischeKlasse<A, B, C>
{
    A a;
    B b;
    C c;
    // Weitere Verwendung der formalen Typ-Parameter
}
```

Beim Übersetzen der generischen Klasse `GenerischeKlasse<A, B, C>` werden dann durch das Type Erasure – wie bei einer generischen Klasse mit nur einem formalen Typ-Parameter auch – alle Vorkommen der formalen Typ-Parameter – hier `A`, `B` und `C` – durch den Typ `Object` ersetzt. Wird nun eine generische Klasse mit drei formalen Typ-Parametern verwendet

```
GenerischeKlasse<Integer, Double, Float> ref =
    new GenerischeKlasse<Integer, Double, Float>();
```

so muss jeder formale Typ-Parameter durch einen aktuellen Typ-Parameter ersetzt werden.

17.1.4 Subtyping und generische Klassen

Aktuell parametrisierte Klassen desselben generischen Typs stehen in keiner Vererbungsbeziehung. Dies soll an den aktuell parametrisierten Klassen `Punkt<Number>` und `Punkt<Integer>` diskutiert werden. Obwohl die Klassen `Integer` und `Float` von der Klasse `Number` abgeleitet sind, wie in Bild 17-3 gezeigt, kann eine Referenz vom Typ `Punkt<Number>` nicht auf ein Objekt der aktuell parametrisierten Klasse `Punkt<Integer>` zeigen, da beide Klassen sich auf derselben Hierarchiestufe befinden.

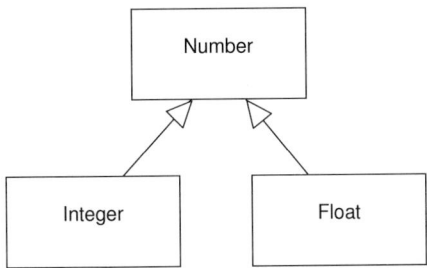

Bild 17-3 *`Integer` und `Float` als Subtypen von `Number`*

Sowohl die Klasse `Punkt<Number>` als auch die Klasse `Punkt<Integer>` stellen **aktuell parametrisierte Klassen** des generischen Typs `Punkt<T>` dar. Sie werden erzeugt, indem der aktuelle Typ-Parameter – hier `Integer` oder `Number` – an die Stelle des formalen Typ-Parameters – hier `T` – tritt. Dass die aktuell parametrisierten Klassen `Punkt<Number>` und `Punkt<Integer>` zueinander keine Vererbungsbeziehungen haben und dadurch eine Referenz vom Typ `Punkt<Number>` nicht auf ein Objekt vom Typ `Punkt<Integer>` zeigen kann (siehe auch Bild 17-4), wird im folgenden Beispiel demonstriert, wobei zu Beginn des Beispiels absichtlich von dem Trugschluss ausgegangen wird, die aktuell parametrisierte Klasse `Punkt<Integer>` stünde mit der aktuell parametrisierten Klasse `Punkt<Number>` in einer Vererbungsbeziehung. Basierend auf dieser falschen Annahme wird dann anhand des Beispiels gezeigt, dass diese Annahme unhaltbar ist.

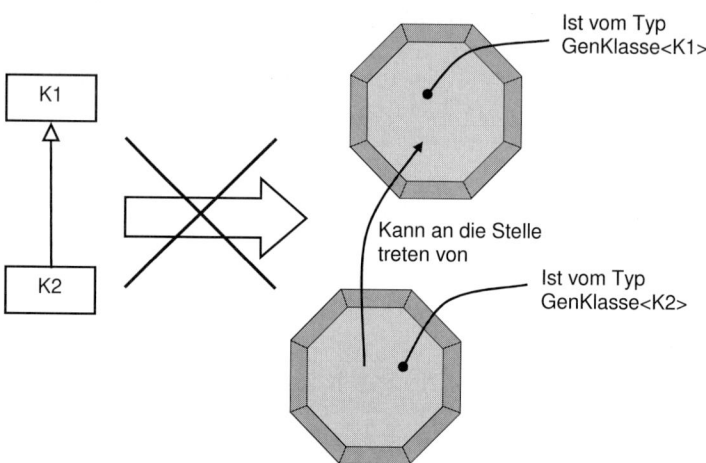

Bild 17-4 Für Objekte verschiedener aktuell parametrisierter Klassen gibt es kein Substitutionsprinzip, da ihre Klassen nicht in einer Vererbungsbeziehung stehen

Und nun als Gedankenexperiment ein Beispiel auf Basis des soeben erwähnten Trugschlusses, dass der Typ `Punkt<Integer>` mit dem Typ `Punkt<Number>` in einer Vererbungsbeziehung stehen würde. Die dazu verwendete generische Klasse `Punkt<T>` ist in Kapitel 17.1.1 dokumentiert. Durch das Liskov Substitution Principle kann ein Objekt einer abgeleiteten Klasse stets an die Stelle eines Objektes einer Basisklasse treten, solange die Verträge nicht verletzt werden. Die Basisklasse von `Integer` und `Double` ist die Klasse `Number`. Somit ist die Zuweisung

```
Number number = new Double (1);
```

gültig und der Compiler übersetzt diese Anweisung ohne Probleme. Auch die folgende Anweisung ist gültig:

```
Punkt<Integer> intPunkt = new Punkt<Integer>(1, 2);
```

Die nächste Anweisung

```
Punkt<Number> numberPunkt = intPunkt;
```

ist jedoch falsch, da das Liskov Substitution Principle nur im Falle der Vererbung gilt. Eine Referenz vom Typ einer Basisklasse kann stets auf ein Objekt einer abgeleiteten Klasse zeigen, solange die Verträge nicht gebrochen werden. Der Typ `Punkt<Integer>` ist jedoch nicht von `Punkt<Number>` abgeleitet. Daher kann die Referenz `numberPunkt` nicht auf ein Objekt vom Typ `Punkt<Integer>` zeigen.

Der Compiler weiß das auch und lehnt die Übersetzung ab. Im Folgenden soll nun als Gedankenexperiment angenommen werden, der Compiler würde die zweite Zeile übersetzen. Es sollen nun die beiden folgenden Anweisungen abgearbeitet werden, die zweifellos korrekt sind:

```
Number number = new Double (10);
numberPunkt.setX (number);
```

Es wird hier eine Referenzvariable vom Typ `Number` angelegt, die auf ein Objekt vom Typ `Double` zeigt, was nach dem Liskov Substitution Principle erlaubt ist. Über die Referenzvariable `numberPunkt` wird dann die Methode `setX()` der aktuell parametrisierten Klasse `Punkt<Number>` aufgerufen und ihr die Referenz auf ein Objekt vom Typ `Double` übergeben.

`numberPunkt` zeigt aber in unserem Gedankenexperiment auf ein Objekt vom Typ `Punkt<Integer>`. Dies hätte nun zur Folge, dass über den Methodenaufruf `setX()` der Instanzvariablen `x` vom Typ `Integer` eine Referenz auf ein Objekt vom Typ `Double` zugewiesen würde, was natürlich nicht möglich ist, weil `Integer` und `Double` auf derselben Stufe der Vererbungshierarchie stehen und insbesondere `Double` kein Subtyp von `Integer` ist. Aber soweit kommt es nicht, da der Compiler die Regeln kennt. Diese lauten:

> Angenommen, die Klasse `K1` ist die Basisklasse für eine Klasse `K2` und `GenKlasse` stellt die Definition einer generischen Klasse dar. Dann gilt **nicht**, dass `GenKlasse<K2>` einen Subtyp von `GenKlasse<K1>` darstellt!

17.1.5 Einschränkungen bei generischen Klassen

Es gibt einige wichtige Einschränkungen bei der Verwendung eines formalen Typ-Parameters:

- Ein **formaler Typ-Parameter einer Klasse** darf **nicht bei** der Definition von **Klassenvariablen und -methoden** verwendet werden.
- Von einem **formalen Typ-Parameter** kann **kein Objekt** – beispielsweise mit `new T` – angelegt werden.
- Eine **Referenzvariable auf ein Array**, das Referenzen auf Objekte aktuell parametrisierter Klassen enthalten soll, darf **nur unter Verwendung der Unbounded Wildcard** `?`[125] angelegt werden. Auch das **Anlegen eines Array-Objektes** unter Verwendung eines aktuellen oder formalen Typ-Parameters ist unzulässig und es muss wiederum die **Unbounded Wildcard** `?` eingesetzt werden. Ein korrektes Array ist beispielsweise: `Punkt<?>[] arr = new Punkt<?>[10];`
- Ein **formaler Typ-Parameter** darf **nicht** in Verbindung **mit** dem **`instanceof`-Operator** verwendet werden. Eine Typ-Prüfung `ref instanceof T` ist generell nicht zulässig.

Der Compiler wird Verstöße gegen diese Einschränkungen mit einem Übersetzungsfehler bemängeln und der Programmierer muss entsprechend nachbessern.

Die Einschränkung, dass der formale Typ-Parameter nicht bei der Deklaration von Klassenvariablen verwendet werden darf, kann einfach nachvollzogen werden: Der Bytecode einer generischen Klasse existiert in einer einzigen Ausprägung. Es

---

[125] Siehe Kap. 17.3.1.

können aber beliebig viele aktuell parametrisierte Klassen desselben generischen
Typs erzeugt werden.

Eine Klassenvariable kann dann nicht gleichzeitig mehrere Typen
repräsentieren, deshalb kann ein formaler Typ-Parameter nicht
zur Definition von Klassenvariablen verwendet werden.

17.1.6 Generische Klassen und Vererbungsbeziehungen

Generische Klassen können – wie herkömmliche Klassen auch – Teil einer Vererbungshierarchie sein. Dies bedeutet, dass eine generische Klasse eine andere generische Klasse oder eine herkömmliche Klasse erweitern kann. Oder aber eine generische Klasse ist die Vaterklasse einer herkömmlichen Klasse. Diese drei Fälle
werden in den folgenden Kapiteln näher betrachtet.

17.1.6.1 Generische Klasse leitet von generischer Klasse ab

Leitet eine generische Klasse von einer anderen generischen Klasse ab, so muss
der formale Typ-Parameter der Klasse, von der abgeleitet wird, entweder durch den
formalen Typ-Parameter der abgeleiteten Klasse oder durch einen aktuellen Typ-Parameter ersetzt werden. Hier zunächst die **erste Möglichkeit**, dass der formale Typ-
Parameter der Klasse, von der abgeleitet wird, durch den formalen Typ-Parameter
der abgeleiteten Klasse ersetzt wird:

```
public class B<T> extends A<T>
```

In diesem Fall ist der formale Typ-Parameter T der Klasse B der aktuelle Typ-Parameter der Klasse A. Wird nun die Klasse B mit einem aktuellen Parameter AktuellerParameter instantiiert, so werden auch alle Vorkommen des formalen Typ-
Parameters innerhalb der Klassendefinition von Klasse A durch Aktueller-
Parameter ersetzt.

Und nun die **zweite Möglichkeit** in einem Beispiel:

```
public class B<T> extends A<KonkreteKlasse>
```

Eine Definition in dieser Form hat zur Konsequenz, dass alle Vorkommen eines für
die Klasse A definierten formalen Typ-Parameters beim Ableiten durch den Typ
KonkreteKlasse ersetzt werden. Wird die Klasse B mit einem aktuellen Typ-
Parameter AktuellerParameter instantiiert:

```
B<AktuellerParameter> b = new B<AktuellerParameter>();
```

so wird der formale Typ-Parameter T nur in der Klassendefinition der Klasse B durch
AktuellerParameter ersetzt, nicht aber in der Klassendefinition der Klasse A,
weil dort der formale Typ-Parameter schon durch KonkreteKlasse zum Zeitpunkt
des Ableitens – genauer gesagt zum Zeitpunkt des Übersetzens der Klasse B –
ersetzt wurde.

Das folgende Beispielprogramm veranschaulicht beide Fälle:

```java
// Datei: AbleitenTest1.java

class GenKlasseA<T>
{
   public void methodeA (T t)
   {
      System.out.println ("methodeA() gerufen mit " + t);
   }
}

// GenKlasseB leitet ab von der aktuell parametrisierten
// Klasse GenKlasse<Integer>. Die Methode methodeA() der
// Klasse GenKlasseA kann somit nur mit Referenzen auf Objekte
// vom Typ Integer aufgerufen werden.
class GenKlasseB<T> extends GenKlasseA<Integer>
{
   public void methodeB (T t)
   {
      System.out.println ("methodeB() gerufen mit " + t);
   }
}

// GenKlasseC leitet ebenfalls von der generischen Klasse
// GenKlasseA ab, aber ersetzt deren formalen Typ-Parameter T
// durch ihren formalen Typ-Parameter S.
class GenKlasseC<S> extends GenKlasseA<S>
{
   public void methodeC (S s)
   {
      System.out.println ("methodeC() gerufen mit " + s);
   }
}

public class AbleitenTest1
{
   public static void main (String[] args)
   {
      GenKlasseB<Double> ref1 = new GenKlasseB<Double>();

      // Die Methode methodeB() kann somit nur mit Referenzen auf
      // Double-Objekte aufgerufen werden.
      ref1.methodeB (4.9);

      // Die Methode methodeA() kann nur mit Referenzen auf Objekte
      // vom Typ Integer aufgerufen werden, weil beim Ableiten von
      // der Klasse GenKlasseA deren formaler Typ-Parameter durch
      // Integer ersetzt wurde.
      ref1.methodeA (3);

      // Die Referenz ref1 vom Typ GenKlasseB<Double> kann einer
      // Referenzvariablen ref2 vom Typ GenKlasseA<Integer>
      // zugewiesen werden. GenKlasseA<Integer> ist dabei der
      // Basistyp von GenKlasseB<Double>.
      GenKlasseA<Integer> ref2 = (GenKlasseA<Integer>) ref1;
      ref2.methodeA (5);
```

```
      // Instantiierung der Klasse GenKlasseC mit aktuellem Typ-
      // Parameter vom Typ String. Die zurückgelieferte Referenz
      // wird einer Referenzvariablen vom Typ GenKlasseA<String>
      // zugewiesen.
      GenKlasseA<String> ref3 = new GenKlasseC<String>();
      ref3.methodeA ("String");

      GenKlasseC<String> ref4 = (GenKlasseC<String>) ref3;
      ref4.methodeC ("String");
   }
}
```

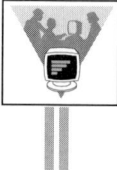

Die Ausgabe des Programms ist:

```
methodeB() gerufen mit 4.9
methodeA() gerufen mit 3
methodeA() gerufen mit 5
methodeA() gerufen mit String
methodeC() gerufen mit String
```

17.1.6.2 Generische Klasse erweitert herkömmliche Klasse

Im Gegensatz zur vorherigen Möglichkeit, bei der eine generische Klasse von einer anderen generischen Klasse abgeleitet wurde, wird nun der Fall betrachtet, bei dem eine generische Klasse von einer nicht generischen Klasse abgeleitet wird:

```
class GenKlasse<T> extends EinfacheKlasse
```

Der Umstand, dass eine generische Klasse von einer nicht-generischen Klasse abgeleitet wird, hat keinen Einfluss auf den Code der einfachen Klasse. Die generische Klasse GenKlasse<T> erbt hier nur die nicht generischen Eigenschaften wie Datenfelder und Methoden der herkömmlichen Klasse EinfacheKlasse. Hierzu ein Beispiel:

```
// Datei: AbleitenTest2.java

class EinfacheKlasse
{
   private String s = "Ich bin ein String";

   public void methodeA()
   {
      System.out.println ("Wert des Datenfeldes " +
                          " in EinfacheKlasse: " + s);
   }
}

class GenKlasse<T> extends EinfacheKlasse
{
   private T t;

   public GenKlasse(T t)
   {
      this.t = t;
   }
```

```
    public void methodeB()
    {
        System.out.println ("Wert des Datenfeldes" +
                            " in GenKlasse: " + t);
    }
}

public class AbleitenTest2
{
    public static void main (String[] args)
    {
        GenKlasse<Integer> ref = new GenKlasse<Integer> (4);
        ref.methodeB();
        ref.methodeA();
    }
}
```

Die Ausgabe des Programms ist:

```
Wert des Datenfeldes in GenKlasse: 4
Wert des Datenfeldes in EinfacheKlasse: Ich bin ein String
```

17.1.6.3 Herkömmliche Klasse leitet ab von generischer Klasse

Der dritte Fall beschreibt das Ableiten einer nicht-generischen von einer generischen Klasse. Dies kann nur geschehen, wenn beim Ableiten der formale Typ-Parameter der generischen Klasse durch einen aktuellen Typ-Parameter ersetzt wird:

```
class EinfacheKlasse2 extends GenKlasse<Integer>
```

Denn aus Sicht der herkömmlichen – also der abgeleiteten – Klasse ist der formale Typ-Parameter der generischen Klasse nicht bekannt und kann somit zur Instantiierungszeit nicht durch einen aktuellen Typ-Parameter ersetzt werden. Diese Ersetzung muss also wiederum bei der Ableitung stattfinden. Das folgende Beispiel zeigt den Zusammenhang. Bitte beachten Sie, dass in der Methode `main()` der Klasse `AbleitenTest3` die Referenzvariable `refGenUniversal` vom Typ `GenKlasse<T>` mit ? als aktuellen Typ-Parameter angelegt wird. ? ist hierbei eine so genannte Wildcard und verleiht der Referenzvariable die Eigenschaft, dass in ihr Referenzen auf Objekte beliebiger aktuell parametrisierter Klassen des generischen Typs `GenKlasse<T>` abgespeichert werden können. Diese und andere Wildcards werden in Kapitel 17.3 ausführlich besprochen. Nun aber zum angekündigten Beispiel:

```
// Datei: AbleitenTest3.java

class GenKlasse<T>
{
    private T t;

    public GenKlasse(T t)
    {
        this.t = t;
    }
```

```
   public void methodeA()
   {
      System.out.println ("Wert des Datenfeldes" +
                          " in GenKlasse: " + t);
   }
}

class EinfacheKlasse2 extends GenKlasse<Integer>
{
   private String s = "Ich bin ein String";

   public EinfacheKlasse2()
   {
      super (2);
   }

   public void methodeB()
   {
      System.out.println ("Wert des Datenfeldes" +
                          " in EinfacheKlasse2: " + s);
   }
}

public class AbleitenTest3
{
   public static void main (String[] args)
   {
      // Die Klasse EinfacheKlasse2 kann nun ganz normal verwendet
      // und instantiiert werden. Es sind keine generischen
      // Eigenschaften mehr vorhanden.
      EinfacheKlasse2 refEinfach = new EinfacheKlasse2();
      refEinfach.methodeA();
      refEinfach.methodeB();

      // Wird die Referenz auf den Typ der Basisklasse gecastet, so
      // muss die Referenzvariable mit dem aktuellen Parameter
      // angelegt werden, mit dem die generische Klasse aktuell
      // parametrisiert wurde - in diesem Fall also Integer.
      GenKlasse<Integer> refGenInteger = refEinfach;
      refGenInteger.methodeA();

      // Oder es muss die Wildcard ? eingesetzt werden.
      GenKlasse<?> refGenUniversal = refEinfach;
      refGenUniversal.methodeA();
   }
}
```

Die Ausgabe des Programms ist:

```
Wert des Datenfeldes in GenKlasse: 2
Wert des Datenfeldes in EinfacheKlasse2: Ich bin ein String
Wert des Datenfeldes in GenKlasse: 2
Wert des Datenfeldes in GenKlasse: 2
```

17.2 Eigenständig generische Methoden

Eigenständig generische Methoden sind Methoden mit formalen Typ-Parametern, wobei die Klasse, welche die Methode enthält, nicht generisch ist.

Klassenmethoden, Instanzmethoden und Konstruktoren können als eigenständige generische Methoden in einer Klasse existieren, ohne dass die Klasse selbst generisch ist.

Eigenständig generische Methoden können auch innerhalb eines Aufzählungstyps definiert werden. Ein Aufzählungstyp selbst kann jedoch nicht generisch sein.

"Normale" generische Methoden wurden bereits bei der Klasse `Punkt<T>` in Kapitel 17.1.1 behandelt. Bei **eigenständig generischen Methoden** erfolgt die Deklaration einer Klasse **ohne einen formalen Typ-Parameter**. Somit ist innerhalb des Klassenrumpfes kein formaler Typ-Parameter bekannt.

Bei der Deklaration **eigenständig generischer Methoden** steht die **Typ-Parameter-Sektion** direkt vor dem Rückgabewert der Methode bzw. direkt vor dem Klassennamen des Konstruktors, womit die dort aufgeführten formalen Typ-Parameter für diese Methode bzw. den Konstruktor bekannt gemacht werden.

Die allgemeine Notation einer generischen Instanz- oder Klassenmethode lautet:

```
modifier_opt <T1, . . . , TN>
    returnTyp methodenName (Parameterliste_opt) throws-Klausel_opt
```

bzw. für die Deklaration von Konstruktoren:

```
modifier_opt <T1, . . . , TN>
    Klassenname (Parameterliste_opt) throws-Klausel_opt
```

Das tiefgestellte $_{opt}$ gibt wiederum an, welche Elemente bei der Deklaration einer generischen Methode optional sind. `modifier` steht stellvertretend für die gültigen Zugriffsmodifikatoren `public`, `protected` oder `private`. Bei der Deklaration generischer Instanz- oder Klassenmethoden steht `modifier` auch zusätzlich für die möglichen Schlüsselwörter `static`, `final` und `abstract`.

Die Gültigkeit der durch die Typ-Parameter-Sektion bekannt gemachten formalen Typ-Parameter bezieht sich nicht wie bei einer generischen Klasse auf die gesamte Klasse, sondern nur auf die entsprechende Methode.

Das folgende Beispiel definiert die gewöhnliche Klasse `EinfacheKlasse`. In ihr ist eine gewöhnliche Methode `einfacheMethode()` und eine eigenständig generische

Methode generischeMethode() definiert. Die eigenständig generische Methode kann als Übergabeparameter eine Referenz auf ein Objekt eines beliebigen Typs haben. Weiterhin besitzt diese Klasse einen eigenständig generischen Konstruktor, der ebenfalls als Übergabeparameter eine Referenz auf ein Objekt eines beliebigen Typs hat:

```java
// Datei: EinfacheKlasse.java

public class EinfacheKlasse
{
    private Integer datenfeld;

    // Eigenständig generischer Konstruktor.
    public <T> EinfacheKlasse (T parameter)
    {
        System.out.print ("Konstruktor:        ");
        System.out.println (parameter);
    }

    // Herkömmliche Methode
    public void einfacheMethode (String s)
    {
        System.out.print ("Einfache Methode:   ");
        System.out.println (s);
    }

    // Eigenständig generische Methode
    public <T> void generischeMethode (T para)
    {
        System.out.print ("Generische Methode: ");
        System.out.println (para);
    }

    public static void main (String[] args)
    {
        String stringRef = new String ("Ich bin ein String.");
        EinfacheKlasse ref = new EinfacheKlasse (stringRef);

        // Die herkömmliche Methode kann als aktuellen Parameter
        // nur Referenzen auf Objekte vom Typ String haben
        ref.einfacheMethode (stringRef);

        // Die generische Methode kann beispielsweise mit Referenzen
        // auf Objekte vom Typ String aufgerufen werden
        ref.generischeMethode (stringRef);

        // Oder die generische Methode wird mit Referenzen auf Objekte
        // von beliebigem Typ - hier z.B. Double - aufgerufen
        Double doubleRef = new Double (10.0);
        ref.generischeMethode (doubleRef);

        // Der Konstruktor kann auch mit einer Referenz auf ein
        // Objekt vom Typ java.util.Date aufgerufen werden.
        new EinfacheKlasse (new java.util.Date());
    }
}
```

Die Ausgabe des Programms ist:

```
Konstruktor:          Ich bin ein String.
Einfache Methode:     Ich bin ein String.
Generische Methode:   Ich bin ein String.
Generische Methode:   10.0
Konstruktor:          Mon Sep 18 16:30:48 CEST 2006
```

Üblicherweise setzt man jedoch eigenständig generische Methoden bei Hilfsklassen ein, um ein und dieselbe Methode für verschiedene Typ-Parameter zu verwenden. Mit anderen Worten, ein Algorithmus soll unabhängig vom Datentyp der Objekte sein, auf denen er ausgeführt wird. Es soll hierzu nun die Klasse `PunktUtils` betrachtet werden. Diese Klasse definiert eine generische Klassenmethode `tausche()`, mit deren Hilfe die Koordinaten zweier Punkte vertauscht werden können. Es wird die Definition der Klasse `Punkt<T>` aus Kapitel 17.1.1 zugrunde gelegt:

```java
// Datei: PunktUtils.java

class PunktUtils
{
   public static <T> void tausche (Punkt<T> p1,  Punkt<T> p2)
   {
      T x = p1.getX();
      T y = p1.getY();

      p1.setX (p2.getX());
      p1.setY (p2.getY());
      p2.setX (x);
      p2.setY (y);
   }
}
```

Die Klasse `TestPunkt2` legt zwei Objekte vom Typ `Punkt<Float>` an und übergibt die Referenzen auf diese Objekte an die Methode `tausche()` der Klasse `PunktUtils`. Danach werden zwei Objekte vom Typ `Punkt<Integer>` angelegt, deren Referenzen ebenfalls an die Methode `tausche()` übergeben werden:

```java
// Datei: TestPunkt2.java

public class TestPunkt2
{
   public static void main (String[] args)
   {
      Punkt<Float> floatPunkt1 = new Punkt<Float> (7.0f, 3.2f);
      Punkt<Float> floatPunkt2 = new Punkt<Float> (4.0f, 2.0f);

      System.out.println ("Erzeugte Float-Punkte:");
      System.out.println (floatPunkt1);
      System.out.println (floatPunkt2);

      // Vertauschen der Punkt-Koordinaten
      PunktUtils.tausche (floatPunkt1, floatPunkt2);
      System.out.println ("Nach dem Vertauschen:");
      System.out.println (floatPunkt1);
      System.out.println (floatPunkt2);
```

```
        Punkt<Integer> intPunkt1 = new Punkt<Integer> (4,2);
        Punkt<Integer> intPunkt2 = new Punkt<Integer> (1,9);

        System.out.println ("\nErzeugte Integer-Punkte:");
        System.out.println (intPunkt1);
        System.out.println (intPunkt2);

        // Vertauschen der Punkt-Koordinaten
        PunktUtils.tausche (intPunkt1, intPunkt2);
        System.out.println ("Nach dem Vertauschen:");
        System.out.println (intPunkt1);
        System.out.println (intPunkt2);
    }
}
```

Hier die Ausgabe des Programms:

```
Erzeugte Float-Punkte:
x = 7.0, y = 3.2
x = 4.0, y = 2.0
Nach dem Vertauschen:
x = 4.0, y = 2.0
x = 7.0, y = 3.2

Erzeugte Integer-Punkte:
x = 4, y = 2
x = 1, y = 9
Nach dem Vertauschen:
x = 1, y = 9
x = 4, y = 2
```

Der Versuch die Methode `tausche()` mit Referenzen auf Objekte von verschiedenem Typ aufzurufen, wird vom Compiler mit einer Fehlermeldung abgelehnt. Das hat einen einfachen Grund:

Ein Typ-Parameter `T` steht für genau einen Typ. Genau ein Typ bedeutet, dass `T` nicht gleichzeitig zwei oder mehr Typen repräsentieren kann.

Daher ist der Aufruf von

```
PunktUtils.tausche (intPunkt1, floatPunkt1);
```

nicht zulässig, weil der formale Typ-Parameter `T` der Klasse `Punkt<T>` hier gleichzeitig den Typ `Integer` und den Typ `Float` repräsentieren soll, was nicht geht!

Eigenständig generische Methoden mit einem formalen Typ-Parameter `T` können mit unterschiedlichen Datentypen aktuell parametrisiert werden, wodurch eine mehrfache Implementierung der Methode entfällt.

17.3 Wildcards

Es gibt drei Arten von Wildcards, die Unbounded Wildcard ? (siehe Kap. 17.3.1), die Upper Bound Wildcard `T extends UpperBound` (siehe Kap. 17.3.2) und die Lower Bound Wildcard `? super LowerBound` (siehe Kap. 17.3.3).

17.3.1 Die Unbounded Wildcard ?

In den Kapiteln 17.1 und 17.1.4 wurde gezeigt, dass es für aktuell parametrisierte Klassen keine Vererbungshierarchie gibt, auch wenn zwischen den aktuellen Parametern eine Vererbungsbeziehung besteht. Als Beispiel hierfür sei nochmals die Vererbungsbeziehung zwischen `Number` und `Integer` genannt. Obwohl `Integer` von `Number` ableitet, ist der Typ `Punkt<Number>` nicht der Basistyp von `Punkt<Integer>`. Damit kann eine Referenzvariable vom Typ `Punkt<Number>` nicht auf ein Objekt vom Typ `Punkt<Integer>` zeigen.

> Um eine Referenzvariable definieren zu können, die auf Objekte beliebiger aktuell parametrisierter Klassen eines generischen Typs zeigen kann, wurde die Wildcard ? eingeführt.

Die Referenzvariable

```
Punkt<?> ref;
```

kann auf Objekte aktuell parametrisierter Klassen des generischen Typs `Punkt<T>` zeigen. Das ? wird auch als Unbounded[126] Wildcard bezeichnet, weil es keine Einschränkungen gibt, durch welchen konkreten Typ die Wildcard ? ersetzt werden kann.

> Die Wildcard ? steht im Gegensatz zu einem formalen Typ-Parameter `T` nicht stellvertretend für genau einen Typ, sondern für alle möglichen Typen. **So kann eine Referenzvariable vom Typ `Punkt<?>` auf Objekte aller aktuell parametrisierten Klassen des generischen Typs `Punkt<T>` zeigen.**

Hier ein Beispiel:

```
Punkt<?> ref = new Punkt<Integer> (1, 2);
ref = new Punkt<Double> (2.0, 7.0);
```

> Es ist nicht erlaubt, die Wildcard ? in der Typ-Parameter-Sektion einer generischen Klasse, Schnittstelle oder Methode anzugeben. **Die Wildcard ? darf nur beim Anlegen einer Referenzvariablen oder beim Anlegen eines Arrays aus Referenzen auf Objekte generischer Typen verwendet werden.**

---

[126] Engl. für unbegrenzt.

Im folgenden Beispielprogramm `TestPunkt3` wird die Verwendung der Unbounded Wildcard `?` gezeigt. Es wird dort ein Array-Objekt vom Typ `Punkt<?>` angelegt, in dem Referenzen auf Objekte aktuell parametrisierter Klassen des generischen Typs `Punkt<T>` hinterlegt werden können, wobei der formale Typ-Parameter `T` bei der Erzeugung der Objekte durch beliebige aktuelle Typ-Parameter ersetzt wird. Danach werden die im Array enthaltenen Referenzen in einer `for`-Schleife ausgelesen und einer Referenzvariablen vom Typ `Punkt<?>` zugewiesen. Es wird wiederum die Definition der Klasse `Punkt<T>` aus Kapitel 17.1 zugrunde gelegt.

```java
// Datei: TestPunkt3.java

public class TestPunkt3
{
    public static void main (String[] args)
    {
        // Anlegen dreier Punkt<T>-Objekte, je eines mit dem
        // aktuellen Parameter Integer, Double und Float.
        Punkt<Integer> ip = new Punkt<Integer> (4, 2);
        Punkt<Double> dp = new Punkt<Double> (1.0, 2.0);
        Punkt<Float> fp = new Punkt<Float> (7.0f, 3.2f);

        // Anlegen eines Array aus Referenzen auf Objekte vom Typ
        // Punkt<?>. Die Verwendung der Wildcard ist dabei zwingend
        // vorgeschrieben.
        Punkt<?>[] arr = new Punkt<?> [3];

        // Füllen des Arrays
        arr [0] = ip;
        arr [1] = dp;
        arr [2] = fp;

        System.out.println ("\nInhalt des Arrays ist:");
        for (Punkt<?> irgendeinPunkt : arr)
        {
            System.out.println (irgendeinPunkt);
        }
    }
}
```

Hier die Ausgabe des Programms:

```
Inhalt des Arrays ist:
x = 4, y = 2
x = 1.0, y = 2.0
x = 7.0, y = 3.2
```

Das Beispiel verdeutlicht zudem die in Kapitel 17.1.5 aufgeführte Restriktion für das Anlegen von Arrays generischer Typen. Diese Einschränkung besagt, dass beim Anlegen eines Arrays weder ein formaler noch ein aktueller Typ-Parameter vorkommen darf. So ist z.B. die folgende Anweisung falsch:

```java
Punkt<Integer>[] fehler = new Punkt<Integer>[3]; // Fehler!
```

Beim Erzeugen eines Arrays, das Referenzen auf Objekte aktuell parametrisierter Klassen eines generischen Typs enthalten soll, muss der Typ-Parameter durch die Unbounded Wildcard ? ersetzt werden:

```
Punkt<?>[] richtig = new Punkt<?> [3]; // OK!
```

17.3.2 Die Upper Bound Wildcard

Die Klasse `Punkt<T>` kann mit jedem beliebigen Typ-Parameter aktuell parametrisiert werden, also auch mit den Datentypen `Object` oder `String`. Das Anlegen eines Objektes wie im folgenden Beispiel:

```
Punkt<String> quatsch = new Punkt<String>("eins", "zweidrei");
```

ist syntaktisch völlig korrekt, aber verfehlt den Sinn der Klasse `Punkt<T>`. Die Koordinaten eines Punktes sollen stets numerisch sein. Das obige Beispiel könnte dadurch verbessert werden, indem man erzwingt, dass der formale Typ-Parameter nur durch Referenztypen ersetzt werden kann, die Zahlen repräsentieren. Dies wird dadurch erreicht, indem als formaler Typ-Parameter die **Upper Bound Wildcard** `T extends UpperBound` verwendet wird:

```
public class Punkt<T extends Number>
{
    . . . . . // hier ändert sich nichts
}
```

Damit können nur noch Punkte angelegt werden, deren Koordinaten durch Objekte der Klasse `Number` oder deren Subklassen repräsentiert werden. Das Anlegen eines Objektes vom Typ `Punkt<String>` ist damit nicht mehr möglich und wird durch den Compiler unterbunden.

Diese Einschränkung wird **Upper Bound**[127] genannt. Die obere Grenze für einen aktuellen Typ-Parameter bildet in diesem Fall die Klasse `Number`.

Bei der Angabe einer Upper Bound für einen formalen Typ-Parameter ersetzt der Compiler mit Hilfe der Type Erasure-Technik den formalen Typ-Parameter `T` durch den Typ der Upper Bound. So werden bei der Übersetzung der Klasse

```
class Punkt<T extends Number>
```

alle Vorkommen von `T` durch `Number` ersetzt.

Die generische Klasse `Punkt<T extends Number>` darf also nur mit dem Typ `Number` oder einem von `Number` abgeleiteten Typ aktuell parametrisiert werden. Das Bild 17-5 zeigt einen Ausschnitt aus der Klassenhierarchie der Klasse `Number`:

---

[127] Engl. für obere Grenze.

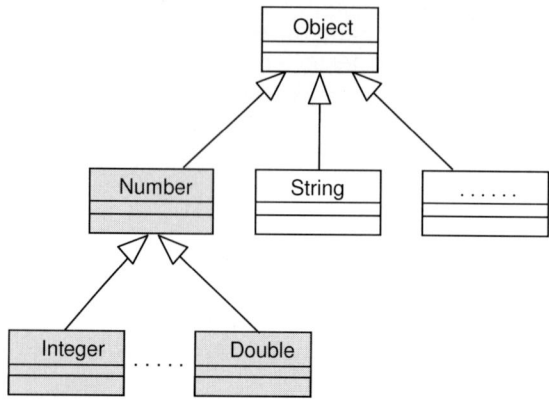

Bild 17-5 Klassenhierarchie der Klasse `Number`

Mit der Upper Bound kann der zulässige Wertebereich von Typ-Parametern auf einen Teilbaum einer Klassenhierarchie einge-schränkt werden. Es wird somit eine obere Schranke für einen zulässigen aktuellen Typ-Parameter definiert.

Das folgende Beispiel zeigt die Verwendung der Upper Bound Wildcard. Die Klasse `Punkt2` kann nun nur noch mit Parametern vom Typ `Number` oder dessen Subtypen aktuell parametrisiert werden:

```java
// Datei: Punkt2.java

public class Punkt2<T extends Number>
{
    // Ein Punkt hat 2 Koordinaten vom Typ T
    private T x;
    private T y;

    // Der Konstruktor erwartet 2 Parameter vom Typ T
    public Punkt2 (T x, T y)
    {
        this.x = x;
        this.y = y;
    }

    // get()- und set()-Methoden für die Koordinaten
    public T getX()
    {
        return x;
    }

    public T getY()
    {
        return y;
    }
```

```
   public void setX (T x)
   {
      this.x = x;
   }

   public void setY (T y)
   {
      this.y = y;
   }

   public String toString()
   {
      return ("x = " + x + ", y = " + y);
   }
}
```

Die Klasse `TestPunkt4` legt nun Objekte der aktuell parametrisierten Klassen `Punkt2<Integer>`, `Punkt2<Double>` und `Punkt2<Number>` an:

```
// Datei: TestPunkt4.java

public class TestPunkt4
{
   public static void main (String[] args)
   {
      Punkt2<Integer> ip = new Punkt2<Integer> (4, 2);
      System.out.println (ip);

      Punkt2<Double> dp = new Punkt2<Double> (1.0, 2.0);
      System.out.println (dp);

      Punkt2<Number> np = new Punkt2<Number> (5, 6);
      System.out.println (np);
   }
}
```

Die Ausgabe des Programms ist:

```
x = 4, y = 2
x = 1.0, y = 2.0
x = 5, y = 6
```

Obwohl `Number` eine abstrakte Basisklasse ist, kann ein Objekt vom Typ `Punkt2<Number>` angelegt werden. Dies funktioniert aber nur deshalb, weil der Compiler die übergebenen `int`-Werte beim Konstruktoraufruf automatisch in ein Objekt vom Typ `Integer` verpackt. Der Versuch, ein Objekt vom Typ `Punkt2<Object>` anzulegen, wird vom Compiler allerdings abgelehnt, da die aktuellen Typ-Parameter vom Typ `Number` sein müssen.

Anbei noch ein Hinweis zu den Grenzen generischer Klassen: In der Klasse `Punkt2<T extends Number>` ist es nach wie vor nicht möglich, eine Methode `verschiebe()` zu implementieren:

```
public T verschiebe (T deltaX, T deltaY)
{
    x = x + deltaX;
    y = y + deltaY;
}
```

Durch die Type Erasure-Technik wird bei Einsatz der Upper Bound `Number` zwar der formale Typparameter `T` durch den Typ `Number` ersetzt, aber auch für den Typ `Number` ist der +-Operator nicht definiert.

17.3.3 Die Lower Bound Wildcard

Die Lower Bound[128] Wildcard `? super LowerBound` kann nur in Zusammenhang mit der Unbounded Wildcard `?` eingesetzt werden. Sie dient dazu, den Wertebereich von zulässigen aktuellen Typ-Parametern in der Klassenhierarchie nach unten einzuschränken. Das folgende Beispiel verdeutlicht den Zusammenhang.

Es soll die Definition einer generischen Klasse `GenKlasse<T>` betrachtet werden:

```
public class GenKlasse<T>
{
    // Nicht von Interesse
}
```

Weiterhin seien die gewöhnlichen Klassen `A`, `B`, `C` und `D` definiert, wobei die Vererbungshierarchie aus Bild 17-6 zugrunde gelegt wird.

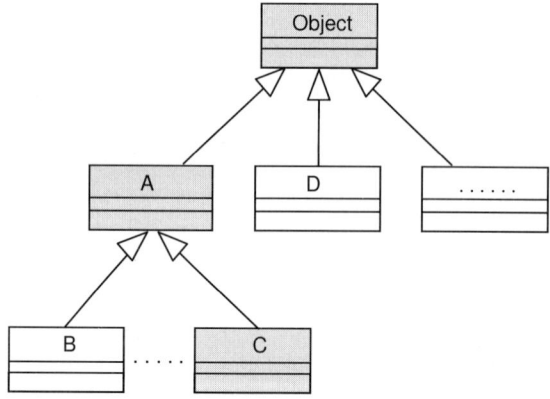

Bild 17-6 Zugrunde gelegte Klassenhierarchie

In einer weiteren Klasse `Hilfsklasse` sei nun eine Klassenmethode `methode()` definiert, die einen formalen Übergabeparameter vom Typ der generischen Klasse `GenKlasse<T>` hat:

---

[128] Engl. für untere Grenze.

```
public class Hilfsklasse
{
   public static void methode (GenKlasse<? super C> ref)
   {
      // Nicht von Interesse
   }
}
```

Als aktuelle Parameter der Methode `methode()` kommen nur Referenzen vom Typ `GenKlasse<Parameter>` in Frage, wobei der aktuelle Typ-Parameter `Parameter` vom Typ `C` oder einem Supertyp von `C` ist. Somit können nur die in Bild 17-6 grau eingefärbten Typen – also `C`, `A` und `Object` – als aktueller Typ-Parameter verwendet werden. Bei allen anderen Typen gibt der Compiler eine Fehlermeldung aus.

> Die Lower Bound Wildcard `<? super C>` deckt die Klasse `C` und alle Klassen ab, von denen `C` direkt oder indirekt abgeleitet ist. Es wird damit eine untere Schranke für den Wertebereich eines formalen Typ-Parameters definiert.

Im Folgenden einige zulässige und unzulässige Aufrufe von `methode()`:

```
Hilfsklasse.methode (new GenKlasse<C>());        // OK!
Hilfsklasse.methode (new GenKlasse<A>());        // OK!
Hilfsklasse.methode (new GenKlasse<D>());        // Fehler!
Hilfsklasse.methode (new GenKlasse<Object>());   // OK!
Hilfsklasse.methode (new GenKlasse<B>());        // Fehler!
```

> Die Lower Bound Wildcard darf im Gegensatz zur Upper Bound Wildcard nicht in der Typparameter-Sektion einer generischen Klasse verwendet werden.

Es ist deshalb unzulässig eine generische Klasse wie folgt zu definieren:

```
public class GenKlasse<? super C>
{
   . . . . .
}
```

Die Lower Bound Wildcard darf deshalb wie die Unbounded Wildcard nur bei der Definition von Referenzvariablen verwendet werden.

17.4 Generische Schnittstellen

Genauso wie Klassen können auch Schnittstellen generisch sein. Eine allgemein-gültige Notation für die Definition generischer Schnittstellen lautet:

```
interface GenerischeSchnittstelle<T1, . . . , TN>
   (extends I1, . . . , IN)opt
```

Beispielsweise ist die Schnittstelle `GenSchnittstelle` generisch:

```
// Datei: GenSchnittstelle.java

public interface GenSchnittstelle<T>
{
   public void methode1 (T param);
   public void methode2();
}
```

Wie zu erkennen ist, wird der formale Typ-Parameter `T` innerhalb der generischen Schnittstelle genauso verwendet wie innerhalb einer Klassendefinition.

Implementiert nun eine Klasse eine generische Schnittstelle, so gibt es dafür zwei Möglichkeiten:

* Die Klasse implementiert die Schnittstelle, wobei die in der Typ-Parameter-Sektion der Schnittstelle definierten formalen Typ-Parameter durch aktuelle Typ-Parameter ersetzt werden müssen. Damit werden auch die formalen Typ-Parameter in den Methodenköpfen der Schnittstelle durch die aktuellen Typ-Parameter ersetzt.

* Die zweite Möglichkeit besteht darin, die Schnittstelle zu implementieren, aber ohne die formalen Typ-Parameter durch aktuelle Typ-Parameter zu ersetzen. Damit behalten die Methodenköpfe der Schnittstelle ihre formalen Typ-Parameter bei und die Klasse, welche die Schnittstelle implementiert, wird automatisch generisch. Daher muss die Klasse den formalen Typ-Parameter in ihrer Typ-Parameter-Sektion dem Compiler bekannt machen.

Beide Möglichkeiten werden im Folgenden genauer betrachtet.

17.4.1 Mit Ersetzung der formalen Typ-Parameter

In diesem Fall müssen alle formalen Typ-Parameter, welche für die Schnittstelle definiert sind, durch aktuelle Typ-Parameter ersetzt werden. Betrachten wir hierfür das Beispiel der oben deklarierten Schnittstelle `GenSchnittstelle<T>` mit einem formalen Typ-Parameter `T`. Eine Klasse `Test` implementiert nun diese Schnittstelle mit dem aktuellen Typ-Parameter `Integer`, indem in der Klassendeklaration der Zusatz

```
implements GenSchnittstelle<Integer>
```

angefügt wird. Die Klasse muss nun alle Methodenköpfe, welche die Schnittstelle enthält – hier also die Methodenköpfe von `methode1()` und `methode2()` – mit dem aktuellen Typ-Parameter `Integer` implementieren:

```
// Datei: Test.java

public class Test implements GenSchnittstelle<Integer>
{
   private Integer ref;
```

```
public Test (Integer i)
{
   ref = i;
}

public void methode1 (Integer param)
{
   System.out.println ("Aufruf von methode1() mit: " + param);
}

public void methode2()
{
   System.out.println ("Inhalt von ref: " + ref);
}

public static void main (String[] args)
{
   // Die Klasse Test wird wie eine
   // herkömmliche Java-Klasse instantiiert.
   Test test = new Test (5);

   test.methode1 (new Integer (1));
   test.methode2();

   // Es besteht auch die Möglichkeit, eine Referenz-
   // variable vom Typ GenSchnittstelle<Integer> anzulegen
   // und dieser eine Referenz vom Typ Test zuzuweisen.
   GenSchnittstelle<Integer> ref = new Test (1);
   ref.methode1 (new Integer (5));
}
}
```

Die Ausgabe des Programms ist:

```
Aufruf von methode1() mit: 1
Inhalt von ref: 5
Aufruf von methode1() mit: 5
```

Wie dem obigen Beispiel zu entnehmen ist, wird die Klasse `Test` wie eine herkömmliche Klasse behandelt. Das liegt daran, dass sie keine generische, sondern eine mit dem Typ-Parameter `Integer` aktuell parametrisierte Schnittstelle implementiert.

> Implementiert eine Klasse eine generische Schnittstelle und ersetzt bei der Implementierung alle in der Typ-Parameter-Sektion der Schnittstelle auftretenden formalen Typ-Parameter durch aktuelle Typ-Parameter, so besitzt die Klasse keine generischen Eigenschaften mehr.

17.4.2 Ohne Ersetzung der formalen Typ-Parameter

Implementiert eine Klasse eine generische Schnittstelle, ohne dass die formalen Typ-Parameter durch aktuelle Typ-Parameter ersetzt werden, so wird die Klasse selbst generisch. Mit anderen Worten, die Klasse implementiert alle Methoden, welche die generische Schnittstelle deklariert, und verwendet bei der Implementierung den formalen Typ-Parameter. Der Compiler erzwingt, dass die Klasse, welche die generische Schnittstelle ohne die Ersetzung des formalen Typ-Parameters implementiert, selbst generisch wird und in ihrer Typ-Parameter-Sektion den verwendeten formalen Typ-Parameter bekannt macht. Der Methodenkopf der zu implementierenden Methode muss mit der Deklaration in der Schnittstelle übereinstimmen. Innerhalb des Klassenrumpfes können außerdem die in der Typ-Parameter-Sektion deklarierten formalen Typ-Parameter nach Belieben verwendet werden.

Im Folgenden wird das obige Beispiel modifiziert. Die Klasse Test2 implementiert nun die generische Schnittstelle GenSchnittstelle<T>, ohne jedoch den formalen Typ-Parameter T durch einen aktuellen Typ-Parameter zu ersetzen. Dadurch wird die Klasse Test2 selbst generisch und innerhalb ihres Klassenrumpfes kann der formale Typ-Parameter T – dieser wird ja durch ihre Typ-Parameter-Sektion bekannt gemacht – beliebig verwendet werden:

```java
// Datei: Test2.java

// Die Klasse Test2 macht durch ihre Typ-Parameter-Sektion den
// formalen Typ-Parameter T dem Compiler bekannt.
public class Test2<T> implements GenSchnittstelle<T>
{
   // Definition einer generischen Referenzvariablen
   private T formalTypRef;

   public Test2 (T t)
   {
      formalTypRef = t;
   }

   public void methode1 (T param)
   {
      System.out.println ("Aufruf von methode1() mit: " + param);
   }

   public void methode2()
   {
      System.out.println ("Inhalt von formalTypRef: "
                           + formalTypRef);
   }

   public static void main (String[] args)
   {
      // Instantiierung mit aktuellem Typ-Parameter Integer
      Test2<Integer> testRef1 = new Test2<Integer> (5);
      testRef1.methode1 (new Integer (1));
      testRef1.methode2();

      // Instantiierung mit aktuellem Typ-Parameter String
      Test2<String> testRef2 =
         new Test2<String> ("String-Objekt");
      testRef2.methode1 ("Ich bin ein String.");
      testRef2.methode2();
   }
}
```

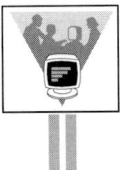

Die Ausgabe des Programms ist:

```
Aufruf von methode1() mit: 1
Inhalt von formalTypRef: 5
Aufruf von methode1() mit: Ich bin ein String.
Inhalt von formalTypRef: String-Objekt
```

17.4.3 Schnittstellen und Bounds

Im Kapitel 17.3.2 ist bereits die Upper Bound Wildcard `T extends UpperBound` eingeführt worden. Dabei wurde der Platzhalter `UpperBound` durch eine konkrete Klasse ersetzt, um den Gültigkeitsbereich eines formalen Typ-Parameters `T` nach oben zu beschränken. Wird eine generische Klasse beispielsweise mit folgender Typ-Parameter-Sektion deklariert:

```
public class GenKlasse<T extends Number>
```

so kann die Klasse `GenKlasse` nur mit dem aktuellen Typ-Parameter vom Typ `Number` oder dessen Subklassen aktuell parametrisiert werden. Die Klasse `Number` stellt damit die obere Schranke des Gültigkeitsbereiches des formalen Typ-Parameters `T` dar. Mit anderen Worten, die Klasse `Number` ist die Upper Bound des Typ-Parameters `T`.

Die Definition des Bounds für formale Typ-Parameter kann nun um die Verwendung von generischen Schnittstellen erweitert werden. In den bisherigen Beispielen wurde dabei die Upper Bound nur durch eine Klasse repräsentiert, so z.B.

```
T extends Number      // Number ist die Upper Bound
```

Man sagt auch, dass der formale Typ-Parameter `T` an die Klasse `Number` gebunden ist. Dies bedeutet, dass als aktueller Typ-Parameter nur die Klasse `Number` selbst oder eine von `Number` abgeleitete Klasse eingesetzt werden kann. Ein formaler Typ-Parameter kann zusätzlich an beliebig viele Schnittstellen-Typen gebunden werden:

Eine Bound kann aus einer Klasse `Klasse` und beliebig vielen Schnittstellen `I1` bis `IN` bestehen. Die Verknüpfung der einzelnen Bounds findet über den logischen UND-Operator `&` statt. Die Deklaration einer solchen Bound für einen formalen Typ-Parameter `T` lautet dann:

```
T extends Klasse & I1 & I2 & . . . & IN
```

Diese Notation hat zur Konsequenz, dass der aktuelle Typ-Parameter, der den formalen Typ-Parameter `T` ersetzt,

- von der Klasse `Klasse` ableiten muss
- und ferner alle Schnittstellen `I1` bis `IN` implementieren muss,

damit der Compiler die Ersetzung des formalen Typ-Parameters durch den aktuellen Typ-Parameter zulässt.

Es darf nur eine einzige Klasse bei der Upper Bound angegeben werden. Dies erscheint auch logisch, denn sonst müsste eine Klasse, welche an die Stelle des formalen Typ-Parameters treten soll, von mehr als einer Klasse ableiten. Und bekanntermaßen wird Mehrfachvererbung – also das Ableiten von mehr als einer Klasse – in Java nicht unterstützt. Dahingegen ist die Anzahl der Schnittstellen, welche die Bound bilden, nicht begrenzt, weil eine Klasse eine beliebige Anzahl von Schnittstellen implementieren kann.

Es ist nicht zwingend notwendig, dass die Bound durch eine Klasse und eine beliebige Anzahl von Schnittstellen gebildet wird. Sie kann auch nur aus Schnittstellen bestehen. Dabei muss bei einer Bound stets das Schlüsselwort `extends` verwendet werden. Angenommen, `I1` und `I2` sind zwei Schnittstellen und `Klasse` eine Klasse, dann sind folgende Bounds gültig:

- `T extends Klasse`
- `T extends I1` **bzw.** `T extends I2`
- `T extends I1 & I2`
- `T extends Klasse & I1` **bzw.** `T extends Klasse & I2`
- `T extends Klasse & I1 & I2`

Das folgende Beispiel soll den Zusammenhang nochmals verdeutlichen. Es sind dort die beiden Schnittstellen `I1` und `I2` und die vier Klassen `A`, `B`, `C` und `D` definiert. Es wird die in Bild 17-7 gezeigte Hierarchie zugrunde gelegt.

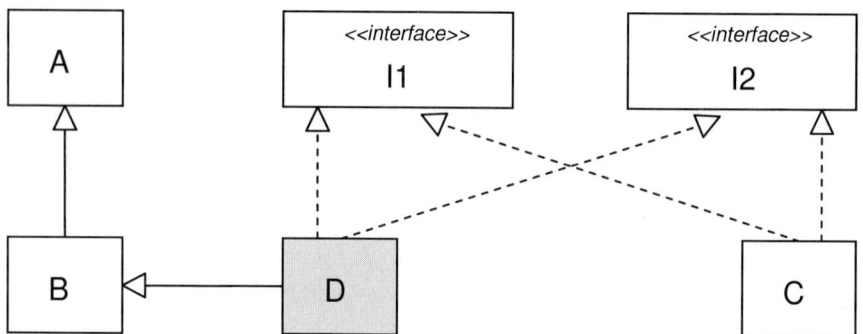

Bild 17-7 Zugrunde gelegte Vererbungs- und Realisierungsbeziehungen

Weiterhin existiert eine generische Klasse `UpperBound`, die einen formalen Typ-Parameter `T` mit der Bound

`T extends A & I1 & I2`

besitzt. In der Testklasse `UpperBoundTest` werden dann die möglichen Instantiierungsversuche der Klasse `UpperBound` durchgespielt, um zu erläutern, wie sich die für den Typ-Parameter `T` definierte Upper Bound auf die Instantiierung auswirkt:

```java
// Datei: UpperBoundTest.java

interface I1 {}

interface I2 {}

class A {}

class B extends A {}

class C implements I1, I2 {}

class D extends B implements I1, I2 {}

class UpperBound<T extends A & I1 & I2>
{
   public UpperBound (T param)
   {
      // Die Methode getClass() ist in der Klasse Object definiert
      // und gibt eine Referenz auf ein Objekt vom Typ Class<T>
      // zurück. Über dieses Objekt kann mit Hilfe der Methode
      // getName() der Klassenname des Objekts erfragt werden.
      String name = param.getClass().getName();
      System.out.println ("Mit aktuellem Typ-Parameter " + name +
                          " instantiiert!");
   }
}

public class UpperBoundTest
{
   public static void main (String[] args)
   {
      // Klasse A implementiert nicht die Schnittstellen I1 und I2
      // new UpperBound<A> (new A());

      // Klasse B leitet von A ab, implementiert
      // aber nicht die geforderten Schnittstellen
      // new UpperBound<B> (new B());

      // Klasse C implementiert die Schnittstellen
      // leitet aber nicht von A ab.
      // new UpperBound<C> (new C());

      // Die Klasse D leitet direkt von der Klasse B und damit
      // indirekt von der Klasse A ab. Sie implementiert zusätzlich
      // die geforderten Schnittstellen I1 und I1.
      new UpperBound<D> (new D());
   }
}
```

Die Ausgabe des Programms ist:

```
Mit aktuellem Typ-Parameter D instantiiert!
```

Durch das Type Erasure werden beim Übersetzen einer generischen Klasse die formalen Typ-Parameter, die eine Upper Bound besitzen, durch den **ersten** Typ der Upper Bound ersetzt. So werden bei

```
class GenKlasse<T extends Klasse & I1>
```

alle Vorkommen von T durch Klasse und bei

```
class GenKlasse<T extends I1 & I2>
```

alle Vorkommen von T durch I1 ersetzt.

17.4.4 Vererbungsbeziehung zwischen generischen Schnittstellen

Generische Schnittstellen können – wie herkömmliche Schnittstellen auch – Vererbungshierarchien aufbauen. Dabei gelten die gleichen Regeln, wie sie schon bei der Beschreibung von Vererbungsbeziehungen bei generischen Klassen aufgestellt wurden (siehe Kap. 17.1.6). Es werden somit nur kurz die Kernpunkte aufgelistet, die beim Aufbau von Vererbungshierarchien bei generischen Schnittstellen zu beachten sind:

● Wird eine generische Schnittstelle von einer anderen generischen Schnittstelle abgeleitet, so muss der formale Typ-Parameter der Schnittstelle, von der abgeleitet wird, entweder durch einen aktuellen Typ-Parameter

```
GenInterface2<T> extends GenInterface1<AktuellerTyp>
```

oder durch den formalen Typ-Parameter der abgeleiteten Schnittstelle

```
GenInterface2<T> extends GenInterface1<T>
```

ersetzt werden.

● Im Folgenden wird der Fall betrachtet, dass eine generische Schnittstelle von einer nicht generischen Schnittstelle ableitet:

```
interface I1
{
   public void methode1();
}

interface I2<T> extends I1
{
   public void methode2 (T t);
}
```

Eine Klasse, welche die Schnittstelle I2 implementiert, muss dann eine Implementierung der Methoden methode1() und methode2() bereitstellen. Der formale Typ-Parameter der generischen Schnittstelle I2 kann bei der Implementierung durch einen aktuellen (siehe Kap. 17.4.1) oder einen formalen Typ-Parameter (siehe Kap. 17.4.2) ersetzt werden

• Leitet eine herkömmliche Schnittstelle von einer generischen Schnittstelle ab, so muss bei der Ableitung der formale Typ-Parameter durch einen aktuellen Typ-Parameter ersetzt werden:

```
interface I2 extends I1<KonkreteKlasse>
{
    // Hier nicht interessant
}
```

Die generischen Eigenschaften der Schnittstelle I1 gehen auch hier wieder verloren.

Wie auch bei der Ableitung von generischen Klassen muss bei der Ersetzung der formalen Typ-Parameter auf die Bounds – das heißt auf die für die aktuellen Typ-Parameter definierten Schranken – geachtet werden. Die Ersetzung der formalen Typ-Parameter durch aktuellen Typ-Parameter muss somit natürlich innerhalb der zulässigen Schranken erfolgen.

17.4.5 Die generische Schnittstelle Comparable

Als Beispiel für eine generische Schnittstelle aus der Java-Klassenbibliothek soll die Schnittstelle Comparable<T> aus dem Paket java.lang betrachtet werden. Diese Schnittstelle kann von allen Klassen implementiert werden und ermöglicht dann, dass Arrays, bestehend aus Referenzen auf Objekte dieser Klassen, durch die Klassenmethode

```
public static void sort (Object[] a)
```

der Klasse Arrays aus dem Paket java.util sortiert werden können. Die Implementierung der generischen Schnittstelle Comparable<T> stellt sicher, dass alle Objekte eine bestimmte Vergleichsoperation unterstützen. Die generische Schnittstelle Comparable<T> hat den folgenden Aufbau:

```
public interface Comparable<T>
{
    public int compareTo (T o);
}
```

Sortieren setzt voraus, dass Elemente, die sortiert werden sollen, ein Merkmal haben, für das eine **Ordnung** besteht. Eine Ordnung liegt dann vor, wenn für ein Merkmal die Vergleichsoperationen ==, ! =, <, <=, >= und > existieren.

Bei **Objekten** geht es letztendlich immer darum, wie Objekte miteinander verglichen werden und welche Datenfelder für eine größer-, kleiner- und gleich-Entscheidung herangezogen werden müssen. Werden **Strings** miteinander verglichen, so wird zumeist ein **lexikalischer Vergleich** herangezogen, sollen jedoch beliebige Objekte miteinander verglichen werden, so stellt sich die Frage, **nach welchen Datenfeldern** die Objekte zu **vergleichen** sind.

Die Schnittstelle Comparable<T> wird bereits von allen Wrapper-Klassen wie Byte, Character, Double, Integer usw. implementiert. Damit können also Arrays aus

Referenzen auf Objekte dieser Klassen schon automatisch mit der oben genannten `sort()`-Methode sortiert werden. Hierzu ein Beispielprogramm zur Sortierung eines `Integer`-Arrays:

```java
// Datei: IntegerSort.java

import java.util.Arrays;

public class IntegerSort
{
   public static void main (String[] args)
   {
      Integer[] arr = new Integer [4];
      arr [0] = new Integer (7);
      arr [1] = new Integer (3);
      arr [2] = new Integer (5);
      arr [3] = new Integer (1);

      System.out.println ("Vor Sortierung:");
      System.out.println (arr [0] + "\n" + arr [1] + "\n" + arr [2]
                         + "\n" + arr [3]);
      Arrays.sort (arr);
      System.out.println ("Nach Sortierung:");
      System.out.println (arr [0] + "\n" + arr [1] + "\n" + arr [2]
                         + "\n" + arr [3]);
   }
}
```

Die Ausgabe des Programms ist:

```
Vor Sortierung:
7
3
5
1
Nach Sortierung:
1
3
5
7
```

Damit die Methode `sort()` der Klasse `Arrays` ein übergebenes Array sortieren kann, muss das Array als Elemente Referenzen auf Objekte enthalten, deren Klassen die Schnittstelle `Comparable<T>` implementieren. Wie schon erwähnt, implementiert die Klasse `Integer` die Schnittstelle `Comparable<T>`. Die Deklaration der Klasse `Integer` hat folgendes Aussehen:

```java
public final class Integer extends Number
                      implements Comparable<Integer>
```

Dadurch, dass die Schnittstelle `Comparable` mit dem aktuellen Typ-Parameter `Integer` implementiert wird, kann zur Übersetzungszeit vom Compiler sichergestellt werden, dass die Implementierung der Methode `compareTo()` für die Klasse `Integer` auch nur Objekte vom Typ `Integer` vergleichen kann. Der folgende

Codeausschnitt zeigt die Implementierung der Methode `compareTo()` für die Klasse `Integer`:

```
public int compareTo (Integer anotherInteger)
{
   int thisVal = this.value;
   int anotherVal = anotherInteger.value;
   return (thisVal < anotherVal ? -1 :
           (thisVal == anotherVal ? 0 : 1));
}
```

Die Methode `public int compareTo (Integer o)` hat die Aufgabe, das aktuelle Objekt, für das die Methode aufgerufen wird, mit dem Objekt, dessen Referenz übergeben wurde, zu vergleichen. Dabei sind folgende Rückgabewerte zu erwarten:

- Ist das Objekt, dessen `compareTo()`-Methode aufgerufen wird, kleiner als das übergebene, so wird `-1` zurückgegeben.

- Ist das Objekt, dessen `compareTo()`-Methode aufgerufen wird, gleich mit dem übergebenen, so wird `0` zurückgegeben.

- Ist das Objekt, dessen `compareTo()`-Methode aufgerufen wird, größer als das übergebene, so wird `1` zurückgegeben.

Sollen nun Objekte selbst geschriebener Klassen von der `sort()`-Methode der Klasse `Arrays` sortiert werden, so müssen sie lediglich die Schnittstelle `Comparable<T>` implementieren und in der Methode `compareTo()` die entsprechenden Rückgabewerte liefern.

Dies soll an nachfolgendem Beispiel gezeigt werden. Die Klasse `Artikel` hat die Datenfelder `artNr` und `name`. Die Instanzen der Klasse `Artikel` sollen nach dem Datenfeld `name` sortiert werden, wobei Groß- und Kleinschreibung zu ignorieren ist. Damit ein Array von Artikeln sortiert werden kann, muss lediglich die Klasse `Artikel` die Schnittstelle `Comparable<Artikel>` implementieren, wie im folgenden Programm zu sehen ist.

```
// Datei: Vergleich.java

import java.util.*;

class Artikel implements Comparable<Artikel>
{
   private String artNr;
   private String name;

   public Artikel (String artNr, String name)
   {
      this.artNr = artNr;
      this.name = name;
   }
```

```
    public int compareTo (Artikel artikel)
    {
        // Die Methode compareToIgnoreCase() ist in der Klasse
        // String implementiert und liefert den entsprechenden
        // Wert -1, 0, 1 bei Vergleich beider Strings
        return name.compareToIgnoreCase (artikel.name);
    }

    // Überschreiben der toString()-Methode, um die String-
    // repräsentation des Objektes ausgeben zu können.
    public String toString()
    {
        return (artNr + "   " + name);
    }
}

public class Vergleich
{
    public static void main (String[] args)
    {
        Artikel[] arr = new Artikel [4];
        arr [0] = new Artikel ("1000", "Mutter 8x10");
        arr [1] = new Artikel ("1001", "Dichtungsring 20x100");
        arr [2] = new Artikel ("1002", "Abstreifring 25x125");
        arr [3] = new Artikel ("1003", "montierbarer Zackenring");

        Arrays.sort (arr);

        for (Artikel artikel : arr)
            System.out.println (artikel);
    }
}
```

Die Ausgabe des Programms ist:

```
1002   Abstreifring 25x125
1001   Dichtungsring 20x100
1003   montierbarer Zackenring
1000   Mutter 8x10
```

Sollen Objekte der Klasse Artikel nach der Artikelnummer sortiert werden, so ist die Methode compareTo() entsprechend umzuschreiben. Dabei muss natürlich beachtet werden, dass die Artikelnummern numerisch zu sortieren sind.

Zum Abschluss dieses Kapitels soll nochmals ein Hinweis zur Typsicherheit gemacht werden. Würde in der Methode public static void sort (Object[] a) der Klasse Arrays kein Object[]-Array als Parameter verlangt, sondern ein Array des Schnittstellentyps Comparable<T>, so könnten Fehler bezüglich der Übergabe eines Typs, der die Schnittstelle Comparable<T> gar nicht implementiert, schon zur Kompilierzeit erkannt werden.

17.5 Die Klasse Class<T>

Im Paket `java.lang` gibt es eine Klasse mit dem Namen `Class<T>`. Diese generische Klasse ist eine besondere Klasse, denn es existieren zu jedem Java-Programm eine Vielzahl von Instanzen dieser Klasse, ohne dass vom Programmierer davon auch nur eine einzige mit dem `new`-Operator erzeugt wird. Jedes Mal, wenn von der virtuellen Maschine eine Klasse geladen wird, – eine Klasse wird immer dann geladen, wenn sie zum ersten Mal benutzt wird – wird ein Objekt der Klasse `Class<T>` angelegt. Ein Objekt dieser Klasse repräsentiert alle Eigenschaften der entsprechenden Klasse. Mit Hilfe der Klasse `Class<T>` werden in Java Mechanismen wie Reflection (siehe Kap. 31 auf der beiliegenden CD) oder Objektserialisierung (siehe Kap. 16) umgesetzt. Der Programmierer selbst kann kein Objekt der Klasse `Class<T>` mit dem `new`-Operator erzeugen, da die Klasse `Class<T>` keinen öffentlichen Konstruktor zur Verfügung stellt.

Jeder **Typ** in einem Java-Programm wird in der virtuellen Maschine **durch** ein **Objekt** der Klasse `Class<T>` **repräsentiert**. Dieses Objekt repräsentiert alle Eigenschaften des entsprechenden Typs.

Damit existiert für jede benutzte **Schnittstelle**, für jede benutzte **Klasse**, für jedes benutzte **Array**, für jeden Aufzählungstyp und sogar für jeden benutzten **elementaren Datentyp genau ein Objekt der Klasse** `Class<T>` in der virtuellen Maschine.

Ein Objekt der Klasse `Class<T>`, das einen bestimmten Referenz-Typ repräsentiert, kann über die Klassenmethode `forName()` der Klasse `Class<T>` oder über die Instanzmethode `getClass()` eines Objektes abgefragt werden. Die Methode `getClass()` ist eine Instanzmethode der Klasse `Object` und ist damit in jedem Objekt verfügbar. Das folgende Programm zeigt, wie eine Referenz auf das `Class<T>`-Objekt der Klasse `Object` mit Hilfe der Instanzmethode `getClass()` erhalten werden kann:

```java
// Datei: Typen.java

public class Typen
{
   public static void main (String[] args)
   {
      Object refObj = new Object();

      // Es muss die Unbounded Wildcard verwendet werden, weil
      // erst zur Laufzeit bekannt ist, von welchem Typ die
      // zurückgelieferte Referenz ist.
      Class<?> refClass = refObj.getClass();

      // Den Namen der Klasse ausgeben
      System.out.println ("Name: " + refClass.getName());
   }
}
```

Hier die Ausgabe des Programms:

```
Name: java.lang.Object
```

17.5.1 Erzeugen eines Objektes mit newInstance()

Über ein `Class<T>`-Objekt kann auch eine Instanz des Typs erzeugt werden, den das `Class<T>`-Objekt repräsentiert. Voraussetzung ist, dass es sich um einen instantiierbaren Typ[129] handelt. Das folgende Programm besorgt sich zuerst eine Referenz auf das `Class<T>`-Objekt der Klasse `Typen2` mit Hilfe der Klassenmethode `forName()` der Klasse `Class<T>` und erzeugt dann durch Aufruf der Methode `newInstance()` ein Objekt der Klasse `Typen2`, ohne den `new`-Operator zu verwenden.

```java
// Datei: Typen2.java

interface Schnittstelle
{}

public class Typen2
{
   private int x;

   public Typen2()
   {
     x = 3;
   }

   public static void main (String[] args) throws Exception
   {
      Class<?> typen2ClassRef = Class.forName ("Typen2");

      // Da die Methode newInstance() eine Referenz vom Typ Object
      // zurückgibt, muss auf den Typ Typen2 gecastet werden.
      Typen2 typen2 = (Typen2) typen2ClassRef.newInstance();
      System.out.println ("Wert der Variablen x: " + typen2.x);

      // Eine Referenz auf das Class<T>-Objekt
      // von Schnittstelle wird besorgt.
      Class<?> schnittstelleClassRef =
         Class.forName ("Schnittstelle");

      // Der Versuch, über das referenzierte Class<T>-Objekt
      // eine Instanz vom Schnittstellen-Typ zu erzeugen, wird das
      // Werfen einer Exception vom Typ InstantiationException
      // hervorrufen.
      // Schnittstelle schnittstelle =
      //    (Schnittstelle) schnittstelleClassRef.newInstance();
   }
}
```

---

[129] Das heißt, es darf sich weder um eine Schnittstelle noch um eine abstrakte Klasse handeln.

Hier die Ausgabe des Programms:

```
Wert der Variablen x: 3
```

Wie man an der Ausgabe erkennen kann, wird der selbst geschriebene Default-Konstruktor auch hier aufgerufen! Es wird allerdings immer vorausgesetzt, dass ein Default-Konstruktor vorhanden ist, ansonsten wird zur Laufzeit eine Fehlermeldung ausgegeben. Dieser Fall kann eintreten, wenn in einer Klasse nur ein Konstruktor mit Parametern definiert wird, da dann der voreingestellte Default-Konstruktor nicht mehr vorhanden ist.

> Mit den folgenden Anweisungen kann ein Objekt der Klasse
> `Klassenname` auch ohne den `new`-Operator geschaffen werden:
>
> ```
> Class<?> c = Class.forName ("Klassenname");
> Klassenname p2 = (Klassenname) c.newInstance();
> ```

17.5.2 Einsatz des Klassenliterals

Die Verwendung des Klassenliterals stellt eine weitere Möglichkeit dar, sich die Referenz auf ein bestimmtes `Class<T>`-Objekt zu beschaffen.

> Das Klassenliteral ist ein Ausdruck, der sich aus dem Klassennamen eines Referenztyps oder dem Namen eines einfachen Datentyps, gefolgt von einem Punkt . und dem Schlüsselwort `class` zusammensetzt.

Gültige Klassenliterale sind beispielsweise:

- `Object.class`
- `int.class`
- `double[].class`

So liefert das Klassenliteral `TypBezeichnung.class` eine Referenz auf ein `Class<T>-Objekt` zurück, wobei folgende Regeln gelten:

- Stellt `TypBezeichnung` einen Referenztyp – also eine Klasse, eine Schnittstelle oder ein Array – dar, so ist die zurückgelieferte Referenz vom Typ `Class<TypBezeichnung>`.
- Wird mit `TypBezeichnung` ein einfacher Datentyp – also `int`, `double`, `boolean`, etc. – bezeichnet, so besitzt die zurückgelieferte Referenz den Typ `Class<Wrapperklassentyp>` – also `Class<Integer>`, `Class<Double>`, `Class<Boolean>`, etc.

Der Compiler wird folgende Klassenliterale nicht akzeptieren und einen Übersetzungsfehler melden, wenn:

- im Klassenliteral statt des Klassennamens eine Referenz-variable verwendet wird, beispielsweise `primitivRef.class` oder `klassenRef.class`.
- das Klassenliteral beinhaltet einen Bezeichner, der einen for-malen Typ-Parameter eines generischen Typs darstellt, bei-spielsweise `T.class`.

Das folgende Beispielprogramm veranschaulicht die Verwendung des Klassenlite-rals:

```java
// Datei: Klassenliteral.java

public class Klassenliteral<T>
{
   public Klassenliteral (T t)
   {
      Class<?> thisClassRef = this.getClass();

      Class<?> paramClassRef;

      // Das geht nicht
      // paramClassRef = T.class;

      // Aber das ist hingegen möglich
      paramClassRef = t.getClass();

      System.out.println ("Klasse " + thisClassRef.getName() +
         " ist mit \"" + paramClassRef.getName() +
         "\" aktuell parametrisiert worden.");
      System.out.println (
         "Referenzvariable t zeigt auf \"" + t + "\"");
   }

   public static void main (String[] args)
   {
      Class<String> stringRef = String.class;
      System.out.println ("stringRef zeigt auf " + stringRef);

      Class<Integer> intRef = int.class;
      System.out.println ("intRef zeigt auf " + intRef);

      Class<int[]> intArrayRef = int[].class;
      System.out.println ("intArrayRef zeigt auf " + intArrayRef);

      Klassenliteral<String> genObjektRef =
         new Klassenliteral<String> ("Literaltest");

      // Eine gültige Referenzvariable
      Class<Klassenliteral<String>> genClassRef;
```

```
        // Die Zusammensetzung eines Klassenliterals
        // aus der Bezeichnung einer Referenzvariablen
        // lässt der Compiler nicht zu
        // genClassRef = genObjektRef.class;
    }
}
```

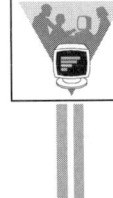

Hier die Ausgabe des Programms:

```
stringRef zeigt auf class java.lang.String
intRef zeigt auf int
intArrayRef zeigt auf class [I
Klasse Klassenliteral ist mit "java.lang.String"
aktuell parametrisiert worden.
Referenzvariable t zeigt auf "Literaltest"
```

Bitte beachten Sie bei der Ausgabe der Referenzvariablen `intArrayRef`, dass für ein Array aus `int`-Werten ein Objekt vom Typ `[I` angelegt wird. Dieser außergewöhnliche Klassenname bedeutet, dass durch das Objekt ein Array aus `int`-Werten repräsentiert wird.

17.6 Generizität und Polymorphie

Um die Einordnung der generischen Klassen in die verschiedenen Formen der Polymorphie zu verdeutlichen, soll das Bild 17-8 betrachtet werden. Es zeigt die verschiedenen Formen der Polymorphie:

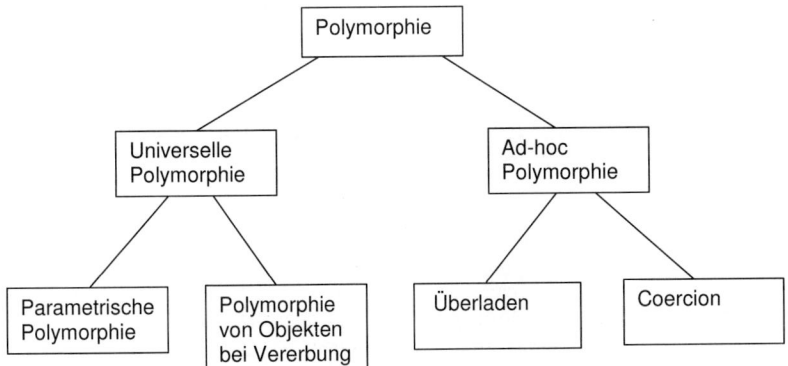

Bild 17-8 Formen der Polymorphie

Bei generischen Klassen handelt es sich um eine so genannte **Parametrische Polymorphie**. Dies bedeutet, dass ein und derselbe Algorithmus auf verschiedene Datentypen angewandt werden kann. Ein Beispiel ist ein Algorithmus zur Ermittlung der Anzahl der Elemente einer Liste. Dieser Algorithmus ist unabhängig davon, welchen Typ die Listenelemente haben. Parametrische Polymorphie wird auch **Generizität** genannt.

Während man bei der Vererbung durch das Liskov Substitution Principle die Möglichkeit hat, einen **dynamischen Typ** zu variieren, hat man durch die Generizität die Möglichkeit, **statische Typen** zu variieren. Dynamische Typen hat man im Falle der Polymorphie. Einer Referenzvariablen vom Typ einer Basisklasse wird eine Referenz auf ein Objekt vom Typ einer abgeleiteten Klasse zugewiesen. Von welchem Typ dieses Objekt ist, steht erst zur Laufzeit fest. Daher spricht man hier von einem **dynamischen Typ**.

Bei **statischen Datentypen** ist der Typ zur Kompilierzeit bekannt und wird einer Variablen beim Kompilieren zugewiesen. Bei **dynamischen Typen** ist der Typ erst zur Laufzeit bekannt und wird einer Variablen zur Laufzeit des Programms durch das Laufzeitsystem zugewiesen. Während ein "normaler" statischer Datentyp fest vorgegeben ist wie z.B. der Typ `int` oder die Klasse `Punkt`, wird bei einem **generischen Datentyp**, der auch ein statischer Datentyp ist, mit einem so genannten formalen Typ-Parameter gearbeitet, der einen Stellvertreter für einen konkreten Datentyp darstellt und es erlaubt, einen statischen Datentyp zu variieren.

Polymorphie von Objekten bei Vererbung – in der wissenschaftlichen Literatur oft als **Inklusions-Polymorphie** bezeichnet – bedeutet, dass eine Referenz einer Basisklasse auf ein Objekt einer Basisklasse oder abgeleiteten Klasse zeigen kann. Nach dem Liskov Substitution Principle kann ein Objekt einer abgeleiteten Klasse an die Stelle eines Objektes der Basisklasse treten, wenn es im Falle des Überschreibens deren Verträge einhält. Liegt kein Überschreiben vor, sondern nur ein Erweitern, so ist die Ersetzung problemlos, da die Methoden der abgeleiteten Klasse durch das Casten unsichtbar werden. Wird überschrieben, so werden infolge der dynamischen Bindung die überschreibenden Instanzmethoden der abgeleiteten Klasse aufgerufen.

Auch wenn in Java die formalen Typ-Parameter intern auf die Klasse `Object` abgebildet werden, so gibt es dennoch einen prinzipiellen Unterschied zwischen Parametrischer Polymorphie und Inklusions-Polymorphie:

- Bei der Inklusions-Polymorphie arbeitet der Programmierer in seiner Anwendung mit Basisklassen und abgeleiteten Klassen.

- Bei der Parametrischen Polymorphie geht es darum, dass ein und derselbe Algorithmus für verschiedene Datentypen funktioniert, die nicht unbedingt voneinander abgeleitet sein müssen.

Coercion ist eine automatische Typanpassung, in anderen Worten, eine implizite Typkonvertierung. Sie findet beispielsweise statt, wenn zwei Werte von verschiedenem Typ Operanden desselben Operators sind und eine Typkompatibilität besteht. Andere Beispiele sind implizite Typkonvertierungen beim Zuweisungsoperator, bei Übergabeparametern und Rückgabewerten von Methoden. Ein einfaches Beispiel ist die Multiplikation 3 * 2.0, wobei vor der Durchführung der Multiplikation die ganze Zahl 3 in den Typ `double` gewandelt wird.

Überladen[130] von Methoden bedeutet, dass die überladenen Methoden denselben Methodennamen, aber eine unterschiedliche Signatur besitzen. Stimmen die Typen der aktuellen Parameter nicht genau mit den Typen der formalen Parameter beim Methodenaufruf überein, so muss entsprechend den Regeln der impliziten Typkonvertierung die "ähnlichste" überladene Methode gefunden werden.

17.7 Übungen

Aufgabe 17.1: Kleinteilemagazin

Eine Schlosserei benötigt für die Verwaltung ihrer Kleinteile eine neue Verwaltungssoftware. Damit soll es ermöglicht werden, Schrauben, Muttern und Unterlegscheiben zu katalogisieren. Damit die Entwicklungszeit weniger Zeit beansprucht, ist eine Klassenbibliothek für die Abbildung der zu verwaltenden Teile von einer Fremdfirma hinzugekauft worden. Die gekaufte Klassenbibliothek lässt sich folgendermaßen in UML 2.0 abbilden:

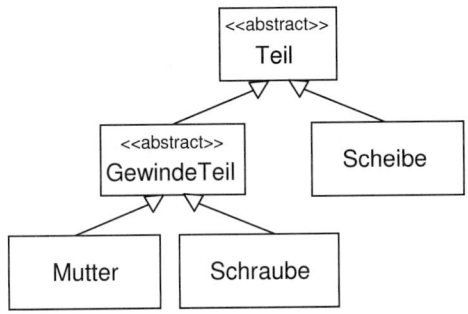

Bild 17-9 Abbildung der Klassenbibliothek in UML 2.0

Von der Klassenbibliothek haben Sie auch die Lizenz der Weiterentwicklung und Modifizierung erworben. Das heißt, Ihnen wurde beim Kauf der Quellcode mitgeliefert, der abgeändert und an Ihre Ansprüche angepasst werden kann. Die Klassenbibliothek ist zunächst nicht generisch, sondern besteht aus herkömmlichen Java-Klassen. Die Information, über welche Datenfelder und Methoden die einzelnen Klassen der Bibliothek verfügen, müssen sie sich direkt aus dem Quellcode beschaffen.

Aufgabe 17.1.1: Implementierung der Klasse KleinteileMagazin

Schreiben sie eine generische Klasse `KleinteileMagazin`, mit der es möglich ist, beliebige Kleinteile zu erfassen. Es soll möglich sein, mit einer Instanz einer aktuell parametrisierten Klasse des generischen Typs `KleinteileMagazin` beliebig viele Posten gleichartiger Kleinteile aufzunehmen, z.B. Scheiben von verschiedenem Durchmesser oder Gewindeteile in verschiedenster Ausführung.

---

[130] In C++ hat der Programmierer die Möglichkeit, auch Operatoren zu überladen. Diese Freiheit gibt es in Java nicht. Aber die Sprache Java selbst stellt überladene Operatoren zur Verfügung. So ist beispielsweise dort der Operator + überladen. Er hat eine verschiedene Implementierung für Ganzzahlen und Gleitpunktzahlen und erst recht für die Verkettung von Strings.

Um dies zu bewerkstelligen, soll die generische Klasse `Vector<T>` der Java-Klassenbibliothek aus dem Paket `java.util` verwendet werden. Diese Klasse ist eine so genannte Container-Klasse (siehe Kap. 18), die es ermöglicht, beliebig viele Referenzen auf Objekte eines frei wählbaren Typs aufzunehmen. Für die Manipulation und Verwaltung der gespeicherten Referenzen stellt die Klasse `Vector<T>` unter anderem die folgenden Methoden bereit:

- `public boolean add (T ref)`

  Einfügen einer übergebenen Referenz `ref` vom Typ `T` in das Container-Objekt.

- `public T get (index)`

  Liefert die Referenz auf das Objekt vom Typ `T`, das sich an der Stelle `index` im Container-Objekt befindet.

- `public void setElementAt (T obj, int index)`

  Setzt die Referenz vom Typ `T` an der Stelle `index` im Container-Objekt auf die Referenz, die über `obj` übergeben wurde.

- `public int indexOf (Object obj)`

  Liefert den Index des ersten Auftauchens des gesuchten Objektes im Container-Objekt, auf das die Referenzvariable `obj` zeigt. Die Methode liefert `-1` zurück, falls das gesuchte Objekt nicht im Container-Objekt enthalten ist.

Implementieren sie die Klasse `KleinteileMagazin`. Sie soll die folgenden Methoden bereitstellen:

- `public boolean aufnehmen (T posten)`

  Es soll geprüft werden, ob der Posten `posten` vom Typ `T` in dieser Art und Ausführung schon im Magazin enthalten ist. Ist dies der Fall, dann soll die Methode `false` zurückliefern, sonst `true`.

- `public boolean einlagern (String bezeichnung,`
  `                          String ausfuehrung, int stueckzahl)`

  Einlagern von Kleinteilen in das Magazin. Es muss der Posten schon im Magazin enthalten sein, damit die Kleinteile eingelagert werden können. Ist dies der Fall, dann soll die Stückzahl erhöht und `true` zurückgeliefert werden. Ansonsten soll die Methode den Wert `false` zurückliefern.

- `public boolean entnehmen (String bezeichnung,`
  `                           String ausfuehrung, int stueckzahl)`

  Entnahme von Kleinteilen mit gewünschter Bezeichnung und in entsprechender Ausführung. Sind weniger Teile als gewünscht vorhanden, so soll nichts entnommen und `false` zurückgeliefert werden.

- `public void druckeMagazin()`

  Es soll damit der Magazinbestand ausgegeben werden können.

Verwenden Sie für die Implementierung die folgende Vorlage der Klasse `Kleintei-leMagazin` in der Datei `KleinteileMagazin_Vorlage.java`. Alle Stellen in der Vorlage, an denen Punkte als Platzhalter stehen, müssen entsprechend ersetzt werden. Bevor Sie die Klasse übersetzen können, muss man die Datei entsprechend umbenennen:

```java
// Datei: KleinteileMagazin_Vorlage.java

package magazin;

import java.util.Vector;

// Die benötigten Klassen der hinzu gekauften
// Klassenbibliothek importieren
. . . . .

// Die generische Klasse soll Objekte vom Typ Teil verwalten können
public class KleinteileMagazin . . . . .
{
    // Das Vector<T>-Objekt dient als interne Datenstruktur
    private Vector<T> magazin;

    public KleinteileMagazin()
    {
        magazin = new Vector<T>();
    }

    // Aufnemhen des übergebenen Postens in das Magazin
    public boolean aufnehmen (T posten)
    {
        // Prüfen, ob der Posten mit Bezeichnung
        // und Ausführung schon vorhanden ist
        int index = . . . . .

        // Ist der Posten schon vorhanden, so soll
        // die Methode false zurückliefern
        . . . . .

        // Aufnehmen des Postens in das Magazin
        . . . . .
    }

    // Einlagern des Kleinteils in beschriebener Ausführung
    public boolean einlagern (String bezeichnung,
                              String ausfuehrung, int stueckzahl)
    {
        // Ist der Posten verfügbar (Die
        // vorhandene Stückzahl ist egal)?
        int index = . . . . .

        // Wenn ja, dann die vorhandene Stückzahl
        // des Postens um die übergebene Stückzahl erhöhen
        if (index >= 0)
        {
            . . . . .
        }
```

```
      // Posten ist nicht vorhanden
      . . . . .
   }

   // Entnehmen des gewünschten Kleinteils
   public boolean entnehmen (String bezeichnung,
                             String ausfuehrung, int stueckzahl)
   {
      // Ist der gesuchte Posten in
      // ausreichender Stückzahl verfügbar?
      int index = . . . . .

      // Wenn ja, dann die gewünschte Stückzahl entnehmen
      if (index >= 0)
      {
         . . . . .
      }
      // Nicht in ausreichender Stückzahl verfügbar
      . . . . .
   }

   // Den Bestand des Magazins ausdrucken
   public void druckeMagazin()
   {
      . . . . .
   }

   // Hilfsmethode, die überprüft, ob der Posten in Bezeichnung,
   // Ausführung und gewünschter Stückzahl schon im Magazin
   // vorhanden ist. Sie liefert dann dessen Index im
   // Vector<T>-Objekt zurück, sonst -1
   private int istVerfuegbar (String bezeichnung,
                              String ausfuehrung, int anzahl)
   {
      // Suchen, bis der Posten in Bezeichnung und
      // Ausführung gefunden wurde. Dann den Index
      // im Vector<T>-Objekt zurückliefern.
      for (T posten : magazin)
      {
         . . . . .
      }
      // Nicht verfügbar? -1 zurückliefern.
      . . . . .
   }
}
```

Benutzen Sie zum Testen die Klasse `KleinteileMagazinTest`:

```
// Datei: KleinteileMagazinTest.java

package magazin;

import teile.GewindeTeil;
import teile.Mutter;
import teile.Scheibe;
import teile.Schraube;
```

```
public class KleinteileMagazinTest
{
    public static void main (String[] args)
    {
        // Anlegen zweier Magazine für Gewindeteile und Scheiben
        KleinteileMagazin<GewindeTeil> gewindeteile =
            new KleinteileMagazin<GewindeTeil>();
        KleinteileMagazin<Scheibe> scheiben =
            new KleinteileMagazin<Scheibe>();

        // Anlegen von Gewindeteilen
        Mutter mutter_m5 = new Mutter (1000, Mutter.NORMAL, 6, 5);
        Mutter mutter_m6 = new Mutter (1000, Mutter.SICHERUNG, 6, 6);
        Schraube schraube_m30 = new Schraube (
            1000, Schraube.EINFACHSCHLITZ, Schraube.LINSENKOPF, 30);
        Schraube schraube_m40 = new Schraube (
            1000, Schraube.KREUZSCHLITZ, Schraube.LINSENKOPF, 40);

        // Gewindeteile aufnehmen
        gewindeteile.aufnehmen (mutter_m5);
        gewindeteile.aufnehmen (mutter_m6);
        gewindeteile.aufnehmen (schraube_m30);
        gewindeteile.aufnehmen (schraube_m40);

        // Gewindeteile-Magazin ausdrucken
        gewindeteile.druckeMagazin();

        // Verschiedenste Gewindeteile enthemen und wieder einlagern
        gewindeteile.entnehmen (mutter_m5.getBezeichnung(),
            mutter_m5.getAusfuehrung(), 600);
        gewindeteile.entnehmen ("Mutter", Mutter.NORMAL, 500);
        gewindeteile.einlagern ("Mutter", Mutter.SICHERUNG, 4000);

        // Gewindeteile-Magazin ausdrucken
        gewindeteile.druckeMagazin();

        // Scheiben anlegen
        Scheibe scheibe_m5 = new Scheibe (1000, Scheibe.FEDER, 6, 10);
        Scheibe scheibe_m6 =
            new Scheibe (1000, Scheibe.NORMAL, 7, 11);

        // Scheiben im Scheiben-Magazin aufnehmen
        scheiben.aufnehmen (scheibe_m5);
        scheiben.aufnehmen (scheibe_m6);

        // Scheiben-Magazin ausdrucken
        scheiben.druckeMagazin();
    }
}
```

Aufgabe 17.1.2: Implementierung der generischen Klassenbibliothek

Die hinzu gekaufte Klassenbibliothek zur Abbildung der Kleinteile soll nun an neue
Anforderungen angepasst werden. Es soll möglich sein, auch Hochpräzisionsteile
abzubilden, deren Abmaße im μm-Bereich angegeben werden müssen. Dazu soll die
Klassenbibliothek in eine generische Bibliothek umgeschrieben werden. Der Benut-

zer soll nun die Möglichkeit haben, beim Anlegen eines Objektes vom Typ `Teil` –
oder eines Subtyps davon – den Präzisionsgrad des einzulagernden Kleinteils
anzugeben. Dies soll folgendermaßen aussehen: Ein Kleinteil, dessen Erfassung
eine niedrige Präzision benötigt, soll angelegt werden zu:

```
Teil<Integer> irgendeinteil = . . . . .;
```

Ein Teil, für dessen Erfassung eine höhere Präzision notwendig ist, wird folgendermaßen referenziert:

```
Teil<Float> weiteresTeil = new . . . . .
```

Zusätzlich soll der Klasse `Teil` ein weiteres Datenfeld

```
private T toleranz;
```

hinzugefügt werden. Es muss dann für jedes angelegte Objekt vom Typ `Teil` die
zulässige Toleranz der Abmaße über den Konstruktor angegeben werden.

Die zuvor implementierte Klasse `KleinteileMagazin` soll jedoch von der
Änderung der Klassenbibliothek nichts merken, das heißt, die Klassenbibliothek zur
Abbildung von Kleinteilen soll ohne Änderungen am Code der Klasse `Kleinteile-
Magazin` lauffähig sein. Zum Testen der neu implementierten Klassenbibliothek
verwenden Sie folgende Klasse `KleinteileMagazinTest2`:

```java
// Datei: KleinteileMagazinTest2.java

package magazin;

import teile.GewindeTeil;
import teile.Mutter;
import teile.Scheibe;
import teile.Schraube;

public class KleinteileMagazinTest2
{
   public static void main (String[] args)
   {
      // Anlegen zweier Magazine für Gewindeteile und Scheiben
      KleinteileMagazin<GewindeTeil> gewindeteile =
         new KleinteileMagazin<GewindeTeil>();
      KleinteileMagazin<Scheibe> scheiben =
         new KleinteileMagazin<Scheibe>();

      // Anlegen von Gewindeteilen
      Mutter<Float> mutter_m5 =
         new Mutter<Float> (1000, Mutter.NORMAL, 6, 5f, 0.01f);
      Mutter<Integer> mutter_m60 =
         new Mutter<Integer> (1000, Mutter.NORMAL, 6, 60, 1);
      Schraube<Float> schraube_m3 =
         new Schraube<Float> (1000, Schraube.EINFACHSCHLITZ,
            Schraube.LINSENKOPF, 3f, 0.001f);
```

```
      // Gewindeteile aufnehmen
      gewindeteile.aufnehmen (mutter_m5);
      gewindeteile.aufnehmen (mutter_m60);
      gewindeteile.aufnehmen (schraube_m3);

      // Gewindeteile-Magazin ausdrucken
      gewindeteile.druckeMagazin();

      // Scheiben anlegen
      Scheibe<Float> scheibe_m5 =
         new Scheibe<Float>(1000,Scheibe.FEDER, 5.5f, 10.1f, 0.01f);
      Scheibe<Float> scheibe_m2 =
         new Scheibe<Float> (1000, Scheibe.NORMAL, 2.11f,
            3.001f, 0.0001f);

      // Scheiben im Scheiben-Magazin aufnehmen
      scheiben.aufnehmen (scheibe_m5);
      scheiben.aufnehmen (scheibe_m2);

      // Scheiben-Magazin ausdrucken
      scheiben.druckeMagazin();
   }
}
```

Als Hilfe für die Implementierung können Sie wiederum die Vorlagen-Dateien `Teil_Vorlage.java`, `GewindeTeil_Vorlage.java`, `Schraube_Vorlage.java`, `Mutter_Vorlage.java` und `Scheibe_Vorlage.java` verwenden. Auch hier müssen Sie daran denken, die Vorlagen-Dateien entsprechend umzubenennen.

Aufgabe 17.1.3: Anpassen der Klassenbibliothek

Die Schlosserei hat in der Vergangenheit immer wieder schlechte Erfahrungen mit ansetzendem Rost an den Kleinteilen gemacht. Sie müssen somit Ihre in Aufgabe 17.1.2 erweiterte Klassenbibliothek zur Abbildung von Hochpräzisionsteilen so anpassen, dass nur noch Objekte vom Typ `Teil` angelegt werden können, deren Hersteller mindestens eine 12-monatige Rostfreiheit garantiert. Dieser Zeitraum ist nach oben hin beliebig anpassbar, indem im Konstruktor der instantiierbaren Kleinteile – Schraube, Mutter und Scheibe – eine zusätzliche Zahl übergeben wird. Wird versucht, ein Kleinteil anzulegen, dessen garantierte Rostfreiheit kleiner als 12 Monate ist, so soll eine Exception vom Typ `RostgarantieNichtErfuelltException` geworfen werden.

Um sicherzustellen, dass die angelegten Objekte vom Typ `Teil` auch wirklich rostfrei sind, muss von der Klassenbibliothek ein zusätzliches Interface implementieren werden:

```
// Datei Rostfrei.java

public interface Rostfrei
{
   public int gibZeitraumRostfreiheit();
}
```

Die Methode `gibZeitraumRostfreiheit()` soll dann so implementiert werden, dass bei ihrem Aufruf der Zeitraum der garantierten Rostfreiheit zurückgegeben wird. Die Klasse `KleinteileMagazin` muss nun so angepasst werden, dass nur noch Teile aufgenommen werden können, die auch garantiert rostfrei sind. Sinnigerweise wird dann die Klasse in `RostfreieKleinteileMagazin` umbenannt.

Zum leichteren Einstieg können Sie wiederum die Vorlagen-Dateien verwenden. Zum Testen steht ihnen die Klasse `KleinteileMagazinTest3` zur Verfügung:

```java
// Datei: KleinteileMagazinTest3.java

package magazin;
import teile.GewindeTeil;
import teile.Mutter;
import teile.RostgarantieNichtErfuelltException;
import teile.Scheibe;

public class KleinteileMagazinTest3
{
    public static void main (String[] args)
    {
        // Anlegen zweier Magazine für Gewindeteile und Scheiben
        RostfreieKleinteileMagazin<GewindeTeil> gewindeteile =
            new RostfreieKleinteileMagazin<GewindeTeil>();
        RostfreieKleinteileMagazin<Scheibe> scheiben =
            new RostfreieKleinteileMagazin<Scheibe>();
        try
        {
            // Anlegen einer Mutter mit garantierter
            // Rostfreiheit des Herstellers
            Mutter<Float> mutter_m5 =
                new Mutter<Float> (1000, Mutter.NORMAL, 6, 5f, 0.01f);
            gewindeteile.aufnehmen (mutter_m5);

            // Anlegen einer Mutter mit 18-monatiger Rostfreiheit
            Mutter<Float> mutter_m6 = new Mutter<Float> (
                1000, Mutter.SICHERUNG, 6, 6f, 0.01f, 18);
            gewindeteile.aufnehmen (mutter_m6);

            // Gewindeteile-Magazin ausdrucken
            gewindeteile.druckeMagazin();

            // Versuch, eine Scheibe mit 11-
            // monatiger Rostfreiheit anzulegen
            Scheibe<Float> scheibe_m5 = new Scheibe<Float> (
                1000, Scheibe.FEDER, 5.5f, 10.1f, 0.01f, 11);
            scheiben.aufnehmen (scheibe_m5);

            scheiben.druckeMagazin();
        }
        catch (RostgarantieNichtErfuelltException e)
        {
            System.out.println(e.getMessage());
        }
    }
}
```

Kapitel 18

Collections

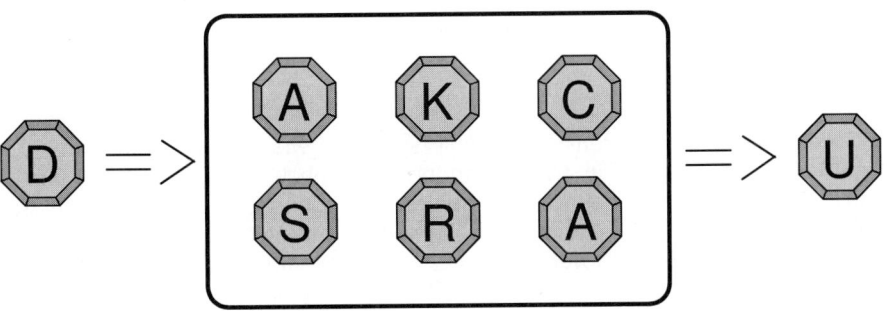

18.1 Überblick über die Collection-API
18.2 Iterieren über Collections
18.3 Listen
18.4 Warteschlangen
18.5 Mengen
18.6 Verzeichnisse
18.7 Besonderheiten bei der Anwendung von Collections
18.8 Übungen

18 Collections

Collections sind – wie der Name schon andeutet – **Zusammenstellungen von Daten**, genauer gesagt von **Objekten**. Die Verwaltung und Bearbeitung von Daten ist eine elementare Aufgabe von Programmen. Zur Verwaltung dieser Daten im Arbeitsspeicher werden bei der Programmierung strukturierte Datentypen eingesetzt, welche die einzelnen Datenelemente enthalten. Die einfachste dieser Datenstrukturen ist das bekannte Array. Daneben kennt man jedoch in der Informatik noch eine Reihe weiterer Datenstrukturen mit unterschiedlichen Eigenschaften.

Während jedoch Arrays fester Bestandteil der Sprachdefinition von Java und auch der meisten anderen Programmiersprachen sind, ist dies für andere Datenstrukturen nicht der Fall. Um diese nicht trotzdem immer wieder neu selbst programmieren zu müssen, gibt es für viele Programmiersprachen zusätzliche Bibliotheken, in denen die wichtigsten Datenstrukturen implementiert sind. So gab es bereits in den 80er Jahren in der Programmiersprache Smalltalk spezielle Collection-Klassen mit jeweils spezifischen Fähigkeiten.

Für Collections ist in anderen Programmiersprachen wie z.B. C++ auch der Begriff **Container** gebräuchlich. Ein **Container** ist dabei nach dem Duden ein **Großbehälter**. Eine Collection in Java ist ein solcher Großbehälter. Eine Collection ist ein **Behälter**, in den man Referenzen auf Objekte **hineinlegen**, bei Bedarf darauf zugreifen und wieder **herausholen** kann. Dabei gibt es jedoch einen wichtigen Unterschied – in Java kann man beliebig viele Objekte[131] in einen Container legen, wobei ein Container der realen Welt von Anfang an durch sein Volumen beschränkt ist.

> Klassen für **Datenstrukturen** mit speziellen Fähigkeiten nennt man in Java **Collections**. Der Begriff **Container** hat in Java eine abweichende Bedeutung im Zusammenhang mit der **Oberflächenprogrammierung**. Als Container bezeichnet man dort einen Bereich in einem Fenster, der Komponenten als Bausteine enthalten kann.

Die Verwaltung von Daten mit Hilfe von Arrays ist gewissen Einschränkungen unterworfen, die durch Collections beseitigt werden sollen. So liegen Typ und Anzahl der Daten bei einem Array stets fest, der Zugriff ist nur über den Index möglich und ein Einfügen in der Mitte ist nur durch Umkopieren von Elementen möglich. Die Flexibilität wird dadurch spürbar eingeschränkt. Die Effizienz hingegen wird erhöht, da man z.B. die Speicheradresse eines Elements aufgrund der festen Größe beim Zugriff direkt aus dem Index berechnen kann.

Ein Array ist wegen seiner festen Länge jedoch nicht die geeignete Lösung, wenn man zum Zeitpunkt der Programmerstellung nicht weiß, wie viele Objekte man überhaupt in seinem Programm halten möchte. Stellen Sie sich hierfür vor, dass Sie ein elektronisches Telefonbuch als Java-Anwendung schreiben wollen. Woher sollen Sie nun wissen, wie viele Telefonnummern Sie in Zukunft eintragen werden?

---

[131] Die letztendliche Größe eines Containers ist durch den Speicher, den die virtuelle Maschine dem Programm zur Verfügung stellt, natürlich auch begrenzt.

Natürlich können Sie nun auf die Idee kommen und eine eigene Klasse `Dynamisches Array` schreiben. Ein solches dynamisches Array legt ein neues, größeres Array an, wenn der Platz im alten Array nicht mehr reicht, kopiert die Elemente des alten Arrays in das neue und hat damit wieder Platz zum Speichern geschaffen.

Damit man solche Klassen zum Speichern und Auffinden von Objekten nicht immer wieder selbst neu schreiben muss, werden im Paket `java.util` Collection-Klassen für nahezu alle denkbaren Anwendungen zur Verfügung gestellt. Die Mächtigkeit dieser universell verwendbaren Klassen wurde durch die Einführung der Generizität mit dem JDK 5.0 nochmals gesteigert.

> Alle Klassen und Schnittstellen des Collection Frameworks sind seit dem JDK 5.0 generisch.

18.1 Überblick über die Collection-API

In diesem Abschnitt soll ein Überblick über die in der Java-Klassenbibliothek verfügbaren Collections und ihre grundsätzlichen Design-Prinzipien gegeben werden. Das Paket `java.util` enthält 4 verschiedene Familien von Collections:

- Listen (Lists)
- Warteschlangen (Queues)
- Mengen (Sets)
- Verzeichnisse (Maps)

Listen sind geordnete Collections, auf welche wie auf Arrays an beliebiger Stelle über numerische Indizes zugegriffen werden kann. Im Unterschied zu Arrays können Elemente an beliebiger Stelle eingefügt werden.

Eine **Queue** ist im Grund nichts anderes als eine Liste, die streng nach dem FIFO-Prinzip (FIFO = First In First Out) abgearbeitet wird, d.h. ein Zugriff ist nicht wahlfrei sondern nur am Anfang und am Ende der Liste möglich.

Eine **Menge** oder ein **Set** ist eine ungeordnete Menge von Objekten, wobei jedes nur einmal vorkommen darf. Der Zugriff beschränkt sich bei diesen Collections im Wesentlichen darauf, Objekte hinzuzufügen oder zu entfernen bzw. zu prüfen, ob ein Objekt enthalten ist oder nicht.

Bei **Verzeichnissen (Maps)** wird statt über einen numerischen Index über ein **eindeutiges** Schlüsselobjekt auf Werte zugegriffen. In einer Map werden also Schlüssel-Wert-Paare repräsentiert. Dies kommt durch die alternative Bezeichnung **Dictionary** gut zum Ausdruck. Da der Zugriff in der Regel nur über den Schlüssel erfolgt, muss der Wert also nicht eindeutig sein. Der Typ ist für Schlüssel und Wert beliebig. Die Reihenfolge des Einfügens von Elementen in eine Map spielt keine Rolle, da diese im Gegensatz zu einer Liste ungeordnet ist.

Basis jeder dieser Familien ist eine Schnittstelle sowie eine abstrakte Basisklasse, welche diese Schnittstelle implementiert und als Basis für konkrete Collection-

Klassen dient. Diese **Aufteilung** zwischen der Schnittstelle und der Implementierung hat folgenden Hintergrund: Die **Schnittstelle** definiert, was man mit der Collection machen kann. Sie legt also die **funktionalen Eigenschaften** fest. Die dahinter liegende **Implementierung** bestimmt weitere **nicht-funktionale Eigenschaften** wie z.B. die Geschwindigkeit, mit der auf Daten zugegriffen werden kann. Funktionale Eigenschaften einer Collection sind:

- geordnet/ungeordnet
- sortiert/unsortiert
- sequenziell/wahlfrei

Von einer **geordneten** Collection spricht man, wenn die Elemente in derselben Reihenfolge abgespeichert werden, in der sie eingefügt wurden. Sie sind zu unterscheiden von den **sortierten** Collections, die ihren Inhalt nach einer Ordnungsrelation speichern. Beispiele für geordnete Collections sind z.B. ein Stack oder eine Queue, sortierte Collections können Bäume oder Listen sein.

Weiterhin kann man genau wie bei Dateien unterscheiden zwischen **sequenziellen** Collections und Collections mit **wahlfreiem Zugriff**. Die meisten Collections sind sequenziell (Liste, Baum) – bei manchen kann sogar nur auf bestimmte Elemente zugegriffen werden (Stack, Queue). Nur Arrays, Maps und Sets bieten voll wahlfreien Zugriff.

Um flexibel zu sein, stehen in Java zu jeder Art von Collection-Schnittstelle verschiedene Klassen als Implementierung zur Verfügung. Die Kunst bei der Programmierung besteht darin, für jedes Problem zuerst anhand der geforderten Funktionalität die richtige Schnittstelle und dann dazu gemäß der Leistungsanforderungen die richtige Klasse auszuwählen. Fehlentscheidungen sind dabei natürlich möglich, müssen jedoch bei richtiger Umsetzung nicht endgültig sein. Der Trick besteht darin, stets "gegen die Schnittstelle" zu programmieren, d.h. alle Variablen, Parameter und Rückgabewerte stets mit Hilfe des Schnittstellentyps zu deklarieren. An diesen kann dann ein beliebiger Implementierungstyp zugewiesen werden. Stellt sich später heraus, dass dieser zunächst falsch gewählt wurde, muss nur die Definition des entsprechenden Objekts angepasst werden.

> Die Collection-Schnittstellen sind das Herzstück des Frameworks. Ihre Hauptaufgabe besteht darin, es dem Programmierer zu ermöglichen, flexibel mit unterschiedlichen Implementierungen einer bestimmten Art von Collections zu arbeiten.

Das folgende Beispiel demonstriert den flexiblen Austausch einer Collection-Klasse gegen eine andere:

```java
// Datei: Lotto.java

import java.util.*;

public class Lotto
{
    public static Collection<Integer> tippen()
    {
```

```
        // Lottozahlen-Liste mit Einschränkung auf Ganzzahlen
        Collection<Integer> lottotipp = new ArrayList<Integer>();

        while (lottotipp.size() < 6)
        {
            lottotipp.add ((int)(Math.random() * 49 + 1));
        }
        return lottotipp;
    }

    public static void main (String[] args)
    {
        Collection<Integer> zahlen = tippen();
        System.out.println ("Ihr Tipp: " + zahlen);
    }
}
```

Die Ausgabe des Programms ist:

```
Ihr Tipp: [36, 10, 20, 8, 36, 22]
```

Dieses Programm erzeugt Tippvorschläge für die Lottozahlen. Allerdings kann es dabei gelegentlich vorkommen, dass Zahlen mehrfach vorkommen. Dies kann durch Ersetzen der ersten Anweisung in der `tippen()`-Methode durch die folgende Anweisung behoben werden:

```
Collection<Integer> lottotipp = new TreeSet<Integer>();
```

Ein Objekt der aktuell parametrisierten Klasse `TreeSet<Integer>` fügt vorhandene Zahlen nicht erneut ein und erzwingt so weitere Schleifendurchläufe zur Generierung anderer Zahlen. Weitere Änderungen sind nicht notwendig, da sowohl die zuerst verwendete Klasse `ArrayList` als auch die später eingesetzte Klasse `TreeSet` die Schnittstelle `Collection<E>` implementieren.

Bild 18-1 zeigt alle Collection-Schnittstellen im Überblick. Die dargestellten Schnittstellen[132] sind im Folgenden kurz beschrieben:

- **Iterable:** Die Schnittstelle `Iterable<E>` ist eine Schnittstelle für alle Klassen, über die man iterieren[133] können soll. Collections sind dafür ein typisches Beispiel. Trotzdem ist diese Schnittstelle nicht Bestandteil von `java.util` sondern von `java.lang`, da sie noch eine besondere Bedeutung im Zusammenhang mit der neuen Variante der erweiterten `for`-Schleife zur Iteration über Elemente einer Datenstruktur hat, d.h. sie ist Bestandteil des Sprachkerns und erlaubt die Implementierung von eigenen Klassen, die mit der erweiterten `for`-Schleife funktionieren sollen.

- **Collection:** Die Schnittstelle `Collection<E>` bildet die Wurzel der Schnittstellen des Collection Frameworks. Das JDK bietet keine direkte Implementation der

---

[132] Seit JDK 5.0 gibt es weitere Collections unter `java.util.concurrent`.

[133] Iterieren bedeutet, es wird **schrittweise auf jedes Objekt zugegriffen**, das von der Collection aus referenziert wird.

`Collection<T>`-Schnittstelle, jedoch Implementationen für alle abgeleiteten Schnittstellen. Mit Ausnahme der Assoziativen Arrays wie z.B. `HashMap<K,V>` implementieren alle Collections die Schnittstelle `Collection<E>`.

- **List:** Die Schnittstelle `List<E>` bildet die Basis für Listen, nicht jedoch für Queues. Konkrete Implementierungen beider Schnittstellen haben zwar einen ähnlichen internen Aufbau, die beiden Schnittstellen selbst stehen jedoch nebeneinander, da sich ihre Grundoperationen (Einfügen am Ende und Zugreifen am Anfang bzw. Einfügen und Zugreifen an beliebiger Stelle) voneinander unterscheiden.

- **Queue:** Die Schnittstelle `Queue<E>` definiert Eigenschaften einer Warteschlange. Da eine Queue im Grunde genommen nichts anderes als eine Liste ist, die nach dem FIFO-Prinzip (FIFO = First In First Out) abgearbeitet wird, implementieren manche Klassen, die diese Schnittstelle implementieren, auch die Schnittstelle List<E>.

- **Set:** Die Schnittstelle `Set<E>` definiert Eigenschaften, die einer mathematischen Menge ähneln. Eine solche Menge besteht aus einer Ansammlung von Objekten und kann wie eine mathematische Menge keine Duplikate enthalten. Wie in der Mathematik kann sehr einfach getestet werden, ob ein Element in einer Menge schon enthalten ist. Es stehen jedoch keine Methoden für weitere Mengenoperationen wie Schnitt, Differenz oder Vereinigung von Mengen zur Verfügung.

- **Map:** Die Schnittstelle `Map<K,V>` definiert Eigenschaften von assoziativen Arrays, die Schlüssel(wörter) auf Werte abbildet. Damit das funktioniert, darf jeder Schlüssel nur einmal vorkommen, Werte hingegen auch mehrfach. Zu beachten ist, dass die Schnittstelle `Map<K,V>` **nicht** von der Schnittstelle `Collection<E>` abgeleitet ist! Der Grund hierfür ist, dass beim Einfügen von Elementen in eine Map stets zwei Elemente auf einmal eingefügt werden und zwar Schlüssel und Wert, worauf die Schnittstelle `Collection<E>` nicht vorbereitet ist.

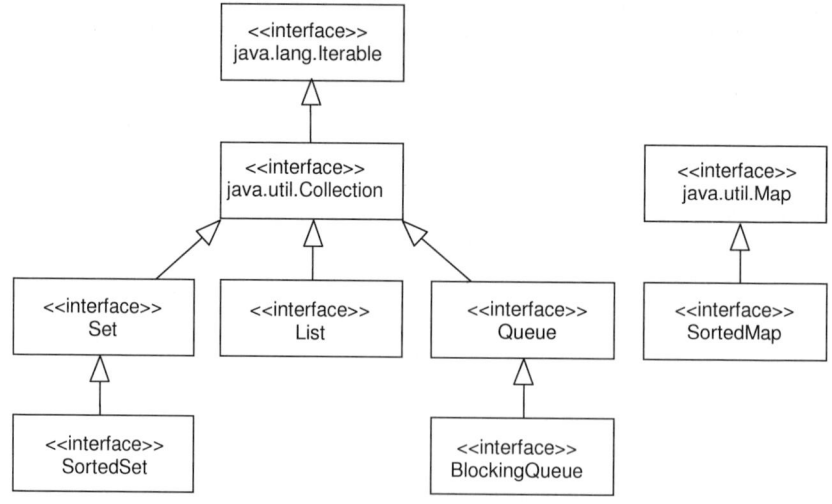

Bild 18-1 Collection-Schnittstellen in `java.util`

Die Implementierungsstrategie und die Anwendung der zugehörigen Klassen, sowie die gezeigten Spezialisierungen der Schnittstellen `Set<E>`, `Queue<E>`, `List<E>`

und `Map<K,V>` werden in den nachfolgenden Kapiteln genauer beschrieben. Tabelle 18-1 zeigt eine Übersicht der dabei behandelten Collection-Klassen und deren Eigenschaften.

		Organisation	Freiheit beim Zugriff	Mechanismus beim Zugriff	Umgang mit Duplikaten	Besondere Eigenschaften
Listen	ArrayList	geordnet	wahlfrei	über Index	ja	schneller Zugriff
Listen	LinkedList	geordnet	wahlfrei	über Index	ja	schnelles Einfügen
Listen	Vector	geordnet	wahlfrei	über Index	ja	synchronisiert
Queues	Stack	geordnet	sequenziell	letztes Element	ja	LIFO
Queues	LinkedList	geordnet	sequenziell	nächstes Element	ja	-
Queues	PriorityQueue	sortiert	sequenziell	nächstes Element	ja	-
Sets	HashSet	ungeordnet	wahlfrei	einfacher Test	nein	schneller Zugriff
Sets	TreeSet	sortiert	wahlfrei	einfacher Test	nein	-
Maps	HashMap	ungeordnet	wahlfrei	über Schlüssel	Schlüssel nein Werte ja	schneller Zugriff
Maps	TreeMap	sortiert	wahlfrei	über Schlüssel	Schlüssel nein Werte ja	-

Tabelle 18-1 Übersicht über konkrete Collection-Klassen im Paket `java.util`

Speziell für Aufzählungstypen wurden mit JDK 5.0 die speziellen Collection-Klassen `EnumSet<E extends Enum<E>>` und `EnumMap<K extends Enum<K>,V>` eingeführt, welche intern eine optimierte Darstellung für eine noch schnellere Verarbeitung verwenden.

Gemeinsame Eigenschaften von Collections

Allen Collections gemeinsam ist die Fähigkeit, beliebige Objekte verwalten zu können und bei Bedarf automatisch zu wachsen. Mit Hilfe der in Kapitel 17 vorgestellten Generizität in Java ist es außerdem möglich, eine Collection auf einen bestimmten Inhaltstyp festzulegen, um so einerseits die Typsicherheit zu garantieren (beim Einfügen wird der richtige Typ der Objekte überprüft) und andererseits Laufzeitfehler – beispielsweise das Auftreten von Exceptions vom Typ `ClassCastException` – zu vermeiden.

Die Schnittstelle `Collection<E>` legt die gemeinsamen Eigenschaften aller Collections (außer Maps) fest und ist daher sehr allgemein gehalten. Die wichtigsten Methoden sind:

• `public boolean add (E ref)`
Hinzufügen von Referenzen auf Objekte vom Typ `E` zu der Collection.

- `public boolean remove (E ref)`
  Entfernen der Referenz `ref` vom Typ `E` aus der Collection.

- `public int size()`
  Liefert die Anzahl der in der Collection enthaltenen Referenzen zurück.

- `public boolean isEmpty()`
  Liefert `true` zurück, wenn in der Collection keine Referenz hinterlegt ist, sonst `false`.

- `public void clear()`
  Entfernt alle Referenzen aus der Collection.

- `public boolean contains (E ref)`
  Liefert `true` zurück, wenn die Collection eine Referenz enthält, die auf dasselbe Objekt zeigt, wie die übergebene Referenz `ref` vom Typ `E`.

- `public E[] toArray()`
  Liefert ein Array zurück, das alle in der Collection gespeicherten Referenzen vom Typ `E` enthält.

Die Übergabeparameter der Methoden `add()` und `remove()` waren bis zum JDK 1.4 vom Typ `Object`. Damit konnte ihnen eine Referenz auf ein beliebiges Objekt übergeben werden. Oftmals will man aber nur Objekte eines bestimmten Typs verwalten. In diesem Fall kann der Typparameter `E` verwendet werden, um den Elementtyp der Collection bei der Instantiierung an eine bestimmte Klasse wie z.B. die Klasse `String` zu binden, wie das folgende Beispiel zeigt:

```
Collection<String> coll = new ArrayList<String>();
```

Gibt man keinen Typ an, wird zur Kompatibilität wie bisher die Klasse `Object` verwendet (dies entspricht der Schreibweise `Collection<Object>`). Allerdings generiert der Compiler in diesem Fall bei der Übersetzung die Warnung

```
Note: <Dateiname>.java uses unchecked or unsafe operations.
Note: Recompile with -Xlint:unchecked for details.
```

da er nun keine Prüfungen mehr einfügen kann und der Programmierer beim Einfügen selbst auf Konsistenz achten muss und beim Entfernen cast-Operationen verwenden muss, die zu einer `ClassCaseException` führen können.

Dank Autoboxing kann man übrigens auch primitive Datentypen sehr einfach in Collections speichern, z.B.:

```
Collection<Integer> c = new ArrayList<Integer>();
c.add (5);           // wird automatisch eingepackt
// ...
int i = c.get (0) // wird automatisch ausgepackt
```

Dadurch sind die Collections seit JDK 5.0 auch in der Handhabung mindestens so gut wie Arrays und bieten dabei die gewohnte Flexibilität und Leistungsfähigkeit.

18.2 Iterieren über Collections

Neben den verschiedenen Möglichkeiten auf einzelne Elemente zuzugreifen, bieten Collections die Möglichkeit, alle ihre Elemente in einer Schleife zu bearbeiten. Der Schlüssel dazu sind so genannte Iteratoren.

Iteratoren stellen ein universelles Prinzip dar, welches es erlaubt, auf die Collection zuzugreifen, ohne den speziellen Typ der Collection zu kennen. Ein Iterator erlaubt es, über alle Elemente der Collection zu laufen, sowie festzustellen, ob noch ein weiteres Element in der Collection ist.

Damit funktioniert das Bearbeiten einer Collection ähnlich wie bei Arrays:

```java
// Datei: IterationAlt.java

import java.util.*;

public class IterationAlt
{
    public static void main (String[] args)
    {
        // Array definieren
        int[] arr = {1, 2, 3, 4, 5 };

        // Collection anlegen
        List<Integer> coll = new ArrayList<Integer>();

        // Schleife, um Arrayelemente in Collection zu kopieren
        for (int i = 0; i < arr.length; ++i)
        {
            coll.add (new Integer (arr[i])); // Auto-Boxing
        }

        // Iterator erzeugen
        Iterator<Integer> iter = coll.iterator();

        // Schleife, um Elemente der Collection auszugeben
        while (iter.hasNext())            // weitere Elemente?
        {
            Integer value = iter.next(); // Zugriff über Iterator
            System.out.println ("Inhalt: " + value);  // Auto-Unboxing
        }
    }
}
```

Die Ausgabe des Programms ist:

```
Inhalt: 1
Inhalt: 2
Inhalt: 3
Inhalt: 4
Inhalt: 5
```

Der Laufvariablen eines Arrays entspricht bei einer Collection der Iterator `iter`. Dieser stellt gewissermaßen einen "Zeiger" dar, der über die Elemente der Collection gleitet und die jeweils aktuelle Position markiert. Als Abbruchbedingung dient der Rückgabewert der Methode `hasNext()`, der anzeigt, ob noch weitere Elemente vorhanden sind. Zum Zugriff wird an Stelle des Array-Index die Methode `next()` verwendet. Sie liefert das aktuelle Element zurück und stellt gleichzeitig den Iterator auf das nächste Element.

Die Methoden `hasNext()` und `next()` des Iterators sind in der Schnittstelle `Iterator<E>` deklariert. Jede Collection-Klasse hat ihre eigene Iterator-Klasse, welche diese Schnittstelle implementiert. Diese hat die Aufgabe, die Implementierungsdetails der Collection zu verbergen und dem Benutzer der Collection eine standardisierte Schnittstelle zum Zugriff auf Elemente zur Verfügung zu stellen. Der Aufruf der in `Collection` definierten Methode `iterator()` liefert dabei stets eine Referenz auf ein Objekt zurück, welches die Schittstelle `Iterator<E>` implementiert. Die eigentliche Iterator-Klasse wird nie sichtbar, da auch hier stets "gegen die Schnittstelle" programmiert wird.

Manche Collections gestatten auch das Einfügen oder Löschen von Elementen über einen speziellen Iterator. Dazu liefern sie über eine eigene Methode eine Referenz auf ein Objekt zurück, welches eine Schnittstelle implementiert, die von der Schnittstelle `Iterator<E>` erbt (d.h. sie erweitert). Als Beispiel sei die Methode `listIterator()` im Interface `List<E>` genannt, die eine Referenz vom Typ `ListIterator<E>` zurückliefert.

Seit dem JDK 5.0 kann über Collections – wie bei Arrays – mit der erweiterten `for`-Schleife iteriert werden. Mit anderen Worten, man kann schreiben:

```java
public void ausgabe (Collection<String> c)
{
    for (String element : c)
    {
        System.out.println (element);
    }
}
```

Die erweiterte `for`-Schleife verwendet dabei – für den Programmierer unsichtbar – ebenfalls einen Iterator. Dazu hier das vollständige Beispiel:

```java
// Datei: IterationNeu.java

import java.util.*;

public class IterationNeu
{
    public static void main (String[] args)
    {
        // Array definieren
        int[] arr = {1, 2, 3, 4, 5 };

        // Collection anlegen
        List<Integer> coll = new ArrayList<Integer>();
```

```
        // Schleife, um Arrayelemente in Collection zu kopieren
        for (int i = 0; i < arr.length; ++i)
        {
            coll.add (new Integer (arr[i])); // Auto-Boxing
        }

        // Verwenden der erweiterten for-Schleife, um auf
        // alle Elemente in der Collection zuzugreifen
        for (Integer inhalt : coll)
        {
            System.out.println ("Inhalt: " + inhalt);  // Auto-Unboxing
        }
    }
}
```

Die Ausgabe des Programms ist:

```
Inhalt: 1
Inhalt: 2
Inhalt: 3
Inhalt: 4
Inhalt: 5
```

Das ist zwar einfacher zu schreiben, aber schwerer zu verstehen, da man nicht mehr sieht, was passiert. Der Iterator tritt nun nämlich gar nicht mehr in Erscheinung – er wird im Verborgenen verwendet. Für Aufgabenstellungen, bei denen man direkt auf den Iterator zugreifen muss, wie z.B. um Elemente einzufügen oder zu entfernen, ist auch weiterhin die in der Klasse `IterationAlt` vorgestellte ausführliche Schreibweise notwendig.

Da die Bearbeitung einer Collection durch einen Iterator (ob sichtbar oder unsichtbar) in optimierter Weise erfolgt, darf die Collection dabei – wenn überhaupt – nur durch den Iterator selbst verändert werden. Sonst wird eine Exception vom Typ `ConcurrentModificationException` geworfen.

18.3 Listen

Als Listen werden die Klassen bezeichnet, welche die Schnittstelle `List<E>` implementieren. Dies sind die Klassen `ArrayList<E>`, `Vector<E>`, `Linked-List<E>` und `Stack<E>`, die in der Vererbungshierarchie in Bild 18-2 grau hinterlegt zu sehen sind. Die beiden in Bild 18-2 dargestellten abstrakten Klassen `Abstract-List<E>` und `AbstractSequentialList<E>` dienen als Basis der konkreten Listen und implementieren die Schnittstelle `List<E>`. Diese wiederum legt die grundlegenden Methoden fest, die alle Listen-Klassen implementieren. Die wichtigsten davon sind:

- `public E get (int index)`
  Wahlfreier lesender Zugriff auf ein Element der Liste

- `public E set (int index, E element)`
  Wahlfreier schreibender Zugriff auf ein Element der Liste

- `public void add (int index, E element)`
  Fügt ein Element ein und verschiebt dabei die Nachfolger.
- `public Element remove (int index)`
  Entfernt das Element und lässt die Nachfolger nachrücken.
- `public List<E> sublist (int fromIndex, int toIndex)`
  Erzeugt eine Teilliste mit den Elementen von `fromIndex` bis `toIndex`.

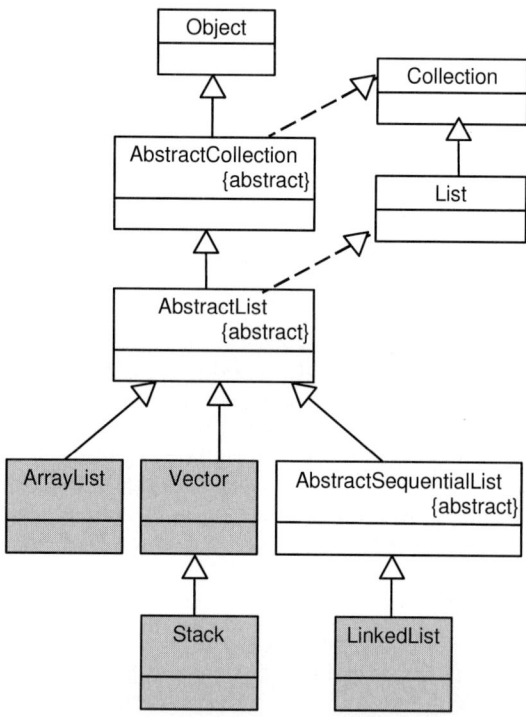

Bild 18-2 Klassenhierarchie für Listen

Der Unterschied zwischen den vier konkreten Klassen für Listen besteht darin, wie sie diese Funktionalität realisieren, d.h. insbesondere wie Listenelemente gespeichert werden. Die Klassen `ArrayList`, `Vector` und `Stack` verwenden dazu intern ein dynamisches Array. Die Klasse `LinkedList` hingegen bildet stattdessen eine dynamische Kette aus Objekten (siehe Kap. 18.3.2).

Listen sind geordnet und erlauben wie Arrays einen wahlfreien Zugriff auf ihre Elemente über einen numerischen Index. Darüber hinaus bieten Instanzen dieser Klassen die Möglichkeit, Referenzen auf neue Elemente an beliebiger Stelle innerhalb der Liste einzufügen, ohne dass eine dort schon vorhandene Referenz überschrieben wird.

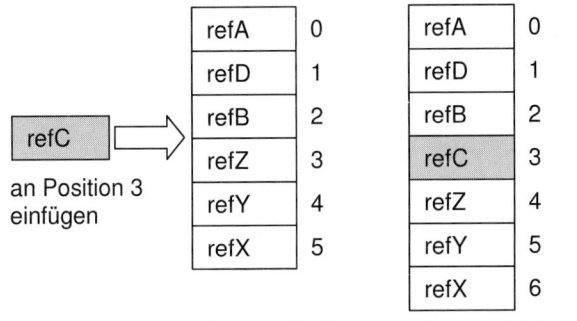

Bild 18-3 In Listen können Objektreferenzen an beliebiger Stelle eingefügt werden

Umgekehrt ist es möglich, eine Objektreferenz an beliebiger Stelle wieder aus der Collection zu entfernen, ohne dass eine Lücke entsteht.

18.3.1 Array-ähnliche Listen

Die Klassen `ArrayList<E>` und `Vector<E>` sind sich sehr ähnlich bis auf den Unterschied, dass die Methoden der Klasse `Vector<E>` synchronisiert sind und die Methoden der Klasse `ArrayList<E>` nicht. Da dies nur im Zusammenhang mit Threads eine Rolle spielt (siehe Abschnitt 18.7.1), wird im Folgenden nur die Klasse `ArrayList<E>` an einem einfachen Beispiel vorgestellt. Das Beispiel funktioniert aber auch, wenn Sie die `ArrayList<E>` durch eine Instanz der Klasse `Vector<E>` oder der im nächsten Abschnitt vorgestellten Klasse `LinkedList<E>` ersetzen, da nur über die Schnittstelle gearbeitet wird.

```java
// Datei: ListBeispiel.java

import java.util.*;

public class ListBeispiel
{
    public static void main (String[] args)
    {
        // Liste erzeugen und fünf Elemente anhängen
        List<String> liste = new ArrayList<String>();
        liste.add ("Frieder");
        liste.add ("Marie");
        liste.add ("Laura");
        liste.add ("Uli");
        liste.add ("Steven");
        System.out.println (liste);

        // Referenz auf ein String-Objekt mit dem Inhalt
        // Karl an Position 2 einfügen
        liste.add (2, "Karl");
        System.out.println (liste);

        // Die Referenz an Position 3 entfernen
        liste.remove (3);
        System.out.println (liste);
```

```
        // Die Referenz entfernen, die auf ein Objekt mit
        // dem Inhalt "Karl" zeigt (das betroffene Objekt
        // wird intern mit Hilfe der equals()-Methode gesucht).
        liste.remove ("Karl");
        System.out.println (liste);
    }
}
```

Die Ausgabe des Programms ist:

```
[Frieder, Marie, Laura, Uli, Steven]
[Frieder, Marie, Karl, Laura, Uli, Steven]
[Frieder, Marie, Karl, Uli, Steven]
[Frieder, Marie, Uli, Steven]
```

Die Methode `add()` fügt die übergebene Referenz immer an das Ende der bestehenden Liste an. Wie zu sehen ist, kann in die Liste aber auch an beliebiger Stelle eine Referenz eingefügt werden, ohne dass ein vorhandenes Element an dieser Position überschrieben wird.

Bei der Ausgabe des Inhaltes der Collection über die Referenz `liste` wird durch die Methode `println()` automatisch die `toString()`-Methode der entsprechenden Listenklasse aufgerufen. Diese ruft dann ihrerseits die `toString()`-Methoden aller in der Collection enthaltenen Referenzen auf.

18.3.2 Verkettete Listen

Eine verkettete Liste verkettet Objekte über Referenzen. Ein Listenelement besteht also aus den Nutzinformationen und aus einer Referenz, die auf das nächste (einfach verkette Liste) oder das nächste und das vorherige (doppelt verkettete Liste) Element zeigen kann, um die Verkettung zu realisieren. Eine doppelte Verkettung macht zwar mehr Aufwand, gestattet es aber dafür, die Liste in beiden Richtungen zu durchlaufen (traversieren). Bild 18-4 zeigt eine einfach verkettete Liste zur Speicherung von Personen.

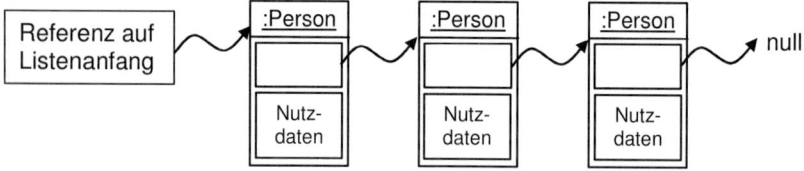

Bild 18-4 Verkettung von Personen-Objekten in einer einfach verketteten Liste

Eine verkettete Liste besteht also aus

- einer Referenz, die auf den Listenanfang zeigt,
- sowie Referenzen zur Verkettung der einzelnen Elemente.

In der Liste in Bild 18-4 ist die Referenz zur Verkettung und die Nutzinformationen in einem einzigen Objekt untergebracht. Dies hat den Nachteil, dass in allen Klassen,

deren Objekte in einer Liste gespeichert werden sollen, die Referenz für die Verkettung vorhanden sein muss. Sollen beispielsweise Objekte vom Typ `Punkt` verkettet werden, so muss zuerst die Klasse `Punkt` um eine Referenz zur Verkettung
von `Punkt`-Objekten erweitert werden.

Besser wäre eine Liste in der beliebige Objekte gespeichert werden können. Dazu
muss die Verkettungsinformation von den Nutzinformationen getrennt werden. Eine
universelle verkettete Liste, die für beliebige Objekte eingesetzt werden kann, verwendet dazu als Verkettungselemente so genannte Knoten (Nodes), an die ein
beliebiges Objekt angehängt werden kann. Bild 18-5 zeigt eine verkettete Liste mit
drei Knoten. Jeder Knoten besitzt zwei Referenzen. Die eine Referenz ist selbst
wieder vom Typ `Knoten<E>` und zeigt auf den direkten Nachfolger-Knoten, also auf
ein weiteres Objekt vom Typ `Knoten<E>`. Die andere Referenz zeigt auf ein Objekt
vom Typ `E`, also auf den generischen Typ, für den die Klasse `Knoten<E>` instantiiert
wird. Dadurch, dass die Klasse `Knoten<E>` generisch ist, können Objekte von belie-
bigem Typ referenziert werden. Diese Objekte vom Typ `E` stellen die eigentlichen
Nutzdaten eines Listenelementes dar.

Wird die Klasse `Knoten<E>` beispielsweise mit dem aktuellen Typ-Parameter
`Integer` instantiiert:

```
Konten<Integer> knoten = new Knoten<Integer> (1);
```

so zeigt die "Nutzdaten-Referenz" auf ein Objekt vom Typ `Integer`.

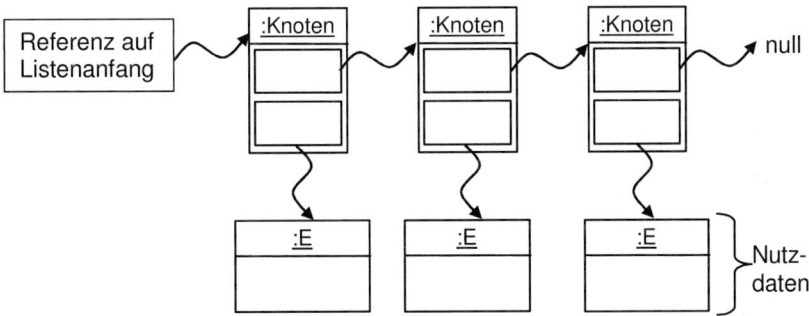

Bild 18-5 Universell verwendbare verkettete Liste

Das folgende Beispiel zeigt zur Verdeutlichung des Prinzips die Implementierung
einer eigenen Klasse zur Realisierung einer verketteten Liste. Die Klasse `Ver-
ketteteListe<E>` hat die vier Methoden `add()`, `firstElement()`, `next-
Element()` und `remove()`. Um die Verkettung herzustellen, wird eine generische
Klasse mit dem Namen `Knoten<E>` verwendet. Zum Bearbeiten der Liste wird ein
einfacher Iterator verwendet, der in der Klasse `ListenIterator<E>` realisiert ist:

```java
// Datei: Knoten.java

public class Knoten<E>
{
   // Referenz auf nächsten Knoten
   public Knoten<E> next = null;
```

```
   // Die Referenz vom Typ E zeigt auf
   // die eigentlichen Nutzdaten
   public E data;

   public Knoten (E data)
   {
      // Neuen Knoten initialisieren
      this.data = data;
   }
}
```

Die Klasse `ListenIterator<E>` ist ebenfalls generisch, weil sie mit Referenzen auf Objekte der generischen Klasse `Knoten<E>` arbeitet:

```
// Datei: ListenIterator.java

public class ListenIterator<E>
{
   Knoten<E> position;

   ListenIterator (Knoten<E> startPosition)
   {
      position = startPosition;
   }

   public boolean hatNoch()
   {
      return (position != null);
   }

   public E zugriffUndWeiter()
   {
      if (position != null)
      {
         E data = position.data;
         position = position.next;
         return data;
      }
      return null;
   }
}
```

Die generische Klasse `VerketteteListe<E>` kann mit beliebigen aktuellen Typ-Parametern instantiiert werden. Somit kann ein Objekt dieser Klasse dann Referenzen auf Objekte des entsprechenden Typs aufnehmen:

```
// Datei: VerketteteListe.java

public class VerketteteListe<E>
{
   // Referenz auf den Listenanfang
   private Knoten<E> anfang = null;
   private int anzahl = 0;
```

```java
// Füge eine Referenz an das Ende der Liste an
public void add (E o)
{
    anzahl++;

    // Neuen Knoten erzeugen.
    Knoten<E> knoten = new Knoten<E> (o);

    // Ist das der erste Knoten?
    if (anfang == null)
    {
        anfang = knoten; // Anfang = Erster Knoten
        return; // fertig!
    }

    // Hilfsreferenz
    Knoten<E> aktuell = anfang;

    // "Vorspulen" zum Listenende
    while (aktuell.next != null)
    {
        aktuell = aktuell.next;
    }

    // Neuen Knoten anhängen
    aktuell.next = knoten;
}

// Entfernt eine Referenz aus der Liste
public boolean remove (E o)
{
    // Wenn Liste leer, sofort fertig
    if (anfang == null)
    {
        return false;
    }

    // Element suchen und löschen. Dabei muss der Vorgänger
    // nachgezogen werden, um die Lücke schließen zu können.
    Knoten<E> aktuell = anfang; // Wir sind am Anfang...
    Knoten<E> vorher = null;    // und haben noch keinen Vorgänger

    // Solange das Listenende nicht erreicht ist . . .
    while (aktuell != null)
    {
        // Objekt gefunden?
        if (o.equals (aktuell.data))
        {
            anzahl--;
            // War es das erste Objekt?
            if (vorher == null)
            {
                // Erstes Element löschen:
                // Anfang = Zweites Element (= Nachfolger vom Anfang)
                anfang = aktuell.next;
            }
```

```
            else
            {
                // Aktuelles Element ausklinken:
                // Vorgänger mit Nachfolger verbinden
                vorher.next = aktuell.next;
            }
            return true;
        }

        // Weitersuchen
        vorher = aktuell;            // Vorgänger nachziehen
        aktuell = aktuell.next;      // Position weiterschalten
    }

    // Element wird nicht von der Liste referenziert
    return false;
}

// Liefere die Anzahl der Elemente zurück
public int size()
{
    return anzahl;
}

public ListenIterator iterator()
{
    return new ListenIterator<E> (anfang);
}

public String toString()
{
    StringBuffer str = new StringBuffer();
    str.append ('[');
    ListenIterator iter = iterator();
    while (iter.hatNoch())
    {
        str.append (iter.zugriffUndWeiter());
        if (iter.hatNoch()) str.append (',');
    }
    str.append (']');
    return str.toString();
}
}
```

Damit die Funktionsweise verstanden werden kann, wird ein kleines Testprogramm geschrieben und die Liste für die eingefügten Elemente in Bild 18-6 grafisch dargestellt. Zuerst das Testprogramm:

```
// Datei: VerketteteListeTest.java

public class VerketteteListeTest
{
    public static void main (String[] args)
    {
        VerketteteListe<Integer> liste =
            new VerketteteListe<Integer>();
```

```
        liste.add (1);
        liste.add (2);
        liste.add (3);
        liste.add (4);
        liste.add (5);
        System.out.println ("Anzahl = " + liste.size());
        System.out.println (liste);
        liste.remove (5);
        liste.remove (3);
        liste.remove (1);
        // Der Versuch, ein nicht vorhandenes Element
        // zu entfernen, hat keine Auswirkung
        liste.remove (22);
        System.out.println ("Anzahl = " + liste.size());
        System.out.println (liste);
    }
}
```

Die Ausgabe des Programms ist:

```
Anzahl = 5
[1,2,3,4,5]
Anzahl = 2
[2,4]
```

Nach dem Aufbau und Entfernen der drei Objekte sieht die verkettete Liste so aus:

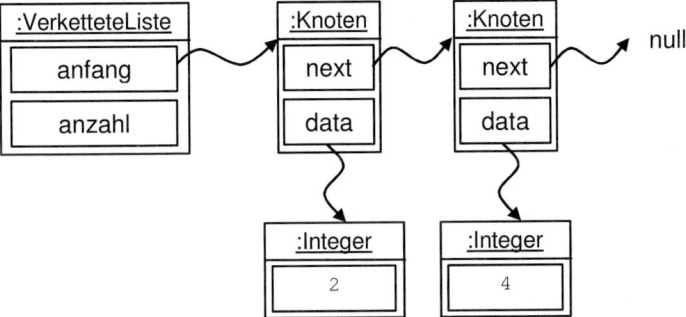

Bild 18-6 Verkettete Liste mit 2 Elementen

Neben der Arbeitsweise einer verketteten Liste zeigt das Beispielprogramm auch die prinzipielle Funktion eines Iterators. Dieser nutzt die Kenntnis der internen Implementierung der Liste zur Erfüllung seiner Funktion, zeigt dies aber nicht nach außen. Allerdings implementieren die beiden Klassen nicht die entsprechenden Schnittstellen List<E> und Iterator<E>. Java stellt jedoch im Paket java.util eine Klasse LinkedList<E> mit entsprechendem Iterator zur Verfügung.

18.3.3 Stapel

Ein **Stapelspeicher** oder **Stack** ist eine Collection, die wie eine Ablage funktioniert – das Schriftstück, das man zuletzt in die Ablage hineinlegt, wird auch wieder als erstes herausgeholt. Auf einen Stack kann man Objekte also nur "oben" drauflegen und sie auch nur von "oben" wieder wegnehmen. Es besteht keine Möglichkeit, ein Element aus der Mitte zu entnehmen oder ein Element in die Mitte einzufügen. Damit handelt es sich quasi um eine Liste, von der man nur den Anfang sieht. Dies erklärt die Implementierung der Klasse `Stack<E>` als Unterklasse der Klasse `Vector<E>`.

Den Arbeitsmechanismus eines Stapels bezeichnet man auch als "last-in, first-out"-Prinzip (LIFO). Im Unterschied dazu arbeiten Warteschlangen nach dem Prinzip "first-in, first-out" (FIFO).

Bild 18-7 zeigt, wie mit einer Methode `push()` ein Element auf einen Stack gelegt wird und wie mit einer Methode `pop()` das oberste Element vom Stack wieder entnommen wird.

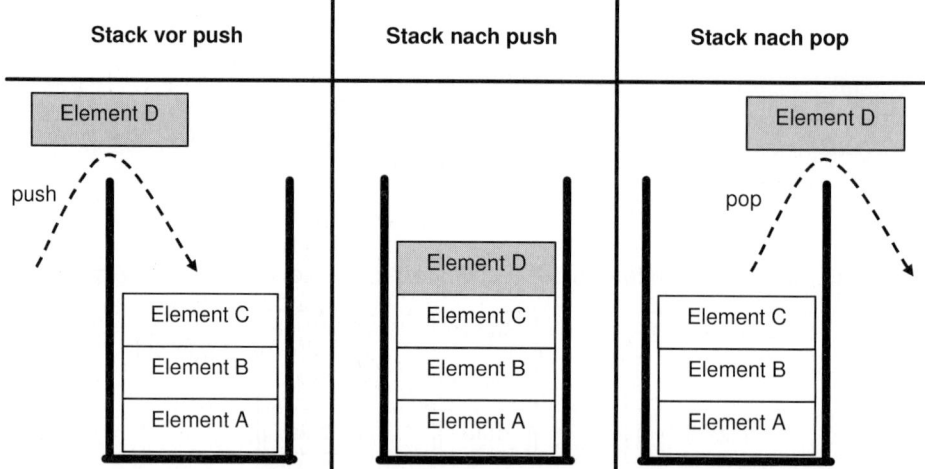

Bild 18-7 Methoden `push()` *und* `pop()`

Ein Stack kann aus Variablen einfacher Datentypen aufgebaut werden – oder im Falle von Klassen aus Referenzen auf Objekte. Sind die Referenzen, die auf einem Stack gespeichert werden, vom Typ `Object`, so kann jede beliebige Referenz auf dem Stack abgelegt werden. Die folgende Auflistung zeigt die Methodenköpfe der Klasse `Stack<E>`:

- `public boolean empty()`
  Gibt `true` zurück, wenn der Stack leer ist, ansonsten `false`.

- `public E push (E item)`
  Legt die übergebene Referenz `item` oben auf dem Stack ab.

- `public E pop()`
  Gibt eine Referenz auf das Objekt zurück, das ganz oben auf dem Stack liegt und entfernt die oberste Referenz vom Stack.

- `public E peek()`
  Gibt eine Referenz auf das Objekt zurück, das ganz oben auf dem Stack liegt, **ohne die Referenz vom Stack zu entfernen**.

- `public int search (Object o)`
  Sucht mit Hilfe der Methode `equals()` im Stack eine Referenz, die auf ein Objekt zeigt, das den gleichen Inhalt hat wie das Objekt, auf das die Referenz `o` zeigt. `search()` gibt die Position der Objektreferenz auf dem Stack zurück, wenn die Suche erfolgreich war oder −1, wenn die Referenz auf das gesuchte Objekt auf dem Stack nicht gefunden wurde.

Das folgende Beispiel zeigt die Verwendung der Methoden `push()`, `pop()` und `empty()`. Es werden Referenzen auf Objekte der Klasse `String` auf dem Stack `stapel` abgelegt:

```java
// Datei: StackBeispiel.java

import java.util.Stack;

public class StackBeispiel
{
    public static void main (String[] args)
    {
        // Neuen Stack für Strings erzeugen
        Stack<String> stapel = new Stack<String>();

        // Strings auf den Stapel legen
        stapel.push ("1. Objekt");
        stapel.push ("2. Objekt");
        stapel.push ("3. Objekt");

        // Oberstes Element ausgeben
        System.out.println (stapel.peek() + " liegt oben");

        // Alle Elemente entfernen und ausgeben
        while (!stapel.empty())
        {
            System.out.println (stapel.pop() + " wird entfernt");
        }
        System.out.println ("Stack ist jetzt wieder leer!");
    }
}
```

Die Ausgabe des Programms ist:

```
3. Objekt liegt oben
3. Objekt wird entfernt
2. Objekt wird entfernt
1. Objekt wird entfernt
Stack ist jetzt wieder leer!
```

Kennzeichnend ist, dass die Ausgabe in umgekehrter Reihenfolge zur Eingabe erfolgt: Die Referenz, die als letztes eingefügt wurde – hier die Referenz auf das String-Objekt mit dem Inhalt "3. Objekt" – (last-in), wird als erstes ausgegeben (first-out).

18.3.4 Laufzeiteigenschaften von Listen

Die unterschiedlichen Implementierungen von Listen haben unterschiedliche Laufzeiteigenschaften. Diese sollen mit dem folgenden Programm gezeigt werden:

```java
// Datei: ListenAnalyse.java

import java.util.*;

public class ListenAnalyse
{
   public static void main (String[] args)
   {
      // Erster Schritt: Listentyp auswählen
      int auswahl = 0;
      try
      {
         Scanner eingabe = new Scanner (System.in);
         System.out.println ("Welcher Listentyp?");
         System.out.println ("1 - ArrayList<E>");
         System.out.println ("2 - LinkedList<E>");
         System.out.print ("Auswahl: ");
         auswahl = eingabe.nextInt ();
      }
      catch (Exception ex)
      {
         System.out.println ("Fehlerhafte Eingabe!");
         System.exit (1);
      }

      // Zweiter Schritt: Liste initialisieren
      String name = null;
      List<Integer> list = null;
      switch (auswahl)
      {
         case 1:
            name = "ArrayList<E>";
            list = new ArrayList<Integer>();
            break;
         case 2:
            name = "LinkedList<E>";
            list = new LinkedList<Integer>();
            break;
         default:
            System.out.println ("Keine gültige Auswahl getroffen!");
            System.exit (1);
      }

      // Dritter Schritt: Messungen machen
      int anzahl = 50000;

      long t0 = System.currentTimeMillis ();
      // Liste erzeugen
      for (int i = 0; i < anzahl; ++i)
      {
         list.add (i);
      }
```

```
    long t1 = System.currentTimeMillis();

    // Vorne weitere Elemente rein
    ListIterator<Integer> iter = list.listIterator();
    long t2 = System.currentTimeMillis();
    for (int i = 0; i < anzahl; ++i)
    {
        iter.add (i);
    }
    long t3 = System.currentTimeMillis();

    // 10000 Mal auf das mittlere Element zugreifen
    int mitte = anzahl / 2;
    long t4 = System.currentTimeMillis();
    for (int i = 0; i < 10000; ++i)
    {
        int value = list.get (mitte);
    }
    long t5 = System.currentTimeMillis();

    // Vierter Schritt: Ergebnisse ausgeben
    System.out.println ("Ergebnisse mit " + name + ":");
    System.out.println ("Elemente direkt erzeugen        : " +
                        (t1 - t0) + "ms");
    System.out.println ("Elemente mit Iterator erzeugen : " +
                        (t3 - t2) + "ms");
    System.out.println ("Zugriff auf mittleres Element   : " +
                        (t5 - t4) + "ms");
    }
}
```

Die Ausgabe des Programms für `ArrayList<E>` **ist:**

```
Welcher Listentyp?
1 - ArrayList<E>
2 - LinkedList<E>
Auswahl: 1
Ergebnisse mit ArrayList<E>:
Elemente direkt erzeugen        : 31ms
Elemente mit Iterator erzeugen : 3969ms
Zugriff auf mittleres Element   : 0ms
```

Die Ausgabe des Programms für `LinkedList<E>` **ist:**

```
Welcher Listentyp?
1 - ArrayList<E>
2 - LinkedList<E>
Auswahl: 2
Ergebnisse mit LinkedList<E>:
Elemente direkt erzeugen        : 46ms
Elemente mit Iterator erzeugen : 16ms
Zugriff auf mittleres Element   : 7953ms
```

Listen vom Typ `ArrayList<E>` sind offenbar schnell beim Anhängen von Elementen, aber langsam beim Einfügen. Das liegt daran, dass hier alle nachfolgenden Elemente verschoben werden müssen. Dafür sind sie sehr schnell beim Zugriff.

Listen vom Typ `LinkedList<E>` sind dagegen gleichermaßen schnell beim Anhängen und Einfügen. Dafür sind sie langsam beim (wahlfreien) Zugriff, weil immer
erst von Element zu Element bis zur richtigen Position gelaufen werden muss. Das
Geheimnis zum effizienten Einsatz einer Collection vom Typ `LinkedList<E>` ist der
Iterator. Aufeinanderfolgende Zugriffe und Einfügeoperationen gehen mit seiner Hilfe
sehr schnell. Beim ersten Zugriff/Einfügen bzw. bei Verwendung der Methoden
`get()` und `add()` von `LinkedList<E>` muss jedoch immer die Liste bis zum gewünschten Element durchlaufen werden.

18.3.5 Sortieren von Listen

In den bisher gezeigten Beispielen erfolgte die Ausgabe der Objekte aus einer
Collection immer in unsortierter Reihenfolge. Dieser Umstand ist beispielsweise für
die Ausgabe von Namen aus einer Teilnehmerliste nicht wünschenswert, da diese
schnell unübersichtlich werden würde. In diesem Abschnitt soll deshalb die Ausgabe
einer Collection in sortierter Reihenfolge erläutert werden. Für die Ausgabe einer
Collection in sortierter Reihenfolge bietet das Collection Framework zwei verschiedene Implementierungsmöglichkeiten.

Die erste Möglichkeit mit Hilfe der Schnittstelle `Comparable<T>` (siehe Kap. 17.4.5)
besteht darin, die Objekte der Collection nach ihrer natürlichen Ordnung zu sortieren,
um sie anschließend auszugeben. Ein Beispiel hierfür finden Sie in Kapitel 18.6.2.

Die zweite Möglichkeit besteht darin, die Collection nach beliebigen Sortierkriterien
sortieren zu lassen. Hierfür wird ein externes Vergleichsobjekt benötigt, welches die
Schnittstelle `Comparator<T>` implementiert und die Reihenfolge für die zu sortierenden Objekte festlegt. Die Schnittstelle `Comparator<T>` definiert die Methode

```
public int compare (T o1, T o2)
```

welche im externen Vergleichsobjekt implementiert werden muss, damit die entsprechenden Sortierregeln implementiert werden können. Damit die Objekte nach der
gewünschten Reihenfolge sortiert werden können, müssen die verschiedenen Vergleichsoperationen folgende Werte als Rückgabewert liefern:

- `o1 < o2` einen negativen Wert
- `o1 = o2` null
- `o1 > o2` einen positiven Wert

Das Sortieren selbst erfolgt nach Aufruf der generischen Methode

```
Collections.sort (List<T> list, Comparator<? super T> comp)
```

der Hilfsklasse `Collections`. Bitte beachten Sie, dass der formale Typ-Parameter
`T` der Klasse `Comparater<T>` hier durch den gleichen Typ oder einen Supertyp des
aktuellen Typ-Parameters ersetzt werden muss, mit dem die Klasse `List<T>`
instantiiert wurde. Zeigt also die Referenz `list` auf ein Objekt vom Typ
`List<Integer>`, so muss die Referenz `comp` auf ein Objekt vom Typ `Compara-`
`tor<Integer>` oder `Comparator<Number>` zeigen.

Intern ruft die Methode `sort()` die Methode `compare()` des Vergleichobjekts `comp` für alle Elemente der Liste `list` auf, um die Objekte zu sortieren. Sie verwendet für die Sortierung einen modifizierten Merge-Sort-Algorithmus, welcher bei **n** zu sortierenden Elementen eine Laufzeit von **n*log(n)** aufweist. Empirische Untersuchungen zeigten, dass der Merge-Sort-Algorithmus annähernd gleich schnell sortiert wie ein hoch optimierter Quicksort-Algorithmus. Der Quicksort-Algorithmus hat jedoch den Nachteil, dass dieser nicht stabil[134] arbeitet.

Die Klasse `Collections` stellt neben der Methode `sort()` noch weitere nützliche Methoden zur Bearbeitung von Collections bereit und ist auf jeden Fall einen Blick in die API-Dokumentation wert.

Als **geordnet** bezeichnet man eine Collection, deren Elemente in derselben Reihenfolge entnommen werden, in der sie eingefügt werden. Diese Eigenschaft ist z.B. für die im nächsten Abschnitt beschriebenen Warteschlangen wichtig. Im Gegensatz nennt man eine Collection **sortiert**, wenn ihre Elemente entsprechend eines festen Sortierkriteriums (Ordnungsrelation) entnommen werden – unabhängig von der Reihenfolge beim Einfügen. Die Implementierungen von Listen in Java sind geordnet und lassen sich nur durch expliziten Aufruf sortieren.

Der wesentliche Unterschied zwischen beiden Varianten besteht darin, dass die in der Schnittstelle `Comparable<T>` definierte Methode

```
public int compareTo (T o)
```

nur eine Referenz auf ein Objekt als Parameter erwartet wohingegen die Methode

```
public int compare (T  o1, T o2),
```

welche in der Schnittstelle `Comparator<T>` definiert ist, zwei Referenzen auf Objekte als Parameter erwartet. Der Grund für die unterschiedliche Anzahl von erwarteten Parametern liegt in der Art und Weise, wie die Objekte miteinander verglichen werden. Ein Objekt einer Klasse, welche die Schnittstelle `Comparable<T>` implementiert, vergleicht sich selbst mit anderen Objekten, wohingegen ein Objekt einer Klasse, welche die Schnittstelle `Comparator<T>` implementiert, die beiden übergebenen Referenzen miteinander vergleicht.

Die Methode `sort()` in der Klasse `Collections` ist ein Beispiel für einen generischen Algorithmus. Er funktioniert unabhängig vom Typ der zu sortierenden Objekte, da er sich auf eine – ebenfalls generische – Vergleichsoperation stützt.

Beim Sortieren von `String`-Objekten nach ihrer natürlichen Ordnung ist zu beachten, dass bei diesem Verfahren die Sortierung nach der so genannten lexiko-

---

[134] Stabil arbeiten bedeutet, dass bereits sortierte Elemente bei der Sortierung ihre Ausgangsreihenfolge behalten. Diese Reihenfolgesicherung ist für manche Anwendungen wichtig und spart ggf. außerdem Rechenzeit.

grafischen Ordnung erfolgt. Dies bedeutet, dass Buchstaben nach ihrer zugehörigen Kodierung (Hexadezimalwert) sortiert werden. Dadurch werden Umlaute oder Sonderzeichen sowie Groß- und Kleinschreibung nicht hinreichend berücksichtigt.

Diese Reihenfolge ist nicht immer erwünscht. So sortiert beispielsweise das deutsche Wörterbuch die Umlaute 'Ä', 'Ö' ,'Ü' wie 'A', 'O', 'U' und behandelt die Groß- und Kleinschreibung gleich. Eine mögliche Implementierung, die nach den Regeln des deutschen Wörterbuchs sortiert, wird im unten stehenden Beispiel gezeigt. Die Gleichbehandlung der Groß- und Kleinschreibung wird hier durch die Methode `compareToIgnoreCase (String str)` erreicht und die Umlaute und Sonderzeichen werden mit Hilfe der Methode `replace (char old, char new)` ersetzt.

```java
// Datei: Student.java

public class Student
{
   private int matrikelnummer;
   private String nachname;
   private String vorname;

   public Student (String n, String v, int mnr)
   {
      nachname = n;
      vorname = v;
      matrikelnummer = mnr;
   }

   public int getMatrikelnummer()
   {
      return matrikelnummer;
   }

   public String getNachname()
   {
      return nachname;
   }

   public String getVorname()
   {
      return vorname;
   }

   public void print()
   {
      System.out.println ("Nachname: " + nachname);
      System.out.println ("Vorname: " + vorname);
      System.out.println ("Matrikelnummer: " + matrikelnummer);
   }
}

// Datei: NachnameVergleicher.java

import java.util.Comparator;
public class NachnameVergleicher implements Comparator<Student>
{
```

```
    // Implementierung der Methode compare()
    // aus der Schnittstelle Comparator<T>
    public int compare (Student o1, Student o2)
    {
        String student1 = nameAufbereiten (o1.getNachname());
        String student2 = nameAufbereiten (o2.getNachname());

        // compareToIgnoreCase ignoriert Groß- und Kleinschreibung
        return student1.compareToIgnoreCase (student2);
    }

    private String nameAufbereiten (String name)
    {
        // Umlaute im String ersetzen
        name = name.replace ('ä', 'a');
        name = name.replace ('ö', 'o');
        name = name.replace ('ü', 'u');
        name = name.replace ('ß', 's');
        return name;
    }
}


// Datei: MatrikelnummerVergleicher.java

import java.util.Comparator;

public class MatrikelnummerVergleicher
                    implements Comparator<Student>
{
    // Implementierung der Methode compare()
    // aus der Schnittstelle Comparator<T>
    public int compare (Student o1, Student o2)
    {
        int mat1 = o1.getMatrikelnummer();
        int mat2 = o2.getMatrikelnummer();

        if (mat1 < mat2)
        {
            return -1;
        }

        if (mat1 == mat2)
        {
            return 0;
        }

        return 1;
    }
}


// Datei: StudentenSortierer.java

import java.util.*;
public class StudentenSortierer
{
    public static void main (String[] args)
    {
```

```
    List<Student> liste = new Vector<Student>();
    liste.add (new Student ("Mayer", "Martin", 123478));
    liste.add (new Student ("Hauser", "Ingo", 12346));
    liste.add (new Student ("Munk", "Tilo", 123477));
    liste.add (new Student ("Meier", "Frank", 123456));

    print ("Liste unsortiert:\n", liste);

    Collections.sort (liste, new MatrikelnummerVergleicher());
    print ("Liste sortiert nach Matrikelnummern:\n", liste);

    Collections.sort (liste, new NachnameVergleicher());
    print ("Liste sortiert nach Nachnamen:\n", liste);
}

public static void print (String titel, List<Student> studenten)
{
    System.out.println ("-------------------------------");
    System.out.println (titel);

    for (Student studi : studenten)
    {
        System.out.println (studi.getMatrikelnummer() + "\t" +
                            studi.getNachname() + "\t" +
                            studi.getVorname());
    }
}
}
```

Die Ausgabe des Programms ist:

```
-------------------------------
Liste unsortiert:

123478   Mayer    Martin
12346    Hauser   Ingo
123477   Munk     Tilo
123456   Meier    Frank
-------------------------------
Liste sortiert nach Matrikelnummern:

12346    Hauser   Ingo
123456   Meier    Frank
123477   Munk     Tilo
123478   Mayer    Martin
-------------------------------
Liste sortiert nach Nachnamen:

12346    Hauser   Ingo
123478   Mayer    Martin
123456   Meier    Frank
123477   Munk     Tilo
```

18.4 Warteschlangen

Warteschlangen oder **Queues** werden immer dann verwendet, wenn das FIFO-Prinzip für Nachrichten umgesetzt werden muss. Ein Beispiel für eine Warteschlange ist die Klasse `LinkedList<E>`, die neben der Schnittstelle `List<E>` auch die Schnittstelle `Queue<E>` implementiert. In der Praxis kann es bei der Abarbeitung einer Warteschlange vorkommen, dass wichtige Aufgaben (z.B. Alarmnachrichten) bevorzugt werden müssen. In diesen Fällen werden den Elementen einer Warteschlange Prioritäten zugeordnet und die Warteschlange gemäß diesen Prioritäten sortiert. Innerhalb jeder Prioritätsstufe gilt dabei jedoch weiterhin das FIFO-Prinzip.

Beim Nachrichtenaustausch zwischen verschiedenen Threads (siehe Kap. 19) kann es vorkommen, dass die Warteschlange gerade dann voll ist, wenn der Sender eine Nachricht verschicken möchte oder dass gerade dann keine Nachricht vorliegt, wenn der Empfänger eine Nachricht abholen möchte. In diesem Fall möchte man in der Regel nicht abbrechen, sondern warten (blockieren), bis wieder Platz in der Warteschlange ist, bzw. bis wieder Nachrichten vorliegen.

Das Collection Framework von Java bietet Klassen für einfache Warteschlangen und für Warteschlangen mit Priorisierung, Blockierung oder mit beidem. Bild 18-8 zeigt eine exemplarische Übersicht der Schnittstellen und Klassen für Queues.

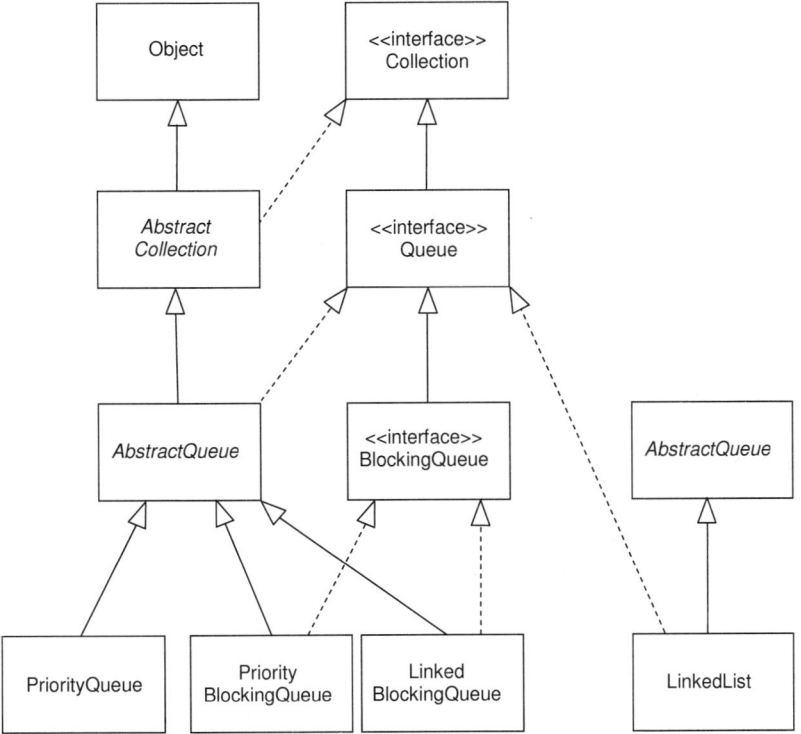

Bild 18-8 Übersicht exemplarischer Queues aus `java.util` *und* `java.util.concurrent`

In Bild 18-8 fällt auf, dass für die Schnittstelle `BlockingQueue<E>` (leider) keine zugehörige abstrakte Basisklasse – beispielsweise `AbstractBlockingQueue<E>` – existiert, welche diese Schnittstelle implementiert. Daher erben die zugehörigen konkreten Klassen alle "nur" von `AbstractQueue<E>` und müssen die Schnittstelle explizit implementieren. Da blockierende Queues nur bei nebenläufigen Programmen benötigt werden, sind sie in einem eigenen Unterpaket `java.util.concurrent` untergebracht.

Die folgenden Kapitel beschreiben die dargestellten Klassen im Detail. Es sei jedoch darauf hingewiesen, dass es für Anwendungen mit mehreren Threads noch weitere spezialisierte Queues gibt (siehe API-Dokumentation).

18.4.1 Einfache Warteschlangen

Einfache Warteschlangen implementieren die Schnittstelle `Queue<E>`. Diese besteht aus folgenden Methodenköpfen:

- `boolean offer (E o)`
  Fügt das übergebene Objekt – wenn möglich – in die Warteschlange ein. Ist dies nicht möglich, da die Warteschlange voll ist, wird `false` zurückgeliefert.

- `E peek()`
  Liefert das nächste Element in der Warteschlange zurück, entfernt es aber nicht. Wenn die Warteschlange leer ist, wird `null` zurückgeliefert.

- `E poll()`
  Entfernt das nächste Element in der Warteschlange und liefert es zurück. Wenn die Warteschlange leer ist, wird `null` zurückgeliefert.

- `E element()`
  Liefert das nächste Element in der Warteschlange zurück, entfernt es aber nicht. Wenn die Warteschlange leer ist, wird eine Exception vom Typ `NoSuchElement-Exception` geworfen.

- `E remove()`
  Entfernt das nächste Element in der Warteschlange und liefert es zurück. Wenn die Warteschlange leer ist, wird eine Exception vom Typ `NoSuchElement-Exception` geworfen.

Das folgende Beispiel zeigt eine einfache Warteschlange für Nachrichten. Dazu wird zunächst eine Hilfsklasse `Nachricht` zur Darstellung der Nachrichten implementiert:

```
// Datei: Nachricht.java

public class Nachricht implements Comparable<Nachricht>
{
    final int prioritaet; // Priorität der Nachricht
    final String inhalt;  // Inhalt der Nachricht
    public Nachricht (int prioritaet, String inhalt) // Konstruktor
    {
        this.prioritaet = prioritaet;
        this.inhalt = inhalt;
    }
```

```
    public int compareTo (Nachricht other)
    {
        if (this.prioritaet < other.prioritaet)
            return -1;
        if (this.prioritaet > other.prioritaet)
            return +1;

        return 0;
    }

    public int getPrioritaet() // Priorität der Nachricht liefern
    {
        return prioritaet;
    }

    public String getInhalt() // Inhalt der Nachricht liefern
    {
        return inhalt;
    }

    public String toString()
    {
        return inhalt + " (Prio: " + prioritaet + ")";
    }
}
```

Das Testprogramm verwendet als Queue ein Objekt der Klasse LinkedList<E>[135]:

```
//Datei: NachrichtenWarteschlange.java

import java.util.*;

public class NachrichtenWarteschlange
{
    public static void main (String[] args)
    {
        Queue<Nachricht> warteschlange = new LinkedList<Nachricht>();

        warteschlange.offer (
            new Nachricht (5, "Damenbekleidung im ersten Stock"));
        warteschlange.offer (
            new Nachricht (1, "Feuer im dritten Stock"));
        warteschlange.offer (
            new Nachricht (5, "Herrenbekleidung im zweiten Stock"));
        warteschlange.offer (
            new Nachricht (1, "Wassereinbruch im Keller"));

        while (!warteschlange.isEmpty())
        {
            System.out.println (warteschlange.remove());
        }
    }
}
```

---

[135] Die Schnittstellen List<E> und Queue<E> stehen zwar auf derselben Stufe der Vererbungshierarchie – beide Schnittstellen leiten direkt von Collection<T> ab. Die Klasse LinkedList<E> implementiert jedoch beide Schnittstellen.

Betrachtet man die Schleife zur Ausgabe der Nachrichten, so fällt die Methode
isEmpty() ins Auge. Die Methode isEmpty() ist nicht Bestandteil der Klasse
Queue<E>, sondern wird bereits in der Schnittstelle Collection<E> deklariert und
steht damit allen Collections zur Verfügung.

Die Ausgabe des Programms ist:

```
Damenbekleidung im ersten Stock (Prio: 5)
Feuer im dritten Stock (Prio: 1)
Herrenbekleidung im zweiten Stock (Prio: 5)
Wassereinbruch im Keller (Prio: 1)
```

Es werden also alle Nachrichten ungeachtet ihrer Priorität in derselben Reihenfolge
ausgegeben, wie sie der Warteschlange hinzugefügt wurden.

18.4.2 Priorisierte Warteschlangen

Klassen für priorisierte Queues erben von der Klasse AbstractQueue<E> und
implementieren die Schnittstelle Queue<E>. Allerdings beachten sie beim Einfügen
von Elementen das Ordnungskriterium der Warteschlange. Dieses kann wie beim
Sortieren von Listen entweder über die natürliche Ordnung der Elemente (Schnittstelle Comparable<E>) oder durch ein spezielles Vergleichsobjekt (Klasse Compa-
rator<E>) definiert werden.

Im nachfolgenden Beispiel wird erneut die Nachrichtenklasse aus dem vorhergehenden Abschnitt verwendet. Diese implementiert die Schnittstelle Compar-
able<E> und erlaubt somit den Vergleich von Nachrichten über deren Priorität:

```
// Datei: PriorisierteNachrichtenWarteschlange.java

import java.util.Queue;
import java.util.PriorityQueue;

public class PriorisierteNachrichtenWarteschlange
{
    public static void main (String[] args)
    {
        Queue<Nachricht> warteschlange =
            new PriorityQueue<Nachricht>();
        warteschlange.offer (
            new Nachricht (5, "Damenbekleidung im ersten Stock"));
        warteschlange.offer (
            new Nachricht (1, "Feuer im dritten Stock"));
        warteschlange.offer (
            new Nachricht (5, "Herrenbekleidung im zweiten Stock"));
        warteschlange.offer (
            new Nachricht (1, "Wassereinbruch im Keller"));
        while (!warteschlange.isEmpty())
        {
            System.out.println (warteschlange.remove());
        }
    }
}
```

Die Ausgabe des Programms ist:

```
Feuer im dritten Stock (Prio: 1)
Wassereinbruch im Keller (Prio: 1)
Herrenbekleidung im zweiten Stock (Prio: 5)
Damenbekleidung im ersten Stock (Prio: 5)
```

Wie man sieht, haben nun die Nachrichten mit höherer Priorität (kleinere Zahl) Vorrang. Jedoch wird innerhalb einer Prioritätsstufe die Einfügereihenfolge nicht eingehalten.

18.4.3 Blockierende Warteschlangen

Blockierende Queues dienen immer dann als Puffer, wenn der Produzent und der Konsument die Inhalte unabhängig voneinander bearbeiten. Dann kann es nämlich vorkommen, dass der Produzent nicht schnell genug produziert (Queue läuft leer) oder der Konsument nicht schnell genug konsumiert (Queue läuft voll). Für diese beiden Fälle bietet eine blockierende Queue die Möglichkeit zu warten. Dafür werden in der Schnittstelle `BlockingQueue<E>` folgende zusätzliche Methoden eingeführt:

- `boolean offer (E o, long timeout, TimeUnit unit)`
  Fügt das übergebene Objekt – wenn möglich – in die Warteschlange ein. Ist die Warteschlange voll, wird zunächst gewartet, ob innerhalb der angegebenen Wartezeit – hier `timeout` – wieder Platz in der Warteschlange frei wird. Ist nach der Wartezeit die Warteschlange jedoch immer noch voll, wird wie bisher `false` zurückgeliefert.

- `E poll (long timeout, TimeUnit unit)`
  Entfernt das nächste Element in der Warteschlange und liefert es zurück. Wenn die Warteschlange leer ist, wird zunächst gewartet, ob innerhalb der angegebenen Wartezeit ein Element verfügbar wird. Ist die Warteschlange nach der Wartezeit immer noch leer, wird `null` zurückgeliefert.

- `void put (E o)`
  Fügt die übergebene Referenz auf das Objekt – wenn möglich – in die Warteschlange ein. Ist die Warteschlange voll, wird auf unbestimmte Zeit gewartet (blockierender Aufruf), bis wieder Platz in der Warteschlange ist.

- `E take ()`
  Entfernt das nächste Element in der Warteschlange und liefert es zurück. Wenn die Warteschlange leer ist, wird auf unbestimmte Zeit gewartet (blockierender Aufruf), bis wieder ein Element verfügbar ist.

- `int remainingCapacity ()`
  Liefert die Anzahl der Elemente zurück, die noch in die Warteschlange passen. Wenn es keine Limitierung gibt, wird `Integer.MAX_VALUE` zurückgeliefert.

Bei der Verwendung einer blockierenden Warteschlange kann also entschieden werden, ob:

- gar nicht gewartet,
- nur eine bestimmte Zeit gewartet
- oder auf unbestimmte Zeit gewartet werden soll.

Wenn nicht gewartet werden soll, können die Methoden `offer()` und `poll()` aus der Schnittstelle `Queue<E>` verwendet werden. Um den blockierenden Aufruf zu realisieren, sind diese beiden Methoden in der Schnittstelle `BlockingQueue<E>` überladen worden. Als Parameter erwarten dort die neuen Methoden `offer()` und `poll()` einen `long`-Wert `timeout`, der die maximale Wartezeit des Aufrufs angibt. Die Angabe des Timeouts erfolgt durch getrennte Angabe einer Zahl für die Wartezeit und der zugehörigen Einheit in Form einer der folgenden Konstanten aus dem neuen Aufzählungstyp `TimeUnit`: `NANOSECONDS`, `MICROSECONDS`, `MILLI-SECONDS`, `SECONDS`. Dabei ist zu beachten, dass die Angabe der Einheit nur den Wunsch des Programmierers ausdrückt. Wenn die darunterliegende Implementierung nicht in der Lage ist, die Wartezeit entsprechend genau zu messen, kann die tatsächliche Wartezeit vom angegebenen Timeout abweichen. Die beiden neuen Methoden `put()` und `take()` warten auf unbestimmte Zeit. In Kapitel 19.3.3 wird jedoch gezeigt, dass ein Wartezustand von außen unterbrochen werden kann.

Das folgende Beispiel zeigt die Anwendung einer blockierenden Queue. Da ein Programm nicht "auf sich selber warten kann", werden in dem Beispiel der Produzent und der Konsument als so genannte Threads realisiert. Dadurch laufen beide quasi als zwei "Programme im Programm" parallel ab. Wie dies genau funktioniert, wird in Kapitel 19 ausführlich erklärt. Die Hilfsklasse `Timer` dient dabei dazu, den zeitlichen Ablauf darstellen zu können.

Das folgende Testprogramm verwendet als Queue ein Objekt der Klasse `LinkedBlockingQueue<E>`:

```
// Datei: Timer.java

public class Timer
{
   long basis;
   boolean isRunning = false;

   public void start()
   {
      basis = System.currentTimeMillis();
      isRunning = true;
   }

   public long read() throws IllegalStateException
   {
      if (isRunning)
      {
         long current = System.currentTimeMillis();
         return current - basis;
      }

      throw new IllegalStateException ("Timer is not running");
   }

   public long stop()
   {
      isRunning = false;
      return read();
   }
```

```java
   public boolean isRunning()
   {
      return isRunning;
   }
}


// Datei: Sendung.java

public class Sendung
{
   final Nachricht nachricht; // zu sendendende Nachricht
   final int pause;           // Pause nach der Sendung in ms

   public Sendung (Nachricht nachricht, int pause)
   {
      this.nachricht = nachricht;
      this.pause = pause;
   }
}


// Datei: Produzent.java

import java.util.concurrent.TimeUnit;
import java.util.concurrent.BlockingQueue;
public class Produzent implements Runnable
{
   private Timer timer;
   private BlockingQueue<Nachricht> queue;
   private Sendung[] sendeplan;

   public Produzent (Timer timer, BlockingQueue<Nachricht> queue,
      Sendung[] sendeplan)
   {
      this.timer = timer;
      this.queue = queue;
      this.sendeplan = sendeplan;
   }

   public void run()
   {
      try
      {
         for (Sendung sendung : sendeplan)
         {
            Nachricht n = sendung.nachricht;
            System.out.printf ("%05d -->P\n", timer.read());
            queue.put (n);
            System.out.printf ("%05d P--> %s\n", timer.read(), n);
            TimeUnit.SECONDS.sleep (sendung.pause);
         }
      }
      catch (InterruptedException ex)
      {
         System.out.println ("Produzent wurde unterbrochen");
      }
   }
}
```

```java
// Datei: Konsument.java

import java.util.concurrent.TimeUnit;
import java.util.concurrent.BlockingQueue;

public class Konsument implements Runnable
{
    private Timer timer;
    private BlockingQueue<Nachricht> queue;
    private int delay;

    public Konsument (
        Timer timer,
        BlockingQueue<Nachricht> queue,
        int delay)
    {
        this.timer = timer;
        this.queue = queue;
        this.delay = delay;
    }

    public void run()
    {
        try
        {
            Nachricht n;
            do
            {
                TimeUnit.SECONDS.sleep (delay);
                System.out.printf ("%05d -->K\n", timer.read());
                n = queue.take();
                System.out.printf ("%05d K--> %s\n", timer.read(), n);
            }
            while (!n.getInhalt().equals ("ENDE"));
        }
        catch (InterruptedException ex)
        {
            System.out.println ("Konsument wurde unterbrochen");
        }
    }
}

// Datei: BlockierendeWarteschlange.java

import java.util.concurrent.*;

public class BlockierendeWarteschlange
{
    //Timing für Produzent: 0-->1-->2-->3-[block]->5-->28-->29--|
    //Timing für Konsument: 5-->10-->15-->20-->25-[block]->28-->33--|

    public static void main (String[] args)
    {
        final Sendung[] sendeplan = {
            new Sendung (new Nachricht (5, "Nachricht 1"), 1),
            new Sendung (new Nachricht (1, "Nachricht 2"), 1),
            new Sendung (new Nachricht (5, "Nachricht 3"), 1),
```

```
        new Sendung (new Nachricht (5, "Nachricht 4"), 23),
        new Sendung (new Nachricht (1, "Nachricht 5"), 1),
        new Sendung (new Nachricht (5, "ENDE"), 1) };

    BlockingQueue<Nachricht> queue =
        new LinkedBlockingQueue<Nachricht>(3);
    Timer timer = new Timer();
    Produzent p = new Produzent (timer, queue, sendeplan);
    Konsument k = new Konsument (timer, queue, 5);

    Thread pt = new Thread (p); // Thread für Produzent anlegen
    Thread kt = new Thread (k); // Thread für Konsument anlegen
    timer.start(); // Timer starten
    pt.start();    // Produzent starten
    kt.start();    // Konsument starten

    // Hier endet die main-Methode(), das Programm läuft aber
    // weiter bis der Produzent und der Konsument fertig sind
    }
}
```

Die Ausgabe des Programms ist:

```
00000 -->P
00010 P--> Nachricht 1 (5)
01011 -->P
01011 P--> Nachricht 2 (1)
02012 -->P
02012 P--> Nachricht 3 (5)
03014 -->P
05017 -->K
05017 P--> Nachricht 4 (5)
05017 K--> Nachricht 1 (5)
10024 -->K
10024 K--> Nachricht 2 (1)
15031 -->K
15031 K--> Nachricht 3 (5)
20038 -->K
20038 K--> Nachricht 4 (5)
25046 -->K
28020 -->P
28020 K--> Nachricht 5 (1)
28020 P--> Nachricht 5 (1)
29021 -->P
29021 P--> ENDE (5)
33027 -->K
33027 K--> ENDE (5)
```

Bitte beachten Sie, dass in der Ausgabe das `P` eine Aktion des Produzenten und das `K` eine Aktion des Konsumenten anzeigt. Weiterhin zeigt die erste Spalte die Zeit in Millisekunden an. Ausgaben der Form "`-->X`" zeigen einen Zugriffsversuch auf die Queue, Ausgaben der Form "`X-->`" deren Ergebnis. Die verwendete Queue hat eine Kapazität von 3 Nachrichten. Der Produzent sendet Nachrichten gemäß Sendeplan, der Konsument liest alle 5 s eine Nachricht.

Wie die Ausgabe des Programms zeigt, schreibt der Produzent zunächst 3 Nachrichten und muss dann warten, bis der Konsument die erste Nachricht ausgelesen
hat. Anschließend liest der Konsument die weiteren Nachrichten aus und muss dann
warten, bis der Produzent wieder eine Nachricht in die Queue geschrieben hat.
Dabei wird zunächst der Eindruck vermittelt, dass die Nachricht gelesen wird, bevor
sie geschrieben wird (K kommt vor P). Dies kann natürlich nicht sein und liegt nur
daran, dass Produzent und Konsument ja unabhängig voneinander ablaufen. Die
Ausgabe erfolgt ja nach dem eigentlichen Zugriff auf die Queue und wie es scheint,
kommt die Ausgabe von K in diesem Fall eben schneller zum Zug.

18.4.4 Blockierende Queues mit Priorität

Auch bei blockierenden Warteschlangen ist es möglich, Nachrichten zu priorisieren.
Die entsprechende Funktionalität wird in der Klasse `PriorityBlockingQueue<E>`
zur Verfügung gestellt. Wie schon bei der Klasse `PriorityQueue<E>` kann auch
hier entweder die natürliche Ordnung der Elemente oder ein externes Vergleichsobjekt verwendet werden. Um die Funktionsweise der `PriorityBlocking-`
`Queue<E>` zu zeigen, kann im vorhergehenden Beispiel in der Klasse `Blockie-`
`rendeWarteschlange` anstatt einem Objekt vom Typ `LinkedBlocking-`
`Queue<Nachricht>` ein Objekt vom Typ `PriorityBlockingQueue<Nach-`
`richt>` angelegt werden. In diesem Fall erhält man folgende Ausgabe:

Die Ausgabe des geänderten Programms ist:

```
00000 -->P
00020 P--> Nachricht 1 (5)
01032 -->P
01032 P--> Nachricht 2 (1)
02033 -->P
02033 P--> Nachricht 3 (5)
03035 -->P
03035 P--> Nachricht 4 (5)
05038 -->K
05038 K--> Nachricht 2 (1)
10045 -->K
10045 K--> Nachricht 4 (5)
15052 -->K
15052 K--> Nachricht 3 (5)
20059 -->K
20059 K--> Nachricht 1 (5)
25066 -->K
26038 -->P
26038 K--> Nachricht 5 (1)
26038 P--> Nachricht 5 (1)
27039 -->P
27039 P--> ENDE (5)
31045 -->K
31045 K--> ENDE (5)
```

Der zeitliche Ablauf hat sich nicht groß verändert, aber wie man sieht, wird nun die
Nachricht mit dem Inhalt "Nachricht 2" vom Konsumenten vorgezogen, da sie
eine höhere Priorität hat als die Nachricht mit dem Inhalt "Nachricht 1". Ebenfalls
erkennbar ist, dass durch die Priorisierung die ursprüngliche Ordnung zerstört wird,

d.h. Nachrichten gleicher Priorität werden nicht in der Reihenfolge ausgelesen, in der sie eingefügt wurden.

18.5 Mengen

Eine Liste kann beliebige Duplikate von Elementen enthalten. So ist es prinzipiell möglich, in eine verkettete Liste zwei Referenzen auf dasselbe Objekt einzufügen oder zwei Referenzen auf Objekte mit gleichem Inhalt. Dies ist unter Umständen jedoch unerwünscht. Daher gibt es auch Collections, die das Einfügen von gleichen Elementen automatisch verhindern. Dies sind diejenigen Collections, welche die Schnittstelle `Set<E>` implementieren.

In einem Set kann es keine Duplikate geben.

Ein Set entspricht einer Menge von Elementen, wobei jedes Element nur einfach auftreten kann. Da Mengen ungeordnet sind, gibt es keine direkte Möglichkeit, auf ein bestimmtes Element zuzugreifen. Mit Hilfe der `contains()`-Methode kann aber sehr leicht getestet werden, ob ein Objekt in der Menge enthalten ist:

```
boolean contains (Object o)
```

Diejenigen Klassen, welche die Schnittstelle `Set<E>` implementieren, sind – wie in Bild 18-9 zu sehen – die Klassen `HashSet<E>`, `EnumSet<E extends Enum<E>>` und `TreeSet<E>`. Dabei dienen die Klassen `HashSet<E>` und `TreeSet<E>` zur Verwaltung beliebiger Objekte während `EnumSet` eine besonders effiziente Implementierung für Aufzählungstypen darstellt.

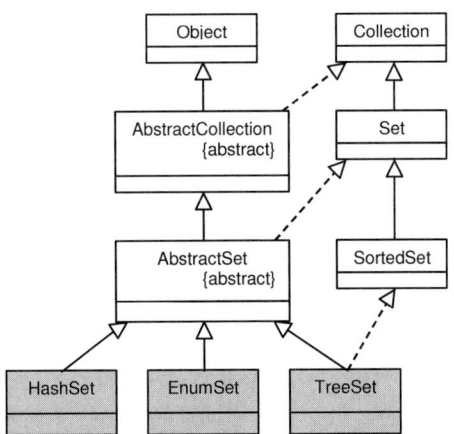

Bild 18-9 Klassenhierachie für Collections vom Typ `Set` in `java.util`

Um sicherzustellen, dass man nicht zweimal eine Referenz auf dasselbe Objekt eingefügt, wird vor dem Einfügen einer Referenz deren `equals()`-Methode aufge-

rufen und mit jeder im Set schon enthaltenen Referenz verglichen. Damit wird überprüft, ob eine Referenz auf das Objekt, auf das die neu einzufügende Referenz zeigt,
schon in der Menge enthalten ist. Beim Einfügen wird also die einzufügende Referenz mit jeder in der Menge bereits vorhandenen Referenz durch Aufruf der
equals()-Methode verglichen.

Dieser Test ist jedoch nicht "idiotensicher" – wird ein Objekt in einem Set nach dem
Einfügen verändert, kann dadurch nachträglich inhaltliche Gleichheit zwischen zuvor
verschiedenen Elementen entstehen. Da dies ein Set nicht kontrollieren kann, ist bei
inhaltlicher Gleichheit das Verhalten des Sets nicht mehr garantiert.

18.5.1 Mengen mit Hashing

Die Klasse HashSet<E> verwendet zur Speicherung von Objektreferenzen eine besondere Technik: das so genannte **Hashing** (auch Streuspeicher-Verfahren genannt). Bei diesem Verfahren wird jedem Objekt eine Zahl, der so genannte Hash-
Code, zugeordnet. Dieser dient als Index in einer Tabelle, in der die Objekte
gespeichert werden.

Für die Berechnung von Hash-Codes werden Hash-Funktionen verwendet. Dies sind
mathematische Funktionen, die sich dadurch auszeichnen, dass sie sich schnell
berechnen lassen und einen breit gestreuten Wertebereich haben. Ihr Ziel ist es,
einem Objekt einen möglichst eindeutigen Kennwert zuzuordnen. Dabei führt eine
kleine Änderung der Ausgangsdaten oft zu einem völlig anderen Hash-Code. Damit
können die Objekte möglichst gut verteilt werden. Ein bestimmtes Objekt erhält stets
denselben Hash-Code. Es ist jedoch möglich, dass zwei unterschiedliche Objekte
denselben Hash-Code erhalten, d.h. Hash-Funktionen sind i.d.R. nicht umkehrbar.

Um später zu prüfen, ob ein Objekt in der Tabelle enthalten ist, wird der Tabellen-
index jedes Mal erneut aus dem Hash-Code berechnet. Durch den so möglichen
direkten Tabellenzugriff lässt sich ein Objekt sehr viel schneller wieder finden als
durch sequenzielles Suchen.

In der Praxis ist die Tabelle in der Regel kleiner als der Wertebereich der Hash-
Funktion. Daher müssen die Hash-Codes mit Hilfe des Restwert-Operators % auf die
tatsächliche Tabellengröße abgebildet werden. Daneben kann es vorkommen, dass
zwei verschiedene Objekte den gleichen Hash-Code haben bzw. dass ihr Hash-Code
durch die Berechnung des Restwertes mit Hilfe des Restwert-Operators % auf den
gleichen Index abgebildet wird. Darum werden in der Tabelle nicht einzelne Objekte,
sondern Listen von Objekten (sog. Eimer, engl. Buckets) mit dem gleichen Hash-
Code gespeichert. Für die Suche spielt das keine große Rolle, da diese Listen in der
Regel sehr klein und schnell zu durchsuchen sind. Bild 18-10 illustriert das Suchen
nach dem Hash-Verfahren.

Beim Zugriff wird also zunächst in der Methode hashCode() der Hash-Code
berechnet, mit dem Restwert-Operator auf die Tabellengröße angepasst, um die
richtige Liste zu finden und anschließend mit Hilfe der equals()-Methode nach
dem **richtigen Objekt** gesucht. Dies muss nicht das ursprünglich eingefügte Objekt
sein, da die equals()-Methode lediglich auf inhaltliche Gleichheit prüft (nur ihre
Basisimplementierung in der Klasse Object prüft auf Identität).

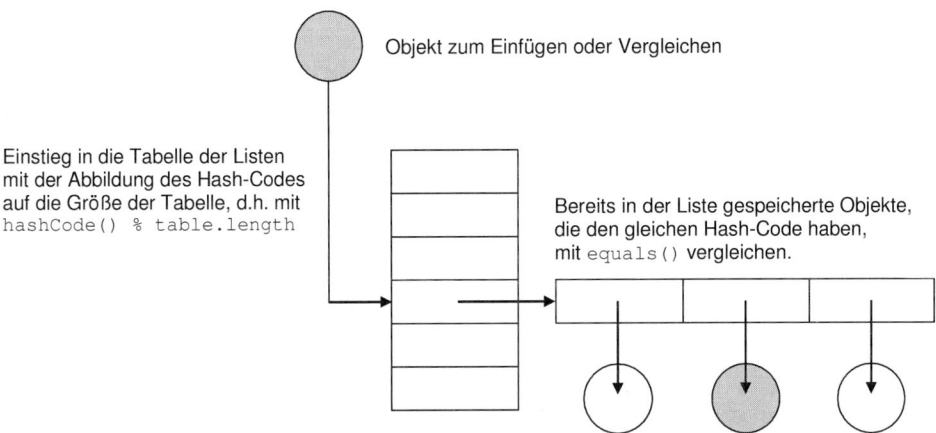

Objekt zum Einfügen oder Vergleichen

Einstieg in die Tabelle der Listen
mit der Abbildung des Hash-Codes
auf die Größe der Tabelle, d.h. mit
`hashCode() % table.length`

Bereits in der Liste gespeicherte Objekte,
die den gleichen Hash-Code haben,
mit `equals()` vergleichen.

Bild 18-10 Hash-Verfahren (Streuspeicher-Verfahren)

Die Methoden `hashCode()` und `equals()` sind in der Klasse `Object` definiert und daher für alle Objekte vorhanden. Wenn man eine der beiden genannten Methoden in einer eigenen Klasse überschreiben will, muss immer auch die jeweils andere Methode überschrieben werden, damit das oben gezeigte Verfahren weiterhin funktioniert. Dabei sind die folgenden Regeln zu beachten:

- Ergibt der Vergleich zweier Referenzen mit Hilfe der `equals()`-Methode den Wert `true` – zeigen beide Referenzen also auf dasselbe Objekt – so **muss** der Aufruf der `hashCode()`-Methode auf beiden Referenzen **das gleiche Ergebnis** liefern.

- Liefert der Vergleich der Referenzen mittels `equals()` den Wert `false`, so **kann** der Aufruf der Methode `hashCode()` auf beiden Referenzen **das gleiche Ergebnis** liefern, **muss aber nicht**.

- Wird die `hashCode()`-Methode auf einer Referenz mehrmals aufgerufen, dann muss stets dasselbe Ergebnis zurückgeliefert werden – es sei denn, an dem Objekt, auf das die Referenz zeigt, haben sich Eigenschaften verändert, die in der Methode `equals()` verwendet werden.

Eine einfache Möglichkeit, diese Regeln einzuhalten, wird in der dritten Regel angedeutet. Sie besteht darin, beide Methoden auf denselben Objekteigenschaften aufzubauen. Dies soll am Beispiel der Klasse `Person` gezeigt werden. So ziehen beide Methoden `hashCode()` und `equals()` jeweils die Instanzvariablen `vorname` und `nachname` in ihre Berechnungen mit ein. Das hat zur Konsequenz, dass beispielsweise der Hash-Code eines Objektes vom Typ Person ein anderer ist, wenn die Zeichenkette, auf welche die Referenzvariable `vorname` zeigt, eine andere ist. Dahingegen ist es für die Berechnung des Hash-Codes unerheblich, welches Alter die Person hat. Ob die Person 10 Jahre alt ist oder 60 – es bleibt stets dieselbe Person. Deswegen wird die Instanzvariable `alter` nicht mit in die Berechnung des Hash-Codes einbezogen:

```
// Datei: PersonTest.java

class Person
{
   public String vorname;
   public String nachname;
   public int alter;

   public Person (String v, String n, int a)
   {
      vorname = v;
      nachname = n;
      alter = a;
   }

   public boolean equals (Object o)
   {
      if (o instanceof Person)
      {
         Person other = (Person) o;
         return (this.vorname.equals (other.vorname)
             && this.nachname.equals (other.nachname));
      }
      return false;
   }

   public int hashCode()
   {
      // Aufruf der Methode hashCode() der Klasse String
      return vorname.hashCode() + nachname.hashCode();
   }
}

public class PersonTest
{
   public static void main (String[] args)
   {
      Person peter = new Person ("Peter", "Mueller", 10);
      Person klaus = new Person ("Georg", "Schmidt", 10);

      System.out.print ("Sind Peter und Klaus" +
                        " dieselben Personen?: ");
      System.out.println (peter.equals (klaus));
      System.out.println ("Peter nach 50 Jahren ...");
      peter.alter += 50;
      System.out.print ("Ist Peter denn der alte" +
                        " Peter geblieben?: ");
      System.out.println (peter.equals (peter));
   }
}
```

Die Ausgabe des geänderten Programms ist:

```
Sind Peter und Klaus dieselben Personen?: false
Peter nach 50 Jahren ...
Ist Peter denn der alte Peter geblieben?: true
```

Zwei Personen gelten demnach als gleich, wenn sie den gleichen Vornamen und den gleichen Nachnamen haben. In diesem Fall besitzen sie auch immer denselben Hash-Code. Ändert sich der Vorname oder der Nachname, ist die Gleichheit nicht gegeben und auch der Hash-Code ist ein anderer. Ob sich das Alter ändert, ist egal.

Zu beachten ist, dass die Änderung des Hash-Codes bei Verlust der Gleichheit zwar bzgl. der Verteilung der Objekte in der Tabelle und damit für die Zugriffsgeschwindigkeit ideal, jedoch nicht zwingend ist. Also noch einmal: **gleiche Objekte müssen** den gleichen Hash-Code haben, damit das Verfahren funktioniert, **verschiedene Objekte dürfen** gleiche Hash-Codes haben – und das Verfahren funktioniert trotzdem.

Das folgende Beispiel zeigt die Verwendung der Klasse `HashSet<E>`:

```java
// Datei: HashSetTest.java

import java.util.*;

public class HashSetTest
{
    public static void main (String[] args)
    {
        Set<String> anmeldungen = new HashSet<String>();
        anmeldungen.add ("Anja");
        anmeldungen.add ("Karl");
        anmeldungen.add ("Katharina");
        anmeldungen.add ("Anja"); // Wird kein zweites Mal eingefügt

        for (String name : anmeldungen)
        {
            System.out.println (name);
        }
    }
}
```

 Die Ausgabe des Programms ist:

```
Anja
Katharina
Karl
```

Zu beachten ist in der Ausgabe, dass die Ausgabe-Reihenfolge nicht die Einfüge-Reihenfolge ist. Die Klasse `HashSet<E>` speichert – aufgrund der Einfügestrategie mittels Hash-Code – die Referenzen nicht in der Reihenfolge des Einfügens ab.

Collections, die ein Hash-Verfahren verwenden, sind also sehr schnell beim Einfügen und bei der Suche von Elementen. Dies wird mit einem größeren Speicherplatzbedarf erkauft.

18.5.2 Mengen mit Bäumen

Bei der Klasse `TreeSet<E>` gibt es zwei wichtige Unterschiede zur Klasse `HashSet<E>`: Zum einen implementiert sie die Schnittstelle `SortedSet<E>` und zum anderen wird zur Speicherung der Elemente – dem Namen entsprechend – ein Baum verwendet. Bei einem Baum kann ähnlich wie bei einer verketteten Liste in jedem Knoten eine Referenz auf ein Objekt gespeichert werden. Im Unterschied zu einer verketteten Liste haben die Knoten eines Baumes jedoch mehrere Nachfolger. Es gibt eine Vielzahl von unterschiedlichen Bäumen, bei denen die Knoten eine unterschiedliche Anzahl von Nachfolgern mit verschiedener Bedeutung haben[136].

Eine einfache Variante ist ein binärer Baum, bei dem jeder Knoten zwei Nachfolger hat. Dabei kann z.B. der linke Nachfolger auf einen Teilbaum verweisen, der nur Elemente enthält, die kleiner sind als das Element des aktuellen Knotens, und der rechte solche, die größer sind (diese Sortierung ist aus Sicht des Anwenders sozusagen ein angenehmer Nebeneffekt). In einem solchen Baum kann sehr schnell gesucht werden indem man bei der Suche in jedem Knoten "richtig abbiegt" und damit eine große Zahl von Elementen auf einmal eliminieren kann[137].

So garantiert die Klasse `TreeSet<E>` für das Einfügen, Entfernen und Suchen von Elementen ein logarithmisches Verhalten. Sind n Elemente in einem Objekt der Klasse `TreeSet<E>` enthalten, so beträgt die Anzahl der Schritte, um ein Element einzufügen, zu löschen oder zu suchen maximal log (n), da man für einen binären Baum mit n Elementen maximal $\log(n)/\log(2)$ Ebenen mit je 1, 2, 4, ..., 2^{n-1} Elementen braucht! Die Zugriffszeit ist also nicht (quasi)konstant, wie bei der Klasse `HashSet<E>` aber immer noch ziemlich schnell.

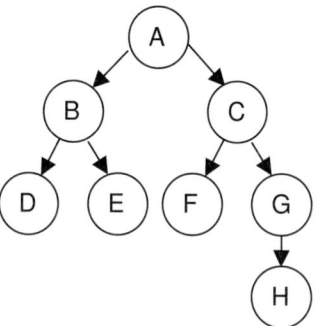

Bild 18-11 Darstellung einer Baumstruktur

In Bild 18-11 wird ein Baum durch einen Graph aus Knoten und Kanten dargestellt. Der oberste Knoten – in obigem Beispiel der Knoten A – heißt **Wurzel**. Die Knoten B, C, G sind innere Knoten. Die **terminalen Knoten** D, E, F und H heißen **Blätter des Baumes**.

Durch die Implementierung der Schnittstelle `SortedSet<E>` garantiert die Klasse `TreeSet<E>`, dass sie die Elemente in sortierter Reihenfolge abspeichert. Dazu gibt es wie beim Sortieren von Listen zwei Möglichkeiten: Entweder die Klassen der Objekte, deren Referenzen eingefügt werden sollen, implementieren die Schnittstelle `Comparable<E>`, oder es wird ein separates Vergleichsobjekt benötigt.

---

[136] Siehe [16].
[137] Voraussetzung dafür ist jedoch, dass der Baum gleichmäßig besetzt ist.

Das folgende Beispiel zeigt, wie Referenzen auf `String`-Objekte in ein Objekt der Klasse `TreeSet<E>` eingefügt und wieder ausgelesen werden (die Klasse `String` implementiert die Schnittstelle `Comparable<E>`). Dazu wurde lediglich im vorhergehenden Beispiel die Zeile mit der Erzeugung des `Set`-Objekts verändert.

```
// Datei: TreeSetTest.java

import java.util.*;

public class TreeSetTest
{
   public static void main (String[] args)
   {
      Set<String> anmeldungen = new TreeSet<String>();
      anmeldungen.add ("Anja");
      anmeldungen.add ("Karl");
      anmeldungen.add ("Katharina");
      anmeldungen.add ("Anja"); // Wird kein zweites Mal eingefügt
      for (String name : anmeldungen)
      {
         System.out.println (name);
      }
   }
}
```

Die Ausgabe des Programms ist:

```
Anja
Karl
Katharina
```

Zu beachten ist, dass es nicht möglich ist, zwei Elemente mit gleichem Inhalt doppelt einzufügen und dass die Ausgabe tatsächlich sortiert erfolgt.

18.5.3 Mengen für Aufzählungstypen

Die Klasse `EnumSet<E extends Enum<E>>` wurde eingeführt, um Elemente von Aufzählungstypen effizient verwalten zu können. Sie verwendet dazu eine optimierte interne Darstellung.

Das folgende Beispielprogramm zeigt die Anwendung der Klasse `EnumSet<E extends Enum<E>>` und ihre Effizienz gegenüber der Verwendung der Klasse `HashSet<E>`. Bitte beachten Sie, dass ein Objekt der Klasse `EnumSet<E extends Enum<E>>` nur über den Aufruf so genannter statischen Factory-Methoden erzeugt werden kann. Im unten dargestellten Beispiel wird die Methode `noneOf()` der Klasse `EnumSet<E extends Enum<E>>` verwendet, um ein Objekt dieser Klasse zu erzeugen. Das erzeugte Objekt enthält keine Elemente und kann nur Referenzen auf Objekte des durch den aktuellen Typ-Parameter spezifizierten Typs aufnehmen – hier also der Aufzählungstyp `Zutaten`.

```java
// Datei: EnumSetTest.java

import java.util.*;

enum Zutaten
{
   EIER, MEHL, BUTTER;
}

public class EnumSetTest
{
  public static void main( String[] args)
  {
      // Factory-Methode aufrufen zum Erzeugen eines
      // Objektes vom Typ EnumSet, das keine Elemente enthält
      Set<Zutaten> s1 = EnumSet.noneOf (Zutaten.class);

      // Normalen Konstruktor aufrufen für HashSet
      Set<Zutaten> s2 = new HashSet<Zutaten>();

      long t1 = System.currentTimeMillis();
      for ( int i = 0; i < 1000000; i++)
      {
         s1.add (Zutaten.MEHL);
         s1.remove (Zutaten.MEHL);
      }
      long t2 = System.currentTimeMillis();

      System.out.println
         ("*** Testen der Klasse EnumSet<E extends Enum<E>> ***");
      System.out.println ("1000000 Mal add() und remove()" +
                       " aufgerufen in: " + (t2-t1) + "ms");
      t1 = System.currentTimeMillis();
      for ( int i=0; i<1000000; ++i)
      {
         s2.add (Zutaten.MEHL);
         s2.remove (Zutaten.MEHL);
      }
      t2 = System.currentTimeMillis();

      System.out.println ("");
      System.out.println ("*** Testen der Klasse HashSet<E> ***");
      System.out.println ("1000000 Mal add() und remove()" +
                       " aufgerufen in: " + (t2-t1) + "ms");

  }
}
```

Die Ausgabe des Programms ist:

```
*** Testen der Klasse EnumSet<E extends Enum<E>> ***
1000000 Mal add() und remove() aufgerufen in: 125ms

*** Testen der Klasse HashSet<E> ***
1000000 Mal add() und remove() aufgerufen in: 234ms
```

Betrachtet man das Ergebnis hinsichtlich des Laufzeitverhaltens, so bietet die Klasse `EnumSet<E extends Enum<E>>` eindeutig klare Vorteile beim Umgang mit Auf-zählungstypen.

18.6 Verzeichnisse

Eine Map – mit anderen Worten ein Verzeichnis – ist wie ein Wörterbuch aufgebaut, d.h. man hat im Prinzip eine Tabelle mit zwei Spalten. In der ersten Spalte steht das Wort, dessen Bedeutung man sucht, und in der zweiten Spalte steht die Bedeutung des gesuchten Wortes. Der Zugriff auf die in der Menge enthaltenen Elemente – die Werte – funktioniert prinzipiell wie bei einem Array. Jedoch werden für den Zugriff auf ein bestimmtes Element Referenztypen als so genannte Schlüssel verwendet, anstatt mit numerischen Indizes zu arbeiten – diese müssen vom Typ `int` sein. Weil also zwischen einem Schlüssel und einem Wert damit eine Verknüpfung hergestellt wird, werden Maps gelegentlich auch als **assoziative Arrays** bezeichnet.

Bei einer Map wird sowohl der Schlüssel, nach dem eine Map durchsucht wird, als auch die Bedeutung des Schlüssels durch ein Objekt repräsentiert. Das bedeutet, dass man mit einer Map beliebige Objekte miteinander in Beziehung setzen kann (engl. to map = zuordnen). Daher werden sie auch als Assoziativspeicher bezeichnet. Die wichtigsten Methoden einer Map sind:

- `V put (K key, V value)`
  Erzeugt eine Verknüpfung zwischen dem angegebenen Schlüssel und Wert.

- `V get (Object key)`
  Liefert den Wert zum angegebenen Schlüssel zurück. Ist der Schlüssel mit keinem Wert verknüpft, wird `null` zurückgeliefert.

- `boolean containsKey (Object key)`
  Prüft, ob die Map den referenzierten Schlüssel enthält.

- `boolean containsValue (Object value)`
  Prüft, ob die Map einen oder mehrere Schlüssel enthält, die mit dem durch die Referenzvariable `value` referenzierten Objekt verknüpft sind.

- `Set<K> keySet()`
  Liefert einen Set mit den Schlüsseln der Map zurück.

- `Collection<V> values()`
  Liefert eine Collection mit den Werten in der Map zurück.

Dabei repräsentieren `K` und `V` die generischen Typen für die Schlüssel bzw. Werte in der Map[138]. Diese werden bei der Definition einer Map wie folgt angegeben:

```
Map<String, Integer> map = new HashMap<String, Integer>();
```

In dieser Map werden Schlüssel aus Zeichenketten auf Zahlen abgebildet. Dies kann z.B. verwendet werden, um die Häufigkeit von Wörtern in einem Text zu zählen.

---

[138] Interessanterweise werden diese nicht in allen Signaturen verwendet. Zugreifen und testen kann man mit beliebigen Objekten, da die Methoden `equals()` und `hashCode()` immer definiert sind.

Im Umgang mit Duplikaten verhalten sich Maps ähnlich wie Sets: Sie verhindern das Vorhandensein von gleichen Schlüsseln, lassen aber gleiche Werte zu. Man kann also nicht zweimal den gleichen Schlüssel verwenden, aber sehr wohl zweimal den gleichen Wert mit unterschiedlichem Schlüssel einfügen. Will man beim Zugriff nicht das Originalobjekt als Schlüssel verwenden, sondern auch einen "Zweitschlüssel" benutzen können, muss die Klasse der Objekte, die als Schlüssel verwendet werden, die `equals()`-Methode aus der Klasse `Object` überschreiben.

Das folgende Bild zeigt die im Paket `java.util` verfügbaren Maps. Dabei fällt auf, dass Maps, anders als alle anderen Collections, die Schnittstelle `Collection<E>` **nicht** implementieren! Mit Hilfe der Methoden `keySet()` und `values()` kann aber trotzdem über eine Map iteriert werden.

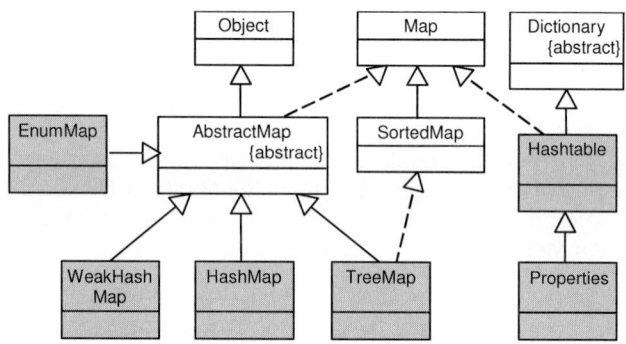

Bild 18-12 Klassenhierarchie für Map-Collections in `java.util`

Die Klassen `Dictionary<K,V>`, `Hashtable<K,V>` und `Properties` sind Collection-Klassen, die schon in der JDK-Version 1.1 vorhanden waren. Die Klasse `Hashtable<K,V>` wurde mit der Einführung der neuen Collection-Klassen in der JDK-Version 1.2 so umgeschrieben, dass sie die Schnittstelle `Map<K,V>` implementiert. Die Klasse `Hashtable<K,V>` hat quasi die gleiche Funktionalität wie die Klasse `HashMap<K,V>`, ist aber synchronisiert, d.h. für den Zugriff von mehreren Threads geeignet (vgl. `ArrayList<E>` und `Vector<E>`).

Mit Hilfe der Klasse `Properties` kann man Schlüssel-Wert-Paare in einen Ausgabestrom schreiben und diese von einem Eingabestrom wieder einlesen. Damit ist es auf elegante Art und Weise möglich, z.B. Dateien mit Einstellungen für ein Programm zu laden und abzuspeichern. Ansonsten verhält sich diese Klasse jedoch wie die anderen Maps und wird daher nicht weiter behandelt.

18.6.1 Verzeichnisse mit Hashing

Die Klasse `HashMap<K,V>` verwendet den Hash-Code des Schlüssels, um die Position zu ermitteln, an welcher Stelle ein Schlüssel-Wert-Paar in der Collection abgelegt wird. Das Verfahren entspricht dabei dem in der Klasse `HashSet<K,V>`

implementierten Verfahren, jedoch mit dem Unterschied, dass zu dem Schlüssel noch ein zusätzlicher Wert gespeichert wird[139].

> Es können beliebige Objekte als Schlüssel verwendet werden, allerdings müssen die Klassen der Schlüssel-Objekte ggf. die Methoden `equals()` und `hashCode()` implementieren.

Das folgende Beispiel zeigt die Verwendung dieser Klasse zur Speicherung von Telefonnummern. Dabei kann jedem Namen nur eine Nummer zugeordnet werden. Andererseits kann aber dieselbe Nummer mit mehreren Namen verknüpft sein:

```java
// Datei: TelefonbuchBeispiel.java

import java.util.*;

public class TelefonbuchBeispiel
{
   public static void main(String[] args)
   {
      // Map zur Zuordnung von Namen zu Telefonnummern
      Map<String, String> telefonbuch =
         new HashMap<String, String>();

      telefonbuch.put ("Armin", "0711-123456");
      telefonbuch.put ("Klaus", "0711-654321");
      telefonbuch.put ("Peter", "0711-123456"); // wohnt bei Armin

      // Ausgabe der Telefonnummer von Klaus
      System.out.print ("Nummer von Klaus:\t");
      System.out.println (telefonbuch.get ("Klaus"));

      // Diese Nummer ist leider nicht bekannt
      System.out.print ("Nummer von Silvia:\t");
      System.out.println (telefonbuch.get ("Silvia"));

      // Ausgabe aller Nummern
      System.out.println ("\nAlle Nummern:");
      System.out.println ("-------------");
      Set<String> namen = telefonbuch.keySet();
      for (String name : namen)
      {
         System.out.print ("Nummer von " + name + ":\t");
         System.out.println (telefonbuch.get (name));
      }
   }
}
```

---

[139] Eine `HashMap<K,V>` ist sozusagen ein `HashSet<K,V>`, die Referenzen auf Objekte speichert, welche ein Paar aus Schlüssel und Wert repräsentieren und deren `equals()`-Methode die `equals()`-Methoden der Schlüssel verwendet.

Die Ausgabe des Programms ist:

```
Nummer von Klaus:       0711-654321
Nummer von Silvia:      null

Alle Nummern:
-------------
Nummer von Klaus:       0711-654321
Nummer von Peter:       0711-123456
Nummer von Armin:       0711-123456
```

Bei der Ausgabe der gesamten Map ist zu beachten, dass die Ausgabe der Telefonnummern nicht nach den Namen – also den Schlüsseln – sortiert erfolgt. Eine sortierte Map wird im nächsten Kapitel vorgestellt.

18.6.2 Verzeichnisse mit Bäumen

Die Klasse `TreeMap<K,V>` implementiert die Schnittstelle `SortedMap<K,V>`. Elemente, die in ein Objekt der Klasse `TreeMap<K,V>` eingefügt werden, werden gleich sortiert eingefügt. Die Organisationsstruktur ist ein Baum – wie bei der Klasse `TreeSet<K,V>`. Die Voraussetzungen für die Sortierung sind ebenfalls gleich. Im folgenden Beispiel wurde die vorher verwendete `HashMap<K,V>` durch eine `TreeMap<K,V>` ersetzt. Der Rest des Programms ist unverändert.

```java
// Datei: TelefonbuchBeispiel2.java

import java.util.*;

public class TelefonbuchBeispiel2
{
   public static void main(String[] args)
   {
      // Map zur Zuordnung von Namen zu Telefonnummern
      Map<String, String> telefonbuch =
         new TreeMap<String, String>();

      telefonbuch.put ("Armin", "0711-123456");
      telefonbuch.put ("Klaus", "0711-654321");
      telefonbuch.put ("Peter", "0711-123456"); // wohnt bei Armin

      // Ausgabe der Telefonnummer von Klaus
      System.out.print ("Nummer von Klaus:\t");
      System.out.println (telefonbuch.get ("Klaus"));

      // Diese Nummer ist leider nicht bekannt
      System.out.print ("Nummer von Silvia:\t");
      System.out.println (telefonbuch.get ("Silvia"));

      // Ausgabe aller Nummern
      System.out.println ("\nAlle Nummern:");
      System.out.println ("-------------");
      Set<String> namen = telefonbuch.keySet();
```

```
        for (String name : namen)
        {
            System.out.print ("Nummer von " + name + ":\t");
            System.out.println (telefonbuch.get (name));
        }
    }
}
```

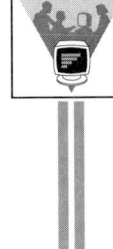

Die Ausgabe des Programms ist:

```
Nummer von Klaus:        0711-654321
Nummer von Silvia:       null

Alle Nummern:
-------------
Nummer von Armin:        0711-123456
Nummer von Klaus:        0711-654321
Nummer von Peter:        0711-123456
```

Kleine Änderung, große Wirkung: Die Ausgabe der Telefonnummern erfolgt nun nach Namen sortiert.

18.6.3 Maps für Aufzählungstypen

Die Klasse `EnumMap<K extends Enum<K>,V>` wurde ähnlich wie die Klasse `EnumSet<E extends Enum<E>>` eingeführt, um Maps mit Aufzählungstypen als Schlüsseln effizient implementieren zu können. In Anlehnung an das Beispiel zur Klasse `EnumSet<E extends Enum<E>>` kann man mit ihrer Hilfe auf effiziente Weise speichern, wer für welche Zutaten zuständig ist und gleichzeitig sicherstellen, dass nichts doppelt eingekauft wird:

```
// Datei: EnumMapBeispiel.java

import java.util.*;

enum Zutaten
{
    EIER, MEHL, BUTTER;
}

public class EnumMapBeispiel
{
    public static void main( String[] args)
    {
        Map<Zutaten,String> werKauftWas =
            new EnumMap<Zutaten, String> (Zutaten.class);

        werKauftWas.put (Zutaten.EIER, "Paul");
        werKauftWas.put (Zutaten.MEHL, "Sabine");
        werKauftWas.put (Zutaten.BUTTER, "Markus");

        // Paul kann doch zuhause bleiben
        werKauftWas.put (Zutaten.EIER, "Regina");
```

```
    for ( Zutaten z : werKauftWas.keySet())
    {
        System.out.println( werKauftWas.get( z) + " kauft " + z);
    }
  }
}
```

Die Ausgabe des Programms ist:

```
Regina kauft EIER
Sabine kauft MEHL
Markus kauft BUTTER
```

18.6.4 Verzeichnisse mit schwachen Referenzen

Die Klasse `WeakHashMap<K,V>` unterscheidet sich in der Verwendung im Wesentlichen nicht von der Klasse `HashMap<K,V>`. Beide Klassen arbeiten mit Schüssel-Wert-Paaren und implementieren die Schnittstelle `Map<K,V>`. Die Klasse `WeakHashMap<K,V>` verwendet allerdings zur Speicherung der Schlüsselobjekte schwache Referenzen – implementiert in der Klasse `java.lang.ref.WeakReference<T>` –, was dem Garbage Collector beispielsweise bei Speichermangel das Entfernen des Schlüssel-Wertobjektes erlaubt, **sofern keine weiteren starken Referenzen auf das Schlüsselobjekt verweisen**[140]. Durch diese Art der Speicherung ermöglicht die Klasse `WeakHashMap<K,V>` dem Programmierer auf einfache Weise, einen Cache zu implementieren, in dem Objekte genau solange gespeichert werden, wie sie an anderer Stelle im Programm benötigt werden, ohne den Garbage Collector bei seiner Arbeit zu behindern.

18.7 Besonderheiten bei der Anwendung von Collections

Nachfolgend werden Besonderheiten bei der Anwendung von Collections behandelt.

18.7.1 Bearbeiten von Collections mit mehreren Threads

Ein Programm mit mehreren Threads (engl. Faden oder salopp übersetzt: Handlungsstrang) enthält quasi mehrere parallele "Programme im Programm". Wenn so ein Programm Collections verwendet, muss sichergestellt werden, dass nicht ein Thread eine Collection verändert, während ein anderer Thread diese gerade mit einem Iterator bearbeitet. Ansonsten wären Inkonsistenzen die Folge, angezeigt durch eine Exception vom Typ `ConcurrentModificationException`.

Klassen, die sich selbst vor Inkonsistenzen durch mehrere Threads schützen, nennt man **"thread-safe"** bzw. nach dem dazu verwendeten Mechanismus in Java "synchronized". Mit der Klasse `Vector<T>` und der Klasse `Hashtable<K,V>` kennen Sie schon Collections, auf die diese Eigenschaft zutrifft. Um andere Collections ggf. auch nachträglich "abzuhärten" existieren in der Klasse Collections Methoden, die für Vertreter aller Collection Familien eine synchronisierte Kopie erzeugen.

---

[140] Dies kann eine lokale Variable oder eine Instanzvariable bzw. Klassenvariable sein.

Außerdem wurden mit JDK 5.0 im Paket `java.util.concurrent` einige neue Collections speziell für Programme mit mehreren Threads eingeführt. Queues z.B. haben den Vorteil, dass sie sich sehr gut für parallele Lese- und Schreiboperationen eignen, und somit performanter als z.B. Listen sind. Daneben wurden einige der "alten" Collections im Detail angepasst. Die besonderen Eigenschaften der neuen Collections sind in der folgenden Tabelle nochmals zusammengefasst.

Collection-Klasse	thread-safe	concurrent	blocking	bounded
CopyOnWriteArrayList	X	-	-	-
CopyOnWriteSet	X	-	-	-
ConcurrentHashMap	X	X	-	-
ConcurrentLinkedQueue	X	X	-	-
SynchronousQueue	X	-	X	X
DelayQueue	X	-	X	-
PriorityBlockingQueue	X	-	X	-
ArrayBlockingQueue	X	-	X	X
LinkedBlockingQueue	X	-	X	(X)
java.util.LinkedList	-	-	-	-
java.util.PriorityQueue	-	-	-	-

Tabelle 18-2 Zusammenfassung besonderer Eigenschaften von Collections

Die Bedeutung der in der Tabelle verwendeten Begriffe ist wie folgt:

- Der Begriff **thread-safe** bedeutet, dass eine Klasse allgemein für die Benutzung mit mehreren Threads abgesichert ist.

- Der Begriff **concurrent** bedeutet nebenläufig und signalisiert, dass in der Klasse – wenn möglich – Algorithmen verwendet werden, die einen Zugriff ohne Wartezeit ermöglichen (wait-free-Algorithmen). Es wird auch der Begriff "sharable Collection" verwendet.

- Der Begriff **blocking** bezeichnet eine Collection, die einen Thread solange blockiert, bis die Bedingung zur Ausführung einer Methode erfüllt ist.

- Der Begriff **bounded** bezeichnet eine Collection mit begrenzter Kapazität.

18.7.2 Standardalgorithmen für Collections

Bei der Verwendung von Collections kommen bestimmte Aufgaben wie z.B. das Sortieren der referenzierten Objekte nach einem bestimmten Kriterium immer wieder vor. Die in Abschnitt 18.3.5 vorgestellte Hilfsklasse `Collections` bietet neben dem Sortieren eine ganze Reihe weiterer generischer und effizient implementierter Standardalgorithmen zur Bearbeitung von Collections. Die folgende Liste zeigt einige wichtige Beispiele:

- `void sort (List<T> list, Comparator<? super T> c)`
  Sortiert eine Liste mit Elementen der Klasse `T` mit Hilfe eines Komparators, der Elemente der Klasse `T` oder einer Oberklasse vergleichen kann.

- `int binarySearch (List<? extends T> list, T key,`
                    `Comparator<? super T> c)`
  Durchsucht eine mit Hilfe eines Komparators für die Klasse `T` oder einer Oberklasse sortierte Liste mit Elementen der Klasse `T` nach einem Schlüsselelement
  der Klasse `T` und liefert dessen Index zurück.

- `void shuffle (List<?> list)`
  Vertauscht die in der Liste enthaltenen Referenzen, sodass sie sich in einer
  zufälligen Reihenfolge befinden.

- `void rotate (List<?> list, int distance)`
  Rotiert die in der Liste enthaltenen Elemente um die angegebene Distanz. Rotiert
  man beispielsweise die Liste [1, 2, 3, 4] um 2 Stellen, so ergibt sich [3, 4, 1, 2].

- `void reverse (List<?> list)`
  Kehrt die Reihenfolge einer Liste mit beliebigen Elementen um. Aus der Liste mit
  den Elementen [4, 2, 7, 1] wird so die Liste [1, 7, 2, 4].

- `boolean disjoint (Collection<?> c1, Collection<?> c2)`
  Prüft, ob die beiden angegebenen Collections mit beliebigen Elementen keine
  gemeinsamen Elemente haben.

- `int frequency (Collection<?> c, Object o)`
  Zählt, wie viele Referenzen in der Liste enthalten sind, die auf das Objekt `o`
  zeigen.

- `boolean replaceAll (List<T> list, T oldVal, T newVal)`
  Ersetzt in einer Liste mit Referenzen vom Typ `T` alle Referenzen, die gleich
  `oldVal` sind, durch `newVal`. Zum Vergleich wird die `equals()`-Methode
  verwendet.

18.8 Übungen

Aufgabe 18.1: Verbesserung der verketteten Liste

Im Kapitel 18.3.2 wird eine verkettete Liste in der Klasse `VerketteListe<E>` implementiert. Diese Klasse hat ein schlechtes Laufzeitverhalten beim Anfügen von neuen
Elementen, da jedes Mal bis zur letzten Position "gespult" werden muss. Ergänzen
Sie die Klasse um ein privates Datenfeld zur Speicherung der letzten Position und
ändern sie die Methoden zum Einfügen und Löschen von Elementen entsprechend
ab. Nennen Sie die neue Klasse `VerketteteListeOptimiert<E>`.

Aufgabe 18.2: Verwendung der LinkedList der Java API

Um die verkettete Liste aus Kapitel 18.3.2 zu testen, wird das folgende Testprogramm verwendet:

```java
// Datei: VerketteteListeTest.java

public class VerketteteListeTest
{
   public static void main (String[] args)
   {
      VerketteteListeOptimiert<Integer> liste =
         new VerketteteListeOptimiert<Integer>();
```

```
        liste.add (1);
        liste.add (2);
        liste.add (3);
        liste.add (4);
        liste.add (5);
        System.out.println ("Anzahl=" + liste.size());
        System.out.println (liste);
        liste.remove (5);
        liste.remove (2);
        liste.remove (3);

        System.out.println ("Anzahl=" + liste.size());
        System.out.println (liste);
    }
}
```

Schreiben Sie dieses Programm so um, dass anstelle der eigenen verketteten Liste die Klasse `LinkedList` aus der Java API verwendet wird. Beachten Sie dabei, dass die Methode `remove()` der Klasse `LinkedList` überladen ist und durch Autoboxing Probleme auftreten können.

Aufgabe 18.3: Maps

In einer Map sollen Adressen von Studenten gespeichert werden. Als Schlüssel zum Auffinden eines Studenten soll dessen Matrikelnummer verwendet werden. Schreiben Sie eine Klasse `StudentenAdresse`, welche die Adressen der Studenten enthält. Schreiben Sie weiterhin eine Klasse `StudentenVerwaltung`, welche Referenzen auf Objekte vom Typ `StudentenAdresse` in einem Objekt vom Typ `Hash-Map<K,V>` ablegt und wieder ausliest. Die Matrikelnummer – also der Schlüssel – soll durch den Datentyp `Integer` repräsentiert werden.

Um die Klasse `HashMap<K,V>` austauschbar zu machen, soll immer gegen die Schnittstelle `Map` programmiert werden. Schreiben Sie eine Methode `test()`, in der 3 Studenten in die Map eingetragen werden, und geben Sie eine der Adressen wieder aus.

Aufgabe 18.4: Wildcards und Bounded-Wildcards

Schreiben Sie eine abstrakte Klasse `Getriebe`. Diese soll die abstrakten Methoden `hochschalten()` und `herunterschalten()` besitzen. Schreiben Sie zwei weitere Klassen `AutomatikGetriebe` und `ManuellesGetriebe`, die von `Getriebe` abgeleitet sind und diese Methoden so implementieren, dass jeweils eine Meldung ausgegeben wird.

Schreiben Sie eine Klasse `Pruefstand` mit einer Methode `testAll()`. Diese soll Collections von Getrieben akzeptieren, in denen beliebige Mischungen von automatischen und manuellen Getrieben vorkommen. Innerhalb der Methode sollen die Methoden zum Hoch- und Herunterschalten jeweils einmal aufgerufen werden. Erstellen Sie noch zwei Klassen `ManuellesGetriebeFertigung` und `AutomatischesGetriebeFertigung`, die jeweils eine Methode `fertigePalette()` besitzen, die eine typisierte Collection mit 5 Getrieben des jeweiligen Typs herstellen.

Schreiben Sie eine Testklasse `GetriebeTest`, die beide Fertigungen und einen Prüfstand instantiiert und die Collections der Fertigungen nach Typ getrennt an den Prüfstand übergibt. Nutzen Sie für die Implementierung der Klassen und Methoden die Möglichkeiten der Generizität.

Als Erweiterung können Sie die Fertigungs-Klassen so ergänzen, dass die Fertigungen bereitgestellte Collections, die mit dem Typ `Getriebe` parametrisiert sind, befüllen.

Aufgabe 18.5: Flughafenprojekt – Vector

Bisher wurden die bereits eingegebenen Fluggesellschaften, Flugzeugtypen und die Flugzeuge nicht im System zur erneuten Verwendung gehalten. Dies soll nun geändert werden. Hierzu soll die Klasse `Flughafen` um die drei Vectoren `flugzeuge`, `flugzeugtypen` und `fluggesellschaften` erweitert werden. Auch soll der Flugzeugsimulator so abgeändert werden, dass er nicht nur ein Flugzeug, sondern beliebig viele gleichzeitig verwalten kann. Zusätzlich soll dem Benutzer die Möglichkeit gegeben werden, entweder einen bereits eingegebenen Flugzeugtyp bzw. eine bereits eingegebene Fluggesellschaft auszuwählen oder einen neuen Flugzeugtyp bzw. eine neue Fluggesellschaft einzugeben.

Kapitel 19

Threads

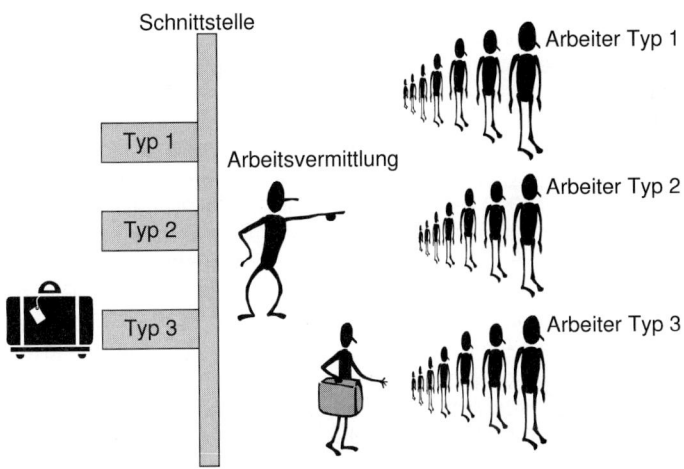

19.1 Zustände und Zustandsübergänge von Betriebssystem-Prozessen
19.2 Zustände und Zustandsübergänge von Threads
19.3 Programmierung von Threads
19.4 Scheduling von Threads
19.5 Zugriff auf gemeinsame Ressourcen
19.6 Daemon-Threads
19.7 Übungen

19 Threads

Bei vielen Anwendungen ist es wünschenswert, dass verschiedene **Abläufe für einen Benutzer parallel** ablaufen. So möchte z.B. ein Nutzer eine Datei aus dem Internet laden, während er einen Text in einem Fenster des Bildschirms schreibt. Er wäre überhaupt nicht zufrieden, wenn er während des Ladevorgangs jegliche Aktivität einstellen und untätig auf den Abschluss des Ladens warten müsste.

Hätte man mehrere physikalische Prozessoren, so könnte man Programme, die nicht voneinander abhängig sind, tatsächlich unabhängig auf verschiedenen Prozessoren ablaufen lassen. Da das Laden einer beliebigen Datei und das Schreiben eines Textes nichts miteinander zu tun hat – es sei denn der Inhalt der geladenen Datei soll in den Text übernommen werden – wäre in obigem Beispiel eine parallele Abarbeitung auf einem Mehrprozessorsystem tatsächlich hilfreich.

Mehrprozessorsysteme sind auf jeden Fall nützlich bei allen Anwendungen, die **nebenläufig (concurrent)** sind, d.h. die unabhängig voneinander ausgeführt werden können.

Prozesskonzept

In der Praxis hat man jedoch aus Kostengründen sehr oft nur Rechner mit einem einzigen Prozessor. Hat man nur einen einzigen Prozessor, so kann tatsächlich zu einem Zeitpunkt nur ein Programm den Prozessor besitzen, d.h. verschiedene Programme können nur nacheinander auf dem Prozessor ablaufen. Bis in die sechziger Jahre waren die Betriebssysteme von Rechnern sogenannte **batch-Betriebssysteme**, bei denen ein Programm, das den Prozessor besaß, komplett ablaufen musste, und erst dann konnte das nächste Programm den Prozessor erhalten. Deshalb war an ein interaktives Arbeiten mehrerer Anwender mit dem Rechner nicht zu denken. Der Programmablauf war tatsächlich sequenziell (siehe Bild 19-1).

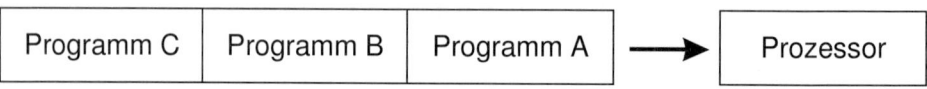

Bild 19-1 Abarbeitung von Programmen bei einem batch-Betriebssystem

Das **Konzept eines Betriebssystem-Prozesses** erbrachte den Durchbruch und ermöglichte es, dass mehrere Nutzer gleichzeitig arbeiten konnten. Ein Betriebssystem-Prozess ist hierbei definiert als "ein Programm in Ausführung oder als ein Programm, das laufen möchte"[141]. Die einfache Idee war, ein Programm unterbrechbar zu machen, das heißt, es sollte möglich sein, zur Laufzeit des Prozesses dem Prozess die Ressource (das Betriebsmittel) Prozessor zu entziehen, für eine kurze Zeit dann einem anderen Prozess den Prozessor zu geben und so abwechselnd nach einer gewissen Strategie verschiedene Prozesse zu bedienen. Findet der Wechsel zwischen den Prozessen nur schnell genug statt, so merkt ein Beobachter eines Prozesses gar nicht, dass diesem Prozess momentan der Prozessor gar nicht

---

[141] Wobei bei dieser Definition vorausgesetzt ist, dass ein solches Programm selbst nur sequenzielle Abläufe enthält.

gehört. Für einen Beobachter sieht es so aus, als würden alle Prozesse **quasi parallel** ablaufen. So gut sich diese Idee anhört, so aufwendig ist sie in der Praxis umzusetzen, denn:

Ein Prozess darf ja gar nicht merken, dass er unterbrochen worden ist. Erhält er den Prozessor wieder zugeteilt, so muss der Prozess in genau derselben Weise weiterarbeiten, wie wenn er die ganze Zeit den Prozessor besessen hätte.

Betriebssystem-Prozesse sind also in erster Linie ein Mittel zur Strukturierung von nebenläufigen Programmsystemen. Dabei kann man sich einen jeden Prozess als einen **virtuellen Prozessor** vorstellen.

Prozesse können also

- **parallel** von mehreren Prozessoren
- oder in einer Folge **sequenziell** von einem Prozessor **(quasi-parallel)** ausgeführt werden.

Letztendlich ermöglicht ein Betriebssystem, das ein Prozesskonzept unterstützt und **Betriebssystem-Prozesse** als sogenannte **virtuelle Betriebsmittel**[142] zur Verfügung stellt, ein **Multiplexen** des Prozessors. Nach einer gewissen vorgegebenen Strategie erhalten die Prozesse abwechselnd den Prozessor, wobei sie, wenn sie den Prozessor wieder erhalten, nahtlos so weiterlaufen, als hätten sie den Prozessor nie abgegeben.

Die ersten Betriebssysteme, die ein Prozesskonzept unterstützten, waren die Zeit-scheiben-Betriebssysteme (Time Sharing Betriebssysteme), bei denen jeder Prozess abwechselnd vom **Scheduler**[143] eine bestimmte Zeitscheibe (**Time Slice**) lang den Prozessor zur Verfügung gestellt bekommt.

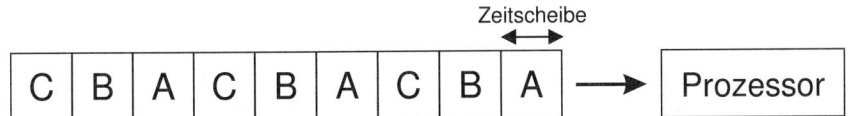

Zeitscheibe

abwechselnd gleich lange Zeitscheiben für jeden Prozess

Bild 19-2 Abarbeitung der Prozesse A, B und C bei einem Time Sharing Betriebssystem

Erhält ein Prozess zum ersten Mal eine Zeitscheibe, so beginnt er zu laufen. Ist das Ende der Zeitscheibe erreicht, so wird ihm der Prozessor entzogen (**preemptive scheduling**[144]). Erhält er die nächste Zeitscheibe, so arbeitet er exakt an der Stelle weiter, an der er unterbrochen worden ist. Dies muss das Betriebssystem bewerkstelligen.

---

[142] Virtuell im Gegensatz zu dem **physikalischen Betriebsmittel Prozessor**.

[143] Der Scheduler ist eine Komponente des Betriebssystems, die den Prozessor nach einer vorgegebenen Strategie wie z.B. dem Zeitscheibenverfahren vergibt.

[144] **Preemptive Scheduling** bedeutet Scheduling durch Entzug des Prozessors. Ein paralleler Prozess kann nicht mitbestimmen, wann ihm der Prozessor entzogen wird, sondern das Betriebssystem ist in der Lage, den Prozessor gezielt nach einer Strategie dem Prozess zu entziehen.

Ein jeder Betriebssystem-Prozess hat seinen eigenen Prozesskontext. Zu einem **Prozesskontext** eines in einer klassischen Programmiersprache wie C geschriebenen Programms gehört selbstverständlich der eigentliche **Programmtext** (**Programmcode**) mit **Daten**, **Stack** und **Heap**

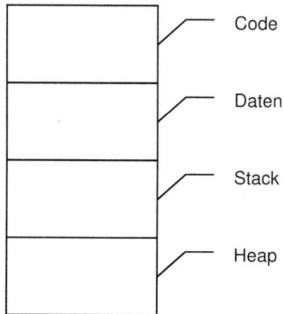

Bild 19-3 Segmente eines ablauffähigen C-Programms

sowie die **Prozessumgebung** beispielsweise mit:

- Registerinhalten wie
  - dem Stackpointer (zeigt auf die Spitze des Stacks)
  - dem Befehlszeiger (zeigt auf die als nächste abzuarbeitende Anweisung)
  - temporären Daten
- geöffneten Dateien
- sowie weiteren Informationen, die zur Ausführung des Programms benötigt werden.

Will das Betriebssystem einen Betriebssystem-Prozess vom Prozessor nehmen und dem Prozessor einen anderen Betriebssystem-Prozess zuweisen, so findet ein sogenannter **Kontextwechsel** statt. Hierbei muss der Kontext des alten Betriebssystem-Prozesses komplett gerettet werden, damit bei einer erneuten Vergabe des Prozessors an den alten Prozess sein gesamter Kontext in identischer Form wieder hergestellt werden kann – so als hätte der Prozess nie den Prozessor abgeben müssen. Wegen des hohen Aufwands für den Kontextwechsel wird ein Betriebssystem-Prozess auch als **schwergewichtiger Prozess** bezeichnet.

Zugriffe auf Betriebsmittel

All das, **was** ein **Prozess zum Laufen braucht**, wird als **Betriebsmittel** bezeichnet. Betriebsmittel können z.B. der Prozessor oder ein I/O-Kanal eines Programms zu einer Datei auf die Festplatte sein.

Hierbei sind I/O-Kanäle[145] Eingabe- bzw. Ausgabeströme. Eingabeströme können beispielsweise von der Tastatur oder der Platte kommen, Ausgabeströme auf den Bildschirm oder die Platte gehen.

---

[145] I/O ist die Abkürzung für Input/Output.

Betriebsmittel können **exklusiv benutzbar** sein, aber dennoch **zeitlich aufteilbar**, wie der Prozessor. Betriebsmittel können **räumlich aufteilbar** sein wie z.B. die Festplatte oder der Arbeitsspeicher. Betriebsmittel können auch nur **exklusiv benutzbar** und **nicht aufteilbar** sein wie z.B. ein Drucker.

Bei einem Drucker macht es keinen Sinn, dass er von mehreren Prozessen parallel benutzt wird. Wird von verschiedenen Prozessen abwechselnd das Papier des Druckers beschrieben, so entsteht keine sinnvolle Ausgabe. Der Drucker muss **exklusiv benutzt** werden. Das gleiche Problem eines **exklusiven Zugriffs** gibt es auch bei **globalen Daten**, auf die von mehreren Prozessen zugegriffen werden kann, aber auch bei Zugriffen auf **Funktionen**[146]. Eine weitere Problemstellung kann sein, dass Prozesse eine Aufgabe gemeinsam bearbeiten und dass dabei eine **definierte Reihenfolge der Prozesse** zwingend notwendig ist, wie beispielsweise Einlese-Prozess, Verarbeitungs-Prozess, Ausgabe-Prozess. **In** all diesen **Fällen eines exklusiven Zugriffs oder einer definierten Reihenfolge** müssen **Prozesse synchronisiert** werden.

Synchronisation von Teilfolgen von Anweisungen

Ein Prozess selbst besteht aus einem zeitlich geordneten Ablauf von **Teilfolgen von Anweisungen**. Probleme zwischen verschiedenen Prozessen kann es nur geben, wenn Teilfolgen auf exklusiv genutzte Betriebsmittel wie globale Variablen zugreifen wollen oder wenn Teilfolgen in bestimmten zeitlichen Reihenfolgen ausgeführt werden müssen.

Eine **Synchronisation** dient zur Sicherstellung von zeitlichen Beziehungen zwischen Teilfolgen verschiedener Prozesse.

Bei der **Kooperation** [15] wird eine definierte Reihenfolge von Teilfolgen verschiedener Prozesse erzwungen. Beim **wechselseitigen Ausschluss** kann die Reihenfolge von Teilfolgen verschiedener Prozesse **beliebig** sein, nur dürfen sie nicht gleichzeitig vorkommen, d.h. sie schließen sich wechselseitig aus.

Teilfolgen, die sich wechselseitig ausschließen, heißen **kritische Bereiche (kritische Abschnitte, critical sections)**. **Kritische Abschnitte** sind kritisch in dem Sinn, dass **gleichzeitig nur ein einziger Prozess einen kritischen Abschnitt** bearbeiten kann.

Dabei muss ein Prozess, der einen kritischen Abschnitt betritt, diesen auch vollkommen abarbeiten. Erst dann darf ein anderer Prozess einen kritischen Abschnitt betreten. Die **einfachste Möglichkeit**, den **wechselseitigen Ausschluss** von kritischen Abschnitten auf einem Einprozessor-Rechner zu realisieren, ist, den **kritischen Abschnitt ununterbrechbar** zu machen. Dies hat natürlich zur Konsequenz, dass während der Abarbeitung des kritischen Abschnitts alle anderen Prozesse warten müssen. Dieses Mittel ist **nur für kurze und erprobte Betriebssystem-**

---

[146] Es sei denn, diese werden reentrant geschrieben und legen die Zwischenergebnisse eines jeden Prozesses in einen eigenen Speicherbereich ab.

routinen denkbar, ist aber ansonsten nicht brauchbar. So könnte ein unwichtiger Prozess einen wichtigeren Prozess oder eine fehlerhafte Routine in einer Endlos-Schleife das ganze System blockieren.

Schwergewichtige und leichtgewichtige Prozesse

Ein **klassischer Betriebssystem-Prozess** stellt eine **Einheit** sowohl für das **Memory Management** als auch für das **Scheduling** dar. Einem Betriebssystem-Prozess wird vom Memory Management zur gegebenen Zeit ein Platz im Arbeitsspeicher zugeordnet. Der Scheduler gewährt einem Betriebssystem-Prozess Rechenzeit. Bei modernen Betriebssystemen gibt es außer Prozessen auch Threads. Ein **Thread**[147] ist **nur** eine **Einheit für das Scheduling**, d.h. innerhalb eines Betriebssystem-Prozesses können mehrere Threads laufen. Während dem Betriebssystem-Prozess der Speicher zugeordnet ist und ein Kontextwechsel – ein anderer Betriebssystem-Prozess erhält die CPU – mit Aufwand beim Memory Management verbunden ist, ist ein Wechsel eines Threads auf der CPU nicht mit der Verwaltung des Speichers gekoppelt. Daher wird ein Betriebssystem-Prozess auch als ein **schwergewichtiger Prozess** (**heavyweight process**) und ein Thread als ein **leichtgewichtiger Prozess** (**lightweight process**) bezeichnet.

Die Idee war also, **innerhalb eines Betriebssystem-Prozesses** diese neuartigen Prozesse – **Threads** genannt – einzuführen, die quasi parallel ablaufen können. So können solche Threads beispielsweise in einem Server-Betriebssystem-Prozess verschiedene Nutzeranfragen quasi parallel abarbeiten (**Multithreading**). Damit diese Threads unabhängig voneinander arbeiten können, braucht man für **jeden Thread** nur noch **einen Befehlszeiger**, einen **eigenen Stack** für die Speicherung der lokalen Variablen sowie der Übergabeparameter und des Befehlszeigers zum Rücksprung bei Funktionsaufrufen, um Funktionen unabhängig von anderen Threads aufrufen zu können und einen **Satz von Prozessorregistern**. Alle anderen Informationen werden geteilt, insbesondere **Programmcode**, **Programmdaten** und **Dateiinformationen**. Diese stellen **gemeinsame Daten für alle Threads** dar.

Da Threads ein Sprachmittel von Java sind, muss es möglich sein, Threads zu unterstützen, ganz unabhängig davon, ob das jeweilige Betriebssystem nur ein Betriebssystem-Prozesskonzept oder auch ein Threadkonzept unterstützt. Wie die Java Virtuelle Maschine die Threads in Zusammenarbeit mit dem jeweiligen Betriebssystem verwaltet, bleibt dem Anwender verborgen[148].

Die **Java Virtuelle Maschine** selbst läuft **in einem Betriebssystem-Prozess** ab, d.h. sollen mehrere Java-Programme in getrennten Betriebssystem-Prozessen ablaufen, so hat jeder Prozess seine eigene virtuelle Maschine.

Es ist nicht möglich, eine gemeinsame virtuelle Maschine für getrennte Betriebssystem-Prozesse ablaufen zu lassen.

---

[147] Das Wort **Thread** steht im Englischen für Faden. Hierbei ist der Ablauffaden des Programmcodes gemeint, sprich der Kontrollfluss.

[148] Unterstützt das Betriebssystem kein Threadkonzept, so erfolgt die Threadverwaltung allein durch die virtuelle Maschine. Man spricht dann von „green threads" [14]. Hat das Betriebssystem die Fähigkeit der Threadverwaltung, so spricht man bei den Java-Threads von „native threads".

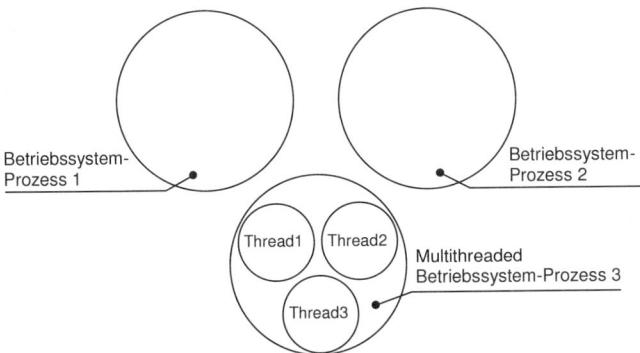

Bild 19-4 Threads und Prozesse

Threads **teilen sich**, da sie im selben Betriebssystem-Prozess ablaufen:

- den **Heap** für die Ablage von Objekten,
- **Code** und **Klassenvariablen** in der Method-Area
- und **I/O-Kanäle**.

Ein **Thread selbst hat**:

- einen **eigenen Befehlszähler**,
- einen **eigenen Registersatz**
- und einen **eigenen Stack** zur Ablage der lokalen Daten, der Übergabeparameter und des Befehlszeigers zum Rücksprung bei Methodenaufrufen.

19.1 Zustände und Zustandsübergänge von Betriebssystem-Prozessen

Prozesse haben Zustände. Der Zustand eines Prozesses hängt davon ab, welche Betriebsmittel er momentan besitzt. In Bild 19-5 wird ein **vereinfachtes Zustandsübergangsdiagramm** für Betriebssystem-Prozesse vorgestellt. Jeder Kreis stellt einen Zustand eines Betriebssystem-Prozesses dar. Die Pfeile kennzeichnen die Übergänge zwischen den Zuständen. Es gibt folgende Zustände und Zustandsübergänge in Bild 19-5:

- Hat ein Betriebssystem-Prozess alle Betriebsmittel, die er braucht, um laufen zu können, bis auf den Prozessor, so ist er im Zustand **"ready-to-run"**.
- Erhält ein Betriebssystem-Prozess vom Scheduler den Prozessor zugeteilt, so geht er in den Zustand **"running"** über.
- Macht ein laufender Betriebssystem-Prozess eine I/O-Operation, so verliert er den Prozessor und geht in den Zustand **"blocked"** über.
- Ist die I/O-Operation beendet, so geht der Betriebssystem-Prozess in den Zustand **"ready-to-run"** über.

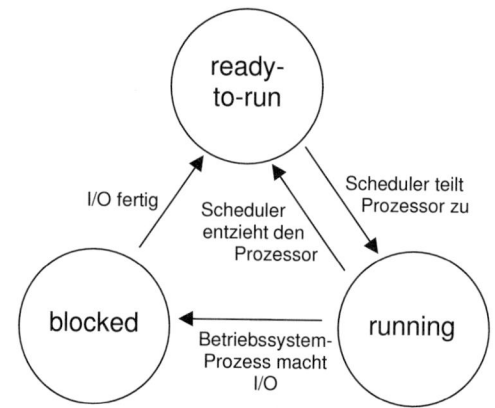

Bild 19-5 Vereinfachtes Zustandsübergangsdiagramm

Nur ein Betriebssystem-Prozess, der alle Betriebsmittel bis auf den Prozessor hat, das heißt im Zustand "ready-to-run" ist, kann am Wettbewerb um den Prozessor teilnehmen.

19.2 Zustände und Zustandsübergänge von Threads

Threads können ähnlich wie Betriebssystem-Prozesse verschiedene Zustände haben. Zustandsübergänge können erfolgen als Konsequenz von Methodenaufrufen wie z.B. `sleep()` aber auch durch Aktionen des Betriebssystems wie z.B. die Zuteilung des Prozessors durch den Scheduler.

Bei Threads müssen die folgenden 5 Zustände betrachtet werden:

● new,
● ready-to-run,
● blocked,
● running
● und dead.

Die Zustände "ready-to-run", "blocked" und "running" wurden bereits oben erklärt. Der Zustand **"new"** bedeutet, dass der Thread durch den `new`-Operator **generiert** wurde und sich in seinem Anfangszustand befindet. Er ist **noch nicht ablauffähig**. Seine Datenfelder und Methoden können jedoch angesprochen werden. In den Zustand **"dead"** gelangt ein Thread nach Abarbeitung seines Programmcodes. Im Zustand "dead" können dann weiterhin die Datenfelder und eigene Methoden – bis auf die Methode `run()` – des Threads angesprochen werden. Ein **Thread**, der einmal den **Zustand "dead"** erreicht hat, kann jedoch **nicht wieder gestartet** werden.

Der Übersichtlichkeit halber werden **Zustandsübergänge**, die aus **Methodenaufrufen** resultieren, und **Zustandsübergänge**, die **durch die virtuelle Maschine verursacht** werden, im Folgenden in getrennten Grafiken dargestellt:

- **Zustandsübergänge als Folge von Methodenaufrufen**

  In Bild 19-6 ist zu sehen, welche Zustandsübergänge von Threads explizit durch Methodenaufrufe hervorgerufen werden können. Es fällt dabei auf, dass es keinen Pfeil zum Zustand "running" gibt. Dies liegt daran, dass nur die virtuelle Maschine (genauer gesagt der Scheduler) einen Thread in den Zustand "running" bringen kann. Ein Thread kann nicht per Methodenaufruf in den Zustand "running" versetzt werden. Der Zustand "dead" wird in Bild 19-6 gar nicht aufgeführt, da man einen Thread durch Methodenaufrufe weder in den Zustand "dead" überführen kann, noch den Zustand "dead" verlassen kann.

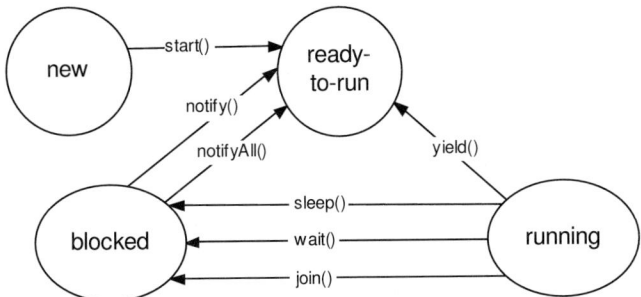

Bild 19-6 Zustandsübergänge[149] von Threads als Folge von Methodenaufrufen

Nachfolgend werden die Methoden der Klasse `Thread`, die einen Zustandsübergang eines Threads bewirken können, genauer erläutert:

— `public void start()`

  Der Aufruf der Methode `start()` überführt einen Thread vom Zustand "new" in den Zustand "ready-to-run". Wurde der Thread schon einmal gestartet, so wird eine `IllegalThreadStateException` geworfen.

— `public static void sleep (long millis)`
  `public static void sleep (long millis, int nanos)`

  Versetzt den **gerade laufenden Thread** für mindestens `millis` msec (bzw. `millis` msec und `nanos` nsec) in den Zustand "blocked". Die Auflösung in Schritte von 1 ms (bzw. 1 ns) ist dabei jedoch nicht gewährleistet, sondern hängt vom Betriebssystem ab. Oft wird der Wert entsprechend auf- oder abgerundet. Beide `sleep()`-Methoden können eine Exception vom Typ `InterruptedException` werfen. Dies tritt genau dann ein, wenn ein **Thread**, der sich durch den Aufruf der Methode `sleep()` im Zustand "blocked" befindet, durch den **Aufruf der Instanzmethode** `interrupt()` in den Zustand "ready-to-run" überführt wird. Die `interrupt()`-Methode muss dabei natürlich von einem anderen gerade laufenden Thread aufgerufen werden.

---

[149] Die Methoden `notify()`, `notifyAll()` und `wait()` sind Methoden der Klasse `Object` und dürfen nur in Codeblöcken aufgerufen werden, die als `synchronized` gekennzeichnet sind. Siehe hierzu Kap. 19.5.4.4.

– `public static void yield()`

Der Aufruf von `yield()` bricht die Verarbeitung des **gerade laufenden Threads** ab und führt diesen wieder in den Zustand "ready-to-run", wo er erneut auf die Zuteilung von Rechenzeit warten muss. Der Aufruf dieser Methode für einen Thread im Zustand "running" gibt anderen Threads die Möglichkeit zum Ablauf.

– `public final void join()`
`public final void join (long millis)`
`public final void join (long millis, int nanos)`

Ein Thread kann die Methode `join()` eines anderen Threads aufrufen. Hierbei wird der Thread, der die Methode aufruft, in den Zustand "blocked" versetzt, bis der Thread, dessen `join()`-Methode aufgerufen wird, beendet ist. Somit kann gezielt auf das Ende eines Threads gewartet werden. Muss Thread1 z.B. auf die Beendigung von Thread2 warten, so ruft Thread1 die `join()`-Methode von Thread2 auf. Dadurch wird Thread1 solange in den Zustand "blocked" versetzt, bis Thread2 beendet ist. Wird die Methode `join()` eines bereits beendeten Threads aufgerufen, so wird der aufrufende Thread nicht in den Zustand "blocked" versetzt. Werden die `join()`-Methoden, welche die Angabe einer Wartezeit erlauben, verwendet, so wartet der Thread entweder auf das Ablaufen der Wartezeit oder auf das tatsächliche Beenden des Threads, dessen `join()`-Methode aufgerufen wurde. Die Methode `join()` kehrt auf jeden Fall nach dem Ablauf der Wartezeit zurück, auch wenn der Thread noch nicht beendet ist. Alle drei `join()`-Methoden können ebenso wie die `sleep()`-Methoden eine `InterruptedException` werfen. Dies tritt genau dann ein, wenn der durch den Aufruf der `join()`-Methode wartende Thread durch einen Aufruf der `interrupt()`-Methode unterbrochen wird.

– `public void interrupt()`

Die Methode `interrupt()`, die zu einem gerade blockierten Thread aufgerufen wird, überführt diesen Thread in den Zustand "ready-to-run". Versetzt sich also ein Thread freiwillig – zum Beispiel durch den Aufruf der Methode `sleep()` oder der Methode `join()` – in den Zustand "blocked", so kann man diesen Thread wieder vorzeitig aufwecken – das heißt in den Zustand "ready-to-run" versetzen – indem für diesen Thread die Methode `interrupt()` aufgerufen wird. Damit wird der blockierende Methodenaufruf wie `join()` oder `sleep()` beendet und die Methode `run()` arbeitet mit dem `catch`-Konstrukt hinter der blockierenden Methode weiter.

● **Zustandsübergänge durch die virtuelle Maschine**

Die Zustandsübergänge in Bild 19-7 werden automatisch von der virtuellen Maschine aufgrund von bestimmten Ereignissen vollzogen. Der Programmierer hat nur indirekt Einfluss auf die Zustandsübergänge, z.B. durch Dateizugriff, durch Setzen von Prioritäten oder durch Beenden der Methode `run()`. Das Verlassen des Zustandes "blocked", der durch den Aufruf der Methoden `sleep()` oder `join()` betreten wurde, kann durch den Aufruf der Methode `interrupt()` beschleunigt werden.

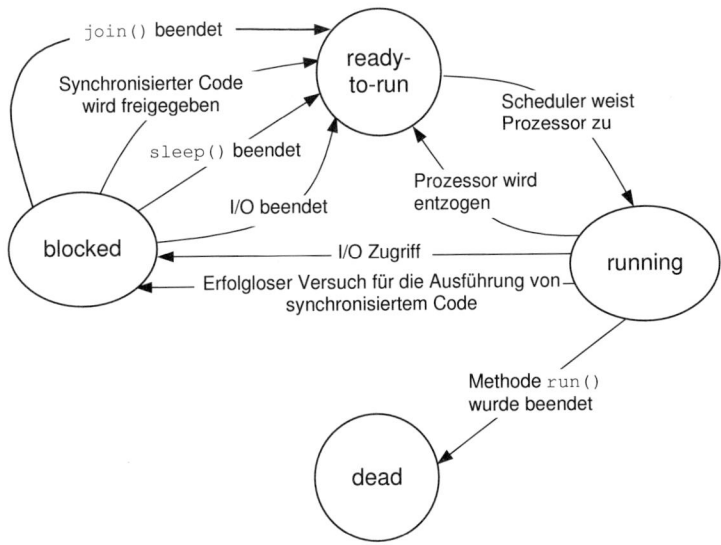

Bild 19-7 Zustandsübergänge[150] von Threads verursacht durch die virtuelle Maschine

Befindet sich ein Thread in einem der Zustände "new", "ready-to-run", "blocked" oder "running", so sagt man, dass der Thread "alive" ist. Durch den Aufruf der Instanzmethode `isAlive()` der Klasse `Thread` kann geprüft werden, ob ein Thread gerade "alive" ist. Ist der Thread, für den die Methode aufgerufen wird, "alive", so wird `true` zurückgegeben, andernfalls `false`. Dabei ist ein Thread "alive" vom Zeitpunkt seiner Generierung durch `new` bis zum endgültigen Erreichen des Zustandes "dead".

19.3 Programmierung von Threads

Threads lassen sich in Java, da sie bereits im Sprachumfang zur Verfügung gestellt werden, sehr einfach programmieren, erzeugen und starten.

Es gibt zwei Möglichkeiten, einen Thread zu programmieren:

- durch eine direkte **Ableitung** von der Klasse `Thread`
- oder durch die **Übergabe eines Objektes, dessen Klasse die Schnittstelle** `Runnable` **implementiert, an ein Objekt der Klasse** `Thread`.

Die beiden Möglichkeiten werden in Kapitel 19.3.1 und 19.3.2 vorgestellt.

---

[150] Die Synchronisation von Codeblöcken wird in Kap. 19.5.4 erläutert.

19.3.1 Ableiten von der Klasse Thread

Eine Möglichkeit, einen Thread zu programmieren, ist eine eigene Thread-Klasse zu schreiben und diese von der Klasse `java.lang.Thread` abzuleiten. Dabei ist die Methode `run()` der Klasse `java.lang.Thread` zu überschreiben. Der in der Methode `run()` enthaltene Code wird während des „running" Zustandes ausgeführt.

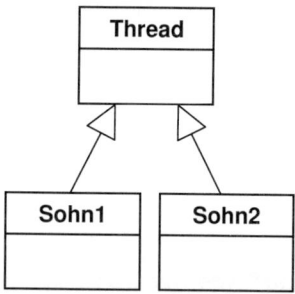

Bild 19-8 Implementieren von Threads durch Ableiten von der Klasse `Thread`

Erzeugt wird ein Thread mit Hilfe des `new`-Operators und zum Starten eines Threads wird seine Methode `start()` aufgerufen. Diese **reserviert** die **Systemressourcen**, welche notwendig sind, um den Thread zu starten. Außerdem **ruft** sie die **Methode** `run()` **auf**.

Im Folgenden wird anhand eines Beispiels gezeigt, wie die Klasse eines Threads durch Ableiten von der Klasse `Thread` definiert werden kann.

```java
// Datei: Time.java

import java.util.*;

public class Time extends Thread
{
   public void run()
   {
      while (true) // Endlosschleife
      {
         GregorianCalendar d = new GregorianCalendar();

         // Calendar.HOUR_OF_DAY, Calendar.MINUTE und
         // Calendar.SECOND sind Konstanten der Klasse Calendar
         System.out.println (d.get (Calendar.HOUR_OF_DAY) + ":"
                        + d.get (Calendar.MINUTE) + ":"
                        + d.get (Calendar.SECOND));
         try
         {
            Thread.sleep (100);
         }
```

```
         catch (InterruptedException e)
         {
         }
      }
   }
}


// Datei: Uhr.java

public class Uhr
{
   public static void main (String[] args)
   {
      Time t = new Time();
      t.start();
      // Möglichkeit zum Erzeugen und Starten weiterer Threads.
   }
}
```

Hier die Ausgabe des Programms:

```
16:28:27
16:28:27
16:28:27
16:28:27
16:28:27
16:28:28
16:28:28
16:28:28
16:28:28
```

Im obigen Beispiel soll die Klasse `Time` eine Thread-Klasse sein, von der Threads erzeugt werden können. Ein solcher Thread wird durch Instantiieren der Klasse `Time` erzeugt. Die Klasse `Time` wird definiert, indem man direkt von der Klasse `java.lang.Thread` ableitet und die `run()`-Methode überschreibt.

In der `run()`-Methode der Klasse `Time` wird eine Instanz der Klasse `java.util.GregorianCalendar` verwendet. Sie enthält die aktuellen Datums- und Uhrzeitangaben. Datum und Uhrzeit werden jedoch nicht fortlaufend aktualisiert. Um die aktuelle Uhrzeit zu erhalten, muss jedes Mal ein neues Objekt der Klasse `GregorianCalendar` geschaffen werden.

Besonders einfach lässt sich der Ablauf des Threads und somit die Auswirkungen der einzelnen Methoden an Hand von Bild 19-6 verfolgen. In der Klasse `Uhr` wird mit `new` ein Objekt der Klasse `Time` erzeugt und somit ein neuer Thread generiert. Der Thread befindet sich im Zustand "new". Durch den Aufruf der geerbten Methode `start()` wird der Thread gestartet und befindet sich dann im Zustand "ready-to-run". Die Methode `start()` ruft die Methode `run()` auf. Nach der Zuteilung von Rechenzeit durch den Scheduler und dem Überführen des Threads in den Zustand "running" kommt der Thread und damit die Methode `run()` zur Ausführung. In der Methode `run()` wird zuerst das aktuelle Datum auf der Standardausgabe ausgege- ben. Danach versetzt sich der Thread mit der Methode `sleep (100)` für mindestens 100 msec in den Zustand "blocked". Nach Ablauf der 100 ms geht der Thread wieder in den Zustand "ready-to-run" und muss erneut auf die Zuteilung von Prozessorzeit warten. Da sich in der Methode `run()` eine Endlos-Schleife befindet, wird die Ausgabe fortgeführt, d.h. der Thread wird nie beendet.

Da die Methode `sleep()` eine Exception vom Typ `InterruptedException` werfen kann, benötigt man einen `try`-Block und ein `catch`-Konstrukt, um die Ausnahme abzufangen. Innerhalb des `catch`-Konstruktes stehen aber keine Anweisungen. Dies ist in dem vorliegenden Beispielprogramm auch vollkommen korrekt, da hier nie der Fall eintreten kann, dass eine solche Exception geworfen wird. Damit die Methode `sleep()` eine Exception vom Typ `InterruptedException` wirft, muss die Methode `interrupt()` für ein Objekt der Klasse `Time` aufgerufen werden, welches zuvor durch Aufruf der Methode `sleep()` in den Zustand "blocked" versetzt wurde.

19.3.2 Implementieren der Schnittstelle Runnable

Im Kapitel 19.3.1 wurde ein Thread geschrieben durch direktes Ableiten von der Klasse `Thread`. Wenn man aber zwingend von einer weiteren Klasse ableiten muss, ist dieses Vorgehen nicht möglich, da Java keine Mehrfachvererbung unterstützt.

Implementiert man die Schnittstelle `Runnable` in einer Klasse, die zum Thread werden soll, so schafft man dadurch die Möglichkeit, dass diese Klasse von einer anderen Klasse abgeleitet werden kann. Die Schnittstelle `Runnable` deklariert nur eine einzige Methode `run()`.

Ein Thread wird erzeugt, indem man mit dem `new`-Operator eine **Instanz der Klasse** `java.lang.Thread` generiert und dabei als **Übergabeparameter beim Konstruktoraufruf eine Referenz auf ein Objekt mitgibt, dessen Klasse die Schnittstelle** `Runnable` **implementiert**.

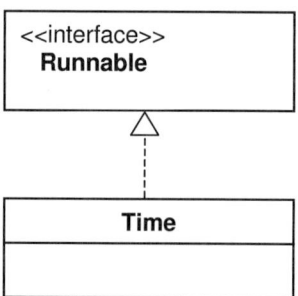

Bild 19-9 Die Klasse `Time` *implementiert das Interface* `Runnable`

Innerhalb der Klasse `Thread` wird die übergebene Referenz in einem privaten Datenfeld vom Typ `Runnable` abgelegt. Das folgende Codestück zeigt einen Ausschnitt aus der Implementierung der Klasse `Thread`:

```
public Thread
{
   private Runnable target;
   . . . . .
   public Thread (Runnable target)
   {
      . . . . .
      this.target = target;
      . . . . .
   }
}
```

Dadurch, dass im Konstruktoraufruf der Klasse `Thread` der formale Parameter vom Schnittstellentyp `Runnable` ist, kann der Compiler sicherstellen, dass das Objekt, auf das die übergebene Referenz zeigt, die `run()`-Methode implementiert.

Das folgende Beispiel zeigt, wie ein Thread mit Hilfe eines Objektes der Klasse `Time1` erzeugt wird. Die Klasse `Time1` implementiert dabei das Interface `Runnable`.

```
// Datei: Time1.java

import java.util.*;

public class Time1 implements Runnable
{
   public void run()
   {
      while (true) // Endlosschleife
      {
         GregorianCalendar d = new GregorianCalendar();
         System.out.println (d.get (Calendar.HOUR_OF_DAY) + ":"
                          + d.get (Calendar.MINUTE) + ":"
                          + d.get (Calendar.SECOND));
         try
         {
            // Die Methode sleep() ist eine Klassenmethode der
            // Klasse Thread.
            Thread.sleep (100);
         }
         catch (InterruptedException e)
         {
         }
      }
   }
}

// Datei: Uhr1.java

public class Uhr1
{
   public static void main (String[] args)
   {
      // Die Klasse Time1 implementiert die Schnittstelle Runnable.
      // Eine Referenz auf ein Objekt dieser Klasse kann also als
      // Konstruktorparameter bei der Erzeugung eines Objektes der
      // Klasse Thread verwendet werden.
```

```
        Thread timeThread = new Thread (new Time1());
        timeThread.start();
        // Möglichkeit zum Erzeugen und Starten weiterer Threads
    }
}
```

Mit `new Thread (new Time1());` wird ein Objekt der Klasse `Thread` erzeugt, wobei die Referenz auf das ebenfalls neu erzeugte Objekt der Klasse `Time1` an die oben erwähnte Instanzvariable `target` vom Typ `Runnable` zugewiesen wird. Wird die `start()`-Methode des erzeugten Thread-Objektes mit Hilfe der Referenz `timeThread` aufgerufen, so wird von der `start()`-Methode die ausprogrammierte `run()`-Methode der Klasse `Time1` aufgerufen.

19.3.3 Beenden von Threads

Die Beispiele aus den Kapiteln 19.3.1 und 19.3.2 beinhalten noch keine Möglichkeit, den einmal gestarteten Thread auch wieder zu beenden. Ein Thread wird bekanntlich beendet, wenn die Abarbeitung der `run()`-Methode beendet ist. Da aber die Endlos-Schleife in der `run()`-Methode der Klasse `Time` nie aufhört, benötigt man eine Möglichkeit, die Abarbeitung der `run()`-Methode abzubrechen. Im Folgenden werden zwei Möglichkeiten vorgestellt, einen einmal gestarteten Thread auch wieder zu beenden.

```
// Datei: Time2.java

import java.util.*;

public class Time2 extends Thread
{
    public void run()
    {
        while (true)
        {
            GregorianCalendar d = new GregorianCalendar();
            System.out.println (d.get (Calendar.HOUR_OF_DAY) + ":"
                            + d.get (Calendar.MINUTE) + ":"
                            + d.get (Calendar.SECOND));
            try
            {
                Thread.sleep (100);
            }
            catch (InterruptedException e)
            {
                System.out.println ("Interrupted!");
                return;
            }
        }
    }
}
```

```
// Datei: Uhr2.java

import java.io.*;

public class Uhr2
{
   public static void main (String[] args) throws IOException
   {
      Time2 t = new Time2();
      t.start();

      // Warten, bis der Benutzer "exit" gefolgt von RETURN eingibt
      while (true)
      {
         BufferedReader reader =
            new BufferedReader (new InputStreamReader (System.in));
         String kommando = reader.readLine();
         if (kommando.equals ("exit"))
            break;
      }
      t.interrupt();
   }
}
```

An der Implementierung des Threads in der `run()`-Methode hat sich nicht viel geändert – lediglich im `catch`-Konstrukt wurde eine Ausgabe und die `return`-Anweisung eingefügt. Mit `return` wird aus der Methode, die das `catch`-Konstrukt enthält, zur aufrufenden Methode zurückgesprungen.

Wird die `interrupt()`-Methode für das Objekt der Klasse `Time2` aufgerufen, während seine `run()`-Methode abgearbeitet wird, so wird beim nächsten Abarbeiten der `sleep()`-Methode eine Exception vom Typ `InterruptedException` geworfen und die `run()`-Methode wird mit `return` beendet. Genau genommen muss man zwei Fälle unterscheiden: Befindet sich der Thread durch den Aufruf der Methode `sleep()` gerade im Zustand "blocked", während seine `interrupt()`-Methode aufgerufen wird, so wird der Thread in den Zustand "ready-to-run" gebracht und die Methode `sleep()` kehrt mit dem Auswerfen einer `InterruptedException` zurück. Bearbeitet der Thread gerade die Anweisungen vor dem Aufruf der Methode `sleep()`, während die `interrupt()`-Methode für dieses Objekt aufgerufen wird, so werden alle Anweisungen einschließlich dem Aufruf der `sleep()`-Methode abgearbeitet, wobei die `sleep()`-Methode sofort wieder durch den Auswurf der `InterruptedException` zurückkehrt.

In der zweiten Möglichkeit, einen Thread zu beenden, wird ein privates Datenfeld vom Typ `boolean` benutzt. Das Datenfeld – im unteren Beispiel `running` genannt – wird in der Methode `beenden()` zurückgesetzt, um die `while()`-Schleife in der `run()`-Methode zu beenden:

```java
// Datei: Time3.java

import java.util.*;

public class Time3 extends Thread
{
    private boolean running = true;

    public void run()
    {
        while (running)
        {
            GregorianCalendar d = new GregorianCalendar();
            System.out.println (d.get (Calendar.HOUR_OF_DAY) + ":"
                             + d.get (Calendar.MINUTE) + ":"
                             + d.get (Calendar.SECOND));
            try
            {
                Thread.sleep (100);
            }
            catch (InterruptedException e)
            {
            }
        }
    }

    public void beenden()
    {
        running = false;
    }
}

// Datei: Uhr3.java

import java.io.*;

public class Uhr3
{
    public static void main (String[] args) throws IOException
    {
        Time3 t = new Time3();
        t.start();
        // Warten, bis der Benutzer "exit" gefolgt von RETURN eingibt
        while (true)
        {
            BufferedReader reader =
                 new BufferedReader (new InputStreamReader (System.in));
            String kommando = reader.readLine();
             if (kommando.equals ("exit"))
                break;
        }
        t.beenden();
    }
}
```

Beim Testen der Beispiele wird kontinuierlich alle 100 ms eine Ausgabe in das Ausgabefenster geschrieben. Die Eingabe der Buchstaben 'e', 'x', 'i' und 't' gefolgt von einem <RETURN> ist aber trotzdem problemlos möglich, auch wenn die Buchstaben nicht zusammenhängend im Ausgabefenster gesehen werden können. Die Ursache dafür ist, dass die Methode main() in einem eigenen Thread parallel zu dem Thread der Klasse Time3 läuft.

Nachdem nun bekannt ist, wie man Threads programmieren, starten und beenden kann, sei hier noch kurz darauf verwiesen, dass es in der Klassenbibliothek von Java schon einige typische Thread-Klassen – wie zum Beispiel die Klassen Timer und TimerTask – im Paket java.util gibt. Es lohnt sich auf jeden Fall, die Einsatzmöglichkeiten dieser Klassen mit Hilfe der Java-Dokumentation etwas genauer zu studieren. Nichtsdestotrotz muss man sich auch in den Themen der folgenden Kapitel auskennen, um selbst nebenläufige Anwendungen in Java schreiben zu können.

19.4 Scheduling von Threads

Als **Scheduling** bezeichnet man die Zuteilung von Rechenzeit auf einem Prozessor durch ein Betriebssystem oder durch eine Laufzeitumgebung. Die Implementierung der Java Virtuellen Maschine beim Scheduling von Threads wird von Sun Microsystems nicht genau spezifiziert. Die Implementierung ist abhängig vom Betriebssystem oder von der virtuellen Maschine.

Der Java-Run-Time-Scheduler ist prioritätengesteuert. Er weist Threads im Zustand "ready-to-run" Prozessorzeit zu und entzieht sie ihnen wieder. In der Spezifikation der Java Virtuellen Maschine wird nur verlangt, dass Threads mit höherer Priorität im Schnitt mehr Rechenzeit erhalten sollen als Threads mit niedriger Priorität. Dies ermöglicht Freiräume für die Implementierung der virtuellen Maschine, was wiederum zu Problemen bei der Portierung auf andere Plattformen führen kann.

Besondere Probleme gibt es bei Threads gleicher Priorität. Die Java-Spezifikation macht keine Aussage darüber, ob bei Threads gleicher Priorität ein preemptive Scheduling mit Hilfe von Round-Robin[151] erfolgen soll oder nicht. Daher findet man Implementierungen mit und ohne Round-Robin.

In der Praxis spielt es allerdings oft keine Rolle, ob ein Round-Robin implementiert ist oder nicht. Ist ein Round-Robin nicht implementiert, so kommen bei gleicher Priorität manche Threads immer dann nicht an die Reihe, wenn andere Threads den Prozessor über Gebühr benutzen. In der Praxis werden jedoch Threads häufig für Ein- und Ausgaben eingesetzt. Dies bedeutet, dass sie zwischen den Zuständen "running", "blocked" und "ready-to-run" abwechseln. Das Blockieren bei Ein- und Ausgabeoperationen ermöglicht es letztendlich anderen Threads, auch den Prozessor zu erhalten.

Der Programmierer kann selbst darauf achten, dass rechenintensive Threads nicht zu lange den Prozessor benötigen. Hierzu wird **empfohlen, bei rechenintensiven**

---

[151] Round-Robin ist ein Zeitscheibenverfahren, bei dem alle Teilnehmer die gleiche Priorität haben und abwechselnd der Reihe nach drankommen. Das Wort Round-Robin kommt aus dem amerikanischen Englisch und bedeutet einen Wettbewerb, bei dem jeder Teilnehmer gegen jeden anderen Teilnehmer spielt.

Threads gezielt die `yield()`**-Methode aufzurufen**. Durch den Aufruf von `yield()` geht der aufrufende Thread selbst in den Zustand "ready-to-run" über und erlaubt es, dass ein Thread gleicher oder niedrigerer Priorität den Prozessor erhält. Eine andere Möglichkeit ist, rechenintensive Threads mit einer niedrigeren Priorität als I/O-intensive Threads zu versehen, da Threads jedes Mal in den Zustand "blocked" versetzt werden, wenn Ein- und Ausgaben durchgeführt werden. Die I/O-intensiven Threads bieten damit niederprioren Threads die Möglichkeit zum Laufen.

Prioritäten

Für die Priorität eines Threads gibt es 3 Konstanten in der Klasse `Thread`:

```
MAX_PRIORITY  = 10
NORM_PRIORITY = 5
MIN_PRIORITY  = 1
```

Die Zahlenwerte der Konstanten entsprechen der Gewichtung der Prioritäten. Diese Konstanten müssen aber für die Angabe der Priorität eines Threads nicht verwendet werden – es ist durchaus problemlos jede andere ganze Zahl zwischen eins und zehn möglich. Zu beachten ist, dass bei Applets die höchste Priorität 6 beträgt. Wird für einen Thread keine Priorität gesetzt, so ist sie in der Regel NORM_PRIORITY.

Die **Änderung der Priorität eines Threads** und **die Abfrage einer gesetzten Priorität** erfolgt mit den Methoden:

- `public final void setPriority (int newPriority)`

  Mit dieser Methode kann die Priorität eines Threads auf den als aktueller Parameter übergebenen Wert gesetzt werden.

- `public final int getPriority()`

  Gibt die aktuelle Priorität eines Threads zurück.

19.5 Zugriff auf gemeinsame Ressourcen

Threads innerhalb eines Betriebssystem-Prozesses können wechselseitig auf ihre Variablen zugreifen. Variablen, die von mehreren Threads als Shared Memory benutzt werden, werden auch als **kritische Variablen** bezeichnet, weil diese Variablen durch die Verwendung in mehreren Threads inkonsistent werden können. So kann beispielsweise ein Thread, der in eine kritische Variable schreibt, den Prozessor entzogen bekommen, ehe er mit dem Schreiben der Daten fertig ist. Der Lese-Thread beginnt jedoch schon zu lesen und bekommt inkonsistente Daten (**Reader/Writer-Problem**). Dies ist ein Beispiel für eine sogenannte **Race Condition**. Bei einer Race Condition hängt das Ergebnis von der Reihenfolge, in der die Threads ausgeführt werden, ab. Um deterministische Ergebnisse zu erzielen, ist daher eine **Synchronisation** im Sinne einer definierten Abarbeitungsreihenfolge der Threads zwingend erforderlich.

Beispiel für eine Race Condition beim Reader/Writer-Problem

Die beiden Threads 1 und 2 greifen auf eine gemeinsam genutzte Variable (ein Array) zu. Das Array ist damit eine **kritische Variable** im System.

Zaehler	2	0	Array-Index
Wert 1	7	1	
Wert 2	35	2	
		3	
		...	
Wert n-2		n-1	

Bild 19-10 Array mit einem Zähler für die benutzten Elemente

Thread 1 schreibt Messdaten in das Array beginnend ab Array-Index 1 und die Anzahl der Werte in die Variable `Zaehler`, die im Array an der Position mit Array-Index 0 steht. Thread 2 liest die Daten aus und quittiert das Auslesen, indem er die Zählervariable auf 0 setzt. Es kann sein, dass schneller geschrieben als gelesen wird. Dabei kann Thread 1 neue Werte an die nächsten Positionen in das Array eintragen und muss dann den Zähler entsprechend erhöhen.

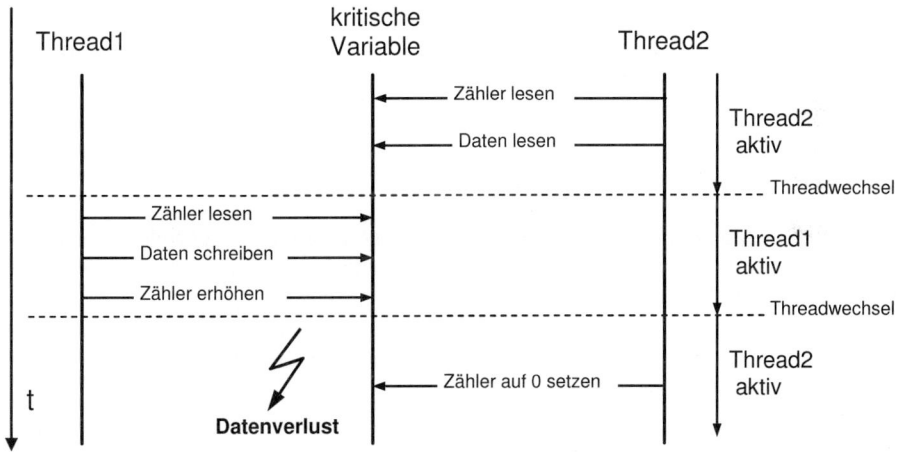

Bild 19-11 Sequenzdiagramm zur Darstellung einer Race Condition.
Die Zeitachse t gibt den zeitlichen Verlauf an.

Es kann nun der Fall eintreten, dass Thread 2 gerade, als er das Array gelesen, aber den `Zaehler` noch nicht auf 0 gesetzt hat, vom Scheduler den Prozessor entzogen bekommt. Thread 1 schreibt nun die neuen Daten hinter die bereits gelesenen Daten und erhöht den Zähler. Wenn nun Thread 2 die Arbeit wieder aufnimmt, setzt er den `Zaehler` auf 0, und damit sind die soeben geschriebenen Daten verloren.

19.5.1 Prinzip des wechselseitigen Ausschlusses

Zur Vermeidung von Race Conditions wendet man das Prinzip des wechselseitigen Ausschlusses (mutual exclusion) an. Dazu führt man **kritische Abschnitte** ein.

> Ein **kritischer Abschnitt** ist eine **Folge von Befehlen, die ein Thread nacheinander vollständig abarbeiten muss**, auch wenn er vorübergehend die CPU an einen anderen Thread abgibt. Kein anderer Thread darf einen kritischen Abschnitt betreten, der auf die gleiche kritische Variable zugreift, solange der erstgenannte Thread mit der Abarbeitung der Befehlsfolge noch nicht fertig ist.

In den nächsten beiden Kapiteln wird das Semaphorkonzept und das Monitorkonzept zuerst in allgemeiner Form vorgestellt, das heißt unabhängig von der Sprache Java. Beide Konzepte ermöglichen einen wechselseitigen Ausschluss. In Kapitel 19.5.4 wird dann das in Java realisierte Monitorkonzept zur Realisierung eines wechselseitigen Ausschlusses vorgestellt.

19.5.2 Das Semaphorkonzept

Ein wechselseitiger Ausschluss kann mit Semaphoren[152] realisiert werden. Ein Semaphor hat die folgenden Eigenschaften:

- Ein **Semaphor** wird repräsentiert durch eine **ganzzahlige nichtnegative Variable** verbunden mit einer **Warteschlange für Prozesse**, die einen der kritischen Abschnitte, denen dieselbe Semaphorvariable zugeordnet ist, bearbeiten wollen.
- Auf einem **Semaphor** kann man **nur** mit den **Befehlen** `wait()` und `signal()`[153] arbeiten.

Alle kritischen Abschnitte, die auf die gleiche kritische Variable zugreifen, verwenden eine gemeinsame **Semaphorvariable**. Beim **Eintritt** in einen kritischen Abschnitt ruft ein Prozess zuerst den **Befehl** `wait()` für die entsprechende Semaphorvariable auf. Beim **Verlassen** eines kritischen Abschnitts ruft ein Prozess den **Befehl** `signal()` für die Semaphorvariable auf. Die Funktionsweise der Befehle `wait()` und `signal()`[154] wird im Folgenden beschrieben:

Der Befehl `wait()`

Der Befehl `wait()` wird beim **Eintritt** in einen kritischen Abschnitt aufgerufen. Wird z.B. für eine Semaphorvariable mit dem Namen `sem` der Befehl `wait(sem)` aufgerufen, so wird überprüft, ob die Variable `sem` gleich 0 ist. Ist die Variable `sem` gleich 0, so wird der **Prozess**, der den Befehl `wait(sem)` aufgerufen hat, **in die Warteschlange der Semaphorvariablen** `sem` **gestellt**. Ist die Variable `sem` größer als 0, so wird die Semaphorvariable um eins erniedrigt und der `wait()`-Befehl ist erfolg-

---

[152] Java kennt keine Semaphoren, sondern das Monitorkonzept.
[153] Die Befehle `wait()` und `signal()` sind hier Befehle in einem Pseudocode.
[154] Die Befehle `wait()` und `signal()` sind selbst unteilbar. Dies wird üblicherweise mittels Hardware realisiert.

reich beendet. Der **Prozess darf** dann **den folgenden kritischen Abschnitt bearbeiten**.

Der Befehl `signal()`

Der Befehl `signal()` wird beim **Verlassen** eines kritischen Abschnitts aufgerufen. Wird z.B. für die Semaphorvariable `sem` der Befehl `signal (sem)` aufgerufen, so wird die Variable um eins erhöht. Zusätzlich wird noch die Warteschlange von `sem` überprüft. **Warten** dort Prozesse, so wird ein **Prozess befreit**. Der befreite Prozess darf dann den kritischen Abschnitt bearbeiten.

Stellen Sie sich eine Datenbank vor, die zur Speicherung von Personaldaten dient. Jedes Mal wenn eine neue Person erfasst wird, ermittelt der zuständige Schreibprozess mit Hilfe der schon bestehenden Personaldaten die nächste freie Personalnummer. Ist diese ermittelt, trägt der Prozess die neue Personalnummer mit den restlichen Personendaten als einen neuen Datensatz in der Datenbank ein. Läuft dieser ganze Vorgang – Ermittlung der Personalnummer und Eintrag des neuen Datensatzes – ohne Unterbrechung des Prozesses ab, so hat man keine Inkonsistenzen zu befürchten. Wird der Prozess allerdings nach der Ermittlung der nächsten freien Personalnummer durch einen anderen Schreibprozess unterbrochen, der auch einen neuen Datensatz einfügen möchte, kann es zum Datenverlust kommen. Folgendes Szenario zeigt einen solchen Datenverlust:

- Prozess A ermittelt die Nummer 10 als nächste freie Nummer.
- Prozess A wird durch einen Prozess B unterbrochen, der auch einen neuen Datensatz schreiben möchte.
- Prozess B ermittelt ebenfalls die Nummer 10 als nächste freie Nummer.
- Prozess B trägt unter der Nummer 10 seine neuen Daten ein.
- Prozess A wird fortgeführt und schreibt ebenfalls unter der Nummer 10 seine neuen Daten. Somit sind die Daten, die Prozess B geschrieben hat, verloren.

Ein solches Problem kann man umgehen, wenn man den gesamten Schreibvorgang als einen kritischen Abschnitt implementiert. Diesem kritischen Abschnitt wird eine Semaphorvariable mit dem Namen `sem` zugeordnet, die den kritischen Abschnitt überwachen soll. Die Semaphorvariable hat den Anfangswert 1. Der kritische Abschnitt der Schreiboperation kann nun folgendermaßen durch die Semaphorvariable `sem` geschützt werden:

```
wait (sem)
// kritischer Abschnitt beginnt
// ermittle nächste freie Personalnummer
// schreibe alle Datenfelder
// kritischer Abschnitt zu Ende
signal (sem)
```

Der erste Prozess, der diesen Codeabschnitt abarbeitet, ruft den Befehl `wait (sem)` auf. Dieser prüft, ob die Semaphorvariable `sem` gleich 0 ist. Da `sem` als Anfangswert den Wert 1 hat, wird die Variable um eins erniedrigt – also auf 0 gesetzt – und der Prozess kann den **kritischen Abschnitt bearbeiten**. Kommt nun ein zweiter Prozess und möchte Daten ebenfalls schreiben, so ruft auch er den `wait (sem)`-Befehl auf, die Semaphorvariable `sem` ist jedoch gleich `0`, und deshalb wird dieser Prozess in die Warteschlange eingereiht. Ist der erste Prozess mit der **Abarbeitung des kritischen Abschnitts fertig**, so ruft er den Befehl `signal (sem)` auf. Dieser erhöht `sem` um 1 und befreit den wartenden Prozess aus der Warteschlange.

Dieser setzt nun die Abarbeitung des Befehls `wait (sem)` dort fort, wo er zuvor unterbrochen wurde, und erniedrigt die Variable `sem` um 1, womit er den kritischen Abschnitt für sich reserviert. Nach der Abarbeitung des kritischen Abschnitts wird wiederum `signal (sem)` aufgerufen. Dies hat zur Folge, dass `sem` wieder auf den Wert 1 gesetzt wird. Da keine Prozesse in der Warteschlange warten, kann auch kein Prozess aufgeweckt werden.

19.5.3 Das Monitorkonzept

Eine Lösung mit Semaphoren kann für den Programmierer leicht unübersichtlich werden. Von Hoare wurden 1974 **Monitore** als ein Synchronisationsmittel, das auf Semaphoren aufsetzt, diese aber gegenüber dem Programmierer kapselt, vorgeschlagen. Die Grundidee eines Monitors ist, die **Daten**, auf denen die kritischen Abschnitte arbeiten, **und die kritischen Abschnitte selbst in einem zentralen Konstrukt zusammenzufassen** (siehe Bild 19-12).

Die Funktionalität von Monitoren ist äquivalent zu derjenigen von Semaphoren. Sie sind jedoch vom Programmierer einfacher zu überschauen, da gemeinsam benutzte Daten und Zugriffsfunktionen zentral gebündelt an einer Stelle lokalisiert sind und nicht wie im Falle von Semaphoren getrennt und über mehrere Prozesse verteilt im Programmcode stehen.

Die grundlegenden Eigenschaften eines Monitors sind:

- Kritische Abschnitte, die auf denselben Daten arbeiten, sind Methoden eines Monitors.
- Ein Prozess betritt einen Monitor durch Aufruf einer **Methode** des Monitors.
- **Nur ein Prozess kann zur selben Zeit den Monitor benutzen**. Jeder andere Prozess, der den Monitor aufruft, wird suspendiert und muss warten, bis der Monitor verfügbar wird.

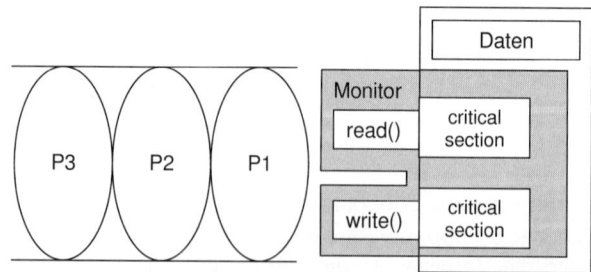

Bild 19-12 Immer nur ein Prozess kann den Monitor benutzen

In objektorientierten Programmiersprachen lässt sich ein Monitor als ein Objekt mit speziellen Eigenschaften für die Methoden realisieren.

Einfache kritische Abschnitte reichen aus für einen wechselseitigen Ausschluss. Oftmals jedoch ist das Betreten eines kritischen Abschnitts abhängig vom Vorliegen einer bestimmten Bedingung. So kann etwa ein Erzeuger-Prozess nur dann in einen Puffer, der eine globale Variable darstellt, schreiben, wenn der Puffer nicht voll ist. Ist der Puffer voll, so muss der Erzeuger-Prozess mit dem Schreiben warten.

Um einen Monitor praktikabel zu machen, muss also ein Monitor die Möglichkeit **bedingter kritischer Abschnitte** (**conditional critical sections**) bieten, damit ein Prozess beim Betreten eines kritischen Abschnitts prüfen kann, ob er diesen kritischen Abschnitt ausführen soll oder nicht. Auf Grund einer vorliegenden Bedingung kann ein Prozess freiwillig die Abarbeitung einer Methode unterbrechen, z.B. wenn die Bedingung "Daten vorhanden" nicht erfüllt ist. Ein Prozess kann seine Arbeit unterbrechen, indem er einen `wait()`-Befehl an den Monitor gibt. Damit wird dieser Prozess blockiert und der Monitor für einen anderen Prozess freigegeben. Ein anderer Prozess kann dann den Monitor betreten – z.B. ein Schreibprozess –, die Bedingung ändern und vor dem Verlassen des kritischen Abschnitts ein Signal mit dem `signal()`-Befehl an die Warteschlange der Prozesse senden, die auf die Erfüllung der Bedingung "Daten vorhanden" warten. Durch das Senden eines `signal()`-Befehls wird ein Prozess aus der Warteschlange aufgeweckt und kann die Bearbeitung fortsetzen.

19.5.4 Mutual exclusion in Java mit dem Monitorkonzept

Ein wechselseitiger Ausschluss wird in Java mit dem Monitorkonzept und nicht mit Semaphoren realisiert. In Java wird das Monitorkonzept mit Hilfe des Schlüsselwortes `synchronized` umgesetzt. Das Schlüsselwort `synchronized` kann als Schlüsselwort für Methoden verwendet werden oder einen zu synchronisierenden Block kennzeichnen. Im Folgenden werden die Möglichkeiten zur Realisierung eines Monitors vorgestellt:

- Monitor für den gegenseitigen Ausschluss von **synchronisierten Klassenmethoden** einer Klasse.

> Werden eine oder mehrere Klassenmethoden mit dem Schlüsselwort `synchronized` versehen, so wird ein Monitor um diese Methoden herumgebaut. Dadurch kann nur ein einziger Thread zu einer bestimmten Zeit eine der synchronisierten Methoden bearbeiten.

Der folgende Codeausschnitt zeigt zwei synchronisierte Klassenmethoden:

```
public class Syn1
{
    . . . . .
    public static synchronized void methode1()
    {
        // kritischer Abschnitt
    }
```

```
   public static synchronized void methode2()
   {
      // kritischer Abschnitt
   }
}
```

Es wird für **alle synchronisierten Klassenmethoden einer Klasse ein Monitor** angelegt, der den Zugriff auf alle synchronisierten Klassenmethoden dieser Klasse überwacht. Das folgende Bild zeigt den Sachverhalt:

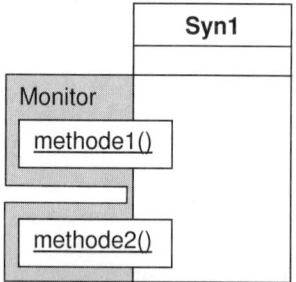

Bild 19-13 Gemeinsamer Monitor für synchronisierte Klassenmethoden einer Klasse

Zu beachten ist, dass, wenn andere nicht synchronisierte Klassenmethoden zu der Klasse `Syn1` noch vorhanden sind, diese dann nicht durch den Monitor geschützt sind.

- Monitor für den gegenseitigen Ausschluss der Abarbeitung von **synchronisierten Instanzmethoden** zu einem speziellen Objekt.

Werden eine oder mehrere Instanzmethoden mit dem Schlüsselwort `synchronized` versehen, so hat **jedes Objekt, das von dieser Klasse geschaffen wird**, einen **eigenen Monitor**, der den Zugriff auf die Instanzmethoden überwacht.

Der folgende Codeausschnitt zeigt zwei synchronisierte Instanzmethoden:

```
public class Syn2
{
   . . . . .
   public synchronized void methode1()
   {
      // kritischer Abschnitt
   }

   public synchronized void methode2()
   {
      // kritischer Abschnitt
   }
}
```

Im folgenden Bild sind zwei Instanzen der Klasse Syn2 zu sehen. Jede dieser Instanzen hat ihren eigenen Monitor für alle synchronisierten Instanzmethoden:

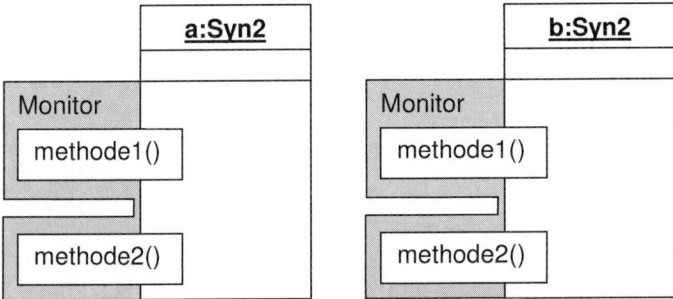

Bild 19-14 Bei synchronisierten Instanzmethoden existiert ein Monitor pro Objekt

Genauso wie bei synchronisierten Klassenmethoden gilt bei synchronisierten Instanzmethoden, dass wenn nicht synchronisierte Instanzmethoden existieren, diese nicht durch den Monitor geschützt sind.

• Monitor für den gegenseitigen Ausschluss **von einzelnen synchronisierten Codeblöcken**.

Es ist möglich, Blöcke in unterschiedlichen Methoden und sogar in unterschiedlichen Klassen gemeinsam zu synchronisieren. Ein Monitor für einen Codeblock wird in Java mit der synchronized-Anweisung, die durch das Schlüsselwort synchronized eingeleitet wird, realisiert. Der folgende Codeausschnitt zeigt einen synchronisierten Codeblock:

```
public class Syn2
{
    public void methode1()
    {
        Object schluessel = Schluessel.getSchluessel();

        synchronized (schluessel)          ⎫  Beispiel für eine
        {                                  ⎬  synchronized-Anweisung
            // kritischer Abschnitt        ⎭
        }
    }
}
```

Hierbei ist schluessel eine Referenzvariable auf ein Objekt, das beispielsweise mit der Klassenmethode getSchluessel() der Klasse Schluessel zur Verfügung gestellt wird.

Die synchronized-Anweisung, um einen Block zu synchronisieren, ist grundverschieden zur Verwendung des Schlüsselwortes synchronized, um Instanz- und Klassenmethoden zu synchronisieren. Dies liegt aber in erster Linie daran, dass dem Programmierer bei der Synchronisation von Methoden einige Details vorenthalten bleiben. Bevor darauf jedoch eingegangen wird, soll zuerst eine Erklärung für die Synchronisation eines Blockes geliefert werden.

Eine `synchronized`-Anweisung wird mit dem Schlüsselwort `synchronized` eingeleitet. In den runden Klammern erwartet die `synchronized`-Anweisung eine Referenz auf ein Objekt. Die nachfolgenden geschweiften Klammern schließen die Anweisungen eines kritischen Abschnitts ein.

Um einen Block zu synchronisieren, benötigt man einen Schlüssel oder auch Lock genannt. **Als Schlüssel wird in Java ein Objekt verwendet**. Dieser Schlüssel kann zu einer Zeit nur von einer `synchronized`-Anweisung verwendet werden. Stellen Sie sich hierzu mehrere synchronisierte Blöcke vor, die alle den gleichen Schlüssel benutzen – also alle das gleiche Schlüsselobjekt –, um den Zutritt zu den kritischen Abschnitten zu erlangen. Der Thread, der als erstes den Schlüssel vom Schlüsselbrett abholt, kann den kritischen Abschnitt somit betreten. Alle anderen Threads, die den gleichen Schlüssel benutzen, stellen fest, dass der Schlüssel gerade nicht am Schlüsselbrett hängt, und deshalb können sie einen kritischen Abschnitt, der den gleichen Schlüssel benötigt, nicht betreten.

Die Aufgabe des Schlüsselbrettes wird nun von einem Monitor wahrgenommen. Der Monitor gibt dem ersten Thread, der den Monitor betreten möchte, den Schlüssel und nimmt dem Thread beim Verlassen des Monitors den Schlüssel wieder ab. Damit kann der Monitor dem nächsten wartenden Thread, der den Schlüssel und damit den Zugang zu einem kritischen Abschnitt möchte, den Schlüssel aushändigen.

Im obigen Beispiel wird als Schlüsselobjekt das Objekt verwendet, zu dem die Instanzmethode `methode1()` aufgerufen wird. Dies wird dadurch erreicht, dass die `this`-Referenz in der `synchronized`-Anweisung als Parameter übergeben wird – und die `this`-Referenz zeigt bekanntlich auf das Objekt, zu dem eine Instanzmethode aufgerufen wird. Es kann aber auch jedes beliebige andere Objekt als Schlüsselobjekt verwendet werden. Es ist nur auf eines zu achten, alle Blöcke, die das gleiche Schlüsselobjekt verwenden, haben einen gemeinsamen Monitor, der den Zutritt zu allen kritischen Abschnitten überwacht. Innerhalb eines Objektes können auch synchronisierte Blöcke existieren, die unterschiedliche Schlüsselobjekte verwenden. Dann existieren insgesamt so viele Monitore, wie unterschiedliche Schlüsselobjekte verwendet werden.

Wird eine `synchronized`-Anweisung betreten, so wird nachgeschaut, **ob das Schlüsselobjekt**, auf das die übergebene Referenz zeigt, **schon bereits von einem anderen Thread als Schlüssel benutzt wird**. Ist dies der Fall, so muss der gerade anfragende Thread warten, bis das Schlüsselobjekt freigegeben wird.

19.5.4.1 Der versteckte Schlüssel für synchronisierte Methoden

Auch Methoden, die mit dem Schlüsselwort `synchronized` versehen sind, verwenden einen Schlüssel, mit dessen Hilfe ein Monitor einen wechselseitigen Ausschluss realisiert.

Instanzmethoden

Für synchronisierte Instanzmethoden wird **pro Objekt ein Monitor** angelegt. Über die Verwendung der `this`-Referenz wird als Schlüsselobjekt das Objekt verwendet, zu dem die Instanzmethode aufgerufen wurde. Der gesamte Rumpf einer synchronisierten Instanzmethode **wird in eine** `synchronized`-**Anweisung umgesetzt**. Als Parameter wird der `synchronized`-Anweisung die `this`-Referenz übergeben. Die synchronisierte Instanzmethode

```
public synchronized void methode()
{
    . . . . .
}
```

wird damit umgesetzt in:

```
public void methode()
{
    synchronized (this)
    {
        . . . . .
    }
}
```

> Synchronisierte Instanzmethoden verwenden als Schlüsselobjekt das Objekt, zu dem die Instanzmethode aufgerufen wurde.

Klassenmethoden

Wie aus Kapitel 17.5 bekannt, wird zu jeder Klasse, die in die virtuelle Maschine geladen wird, ein Objekt der Klasse `Class` angelegt. Für jede Klasse existiert also ein spezielles Objekt der Klasse `Class`. Werden Klassenmethoden synchronisiert, so wird als Schlüsselobjekt das Objekt der Klasse `Class` verwendet.

> Alle synchronisierten Abschnitte, die das **gleiche Schlüsselobjekt** als Schlüssel verwenden, **schließen sich gegenseitig aus**, da sie einen gemeinsamen Monitor verwenden. Werden zwei Codeblöcke einer Klasse mit **unterschiedlichen Schlüsselobjekten** synchronisiert, so schließen sich diese Codeblöcke **gegenseitig nicht aus**, da jeder Codeblock seinen eigenen Monitor hat.

Zusammenfassend kann gesagt werden: Beim **Eintritt** in eine mit `synchronized` gekennzeichnete Stelle **wird geprüft, ob das verwendete Schlüsselobjekt gerade von einem Thread als Schlüssel benutzt wird.** Ist dies nicht der Fall, so kann der Thread mit Hilfe des Schlüsselobjektes den kritischen Abschnitt betreten. Solange das Schlüsselobjekt von diesem Thread benutzt wird – das heißt so lange sich dieser Thread im kritischen Abschnitt befindet – kann kein anderer Thread einen kritischen Abschnitt betreten, der das gleiche Schlüsselobjekt verwendet. Verlässt der Thread den synchronisierten Block, kann das Schlüsselobjekt von dem nächsten Thread benutzt werden, um den Monitor zu betreten.

Bei synchronisierten

- **Instanzmethoden** wird als Schlüsselobjekt **das eigene Objekt** verwendet.
- **Klassenmethoden** wird als Schlüsselobjekt das **Objekt der Klasse** `Class` verwendet.
- **Blöcken** wird als Schlüsselobjekt das **Objekt** verwendet, auf das die **übergebene Referenz** zeigt.

19.5.4.2 Beispiel zur Synchronisation von Methoden

Am einfachsten ist eine Synchronisation zu erreichen, wenn man kritische Methoden eines von mehreren Threads besuchten Objektes mit `synchronized` markiert. Dazu hier ein Ausschnitt aus einem einfachen Beispiel:

```
public class Stack
{
    private int[] array;
    private int index = 0;

    public synchronized void push (int wert)
    {
         . . . . .
    }

    public synchronized void pop()
    {
         . . . . .
    }
}
```

Der Monitor legt sich um die beiden Methoden, die mit `synchronized` gekennzeichnet sind, wie in folgendem Bild zu sehen ist:

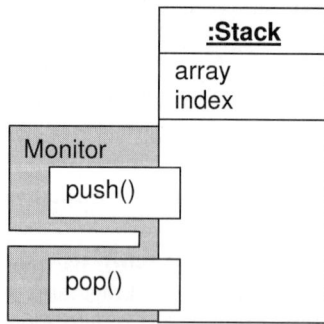

Bild 19-15 Synchronisierte Methoden werden von einem Monitor geschützt

Da immer nur ein einziger Thread in den Monitor hineingelassen wird, ist sichergestellt, dass ein kritischer Abschnitt vollständig abgearbeitet wird, bevor der nächste
kritische Abschnitt betreten wird. Wird also die Methode `push()` von einem Thread
aufgerufen, so sind die Methoden `push()` und `pop()` für den Zugriff eines anderen
Threads gesperrt.

Hätte die Klasse `Stack` jedoch noch andere Methoden, die nicht mit `synchronized`
gekennzeichnet sind, so könnten diese Methoden durchaus von anderen Threads
ausgeführt werden, auch wenn sich ein Thread gerade in einer der synchronisierten
Methoden befindet.

Ein **Monitor** legt sich **nur um die synchronisierten Methoden**
eines Objektes. Methoden, die nicht `synchronized` sind, werden von dem Monitor nicht geschützt.

19.5.4.3 Beispiel zur Synchronisation von Blöcken

Als weitere Möglichkeit können anstatt Klassenmethoden oder Instanzmethoden
auch Blöcke als feinere Einheiten synchronisiert werden.

Bei der Synchronisation von Blöcken wird dem Block eine Referenz auf ein Schlüsselobjekt übergeben. Der `synchronized`-
Block mit formalem Parameter hat damit die folgende Struktur:

```
synchronized (Object ref)
{
    //kritische Operationen
}
```

Die Synchronisation mit Blöcken bietet zwei Vorteile:

- Durch einen Block erhält man eine feinere Granularität beim
  Synchronisieren. Da hierdurch nicht eine ganze Methode für
  den Zugriff durch mehrere Threads gesperrt ist, kann ein
  anderer Thread rascher den Monitor betreten.
- Das Schlüsselobjekt, auf das eine Referenz übergeben wird,
  kann in Codeblöcken verschiedener Klassen benutzt werden.
  Somit kann eine **klassenübergreifende Synchronisation
  von kritischen Abschnitten** erfolgen.

Das folgende Beispiel zeigt eine korrekte Verwendung der Methode `finalize()`.
Sie wird beim Entfernen eines nicht mehr referenzierten Objektes aus dem Speicher
aufgerufen. Der Aufruf erfolgt durch den sogenannten Finalizer-Thread[155]. Wird wie
im nun folgenden Beispiel durch den Konstruktor und durch die Methode

---

[155] Der Finalizer-Thread ruft die `finalize()`-Methoden von Objekten auf, die aus dem Speicher
entfernt werden können. Da die Aufräumarbeiten des Garbage Collectors parallel zu den restlichen
Programmaktivitäten erfolgen sollen, macht es Sinn, dafür einen eigenen Thread vorzusehen!

`finalize()` eine gemeinsame Klassenvariable verändert, so unterliegt diese Variable potentiell dem Zugriff mehrerer Threads. Es ist also eine Synchronisation nötig.

```java
// Datei: Fahrzeug.java

public class Fahrzeug
{
   private static int fahrzeugAnz;

   // Als Objekt, das als Schlüssel dient, kann ein beliebiges
   // Objekt verwendet werden.
   private static Object schluessel = new Object();

   public Fahrzeug()
   {
      synchronized (schluessel)
      {
         fahrzeugAnz++;

         System.out.println ("\nFahrzeug gekauft.");
         System.out.println ("Fahrzeuge insgesamt:" + fahrzeugAnz);
      }
   }

   protected void finalize()
   {
      synchronized (schluessel)
      {
         fahrzeugAnz--;

         System.out.println ("\nFahrzeug verschrottet.");
         System.out.println ("Fahrzeuge insgesamt:" + fahrzeugAnz);
      }
   }
}

// Datei: Test.java

public class Test
{
   public static void main (String[] args)
   {
      Fahrzeug f1 = new Fahrzeug();
      Fahrzeug f2 = new Fahrzeug();

      f1 = null;
      System.gc(); // Anforderung des Garbage Collectors

      Fahrzeug f3 = new Fahrzeug();
      Fahrzeug f4 = new Fahrzeug();
      Fahrzeug f5 = new Fahrzeug();
   }
}
```

Hier eine mögliche Ausgabe des Programms:

```
Fahrzeug gekauft.
Fahrzeuge insgesamt: 1

Fahrzeug gekauft.
Fahrzeuge insgesamt: 2

Fahrzeug gekauft.
Fahrzeuge insgesamt: 3

Fahrzeug verschrottet.
Fahrzeuge insgesamt: 2

Fahrzeug gekauft.
Fahrzeuge insgesamt: 3

Fahrzeug gekauft.
Fahrzeuge insgesamt: 4
```

19.5.4.4 Synchronisation mit Reihenfolge

Oft ist es zwingend notwendig, dass bei der Bearbeitung von Daten mit Threads eine Reihenfolge eingehalten wird. Im folgenden Beispiel soll eine Pipe zum Austausch von Zeichen zwischen Threads entwickelt werden. Pipes sind Puffer im Arbeitsspeicher, die nach dem "first in first out"-Prinzip (FIFO-Prinzip) funktionieren. Das heißt, es kann nur in der Reihenfolge aus der Pipe gelesen werden, in der auch hineingeschrieben wurde. Zum Lesen wird eine Methode read(), zum Schreiben eine Methode write() implementiert. Wenn die Pipe voll ist, dann soll der schreibende Thread solange angehalten werden, bis wieder Platz in der Pipe vorhanden ist. Umgekehrt soll ein Thread, der aus einer leeren Pipe zu lesen versucht, solange in den Wartezustand versetzt werden, bis wieder Daten vorhanden sind. Um diese Steuerung zu ermöglichen, werden die von der Klasse Object geerbten Methoden wait() und notify() verwendet. Bevor auf die Wirkungsweise der Methoden wait() und notify() eingegangen wird, soll zuerst hier das beschriebene Beispiel als Quellcode angegeben werden.

```
public class Pipe
{
    private int[] array = new int [10];
    private int index = 0;

    public synchronized void write (int wert)
    {
        if (index == array.length) // Array ist voll, es muss zuerst
            wait();                // wieder ein Element gelesen
                                   // werden
        // Schreiboperation durchführen
        // Index erhöhen
        if (index == 1)  // Einen eventuell wartenden Leser aufwecken,
            notify();    // da ein Element gelesen werden kann.
    }
```

```
public synchronized int read()
{
   if (index == 0)   // Wenn es keine Elemente zu lesen gibt
      wait();
   // Leseoperation durchführen
   // Index erniedrigen
   // Array-Elemente um eine Position nach vorne schieben.
   if (index == array.length - 1) // Einen eventuell wartenden
      notify();                    // Schreiber aufwecken
}
}
```

Innerhalb der `write()`-Methode wird geprüft, ob noch ein Datum in das Array geschrieben werden kann. Ist das Array schon voll, so versetzt sich der Thread durch den Aufruf der Methode `wait()` in den Wartezustand. Dieser Thread verharrt solange im Wartezustand, bis er durch den Methodenaufruf `notify()` in der Lesemethode wieder aufgeweckt wird[156].

Entsprechend gilt für die `read()`-Methode:

Es wird geprüft, ob das Array leer ist. Ist das Array leer, so versetzt sich der Thread durch den Aufruf der Methode `wait()` in den Wartezustand. Dieser Thread verharrt solange im Wartezustand, bis er durch den Methodenaufruf `notify()` in der Schreibmethode wieder aufgeweckt wird.

> Durch den Aufruf von `wait()` wird der Thread, der eine synchronisierte Methode abarbeitet, in den Zustand „blocked" überführt. Dadurch wird der Monitor für einen anderen Thread freigegeben.
>
> Durch `notify()` wird ein Thread, der zuvor durch den Aufruf von `wait()` in den Zustand „blocked" gebracht wurde, wieder aufgeweckt. Der Thread wird „ready-to-run" und hat nun die Chance auf die Zuteilung des Monitors.

Die Methoden `wait()` und `notify()` sind eng mit den Befehlen `wait()` und `signal()` verwandt, die auf eine Semaphorvariable angewandt werden:

- Genauso wie der `wait()`-Befehl den aktuellen Prozess in eine Warteschlange einreiht, die der Semaphorvariablen zugehörig ist – reiht die Methode `wait()` den aktuellen Thread in eine dem Schlüsselobjekt zugehörige Warteschlange ein.

- Genauso wie der `signal()`-Befehl einen Prozess aus der Warteschlange befreit, die der Semaphorvariablen zugeordnet ist, befreit die `notify()`-Methode einen Thread aus der Warteschlange, die dem Schlüsselobjekt zugeordnet ist.

---

[156] Sind mehrere Threads im Wartezustand, so wird nur ein Thread wieder aufgeweckt. Nach welcher Reihenfolge dies erfolgt, ist nicht spezifiziert. Möchte man alle Threads, die im Wartezustand sind, aufwecken, kann man die Methode `notifyAll()` benutzen. Welcher Thread dann allerdings zum Zuge kommt, entscheidet der Zufall. Alle anderen Threads werden allerdings auch aufgeweckt, um gleich wieder festzustellen, dass die Bedingung immer noch nicht zutrifft. Diese Vorgehensweise mag vielleicht ineffizient erscheinen, stellt aber auf der anderen Seite sicher, dass ein Thread nicht für immer im Wartezustand verharren kann.

Ein Thread, der durch die `notify()`-Methode aufgeweckt wird, konkurriert genauso wie alle anderen Threads, die gerade in den Monitor eintreten wollen, um den Zugriff.

Beachten Sie, dass die Instanzmethoden `wait()` und `notify()` der Klasse `Object` nur für ein Schlüsselobjekt aufgerufen werden dürfen. Wird eine dieser Methoden zu einem Objekt aufgerufen, das gerade nicht als Schlüsselobjekt für einen synchronisierten Abschnitt benutzt wird, so wird eine Exception vom Typ `Illegal-MonitorStateException` geworfen. Wird die Blocksynchronisation verwendet, so muss der Aufruf der Methoden `wait()` und `notify()` explizit für ein Schlüsselobjekt erfolgen. Das vorhergehende Beispiel muss dann folgendermaßen aussehen:

```java
public class Pipe
{
   private int[] array = new int [10];
   private int index = 0;
   private Object key = new Object();

   public void write (int wert)
   {
      synchronized (key)
      {
         if (index == array.length) // Array ist voll, es muss
            key.wait();             // zuerst ein Element gelesen
                                    // werden
         // Schreiboperation durchführen
         // Index erhöhen
         if (index == 1)            // Einen eventuell wartenden
            key.notify();           // Leser aufwecken
      }
   }
   public int read()
   {
      synchronized (key)
      {
         if (index == 0)  // Wenn es keine Elemente zu lesen gibt
            key.wait();
         // Leseoperation durchführen
         // Index erniedrigen
         // Array-Elemente um eine Position nach vorne schieben.
         if (index == array.length - 1) // Einen eventuell wartenden
            key.notify();               // Schreiber aufwecken
      }
   }
}
```

Das folgende Beispiel zeigt die ausprogrammierte Pipe und zwei Threads, die diese benutzen. Dabei schreibt der Thread `Writer` die Werte in die Pipe hinein und der Thread `Reader` liest die Werte aus der Pipe heraus.

```java
// Datei: Pipe.java

public class Pipe
{
   private int[] array = new int [3];
   private int index = 0;
```

```java
public synchronized void write (int i)
{
    if (index == array.length) // Falls Array Grenze erreicht,
    {                          // Thread anhalten
        System.out.println ("Schreibender Thread muss warten");
        try
        {
            this.wait();
        }
        catch (InterruptedException e)
        {
        }
    }

    array [index] = i; // Zeichen in Array speichern
    index++;

    if (index == 1)    // Einen event. wartenden Leser aufwecken
        this.notify();

    System.out.println ("Geschrieben: " + i);
}

public synchronized int read()
{
    int value;

    if (index == 0) // Falls kein Zeichen vorhanden,
    {                // Thread anhalten
        System.out.println ("Lesender Thread muss warten");
        try
        {
            this.wait();
        }
        catch (InterruptedException e)
        {
        }
    }

    value = array [0]; // Zeichen auslesen
    index--;

    for (int i = 0; i < index; i++)
        array [i] = array [i + 1];

    if (index == array.length - 1) // Einen eventuell wartenden
        this.notify();             // Schreiber aufwecken

    System.out.println ("Empfangen: " + value);
    return value;
}
}
```

```java
// Datei: Writer.java

// Thread, der int-Werte in eine Pipe schreibt
public class Writer extends Thread
{
   private Pipe pipe;
   // Eine gesendete 0 soll das Ende kennzeichnen.
   private int[] sendeArray = {1, 2, 3, 4, 0};

   public Writer (Pipe p)
   {
      pipe = p;
   }

   public void run()
   {
      for (int i = 0; i < sendeArray.length; i++)
         pipe.write (sendeArray [i]);
   }
}
```

```java
// Datei: Reader.java

// Thread, der int-Werte aus einer Pipe liest
public class Reader extends Thread
{
   private Pipe pipe;

   public Reader (Pipe p)
   {
      pipe = p;
   }

   public void run()
   {
      int empfang;

      while ((empfang = pipe.read()) != 0) // Eine gesendete 0 kenn-
         ;                                 // zeichnet das Ende
   }
}
```

```java
// Datei: Test1.java

public class Test1
{
   public static void main (String args[])
   {
      Pipe pipe = new Pipe();

      Reader readerThread = new Reader (pipe);
      Writer writerThread = new Writer (pipe);

      readerThread.start();
      writerThread.start();
   }
}
```

Hier eine mögliche Ausgabe des Programms:

```
Lesender Thread muss warten
Geschrieben: 1
Geschrieben: 2
Geschrieben: 3
Schreibender Thread muss warten
Empfangen: 1
Empfangen: 2
Empfangen: 3
Lesender Thread muss warten
Geschrieben: 4
Empfangen: 4
Geschrieben: 0
Empfangen: 0
```

Die Methode `wait()`, die einen Thread in den Zustand "blocked" überführen kann, kann eine Exception vom Typ `InterruptedException` werfen, die entsprechend abgefangen werden muss. Diese Exception wird allerdings nur geworfen, wenn ein Thread, der sich aufgrund der Methode `wait()` im Zustand "blocked" befindet, durch den Aufruf der Methode `interrupt()` unterbrochen wird. Da dies hier nicht der Fall ist, braucht die Exception nicht weiter behandelt zu werden.

19.5.5 Gefahr durch Deadlocks

Das Prinzip des wechselseitigen Ausschlusses (realisiert durch die Einführung von Monitoren) löst zwar einerseits das Problem der Race Conditions, eröffnet jedoch andererseits die Gefahr von möglichen Deadlocks.

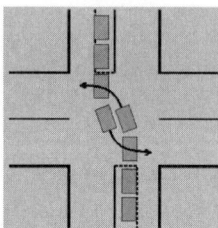

Bild 19-16 Deadlocksituation im Straßenverkehr

Das Problem eines Deadlocks gibt es nicht nur in der Softwaretechnik. Die Problemstellung kann ebenso in anderen Bereichen auftreten. Das oben stehende Beispiel aus dem Straßenverkehr soll dies verdeutlichen. Das Bild zeigt eine blockierte Straßenkreuzung. Die Fahrzeuge aus beiden Fahrtrichtungen blockieren sich gegenseitig. Die Situation lässt sich nicht mehr auflösen, ohne dass ein Fahrzeug zurücksetzt und einen Teil der Straße freigibt.

Im folgenden Beispiel wird das bereits bekannte Beispiel mit den Klassen `Pipe`, `Reader` und `Writer` erweitert, sodass der Lese- und der Schreib-Thread jeweils Endlos-Schleifen sind. Die umgeschriebenen Klassen `Reader1` und `Writer1` bekommen eine zusätzliche Methode `beenden()`, die das Beenden des jeweiligen

Threads ermöglicht. Durch die Eingabe der Buchstaben 'e', 'x', 'i' und 't' gefolgt von einem <RETURN> kann ein Benutzer die beiden Threads beenden. Um sicher zu gehen, dass die Threads auch wirklich beendet sind, wird die join()-Methode verwendet, um auf das Ende der Threads zu warten. Die Klasse Pipe hat sich nicht verändert und wird deshalb nicht nochmals aufgeführt.

```java
// Datei: Reader1.java

public class Reader1 extends Thread
{
   private Pipe pipe;
   private boolean running = true;

   public Reader1 (Pipe p)
   {
      pipe = p;
   }

   public void run()
   {
      int empfang;
      while (running)
         empfang = pipe.read();
   }

   public void beenden()
   {
      running = false;
   }
}

// Datei: Writer1.java

public class Writer1 extends Thread
{
   private Pipe pipe;
   private boolean running = true;

   public Writer1 (Pipe p)
   {
      pipe = p;
   }

   public void run()
   {
      int i = 0;

      while (running)
         pipe.write (i = ++i % 1000);
   }

   public void beenden()
   {
      running = false;
   }
}
```

```
// Datei: Test2.java

import java.io.*;

public class Test2
{
   public static void main (String args[]) throws IOException,
                                       InterruptedException
   {
      Pipe pipe = new Pipe();

      Writer1 writerThread = new Writer1 (pipe);
      Reader1 readerThread = new Reader1 (pipe);

      readerThread.start();
      writerThread.start();

      // Warten, bis "exit" gefolgt von RETURN eingegeben wird.
      while (true)
      {
         BufferedReader reader =
            new BufferedReader (new InputStreamReader (System.in));
         String kommando = reader.readLine();
         if (kommando.equals ("exit"))
            break;
      }

      writerThread.beenden();
      writerThread.join();
      System.out.println ("Schreibender Thread ist beendet!");
      readerThread.beenden();
      readerThread.join();
      System.out.println ("Lesender Thread ist beendet!");
   }
}
```

Hier eine mögliche Ausgabe des Programms:

```
. . . . .
Empfangen: 278
Geschrieben: 279
Empfangen: 279
Schreibender Thread ist beendet!
Lesender Thread muss warten
```

Nanu, wo ist denn die Ausgabe: Lesender Thread ist beendet!? Diese Ausgabe wird nie erscheinen und das Programm wird auch nie beendet werden! Es liegt hier nämlich ein Deadlock[157] vor. Der Grund dafür lautet wie folgt: Der schreibende Thread wird beendet. Danach versucht der lesende Thread nochmals, ein Datum zu lesen. Da aber nichts mehr in der Pipe ist, wird der lesende Thread durch den Aufruf der Methode wait() in den Wartezustand versetzt. Da es keinen schreibenden Thread mehr gibt, der den lesenden Thread durch den Aufruf der Methode notify() aufwecken könnte, wird dieser Wartezustand nie mehr aufgehoben. Die

---

[157] Eventuell muss man das Programm mehrmals laufen lassen, um den Deadlock zu erzeugen.

Methode `join()`, die zum lesenden Thread aufgerufen wurde kehrt nie zurück, da der lesende Thread auch nie beendet wird. Somit verharrt der Thread, der von der virtuellen Maschine zum Abarbeiten der `main()`-Methode gestartet wurde und der lesende Thread für immer im Zustand "blocked".

Was kann nun getan werden, um diesen Deadlock zu vermeiden? Hierzu soll eine einfache Möglichkeit gezeigt werden! Wenn der schreibende Thread beendet wird, schickt er noch die Zahl `-1`, diese interpretiert der lesende Thread als das Endezeichen. Aus der Klasse `Test2` muss nur der Aufruf `readerThread.beenden()` entfernt werden – sie ist deshalb nicht nochmals aufgeführt.

```java
// Datei: Reader2.java

public class Reader2 extends Thread
{
   private Pipe pipe;

   public Reader2 (Pipe p)
   {
      pipe = p;
   }

   public void run()
   {
      while (pipe.read() != -1)
         ;
   }
}
```

```java
// Datei: Writer2.java

public class Writer2 extends Thread
{
   private Pipe pipe;
   private boolean running = true;

   public Writer2 (Pipe p)
   {
      pipe = p;
   }

   public void run()
   {
      int i = 0;

      while (running)
         pipe.write (i = ++i % 1000);
      pipe.write (-1);
   }

   public void beenden()
   {
      running = false;
   }
}
```

Hier eine mögliche Ausgabe des Programms:

```
. . . . .
Empfangen: 80
Geschrieben: 81
Empfangen: 81
Geschrieben: -1
Schreibender Thread ist beendet!
Empfangen: -1
Lesender Thread ist beendet!
```

Deadlocks treten meistens an unverhofften Stellen auf! Man muss sehr wachsam sein, um überhaupt alle möglichen Deadlocksituationen ausfindig zu machen. Versucht man, sauber mit Threads zu programmieren, das heißt, achtet man darauf, dass ein Thread auf jeden Fall ordentlich beendet wird und seine allokierten Resourcen wieder freigibt, stolpert man automatisch über jede Menge Deadlock-Situationen!

19.5.6 Sinnvoller Einsatz der Synchronisation

Kandidaten für eine Synchronisation sind grundsätzlich Methoden oder Codeblöcke, die auf gemeinsamen Daten arbeiten und von unterschiedlichen Threads besucht werden.

> Alle Methoden oder Codeblöcke, die mit den gleichen Instanz- oder Klassenvariablen arbeiten, können beim gleichzeitigem Aufruf durch mehrere Threads Probleme verursachen. Deshalb ist hier eine Synchronisation notwendig.

> Lokale Variablen sind, da jeder Thread einen eigenen Stack besitzt, nicht gefährdet.

Man sollte sich für jeden einzelnen Fall überlegen, ob eine Synchronisation gerechtfertigt ist, denn die Synchronisation von Codeblöcken benötigt Rechenzeit. Werden wahllos alle Methoden vorsichtshalber synchronisiert, kann es zu Performanceproblemen und eventuell zu Deadlocksituationen kommen.

19.5.7 Änderungen bei JDK 5.0

Seit dem JDK 5.0 gibt es noch feinere Möglichkeiten der Synchronisation. Die bereits vorhandenen und hier dargestellten Mechanismen bilden aber weiterhin die Grundfunktionalität. Außerdem stellt JDK 5.0 auch Klassen zur Verfügung, die man in der Vergangenheit selbst schreiben musste, wie z.B. Queues für den Austausch von Produkten bei einer Producer-Consumer-Anwendung, oder Klassen für ein Thread Pooling.

Beispiele für die Erweiterungen des JDK 5.0 sind:

- explizite Sperren
- Semaphore
- ein Framework zur Erzeugung und Kontrolle von Threads
- die zeitgesteuerte Ausführung von Threads
- Thread-Pooling
- Warteschlangen und andere performante, nebenläufig benutzbare Container
- Klassen für atomare Operationen mit einfachen Datentypen
- Klassen zur einfachen Synchronisierung mehrerer Threads

Für das Studium dieser Erweiterungen empfehlen wir die API-Dokumentation oder das Buch von Johannes Nowak [19].

19.6 Daemon-Threads

Daemon-Threads sind Threads, die für andere Threads Dienstleistungen erbringen. Sie haben dabei oft nicht – wie allgemein bei Threads üblich – eine Abbruchbedingung, sondern laufen meist in einer Endlosschleife ab. Diese Eigenschaften könnten auch von gewöhnlichen Threads übernommen werden, bei Daemon-Threads kommt jedoch eine weitere Eigenschaft hinzu:

Der Java-Interpreter wird erst beendet, wenn keine Threads mehr abgearbeitet werden. Dies gilt nicht für Daemon-Threads. Sind nur noch Daemon-Threads in einer virtuellen Maschine vorhanden, gibt es für die Daemon-Threads, die Dienstleitungen für andere Threads erbringen sollen, nichts mehr zu tun. Die virtuelle Maschine wird trotz aktiver Daemon-Threads beendet.

Ein typischer Daemon-Thread ist der Thread, der für die Garbage Collection der virtuellen Maschine zuständig ist. Er bleibt solange aktiv, bis der letzte nicht Daemon-Thread beendet wurde.

Jeder Java-Thread kann zum Daemon-Thread werden, indem seine Instanzmethode `setDaemon (true)` der Klasse `Thread` aufgerufen wird. Ob ein Thread ein Daemon-Thread ist, kann man mit der Instanzmethode `isDaemon()` der Klasse `Thread` überprüfen.

Eine Änderung eines Threads in einen Daemon-Thread ist nur im Zustand "new" zulässig. Wird die Methode `setDaemon (true)` aufgerufen, während der Thread sich in einem anderen Zustand befindet, wird eine Exception geworfen.

19.7 Übungen

Aufgabe 19.1: Erzeugen eines Threads

a) Erzeugen eines Threads durch Ableiten von der Klasse `Thread`

Das nachfolgende Programm ist ein Beispiel dafür, wie man einen eigenen Thread durch Ableiten von der Klasse `Thread` erzeugen kann.

Kompilieren und starten Sie das Programm.

```
// Datei: EigenerThread.java
public class EigenerThread extends Thread
{
    public void run()
    {
        for (int a = 0; a <= 5; a++)
            System.out.println ("Hier EigenerThread > " + a);
    }
}
```

```
// Datei: ThreadTest1.java
public class ThreadTest1
{
    public static void main (String [] args)
    {
        EigenerThread meinThread = new EigenerThread();
        System.out.println ("Hier ist main(), ich starte Thread.");
        meinThread.start();
        System.out.println ("Hier ist main(), ich bin fertig.");
    }
}
```

b) Erzeugen eines Threads mit Hilfe der Schnittstelle `Runnable`

Ändern Sie die Klasse `EigenerThread` und `ThreadTest1` so ab, dass die Klasse `EigenerThread` nicht von der Klasse `Thread` abgeleitet wird, sondern die Schnittstelle `Runnable` implementiert.

Aufgabe 19.2: Helfen Sie Cowboy Jim

Cowboy Jim hat neuerdings Schwierigkeiten, beim Tabakkauen möglichst cool zu gehen. Entwerfen Sie die Klassen `LaufThread` und `KauThread` als separate Threads. Im `LaufThread` soll Jim abwechselnd sein linkes und rechtes Bein benutzen, symbolisiert durch die Ausgabe von „links" bzw. „rechts" jeweils in einer Bildschirmzeile. Im `KauThread` soll die wiederholte Ausgabe eines einfachen „Schmatz" jeweils in einer Bildschirmzeile Jims Kauen symbolisieren.

Schreiben Sie eine weitere Klasse `CowboyJim`, die die beiden Threads startet. Lassen Sie `CowboyJim` mehrmals „laufen". Beobachten und erklären Sie die Ausgabe.

Auf schnellen Rechnern sollten Sie die Schleifen in den Threads der Klassen `Lauf-Thread` und `KauThread` mindestens 1000 mal durchlaufen, damit sich die Threads gegenseitig unterbrechen. Selbstverständlich kann diese Zahl je nach Hardware-Ausstattung nach oben und unten variieren. Wird die Anzahl der Schleifendurchläufe in den Threads zu niedrig gewählt, dann werden die einzelnen Threads komplett abgearbeitet, bevor zum anderen Thread umgeschaltet wird. Ein paralleles Arbeiten ist somit nicht erkennbar. Sollte die Textausgabe so gross sein, dass sie trotz Gebrauch der Scrollbalken nicht komplett im Konsolenfenster angezeigt werden kann, dann geben Sie das Ergebnis seitenweise aus oder leiten es in eine Textdatei um. Zum Beispiel in Windows:

```
java CowboyJim | more
```

oder

```
java CowboyJim > cowboyJim.txt
```

Aufgabe 19.3: Synchronisation

Die Problematik der Synchronisation soll anhand dieser Aufgabe näher betrachten werden.

a) Schreiben Sie eine Klasse `Zwischenspeicher`, die eine Instanzvariable `wert` vom Typ `int` besitzt und diesen über get- und set-Methoden öffentlich zur Verfügung stellt.

b) Schreiben Sie eine Klasse `ZahlThread`, die einen Thread darstellt. Beim Erzeugen eines Objektes der Klasse `ZahlThread` wird eine Referenz auf ein Objekt der Klasse `Zwischenspeicher` übergeben, die in einem privaten Datenfeld abgespeichert werden soll. Die Methode `run()` soll einen zufälligen Wert in den Zwischenspeicher schreiben, 2 Sekunden warten, diesen Wert erneut aus dem Zwischenspeicher auslesen und überprüfen ob der gelesene Wert mit dem geschriebenen übereinstimmt. Weichen die beiden Wert voneinander ab, so soll eine Meldung ausgegeben werden.

c) Schreiben Sie eine Klasse `ZwischenspeicherTest`, die in der Methode `main()` eine Instanz der Klasse `Zwischenspeicher` erzeugt. Erzeugen und starten Sie dann einen Thread der Klasse `ZahlThread`. Überprüfen Sie, ob dies fehlerfrei abläuft. Fügen Sie hierzu Kontrollausgaben in der Methode `run()` ein.

d) Erzeugen Sie nun in der Methode `main()` mindestens einen weiteren Thread. Es wird zu fehlerhaften Werten kommen. Wie kann dies unterbunden werden? Erweitern Sie Ihr Programm so, dass keine fehlerhaften Werte mehr auftreten.

Aufgabe 19.4: Stack-Zugriff mit mehreren Threads

Es soll ein anonymes Paket aus den Dateien

- `Test.java`,
- `Reader.java`,
- `Writer.java`,
- `Stack.java`

erstellt werden.

Writer.java

Die Datei `Writer.java` enthält eine Klasse `Writer`, die von `Thread` ableitet. Der `Writer`-Thread schreibt insgesamt 100 `int`-Zahlen auf den Stack.

Reader.java

Die Datei `Reader.java` enthält eine Klasse `Reader`, die ebenfalls von `Thread` ableitet. Der `Reader`-Thread liest die `int`-Zahlen vom Stack ein und gibt sie auf der Konsole aus.

Test.java

Die Datei `Test.java` enthält eine Klasse `Test`, die nur eine Methode `main()` zum Testen der anderen Klassen einhüllt. In der Methode `main()` soll ein Objekt der Klasse `Stack` erzeugt werden. Dieses Objekt soll an die zu erzeugenden Instanzen der Klassen `Writer` und `Reader` übergeben werden. Starten Sie daraufhin die beiden Threads `Writer` und `Reader`. Warten Sie, bis die beiden Threads ihre Aufgabe erledigt haben und beenden Sie danach die Anwendung. Die Threads sollen willkürlich auf den Stack zugreifen. Ist der Stack beim Schreiben voll, so soll der `Writer` warten. Der `Reader`-Thread liest die Zahlen einzeln vom Stack. Ist der Stack leer, so soll er warten, bis er erneut Werte lesen kann. Dieser Ablauf soll solange fortgesetzt werden, bis alle 100 Zahlen vom `Writer`-Thread auf den Stack geschrieben wurden und vom `Reader`-Thread ausgelesen wurden. Machen Sie den Stack nicht zu gross, damit die Zahlen vom `Writer`-Thread nicht auf einmal in den Stack geschrieben werden können.

Stack.java

Zum Schreiben auf den Stack dient die Methode `push()` und zum Lesen vom Stack dient die Methoden `pop()` der Klasse `Stack`. Synchronisieren Sie die Methoden des Stacks, sodass es zu keinen Synchronisationsproblemen kommt.

Aufgabe 19.5: Das Philosophenproblem

Zu den klassischen Synchronisationsproblemen zählt das Problem der speisenden Philosophen („Dining Philosophers"). Der Tagesablauf eines Philosophen besteht abwechselnd aus Nachdenken und Essen. Fünf Philosophen sitzen an einem Tisch. Jeder Philosoph hat seinen festen Platz am Tisch, vor ihm einen Teller Spaghetti und zu seiner Linken und Rechten liegt jeweils eine Gabel, die er mit seinen Nachbarn teilt. Das Problem der Philosophen besteht nun darin, dass sie nur mit zwei Gabeln essen können. Darüber hinaus darf jeder Philosoph nur die direkt rechts und die direkt links neben ihm liegenden Gabeln zum Essen benutzen. Das bedeutet, dass zwei benachbarte Philosophen nicht gleichzeitig essen können.

Ist ein Philosoph fertig mit Essen, legt er die gebrauchten Gabeln zurück und verfällt in einen unterschiedlich langen Zustand des Philosophierens und Nachdenkens, bis er wieder Hunger hat.

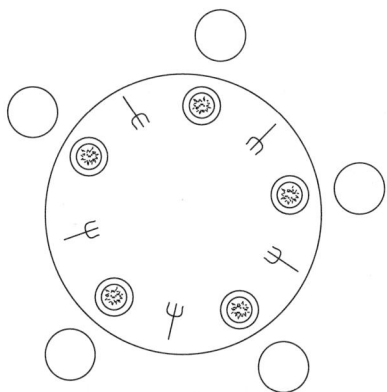

Bild 19-17 denken, essen, denken, essen, ...

a) Schreiben Sie ein Java-Programm, welches die Aufgabe für den Fall, dass ein Philosoph gleichzeitig beide Gabeln in die Hand nimmt, löst.

b) Schreiben Sie ein weiteres Java-Programm, welches die Aufgabe für den Fall löst, dass ein Philosoph immer zuerst die linke Gabel und danach erst die rechte Gabel in die Hand nimmt. Beachten Sie, dass es hierbei zu sogenannten Deadlocks kommen kann. Zum Beispiel dann, wenn alle die linke Gabel in der Hand halten und auf die rechte Gabel warten.

Aufgabe 19.6: Flughafen-Projekt – Threads

In der aktuellen Version können Flugzeuge immer nur nacheinander landen und starten. Dies soll nun in einer verbesserten Version parallelisiert werden. Erst dadurch kann ein Lotse einen Flughafen wirklich effektiv auslasten. Um dies zu erreichen, soll eine Thread-Klasse geschrieben werden, welche zyklisch die Methode `aktualisiereStatus()` der Klasse `Flughafen` aufruft.

Kapitel 20

Applets

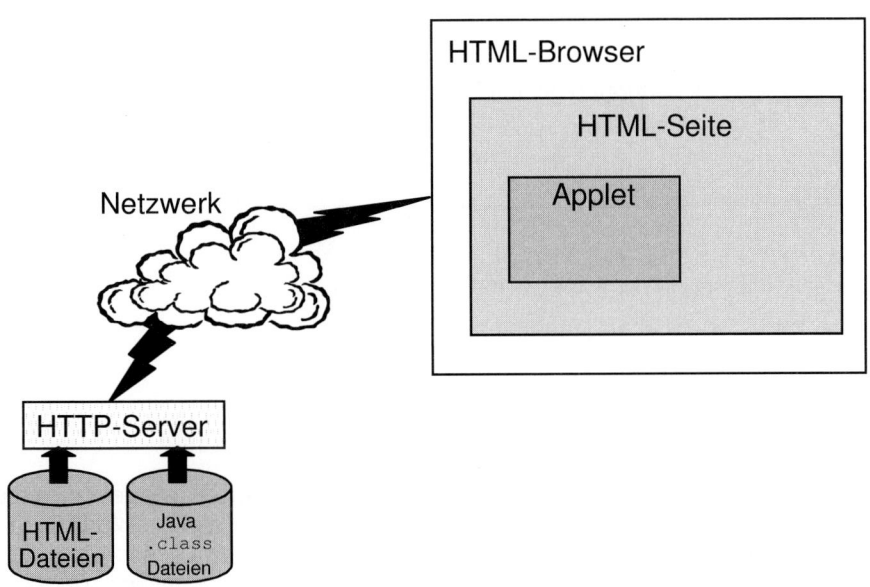

20.1   Die Seitenbeschreibungssprache HTML
20.2   Das "Hello, world"-Applet
20.3   Der Lebenszyklus eines Applets
20.4   Parameterübernahme aus einer HTML-Seite
20.5   Importieren von Bildern
20.6   Importieren und Abspielen von Audio-Clips
20.7   Übungen

20 Applets

Wie schon der Name "Applets" vermuten lässt, handelt es sich bei Applets um kleine Applikationen – die Nachsilbe "let" stellt im Englischen die Verkleinerungsform entsprechend dem deutschen "chen" dar[158]. Im Unterschied zu normalen Java-Applikationen laufen **Applets** nicht als eigenständige Programme in einer virtuellen Maschine, sondern sind **in eine HTML-Seite eingebettet**. Die **HTML-Seite** wird **durch** einen **Browser von** einem **HTTP-Server**[159] über ein Netzwerk **geladen** und dann im Browserfenster dargestellt. Ein in der HTML-Seite eingebundenes **Applet** wird durch den Browser **von** einem **HTTP-Server geladen**. Damit das Applet – was ja ein Java-Programm ist – ausgeführt werden kann, muss eine Java Virtuelle Maschine innerhalb des Browser gestartet werden. Das Laden der JVM geschieht jedoch automatisch, das heißt, der Benutzer muss keine Aktion durchführen, damit die JVM geladen und das Applet ausgeführt wird.

Zur Darstellung des Applet wird dafür innerhalb des Browser-Fensters ein rechteckiger Bereich zur Verfügung gestellt[160]:

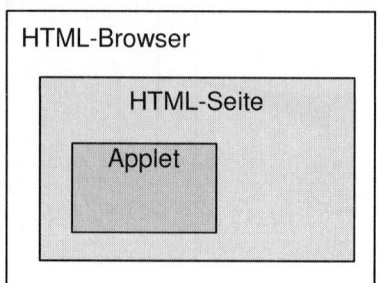

Bild 20-1 Ein Applet in einer HTML-Seite

Damit eine Java Virtuelle Maschine gestartet und das Applet ausgeführt werden kann, muss auf dem Computer, von dem aus mit dem Browser die Web-Seite mit dem eingebundenen Applet aufgerufen wird, eine Java-Laufzeitumgebung installiert sein. Wird eine Java-Laufzeitumgebung installiert, dann wird automatisch damit auch das so genannte **Java-Plugin** installiert.

Mit Hilfe des Java-Plugins wird es ermöglicht, innerhalb eines Browsers eine Java Virtuelle Maschine zu starten und ein Applet auszuführen. Das Java-Plugin stellt somit eine Verbindung zwischen einem Web-Browser und der Java-Plattform auf dem Computer her.

Seit den Versionen des JDK und JRE 1.2 wird bei der Installation dieser Produkte automatisch auch das Java-Plugin installiert. Es wird jedoch empfohlen, stets die

---

[158] So ist beispielsweise ein „piglet" ein „Schweinchen", d.h. ein kleines Schwein.
[159] Ein HTTP-Server ist ein Web-Server, der Dateien im Inter- oder Intranet zur Verfügung stellt. Die Dateien können vom Server mit dem HTTP-Protokoll angefordert und geladen werden.
[160] Die Größe und Position dieses Bereiches innerhalb des Browser-Fensters kann durch den Entwickler der Web-Seite, der das Applet in die Seite einbindet, festgelegt werden. Dazu später mehr.

neuste Java-Laufzeitumgebung zu installieren, damit auch ein aktuelles Java-Plugin zur Verfügung steht.

Das Java-Plugin der Java-Version 6.0 arbeitet mit allen gängigen Browsern. Für alle 32-Bit-Versionen der Windows Plattformen ist die Unterstützung der folgenden Browser garantiert:

- Microsoft Internet Explorer 6.0 und 7.0
- Mozilla 1.4.x und 1.7.x.x
- Mozilla Firefox 1.06.x
- Netscape 7.x

Auf den 32-Bit-Versionen der LINUX-Plattformen werden hingegen folgende Browser unterstützt:

- Mozilla 1.4.x und 1.7.x
- Mozilla Firefox 1.06.x

Eine umfassende Übersicht, auf welcher Plattform welcher Browser unterstützt wird, kann für die Java Version 6 auf der Internetseite

```
http://java.sun.com/javase/6/webnotes/install/system-confi-
gurations.html
```

recherchiert werden. Dort finden sich auch weiterführende Informationen über den Installationsprozess der Java-Laufzeitumgebungen auf den jeweiligen Plattformen.

Applets sind in der Programmiersprache Java geschriebene Programme. Sie können nicht eigenständig als Programm aufgerufen werden, sondern werden über eine HTML-Seite von einem lokalen Rechner, vom Internet oder von einem firmeneigenen Intranet geladen und in einem Browser auf dem lokalen Rechner ausgeführt.

Da in Java alle Programme Klassen sind, ist auch ein Applet eine Klasse. Alle Applets haben die Klasse `java.applet.Applet` als Vaterklasse.

Applets können in jeder HTML-Seite, die man sich mit einem Browser vom Internet lädt, enthalten sein. Man hat also praktisch keine Kontrolle, wann ein Applet auf den eigenen Rechner geladen wird und welche Befehle ausgeführt werden. Dies stellt ein hohes Sicherheitsrisiko für die Daten des lokalen Rechners dar. Aus diesem Grund haben Applets in der Regel im Vergleich zu Applikationen eingeschränkte Rechte beim Zugriff auf die Ressourcen des lokalen Rechners.

20.1 Die Seitenbeschreibungssprache HTML

HTML (**H**yper**T**ext **M**arkup **L**anguage) ist eine Seitenbeschreibungssprache, die zur Darstellung von Web-Seiten im Internet benutzt wird.

Mit HTML wird der **Inhalt**, die **Struktur** und das **Format** von
darzustellenden Texten und Bildern definiert.

20.1.1 HTML-Syntax

Die Syntax der HTML-Sprache ist auf so genannten Tags aufgebaut. Mit ihnen werden die Textabschnitte einer HTML-Seite gekennzeichnet und damit die **Seite strukturiert** und den Textabschnitten eine gewünschte **Formatierung** zugewiesen. Ein
"Tag" ist ein Schlüsselwort, das von den Zeichen "<" und ">" eingeschlossen wird.

Ein Textabschnitt kann z.B. fett oder kursiv formatiert werden. Die Formatierung wird
durch ein Start-Tag eingeleitet und mit einem Ende-Tag beendet. Das Ende-Tag ist
identisch mit dem Start-Tag bis auf einen vorangestellten Schrägstrich "/". Das
folgende Beispiel zeigt, wie ein Text fett formatiert werden kann:

```
<B> Dies ist ein formatierter Text </B>
```

Dabei steht das B des Tags <B> für das englische Wort "bold" – was auf deutsch fett
heißt. Für einige Tags ist das Ende-Tag nicht notwendig.

Es spielt keine Rolle, ob die Schlüsselwörter groß oder klein geschrieben werden. Im
Folgenden werden die Schlüsselwörter aus Gründen der Übersichtlichkeit groß
geschrieben. Von der Tastatur eingegebene Tabulatoren und Zeilenumbrüche bleiben unberücksichtigt. Tabulatoren und Zeilenumbrüche müssen durch HTML-Befehle
realisiert werden.

Soll ein **Kommentar** in ein Dokument aufgenommen werden, der im Browser nicht
angezeigt wird, so verwendet man die folgende Anweisung:

```
<!--       -->
```

Zwischen <!-- und --> kann jeder beliebige Text stehen, z.B. <!-- mein
erstes HTML-Dokument -->.

20.1.2 Dokumentenstruktur

Jedes HTML-Dokument hat eine festgelegte **Struktur**, die durch die Tags <HTML>,
<HEAD> und <BODY> bestimmt ist. Die Dokumentenstruktur sieht folgendermaßen
aus:

```
<HTML>
    <HEAD>
    . . . . .
    </HEAD>
    <BODY>
    . . . . .
    </BODY>
</HTML>
```

Das Tag <HEAD> leitet den **Dokumenten-Kopf** ein. Im Dokumenten-Kopf werden allgemeine Angaben zu einem HTML-Dokument gemacht – beispielsweise die Angabe des Titels eines Dokuments. Das Tag <BODY> leitet den Dokumenten-Rumpf ein, wobei dieser den gesamten Inhalt des Dokuments enthält.

Die HTML-Tags <HEAD> und <BODY> sind für die Darstellung in einem Browser nicht unbedingt erforderlich, gehören aber zu einem "ordentlichen" HTML-Dokument.

20.1.2.1 Der Dokumenten-Kopf

Innerhalb des Tags <HEAD> besteht die Möglichkeit, dem Dokument einen Titel zu geben, der dann von den meisten Browsern in der Fensterleiste angezeigt wird. Siehe hierzu das folgende Beispiel:

```
<!-- Datei: kopf.html -->
<HTML>
   <HEAD>
      <TITLE> Meine erste HTML-Seite </TITLE>
   </HEAD>
   <BODY>
     In der Fensterleiste sehen Sie "Meine erste HTML-Seite" und
     dies hier ist ein ganz normaler Text.
   </BODY>
</HTML>
```

Nachdem die Datei unter einem eindeutigen Namen mit der Endung html oder htm gespeichert wurde, kann diese mit einem Browser – beispielsweise dem Internet Explorer – geöffnet werden (Menü Datei – Öffnen – Durchsuchen – zum Speicherort der Datei wechseln – die Datei auswählen und abschließend auf OK klicken):

Bild 20-2 Ein erstes Beispiel

20.1.2.2 Der Dokumenten-Rumpf

Der Dokumenten-Rumpf enthält den eigentlichen Inhalt des Dokuments und die HTML-Elemente, die für die Formatierung des Inhalts notwendig sind.

Überschriften

An den Anfang eines Absatzes kann eine Überschrift gesetzt werden. Hierfür stehen unter HTML sechs verschiedene Größen zur Verfügung. Sie haben jeweils das Schlüsselwort <Hn>, wobei n eine Zahl zwischen 1 und 6 ist, welche die Schriftgröße der Überschrift angibt. <H1>[161] ist die größte Überschrift und <H6> die kleinste. Nach einer Überschrift wird automatisch ein neuer Absatz eingefügt. Für eine bessere Übersichtlichkeit können in das Dokument horizontale Linien einfügt werden. Hierfür steht das Tag <HR>[162] zur Verfügung. Das folgende Beispiel zeigt Überschriften in verschiedenen Größen:

```
<!-- Datei: überschrift.html -->
<HTML>
    <HEAD>
        <TITLE>Verschiedene Überschriften</TITLE>
    </HEAD>
    <BODY>
        <H1>Ich bin die größte Überschrift H1</H1>
        <H2>Ich bin die Überschrift H2</H2>
        <H3>Ich bin die Überschrift H3</H3>
        <H4>Ich bin die Überschrift H4</H4>
        <H5>Ich bin die Überschrift H5</H5>
        <H6>Ich bin die kleinste Überschrift H6.</H6>
    </BODY>
</HTML>
```

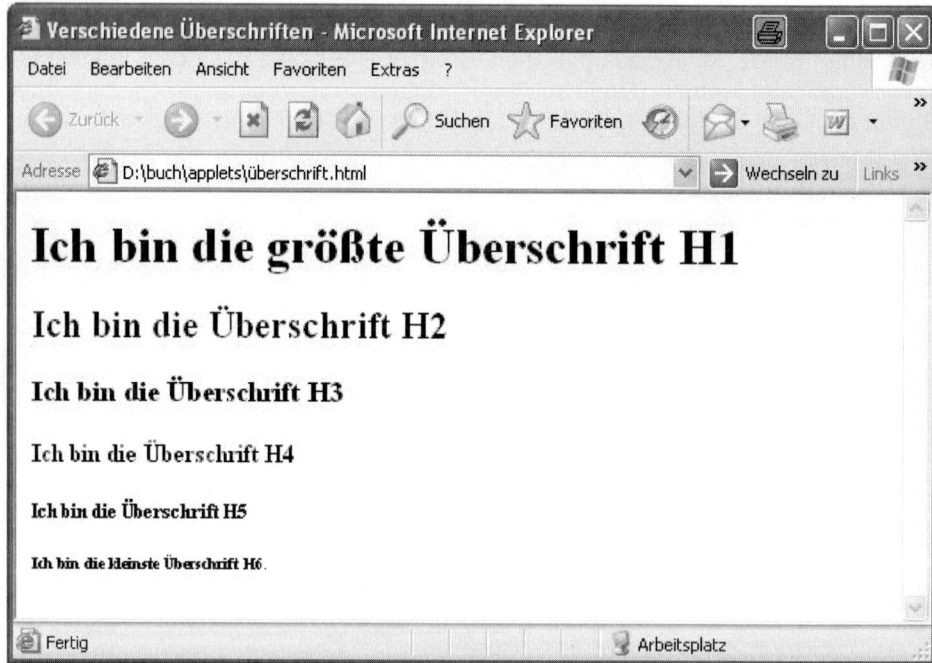

Bild 20-3 Die Überschriften H1 bis H6

---

[161] Das "H" kommt vom englischen Wort "heading", was auf deutsch Überschrift heißt.
[162] "HR" ist die Abkürzung der englischen Wörter "horizontal rule". Die deutsche Bedeutung dieser Wörter ist Querlinie.

Hervorhebungen

Mit der Sprache HTML ist es möglich, einzelne Textstellen besonders hervorzuheben. Für die Hervorhebung gibt es folgende Tags:

`<TT>`   Schreibmaschinenschrift (TT von tele-type)

`<B>`   Fettdruck (B von bold)

`<I>`   Kursivschrift (I von italic)

`<U>`   Unterstreichung (U von underline)

`<EM>`   Hervorhebung, meistens Kursivschrift (EM von emphasize)

`<STRONG>`   Starke Hervorhebung, meistens durch Fettdruck realisiert.

`<CODE>`   Zitate aus Programmquelltexten, sie werden meistens in Schreibmaschinenschrift dargestellt.

`<SAMP>`   Beispiel, etwa im Zusammenhang mit Programmein- oder -ausgaben. Meistens dargestellt in Schreibmaschinenschrift. (SAMP von samples)

`<KBD>`   Tastatureingabe, ähnlich wie `<SAMP>`. Meistens dargestellt in Schreibmaschinenschrift. (KBD von keyboard)

`<VAR>`   Platzhaltertext für eine variable Textstelle. Darstellung meist kursiv.

`<CITE>`   Zitatstelle, meist kursiv dargestellt.

Das folgende Beispiel demonstriert Texthervorhebungen:

```
<!-- Datei: text.html -->
<HTML>
   <HEAD>
      <TITLE>Hervorhebungen</TITLE>
   </HEAD>
   <BODY>
      In einem HTML-Dokument können Sie Textstellen <B>fett</B> oder
      <EM>kursiv</EM> darstellen.<BR>
      Natürlich geht auch beides <B><EM>zusammen</EM></B>.<P>
      <STRONG>Dieser Satz wurde mit STRONG erzeugt.</STRONG><P>
      <CODE>So sieht die Darstellung eines
      Programmtextes aus</CODE><BR>
      <KBD>und so eine Tastatureingabe im KBD-Stil.</KBD>
   </BODY>
</HTML>
```

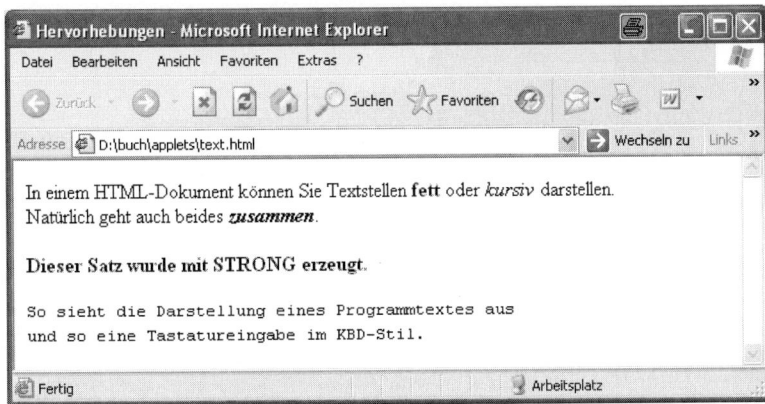

Bild 20-4 Hervorhebungen im Text

Das Tag `<P>` kennzeichnet einen Absatzwechsel, d.h. an dieser Stelle endet der vorherige Absatz und es beginnt der nächste. Ein Absatzwechsel ist immer mit der Ausgabe einer Leerzeile verbunden. Das Tag `<BR>` (BR von break) kennzeichnet einen einfachen Zeilenumbruch ohne eine zusätzliche Leerzeile.

Listen

In HTML gibt es verschiedene Arten, Listen zu erstellen. Es gibt beispielsweise eine ungeordnete Liste (unordered list) mit dem Tag `<UL>`, eine geordnete Liste (ordered list) mit dem Tag `<OL>` und eine Verzeichnisliste (directory) mit dem Tag `<DIR>`. Der Unterschied zwischen geordneter und ungeordneter Liste ist die Darstellung. Bei der geordneten Liste werden die Listenelemente nummeriert, bei der ungeordneten Liste erscheint statt der Nummer ein Aufzählungszeichen.

Die Listenelemente können auch in verschachtelter Form verwendet werden, wie das nachfolgende Beispiel zeigt. Die einzelnen Elemente jeder Liste werden mit dem Tag `<LI>` (list item) gekennzeichnet.

Hier ein Beispiel für eine geordnete Liste:

```
<!-- Datei: ol.html -->
<HTML>
    <HEAD>
        <TITLE>Eine geordnete Liste</TITLE>
    </HEAD>
    <BODY>
        <H2>Fahrzeuge</H2>
        <OL>
            <LI>Straßenfahrzeuge
            <OL>
                <LI>Auto
                <LI>Zweirad
                    <OL>
                        <LI>Motorrad
                        <LI>Fahrrad
                    </OL>
                </OL>
            <LI>Wasserfahrzeuge
            <OL>
                <LI>Segelboot
                <LI>Ruderboot
            </OL>
        </OL>
    </BODY>
</HTML>
```

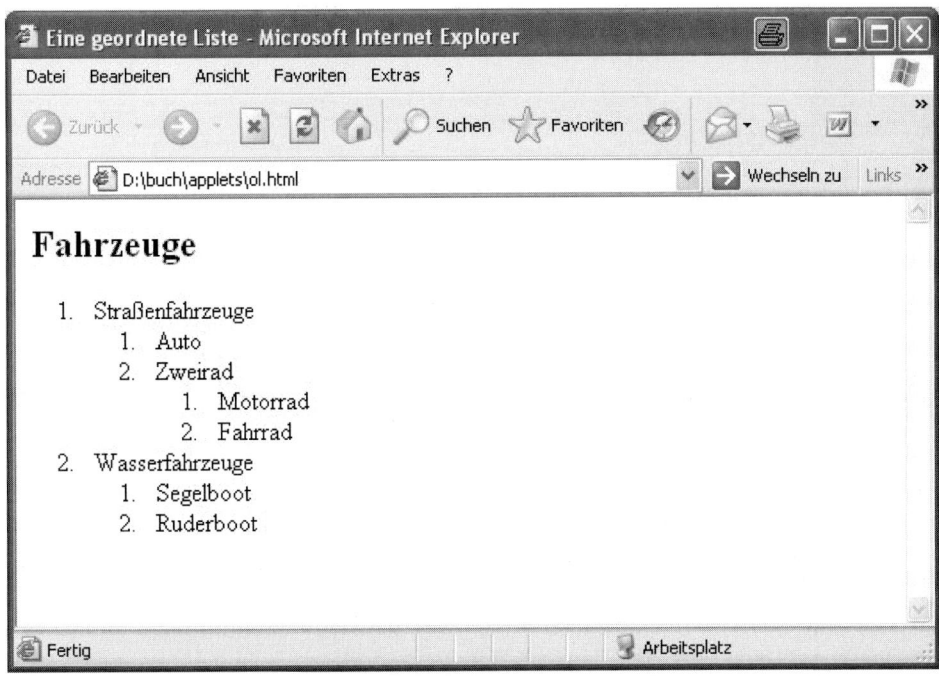

Bild 20-5 Eine geordnete Liste

Ein Beispiel für eine ungeordnete Liste ist:

```
<!-- Datei: ul.html -->
<HTML>
    <HEAD>
        <TITLE>Eine ungeordnete Liste</TITLE>
    </HEAD>
    <BODY>
        <H2>Fahrzeuge</H2>
        <UL>
            <LI>Straßenfahrzeuge
            <UL>
                <LI>Auto
                <LI>Zweirad
                <UL>
                    <LI>Motorrad
                    <LI>Fahrrad
                </UL>
            </UL>
            <LI>Wasserfahrzeuge
            <UL>
                <LI>Segelboot
                <LI>Ruderboot
            </UL>
        </UL>
    </BODY>
</HTML>
```

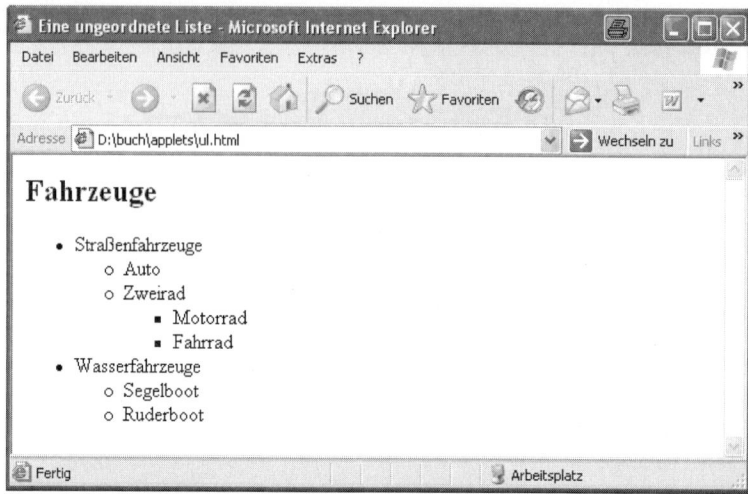

Bild 20-6 Eine ungeordnete Liste

Das ANKER-Element

Mit dem Tag `<A>` wie "anchor", also Anker, wird die **Hypertextfähigkeit**[163] realisiert. Ein Dokument kann über das Tag `<A>` mit einem anderen Dokument verknüpft werden. Genauso kann auf eine Textstelle in dem aktuellen Dokument oder einem anderen Dokument verwiesen werden. Das "Anker"-Tag wird sowohl für die Markierung einer Textstelle als Sprungziel, als auch für einen Link, mit dessen Hilfe man zu einer markierten Textstelle im Dokument oder zu einem anderen Dokument springen kann, genutzt. Die Syntax eines Ankers sieht wie folgt aus:

```
<A ATTRIBUT="LABEL"> ein beliebiges Element, wie Text oder Bild
</A>
```

Die Bedeutung des Tags wird über Attribute gesteuert. Die möglichen Attribute sind:

- `HREF`: Das Attribut `HREF` steht für "<u>h</u>yper <u>ref</u>erence". Damit kann das Ziel, zu dem gesprungen werden soll, das sich im selben oder einem anderen Dokument befindet oder ein anderes Dokument bezeichnet, angegeben werden. Soll beispielsweise auf eine Internetseite verwiesen werden, so muss folgendes geschrieben werden:

  ```
  <A HREF="http://www.hs-esslingen.de">Link</A>
  ```

  Soll auf einen Anker im selben Dokument verwiesen werden, dann muss das Attribut folgenden Wert besitzen:

  ```
  <A HREF="#anker">Link zum Anker</A>
  ```

  Damit dieser Link innerhalb eines Dokumentes gesetzt werden kann, muss ein entprechender Anker mit dem Namen Anker definiert sein.

---

[163] In einem **Hypertext** sind zum eigentlichen Text Metadaten hinzugefügt, die es erlauben, gezielt durch den Text zu navigieren. So genannte Hyperlinks (oder Links) stellen dabei die Verbindung zwischen Schlüsselbegriffen her und erlauben ein Springen gemäß der Verbindung.

- NAME: Wird das Attribut NAME verwendet, so definiert man über das Tag `<A>` einen Anker mit dem angegebenen Namen. Soll das obige Beispiel des Links zum Anker mit dem Namen anker innerhalb einer Webseite funktionieren, so muss folgendes definiert werden:

```
<A NAME="#anker">An diese Teststelle wird gesprungen</A>
```

Anstatt "ATTRIBUT" steht im Falle einer Vereinbarung eines Links HREF und im Falle der Vereinbarung eines Sprungziels NAME. Anstelle von "LABEL" muss die Bezeichnung des Links bzw. die Bezeichnung des Sprungziels angegeben werden. Bei Verweisen innerhalb eines Dokuments muss vor dem Label das Zeichen '#' angebracht werden. Das folgende Beispiel zeigt die Vereinbarung eines Links und eines Sprungziels für einen Sprung innerhalb eines Dokuments und die Vereinbarung eines Links für den Sprung zu einem anderen Dokument:

```
<!-- Datei: link.html -->

<HTML>
    <HEAD>
        <TITLE>Verschiedene Anwendungen für den Anker</TITLE>
    </HEAD>
    <BODY>
        Hier ist der <A NAME="#Anfang">Anfang</A> des Dokuments.
        <BR><BR>
        Dazwischen können einige Seiten oder<BR>
        ein Link auf die Homepage der Hochschule Esslingen sein.<BR>
        <A HREF="http://www.hs-esslingen.de">
        http://www.hs-esslingen.de</A><BR>...<BR>
        Und am Ende des Dokuments ist ein Verweis zum
        <A HREF="#Anfang">Anfang</A> zurück.
    </BODY>
</HTML>
```

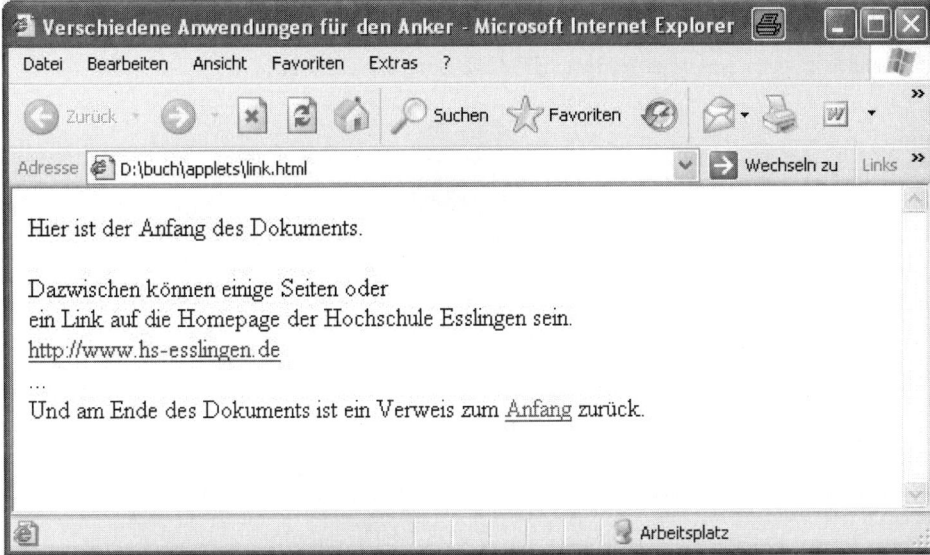

Bild 20-7 Das Anker-Element

Bilder

Mit HTML kann man natürlich auch Bilder einbinden. Für das Einbinden einer Grafik ist das Tag `<IMG>` (von "image") zuständig. Die Quelladresse (URL) des Bildes muss dem Attribut `SRC` (von "source") übergeben werden. Weiter kann ein Text dem Attribut `ALT` (von "alternative") zugewiesen werden, der dann erscheint, wenn das Bild nicht zu finden ist oder die Übertragung erfolglos war. Mit dem `ALIGN`-Attribut kann man das Bild ausrichten. Dafür gibt es die Werte `top`, `middle` und `bottom`. Durch das Attribut `ISMAP` teilt man dem Browser mit, dass es sich bei dem Bild um eine Imagemap handelt, bei dem ein Teil eines Bildes als Hyperlink wirken kann. Dabei muss das Bild innerhalb eines ANKER-Elements aufgerufen werden. So ist es möglich, über ein Bild auf eine andere Seite zu springen. Im Folgenden ein Beispiel für die Einbindung eines Bildes:

```
<!-- Datei: bild.html -->

<HTML>
   <HEAD>
      <TITLE>Ein Bild</TITLE>
   </HEAD>
   <BODY>
      Natürlich ist es auch möglich, Bilder
      in HTML-Dokumente einzufügen.<P>
      <CENTER><IMG SRC="globe.gif"></CENTER>
   </BODY>
</HTML>
```

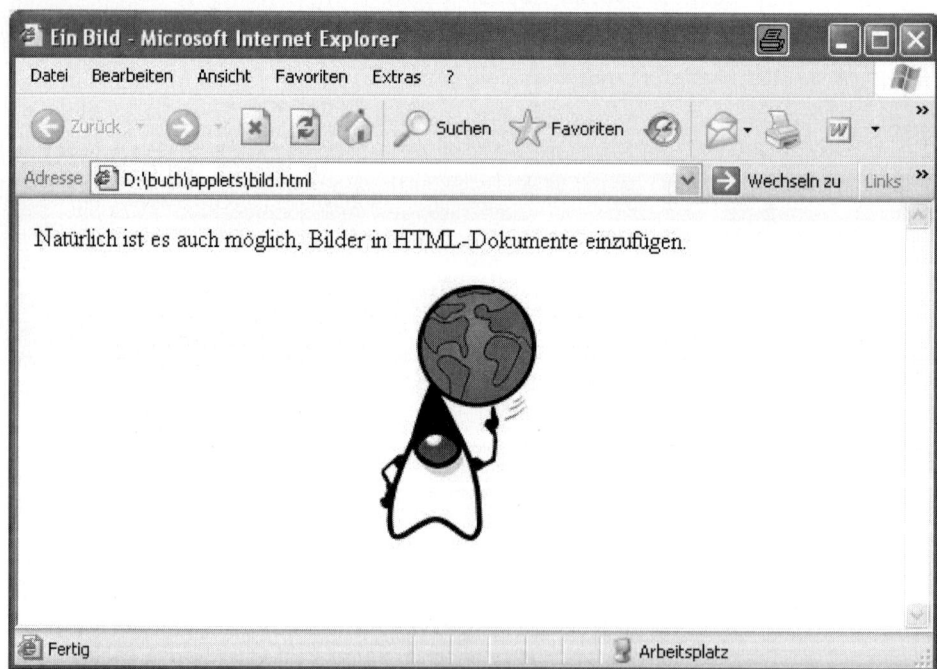

Bild 20-8 Bild einfügen

Das Tag `<CENTER>` sorgt dafür, dass das Bild `globe.gif` zentriert in der Anzeige-fläche dargestellt wird.

20.1.3 Einbindung eines Applets in eine HTML-Seite

Nun kommen wir der Sache schon näher. Ein Applet wird in eine HTML-Seite eben-falls mit einem speziellen HTML-Tag, dem so genannten **Applet-Tag** eingebunden. Das Tag hat folgende Syntax:

```
<APPLET
    CODE = "Klassenname"
    WIDTH = Breite
    HEIGHT = Höhe
    [CODEBASE = "Applet URL"]opt
    [ALIGN = "... "]opt
    [ALT = "... "]opt
    [NAME = "..."]opt
    [HSPACE = ... ]opt
    [VSPACE = ... ]opt >

    [<PARAM NAME = "Parametername" VALUE = "Parameterwert">]opt
</APPLET>
```

Bitte beachten Sie, dass die in den eckigen Klammern [und] eingeschlossenen Attribute mit dem tief gestellten opt optionale Attribute sind, die nicht unbedingt ange-geben werden müssen. Das `<APPLET>`-Tag benötigt lediglich die Angabe der drei Attribute `CODE`, `WIDTH` und `HEIGTH`. Somit sieht die einfachste Form des `<APPLET>`-Tags folgendermaßen aus:

```
<APPLET CODE="Klasse.class" WIDTH=200 HEIGHT=200></APPLET>
```

Das Tag `<APPLET>` markiert den Anfang der Applet-Deklaration in einer HTML-Seite und `</APPLET>` kennzeichnet das Ende der Applet-Deklaration. Das `<APPLET>`-Tag hat die folgenden Attribute:

- Das Attribut `CODE` bezeichnet den Namen der Klasse, die geladen werden soll. Dabei muss `"Klassenname"` mit dem tatsächlichen Namen der Klasse überein-stimmen. Die Dateinamenserweiterung `.class` ist ebenfalls optional.

- Die Attribute `WIDTH` und `HEIGHT` sind wie das Attribut `CODE` zwingend vorge-schrieben. Sie geben die Größe des Ein- bzw. Ausgabebereichs eines Applets auf einer HTML-Seite in Pixeln an.

- Das Attribut `CODEBASE` gibt den Klassenpfad für das Applet und den von ihm benutzten Klassen relativ zum Verzeichnis der HTML-Datei – oder als absoluter Pfad – an. Dieses Attribut kann dann weggelassen werden, wenn sich das Applet im selben Verzeichnis wie die HTML-Seite befindet.

- Das Attribut `ALIGN` ermöglicht die Ausrichtung des Applets auf der HTML-Seite. Hierzu gibt es die Werte `TEXTTOP`, `TOP`, `ABSMIDDLE`, `MIDDLE`, `BASELINE` und `ABSBOTTOM`.

- Das Attribut `ALT` gibt einen Text an, der in einem Browser angezeigt wird, der das `<APPLET>`-Tag versteht, jedoch das Applet nicht ausführen kann.

- Das Attribut NAME gibt dem Applet einen Namen innerhalb einer HTML-Seite. Durch ihn können sich verschiedene Applets auf einer Seite ansprechen und miteinander Daten austauschen.
- Die Attribute HSPACE (von horizontal space) und VSPACE (von vertical space) geben die Anzahl der Pixel an, die am linken und am rechten Rand (HSPACE) bzw. am oberen und am unteren Rand (VSPACE) des Applets zum Text der HTML-Seite freigehalten werden sollen.

Zwischen <APPLET> und </APPLET> können beliebig viele <PARAM>-Tags stehen. Ein <PARAM>-Tag definiert einen Übergabewert, mit dessen Hilfe ein Parameter aus einer HTML-Seite an ein Applet übergeben werden kann[164]. Das Attribut NAME kennzeichnet dabei den Namen des Parameters und das Attribut VALUE kennzeichnet den Wert des Parameters wie in folgendem Beispiel zu sehen ist:

```
<APPLET CODE = "Parameter.class" WIDTH = 100 HEIGHT = 150>
   <PARAM NAME = "JavaManuskript"  VALUE = "Version 1.1">
</APPLET>
```

20.2 Das "Hello, world"-Applet

Wie auch schon für die erste Java-Applikation soll es die Aufgabe des ersten Applets in diesem Buch sein, "Hello, world" auszugeben. Diesmal soll die Ausgabe jedoch nicht in einer Konsole erfolgen, sondern "Hello, world" soll innerhalb eines Browsers im Zeichenbereich eines Applets ausgegeben werden. Dazu betrachten wird das folgende Beispiel:

```
// Datei: HelloWorldApplet.java

import java.applet.Applet;
import java.awt.Graphics;

public class HelloWorldApplet extends Applet
{
   private static final long serialVersionUID = 1L;

   public void paint (Graphics g) // g ist eine Referenz auf den
   {                              // Zeichenbereich des Applets
      g.drawString ("Hello, world", 50, 20);
   }
}
```

Um nun das Applet testen zu können, muss aus der Quelldatei zuerst eine Java-Bytecode-Datei – also eine class-Datei – erzeugt werden. Dazu übersetzt man die Quelldatei einfach mit dem Java-Compiler:

```
javac HelloWorldApplet.java
```

Danach muss die erzeugte class-Datei des Applets HelloWorldApplet.class in eine HTML-Seite mit Hilfe des <APPLET>-Tags eingebunden werden. Dazu soll das folgende Beispiel betrachtet werden:

---

[164] Siehe Kap. 20.4.

```
<!-- Datei: HelloWorldAppletSeite.html -->

<HTML>
   <HEAD>
      <TITLE>Hello, world-Applet</TITLE>
   </HEAD>
   <BODY>
      <APPLET CODE="HelloWorldApplet.class"
              WIDTH=200
              HEIGHT=100></APPLET>
   </BODY>
</HTML>
```

Nun gibt es zwei Möglichkeiten, das Applet zu starten und das Resultat zu betrachten:

● **Ausführen eines Applets in einem Browser**

Entweder ruft man die erzeugte HTML-Seite – hier die in der Datei HelloWorld-AppletSeite.html enthaltene Seite – mit einem Browser auf. Das Ergebnis zeigt das folgende Bild 20-9:

Bild 20-9 Das gestartete Applet HelloWorldApplet in einem Browser

Sollte das Applet nicht angezeigt werden, so müssen sie eventuell die Sicherheitseinstellungen in ihrem Browser anpassen. Bei manchen Browsern – so zum Beispiel im Internet Explorer von Microsoft – wird das Laden und Ausführen von Applet-Code standardmäßig blockiert!

Wollen sie die Ausführung von Applet-Code auf ihrem Computer unterbinden, so müssen sie die Einstellungen anschließend wieder zurücksetzen, da sonst jedes Applet – auch das von fremden Seiten – ohne Nachfrage ausgeführt wird.

● **Ausführen eines Applets mit Hilfe des Appletviewers**

Für die Entwicklung von Applets kann zum Ausführen und Testen des Codes das Programm `appletviewer.exe` des Java Developement Kits verwendet werden. Es zeigt das Applet in einem eigenen Fenster in genau der Weise an, wie es auch innerhalb eines Browser-Fensters in Erscheinung treten würde.

> Das Programm `appletviewer.exe` ist Bestandteil des JDK und befindet sich dort im `bin`-Verzeichnis.

Das Programm `appletviewer` wird genauso von der Konsole aus aufgerufen, wie alle anderen Programme des JDKs auch – beispielsweise der Compiler `javac` oder der Interpreter `java`. Mit Hilfe des Appletviewers wird das Applet dann außerhalb eines Browsers gestartet. Die Aufrufsyntax des Programms lautet wie folgt:

```
appletviewer <Name der HTML-Seite mit Applet-Tag>
```

> `appletviewer.exe` erwartet als Aufrufparameter den Namen der HTML-Seite, in der das Applet eingebunden ist, und nicht die `class`-Datei des Applets. Der Appletviewer interpretiert das in der HTML-Seite enthaltene `<APPLET>`-Tag und startet dann das dort angegebene Applet. Enthält die HTML-Seite kein `<APPLET>`-Tag, dann führt der Appletviewer keine Aktion durch und wird sofort wieder beendet.

Zum Beispiel kann das Applet HelloWorldApplet folgendermaßen mit dem Appletviewer gestartet werden:

```
appletviewer HelloWorldAppletSeite.html
```

Mit diesem Aufruf wird ein Fenster geöffnet, in dem das Applet dargestellt wird:

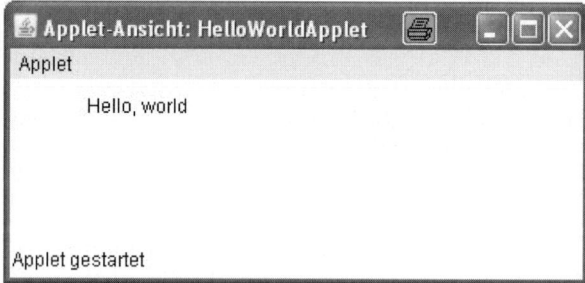

Bild 20-10 Das `HelloWorldApplet` *im Appletviewer*

Alle Applets sind Subklassen der Klasse `java.applet.Applet`. Deshalb wird auch im obigen Beispiel die Klasse `Applet` importiert und das `HelloWorldApplet` von ihr abgeleitet.

Die Klasse `java.applet.Applet` ist – wie in Bild 20-11 zu sehen – ein Container. Es können somit im Zeichenbereich eines Applets genauso wie in einem Fenster Komponenten dargestellt werden. Da ein Applet jedoch auch eine Komponente ist, kann man auch jedes Applet innerhalb eines Containers – z.B. eines Fensters – darstellen. Dieses Vorgehen bietet sich an, wenn man ein Applet testen will, ohne dafür eine HTML-Seite zu schreiben.

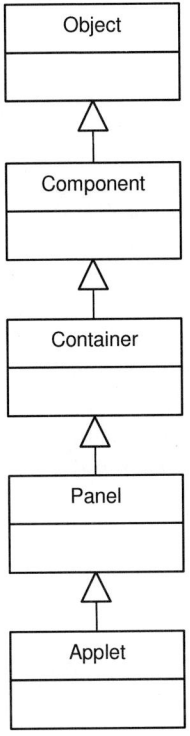

Bild 20-11 Vererbungshierarchie der Klasse `Applet`

In der Klasse `Component` und damit auch in allen von `Component` abgeleiteten Klassen gibt es eine Methode `paint()`. Diese Methode wird von der virtuellen Maschine jedesmal aufgerufen, wenn ein Neuzeichnen einer Komponente erforderlich ist. In der Methode `paint()` wird dann die Komponente neu gezeichnet. Dies ist auch bei einem Applet der Fall. Man kann also wie im obigen Beispiel die Methode `paint()` überschreiben und in ihr direkt auf die Applet-Oberfläche zeichnen.

Die Methode `paint()` wird immer dann aufgerufen, wenn der Zeichenbereich der Komponente – in unserem Beispiel der Zeichenbereich des Applets – neu dargestellt werden muss. Dies ist beispielsweise dann der Fall, wenn dieser Bereich durch ein anderes Fenster überdeckt wird.

Zur Demonstration wird das Beispiel des Applets `HelloWorldApplet` nun so verändert, dass in der Methode `paint()` der String `"Wird neu gezeichnet"` ausgegeben wird:

```
public void paint (Graphics g)
{
   System.out.println("Wird neu gezeichnet");
   g.drawString ("Hello, world", 50, 20);
}
```

Wird die Appletklasse neu übersetzt und der Appletviewer aufgerufen, so wird einmal der String `"Wird neu gezeichnet"` ausgegeben. Verschiebt man jetzt das Fenster des Appletviewers, in dem der Zeichenbereich des Applets dargestellt ist, aus dem sichtbaren Bereich des Bildschirms, ist zu erkennen, dass der String `"Wird neu gezeichnet"` immer wieder ausgegeben wird.

Zum Zugriff auf die Zeichenfläche des Applets wird an die Methode `paint()` eine Referenz auf ein Objekt der Klasse `java.awt.Graphics` übergeben. Dieses `Graphics`-Objekt ist eine Referenz auf den Applet-Zeichenbereich in der HTML-Seite und bietet somit eine Möglichkeit, direkt auf die Oberfläche zuzugreifen. Die `java.awt.Graphics`-Klasse bietet viele Methoden zur Ausgabe, wie z.B. zur Textausgabe oder zum Zeichnen von grafischen Objekten. Eine dieser Methoden ist die `drawString()`-Methode zur Ausgabe eines Textes, die auch im Beispiel verwendet wird. Die Methode `drawString()` ist folgendermaßen definiert:

```
public abstract void drawString (String str, int x, int y)
```

Dabei wird im ersten Parameter eine Referenz auf ein `String`-Objekt übergeben, dessen Inhalt gezeichnet werden soll. Der zweite Parameter ist die x-Koordinate und der dritte Parameter die y-Koordinate der linken unteren Ecke des darzustellenden Textes. Zu beachten ist, dass der Ursprung sich bei jeder Komponente in der linken oberen Ecke befindet.

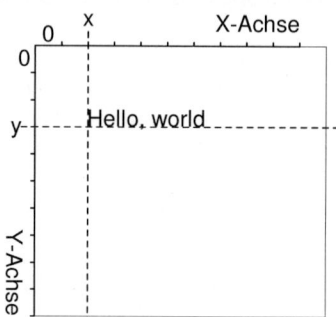

Bild 20-12 Darstellung eines Textes in einer Komponente

20.3 Der Lebenszyklus eines Applets

Ein Applet wird – wie zuvor schon erwähnt – mit Hilfe des Java-Plugins von einer virtuellen Maschine innerhalb eines Browsers ausgeführt und ist in eine HTML-Seite eingebettet (siehe Bild 20-13). Wird eine HTML-Seite, die ein Applet enthält, mit Hilfe eines Browsers geöffnet, so wird mit dem HTML-Code auch der Applet-Code auf den Computer heruntergeladen. Die `class`-Datei des Applets wird dann in eine virtuelle Maschine geladen und das Applet innerhalb des Browser-Fensters ausgeführt. Wird die Seite wieder verlassen, so wird auch die Instanz des Applets zerstört.

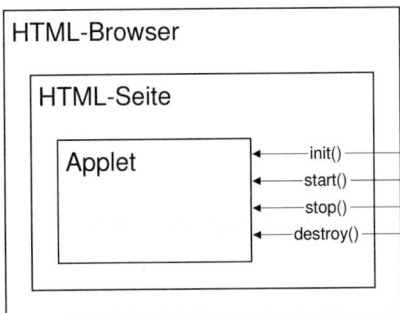

Bild 20-13 Steuerung des Applets durch den Browser

Gesteuert wird ein Applet durch das Java-Plugin, mit anderen Worten, der Lebens-zyklus eines Applets wird durch den Aufruf von Methoden des Applets durch die virtuelle Maschine kontrolliert, innerhalb der das Applet ausgeführt wird. In Bild 20-14 wird der Lebenszyklus eines Applets als Zustandsdiagramm dargestellt.

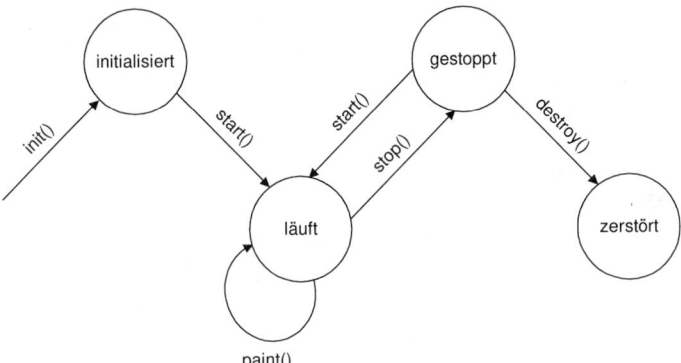

Bild 20-14 Lebenszyklus eines Applets innerhalb eines Browsers

Die in Java-Applikationen verwendete Methode `main()` wird hier nicht benötigt und falls sie doch vorhanden sein sollte, auch nicht berücksichtigt.

Die Methoden, die zur Steuerung des Lebenszyklus eines Applets benötigt werden, stellt die Klasse `Applet` zur Verfügung. Keine dieser Methoden ist als abstrakt deklariert. Dies bedeutet, dass keine der Methoden vom Programmierer überschrie-ben werden muss, um eine kompilier- und ablauffähige Applet-Klasse zu entwickeln. Es müssen nur die Methoden überschrieben werden, deren Implementierung an die individuellen Bedürfnisse angepasst werden sollen. Im Folgenden werden nun die einzelnen Methoden vorgestellt:

- `init()`-**Methode**

```
public void init()
{
    . . . . .
}
```

> Die `init()`-Methode wird einmalig nach dem Erzeugen des Applet-Objektes aufgerufen. Sie dient dazu, das Applet zu initialisieren und z.B. Parameter aus der HTML-Seite zu übernehmen, Schriften auszuwählen oder Bilder zu laden.

- `start()`-**Methode**

```
public void start()
{
    . . . . .
}
```

> Nachdem das Applet durch Aufruf der `init()`-Methode initialisiert wurde, wird unmittelbar danach die Methode `start()` aufgerufen. Sie wird auch dann aufgerufen, wenn die HTML-Seite, in der das Applet eingebunden ist, erneut besucht wird oder wenn das Applet in seiner Ausführung reaktiviert werden soll.

Nach dem Starten des Applets durch den Aufruf der Methode `start()` wird jedes Mal, wenn ein Neuzeichnen erforderlich ist, die von der Klasse `java.awt.Component` geerbte `paint()`-Methode aufgerufen, um das Applet neu zu zeichnen. Die Methode erhält von der im Browser laufenden virtuellen Maschine als aktuellen Übergabeparameter eine Referenz auf ein Objekt der Klasse `Graphics`.

- `stop()`-**Methode**

```
public void stop()
{
    . . . . .
}
```

> Nachdem das Applet aus dem sichtbaren Bereich gescrollt bzw. eine neue HTML-Seite geladen wurde, ruft die virtuelle Maschine die `stop()`-Methode auf. Hierbei bleibt das Applet geladen und wird nur in seiner Ausführung angehalten. Werden in einem Applet Threads verwendet, so sollten diese in der `stop()`-Methode angehalten werden, um den Rechner während der Zeit, solange das Applet nicht angezeigt wird, nicht unnötig zu belasten.

● `destroy()`-**Methode**

```
public void destroy()
{
    . . . . .
}
```

Die `destroy()`-Methode wird beim Verlassen der HTML-Seite aufgerufen.

Diese Methode entfernt ein Applet aus dem Speicher. Sollte ein Applet noch aktiv sein, wird zuvor die `stop()`-Methode aufgerufen. Durch diese Methode sollten vom Applet noch belegte Ressourcen freigegeben und nicht beendete Threads zerstört werden.

Der beschriebene Lebenszyklus eines Applets mit den Zuständen "initialisiert", "läuft", "gestoppt" und "zerstört" ist von den Browser-Herstellern nicht exakt implementiert worden. In den Browsern Microsoft Internet Explorer und Mozilla Firefox gibt es nur die Zustände "initialisiert", "läuft" und "zerstört". Das heißt, beim Ikonifizieren eines Browserfensters, in dem ein Applet geladen ist, wird nicht die `stop()`-Methode aufgerufen bzw. beim Wiederherstellen des Fensters erfolgt kein erneuter Aufruf der `start()`-Methode.

Es empfiehlt sich daher, ein Applet stets mit verschiedenen Browsern zu testen, um eventuelle Unterschiede in der Implementierung des Applets zu berücksichtigen.

Der Appletviewer des JDK ist nach der Sun-Spezifikation implementiert und stellt alle vier Zustände des Lebenszyklus eines Applets bereit. Die korrekte Implementierung der Methoden `start()` und `stop()` der eigenen Applet-Klasse können somit mit dessen Hilfe getestet werden.

Der Aufruf der einzelnen Methoden wird im folgenden Beispiel erläutert. Es sei nochmals angemerkt, dass der korrekte Ablauf des Applets – das heißt, der Aufruf aller Lebenszyklusmethoden – nur mit Hilfe des Appletviewers nachvollzogen werden kann:

```
// Datei: Lebenszyklus.java

import java.applet.*;
import java.awt.*;

public class Lebenszyklus extends Applet
{
    private static final long serialVersionUID = 1L;
```

```
private int initZaehler = 0;
private int startZaehler = 0;
private int stopZaehler = 0;
private int destroyZaehler = 0;

public void paint (Graphics g)
{
    g.drawString ("Lebenszyklus eines Applets:", 0, 10);
    g.drawString ("init-Zähler:      " + initZaehler, 0, 30);
    g.drawString ("start-Zähler:     " + startZaehler, 0, 50);
    g.drawString ("stop-Zähler:      " + stopZaehler, 0, 70);
    g.drawString ("destroy-Zähler:   " + destroyZaehler, 0, 90);
}

public void init()
{
    initZaehler++;
}

public void start()
{
    startZaehler++;
}

public void stop()
{
    stopZaehler++;
}

public void destroy()
{
    destroyZaehler++;
}
}
```

Wird das Fenster des Appletviewers minimiert – dies erreicht man durch das Klicken auf das Minus-Zeichen des Appletviewer-Fensters – und durch erneutes Anklicken des Fenster-Symbols in der Taskleiste wiederhergestellt, so ist zu beobachten, dass die beiden Zähler `startZaehler` – inkrementiert in der Methode `start()` – und `stopZaehler` – inkrementiert in der Methode `stop()` – mit jedem Minimieren-Wiederherstellen-Durchlauf kontinuierlich hochgezählt werden. Beim Testen des obigen Programms mit dem Appletviewer wird somit folgende Ausgabe erzielt:

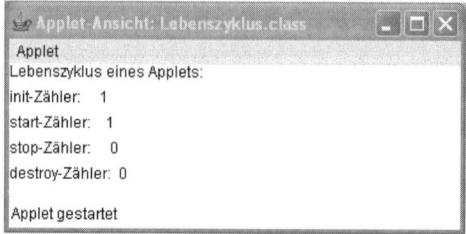

Bild 20-15 Ausgabe des `Lebenszyklus`*-Applets*

20.4 Parameterübernahme aus einer HTML-Seite

In Java-Applikationen können Parameter beim Aufruf über die Kommandozeile mitgegeben werden.

> Mit Hilfe des HTML-Tags `<PARAM>` ist es möglich, aus einer HTML-Seite heraus Parameter an ein Applet zur weiteren Verarbeitung zu übergeben. Der Wert des Parameters kann mit der `getParameter()`-Methode der Klasse `Applet` innerhalb eines Applets abgeholt werden.

Im folgenden Beispiel ist ein Ausschnitt aus einer HTML-Seite dargestellt, bei dem ein Parameter mit dem Parameternamen `JavaManuskript` und dem zugehörigen Parameterwert `Version 1.1` an das Applet übergeben wird.

```
<APPLET CODE = "Parameter.class"
        WIDTH  = 100
        HEIGHT = 150>

<PARAM NAME = "JavaManuskript"  VALUE = "Version 1.1">
</APPLET>
```

> Das Auslesen von Parameterwerten aus einer HTML-Seite erfolgt mit der `getParameter()`-Methode der Klasse `Applet`. Zu beachten ist, dass alle Parameter als `String` übergeben werden und die Methode `getParameter()` eine Referenz auf ein String-Objekt zurückgibt.

Im Folgenden ist ein Java-Applet dargestellt, mit dessen Hilfe der Wert des Parameters `JavaManuskript` aus einer HTML-Seite eingelesen werden kann:

```
// Datei: ParameterApplet.java

import java.applet.Applet;
import java.awt.Graphics;

public class ParameterApplet extends Applet
{
   private String wert;

   public void init()
   {
      wert = getParameter ("JavaManuskript");
   }

   public void paint (Graphics g)
   {
      g.drawString ("Parameter: JavaManuskript, Wert: "
                    + wert, 10, 10);
   }
}
```

In diesem Beispiel wird der Wert des Parameters mit dem Namen `JavaManuskript`
von der HTML-Seite ausgelesen und der Referenz `wert` vom Typ `String` zugewiesen.

Die entsprechende HTML-Seite hat folgendes Aussehen:

```
<!-- Datei: ParameterAppletSeite.html -->
<HTML>
    <HEAD>
        <TITLE>Lebenszyklus eines Applets</TITLE>
    </HEAD>
    <BODY>
        <APPLET CODE="ParameterApplet" WIDTH=400 HEIGHT=100>
            <PARAM name="JavaManuskript" value="Javabuch, 5. Auflage">
        </APPLET>
    </BODY>
</HTML>
```

Mit Hilfe des `<PARAM>`-Tags wird der Parameter `JavaManuskript` an das Applet
`ParameterApplet` übergeben. Der Wert des Parameters wird auf `"Javabuch, 5.`
`Auflage"` gesetzt.

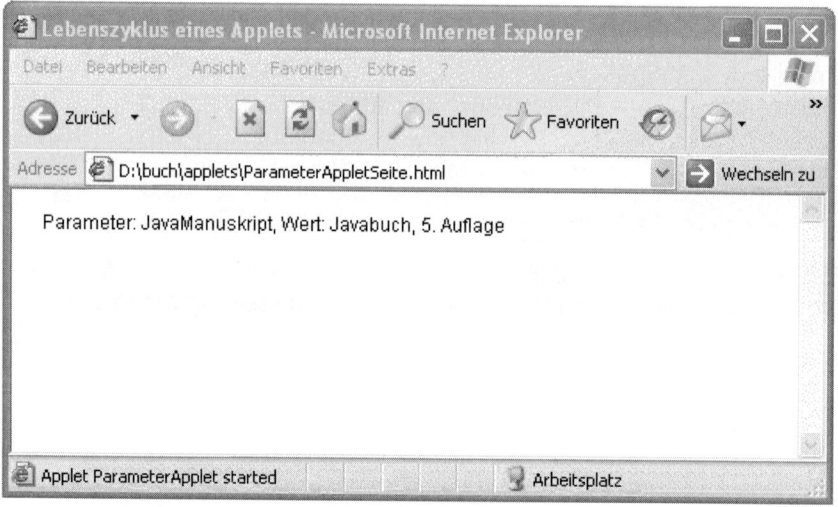

Bild 20-16 Auslesen eines Parameters aus einer HTML-Seite

20.5 Importieren von Bildern

Bilder werden mit Hilfe der `getImage()`-Methode der Klasse
`Applet` zur Verwendung in einem Applet geladen.

Im Folgenden ist ein Java-Applet dargestellt, mit dessen Hilfe das Bild `globe.gif`
für die Verwendung in einem Applet eingelesen und danach auf der Applet-Oberfläche dargestellt wird.

```
// Datei: BildApplet.java

import java.awt.*;
import java.applet.*;

public class BildApplet extends Applet
{
    private static final long serialVersionUID = 1L;
    private Image i;

    // Applet initialisieren
    public void init()
    {
        i = getImage (getCodeBase(), " globe.gif ");
        System.out.println ("Codebase is:" + getCodeBase());
    }

    public void paint (Graphics g)
    {
        g.drawImage (i, 0, 0, getWidth(), getHeight(), this);
    }
}
```

Im Beispiel wird durch den Aufruf der Methode getImage() das Bild globe.gif in der Methode init() geladen. Der erste Übergabeparameter der Methode ist das Verzeichnis, von dem das Bild geladen werden soll. Dieses Verzeichnis wird in Form einer URL (Quelladresse) übergeben. In diesem Beispiel entspricht die URL dem Rückgabewert der Methode getCodeBase(). Diese Methode gibt die URL des Verzeichnisses zurück, von dem das Applet geladen wurde. Das Bild wird hier also aus dem gleichen Verzeichnis des Rechners geladen, von dem auch das Applet stammt. Der zweite Übergabeparameter ist der Dateiname des Bildes selbst.

Ein Applet kann normalerweise nur eine Verbindung zu dem Rechner öffnen, von dem es geladen wurde.

Zum Zeichnen wird in der Methode paint() die Methode drawImage() der Klasse Graphics verwendet. Der erste Parameter der Methode ist das zu zeichnende Bild. Der zweite und dritte Parameter sind die x- bzw. y-Koordinaten der oberen linken Ecke des Bildes relativ zur oberen linken Ecke des Zeichenbereichs des Applets. Die nächsten beiden Parameter geben die Breite und Höhe des Bildes an. In diesem Fall wurde mit den Methoden getWidth() und getHeight() der Klasse Applet die Breite bzw. die Höhe des Zeichenbereichs des Applets an die Methode übergeben. Dies hat den Effekt, dass das Bild immer genauso groß wie das Applet gezeichnet wird. Als letzter Parameter wird an die Methode eine Referenz auf ein Objekt übergeben, dessen Klasse das Interface ImageObserver implementiert. Das Interface ImageObserver wird von der Klasse Component implementiert – ist also auch in der Klasse Applet enthalten. Deshalb wird hier beim letzten Parameter einfach die this-Referenz übergeben. Das Interface ImageObserver enthält eine Methode imageUpdate(), die von der Methode drawImage() aufgerufen wird. In der

Klasse `Component` wird bei jedem Aufruf von `imageUpdate()` ein Neuzeichnen der Komponente angefordert, solange das Bild nicht vollständig geladen ist. Es kann also sein, dass man den Bildaufbau im Applet verfolgen kann.

20.6 Importieren und Abspielen von Audio-Clips

> Audio-Clips werden mit Hilfe der `getAudioClip()`-Methode für die Verwendung in einem Applet geladen und mit der `play()`-Methode der `AudioClip`-Klasse abgespielt.

Derzeit werden von Java die Audioformate `wav`, `aiff`, `au`, `midi` und `rmf` unterstützt. Im Folgenden ist ein Applet dargestellt, mit dessen Hilfe der Audio-Clip `Chimes.wav` eingelesen und einmalig abgespielt wird:

```java
// Datei: AudioApplet.java

import java.applet.Applet;
import java.applet.AudioClip;

public class AudioApplet extends Applet
{
   private static final long serialVersionUID = 1L;
   private AudioClip a;

   public void init()
   {
      a = getAudioClip (getCodeBase(), "Chimes.wav");
      a.play();
   }
   // . . . . .
}
```

Der erste Übergabeparameter der Methode `getAudioClip()` ist das Verzeichnis, von dem die Audio-Datei geladen werden soll. Der zweite Übergabeparameter ist der Dateiname der Audio-Datei selbst. Mit der Methode `play()` der Klasse `AudioClip` kann dann die Audio-Datei abgespielt werden.

20.7 Übungen

Aufgabe 20.1: HelloWorld-Applet

Hello World Klasse

Kompilieren Sie die folgende Klasse:

```
// Datei: HelloWorld.java

import java.awt.*;
import java.applet.*;
public class HelloWorld extends Applet
{
   private static final long serialVersionUID = 1L;
   public void paint (Graphics g)
   {
      g.drawString ("Hello, World", 50, 20);
   }
}
```

Bitte setzen Sie die CLASSPATH-Variable so, dass der Pfad zu der .class-Datei des Applets enthalten ist.

Hello World HTML-Datei

Um das Applet in einem Browser zum Ablaufen zu bringen, wird die folgende Datei hello.html benötigt. Rufen Sie die Datei hello.html von einem Browser aus auf, um das Applet ablaufen zu lassen.

```
<HTML>
   <HEAD><TITLE> Aufgabe 20.1 Hello World </TITLE></HEAD>
   <BODY>
      <APPLET code = "HelloWorld.class"
              width = 200
              height = 200>
      </APPLET>
   </BODY>
</HTML>
```

Aufgabe 20.2: Lebenszyklus eines Applets. Methodenaufrufe zählen

Erweitern Sie das Applet von Aufgabe 20.1, indem Sie die Methoden init(), start(), stop() und destroy() überschreiben. Führen Sie Variablen ein, die zählen, wie oft die jeweilige Methode aufgerufen wurde. Als Zähler soll für jede Methode ein int-Datenfeld bereitgestellt werden. Geben Sie die Inhalte der Variablen mit Hilfe der Methode drawString() aus. Ändern Sie den Klassennamen in "Lebenszyklus" um und speichern Sie Ihr Applet unter diesem Namen ab. Ändern Sie die HTML-Datei von Aufgabe 20.1 so, dass diese Klasse geladen wird. Speichern Sie die Datei unter dem Namen lebenszyklus.html. Laden Sie die HTML-Datei für das Applet "Lebenszyklus" im Appletviewer. Minimieren Sie nun mehrere Male das Fenster des Appletviewers auf die Taskleiste und stellen sie es wieder her. Beobachten Sie das Ergebnis der Programmausführung.

Aufgabe 20.3: Parameterübergabe an Applets

Das PARAM-Tag

Vervollständigen Sie die folgende Datei `parameter.html`, damit das Applet
"Parameter" die Daten für Datum, Email und Copyright übernehmen kann.

```
<HTML>
    <HEAD><TITLE> Aufgabe 20.3 Parameterübergabe </TITLE></HEAD>
    <BODY>
        <APPLET code = "Parameter.class"
                width = 500
                height = 120>
        . . . . .
        </APPLET>
    </BODY>
</HTML>
```

Methode getParameter();

Vervollständigen Sie das folgende Applet, damit die Variablen Datum, Email und
Copyright von einer HTML-Seite übernommen werden können.

```java
// Datei: Parameter.java

import java.applet.*;
import java.awt.*;

public class Parameter extends Applet
{
    private static final long serialVersionUID = 1L;
    // Deklaration der Instanz-Variablen
    private String Datum;
    private String Email;
    private String Copyright;

    public void init()
    {
        /* Parameter einlesen */
        . . . . .
    }

    public void paint (Graphics g)
    {
        g.drawString (Copyright + " von " + Email, 100, 25);
        g.drawString (Datum, 100, 45);
    }
}
```

Aufgabe 20.4: Einfaches Applet

Schreiben Sie ein einfaches Applet `MyApplet1` und den dazugehörigen HTML-
Code. Das Applet soll Ihren Namen und Ihre Adresse am Bildschirm ausgeben.
Dabei soll Ihr Name und Ihre Adresse vom HTML-Code aus übergeben werden, in
den das Applet "eingebettet" wird.

Aufgabe 20.5: Einfaches Applet

Entwerfen Sie ein Applet, welches zwei `int`-Werte addiert und das Ergebnis der Addition ausgibt. Hierzu sollen die `int`-Werte als Parameter aus der HTML-Seite übernommen werden. Schreiben Sie hierzu eine Klasse `MyApplet2.java`, sowie die HTML-Seite, in die das Applet eingebettet ist. Das Applet soll die aus den Parametern entnommenen Werte bei der Initialisierung addieren und in einer internen Zählervariablen speichern. Bei jedem Aufruf seiner `start()`-Methode soll dann dieser Zähler um 1 erhöht und das neue Ergebnis ausgegeben werden. Bevor der Browser das Applet aus dem Speicher entfernt, soll der Zähler wieder auf 0 zurückgesetzt werden.

Weiter oben im Kapitel wurde bereits darauf hingewiesen, dass sich manche Browser nicht an die Java-Spezifikation halten. Deshalb sollte diese Aufgabe mit dem Sun Appletviewer getestet werden. Der Appletviewer befindet sich im Unterverzeichnis `/bin` des JDK.

Aufgabe 20.6: Flughafen-Projekt – Applets

Der Flughafen soll nun mit Hilfe eines Applets eine grafische Ausgabe des Radars erhalten:

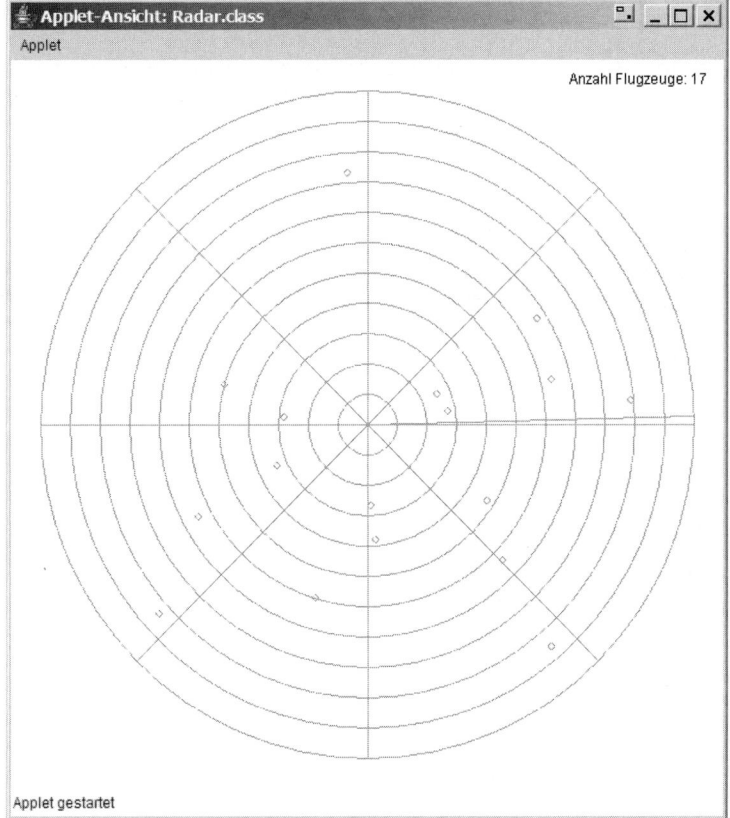

Bild 20-17 Beispielradar

Aufgabe 20.6.1: Einfaches Radar

In einer ersten Version soll der Radarschirm ohne eine Darstellung der Flugzeuge entwickelt werden. Zum Zeichnen der benötigten Kreise und Striche können die beiden Methoden drawOval() und drawLine() der Klasse Graphics verwendet werden. Der Radarzeiger soll mittels eines Threads bewegt werden. Eine beispielhafte Anzeige zeigt Bild 20-17.

Aufgabe 20.6.2: Flugzeuge integrieren

In die Radaranzeige sollen nun die Flugzeuge integriert werden. Die Flugzeuge sollen hierzu den Mittelpunkt des Radars auf einer Kreisbahn mit einem zufällig gewählten Radius und einer zufälligen Geschwindigkeit umfliegen.

Die Flugzeuge sollen mittels einer neuen Klasse FlugzeugGenerator erzeugt werden. Dies ist deshalb erforderlich, da das Applet ohne eine Methode main() auskommen muss. Diese Klasse FlugzeugGenerator soll als Thread in einer Schleife jeweils nach einer bestimmten Zeitspanne ein neues Flugzeug generieren. Hierbei kann die folgende Anweisung behilflich sein:

```
Thread.sleep (10000 + (int)(10000 * Math.random()));
```

Aufgabe 20.6.3: Flackern entfernen

Die Ausgabe des Radarschirms flackert stellenweise. Um das Flackern zu vermeiden, muss die Ausgabe zwischen gepuffert werden. Diese Methode wird "Double-Buffering" genannt. Als Hilfestellung kann folgender Link im Internet dienen:

```
http://www.developer.com/java/other/article.php/626541
```

Beim Double-Buffering werden die Änderungen am Bildschirm nicht nach und nach geschrieben, sondern erst einmal in einen Puffer. Dieser Puffer wird dann auf einmal auf den Bildschirm transferiert. Dies sollte das Flackern ausschalten und eine ruhige Bewegung des Zeigers ermöglichen.

Kapitel 21

Oberflächen-
programmierung mit Swing

21.1 Architekturmuster Model-View-Controller
21.2 Die Swing-Architektur
21.3 Ereignisbehandlung für Swing
21.4 Integration von Swing in das Betriebssystem
21.5 Swing-Komponenten
21.6 Layout-Management
21.7 Weitere Technologien der Ein- und Ausgabe
21.8 Übungen

21 Oberflächenprogrammierung mit Swing

Die in diesem Buch bisher vorgestellten Programme wurden über die Kommandozeile bedient. Das ist für viele Anwendungszwecke geeignet, jedoch werden schon lange Programme, besonders für Anwender die Computer nicht selber programmieren, nur mit einer geeigneten Bedienoberfläche angeboten. Eine grafische Oberfläche gibt dem Benutzer einen einfachen Zugang zu den Programmfunktionen.

Das nun folgende Kapitel beschäftigt sich mit der Entwicklung von Programmen, die über eine grafische Oberfläche bedient werden. Java bringt von Haus aus zwei APIs[165] zur Oberflächenentwicklung mit. Swing ist die modernere und heute verwendete Bibliothek. In der Zeit vor Swing wurden einfache Oberflächen mit dem AWT, Abstract Window Toolkit, entwickelt. AWT ist fest an das Betriebssystem gebunden und hat vor allem den Nachteil, dass es einen eingeschränkten Umfang an Komponenten zur Gestaltung der Programmoberfläche besitzt. Komponenten sind Elemente, die auf der Bedienoberfläche platziert werden, wie z.B. eine Textbox. Trotzdem ist das AWT auch heute noch wichtig, da seine Klassen in vielen Bereichen auch für die Programmierung einer Swing-basierten Bedienoberfläche verwendet werden.

Grafische Oberflächen gehören mit zu den kompliziertesten Teilen eines Programms. Nur durch eine geeignete Architektur werden Probleme bei der Entwicklung und späteren Wartung von Programmen vermieden. Im nächsten Kapitel wird zuerst eine allgemeine Architektur für grafische Oberflächen vorgestellt, um dann die spezielle Architektur von Swing einfacher erläutern zu können.

Jeder Swing Entwickler sollte die API Dokumentation von Java benutzen. Der Umfang von Swing ist so groß, dass Bücher existieren, die sich ausschließlich mit Swing beschäftigen und mehr Seiten haben als das vorliegende Buch. Daher ist das Ziel dieses Kapitels einen guten Einstieg in die Oberflächenprogrammierung mit Swing zu bieten. Es kann jedoch keinesfalls alle Fragen und Details zu Swing erläutern.

21.1 Architekturmuster Model-View-Controller

Einfache Programme kommunizieren mit dem Benutzer über die Ein- und Ausgabe der Kommandozeile. Im Programm selber sind dazu nur wenige Codezeilen notwendig wie das folgende Beispiel zeigt:

```
// Datei: EVAPrinzip.java

import java.io.*;

public class EVAPrinzip
{
    public static void main (String[] args)
    {
        BufferedReader reader = null;
```

---

[165] API ist die Abkürzung für Application Programming Interface.

```
    try
    {
        reader = new BufferedReader (
                new InputStreamReader (System.in));

        // Eingabe des Benutzers einlesen
        String eingabe = reader.readLine();

        // Prüfung der Eingabe
        if (eingabe.length() > 0)
        {
            // Verarbeitung, hier die Verknüpfung der Zeichenketten
            String ergebnis = "Sie haben den Text " + eingabe
                + " als Parameter eingegeben.";

            // Ausgabe des Ergebnisses
            System.out.println (ergebnis);
        }
        else
        {
            // Ausgabe eines Fehlers
        }
    }
    catch (Exception ex)
    {
    }
    finally
    {
        try
        {
            reader.close();
        }
        catch (Exception ex)
        {
        }
    }
}
}
```

Bereits bei diesem einfachen Beispiel kann man drei grundlegende Schritte im Programmfluss erkennen. Der Benutzer gibt etwas über die Tastatur ein und das Programm nimmt diese Eingabe entgegen und versucht damit eine Verarbeitung durchzuführen. Das Ergebnis der Verarbeitung wird anschließend wieder an den Benutzer über die Kommandozeile ausgegeben. Dieses Prinzip ist als **EVA, Eingabe**, **Verarbeitung** und **Ausgabe** bekannt. Für ein Programm mit einer grafischen Oberfläche wird das Prinzip weiter beibehalten, auch wenn nun die Ein- und Ausgaben des Programms nicht mehr über die Kommandozeile, sondern über die Bedienoberfläche erfolgen.

Leider ist die Programmierung einer grafischen Oberfläche um ein vielfaches komplizierter als die Programmierung einer einfachen Kommunikation mit dem Benutzer über die Kommandozeile. Der Programmcode der notwendig ist, um die grafische Oberfläche zu programmieren ist zu groß, um einfach zwischen der Verarbeitungslogik eingewoben zu werden. Einerseits würden sich der Programmcode der Verarbeitungslogik und der grafischen Oberfläche ständig beeinflussen, z.B. das Laufzeitverhalten der Anwendungslogik, andererseits wäre die Entwicklung eines solchen ineinander verwobenen Programmcodes äußerst aufwendig und fehleranfällig.

Durch die Vermischung von Code zur Verarbeitung und Ein-/Ausgabe ist nicht sofort ersichtlich, wie sich die einzelnen Codezeilen zuordnen lassen. Vor jeder Änderung des Codes müsste also zunächst festgestellt werden, was zur Verarbeitung und was zur Ein- und Ausgabe gehört.

Als logische Konsequenz aus diesem Dilemma wird die Ein- und Ausgabe des Programms von der Verarbeitung getrennt. Die Auftrennung hat das Ziel, dass Änderungen an der Ein-/Ausgabe und der Verarbeitungslogik ohne gegenseitige Beeinflussung durchgeführt werden können. Das Bild 21-1 zeigt ein System, das wie beschrieben in zwei Teile aufgeteilt wurde.

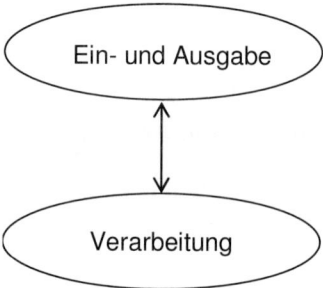

Bild 21-1 Aufteilung in zwei Teilsystem, die Ein- und Ausgabe und die Verarbeitung.

Die Verarbeitung der Anwendung kann nun entwickelt bzw. geändert werden, ohne die Ein- und Ausgabe berücksichtigen zu müssen. Die Entwicklung und Pflege wird damit einfacher und fehlerfreier.

Betrachtet man noch einmal Programme, die über die Kommandozeile kommunizieren, und vergleicht diese mit Programmen, die eine grafische Oberfläche besitzen, wird sofort klar, dass die Ein- und Ausgabe der Programme mit Bedieneroberfläche sehr viel vielfältiger sind. Die Kommandozeile bietet die Möglichkeit, Zeichen einzulesen und an einer bestimmten Position anzuzeigen. Die grafische Oberfläche jedoch, besitzt vielfältigere Instrumente – z.B. verschiedene Schaltflächen (Buttons) und verschiedene Komponenten zur Textein- und -ausgabe wie Textfelder und Listen. Die Eingabe einer grafischen Oberfläche erfolgt nicht nur mit der Tastatur, sondern es werden weitere Eingabegeräte wie beispielsweise die Maus verwendet.

Wird ein System nicht nur in zwei Teilsysteme, sondern in die drei Teilsysteme Verarbeitung, Ausgabe und Eingabe aufgeteilt, so ist man beim Architekturmuster Model-View-Controller (MVC) angelangt. Einfach formuliert implementiert hierbei ein **Model** die **Verarbeitungsfunktionen**, eine **View** ist für die **Ausgabe** und ein **Controller** für die **Eingabe** zuständig. Ein Architekturmuster beschreibt hierbei eine bewährte Zerlegung eines Systems in Teilsysteme. Das Architekturmuster MVC beschreibt damit eine bewährte Zerlegung eines Systems mit grafischer Oberfläche.

Bei der Zerlegung eines Systems in Teilsysteme ist es wichtig, dass jedes Teilsystem möglichst unabhängig von den anderen Teilsystemen ist. Dies ermöglicht eine Änderung eines Teilsystems, ohne die gleichzeitige Änderung der anderen Teilsysteme.

Hierbei ist es stets wichtig, dass die Schnittstellen der Teilsysteme stabil bleiben, denn nur dann kann jedes Teilsystem für sich angepasst werden. Im nächsten Kapitel folgt eine kleine Einführung in das mächtige Architekturmuster MVC.

21.1.1 Die Teilsysteme des MVC Architekturmusters

Bild 21-2 zeigt die verschiedenen Teilsysteme des MVC-Architekturmusters und deren Interaktion. In einer wirklichen Bedieneroberfläche ist es typisch, dass mehr als ein Controller für eine View und eventuell mehrere Views für ein Model existieren. Zur Wahrung der Übersichtlichkeit wurden sie jedoch zu jeweils einem Symbol zusammengefasst.

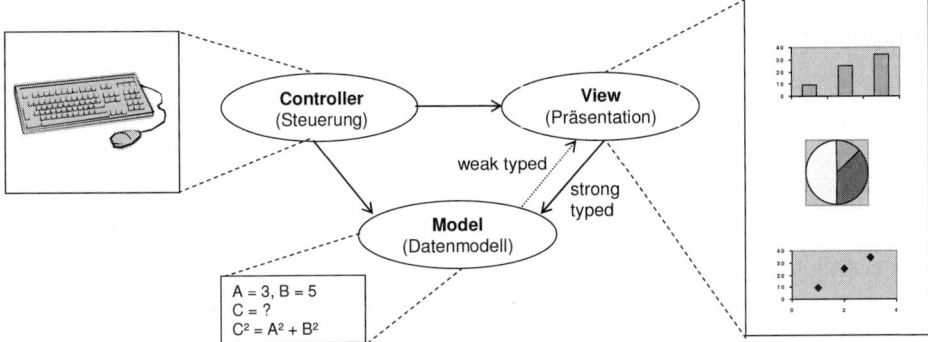

Bild 21-2 Interaktion der Teilsysteme beim MVC Architekturmuster

Da Model, View und Controller über festgelegte Protokolle kommunizieren, ist es möglich, bei Einhaltung der Protokolle ein Teilsystem (Model, View oder Controller) gegen eine andere Version auszutauschen.

Der Controller nimmt die Eingaben des Benutzers entgegen, übergibt die eingegebenen Daten an das Model und steuert in Abhängigkeit der Bedieneingaben die View. Typische Eingabegeräte, von denen ein Controller Benutzereingaben entgegennimmt, sind die Tastatur und die Maus.

Aufgaben des Controllers:

- **Bedienereingaben annehmen**,
- Eingegebene **Daten an das Model übergeben**,
- **Views** in Abhängigkeit von den Bedienereingaben **steuern**.

Der Kern des Programms, die Verarbeitungslogik, bildet das Teilsystem Model. Dieses Teilsystem stellt die Programmfunktionen bereit, die der Benutzer mit Hilfe des Controllers aufrufen kann.

Aufgaben des Models:

- **Bereitstellen** der **Verarbeitungsfunktionen** (Programmlogik) und Funktionen zur **Manipulation** der Daten.
- **Anmeldungen von Views annehmen** zur Benachrichtigung bei Datenänderung,
- **Views** über erfolgte Änderungen im Model **benachrichtigen.**

Das Teilsystem View ist für die Ausgabe des Programms zuständig. Die View steht in enger Interaktion mit dem Model, da die View die Daten bzw. den Zustand des Models dem Nutzer darstellt.

Aufgaben der View:

- **Darstellen** des Zustandes des Models für den Nutzer
- **Daten** beim Model nach einer Änderungsnachricht **abfragen**
- Auffrischen der **Darstellung mit den aktualisierten Daten**

Der spezielle Interaktionsmechanismus zwischen Model und View wird im nächsten Kapitel näher beleuchtet.

21.1.2 Interaktion zwischen Model und View

Die View präsentiert die Daten bzw. den Zustand des Models. Wenn sich die Daten des Models ändern, ist es notwendig, dass die View die Präsentation der Daten entsprechend aktualisiert. Dazu muss eine entsprechende Kommunikation zwischen der View und dem Model hergestellt werden, damit die View immer die Informationen anzeigt, die im Model gespeichert sind.

Es gibt grundsätzlich zwei Arten, wie eine solche Kommunikation aussehen könnte. Entweder frägt die View in regelmäßigen Abständen das Model, ob eine Datenänderung stattgefunden hat, dies nennt man Polling, oder das Model informiert die View, wenn sich die Daten geändert haben. Die zweite Art der Kommunikation wird durch das Entwurfsmuster Beobachter (Publisher-Subscriber) beschrieben und im Architekturmuster MVC zur Kommunikation zwischen Model und View eingesetzt.

Das Beobachtermuster kann immer dann angewendet werden, wenn sich ein Teilsystem für bestimmte Änderungen in einem anderen Teilsystem interessiert, so wie sich die View für die Änderung der Daten des Models interessiert. Es werden zwei Rollen definiert, es gibt den Beobachter (Subscriber) und es gibt das Objekt (Publisher), das beobachtet wird. Der Beobachter meldet sich bei dem zu beobachtenden Objekt an, um bei einer Änderung informiert zu werden. Ändert sich der Zustand des beobachteten Objektes, so werden alle Beobachter vom beobachteten Objekt darüber informiert. Ein Beobachter wird als Folge einer Benachrichtigung den neuen Zustand des Objektes auslesen und auf den neuen Zustand reagieren.

Überträgt man nun das Beobachtermuster auf den speziellen Anwendungsfall zur Implementierung der Kommunikation zwischen der View und dem Model, so

bekommt die View die Rolle des Beobachters und das Modell die Rolle des beobachteten Objekts. Die View meldet sich beim Model an, um über Änderungen der Daten
im Model informiert zu werden. Die Implementierung dieser Anmeldung geht am einfachsten, indem zur Laufzeit eine Referenz der View, dem Beobachter, an das Model
übergeben wird. Der folgende Programmausschnitt zeigt einen typischen Aufruf:

```
// Model
. . . . .
// Anmeldemethode des Models
public void beobachterAnmelden (Beobachter beobachter)
{
    . . . . .
}


// View implementiert die Schnittstelle Beobachter

// Konstruktor der View
public View (Model model)
{
    // Die View meldet sich als Beobachter beim Model an.
    model.beobachterAnmelden (this);
}
```

Beim Erstellen der View wird das Model beim Konstruktoraufruf als Parameter
übergeben. Die View meldet sich beim Model als Beobachter an. Das Model kann
von mehr als einer View beobachtet werden. Dies entspricht wiederum der Natur
einer grafischen Oberfläche, bei der es mehr als eine Präsentation für ein spezielles
Model gibt. Bei einer Datenänderung informiert das Model alle angemeldeten Views.
Die Änderung der Präsentation auf dem Bildschirm wird durch die View nach einer
Änderungsbenachrichtigung durchgeführt.

Die View kennt den genauen Typ des Models, da sie die speziellen Daten des
Models präsentiert. Die View hält also eine Referenz auf ein spezielles Model (strong
typed). Für das Model ist es jedoch unerheblich, von welcher View es beobachtet
wird. Daher benötigt das Model nur eine Referenz der View mit einem allgemeinen
Typ (weak typed). Ein solcher allgemeiner Typ könnte z.B. eine Schnittstelle sein, die
eine Methode update() beinhaltet. Wenn sich die Daten des Models geändert
haben, ruft das Model diese Methode von jeder angemeldeten View auf.

```
public interface Beobachter
{
    public void update();
}
```

21.1.3 Verbindung von View und Controller

In der klassischen Beschreibung des MVCs gibt es zwischen dem Teilsystem View
und Controller eine klare Trennung. Dies macht vor allem dann Sinn, wenn die
Eingabe klar von der Ausgabe getrennt werden kann. Es gibt jedoch speziell im Falle
von grafischen Oberflächen Beispiele, bei denen eine klare Auftrennung schwierig
ist:

- Betrachtet man eine Textbox, wird es schwer fallen eine exakte Trennung ihres Controllers und ihrer View vorzunehmen. Einerseits kann die Textbox dazu verwendet werden, in der Rolle der View Text anzuzeigen und andererseits kann die Textbox in der Rolle des Controllers dazu verwendet werden, Benutzereingaben entgegenzunehmen.

- Oft verändert eine Komponente der grafischen Oberfläche ihr Aussehen, wenn der Benutzer eine Eingabe macht. Ein gutes Beispiel ist das Drücken einer Schaltfläche. Während des Drückens verändert sich die Schaltfläche. Sie wird scheinbar in die Oberfläche eingedrückt, ganz so wie ein Schalter an einem realen Gerät. Dieses Verhalten steuert der Controller, er ändert also das Aussehen der View.

Controller und View sind, wie man an diesen Beispielen sieht, eng miteinander verknüpft. Eine spezifische View verwendet immer einen ganz spezifischen Controller. Ein Textfeld verwendet einen Controller, der Zeichen von der Tastatur entgegennimmt und ein Controller einer Schaltfläche steuert das Drücken und Loslassen der Schaltfläche. Aussehen und Verhalten (auch **Look and Feel** genannt) sind zwei aufeinander abgestimmte Einheiten. Es macht beispielsweise keinen Sinn den Controller einer Textbox mit der View einer Schaltfläche zu kombinieren. Für jede Komponente existiert damit ein Paar aus Controller und View.

Innerhalb der Swing-API wird das Prinzip der Bündelung von Controller und View verwendet, um eine besondere Eigenschaft umzusetzen. Es ist möglich zur Laufzeit das Verhalten und das Aussehen der Swing Komponenten zu ändern, diese Eigenschaft von Swing wird **Pluggable Look and Feel** genannt. Im nächsten Kapitel wird näher auf diese Eigenschaft eingegangen.

21.2 Die Swing-Architektur

Die Architektur der Swing-API ist an das MVC-Architekturmuster angelehnt. Das bedeutet, jede Komponenten (z.B. eine Schaltfläche oder ein Textfeld) besitzt ein Model, mindestens einen Controller und mindestens eine View. In der Swing-Architektur wird Controller und View gebündelt und als **Delegate** bezeichnet. Die wichtigsten Klassen und ihre Zusammenarbeit sind im Bild 21-3 dargestellt:

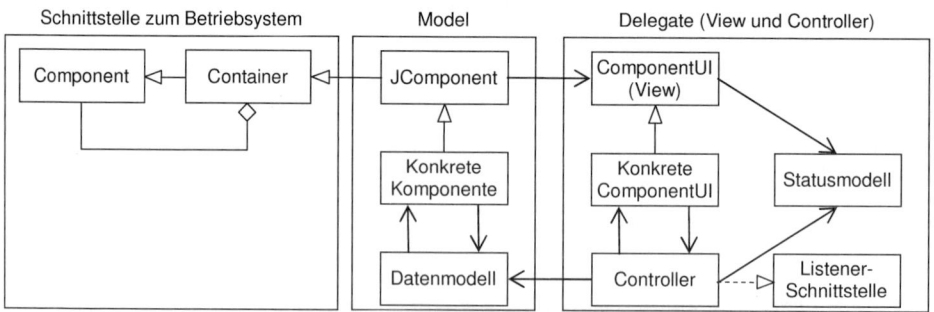

Bild 21-3 Die Swing-Architektur

Die Klassen `Component` und `Container` auf der linken Seite bilden zusammen die Schnittstelle zum Windowmanager[166] des Betriebssystems. Für jedes Betriebssystem werden dabei unterschiedliche Wrapper benötigt, welche die Java-Welt in eine auf dem Betriebssystem lauffähige Umgebung hüllen. Das Kapitel 21.4.3 geht genauer auf dieses Thema ein. Die Klasse `Container` hat ihren Namen, weil sie die Eigenschaft besitzt, viele Objekte vom Typ `Component` aufnehmen und verwalten zu können, um komplexere Komponenten zu bilden. Genutzt wird diese Eigenschaft, wenn mehr als eine Komponente in einem Fenster platziert werden. Beispielsweise ist es möglich, mehrere Textboxen in einem Fenster anzuzeigen.

In der Mitte des Bildes befindet sich die abstrakte Klasse `JComponent`. Sie ist aus Sicht des Entwicklers die wichtigste Klasse der Swing-API, da sie die Grundfunktionalität von Swing beinhaltet. Sie wird von allen konkreten Komponenten erweitert. Abhängig von der Art der Komponente kann vom Entwickler ein eigenes Datenmodell zur Verfügung gestellt werden. Der mittlere Teil entspricht dem Model des MVC-Musters, da hier die Datenverarbeitung und Datenhaltung implementiert sind.

Im rechten Teil von Bild 21-3 werden die am Delegate beteiligten Klassen dargestellt. Der Klasse `ComponentUI` kommt eine zentrale Rolle zu, sie ist die Schnittstelle zum Delegate. Das Model überlässt es dem Delegate, die Bildschirmrepräsentation der Komponente zu zeichnen und die Behandlung der Benutzereingaben zu übernehmen. Für jede einzelne Komponente gibt es eine Erweiterung der Klasse `ComponentUI`, um die speziellen Eigenschaften einer Komponente bereitzustellen. Es ist nicht zwingend notwendig, dass die View und der Controller in einer gemeinsamen Klasse implementiert werden, wie man es bei dem Begriff Delegate vermuten könnte. Bei allen Swing-Komponenten wird die View in einer von `ComponentUI` abgeleiteten Klasse implementiert. Der Controller als weitere Klasse implementiert die in Java üblichen Schnittstellen, um Benutzereingaben zu verarbeiten. Auf die Behandlung von Benutzereingaben wird im Kapitel 21.3 eingegangen.

Im rechten Teil des Bildes ist zusätzlich ein Statusmodel dargestellt, das vom Delegate benötigt wird, um den "grafischen" Status der Komponente zu verwalten. Eine Schaltfläche kann gedrückt oder nicht gedrückt sein. In Abhängigkeit vom Statusmodel zeichnet die View die Komponente. Der Controller ändert in Reaktion auf Benutzereingaben sowohl das Datenmodell der Komponente als auch das Statusmodell. Die Auftrennung der Datenverwaltung in ein Datenmodell und ein Statusmodell erlaubt die vollständige Abtrennung des Delegate von der Verarbeitungslogik der Komponente, das heißt dem Model.

Eine der wesentlichen Besonderheiten von Swing, das **Pluggable Look and Feel**, basiert auf der Bündelung des Controllers und der View zum Delegate. Pluggable Look and Feel bedeutet, dass es möglich ist, Aussehen und Verhalten der Komponenten zur Laufzeit zu ändern.

Java ist eine Laufzeitumgebung für verschiedene Plattformen. Die Benutzer jeder Plattform sind ein bestimmtes Aussehen und Verhalten der darauf laufenden Programme gewohnt. Da die Benutzer sich so daran gewöhnt haben, und fremd wirkende Programme eher ungerne benutzen, bietet Swing die Möglichkeit, das

---

[166] Teil des Betriebssystems, um grafische Elemente wie z.B. ein Fenster darzustellen und zu verwalten.

Aussehen und das Verhalten der grafischen Oberfläche für das jeweilige Betriebssystem anzupassen. Somit fügen sich Swing-Anwendungen in die gewohnte Umgebung des Benutzers ein. Glücklicherweise muss dafür nicht eine Programmzeile
geschrieben werden.

Wird ein Programm gestartet, so wählt die Laufzeitumgebung zunächst die für Swing
Anwendungen typische Oberfläche aus. Sie heißt Metal und sieht so aus wie in
folgendem Bild 21-4 dargestellt.

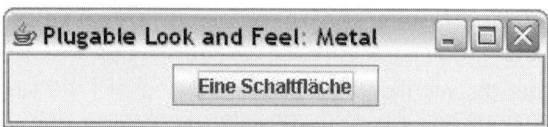

Bild 21-4 Metal Look and Feel

Möchte man eine andere Oberfläche verwenden, so kann dies durch die Übergabe
eines Parameters beim Start der Java Laufzeitumgebung erreicht werden. Um unter
Windows ein gewohntes Aussehen zu erreichen, setzt man den Parameter
`swing.defaultlaf` auf das gewünschte Aussehen. Der folgende Beispielaufruf
zeigt wie es gemacht wird:

```
java -Dswing.defaultlaf=
    com.sun.java.swing.plaf.windows.WindowsLookAndFeel
```

Das Ergebnis ist in Bild 21-5 zu sehen. Die Ähnlichkeit mit der Original Windows
Schaltfläche ist sehr groß.

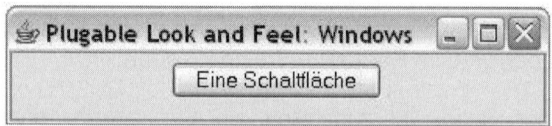

Bild 21-5 Windows Look and Feel

Die Swing-Bibliothek wird mit mehreren Standard Look and Feels ausgeliefert. Für
die gängigsten Betriebssysteme existiert ein Look and Feel, das die Oberfläche des
jeweiligen Betriebssystems nachahmt. Die folgende Tabelle gibt eine Übersicht über
die Standard Look and Feels:

Look and Feel	Look and Feel Klasse
Metal (Standard)	`javax.swing.plaf.metal.MetalLookAndFeel`
Synth	`javax.swing.plaf.synth.SynthLookAndFeel`
Multi	`javax.swing.plaf.multi.MultiLookAndFeel`
CDE/Motif	`com.sun.java.swing.plaf.motif.MotifLookAndFeel`
Windows (XP)	`com.sun.java.swing.plaf.windows.WindowsLookAndFeel`
Windows Classic	`com.sun.java.swing.plaf.windows.WindowsClassicLookAndFeel`
GTK+	`com.sun.java.swing.plaf.gtk.GTKLookAndFeel`

Tabelle 21-1 Standard Look and Feels

Nicht jedes Look and Feel ist auf allen Betriebssystemen vorhanden. GTK+ steht nur auf Unix/Linux Plattformen zur Verfügung. Für Windows gibt es zwei eigene Look and Feels. Es wird sowohl die Oberfläche von Windows XP, als auch die klassische Windows-Oberfläche unterstützt. Das **"Metal"** Look and Feel ist immer vorhanden und der Standard für alle Java Programme.

Es gibt noch weitere Möglichkeiten, das Look and Feel zu ändern:

- **Dauerhaftes Festlegen** des Standard Look and Feel. Dazu wird in der Datei `swing.properties` im Verzeichnis `<JRE>`[167]`/lib` das Standard Look and Feel durch den Eintrag des Parameters `swing.defaultlaf` eingestellt. Hier ein Beispiel:

```
swing.defaultlaf =
com.sun.java.swing.plaf.windows.WindowsLookAndFeel
```

- **Zur Laufzeit** kann ein Look and Feel über die Klasse `UIManager` aus dem Paket `javax.swing` geändert werden. Dazu wird die Klassenmethode `setLookAndFeel()` aufgerufen. Als einziger Parameter wird entweder ein Objekt vom Typ `LookAndFeel` oder der Name des Look and Feel übergeben.

```
UIManager.setLookAndFeel
("com.sun.java.swing.plaf.windows.WindowsLookAndFeel")
```

21.3 Ereignisbehandlung für Swing

Mit der Einführung des Beobachtermusters in Kapitel 21.1.2 wurde ein Mechanismus für eine ereignisbasierte Kommunikation vorgestellt. Betrachtet man die Datenänderung des Models als ein Ereignis, so eröffnet das Model in Folge des Auftretens dieses Ereignisses eine Kommunikation mit der View. Das Model sendet eine Nachricht an die View, um ihr das Ereignis der Datenänderung mitzuteilen.

An der Ereignisverarbeitung sind immer mindestens drei Objekte beteiligt:

- Die **Ereignisquelle (Event-Source)** ist ein Objekt, das Ereignisnachrichten generiert, z.B. eine Schaltfläche.
- Eine **Ereignisnachricht (Event-Objekt)** beschreibt das Ereignis und liefert dazu passende Kontextinformationen.
- Der **Ereignisempfänger (Event-Listener)** ist ein Objekt, welches auf Ereignisse reagieren möchte. Ein Ereignisempfänger ist ein Objekt, das beispielsweise über die Betätigung einer Schaltfläche benachrichtigt wird.

Eine ereignisbasierte Kommunikation wird sehr häufig verwendet, um Systemteile lose zu koppeln. Zwei oder mehr Systemteile sind lose gekoppelt, wenn Sie zur Entwurfszeit keine Beziehung haben und erst zur Laufzeit in eine Kommunikationsbeziehung treten. Am Beispiel des Models und der View des MVC Musters ist dies

---

[167] Verzeichnis, in dem die Java Runtime Environment (JRE) installiert ist.

leicht einzusehen. Das Model ist die Quelle der Nachricht, die View der Empfänger. Sie treten erst in eine Kommunikationsbeziehung, nachdem sich die View beim Model zur Laufzeit registriert hat, um über Datenänderung informiert zu werden. Der Vorteil dieser losen Kopplung liegt darin, dass Quelle und Empfänger unabhängig voneinander entwickelt und geändert werden können. Beispielsweise kann das Model unabhängig von der View entwickelt werden.

Vorteile der Auftrennung von Quellen und Empfängern:

- Ermöglicht **unabhängigere Entwicklung** von Quellen und Empfänger.
- **Sparsame Kommunikation!** Es werden nur die Objekte über ein Ereignis informiert, die an der Quelle registriert sind.
- Schwache Kopplung zwischen Quellen und Empfängern.

Bild 21-6 zeigt die an der Ereignisbehandlung beteiligten Objekte und den notwendigen Ablauf, um eine lose Kopplung zwischen Quelle und Empfänger zu etablieren.

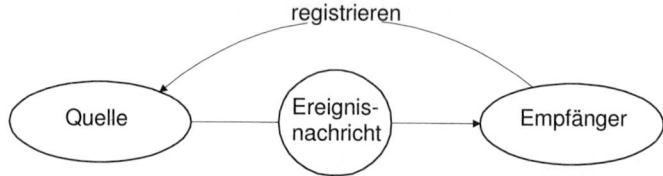

Bild 21-6 Konzept der Ereignisverarbeitung

Zwischen der Quelle und dem Empfänger besteht eine lose Kopplung, über die Nachrichten über aufgetretene Ereignisse ausgetauscht werden. Eine solche Nachricht wird auch Ereignisnachricht genannt. Ereignisnachrichten tragen neben der Information, dass ein bestimmtes Ereignis aufgetreten ist, auch Kontextinformationen über das Ereignis. Wird beispielsweise eine Taste der Maus gedrückt, so wird eine Ereignisnachricht vom Betriebssystem an das Programm gesendet, über dem der Mauszeiger aktuell verweilt. Die Ereignisnachricht enthält als Kontextinformation die Koordinaten des Mauszeigers auf dem Bildschirm. Das Programm kann nun anhand der Koordinaten bestimmen, wie auf den Tastendruck reagiert werden muss.

Die Kommunikation zwischen dem Betriebssystem und einem Programm zur Weitergabe von Ereignissen ist asynchron zum normalen Programmablauf. Wenn ein Ereignis auftritt, so wird der normale Programmablauf an geeigneter Stelle unterbrochen und die Ereignisbehandlung wird ausgeführt. Unter Windows werden Ereignisse in einem Puffer abgelegt, der vom Betriebssystem gefüllt wird. Das Programm entnimmt die Ereignisse aus dem Puffer und verarbeitet diese. Andere Betriebssysteme verwenden ähnliche Mechanismen, um Ereignisse asynchron an die Programme weiterzuleiten.

Unter Ereignisverarbeitung versteht man die asynchrone Verarbeitung von Nachrichten. Diese Nachrichten werden meist durch einen Benutzer ausgelöst. Beispiele hierfür sind das Drücken einer Schaltfläche oder das Minimieren eines Fensters.

Die Ereignisverarbeitung lässt sich durch folgenden Ablauf beschreiben:

- Zuerst muss sich ein **Empfänger bei** der **Quelle registrieren**, um bei einem eingetretenen Ereignis automatisch benachrichtigt zu werden. Bei jeder Quelle können sich gleichzeitig mehrere Empfänger registrieren.
- Nachdem ein **Ereignis eingetreten ist**, **sendet** die **Quelle** eine **Ereignisnachricht** an alle registrierten Empfänger.

In Swing gibt es für Empfänger, Quellen und Ereignisse spezielle Klassen und Schnittstellen, um die Programmierung zu vereinfachen.

21.3.1 Ereignishierarchie

Die Klasse `EventObject` aus dem Paket `java.util` ist die Basisklasse aller Ereignisse. Anhand des Paketes kann man bereits erkennen, dass die Kommunikation über Events nicht alleine für die Oberflächenprogrammierung geeignet ist, sondern auch für andere Bereiche sinnvoll sein kann. Die Klasse `EventObject` besitzt die Methode `getSource()`, die eine Referenz auf die Ereignisquelle zurückgibt, welche die Nachricht ausgelöst hat:

```
public Object getSource()
```

Die Vaterklasse der Ereignisse für grafische Oberflächen ist die Klasse `AWTEvent` aus dem Paket `java.awt`. Sie ist von `EventObject` abgeleitet und die Vaterklasse aller Ereignisse für AWT und Swing. Die meisten Ereignis-Klassen befinden sich in den Paketen `java.swing.event` und `javax.awt.event`.

Eine Ereignisquelle kann oft **verschiedene Ereignisse** auslösen und verteilen. Dabei werden mehrere Ereignisse einer Quelle häufig in einer Klasse gebündelt, um die Übersicht in der Klassenhierarchie zu erhalten. In der Klasse `java.awt.event.MouseEvent` sind beispielsweise alle Ereignisse implementiert, die durch die Maus ausgelöst werden können. Um beim Empfang einer Ereignisnachricht das genaue Ereignis herauszufinden, besitzt jedes Ereignis eine eigne Ereignis-ID. Die IDs der Ereignisse sind jeweils in der speziellen Ereignis-Klasse definiert. In der Klasse `AWTEvent` ist die Methode `getID()` implementiert. Sie gibt die eindeutige Ereignis-ID des Ereignisses zurück:

```
public int getID()
```

Es ist auch möglich, eigene Ereignisse zu implementieren. Dabei ist darauf zu achten, dass die IDs der Ereignisse oberhalb des Wertes `AWTEvent.RESERVED_ID_MAX` liegt, da alle Werte darunter für die Verwendung durch Swing und

AWT reserviert sind. Als nächstes folgt im Bild 21-7 eine Übersicht über die wichtigsten Ereignisklassen.

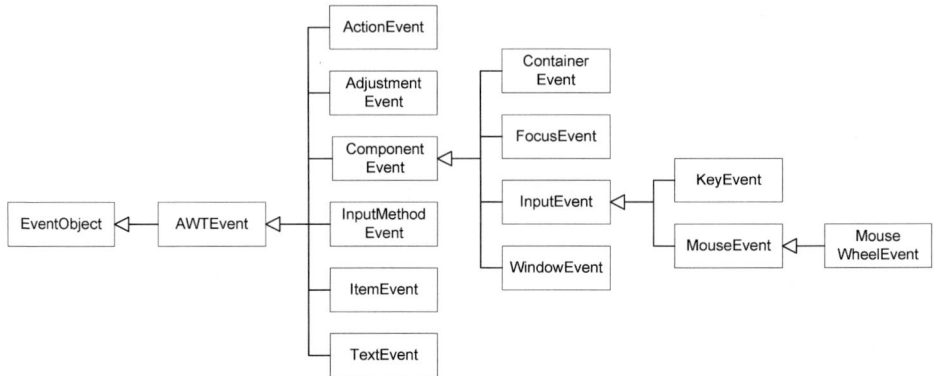

Bild 21-7 Event-Hierarchie unterhalb von AWTEvent

Ereignisse werden in **"Low-Level"**- und **"High-Level"-Ereignisse** eingeteilt. "Low-Level"-Ereignisse werden vom Benutzer ausgelöst, über das Betriebssystem empfangen und zur Java-Anwendung weitergeleitet. Die Quelle der Ereignisse ist das Betriebssystem (bzw. der Benutzer). Ein gutes Beispiel ist das Drücken einer Taste auf der Tastatur. "High-Level"-Ereignisse werden direkt innerhalb des Java Programms erzeugt. Quelle solcher Ereignisse sind z.B. die Komponenten von Swing.

21.3.2 Beobachten von Ereignissen

Damit ein Objekt bestimmte Ereignisse empfangen kann, muss es eine zur Ereignis-art passende Listener-Schnittstelle implementieren und sich bei der Ereignisquelle registrieren. Die Ereignisquelle ruft beim Auftreten eines Ereignisses die entsprechende Methode der Listener-Schnittstelle bei den registrierten Objekten auf und übergibt das Ereignisobjekt.

Für jedes Ereignis gibt es eine oder mehrere korrespondierende Listener-Schnitt-stellen, die für jeden Ereignistyp eine entsprechende Methode enthalten. Beispiels-weise korrespondiert die Klasse `MouseListener` zum Ereignis `MouseEvent`. Im `MouseListener` sind z.B. die Methoden `mousePressed()` oder `mouse-Released()` deklariert, die vom Empfänger-Objekt implementiert werden müssen. Beim Aufruf der Methoden wird nur ein einzelner Parameter – das Ereignisobjekt – übergeben. Die Ereignisverarbeitung des Controllers wird in Java durch die Implementierung geeigneter Event-Listener durchgeführt.

Alle Listener werden von `java.util.EventListener` abgeleitet und liegen im Paket `java.awt.event`. Sehen Sie sich die folgende Klassenhierarchie der EventListener an, und vergleichen Sie diese mit der oben dargestellten Event-Hierarchie.

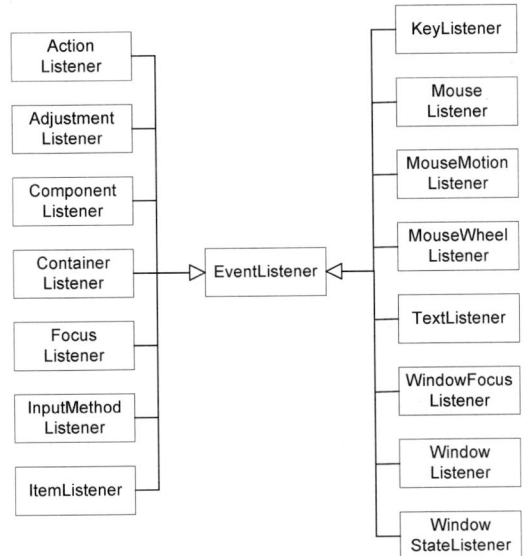

Bild 21-8 Event-Listener-Schnittstellen

21.3.3 Adapterklassen für die Ereignisbehandlung

Häufig möchte man nur auf einen Teil der Ereignisse reagieren, die durch die Implementierung einer Listener-Schnittstelle möglich wären. Trotzdem ist man gezwungen, auch die nicht benötigten Methoden zu implementieren, da sie durch die Schnittstelle vorgegeben werden. Um den unnötigen Implementierungsaufwand zu vermeiden, gibt es Adapterklassen, die man als Basisklasse für die Implementierung eines eigenen Listeners verwenden kann. Der Adapter implementiert alle von der Listener-Schnittstelle vorgegebenen Methoden. Die eigene Implementierung überschreibt dann nur noch die Methoden, die notwendig sind, um auf die gewünschten Ereignisse zu reagieren. Die wichtigsten Adapterklassen und die korrespondierenden Event-Listener-Interfaces sind in der folgenden Tabelle aufgelistet:

Listener-Interface	Adapter-Klasse
ComponentListener	ComponentAdapter
ContainerListener	ContainerAdapter
FocusListener	FocusAdapter
KeyListener	KeyAdapter
MouseListener	MouseAdapter
MouseMotionListener	MouseMotionAdapter
WindowListener	WindowAdapter

Tabelle 21-2 Adapter-Klassen für die Eventverarbeitung

21.3.4 Ereignisse, Listener und Adapter

Die folgende Übersicht gibt einen Überblick über alle bisher vorgestellten Ereignisarten, zugehörige Listener-Schnittstellen und eventuell vorhandene Adapter:

Ereignistyp	Listener-Schnittstelle	Adapter-Klasse
ActionEvent	ActionListener	
AdjustmentEvent	AdjustmentListener	
ComponentEvent	ComponentListener	ComponentAdapter
ContainerEvent	ContainerListener	ContainerAdapter
FocusEvent	FocusListener	FocusAdapter
InputMethodEvent	InputMethodListener	
ItemEvent	ItemListener	
KeyEvent	KeyListener	KeyAdapter
MouseEvent	MouseListener	MouseAdapter
	MouseMotionListener	MouseMotionAdpater
MouseWheelEvent	MouseWheelListener	
TextEvent	TextListener	
WindowEvent	WindowFocusListener	
	WindowListener	WindowAdapter
	WindowStateListener	

Tabelle 21-3 Übersicht über Ereignisse, Listener-Schnittstellen und Adpater-Klassen

21.3.5 Ereignisquellen

Jedes beliebige Objekt kann eine Ereignisquelle sein. Bei der Oberflächenprogrammierung sind es aber vor allem die Komponenten und Container, also beispielsweise Fenster, Schaltflächen, Menüs oder Bildlaufleisten (Scrollbars), die Ereignisnachrichten versenden. Damit die Ereignisquelle überhaupt ein Ereignis versendet, muss sich der Ereignisempfänger zuvor bei der Ereignisquelle registriert haben. Ohne die Registrierung bleibt die Quelle still und der Empfänger wird folglich auch nicht über ein aufgetretenes Ereignis informiert.

Die **Vorgehensweise beim Implementieren** einer **Ereignisbehandlung** ist:

- die Ereignisquelle anzulegen,
- den Ereignisempfänger zu bestimmen,
- den Empfänger bei der Quelle zu registrieren.

Die **Registrierung** erfolgt mit Methoden nach dem Muster addXYZListener(), wobei XYZ für die Art des Ereignisses steht, z.B. addMouseListener(), um ein Objekt für den Empfang von Mausereignissen zu registrieren. An diese Methoden wird üblicherweise die Referenz eines Objekts übergeben, welches die entsprechende Listener Schnittstelle implementiert. Allgemein bieten Komponenten mehrere Methoden an, mit denen man ein Objekt als Empfänger für verschiedene Ereignisse registrieren kann.

Hier ein Beispiel für das Registrieren:

```
public class ButtonFrame extends JFrame implements ActionListener
{
    public ButtonFrame()
    {
```

```
      JButton okButton = new JButton ("OK");
      okButton.addActionListener (this);
  }

  // Die Schnittstelle ActionListener schreibt die Methode
  // actionPerformed vor.
  public void actionPerformed(ActionEvent ae)
  {
      // Hier wird der Code zur Behandlung des aufgetretenen
      // Ereignisses eingefügt.
  }
}
```

Im obigen Quellcode wird zur Laufzeit mit dem Aufruf `okButton.addAction-Listener (this)` ein Objekt übergeben, das die Schnittstelle `ActionListener` implementiert. Die Schnittstelle schreibt die Implementierung der Methode `actionPerformed()` vor. Bei der Quelle vom Typ `JButton` handelt es sich um eine Schaltfläche. Die Methode `actionPerformed()` wird von der Quelle aufgerufen, wenn die Schaltfläche vom Benutzer gedrückt wurde.

Wie bereits erwähnt, ist es möglich, beliebig viele Empfänger bei einer Ereignisquelle zu registrieren. Allerdings kann nicht vorhergesagt werden, in welcher Reihenfolge die Quelle die Empfänger beim Eintreten eines Ereignisses informiert.

21.3.6 Ereignisbehandlung und Nebenläufigkeit

Die Ereignisbehandlung ist – wie bereits gesagt – asynchron zum normalen Programmablauf. Allerdings muss darauf geachtet werden, dass nur der Einsprung in die Ereignisbehandlung asynchron ist. Die eigentliche Behandlung des Ereignisses findet im gleichen Thread statt in dem auch das Programm üblicherweise abläuft. Aus dieser Aussage müssen folgende Konsequenzen gezogen werden:

- Blockiert aus irgendeinem Grund die Methode, welche die Ereignisbehandlung durchführt, so bleibt das gesamte Programm stehen.

- Sind mehr als ein Empfänger an einer Quelle angemeldet, so werden nachfolgende Empfänger nicht mehr über das Ereignis informiert.

- Benötigt die Ereignisbehandlung länger als 40 ms, so wird der Benutzer eine Verzögerung bemerken. Daher ist bei der Behandlung von Ereignissen darauf zu achten, dass die verbrauchte Zeit möglichst kurz ist. Wird mehr Zeit verbraucht, so ist dies nicht tragisch, solange die Behandlung selten aufgerufen wird. Kommt jedoch der Aufruf der Behandlung häufig vor, sollte dies geändert werden.

Da Java Multithreading-fähig ist, stellt sich wie bei jeder anderen Klassenbibliothek auch bei Swing die Frage, wie mit konkurrierenden Zugriffen von mehreren Threads auf die Oberfläche umgegangen wird. Beim Entwurf des AWT wurde großen Wert auf Multithreading-Sicherheit gelegt. Es wird sichergestellt, dass verschiedene Threads auf die Oberfläche zugreifen können, ohne sich gegenseitig zu beeinträchtigen wie z.B. sich gegenseitig zu blockieren.

Dies war unter anderem ein Grund für die mangelnde Geschwindigkeit von AWT-Oberflächen. Bei der **Swing-Klassenbibliothek** wurde **bis auf wenige Ausnahmen auf** die **Threadsicherheit verzichtet**. Es sollte also vermieden werden, mit mehreren Threads gleichzeitig auf eine Swing-Oberfläche zuzugreifen, um z.B. Aktualisierungen von Daten im Model durchzuführen. Besteht doch einmal die Notwendigkeit, mit mehreren Threads auf die Oberfläche zugreifen zu müssen, so kann dies mit den Methoden `invokeLater()` oder `invokeAndWait()` der Klasse `Swing-Utilities` getan werden. Dort wird die Ausführung des Threads in die Oberflächen-Event-Queue[168] eingereiht.

Mit der Klasse `SwingWorker` kommt seit Java 6 eine weitere, bereits sehr verbreitete Möglichkeit hinzu, lang andauernde Arbeitsvorgänge in einen Hintergrundprozess auszulagern. Die Klasse `SwingWorker` gibt es bereits solange wie Swing selbst, sie war bisher jedoch nur außerhalb des JDK in separaten APIs verfügbar. Die Verwendung ist ähnlich wie die eines Threads, jedoch kann eine Instanz von `SwingWorker` Prozessdaten sicher an den Thread der grafischen Oberfläche zurückgeben. Bei der Vorstellung der Komponente `JProgressBar` wird die Klasse `SwingWorker` verwendet, um den Prozessfortschritt vom Hintergrundprozess abzufragen und in der Oberfläche darzustellen (siehe Kap. 21.5.4.3).

21.3.7 Implementierungsvarianten bei der Ereignisbehandlung

Im Folgenden werden verschiedene programmtechnische Möglichkeiten zur Realisierung einer Ereignisbehandlung vorgestellt.

21.3.7.1 Implementieren einer Event-Listener-Schnittstelle

Die einfachste Möglichkeit, eine Ereignisbehandlung durchzuführen, ist die entsprechende Event-Listener-Schnittstelle zu implementieren. Die Klasse kann dadurch auf mehr als eine Ereignisart reagieren, wenn sie mehrere Schnittstellen implementiert. Allerdings müssen auch die Methoden implementiert werden, für die eigentlich gar keine Ereignisbehandlung stattfinden soll. Die Event-Quelle und der Event-Listener können auch in zwei verschiedenen Klassen implementiert werden, um die View vom Controller zu trennen.

```
import javax.swing.*;
import java.awt.*;
import java.awt.event.*;

public class . . . . . implements XYZListener
{
    public . . . . . ()
    {
        addXYZListener (this);
    }
}
```

---

[168] Alle Ereignisse, die auf eine Swing-Oberfläche einwirken – z.B. Mausklicks oder Tastendrücke –, werden in eine Event-Queue (Ereignis-Warteschlange) eingereiht und dann sequenziell abgearbeitet.

```
   public void . . . . . (XYZEvent event)
   {
       . . . . . .
   }

   public void . . . . . (XYZEvent event)
   {
       . . . . . .
   }

   public void . . . . . (XYZEvent event)
   {
       . . . . . .
   }
}
```

21.3.7.2 Ereignisbehandlung mit Elementklassen

Mit Hilfe einer Elementklasse, die in Kapitel 15.1 eingeführt wurde, kann die Ereignisbehandlung kompakt implementiert werden. Dazu leitet die Elementklasse vom passenden Event-Adapter ab, oder implementiert die notwendigen Event-Listener-Schnittstellen. Die Ereignisbehandlung findet in der Klasse statt, in der auch das Ereignis auftritt.

```
import javax.swing.*;
import java.awt.*;
import java.awt.event.*;

public class . . . . . extends JFrame
{
   public . . . . . ()
   {
       addXYZListener (new MyListener());
   }
   class MyListener extends XYZAdapter
   {
       public void . . . . . (XYZEvent event)
       {
           . . . . .
       }
   }
}
```

21.3.7.3 Implementieren einer anonymen Klasse

Eine Alternative zur Ereignisbehandlung mit Elementklassen stellt die Verwendung von anonymen Klassen dar, bei der ähnlich wie mit einer Elementklasse dort, wo die Ereignisquelle implementiert ist, die Ereignisbehandlung stattfindet. Die Vor- und Nachteile sind dieselben wie bei der Ereignisbehandlung mit Elementklassen, mit der Einschränkung, dass es keine Möglichkeit gibt, mehr als einen Ereignistyp zu behandeln. Die anonyme Klasse muss entweder direkt oder indirekt von einem Event-Adapter abgeleitet sein oder ein bestehendes Event-Listener-Interface implementieren. Vorteilhaft bei dieser Vorgehensweise ist der verringerte Aufwand, da keine

separate Klassendefinition angelegt werden muss. Die Implementierung der Adapterklasse erfolgt an der Stelle, an der die Registrierung des Nachrichten-Empfängers
stattfindet. Anonyme Klassen eignen sich vor allem, wenn sehr wenig Code für den
Ereignisempfänger benötigt wird.

```
import javax.swing.*;
import java.awt.*;
import java.awt.event.*;

public class . . . . . extends JFrame
{
    public . . . . .
    {
        JComponent.addXYZListener (new XYZAdapter ()
        {
            public void . . . . . (XYZEvent event)
            {
            }
        });
    }
}
```

21.3.7.4 Programmierung eines Empfängers für mehrere Komponenten

Ein Dialog hat häufig mehr als eine Komponente, für die eine Ereignisbehandlung
stattfinden muss. Im folgenden Beispiel dient eine Schaltfläche als Ereignisquelle, bei
dem sich der Event-Listener anmeldet. In der Methode `actionPerformed()` wird
mit `getSource()` die Eventquelle ermittelt und abhängig davon die eigentliche
Action-Methode ausgewählt. Dies hat den Vorteil, dass die Klasse `SymAction` mit
der Methode `actionPerformed()` von mehreren Event-Quellen als Event-Listener
verwendet werden kann, aber abhängig von der Quelle die Reaktion unterschiedlich
ist.

```
import javax.swing.*;
import java.awt.*;
import java.awt.event.*;

public class MyFrame extends JFrame
{
    public MyFrame ()
    {
        JButton okButton = JButton ("OK");
        add (okButton);
        SymAction lSymAction = new SymAction ();
        okButton.addActionListener (lSymAction);
    }

    class SymAction implements ActionListener
    {
        public void actionPerformed (actionEvent event)
        {
            Object object = event.getSource ();
            if (object == okButton)
                okButton_Clicked (event);
```

```
            if (object == . . . . . )
                . . . . . (event);
        }
    }

    void okButton_Clicked (java.awt.event.ActionEvent event)
    {
        . . . . .
    }
}
```

21.3.8 Häufig verwendete Ereignisse

In den folgenden zwei Kapiteln werden zwei häufig verwendete Event-Typen erläutert. Für eine Beschreibung der anderen Typen wird auf die Java- und Swing-Klassenbibliothek verwiesen. Es werden komplette Beispiele gezeigt, die bereits Komponenten verwenden, welche erst in Kapitel 21.5 erläutert werden. Es empfiehlt sich daher zunächst dieses Kapitel zu überspringen und nach der Lektüre der Swing Komponenten noch einmal hierher zurückzukehren.

21.3.8.1 Maus-Ereignisse

Maus-Ereignisse werden durch die Klasse java.awt.event.MouseEvent und die Spezialisierung java.awt.event.MouseWheelEvent bereitgestellt. Zur Verarbeitung der Events stehen verschiedene Listener-Schnittstellen zur Verfügung, die durch den Programmierer implementiert werden müssen, wenn die Anwendung über Maus-Ereignisse informiert werden soll:

```
public interface MouseMotionListener extends EventListener
{
    // Aufruf, wenn die Maus mit gedrückter Maustaste bewegt wird
    public void mouseDragged (MouseEvent e);

    // Aufruf, wenn die Maus ohne gedrückter Maustaste bewegt wird
    public void mouseMoved (MouseEvent e);
}
public interface MouseListener extends EventListener
{
    // Aufruf, wenn eine Maustaste gedrückt und wieder losgelassen
    // wurde
    public void mouseClicked (MouseEvent e);

    // Aufruf, wenn eine Maustaste gedrückt wird
    public void mousePressed (MouseEvent e);

    // Aufruf, wenn eine Maustaste losgelassen wird
    public void mouseReleased (MouseEvent e);

    // Aufruf, wenn der Mauszeiger in die Komponente eintritt
    public void mouseEntered (MouseEvent e);

    // Aufruf, wenn der Mauszeiger die Komponente verlässt
    public void mouseExited (MouseEvent e);
}
```

```
public interface MouseWheelListener extends EventListener
{
    // Aufruf, wenn das Mausrad gedreht wird
    public void mouseWheelMoved (MouseWheelEvent e);
}
```

Eine Anwendung die sich für Maus-Ereignisse interessiert, muss sich bei der Ereignisquelle anmelden. Dazu wird die entsprechende Registrierungsmethode der Quelle aufgerufen. Als Parameter wird eine Implementierung der jeweiligen Listener-Schnittstelle übergeben:

- `public void addMouseListener (MouseListener l)`
- `public void addMouseMotionListener (MouseMotionListener l)`
- `public void addMouseWheelListener (MouseWheelListener l)`

Das Ereignis für das Drehen des Mausrades unterscheidet in seiner Auswirkung dahingehend von den übrigen Maus-Ereignissen, dass die Position des Zeigers meist keine Rolle spielt. Wurde bei einer Komponente kein EventListener für das Mausrad angemeldet, wird das Ereignis in der Container-Hierarchie so lange "nach oben" weitergereicht, bis ein Container die Schnittstelle `MouseWheelListener` implementiert. Ist dies eine Instanz der Klasse `JScrollPane`, wird mit dem Rollen des Fensterinhaltes reagiert, da die Klasse `JScrollPane` die Schnittstelle `MouseWheel-Listener` implementiert.

Hier ein Beispielprogramm für Maus-Ereignisse:

```
// Datei: MausEreignisse.java

import java.awt.*;
import java.awt.event.*;
import javax.swing.*;
import javax.swing.event.MouseInputListener;

public class MausEreignisse extends JFrame
                  implements MouseInputListener, MouseWheelListener
{
    private static final long serialVersionUID = 1L;
    private int clicked, pressedLeft, pressedRight, released,
        entered, exit, dragged, moved;
    private JTextField clickedField, pressedLeftField,
        pressedRightField, releasedField, exitField, enteredField,
        draggedField, movedField;
    private JSlider slider;

    public MausEreignisse()
    {
        // Übergabe des Fenstertitels an die Superklasse
        super ("Maus-Ereignisse");
        setDefaultCloseOperation (WindowConstants.EXIT_ON_CLOSE);

        // Setzen des Layout-Managers
        setLayout (new GridLayout (9, 2));
```

```java
    // Erzeugung der Labels und der TextFelder
    // zur Anzeige der Events
    add (new JLabel ("Klick :"));
    clickedField = new JTextField (15);
    add (clickedField);

    add (new JLabel ("Linksklick :"));
    pressedLeftField = new JTextField (15);
    add (pressedLeftField);

    add (new JLabel ("Rechtsklick :"));
    pressedRightField = new JTextField (15);
    add (pressedRightField);

    add (new JLabel ("Loslassen :"));
    releasedField = new JTextField (15);
    add (releasedField);

    add (new JLabel ("Eintritt :"));
    enteredField = new JTextField (15);
    add (enteredField);

    add (new JLabel ("Austritt :"));
    exitField = new JTextField (15);
    add (exitField);

    add (new JLabel ("Ziehen :"));
    draggedField = new JTextField (15);
    add (draggedField);

    add (new JLabel ("Bewegen :"));
    movedField = new JTextField (15);
    add (movedField);

    add (new JLabel ("Mausrad :"));
    slider = new JSlider();
    add (slider);
    // Einschalten der GlassPane, damit auf der gesamten
    // Fensterarbeitsfläche Mausereignisse empfangen werden können
    getGlassPane().setVisible (true);

    // Registrieren dieses Objektes an der GlassPane
    // als MouseListener
    getGlassPane().addMouseListener (this);

    // Registrieren dieses Objektes an der GlassPane
    // als MouseMotionListener
    getGlassPane().addMouseMotionListener (this);

    // Registrieren dieses Objektes an der GlassPane
    // als MouseWheelListener
    getGlassPane().addMouseWheelListener (this);

    pack();
}
```

```
// ab hier folgt die Eventbehandlung

// implementiert den MouseListener
public void mouseClicked (MouseEvent event)
{
   clickedField.setText ("" + (++clicked));
}

// implementiert den MouseListener
public void mousePressed (MouseEvent event)
{
   // Abfrage, ob rechte Maustaste gedrückt wurde.
   // Dies geschieht, indem man die so genannten Modifier mit
   // der META_MASK vergleicht. Trifft der Vergleich zu, so
   // ist die rechte Maustaste gedrückt worden. Falls nicht,
   // so ist die linke gedrückt worden.
   if (event.getModifiers() == InputEvent.META_MASK)
   {
      pressedRightField.setText ("" + (++pressedRight));
   }
   else
   {
      pressedLeftField.setText ("" + (++pressedLeft));
   }
}

// implementiert den MouseListener
public void mouseReleased (MouseEvent event)
{
   releasedField.setText ("" + (++released));
}

// implementiert den MouseListener
public void mouseEntered (MouseEvent event)
{
   enteredField.setText ("" + (++entered));
}

// implementiert den MouseListener
public void mouseExited (MouseEvent event)
{
   exitField.setText ("" + (++exit));
}

// implementiert den MouseMotionListener
public void mouseDragged (MouseEvent event)
{
   draggedField.setText ("" + (++dragged));
}

// implementiert den MouseMotionListener
public void mouseMoved (MouseEvent event)
{
   movedField.setText ("" + (++moved));
}
```

```
// implementiert den MouseWheelListener
public void mouseWheelMoved(MouseWheelEvent e)
{
    slider.setValue(slider.getValue() + e.getWheelRotation());
}

public static void main (String[] args)
{
    MausEreignisse fenster = new MausEreignisse ();
    fenster.setVisible (true);
}
}
```

Die Oberfläche des Programms sieht folgendermaßen aus:

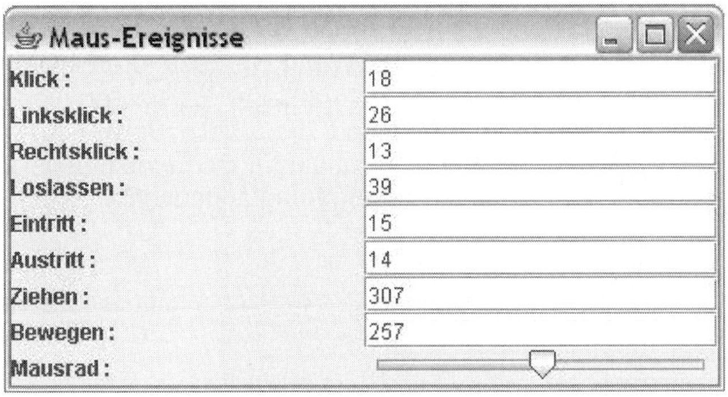

Bild 21-9 Maus-Ereignisse

Dieses Beispiel zeigt die Verwendung der Ereignistypen `MouseEvent` und `Mouse-WheelEvent`. Beachtenswert ist dabei, wie an Hand der Informationen des Event-Objekts festgestellt werden kann, welche Maustaste gedrückt wurde. Beim Auftreten eines Events wird der entsprechende Zähler erhöht und auf dem Frame ausgegeben.

Da die Komponenten die gesamte Zeichenfläche abdecken, wird die Glass-Pane[169] hier benutzt, um an einer Stelle alle Maus-Ereignisse des Fensters und seiner Komponenten abzufangen. Generell ist sie ausgeschaltet (d.h. nicht sichtbar), da man die Komponenten wie etwa Schieberegler direkt beeinflussen möchte. Aus genau diesem Grund ist das direkte Verschieben des Reglers im Beispiel nicht möglich, sondern nur über das Drehen am Mausrad. Ohne Benutzung der Glass-Pane müsste man den Listener an jeder einzelnen Komponente registrieren. Es fällt schnell auf, dass beim Ziehen-und-Halten ein Ereignis für das Loslassen einer Maustaste generiert wird. Somit können die Werte für die Klicks und das Loslassen unterschiedlich sein, wie es im Bildschirmausdruck ersichtlich wird.

21.3.8.2 Tastatur-Ereignisse

Tastatur-Ereignisse werden durch die Klasse `KeyEvent` implementiert. Wenn eine Anwendung Tastatur-Ereignisse verarbeiten möchte, muss sie eine Implementierung der Schnittstelle `awt.event.KeyListener` bei der Ereignisquelle anmelden. Dazu

---

[169] Siehe Kap. 21.4.4.

ruft sie die Methode `addKeyListener()` der Ereignisquelle auf und übergibt eine Implementierung der folgenden Schnittstelle:

```java
public interface KeyListener extends EventListener
{
    // Aufruf, wenn eine Taste gedrückt und wieder losgelassen wurde
    public void keyTyped (KeyEvent e);

    // Aufruf, wenn eine Taste gedrückt wird
    public void keyPressed (KeyEvent e);

    // Aufruf, wenn eine Taste losgelassen wurde
    public void keyReleased (KeyEvent e);
}
```

Der folgende Programmcode implementiert die vorgestellte Schnittstelle `KeyListener`. Ein Textfeld dient als Ereignisquelle. Wenn ein Tastaturereignis auftritt, werden die Signale der Quelle durch den Listener verarbeitet. Es werden die zuletzt gedrückt Taste, die zuletzt losgelassene Taste und die zuletzt verwendete Taste in drei statischen Texten angezeigt. Wobei die Signale für die zuletzt losgelassene und zuletzt verwendete Taste nur mit kurzer Verzögerung auftauchen.

```java
// Datei: TastaturEreignisse.java

import java.awt.*;
import java.awt.event.*;
import javax.swing.*;

public class TastaturEreignisse extends JFrame
implements KeyListener
{
    private static final long serialVersionUID = 1L;

    private JLabel pressed;
    private JLabel released;
    private JLabel typed;

    public TastaturEreignisse ()
    {
        super ("Beispiel: Tastatur-Ereignisse");
        setDefaultCloseOperation (WindowConstants.EXIT_ON_CLOSE);
        setLayout (new GridLayout (4,1));

        // Textfeld für Eingaben anlegen
        JTextField tf = new JTextField ("schreibe hier");
        // KeyListener registrieren
        tf.addKeyListener (this);

        // Ausgabe
        pressed = new JLabel ("Taste gedrückt:");
        released = new JLabel ("Taste losgelassen:");
        typed = new JLabel ("Taste geschrieben:");

        add (tf);
        add (pressed);
        add (released);
```

```
        add (typed);
        setSize (300,200);
    }

    public void keyTyped (KeyEvent e)
    {
        typed.setText ("Taste '" + e.getKeyChar() +
            "' geschrieben - Code: " + e.getKeyCode());
    }

    public void keyPressed (KeyEvent e)
    {
        pressed.setText ("Taste '" + e.getKeyChar() +
            "' gedrückt - Code: " + e.getKeyCode());
    }

    public void keyReleased (KeyEvent e)
    {
        released.setText ("Taste '" + e.getKeyChar() +
            "' losgelassen - Code: " + e.getKeyCode());
    }

    public static void main (String[] args)
    {
        TastaturEreignisse f = new TastaturEreignisse();
        f.setVisible (true);
    }
}
```

Beim Erstellen des folgenden Bildschirmausdrucks wurde die Tastenkombination Strg+Druck verwendet, die als kleines Rechteck angezeigt wird, da es sich um eine Steuertaste ohne Darstellung handelt. Weil noch immer die Taste 'z' als letzte geschriebene ausgegeben wird, lässt sich erkennen, dass das Signal für "loslassen" vor dem Signal "geschrieben" von der Quelle gesendet wird.

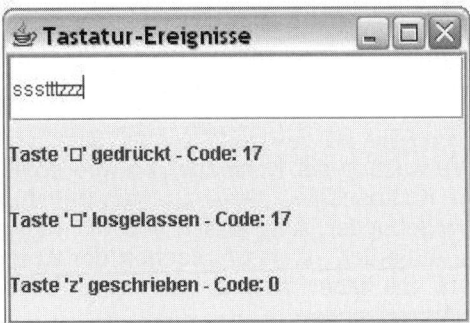

Bild 21-10 Tastatur-Ereignisse

21.4 Integration von Swing in das Betriebssystem

AWT ist das Akronym für "Abstract Window Toolkit" und erlaubt das Gestalten von grafischen Benutzeroberflächen mittels vorgefertigter Komponenten. Es unterscheidet sich in wesentlichen Punkten vom moderneren Swing.

Das AWT ist die ursprüngliche Klassenbibliothek in Java zur Programmierung von grafischen Oberflächen. Sie wurde erstmals mit dem JDK 1.0 ausgeliefert. Obwohl sie heute wegen ihrer vielen Probleme und Schwächen bereits überholt ist, bildet sie mit einigen Klassen immer noch das Fundament der JFC.

Zur Darstellung der Komponenten greift das AWT auf Funktionen des Betriebssystems zu, auf dem das Programm gerade abläuft. Das Zeichnen der Oberfläche wird also vom Betriebssystem erledigt. Dies hat den Vorteil, dass die **Komponenten in der vom jeweiligen Betriebssystem gewohnten Form dargestellt** werden und das Zeichnen an sich schnell von statten geht. Die Komponenten des AWT werden deswegen als **schwergewichtige Komponenten** bezeichnet.

21.4.1 Schwergewichtige Komponenten

Im AWT waren alle Komponenten so genannte **schwergewichtige Komponenten** (heavyweight components). Die Bezeichnung schwergewichtig rührt daher, wie diese Komponenten erzeugt und auf der Oberfläche gezeichnet werden. Bei schwergewichtigen Komponenten handelt es sich um Komponenten, die durch das Betriebssystem zur Verfügung gestellt werden. Um diese zeichnen zu können, wird **jede dieser Komponenten** in ein eigenes **Fenster**[170] gelegt und an die virtuelle Maschine übergeben. Diese weist das Betriebssystem an, die Komponente darzustellen. Die Anbindung der Komponenten des Betriebssystems erfolgt mit so genannten **Peer-Objekten**. Da Java-Programme jedoch unabhängig vom jeweiligen Betriebssystem eines Rechners sein sollen, musste auch das AWT unabhängig vom Betriebssystem werden. Dies wurde durch die **Peer-Objekte** erreicht, indem sie **für jedes Betriebssystem neu geschrieben** werden. Sie stellen die Brücke zwischen der Java-Welt und dem zu Grunde liegenden Betriebssystem dar. Jede der Komponenten in AWT entspricht einem grafischen Element des darunter liegenden Betriebssystems. Für jedes Paar, bestehend aus der AWT Komponente und dem grafischen Element des Betriebssystems, wird ein Peer-Objekt als Mittler benötigt (siehe Bild 21-11).

Da auf unterschiedlichen Betriebssystemen oft auch sehr unterschiedliche Komponenten zu finden sind, konnte für das AWT nur die Schnittmenge der auf allen Betriebssystemen vorhandenen Komponenten realisiert werden. Das AWT hatte folglich nur eine sehr begrenzte Auswahl an Komponenten.

Ein weiteres Problem von AWT ist, dass jede Komponente in einem eigenen Fenster gezeichnet wird. Die Verwaltung der Komponenten wird somit sehr aufwendig und dadurch auch langsam. Komponenten, die von einem Betriebssystem kommen und über ein Peer-Objekt angebunden sind, lassen sich nicht erweitern und an eigene Bedürfnisse anpassen. Außerdem ist das **Aussehen der Komponenten auf jedem Betriebssystem anders**. Sie haben somit auf den verschiedenen Betriebssystemen meist unterschiedliche Abmessungen.

---

[170] Mit Fenstern sind hier nicht die üblichen, dem Benutzer bekannten Fenster gemeint. Vielmehr ist ein Fenster nur ein unabhängiger Bereich auf der Oberfläche des darunterliegenden Betriebssystems.

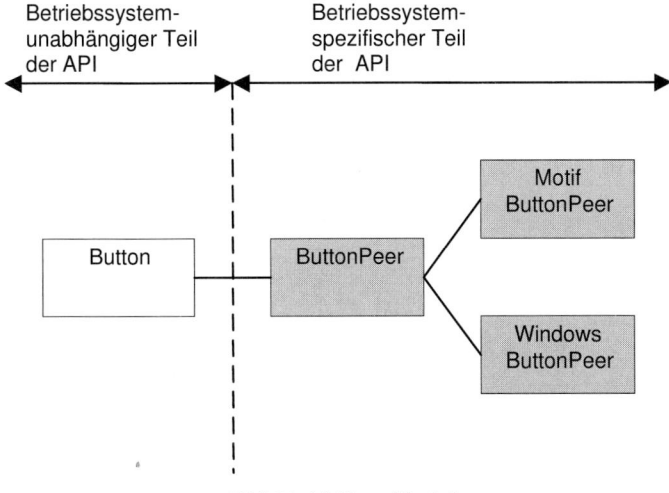

Bild 21-11 Peer Modell

Selbst unter Verwendung der in Java zur Verfügung gestellten Layout-Manager war es für einen Programmierer nur mit sehr großem Aufwand möglich, komplexe Oberflächen zu programmieren.

21.4.2 Leichtgewichtige Komponenten

Anders als schwergewichtige Komponenten kommen **leichtgewichtige Komponenten** (lightweight components) ohne einen Partner auf der Betriebssystemseite, das heißt ohne ein Peer-Objekt aus. Leichtgewichtige Komponenten werden von Java selbst gezeichnet.

Die Swing-Komponenten sind vollständig in Java implementiert und stellen so genannte **leichtgewichtigen Komponenten** dar. Diese Komponenten zeichnen sich auf dem Bildschirm, ohne dabei Funktionen des Betriebssystems zu verwenden. Das Zeichnen wird also von der JVM selbst durchgeführt. Dadurch ist das Aussehen von leichtgewichtigen Komponenten vom verwendeten Betriebssystem unabhängig. **Anwendungen**, die auf Swing basieren, können **auf verschiedenen Betriebssystemen ein einheitliches Aussehen** haben.

21.4.3 Die Swing Top-Level-Container

Es wurde bereits erwähnt, dass die Swing-Klassenbibliothek auf dem AWT aufbaut. Die **Containerklassen** von AWT: `Frame`, `Dialog`, `Window` und `Applet` wurden übernommen und durch Ableitung erweitert. Diese neuen abgeleiteten Klassen von Swing heißen `JFrame`, `JDialog`, `JWindow` und `JApplet`. Sie werden als **Top-Level Container**[171] bezeichnet und werden **von Swing als Zugang zu der vom Betriebssystem verwalteten Oberfläche genutzt und repräsentieren somit schwergewichtige Komponenten**.

---

[171] Es gibt außerdem noch leichtgewichtige Container, die nicht vom Betriebssystem stammen. Sie dienen zur Gruppierung der Komponenten innerhalb der Top-Level Container. Beispiel für solche Container sind die Klasse `JPanel` oder die Klasse `JScrollPane`.

Die Klassen `JFrame`, `JDialog` und `JWindow` sind Klassen, die Bildschirmfenster darstellen. Die Klasse `JApplet` wird für das Erzeugen von Browser-Applets benötigt. Es handelt sich bei diesen Klassen um "Fenster", die es erlauben, andere grafische Elemente auf ihnen zu platzieren. Alle leichtgewichtigen Swing-Komponenten werden in ihnen betriebssystemunabhängig gezeichnet. Dadurch werden die weiter oben erwähnten Nachteile weitgehend kompensiert.

Das folgende Bild zeigt ein Klassendiagramm mit den zur Verfügung stehenden Top-Level-Containern auf der rechten Seite und ihren Beziehungen zur Klasse `Container`:

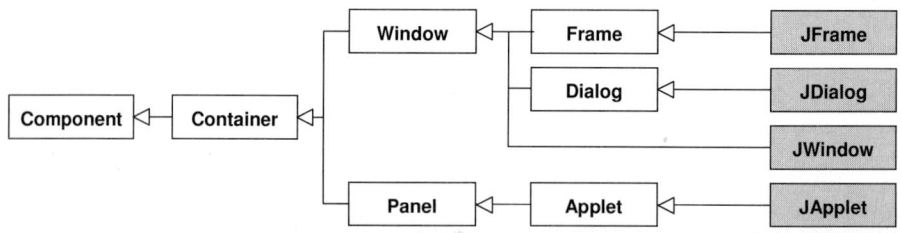

Bild 21-12 Klassendiagramm der Swing Top-Level-Container

21.4.3.1 JFrame

Objekte der Klasse `JFrame` besitzen einen Rahmen und eine Titelleiste. Zusätzlich sind optional Schaltflächen zum Schließen, Minimieren und Maximieren des Fensters sowie ein System-Menü[172] vorhanden. Eine Instanz der Klasse `JFrame` lässt sich z.B. mit folgendem Konstruktor erzeugen:

```
public JFrame (String titel)
```

Mit dem Parameter `titel` wird der Titel des Fensters gesetzt.

21.4.3.2 JDialog

Im Gegensatz zu Instanzen von `JFrame` besitzt ein Objekt der Klasse `JDialog` keine Schaltflächen zum Minimieren und Maximieren des Dialoges. Meistens ist ein Objekt der Klasse `JDialog` an ein Vaterfenster gebunden. Beim Schließen des Vaterfensters wird der Dialog automatisch mit geschlossen.

Das Vaterfenster und der Dialog können in einer modalen Beziehung zueinander stehen. Bevor der Benutzer zum Vaterfenster zurückkehren kann, muss er erst den Dialog schließen.

---

[172] Das System-Menü kann über ein Symbol an der linken Seite der Titelzeile aktiviert werden und bietet die Möglichkeit, die Fenstergröße und -position ohne Maus zu ändern.

Modale Dialoge sind dann sinnvoll, wenn der Benutzer im Dialog erst eine Eingabe abschließen muss, die einen Einfluss auf den Inhalt des Vaterfensters hat. Ein anderer Anwendungsfall für modale Dialoge ist die Führung des Benutzers durch das Programm. Auch Nachrichtenboxen mit kleinen Hinweisen für den Benutzer sind immer modale Dialoge. Der Benutzer muss die Nachricht erst bestätigen, bevor das Programm weiter arbeitet.

Ein Konstruktor von `JDialog` ist:

```
public JDialog (Frame eigner, String titel, boolean modal)
```

Der Parameter `eigner` gibt das Vaterfenster des Dialogs an, mit `titel` wird der Titel des Dialogs gesetzt und der Parameter `modal` bestimmt, ob der Dialog in einer modalen Beziehung zu seinem Vaterfenster steht.

21.4.3.3 JWindow

Die Klasse `JWindow` ist ähnlich der Klasse `JFrame`. Allerdings besitzen Instanzen der Klasse `JWindow` keinen Rahmen und keine Titelzeile. Dadurch ist es für den Benutzer nicht möglich, sie zu verschieben oder ihre Größe zu ändern.

Sicher kennen Sie von vielen Programmen die Startfenster, die eine Grafik mit dem Logo des Herstellers und dem Titel des Programms enthält. Diese Startfenster werden im englischen als Splashscreen bezeichnet. Ein solcher Splashscreen lässt sich mit der Klasse `JWindow` implementieren. Mit Java 6 wurde eine spezielle Komponente mitgeliefert, die einen Splashscreen implementiert. Diese Komponente wird in Kapitel 21.5.9.1 erläutert.

21.4.3.4 JApplet

Die Klasse `JApplet` ist eine Erweiterung der Klasse `Applet`. Sie wird verwendet, um mit Swing-Komponenten eine Applikation zu schreiben, die in einer HTML-Seite eingebettet wird (siehe Kap. 20). Applets haben heute an Bedeutung verloren. Es gibt andere Alternativen, um Programme auszuführen, die nicht auf dem Computer des Benutzers installiert sind, wie beispielsweise Java Web Start. Außerdem haben sich Applets nicht als Standard durchsetzen können. Besonders Applets, die auf Swing basieren, eignen sich daher nur in Spezialfällen.

Mit Ausnahme der Klasse `JApplet` bieten die Top Level Container von Swing folgende Methoden, die bei der Programmierung wichtig sind:

- `public void setDefaultCloseOperation (int operation)`

  Der Parameter `operation` bestimmt, was passieren soll, wenn das Fenster geschlossen wird. Der Defaultwert ist `HIDE_ON_CLOSE`, das heißt das Fenster wird nur unsichtbar gemacht, aber nicht zerstört. Mit dem Wert `EXIT_ON_CLOSE` werden nach dem Schließen des Fensters alle mit der Benutzeroberfläche zusammenhängenden Programmteile geschlossen, unabhängig davon, ob noch andere Fenster offen sind oder nicht. Sind keine weiteren Threads der Anwendung aktiv, wird die gesamte Anwendung geschlossen. Diese Einstellung eignet sich also besonders für das Hauptfenster der Anwendung. Wenn dieses geschlossen wird,

wird automatisch die Anwendung beendet. Die Konstanten sind in der Schnittstelle `WindowConstants` im Paket `javax.swing` definiert. Sehen Sie sich an, welche weiteren Konstanten dort definiert sind und probieren Sie auch diese aus.

- `public void setVisible (boolean b)`

  Um ein Fenster sichtbar oder unsichtbar zu machen, wird die Methode `set-Visible()` aufgerufen. Wird als Parameter `true` übergeben, wird das Fenster sichtbar, mit `false` wird es unsichtbar.

- `public void dispose()`

  Mit dem Aufruf dieser Methode wird das Fenster geschlossen und anschließend vernichtet.

- `public void setSize (int width, int height)`

  Um die Größe des Fensters zu setzen, wird die Methode `setSize()` mit zwei Parametern aufgerufen. Der erste Parameter bestimmt die Breite des Fensters und der zweite die Höhe in Pixeln.

21.4.4 Das Ebenenmodell der Fenster

Alle Top-Level-Container besitzen verschiedene Ebenen, mit denen bestimmte Fähigkeiten und Eigenschaften von Swing-Oberflächen verbunden sind. Ein Beispiel für die Verwendung von verschiedenen Ebenen in einem Fenster ist das Anzeigen von Komponenten übereinander. Das Kontextmenü eines Fensters sollte grundsätzlich über allen anderen Komponenten liegen, damit es sichtbar ist. Mit einer einzigen Ebene wäre es sehr mühsam, dieses Kontextmenü zu realisieren, da der Programmierer dann selbst darauf achten müsste, dass das Kontextmenü als letzte Komponente gezeichnet wird, und somit über den anderen grafischen Elementen des Fensters liegt. Mit mehr als einer Ebene lässt sich die Sichtbarkeit von übereinander liegenden Komponenten leichter kontrollieren, da Komponenten, die sich in einer weiter oben liegenden Ebene befinden, später gezeichnet werden.

Die verschiedenen Ebenen eines Top-Level-Containers werden in Bild 21-13 dargestellt. Die unterste Ebene ist die **Root-Pane**. Sie ist vom Typ `JRootPane` und ist der Ausgangspunkt des Ebenenmodells eines Top-Level-Containers. Jede Instanz der Klasse `JRootPane` verwaltet zwei weitere Ebenen – die Layered-Pane und die Glass-Pane. Die Top-Level-Container `JFrame`, `JDialog`, `JWindow` und `JApplet` aggregieren genau eine Instanz von `JRootPane`. Diese wird automatisch beim Instantiieren des Top-Level-Containers erzeugt.

Die **Layered-Pane** ist ein Objekt vom Typ `JLayeredPane` und liegt zwischen der Root-Pane und der Glass-Pane. Je nachdem, welche Fähigkeiten von Swing durch eine Anwendung genutzt werden, sind weitere Ebenen notwendig, die in Bild 21-13 bis auf die Content-Pane und die Menüleiste nicht eingezeichnet sind, um die Übersicht zu wahren. Es ist die Aufgabe der Layered-Pane, diese Ebenen zu verwalten.

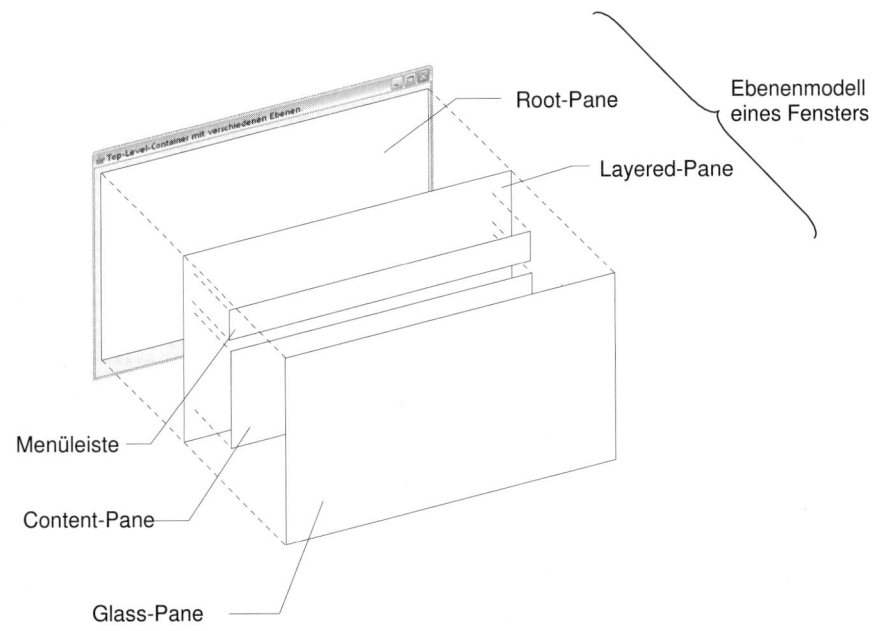

Bild 21-13 Ebenenmodell eines Top-Level-Containers

Die **Content-Pane** ist ein Objekt vom Typ `Container`. Sie enthält die grafischen Komponenten, die den eigentlichen Inhalt des Fensters ausmachen. Andere Objekte der Benutzeroberfläche wie zum Beispiel das Kontextmenü werden auf anderen Ebenen platziert.

Bis zum JDK 1.4 durften Komponenten nicht direkt dem Top-Level-Container hinzugefügt werden, sondern mussten auf der Content-Pane platziert werden. Ab Java 5 ist es möglich, die Komponenten dem Top-Level-Container hinzuzufügen. Dabei reicht der Top-Level-Container die Komponenten an die Content-Pane weiter.

Der folgende Ausschnitt aus einem Programm zeigt, wie eine Komponente, hier eine Schaltfläche vom Typ `JButton`, auf einem Fenster bzw. der Content-Pane platziert werden kann. Zunächst wird der konventionelle Weg verwendet, bei dem die Content-Pane geholt wird, um ihr die Schaltfläche hinzuzufügen. Anschließend wird der ab Java 5 zusätzlich gültige Weg gezeigt, bei dem scheinbar die Komponente direkt auf dem Fenster platziert wird.

```
// Anlegen eines Fensters
JFrame fenster = new JFrame ("Beispiel");

// Anlegen einer Schaltfläche
JButton button = new JButton ("drück mich");

// konventionelles Vorgehen, um Komponenten einem Fenster
// hinzuzufügen. Dabei wird zunächst die Content-Pane geholt.
fenster.getContentPane().add (button);
```

```
// neues Vorgehen: Komponenten einem Fenster hinzuzufügen
fenster.add (button);
```

Die **Menüleiste** ist ein Objekt vom Typ `JMenuBar`. Sie ist immer an ein Fenster gekoppelt und enthält die Menüpunkte, die in dem entsprechenden Fenster als Menüs aufrufbar sind. Im Kapitel 21.5.5 wird die Erstellung von Menüs erläutert.

Die **Glass-Pane** ist eine normalerweise durchsichtige Ebene. Sie ist die oberste Ebene und liegt über allen anderen. Sie wird hauptsächlich beim Eventhandling eingesetzt, um z.B. Benutzereingaben abzufangen, bevor sie von den jeweiligen Komponenten erfasst werden. Ein Beispiel für die Verwendung der Glass-Pane wird im Kapitel 21.3.8.1 gezeigt.

21.5 Swing-Komponenten

21.5.1 Statische Texte und Textfelder

Für einfache Dialoge sind statische Texte und Textfelder die Grundbausteine. Es können statische Texte im Dialog angezeigt werden und die Textfelder dienen dem Anwender zur Texteingabe. Eingaben des Anwenders werden automatisch von der entsprechenden Komponente entgegengenommen und im Datenmodell abgelegt. Mit der Methode `getText()` kann die Eingabe wieder aus dem Modell ausgelesen werden.

21.5.1.1 JLabel

Die Klasse `JLabel` stellt einen statischen Text[173] auf der grafischen Oberfläche dar und kann somit verwendet werden, um zusätzliche Beschriftungen einzufügen. Das folgende Programm erstellt ein Fenster, das einen statischen Text enthält:

```java
// Datei: JLabelBeispiel.java

import java.awt.*;
import javax.swing.*;

public class JLabelBeispiel extends JFrame
{
   private static final long serialVersionUID = 1L;

   public JLabelBeispiel()
   {
      super ("Beispiel: JLabel");
      setDefaultCloseOperation (WindowConstants.EXIT_ON_CLOSE);

      // Erzeugen eines statischen zentrierten Textes
      JLabel label = new JLabel ("Ein statischer Text");

      add (label);
      setSize (200, 65);
   }
```

---

[173] Ein statischer Text kann nur angezeigt, aber vom Benutzer nicht geändert werden.

```
   public static void main (String[] args)
   {
      JLabelBeispiel fenster = new JLabelBeispiel();
      fenster.setVisible (true);
   }
}
```

Das Bild 21-14 zeigt ein Fenster mit einem statischen Text, der mit einem Objekt der Klasse JLabel implementiert wurde:

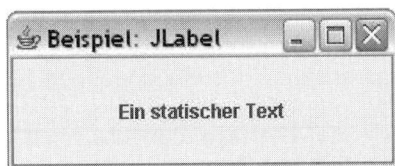

Bild 21-14 JLabel-Beispiel

21.5.1.2 JTextField

In ein Textfeld kann der Anwender zur Laufzeit des Programms Text eingeben. Für einfache Textfelder kann die Klasse JTextField verwendet werden. Das folgende Programm erstellt ein Fenster, das ein Textfeld enthält:

```java
// Datei: JTextFieldBeispiel.java

import java.awt.*;
import javax.swing.*;

public class JTextFieldBeispiel extends JFrame
{
   private static final long serialVersionUID = 1L;

   public JTextFieldBeispiel()
   {
      super ("Beispiel: JTextField");
      setDefaultCloseOperation (WindowConstants.EXIT_ON_CLOSE);

      // Textfeld erzeugen
      JTextField textFeld = new JTextField ("Vorgabe-Text");

      add (textFeld);
      setSize (250, 65);
   }

   public static void main(String[] args)
   {
      JTextFieldBeispiel fenster = new JTextFieldBeispiel();
      fenster.setVisible (true);
   }
}
```

Das Bild 21-15 zeigt ein Fenster mit einem Textfeld, das mit einem Objekt der Klasse JTextField implementiert wurde:

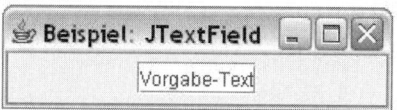

Bild 21-15 JTextField-Beispiel

21.5.1.3 JPasswordField

Die Klasse JPasswordField ist eine Erweiterung von JTextField. Es ermöglicht z.B. die verdeckte Eingabe von Passwörtern. Mit der Methode setEchoChar() wird das Zeichen festgelegt, das anstatt eines eingegebenen Zeichens angezeigt werden soll.

```java
// Datei: JPasswordFieldBeispiel.java

import java.awt.*;
import javax.swing.*;

public class JPasswordFieldBeispiel extends JFrame
{
    private static final long serialVersionUID = 1L;

    public JPasswordFieldBeispiel()
    {
        super ("Beispiel: JPasswordField");
        setDefaultCloseOperation (WindowConstants.EXIT_ON_CLOSE);

        // Textfeld erzeugen
        int groesse = 10;
        JPasswordField passwortFeld = new JPasswordField (groesse);
        passwortFeld.setEchoChar ('*');

        add (passwortFeld);
        setSize (300, 65);
    }

    public static void main (String[] args)
    {
        JPasswordFieldBeispiel fenster = new JPasswordFieldBeispiel();
        fenster.setVisible (true);
    }
}
```

Das Bild 21-16 zeigt ein Fenster mit einem Textfeld mit verdeckter Eingabe, das mit einem Objekt der Klasse JPaswordField implementiert wurde:

Bild 21-16 JPasswordField-Beispiel

21.5.1.4 JFormattedTextField

Die Klasse `JFormattedTextField` ist von `JTextField` abgeleitet. Sie bietet zusätzlich die Möglichkeit, ein zuvor definiertes Objekt der Klasse `Format` anzugeben, welches eine Formatierung des Feldinhaltes vorschreibt. Der im Textfeld angezeigte Text wird dann entsprechend der Vorgaben formatiert. Im folgenden Beispiel wird zur Formatierung des Textes ein Objekt der Klasse `NumberFormat` verwendet. Die Klasse `NumberFormat` ist von `Format` abgeleitet. Mit der Methode `setMinimumFractionDigits()` wird die Anzahl der Nachkommastellen bestimmt.

```java
// Datei: JFormattedTextFieldBeispiel.java

import java.awt.*;
import java.text.*;
import javax.swing.*;

public class JFormattedTextFieldBeispiel extends JFrame
{
   private static final long serialVersionUID = 1L;

   public JFormattedTextFieldBeispiel()
   {
      super ("Beispiel: JFormattedTextField");
      super.setDefaultCloseOperation(WindowConstants.EXIT_ON_CLOSE);

      // Format anlegen
      NumberFormat format = NumberFormat.getNumberInstance();
      // Anzahl der Nachkommastellen festlegen
      format.setMinimumFractionDigits (3);

      // Formatiertes Textfeld erzeugen
      JFormattedTextField formatField =
              new JFormattedTextField (format);

      // Wert in Textfelder eintragen
      formatField.setValue (new Double (20000.85));

      // TextFelder der ContentPane zufügen
      add (formatField);
      setSize (330, 65);
   }

   public static void main (String[] args)
   {
      JFormattedTextFieldBeispiel fenster =
         new JFormattedTextFieldBeispiel();
      fenster.setVisible (true);
   }
}
```

Das Bild 21-17 zeigt ein Fenster mit einem Textfeld, das ein voreingestelltes Format besitzt. Das Textfeld wurde mit einem Objekt der Klasse `JFormattedTextField` implementiert.

Bild 21-17 JFormattedTextField-*Beispiel*

21.5.1.5 JTextArea

Die Klasse JTextArea ist eine Implementierung eines mehrzeiligen Textfeldes. Das folgende Programm erstellt ein Fenster und ein mehrzeiliges Textfeld:

```java
// Datei: JTextAreaBeispiel.java

import javax.swing.*;

public class JTextAreaBeispiel extends JFrame
{
    private static final long serialVersionUID = 1L;
    public JTextAreaBeispiel ()
    {
        super ("Beispiel: JTextArea");
        setDefaultCloseOperation (WindowConstants.EXIT_ON_CLOSE);
        // Mehrzeiliges Textfeld erzeugen
        JTextArea textArea = new JTextArea (
            "Mehrzeiliger\nVorgabe-Text");
        add (textArea);
        setSize (250, 100);
    }

    public static void main (String[] args)
    {
        JTextAreaBeispiel fenster = new JTextAreaBeispiel();
        fenster.setVisible (true);
    }
}
```

Das Bild 21-18 zeigt ein Fenster mit einer mehrzeiligen Texteingabe. Die Texteingabe wurde mit einem Objekt der Klasse JTextArea implementiert.

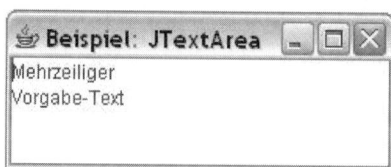

Bild 21-18 JTextArea-*Beispiel*

21.5.1.6 JEditorPane

Ein Objekt vom Typ JEditorPane ist eine Komponente, die HTML-Seiten oder einfachen Text anzeigen kann. Der Anwender kann auch Text eingeben. Das folgende Programm erstellt ein Fenster, das ein Objekt der Klasse JEditorPane enthält:

```java
// Datei: JEditorPaneBeispiel.java
import javax.swing.*;

public class JEditorPaneBeispiel extends JFrame
{
   private static final long serialVersionUID = 1L;
   public JEditorPaneBeispiel ()
   {
      super ("Beispiel: JEditorPane");
      setDefaultCloseOperation (WindowConstants.EXIT_ON_CLOSE);
      // EditorPane erzeugen
      JEditorPane editor = new JEditorPane();
      // EditorPane für die Anzeige von HTML bzw. Text konfigurieren
      editor.setContentType ("text/html;charset=UTF16");
      // Text in EditorPane einfügen
      editor.setText (
         "<html><h1>Überschrift</h1>HTML-Text</html>");
      add (editor);
      setSize (270, 120);
   }

   public static void main (String[] args)
   {
      JEditorPaneBeispiel fenster = new JEditorPaneBeispiel();
      fenster.setVisible (true);
   }
}
```

Das Bild 21-19 zeigt ein Fenster mit einer Ausgabefläche, die Texte im HTML-Format anzeigen kann. Die Ausgabefläche wurde mit einem Objekt der Klasse `JEditor-Pane` implementiert.

Bild 21-19 `JEditorPane`*-Beispiel*

21.5.2 Schaltflächen

Im Folgenden werden verschiedene Schaltflächen von Swing vorgestellt.

21.5.2.1 JButton

Die Klasse `JButton` stellt eine **Funktionsschaltfläche**[174] dar, wie zum Beispiel die Schaltfläche "OK" oder "Abbrechen". Mit dem folgenden Programm wird eine Schaltfläche in Swing erzeugt:

---

[174] Mit einer Funktionsschaltfläche kann der Benutzer mit der Maus oder der Tastatur Funktionen eines Programms auslösen.

```java
// Datei: JButtonBeispiel.java

import java.awt.*;
import javax.swing.*;

public class JButtonBeispiel extends JFrame
{
    static final long serialVersionUID = 1L;

    public JButtonBeispiel ()
    {
        super ("Beispiel: JButton");
        setDefaultCloseOperation (WindowConstants.EXIT_ON_CLOSE);
        setLayout (new FlowLayout());

        // Schaltfläche erzeugen
        JButton button = new JButton ("drück mich");

        add (button);
        setSize (230, 75);
    }

    public static void main (String[] args)
    {
        JButtonBeispiel fenster = new JButtonBeispiel();
        fenster.setVisible (true);
    }
}
```

Das folgende Bild 21-20 zeigt ein Fenster mit einer Schaltfläche. Die Schaltfläche wurde mit der Klasse JButton implementiert.

Bild 21-20 JButton-Beispiel

21.5.2.2 Icons

Icons (Ikonen) sind Grafiken, die auf Komponenten angebracht werden können. Um Bilder zu nutzen, wird ein Objekt vom Typ ImageIcon verwendet, welches die Bilddatei in den Speicher lädt und auf der Komponente zeichnet. Das folgende Beispiel demonstriert die Verwendung einer Ikonen-Grafik auf einer Schaltfläche:

```java
// Datei: JButtonIconBeispiel.java

import java.awt.*;
import javax.swing.*;

public class JButtonIconBeispiel extends JFrame
{
    static final long serialVersionUID = 1L;
```

```
public JButtonIconBeispiel ()
{
   super ("Beispiel: JButton mit Ikone");

   setDefaultCloseOperation (WindowConstants.EXIT_ON_CLOSE);
   setLayout (new FlowLayout());

   //Ikone erzeugen
   ImageIcon ikone = new ImageIcon ("duke.gif");

   // Schaltfläche erzeugen
   JButton button = new JButton ("drück mich", ikone);

   add (button);
   setSize (280, 130);
}

public static void main (String[] args)
{
   JButtonIconBeispiel fenster = new JButtonIconBeispiel();
   fenster.setVisible (true);
}
}
```

Das Bild 21-21 zeigt ein Fenster mit einer Ikone und Beschriftung auf einer Schaltfläche. Die Ikone wurde mit der Klasse `ImageIcon` implementiert.

Bild 21-21 Schaltfläche mit Ikone

21.5.2.3 JToggleButton

Ein Objekt vom Typ `JToggleButton` ist die einfachste Möglichkeit, eine Auswahlmöglichkeit anzubieten. Dieser Schaltflächentyp ist der "normalen" Schaltfläche sehr ähnlich. Allerdings bleibt diese Schaltfläche gedrückt, auch nachdem die Maustaste wieder losgelassen wurde, und kann nur durch erneutes Drücken wieder gelöst werden. Der Fachterm für eine solche Schaltfläche ist **Umschaltfläche**.

Durch die Gruppierung mehrerer Umschaltflächen kann eine 1-aus-N-Auswahl realisiert werden. Das folgende Beispiel zeigt zwei Umschaltflächen, die durch eine Instanz der Klasse `ButtonGroup` gruppiert werden. In einer Gruppe ist immer nur die zuletzt ausgewählte Schaltfläche selektiert:

```
// Datei: JToggleButtonBeispiel.java

import java.awt.*;
import javax.swing.*;
```

```
public class JToggleButtonBeispiel extends JFrame
{
    static final long serialVersionUID = 1L;

    public JToggleButtonBeispiel ()
    {
        super ("Beispiel: JToggleButton");
        setDefaultCloseOperation (WindowConstants.EXIT_ON_CLOSE);
        setLayout (new FlowLayout());

        // Schaltflächen erzeugen
        JToggleButton umschaltAn = new JToggleButton ("An");
        JToggleButton umschaltAus = new JToggleButton ("Aus");

        // Die Schaltflächen mit einem Objekt der Klasse
        // ButtonGroup gruppieren
        ButtonGroup gruppe = new ButtonGroup();
        gruppe.add (umschaltAn);
        gruppe.add (umschaltAus);

        add (umschaltAn);
        add (umschaltAus);
        setSize (300, 75);
    }

    public static void main (String[] args)
    {
        JToggleButtonBeispiel fenster = new JToggleButtonBeispiel();
        fenster.setVisible (true);
    }
}
```

Bild 21-22 zeigt das Fenster mit den zwei gruppierten Umschaltflächen.

Bild 21-22 JToggleButton-*Beispiel*

21.5.2.4 JCheckBox

Checkboxen (Kontrollkästchen) dienen der Auswahl von Optionen. Diese können durch Anklicken ausgewählt oder abgewählt werden. Ausgewählte Optionen werden durch ein kleines Häkchen oder Kreuz – je nach Look and Feel – dargestellt. Die Klasse JCheckBox ist eine Erweiterung der Klasse JToggleButton. Durch die Übergabe eines zweiten Parameters im Konstruktor der Klasse JCheckBox ist es möglich, eine Vorauswahl zu treffen. Wenn als Wert true angegeben wird, ist die Checkbox vorselektiert:

```
// Datei: JCheckBoxBeispiel.java

import java.awt.*;
import javax.swing.*;
```

```
public class JCheckBoxBeispiel extends JFrame
{
    private static final long serialVersionUID = 1L;

    public JCheckBoxBeispiel()
    {
        super ("JCheckBox-Beispiel");
        setDefaultCloseOperation (WindowConstants.EXIT_ON_CLOSE);

        // erzeuge 4 CheckBoxen:
        JCheckBox cb1 = new JCheckBox ("links", true);
        JCheckBox cb2 = new JCheckBox ("rechts");
        JCheckBox cb3 = new JCheckBox ("oben", true);
        JCheckBox cb4 = new JCheckBox ("unten");

        // Das Border-Layout wird in Kapitel Layout-Management
        // erläutert
        add (cb1,BorderLayout.WEST);
        add (cb2,BorderLayout.EAST);
        add (cb3,BorderLayout.NORTH);
        add (cb4,BorderLayout.SOUTH);
        setSize (250, 100);
    }

    public static void main (String[] args)
    {
        JCheckBoxBeispiel fenster = new JCheckBoxBeispiel();
        fenster.setVisible (true);
    }
}
```

Das Bild 21-23 zeigt ein Fenster mit vier Checkboxen, die mit der Klasse `JCheckBox` implementiert wurden:

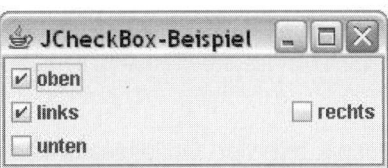

Bild 21-23 `JCheckBox`-*Beispiel*

21.5.2.5 JRadioButton

Mit einer Optionsschaltfläche (Radio-Button) kann ein Anwender eine Option auf der Oberfläche auswählen. Optionsschaltflächen unterscheiden sich äußerlich von Checkboxen durch die Verwendung eines Kreises statt eines Kästchens. Um in einer Swing-Oberfläche eine Optionsschaltfläche zu implementieren, wird die Klasse `JRadioButton` verwendet. Optionsschaltflächen können zu einer Gruppe zusammengefasst werden, sodass immer nur eine der Optionen ausgewählt werden kann. Das folgende Programm erstellt ein Fenster, das mehrere Optionsschaltflächen enthält, die zu einer Gruppe zusammengefasst sind:

```
// Datei: JRadioButtonBeispiel.java

import java.awt.*;
import javax.swing.*;

public class JRadioButtonBeispiel extends JFrame
{
   private static final long serialVersionUID = 1L;
   public JRadioButtonBeispiel()
   {
      super ("JRadioButton-Beispiel");
      setDefaultCloseOperation (WindowConstants.EXIT_ON_CLOSE);

      // erzeuge 4 Optionsschaltflächen:
      JRadioButton rb1 = new JRadioButton ("links");
      JRadioButton rb2 = new JRadioButton ("rechts");
      JRadioButton rb3 = new JRadioButton ("oben", true);
      JRadioButton rb4 = new JRadioButton ("unten");

      // Optionsschaltflächen gruppieren
      ButtonGroup bGroup = new ButtonGroup();
      bGroup.add (rb1);
      bGroup.add (rb2);
      bGroup.add (rb3);
      bGroup.add (rb4);
      add (rb1,BorderLayout.WEST);
      add (rb2,BorderLayout.EAST);
      add (rb3,BorderLayout.NORTH);
      add (rb4,BorderLayout.SOUTH);
      setSize (270, 100);
   }

   public static void main (String[] args)
   {
      JRadioButtonBeispiel fenster = new JRadioButtonBeispiel();
      fenster.setVisible (true);
   }
}
```

Bild 21-24 zeigt ein Fenster mit vier Optionsschaltflächen, die mit der Klasse JRadioButton implementiert wurden. Alle vier Schaltflächen gehören derselben Gruppe an. Deshalb kann immer nur eine Option ausgewählt werden:

Bild 21-24 JRadioButton-*Beispiel*

21.5.3 Listen

Im Folgenden werden die Klassen `JList` und `JComboBox` vorgestellt.

21.5.3.1 JList

Die Klasse `JList` ist eine Komponente zur Darstellung und Auswahl von Objekten aus einer Liste. Im folgenden Beispiel wird eine Liste mit Werten befüllt und in einem Fenster angezeigt:

```java
// Datei: JListBeispiel.java

import javax.swing.*;

public class JListBeispiel extends JFrame
{
   private static final long serialVersionUID = 1L;

   public JListBeispiel()
   {
      super ("Beispiel: JList");
      setDefaultCloseOperation (WindowConstants.EXIT_ON_CLOSE);
      // Daten der Liste
      Object[] data = {"Realgröße", "Vollbild", "100%", "75%",
         "50%", "25%", "15%", "10%", "5%"};
      // Liste mit Daten erzeugen
      JList list = new JList (data);
      add (list);
      setSize (300, 200);
   }

   public static void main (String[] args)
   {
      JListBeispiel fenster = new JListBeispiel();
      fenster.setVisible (true);
   }
}
```

Das Bild 21-25 zeigt ein Fenster mit einer Liste. Die Liste ist mit der Klasse `JList` implementiert.

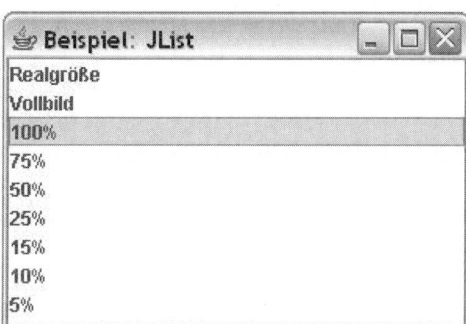

Bild 21-25 `JList`*-Beispiel*

21.5.3.2 JComboBox

Eine Combobox (Kombinationsfeld) ist eine Kombination aus einem Textfeld und einer Liste. Dabei kann das Textfeld editierbar oder nicht editierbar sein. Das folgende Programm erstellt ein Fenster, das eine Instanz der Klasse JComboBox enthält:

```java
// Datei: JComboBoxBeispiel.java

import java.awt.*;
import javax.swing.*;

public class JComboBoxBeispiel extends JFrame
{
   private static final long serialVersionUID = 1L;
   public JComboBoxBeispiel()
   {
      super ("Beispiel: JComboBox");
      setDefaultCloseOperation (WindowConstants.EXIT_ON_CLOSE);
      setLayout (new FlowLayout());

      // Daten des Kombinationsfeldes
      Object[] data = {"Realgröße", "Vollbild", "100%", "75%",
         "50%", "25%", "15%", "10%", "5%"};
      // Kombinationsfeld mit Daten erzeugen
      JComboBox cBox = new JComboBox (data);
      // Nur Auswahl der vorgegebnenen Werte erlauben.
      cBox.setEditable (false);
      add (cBox);
      setSize (270, 220);
   }

   public static void main (String[] args)
   {
      JComboBoxBeispiel fenster = new JComboBoxBeispiel();
      fenster.setVisible (true);
   }
}
```

Bild 21-26 zeigt ein Fenster mit einem Kombinationsfeld, das mit einem Objekt der Klasse JComboBox implementiert wurde:

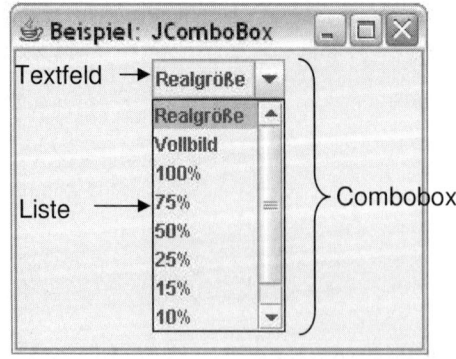

Bild 21-26 JComboBox-*Beispiel*

21.5.3.3 JSpinner

Die Klasse `JSpinner` implementiert eine Komponente, die ein Textfeld mit zwei Schaltflächen kombiniert. Die beiden Schaltflächen werden dazu benutzt, den Wert, der im Textfeld steht, in zwei Richtungen zu verändern. Es können gültige Werte auch direkt im Textfeld eingegeben werden. Dabei bestimmt ein Datenmodell, welche Werte eingestellt bzw. eingegeben werden können. Entweder wird vom Entwickler eine eigene Implementierung der Schnittstelle `SpinnerModel` zur Verfügung gestellt, oder der Entwickler kann vorhandene Datenmodelle verwenden und wenn nötig erweitern. Bei einem eigenen Model ist es empfehlenswert, die abstrakte Klasse `AbstractSpinnerModel` zu erweitern, da sie bereits den Code für die Kommunikation mit der Spinner-Komponente enthält.

Folgende Datenmodelle sind für die Spinner-Komponente in den JFC[175] vorhanden:

- Um eine Liste mit beliebigen Werten über eine Spinner-Komponente auswählen zu können, steht die Klasse `SpinnerListModel` zur Verfügung.
- Mit der Spinner-Komponente lässt sich auch eine Auswahl eines bestimmten Zeitpunktes durchführen. Dazu ist die Klasse `SpinnerDateModel` vorhanden.
- Die Spinner-Komponente eignet sich besonders dazu, diskrete Zahlenwerte einzustellen. Die Klasse `SpinnerNumberModel` wird mit einem Wertebereich, einer Schrittweite und einem Startwert instantiiert. Die Spinner-Komponente zeigt zunächst den Startwert an und der Anwender kann im Wertebereich mit der vorgegebenen Schrittweite Zahlenwerte einstellen.

Der folgende Quellcode zeigt, wie die Spinner-Komponente mit einem Datenmodell der Klasse `SpinnerNumberModel` verwendet werden kann:

```java
// Datei: JSpinnerBeispiel.java

import java.awt.*;
import javax.swing.*;

public class JSpinnerBeispiel extends JFrame
{
    private static final long serialVersionUID = 1L;
    public JSpinnerBeispiel()
    {
        super ("Beispiel: JSpinner");
        setDefaultCloseOperation (WindowConstants.EXIT_ON_CLOSE);
        setLayout (new FlowLayout());

        // startwert
        double startwert = 5.0;
        // min_wert
        double min = 0.0;
        // max wert
        double max = 10.0;
        // schrittweite
        double schrittweite = 0.25;
```

---

[175] Java Foundation Classes. Klassen zur Oberflächengestaltung und Bedienung einer Java-Applikation.

```
    // Datenmodell für die Spinner-Komponente
    SpinnerNumberModel model =
        new SpinnerNumberModel (startwert, min, max, schrittweite);

    // Spinner-Komponente erzeugen
    JSpinner spinner = new JSpinner (model);

    add (spinner);
    setSize (230,65);
}

public static void main (String[] args)
{
    JSpinnerBeispiel fenster = new JSpinnerBeispiel();
    fenster.setVisible (true);
}
}
```

Das Bild 21-27 zeigt ein Fenster mit einer Spinner-Komponente. Die Spinner-Komponente wurde mit der Klasse JSpinner implementiert. Das zugrunde liegende Datenmodell ist eine Instanz vom Typ SpinnerNumberModel.

Bild 21-27 JSpinner-*Beispiel*

21.5.4 Schieberegler und Fortschrittsanzeige

21.5.4.1 JSlider

Die Klasse JSlider implementiert einen Schieberegler. Mit ihm lassen sich grafisch Werte aus einem Wertebereich auswählen. Ein wichtiger Konstruktor der Klasse JSlider ist:

```
public JSlider (int min, int max, int startwert)
```

Der Konstruktor der Klasse JSlider hat drei Parameter. Der erste legt die untere Grenze, der zweite die obere Grenze des Wertebereichs fest. Der dritte Parameter legt den Startwert fest, auf dem der Schieber zunächst stehen soll.

Die Erscheinung der Komponente lässt sich an die Bedürfnisse der Anwendung anpassen. Hierzu dienen unter anderem die folgenden Methoden:

• public void setPaintTicks (boolean b)
  Mit dieser Methode wird festgelegt, ob Teilstriche gezeichnet werden.

• public void setMinorTickSpacing (int abstand)
  Setzt den Abstand zwischen den kleinen Teilstrichen.

- public void setMajorTickSpacing (int abstand)
  Setzt den Abstand zwischen den großen Teilstrichen.

- public void setPaintLabels (boolean b)
  Diese Methode legt fest, ob die Teilstriche mit einer Beschriftung versehen werden.

Das folgende Programm erstellt ein Fenster, das einen Schieberegler enthält:

```java
// Datei: JSliderBeispiel.java

import java.awt.*;
import javax.swing.*;

public class JSliderBeispiel extends JFrame
{
    private static final long serialVersionUID = 1L;

    public JSliderBeispiel()
    {
        super ("Beispiel: JSlider");
        setDefaultCloseOperation (WindowConstants.EXIT_ON_CLOSE);
        setLayout (new FlowLayout());

        int min = 0;
        int max = 200;
        int startwert = 80;
        int skala = 10;
        int legende = 50;

        // Slider erzeugen und konfigurieren
        JSlider schieber = new JSlider (min, max, startwert);
        // setzt den Abstand zwischen den großen/kleinen Teilstrichen
        schieber.setMajorTickSpacing (legende);
        schieber.setMinorTickSpacing (skala);
        // die Teilstrichbeschriftung wird angezeigt
        schieber.setPaintLabels (true);
        // die Teilstriche werden angezeigt
        schieber.setPaintTicks (true);

        add (schieber);
        setSize (220, 90);
    }

    public static void main (String[] args)
    {
        JSliderBeispiel fenster = new JSliderBeispiel();
        fenster.setVisible (true);
    }
}
```

Das Bild 21-28 zeigt ein Fenster, das einen Schieberegler enthält. Der Schieberegler wurde mit der Klasse JSlider implementiert.

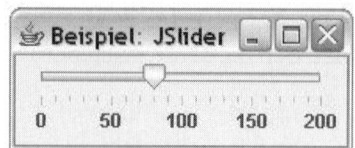

Bild 21-28 `JSlider`*-Beispiel*

21.5.4.2 JProgressBar

Während der Abarbeitung zeitintensiver Aufgaben kann man den Anwender über den Fortschritt mit einer Fortschrittsanzeige informieren. Die Klasse `JProgressBar` implementiert eine Fortschrittsanzeige in Form eines Balkens. Optional kann eine Prozentanzeige über den genauen Fortschritt eingeblendet werden.

Im Folgenden ein wichtiger Konstruktor und wichtige Methoden:

- `public JProgressBar (int min, int max)`
  Der Konstruktor der Klasse erwartet zwei `int`-Werte, mit denen der Wertebereich der Fortschrittsanzeige festgelegt wird.

- `public void setStringPainted (boolean b)`
  Um die Prozentanzeige zu aktivieren, wird die Methode `setStringPainted()` mit dem Wert `true` als Parameter aufgerufen.

- `public void setValue (int wert)`
  Der aktuelle Fortschritt wird durch die Methode `setValue()` geändert. Als Parameter erwartet die Methode einen `int`-Wert, der im festgelegten Wertebereich liegen muss.

Der folgende Quellcode simuliert eine zeitintensive Aufgabe und zeigt eine Fortschrittsanzeige an. Das Beispiel enthält die Klasse `SwingWorker`, dessen Aufgabe es ist, lang andauernde Vorgänge als Hintergrundprozess auszuführen. In Kapitel 21.7.9 wird seine Funktionsweise erläutert. Für weitergehende Informationen wird auf die API Dokumentation verwiesen.

```java
// Datei: JProgressBarBeispiel.java

import java.beans.*;
import java.awt.*;
import javax.swing.*;

public class JProgressBarBeispiel extends JFrame
{
   private static final long serialVersionUID = 1L;

   private JProgressBar fortschritt;
   private int min = 0;
   private int max = 100;

   public JProgressBarBeispiel()
   {
      super ("Beispiel: JProgressBar");
```

```java
      setDefaultCloseOperation (WindowConstants.EXIT_ON_CLOSE);
      setLayout (new FlowLayout());

      // Fortschrittsanzeige erzeugen
      fortschritt = new JProgressBar (min, max);

      //optionale Prozentanzeige
      fortschritt.setStringPainted (true);

      add (fortschritt);
      setSize (280, 70);

      // Arbeitsthread erzeugen
      Progress prg = new Progress();
      // Fortschritt über einen PropertyChangeListener abfragen
      prg.addPropertyChangeListener (new PropertyChangeListener()
      {
         public void propertyChange (PropertyChangeEvent evt)
         {
            // Nur Events die den Fortschritt
            // (Eigenschaft: progress) behandeln beachten
            if ("progress".equals(evt.getPropertyName()))
            {
               fortschritt.setValue ((Integer)evt.getNewValue());
            }
         }
      });
      // SwingWorker starten
      prg.execute();
   }

   public static void main (String[] args)
   {
      JProgressBarBeispiel fenster = new JProgressBarBeispiel();
      fenster.setVisible (true);
   }

   // Elementklasse zum Simulieren des Fortschritts eines
   // Hintergrundprozesses
   class Progress extends SwingWorker
   {
      protected Object doInBackground () throws Exception
      {
         // Hintergrundprozess Fortschritt simulieren
         for (int i = min; i <= max; i++)
         {
            // Fortschritt setzen
            setProgress(i);
            try
            {
               // warte 50 ms
               Thread.sleep (50);
            }
            catch (Exception ex)
            {
            }
         }
```

```
          // Mögliches Ergebnis zurückgeben. Ergebnis kann
          // beim SwingWorker mit get() abgefragt werden
          return null;
      }

      protected void done ()
      {
          // Nach beenden des Hintergrundprozesses, wird der String
          // "fertig" in der Fortschrittsanzeige eingeblendet.
          fortschritt.setString ("fertig");
      }
   }
}
```

Das Bild 21-29 zeigt ein Fenster mit einem Fortschrittsbalken. Der Fortschrittsbalken wurde mit der Klasse `JProgressBar` implementiert.

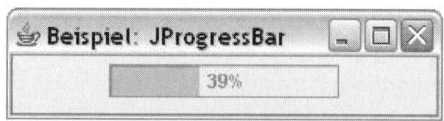

Bild 21-29 `JProgressBar`*-Beispiel*

Ist es nicht möglich, den zeitlichen Ablauf und den Fortschritt einer Aufgabe in Relation zu setzen, bietet die Klasse `JProgressBar` die Methode `setIndeterminate()`. Wird an diese Methode der Wert `true` übergeben, verändert sich die Balkenanzeige zu einem sich hin und her bewegenden Rechteck.

Das Bild 21-30 zeigt die gleiche Fortschrittsanzeige, bei der zuvor die Methode `setIndeterminate()` aufgerufen wurde.

Bild 21-30 `JProgressBar`*-Beispiel mit Indeterminate-Option*

21.5.5 Menüs in Swing

Im Folgenden werden verschiedene Menütechniken vorgestellt.

21.5.5.1 JMenuBar

Die Menüleiste eines Fensters wird in Swing durch die Klasse `JMenuBar` implementiert. Sie beherbergt die Menüs des Fensters. Bei der Erzeugung eines Objekts der Klasse `JMenuBar` mit dem `new`-Operator wird als Konstruktor der voreingestellte Default-Konstruktor des Compilers aufgerufen. Mit der Methode `add()` werden Menüs zur Menüleiste hinzugefügt. Durch Klicken mit der linken Maustaste öffnet sich ein gewähltes Menü nach unten (Pull-Down).

21.5.5.2 JMenu

Um ein Menü zu erstellen, wird ein Objekt der Klasse JMenu instantiiert. Dabei wird der Name des Menüs als Parameter beim Konstruktor angegeben. Die Menüpunkte werden mit der Methode add() hinzugefügt. Um die einzelnen Menüpunkte optisch zu trennen, wird die Methode addSeparator() verwendet. Sie wird aufgerufen, unmittelbar nachdem der letzte Menüpunkt des Abschnittes hinzugefügt wurde. Abhängig vom eingestellten Look & Feel wird eine horizontale Linie zwischen den Menüpunkten gezeichnet oder eine andere optische Abgrenzung verwendet.

21.5.5.3 JMenuItem

Jeder Menüpunkt ist eine Instanz der Klasse JMenuItem. Beim Erzeugen eines Objektes der Klasse JMenuItem wird als Parameter des Konstruktors der Name des Menüpunktes angegeben. Die von JMenuItem abgeleitete Klassen JCheckBox-MenuItem und JRadioMenuItem können auf die gleiche Weise instantiiert werden. Oft ist es sinnvoll, die Radio-Schaltflächen im Menü wie die gewöhnlichen Radio-Schaltflächen zu gruppieren.

21.5.5.4 Untermenüs

Da die Klasse JMenu eine Erweiterung von JMenuItem ist, kann ein Menü wiederum ein anderes Menü aufnehmen. So lassen sich Menüs beliebig schachteln. Das folgende Programm erstellt ein Fenster mit zwei geschachtelten Menüs:

```java
// Datei: JMenuBeispiel.java

import javax.swing.*;

public class JMenuBeispiel extends JFrame
{
   private static final long serialVersionUID = 1L;

   public JMenuBeispiel ()
   {
      super ("Beispiel: Pull-Down-Menü");
      setDefaultCloseOperation (WindowConstants.EXIT_ON_CLOSE);
      // Menüleiste erzeugen
      JMenuBar menuleiste = new JMenuBar();
      // Menü 'Zeichnen' erzeugen
      JMenu zeichnen = new JMenu ("Zeichnen");
      // drei Menüpunkte erzeugen
      JMenuItem linie = new JRadioButtonMenuItem ("Linie");
      JMenuItem kreis = new JRadioButtonMenuItem ("Kreis");
      JMenuItem bogen = new JRadioButtonMenuItem ("Bogen");
      linie.setSelected (true);

      // Menüpunkte zu einer Gruppe zusammenfassen
      ButtonGroup bGroup = new ButtonGroup();
      bGroup.add (linie);
      bGroup.add (kreis);
      bGroup.add (bogen);
```

```
        zeichnen.add (linie);
        zeichnen.add (kreis);
        zeichnen.add (bogen);

        // Abschnittstrenner einfügen
        zeichnen.addSeparator();
        zeichnen.add (new JCheckBoxMenuItem ("Lineal"));
        zeichnen.addSeparator();

        // Untermenü 'Farben' erzeugen
        JMenu farben = new JMenu ("Farben");

        // Menüpunkte erzeugen
        farben.add (new JMenuItem ("Rot"));
        farben.add (new JMenuItem ("Grün"));
        farben.add (new JMenuItem ("Blau"));

        // Untermenü im Hauptmenü einfügen
        zeichnen.add (farben);
        // Menü 'Zeichnen' zur Menüleiste hinzufügen
        menuleiste.add (zeichnen);
        //Menüleiste zum Fenster hinzufügen
        setJMenuBar (menuleiste);

        setSize (300, 220);
    }

    public static void main (String args[])
    {
        JMenuBeispiel fenster = new JMenuBeispiel();
        fenster.setVisible (true);
    }
}
```

Das Bild 21-31 zeigt ein Fenster mit einer Menüleiste, die mit einem Objekt der Klasse JMenuBar implementiert wurde. Sie enthält zwei geschachtelte Menüs, die Instanzen vom Typ JMenu sind. Die verschiedenen Menüpunkte sind Objekte der Klassen JRadioButtonMenuItem, JCheckboxMenuItem und JMenuItem.

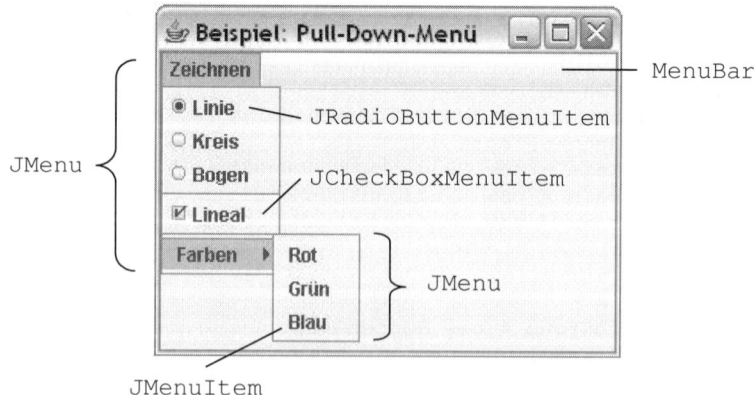

Bild 21-31 Pull-Down-Menü-Beispiel

21.5.5.5 JPopupMenu

Ein Kontextmenü oder Pop-Up-Menü wird durch die Klasse `JPopupMenu` implementiert. Es wird meist bei der Betätigung der rechten Maustaste angezeigt. Im Gegensatz zu einem normalen Menü wird das Menü keiner Menüleiste hinzugefügt und der Programmierer muss selbst für das Erscheinen des Menüs sorgen.

Das folgende Beispiel implementiert ein einfaches Pop-Up-Menü, das durch die Betätigung der rechten Maustaste auf dem Fenster erscheint. Dazu wird ein Eventhandler für Mausereignisse implementiert, der von der Klasse `MouseAdapter` abgeleitet und beim Fenster registriert wird.

Vergleichen Sie die Beispiele für Pull-Down-Menü und Pop-Up-Menü, um die ähnliche Arbeitsweise zu erkennen.

```java
// Datei: JPopupMenuBeispiel.java

import java.awt.event.*;
import javax.swing.*;

public class JPopupMenuBeispiel extends JFrame
{
    private static final long serialVersionUID = 1L;

    public JPopupMenuBeispiel()
    {
        super ("Beispiel: Pop-Up-Menü");
        setDefaultCloseOperation (WindowConstants.EXIT_ON_CLOSE);

        // Pop-Up-Menü erzeugen
        JPopupMenu zeichnen = new JPopupMenu();

        // drei Menüpunkte erzeugen
        JMenuItem linie = new JRadioButtonMenuItem ("Linie");
        JMenuItem kreis = new JRadioButtonMenuItem ("Kreis");

        JMenuItem bogen = new JRadioButtonMenuItem ("Bogen");
        linie.setSelected (true);

        // Menüpunkte zu einer Gruppe zusammenfassen
        ButtonGroup bGroup = new ButtonGroup();
        bGroup.add (linie);
        bGroup.add (kreis);
        bGroup.add (bogen);

        zeichnen.add (linie);
        zeichnen.add (kreis);
        zeichnen.add (bogen);

        // Abschnittstrenner einfügen
        zeichnen.addSeparator();
        zeichnen.add (new JCheckBoxMenuItem ("Lineal"));
        zeichnen.addSeparator();

        // Untermenü 'Farben' erzeugen
        JMenu farben = new JMenu ("Farben");
```

```
        // Menüpunkte erzeugen
        farben.add (new JMenuItem ("Rot"));
        farben.add (new JMenuItem ("Grün"));
        farben.add (new JMenuItem ("Blau"));

        // Untermenü im Hauptmenü einfügen
        zeichnen.add (farben);

        // Maus-Eventhandler erstellen
        PopupListener mausHandler = new PopupListener (zeichnen);
        // Maus-Eventhandler registrieren
        addMouseListener (mausHandler);
        setSize (300, 220);
    }

    public static void main (String args[])
    {
        JPopupMenuBeispiel fenster = new JPopupMenuBeispiel();
        fenster.setVisible (true);
    }
}

class PopupListener extends MouseAdapter
{
    JPopupMenu popup;

    PopupListener (JPopupMenu popupMenu)
    {
        popup = popupMenu;
    }

    public void mousePressed (MouseEvent e)
    {
        zeigePopUpMenu (e);
    }
    public void mouseReleased (MouseEvent e)
    {
        zeigePopUpMenu (e);
    }

    private void zeigePopUpMenu (MouseEvent e)
    {
        // Prüfen ob die auf dem OS übliche Maustaste für das
        // Kontextmenü gedrückt wurde und ggf. das Menü anzeigen
        if (e.isPopupTrigger())
        {
            popup.show (e.getComponent(), e.getX(), e.getY());
        }
    }
}
```

Im Bild 21-32 ist ein Fenster mit einem Pop-Up-Menü zu sehen. Das Pop-Up-Menü ist mit einer Instanz der Klasse JPopupMenu implementiert.

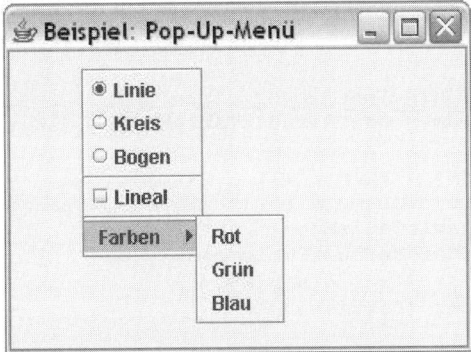

Bild 21-32 Pop-Up-Menü-Beispiel

21.5.6 Tabellen und Bäume

Im Folgenden werden die Klassen `JTable` und `JTree` vorgestellt.

21.5.6.1 JTable

Die Swing-API stellt die Klasse `JTable` bereit, um Daten in tabellarischer Form für den Anwender zu präsentieren. Es gibt mehrere Möglichkeiten, ein Objekt der Klasse `JTable` zu instantiieren, die sich in zwei wesentliche Gruppen aufteilen lassen. Entweder werden dem Konstruktor Daten in Form eines zweidimensionalen Arrays übergeben, oder der Entwickler stellt ein eigenes Datenmodell bereit. Die zweite Variante hat den Vorteil, dass auch komplexe Datenstrukturen verwendet werden können.

Es kann entweder die Schnittstelle `TableModel` implementiert oder die Klasse `DefaultTableModel` verwendet werden, um ein Datenmodell bereitzustellen. Die Schnittstelle `TableModel` bietet Methoden, um die Daten der Tabelle auszulesen und zu setzen. Die Methode `getRowCount()` gibt die Anzahl der Zeilen einer Tabelle zurück. Die Methode `getValueAt()` wird mit zwei Parametern aufgerufen. Der erste bestimmt die Zeile und der zweite die Spalte der Zelle, für die der Zelleninhalt zurückgegeben werden soll.

Alleine das Anzeigen von Daten in einer Tabelle ist häufig nicht ausreichend. Tabellen werden auch zur Eingabe oder Änderung von Daten verwendet. Um über geänderte Daten informiert zu werden, bietet die Schnittstelle `TableModel` die Möglichkeit, einen Event-Listener vom Typ `TableModelListener` beim Datenmodell anzumelden. Dazu wird die Methode `addTableModelListener()` der Schnittstelle `TableModel` aufgerufen. Bei einer Datenänderung sendet das Datenmodell dann Ereignisse vom Typ `TableModelEvent` an die angemeldeten Event-Listener.

Die Sortierung und Filterung angezeigter Daten war bis Java 6 mühsam und musste durch den Programmierer manuell im Tabellenmodell implementiert werden. Mit Java 6 gibt es die Schnittstelle `RowSorter` und eine dazugehörige Standardimplementierung, die Klasse `TableRowSorter`. Mit ihrer Hilfe lassen sich Daten in einer Tabelle sortieren und wenn gewünscht auch filtern. Dazu wird eine Instanz der

Klasse `TableRowSorter` erstellt und der Tabelle mit `setRowSorter()` übergeben. Der folgende Programmausschnitt zeigt die notwendigen Schritte:

```java
// Datenmodell für die Tabelle erzeugen
DefaultTableModel dm = new DefaultTableModel (daten, spalten);
// Die Tabelle mit dem Datenmodell erzeugen
JTable tabelle = new JTable (dm);
// Standard Implementierung eines RowSorter erzeugen
TableRowSorter<DefaultTableModel> sortierung =
    new TableRowSorter<DefaultTableModel> (dm);
// RowSorter bei der Tabelle setzen.
tabelle.setRowSorter (sortierung);
```

Eine zusätzliche Filterung der Daten erfolgt durch das Einstellen eines Filters, der z.B. auf regulären Ausrücken basiert. Dazu wird die Methode `setRowFilter()` der Klasse `RowSorter` verwendet:

```java
sortierung.setRowFilter(RowFilter.regexFilter("*kaffee.* "));
```

Das folgende Beispiel demonstriert den Einsatz der Klasse `JTable` unter Verwendung der Klasse `DefaultTableModel` als Datenmodell. Die Tabelle im Beispiel enthält unter anderem eine Spalte mit Preisen für Lebensmittel. Unterhalb der Tabelle wird die Summe der Preise ausgegeben. Damit Änderungen an den Preisen auch eine Änderung der Summe zur Folge haben, wird beim Datenmodell der Tabelle eine Implementierung der Schnittstelle `TableModelListener` angemeldet. Wenn ein Preis geändert wird, informiert das Datenmodel den angemeldeten Listener, der anschließend die Summe neu berechnet und ausgibt. Zusätzlich beinhaltet das Beispiel die notwendige Implementierung, um die Spalten der Tabelle zu sortieren. Da die Standardsortierung nur die in der Tabelle dargestellten Zeichenketten der Zelleninhalte beachtet, ist es notwendig die Sortierung der Preisspalte selbst zu implementieren, damit die Fließkommazahlen richtig sortiert werden. Im Beispiel wird eine anonyme Klasse vom Typ `Comparator` implementiert.

```java
// Datei: JTableBeispiel.java

import java.awt.*;
import java.text.*;
import java.util.*;
import javax.swing.*;
import javax.swing.event.*;
import javax.swing.table.*;

public class JTableBeispiel extends JFrame
{
   private static final long serialVersionUID = 1L;
   // Beschriftung der Spaltenköpfe
   private String[] spalten = {"Nummer", "Kategorie",
      "Bezeichnung", "Preis"};
   // Daten der Tabelle
   private String[][] daten = {
      {"100001", "Getränke", "Wein", "11.68"},
      {"100002", "Gewürze", "Pfeffer", "2.56"},
      {"100003", "Süßwaren", "Schokolade", "0.99"},
      {"100004", "Milchprodukte", "Käse", "1.93"} };
```

```java
public JTableBeispiel ()
{
    super ("Beispiel: JTable");
    setDefaultCloseOperation (WindowConstants.EXIT_ON_CLOSE);

    // Datenmodell der Tabelle
    DefaultTableModel dm = new DefaultTableModel(daten, spalten);
    // Tabelle mit Datenmodell erzeugen
    JTable tabelle = new JTable (dm);
    // Kopf der Tabelle
    JTableHeader th = tabelle.getTableHeader();
    // Ausgabe erzeugen
    Ausgabe ausgabe = new Ausgabe (dm);
    // Ausgabe beim Datenmodell 'dm' registrieren
    dm.addTableModelListener (ausgabe);
    // Standard Tabellensortierung
    TableRowSorter<DefaultTableModel> sorter =
                    new TableRowSorter<DefaultTableModel> (dm);
    tabelle.setRowSorter (sorter);
    // Spezielle Sortierung der Preisspalte über einen Comparator
    sorter.setComparator (3, new Comparator<String>() {
      public int compare (String o1, String o2)
      {
          // Umwandlung in Double Werte
          Double d1 = Double.parseDouble (o1);
          Double d2 = Double.parseDouble (o2);
          // Ergebnis des Standardvergleichs zurückgeben.
          return d1.compareTo (d2);
      }
    });

    // Kopf der Tabelle anzeigen (nur außerhalb einer Scrollpane)
    add (th, BorderLayout.NORTH);
    add (tabelle, BorderLayout.CENTER);
    add (ausgabe, BorderLayout.SOUTH);
    setSize (320,133);
}

// Die Klasse Ausgabe errechnet den Gesamtpreis der Produkte und
// zeigt ihn an.
class Ausgabe extends JLabel implements TableModelListener
{
    private static final long serialVersionUID = 1L;
    private NumberFormat nf =
                NumberFormat.getCurrencyInstance (Locale.GERMANY);

    public Ausgabe (TableModel model)
    {
        // Gesamtpreis berechnen
        float gesamt = berechnePreis (model);
        // Preis formatieren und anzeigen
        setText ("Gesamtpreis: " + nf.format (gesamt));
    }

    // Berechnet den Gesamtpreis
    private float berechnePreis (TableModel model)
    {
```

```
        int zeilen = model.getRowCount ();
        float gesamt = 0;
        for (int i = 0; i < zeilen; i++)
        {
            try
            {
                String preis = (String) model.getValueAt (i, 3);
                gesamt += Float.parseFloat (preis);
            }
            catch (Exception e)
            {
            }
        }
        return gesamt;
    }


    // Ereignisbehandlung: Diese Methode wird aufgerufen,
    // sobald sich die Daten der Tabelle Ä¤ndern
    public void tableChanged (TableModelEvent e)
    {
        // Datenmodell holen
        TableModel tm = (TableModel) e.getSource();
        // Berechnet den Gesamtpreis neu
        float gesamt = berechnePreis (tm);
        // Anzeige aktualisieren
        setText ("Gesamtpreis: " + nf.format (gesamt));
    }
}

public static void main (String[] args)
{
    JTableBeispiel fenster = new JTableBeispiel();
    fenster.setVisible (true);
}
}
```

Das Bild 21-33 zeigt das Fenster mit einer Instanz der Klasse JTable:

Nummer	Kategorie	Bezeichnung	Preis
100001	Getränke	Wein	11.68
100002	Gewürze	Pfeffer	2.56
100003	Süßwaren	Schokolade	0.99
100004	Milchprodu...	Käse	1.93

Beispiel: JTable

Gesamtpreis: 17,16 €

Bild 21-33 JTable-Beispiel

21.5.6.2 JTree

Mit der Klasse JTree lassen sich Objekte in einer Baumstruktur darstellen. Für die Verwendung des Baumes muss der Entwickler ein Datenmodell erstellen, das er beim Instantiieren des Baumes übergibt. Dazu kann entweder eine eigene Implementierung der Schnittstelle `TreeModel` bereitgestellt oder eine Instanz der Klasse `DefaultTreeModel` verwendet werden.

Die Knoten eines Baumes müssen Implementierungen der Schnittstelle `TreeNode` sein. Für einen einfachen Baum kann die Standardimplementierung, die Klasse `DefaultMutableTreeNode`, verwendet werden. Dem Konstruktor der Klasse `DefaultMutableTreeNode` wird ein beliebiges Objekt übergeben. Für die Darstellung des Knotens im Baum wird die Methode `toString()` des Objektes aufgerufen und das zurückgegebene `String`-Objekt als Beschriftung des Knotens verwendet. Objekte vom Typ `DefaultMutableTreeNode` lassen sich beliebig schachteln. Dazu wird beim Vaterknoten die Methode `add()` aufgerufen, wobei der Kindknoten als Parameter übergeben wird. Die aufgebaute Hierarchie kann nur einen Wurzelknoten besitzen.

Der Weg von der Wurzel eines Baumes bis zu einem beliebigen Knoten bzw. Blatt kann mit Objekten der Klasse `TreePath` beschrieben werden. Objekte der Klasse `TreePath` dienen häufig als Parameter für Methodenaufrufe auf dem Baum, um die Methode auf einen bestimmten Knoten anzuwenden.

Instanzen der Klasse `JTree` sind Quellen zahlreicher Ereignisse. Im Folgenden soll der wichtigste Ereignistyp vorgestellt werden. Beim Öffnen oder Schließen eines Knotens sendet der Baum Ereignisse vom Typ `TreeExpansionEvent`. Er tut dies bevor und nachdem ein Knoten geöffnet oder geschlossen wurde. Um über die Ereignisse informiert zu werden, wird ein entsprechender Event-Listener beim Baum registriert.

Um Ereignisse vor dem Öffnen oder Schließen eines Knoten zu empfangen, muss ein Eventhandler die Schnittstelle `TreeWillExpandListener` implementieren. Die Schnittstelle definiert zwei Methoden. Die Methode `treeWillExpand()` wird aufgerufen, bevor ein Knoten geöffnet wird, und die Methode `treeWillCollapse()` wird aufgerufen, bevor ein Knoten geschlossen wird. Um den Listener beim Baum zu registrieren, wird die Methode `addTreeWillExpandListener()` aufgerufen.

Um Ereignisse zu empfangen, nachdem ein Knoten geöffnet oder geschlossen wurde, muss ein Eventhandler die Schnittstelle `TreeExpansionListener` implementieren. Die Schnittstelle definiert ebenfalls zwei Methoden. Die Methode `treeExpanded()` wird aufgerufen, nachdem ein Knoten geöffnet wurde, und die Methode `treeCollapsed()` wird aufgerufen, nachdem ein Knoten geschlossen wurde. Eine Implementierung von `TreeExpansionListener` wird mit der Methode `addTreeExpansionListener()` beim Baum angemeldet.

Das folgende Programm erstellt ein Fenster, das einen Baum enthält, der mit einem Objekt der Klasse `JTree` implementiert wurde. Zusätzlich wurde ein Eventhandler entwickelt, der die Schnittstelle `TreeWillExpandListener` implementiert. Der Eventhandler hat die Aufgabe, den zuletzt geöffneten Knoten zu schließen, bevor ein anderer Knoten geöffnet wird. Durch den Aufruf der Methode `addTreeWillExpandListener()` wird der Eventhandler beim Baum registriert. Im Eventhandler wird die Methode `collapsePath()` aufgerufen, um den zuletzt geöffneten Knoten zu schließen:

```java
// Datei: JTreeBeispiel.java

import javax.swing.*;
import javax.swing.event.*;
import javax.swing.tree.*;

public class JTreeBeispiel extends JFrame
{
   private static final long serialVersionUID = 1L;

   // Daten des Models
   private String[][] data = {
         {"Getränke", "Bier", "Mineralwasser"},
         {"Gewürze", "Pfeffer", "Salz"},
         {"Süßwaren", "Schokolade", "Kaugummi"},
         {"Milchprodukte", "Milch", "Käse"} };

   public JTreeBeispiel ()
   {
      super ("Beispiel: JTree");
      setDefaultCloseOperation (WindowConstants.EXIT_ON_CLOSE);

      // Wurzel-Knoten erzeugen
      DefaultMutableTreeNode wurzel = new DefaultMutableTreeNode (
            "Lebensmittel");

      // Baum mit Daten füllen
      for (String[] kategorie : data)
      {
         // Knoten erzeugen und mit seinen Kindknoten verbinden
         DefaultMutableTreeNode knoten =
               new DefaultMutableTreeNode (kategorie[0]);
         knoten.add (new DefaultMutableTreeNode (kategorie[1]));
         knoten.add (new DefaultMutableTreeNode (kategorie[2]));

         // den erzeugten Knoten unter dem Root-Node einfügen
         wurzel.add (knoten);
      }

      // Datenmodell erstellen
      TreeModel treeModel = new DefaultTreeModel (wurzel);
      // Baum erzeugen
      JTree tree = new JTree (treeModel);

      // TreeWillExpandListener registrieren
      tree.addTreeWillExpandListener (new BaumListener());

      add (tree);
      setSize (220, 180);
   }

   public static void main (String[] args)
   {
      JTreeBeispiel fenster = new JTreeBeispiel();
      fenster.setVisible (true);
   }
}
```

```
class BaumListener implements TreeWillExpandListener
{
    // zuletzt geöffneter Pfad
    private TreePath pfad;

    // wird aufgerufen, bevor der Knoten geöffnet wird
    public void treeWillExpand (TreeExpansionEvent e)
    throws ExpandVetoException
    {
        JTree baum = (JTree) e.getSource(); // Eventquelle ermitteln
        TreeNode wurzel =                    // Wurzelknoten ermitteln
            (TreeNode) baum.getModel().getRoot();
        TreePath wurzelPfad =               // Cast von Knoten zu Pfad
            new TreePath(wurzel);

        if (!e.getPath().equals(wurzelPfad))// Wurzel ignorieren
        {
            if(pfad != null)                // Wenn ein Pfad geöffnet
                baum.collapsePath (pfad);   // ist, dann schließen
            pfad = e.getPath();             // geöffneten Pfad sichern
        }
    }

    // wird aufgerufen, bevor der Knoten geschlossen wird
    public void treeWillCollapse (TreeExpansionEvent e)
    throws ExpandVetoException
    {
    }
}
```

Das Bild 21-34 zeigt ein Fenster, das einen Baum enthält. Der Baum ist eine Instanz der Klasse `JTree`:

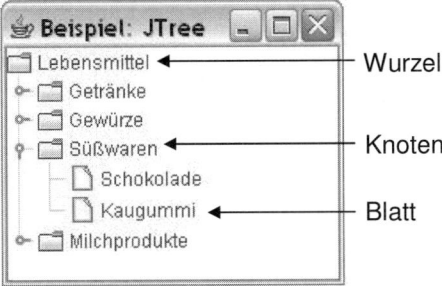

Bild 21-34 `JTree`*-Beispiel*

21.5.7 Container

Container dienen der Gruppierung von Komponenten innerhalb der Zeichenfläche von Top-Level-Containern. Sie können in beliebiger Tiefe geschachtelt werden, wodurch auch komplizierte Anordnungen möglich sind. Des Weiteren werden sie für das Aus- und Einblenden verschiedener Teile eines Dialoges verwendet und sind die Basis für kombinierte Layouts, wie sie in Kapitel 21.6.7 besprochen werden. Im

Folgenden werden die Klassen für die verschiedenen Ebenen eines Fensters vorgestellt.

21.5.7.1 JPanel

Die Klasse JPanel implementiert den einfachsten und zugleich am häufigsten eingesetzten Container. Sie erbt alle Fähigkeiten von der Klasse JComponent, von der sie
direkt abgeleitet ist, und fügt keine eigene Methoden hinzu. Somit ist sie die einfachste konkrete Swing-Komponente.

21.5.7.2 JScrollPane

Falls der Inhalt eines Fensters zu groß ist, um vollständig in der Zeichenfläche des
Fensters sichtbar gemacht zu werden, kann der Inhalt auf einer verschiebbaren Zeichenfläche dargestellt werden. Die Klasse JScrollPane implementiert eine solche
verschiebbare Zeichenfläche. Durch sie kann der Anwender den Inhalt des Fensters,
der außerhalb des sichtbaren Bereichs liegt, mit Hilfe von Bildlaufleisten (Scrollbars)
erreichen.

Es kann immer nur eine Komponente auf der verschiebbaren Zeichenfläche
angezeigt werden, die direkt beim Konstruktor der Klasse JScrollPane angegeben
wird. Soll mehr als eine Komponente angezeigt werden, müssen alle Komponenten
zuvor in einen einfachen Container, z.B. der Klasse JPanel, gelegt werden. Der
einfache Container wird dann beim Instantiieren von JScrollPane übergeben.

Das folgende Programm erstellt ein Fenster, das eine Liste mit Werten auf einer
Instanz der Klasse JScrollPane darstellt. Die Fenstergröße reicht nicht aus, um die
Liste vorständig darzustellen, daher wird eine Bildlaufleiste angezeigt, die es ermög-
licht, die Liste zu verschieben, um so die verdeckten Einträge sichtbar zu machen:

```java
// Datei: JScrollPaneBeispiel.java

import javax.swing.*;

public class JScrollPaneBeispiel extends JFrame
{
   private static final long serialVersionUID = 1L;
   // Daten der Liste
   private Object[] data = {"Realgröße", "Vollbild", "100%", "75%",
                            "50%", "25%", "15%", "10%", "5%"};

   public JScrollPaneBeispiel()
   {
      super ("Beispiel: JScrollPane");
      setDefaultCloseOperation (EXIT_ON_CLOSE);

      // Liste erzeugen
      JList liste = new JList (data);
      // Rollfläche erzeugen und Liste einfügen
      JScrollPane rollflaeche = new JScrollPane (liste);
      add (rollflaeche);
      setSize (300, 150);
   }
```

```
   public static void main (String[] args)
   {
      JScrollPaneBeispiel fenster = new JScrollPaneBeispiel();
      fenster.setVisible (true);
   }
}
```

Das Bild 21-35 zeigt das im Beispiel implementierte Fenster mit der verschiebbaren Zeichenfläche vom Typ JScrollPane:

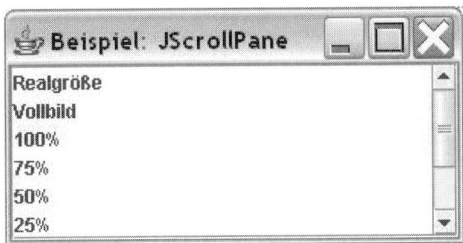

Bild 21-35 JScrollPane-*Beispiel*

21.5.7.3 JSplitPane

Eine Instanz der Klasse JSplitPane teilt die Zeichenfläche des übergeordneten Containers in zwei Bereiche auf. In jeden dieser Bereiche können Komponenten gelegt werden. Durch Ziehen am Teiler wird die Aufteilung der Zeichenfläche geändert.

Ein wichtiger Konstruktor und wichtige Methoden sind:

● public JSplitPane (int orientierung)

  Die Zeichenfläche kann horizontal oder vertikal geteilt werden. Wird als Parameter die Konstante JSplitPane.HORIZONTAL_SPLIT angegeben, wird die Zeichenfläche horizontal geteilt. Wird als Parameter die Konstante JSplitPane.VERTICAL_SPLIT angegeben, wird die Zeichenfläche vertikal geteilt. Wird der Defaultkonstruktor der Klasse JSplitPane aufgerufen, wird implizit eine horizontale Aufteilung verwendet.

● public void add (Component component, String constraints)

  Um eine Komponente zur Split-Pane hinzuzufügen, wird die Methode add() aufgerufen. Als erster Parameter wird ein Objekt vom Typ component angegeben, das in dem durch den zweiten Parameter bestimmten Bereich angezeigt werden soll. Der zweite Parameter kann die folgenden gültigen Werte annehmen: JSplitPane.TOP, JSplitPane.BOTTOM, JSplitPane.LEFT und JSplitPane.RIGHT, wobei damit bestimmt wird, dass die Komponente im oberen, unteren, linken oder rechten Bereich angezeigt wird. Natürlich sind immer nur die Werte gültig, die durch die horizontale oder vertikale Aufteilung unterstützt werden.

Es kann immer nur eine Komponente in jedem Bereich angezeigt werden. Wenn mehr als eine Komponente in einem Bereich erscheinen soll, ist es zuvor notwendig, alle Komponenten auf einem einfachen Container, z.B. vom Typ der Klasse `JPanel`, anzuordnen und den einfachen Container anschließend in den Bereich zu legen.

Das folgende Programm erstellt ein Fenster mit zwei geschachtelten Split-Panes vom Typ `JSplitPane`, wobei eine horizontale und eine vertikale Aufteilung verwendet werden:

```java
// Datei: JSplitPaneBeispiel.java

import javax.swing.*;

public class JSplitPaneBeispiel extends JFrame
{
   private static final long serialVersionUID = 1L;

   public JSplitPaneBeispiel()
   {
      super ("Beispiel: JSplitPane");
      setDefaultCloseOperation (WindowConstants.EXIT_ON_CLOSE);

      // Split-Pane mit horizontaler Aufteilung erzeugen
      JSplitPane splitHor = new JSplitPane (
         JSplitPane.HORIZONTAL_SPLIT);
      // Split-Pane mit vertikaler Aufteilung erzeugen
      JSplitPane splitVer = new JSplitPane (
         JSplitPane.VERTICAL_SPLIT);

      // Split-Pane Instanzen in einander legen
      splitHor.add (splitVer, JSplitPane.RIGHT);

      // Komponente links in die erste Split-Pane einfügen
      splitHor.add (new JLabel ("links"), JSplitPane.LEFT);
      // Komponente oben in die zweite Split Pane einfügen
      splitVer.add (new JLabel ("oben"), JSplitPane.TOP);
      // Komponente unten in die zweite Split-Pane einfügen
      splitVer.add (new JLabel ("unten"), JSplitPane.BOTTOM);

      add (splitHor);
      setSize (250, 150);
   }

   public static void main (String[] args)
   {
      JSplitPaneBeispiel fenster = new JSplitPaneBeispiel();
      fenster.setVisible (true);
   }
}
```

Das Bild 21-36 zeigt ein Fenster mit zwei geschachtelten Instanzen der Klasse `JSplitPane` und den darin enthaltenen statischen Texten:

Bild 21-36 JSplitPane*-Beispiel*

21.5.7.4 JTabbedPane

Wenn mehrere zusammenhängende Dialogteile mit vielen Komponenten übersichtlich dargestellt werden sollen, z.B. die Auswahl von Optionen verschiedener Pro-
grammbereiche, bietet es sich an, den Dialog mit Reitern auszustatten. Die Klasse
JTabbedPane implementiert einen Container, der es ermöglicht, mehrere zusammenhängende Teile eines Dialoges hintereinander zu legen. Die einzelnen Teile
können vom Benutzer über Reiter ausgewählt werden. Nur der ausgewählte Teil wird
angezeigt, von den anderen ist nur der entsprechende Reiter zu sehen. Das Bild
21-37 zeigt ein Beispiel, bei dem eine Instanz der Klasse JTabbedPane verwendet
wurde, um den Dialog zu strukturieren.

Müssen viele Reiter in einem Container untergebracht werden, so kann die Anzeige
unübersichtlich werden, da der Container die Reiter auf mehrere Zeilen verteilt.
Durch die Angabe einer Option beim Konstruktor kann das Layout des Containers
beeinflusst werden, sodass weiterhin nur eine Zeile mit Reitern verwendet wird. Die
Reiter lassen sich dann über zwei Pfeiltasten verschieben, sodass auch die verdeckten Reiter erreichbar sind.

Ein wichtiger Konstruktor und wichtige Methoden sind:

- public JTabbedPane (int tabPlacement, int layoutPolicy)

  Der Konstruktor der Klasse JTabbedPane hat zwei Parameter. Der erste gibt die
  Orientierung der Reiter an, wobei als Wert die Konstanten JTabbedPane.TOP,
  JTabbedPane.BOTTOM, JTabbedPane.LEFT und JTabbedPane.RIGHT angegeben werden können. Die Reiter werden dann oben, unten, links oder rechts
  angezeigt. Der zweite Parameter beeinflusst das Layout des Containers, wie oben
  erläutert. Die beiden Konstanten JTabbedPane.SCROLL_TAB_LAYOUT und
  JTabbedPane.WRAP_TAB_LAYOUT sind die einzigen gültigen Werte.

- public void addTab (String titel, Component component)

  Mit der Methode addTab() können neue Reiter mit einem zugehörigen Objekt
  vom Typ Component zum Container hinzugefügt werden. Soll mehr als eine Komponente auf einem Reiter erscheinen, ist es wie bei der Klasse JScrollPane
  notwendig, zunächst alle Komponenten auf einem einfachen Container anzuordnen. Der Parameter titel bestimmt die Bezeichnung des Reiters.

Im folgenden Beispielprogramm wird die Zeichenfläche des Fensters mit einer Instanz der Klasse JTabbedPane strukturiert:

```java
// Datei: JTabbedPaneBeispiel.java

import javax.swing.*;

public class JTabbedPaneBeispiel extends JFrame
{
   private static final long serialVersionUID = 1L;

   public JTabbedPaneBeispiel()
   {
      super ("Beispiel: JTabbedPane");
      setDefaultCloseOperation (WindowConstants.EXIT_ON_CLOSE);

      // TabbedPane erzeugen: Position und Layout für Reiter
      // festlegen
      JTabbedPane tabbedPane = new JTabbedPane (
         JTabbedPane.TOP, JTabbedPane.SCROLL_TAB_LAYOUT);

      for (int i = 1; i < 11; i++)
         tabbedPane.addTab ("Reiter - " + i,
            new JTextArea ("Reiter Nr. " + i));

      add (tabbedPane);
      setSize (270, 140);

   }

   public static void main (String[] args)
   {
      JTabbedPaneBeispiel fenster = new JTabbedPaneBeispiel();
      fenster.setVisible (true);
   }
}
```

Bild 21-37 zeigt die Ausgabe des Programms:

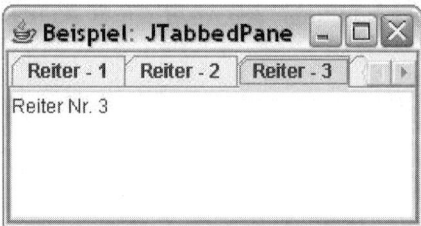

Bild 21-37 JTabbedPane-*Beispiel*

21.5.8 Fertige Dialoge

Im Folgenden werden die Klassen JOptionPane und JFileChooser vorgestellt.

21.5.8.1 JOptionPane

Häufig ist es notwendig, mit einem einfachen Dialog den Anwender über den Programmstatus zu informieren oder vom Anwender einfache Werte eingeben zu lassen. Die Klasse JOptionPane bietet Standarddialoge für verschiedene Zwecke, wie z.B. die Anzeige von Nachrichten oder die Auswahl von Optionen für die weitere Verarbeitung.

Die Klasse bietet mehrere statische Methoden, um Standarddialoge zu erstellen. Dabei werden verschiedene Parameter angegeben, wie z.B. der Titel des Dialoges.

Das folgende Beispiel zeigt den Einsatz der Klasse JOptionPane:

```java
// Datei: JOptionPaneBeispiel.java

import javax.swing.*;

public class JOptionPaneBeispiel extends JFrame
{
   private static final long serialVersionUID = 1L;

   public static void main (String[] arg)
   {
      // Zeigt einen Nachrichtendialog an
      JOptionPane.showMessageDialog (null,
         "Ein Nachrichtendialog auf Basis der Klasse JOptionPane.",
         "Beispiel: JOptionPane", JOptionPane.INFORMATION_MESSAGE);
   }
}
```

Im Bild 21-38 wird ein Nachrichtendialog dargestellt, der mit der Methode show-MessageDialog() der Klasse JOptionPane erzeugt wurde.

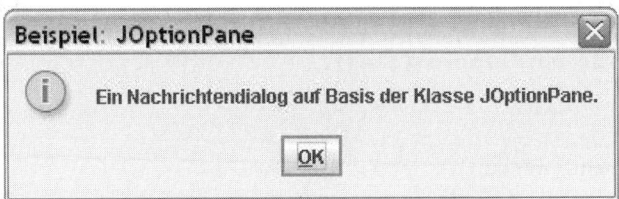

Bild 21-38 JOptionPane-Beispiel

21.5.8.2 JFileChooser

Mit der Klasse JFileChooser können Dialoge für die Dateiauswahl erstellt werden. Eine Datei lässt sich damit in einem modalen Dialog für die Verarbeitung auswählen.

● `public int showOpenDialog (Component component)`

Nach dem Aufruf der Methode `showOpenDialog()` wird ein Fenster angezeigt, mit dem der Benutzer eine vorhandene Datei auswählen kann. Als Parameter wird ein Objekt vom Typ `Component` übergeben, zu dem der Dateiauswahldialog in einer modalen Beziehung steht. Bevor auf die ausgewählte Datei zugegriffen wird, sollte geprüft werden, ob die Auswahl erfolgreich war. Dazu wird ein Vergleich zwischen Rückgabewert und der Konstanten `JFileChooser.APPROVE_OPTION` durchgeführt. Ist der Vergleich wahr, kann auf die ausgewählten Dateien zugegriffen werden.

● `public File getSelectedFile()`

Die ausgewählte Datei wird durch den Aufruf der Methode `getSelectedFile()` als Objekt der Klasse `File` vom Dateiauswahldialog zurückgegeben.

Der folgende Quelltext erzeugt ein Programm, mit dem ein Dialog zur Auswahl von Dateien erstellt wird:

```java
//Datei: JFileChooserBeispiel.java

import java.io.*;
import javax.swing.*;

public class JFileChooserBeispiel
{

    private static final long serialVersionUID = 1L;

    public static void main (String[] args)
    {
        // Dialog für Dateiauswahl erzeugen
        JFileChooser fc = new JFileChooser();
        // Dialog anzeigen
        int aktion = fc.showOpenDialog (null);
        File f = null;
        // Aktion im Dialog auswerten
        if (aktion == JFileChooser.APPROVE_OPTION)
        {
            // Datei vom Auswahldialog abholen
            f = fc.getSelectedFile();
        }
        else
        {
            // Dateiauswahl wurde abgebrochen
        }
    }
}
```

Das Bild 21-39 zeigt einen Dialog zur Dateiauswahl:

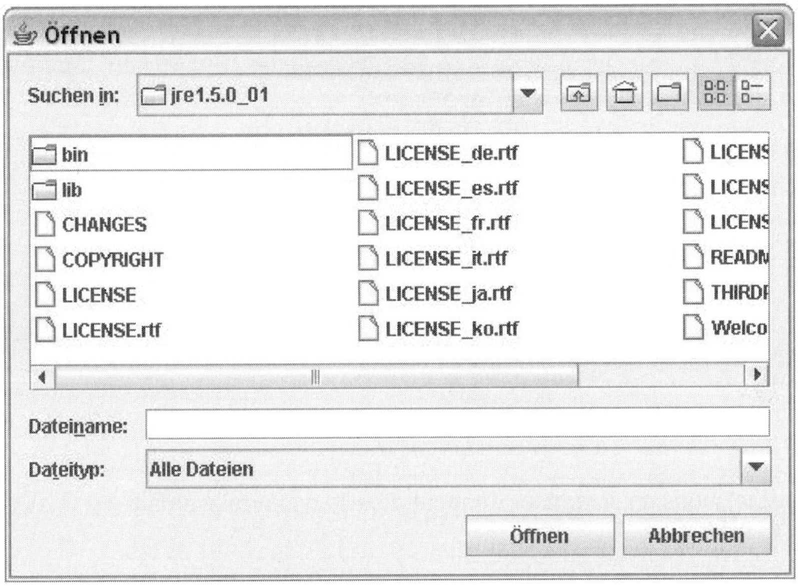

Bild 21-39 `JFileChooser`-*Beispiel*

21.5.9 Weitere besondere Komponenten aus der AWT Bibliothek

Neben den Swing Komponenten gibt es die Komponenten der AWT Bibliothek (siehe Kapitel 21.8.2), die für die Programmierung von grafischen Oberflächen eingesetzt werden können. Zwei dieser Komponenten, `SplashScreen` und `TrayIcon`, werden im Folgenden vorgestellt.

21.5.9.1 SplashScreen

Die Aufgabe eines Splashscreen ist es, die Zeit zu überbrücken, bis die JVM und das Java Programm gestartet sind. Dabei wird direkt nach dem Programmstart ein kleines Fenster angezeigt, bis das Programm vollständig geladen ist und die eigentliche grafische Oberfläche sichtbar wird. Das folgende Beispiel holt sich eine Referenz der `Splashscreen`-Instanz und ändert das angezeigte Bild. Ein Objekt der Klasse `SplashScreen` kann nicht mit dem `new`-Operator erzeugt werden, die einzig existierende Instanz kann nur durch die Methode `getSpashScreen()` geholt werden.

```
// Datei: SplashScreenBeispiel.java

import java.awt.*;
import java.io.*;

public class SplashScreenBeispiel
{
    // Anwendung mit "java -splash:splashnormal.png" starten
    public static void main (String[] args)
    {
```

```
        try
        {
            // Splashscreen eine Sekunde stehen lassen
            Thread.sleep (1000);
            // Splashscreen Singleton holen
            SplashScreen splashScreen =
                SplashScreen.getSplashScreen();
            // Datei mit neuem Splashscreen Bild erzeugen
            File f = new File("splashextra.png");
            // neues Bild auf dem Splashscreen setzen
            splashScreen.setImageURL (f.toURI().toURL());
            // Splashscreen nocheinmal fünf Sekunden stehen lassen
            Thread.sleep (5000);
        }
        catch (Exception ex)
        {
        }
    }
}
```

Das Beispiel muss mit folgender Kommandozeile gestartet werden:

```
java -splash:splashnormal.png SplashScreenBeispiel
```

21.5.9.2 TrayIcon

Der Systemtray ist ein Bereich auf der Oberfläche des Betriebssystems, auf dem viele Informationen und Steuermöglichkeiten dem Benutzer kompakt angeboten werden. Unter Windows befindet er sich auf der so genannten Taskleiste und enthält Symbole (Ikonen), die als Trayicon bezeichnet werden. Programme bieten über das Trayicon Statusinformationen an, können einen Tooltip einblenden oder ein Kontextmenü anzeigen. Der Tooltip wird angezeigt, wenn der Mauszeiger auf ein grafisches Element zeigt. In Windows erscheint er als kleines, gelbes Rechteck, das eine textuelle Beschreibung enthält.

Seit Java 6 ist es möglich ein Trayicon in Java zu erstellen. Dazu werden die Klassen `SystemTray` und `TrayIcon` aus der AWT Bibliothek verwendet. Die Klasse `TrayIcon` besitzt einen wichtigen Konstruktor und mehrere wichtige Methoden:

- `TrayIcon ( Image image, String tooltip, PopupMenu menu);`

  Mit diesem Konstruktor wird ein Objekt vom Typ `TrayIcon` mit einer Ikone, einem Tooltip und einem Kontextmenü instantiiert. Über das Kontextmenü hat der Benutzer die Möglichkeit das Programm zu steuern.

- `setImageAutoSize (boolean b);`

  Die Höhe des Systemtray kann variieren. Mit dieser Methode kann dafür gesorgt werden, dass die Größe der angezeigten Ikone immer optimal ist.

- `addActionListener (ActionListener listener);`

  Bei der Klasse `TrayIcon` kann ein Objekt vom Typ `ActionListener` registriert werden, um auf eine Standardaktion zu reagieren. Dies kann z.B. verwendet werden, um mit Doppelklick auf die Ikone das Hauptfenster der Anwendung anzuzeigen.

Von der Klasse `SystemTray` existiert nur eine Instanz. Diese Instanz wird mit `SystemTray.getSystemTray()` geholt. Zuvor kann mit der statischen Methode `isSupported()` abgefragt werden, ob ein Systemtray von der Plattform angeboten wird. Mit `add (TrayIcon trayIcon)` wird ein neues Trayicon zum Systemtray hinzugefügt.

Das folgende Programm demonstriert die Verwendung der Klasse `TrayIcon` und zeigt wie ein Trayicon mit Tooltip, Standardaktion und Kontextmenü implementiert werden kann:

```java
// Datei: SystemTrayBeispiel.java

import java.awt.*;
import java.awt.event.*;
import java.util.*;

public class SystemTrayBeispiel implements ActionListener
{
    // TrayIcon
    private TrayIcon ti = null;

    // Bild Speicher
    private LinkedList<Image> imageQueue;

    public SystemTrayBeispiel() throws Exception
    {
        // Abfrage ob SystemTray von der Plattform unterstützt wird.
        if (SystemTray.isSupported())
        {
            // Bildspeicher erstellen
            imageQueue = new LinkedList<Image>();
            // Bilder unter Verwendung des AWT Toolkit laden
            // und im Bildspeicher ablegen
            Image image = Toolkit.getDefaultToolkit()
                .getImage ("iconnormal.png");
            imageQueue.add (image);
            image = Toolkit.getDefaultToolkit()
                .getImage ("iconextra.png");
            imageQueue.add (image);

            // Popup Menu erstellen
            PopupMenu menu = new PopupMenu();
            // MenuItem Bild wechseln
            MenuItem miChangeImage = new MenuItem ("Bild wechseln");
            miChangeImage.addActionListener (this);
            // MenuItem zum Popup Menu hinzufügen
            menu.add (miChangeImage);
            // MenuItem Anwendung beenden
            MenuItem miClose = new MenuItem ("Beenden");
            miClose.addActionListener (new ActionListener()
            {
```

```
            public void actionPerformed (ActionEvent e)
            {
                // Anwendung "hart" beenden
                System.exit (0);
            }
        });
        // MenuItem zum Popup Menu hinzufügen
        menu.add (miClose);

        // TrayIcon mit Bild und Tooltip erstellen
        ti = new TrayIcon (imageQueue.poll(),
            "TrayIcon Tooltip", menu);
        // Angezeigtes Bild automatisch skalieren
        ti.setImageAutoSize (true);
        // ActionListener mit einer Standardaktion beim
        // TrayIcon registrieren
        ti.addActionListener (this);

        // SystemTray Singleton holen
        SystemTray tray = SystemTray.getSystemTray();

        // TrayIcon zum SystemTray hinzufügen
        tray.add (ti);
    }
    else
        // Plattform ohne SystemTray
        throw new Exception("Kein SystemTray verfügbar!");
}

public void actionPerformed (ActionEvent e)
{
    try
    {
        // bisher angezeigtes Bild in den Bildspeicher legen
        imageQueue.add (ti.getImage());
        // neu anzuzeigendes Bild aus dem Bildspeichern holen
        ti.setImage (imageQueue.poll());
    }
    catch (Exception ex)
    {
    }
}

public static void main (String[] args)
{
    try
    {
        // SystemTray Beisiel starten
        SystemTrayBeispiel st = new SystemTrayBeispiel();
    }
    catch (Exception ex)
    {
        System.out.println (ex);
    }
}
}
```

21.6 Layout-Management

Für den Entwickler ist es mühselig, jede Komponente auf einer grafischen Oberfläche einzeln anzuordnen. Daher wird bei der Entwicklung mit Java eine automatische Anordnung der Komponenten ermöglicht. Einem Container, z.B. vom Typ `JPanel`, wird ein gewünschtes Layout zugeordnet, um die enthaltenen Komponenten an einer bestimmten Position auf dem Container anzuzeigen.

> Mit einem Layout-Manager werden die Komponenten nach bestimmten Vorgaben in einem Container, in einem Fenster bzw. einem beliebigen Panel, angeordnet.

Java bietet eine Vielzahl von vordefinierten Layouts an, welche durch den zugehörigen Layout-Manager verwaltet werden. In Kombination mit dem Pluggable Look and Feel ermöglichen es erst die Layout-Manager, dass eine Dialoganwendung unter verschiedenen Betriebssystemen gleichartig aussieht. Sie tragen einen wesentlichen Anteil dazu bei, dass Oberflächen mit Java einfach entwickelt werden können. Der Entwickler gibt die Position einer Komponente auf der Oberfläche an, in dem er die Anordnung der Komponenten beschreibt. Er muss also nicht auf die pixelgenaue Position einer Komponente achten. Der Layout-Manager ordnet die Komponenten zur Laufzeit selbständig an. Am Anfang kommt einem das sehr ungewohnt vor, mit der Zeit wird man jedoch einsehen, dass dieses Vorgehen viel einfacher ist.

21.6.1 Klassen für das Layout-Management

Das folgende Bild zeigt die Vererbungshierarchie der Layout-Manager mit allen wichtigen Implementierungen. Die beiden Schnittstellen `LayoutManager` und `LayoutManager2` sowie die Klassen `BorderLayout`, `CardLayout`, `FlowLayout`, `GridLayout` und `GridBagLayout` befinden sich in der AWT-API (`java.awt`), alle anderen Implementierungen kommen aus der Swing-API (`javax.swing`). Bei der Oberflächenprogrammierung mit Swing können alle Layout-Manager verwendet werden.

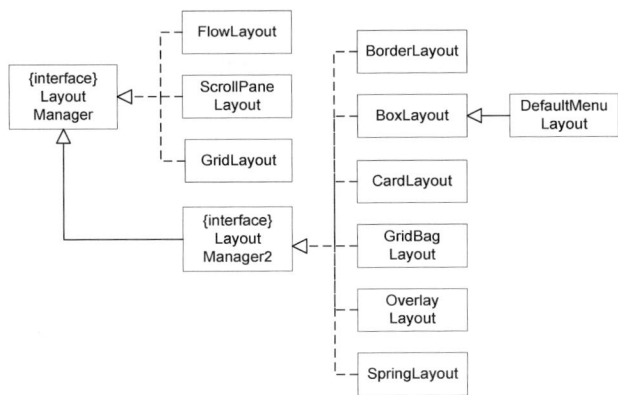

Bild 21-40 Klassendiagramm der Layout-Manager

Jeder Container hat einen voreingestellten Layout-Manager. Um einen anderen Layout-Manager verwenden zu können, wird dieser dem Container vor der Übergabe der Komponenten mit der Methode `setLayout()` zugeordnet:

```
public void setLayout (LayoutManager mgr)
```

Anschließend werden die Komponenten mit der Methode `add()` an den Container übergeben. Die Position kann z.B. durch die Angabe von Randbedingungen − im einfachsten Fall durch die Verwendung eines Index − festgelegt werden:

```
public Component add (Component comp)
```

Handelt es sich bei dem Container um eine Instanz der Klasse `JFrame`, `JDialog` oder `JWindow`, ist es oft sinnvoll, die Größe nach dem Hinzufügen aller Komponenten neu festzulegen. Die Methode `pack()` wird durch die genannten Top-Level-Container implementiert. Mit der Methode `pack()` wird die optimale Größe des Fensters und der darauf platzierten Komponenten ermittelt und eingestellt.

21.6.2 Flow-Layout

Das Flow-Layout positioniert die Komponenten in einer Zeile von links nach rechts. Sein Anwendungsfall sind einfache Dialoge, z.B. Nachrichtendialoge. Wenn keine weiteren Komponenten in eine Zeile passen, wird in eine neue Zeile umgebrochen.

Die Klasse `FlowLayout` besitzt zusätzlich zum Standardkonstruktor einen weiteren Konstruktor, mit dem die Anordnung der Komponenten beeinflusst werden kann. So kann mit dem Konstruktor

```
public FlowLayout (int align, int hgap, int vgap)
```

bestimmt werden, ob die Ausrichtung der Komponenten pro Zeile rechts-, linksbündig oder zentriert sein soll. Hierfür stehen die Konstanten `CENTER`, `LEFT` und `RIGHT` der Klasse `FlowLayout` zur Verfügung. Zusätzlich besteht noch die Möglichkeit, eine Container-abhängige Ausrichtung vorzunehmen. Dazu sind die Konstanten `LEADING` und `TRAILING` vorhanden. Bei Fenstern der Klasse `JFrame` mit einer Standard-ausrichtung von links nach rechts führt `LEADING` zu einer linksbündigen und `TRAILING` zu einer rechtsbündigen Ausrichtung. Es ist nicht zu empfehlen, statische und Container-abhängige Ausrichtung zu mischen, da das zu einem nicht vorhersagbaren Ergebnis führen kann. Der zweite und dritte Übergabeparameter des Konstruktors gibt den horizontalen und vertikalen Abstand zwischen den Komponenten an. Die Voreinstellungen bei der Verwendung des parameterlosen Default-Konstruktors sind `CENTER` und 5 Pixel Abstand.

Bei einer Veränderung der Fenstergröße ändert sich auch die Lage der Komponenten auf der Oberfläche. Die gewünschte, d.h. die zuvor eingestellte Größe der Komponente bleibt unverändert.

Die Klasse `FlowLayout` ist der Standard-Layout-Manager für die Container vom Typ `JPanel`.

Bild 21-41 *FlowLayout-Beispiel*

Im Bild 21-41 erkennt man links die Anordnung der vier unterschiedlichen Komponenten in einer Zeile. Das rechte Bild zeigt die neue Anordnung nach Änderung der Fenstergröße. Hier ist das zugehörige Programm. Probieren Sie auch die verschiedenen Ausrichtungen aus oder variieren Sie den Abstand der Komponenten.

```java
// Datei: FlowLayoutBeispiel.java

import java.awt.*;
import javax.swing.*;

public class FlowLayoutBeispiel extends JFrame
{
   private static final long serialVersionUID = 1L;

   public FlowLayoutBeispiel()
   {
      super ("Beispiel: Flow Layout");
      super.setDefaultCloseOperation(WindowConstants.EXIT_ON_CLOSE);

      //Layout-Manager instantiieren und als
      //Formatierung des Fensters aktivieren
      setLayout (new FlowLayout (FlowLayout.CENTER, 5, 5));

      //Komponenten erzeugen und der ContentPane zufügen
      JButton drücken = new JButton ("Drücken");
      add (drücken);

      JLabel labelEins = new JLabel ("Label eins");
      add (labelEins);

      JButton button = new JButton ("BUTTON");
      button.setBorder(
         BorderFactory.createLineBorder (Color.BLACK));
      button.setPreferredSize (new Dimension (70, 30));
      button.setContentAreaFilled (false);
      add (button);
      JTextField textfeld = new JTextField ("ein Textfeld");
      add (textfeld);

      super.pack();
   }
```

```
   public static void main (String[] args)
   {
      FlowLayoutBeispiel fenster = new FlowLayoutBeispiel();
      fenster.setVisible (true);
   }
}
```

21.6.3 Border-Layout

Das Border-Layout verteilt die Komponenten auf die vier Randbereiche (oben, unten, links und rechts), sowie den Mittelbereich eines Containers. Die Positionierung der Komponenten wird durch einen zusätzlichen Übergabeparameter der Methode add() bestimmt.

```
public void add (Component comp, Object constraints);
```

Als erster Parameter wird die Referenz auf eine Komponente übergeben, als zweiter Parameter die Konstante für die Positionierung der Komponente im Container. Bei einem Fenster vom Typ JFrame mit einer Standardausrichtung von links nach rechts sind die Konstanten PAGE_START, PAGE_END, LINE_START, und LINE_END äquivalent zu SOUTH, NORTH, EAST und WEST.

Die Skalierung der Komponentengröße ist von verschiedenen Faktoren abhängig. Nord- und Südelemente behalten ihre gewünschte Höhe, werden aber auf die volle Fensterbreite skaliert. Ost- und Westelemente behalten ihre gewünschte Breite, werden aber in der Höhe so verändert, dass die Komponente den verbleibenden freien Raum einnimmt. Schließlich dehnt sich die Komponente im Zentrum des Containers nach allen Richtungen aus und nimmt den gesamten ihr zur Verfügung stehenden Platz ein. Werden **mehrere Komponenten einem Gebiet zugeteilt**, so wird **nur die zuletzt eingefügte sichtbar**.

Beim Border-Layout kann die Größe der Lücken zwischen den Elementen an den Konstruktor übergeben werden. Dies geschieht mit

```
public BorderLayout (int hgap, int vgap)
```

Dabei wird mit dem Parameter hgap die Anzahl der Pixel des horizontalen Abstands und mit vgap die Anzahl der Pixel des vertikalen Abstands eingestellt.

Bild 21-42 BorderLayout *vor und nach der Vergrößerung des Fensters*

Die Klasse BorderLayout ist der Standard-Layout-Manager der Content-Pane der Container JFrame, JDialog und JWindow.

In Bild 21-42 wird deutlich, dass die Komponenten am Rand ihre Höhe bzw. Breite beibehalten und der Komponente im Zentrum der restliche zur Verfügung stehende Platz zugewiesen wird.

Das folgende Programm implementiert das gezeigte Beispiel. Versuchen Sie einmal den Abstand der Komponenten beim Konstruktor der Klasse BorderLayout anzugeben oder mehrere Komponenten in ein Feld zu legen, um zu sehen, dass nur das letzte Element angezeigt wird.

```java
// Datei: BorderLayoutBeispiel.java

import java.awt.*;
import javax.swing.*;

public class BorderLayoutBeispiel extends JFrame
{
    private static final long serialVersionUID = 1L;

    public BorderLayoutBeispiel()
    {
        super ("Beispiel: Border Layout");
        super.setDefaultCloseOperation(WindowConstants.EXIT_ON_CLOSE);

        // Komponenten erzeugen und der ContentPane zufügen
        JButton drücken = new JButton ("Drücken");
        add (drücken, BorderLayout.NORTH);
        JLabel labelEins = new JLabel ("Label eins");
        add (labelEins, BorderLayout.WEST);
        JButton button = new JButton ("BUTTON");
        button.setBorder
                    (BorderFactory.createLineBorder (Color.BLACK));
        button.setContentAreaFilled (false);
        add (button, BorderLayout.EAST);

        JTextField textfeld = new JTextField ("noch ein Textfeld");
        add(textfeld, BorderLayout.SOUTH);

        JTextArea textArea = new JTextArea ("ein Textfeld");
        add (textArea, BorderLayout.CENTER);

        super.pack();
    }

    public static void main (String[] args)
    {
        BorderLayoutBeispiel fenster = new BorderLayoutBeispiel();
        fenster.setVisible (true);
    }
}
```

21.6.4 Grid-Layout

Instanzen der Klasse GridLayout ordnen die Komponenten in einem rechteckigen Gitter an, dessen Zeilen- und Spaltenzahl beim Erstellen des Layout-Managers angegeben wird. Das Hinzufügen beginnt in der linken oberen Ecke und wird nach rechts fortgesetzt. Die Bereiche der einzelnen Gitterelemente haben eine feste Größe, die durch eine gleichmäßige Aufteilung entsteht.

Die Klasse `GridLayout` besitzt drei verschiedene Konstruktoren:

- `public GridLayout()`

  Verwendet man den parameterlosen Konstruktor, so wird eine Zeile erzeugt und jede Komponente in eine eigene Spalte platziert.

- `public GridLayout (int rows, int colums)`

  Zur Festlegung des Gitters übergibt man dem Konstruktor zwei Parameter. Mit dem Parameter `rows` wird die Anzahl der Zeilen, mit dem Parameter `colums` die Anzahl der Spalten des Gitters festgelegt.

- `public GridLayout (int rows, int colums, int hgap, int vgap)`

  Mit den letzen beiden Parametern ist es möglich, die horizontalen und vertikalen Abstände zu verändern. Wie auch beim Border-Layout wird mit dem Parameter `hgap` die Anzahl der Pixel des horizontalen Abstands und mit `vgap` die Anzahl der Pixel des vertikalen Abstands eingestellt.

Beim Aufruf der Methode `add()` werden die Komponenten dann nacheinander in die einzelnen Zellen der Gittermatrix gelegt. Die Größe einer einzelnen Komponente richtet sich nach der Größe eines Gitterelementes und den Parameterwerten für die Lücken. Somit besitzt jede Komponente die gleiche Größe. Bei einer Veränderung der Fenstergröße verändert sich die Größe der Komponenten proportional mit. Eine eingestellte oder vorgegebene Größe wird ignoriert. Werden mehr Komponenten in die Gittermatrix eingefügt, zum Beispiel 17 Komponenten in eine 4 x 4 Matrix, wird das Gitter um eine Spalte erweitert (4 x 5). Werden weniger Komponenten in die Gittermatrix eingefügt, zum Beispiel 4 Komponenten in eine 3 x 3 Matrix, wird nur eine 3 x 2 Matrix dargestellt und somit eine Spalte weniger als eigentlich angegeben wurde.

Bild 21-43 `GridLayout`*-Beispiel*

Im Bild 21-43 werden die Komponenten in einem Gitter mit zwei mal drei Zellen dargestellt. Die Größe der Komponenten passt sich der geänderten Fenstergröße an, wobei alle Komponenten gleich groß sind.

Das folgende Codebeispiel gehört zu dem gezeigten Bild. Experimentieren Sie doch einmal mit den verschiedenen Konstruktoren und Parametern, um das Verhalten des Layout-Managers zu analysieren.

```
// Datei: GridLayoutBeispiel.java

import java.awt.*;
import javax.swing.*;

public class GridLayoutBeispiel extends JFrame
{
    private static final long serialVersionUID = 1L;

    public GridLayoutBeispiel()
    {
        super ("Beispiel: Grid Layout");
        super.setDefaultCloseOperation(WindowConstants.EXIT_ON_CLOSE);

        // Layout-Manager instanzieren und als Formatierung
        // des Fensters aktivieren
        setLayout (new GridLayout (2, 3));

        // Komponenten erzeugen und der ContentPane zufügen
        JButton druecken = new JButton ("Drücken");
        add (druecken);

        JLabel labelEins = new JLabel ("Label eins");
        add (labelEins);

        JTextArea textArea = new JTextArea ("ein Textfeld");
        add (textArea);

        JButton button = new JButton ("Button");
        add(button);

        JLabel labelZwei = new JLabel ("Label zwei");
        add (labelZwei);

        super.pack();
    }

    public static void main (String[] args)
    {
        GridLayoutBeispiel fenster = new GridLayoutBeispiel();
        fenster.setVisible (true);
    }
}
```

21.6.5 Grid-Bag-Layout

Die Klasse GridBagLayout implementiert einen Layout-Manager, mit dem sehr komplexe Layouts erstellt werden können. Er übertrifft alle bisher vorgestellten Layout-Manager in seiner Leistung, allerdings auch in seiner Komplexität. Da aber gerade das Grid-Bag-Layout häufig in der Praxis verwendet wird, sollten Sie sich die Mühe machen, sein Verhalten und die Konfiguration zu verstehen. Durch den Layout-Manager wird ein Gitter mit Zellen unterschiedlicher Größe festgelegt. Jede Komponente befindet sich in einer oder mehreren Zellen. Die Positionierung einer Komponente und weitere Verhaltensmerkmale werden durch ein zusätzliches Objekt der Klasse GridBagConstraints festgelegt, das beim Hinzufügen der Komponente an den Container übergeben werden muss. Es besteht auch die Möglichkeit das `GridBagConstraints`-Objekt vor dem Hinzufügen einer Komponente mit dem Aufruf der Methode

```
public void setConstraints (Component c, GridbagConstraints gbc)
```

an den Container zu übergeben. Die Komponente wird anschließend über die `add()` Methode hinzugefügt. Eine kürzere Form wäre, das `Constraints`-Objekt direkt als zweiten Parameter der Methode `add()` anzugeben.

Folgende Datenfelder der `GridBagConstraints`-Klasse stehen zur Verfügung, um die Positionierung und das Verhalten einer Komponente im Gitter festzulegen:

- `gridx, gridy`:

  Position der Komponente im Gitter. Das Feld `gridy` steht für die Zeile und `gridx` für die Spalte, wobei die Zählung bei 0 beginnt. Wenn nichts angegeben wird oder die Konstante `GridBagConstraints.RELATIVE`, wird die Komponente automatisch direkt im Anschluss an die letzte hinzugefügte Komponente positioniert.

- `gridheight, gridwidth`:

  Anzahl der Zellen, die eine Komponente belegen soll. Der Standardwert ist 1. Das Feld `gridheight` steht für die Anzahl der Zeilen, `gridwidth` für die Anzahl der Spalten. Alle durch die Komponente belegten Zellen werden als Anzeigefläche der Komponente (engl. display area) bezeichnet. Mit der Angabe der Konstante `GridBagConstraints.REMAINDER` werden die verbleibenden Zellen bis Ende der Zeile oder Spalte durch die Komponente verbraucht. Mit der Konstante `Grid-BagConstraints.RELATIVE` wird angegeben, dass die Komponente alle Zellen bis auf die letzte Zelle in der Zeile bzw. Spalte belegt.

- `weightx, weighty`:

  Wird verwendet, um den unverbrauchten Raum in den einzelnen Spalten bzw. Zeilen bei einer Größenänderung des Containers auf die Komponenten zu verteilen. Es können Werte zwischen 0 (=0%) und 1 (=100%) eingetragen werden. Die Einstellungen funktionieren aber nur in Kombination mit dem Datenfeld `fill`. Wird die Komponente ohne Größenänderungsrichtung definiert, bleibt der zugewiesene Raum leer.

- `ipadx, ipady`:

  Die beiden Werte werden zur minimalen Größe der Komponente addiert. Für die Anzeige errechnet sich die minimale Breite aus der minimalen Breite der Komponente und dem Wert von `ipadx` und die minimale Höhe aus der minimalen Höhe der Komponente und dem Wert von `ipady`.

- `fill`:

  Spezifiziert die Richtung, in die eine Komponente sich ausbreiten soll, wenn sie innerhalb ihrer Zelle wachsen kann. Die Variable `fill` kann als Werte die Konstanten `HORIZONTAL`, `VERTIKAL`, `BOTH` und `NONE` annehmen und damit festlegen, dass sich die Komponente horizontal, vertikal, nach allen Richtungen oder gar nicht ausdehnt.

● `insets`:

Definiert die Abstände zwischen dem Zellenrand und der Komponente. Die Parameter geben die Abstände in der Reihenfolge oben, links, unten und rechts an.

● `anchor`:

Ausrichtung einer Komponente in ihrem Anzeigebereich. Folgende absolute Konstanten können verwendet werden: `NORTH`, `SOUTH`, `EAST`, `WEST`, `NORTHEAST`, `SOUTHEAST`, `SOUTHWEST`, `NORTHWEST`, `CENTER` oder als relative Varianten `PAGE_START`, `PAGE_END`, `LINE_START`, `LINE_END`, `FIRST_LINE_START`, `FIRST_LINE_END`, `LAST_LINE_START`, `LAST_LINE_END`.

Das Setzen der einzelnen Datenfelder zwischen dem Hinzufügen der Komponenten kann bei größeren Dialogen unübersichtlich werden. Es hilft allerdings, sich eine Vorgehensweise zurechtzulegen. Als aller erstes instantiiert man ein oder mehrere `GridBagConstraints`-Objekte. Dann legt man die Komponenten in ihrer Reihenfolge fest, immer von links nach rechts und von oben nach unten. Zum Schluss ändert man vor dem Hinzufügen einer jeden Komponente nur die Datenfelder des verwendeten `GridBagConstraints`-Objekts ab, die geändert werden müssen, und fügt die Komponente dem Container hinzu. Dabei kann es sinnvoll sein, im ersten Durchgang die Werte für die Datenfelder `FILL`, `WEIGHTX` und `WEIGHTY` noch nicht anzugeben. Wenn ein vorhandener Dialog unübersichtlich geworden ist, bleibt oft nur die Möglichkeit, die vorhandenen Komponenten neu anzuordnen.

Bild 21-44 `GridBagLayout`-*Beispiel*

Das gezeigte Beispiel basiert auf folgendem Code:

```java
// Datei: GridBagLayoutBeispiel.java

import java.awt.*;
import javax.swing.*;

public class GridBagLayoutBeispiel extends JFrame
{
    private static final long serialVersionUID = 1L;
```

```
public GridBagLayoutBeispiel()
{
    super ("Beispiel: GridBag Layout");
    super.setDefaultCloseOperation(WindowConstants.EXIT_ON_CLOSE);

    // Layout-Manager instantiieren und als Formatierung
    // des Fensters aktivieren
    setLayout (new GridBagLayout());

    // Constraints initialisieren, Abstand von 5 Pixeln um
    // die Komponenten definieren, Ausrichtung nach Westen
    GridBagConstraints c = new GridBagConstraints();
    c.insets = new Insets (5, 5, 5, 5);
    c.anchor = GridBagConstraints.WEST;

    // Hinzufügen des statischen Texts mit dem
    // erstellten Constraints-Objekt
    JLabel labelName = new JLabel ("Name:");
    add (labelName, c);

    // Das Textfeld mit einer Länge von 20 Zeichen
    // ist die letzte Komponente in der aktuellen Zeile.
    // Verbleibenden Platz horizontal komplett nutzen
    c.gridwidth = GridBagConstraints.REMAINDER;
    c.weightx = 1;
    c.fill = GridBagConstraints.HORIZONTAL;
    JTextField name = new JTextField (20);
    add (name, c);

    // Der statische Text soll sich bei einer Änderung der Contai-
    // nergröße nicht anpassen. Damit eine weitere Komponente in
    // die Zeile aufgenommen werden kann, muss auch gridwith
    // rückgesetzt werden.
    c.gridwidth = 1;
    c.weightx = 0;
    JLabel labelVorname = new JLabel ("Vorname:");
    add (labelVorname, c);

    // Wie beim Textfeld für den Namen
    c.gridwidth = GridBagConstraints.REMAINDER;
    c.weightx = 1;
    JTextField vorname = new JTextField (20);
    add (vorname, c);

    // Dieser statische Text soll als einzige Komponente in
    // der Zeile stehen. Das Constraints-Objekt wurde nicht
    // geändert, trotzdem muss es übergeben werden, da das Grid-
    // BagLayout pro Komponente ein Contraints-Objekt speichert.
    JLabel labelKommentar = new JLabel ("Kommentar:");
    add (labelKommentar, c);

    // Das Textfeld soll sich ausdehnen
    c.weightx = 1.0;
    c.weighty = 1.0;
    c.fill = GridBagConstraints.BOTH;
    JTextArea kommentar = new JTextArea (10, 40);
    add (kommentar, c);
```

```
    // Es sollen zwei Knöpfe in eine Zeile, daher muss das
    // Datenfeld gridwidth zurückgesetzt werden.
    c.gridwidth = 1;
    c.weightx = 0;
    c.weighty = 0;
    c.fill = GridBagConstraints.NONE;
    JButton abbrechen = new JButton ("abbrechen");
    add (abbrechen, c);

    // Die letzte Komponente in der Zeile
    c.gridwidth = GridBagConstraints.REMAINDER;
    JButton uebernehmen = new JButton ("übernehmen");
    add (uebernehmen, c);
    super.pack();
  }

  public static void main (String[] args)
  {
    GridBagLayoutBeispiel fenster = new GridBagLayoutBeispiel();
    fenster.setVisible (true);
  }
}
```

Bild 21-45 Überlagerung `GridBagLayout`*-Beispiel*

Das Schwierige am Grid-Bag-Layout ist, dass sich die Einstellungen zu jeder Komponente gegenseitig beeinflussen können, z.B. die Gewichtungsfaktoren WEIGHTX und WEIGHTY beeinflussen sich gegenseitig in einer Zeile oder Spalte. Eine weitere Schwierigkeit stellt das Mischen von automatischer und absoluter Positionierung dar, wie das folgende Beispiel zeigt:

```
// Constraints initzialisieren, Abstand von 5 Pixeln um
// die Komponenten zu definieren und Ausrichtung nach
// Westen
GridBagConstraints c = new GridBagConstraints();
c.insets = new Insets (5, 5, 5, 5);
c.anchor = GridBagConstraints.WEST;

// Hinzufügen des statischen Texts mit dem
// erstellten Constraints-Objekt
labelKommentar = new JLabel ("Kommentar:");
add (labelKommentar, c);

// Das Textfeld soll sich vertikal ausdehnen und es
// ist die letzte Komponente in der aktuellen Zeile.
// Es soll den verbleibenden Platz horizontal komplett nutzen.
```

```
c.gridwidth = GridBagConstraints.REMAINDER;
c.gridheight = 2;
c.weighty = 1;
c.fill = GridBagConstraints.VERTICAL;
kommentar = new JTextArea (10, 40);
add (kommentar, c);

// Der statische Text wird absolut positioniert
c.gridx = 0;
c.gridy = 1;
labelName = new JLabel ("Name:");
add (labelName, c);

// Das Textfeld wird absolut positioniert und damit über
// das bereits vorhandene Textfeld gelegt
c.gridx = 1;
c.weightx = 1;
c.fill = GridBagConstraints.HORIZONTAL;
name = new JTextField (20);
add (name, c);
```

Der statische Text "Name: " und das kleinere Textfeld wurden absolut positioniert und damit in eine bereits durch das große Textfeld belegte Zelle gelegt. Bei einer Mischung aus automatischer und absoluter Positionierung ist das Ergebnis manchmal nicht vorhersagbar. Außerdem hat die absolute Positionierung den Nachteil, dass die Oberfläche schwerer zu pflegen und zu erweitern ist.

21.6.6 Weitere Layout-Manager

Die folgenden Layout-Manager werden nicht im Detail erklärt, da sie verhältnismäßig selten benutzt werden:

21.6.6.1 Spring-Layout

Für die Entwickler von grafischen Editoren hat Sun einen neuen Layout-Manager entwickelt. Komponenten lassen sich damit mit genauen Abstandsangaben zueinander und zum Rand des Containers positionieren.

21.6.6.2 Card-Layout

Das Card-Layout kann mehrere Container in einem übergeordneten Container anordnen und jeweils einen davon auf Anforderung anzeigen. Statt mehrere Container nebeneinander anzuzeigen, erzeugt man einen Stapel von Containern, die hintereinander liegen. Es ist vergleichbar mit einer Karteikartendarstellung, wie sie durch die Klasse JTabbedPane implementiert wird, bei der mit verschiedenen Reitern ein Container in den Vordergrund gestellt wird und die anderen dahinter verschwinden.

21.6.6.3 Box-Layout

Dieser Layout-Manager gehört zum Paket javax.swing. Mehrere Komponenten werden vertikal, d.h. in einer Spalte, oder horizontal, d.h. in einer Zeile, angeordnet.

Es wird ein ähnlicher Effekt wie bei Flow-Layout erzeugt. Die zu einem Container hinzugefügten Komponenten werden von oben nach unten oder von links nach rechts angeordnet.

21.6.6.4 Overlay-Layout

Das Overlay-Layout ist ein Layout-Manager des Pakets `javax.swing`. Er ermöglicht das Stapeln bzw. das Übereinanderlegen von Komponenten. Dem Konstruktor wird der Container übergeben, für den der Layout-Manager bestimmt ist.

21.6.6.5 Viewport-Layout

Das Viewport-Layout ist ein Layout-Manager des Pakets `javax.swing`. Unter einem Viewport versteht man den sichtbaren Bereich eines scrollbaren Fensters.

21.6.6.6 Null-Layout

Mit dem Null-Layout hat man die Möglichkeit, Komponenten durch Vorgabe fester Koordinaten zu platzieren. Diese Möglichkeit nennt man absolute Positionierung, da für jede Komponente pixelgenau festgelegt wird, an welcher Stelle sie zu erscheinen hat. Wird die Größe des Top-Level Containers geändert, dann erfolgt keine Verschiebung der Komponenten wie bei den anderen Layout-Managern.

Durch einen Aufruf von `setLayout (null)` wird das Null-Layout verwendet. Für jede einzelne Komponente kann die Größe und die Position mit den Methoden `setBounds()` und `setSize()` festgelegt werden.

Es gibt in den JFC noch weitere Layout-Manager, die zur Layoutgestaltung von speziellen Containern vorhanden sind. Für die gewöhnliche Oberflächenprogrammierung sind sie aber nicht wichtig.

21.6.7 Kombination von Layout-Managern

Zur Realisierung komplexer Layouts bietet sich eine Schachtelung an. Sind die Grundausprägungen nicht ausreichend, so kann mit der Klasse `JPanel` innerhalb eines Bereichs ein anderer Layout-Manager verwendet werden. Container können beliebig oft verschachtelt werden, weil Container andere Container enthalten können, und jeder Container einen eigenen Layout-Manager verwenden kann.

Das Border-Layout und das Grid-Layout sind skalierende Layout-Manager. Möchte man Komponenten mit ihrer ursprünglichen Größe beibehalten, können ebenfalls geschachtelte Layout-Manager verwendet werden.

Das Bild 21-46 zeigt ein Fenster vom Typ `JFrame` mit vier geschachtelten Layout-Managern. Die Content-Pane des Fensters selbst besitzt ein Border-Layout. Im Norden und Süden sind zwei Bereiche mit Schaltflächen vorhanden, die in einem Container der Klasse `JPanel` liegen. Beide Instanzen verwenden ein Flow-Layout. Im Zentrum des Fensters befindet sich ein weiterer Container vom Typ `JPanel` mit einem Grid-Bag-Layout.

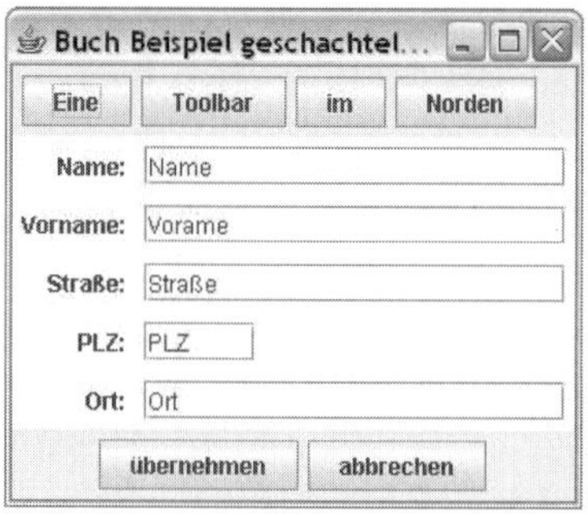

Bild 21-46 Geschachtelte Layout-Manager

Durch das Schachteln der Layout-Manager ist die Implementierung von komplexen Layouts einfach zu realisieren. Nun ist es an Ihnen, im Westen und Osten des gezeigten Beispiels noch zwei weitere unabhängige Bereiche zu integrieren. Hier das Programm:

```java
// Datei: KombinierteLayoutsBeispiel.java

import java.awt.*;
import javax.swing.*;

public class KombinierteLayoutsBeispiel extends JFrame
{
    private static final long serialVersionUID = 1L;

    public KombinierteLayoutsBeispiel()
    {
        super ("Beispiel: geschachteltes Layout");
        super.setDefaultCloseOperation(WindowConstants.EXIT_ON_CLOSE);

        // Die Toolbar
        JPanel toolPanel = new JPanel();
        toolPanel.setLayout (new FlowLayout (FlowLayout.LEFT));

        // Das Zentrum des Dialoges
        JPanel centerPanel = new JPanel();
        centerPanel.setLayout (new GridBagLayout());

        // Die Knöpfe am unteren Rand
        JPanel buttonPanel = new JPanel();
        buttonPanel.setLayout (new FlowLayout (FlowLayout.CENTER));

        add (toolPanel, BorderLayout.NORTH);
        add (centerPanel, BorderLayout.CENTER);
        add (buttonPanel, BorderLayout.SOUTH);

        // Die Knöpfe in der Toolbar
        JButton tb1 = new JButton ("Eine");
        JButton tb2 = new JButton ("Toolbar");
        JButton tb3 = new JButton ("im");
        JButton tb4 = new JButton ("Norden");
        toolPanel.add (tb1);
        toolPanel.add (tb2);
```

```
toolPanel.add (tb3);
toolPanel.add (tb4);

// Die zentralen Komponenten des Dialoges
centerPanel.setBackground (Color.WHITE);

GridBagConstraints c = new GridBagConstraints();
c.insets = new Insets (5, 5, 5, 5);

c.anchor = GridBagConstraints.EAST;
JLabel nameLabel = new JLabel ("Name:");
centerPanel.add (nameLabel, c);

c.anchor = GridBagConstraints.WEST;
c.gridwidth = GridBagConstraints.REMAINDER;
JTextField name = new JTextField ("Name", 20);
centerPanel.add (name, c);

c.anchor = GridBagConstraints.EAST;
c.gridwidth = GridBagConstraints.RELATIVE;
JLabel vornameLabel = new JLabel ("Vorname:");
centerPanel.add (vornameLabel, c);

c.anchor = GridBagConstraints.WEST;
c.gridwidth = GridBagConstraints.REMAINDER;
JTextField vorname = new JTextField ("Vorame", 20);
centerPanel.add (vorname, c);

c.anchor = GridBagConstraints.EAST;
c.gridwidth = GridBagConstraints.RELATIVE;
JLabel straßeLabel = new JLabel ("Straße:");
centerPanel.add (straßeLabel, c);

c.anchor = GridBagConstraints.WEST;
c.gridwidth = GridBagConstraints.REMAINDER;
JTextField straße = new JTextField ("Straße", 20);
centerPanel.add (straße, c);

c.anchor = GridBagConstraints.EAST;
c.gridwidth = GridBagConstraints.RELATIVE;
JLabel plzLabel = new JLabel ("PLZ:");
centerPanel.add (plzLabel, c);

c.anchor = GridBagConstraints.WEST;
c.gridwidth = GridBagConstraints.REMAINDER;
JTextField plz = new JTextField ("PLZ", 5);
centerPanel.add (plz, c);

c.anchor = GridBagConstraints.EAST;
c.gridwidth = GridBagConstraints.RELATIVE;
JLabel ortLabel = new JLabel ("Ort:");
centerPanel.add (ortLabel, c);

c.anchor = GridBagConstraints.WEST;
c.gridwidth = GridBagConstraints.REMAINDER;
JTextField ort = new JTextField ("Ort", 20);
centerPanel.add (ort, c);
```

```
    // Die Knöpfe am unteren Rand
    JButton uebernehmen = new JButton ("übernehmen");
    JButton abbrechen = new JButton ("abbrechen");
    buttonPanel.add (uebernehmen);
    buttonPanel.add (abbrechen);

    // Fenstergröße automatisch festlegen
    super.pack();
}

public static void main (String[] args)
{
    KombinierteLayoutsBeispiel fenster = new
        KombinierteLayoutsBeispiel();
    fenster.setVisible (true);
}
}
```

21.6.8 Layouts mit Orientierungssinn

Bei jedem Layout-Manager besteht die Möglichkeit, die Positionierung bzw. die Ausrichtung von Komponenten durch absolute oder relative Konstanten zu bestimmen.
Mit einer absoluten Positionierung legt der Entwickler unveränderbar fest, wo eine
Komponente im Container liegen soll. Diese Art der Positionierung hat aber den
entscheidenden Nachteil, dass sie eine spätere Anpassung der Oberfläche an den
Benutzer, evtl. zur Laufzeit, nicht mehr zulässt. Denkbar ist zum Beispiel eine Umschaltung für Rechts- bzw. Linkshänder, die einen anderen Aufbau der Oberfläche
benötigen. Die Orientierung des Containers kann zur Laufzeit geändert werden.
Wurden zuvor die Konstanten für relative Positionierung und Ausrichtung verwendet,
wird der Aufbau der Oberfläche gespiegelt.

Die Orientierung einer Komponente lässt sich mit der Methode

```
public void setComponenteOrientation (ComponentOrientation co)
```

verändern. In der Klasse `ComponentOrientation` sind zwei Orientierungen
definiert, `LEFT_TO_RIGHT` und `RIGHT_TO_LEFT`, die beim Setzten der Orientierung
angegeben werden können.

Das folgende Beispiel zeigt eine einfache Umschaltung für Links- und Rechtshänder:

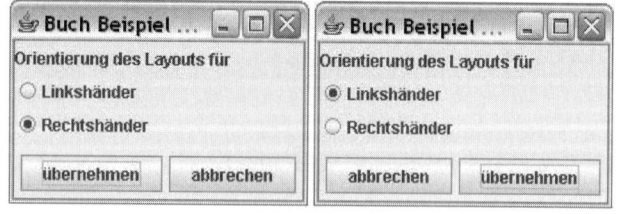

Bild 21-47 Umschaltung der Standardorientierung eines Containers

Hier das Programm:

```java
// Datei: RelativeAusrichtungBeispiel.java
import java.awt.*;
import java.awt.event.*;
import javax.swing.*;

public class RelativeAusrichtungBeispiel extends JFrame
{
   private static final long serialVersionUID = 1L;
   private JRadioButton links, rechts;
   private JPanel buttonPanel;
   private JButton uebernehmen;

   public RelativeAusrichtungBeispiel()
   {
      super ("Beispiel: relative Ausrichtung");
      super.setDefaultCloseOperation(WindowConstants.EXIT_ON_CLOSE);
      JLabel label1 = new JLabel("Orientierung des Layouts für");

      // Auswahl mit zwei Radio Buttons und einer Button Group
      links = new JRadioButton ("Linkshänder");
      rechts = new JRadioButton ("Rechtshänder");
      rechts.setSelected (true);
      ButtonGroup bg = new ButtonGroup();
      bg.add (links);
      bg.add (rechts);

      // Die Komponenten im Zentrum des Fensters setzen
      JPanel centerPanel = new JPanel();
      GridLayout gl = new GridLayout (3, 1);
      centerPanel.setLayout (gl);
      centerPanel.add (label1);
      centerPanel.add (links);
      centerPanel.add (rechts);

      uebernehmen = new JButton ("übernehmen");
      uebernehmen.addActionListener (new ActionListener()
      {
         public void actionPerformed (ActionEvent arg0)
         {
            if (links.isSelected())
            {  // Die Orientierung des Buttonpanel ändern
               buttonPanel.setComponentOrientation
                  (ComponentOrientation.RIGHT_TO_LEFT);
               // Den Buttonpanel neu zeichnen
               buttonPanel.revalidate();
            }
            else
            {  // Die Orientierung des Buttonpanel ändern
               buttonPanel.setComponentOrientation
                  (ComponentOrientation.LEFT_TO_RIGHT);
               // Den Buttonpanel neu zeichnen
               buttonPanel.revalidate();
            }
         }
      });
```

```
    JButton abbrechen = new JButton ("abbrechen");
    buttonPanel = new JPanel();
    FlowLayout fl = new FlowLayout (FlowLayout.LEADING, 5, 5);
    buttonPanel.setLayout (fl);
    buttonPanel.add (uebernehmen);
    buttonPanel.add (abbrechen);
    // Die Panels dem Container hinzufügen
    add (centerPanel, BorderLayout.CENTER);
    add (buttonPanel, BorderLayout.SOUTH);
    super.pack();
  }

  public static void main (String[] args)
  {
    RelativeAusrichtungBeispiel fenster = new
        RelativeAusrichtungBeispiel();
    fenster.setVisible (true);
  }
}
```

21.7 Weitere Technologien der Ein- und Ausgabe

Die Mensch-Maschine-Schnittstelle (MMS) umfasst Ein- und Ausgabegeräte, wie eine Tastatur, ein Zeigegerät wie etwa die Maus, einen Bildschirm, einen Lautsprecher oder auch einen Drucker. Die Aufgabe einer MMS besteht darin, die Eingaben des Benutzers entgegenzunehmen und dafür Sorge zu tragen, dass auf sie entsprechend reagiert wird. Im Falle der Eingabe eines Zeichens in einem Textfeld auf dem Bildschirm könnte z.B. die Speicherung und Darstellung des Zeichens eine adäquate Reaktion sein. Die Darstellung des Zeichens wäre auch ein Beispiel für die Ausgabefunktion, die zweite Aufgabe eines MMI.

Eine moderne Oberflächenprogrammierung geht weit über die soeben erwähnte Fenstertechnik und die Mausbedienung hinaus. Erwartet wird, dass vorgefertigte **Komponenten** als Bausteine für die Oberflächen zur Verfügung stehen, um die Programmierung zu vereinfachen. Des Weiteren soll die Bedienung möglichst komfortabel sein und beispielsweise auch **drag and drop**[176] unterstützen.

Mit den **Java Foundation Classes** wird Java diesen Erwartungen gerecht. Die Java Foundation Classes sind eine Zusammenstellung von Klassen zur Oberflächengestaltung und Bedienung einer Java-Applikation oder eines Applets. Die Java Foundation Classes sind dabei in verschiedene Klassenbibliotheken, die teilweise aufeinander aufbauen und zusammenarbeiten, aufgeteilt. Diese Klassenbibliotheken sind das **Abstract Window Toolkit (AWT)**, **Swing**, **Java 2D**, **Drag and Drop** sowie **Accessibility**. Sie sollen im Folgenden kurz vorgestellt werden:

- Benutzeroberfläche

  Das Kürzel für "Graphical User Interface" ist GUI, oder auf Deutsch "Grafische Benutzeroberfläche". In der deutschen Literatur wird daher auch das Kürzel GBO benutzt. GUIs verwenden meistens Fenstertechniken, am bekanntesten dürfte

---

[176] Beim Drag and Drop kann man ein Element der Oberfläche mit der Maus anklicken und mit gedrückter Maustaste an eine andere Position auf dem Bildschirm ziehen.

dabei die GUI des Betriebssystems Microsoft Windows® sein. Die JFC bietet für das Erstellen von GUIs die GTKs (engl.: Graphical Tool Kit) Swing und AWT an.

- Accessibility

Accessibility bedeutet ins deutsche übersetzt Barrierefreiheit und meint damit, dass ein möglichst großer Benutzerkreis auf die Funktionen und Daten eines Systems zugreifen kann. Die Java Accessibility-API in der JFC ist eine Schnittstelle zur Einbindung von zusätzlichen Ein- und Ausgabegeräten außer Bildschirm, Tastatur und Maus in die Benutzerschnittstelle. Häufig wird sie bei der behindertengerechten Programmierung eingesetzt. Es können hier z.B. nachträglich Sprachein- und -ausgaben implementiert werden, die dann auch blinden Benutzern das Benutzen des Programms ermöglicht.

- Internationalisierung

Der Vorgang der Internationalisierung einer Software beinhaltet, dass man eine Software so anpasst bzw. entwickelt, dass sie mit den verschiedenen länderspezifischen Gegebenheiten korrekt umgehen kann. Dabei soll der Anpassungsaufwand möglichst klein sein. Internationalisierung beinhaltet nicht nur die Übersetzung der im Programm verwendeten Texte, sondern auch die Berücksichtigung der verschiedenen Zeichensätze und des Sachverhalts, dass ein Text in verschiedenen Sprachen unterschiedliche Längen besitzt. Des Weiteren müssen Währungssymbole, Datumsformate, Punktierung usw. beachtet werden. Die JFC unterstützt diesen Vorgang.

- Drag and Drop

"Drag and Drop" (DnD, D&D) lässt sich mit "Ziehen und Fallen lassen" übersetzen. Als Teil der JFC ermöglicht die API einen Datentransfer zwischen Komponenten, Java-Programmen untereinander und Java-Programmen und "nativen" Programmen. Dieser Transfer kann dabei in zwei Varianten erfolgen: Die erste Variante wäre das angesprochene "Ziehen und Fallen lassen", die zweite "Ausschneiden/Kopieren und Einfügen", welche die Zwischenablage (engl.: clipboard) des Betriebssystems benutzt.

- Java 2D™

Ebenfalls als Teil der JFC ist diese API für das Zeichnen von geometrischen Primitiven, Diagrammen und die Druckausgabe zuständig. Komplexe Formen können mittels Boolescher Operationen aus primitiven zusammengesetzt werden. Für diesen Vorgang wurde im Englischen der Begriff "Constructive Area Geometry" (CAG) geprägt. Des Weiteren können Bilder erstellt, bearbeitet und dargestellt werden. Die Java 2D-API bietet eine umfangreiche Programmierschnittstelle zum Erstellen von eigenen Formen und die Möglichkeit, neue Schriftarten aus Dateien zu erstellen. Die API ermöglicht auch eine Hardwarebeschleunigung der Ausgabe über OpenGL.

- Multimedia – Zeitbasierte Medien

Um Klänge in einem Java-Programm auszugeben, hat man die Wahl zwischen zwei APIs. Die Java Sound API ist Teil der J2SE und stellt fundamentale Operationen und umfangreiche Modifikationsmöglichkeiten zur Verfügung, z.B. bei der Ausgabe von MIDI-Dateien. Sie kann als "Low-Level"-API bezeichnet werden. Im Gegensatz dazu geschieht die Anwendung der optional erhältlichen Java Media Framework (JMF) API auf einer ausgesprochen hohen Stufe. Das JMF ermöglicht die einfache Ausgabe, Aufnahme und Bereitstellung von Video- und Audiosequenzen. Es unterstützt zahlreiche Medientypen wie etwa MPEG-1, AVI, H.261, H.263, QT, WAV, MP3, MIDI, AU oder AIFF und die Zugriffsprotokolle FILE, HTTP, FTP und RTP (Streaming). Das JMF nutzt die darunter liegende Java Sound API.

- Bildbearbeitung

  Zur Bildbearbeitung auf hohem Niveau kann die optional erhältliche Java Advanced Imaging (JAI) API oder die recht junge ImageIO API benutzt werden. Die JAI ist eine Erweiterung der Java 2D API. Die neue ImageIO API benutzt ebenfalls die Java 2D API und ist ab JDK 1.4 in der J2SE enthalten.

- Hilfesysteme

  Java unterstützt eine Online-Hilfefunktion des Programms mit dem optionalen JavaHelp System.

- Natürliche Sprache

  Mit der optionalen Java Speech API steht eine Möglichkeit zur Entwicklung von Spracherkennungs- und Steuerungsfunktionen zur Verfügung, um Programme zu entwerfen, die menschliche Sprache als Eingabe und Ausgabe verwenden.

- 3D-Visualisierung

  SUN stellt mit der optionalen Java 3D API eine Programmierschnittstelle zur dreidimensionalen Darstellung von Körpern und deren Umgebung zur Verfügung. Die Entsprechung zur CAG im 2D-Bereich ist die Constructive Solid Geometry (CSG) im 3D-Raum.

21.8 Übungen

Aufgabe 21.1: Hello World

a) Es soll eine Klasse erstellt werden, die den String "Hello World" in einem Fenster auf dem Bildschirm darstellt. Schreiben Sie den Gruß in ein Objekt der Klasse JLabel, das Sie in ein Objekt der Klasse JFrame einfügen. Legen Sie die Fenstergröße auf 200 x 100 Pixel fest.

b) Nehmen Sie ihre Lösung von Teilaufgabe a) und erweitern Sie diese um folgende Punkte:

   1. Setzen Sie den Layout-Manager auf das Flow-Layout
   2. Platzieren Sie das Objekt der Klasse JLabel in der Mitte des Fensters

c) Was geschieht wenn Sie das Fenster mit dem ☒ in der Kopfzeile schließen? Wie können Sie dieses Problem beheben?

Tipp: Schauen Sie in Ihrer Prozesstabelle nach, ob der Prozess der Java Virtuellen Maschine auch wirklich geschlossen wird. Das Nachschauen erfolgt im Falle von Windows mit dem Taskmanager und im Falle von Unix/Linux mit Hilfe des `ps`-Kommandos.

Aufgabe 21.2: TextBetrachter

In dieser Aufgabe soll ein Textbetrachter implementiert werden. Dazu soll auf die Klasse `JFileChooser` zurückgegriffen werden, um eine Textdatei auszuwählen. Die Dateiauswahl soll beim Aufrufen des Programms automatisch gestartet werden. Es ist deswegen nicht nötig, ein Element in die Oberfläche zu integrieren, um die Dateiauswahl erneut aufrufen zu können. Definieren Sie einen Filter für die Klasse `JFileChooser`, sodass nur Textdateien (`.txt`) im Dateisystem ausgewählt werden können.

Aufgabe 21.3: Look and Feel

Es soll eine Klasse zum Ändern des Java "Look and Feel" geschrieben werden. Die Klasse soll von der Klasse `JFrame` abgeleitet werden und die Schnittstelle `Action-Listener` implementieren. Weiter soll eine Methode enthalten sein, welche die "Look and Feel"-Umstellung zur Laufzeit vornimmt.

Verwenden Sie folgende "Look and Feels":

- `javax.swing.plaf.metal.MetalLookAndFeel`
- `com.sun.java.swing.plaf.motif.MotifLookAndFeel`

Zum Umstellen soll eine Schaltfläche vom Typ `JButton` in die Oberfläche integriert werden. Bei jedem Anklicken der Schaltfläche soll das "Look and Feel" umgeschaltet werden.

Aufgabe 21.4: Taschenrechner

Es soll ein einfacher Taschenrechner mit grafischer Oberfläche programmiert werden, der folgende Anforderungen erfüllt:

- Die Eingabe der Zahlen 0..9 ist nur über die Maus erlaubt.
- Alle reellen Zahlen sind erlaubt.
- Die Rechenoperationen Addition, Subtraktion, Division und Multiplikation sollen verfügbar sein.
- Eine Löschfunktion zum Zurücksetzen der bisherigen Eingaben und Operationen (C-Taste).
- Es sollen beide zur Berechnung benötigte Zahlen, das Zeichen für die Rechenoperation und das Ergebnis dargestellt werden.
- Ein Übertrag soll möglich sein, d.h. ein bestehendes Ergebnis kann als erster Operand einer weiteren Rechenoperation verwendet werden: 1+2=3 +5=8.
- Die Anzeigeelemente sollen sich nicht in ihrer vertikalen Größe verändern lassen. Die Eingabeelemente hingegen passen ihre Größe in beide Richtungen an, sobald das Fenster vergrößert oder verkleinert wird.

- Der Taschenrechner soll durch das ⊠ in der Titelleiste beendet werden.
- Bei einer Division durch 0 soll eine Fehlermeldung ausgegeben werden.

Bild 21-48 Taschenrechner

Aufgabe 21.5: Flughafen-Projekt – Swing

In diesem Kapitel wurde das nötige Wissen für die Erstellung einer grafischen Oberfläche vermittelt. Dieses Wissen soll nun in die Flughafenaufgabe einfließen.

Aufgabe 21.5.1: Start und Landung

Hierzu soll der bisherige textbasierte Lande- und Startvorgang durch eine einfache
grafische Oberfläche ersetzt werden. Diese Oberfläche soll den Anwender auf
einfache Weise durch die notwendigen Schritte eines Start- bzw. Landevorgangs
eines einzelnen Flugzeuges führen. Der Einfachheit halber soll der Lotse weiterhin
nur ein Flugzeug landen lassen können, das er erst wieder starten muss, bevor er
das nächste Flugzeug landen lässt. Die Anzeige des Flugzeugstatus über ein Objekt
von `FlugzeugListener` soll weiterhin unverändert mit der Methode `print()` auf
der Kommandozeile erfolgen.

Aufgabe 21.5.2: Flughafenübersicht

Die Statusanzeige der einzelnen Flugzeuge soll nun statt auf der Kommandozeile in
einem zusätzlichen Übersichtsfenster dargestellt werden. Dieses Übersichtsfenster
soll ähnlich wie Bild 21-49 aufgebaut sein. Für die tabellarische Darstellung eignet
sich die Klasse `JTable`.

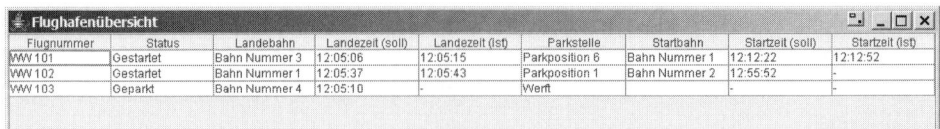

Bild 21-49 Flughafenübersicht

Aufgabe 21.5.3: Mehrere Flugzeuge kontrollieren

Bisher konnte immer nur ein Flugzeug gleichzeitig vom Lotsen betreut werden. Das
Flughafenprojekt soll nun so erweitert werden, dass ein Lotse beliebig viele Flugzeuge gleichzeitig landen und starten kann.

Aufgabe 21.5.4: Ausblick

Gratulation, Sie haben das Projekt bis zum Schluss durchgezogen. Natürlich ist die Software noch lange nicht fertig. Es kann noch so viel mehr implementiert werden, um den Komfort zu erhöhen, bzw. die Funktionalität zu erweitern. So wäre es denkbar, die einzelnen Flugzeuge bei ihrem Lande- und Startanflug grafisch darzustellen, oder auch die benötigten Funktionen für die Rolle des Angestellten bereitzustellen. Es ist Ihnen freigestellt, was Sie nun mit diesem Projekt machen. Auf der CD befindet sich noch eine weitere Version des Flughafenprojekts, welche um zusätzliche Funktionen erweitert wurde, um Ihnen weitere Möglichkeiten aufzuzeigen.

Kapitel 22

Servlets

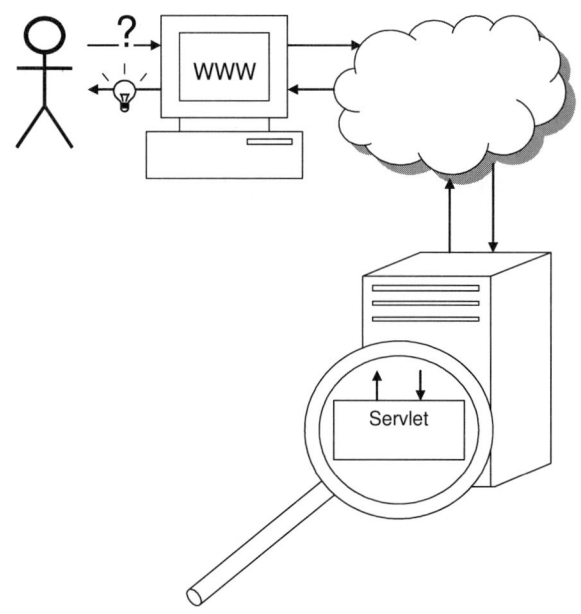

22.1 Das Internet und seine Dienste
22.2 Dynamische Erzeugung von Seiteninhalten
22.3 Web-Anwendungen erstellen
22.4 Wichtige Elemente der Servlet-API
22.5 Der Deployment Deskriptor
22.6 Das Servlet "Forum"

22 Servlets

Mit Servlets kann die Funktionalität eines **Web-Servers**[177] um die Fähigkeit der **dynamischen Seitengenerierung** erweitert werden. Bei der Technik der dynamischen Seitengenerierung erzeugt ein Programm in Abhängigkeit von Benutzereingaben die entsprechende Webseite und schickt diese zum Browser[178] des Benutzers. Eine bereits klassische Technik für die dynamische Seitengenerierung sind CGI-Skripte[179], eine neuere Technik sind in Java geschriebene Servlets.

Servlets sind Java-Klassen, die bei Bedarf in einen für Servlets ausgelegten Web-Server oder in einen gesonderten **Servlet-Container**[180] geladen und dort ausgeführt werden können. Servlets besitzen vom Aufbau und der Struktur her einige Gemeinsamkeiten mit einem Applet. Ein Servlet kann als ein serverseitiges Applet angesehen werden, woraus auch die Bezeichnung "Servlet" abgeleitet ist (**serv**erside app**let**).

Bevor ab Kapitel 22.2 auf die eigentliche Servlet-Programmierung eingegangen wird, soll erst eine Vorstellung des Internets und seiner Dienste erfolgen.

22.1 Das Internet und seine Dienste

Das Internet ist ein weltweiter Verbund verschiedenartigster Rechner, die aber gewisse Standards einhalten müssen, damit sie miteinander kommunizieren können. Die Kommunikation der beteiligten Rechner erfolgt über den Austausch von IP[181]-Paketen. Dies setzt voraus, dass jeder dieser Rechner eine eindeutige Internet-Adresse (IP-Adresse) besitzt.

Oftmals wird das Internet gleichgesetzt mit dem **W**orld **W**ide **W**eb (WWW). Das WWW ist aber nur einer von mehreren Diensten im Internet. Häufig benutzte Dienste im Internet sind beispielsweise:

- **WWW**

  Das **W**orld **W**ide **W**eb ist ein Multimedia-Dienst, welcher es einem Anwender erlaubt, auf einfache Weise mit einem Browser HTML[182]-Dokumente bestehend aus Text, Bildern, Videosequenzen und Ton zu laden und zu betrachten. Das Laden solcher Seiten geschieht über das HTTP[183]-Protokoll. Von großem Vorteil ist die Möglichkeit, Dokumente im Web untereinander mit so genannten **Hyperlinks**[184] zu verbinden. Über einen solchen Link kann bequem auf ein

---

[177] Ein **Webserver** ist ein Server, welcher Webseiten – in der Form von HTML-Seiten – bereitstellt.

[178] Zum Beispiel dem Microsoft Internet Explorer oder dem Netscape Navigator.

[179] Ein **CGI-Skript** kann beispielsweise in der Programmiersprache Perl geschrieben werden.

[180] Ein **Servlet-Container** wird auch als **Servlet-Engine** bezeichnet. Er stellt eine Laufzeitumgebung für Servlets dar.

[181] **IP** ist das so genannte **I**nternet **P**rotocol. Es gehört zur TCP/IP-Architektur eines Kommunikationssystems. Ein Kommunikationssystem dient zur Kommunikation zwischen Rechnern.

[182] HTML = **H**yper**t**ext **M**arkup **L**anguage.

[183] HTTP = **H**yper**t**ext **T**ransfer **P**rotocol.

[184] Als **Hyperlink** bezeichnet man eine Verbindung zu einer anderen Stelle im Internet oder einer anderen Stelle in einem HTML-Dokument.

referenziertes Dokument zugegriffen werden. Die Entwicklung des WWW wird durch das World Wide Web Consortium (W3C) koordiniert, das auch für die Standardisierung von HTML zuständig ist.

- **FTP**

  Das **F**ile **T**ransfer **P**rotocol dient zum Übertragen von Dateien.

- **E-Mail**

  Mit E-Mail – zu Deutsch: elektronische Post – ist es möglich, Texte sowie beliebige andere Daten zu versenden. Im Gegensatz zum Versenden von herkömmlichen Briefen mit der Post geht das Versenden von E-Mails sehr schnell. Eine Zustellung erfolgt gewöhnlich im Sekunden- bis Minutenbereich.

- **IRC**

  Ein weiterer für die Kommunikation von Netzteilnehmern gedachter Dienst ist der **I**nternet **R**elay **C**hat. Dabei kann man im Gegensatz zu E-Mail zeitgleich mit anderen Nutzern des Internets kommunizieren.

- **Newsgroups**

  Sie sind vergleichbar mit Schwarzen Brettern, an denen Beiträge zu verschiedenen Themen zu finden sind. Es können Beiträge in Form von Textnachrichten veröffentlicht, sowie bereits bestehende Nachrichten kommentiert werden.

- **Telnet**

  Ermöglicht das Einloggen und anschließende Arbeiten auf einem entfernten Rechner. Dabei läuft auf dem lokalen Rechner nur ein Terminal-Emulationsprogramm[185], um Eingaben an den entfernten Rechner zu senden und dessen Ausgaben anzuzeigen. Alle gestarteten Anwendungsprogramme laufen auf dem entfernten Rechner und verbrauchen dessen Ressourcen wie Arbeitsspeicher und Prozessorzeit.

Da Servlets ausschließlich in Verbindung mit Web-Servern bzw. webfähigen Application-Servern[186] ihren Einsatz finden, wird im Folgenden zunächst die Arbeitsweise eines Anwenders im World Wide Web vorgestellt. Das WWW basiert auf einer Client/Server-Architektur und der Verwendung von so genannten **Thin Clients**. Unter einem Thin Client versteht man beispielsweise einen Browser[187], welcher keine Anwendungslogik enthält und nur die Darstellung der angeforderten Daten übernimmt – in diesem Fall die Interpretation von HTML-Code. Um ein besseres Verständnis zu erhalten, werden in Kapitel 22.1.1 Client/Server-Architekturen vorgestellt.

---

[185] Ein Terminal-Emulationsprogramm bietet dem Benutzer auf seinem lokalen Rechner dieselben Dialoge, als wenn er direkt vor dem Fremdsystem sitzend arbeiten würde.

[186] Ein Application-Server ist ein Server-Programm auf einem Computer, welches die Geschäftslogik einer Anwendung in einem verteilten System enthält.

[187] Wird mit einem Browser auf eine AJAX-basierte (**A**synchronous **J**avaScript **A**nd **X**ML) Web-2.0-Anwendung zugegriffen, so fungiert der Browser allerdings nicht mehr als Thin-Client. Das vom Server zurück gelieferte JavaScript kann dabei einen erheblichen Teil der Anwendungslogik enthalten.

Kapitel 22.1.2 zeigt, wie ein Browser über eine so genannte **URL**[188] eine Webseite von einem Web-Server abrufen kann.

22.1.1   Client/Server-Architekturen

Client/Server-Architekturen basieren auf Schichtenmodellen. In einem Informationssystem kann man die folgenden Schichten identifizieren (siehe Bild 22-1):

- Darstellungsschicht
- Verarbeitungsschicht
- Datenzwischenpufferungsschicht
- Datenhaltungsschnittstellenschicht

Bild 22-1 Schichtenmodell eines Informationssystems

Die **Darstellungsschicht** dient zur Interaktion eines Benutzers mit einer Anwendung, d.h. zur Ein- und Ausgabe. In der **Verarbeitungsschicht** liegen Klassen, die aktiv handeln – z.B. Threads. Diese Klassen benutzen passive Objekte, welche für die Datenhaltung zuständig sind und die dafür benötigten Methoden bereitstellen. Diese passiven Daten-Objekte liegen in der **Datenzwischenpufferungsschicht**. Über die **Datenhaltungsschnittstellenschicht** kann auf eine Datenbank zugegriffen werden. Eine Datenbank dient zur dauerhaften (persistenten) Speicherung der Datenfeldwerte der Objekte. Objekte, die im Arbeitsspeicher liegen, sind flüchtige Objekte. Wird die Versorgungsspannung des Rechners abgestellt, so gehen die Objekte im Arbeitsspeicher verloren.

In einer gröberen Sichtweise (siehe Bild 22-2) fasst man die Verarbeitungsschicht und Datenzwischenpufferungsschicht unter dem Namen **Anwendungs-Server** zusammen. Die Darstellungsschicht entspricht dem **Client-Programm** und die Datenhaltungsschnittstellenschicht samt der Datenbank dem **Datenbank-Server**[189].

---

[188] URL = **U**niform **R**esource **L**ocator.
[189] Der **Datenbank-Server** hält die Daten einer Anwendung.

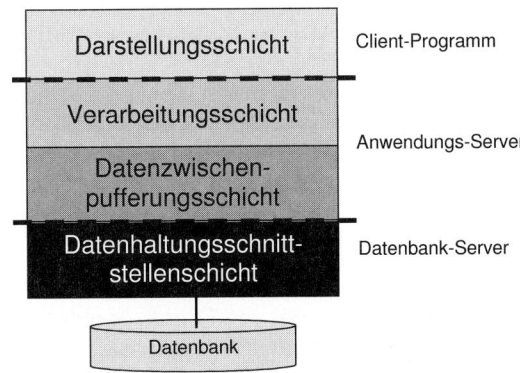

Bild 22-2 Client/Server-Architektur eines Informationssystems

Generell gesprochen ist ein **Client** eine funktionale Einheit eines Systems, welche die **Dienstleistungen** von Servern nutzt. Ein Client ist ein **Auftraggeber**. **Server** sind funktionale Einheiten eines Systems, welche **Dienstleistungen** den Clients zur Verfügung stellen. Sie sind dabei die **Auftragsnehmer**.

Ein Client und ein Server sind zunächst reine Funktionalitäten: Der Server verwaltet eine Dienstleistung welche der Client anfordern kann. Die Funktionalität des Servers hat also die Rolle des **Diensterbringers**, die Funktionalität des Clients die Rolle des **Dienstnutzers**. In Tabelle 22-1 sind die einzelnen Schritte der Client/Server-Interaktion dargestellt:

	Client	**Server**	**Phase**
Schritt 1		Gibt Service-Bereitschaft bekannt.	Initialisierung der Client/Server-Kommunikation
Schritt 2	Erkennt, dass es den Server gibt.		
Schritt 3	Formuliert bei Bedarf einen Auftrag und sendet den Auftrag an den Server.		Auftrags-abwicklung
Schritt 4		Nimmt den Auftrag entgegen und führt ihn durch. Sendet das Ergebnis an den Client zurück.	
Schritt 5	Nimmt das Ergebnis in Empfang und wertet es aus.		

Tabelle 22-1 Client/Server-Interaktion

Kann ein Server eine Anfrage nicht beantworten, so kann er in die Rolle eines Clients schlüpfen und bei einem anderen ihm bekannten Server nachfragen. Die erhaltene positive oder negative Auskunft gibt er dann – wieder in der Rolle eines Servers – an seinen Auftraggeber zurück (siehe Bild 22-3).

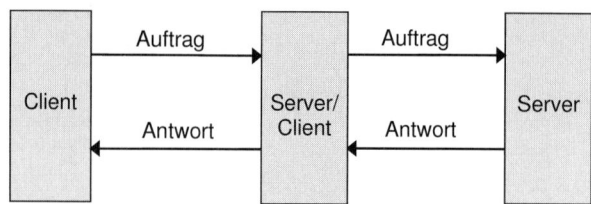

*Bild 22-3 Wechselnde Rollen - ein Server kann gleichzeitig Client eines
anderen Servers sein.*

Der Server bietet also einen Dienst an, der von Clients genutzt wird. Clients und Server können auf demselben Rechner oder aber auch auf verschiedenen Rechnern lokalisiert sein. Ist der Server – als Funktionalität – auf einem eigenen Rechner lokalisiert, so spricht man von einem **Server-Rechner**[190]. Ist die Funktionalität des Clients auf einem eigenen Rechner lokalisiert, so spricht man von einem **Client-Rechner**[191].

Eine Architektur wie in Bild 22-2 wird als **One-Tier-Architektur** bezeichnet: Alle drei Programme – Client, Anwendungs-Server und Datenbank-Server – kommunizieren miteinander über Schnittstellen, die eine Verteilung dieser Programme auf verschiedene Rechner nicht erlauben. Beabsichtigt man, sein Softwaresystem auf verschiedene Rechner zu verteilen, so muss man Kommunikationsschichten einführen, die eine Kommunikation der beiden angrenzenden Schichten auf dem gleichen Rechner oder rechnerübergreifend erlauben. Beispiele für solche Mechanismen sind RMI (siehe Kap. 25) oder CORBA[192]. Mit Hilfe dieser Kommunikationsmechanismen können der Client, der Anwendungs- und der Datenbank-Server jeweils auf einem eigenen Rechner laufen. Die Architektur eines solchen Systems wird als **Three-Tier-Architektur** bezeichnet.

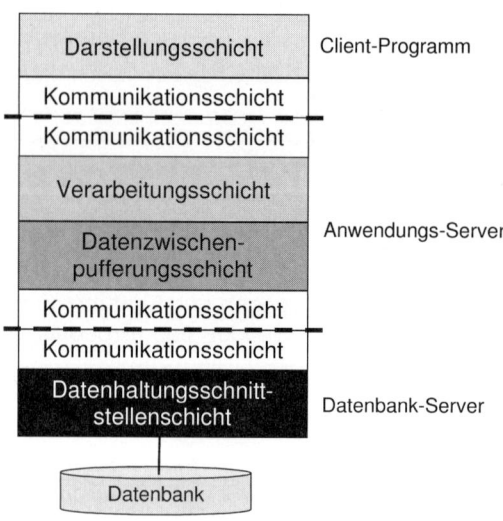

Bild 22-4 Three-Tier-Architektur eines Informationssystems

---

[190] In einer weniger präzisen Sprechweise wird statt des Begriffs Server-Rechner auch der Begriff Server verwendet
[191] Statt des Begriffs Client-Rechner wird oftmals weniger präzise auch der Begriff Client verwendet
[192] CORBA = **C**ommon **O**bject **R**equest **B**roker **A**rchitecture.

Eine solche Architektur findet man nicht nur bei neuen Systemen. Oftmals werden alte Systeme nur an der Oberfläche modernisiert. So kann man zum Beispiel aus einem in Java geschriebenen Client auf einen bestehenden, in C++ implementierten Server zugreifen, der wiederum mit einem in COBOL geschriebenen Datenbank-Server kommuniziert.

In einer **Two-Tier-Architektur** ist das System auf zwei Rechner verteilt. Hierbei gibt es zwei verschiedene Varianten, je nachdem welche Funktionalität der Client-Rechner hat. Bei einer **Thin-Client-Architektur** liegt auf dem Client-Rechner nur die Darstellungs- und Kommunikationsschicht, bei einer **Fat-Client-Architektur** läuft auch die Anwendung auf dem Client-Rechner.

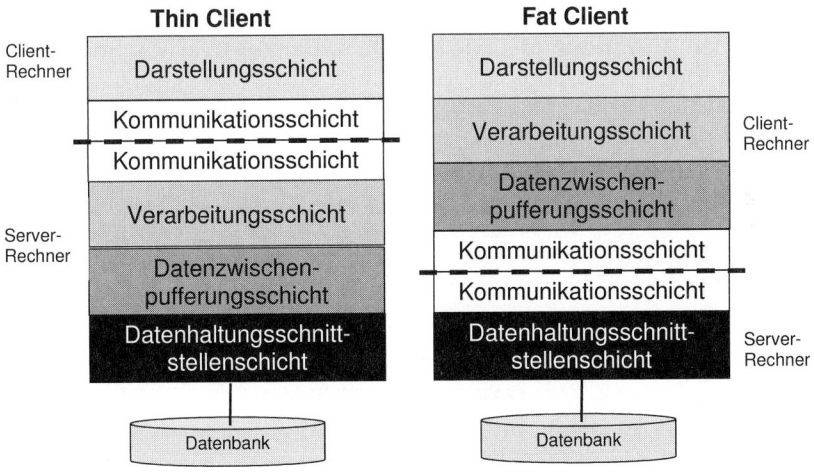

Bild 22-5 Thin- und Fat-Client in einer Two-Tier-Architektur mit 2 Rechnern

Erstellt man also eine Anwendung in einer **Two-Tier-Architektur mit zwei Rechnern** (siehe Bild 22-5), so wird sie auf einen **Client-Rechner** und einen **Server-Rechner** aufgeteilt:

- Bei der Verwendung eines **Thin Client** – wie es meist bei der Verwendung eines Web-Browsers der Fall ist – umfasst der Client normalerweise lediglich die Darstellungsschicht, d.h. er beinhaltet meist keine Anwendungslogik. Im Server-Rechner sind dann der Anwendungs-Server und der Datenbank-Server integriert.
- Bei der Verwendung eines **Fat Client** umfasst der Server-Rechner lediglich den Datenbank-Server. Die Darstellung und die Verarbeitungslogik liegen hier komplett auf dem Client-Rechner, welcher sich über einen Zugriff auf den Server-Rechner nur die von der Anwendung benötigten Daten holt. Die Verarbeitung dieser Daten findet dann auf dem Client-Rechner statt.

In der Realität sind häufig Mischformen aus Thin und Fat Client anzutreffen. Dabei findet man sowohl auf dem Client-Rechner als auch auf dem Server-Rechner Teile der Verarbeitungslogik[193], welche zusammengenommen die Funktionalität der Anwendung bilden.

---

[193] Zum Beispiel eine Plausibilitätsprüfung der Eingabe auf dem Client-Rechner, oder eben bei der AJAX-Technologie.

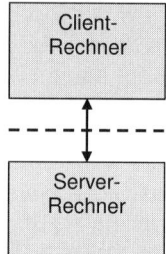

Bild 22-6 Two-Tier Client/Server Architektur mit 2 Rechnern

Bei einer Three-Tier-Architektur nach Bild 22-4, die auf **3 Rechner** verteilt werden soll, wird der Server-Rechner der soeben besprochenen Two-Tier Architektur (siehe Bild 22-6) in einen **Anwendungs-** und einen **Datenbank-Server-Rechner** (siehe Bild 22-7) aufgeteilt. Der Anwendungs-Server-Rechner enthält die Logik der Anwendung, nimmt Anfragen des Clients entgegen, verarbeitet die Daten, welche er von einer Datenbank auf dem Datenbank-Server bezieht und sendet dem Client-Rechner die entsprechende Antwort. Bei dieser Architektur kommt im Wesentlichen der Thin Client-Ansatz zum Tragen.

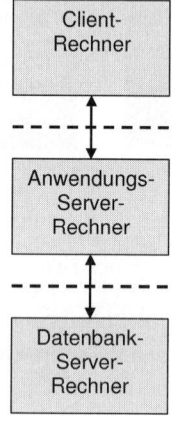

Bild 22-7 Three-Tier Client/Server Architektur mit 3 Rechnern

Für einen Thin Client ist es völlig unerheblich, ob er in einer Two-Tier- oder Three-Tier-Architektur läuft. Er bezieht seine Daten über eine zum Anwendungs-Server gleich bleibende Schnittstelle.

22.1.2   Von der URL zur Webseite

Das folgende Szenario lehnt sich an die bereits erläuterte Two-Tier-Architektur an. Als Ausgangssituation wird ein Benutzer angenommen, der eine Anfrage an den Web-Server der Firma IT-Designers stellen will. Dieser Web-Server wartet auf eventuell eintreffende Client-Anfragen. Der Benutzer kann nun durch Eingabe einer bestimmten URL[194] – zum Beispiel in der Adressleiste eines Browsers – eine Anfrage an den Server stellen. In Bild 22-8 ist dieser Vorgang schematisch dargestellt.

---

[194] Siehe Kap. 24.2.2.

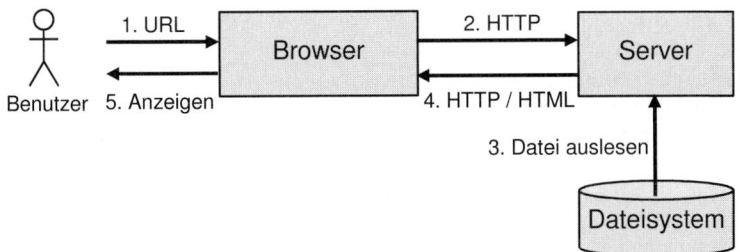

Bild 22-8 Anfordern einer Webseite mit statischem Inhalt

Die in die Adress-Leiste des Browsers eingegebene URL könnte folgendes Aussehen haben:

```
http://www.it-designers.de/index.html
```

Die einzelnen Elemente dieser URL haben die folgende Bedeutung:

http	Das zu verwendende Protokoll.
www	Name[195] des Web-Server-Rechners der Firma IT-Designers.
it-designers.de	Domäne der Firma IT-Designers. Das Kürzel de steht für Deutschland.
index.html	Name der Datei, deren Inhalt der Server an den Client senden soll.

Tabelle 22-2 die Elemente einer URL

Der Client – in diesem Fall der Browser – sendet einen HTTP[196]-Request an den Web-Server und fordert den Inhalt der Datei `index.html` aus dem Dokumenten-Hauptverzeichnis des Web-Servers an. Ist dort die Datei `index.html` vorhanden, so wird sie vom Web-Server zum Browser geschickt und der Benutzer kann den interpretierten Inhalt dieser Datei – hier die Startseite der Firma IT-Designers – im Browser-Fenster betrachten. Ist die angeforderte Datei nicht verfügbar, wird im Browser-Fenster eine Fehlermeldung ausgegeben. Der soeben beschriebene Ablauf ist ein Beispiel für den Abruf von Webseiten mit statischem, also festem Inhalt – der Benutzer bekommt eine vorgefertigte Webseite zu sehen.

Was bis jetzt noch nicht erläutert wurde, ist die Umsetzung des angegebenen Web-Server-Rechner-Namens – hier der Rechner `www` in der Domäne `it-designers.de` – in eine IP-Adresse[197]. Da die Kommunikation im Internet über IP-Adressen geregelt ist, muss für den Web-Server-Rechner-Namen die zugeordnete IP-Adresse ermittelt werden. Dazu baut der Client zuerst eine Verbindung zu einem

---

[195] Ein Web-Server-Rechner innerhalb einer Domäne kann einen beliebigen Namen tragen (wie zum Beispiel `computer1`). Es hat sich jedoch eingebürgert, einem Web-Server-Rechner den Namen `www` zu geben. Innerhalb einer Domäne kann es auch mehrere Web-Server-Rechner geben. In diesem Fall ist es gebräuchlich, dem zweiten Web-Server-Rechner den Namen `www2` zu geben.

[196] HTTP steht für **H**ypertext **T**ransfer **P**rotocol und wird verwendet, um Daten über ein Netzwerk zu übertragen. Die wohl häufigste Anwendung findet das Protokoll beim Abrufen von Internetseiten mit einem Browser. Was genau ein Protokoll ist, kann in Kapitel 24.4 recherchiert werden.

[197] IP Adresse = Internet Protocol Adresse. Zur eindeutigen Identifikation bekommt jeder Rechner im Internet eine Adresse zugeordnet, ähnlich einer Telefonnummer

DNS[198]-Server auf, der die Zuordnung von Web-Server-Rechner-Namen zu IP-Adresse kennt. Von diesem DNS-Server erhält der Client nun die IP-Adresse der Firma IT-Designers und er kann auf den Server der IT-Designers zugreifen. Ist dem DNS-Server die angefragte IP-Adresse nicht bekannt, so kann er die Anfrage an einen ihm übergeordneten DNS-Server weiterleiten.

Im obigen Beispiel schickt der Browser nur einen einzigen HTTP-Befehl an den Web-Server, das GET-Kommando. Weitere Befehle von HTTP sind: POST, HEAD, OPTIONS, DELETE, PUT und TRACE. Für das Surfen im Web sind die Befehle GET und POST normalerweise ausreichend. GET wird genutzt für das Anfordern einer Datei sowie für die Übertragung von Eingabedaten, die in einem Formular eingetragen wurden. POST dient zur Übertragung von Eingabedaten zum Web-Server. Der Unterschied zwischen GET und POST bei der Übertragung von Eingabedaten eines Formulars wird im Folgenden noch erläutert. Üblicherweise benötigt man diese Kommandos jedoch nur bei der Entwicklung von Anwendungen für das Internet.

Mit der bisher vorgestellten Möglichkeit der Nutzung des Internets ist es möglich, bestehende Dateien von einem Web-Server abzurufen und ihre Inhalte im Browser anzuzeigen. Solche in fertiger Form vorliegenden Seiten bezeichnet man als **statische Webseiten**. Wie jedoch das Beispiel einer Suchmaschine, bei der ein Benutzer je nach Suchbegriff eine spezifische Antwort erwartet, zeigt, braucht man auf jeden Fall eine Möglichkeit, Webseiten auf dem Web-Server dynamisch zu generieren.

22.2 Dynamische Erzeugung von Seiteninhalten

Eine **dynamische Webseite** ist dadurch gekennzeichnet, dass ihr Inhalt in dem Augenblick festgelegt wird, in dem sie beim Web-Server angefordert wird. Hierbei nutzt der Web-Server ein Programm, welches Parameter vom Aufrufer entgegennehmen und daraufhin die gewünschte Webseite generieren kann. Für dieses Vorgehen bedarf es einer leistungsstarken Schnittstelle zwischen dem Web-Server und dem Programm, welches die HTTP-Anfrage beantworten soll. Die am häufigsten benutzten Schnittstellen sind:

- **CGI**

  Das **C**ommon **G**ateway **I**nterface stellt eine Schnittstelle für den Datenaustausch zwischen Web-Server und darauf laufenden Programmen oder Skripten dar. Diese so genannten CGI-Programme können dabei in einer beliebigen Programmier- bzw. Skriptsprache verfasst worden sein. Der Aufruf eines CGI-Programms erfolgt dabei über Anfragen an eine URL, welche dem entsprechenden CGI-Programm zugeordnet[199] ist. Die Ausgaben dieser Programme werden direkt an den Client weitergeleitet. Die CGI-Schnittstelle wird beispielsweise von den Skriptsprachen Perl und PHP verwendet.

---

[198] **DNS** = Domain Name Service. Ein DNS-Server nimmt die Umsetzung von Domänennamen in IP-Adressen vor.
[199] Die Zuordnung geschieht z.B. über Einträge in einer Konfigurationsdatei des Webservers

- **Servereigene API**

  Servereigene oder auch proprietäre Server-APIs sind Schnittstellen wie NSAPI (Netscape Server API von Netscape) oder ISAPI (Internet Server API von Microsoft). Programm-Module auf dem Server-Rechner, welche über solche Schnittstellen mit dem Web-Server kommunizieren, haben den Vorteil, dass sie in Form einer Shared Library[200] innerhalb des Web-Servers ausgeführt werden und somit sehr performant sind. Das zeitlich teure Erzeugen eines neuen Betriebssystem-Prozesses – wie es bei CGI der Fall ist – entfällt hiermit. Ein Nachteil hingegen ist die Beeinflussung des Web-Servers bei Programmfehlern. Da das Programm im Adressraum des Web-Servers läuft, kann ein Fehler in einem Programm-Modul den ganzen Server zum Absturz bringen.

- **Servlet-API**

  Bei der Servlet-API handelt es sich um eine von SUN entwickelte **serverseitige Programmierschnittstelle** für Java. Die Ausgabe einer bearbeiteten Anforderung erfolgt über einen Stream. Es ist in der Spezifikation nicht festgelegt, ob eine solche serverseitige Anwendung im gleichen Betriebssystemprozess wie der Web-Server läuft oder nicht.

22.2.1 Ablaufumgebung von Servlets

Für das Ausführen von Servlets bedarf es eines Servlet-Containers, welcher die Servlet-API implementiert. Die Spezifikation der Schnittstellen und Klassen der Servlet-API liegt in den Händen von SUN. Ablaufumgebungen für Servlets können grob in die folgenden drei Kategorien eingeteilt werden:

- **Standalone Servlet-Container**

  Als Standalone Servlet-Container bezeichnet man einen Server, in welchem die Unterstützung für die Ausführung von Servlets bereits integriert ist, wie z.B. im SUN Java Web-Server. Vorteilhaft ist, dass Web-Server und Servlet-Container innerhalb eines einzigen Programms arbeiten. So bleibt die Administration auf ein Programm beschränkt und es müssen nicht Web-Server und Servlet-Container für eine Zusammenarbeit konfiguriert werden. Kommt aber eine neue Servlet-Spezifikation heraus, so muss das ganze Server-Programm ausgetauscht werden.

- **In-Process Servlet-Container**

  Dieser Servlet-Container besteht aus einer Kombination eines Web-Server Plugins und einer Java-Container-Implementierung. Das Plugin öffnet eine JVM innerhalb des Adressbereiches des Web-Servers und führt den Servlet-Container darin aus. Eine an ein Servlet eintreffende Anfrage wird vom Plugin über JNI[201] an den Container weitergeleitet und dort bearbeitet. Diese Art von Servlet-Container bietet eine gute Performance, ist aber in der Skalierbarkeit eingeschränkt. Ebenso ist die Stabilität des Systems bei Fehlern im Servlet-Container gefährdet.

---

[200] Eine Shared Library (Programmbibliothek) ist bereits kompilierter Programmcode, der aber nicht fester Bestandteil eines Programms (in diesem Fall das eigentliche Serverprogramm) ist, sondern zur Laufzeit des Programms hinzugelinkt werden kann.

[201] **J**ava **N**ative **I**nterface. Unter Verwendung dieser Schnittstelle besteht die Möglichkeit, aus einem Java-Programm heraus nativen – also in C oder C++ geschriebenen – Code aufzurufen.

- **Out-of-Process Servlet-Container**

  Dieser Servlet-Container besteht aus einer Kombination eines Web-Server Plugins und einer Java-Container-Implementierung. Im Gegensatz zu In-Process-Containern werden Out-of-Process-Container in einer JVM außerhalb des Web-Servers ausgeführt. Die Kommunikation von Plugin und Servlet-Container erfolgt über IPC-Mechanismen wie zum Beispiel Sockets (siehe Kap. 24). Solch ein Container bietet nicht die gleiche Performance wie ein In-Process Servlet-Container, ist aber hinsichtlich Stabilität und Skalierbarkeit vorteilhafter.

22.2.2   Der Tomcat Servlet-Container

Der **Tomcat Servlet-Container** (häufig auch Servlet-Engine genannt) ist die Referenzimplementierung für die Servlet-API von SUN. Die Beispiele in diesem Kapitel wurden daher unter Verwendung des Tomcat Servlet-Containers (Version 5.5.17) und dem **Apache Web-Server** erstellt und getestet.

Vor der Installation des Apache Web-Servers und des Tomcat Servlet-Containers soll zunächst deren Arbeitsweise betrachtet werden. Der Ablauf eines Seitenaufrufs ist in Bild 22-9 als schematische Skizze dargestellt:

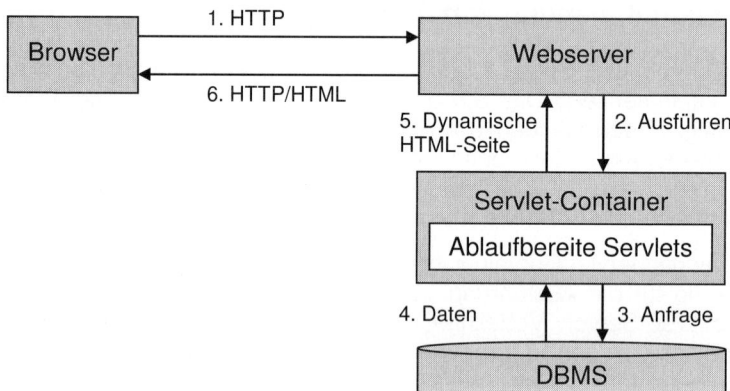

Bild 22-9 Ablauf bei der dynamischen Seitengenerierung

In dieser Darstellung greift das Servlet auf ein Database Management System[202] und damit auf eine Datenbank zu. Dies wird in der Realität auch häufig der Fall sein. Um die Beispiele in diesem Kapitel nicht zu komplex zu gestalten, soll von der Nutzung einer Datenbank abgesehen werden. Stattdessen werden persistente Daten in einer Datei im Dateisystem abgelegt und von dort wieder gelesen.

Die ablaufbereiten Servlets liegen dabei als bereits kompilierte `class`-Dateien vor. Um ein Servlet zu installieren, benötigt der Servlet-Container weiterhin einen so genannten Deployment Deskriptor[203]. Dieser Deployment Deskriptor ist in der Datei `web.xml` hinterlegt. Neben den Servlets können weitere Ressourcen wie statische

---

[202] Ein DBMS (Database Management System) verwaltet die Daten einer Datenbank.

[203] Über den Deployment Deskriptor können diverse Konfigurationseinstellungen – wie z.B. Zugriffsrechte, die URL über die die Web-Anwendung erreichbar sein soll oder initiale Parameter – festgelegt werden.

Dateien (z.B. `html`- oder `jpg`-Dateien) in den Generierungsprozess eingebunden werden. Dabei wird der Zusammenschluss von mehreren Ressourcen zur Erbringung eines gewissen Dienstes zu einer logischen Einheit als Web-Anwendung (Web Application) bezeichnet.

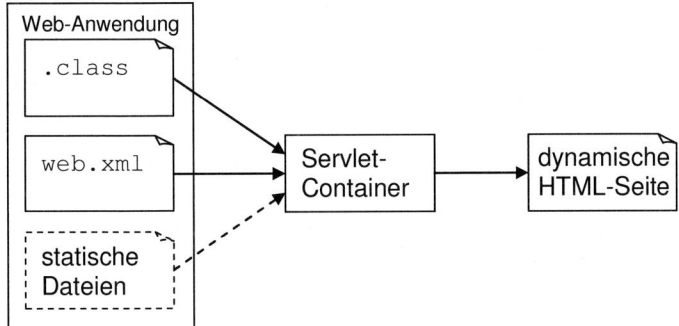

Bild 22-10 Erzeugen einer dynamischen HTML-Seite aus einer Web-Anwendung

Bild 22-10 zeigt einige der Ressourcen, aus denen eine Web-Anwendung bestehen kann. Die Servlet-Spezifikation definiert folgende Ressourcen für eine Web-Anwendung:

- Ein oder mehrere Servlets (`class`-Dateien)
- Meta-Informationen, welche die oben genannten Ressouren logisch zu einer Einheit verbinden (Deployment Deskriptor)
- Statische Dokumente wie HTML-Seiten, Bilder, Video- und Sound-Dateien
- Hilfsklassen
- Client-seitige Applets, Beans und Klassen
- Java Server Pages[204] (JSP)

Solch eine Web-Anwendung kann auch zu einem Webarchiv in einer `war`-Datei (Web Application Ressources) zusammengefasst werden. Ein Webarchiv stellt dabei lediglich das gepackte Verzeichnis (incl. aller Unterverzeichnisse) einer Web-Anwendung dar, die vom Servlet-Container entpackt und ausgeführt werden kann.

22.2.3 Installation des Apache Tomcat Servers

Auf der Tomcat Webseite `http://tomcat.apache.org` findet man unter dem Stichwort "Binary Distributions" lauffähige Standalone-Versionen (also incl. Apache Web-Server). Ebenfalls möglich ist ein separates Herunterladen des Apache-Web-Servers und Installieren des Tomcat Servlet-Containers als Out-of-Process oder In-Process Plugin[205], was aber nur für "große" Server sinnvoll ist und deshalb hier nicht gezeigt wird. Unter MS Windows erfolgt die Installation von Tomcat am bequemsten mit dem Installer als "Windows Excecutable". Beim Installieren empfiehlt es sich, die Standardeinstellungen zu übernehmen. Zur einfacheren Handhabung sollte aller-

---

[204] Siehe Kap. 23.
[205] Die Installation erfolgt mit Hilfe so genannter Connectors

dings der Connector-Port[206] von 8080 auf 80 geändert werden. Für eine Installation unter LINUX muss lediglich die ZIP-Datei herunter geladen und in ein beliebiges Verzeichnis entpackt werden. Nun müssen noch die Umgebungsvariablen `JAVA_HOME` und `TOMCAT_HOME` gesetzt werden.

Zum Starten von Tomcat ist auf allen Systemen neben dem eigentlichen Server eine installierte Java-Laufzeitumgebung erforderlich. Da auf dem Tomcat Server später auch JSPs (siehe Kapitel 23) laufen sollen, reicht bei älteren Tomcat-Versionen (5.0.x und darunter) das einfache Laufzeitsystem (JRE) nicht aus, da Tomcat hier noch `javac` zum Kompilieren der JSPs benötigt. Seit Version 5.5 ist in Tomcat jedoch ein Compiler integriert, und benötigt daher kein vollständiges JDK mehr.

Nach erfolgreicher Installation von Tomcat und des JDK/JRE, kann Tomcat über `bin/startup.bat` gestartet werden. War die Installation und das Starten von Tomcat erfolgreich, wird beim Aufruf der URL `http://localhost` bzw. `http://localhost:8080` die Apache Tomcat Startseite angezeigt. Eine nachträgliche Änderung des Connector-Ports kann in der Datei `conf/server.xml` vorgenommen werden. Zur bequemen Administration des Servers kann auch das separat herunterladbare "admin"-Paket eingesetzt werden.

Für detaillierte Informationen zur Installation und Administration wird auf die Dokumentation unter `http://tomcat.apache.org` verwiesen.

22.3 Web-Anwendungen erstellen

In diesem Kapitel soll die Erstellung einer Web-Anwendung anhand eines Beispiels demonstriert werden. Hierzu wird Schritt für Schritt eine lauffähige Web-Anwendung erstellt, die "Hallo Welt" innerhalb des Browser-Fensters ausgibt. Vorraussetzung dafür ist eine erfolgreiche Installation des Tomcats, wie in Kapitel 22.2.3 beschrieben wurde.

22.3.1   Verzeichnisstruktur einer Web-Anwendung

Bevor mit dem eigentlichen Erstellen der Web-Anwendung begonnen wird, soll zunächst die generelle Verzeichnisstruktur einer Web-Anwendung betrachtet werden.

Eine Web-Anwendung befindet sich in einem bestimmten Pfad auf dem Server. So kann die Web-Anwendung "Hallo Welt" über die URL `http://127.0.0.1/Hallo-Welt` angesprochen werden. Dieser so genannte **Kontext-Pfad** sollte sich bei Tomcat im Web-Anwendungsverzeichnis `webapps` befinden, in dem alle Web-Anwendungen abgelegt sind. Innerhalb des Kontext-Pfades wird in der Servlet-Spezifikation eine Verzeichnisstruktur für die Organisation einiger bestimmter Ressourcen einer Web-Anwendung vorgeschrieben:

- `/WEB-INF`   Dieses Verzeichnis enthält den Deployment Deskriptor `web.xml`. Dieser enthält Informationen über die Web-

---

[206] Ein Port ist eine Adresskomponente des TCP (Transmission Control Protocol), welches vom HTTP genutzt wird. Port 80 ist dabei der Standard-Port für HTTP.

Anwendung und beschreibt unter anderem die Beziehungen zwischen den einzelnen Komponenten.

- `/WEB-INF/lib`   In diesem Verzeichnis werden alle Java Archiv-Dateien
(`jar`-Dateien), welche für die Web-Anwendung benötigte
Ressourcen enthalten, untergebracht.

- `/WEB-INF/classes` Hier werden alle Servlets und sonstige Hilfsklassen untergebracht.

Zu beachten ist, dass das `WEB-INF`-Verzeichnis nicht zum öffentlichen Teil[207] des
Kontext-Pfads der Anwendung gehört. Alle in diesem Verzeichnis enthaltenen
Dateien werden nie direkt an einen Client übertragen. Alle anderen zu einer Web-
Anwendung gehörenden Dateien wie HTML-Dokumente, Java Server Pages, Bilder
etc. können beliebig – auch organisiert durch Verzeichnisse – im Kontext-Pfad
untergebracht werden.

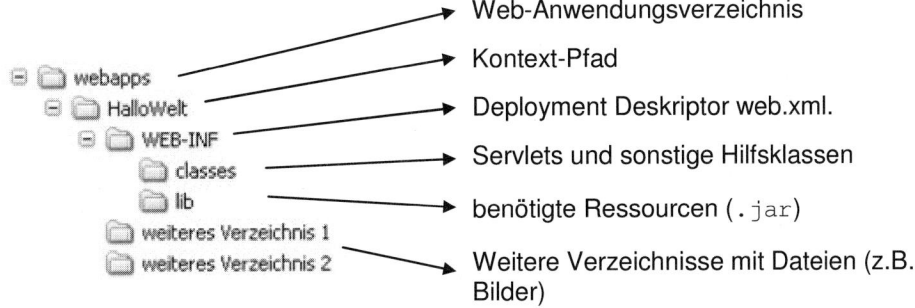

Bild 22-11 Verzeichnisstruktur einer Web-Anwendung

Generell ist es üblich, das Projekt nicht direkt im Web-Anwendungsverzeichnis zu
entwickeln, sondern in einem separaten Arbeitsverzeichnis, z.B. `C:\work\Hallo-`
`Welt`. Da das hier gezeigte Beispiel lediglich aus einer Quellcode-Datei und dem
Deployment Deskriptor bestehen wird, entsteht folgender Verzeichnisbaum:

Bild 22-12 Arbeitsverzeichnis der "Hallo Welt"-Web-Anwendung

Hierbei hat man nun die Möglichkeit, die Quelldateien – also die `java`-Dateien – der
Web-Anwendung im Ordner `src` abzuspeichern, der ein Unterordner von `work` ist.

---

[207] Der öffentliche Teil einer Anwendung beinhaltet die Komponenten, die von außen – also über das
Internet – zugänglich sind und abgerufen werden können. Dies sind beispielsweise die aufrufbaren
Servlets, HTML-Seiten oder Bilder.

22.3.2   Quelldateien einer Web-Anwendung

Eine Web-Anwendung besteht aus mindestens einem Servlet und dem Deployment
Deskriptor `web.xml`. Deshalb soll in dem hier gezeigten Beispiel auf statische
Dateien wie Bilder oder Java-Bibliotheken (`.jar`) vorerst verzichtet werden. Um
später das Servlet zu erstellen, wird im Verzeichnis `src` des Arbeitsverzeichnisses
die Datei `HalloWeltServlet.java` angelegt. Diese Datei enthält den eigentlichen
Quellcode des Servlets. Die genaue Funktionsweise wird in Kapitel 22.4 erklärt.

```java
// Datei: HalloWeltServlet.java

import java.io.*;
import javax.servlet.*; //Paket enthält die Klasse GenericServlet

public class HalloWeltServlet extends GenericServlet
{
   public void service (ServletRequest req, ServletResponse res)
      throws ServletException, IOException
   {
      res.setContentType ("text/html");
      PrintWriter out = res.getWriter();
      out.println ("<HTML><BODY>Hallo Welt</BODY></HTML>");
   }
}
```

Nun erfolgt noch die Erstellung des Deployment Deskriptors , im Verzeichnis `WEB-INF` in der Datei `web.xml`:

```xml
<?xml version="1.0" encoding="UTF-8"?>
<!DOCTYPE  web-app  PUBLIC  "-//Sun  Microsystems,  Inc.//DTD  Web
Application 2.3//EN" "http://java.sun.com/dtd/web-app_2_3.dtd">
<web-app>
   <display-name>Hallo Welt</display-name>
   <description>Hallo Welt als Servlet</description>
   <servlet>
      <servlet-name>HalloWeltServlet</servlet-name>
      <servlet-class>HalloWeltServlet</servlet-class>
   </servlet>
   <servlet-mapping>
      <servlet-name> HalloWeltServlet</servlet-name>
      <url-pattern>/servlet/*</url-pattern>
   </servlet-mapping>
</web-app>
```

Eine Beschreibung der Elemente des Deployment Deskriptors erfolgt in Kapitel 22.5.

22.3.3   Kompilieren und Deployment einer Web-Anwendung

Ein Servlet kann wie eine ganz normale `java`-Datei übersetzt werden. Der Aufruf,
mit dem das Servlet `HalloWeltServlet` übersetzt werden kann, erfolgt aus dem
`src`-Ordner heraus, der die Quell-Dateien der Web-Anwendung enthält und lautet:

```
javac -cp <TOMCAT_HOME>\common\lib\servlet-api.jar
      -d ..\HalloWelt\WEB-INF\classes HalloWeltServlet.java
```

Beachten Sie, dass `<TOMCAT_HOME>` vor dem Aufruf durch den Pfad zum Installationsverzeichnis des Tomcat Webservers ersetzt werden muss. Der Schalter `d` gibt an, dass die erzeugte `class`-Datei nicht im aktuellen Arbeitsverzeichnis – also `src` – sondern im Ordner `classes` der Web-Anwendung gespeichert werden soll.

Um eine Web-Anwendung nun aufrufen zu können, muss diese dem Servlet-Container erst bekannt gemacht werden. Man spricht hierbei vom **Deployment**. Dazu gibt es verschiedene Möglichkeiten:

- Automatisches Deployment beim Start des Servers
- Nutzung des Managers mit Hilfe einer grafischen Oberfläche im Browser
- Nutzung des Tomcat-Deployers

Die wohl einfachste Möglichkeit ist das automatische Deployment beim Start des Servers. Der Servlet-Container durchsucht beim Start das `webapps`-Verzeichnis nach Web-Applikationen und führt für diese automatisch das Deployment durch. Die Vorgehensweise mag für das hier gezeigte "Hallo Welt"-Beispiel am einfachsten sein, ist in der Praxis jedoch wenig praktikabel: Bei jedem Deployment eines neuen oder geänderten Programms müsste der Server neu gestartet werden und wäre für eine kurze Zeit nicht erreichbar. Diese Problematik lässt sich am einfachsten mit dem Manager und seiner grafischen Oberfläche umgehen. Der Manager wird standardmäßig mit Tomcat ausgeliefert und ist über die URL `http://localhost/manager/html` erreichbar. Die hierzu benötigte Benutzername/Passwort-Kombination kann entweder bei der Installation von Tomcat oder in der Datei `conf/tomcat-users.xml` angegeben werden. Die Oberfläche des Managers ist selbsterklärend: Neben den bereits installierten Web-Anwendungen, deren Beschreibung und deren Status gibt es die Möglichkeit, ein Verzeichnis einer Web-Anwendung oder eines Web-Archivs anzugeben und zu deployen. Achtung: beim Entfernen (Undeployment) einer Web-Anwendung mit dem Manager wird das komplette Verzeichnis der Web-Anwendung (Kontext-Pfad) gelöscht! Soll eine Web-Anwendung nur vorübergehend außer Betrieb genommen werden, so sollte dies mit dem Befehl `stop` geschehen. Dies ist auch einer der Gründe, warum eine Anwendung nicht im `webapps`-Verzeichnis entwickelt werden sollte.

Die Web-Anwendung wird nun deployed, indem der gesamte Ordner `HalloWelt` aus unserem Arbeitsverzeichnis in das Verzeichnis `<TOMCAT_HOME>\webapps` hineinkopiert wird. Damit ist der Deployment-Prozess abgeschlossen und es kann auf die Web-Anwendung zugegriffen werden.

Alternativ dazu kann ein so genanntes Web-Archiv erstellt und deployed werden. Ein Web-Archiv ist nichts anderes als ein ZIP-Archiv, das die Endung `war` trägt. Um ein solches Web-Archiv zu erstellen, kann das Programm `jar` verwendet werden, das ebenfalls zum JDK gehört und somit im Verzeichnis `<JAVA_HOME>\bin` hinterlegt ist. Um nun die HalloWelt-Web-Anwendung mittels eines Web-Archivs zu deployen, müssen folgende Schritte durchgeführt werden:

- Wechseln ins Arbeitsverzeichnis, z.B. `C:\work\HalloWelt`. Es befindet sich in diesem Verzeichnis nur das `WEB-INF`-Verzeichnis, das den Deployment Deskriptor `web.xml` und die `class`-Datei `classes\HalloWeltServlet.class` enthält.

- In diesem Verzeichnis wird mit folgendem Aufruf das Web-Archiv `Hallo-Welt.war` erzeugt:

```
jar -cf HalloWelt.war *
```

Beachten Sie, dass der Aufruf von `jar` von der Kommandozeile aus nur dann funktioniert, wenn zuvor der Pfad zu den Java-Entwicklungsprogrammen des JDKs zur Umgebungsvariable `PATH` hinzugefügt wurde.

Die Schalter `c` und `f` geben an, dass ein neues Archiv mit dem Namen `Hallo-Welt.war` erstellt werden soll. Die Wildcard `*` bewirkt, dass der gesamte Inhalt des aktuellen Verzeichnisses dem Archiv hinzugefügt wird – also der gesamte Ordner `WEB-INF`.

- Die erstellte Datei `HalloWelt.war` wird nun in das Verzeichnis `<TOM-CAT_HOME>\webapps` hineinkopiert, wodurch der Tomcat-Deployer automatisch im `webapps`-Verzeichnis die in Bild 22-13 gezeigte Verzeichnisstruktur erstellt.

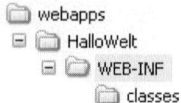

Bild 22-13 Verzeichnisstruktur im Ordner webapps nach dem Deployment

Damit ist der Deployment-Prozess abgeschlossen und auf die der Web-Anwendung kann über den Browser zugegriffen werden.

22.3.4   Aufruf einer Web-Anwendung

Nach dem Deployment sind die Servlets unter dem im Deployment Deskriptor angegebenen Pfad verfügbar. Das hier gezeigte Beispiel kann also über die URL

```
http://localhost/HalloWelt/servlet
```

aufgerufen werden. Hierbei haben die einzelnen Elemente der URL die folgende Bedeutung:

`http`	das zu verwendende Protokoll
`localhost`	Name des Web-Server-Rechners mit Servlet-Container. Hier kann auch die IP-Adresse des Web-Servers stehen, oder ein Domainname.
`HalloWelt`	Dieser Teil der URL entspricht dem Kontext-Pfad der Web-Anwendung
`servlet`	Dieser Teil der URL ist im Deployment Deskriptor (Element `<SERVLET-MAPPING>`, Tag `<URL-PATTERN>`) beschrieben.

Tabelle 22-3 Bestandteile der URL

Das Ergebnis des Aufrufs in einem Browser ist in Bild 22-14 dargestellt:

Bild 22-14 Ergebnis des Servlets `HalloWeltServlet`

22.4 Wichtige Elemente der Servlet-API

Die Servlet-API ist Bestandteil der Java Enterprise Edition (Java EE). Das bedeutet, solange sie nicht Bestandteil der Java Base API ist, wird sie von den Herstellern mit deren Produkten als ein Zusatzpaket ausgeliefert und verfügbar gemacht. Die Paketnamen für die Servlet-API wurden von SUN festgelegt. Sie lauten `javax.servlet` und `javax.servlet.http` für speziell an die Bedürfnisse von HTTP angepasste Servlets. Die folgenden Kapitel sollen lediglich als kleiner Überblick über die Funktionalität der API dienen und sie nicht im Detail erläutern. Für genauere Informationen kann die Servlet-Spezifikation von SUN bzw. die mit den Servlet-Containern ausgelieferte Dokumentation der API herangezogen werden.

22.4.1   Protokollunabhängige Servlets

Ein Beispiel für ein protokollunabhängiges Servlet ist das bereits bekannte "Hallo Welt"-Servlet aus Kapitel 22.3. Hier noch einmal der Programmcode:

```
// Datei HalloWeltServlet.java

import java.io.*;
import javax.servlet.*; //Paket enthält die Klasse GenericServlet
public class HalloWeltServlet extends GenericServlet
{
   public void service (ServletRequest req, ServletResponse res)
      throws ServletException, IOException
   {
      res.setContentType ("text/html");
      PrintWriter out = res.getWriter();
      out.println ("<HTML><BODY>Hallo Welt</BODY></HTML>");
   }
}
```

Das Servlet der Klasse `HalloWeltServlet` wird von der Klasse `GenericServlet` aus dem Paket `javax.servlet` abgeleitet. Die Klasse `GenericServlet` verkörpert ein generisches und protokollunabhängiges Servlet. Die abstrakte Methode `service()` der Klasse `GenericServlet` wird durch den im Beispiel dargestellten Quellcode überschrieben. Die Methode `service()` wird bei jeder Anfrage an das Servlet vom Servlet-Container aufgerufen. Diese Methode stellt die Funktionalität des Servlets dar. Als Übergabeparameter erhält die Methode `service()` vom Servlet-Container jeweils eine Referenz auf ein Objekt vom Typ `ServletRequest` und auf ein Objekt vom Typ `ServletResponse` (siehe Kapitel 22.4.3). Über Methodenaufrufe für die Referenzvariable `res` kann das Servlet gestellte Anfragen beantworten.

Mit der Anweisung:

```
res.setContentType ("text/html");
```

wird der Content-Type (oder auch MIME[208]-Bezeichner genannt) – hier `text/html` – als Teil der HTTP-Antwort an den Client gesandt. Anhand dieses Typs wird dem Browser mitgeteilt, um welche Art von Daten es sich bei dieser Antwort handelt.

In diesem Beispiel handelt es sich um eine in HTML-codierte Textausgabe. Bei der Ausgabe etwa eines GIF-Bildes durch das Servlet wäre der Content-Type `image/gif`, bei einem Adobe Acrobat PDF-File `application/pdf`. Der Content-Type `text/html` veranlasst den Browser, die empfangenen Daten als HTML-Text zu interpretieren. Beim Content-Type `image/gif` wird das den Daten entsprechende Bild dargestellt. Erhält der Browser einen Content-Type, der ihm nicht bekannt ist, so öffnet er automatisch einen Dialog, um die Daten auf der Festplatte zu speichern.

Die Anweisung:

```
PrintWriter out = res.getWriter();
```

bedeutet, dass über die Methode `getWriter()` der Klasse `ServletResponse` eine Referenz auf ein Objekt der Klasse `PrintWriter` erhalten wird, das der zeichenorientierten Textausgabe dient. Diese Referenz wird der Variablen `out` zugewiesen.

Zu guter Letzt die Anweisung:

```
out.println ("<HTML><BODY>Hallo Welt</BODY></HTML>");
```

Durch Aufruf der Methode `println()` auf der Referenz `out` kann das Servlet Textdaten mit Hilfe des Servlet-Containers direkt an den Client schicken. In diesem Beispiel wird HTML-Code an den Client gesandt.

22.4.2   HTTP Servlet

Wenn Webseiten dynamisch auf dem Server erstellt werden sollen, so geht meist eine Benutzereingabe in einem Formular in einer dafür vorgesehenen Webseite voraus. Die Abfrage solcher Benutzereingaben kann in HTML mit Hilfe von so ge-

---

[208] **MIME** = Multipurpose Internet Mail Extension. Typangabe der über HTTP übertragenden Daten.

nannten Forms[209] programmiert werden. Um das Handling solcher Szenarien zu erleichtern, ist die Klasse `HttpServlet` speziell für die Arbeit mit HTTP ausgelegt. So ist der Content-Type standardmäßig auf `text/html` gesetzt und muss bei einer Rückgabe einer HTML-Seite nicht explizit gesetzt werden. Des Weiteren bietet diese Klasse für die Bearbeitung eines jeden HTTP-Kommandos eine eigene Methode an. Die Klasse befindet sich im Paket `javax.servlet.http`. In Kapitel 22.6 wird die Nutzung eines HTTP Servlets anhand eines Forums demonstriert.

Die Klasse `HttpServlet` ist genau wie das zuvor gezeigte Servlet von der Klasse `GenericServlet` abgeleitet und implementiert die Methode `service()`. Fordert ein Benutzer eine Webseite an, leitet der Servlet-Container die Anforderung an die Methode `service()` der Klasse `HttpServlet`. Die Standard-Implementierung dieser Methode verteilt die eintreffenden Anfragen an eine dem Typ der Anfrage entsprechende Methoden:

HTTP-Kommando	Servlet-Methode
POST	doPost
GET	doGet
PUT	doPut
DELETE	doDelete
TRACE	doTrace
OPTIONS	doOptions
HEAD	doHead

Tabelle 22-4 HTTP-Kommandos mit den entsprechenden Servlet-Methoden

Mindestens eine dieser Methoden muss in der abgeleiteten Servlet-Klasse überschrieben werden, wenn das erstellte Servlet sinnvoll eingesetzt werden soll. Da die Daten des Beispielformulars mit dem HTTP-Kommando `GET` zum Server übertragen werden, muss im aufgerufenen Servlet der Klasse `Forum` die `doGet()`-Methode überschrieben werden, um auf einen eintreffenden Request antworten zu können.

22.4.3   Zugriff auf die Anfrage

Der Zugriff auf alle Daten einer Client-Anfrage geschieht über eine vom Servlet-Container an das Servlet übergebene Referenz auf ein Request-Objekt vom Typ `ServletRequest` bzw. `HttpServletRequest`. So kann im Servlet auf

- Parameter des Clients,
- an den Request gebundene Attribute, welche vom Servlet-Container oder dem Servlet selbst an den Request gebunden worden sind,
- die Header einer HTTP-Anfrage,
- Pfadinformationen der momentanen Anfrage,
- Cookies der momentanen Anfrage,
- die Attribute einer eventuellen SSL-Verbindung,
- die vom Client für eine Antwort bevorzugte Sprache (vom Client gesendet)

zugegriffen werden.

---

[209] **Forms** sind Formulare, welche Eingabefelder für Benutzerabfragen enthalten können.

22.4.4   Antwort auf die Anfrage

Der Servlet-Container übergibt dem Servlet eine Referenz auf das Response-Objekt, welches vom Typ `ServletResponse` bzw. `HttpServletResponse` ist. Nachdem das Servlet seine Daten in dieses Objekt geschrieben hat, generiert der Servlet-Container aus diesem Objekt die entsprechende Antwort und übergibt sie dem Client.

22.4.5   Session-Verwaltung

Die Servlet API bietet über das Interface `HttpSession` aus dem Paket `javax.servlet.http` die Möglichkeit, eine Sitzung mit dem Client zu erzeugen. Eine Sitzung erlaubt die Identifizierung eines Benutzers über mehrere Seitenanfragen hinweg. Dies ist beispielsweise bei einem Webshop mit einem Warenkorb wichtig. Da HTTP vom Entwurf her ein zustandsloses Protokoll[210] ist, man aber bei der Realisierung einer Sitzung Zustandsinformationen zur Verfügung haben muss, kann sich der Servlet-Container einer von drei Möglichkeiten für die Realisierung einer Sitzung bedienen:

- **URL Rewriting**

  Beim URL Rewriting werden vom Server Daten an einen URL-Pfad angehängt, welche beim Aufruf durch einen Client als Parameter wieder in der URL mit gesendet werden. Um eine korrekte Sitzungsverwaltung mit URL Rewriting zu erreichen, muss der Programmierer des Servlets sich darum kümmern, dass jede URL in einer auszugebenden Webseite codiert wird, z.B. in einem versteckten Feld eines Formulars. Die Codierung erfolgt über einen Methodenaufruf für eine Referenz vom Typ `HttpServletResponse`.

  Eine durch URL Rewriting codierte URL könnte folgendes Aussehen haben:

  `http://www.xyz.de/myExamples/servlet/Forum?jsessionid=12345`

- **Cookies**

  Der Servlet-Container kann ein Cookie mit einer eindeutigen ID bei einem Client hinterlegen. Bei nachfolgenden Aufrufen an den Server sendet der Client die Daten des Cookies mit, anhand derer dann der Server den Client für die Dauer einer Sitzung identifizieren kann.

- **SSL Sessions**

  Bei Verwendung des Secure Sockets Layers[211] – implementiert im HTTPS-Protokoll –, kann der Servlet-Container die Daten des dort eingebauten Mechanismus zur eindeutigen Identifizierung eines Clients über mehrere Aufrufe hinweg benutzen, um eine Sitzung mit einem Client festzulegen.

---

[210] Eine HTTP-Anfrage kann nicht auf eine vorige HTTP-Anfrage aufbauen, da der Server keine Zustandsinformationen, also Informationen über einen vorigen Aufruf, hält.

[211] Bei einer Kommunikation über Secure Sockets Layer werden die zu übertragenden Daten von Client und Server verschlüsselt.

Der Programmierer kommt jedoch bei der Verwendung des Interface `HttpSession` nicht direkt mit den eben erwähnten Techniken in Berührung. Diese Schnittstelle erlaubt einem Servlet

- den Zugriff auf und die Manipulation von Sitzungsdaten wie Session ID, Erzeugungszeitpunkt der Sitzung und den Zeitpunkt des letzten Zugriffs,
- erzeugte Objekte mit Benutzerinformationen an eine Sitzung zu binden und somit diese Informationen dauerhaft über mehrere Aufrufe des Clients zu halten.

22.4.6 Methoden für den Lebenszyklus

Ein Servlet verfügt über einen wohl definierten Lebenszyklus, welcher dem eines Applets (siehe Kap. 20) sehr ähnlich ist. Es verfügt wie ein Applet über eine `init()`- und eine `destroy()`-Methode. Die Abarbeitung der Anfragen findet in der für Servlets zentralen Methode `service()` statt. Die `init()`-Methode wird vom Servlet-Container einmalig nach dem Instantiieren des Servlets aufgerufen. Bevor diese Methode nicht aufgerufen und fehlerfrei abgearbeitet wurde, darf der Servlet-Container keine Anfragen an die Service-Methode des Servlets weiterleiten. Im Fehlerfall wird eine Exception vom Typ `UnavailableException` oder `Servlet-Exception` geworfen. Der Servlet-Container kann nach einer fehlgeschlagenen Instantiierung jederzeit wieder eine neue Instanz erzeugen. Der Zeitpunkt der Instantiierung eines Servlets hängt von der jeweiligen Implementierung des Servlet-Containers ab. Die Instantiierung kann beim Starten des Servlet-Containers oder erst beim Eintreffen einer Anfrage an das Servlet durchgeführt werden. Aber noch bevor ein Servlet instantiiert werden kann, muss die Klasse geladen werden. Dies geschieht über die normalen Java Klassenlader-Mechanismen von einem lokalen Dateisystem, einem entfernten Dateisystem oder andere über das Netz erreichbaren Dienste. Nach erfolgreicher Initialisierung des Servlets werden Anfragen – wie bereits erwähnt – an die Methode `service()` geleitet, wo sie entsprechend verarbeitet werden und eine Antwort für den Client erzeugt wird. Die `destroy()`-Methode wird vom Servlet-Container aufgerufen, bevor die Instanz des Servlets für den Garbage-Collector freigegeben wird. Das Entfernen eines Servlets kann aus verschiedenen Gründen geschehen:

- bei einem Shutdown des Servers bzw. des Servlet-Containers,
- aus Gründen der Einsparung von Server-Ressourcen,
- auf ein vom Administrator gegebenes Kommando zum Entladen.

Wurde die Methode `destroy()` aufgerufen, dürfen an das entsprechende Servlet keine Anfragen mehr weitergeleitet werden. Die `destroy()`-Methode wird nicht aufgerufen, wenn die Initialisierung des Servlets fehlgeschlagen ist.

Im Folgenden eine kurze Zusammenfassung der von der Servlet-API bereitgestellten Methoden für den Lebenszyklus:

- `init()`

  Wird nach dem Instantiieren des Servlets aufgerufen. In dieser Methode kann das Servlet initialisiert werden. Hier sollten zeitintensive Operationen wie zum Beispiel das Anlegen von Datenbankverbindungen oder das Auslesen von Parametern aus einer Datei untergebracht werden.

- `service()`

  Wird bei jeder Anfrage eines Clients an das Servlet aufgerufen. Stellt die eigentliche Funktionalität des Servlets bereit.

- `destroy()`

  Nach Abarbeitung der `destroy()`-Methode gibt der Servlet-Container die Referenz auf das Servlet frei und der Speicherplatz der Servlet-Instanz kann vom Garbage-Collector frei gegeben werden. Innerhalb dieser Methode sollten Aufräumarbeiten wie z.B. das Schließen von Dateien oder Datenbankverbindungen durchgeführt werden. Ebenso sollten Daten, welche bei einer erneuten Instantiierung des Servlets wieder benötigt werden, persistent abgelegt werden.

22.4.7 Bearbeitung paralleler Anfragen

Die Bearbeitung gleichzeitig eintreffender Anfragen an den Servlet-Container wird über Threads (siehe Kap. 19) geregelt. Das heißt, für jede eintreffende Anfrage wird im Servlet-Container ein Thread gestartet, welcher den Request beantwortet. Treffen mehrere parallele Anfragen für das gleiche Servlet ein, so hat der Programmierer zu beachten, dass diese für die verschiedenen Anfragen erzeugten Threads alle auf einer einzigen Instanz des jeweiligen Servlets arbeiten. Das bedeutet, dass bei der Verwendung von Instanz- oder Klassenvariablen Synchronisationsmechanismen für einen korrekten Ablauf erforderlich sein können. Will man das parallele Arbeiten mehrerer Threads in der `service()`-Methode eines Servlets verhindern, so muss von der Klasse, die das Servlet realisiert, das Interface `javax.servlet.Single-ThreadModel` implementiert werden. Dieses Interface hat keine Methoden und dient lediglich zur Markierung einer Klasse, stellt aber sicher, dass kein gleichzeitiger Zugriff mehrerer Threads auf eine Instanz dieser Klasse stattfindet. Parallele Zugriffe können hier – je nach Servlet-Container[212] – ebenfalls über Threads gelöst werden, mit dem Unterschied, dass jeder Thread eine eigene Instanz der Servlet Klasse erzeugt und darauf arbeitet. Dies bewahrt den Programmierer jedoch nicht vor der Synchronisation von gemeinsam genutzten Ressourcen.

22.5 Der Deployment Deskriptor

Im Deployment Deskriptor werden die umgebungsspezifischen Parameter einer Web-Anwendung festgelegt. Der Administrator eines Servers kann so mit Hilfe eines Deloyment Deskriptors eine Web-Anwendung ohne Eingriffe am Programmcode konfigurieren.

Im Folgenden werden die wichtigsten Elemente eines Deployment Deskriptors dargestellt. Eine vollständige Übersicht der im Deployment Deskriptor möglichen Angaben findet sich in der Servlet-Spezifikation von Sun.

---

[212] Parallele Anfragen könnten vom Servlet-Container auch serialisiert werden. So würden mehrere gleichzeitige Anfragen hintereinander und nicht parallel bzw. quasiparallel wie bei der Verwendung von Threads abgearbeitet.

Ein Deployment Deskriptor ist eine in XML geschriebene Datei und beginnt somit mit der XML Deklaration. Die XML Deklaration gibt Auskunft über die XML Version und den verwendeten Zeichensatz:

```
<?xml version="1.0" encoding="UTF-8"?>
```

Da die Datei einen Deployment Deskriptor beinhaltet, muss diese der von Sun vorgegebenen Dokumentstruktur folgen. Dies wird durch die Spezifikation des Dokument-Typs festgelegt:

```
<!DOCTYPE web-app PUBLIC
   "-//Sun Microsystems, Inc.//DTD Web Application 2.3//EN"
   "http://java.sun.com/dtd/web-app_2_3.dtd">
```

Nun werden die für die Web-Anwendung nötigen Parameter spezifiziert. Das geschieht im Element `<web-app>`, das so genannte Wurzelelement, das alle weiteren Elemente beinhaltet. Die wichtigsten dieser Elemente sollen nun kurz vorgestellt werden.

Im Element `<display-name>` kann festgelegt werden, welchen Namen die Web-Anwendung haben soll. Angezeigt wird dieser Name beispielsweise in der Titelleiste des Browsers und entspricht somit dem `<title>`-Tag einer HTML-Datei.

Das Element `<description>` ist von eher geringer Bedeutung: hier kann eine Kurzbeschreibung der Anwendung hinterlegt werden. Diese Angabe kann z.B. über den Tomcat-Manager abgefragt werden.

Die Eigenschaften eines Servlets werden im Tag `<servlet>` bzw. seiner Unterelemente spezifiziert. Im Unterelement `<servlet-name>` wird ein Name für das Servlet vergeben. Dieser Name kann frei gewählt werden und dient als Referenz innerhalb des Deployment Deskriptors für weitere Eigenschaften des Servlets. Die Zuordnung des soeben angegebenen Servlet-Namens zu einer Servlet-Klasse erfolgt mit dem Tag `<servlet-class>`. Hier ein Beispiel für ein Servlet in der Datei `HalloWeltServlet.class`:

```
<servlet>
   <servlet-name>HalloWeltServlet</servlet-name>
   <servlet-class>HalloWeltServlet</servlet-class>
</servlet>
```

Im Tag `<servlet>` können noch weitere Eigenschaften wie Initialisierungsparameter oder notwendige Nutzerrechte zur Ausführung festgelegt werden. Da eine Web-Anwendung aus mehreren Servlets bestehen kann, kann `<servlet>` mehrmals in einem Deployment Deskriptor verwendet werden.

Unter welcher URL ein bestimmtes Servlet erreichbar ist, wird für jedes Servlet einzeln im Tag `<servlet-mapping>` festgelegt. Die Zuordnung Servlet – URL geschieht in den Unterelementen `<servlet-name>` und `<url-pattern>`. Unter `<servlet-name>` muss der unter `<servlet>` angegebene Name genutzt werden, unter `<url-pattern>` die gewünschte URL. Für das obige Beispiel könnte das folgendermaßen aussehen:

```
<servlet-mapping>
   <servlet-name>HalloWeltServlet</servlet-name>
   <url-pattern>/servlet/*</url-pattern>
</servlet-mapping>
```

Ein Deployment Deskriptor könnte also folgendermaßen aussehen:

```
<?xml version="1.0" encoding="UTF-8"?>
<!DOCTYPE web-app PUBLIC
   "-//Sun Microsystems, Inc.//DTD Web Application 2.3//EN"
   "http://java.sun.com/dtd/web-app_2_3.dtd">

<web-app>
   <display-name>Beispiel</display-name>
   <description>Beschreibung zur Web-Anwendung</description>

   <servlet>
      <servlet-name>ServletName1</servlet-name>
      <servlet-class>SevletKlasse1</servlet-class>
   </servlet>

   <servlet>
      <servlet-name>ServletName2</servlet-name>
      <servlet-class>SevletKlasse2</servlet-class>
   </servlet>
   . . . . .

   <servlet-mapping>
      <servlet-name>ServletName1</servlet-name>
      <url-pattern>/ServletURL1</url-pattern>
   </servlet-mapping>

   <servlet-mapping>
      <servlet-name>ServletName2</servlet-name>
      <url-pattern>/ServletURL2</url-pattern>
   </servlet-mapping>
   . . . . .
</web-app>
```

22.6 Das Servlet "Forum"

Im folgenden Beispiel soll ein kleines Forum entstehen, bei dem der Benutzer seinen Namen, seine E-Mail Adresse und einen Kommentar in drei dafür vorgesehene Felder eingeben und zum Server schicken kann. Nach dem Abschicken dieser Einträge werden die Daten vom Server entgegengenommen und der Client erhält als Antwort eine Liste aller Teilnehmer-Beiträge.

Diese kleine Anwendung wird mit einer statischen HTML-Seite, welche die Felder für die Benutzereingaben enthält, und einem Servlet für die Speicherung dieses aktuellen Teilnehmer-Beitrages und für die Ausgabe aller gespeicherten Beiträge realisiert.

22.6.1   HTML Formular

Hier die HTML-Seite mit dem Formular:

```
<!- Datei: Forum.html -->
<html>
    <head>
        <title>Kleines Forum</title>
    </head>
    <body>
        <h1>Forum</h1>
        <form action="./servlet/Forum" method="GET">
            Name:<BR>
            <input type="TEXT" name="name" size=50 maxlength=80><BR>
            E-Mail:<BR>
            <input type="TEXT" name="email" size=50 maxlength=80><BR>
            Beitrag:<BR>
            <input type="TEXT" name="beitrag" size=50 maxlength=80><BR>
            <input type=hidden name="aktion" value="add"><BR>
            <input type=submit value="Hinzufügen"><BR>
        </form>
        <a href="./servlet/Forum?aktion=show">Einträge ansehen</a>
    </body>
</html>
```

Zunächst die Darstellung dieser HTML-Seite mit dem Microsoft Internet-Explorer:

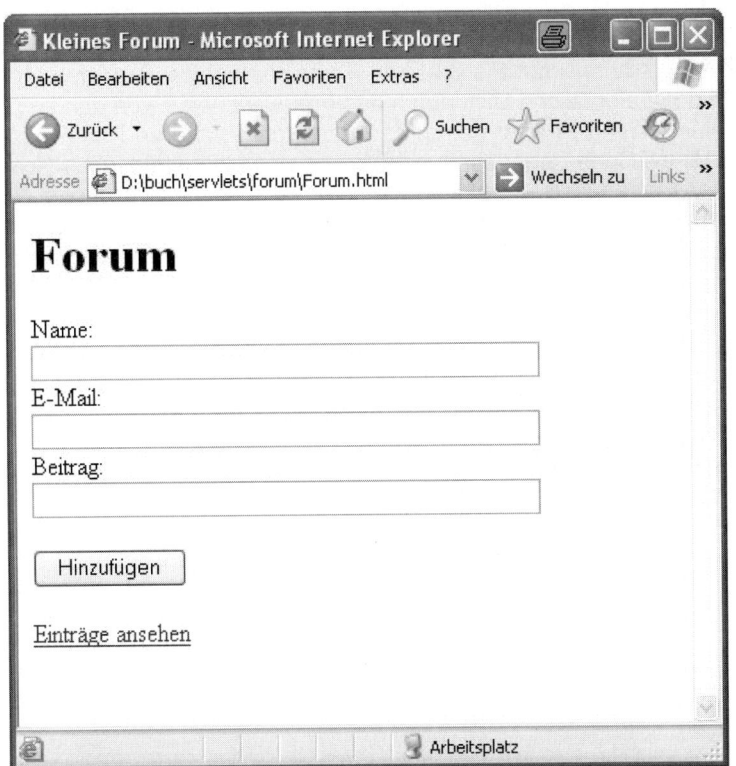

Bild 22-15 Darstellung des Eingabeformulars des Beispiels

Der Aufbau eines HTML-Dokumentes sowie die Beschreibung und die Verwendung einiger grundlegender HTML-Tags ist in Kapitel 20.1.1 beschrieben. Der Aufbau und die Verwendung eines Formulars wie in diesem Beispiel soll im Folgenden beschrieben werden. Das Formular wird eingeleitet durch das Tag:

```
<form action="./servlet/Forum" method="GET">
```

Es enthält die beiden Attribute `action` und `method`. Der dem Attribut `action` zugewiesene Wert `"./servlet/Forum"` gibt das auf dem Server liegende Programm – in diesem Fall das Servlet mit dem Namen `Forum` – mit relativer Pfadangabe an, welches nach dem Absenden des Formulars aufgerufen und ausgeführt werden soll. Das Absenden von Formularen wird im Folgenden noch behandelt. Der Wert `"GET"` des Attributes `method` hat Auswirkungen auf die Art der Übermittlung der Formulardaten. Ein anderer möglicher Wert von `method` ist `"POST"`. Diese Werte haben sowohl auf der Client- als auch auf der Serverseite die im Folgenden beschriebenen Auswirkungen:

- `method="GET"`

  Bei dieser Art der Datenübergabe werden die zu übermittelnden Daten an die URL angehängt und dem Server übergeben, was folgendermaßen aussehen könnte:

  ```
  http://127.0.0.1/Forum/servlet/Forum?name=Georg&email=&beitra
  g=&aktion=add
  ```

  Diese URL ist in der Adress-Leiste des Browsers nach dem Absenden der Formulareinträge zu sehen, wenn im obersten Texteingabefeld des Formulars der Name "Georg" eingetragen und alle anderen Texteingabefelder leer gelassen wurden. Dabei wird die eigentliche URL durch das Fragezeichen ? von den zu übergebenden Schlüssel-Wert-Paaren getrennt. Diese Schlüssel-Wert-Paare bestehen aus dem im HTML-Code angegebenen Namen des Eingabefeldes als Schlüssel und dem in das Eingabefeld eingetragenen Inhalt als Wert. Schlüssel und Wert werden getrennt durch das Gleichheitszeichen =. Die Trennung der einzelnen Paare findet durch das Zeichen & statt. Leerzeichen in Eingabefeldern werden vom Browser durch das Pluszeichen + ersetzt. Werden Zeichen wie z.B. die deutschen Umlaute (ä, ö, ü) oder Zeichen mit einer besonderen Bedeutung wie die eben vorgestellten Zeichen (+, &, =, ?) in einem Eingabefeld verwendet, so werden diese Zeichen ersetzt durch %XX wobei für XX die Hex-Darstellung des betreffenden Zeichens eingesetzt wird.

  Eine Einschränkung von Anfragen mit GET ist die Beschränkung der Länge einer URL im Browser – es können also nicht beliebig viele Daten übertragen werden.

- `method="POST"`

  Die Datenübergabe mit Post geschieht nicht über die URL. Die Daten werden an den Rumpf der HTTP-Anfrage angehängt[213]. Werden sensible Daten wie zum Beispiel ein Passwort oder eine Kreditkartennummer eines Formulars mit der Methode GET übertragen, so kann ein Dritter diese Daten in der Adressleiste des

---

[213] Ein HTTP-Kommando kann aus mehreren Zeilen bestehen. Zuerst kommt das eigentliche Kommando, darauf kann ein Kopf, der so genannte Message-Header, und ein Rumpf (Body) mit den zu übertragenden Daten folgen.

Browsers sehen. Dies ist bei der Methode POST nicht der Fall. Ferner kann eine mit POST realisierte Anfrage im Gegensatz zu einer GET-Anfrage im Browser nicht als Lesezeichen (Bookmark) gespeichert und damit auch nicht reproduziert werden.

Im HTML-Dokument folgen nun **drei Texteingabefelder** mit den Namen name, email und beitrag:

```
Name:<BR>
<input type="TEXT" name="name" size=50 maxlength=80><BR>
E-Mail:<BR>
<input type="TEXT" name="email" size=50 maxlength=80><BR>
Beitrag:<BR>
<input type="TEXT" name="beitrag" size=50 maxlength=80><BR>
```

Die Namen name, email und beitrag sind wichtig für die spätere Referenzierung des Inhaltes dieser Textfelder im Servlet. Jedes Eingabefeld hat eine Anzeigelänge von 50 Zeichen – festgelegt über das Attribut size – und lässt eine maximale Eingabe von 80 Zeichen zu – festgelegt durch das Attribut maxlength. Kommt man bei der Eingabe über 50 Zeichen hinaus, so wird horizontal gescrollt. Jedem Eingabefeld ist ein normal darzustellender Text – hier: Name:, E-Mail: und Beitrag: – vorangestellt, welcher das Eingabefeld für den Benutzer bezeichnet. Das
-Tag erzwingt bei der Ausgabe einen Zeilenumbruch.

Das folgende Feld aktion ist ein **verstecktes Feld** und ist damit für den Benutzer nicht sichtbar:

```
<input type=hidden name="aktion" value="add"><BR>
```

Es dient lediglich für die Auswertung im Servlet und wird bei der noch folgenden Erläuterung des Servlets näher beschrieben. Je nachdem, ob der Benutzer die Schaltfläche "Hinzufügen" gedrückt oder den Link "Einträge ansehen" angeklickt hat, muss das Servlet etwas anderes tun. Das Feld aktion dient zur Fallunterscheidung der beiden möglichen Benutzereingaben. Der dem Feld aktion über das Attribut value zugewiesene Wert ist add.

Nun folgt die **Definition der Schaltfläche**:

```
<input type=submit value="Hinzufügen"><BR>
```

Beim Betätigen dieser Schaltfläche werden die Formulardaten zum Server gesendet. Das Senden erfolgt durch die im Attribut method festgelegte Methode. Die Schaltfläche trägt die Beschriftung Hinzufügen. Anschließend wird die Formulardefinition geschlossen:

```
</form>
```

Der mit dem Tag <a> eingeleitete Link ist für alle Benutzer des Beispiels gedacht, welche sich die vorhandenen Beiträge lediglich ansehen möchten, ohne selbst einen Beitrag zum Forum zu geben:

```
<a href="./servlet/Forum?aktion=show">Einträge ansehen</a>
```

Bei einem Mausklick auf diesen Link wird das Servlet `Forum` mit der Variablen `aktion` und ihrem Wert `show` aufgerufen. Auf diese Weise könnten nun mehrere Aktionen in Form von verschiedenen der Variablen `aktion` zugewiesenen Werten definiert werden, welche im Servlet ausgewertet werden können. Der Link ist im Browser durch den Text `Einträge ansehen` sichtbar gemacht.

22.6.2   Quellcode des Servlets

Da inzwischen die Aufgabe und Funktionsweise der vorgestellten HTML-Seite geklärt ist, soll jetzt das zugehörige Servlet `Forum` betrachtet werden:

```
// Datei: Forum.java

import java.io.*;
import java.util.*;
import javax.servlet.*;
import javax.servlet.http.*;

public class Forum extends HttpServlet
{
   // Datei für die persistente Haltung der Forumsdaten. Sie wird
   // im Installationssverzeichnis des Webservers, also unter
   // <TOMCAT_HOME> angelegt.
   File file = new File (".\\forumEntries.dat");

   // Nicht persistenter Speicher für die Forumsdaten zur
   // Laufzeit des Servlets. Erspart den langsamen Zugriff
   // auf die Datei bei jeder Anfrage eines Clients.
   Vector<String> entries = new Vector<String>();

   // Initialisierungsmethode des Servlets. Persistente Daten
   // werden aus einer Datei in den als Variable angelegten, nicht
   // persistenten Speicher vom Typ Vector<String> eingelesen.
   public void init (ServletConfig conf) throws ServletException
   {
      // Aufruf der init()-Methode der Vaterklasse
      super.init (conf);

      try
      {
         // Datei kann nur gelesen werden, wenn sie bereits
         // existiert. Bei der erstmaligen Ausführung des Servlets
         // ist die Datei nicht vorhanden.
         if (file.exists())
         {
            // Anlegen eines Readers für das
            // Einlesen von Daten aus einer Datei
            BufferedReader reader =
               new BufferedReader (new FileReader (file));

            // Lokale Variable für die Zwischenspeicherung einer
            // von der Datei eingelesenen Zeile
            String entry = null;
```

```
            // Datei zeilenweise auslesen, bis EOF erreicht.
            // Jede Zeile dem Vector entries hinzufügen.
            while ((entry=reader.readLine()) != null)
            {
                entries.addElement (entry);
            }
            reader.close();
        }
    }
    catch (Exception e)
    {
        // Die Ausgabe erfolgt in der Konsole
        // bzw. im error.log des Servers!
        System.err.println (e.getMessage());
    }
}


// Die destroy()-Methode wird aufgerufen, bevor der Servlet-
// Container beendet oder das Servlet gestoppt und zerstört wird
public void destroy()
{
    try
    {
        // Anlegen eines Writers für die
        // Datenausgabe in eine Datei
        BufferedWriter writer =
            new BufferedWriter (new FileWriter (file));

        // Über alle Einträge des Vectors entries iterieren
        // und zeilenweise in die geöffnete Datei schreiben
        for (String eintrag : entries)
        {
            writer.write (eintrag + "\n");
        }
        writer.flush();
        writer.close();
    }
    catch (Exception e)
    {
        // Die Ausgabe erfolgt in der Konsole
        // bzw. im error.log des Servers!
        System.err.println (e.getMessage());
    }
}


// Hier erfolgt die eigentliche Implementierung des Servlet.
// Die gewünschte Funktionalität - und zwar das Hinzufügen
// und Abrufen von Einträgen - ist hier implementiert.
public void doGet (HttpServletRequest req,
                   HttpServletResponse res)
                   throws ServletException, IOException
{
    // Wurde vom Benutzer die Schaltfläche des HTML-Formulars
    // betätigt, dann werden die Werte der Eingabefelder ermittelt
    // und im Vector entries abgelegt.
    if (req.getParameter ("aktion").equals ("add"))
    {
```

```
        String name = req.getParameter ("name");
        String email = req.getParameter ("email");
        String beitrag = req.getParameter ("beitrag");
        entries.addElement (name + "\t" + email + "\t" + beitrag);
    }

    // Referenz für die folgende Ausgaben an den Client (Browser)
    // in der Variablen out speichern.
    PrintWriter out = res.getWriter();

    // Ausgabe des Starttags für HTML-Dokument und HTML-Körper
    out.println("<HTML><BODY>");

    // Ausgabe der Überschrift
    out.println("<H1>Die aktuellen Beiträge:</H1>");

    // Ausgabe einer Tabellen mit 3 Spalten und Spaltenbe-
    // schriftung. Das Tag <TR> beginnt in der Tabelle eine neue
    // Zeile. Das Tag <TD> beginnt in einer Zeile einer Tabelle
    // eine neue Spalte.
    out.println ("<TABLE border=1>");
    out.println ("<TR><TD>Name</TD>");
    out.println ("<TD>E-Mail</TD>");
    out.println ("<TD>Beitrag</TD></TR>");

    // Füllen der Tabelle mit den im Vector entries gespeicherten
    // Einträgen.
    for (String eintrag : entries)
    {
        // Anlegen eines StringTokenizers zur Zerlegung der
        // in der Variablen entry eingelesenen Zeile
        StringTokenizer st = new StringTokenizer (eintrag, "\t");

        // Neue Zeile der Tabelle hinzufügen.
        out.println("<TR>");

        // Die einzelnen durch einen Tabulator getrennten Tokens
        // des Strings eintrag jeweils in eine Spalte der
        // angelegten Tabelle schreiben. Ein Token ist ein Wort als
        // Bestandteil eines Zeichenstroms.
        while (st.hasMoreTokens())
        {
            out.println("<TD>");
            out.println(st.nextToken());
            out.println("</TD>");
        }
        out.println("</TR>");
    }
    out.println("</TABLE>");
    out.println("</BODY></HTML>");
    }
}
```

Die Methode doGet() wird vom Servlet-Container aufgerufen, wenn der Benutzer die Schaltfläche des Formulars oder den Hyperlink der HTML-Seite anwählt. Gleich in der ersten Anweisung dieser Methode, der if-Abfrage, wird Bezug auf das versteckte Feld `aktion` der HTML-Seite genommen. Es wird der Wert dieses Feldes abgefragt. Wurde die mit "Hinzufügen" beschriftete Schaltfläche des HTML-Formulars betätigt, hat das Feld den Wert `"add"`. In diesem Fall werden die Werte der Texteingabefelder mit den im HTML-Dokument vergebenen Namen `name`, `email` und `beitrag` ermittelt und in Variablen vom Typ `String` festgehalten. Anschließend werden die ermittelten Werte getrennt durch einen Tabulator – im Programmcode dargestellt durch `\t` – dem Vector `entries` hinzugefügt. Den Zugriff auf die vom Client übergebenen Parameter erhält man über den Parameter `req`, der eine Referenz auf ein Objekt vom Typ `HttpServletRequest` darstellt.

Wurde in der HTML-Seite der Link anstelle der Schaltfläche des Formulars gewählt, so hat das Feld `aktion` den Wert `"show"`. In diesem Fall wird der Block der `if`-Anweisung nicht ausgeführt. Der dem `if`-Block folgende Code generiert als Antwort auf die Anfrage dynamisch eine HTML-Seite. Dazu wird über die Referenz des Response-Objektes `res` eine Referenz auf ein Objekt der Klasse `java.io.Print-Writer` angefordert, über welche die Ausgabe des HTML-Codes an den Client möglich ist. Diese Referenz wird in der lokalen Variablen `out` gespeichert.

Die Ausgabeoperationen über die Variable `out` vor der folgenden `for`-Schleife geben den einleitenden Tag für ein HTML-Dokument und den HTML-Körper aus. Danach wird eine Überschrift mit dem Text `"Die aktuellen Beiträge"` ausgegeben. Anschließend wird eine Tabelle mit einer sichtbaren Umrandung eingeleitet und es werden drei Spalten mit den Einträgen `Name`, `E-Mail` und `Beitrag` angelegt. Die diesen Anweisungen folgende `for`-Schleife sorgt nun für die Ausgabe der von den Teilnehmern des Forums bereits eingegebenen Daten und ist somit für den eigentlich dynamischen Teil des Servlets verantwortlich. Die Schleife iteriert über alle im Vector `entries` vorhandenen Einträge und gibt diese jeweils in einer Spalte der angelegten Tabelle aus. Dazu wird bei jeder Iteration ein Eintrag des Vectors ausgelesen und in einer Stringvariablen gespeichert. Dieser String enthält den kompletten Eintrag eines Benutzers. Dieser String wird mit Hilfe eines Objektes vom Typ `StringTokenizer` in die durch Tabulatoren (`\t`) getrennten Einträge zerlegt. Die erhaltenen Abschnitte dieser Zerlegung, welche dem Inhalt der Felder `name`, `email` und `beitrag` des HTML-Formulars bei der Eingabe entsprachen, werden in der `while`-Schleife jeweils in eine Spalte der Tabelle geschrieben. Enthält der Vector keine weiteren Einträge, so werden letztendlich die Tabelle, der HTML-Körper und das HTML-Dokument mit dem entsprechenden Tag wieder geschlossen und die `doGet()`-Methode wird beendet.

22.6.3   Ausgabe

Als Ausgabe des Servlets könnte der Client den folgenden HTML-Code erhalten. In diesem Szenario haben bereits drei Teilnehmer einen Beitrag dem Forum hinzugefügt:

```
<HTML>
   <BODY>
      <H1>Die aktuellen Beiträge:</H1>
      <TABLE border=1>
```

```
        <TR>
            <TD>Name</TD>
            <TD>E-Mail</TD>
            <TD>Beitrag</TD>
        </TR><TR>
            <TD>Klaus</TD>
            <TD>klaus@it-designers.de</TD>
            <TD>Tolles Forum!</TD>
        </TR><TR>
            <TD>Inge</TD>
            <TD>inge@it-designers.de</TD>
            <TD>Endlich mal was neues!</TD>
        </TR><TR>
            <TD>Richard</TD>
            <TD>richard@it-designers.de</TD>
            <TD>Hallo Leute</TD>
        </TR>
    </TABLE>
  </BODY>
</HTML>
```

Für den Browser ändert sich in diesem Szenario gegenüber dem Beispiel mit **statischen Webseiten** nichts. Er erhält vom Server in beiden Fällen HTML-Code. Anhand der Ausgabe kann man nicht feststellen, ob dieser Code aus einer Datei ausgelesen oder dynamisch generiert wurde.

Interpretiert im Microsoft Internet Explorer hat die Seite folgendes Aussehen:

Bild 22-16 Interpretierte Ausgabe des Servlets `Forum`

Kapitel 23

JavaServer Pages

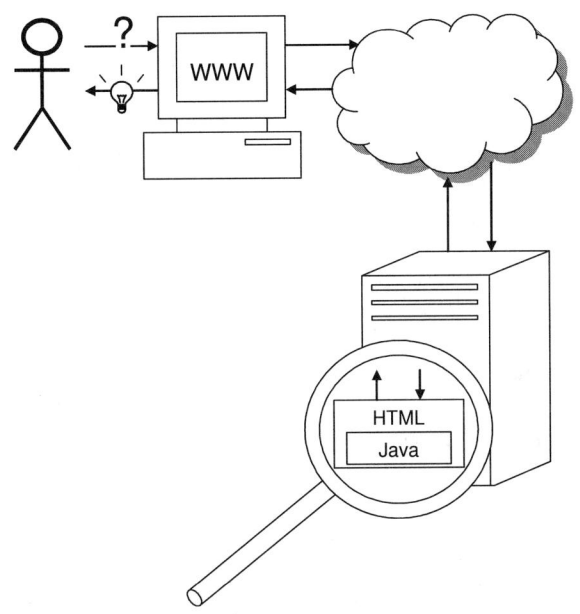

23.1 Skriptelemente
23.2 Direktiven
23.3 Aktionen
23.4 Verwendung von JavaBeans
23.5 Tag-Bibliotheken

23 JavaServer Pages

JavaServer Pages (JSP) bieten neben Servlets eine weitere Möglichkeit zur Erzeugung dynamischer Webseiten. Bei JSPs handelt es sich um einen Bestandteil der Java Enterprise Edition (Java EE)[214] von Sun. JSPs nutzen Servlets als zugrunde liegende Technologie, weshalb sich zuerst das Lesen von Kapitel 22 empfiehlt. Hier wird auch die Installation des Apache Tomcat Servers beschrieben, auf dem die hier gezeigten Beispiele nachvollzogen werden können. Der wesentliche Unterschied von JSPs gegenüber herkömmlichen Servlets besteht darin, dass Java-Quellcode direkt in einer HTML-Seite eingebunden werden kann, ähnlich wie bei der Skriptsprache PHP. Somit können Programmierer leichter dynamische Webseiten erstellen, als dies mit Servlets der Fall wäre. Da bei Servlets der gesamte HTML-Code mittels Methodenaufrufen ausgegeben werden muss, geht bei der zu erzeugenden Webseite schnell die Übersicht verloren. Änderungen am Layout oder den statischen Inhalten der Seite sind schwerer durchführbar, da der HTML-Code nicht zusammenhängend oder formatiert angeordnet werden kann.

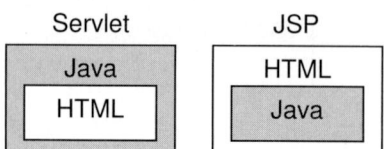

Bild 23-1 Servlets und JSP im Vergleich

Aus den JSP-Seiten werden von der JSP-Engine Servlets generiert. Die Servlets werden dann im Servlet-Container ausgeführt.

Um JavaServer Pages auf einem Web-Server verwenden zu können, wird neben einem Servlet-Container zusätzlich eine JSP-Engine benötigt.

Die JSP-Engine ist quasi ein "Code-Generator", der in zwei Schritten aus einer JSP-Seite ein lauffähiges Servlet erzeugt:

- **Im ersten Schritt** erzeugt die JSP-Engine aus der JSP-Seite eine **Servlet-Quellcode-Datei**.
- **Im zweiten Schritt** wird von der JSP-Engine die generierte **Servlet-Quellcode-Datei** durch einen Java-Compiler-Aufruf in eine **ausführbare Bytecode-Datei übersetzt**.

Beide entstandenen Dateien – Servlet-Quellcode-Datei und Servlet-Bytecode-Datei – werden dabei in einem speziellen Arbeitsverzeichnis des Webservers hinterlegt.

---

[214] Java EE erweitert die Java SE (Java Plattform, Standard Edition) speziell für die Entwicklung von Server-Anwendungen und spezifiziert eine standardisierte Laufzeitumgebung für Server-basierte und verteilte Anwendungen. Zu den Erweiterungen zählen unter anderem Enterprise JavaBeans (EJB), Servlets, JSP und die JavaMail API.

Der Servlet-Container Tomcat enthält solch eine JSP-Engine. In Bild 23-2 ist das Zusammenwirken der einzelnen Komponenten dargestellt:

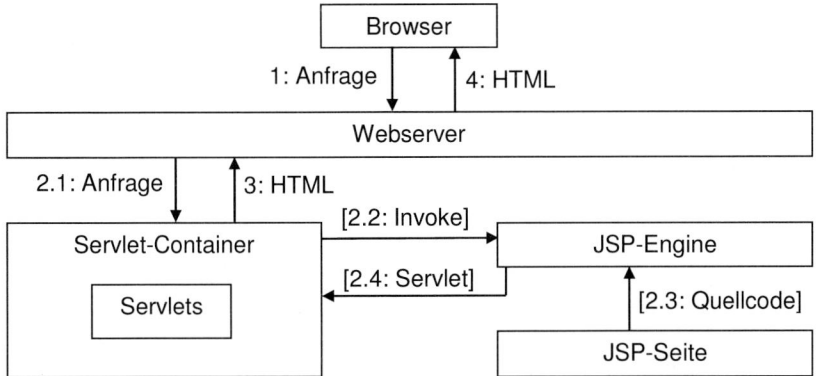

Bild 23-2 Komponenten zur Ausführung von JSP-Seiten

Bitte beachten Sie im Bild 23-2, dass die gezeigten Schritte 2.2 bis 2.4 nur unter bestimmten Voraussetzungen ausgeführt werden und deswegen als optional markiert sind. Der Ablauf beim Aufruf einer dynamischen Webseite mit JavaServer Pages ist folgender:

- **Schritt 1**: Der Client fordert vom Webserver eine JSP-Seite an.
- **Schritt 2**: Die Anfrage wird an den Servlet-Container durchgereicht. Dieser überprüft, ob für die angefragte JSP-Seite schon Servlet-Code vorhanden ist. Ist dies der Fall, so wird das Servlet instantiiert und die Methoden `init()` und `doGet()` bzw. `doPost()` aufgerufen (weiter bei Schritt 3). Ist jedoch noch kein Servlet-Code verfügbar, so muss dieser zuerst generiert werden. Dafür beauftragt der Servlet-Container die JSP-Engine (weiter bei Schritt 2.2).
- **optionaler Schritt 2.2**: Der Servlet-Container beauftragt die JSP-Engine, für eine erstmalig angeforderte JSP-Seite Servlet-Code zu generieren.
- **optionaler Schritt 2.3**: Die JSP-Engine interpretiert den Quellcode der JSP-Seite, der im Arbeitsverzeichnis hinterlegt ist. Es wird daraus im ersten Schritt eine Servlet-Quellcode-Datei – also eine gewöhnliche `java`-Datei – erzeugt, die im zweiten Schritt durch einen Compiler-Aufruf in eine Servlet-Bytecode-Datei – also eine `class`-Datei – übersetzt wird.
- **optionaler Schritt 2.4**: Die JSP-Engine meldet dem Servlet-Container die Beendigung der Code-Generierung, worauf hin der Servlet-Container das Servlet laden und ausführen kann.
- **Schritt 3 und 4**: Das Ergebnis des ausgeführten Servlets wird vom Servlet-Container an den Webserver geschickt, der den Strom wiederum an den Client weiterleitet.

Die unterschiedlichen Formate, die hierbei entstehen, sind in Bild 23-3 dargestellt:

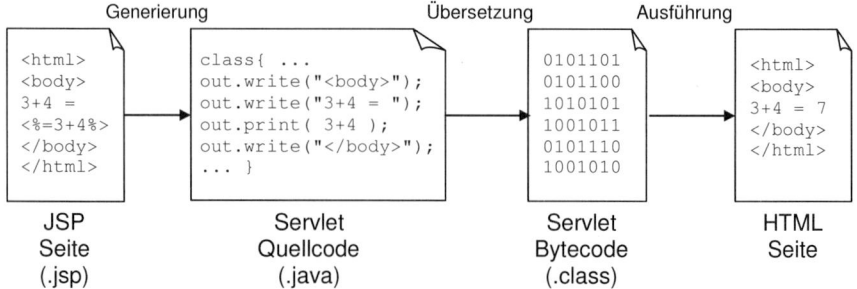

JSP	Servlet	Servlet	HTML
Seite	Quellcode	Bytecode	Seite
(.jsp)	(.java)	(.class)	

Bild 23-3 Formate bei der Ausführung einer JSP-Seite

Das Servlet, das aus der JSP-Seite entsteht, wird beim ersten Aufruf der Seite erzeugt oder aber nach jeder Änderung, die am Quellcode an der JSP-Seite vorgenommen wird. Für den Entwickler bleibt die Generierung der Servlets verborgen. Er
muss sich nur um die Erstellung der JSP-Seiten kümmern. Alles andere übernimmt
der Servlet-Container. Zur Fehlersuche bietet es sich jedoch an, einen Blick in den
generierten Quellcode des Servlets zu werfen, da Syntaxfehler erst beim Kompilieren
sichtbar werden und sich die Fehlermeldungen bzw. die Zeilenangaben des Java-
Compilers meist auf den automatisch erstellten Quellcode des Servlets beziehen.

Der Entwickler benötigt zur Erstellung einer Web-Anwendung keine fundierten Kenntnisse über die Servlet-Programmierung. Hierzu wird ihm mit JavaServer Pages eine
komfortable Technologie geliefert, bei der er sich hauptsächlich um die Gestaltung
der Webseiten kümmern kann.

JavaServer Pages stellt dem Entwickler ein Sprachmittel zur Verfügung, mit dem er auf abstrakterer Ebene Web-Anwendungen
programmieren kann, die auf der Servlet-Technologie basieren.

Um eine JSP-Seite zu erstellen, wird eine HTML-Seite mit entsprechenden Anweisungen ergänzt und mit der Dateiendung `.jsp` versehen.

Diese Datei muss dann in ein beliebiges Verzeichnis im **Web-Anwendungsverzeichnis** des **Web-Servers** gespeichert werden, um sie für Aufrufe vom Browser aus
zugänglich zu machen.

Eine JSP-Seite kann den gesamten Sprachumfang von HTML-Tags enthalten. Die
dynamischen Teile der Seite werden jedoch durch JSP-spezifische Tags realisiert,
die im Folgenden näher erläutert werden. Die Sprachelemente von JSP unterteilt
man dabei in drei Kategorien:

- Skriptelemente,
- Direktiven,
- Aktionen.

23.1 Skriptelemente

Mit den Skriptelementen wird die Programmlogik direkt in die JSP-Seite eingebunden. Diese Skriptelemente ermöglichen es, Methoden oder Variablen zu deklarieren, Ausdrücke auszugeben oder direkt Java-Code in eine Seite einzubetten. Skriptelemente sind:

- Deklarationen,
- Ausdrücke,
- Skriptlets,
- Kommentare
- und vordefinierte Variablen.

Deklarationen

Bei der Deklaration werden Variablen oder Methoden für das zu erzeugende Servlet
klassenweit gültig definiert. **Eine Deklaration wird in die Zeichenfolgen <%! und
%> eingeschlossen**. Die Definition einer Methode kann wie folgt geschehen:

```
<%!
   public int sum (int a, int b)
   {
      return a + b;
   }
%>
```

Ausdrücke (Expressions)

Mit Ausdrücken können Werte von Variablen oder Rückgabewerte von Methoden
ausgegeben werden. **Ein Ausdruck wird in die Zeichenfolgen <%= und %> eingeschlossen**. Das Ergebnis wird dabei in eine Zeichenfolge konvertiert und in den Ausgabepuffer geschrieben. Die verwendeten Methoden müssen alle einen Rückgabewert liefern, d.h. es sind keine Methoden erlaubt, die void als Rückgabewert haben.
Mit folgendem Ausdruck wird der Rückgabewert der Methode sum() – aus oben
angegebener Deklaration – an der Stelle in die HTML-Ausgabe geschrieben, an der
dieser Ausdruck in der JSP-Seite steht:

```
<%= sum (3,4) %>
```

Skriptlets

Anweisungsteile in Java, die genau an der Stelle ausgeführt werden, an der sie in
der Seite stehen, werden als **Skriptlets zwischen den Zeichenfolgen <% und %>
eingefasst**. Hiermit kann Java-Code in die JSP-Seite eingebunden werden. Folgender Codeabschnitt zeigt solch ein Skriptlet:

```
<%
   int x = 0;
   for (int i = 0; i < 5; i++)
   {
      x = sum (x,i);
   }
%>
```

Kommentare

Innerhalb von Skriptelementen können die üblichen Java-Kommentare verwendet werden. Diese werden nicht zum Client übermittelt, sind nur für den Entwickler sichtbar und werden wie folgt verwendet:

```
<%
   // Java-Kommentar bis an das Ende der Zeile

   /*
      Java-Kommentar
      über mehrere Zeilen hinweg
   */
%>
```

Darüber hinaus können **Kommentare** auch **in** einer speziellen **JSP-Syntax** beschrieben werden:

```
<%-- Dies ist ein JSP-Kommentar --%>
```

Dieser Kommentar ist später im erzeugten HTML-Code ebenfalls nicht mehr zu sehen. Es handelt sich hierbei um einen versteckten Kommentar, der nur im JSP-Code sichtbar ist. Er wird daher auch unsichtbarer Kommentar (**hidden comment**) genannt.

Kommentare, die nach HTML-Syntax definiert werden, werden zum Client übertragen und sind später im HTML-Code sichtbar. Ein HTML-Kommentar hat folgende Syntax:

```
<!-- Dies ist ein HTML-Kommentar -->
```

Wird JSP-Code in solch einen HTML-Kommentar eingefügt, wird der JSP-Code trotzdem ausgeführt.

Vordefinierte Variablen

Die JSP-Spezifikation sieht spezielle **vordefinierte Variablen** vor, welche der JSP-Engine implizit bekannt sind. Mit diesen Variablen werden interne Objekte des Servlet-Containers referenziert.

> **Vordefinierte Variablen** referenzieren **interne Objekte** des Servlet-Containers. Da diese Objekte von vornherein ohne explizite Deklaration in allen JSP-Seiten verfügbar sind, werden sie auch **implizite Objekte** genannt.

Mit den vordefinierten Variablen bietet sich dem Entwickler von JSP-Seiten ein einfacher Zugriff auf die benötigten Objekte, ohne dass diese Variablen selbst deklariert oder initialisiert werden müssen. Auf diese Objekte kann mit Hilfe der vordefinierten Variablen in JSP-Skriptelementen direkt zugegriffen werden. Dabei ist der Name der Variablen gleich dem Namen des Objekts.

Folgende Tabelle zeigt die automatisch in jeder JSP-Seite verfügbaren Objekte:

Objekt	Beschreibung
page	Die eigene Instanz der JSP-Seite (this)
config	Angaben aus der Konfigurationsdatei
request	Informationen zur Anfrage an die Seite
response	Einstellungen zur Antwort
out	Ausgabedatenstrom für die Antwort
session	Sitzungsinformationen
application	Informationen zur Anwendung
pageContext	Angaben zur aktuellen Seite
exception	Fehler, der eine Fehlerseite aktiviert hat

Tabelle 23-1 Implizite Objekte

Nachfolgend werden die internen Objekte, ihre Verwendung im Servlet-Container und die sich daraus ergebenden Anwendungsmöglichkeiten, beschrieben:

- **page**: Das Objekt page entspricht der Instanz der Servletklasse, die aus der JSP-Seite generiert wurde. Im Skriptcode kann statt page auch der Ausdruck this verwendet werden. Das Objekt page stellt eine Implementierung der Schnittstelle javax.servlet.jsp.HttpJspPage dar. Mit page kann auf die Methoden und Daten des Servlets zugegriffen werden, welches aus der JSP-Seite generiert wird. Es findet jedoch eher selten Anwendung.

- **config**: Mit dem Objekt config, dessen Klasse die Schnittstelle javax.servlet.ServletConfig implementiert, ist der Zugriff auf Initialisierungsparameter des Servlets bzw. der JSP-Seite möglich. Das Servlet bzw. die JSP-Seite wird mit den im Deployment Deskriptor[215] WEB-INF/ web.xml hinterlegten Werten initialisiert. Ein Eintrag im Deployment Deskriptor könnte für eine JSP-Seite folgendermaßen aussehen:

```
...
<servlet>
   <servlet-name>loginPage</servlet-name>
   <jsp-file>/webshop/login.jsp</jsp-file>
   <init-param>
      <param-name>database</param-name>
      <param-value>jdbc:mysql://server/userdb</param-value>
   </init-param>
</servlet>
...
```

Der Zugriff auf den Parameter erfolgt über das Objekt config:

```
<% String databaseURL = config.getInitParameter ("database");
...
%>
```

---

[215] Im Deployment Deskriptor wird statt dem Element <servlet-class> das Element <jsp-file> angegeben. Die Initialisierungsparameter werden wie gewohnt im Element <init-param> notiert. Weitere Details zum Deployment Deskriptor in Kap. 22.5.

- **request**: Das Objekt `request` repräsentiert die Anfrage an eine JSP-Seite. Hierin sind alle Informationen der Anfrage an die Seite wie Übergabeparameter oder Cookies enthalten. Innerhalb der JSP-Seite kann über die Methode `getPara-meter()` des impliziten Objekts auf die Übergabeparameter zugegriffen werden, die beispielsweise aus HTML-Formularfeldern an die Seite gesendet werden (siehe Kap. 22.6). Durch folgendes Skriptlet wird der Wert des Übergabe-parameters `"name"` einer Variablen zugewiesen:

```
<% String username = request.getParameter ("name");
...
%>
```

- **response**: Das Objekt `response` entspricht dem Äquivalent zu einem `request`-Objekt – es enthält allerdings nicht die Übergabeparamter für die JSP-Seite, sondern die Ausgabeparameter der JSP-Seite, aus denen der Servlet-Container eine HTML-Seite generiert. Mit den Methoden des Objekts `response` kann beispielsweise der MIME-Type[216] der Antwort eingestellt oder ein Cookie angefügt werden. In folgender Codezeile wird die Zeichencodierung der Antwort festgelegt:

```
<% response.setContentType ("text/html; charset=ISO-8859-4"); %>
```

Da JSP üblicherweise auf dem Protokoll HTTP aufsetzt, implementiert die zu-grunde liegende Klasse der Objekte `request` und `response` die Schnittstelle `HttpServletRequest` bzw. `HttpServletResponse` aus dem Paket `javax.-servlet.http`. Sollte ein anderes Protokoll verwendet werden, so werden stattdessen die Schnittstellen `ServletRequest` und `ServletResponse` aus dem Paket `javax.servlet` implementiert.

- **out**: Das wohl meistgenutzte implizite Objekt ist der Variablen `out` zugeordnet. Es stellt eine Referenz auf den Ausgabestrom des Servlets dar. Über diesen Aus-gabestrom wird die Antwort auf eine Anfrage an den Browser gesendet. Mit den Methoden des Objektes `out` lassen sich beliebige Inhalte ausgeben, die dann direkt in die HTML-Ausgabe geschrieben werden. Mit der Variablen `out` wird eine Instanz der Klasse `javax.servlet.jsp.JSPWriter` angesprochen, die im Servlet mit der Methode `request.getWriter()` ermittelt werden kann. Diese Variable wird allerdings nur in Skriptlets benötigt, da die Ergebnisse von Aktionen oder Ausdrücken ohnehin automatisch in den Ausgabestrom geschrieben werden. Ein Beispiel für die einfache Verwendung dieses Objektes:

```
<% out.print ("<h1>Hallo " + username + "</h1>");
...
%>
```

- **session**: Dieses Objekt wird vom Servlet-Container für eine Benutzersitzung[217] angelegt. Die zugrunde liegende Klasse implementiert die Schnittstelle `Http-Session`. Tomcat verwendet für Benutzersitzungen URL-Rewriting und Cookies (siehe Kap. 22.4.5). In das Objekt `session` können für die Benutzersitzung relevante Anwenderdaten als Attribute abgelegt werden. Attribute, die lediglich

---

[216] MIME = Multipurpose Internet Mail Extension. Gibt den Typ der übertragenden Daten an.
[217] Mit Hilfe einer Benutzersitzung kann eine aufgerufene Webseite einem bestimmten Benutzer zugeordnet werden. So lässt sich beispielsweise ein Web-Shop mit Warenkorb realisieren.

Referenzen auf Objekte darstellen, werden durch den Programmierer angelegt. Im folgenden Beispiel wird im Objekt `session` das Attribut `"warenkorb"` angelegt und erhält eine Referenz auf ein Objekt vom Typ `Vector`:

```
<%
    Vector<Waren> waren = new Vector<Waren>();
    session.setAttribute ("warenkorb", waren);
%>
```

So können Attribute durch eine Seite abgespeichert und in einer anderen Seite der Web-Anwendung, vom selben Benutzer wieder ausgelesen werden. Der Zugriff auf den zuvor abgelegten `"warenkorb"` wird mit folgendem Code ermöglicht:

```
<%
    Vector<Waren> waren =
        (Vector<Waren>) session.getAttribute ("warenkorb");
%>
```

Die Attribute, die im Objekt `session` abgelegt werden, sind nur von der jeweiligen Benutzersitzung (Session) aus sichtbar. Ein Zugriff von anderen Benutzersitzungen auf diese Attribute ist nicht möglich.

- **application**: Im Gegensatz zum Objekt `session`, das Daten eines einzelnen Benutzers speichert, können in dem impliziten Objekt `application` Daten für die ganze Anwendung sichtbar gespeichert werden. Auf Daten die im Objekt `application` abgespeichert werden, kann von allen JSP-Seiten aus zugegriffen werden. Der Zugriff erfolgt dabei genauso wie bei der Verwendung der Variablen `session`. Folgendes Skriptlet speichert das Objekt `connection` als Attribut unter dem Namen `"dbPool"` für die gesamte Anwendung sichtbar:

```
<% application.setAttribute ("dbPool", connection); %>
```

Der Zugriff auf das gespeicherte Attribut erfolgt dann mit:

```
<%
    DataSource conn =
        (DataSource) application.getAttribute ("dbPool");
%>
```

Des Weiteren stellt das Objekt `application` eine Schnittstelle zum Servlet-Container dar, über die sich Informationen zum Container abrufen lassen oder Ausgaben in die Logdateien des Web-Servers geschrieben werden können.

- **pageContext**: Mit dem Objekt `pageContext` ist der Zugriff auf alle anderen impliziten Objekte möglich. Dies macht auf den ersten Blick nicht allzu viel Sinn, da die Objekte ohnehin schon durch die vordefinierten Variablen bekannt sind. Allerdings bietet sich damit die Möglichkeit, aus selbstdefinierten Aktionen – den so genannten Tag-Bibliotheken – über das `pageContext`-Objekt auf die übrigen internen Objekte zuzugreifen. Die daraus resultierenden Möglichkeiten werden später im Kapitel 23.5 beschrieben. Das Objekt `pageContext` ist eine Instanz der **Klasse** `javax.servlet.jsp.PageContext`.

- **exception**: Das Objekt `exception` dient der Fehlerbehandlung. Im Unterschied zu den anderen impliziten Objekten ist dieses Objekt auf JSP-Seiten verfügbar, die als Fehlerseiten deklariert sind. Die Seitendirektive, mit der eine JSP-Seite als Fehlerseite gekennzeichnet werden kann, wird später genauer behandelt. Tritt bei der Ausführung einer JSP-Seite ein Fehler auf, der nicht abgefangen wird, so wird die Kontrolle an die definierte Fehlerseite abgegeben. Das Objekt `exception` ist eine Instanz der Klasse `java.lang.Throwable`. Über das Objekt `exception` lässt sich die Fehlermeldung dann zum Beispiel auf der Fehlerseite ausgeben. Folgendes Skriptlet schreibt die Exception, sowie die Methoden welche diese Exception weitergereicht haben, in den Ausgabedatenstrom:

```
<%
    exception.printStackTrace (new java.io.PrintWriter (out));
%>
```

23.2 Direktiven

Mit Direktiven (Anweisungen) werden Einstellungen am erzeugten Servlet vorgenommen oder Nachrichten an den Container geschickt. Die Direktiven sind in der gesamten JSP-Seite gültig und werden in die **Zeichenfolgen** `<%@ und %>` eingefasst. Die JSP-Spezifikation unterscheidet drei verschiedene Arten von Direktiven:

- Seitendirektiven (page),
- Einschließende Direktiven (include),
- Taglib Direktiven (taglib).

23.2.1   Seitendirektive

Mit den Seitendirektiven (page directive) werden bestimmte Eigenschaften der Seite festgelegt. So kann mit einer Seitendirektive die Weiterleitung an eine bestimmte Fehlerseite angegeben oder Java-Klassen eingebunden werden. Eine Seitendirektive wird mit der **Zeichenfolge** `<%@`, gefolgt von dem Schlüsselwort `page` eingeleitet, woraufhin dann mehrere Attribute folgen können. Geschlossen wird die Seitendirektive mit der Zeichenfolge `%>`. Dies ist im folgenden Beispiel exemplarisch dargestellt:

```
<%@page attribute="value" %>
```

Bei Seitendirektiven sind folgende Attribute möglich:

- **extends**: Mit `extends` wird die Superklasse für das zu generierende Servlet festgelegt. Wenn von einer selbst geschriebenen Klasse abgeleitet werden soll, so muss diese Klasse die Schnittstelle `javax.servlet.jsp.HttpJspPage` implementieren. Soll die JSP-Seite für ein anderes Protokoll als HTTP verwendet werden, so ist stattdessen die Schnittstelle `javax.servlet.jsp.JspPage` zu implementieren, die nicht an ein bestimmtes Protokoll gebunden ist. Die Syntax für eine Seitendirektive ist:

```
<%@page extends="package.Class" %>
```

- **import**: Wenn im JSP-Code auf weitere Klassen zugegriffen wird, müssen diese mit dem Attribut `import` in die JSP-Seite eingebunden werden. Hierbei kann dem Attribut eine durch Kommata getrennte Liste von Java-Klassen angegeben wer-

den. Um alle Klassen eines Java-Paketes zu importieren, reicht es, den Paketnamen gefolgt von einem Sternchen (*) anzugeben. Damit besteht die Möglichkeit,
in einer JSP-Seite beliebige Java-APIs zu verwenden. Die `import`-Anweisung hat
folgenden Aufbau:

```
<%@page import="package1.Class,package2.*" %>
```

Folgende Pakete werden bereits automatisch importiert und müssen daher nicht
mehr explizit angegeben werden:

- `java.lang`
- `javax.servlet`
- `javax.servlet.jsp`
- `javax.servlet.http`

- **contentType**: Mit dem Attribut `contentType` wird der MIME-Type und die Zei-
chenkodierung für die Antwort an den Client angegeben. Standardmäßig ist dieses
Attribut auf den folgenden Wert eingestellt:

```
<%@page contentType="text/html; charSet=ISO-8859-1" %>
```

Mit Hilfe der Methode `response.setContentType()` kann der MIME-Type
auch noch zur Laufzeit verändert werden.

- **isThreadSafe**: Wenn ein aus der JSP-Seite generiertes Servlet keine parallelen
Zugriffe synchron verarbeiten kann, muss der Wert dieses Attributes auf `false`
gesetzt werden. Ist der Wert auf `false` gesetzt, so arbeitet der Container
anstehende Anfragen nacheinander ab. Dabei wird eine Anfrage von der JSP-
Seite erst komplett abgearbeitet, bevor die nächste Anfrage an die Reihe kommt,
was unter Umständen zu Wartezeiten für den Client führen kann. Wird dagegen
der Wert auf `true` gesetzt, so wird für jede Anfrage an diese JSP-Seite ein neuer
Thread erstellt und die Anfragen parallel verarbeitet. Der Vorgabewert für dieses
Attribut ist `true`, was folgender Anweisung entspricht:

```
<%@page isThreadSafe="true" %>
```

- **session**: Soll die JSP-Seite als Teil einer Benutzersitzung (Session) verwendet
werden, so ist dieses Attribut auf `true` zu setzen. Wird eine als `session`
deklarierte Seite aufgerufen, erzeugt der Container automatisch eine Benutzersitzung, falls mit dem Benutzer noch keine Sitzung assoziiert ist. Zur Verwaltung
der Sitzung wird für die JSP-Seiten implizit ein `HttpSession`-Objekt verwendet.
Durch nachfolgende Anweisung wird die JSP-Seite Teil der Benutzersitzung:

```
<%@page session="true" %>
```

Der Wert ist standardmäßig auf `true` gesetzt. Wird keine Sitzungsverwaltung
benötigt, so sollte zur Verbesserung der Verarbeitungsgeschwindigkeit – und um
dem Anwender Cookies zu ersparen[218] – dieses Attribut mit `false` belegt werden.

---

[218] Tomcat verwendet für Sitzungen automatisch Cookies und URL-Rewriting, siehe Kapitel 22.4.5.

- **buffer**: Mit diesem Attribut kann die Größe des Ausgabepuffers für jede Seite fest-gelegt werden. Die von der JSP-Seite erzeugte Ausgabe wird erst an den Client geschickt, sobald der Puffer voll bzw. die Seite fertig generiert ist. Der Standard-wert ist abhängig vom verwendeten Server und beträgt mindestens 8kByte. Wenn die Ausgabe nicht gepuffert werden soll, muss dieses Attribut durch nachfolgende Anweisung auf `none` gesetzt werden:

```
<%@page buffer="none" %>
```

Der angegebene Wert stellt ein Minimum dar, denn der Container kann den Aus-gabepuffer aus Gründen der Optimierung vergrößern. Die Pufferung der Ausgabe ist beispielsweise bei der Weiterleitung (z.B. mit der Aktion `<jsp:forward>`) not-wendig. Durch die Zwischenspeicherung kann die Ausgabe der bisherigen Seite verworfen und durch die Ausgabe einer neuen Seite ersetzt werden.

- **autoflush**: Die Behandlung des Ausgabepuffers bei einem Überlauf kann mit dem Attribut `autoflush` eingestellt werden. Mit `true` wird der Inhalt des Ausgabe-puffers automatisch an den Client gesendet, sobald der Puffer voll ist. Mit `false` hingegen wird der manuelle Modus gesetzt, bei dem eine Exception geworfen wird, sobald der Puffer komplett gefüllt ist. Der Vorgabewert ist `true`:

```
<%@page autoflush="true" %>
```

- **errorPage**: Tritt auf einer Seite ein Fehler auf, z.B. durch eine nicht abgefangene Exception, wird die Ausgabe der aktuellen Seite gestoppt und automatisch eine Fehlerseite aufgerufen. Um eine bestimmte Seite für die Fehlerausgabe zu ver-wenden, wird das Attribut `errorPage` verwendet. Als Wert für `errorPage` wird die URL zur verwendenden Fehlerseite angegeben. Nachfolgende Anweisung legt die JSP-Seite `"error.jsp"` als Fehlerseite fest:

```
<%@page errorPage="error.jsp" %>
```

- **isErrorPage**: Dieses Attribut muss in den Standard-Fehlerseiten auf `true` gesetzt sein, damit die Seite zur Fehlerbehandlung aufgerufen werden kann. Da die meisten JSP-Seiten nicht als Fehlerseiten verwendet werden, ist der Vorgabewert für dieses Attribut erwartungsgemäß `false`:

```
<%@page isErrorPage="false" %>
```

Für die Fehlerausgabe erhält die Fehlerseite das implizite Objekt `exception`. Über dieses Objekt können Informationen zum Fehler, der den Aufruf der Fehler-seite ausgelöst hat, ausgelesen werden. Hierzu stehen folgende Methoden zur Verfügung:

- `getMessage()` liefert eine Beschreibung der Fehlermeldung zurück.
- `printStackTrace()` schreibt den Inhalt des Programmstacks zum Zeit-punkt des Auftretens des Fehlers in den Ausgabedatenstrom.
- `toString()` gibt den Klassennamen der Ausnahme mit Fehlermeldung als Zeichenkette zurück.

- **info**: Mit `info` kann eine Angabe einer Information zu einem Servlet erfolgen. Die angegebene Zeichenkette ist dann über die Methode `getServletInfo()` abrufbar. Die Angabe der Information erfolgt durch die Anweisung:

```
<%@page info="Dies ist ein JSP-Beispiel" %>
```

- **language**: Über dieses Attribut lässt sich die verwendete Programmiersprache der JSP-Seite spezifizieren. Allerdings wird normalerweise nur der Standardwert `java` genutzt:

```
<%@page language="java" %>
```

Möglich sind jedoch auch andere Sprachen, die aber vom eingesetzten Servlet-Container unterstützt werden müssen.

23.2.2   Einschließende Direktive

Neben der Seitendirektive gibt es noch die einschließende Direktive, mit der Teile einer JSP-Seite aus einer separaten Datei eingebunden werden können. Die einschließende Direktive wird in die Zeichenfolge `<%@include` und `%>` eingeschlossen. Damit wird die gemeinsame Nutzung dieser Teile durch mehrere JSP-Seiten ermöglicht. Um den Inhalt einer Datei in eine JSP-Seite einzubinden, wird folgende Anweisung verwendet:

```
<%@include file="path/file.jsp" %>
```

Zu beachten ist, dass der Inhalt der Datei genau an der Stelle in die Seite eingefügt wird, an der die `include`-Direktive steht. Natürlich muss die zusammengefügte Seite wieder eine gültige JSP-Seite ergeben. Zur dynamischen Zusammensetzung einer Seite zur Laufzeit muss die Aktion `<jsp:include ... />`, die später noch erklärt wird, verwendet werden.

23.2.3   Taglib Direktive

Die Integration von Tag-Bibliotheken (TagLibs) ermöglicht die Erweiterung der JSP-Standard-Tags durch eigene, benutzerspezifische Tags.

Durch Taglib Direktiven können Tag-Bibliotheken in eine JSP-Seite eingebunden werden. Mit Tag-Bibliotheken kann der Programmierer eigene Funktionalität definieren und diese ohne viel Java-Code in eine JSP-Seite einbinden.

Das Einbinden von Tag-Bibliotheken erfolgt über die Direktive `taglib`. Durch die Angabe des Präfixes wird definiert, wie die Tag-Bibliothek in der JSP-Seite angesprochen werden kann. Die `taglib`-Direktive hat dabei folgenden Aufbau:

```
<%@taglib uri="/WEB-INF/TaglibDatei.tld" prefix="myTag" %>
```

Der Zugriff auf das Tag `funktion` dieser Bibliothek wird in der Seite folgendermaßen realisiert:

```
<myTag:funktion attribute="..." />
```

Da dieses Thema recht umfangreich ist, wird im Kapitel 23.5 noch genauer darauf eingegangen.

23.3 Aktionen

Aktionen dienen dazu, JavaServer Pages dynamisch zur Laufzeit zu verändern oder die Kontrolle von einer Seite an eine andere Seite zu übergeben. Zudem wird mit Aktionen die Zusammenarbeit von JSP-Seiten mit JavaBean-Komponenten (siehe Kap. 30 auf der beiliegenden CD) ermöglicht.

> Aktionen werden immer erst zur Laufzeit ausgeführt, Direktiven hingegen bereits zur Kompilierzeit.

Man unterscheidet zwei Arten von Aktionen:

- Standardaktionen,
- benutzerdefinierte Aktionen.

Bei Aktionen wird im Gegensatz zu Direktiven oder Skriptelementen ausschließlich die XML-basierte Schreibweise verwendet. Eine Aktion wird also durch ein einführendes Tag (hier: `<jsp:aktion>`) und ein abschließendes Tag (`</jsp:aktion>`) angegeben:

```
<jsp:aktion attribute="value"> Rumpf </jsp:aktion>
```

Wird kein Rumpf benötigt, kann das Tag auch sofort geschlossen werden, indem er mit `/>` beendet wird, wie folgendes Beispiel zeigt:

```
<jsp:aktion attribute="value" />
```

23.3.1   Standardaktionen

Die folgenden Standardaktionen können in einer JSP-Seite verwendet werden:

- **forward**: Mit dieser Aktion wird eine Anfrage an eine andere Seite weitergeleitet. Dabei wird die aufrufende Seite an dieser Stelle komplett verlassen und bis dahin erzeugte Ausgaben verworfen, soweit der Ausgabepuffer noch nicht geleert wurde. Die Anfrage wird an die neue Seite weitergeleitet und von dieser abgearbeitet. Ein Rücksprung zur aufrufenden Seite wie bei einer `include`-Aktion ist bei der Aktion `forward` nicht möglich. Die Syntax der `forward`-Aktion ist:

  ```
  <jsp:forward page="path/file.jsp" />
  ```

- **include**: Im Gegensatz zur Direktive `include` wird bei der Aktion `include` eine andere JSP-Seite nicht beim Übersetzen in ein Servlet, sondern erst zur Laufzeit an die Stelle des Aufrufes eingefügt. Das Attribut `flush` gibt an, ob der Ausgabepuffer der aufrufenden Seite geleert werden soll, bevor die einzubindende Seite verarbeitet wird. Der Standardwert ist seit JSP 1.2 false.

  ```
  <jsp:include page="path/file.jsp" flush="false" />
  ```

Wird `flush="true"` angegeben, ist die anschließende Benutzung von `forward` nicht mehr möglich und bis dorthin aufge-
tretene Fehlermeldungen werden verworfen.  Vorsicht!

Anstelle eines festen Pfades kann auch ein Ausdruck angegeben werden:

```
<jsp:include page="<%= getPage() %>" flush="true" />
```

In Aktionen können Ausdrücke, wie `<%= getPage() %>`, gene-
rell zur Definition von Werten verwendet werden.

- **param**: Die Aktion `param` ermöglicht es, bei Include- oder Forward-Aktionen
  weitere Parameter an die aufzurufende Datei direkt als Parameteranhang zu übergeben und muss in den Rumpf des Aktions-Tags eingefügt werden, der diese Parameter verwenden soll. Im folgenden Beispiel wird die Aktion `param` verwendet:

```
<jsp:forward page="path/file.jsp" >
    <jsp:param name="param1" value="xyz" />
    <jsp:param name="param2" value="123" />
</jsp:forward>
```

Parameter an eine weitere Seite können alternativ direkt in der URL angegeben
werden, wie im folgenden Beispiel gezeigt wird:

```
<jsp:forward page="path/file.jsp?param1=xyz&param2=123" />
```

Es darf allerdings immer nur eine der beiden Möglichkeiten verwendet werden.

- **plugin**: Durch diese Aktion kann ein Plug-In in eine JSP-Seite eingebunden
  werden. Nach der JSP 2.0 Spezifikation können lediglich Applets (siehe Kap. 20)
  und JavaBeans (siehe Kap. 30 auf der beiliegenden CD) als Plug-In genutzt
  werden. Damit der Client ein Applet Plug-In starten kann, wird der beim Client
  benötigte HTML-Code automatisch von der JSP-Engine generiert. Das folgende
  Beispiel zeigt das Einbinden eines Applets in eine JSP-Seite:

```
<jsp:plugin type="applet" codebase="plugins"
    code="package.AppletClass.class" />
```

Um eine JavaBean einzubinden, muss der Wert des Attributs `type` auf `"bean"`
gesetzt werden. Mit dem Attribut `codebase` wird das Verzeichnis auf dem Web-
Server angegeben, in dem sich das Applet bzw. die JavaBean befindet. Die
eigentliche Klasse wird mit `code` festgelegt. Zur Parameterübergabe kann im
Rumpf des Aktion-Tags `plugin` mit dem Tag `<jsp:params>` eine Liste von
Parametern übergeben werden. Die Parameter sind dabei ebenfalls Aktionen und
vom Typ `param`, wie in folgendem Beispiel dargestellt:

```
<jsp:plugin type="applet" codebase="plugins"
    code="package.AppletClass.class">
    <jsp:params>
        <jsp:param name="parameter1" value="abc" />
    </jsp:params>
</jsp:plugin>
```

- **fallback**: Die Aktion `fallback` wird verwendet, um innerhalb der Aktion `plugin` eine Ausgabe zu ermöglichen, falls ein Fehler auftritt. Ein möglicher Fehler ist, dass der Client keine Applets akzeptiert und das Applet somit nicht gestartet werden kann. Hierzu wird die Aktion `fallback` in den Rumpf der Aktion `plugin` eingefügt. Folgender Codeausschnitt zeigt die Verwendung der Aktion `fallback`:

```
<jsp:plugin type="applet" codebase="plugins"
    code="package.AppletClass.class">
    <jsp:fallback>
        <p>Applet kann nicht gestartet werden!</p>
    </jsp:fallback>
</jsp:plugin>
```

- **useBean**: Um JavaBean-Komponenten in einer JSP-Seite zu verwenden, muss die Bean mit der Aktion `useBean` der Seite bekannt gemacht werden. Dabei wird dieser Bean über das Attribut `id` ein Name zugewiesen, unter dem diese angesprochen werden kann. Das Attribut `class` gibt die Java-Klasse der zu verwendenden Bean an. Über das Attribut `scope` kann der Gültigkeitsbereich[219] der Bean festgelegt werden (siehe Kap. 23.4). Eine Bean wird folgendermaßen in eine JSP-Seite eingebunden:

```
<jsp:useBean
    id="beanName"
    scope="session"
    class="BeanClass"/>
```

Wird im Rumpf der Aktion `useBean` die Aktion `setProperty` verwendet, so wird die Bean beim Erzeugen mit diesen Werten initialisiert:

```
<jsp:useBean id="beanName" scope="session" class="BeanClass">
    <jsp:setProperty name="beanName" property="propertyName"
        value="xyz"/>
</jsp:useBean>
```

- **getProperty**: Die Aktion `getProperty` erlaubt den Zugriff auf die Eigenschaften einer verwendeten Bean. Um eine Bean eindeutig anzusprechen, muss der Name der Bean mit dem Attribut `name` angegeben werden. Der Name der Bean wurde zuvor mit der Aktion `useBean` im Attribut `id` definiert. Die Eigenschaft (Property) der Bean auf die zugegriffen werden soll, wird mit dem Attribut `property` angegeben. Die Verwendung dieser Aktion wird nachfolgend dargestellt:

```
<jsp:getPropery name="beanName" property="propertyName" />
```

Das Ergebnis dieser Aktion ist, dass genau an dieser Stelle in der JSP-Seite der Wert der entsprechenden Eigenschaft der Bean ausgegeben wird. Diese Aktion ist nur in Verbindung mit `useBean` möglich.

- **setProperty**: Um Eigenschaften der verwendeten JavaBean zu setzen, wird die Aktion `setProperty` verwendet. Genau wie bei `getProperty` muss der Name der Bean und die Eigenschaft mit den Attributen `name` und `property` angegeben

---

[219] Der Gültigkeitsbereich einer Bean gibt an, in welchen Objekten des Containers die Bean gesucht bzw. abgelegt wird.

werden. Der neue Wert wird mit dem Attribut `value` übergeben. Diese Aktion hat folgende Syntax:

```
<jsp:setProperty
    name="beanName"
    property="propertyName"
    value="123" />
```

Diese Aktion ist ebenfalls nur in Zusammenhang mit `useBean` möglich.

23.3.2   Benutzerdefinierte Aktionen

Benutzerdefinierte Aktionen stellen eine flexible Erweiterung zu den JSP-Standard-Aktionen dar und werden mit Hilfe von Tag-Bibliotheken realisiert. Tag-Bibliotheken werden später im Kapitel 23.5 ausführlich beschrieben.

23.4 Verwendung von JavaBeans

Mit JavaBeans (siehe Kap. 30 auf der beiliegenden CD), im Folgenden nur noch Bean genannt, wird in JSP-Seiten der Einsatz von **wieder verwendbaren Komponenten** ermöglicht. Bei den von JSPs verwendeten Beans handelt es sich um so genannte nicht visuelle Beans, die Daten und Funktionalität kapseln können.

Durch die Verwendung von Beans kann mehrfach genutzter Code oder umfangreiche Programmlogik aus der JSP-Seite in eine Bean ausgelagert werden. Die Logik wird somit in einer Komponente gekapselt, die mehrfach eingesetzt werden kann. Eine Bean kann leicht in einer JSP-Seite eingebunden werden und macht die bereitgestellte Funktionalität durch JSP-Anweisungen einfach zugänglich. Mit diesem Verfahren kann HTML von der Programmlogik getrennt werden: Die JSP-Seite bleibt übersichtlich und kann auch von Web-Designern mit geringen Java-Programmierkenntnissen bearbeitet werden.

Zur Laufzeit werden Beans als Objekte im Servlet-Container gehalten und können von Servlets verwendet werden. Dabei lässt sich der Gültigkeitsbereich der Bean unterschiedlich festlegen. Eine Bean kann auf Anwendungsebene deklariert werden, sodass sie gemeinsam von allen Servlets verwendet werden kann und persistent im Speicher gehalten wird, auch wenn die Servlets entfernt werden. Durch die Definition eines anderen Gültigkeitsbereiches kann eine Bean aber auch nur für einen einzigen, an ein Servlet gerichteten Aufruf verfügbar sein. Der Gültigkeitsbereich wird, wie bereits im Kapitel Aktionen erwähnt, über das Attribut `scope` der Aktion `useBean` festgelegt. Der Gültigkeitsbereich beeinflusst auch die Lebensdauer einer Bean:

scope	Gültigkeitsbereich	Lebensdauer
page	Nur in der aktuellen Seite.	Bis die Seite verarbeitet ist.
request	In der aktuellen Seite und allen daraus aufgerufenen Seiten.	Bis die Anfrage komplett abgearbeitet ist.
session	Aus allen Seiten einer Sitzung.	Bis die Sitzung beendet wird.
application	Alle Anfragen an die Web-Anwendung.	Solange die Anwendung ausgeführt wird.

Tabelle 23-2 Gültigkeitsbereich und Lebensdauer einer Bean

Daraus ergeben sich unterschiedliche Anwendungsmöglichkeiten:

- `page`   Die Bean ist ausschließlich für die aufrufende Seite verfügbar.
- `request`   Die Bean ist für eine Anfrage des Clients verfügbar.
- `session`   Die Bean ist über die gesamte Benutzersitzung verfügbar.
- `application`   Alle Servlets und JSP-Seiten können auf die Bean zugreifen. Sie
                   bleibt auch nach den bearbeiteten Anfragen im Container aktiv.

Wenn man den Gültigkeitsbereich etwas genauer betrachtet, gibt er an, in welchen Objekten des Containers die Bean-Objekte gesucht bzw. abgelegt werden. Dabei werden die Bean-Objekte in Abhängigkeit des `scope` Attributs folgenden Container-Objekten zugeordnet:

scope	Variable in JSP	Objekt im Container
page	pageContext	existiert nicht
request	request	request (in `doGet()` bzw. `doPost()`-Methoden)
session	session	HttpSession s = request.getSession()
application	application	SevletContext c = getServletContext()

Tabelle 23-3 Zuordnung der Gültigkeitsbereiche zu Container-Objekten

Der Zugriff auf die Bean erfolgt über die Aktionen `setProperty` und `getProperty`. Da nach der Spezifikation für JavaBeans eine Bean immer über `get()`- und `set()`-Methoden für ihre Eigenschaften verfügen muss, kann hier unter der Angabe des Namens der Eigenschaft (Property) direkt auf die Inhalte zugegriffen werden.

Die Anweisung, um auf die Eigenschaft `"Name"` der Bean zuzugreifen, gestaltet sich dabei folgendermaßen:

```
<jsp:getProperty name="myBean" property="Name" />
```

An der Stelle an der diese Aktion steht, wird später der Inhalt der Eigenschaft `"Name"` der verwendeten Bean erscheinen.

Über die Aktion `setProperty` kann dagegen eine Eigenschaft (Property) der Bean gesetzt werden. Hierzu wird neben dem Namen der zu setzenden Eigenschaft auch der Wert (`value`) benötigt. Die Aktion wird dann wie folgt angegeben:

```
<jsp:setPropery name="myBean" property="Name" value="Maier" />
```

Um `setProperty` oder `getProperty` verwenden zu können, muss die JavaBean zuvor mit der Aktion `useBean` der JSP-Seite bekannt gemacht werden.

Sichern von Formulardaten mit Beans

Für Web-Anwendungen, bei denen der Benutzer benötigte Daten über mehrere Formularseiten hinweg eingeben kann, bietet sich eine Bean als Datenspeicher (Data Container) an. Die Benutzerdaten, die in der Session gehalten werden sollen, können in einer auf die Sitzung begrenzten Bean – einer Bean, die mit dem `scope` `session` deklariert wurde – abgelegt werden. Die JSP-Spezifikation stellt für die Übergabe von Formulardaten an eine Bean einen komfortablen Mechanismus bereit. Werte, die in einer Anfrage (Request) an eine JSP-Seite gesendet werden, können direkt einer Bean zugewiesen werden, indem der Name des entsprechenden Parameters mit dem Attribut `param` der `set()`-Methode bekannt gegeben wird. Nachfolgendes Beispiel zeigt den Aufbau der Aktion mit dem Attribut `param`:

```
<jsp:setPropery name="mybean" property="Name" param="name" />
```

Der Name des Parameters entspricht dem Namen des Eingabefeldes im HTML-Formular, von dem die Anfrage an die JSP-Seite gestellt wurde. Über das Attribut `param` kann somit direkt auf Werte von übermittelten Eingabefeldern aus HTML-Formularen zugegriffen werden. Der Bean wird damit direkt der Übergabeparameter zugewiesen, der in der Anfrage an die Seite mitgeliefert wurde. Auf diese Weise entfällt zusätzlicher Code, um die übermittelten Parameter auszulesen - somit wird die Verarbeitung von Parametern stark vereinfacht. Der oben dargestellte Aufruf entspricht in der Funktion genau dem nachfolgenden Aufruf:

```
<jsp:setProperty name="bean" property="Name"
     value="<%= httprequest.getParameter ("name") %>" />
```

Falls der in der Anfrage enthaltene Parameter genau denselben Namen hat, wie die Eigenschaft der Bean, so kann das Attribut `param` sogar gänzlich weggelassen werden. Der Container sucht dann ohnehin nach einem passenden Wert mit demselben Namen und weist diesen der entsprechenden Bean-Eigenschaft zu. Dazu reicht folgende Codezeile aus:

```
<jsp:setPropery name="myBean" property="Name" / >
```

Eine weitere, sehr leistungsstarke Möglichkeit zum Transferieren kompletter Formulardaten in eine Bean, stellt die folgende Anweisung dar:

```
<jsp:setPropery name="myBean" property="*" />
```

Wenn mehrere Eigenschaften der Bean dieselben Namen tragen wie die Parameter der an die JSP-Seite gerichteten Anfrage, dann können diese Bean-Properties automatisch mit den Übergabewerten gefüllt werden. Hierzu wird dem Attribut `property` die Wildcard `*` zugewiesen. Mit dieser Anweisung werden alle Eigenschaften der Bean gleichzeitig mit Werten aus der Anfrage gefüllt. Sollte für eine Eigenschaft der Bean kein gleichnamiger Anfrageparameter existieren, so wird die `setProperty`-Anweisung einfach ignoriert.

Damit eine in eine JSP-Seite eingebundene Bean auch wirklich vom Container geladen werden kann, muss die zugehörige Klasse im Klassenpfad der Web-Anwendung liegen. Üblicherweise wird hierzu das Verzeichnis `WEB-INF/classes` verwendet. Wird die Bean als Bestandteil eines Paketes verwendet, so ist unterhalb des Verzeichnisses `classes` eine entsprechende Verzeichnisstruktur zu verwenden. Im nachfolgenden Beispiel wird die Bean `test.FormBean` im selbst angelegten Paket `beans` erstellt und in der JSP-Seite `showname.jsp` verwendet. In der Bean soll ein String gespeichert werden, der zuvor in einem HTML-Formular eingegeben wurde:

```
// Datei: FormBean.java
package beans;

public class FormBean
{
```

```
    private String vorname;

    // Methode zum setzen der Eigenschaft vorname
    public void setVorname (String name)
    {
        vorname = name;
    }
    // Methode zum Auslesen der Eigenschaft vorname
    public String getVorname()
    {
        return vorname;
    }
}
```

Die JSP-Seite `showname.jsp` sichert die erhaltenen Parameter in der Bean und gibt danach den Wert der Eigenschaft "`vorname`" aus:

```
<%-- Datei: showname.jsp --%>
<jsp:useBean class="beans.FormBean" id="form" scope="session"/>
<jsp:setProperty name="form" property="*"/>
<html>
    <body>
        <%-- Ausgabe der Eigenschaft direkt nach dem Text --%>
        Hallo <jsp:getProperty name="form" property="vorname"/>
    </body>
</html>
```

Die HTML-Seite `form.html` enthält ein Formular zur Eingabe des Vornamens, der als Parameter an die JSP-Seite `showname.jsp` gesendet wird:

```
<!-- Datei: form.html -->
<html>
    <body>
        <form action="showname.jsp">
                <input type="text" name="vorname">
                <input type="submit">
        </form>
    </body>
</html>
```

Um das hier gezeigte Beispiel nachzustellen, muss die nachfolgend gezeigte Verzeichnis-Struktur in einem Web-Archiv (siehe Kap.22.3.3) – beispielsweise mit dem Namen `jsp-form.war` – hinterlegt werden:

```
Verzeichnis WEB-INF
   Verzeichnis classes
       Verzeichnis beans
       Datei FormBean.class
Datei showname.jsp
Datei form.html
```

Wird dieses Web-Archiv im Web-Server deployed, – dafür muss es lediglich in das Verzeichnis `<TOMCAT_HOME>\webapps` hineinkopiert werden – erstellt der Deployment-Manager ebenfalls in diesem Verzeichnis folgende Verzeichnisstruktur:

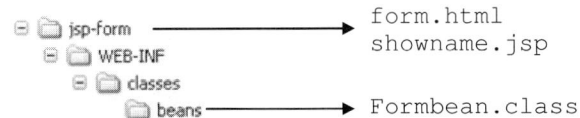

Bild 23-4 Verzeichnisstruktur der Web-Anwendung zur Formularauswertung

Wie bereits aus Bild 23-4 ersichtlich, muss die Bean bereits in kompilierter Form im Verzeichnis `WEB-INF/classes/beans` vorliegen – ein automatisches Kompilieren durch die JSP-Engine, wie es bei der JSP-Seite `showname.jsp` der Fall ist, geschieht nicht. Das Schreiben eines Deployment Deskriptors ist nicht erforderlich. Nach dem Starten von Tomcat und dem damit verbundenen automatischen Deployment wird die HTML-Startseite im Browser folgendermaßen angezeigt:

Bild 23-5 HTML-Startseite mit Eingabeformular

Die Ausgabe der JSP-Seite:

Bild 23-6 Ausgabe der JSP-Seite

23.5 Tag-Bibliotheken

Durch die Verwendung von Beans in JSP-Seiten kann Programmlogik in einer eigenständigen wieder verwertbaren Komponente gekapselt und sinnvoll vom Programmcode für die Präsentation getrennt werden. Sollen aber dynamische Darstellungs-
elemente generiert werden, ist das Konzept der eigenständigen Bean-Komponenten
ungünstig. Eine Bean sollte keinen HTML-Code erzeugen, da sie als Komponente
unabhängig von der Web-Anwendung sein soll.

Wenn beispielsweise ein Navigationsbaum und der entsprechende HTML-Code
dynamisch erzeugt werden sollen, muss der Java-Code als Skriptlet direkt in die
JSP-Seite eingefügt werden. Das erschwert die Wartbarkeit der Web-Anwendung
und führt dazu, dass JSP-Seiten schnell unübersichtlich werden. Außerdem ist eine
vernünftige Wiederverwendung des Codes praktisch unmöglich. Das widerspricht
dem eigentlichen Ziel von JSP, nämlich die Darstellung von der Implementierung zu
trennen. Aus diesem Grund wurde mit der JSP Spezifikation 1.1 die Möglichkeit
geschaffen, **eigene Tags**, oder so genannte **Custom Tags**, zu entwickeln und sie in
einfacher Weise in die JSP-Seite einzubinden.

> Tag-Bibliotheken garantieren die konsequente Trennung von
> Darstellung/Präsentation und implementierter Logik. Damit er-
> leichtern sie die Wiederverwendung des erstellten Codes.

Eigene Tags werden als benutzerdefinierte Aktionen realisiert, weshalb die Begriffe
oft synonym verwendet werden. Diese eigenen Tags werden in **Tag-Bibliotheken**
(tag libraries oder kurz **taglibs**) zusammengefasst und bereitgestellt. Das Einbinden
eines eigenen Tags in eine JSP-Seite erfolgt – genau wie bei einer gewöhnlichen
Aktion – in XML-konformer Syntax. Die zu dem eigenen Tag gehörige Funktionalität
wird in einer Java-Klasse ausprogrammiert.

> Eigene Tags rufen Methoden von selbst geschriebenen Klassen
> auf. Diese selbst geschriebenen Klassen werden Tag-Handler
> genannt.

Damit die JSP-Engine Custom Tags versteht, muss noch eine entsprechende Be-
schreibungsdatei, der so genannte Tag Library Descriptor (TLD), angegeben werden.

> Eine eigene Tag-Bibliothek besteht aus mindestens einem Tag-
> Handler und dem dazugehörigen Tag Library Descriptor.

Tag-Bibliotheken können als `jar`-Datei gepackt und somit problemlos weitergegeben
oder in Web-Anwendungen installiert werden. Die von der Tag-Bibliothek verwendeten Klassen können ebenfalls in die `jar`-Datei eingebunden werden.

Wie in Kapitel 23.2 erwähnt, werden die eigenen Tags über die Direktive `taglib` in einer JSP-Seite bekannt gemacht. Der Zugriff auf einen eigenes Tag erfolgt durch den in der Direktive zugewiesenen Namensraum und dem Namen des zu verwendenden eigenen Tags. Nachfolgender Codeausschnitt zeigt die Bekanntgabe einer Tag-Bibliothek und die Verwendung eines darin enthaltenen eigenen Tags:

```
<%@taglib uri="/WEB-INF/TaglibDatei.tld" prefix="myTag" %>
<myTag:tagName />
```

Tag-Bibliotheksbeschreibung

Die Informationen zu den eigenen Tags werden in einem so genannten TLD (Tag Library Descriptor) angegeben. Bei dieser Tag-Bibliotheksbeschreibung handelt es sich um ein XML-Dokument.

> Der TLD liegt üblicherweise im `WEB-INF`-Verzeichnis der Web-Anwendung.

Das Wurzelelement ist dabei `<taglib>`, das neben den Angaben zu den einzelnen eigenen Tags auch allgemeine Informationen beinhaltet. Nachfolgend ist ein Beispiel für einen TLD aufgelistet, wobei die nichtoptionalen Elemente fett dargestellt sind:

```
<?xml version="1.0" encoding="ISO-8859-1" ?>
<!DOCTYPE taglib PUBLIC "-//Sun Microsystems, Inc.//DTD JSP Tag Lib
rary 1.2//EN" "http://java.sun.com/dtd/web-jsptaglibrary_1_2.dtd">

    <tlibversion>1.0</tlibversion>
    <jspversion>1.1</jspversion>
    <shortname>jspTest</shortname>
    <uri>http://myserver.com/mytlds/myTaglib.tld</uri>
    <tag>
        <name>ausgabetest</name>
        <tagclass>shp.tags.TestTag</tagclass>
        <teiclass>shp.tags.TestTEI</teiclass>
        <bodycontent>JSP</bodycontent>
        <attribute>
            <name>fontColor</name>
            <required>false</required>
            <rtexprvalue>true</rtexprvalue>
        </attribute>
    </tag>
    <tag>
        ...
    </tag>
</taglib>
```

Mit dem Element `<tlibversion>` wird eine selbst definierte Versionsnummer für die eigene Tag-Bibliothek angegeben. Damit kann zwischen verschiedenen Versionen einer weiterentwickelten Tag-Bibliothek unterschieden werden. Dieses Element muss zwingend angegeben werden. Das optionale Element `<jspversion>` gibt die Version der JSP-Spezifikation an, mit der die Tag-Bibliothek kompatibel ist.

Nicht optional hingegen ist das Element `<shortname>`, mit dem ein Kürzel angegeben wird, um die Tag-Bibliothek eindeutig zu identifizieren. JSP-Entwicklungswerk-
zeuge können beispielsweise dieses Kürzel zur Namensgebung der enthaltenen
eigenen Tags verwenden. Das optionale Element `<uri>` enthält einen URI[220], mit
der diese Tag-Bibliothek eindeutig identifiziert werden kann. Vorzugsweise wird
jedoch die komplette URL[221] angegeben, unter der die aktuelle Version dieser Tag-
Bibliothek geladen werden kann.

Die eigentlichen eigenen Tags werden danach in `<tag>`-Elementen beschrieben, die
mehrere Unterelemente enthalten. Die beiden erforderlichen Unterelemente sind
`<name>` und `<tagclass>`, die den Namen des eigenen Tags und die dafür erstellte
Tag-Handler Klasse enthalten. Über den hier angegebenen Namen wird das eigene
Tag dann später in der JSP-Seite angesprochen. Die vier weiteren Unterelemente
sind hingegen optional. Hierbei handelt es sich um die Elemente `<teiclass>`,
`<bodycontent>`, `<info>` und `<attribute>`. Mit `<teiclass>` wird eine
gegebenenfalls existierende Helferklasse angegeben. Eine Helferklasse wird
benötigt, sobald das eigene Tag eigene Skriptvariablen einführt oder eine erweiterte
Prüfung der Tag-Anweisungen erfolgen soll.

Mit `<bodycontent>` wird angegeben, wie der Tag-Handler den Rumpf des eigenen
Tags in der JSP-Seite verarbeitet. Dabei können folgende Werte angegeben werden:

- `empty`   Der Rumpf des eigenen Tags muss leer sein.
- `JSP`   Im Rumpf des eigenen Tags werden weitere JSP-Elemente
                        angegeben.
- `tagdependent` Die Angaben im Rumpf werden vom eigenen Tag selbst
                        interpretiert.

Im Unterelement `<info>` kann eine kurze Beschreibung des eigenen Tags eingefügt
werden.

Sollen dem eigenen Tag von der JSP-Seite aus Werte übergeben werden, so
müssen hierzu `<attribute>`-Elemente deklariert werden. Das Element `<tag>`
kann mehrere Elemente vom Typ `<attribute>` aufnehmen, die als Unterelemente
`<name>`, `<required>` und `<rtexpvalue>` enthalten können. Mit `<name>` wird
dabei der Name des Attributes bestimmt. Dieses Element ist das einzige, das angegeben werden muss, die beiden anderen sind optional. Das Element `<required>`
legt fest, ob dieses Attribut zwingend notwendig ist, oder auch weggelassen werden
kann und mit `<rtexpvalue>` kann eingestellt werden, ob diesem Attribut nur
statische Werte zugewiesen werden können oder auch dynamische. Wird dem
Element `<rtexpvalue>` der Wert `false` zugewiesen, so können nur statische
Werte dem Attribut übergeben werden. Die Zuweisung eines Wertes zu einem
Attribut erfolgt dabei durch folgende Anweisung:

```
<myLib:ausgabetest wert="blau" />
```

---

[220] URI = Uniform Ressource Identifier: Zeichenfolge zur Identifizierung einer abstrakten oder physikalischen Ressource, z.B. www.it-designers.de/topitd/top.htm
[221] URL = Uniform Ressource Locator. Enthält neben der URI die Information, wie auf die URI
zugegriffen werden kann, also z.B. über HTTP: http://www.it-designers.de/topitd/top.htm.

Wird dagegen das Element `<rtexpvalue>` auf `true` gesetzt, so ist auch die Zuweisung von dynamischen Werten möglich, wie nachfolgend dargestellt:

```
<myLib:ausgabetest wert="<%= value %>" />
```

Durch die Verwendung von Attributen kann die Funktionsweise des eigenen Tags dynamisch angepasst werden, was für die Wiederverwendbarkeit von Tag-Bibliotheken sehr hilfreich sein kann. Um die Darstellung des im eigenen Tag erzeugten HTML-Codes zudem möglichst flexibel zu halten, bietet es sich an, Parameter der verwendeten HTML-Elemente oder Stylesheet-Angaben[222] als Attribute zu übergeben. Damit lassen sich später Änderungen an der Darstellung leichter umsetzen, ohne die Tag-Bibliothek verändern zu müssen. In folgender Codezeile wird einem eigenen Tag die HTML-Formatierung für die Ausgabe als Attribut übergeben:

```
<myTag:funktion style="font-size:10pt; color:black;" />
```

Implementieren des Tag-Handlers

Die Java-Klasse, die als Tag-Handler eingesetzt werden soll, muss eine der Schnittstellen `Tag`, `IterationTag`[223] oder `BodyTag` aus dem Paket `javax.serv-let.jsp.tagext` implementieren. Ein Tag-Handler kann wie jede andere Java-Klasse auf beliebige Java-Klassen zugreifen – somit lassen sich komplexe Klassenbibliotheken oder bestehende Java-Anwendungen einfach als eigenes Tag in eine JSP-Seite einbinden.

Die Tag-Schnittstellen bauen aufeinander auf. So ist von der Schnittstelle `Tag` die Schnittstelle `IterationTag` und hiervon wiederum `BodyTag` abgeleitet. Im Gegensatz zur Schnittstelle `Tag` stellen die Schnittstellen `IterationTag` und `BodyTag` zusätzliche Methoden zur Verarbeitung des Rumpfes (Body) eines eigenen Tags zur Verfügung. Der Rumpf ist dabei der Bereich zwischen dem einleitenden und dem abschließenden Element des eigenen Tags. Hier können auch Angaben stehen, die bei der Ausführung eines eigenen Tags verarbeitet werden können. Im Rumpf eines eigenen Tags können natürlich auch wiederum (eigene) Tags vorhanden sein. Die Schnittstelle `IterationTag` wurde eingeführt, um den Rumpf mehrfach zu verarbeiten. `BodyTag` stellt darüber hinaus Methoden zur Verfügung, mit denen es möglich wird, den Inhalt des Rumpfes zu verändern.

Die Schnittstellen unterscheiden sich dabei in der Verarbeitung durch die JSP-Engine. Durch die Verwendung der Schnittstelle `Tag` lassen sich einfache eigene Tags erzeugen. Die Schnittstellen `IterationTag` und `BodyTag` bieten darüber hinaus die Möglichkeit, komplexere Tags zu entwickeln.

Zur bequemeren Verwendung der Schnittstellen werden alternativ auch Support-Klassen angeboten, die bereits eine bestimmte Tag-Schnittstelle implementieren. Diese Support-Klassen enthalten fertige Muster-Implementierungen für alle in der Schnittstelle deklarierten Methoden. Es muss nur noch die Methode überschrieben

---

[222] Mit Stylesheets können Formateigenschaften von HTML-Elementen festgelegt werden, z.B. Größe, Farbe etc.

[223] Seit der JSP-Spezifikation 1.1 stehen die Schnittstellen `Tag` und `BodyTag` zur Implementierung eigener Tags zur Verfügung. Die Schnittstelle `IterationTag` wurde erst mit der JSP-Spezifikation 1.2 eingeführt.

werden, die für die gewünschte Funktion genutzt werden soll. Hierzu kann ein neuer Tag-Handler von einer der Support-Klassen `TagSupport` oder `BodyTagSupport` im Paket `javax.servlet.jsp.tagext` abgeleitet werden. Diese Support-Klassen sind ähnlich wie die Adapterklassen, die bereits von den Event-Handlern bei Swing bekannt sind (siehe Kap. 21.3.3). Im Gegensatz zu den Adapterklassen der Event-Handler sind bei den Support-Klassen die Methodenrümpfe der implementierten Schnittstellenmethoden nicht leer, sondern erfüllen die Grundfunktionen, die für die Verwendung des Tag-Handlers in der JSP-Engine notwendig sind.

> Ein Tag-Handler muss eines der Interfaces `Tag`, `BodyTag` oder `IterationTag` implementieren bzw. von einer der Basisklassen `TagSupport` oder `BodyTagSupport` ableiten.

Bild 23-7 zeigt die Zusammenhänge beim Einsatz einer Tag-Bibliothek. Die Bibliothek wird über die entsprechende Direktive in eine JSP-Seite eingebunden. Der Tag-Hander `myTagA` der Tag-Bibliothek ist von der Klasse `BodyTagSupport` abgeleitet, `myTagB` implementiert dagegen die Schnittstelle `InterationTag`. Zusätzlich besitzt `myTagB` Referenzen auf die Klassen `ClassX` und `ClassY`.

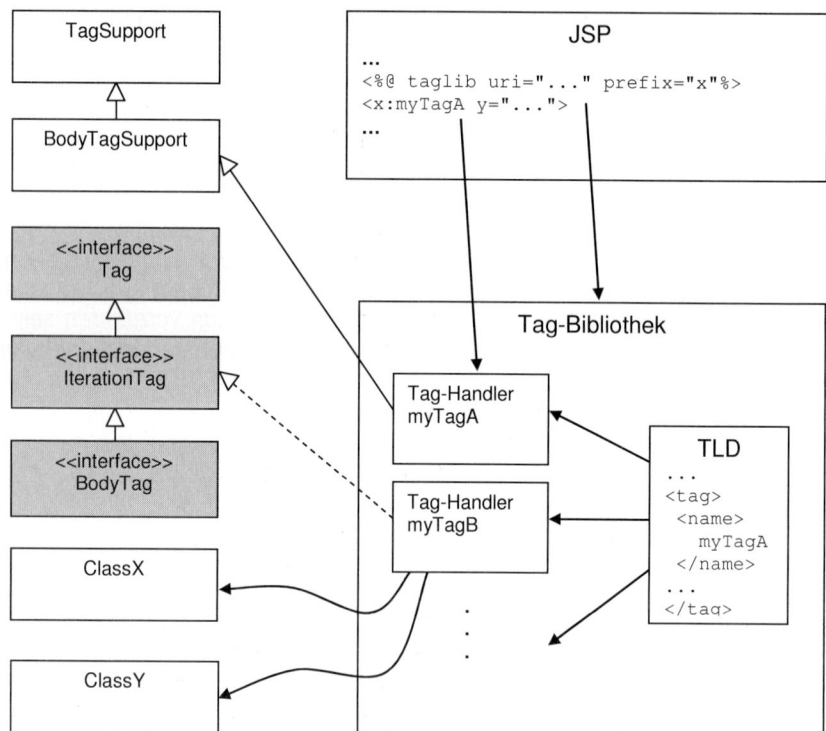

Bild 23-7 Beteiligte Klassen einer Tag-Bibliothek und entsprechende JSP-Seite

Zunächst wird die Implementierung eines einfachen eigenen Tags betrachtet. Hierzu wird die Schnittstelle `Tag` implementiert und die darin definierten Methoden aus-programmiert. Soll das eigene Tag später über Attribute verfügen, so sind im Tag-

Handler hierfür entsprechende `set()`-Methoden einzuführen. Nachfolgend ist der Code für einen Tag-Handler dargestellt, der die Schnittstelle `Tag` implementiert:

```java
// Datei: TestTag.java

package shp.tags;

import java.io.*;
import javax.servlet.jsp.*;
import javax.servlet.jsp.tagext.Tag;

public class TestTag implements Tag
{
   private PageContext pageContext;
   private Tag parent;
   private String fontColor = "red";

   public void setFontColor (String color)
   {
      this.fontColor = color;
   }

   public int doStartTag() throws JspException
   {
      try
      {
         JspWriter out = pageContext.getOut();
         out.print ("<font color="+ fontColor +">");
         out.print ("Dies ist ein benutzerdefinierter Tag</font>");
      }
      catch (IOException e)
      {
         throw new JspException (e.getMessage());
      }
      return EVAL_BODY_INCLUDE;
   }

   public int doEndTag() throws JspException
   {
      return EVAL_PAGE;
   }

   public void release()
   {
      this.fontColor = "red";
   }

   public void setPageContext (PageContext pageContext)
   {
      this.pageContext = pageContext;
   }

   public void setParent (Tag parent)
   {
      this.parent = parent;
   }
```

```
    public Tag getParent()
    {
        return this.parent;
    }
}
```

Zur Laufzeit wird in der JSP-Seite ein Objekt des Tag-Handlers erzeugt. Die Methoden des Tag-Handlers werden dann nach einer bestimmten Verarbeitungs-reihenfolge aufgerufen und abgearbeitet.

Die Methode `doStartTag()` beinhaltet die eigentliche Funktionalität. Sie wird bei der Verarbeitung des öffnenden Tags aufgerufen. Der Rückgabewert dieser Methode ist ein Integer-Wert, der durch die Klassenvariablen `EVAL_BODY_INCLUDE` und `SKIP_BODY` definiert wird. Mit `SKIP_BODY` wird dem Container angegeben, dass der Inhalt des Rumpfes ignoriert werden soll. Dagegen führt der Rückgabewert `EVAL_BODY_INCLUDE` dazu, dass der Inhalt des Rumpfes verarbeitet wird.

Neben der Methode `doStartTag()` kann auch innerhalb der Methode `doEnd-Tag()` Funktionalität des eigenen Tags implementiert werden. Sie wird bei der Verarbeitung des schließenden Tags aufgerufen. Enthält das Tag keinen Rumpf und somit auch kein schließendes Tag, wird `doEndTag()` unmittelbar nach der Methode `doStartTag()` aufgerufen. Die Methode `doEndTag()` muss ebenfalls einen Inte-ger-Wert zurückliefern, der den Werten der Klassenvariablen `SKIP_PAGE` oder `EVAL_PAGE` entsprechen muss. In Abhängigkeit von diesem Rückgabewert wird die weitere Verarbeitung der Seite abgebrochen oder normal fortgeführt.

Die Methode `setPageContext()` wird benötigt, um dem eigenen Tag Zugriff auf das `pageContext`-Objekt und damit auf weitere implizite Objekte oder auch Methoden, Variablen und Beans der JSP-Seite zu ermöglichen. Auch diese Methode wird bei der Ausführung des Tag-Handlers automatisch aufgerufen.

Die Methoden `setParent()` und `getParent()` werden nur benötigt, falls das eigene Tag innerhalb des Rumpfes eines anderen Tags verwendet wird, also Tags verschachtelt werden. Mit Hilfe dieser Methoden kann auf das übergeordnete Element des eigenen Tags zugegriffen werden.

Die Methode `release()` wird nach Abarbeitung der Methode `doEndTag()` aufge-rufen. Sie ist notwendig, um gegebenenfalls den Zustand des eigenen Tags zurück-zusetzen oder auch um verwendete Ressourcen wieder freizugeben. Da die Instanz des Tag-Handlers eventuell mehrfach verwendet wird, bleibt unter Umständen der Inhalt von gesetzten Attributen vorhanden. Daher sollte in der `release()`-Methode darauf geachtet werden, dass optionale Attribute auf einen sinnvollen Anfangswert zurückgesetzt werden.

Durch die Implementierung der oben genannten Methoden ergibt sich ein Tag-Handler für eine bestimmte Aktion. Zusammen mit dem zuvor beschriebenen TLD kann dieses eigene Tag dann in einer JSP-Seite eingesetzt werden:

```
<%@taglib uri="/WEB-INF/TaglibDatei.tld" prefix="myTag" %>
<myTag:tagTest fontColor="blue" />
```

Ebenso kann das eigene Tag mit Rumpf angegeben werden:

```
<myTag:tagTest fontColor="blue">
   <h1>Tag Beispiel</h1>
</myTag:tagTest>
```

Da für dieses eigene Tag im Element `<bodycontent>` der Wert JSP angegeben wurde, wird nach der Ausgabe des in der Methode doStartTag() erzeugten HTML-Codes der Text "Tag Beispiel" dargestellt.

Verarbeiten des Rumpfes

Im Unterschied zur einfachen Schnittstelle Tag bietet die Schnittstelle IterationTag und die darauf aufbauende Schnittstelle BodyTag zusätzliche Methoden zur Verarbeitung des Rumpf-Inhalts.

Die Schnittstelle IterationTag wurde erst mit der Version 1.2 der JSP-Spezifikation eingeführt. Zuvor war die Schnittstelle BodyTag direkt von Tag abgeleitet. IterationTag führt die zusätzliche Methode doAfterBody() ein. Diese Methode wird nach Verarbeitung des Rumpfes aufgerufen und gibt ebenfalls einen ganzzahligen Wert zurück. Hier kann entweder mit SKIP_BODY zur Methode doEndTag() weiter gegangen werden oder mit EVAL_BODY_AGAIN der Rumpf ein weiteres Mal verarbeitet werden. Mit diesem iterativen Verhalten kann der Rumpf so oft verarbeitet und gegebenenfalls ausgegeben werden, bis schließlich mit dem Rückgabewert SKIP_BODY die Verarbeitung abgebrochen wird. Auf diese Weise lassen sich von einem Tag zum Beispiel dynamisch Tabellen von unterschiedlichem Umfang erzeugen.

Nachfolgender Codeausschnitt zeigt die Methode doAfterBody(), die so oft aufgerufen wird, bis die Variable number den Wert 0 erreicht:

```
public class InterationTest implements IterationTag
{
   // . . . . .
   public int doAfterBody() throws JspException
   {
      if (number > 0)
      {
         out.print ("<br>");
         number--;
         return EVAL_BODY_AGAIN;
      }
      return SKIP_BODY;
   }
   // . . . . .
}
```

Die von IterationBody abgeleitete Schnittstelle BodyTag enthält die zusätzlichen Methoden doInitBody() und setBodyContent(), mit welchen der Rumpf des Tags analysiert und entsprechend dem Ergebnis mehrfach verarbeitet werden kann. Folgende Abbildung zeigt die Methodenaufrufe bei Abarbeitung eines Tags, dessen Tag-Handler vom Typ IterationBody ist:

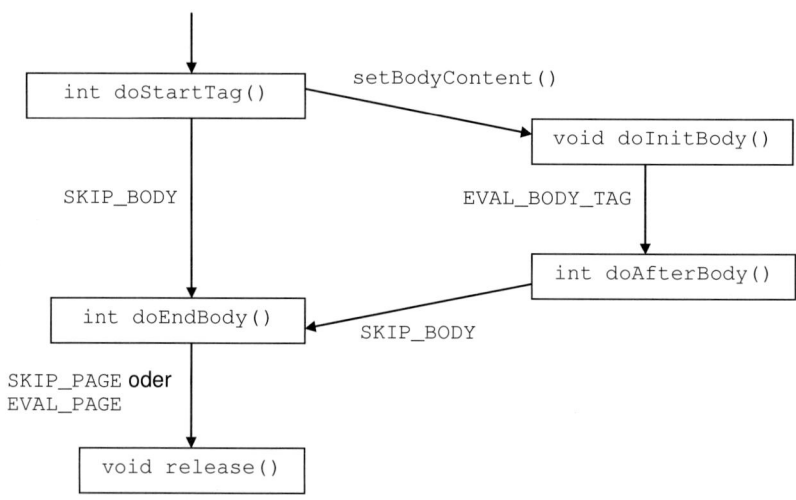

Bild 23-8 Abarbeitung eines Tags mit Körper

Kapitel 24

Netzwerkprogrammierung mit Sockets

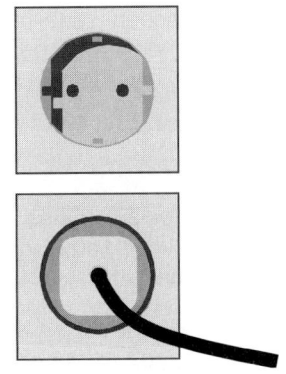

24.1 Verteilte Systeme
24.2 Rechnername, URL und IP-Adresse
24.3 Sockets
24.4 Protokolle

24 Netzwerkprogrammierung mit Sockets

Um Ressourcen wie Drucker oder Datenspeicher mehreren Benutzern zugänglich zu machen, ist es notwendig, die einzelnen Computersysteme durch ein Netz zu verbinden. Das weltweit größte und wohl auch wichtigste Netz ist das Internet. Es ermöglicht beispielsweise seinen Benutzern, weltweit Daten abzurufen oder Informationen mittels Elektronischer Nachrichten (E-Mails) auszutauschen.

Man spricht von verteilten Systemen, wenn eine Anwendung auf zwei oder mehrere Rechner verteilt wird. Natürlich müssen dabei die verschiedenen Programme einer Anwendung miteinander kommunizieren. Diese Kommunikation kann auf verschiedene Arten realisiert werden. Eine Möglichkeit ist die Verwendung von **Sockets**[224], deren Programmierung im Folgenden näher erläutert wird. Sockets können nicht nur in Java, sondern beispielsweise auch in der Programmiersprache C realisiert werden. Für die Kommunikation zwischen verteilten Programmen stellt Java mit **RMI (Remote Method Invocation)** einen Java-spezifischen Kommunikationsmechanismus zur Verfügung, der in Kapitel 25 vorgestellt wird.

24.1 Verteilte Systeme

Oftmals werden Programme aus einem "Guss" geschrieben. Das heißt, die Module[225] einer Anwendung sind eng miteinander verzahnt. Ein solches Programm wird auch als "monolithisch"[226] bezeichnet.

Eine Anwendung besteht meist aus drei wesentlichen Schichten. Die erste Schicht wird durch die **Benutzer-Schnittstelle** gebildet, die dem Benutzer die Interaktion mit der Anwendung ermöglicht wie z.B. über eine grafische Oberfläche. Die zweite Schicht ist die **Verarbeitungslogik**, welche die eigentlichen Funktionen der Anwendung enthält. Hier werden Berechnungen durchgeführt und Daten zur Präsentation aufbereitet. Die dritte Schicht sorgt für die **Bereitstellung der erforderlichen Daten für die Anwendung**, die zum Beispiel in einer Datei oder in einer Datenbank gespeichert sein können. Um bei Bedarf einzelne Systemteile austauschen zu können, wobei die anderen Systemteile weiter verwendet werden können sollen, sind feste Schnittstellen zwischen den Systemteilen – den so genannten Modulen – unabdingbar. Ist dies der Fall, so kann beispielsweise das DBMS[227] oder die grafische Oberfläche ausgetauscht werden, ohne die anderen Systemteile in ihrer Funktion zu beeinträchtigen.

In Bild 24-1 wird die Entwicklung der modularen Systeme vorgestellt, an deren Anfang die monolithischen Systeme stehen – in Bild 24-1 links dargestellt. Diese Systeme vereinen alle drei Schichten in einem alles umfassenden Programm. Dabei sind zwischen den einzelnen Schichten keine Schnittstellen definiert – der Programmcode der einzelnen Schichten ist also fest ineinander verwoben, was den Austausch einer Schicht fast unmöglich macht. Danach ist man zu einer Architektur

---

[224] Socket (engl.) bedeutet Steckdose beziehungsweise Fassung.
[225] Module sind Teile eines Programms.
[226] Ein Monolith ist eine Säule aus einem einzigen Steinblock.
[227] DBMS = Data Base Management System = Datenbankverwaltungssystem.

übergegangen, bei der eine erste Aufteilung der drei Schichten durch dazwischen liegende Schnittstellen erkennbar ist – in Bild 24-1 in der Mitte dargestellt. Die Schichten sind innerhalb eines Programms logisch voneinander getrennt, wobei die Kommunikation zwischen den Schichten – Benutzer-Schnittstelle und Verarbeitungslogik bzw. Verarbeitungslogik und Datenhaltung – ausschließlich über Schnittstellen erfolgt. Dadurch kann eine Schicht leicht gegen eine neue ausgewechselt werden – beispielsweise wenn die Benutzerschnittstelle gegen eine neue Version ausgetauscht wird – wenn die Verträge der Schnittstellen eingehalten werden. Der nächste Schritt in der Entwicklung modularer Systeme wird dann durch die Trennung der einzelnen Schichten in eigenständige Programme vollbracht – in Bild 24-1 rechts dargestellt. Dadurch, dass zwischen den einzelnen Schichten wohl definierte Schnittstellen existieren, können die Schichten logisch voneinander getrennt werden. Wenn die Schnittstellen zudem netzwerkfähig sind, dann spricht man auch von Kommunikations-Schnittstellen. Das bedeutet, dass in den Schnittstellen eine Logik implementiert ist, die es erlaubt, Informationen zwischen voneinander unabhängigen Prozessen auszutauschen. Dadurch wird auch eine physikalische Trennung der Schichten ermöglicht – z.B. eine Verteilung der Schichten auf unterschiedliche, durch ein Netzwerk verbundene Rechner.

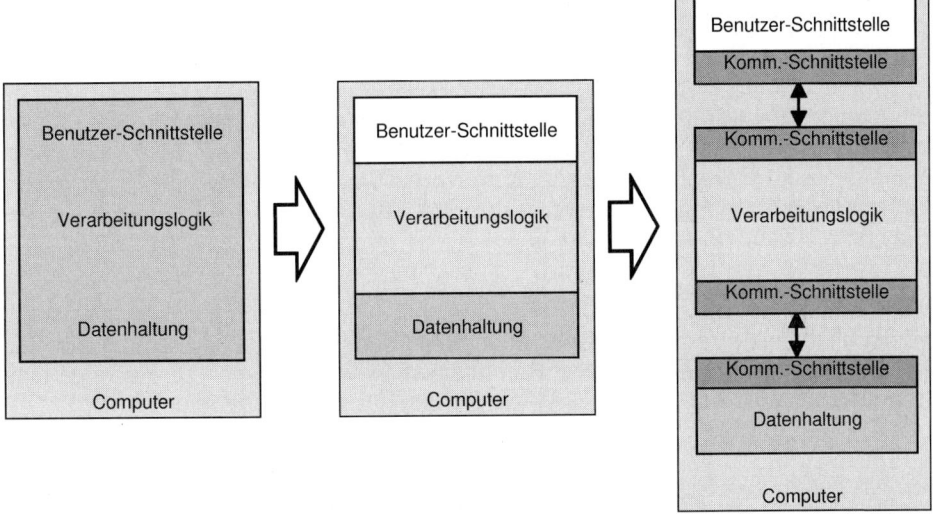

Bild 24-1 Evolution modularer Systeme

Wenn es die Kommunikations-Schnittstellen zwischen den Systemteilen erlauben, rechnerübergreifend Informationen auszutauschen, so kann eine Anwendung auf mehrere Rechner verteilt werden. Hierdurch kann eine Erhöhung der Systemleistung erreicht werden. Dieser Sachverhalt ist in Bild 24-2 dargestellt.

Eine Anwendung auf einem Rechner kann mit einer Anwendung auf einem anderen Recher nur kommunizieren, wenn beide Rechner mit einem so genannten **Kommunikationssystem** ausgestattet sind.

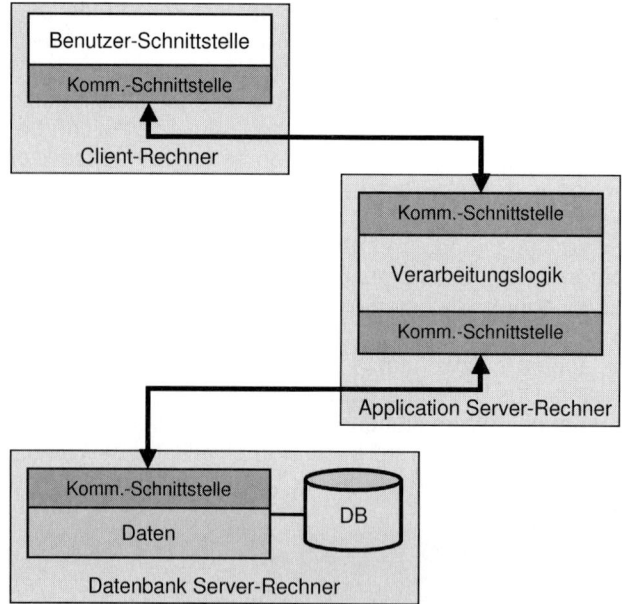

Bild 24-2 Verteiltes System

Ein **Kommunikationssystem** ist das Verbindungsstück zwischen einem Anwendungsprogramm und dem "Draht", über den es mit einer anderen Anwendung kommunizieren soll. Das **Kommunikationssystem** ermöglicht den Versand und den Empfang von Nachrichten über ein Netz.

Ein Kommunikationssystem kann nur dann mit einem anderen Kommunikationssystem ohne einen Vermittler reden, wenn beide Kommunikationssysteme gleichartig sind. Damit erzwingt eine direkte Kommunikation von Rechner zu Rechner eine **Standardisierung**. Eine solche Standardisierung hat bereits stattgefunden[228].

Der Standard im Internet für das Kommunikationssystem ist die **TCP/IP-Architektur**.

Das soeben behandelte Schichtenmodell für Anwendungsprogramme war ein erstes Beispiel für eine Strukturierung eines großen Softwaresystems. Auch bei Kommunikationssystemen versuchte man, eine **interne Strukturierung** durchzuführen. Das Ergebnis der Architekturuntersuchungen für Kommunikationssysteme waren ebenfalls **Schichtenmodelle**. Das Schichtenmodell der TCP/IP-Architektur ist in Bild 24-3 dargestellt:

---

[228] Während in den Arbeitskreisen der "International Standard Organisation" (ISO) der ISO/OSI-Standard jahrelang diskutiert wurde, setzte sich in der Praxis die TCP/IP-Architektur durch. Diese Architektur enthält in der Vermittlungsschicht das Internet Protokoll (IP) und in der Transportschicht das Transportprotokoll TCP oder UDP.

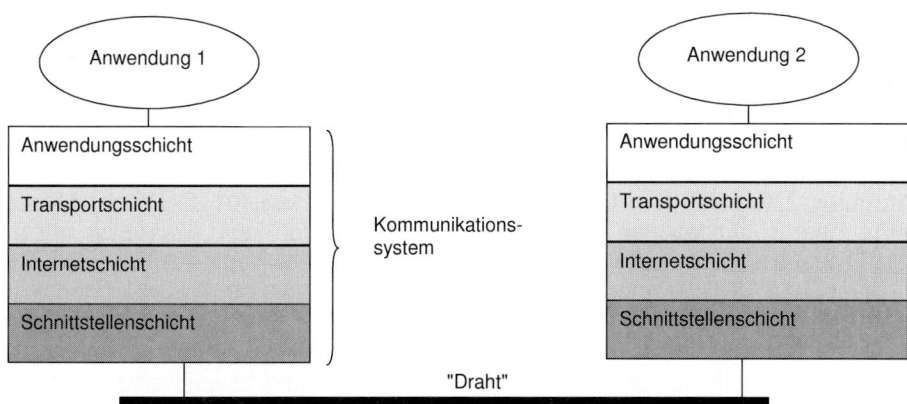

Bild 24-3 Schichtenmodell

Das Kommunikationssystem der TCP/IP-Architektur enthält 4 Schichten. Die **Schnittstellenschicht** stellt die physikalische Verbindung zum Netz her. Die **Internetschicht** dient zum Aufbau und Betreiben einer Kommunikation zwischen Rechnern. Die **Transportschicht** stellt den Programmen auf einem Rechner Transportdienste einer bestimmten Güte wie z.B. Flusskontrolle oder die Segmentierung zu großer Datenpakete zur Verfügung. Die **Anwendungsschicht** stellt die Kopplung des Kommunikationssystems zum Anwendungsprogramm, das sich oberhalb des Kommunikationssystems befindet, zur Verfügung.

In der **Anwendungsschicht** können sich verschiedene Dienstprogramme für die Kopplung an eine Anwendung befinden wie z.B. **FTP**[229] zum Austausch von Dateien. **Je nach Kommunikationsdienst** kommt im Internet in der **Transportschicht TCP** bzw. **UDP** zum Einsatz. Die **Internetschicht** enthält das **IP-Protokoll**.

Ein Rechner kann verschiedene Adressen aufweisen, je nachdem auf welcher Schicht man sich befindet. Für die Ankopplung an einen "Draht" hat er eine so genannte **MAC-Adresse**[230]. Diese Adresse adressiert die **Schnittstellenschicht**. Ein Rechner, der an verschiedene Teilnetze angekoppelt ist, kann dabei mehrere MAC-Adressen haben. Mit einer **IP-Adresse** wird ein **Rechner als Ganzes** in einem Netz adressiert. Ein Rechner, der direkt im Internet ansprechbar sein soll, braucht eine weltweit eindeutige IP-Adresse.

24.2 Rechnername, URL und IP-Adresse

Jeder Rechner, der an das Internet angeschlossen ist, besitzt eine eindeutige Adresse, die er auf Software-Ebene[231] zugewiesen bekommt. Die Zuteilung dieser

---

[229] FTP: File Transfer Protocol. Protokoll zum Austausch von Dateien zwischen Rechnern.

[230] MAC = Media Access Control. Die vom Hersteller zugewiesene Adresse der Netzwerkkarte.

[231] Wird eine Adresse auf Software-Ebene zugewiesen, so bedeutet dies, dass diese Adresse nicht fest in ein Programm oder in eine Hardware-Komponente kodiert ist, sondern ausgetauscht und verändert werden kann. Im Gegensatz dazu gibt es Adressen, die auf Hardware-Ebene fest mit der Komponente "verdrahtet" sind, wie die in der Netzwerkkarte einkodierte MAC-Adresse.

Adresse kann statisch oder dynamisch beim Start des Rechners[232] erfolgen. Diese Adresse wird IP-Adresse (Internet-Protokoll-Adresse) genannt. Auch auf der darunter liegenden Schnittstellenschicht gibt es eine eindeutige Adressierung (MAC-Adresse), die aber hier nicht näher betrachtet werden soll. Die IP-Adresse besteht aus vier Oktetten[233], welche die Nummer des Teilnetzes und die Nummer des eigentlichen Rechners enthalten. Die IP-Adresse wird üblicherweise als vierstellige Zahl geschrieben, deren Ziffern mit Punkten getrennt sind (z.B. 192.168.101.3). Da der Mensch solche Ziffernkombinationen nur schwer im Kopf behalten kann, wurde ein zusätzlicher Dienst eingerichtet, der es ermöglicht, den Rechnern Namen zuzuweisen. Dieser Dienst wird **DNS (Domain Name Service)** genannt und gehört mit zu den wichtigsten Diensten des Internets. Eine Adresse als Namen setzt sich aus dem Namen der Domäne (z.B. `hs-esslingen.de`) und dem eigentlichen Rechnernamen (z.B. `www` Name des Web-Servers einer Domäne) zusammen und ist weltweit eindeutig.

Damit nun ein Rechner über den Namen eines anderen Rechners dessen IP-Adresse ermitteln kann, wird er zuerst eine Anfrage an den ihm zugewiesenen **Name Server (DNS-Server)**, stellen. Der Name Server sucht daraufhin in seiner Datenbank nach dem Namen. Kann er diesen nicht finden, wird er die Anfrage an den nächst höheren Name Server weiterleiten. Wird der Name Server fündig, so gibt er die IP-Adresse zurück. Der Rechner kann nun eine Verbindung aufbauen.

Wird einem Programm, beispielsweise dem Web-Browser zum Abruf einer Internetseite, die Adresse eines Servers in Form eines Namens übergeben – z.B. `www.hs-esslingen.de` – so muss das Programm immer zuerst die IP-Adresse des Servers mit Hilfe eines Name Servers ermitteln, damit die Kommunikation aufgenommen werden kann. Ist der Dienst des Name Servers nicht verfügbar, so ist die Kommunikation nicht möglich.

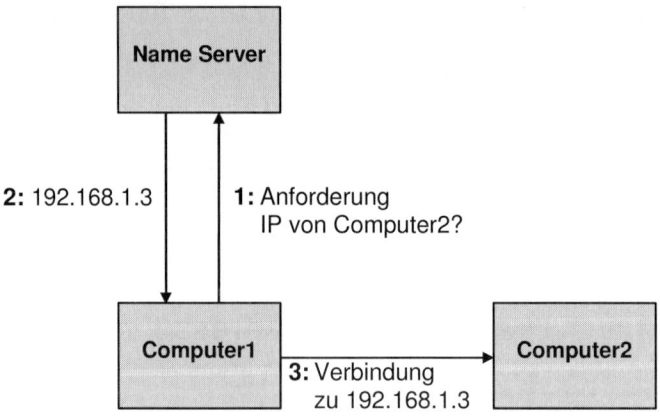

Bild 24-4 Ermitteln eines Rechnernamens über DNS

---

[232] Zur dynamischen Adresszuteilung dient das Dynamic Host Configuration Protocol (DHCP). Einem Rechner wird hierbei beim Start dynamisch eine IP-Adresse durch einen DHCP-Server zugewiesen.

[233] Oktett: Gruppe von genau 8 Bits.

In Bild 24-4 werden die Schritte gezeigt, die eine Anwendung auf dem System `Computer1` vollziehen muss, um mit dem System `Computer2` zu kommunizieren. Voraussetzung dafür ist, dass `Computer1` die IP-Adresse seines für ihn zuständigen Name Servers kennt, um eine unbekannte IP-Adresse eines anderen Systems – hier `Computer2` – zu erfragen. Als erstes stellt nun `Computer1` beim Name Server die Anfrage "Gib mir die IP-Adresse zu dem Namen `Computer2`". Der Name Server sucht darauf hin in seiner Datenbank nach der erfragten IP-Adresse und liefert diese im zweiten Schritt an `Computer1` zurück. Im dritten Schritt schließlich kann `Computer1` zu `Computer2` eine Verbindung aufbauen.

24.2.1 Die Klasse InetAddress

Um anhand eines Rechnernamens die zugehörige IP-Adresse zu ermitteln, wird die Java-Klasse `InetAddress` verwendet. Diese Klasse beinhaltet die Name Server-Funktionalität und befindet sich im Paket `java.net`. Um eine Instanz dieser Klasse zu erzeugen, wird eine der drei folgenden Klassenmethoden von `InetAddress` verwendet:

Die Klassenmethode

```
static InetAddress getByName (String host)
```

gibt eine Instanz der Klasse `InetAddress` zurück, in der die Adresse des Rechners verpackt ist, dessen Name übergeben wird. Der Rückgabewert der Klassenmethode

```
static InetAddress[] getAllByName (String host)
```

ist ein Array aller Adressen des Rechners, dessen Name übergeben wird. Die Klassenmethode

```
static InetAddress getLocalHost()
```

gibt die Adresse des lokalen Rechners zurück. Alle Klassenmethoden werfen die Checked Exception `java.net.UnknownHostException`. Diese Ausnahme wird dann ausgelöst, wenn die IP-Adresse des Hosts nicht ermittelbar ist. Sie muss immer mit Hilfe eines `try/catch`-Blocks abgefangen werden.

Auf den zurückgelieferten Referenzen auf Objekte der Klasse `InetAddress` können dann Instanzmethoden der Klasse `InetAddress` aufgerufen werden. Beispielsweise liefert die Instanzmethode

```
public String getHostAddress()
```

die IP-Adresse als Zeichenkette und die Instanzmethode

```
public String getHostName()
```

den Rechnernamen – ebenfalls als Zeichenkette – zurück. Mit der Instanzmethode

```
public boolean isMulticastAddress()
```

kann festgestellt werden, ob es sich um eine Multicast-Adresse handelt, also eine Adresse, die zum Versenden von Daten an eine Gruppe von Rechnern dient. Ein Multicast wird in Kap. 24.3.3 näher beschrieben.

Das folgende Beispielprogramm zeigt die Anwendung der Klasse `InetAddress`:

```java
// Datei: NameServerTest.java

import java.net.*;

public class NameServerTest
{
   public static void main (String[] args)
   {
      try
      {
         String host = "www.hs-esslingen.de";
         // Erfragen der IP-Adresse der Fachhochschule Esslingen
         InetAddress adresse = InetAddress.getByName (host);
         System.out.println (host + " hat die IP-Adresse " +
                              adresse.getHostAddress());

         host = "www.google.de";
         // Alle IP-Adressen erfragen, unter denen der
         // Server www.google.de erreichbar ist
         InetAddress[] alleAdressen =
            InetAddress.getAllByName (host);
         System.out.println (host + " ist unter folgenden " +
                              "IP-Adressen erreichbar:");
         for (InetAddress a : alleAdressen)
         {
            System.out.println ("\t" + a.getHostAddress());
         }

         // Die lokale Adresse nachfragen:
         InetAddress lokaleAdresse = InetAddress.getLocalHost();
         System.out.println (
            "Die IP-Adresse dieses Rechners lautet " +
            lokaleAdresse.getHostAddress());
      }
      catch (UnknownHostException e)
      {
         System.out.print ("Adresse ist nicht ermittelbar: ");
         System.out.println (e.getMessage());
         System.exit (1);
      }
   }
}
```

Eine mögliche Ausgabe des Programms ist:

```
www.hs-esslingen.de hat die IP-Adresse 134.108.34.3
www.google.de ist unter folgenden IP-Adressen erreichbar:
        209.85.129.104
        209.85.129.99
        209.85.129.147
Die IP-Adresse diese Rechners lautet 192.168.0.161
```

24.2.2 URL

Um Ressourcen in einem Netzwerk zu lokalisieren, wird eine URL (Uniform Resource Locator) verwendet. So wird zum Beispiel die URL eingesetzt, um eine Webseite im Browser aufzurufen. Eine URL besteht aus mehreren Bestandteilen.

```
Protokoll://[Login[:Passwort]@]Rechnername.Domäne[:Port]/Verzeichnis
                                                              /Ressource
```

Das `Protokoll` gibt an, wie der Zugriff auf die angeforderte Ressource erfolgt. Als Protokoll kommen beispielsweise HTTP[234] oder FTP[235] in Frage. `Rechnername` und `Domäne` spezifizieren den Rechner. Der `Login` und das `Passwort` kann optional angegeben werden. Dies wird zum Beispiel zur Anmeldung an einem FTP-Server verwendet. Der `Port` (siehe Kap. 24.3) ist ebenfalls optional und wird angegeben, falls nicht der für das entsprechende Protokoll bekannte Default-Port verwendet wird. Am Ende der URL werden das `Verzeichnis` und der Name der `Ressource` angegeben.

Im Folgenden wird der Aufbau einer URL am Beispiel

```
http://java.sun.com/javase/6/docs/api/index.html
```

erklärt. Als Protokoll wird hier HTTP verwendet. Der Name des Computers, auf den zugegriffen wird, trägt den Namen `java` und befindet sich in der Domäne `sun.com`. Aus dem Verzeichnis `/javase/6/docs/api/` des Web-Servers wird die Datei `index.html` angefordert.

Zum Einsatz von URLs können in Java zwei Klassen verwendet werden. Die erste Klasse ist `URL`, die als Wrapper-Klasse für eine URL fungiert. Die zweite Klasse ist `URLConnection`, welche im folgenden Abschnitt noch näher betrachtet wird. Beide Klassen befinden sich im Paket `java.net`.

Am folgenden Beispiel `URLTest` wird die Verwendung der Klasse `URL` gezeigt:

```java
// Datei: URLTest.java

import java.net.*;

public class URLTest
{
   public static void main (String[] args)
   {
      try
      {
         String urlString =
            "http://java.sun.com/javase/6/docs/api/index.html";

         // Erzeugen der URL
         URL url = new URL (urlString);
```

---

[234] **H**yper**T**ext **T**ransfer **P**rotocol. Ein Protokoll zum Zugriff auf Daten im World Wide Web.
[235] **F**ile **T**ransfer **P**rotocol Ein Protokoll zum Übertragen von Dateien über das Internet.

```
        // Ausgabe der Bestandteile
        System.out.println ("Protokoll: " + url.getProtocol());
        System.out.println ("Rechner:   " + url.getHost());
        System.out.println ("Datei:     " + url.getFile());
    }
    catch (MalformedURLException e)
    {
        // Der Aufruf des Konstruktors wirft eine Exception,
        // wenn der übergebene String keine gültige
        // URL darstellt.
        System.out.println (e.getMessage());
    }
  }
}
```

Die Ausgabe des Programms ist:

```
Protokoll: http
Rechner:   java.sun.com
Datei:     /javase/6/docs/api/index.html
```

Diese Klasse ermöglicht nicht nur den komfortablen Zugriff auf Teile der URL, sondern auch auf die hinter der URL stehende Ressource. So kann die Datei durch Angabe der URL auch direkt geladen werden. Der Zugriff auf die Ressource erfolgt über einen Datenstrom. Das folgende Beispiel URLTest2 zeigt, wie mit Hilfe der Klasse URL die Datei index.html vom Server java.sun.com herunter geladen werden kann:

```java
// Datei: URLTest2.java

import java.net.*;
import java.io.*;

public class URLTest2
{
   public static void main (String[] args)
   {
      try
      {
         // Anlegen eines Puffers
         byte[] b = new byte [1024];
         String urlString = "http://java.sun.com/index.html";

         // Verbinden mit der Ressource
         URL url = new URL (urlString);

         // Öffnen eines Datenstroms zum Lesen der Daten
         InputStream stream = url.openStream();

         // Solange vom Stream lesen, bis -1 zurück geliefert wird
         while (stream.read (b) != -1)
         {
            System.out.println (new String (b));
         }
      }
```

```
    catch (MalformedURLException e)
    {
        // Der Aufruf des Konstruktors wirft eine Exception, wenn
        // der übergebene String keine gültige URL darstellt
        System.out.println (e.getMessage());
    }
    catch (IOException e)
    {
        // Die Methoden openURLStream() und read() werfen
        // beide eine Exception vom Typ IOException
        System.out.println (e.getMessage());
    }
    }
}
```

Die Ausgabe des Programms ist:

```
<!DOCTYPE HTML PUBLIC "-//W3C//DTD HTML 4.01
Transitional//EN"
"http://www.w3.org/TR/html4/loose.dtd">
<html>
<head>
<title>Java Technology</title>
 . . . . .
```

24.2.3 URLConnection

Die abstrakte Klasse URLConnection ist die Basisklasse aller Klassen, die eine Verbindung zu einer Ressource über eine URL aufbauen. Instanzen dieser Klasse können sowohl lesend, als auch schreibend auf eine Ressource zugreifen. Zuerst wird auf einem Objekt der Klasse URL die Methode openConnection() aufgerufen. Dieser Aufruf liefert eine Referenz auf ein Objekt zurück, dessen Klasse die abstrakte Klasse URLConnection erweitert. Beispielsweise wird beim Öffnen einer Verbindung zur URL http://www.hs-esslingen.de ein Objekt der Klasse HttpURLConnection aus dem Paket sun.net.www.protocol.http und beim Zugriff auf den FTP-Server der Hochschule Esslingen ftp://ftp.hs-esslingen.de ein Objekt der Klasse FtpURLConnection aus dem Paket sun.net.www.protocol.ftp zurückgeliefert.

Über das nun referenzierte Objekt vom Typ URLConnection können durch Aufrufe von Instanzmethoden noch weitere Eigenschaften der Verbindung eingestellt werden wie z.B. den Timeout[236] für den Verbindungsaufbau oder den Timeout für einen Lesevorgang. Schließlich wird die Verbindung mit der Methode connect() hergestellt. Der Aufruf bewirkt, dass zu dem Server, der über die URL spezifiziert wird, eine TCP-Verbindung aufgebaut wird.

---

[236] Mit Timeout wird die Zeitspanne beschrieben, innerhalb derer ein Prozess eine bestimmte Aktion durchgeführt haben muss. Wird die Aktion nicht innerhalb dieser Zeitspanne zum Abschluss gebracht – ist der Timeout also abgelaufen – so wird der Vorgang mit einem Fehler abgebrochen. In Bezug auf die Programmierung von Sockets kann beispielsweise ein Timeout für den Verbindungsaufbau zu einem anderen Rechner eingestellt werden.

Das folgende Beispiel zeigt, wie die Klasse `URLConnection` benutzt werden kann. Es wird zuerst erfragt, von welchem Typ das zurückgelieferte `URLConnection`-Objekt ist. Danach wird aus den Kopf-Informationen[237] der HTTP-Verbindung ausgelesen, welche Version des HTTP-Protokolls verwendet wird und ob die Anfrage an den HTTP-Server erfolgreich war[238]. Schließlich wird überprüft, welchen Typ die abrufbaren Daten besitzen, die über die URL erreichbar sind:

```java
// Datei: URLConnectionTest.java

import java.net.*;
import java.io.*;

public class URLConnectionTest
{
    public static void main (String[] args)
    {
        try
        {
            // Erzeugen einer URL
            URL url = new URL ("http://java.sun.com");

            // Verbindung zur Ressource bereitstellen
            URLConnection connection = url.openConnection();

            System.out.println ("Typ des URLConnection-Objekts:");
            System.out.println (connection.getClass());

            // Verbindung herstellen
            connection.connect();

            // Auslesen der HTTP-Version
            System.out.print ("\nVersion des HTTP-Protokolls: ");
            System.out.println (connection.getHeaderField(0));

            // Typ der abrufbaren Daten erfragen
            System.out.print ("\nTyp der Daten: ");
            System.out.println (connection.getContentType());
        }
        catch (MalformedURLException e)
        {
            // Der Konstruktor wirft eine Exception, wenn der über-
            // gebene String keine gültige URL darstellt.
            System.out.println (e.getMessage());
        }
        catch (IOException e)
        {
            // Die Methoden openURLConnection() und connect()
            // werfen beide Exceptions vom Typ IOException
            System.out.println (e.getMessage());
        }
    }
}
```

---

[237] Bei HTTP besteht die Nachricht aus einem Kopf, der das Format der Daten beschreibt, und den eigentlichen Daten.

[238] Die Anfrage war erfolgreich, wenn der HTTP-Code 200 zurückgeliefert wird.

Eine mögliche Ausgabe des Programms ist:

```
Typ des URLConnection-Objekts:
class sun.net.www.protocol.http.HttpURLConnection

Version des HTTP-Protokolls: HTTP/1.1 200 OK

Typ der Daten: text/html;charset=ISO-8859-1
```

24.3 Sockets

Sockets stellen den Endpunkt in der Kommunikationsverbindung zwischen zwei Programmen dar. Eine Socket-Verbindung kann man sich als Schlauch vorstellen. Alles was in die eine Seite hineingeht, kommt auf der anderen Seite in derselben Reihenfolge wieder heraus. Dass die Reihenfolge der Daten, welche der Empfänger erhält, identisch ist zu der Reihenfolge, in der die Daten vom Sender abgeschickt wurden, ist natürlich nicht selbstverständlich und eigentlich auch nicht ganz richtig. Denn die Daten – beispielsweise eine vom Browser angeforderte Internetseite – werden beim Versenden in kleine Datenpakete verpackt, und treten dann einzeln und quasi unabhängig voneinander die Reise durch das Netz zum Client an. Dabei kann es passieren, dass die Datenpakete über unterschiedliche "Strecken" zum Client geleitet werden. Das Bild 24-5 zeigt ein Beispiel, bei dem ein Server einem Client Daten zusendet, die in drei Pakete verpackt wurden:

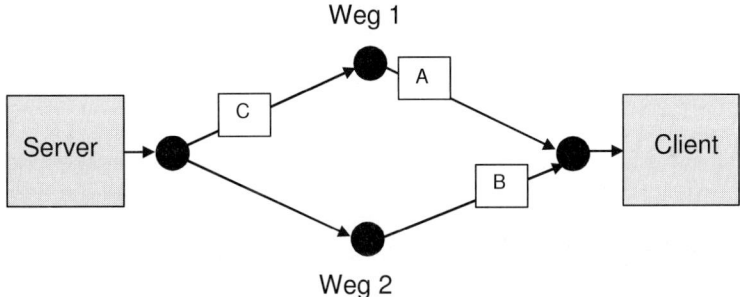

Bild 24-5 Kommunikation zwischen Client und Server über mehrere Wege

Die Pakete A, B und C haben den Server in dieser Reihenfolge verlassen, d.h., der Server hat als erstes das Paket A, dann das Paket B und schließlich das Paket C gesendet. Die Pakete A und C nehmen den Weg 1, das Paket B nimmt den Weg 2 zum Client[239]. Aufgrund von Überlastungen auf dem Weg 1 – was zu Verzögerungen in der Weiterleitung von Paketen führt – wird nun jedoch der Fall eintreten, dass das Paket B vor dem Paket A beim Client ankommt, also eigentlich in der falschen Reihenfolge. Dieser Umstand ist jedoch nicht weiter tragisch, denn die Reihenfolge der Pakete wird durch das im Socket des Clients implementierte TCP-Protokoll wieder hergestellt. Dafür hat der Socket intern einen Puffer, in dem er Pakete, die in der falschen Reihenfolge ankommen, in die richtige Reihenfolge sortieren kann und erst dann an die darüber liegende Anwendung weiterreicht.

---

[239] Dass ein Paket einen anderen Weg nimmt als die übrigen Pakete, kann viele Gründe haben. Beispielsweise kann die Verbindung unterbrochen sein oder es wird ein Stau gemeldet und angezeigt, dass nachfolgende Pakete einen anderen Weg wählen sollen.

Auf einem Rechner können mehrere Sockets gleichzeitig verwendet werden. Nur so ist es möglich, mehrere Programme auf einem Rechner auszuführen, die Sockets zur Kommunikation verwenden.

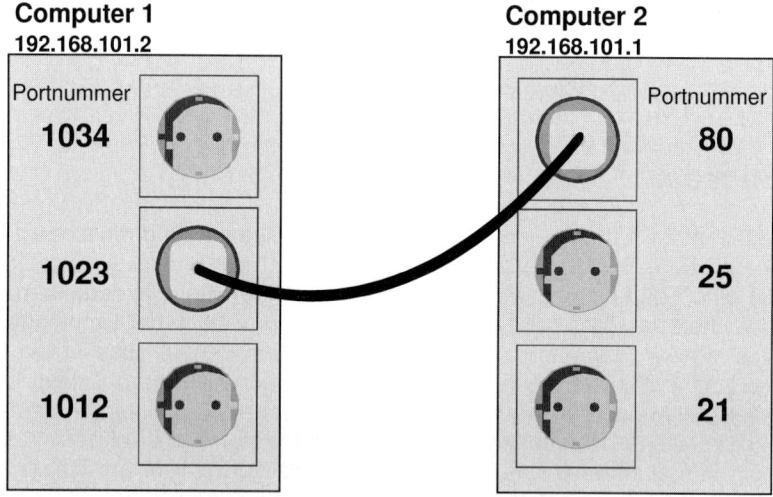

Bild 24-6 Socket und Port

So kann zum Beispiel auf einem Rechner ein Web-Server, ein FTP-Server und ein E-Mail-Server gestartet werden. Die Unterscheidung der Sockets der einzelnen Programme geschieht über die Zuweisung einer Nummer, dem so genannten Port[240]. Der Port ist dabei die Adresse des entsprechenden Kommunikationsdienstes wie z.B. FTP in der Anwendungsschicht.

Ein Dienst auf einem Rechner wird eindeutig durch die IP-Adresse und den Port bestimmt. Wie in Bild 24-6 zu sehen, besitzen sowohl das Server- als auch das Client-Programm einen zugewiesenen Port, der auf beiden Seiten nicht der gleiche sein muss. Server und Client verwenden die Sockets auf unterschiedliche Weise:

Server

Das Server-Programm bindet sich an eine Socket-Verbindung, die mit einem lokalen Port des Server-Rechners verbunden ist.

Client

Das Client-Programm bindet sich an eine Socket-Verbindung, die eine Verbindung zu einem Port des Server-Rechners aufbaut.

Je nach Anforderung an die Netzwerkkommunikation können unterschiedliche Arten von Sockets verwendet werden. Zum einen gibt es **verbindungsorientierte TCP-Sockets** (siehe Kap. 24.3.1), welche zuverlässig einen Strom von Daten von einer Seite der Verbindung zur anderen befördert. Zum anderen gibt es **verbindungslose UDP-Sockets** (siehe Kap. 24.3.2), die einzelne Nachrichten von einem Endpunkt zum anderen bringen, jedoch ohne die Übertragungssicherheit zu garantieren. Mit

---

[240] Port (engl.) Anschluss.

anderen Worten, es ist möglich, dass bei UDP-Sockets Nachrichten verloren gehen. Ist eine sichere Übertragung erwünscht, so hat eine höhere Schicht für die Übertragungssicherheit zu sorgen.

24.3.1 TCP in Java

Mit Hilfe von TCP[241]-Sockets kann eine Verbindung zwischen zwei Programmen – das heißt zwischen zwei voneinander unabhängigen Prozessen – hergestellt werden. Dies hat zur Konsequenz, dass die Programme auf ein und demselben Rechner ausgeführt werden können oder aber dass sich die Programme auf zwei völlig unterschiedlichen Computern befinden. Mit anderen Worten, die Ausführung der Programme ist ortstransparent. TCP-Sockets sind zudem verbindungsorientiert.

Verbindungsorientierte Protokolle haben stets **drei Phasen**:

- Verbindungsaufbau,
- Datenübertragungsphase,
- Verbindungsabbau.

Es muss also erst eine Verbindung zwischen den Programmen hergestellt werden, bevor Daten ausgetauscht werden können. Der Datenaustausch erfolgt zuverlässig, da TCP eine Fehlerbehandlung und Flusskontrolle beinhaltet. Da die Daten für die Übertragung in **Datenpakete** aufgeteilt werden, besteht keine Begrenzung für die Menge der zu übertragenen Daten. Soll beispielsweise eine Datei von einem Rechner zu einem anderen gesendet werden, – beispielsweise bei einem Dateidownload von einem File-Server auf einen Client-Rechner – wobei die Datei eine Größe von 10 MB besitzt, so werden aus dem einen großen Datenpaket – die Datei mit 10 MB Größe – viele kleine Datenpakete erstellt – z.B. Fragmente mit jeweils einer Größe von 1 MB. Diese kleinen Fragmente werden dann einzeln vom Server an den Client geschickt, wobei der Client-Socket die einzelnen Teile wieder zu einem Ganzen zusammensetzt.

Um mittels Sockets eine **Kommunikationsverbindung aufzubauen**, müssen verschiedene Schritte durchlaufen werden:

- Zuerst erzeugt die Server-Anwendung einen Socket, den so genannten Server-Socket.
- Dieser Server-Socket bindet sich dann an einen bestimmten Port auf dem Server-Rechner. Ein Client, der eine Verbindung zu dieser Server-Anwendung aufbauen will, muss die Adresse des Rechners, auf dem die Server-Anwendung läuft, und die Nummer des Ports, an den sich der Socket der Server-Anwendung gebunden hat, kennen.
- Die Client-Anwendung, die nun eine Verbindung zu der Server-Anwendung aufbauen will, erzeugt ebenfalls einen Socket. Dafür muss sie bei der Erzeugung des Sockets die Adresse des Server-Rechners und den Port der Server-Anwendung angeben.

---

[241] TCP = Transmission Control Protocol.

- Nun stellt der Client eine Verbindungs-Anfrage an die Server-Anwendung. Erst wenn der Server die Verbindung akzeptiert hat, können Server und Client gleichberechtigt Daten austauschen.

Damit sich die Anwendungen verstehen, muss ein Protokoll verwendet werden, das beiden bekannt ist (siehe Kap. 24.4). Durch das Protokoll, das von beiden Anwendungen für die Kommunikation benutzt wird, "reden Client und Server in derselben Sprache".

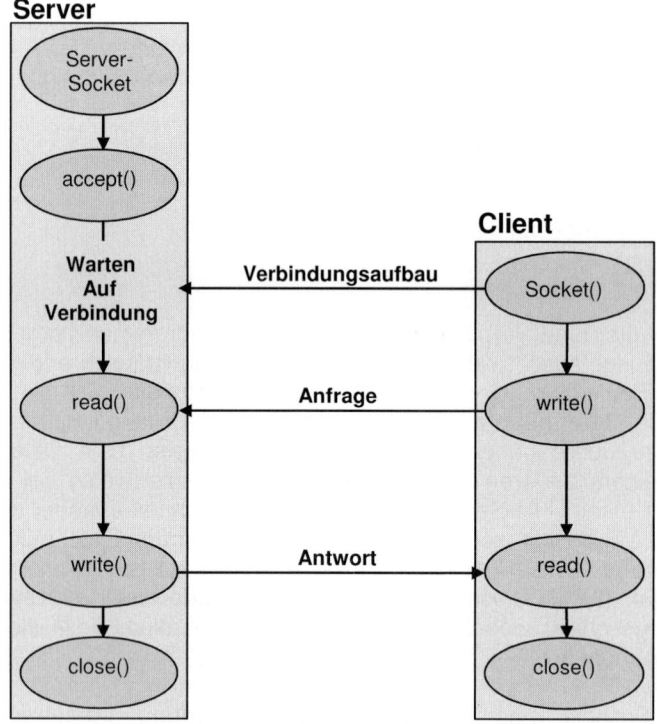

Bild 24-7 Ablauf einer TCP-Socket-Kommunikation

In Java werden zur Verwendung von TCP-Sockets zwei Klassen angeboten:

- **Klasse `ServerSocket`**

Eine **Server-Anwendung** benutzt für die Erzeugung ihres Sockets die Klasse `ServerSocket`, die alle notwendigen Kommunikationsfunktionen eines Servers beinhaltet. Beim Durchlaufen des Konstruktors der Klasse `ServerSocket` wird die Socket-Verbindung erzeugt, an einen freien Port auf dem Server-Rechner gebunden und auf "Warten" gesetzt. Es muss lediglich die Methode `accept()` aufgerufen werden, um ankommende Verbindungsanforderungen von Clients zu akzeptieren.

- **Klasse `Socket`**

Die **Client-Anwendung** verwendet die Klasse `Socket`, die beim Instanziieren ebenfalls eine Socket-Verbindung erzeugt und im Konstruktor die Verbindung zum

Server aufbaut. Die Verbindungsdaten – also Server-Adresse und Port – müssen natürlich bekannt sein.

Bei der Verwendung der TCP-Sockets `ServerSocket` und `Socket` erfolgt der Austausch von Daten über Datenströme. Beide Klassen befinden sich im Paket `java.net`.

Das folgende Beispiel zeigt ein einfaches Netzwerk-Programm. Die Client-Anwendung `TCPClient` schickt eine Nachricht an die Server-Anwendung `TCPServer`. Der Server nimmt die angeforderte Verbindung an, empfängt die vom Client gesendeten Daten und gibt diese anschließend aus. Danach wird die Verbindung zwischen Client und Server wieder beendet. Im Folgenden wird der Programmcode der Client-Anwendung dargestellt. Der Client schickt lediglich eine Nachricht an die Server-Anwendung und wird dann wieder beendet:

```java
// Datei: TCPClient.java

import java.net.*;
import java.io.*;

public class TCPClient
{
   // Port der Serveranwendung
   public static final int SERVER_PORT = 10001;
   // Rechnername des Servers
   public static final String SERVER_HOSTNAME = "localhost";

   public static void main (String[] args)
   {
      try
      {
         // Erzeugen der Socket und Aufbau der Verbindung
         Socket socket = new Socket (
            SERVER_HOSTNAME, SERVER_PORT);

         System.out.println ("Verbunden mit Server: " +
            socket.getRemoteSocketAddress());

         String nachricht = "Hallo Server";
         System.out.println ("Sende Nachricht \"" +
                            nachricht + "\" mit Laenge " +
                            nachricht.length());

         // Senden der Nachricht über einen Stream
         socket.getOutputStream().write (nachricht.getBytes());

         // Beenden der Kommunikationsverbindung
         socket.close();
      }
      catch (UnknownHostException e)
      {
         // Wenn Rechnername nicht bekannt ist ...
         System.out.println ("Rechnername unbekannt:\n" +
                           e.getMessage());
      }
```

```
        catch (IOException e)
        {
            // Wenn die Kommunikation fehlschlägt
            System.out.println ("Fehler während der Kommunikation:\n" +
                                e.getMessage());
        }
    }
}
```

Eine mögliche Ausgabe des Programms ist:

```
Verbunden mit Server: localhost/127.0.0.1:10001
Sende Nachricht "Hallo Server" mit Laenge 12
```

Der folgende Quellcode zeigt die Server-Anwendung:

```java
// Datei: TCPServer.java

import java.net.*;
import java.io.*;

public class TCPServer
{
    // Port der Serveranwendung
    public static final int SERVER_PORT = 10001;

    public static void main (String[] args)
    {
        try
        {
            // Erzeugen der Socket/binden an Port/Wartestellung
            ServerSocket socket = new ServerSocket (SERVER_PORT);

            // Ab hier ist der Server "scharf" geschaltet
            // und waret auf Verbindungen von Clients
            System.out.println ("Warten auf Verbindungen ...");

            // im Aufruf der Methode accept() verharrt die
            // Server-Anwendung solange, bis eine Verbindungs-
            // anforderung eines Client eingegangen ist.
            // Ist dies der Fall, so wird die Anforderung akzeptiert
            Socket client = socket.accept();

            // Ausgabe der Informationen über den Client
            System.out.println ("\nVerbunden mit Rechner: " +
                                client.getInetAddress().getHostName()
                                + " Port: " +
                                client.getPort());

            // Erzeugen eines Puffers
            byte[] b = new byte [128];

            // Datenstrom zum Lesen verwenden
            InputStream stream = client.getInputStream();
```

```
        // Sind Daten verfügbar?
        while (stream.available() == 0)
            ;

        // Ankommende Daten lesen und ausgeben
        while (stream.read (b) != -1)
        {
            System.out.println (
                "Nachricht empfangen: " + new String (b));
        }

        // Verbindung beenden
        client.close();

        // Server-Socket schließen
        socket.close();

        System.out.println ("Der Client wurde bedient und " +
                            "die Server-Anwendung ist beendet");
    }
    catch (UnknownHostException e)
    {
        // Wenn Rechnername nicht bekannt ist ...
        System.out.println ("Rechnername unbekannt:\n" +
                            e.getMessage());
    }
    catch (IOException e)
    {
        // Wenn Kommunikation fehlschlägt ...
        System.out.println ("Fehler während der Kommunikation:\n" +
                            e.getMessage());
    }
  }
}
```

Eine mögliche Ausgabe der Server-Anwendung ist:

```
Warten auf Verbindungen ...

Verbunden mit Rechner: localhost Port: 1366
Nachricht empfangen: Hallo Server

Der Client wurde bedient und die
Server-Anwendung ist beendet
```

Wie sie an der Ausgabe der Server-Anwendung erkennen können, beendet der Server seine Tätigkeit, nachdem sich ein Client mit diesem verbunden hat und vom ihm bedient wurde. Wenn mehrere Clients gleichzeitig eine Anfrage stellen, wird somit nur der erste Client bedient und alle nachfolgenden abgewiesen, bis die Server-Anwendung wieder die Methode `accept()` aufruft. Dafür muss aber der Server jedes Mal neu gestartet werden, was ja sehr unpraktisch ist.

Um dies zu verhindern, kann beim Instanziieren der Klasse `ServerSocket` zusätzlich die Länge der Warteschlange für ankommende Verbindungsanforderungen angegeben werden. Weiterhin muss der Server-Code für die Annahme von Verbin-

dungen und das Auslesen der von den Clients gesendeten Daten in eine Endlos-
schleife gesetzt werden. Dadurch werden die nachfolgenden Clients nicht mehr
abgewiesen, jedoch werden sie blockiert, bis die Verbindung durch den Server
akzeptiert wird. Das bedeutet, der Server arbeitet die Verbindungen der Clients der
Reihe nach ab. Er ist dann ein so genannter **iterativer Server**. Das folgende Beispiel
zeigt den Code eines iterativen Servers:

```java
// Datei: IterativerTCPServer.java

import java.net.*;
import java.io.*;
public class IterativerTCPServer
{
    // Port der Serveranwendung
    public static final int SERVER_PORT = 10001;

    public static void main (String[] args)
    {
        try
        {
            // Erzeugen der Socket/binden an Port/Wartestellung
            // Der Server akzeptiert nun 10 gleichzeitige
            // Verbindungsanfragen
            ServerSocket socket = new ServerSocket (SERVER_PORT, 10);
            while (true)
            {
                // Ab hier ist der Server "scharf" geschaltet
                // und wartet auf Verbindungen von Clients
                System.out.println ("Warten auf Verbindungen ...");

                // im Aufruf der Methode accept() verharrt die
                // Server-Anwendung solange, bis eine Verbindungs-
                // anforderung eines Client eingegangen ist.
                // Ist dies der Fall, so wird die Anforderung akzeptiert
                Socket client = socket.accept();

                // Ausgabe der Informationen über den Client
                System.out.println (
                    "\nVerbunden mit Rechner: " +
                    client.getInetAddress().getHostName()+ " Port: " +
                    client.getPort());

                // Erzeugen eines Puffers
                byte[] b = new byte [128];
                // Datenstrom zum Lesen verwenden
                InputStream stream = client.getInputStream();

                // Sind Daten verfügbar?
                while (stream.available() == 0)
                    ;
                // Ankommende Daten lesen und ausgeben
                while (stream.read (b) != -1)
                {
                    System.out.println (
                        "Nachricht empfangen: " + new String (b));
                }
```

```
            // Verbindung zum Client beenden
            client.close();
            System.out.println ("Der Client wurde bedient ...");
        }
    }
    catch (UnknownHostException e)
    {
        // Wenn Rechnername nicht bekannt ist ...
        System.out.println ("Rechnername unbekannt:\n" +
                            e.getMessage());
    }
    catch (IOException e)
    {
        // Wenn Kommunikation fehlschlägt ...
        System.out.println ("Fehler während der Kommunikation:\n" +
                            e.getMessage());
    }
  }
}
```

Eine mögliche Ausgabe der Server-Anwendung ist:

```
Warten auf Verbindungen ...

Verbunden mit Rechner: localhost Port: 1387
Nachricht empfangen: Hallo Server, hier Client1

Der Client wurde bedient ...
Warten auf Verbindungen ...

Verbunden mit Rechner: localhost Port: 1388
Nachricht empfangen: Hallo Server, hier Client2

Der Client wurde bedient ...
Warten auf Verbindungen ...
```

Wie an der Ausgabe zu erkennen ist, muss die Server-Anwendung nicht neu gestartet werden, nachdem ein Client bedient wurde. Der Server geht nach der Bedienung des Clients wieder in Wartestellung und nimmt sofort die nächste Verbindungsanfrage entgegen. Trotzdem werden alle Clients in eine Warteschlange gestellt, solange der Server mit der Bedienung eines Clients beschäftigt ist. Dies kann unter Umständen sehr lästig für einen Client sein. Die Vorstellung, beispielsweise der 1000. Client in der Warteschlange zu sein, ist nicht gerade ermunternd.

Eine mögliche Lösung dieses Problems ist der Einsatz von Threads, um einen **parallelen Server (Multithreading)** zu erhalten. Sobald eine Verbindung angefordert wird, kann diese Anfrage an einen Thread weitergeleitet werden, – einen so genannten WorkerThread – der sie dann bearbeitet. Das nachfolgende Beispiel zeigt dieses Vorgehen. Nach dem Akzeptieren der Verbindung wird vom Server ein Objekt der Klasse `WorkerThread` erzeugt. Dieses Objekt ist dann für die Kommunikation mit der Client-Anwendung zuständig und bearbeitet dessen Anfragen. Der Server kann direkt nach der Instantiierung der Klasse `WorkerThread` erneut auf Verbindungsanfragen von Clients warten.

Um in diesem Beispiel unterschiedliche Antwortzeiten des WorkerThread zu simulieren, werden durch einen Zufallsgenerator unterschiedliche Wartezeiten erzeugt, bevor der Server – also der WorkerThread – dem Client eine Antwort sendet. Als erstes wird der Code des Clients TCPClient2 dargestellt:

```java
// Datei: TCPClient2.java

import java.net.*;
import java.io.*;

public class TCPClient2
{
    // Port der Serveranwendung
    public static final int SERVER_PORT = 10001;
    // Rechnername des Servers
    public static final String SERVER_HOSTNAME = "localhost";

    public static void main (String[] args)
    {
        if (args.length != 1)
        {
            System.out.println (
                "Aufruf: java TCPClient2 <Client-Name>");
            System.exit (1);
        }

        try
        {
            // Erzeugen der Socket und Aufbau der Verbindung
            Socket socket = new Socket (
                SERVER_HOSTNAME, SERVER_PORT);

            System.out.println ("Verbunden mit Server: " +
                socket.getRemoteSocketAddress());
            System.out.println ("Client \"" + args [0] +
                                "\" meldet sich am Server an.");

            // Senden der Nachricht über einen Stream
            socket.getOutputStream().write (args [0].getBytes());

            // Puffer erzeugen und auf Begrüßung warten
            byte[] b = new byte [128];
            InputStream stream = socket.getInputStream();

            while (stream.available() == 0)
                ;

            // Berüßung lesen und ausgeben
            stream.read (b);
            System.out.println (
                "Nachricht vom Server ist: " + new String (b));

            // Beenden der Kommunikationsverbindung
            socket.close();
        }
```

```
      catch (UnknownHostException e)
      {
         // Wenn Rechnername nicht bekannt ist ...
         System.out.println ("Rechnername unbekannt:\n" +
                             e.getMessage());
      }
      catch (IOException e)
      {
         // Wenn die Kommunikation fehlschlägt
         System.out.println ("Fehler während der Kommunikation:\n" +
                             e.getMessage());
      }
   }
}
```

Der Aufruf der Client-Anwendung erfolgt nun folgendermaßen:

```
java TCPClient2 <Client-Name>
```

Es wird somit der Methode `main()` der Klasse `TCPClient2` über das `String`-Array `args` der Name des Clients mitgeteilt. Startet man nun parallel zwei Clients in jeweils einer eigenen Konsole, so werden folgende Ausgaben erzeugt:

Eine mögliche Ausgabe des Programms ist:

```
Verbunden mit Server: localhost/127.0.0.1:10001
Client "Peter Lustig" meldet sich am Server an.
Nachricht vom Server ist: Hallo Peter Lustig
```

bzw.:

```
Verbunden mit Server: localhost/127.0.0.1:10001
Client "Batman" meldet sich am Server an.
Nachricht vom Server ist: Hallo Batman
```

Im Folgenden wird der Code der Server-Anwendung `MultiThreadServer` vorgestellt. Es wird intern die Klasse `WorkerThread` zur parallelen Bearbeitung von Client-Anfragen verwendet:

```
// Datei: MultiThreadServer.java

import java.net.*;
import java.io.*;

public class MultiThreadServer
{
   // Port der Serveranwendung
   public static final int SERVER_PORT = 10001;
   // Name dieses Threads. Es wird dadurch markiert, welche
   // Ausgaben auf der Konsole von diesem Thread stammen.
   private static final String klassenname = "MainThread";

   public static void main (String[] args)
   {
```

```java
      try
      {
          // Erzeugen der Socket/binden an Port/Wartestellung
          ServerSocket socket = new ServerSocket (SERVER_PORT);

          while (true)
          {
              // Ab hier ist der Server "scharf" geschaltet
              // und wartet auf Verbindungen von Clients
              print (klassenname + ":\tWarten auf Verbindungen ...");

              // im Aufruf der Methode accept() verharrt die
              // Server-Anwendung solange, bis eine Verbindungs-
              // anforderung eines Client eingegangen ist.
              // Ist dies der Fall, so wird die Anforderung akzeptiert
              Socket client = socket.accept();

              print (klassenname + ":\tVerbunden mit: " +
                  client.getInetAddress().getHostName() +
                  " Port: " + client.getPort());

              // Thread erzeugen, der Kommunikation
              // mit Client übernimmt
              new WorkerThread (client).start();
          }
      }
      catch (Exception e)
      {
          e.printStackTrace();
      }
  }

  // Diese Methode print() dient dazu, dass die beiden Threads
  // MainThread und WorkerThread beim konkurrierenden Zugriff auf
  // die Konsole mit System.out.println() synchronisiert werden.
  public static synchronized void print (String nachricht)
  {
      System.out.println (nachricht);
  }
}

class WorkerThread extends Thread
{
  private Socket client;
  // Name dieses Threads
  private final String klassenname = "WorkerThread";

  public WorkerThread (Socket client)
  {
      this.client = client;
  }

  public void run()
  {
      try
      {
```

```
    // Erzeugen eines Puffers und einlesen des Namens
    byte[] b = new byte[128];
    InputStream input = client.getInputStream();

    // Warten auf Daten
    while (input.available() == 0);

    // Nachricht auslesen
    input.read (b);
    String clientName = new String (b);
    MultiThreadServer.print (
        klassenname + ":\tName empfangen: " + clientName);

    // Zufällige Zeit warten (0-5 sec.)
    sleep ((long) (Math.random() * 5000));

    // Begrüßung senden
    OutputStream output = client.getOutputStream();

    MultiThreadServer.print (
        klassenname + ":\tSende Antwort an Client " +
        clientName);

    byte[] antwort = ("Hallo " + clientName).getBytes();
    output.write (antwort);

    // Verbindung beenden
    client.close();
    MultiThreadServer.print (
        klassenname + ":\tClient erfolgreich bedient ...");
    }
    catch (Exception e)
    {
        // Wenn ein Fehler auftritt ...
        e.printStackTrace();
    }
    }
}
```

Eine mögliche Ausgabe des Programms ist:

```
MainThread:      Warten auf Verbindungen ...
MainThread:      Verbunden mit: localhost Port: 1521
MainThread:      Warten auf Verbindungen ...
WorkerThread:    Name empfangen: Batman

WorkerThread:    Sende Antwort an Client Batman

WorkerThread:    Client erfolgreich bedient ...
MainThread:      Verbunden mit: localhost Port: 1522
MainThread:      Warten auf Verbindungen ...
WorkerThread:    Name empfangen: Peter Lustig

WorkerThread:    Sende Antwort an Client Peter Lustig

WorkerThread:    Client erfolgreich bedient ...
```

24.3.2 UDP in Java

Im Gegensatz zu TCP (Transmission Control Protocol) bietet UDP (User Datagram Protocol) keinen zuverlässigen Austausch von Informationen. Die Daten werden in einzelnen Paketen versendet. Eine Benachrichtigung, ob ein Paket bei der Gegenstelle fehlerfrei angekommen ist, erfolgt nicht. Da es ein verbindungsloses Protokoll ist, muss vor dem Senden von Daten keine Verbindung durch den Client angefordert werden. Das bedeutet, der Client versendet seine Daten und hat keine Kontrolle darüber, ob die Daten vom Server auch zuverlässig empfangen wurden.

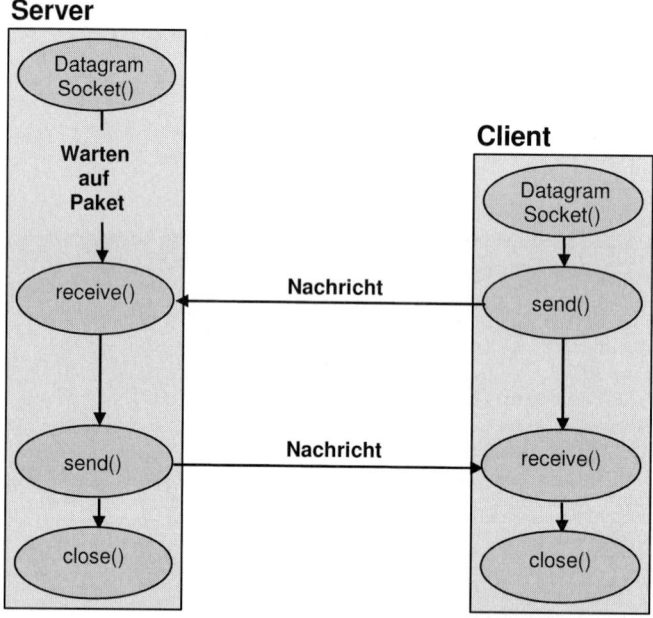

Bild 24-8 Ablauf einer UDP-Socket-Kommunikation

Der Vorteil gegenüber TCP liegt in der Geschwindigkeit des Datenaustausches und in der Einfachheit der Implementierung. Um in Java über UDP-Sockets zu kommunizieren, wird eine Instanz der **Klasse DatagramSocket** erzeugt. **Sowohl die Server- als auch die Client-Anwendung verwenden diese Klasse**. Der Server muss zusätzlich im Konstruktor den Port angeben, der für die Anwendung verwendet wird. **Um Daten zu senden, werden diese in einer Instanz der Klasse Datagram-Packet verpackt.** Da keine Verbindung zum Server aufgebaut wird und somit die Socket-Kommunikation zum Senden von Daten an beliebige Rechner verwendet werden kann, muss ein Datenpaket zusätzlich mit der Adresse und dem Port der Empfängeranwendung ausgestattet werden. Bild 24-8 zeigt den Ablauf der Kommunikation über UDP-Sockets in Java.

> Bei der Verwendung von UDP-Sockets wird nicht der Socket-Endpunkt selbst, sondern das Datenpaket mit der IP-Adresse und dem Port der Empfängeranwendung ausgestattet, da es keine Verbindung gibt.

Das folgende Beispiel zeigt die Programmierung von UDP-Sockets unter Verwendung der Klasse `DatagramSocket`. Der Server erzeugt einen UDP-Socket und bindet dieses an den von ihm verwendeten Port. Um eine Nachricht empfangen zu können, muss die Anwendung zuerst einen Puffer erzeugen. Dies geschieht durch die Instanziierung eines Byte-Arrays, das als Speicherplatz für ankommende Daten dient. Das Array wird anschließend in einem Objekt der Klasse `DatagramPacket` verpackt und an die Methode `receive()` übergeben, die dann solange wartet, bis eine Nachricht eintrifft (blocking receive). Die erhaltenen Daten werden aus dem Paket extrahiert und zur Anzeige gebracht. Es ist darauf zu achten, dass die Anzahl der empfangenen Bytes durch Aufruf der Methode `getLength()` der Klasse `DatagramPacket` ermittelt wird. Der Server generiert daraufhin die Antwort, indem wiederum die Daten im folgenden Beispiel in einem Paket – im Allgemeinen in mehreren Paketen – abgelegt werden. Da das Paket an die Client-Anwendung zurückgeschickt werden soll, muss es mit der Adresse und dem Port des Clients versehen werden. Diese Informationen können aus dem zuvor erhaltenen Paket mit den Methoden `getAddress()` bzw. `getPort()` ausgelesen werden. Im Folgenden der Quellcode des Servers:

```java
// Datei: UDPServer.java

import java.net.*;
import java.io.*;

public class UDPServer
{
   // Port des Servers
   static final int SERVER_PORT = 10001;

   public static void main (String[] args)
   {
      try
      {
         // Erzeugen der Socket
         DatagramSocket socket = new DatagramSocket (SERVER_PORT);

         while (true)
         {
            // Erzeugen eines Puffers
            byte[] b = new byte [128];
            DatagramPacket packet =
               new DatagramPacket (b, b.length);
            System.out.println ("Warten auf Daten ...");

            // Der Server verharrt in der MEthode receive() solange,
            // bis er ein Paket zugesendet bekommt
            socket.receive (packet);

            // Daten aus Paket extrahieren und ausgeben
            String message = new String (packet.getData(),
                             0, packet.getLength());
            System.out.println ("Nachricht empfangen: " + message);

            // Begrüßungsnachricht in Paket verpacken
            b = ("Hallo " + message).getBytes();
            System.out.println ("Sende Antwort: " + new String(b));
```

```
                // DatagramPaket erzeugen und darin die Antwort an den
                // Sender verpacken. Zudem muss in dem Paket die
                // IP-Adresse und der Port des Empfängers enthalten sein
                DatagramPacket response =
                    new DatagramPacket (b, b.length,
                        packet.getAddress(),
                        packet.getPort());

                // Paket an Client senden
                socket.send (response);
            }
        }
        catch (Exception e)
        {
            e.printStackTrace();
        }
    }
}
```

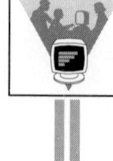

Eine mögliche Ausgabe des Programms ist:

```
Warten auf Daten ...
Nachricht empfangen: Kerstin Morgen
Sende Antwort: Hallo Kerstin Morgen
Warten auf Daten ...
```

Die Client-Anwendung erzeugt ebenfalls eine Instanz der Klasse DatagramSocket und sendet dann einen Text, der in einem Objekt der Klasse DatagramPacket verpackt wird, an den Server. Daraufhin wartet der Client, bis die Server-Anwendung die Antwort schickt. Falls das Antwortpaket verloren geht, verharrt der Client in der receive()-Methode der Klasse DatagramSocket und muss manuell beendet werden. Wird jedoch vor dem Aufruf von receive() mit der Methode set-SOTimeout() der Klasse DatagramSocket ein Timeout gesetzt, so wird von der receive()-Methode nach Ablauf des Timeouts eine Exception vom Typ Socket-TimeoutException geworfen.

Im Folgenden nun der Quellcode des Clients:

```
// Datei: UDPClient.java

import java.net.*;
import java.io.*;

public class UDPClient
{
    // Rechnername des Servers
    static final String SERVER_NAME = "localhost";

    // Port des Servers
    static final int SERVER_PORT = 10001;

    public static void main (String[] args)
    {
```

```
    try
    {
        // Erzeugen einer Socket
        DatagramSocket socket = new DatagramSocket();

        // Name in Paket verpacken
        byte[] name = "Kerstin Morgen".getBytes();
        DatagramPacket packet =
            new DatagramPacket (name, name.length,
                InetAddress.getByName (SERVER_NAME), SERVER_PORT);

        // Paket an Server senden
        socket.send (packet);

        // Puffer für Begrüßungsnachricht erzeugen
        byte[] b = new byte [128];
        packet.setData (b);
        packet.setLength (128);

        socket.setSoTimeout (5000);

        System.out.println
            ("Warten auf eine Antwort vom Server ...");

        // Paket empfangen
        socket.receive (packet);

        // Begrüßung extrahieren und anzeigen
        String message = new String (packet.getData (),
                                      0, packet.getLength ());
        System.out.println ("Nachricht empfangen: " + message);

        // Socket schliessen
        socket.close();
    }
    catch (SocketTimeoutException e)
    {
        // SocketTimeoutException wird von der Methode
        // receive() geworfen, nachdem mit der Methode
        // setSoTimeout() ein Timeout gesetzt wurde
        System.out.println (e.getMessage());
    }
    catch (Exception e)
    {
        e.printStackTrace();
    }
}
}
```

Eine mögliche Ausgabe des Programms ist:

```
Warten auf eine Antwort vom Server ...
Nachricht empfangen: Hallo Kerstin Morgen
```

24.3.3 Multicast in Java

Zuvor wurde die Kommunikation via Sockets als **Punkt-zu-Punkt-Verbindung** beschrieben, was auch als **Unicast** bezeichnet wird.

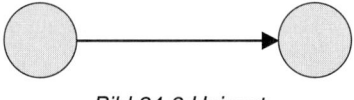

Bild 24-9 Unicast

Normalerweise wird diese Art der Kommunikation verwendet, um Daten zwischen Client und Server – also zwischen genau zwei Komponenten – auszutauschen. In einzelnen Fällen kann es aber auch nützlich sein, Daten bzw. Anfragen an mehrere Rechner gleichzeitig senden zu können. Hierzu wird ein **Broadcast** oder **Multicast** benötigt.

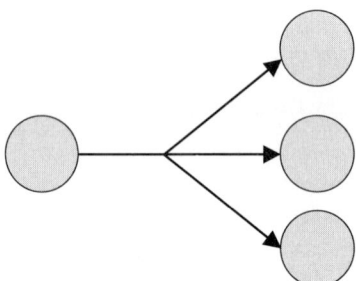

Bild 24-10 Multicast

Broadcast bedeutet, dass das gesendete Datenpaket **von allen Rechnern empfangen** wird, **Multicast** hingegen beschränkt sich auf eine **Gruppe von Empfängern**.

Eine Gruppe wird durch eine spezielle IP-Adresse spezifiziert. Es handelt sich hierbei um eine Klasse D-Adresse. IP-Netze werden in verschiedene Netzklassen unterteilt. Subnetze des Internets werden in die Klassen A, B und C aufgeteilt:

Klasse-A-Netz

Ein Klasse-A-Netz kann bis zu 16.7 Millionen Rechner enthalten. IP-Adressen des Klasse-A-Netzes umfassen den Bereich 0.x.x.x bis 127.x.x.x.

Klasse-B-Netz

Ein Klasse-B-Netz kann bis zu 65.000 Rechner umfassen. IP-Adressen des Klasse-B-Netzes umfassen den Bereich 128.0.x.x bis 191.255.x.x.

Klasse-C-Netz

Ein Klasse-C-Netz kann bis zu 254 Rechner umfassen. IP-Adressen des Klasse-C-Netzes umfassen den Bereich 192.0.0.x bis 223.255.255.x.

Das x in den oben abgedruckten IP-Adressbereichen kann dabei einen Wert zwischen 0 und 255 annehmen. Meistens werden Klasse-A und Klasse-B Netze in weitere Subnetze unterteilt.

Klasse D-Adressen liegen im Bereich 224.0.0.0 bis 239.255.255.255 und sind für einen Multicast reserviert. Der Bereich 224.0.0.0 bis 224.255.255.255 ist reserviert für den Austausch von Routing-Informationen. Multicast funktioniert auch über die Grenzen eines Teilnetzes hinweg, soweit die Router diesen Mechanismus unterstützen.

Verwendet wird ein Multicast zum Beispiel für firmenweite Updates oder zum Auffinden von Server-Anwendungen im Netzwerk (Look-up). Ein Multicast basiert auf UDP, was die schon zuvor erwähnten Nachteile mit sich bringt. Um einen Multicast zu verwenden, müssen verschiedene Schritte durchlaufen werden. Wie bei der Verwendung von UDP-Sockets wird die Klasse `DatagramPacket` zum Versenden der Daten verwendet. Der einzige Unterschied zu UDP-Sockets besteht darin, dass der Server zusätzlich der Multicast-Gruppe beitreten muss, was durch Aufruf der Methode `joinGroup()` erfolgt.

Im Folgenden soll ein einfacher **"Look-up"-Mechanismus** beschrieben werden. Ein Client, der einen Dienst sucht, schickt hierzu ein Paket via Multicast ins Netz. Die Server-Anwendung, die als erste auf dieses Paket antwortet, wird daraufhin zur weiteren Kommunikation verwendet.

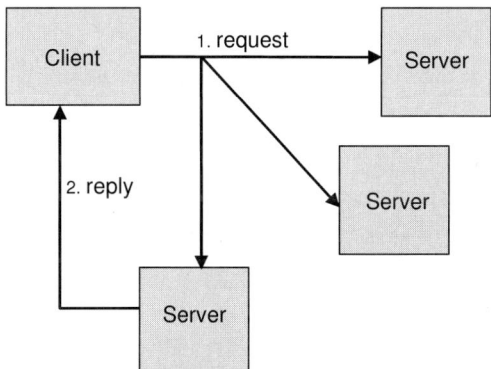

Bild 24-11 "Look-up"-Mechanismus zum Auffinden eines Servers im Netz

Die Server-Anwendung instantiiert die Klasse `MulticastSocket`, tritt einer Multicast-Gruppe bei (244.5.6.7) und wartet dann, bis eine Nachricht an diese Gruppe geschickt wird. Aus dem vom Client gesendeten Paket erhält der Server die Adresse des Clients, an welche er dann eine Antwort schickt. Im Folgenden der Quellcode des Servers:

```java
// Datei: MulticastServer.java

import java.net.*;
import java.io.*;

public class MulticastServer
{
```

```java
    // IP-Adresse der Gruppe
    public static final String GRUPPEN_ADRESSE = "224.5.6.7";
    // Port der Gruppe
    public static final int GRUPPEN_PORT = 6789;

    public static void main (String[] args)
    {
        try
        {
            // Erzeugen eines Puffers zum Empfang von Anfragen
            byte[] buffer = new byte[128];
            DatagramPacket packet =
                new DatagramPacket (buffer, buffer.length);

            InetAddress address =
                InetAddress.getByName (GRUPPEN_ADRESSE);

            // Erzeugen einer Socket
            MulticastSocket socket =
                new MulticastSocket (GRUPPEN_PORT);
            System.out.println ("MulticastSocket erzeugt ...");

            // Beitritt zur Multicast-Gruppe
            socket.joinGroup (address);
            System.out.println ("Der Gruppe beigetreten: " +
                GRUPPEN_ADRESSE + "/" + GRUPPEN_PORT);

            while (true)
            {
                System.out.println ("Warten auf Daten ...");

                // Empfang einer Anfrage
                socket.receive (packet);

                // Extraktion und Ausgabe der Anfrage
                String message = new String (packet.getData(),
                                        0, packet.getLength());
                System.out.println ("Nachricht empfangen: " +
                                    message + " von " +
                                    packet.getAddress ());

                // Beantworten der Anfrage
                message = "Hallo client!";
                DatagramPacket response = new DatagramPacket (
                        message.getBytes(), message.length(),
                        packet.getAddress(), packet.getPort());

                System.out.println ("Sende Antwort an Client ...");
                socket.send (response);
            }
        }
        catch (Exception e)
        {
            e.printStackTrace();
        }
    }
}
```

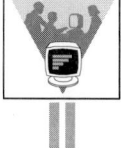

Eine mögliche Ausgabe des Programms ist:

```
MulticastSocket erzeugt ...
Der Gruppe beigetreten: 224.5.6.7/6789
Warten auf Daten ...
Nachricht empfangen: Hallo Server! von /192.168.0.141
Sende Antwort an Client ...
Warten auf Daten ...
```

Die Client-Anwendung schickt eine Anfrage an die Server-Gruppe und wartet daraufhin auf eine Antwort. Aus dem vom Server gesendeten Paket erhält der Client die Adresse des Servers, die dann für eine weitere Kommunikation verwendet werden kann. Im Folgenden der Quellcode des Clients:

```java
// Datei: MulticastClient.java

import java.net.*;
import java.io.*;

public class MulticastClient
{
   // IP-Adresse der Gruppe
   public static final String GRUPPEN_ADRESSE = "224.5.6.7";

   // Port der Gruppe
   public static final int GRUPPEN_PORT = 6789;

   public static void main (String[] args)
   {
      try
      {
         SocketAddress adresse =
            new InetSocketAddress (GRUPPEN_ADRESSE, GRUPPEN_PORT);

         byte[] message = ("Hallo Server!").getBytes();

         // Verpacken der Anfrage in ein Paket
         DatagramPacket packet =
            new DatagramPacket (message, message.length, adresse);

         // Erzeugen einer Socket und senden der Anfrage
         MulticastSocket socket = new MulticastSocket();
         socket.send (packet);

         // Erzeugen eines Puffers
         byte[] b = new byte [128];
         packet.setData (b);
         packet.setLength (b.length);

         // Empfang der Antwort
         socket.receive (packet);

         // Extrahieren der Antwort und Ausgabe der Informationen
         String response = new String (packet.getData(),
                                        0, packet.getLength());
```

```
        System.out.println ("Antwort empfangen: " +
                             response + " von " +
                             packet.getAddress());
        // Schliessen der Socket
        socket.close();
    }
    catch (Exception e)
    {
        e.printStackTrace();
    }
  }
}
```

Eine mögliche Ausgabe des Programms ist:

```
Antwort empfangen: Hallo client! von /192.168.0.141
```

Im Gegensatz zur Server-Anwendung muss der Client zum Senden eines Paketes an eine Multicast-Gruppe nicht dieser Gruppe beitreten, da es sich um eine so genannte **offene Gruppe** handelt.

24.4 Protokolle

Ein Protokoll ist ein Standardsatz von Regeln, die bestimmen, wie Computer miteinander kommunizieren. Protokolle beschreiben sowohl das zu verwendende Nachrichtenformat, als auch die Reihenfolge, in der die Nachrichten bestimmter Typen zwischen Computern ausgetauscht werden.

Wenn die Client-Anwendung eine größere Menge von Daten sendet, kann die Server-Anwendung nicht mehr voraussagen, wie viele Bytes ankommen werden. Um zu garantieren, dass die Server-Anwendung alle Daten liest, die der Client zusendet, muss dafür ein Protokoll definiert werden. Eine Möglichkeit besteht darin, das Ende der Daten durch ein bestimmtes Zeichen anzuzeigen, dem so genannten **Ende-Zeichen** oder Escape-Zeichen, welches vom Client dann an den Server gesendet wird, wenn der Client alle Nutzdaten übertragen hat. Der Server überprüft die vom Client erhaltenen Daten dahingehend, ob der Client das Ende-Zeichen gesendet hat. Ist dies der Fall, so weiß der Server, dass der Client nun mit der Datenübertragung fertig ist.

Das definierte Ende-Zeichen darf nicht in den Nutzdaten vorkommen, da sonst der Server vermutet, dass der Client das Ende-Zeichen gesendet hat, obwohl das vom Client übertragene Zeichen zu den Nutzdaten gehörte.

Eine weitere Variante, dem Server mitzuteilen, wie viele Daten vom Client gesendet werden, besteht darin, dass der Client im Voraus, d.h. im Kopf der Daten, die Anzahl der zu übertragenen Bytes angibt.

Im folgenden Beispiel wird nun ein Protokoll definiert, bei dem sich der Client und der Server auf ein Ende-Zeichen einigen. Der Client sendet also als erstes dem Server das Zeichen zu, das er als Ende-Zeichen gewählt hat. Daraufhin empfängt der Server so lange Daten vom Client, bis der Server vom Client das Ende-Zeichen empfangen hat.

Im Folgenden wird nun die Server-Anwendung `ExtendedTCPServer` vorgestellt:

```java
// Datei: ExtendedTCPServer.java

import java.net.*;
import java.io.*;

public class ExtendedTCPServer
{
    // Port des Servers
    public static final int PORT = 10001;
    // Empfangsbuffer-Größe
    private static final int BUFFER_SIZE = 100;

    public static void main (String[] args)
    {
        try
        {
            // Erzeugen der Socket
            ServerSocket socket = new ServerSocket (PORT);

            while (true)
            {
                System.out.println ("Warten auf Verbindungen ...");

                // Verbindung akzeptieren
                Socket client = socket.accept();

                System.out.println ("Verbindung aufgenommen ...");
                InputStream input = client.getInputStream();

                // Waren auf Daten ...
                while (input.available() == 0);

                // Buffer für das Ende-Zeichen
                byte[] escapeZeichen = new byte [1];

                // Als erstes sendet der Client sein Ende-Zeichen
                input.read (escapeZeichen);
                String esc = new String (escapeZeichen);
                System.out.println (esc + " ist das Ende-Zeichen");

                // Erzeugen des Puffers
                byte[] data = null;

                // Lesen der Daten
                while (true)
                {
                    data = new byte [BUFFER_SIZE];
```

```
            input.read (data);
            String daten = new String (data);
            // Leerzeichen am Anfang und Ende abschneiden
            daten = daten.trim();
            System.out.println ("Empfangene Daten: " + daten);

            // Enden die Empfangenen Daten mit dem Ende-Zeichen?
            if (daten.endsWith (esc))
            {
               break;
            }
         }
         System.out.println ("Alle Daten vom Client erhalten!");
         client.close();
      }
   }
   catch (Exception e)
   {
      System.out.println (e.getMessage());
      System.exit (1);
   }
   }
}
```

Die Ausgabe des Programms ist:

```
Warten auf Verbindungen ...
Verbindung aufgenommen ...
# ist das Ende-Zeichen
Empfangene Daten: Hallo Server, hier sind die Daten,
      auf die du gewartet hast . . .
      1011000001001011000100111000110011001
Empfangene Daten: 0011001001101 Alle Nutzdaten hast du
      erhalten.#
Alle Daten vom Client erhalten!
Warten auf Verbindungen ...
```

An der Ausgabe der Server-Anwendung ist zu erkennen, dass der Client dem Server als Erstes das ASCII-Zeichen # als Ende-Zeichen zugesendet hat. Der Server hat sich intern dieses Zeichen gemerkt und überprüft nun die empfangenen Daten, ob das Ende-Zeichen enthalten ist. Ist dies der Fall, so beendet der Server die Kommunikation mit dem Client – er weiß ja nun, dass der Client alle Nutzdaten gesendet hat – und geht wieder in Wartestellung.

Im Folgenden soll die Client-Anwendung ExtendedTCPClient betrachtet werden:

```
// Datei: ExtendedTCPClient.java

import java.net.*;
import java.io.*;

public class ExtendedTCPClient
{
   // Port der Serveranwendung
   public static final int SERVER_PORT = 10001;
```

```
// Rechnername des Servers
public static final String SERVER_HOSTNAME = "localhost";
public static void main (String[] args)
{
    if (args.length != 1)
    {
        System.out.println (
            "Aufruf: java TCPClient2 <ESC-Zeichen>");
        System.exit (1);
    }
    if (args [0].length() != 1)
    {
        System.out.println ("Das Escape-Zeichen muss aus" +
                            "einem einzelnen Zeichen bestehen.");
        System.exit (1);
    }
    try
    {
        // Erzeugen der Socket und Aufbau der Verbindung
        Socket socket = new Socket (
            SERVER_HOSTNAME, SERVER_PORT);

        System.out.println ("Verbunden mit Server: " +
            socket.getRemoteSocketAddress());

        OutputStream output = socket.getOutputStream();

        // Escape-Zeichen senden, das über
        // die Kommandozeile eingegeben wurde
        output.write (args [0].getBytes());

        // Begrüßeungsnachricht erstellen ...
        String nachricht =
            "Hallo Server, hier sind die Daten,"+
            " auf die du gewartet hast ...";

        // und senden ...
        output.write (nachricht.getBytes());

        byte[] data = new byte [50];

        // Nutzdaten generieren
        for (int i = 0; i < data.length; i++)
        {
            // Zufällig 0 oder 1 generieren
            int rand = (int) (Math.random() * 10);

            data [i] = (rand > 5) ? (byte) '1' : (byte) '0';
        }

        // Nutzdaten senden
        output.write (new String (data).getBytes());

        // Endenachricht senden mit Ende-Zeichen
        nachricht = " Alle Nutzdaten hast du erhalten." + args [0];

        output.write (nachricht.getBytes());
```

```
        System.out.println (
           "Fertig mit dem Senden der Nachrichten ...");
        // Beenden der Kommunikationsverbindung
        socket.close();
     }
     catch (UnknownHostException e)
     {
        // Wenn Rechnername nicht bekannt ist ...
        System.out.println ("Rechnername unbekannt:\n" +
                            e.getMessage());
     }
     catch (IOException e)
     {
        // Wenn die Kommunikation fehlschlägt
        System.out.println ("Fehler während der Kommunikation:\n" +
                            e.getMessage());
     }
   }
}
```

Der Aufruf des Clients war:

```
java ExtendedTCPClient #
```

Die Ausgabe des Programms ist:

```
Verbunden mit Server: localhost/127.0.0.1:10001
Fertig mit dem Senden der Nachrichten ...
```

Der Client-Anwendung wurde beim Aufruf das ASCII-Zeichen # als Ende-Zeichen übergeben. Dieses Zeichen wird für die Kommunikations-Beendigung benutzt.

Eine andere Möglichkeit, das Ende des Datenstroms anzuzeigen, verwendet HTTP (**H**yper**T**ext **T**ransfer **P**rotocol). Hier wird im Kopf der Daten die Anzahl der nachfolgenden Bytes angegeben. Zusätzlich legt dieses Protokoll fest, dass die Client-Anwendung eine Verbindung aufbaut, eine Anfrage schickt und die Server-Anwendung, nachdem sie die angeforderten Daten geschickt hat, die Verbindung auch wieder beendet.

Selbst definierte Protokolle können je nach Anwendung sehr einfach, aber auch sehr komplex sein. Zum Beispiel wäre es möglich, im Protokoll die auszuführenden Methoden mit den zu übergebenden Parametern anzugeben. Auf diese Weise könnten direkt Methoden in Objekten auf entfernten Rechnern ausgeführt werden. Diese Art der Kommunikation wird zum Beispiel von RMI verwendet, das im nächsten Kapitel näher beschrieben wird.

Kapitel 25

Remote Method Invocation

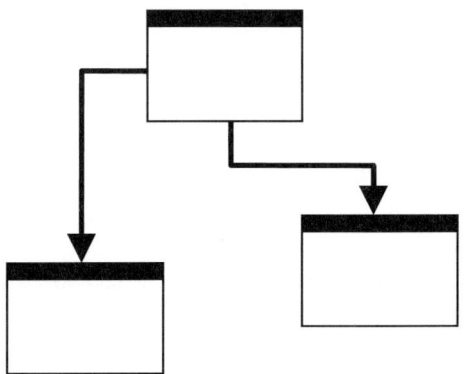

25.1 Die Funktionsweise von RMI
25.2 Entwicklung einer RMI-Anwendung
25.3 Ein einfaches Beispiel
25.4 Object by Value und Object by Reference
25.5 Verwendung der RMI-Codebase
25.6 Häufig auftretende Fehler und deren Behebung

25 Remote Method Invocation

Wie in Kapitel 24 gezeigt, kann die Kommunikation zwischen Anwendungsmodulen auf verschiedenen Rechnern mit Hilfe von Sockets erfolgen. Für größere Anwendungen kann diese Art des Nachrichtenaustauschs einen relativ großen Implementierungsaufwand bedeuten. Ein weiterer Nachteil besteht darin, dass der Compiler eine Überprüfung der Aufruf-Schnittstelle nicht durchführen kann, da nur ein Strom von Bytes übertragen wird. Eine Abhilfe schafft hier **RMI (Remote Method Invocation)**, das unter Java eine weitere Kommunikationsmöglichkeit zwischen Programmen auf verschiedenen Rechnern zur Verfügung stellt. RMI weist die folgenden wesentlichen Eigenschaften auf:

Methodenaufrufe über Rechnergrenzen

Methoden von Objekten können auch aufgerufen werden, wenn sich ein Objekt in einer anderen virtuellen Maschine oder sogar auf einem anderen Rechner befindet.

Ortstransparenz von Objekten

Bei der Entwicklung eines Systems, das RMI zur Kommunikation verwendet, muss während der Implementierung keine Rücksicht auf die Verteilung genommen werden. Der Programmierer sieht keinen wesentlichen Unterschied zwischen einem direkten Methodenaufruf oder einem Aufruf über RMI.

Object by Reference/Object by Value

RMI bietet die Möglichkeit, ein Objekt auf einen anderen Rechner zu schieben, wodurch es möglich wird, Daten und Anwendungslogik in einem Netz auszutauschen. Es kann auch eine Referenz auf ein Objekt an ein anderes Objekt übergeben werden, wodurch ein **Callback**[242] ermöglicht wird.

Beachten Sie, dass RMI eine Java-spezifische Lösung ist, die nicht zur Kommunikation mit Programmen verwendet werden kann, die in anderen Programmiersprachen – wie zum Beispiel in C – geschrieben wurden.

25.1 Die Funktionsweise von RMI

Java ermöglicht es, Methoden von Objekten aufzurufen, die in derselben virtuellen Maschine instantiiert wurden. Hierzu wird nur die Referenz auf ein Objekt benötigt.

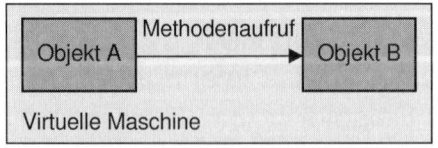

Bild 25-1 Lokaler Methodenaufruf

---

[242] Bei einem Callback-Mechanismus wird an ein Empfänger-Objekt die Referenz des Sender-Objektes übergeben. Damit ist das Empfänger-Objekt in der Lage, sich beim Sender-Objekt zu melden, d.h. einen Rückruf (Callback) auszuführen.

RMI erweitert den lokalen Methodenaufruf dahingehend, dass ein Methodenaufruf über die Grenze der virtuellen Maschine bzw. über die Rechnergrenze hinweg erfolgen kann.

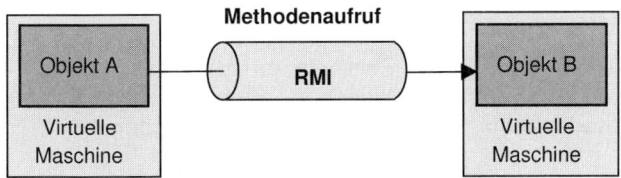

Bild 25-2 Entfernter Methodenaufruf

Das Objekt, in dem über RMI Methoden ausgeführt werden, wird **Server-Objekt** bzw. **Remote-Objekt** genannt. Das Server-Objekt bietet hierbei einen Dienst an, der von einem Client genutzt wird.

25.1.1 Die Architektur von RMI

Wie andere Arten der Netzwerk-Kommunikation ist auch die Architektur von RMI in einem Schichtenmodell aufgebaut. Bild 25-3 zeigt die Architektur von RMI.

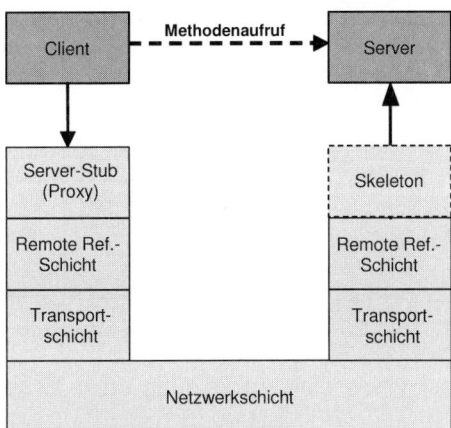

Bild 25-3 Die Architektur von RMI

Beim Aufruf einer Methode eines Remote-Objektes werden mehrere Schichten durchlaufen. Der Client ruft die Methode, die im Server-Objekt ausgeführt werden soll, nicht direkt auf diesem Objekt auf, sondern die Methode wird zuerst auf einem **Stellvertreter-Objekt (Proxy)**, dem so genannten **Server-Stub** aufgerufen. Der Methodenaufruf wird dann über die Remote Reference-Schicht auf der Client-Seite, wo das Server-Objekt adressiert wird (IP-Adresse und Port des Server-Objektes) und über die Transportschicht über das Netz geleitet. Auf der Seite des Servers wird der vom Client getätigte Methodenaufruf über die Transport-Schicht an die Remote Reference-Schicht weitergeleitet. In der Remote Reference-Schicht des Servers ist die Logik implementiert, die dafür benötigt wird, einen Methodenaufruf eines Clients an das Server-Objekt weiterzuleiten. Mit anderen Worten, es gibt keinen Vermittler zwischen der Remote Reference-Schicht und dem eigentlichen Server-Objekt, sondern in der Remote Reference-Schicht ist eine Referenz auf das Server-Objekt hinterlegt und es können von dort aus direkt Aufrufe auf diesem Objekt durchgeführt werden. Ist die Methode abgearbeitet, wird der Rückgabewert über denselben Weg zurücktransportiert und an den Client übergeben.

Bis zur Java-Version 1.1 befand sich zwischen der Remote Reference-Schicht und dem Server-Objekt auf der Server-Seite ein so genannter Skeleton, was wiederum ein Stellvertreter des Server-Objektes war. Seine Aufgabe bestand darin, den eigentlichen Methodenaufruf auf dem Server-Objekt auszuführen.

Da der Client immer die Methoden im lokalen Stellvertreter, dem Server-Stub, aufruft, muss der Entwickler eines solchen Systems nichts über die Netzwerk-Kommunikation selbst wissen. Damit der lokale Stellvertreter des Server-Objektes dieselben Methoden wie auch das Server-Objekt selbst enthält, implementieren beide die gleiche Schnittstelle. Diese Schnittstelle wird **Remote-Schnittstelle** genannt und beschreibt die vom Server im Netz angebotenen Methoden. Bild 25-4 zeigt nochmals den Aufruf einer Methode des Servers.

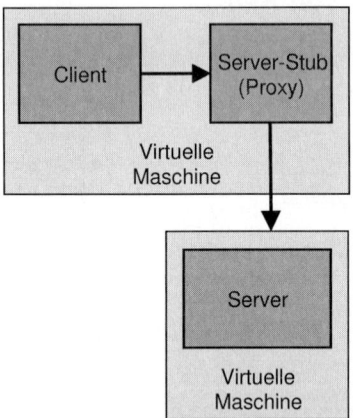

Bild 25-4 Methodenaufruf im Server

Das folgende Kapitel zeigt, wie eine Anwendung unter Verwendung von RMI entwickelt wird.

25.2 Entwicklung einer RMI-Anwendung

Ein Server-Objekt kann Methoden anbieten, die nur lokal, d.h. in derselben virtuellen Maschine, genutzt werden können, aber auch Methoden, die von jedem entfernten Client – also remote – aufgerufen werden können. Unbenommen davon ist die Tatsache, dass Methoden, die remote aufgerufen werden können, durchaus auch von Objekten innerhalb derselben Virtuellen Maschine aufrufbar sind.

Dieser Umstand, dass Methoden für einen entfernten Aufruf bereitgestellt werden müssen, hat zur Konsequenz, dass sich der Entwickler eines RMI-Servers entscheiden muss, welche der Methoden remote angeboten werden sollen und welche nicht. Für die lokal angebotenen Methoden kann der Entwickler eine Schnittstelle definieren, – eine so genannte **lokale Schnittstelle** – was aber nicht zwingend erforderlich ist. Für die remote anzubietenden Methoden muss jedoch zwingend eine Schnittstelle, die so genannte **Remote-Schnittstelle**, definiert werden.

Die Remote-Schnittstelle beschreibt das vom Server netzwerk-weit angebotene Protokoll. Mit anderen Worten, für alle in einer Remote-Schnittstelle deklarierten Methoden stellt die Server-Klasse eine Implementierung bereit und ein Client kann die Methoden über den Server-Stub als dessen Stellvertreter aufrufen.

25.2.1 Entwicklungsprozess des RMI-Servers

In Bild 25-5 ist der Entwicklungsprozess eines RMI-Servers dargestellt:

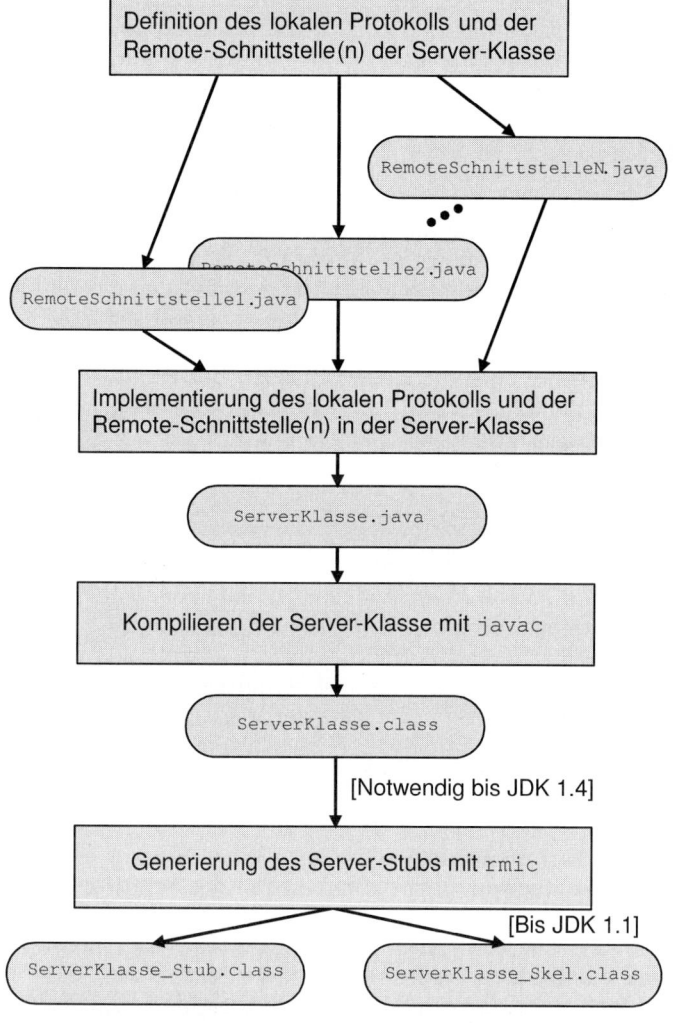

Bild 25-5 Entwicklung des Servers

Es sind somit folgende Schritte notwendig, um einen lauffähigen Server zu erstellen:

- Im ersten Schritt müssen das Remote-Protokoll und ggf. das lokale Protokoll definiert werden. Diese Protokolle – lokal und remote – resultieren in Java-Schnittstellen, welche dann von der Server-Klasse implementiert werden müssen.
- Der nächste Schritt besteht darin, die Server-Klasse zu schreiben, wobei alle Schnittstellen des lokalen und Remote-Protokolls implementiert werden müssen. Der Server stellt damit eine Implementierung des Protokolls bereit.
- Abschließend wird die Server-Klasse mit dem Java-Compiler übersetzt. Resultat davon ist, dass für die Server-Klasse und für alle Klassen, von der sie abhängt, eine `class`-Datei erzeugt wird. Somit werden auch die Quelldateien der Schnittstellen, in denen das lokale und das Remote-Protokoll definiert sind, mit übersetzt.

Wird ein JDK der Version 5.0 oder höher eingesetzt, so ist man nach der Übersetzung der Server-Klasse fertig. Der Entwicklungsprozess der Server-Anwendung ist also identisch zu der Entwicklung einer herkömmlichen Java-Anwendung. Sollen jedoch von der Server-Anwendung Clients unterstützt werden, für deren Erzeugung und Ausführung eine JDK-Version kleiner 5.0 eingesetzt wird, so muss der letzte Schritt des Server-Entwicklungsprozesses ebenfalls durchgeführt werden:

- Mit Milfe des RMI-Compilers `rmic`, der ebenfalls im JDK enthalten ist, muss der Stellvertreter für die Server-Klasse – also die Stub-Klasse – generiert werden. Der Aufruf von `rmic` erfolgt dabei auf der `class`-Datei der Server-Klasse. Die damit explizit durch den Programmierer generierte Stub-Klasse kapselt dann das Remote-Protokoll, welches ein RMI-Client bis zur JDK-Version 1.4 für die Kommunikation mit einem RMI-Server benötigt. Dabei kümmert sich die Stub-Klasse um die Kommunikationsprotokolle der tieferen Ebenen wie zum Beispiel TCP/IP, die automatisch durch die entsprechenden Klassen der RMI-API eingebunden werden. Wird zudem die JDK-Version 1.1 eingesetzt, so erzeugt der Aufruf von `rmic` zusätzlich die bis dahin benötigte Skeleton-Klasse, die als Stellvertreter auf der Server-Seite benötigt wurde.

Wird der RMI-Compiler ohne Angabe von Optionen aufgerufen, so wird eine Stub-Klasse generiert, welche das JRMP (**J**ava **R**emote **M**ethod **P**rotocol) in der Version 1.2 implementiert. Sollen Clients unterstützt werden, die mit der Protokoll-Version 1.1 arbeiten – RMI-Clients, welche mit dem JDK 1.1 kompiliert und ausgeführt werden – so muss beim Aufruf von `rmic` die Option `vcompat` angegeben werden. Es wird damit eine Stub-Klasse und eine Skeleton-Klasse generiert, sodass Clients beider Protokoll-Versionen – 1.1 und 1.2 – zum Einsatz kommen können.

Der RMI-Compiler generiert aus der Server-Klasse eine temporäre Quellcode-Datei für die Stub-Klasse mit dem Namen `<ServerClassName>_Stub.java`, die übersetzt und anschließend wieder gelöscht wird. Wird der RMI-Compiler nun mit der Option `keep` aufgerufen, so wird die autogenerierte Stub-Quellcode-Datei nach dem Kompilieren nicht gelöscht und es kann daran studiert werden, was `rmic` "im Verborgenen" beim Generieren der Stub-Klasse anstellt.

Der zuletzt beschriebene Schritt ist – wie zuvor gesagt – nur notwendig, wenn der Server auch Clients bedienen soll, die mit einem JDK 1.4 oder niedriger entwickelt und ausgeführt werden. Der Grund dafür ist, dass seit der JDK-Version 5.0 die Stub-Klassen dynamisch vom Laufzeitsystem generiert werden.

Versucht ein RMI-Client, der mit einer JDK-Version kleiner 5.0 erstellt wurde, ein Objekt einer dynamisch generierten Stub-Klasse als Server-Stellvertreter zu laden, so resultiert dieses Vorhaben in einer `ClassNotFoundException`. Der Grund dafür ist, dass die dynamisch generierte Stub-Klasse intern die Klasse `RemoteObjectInvocationHandler` verwendet, die erst seit der Version 5.0 im JDK enthalten ist.

Vorsicht!

25.2.2 Entwicklungsprozess des RMI-Clients

Die Entwicklung des Clients unterscheidet sich nicht von der Entwicklung einer herkömmlichen Java-Anwendung – egal welche JDK-Version verwendet wird. Es müssen somit folgende Schritte durchgeführt werden:

- Im ersten Schritt wird die Client-Klasse implementiert. Der Client verschafft sich eine Referenz auf den Server-Stellvertreter. Dabei ist darauf zu achten, dass die Referenzvariable vom Typ der Remote-Schnittstelle ist.

Implementiert die Server-Klasse die Schnittstelle `RemInterface`, wodurch das Remote-Protokoll des RMI-Servers spezifiziert wird, so muss der Client für die Abspeicherung der Referenz auf das Stub-Objekt als Server-Stellvertreter eine Referenzvariable vom Typ der Remote-Schnittstelle – in diesem Fall also vom Typ `RemInterface` – verwenden.

- Im zweiten Schritt wird der Client – wie ein herkömmliches Java-Programm auch – mit dem Java-Compiler `javac` übersetzt. Die daraus generierte `class`-Datei ist nun bereit für die Ausführung.

In Bild 25-6 ist der Entwicklungsprozess eines Clients nochmals grafisch dargestellt.

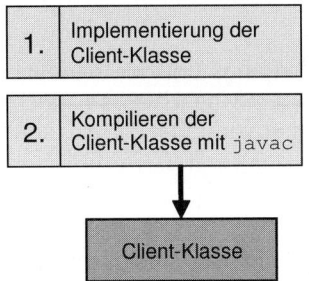

Bild 25-6 Entwicklung des Clients

25.2.3 Starten und Ausführen einer RMI-Anwendung

Um eine RMI-Anwendung auszuführen, müssen drei Schritte durchlaufen werden. Als erstes muss man einen Namensdienst, die so genannte RMI-Registry, starten. Danach muss sich der RMI-Server an diesem Namensdienst anmelden und das Server-Objekt darin unter einem festen Namen registrieren. Im letzten Schritt beschafft sich ein Client über den Namensdienst eine Referenz auf ein Objekt der Stub-Klasse und kann auf diesem Server-Stellvertreter-Objekt die Methoden des Servers aufrufen. Diese drei Schritte werden in den folgenden Kapiteln näher betrachtet.

25.2.3.1 Starten der RMI-Registry

Damit ein RMI-Client mit einer RMI-Server-Anwendung kommunizieren kann, muss der Client vom Server-Rechner, auf der die RMI-Server-Anwendung installiert ist, als erstes ein Objekt der Stub-Klasse beschaffen, damit er auf dem Stellvertreter-Objekt quasi lokal die Methoden des Servers aufrufen kann. Es muss also auf dem Server-Rechner ein Dienst verfügbar sein, an den sich der Client wenden kann, um eine Instanz der Stub-Klasse zu erhalten. Dieser Dienst wird von der **RMI-Regsitry** bereitgestellt. Sie wird gestartet, indem in einer Konsole das Programm `rmiregistry` aufgerufen wird, das sich im `bin`-Verzeichnis des JDK befindet. Die gestartete RMI-Registry stellt nun einen einfachen Namensdienst bereit, der sowohl vom Server als auch vom Client über die statischen Methoden der Klasse `java.rmi.Naming` in Anspruch genommen werden kann.

25.2.3.2 Binden des Server-Objektes

Die Server-Anwendung bindet nun beim Start eine Instanz des Server-Objekts unter einen festen Namen – dem so genannten **Service-Namen des Servers** – an die RMI-Registry. Mit anderen Worten, die RMI-Registry besitzt nach der Bindung eines Server-Objektes eine Referenz auf dieses Objekt und kann auf Wunsch – das heißt bei einer Anfrage von einem Client – einen Stellvertreter des Server-Objekts an den Client senden. Der Vorgang, bei dem sich ein RMI-Server bei der RMI-Regsitry registriert, wird als **"Binden" des Servers** bezeichnet. Das Binden des Server-Objektes an die RMI-Registry erfolgt über die Klassemethode `bind()` der Klasse `java.rmi.Naming`. Ihr wird der Service-Name als String und eine Referenz auf das Server-Objekt übergeben. Die RMI-Registry bindet dann aber nicht das übergebene Server-Objekt, sondern instantiiert die Stub-Klasse und bindet stattdessen das erzeugte Stellvertreter-Objekt.

Der genaue Ablauf dieses Vorgangs und wie dafür die Klasse `java.rmi.Naming` eingesetzt wird, ist in Kapitel 25.3 beschrieben. Wichtig ist jedoch, dass die RMI-Registry auf demselben Rechner verfügbar ist, auf dem die Server-Anwendung läuft.

25.2.3.3 Lookup des Clients

Nachdem die Server-Anwendung eine Instanz des Stellvertreter-Objektes an die RMI-Registry unter einem eindeutigen Service-Namen gebunden hat, kann sich der Client über diesen Namen eine Referenz auf das Stellvertreter-Objekt beschaffen. Über das Stellvertreter-Objekt, das der Client referenziert, besitzt dieser dann quasi eine entfernte Referenz auf das eigentliche Server-Objekt, die so genannte **Remote-**

Referenz. Dieser Vorgang, bei dem sich ein Client eine Referenz auf den Server-Stellvertreter beschafft, wird als "**Look-up**" bezeichnet. Es wird dafür die Klassenme-thode `lookup()` der Klasse `java.rmi.Naming` verwendet. Über die Remote-Refe-renz auf das Server-Objekt kann nun der Client den angebotenen Dienst des RMI-Servers in Anspruch nehmen.

Bild 25-7 zeigt nochmals den gesamten Vorgang vom Start der RMI-Registry bis zum Aufrufen einer Methode des Servers durch den Client.

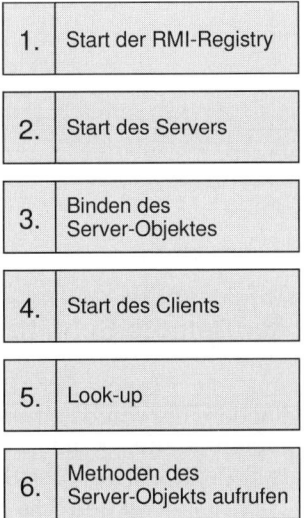

1.	Start der RMI-Registry
2.	Start des Servers
3.	Binden des Server-Objektes
4.	Start des Clients
5.	Look-up
6.	Methoden des Server-Objekts aufrufen

Bild 25-7 Ablauf der Client/Server-Kommunikation

25.3 Ein einfaches Beispiel

Im Folgenden soll nun anhand eines einfachen Beispiels gezeigt werden, wie die RMI-API verwendet wird. Dabei werden ein RMI-Server und ein Client entwickelt, wobei der Client einen String durch Aufruf einer Methode des Servers an diesen sendet. Der Server gibt den empfangenen Text dann in der Konsole der Server-Anwendung aus.

In Bild 25-8 ist das Klassendiagramm der Beispiel-Anwendung zu sehen. Die Schnittstelle `RMIServer` ist von der Schnittstelle `Remote` abgeleitet und bildet somit die Remote-Schnittstelle des Servers. Das Server-Objekt `RMIServerImpl` ist von der Klasse `UnicastRemoteObject` abgeleitet und implementiert die Remote-Schnittstelle. Die Klasse `RMIClient` stellt den Client dar und enthält eine Remote-Referenz auf das Server-Objekt. Da zum Ausführen von Methoden im Server-Objekt immer die Remote-Schnittstelle verwendet wird, assoziiert `RMIClient` die Schnittstelle `RMIServer`.

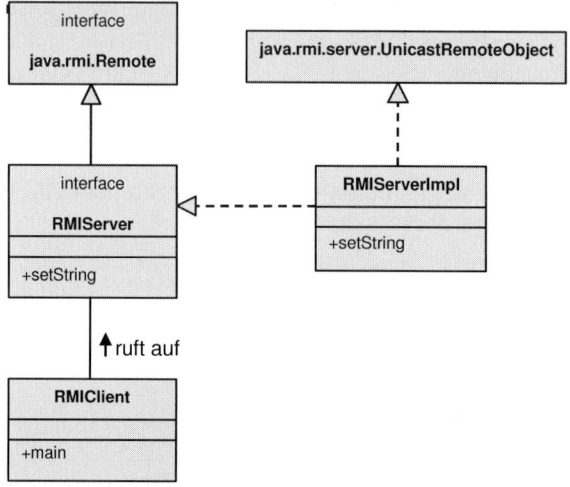

Bild 25-8 Klassendiagramm der Anwendung

25.3.1 Implementierung der Remote-Schnittstelle

Der erste Schritt besteht darin, die Remote-Schnittstelle zu definieren. Diese Schnittstelle beschreibt die Methoden, die von einem Programm auf einem anderen Rechner aus im Server aufgerufen werden können. Im Gegensatz zu normalen Schnittstellen muss die Remote-Schnittstelle von der Schnittstelle `Remote`, die sich im Paket `java.rmi` befindet, abgeleitet werden. Die Schnittstelle `Remote` enthält keine Methoden und dient lediglich der Markierung, sodass die Methoden in den von ihr abgeleiteten Schnittstellen remote aufgerufen werden können – sie ist also eine Marker-Schnittstelle. Außerdem muss bei allen deklarierten Methoden angegeben werden, dass diese eine `RemoteException` werfen können. Diese Exception kann geworfen werden, wenn ein Fehler bei der Kommunikation zwischen Client und Server auftritt.

Sollen an die deklarierten Methoden der Remote-Schnittstelle – also an die Methoden, die auf dem entfernten Server-Objekt aufgerufen werden können – selbst definierte Referenztypen – also Objekte von Klassen – übergeben werden oder gibt die Methode einen selbst definierten Referenztyp zurück, so muss sichergestellt sein, dass die entsprechenden Klassen:

- entweder dafür sorgen, dass deren Instanzen serialisierbar

- oder deren Instanzen Remote-Objekte sind.

Wie Objekte von Klassen die Serialisierbarkeit erlangen oder zu Remote-.Objekten werden, wird in Kapitel 25.4 ausführlich beschrieben. Einige Klassen der Java-Klassenbibliothek erfüllen jedoch schon diese Forderungen – wie beispielsweise die Klasse `String`. Somit können Referenzen auf Objekte dieser Klassen als Übergabeparameter oder Rückgabewert einer Methode der Remote-Schnittstelle dienen.

Werden hingegen an die Methoden primitive Datentypen übergeben oder liefern diese Werte eines primitiven Typs zurück, so muss nichts weiter beachtet werden.

Der folgende Code zeigt die Remote-Schnittstelle des Servers:

```
// Datei: RMIServer.java

import java.rmi.*;

public interface RMIServer extends Remote
{
   // Methode des Servers, die remote ausgeführt werden kann
   void setString (String str) throws RemoteException;
}
```

25.3.2 Implementierung der Server-Klasse

Die Server-Klasse selbst muss die Remote-Schnittstelle, das heißt die Remote-Methoden, implementieren. Damit die Server-Klasse als Remote-Objekt verwendet werden kann, wird sie in der Regel von der Klasse UnicastRemoteObject des Paketes java.rmi.server abgeleitet. Im Konstruktor der Basisklasse Unicast-RemoteObject wird das Server-Objekt zum Remote-Objekt gemacht, wodurch es ankommende Aufrufe akzeptieren kann. Da bei diesem Vorgang Netzwerkfehler auftreten können, muss auch beim Konstruktor angegeben werden, dass eine RemoteException geworfen werden kann.

Um das Server-Objekt an der RMI-Registry anzumelden, wird die Klassenmethode bind() bzw. rebind() der Klasse Naming des Paketes java.rmi aufgerufen. Der Unterschied zwischen bind() und rebind() besteht darin, dass das Server-Objekt mit bind() nur einmal angemeldet werden kann. Wird erneut versucht, dieses Objekt anzumelden, so wird von der RMI-Registry eine Exception vom Typ AlreadyBoundException geworfen. rebind() hingegen überschreibt eine bereits unter diesem Namen bestehende Anmeldung. Als erster Parameter ist bei bind() bzw. rebind() die URL des Servers anzugeben. Die URL hat das folgende Format:

```
rmi://Hostname/ServiceName
```

rmi ist das zu verwendende Protokoll. Hostname ist der Name des Rechners, auf welchem die RMI-Registry gestartet wurde. Da die RMI-Registry immer auf demselben Rechner gestartet wird, auf dem auch das Server-Objekt zu finden ist, kann hier immer localhost angegeben werden. Wird wie im folgenden Beispiel kein Name verwendet, dann wird automatisch localhost eingesetzt. ServiceName gibt den Namen des Server-Objektes an, unter welchem der Client dann dieses ansprechen kann. Dieser Name kann frei gewählt werden. Um ein Objekt aus der RMI-Registry zu entfernen, wird die Klassenmethode unbind() ausgeführt:

```
Naming.unbind (URL);
```

Die URL ist dieselbe, die auch bei bind() bzw. unbind() zur Registrierung des Server-Objektes verwendet wurde. Der folgende Code zeigt die Implementierung der Server-Klasse:

```java
// Datei: RMIServerImpl.java

import java.rmi.*;
import java.rmi.server.*;
import java.net.*;

public class RMIServerImpl extends UnicastRemoteObject
                           implements RMIServer
{
    private static final String HOST = "localhost";
    private static final String SERVICE_NAME = "RMI-Server";

    public RMIServerImpl() throws RemoteException
    {
        String bindURL = null;
        try
        {
            bindURL = "rmi://" + HOST + "/" + SERVICE_NAME;
            Naming.rebind (bindURL, this);
            System.out.println (
                "RMI-Server gebunden unter Namen: "+ SERVICE_NAME);
            System.out.println ("RMI-Server ist bereit ...");
        }
        catch (MalformedURLException e)
        {
            System.out.println ("Ungültige URL: " + bindURL);
            System.out.println (e.getMessage());
            System.exit (1);
        }
    }

    // Die in der Remote-Schnittstelle RMIServer deklarierte Methode
    // setString() muss in der Server-Klasse implementiert werden
    public void setString (String s) throws RemoteException
    {
        System.out.println ("Nachricht vom Client erhalten: " + s);
    }

    public static void main (String[] args)
    {
        try
        {
            new RMIServerImpl();
        }
        catch (RemoteException e)
        {
            System.out.println
                ("Fehler während der Erzeugung des Server-Objekts");
            System.out.println (e.getMessage());
            System.exit (1);
        }
    }
}
```

Um ein Objekt zum Remote-Objekt zu machen, kann die Server-Klasse wie im obigen Beispiel von UnicastRemoteObject abgeleitet werden. Eine andere Möglichkeit besteht darin, die Klassenmethode `exportObject()` der Klasse `Unicast-RemoteObject` auszuführen, z.B.:

```
UnicastRemoteObject.exportObject (this);
```

Dies ermöglicht es, dass die Server-Klasse von einer anderen Klasse abgeleitet werden kann. Ein weiterer Vorteil kann darin bestehen, dass das Objekt nicht automatisch beim Instanziieren zum Remote-Objekt wird. Soll ein Objekt nicht mehr remote ansprechbar sein, kann die Klassenmethode `unexportObject()` aufgerufen werden:

```
UnicastRemoteObject.unexportObject (this, true);
```

Der zweite Parameter gibt an, ob das Objekt sofort entfernt werden soll, auch wenn noch RMI-Aufrufe ausgeführt werden.

25.3.3 Implementierung des RMI-Clients

Als nächstes wird der Client implementiert. Hierbei ist darauf zu achten, dass ausschließlich die Remote-Schnittstelle zum Aufruf von Methoden des Servers verwendet werden kann. Der Client erhält die Remote-Referenz des Servers durch Aufruf der Klassenmethode `lookup()` der Klasse `Naming`. Auch hierbei wird eine URL zum Auffinden des Servers verwendet. Wichtig ist hierbei, dass der Rechnername den Rechner bezeichnet, auf dem sich die RMI-Registry befindet, in der das Server-Objekt gebunden wurde. Im folgenden Beispiel wird `localhost` verwendet, da beide Programme auf demselben Rechner laufen. Der Client erhält von der Methode `lookup()` als Rückgabe eine Referenz vom Typ `Remote`, die dann auf die Remote-Schnittstelle gecastet wird. Hier der Code des Clients:

```java
// Datei: RMIClient.java

import java.rmi.*;
import java.net.*;

public class RMIClient
{
    private static final String HOST = "localhost";
    private static final String BIND_NAME = "RMI-Server";

    public static void main (String[] args)
    {
        try
        {
            String bindURL = "rmi://" + HOST + "/" + BIND_NAME;
            RMIServer server = (RMIServer) Naming.lookup (bindURL);
            System.out.println
                        ("Remote-Referenz erfolgreich erhalten.");
            System.out.println ("Server ist gebunden an: " + bindURL);

            // setString() des Server-Objektes aufrufen
            server.setString ("Hallo Server");
            System.out.println
                ("Methode setString() des Servers aufgerufen");
        }
```

```
      catch (NotBoundException e)
      {
         // Wenn der Server nicht registriert ist ...
         System.out.println ("Server ist nicht gebunden:\n" +
                                  e.getMessage());
      }
      catch (MalformedURLException e)
      {
         // Wenn die URL falsch angegeben wurde ...
         System.out.println ("URL ungültig:\n" + e.getMessage());
      }
      catch (RemoteException e)
      {
         // Wenn während der Kommunikation ein Fehler auftritt
         System.out.println ("Fehler während Kommunikation:\n" +
                                  e.getMessage());
      }
   }
}
```

25.3.4 Starten der gesamten RMI-Anwendung

Um das Programm zu starten, sind mehrere Schritte notwendig. Es ist darauf zu achten, dass alle Quelldateien im selben Verzeichnis liegen. Zuerst werden alle Klassen kompiliert. Dies geschieht durch den Aufruf:

```
javac *.java
```

Dabei werden die Dateien `RMIClient.class`, `RMIServer.class` und `RMIServerImpl.class` erzeugt. Es sei hier nochmals angemerkt, dass mit Hilfe der RMI-Compilers `rmic` nur dann zusätzlich die Stub-Klasse generiert werden muss, wenn Clients mit einer JDK-Version kleiner 5.0 vom RMI-Server bedient werden sollen. Ist dies der Fall, so muss der Aufruf folgendermaßen erfolgen:

```
rmic RMIServerImpl
```

Dieser Aufruf erzeugt dann die `class`-Datei `RMIServerImpl_Stub.class`. Anschließend muss die RMI-Registry durch den Befehl

```
rmiregistry
```

gestartet werden. Es ist darauf zu achten, dass diese aus dem Verzeichnis gestartet wird, in welchem sich auch die Klassen der Anwendung befinden. Die RMI-Registry gibt nach dem Start keine Meldungen aus. Die Konsole ist jedoch nach dem Start der Registry gesperrt[243]. Danach kann der Server durch einen herkömmlichen Java-Interpreter-Aufruf gestartet werden:

```
java RMIServerImpl
```

---

[243] Unter LINUX kann durch den Aufruf von `rmiregistry &` die RMI-Registry als Hintergrundprozess gestartet werden. Die Konsole ist dadurch nicht gesperrt. Unter Windows kann dafür der Befehl `start rmiregistry` verwendet werden. Es öffnet sich dadurch ein neues Konsolenfenster, in dem der RMI-Registry-Prozess ausgeführt wird.

Die Server-Anwendung bindet damit ein Server-Objekt an die RMI-Regsitry. Der Server ist nun bereit und kann Anfragen von Clients bedienen. In der Server-Konsole wird folgender Text ausgegeben:

Eine mögliche Ausgabe des Servers ist:

```
RMI-Server gebunden unter Namen: RMI-Server
RMI-Server ist bereit ...
```

Der Client wird ebenfalls durch einen einfachen Interpreter-Aufruf gestartet:

```
java RMIClient
```

Eine mögliche Ausgabe des Clients ist:

```
Remote-Referenz erfolgreich erhalten.
Server ist gebunden an: rmi://localhost/RMI-Server
Methode setString() des Servers aufgerufen
```

Nachdem der Client den Aufruf der Methode setString() über die Remote-Referenz auf das Server-Objekt ausgeführt hat, wird in der Konsole der Server-Anwendung folgende Ausgabe erzeugt:

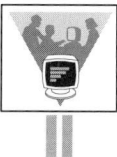

Eine mögliche Ausgabe des Servers ist:

```
RMI-Server gebunden unter Namen: RMI-Server
RMI-Server ist bereit ...
Nachricht vom Client erhalten: Hallo Server
```

Die Ursachen von Fehlern, die oft im Zusammenhang mit dem Start und der Ausführung von RMI-Anwendungen auftreten, und die zur Fehlerbehebung geeigneten Maßnahmen werden in Kapitel 25.6 behandelt.

25.4 Object by Value und Object by Reference

Bei der Übergabe von Objekten werden zwei wesentliche Arten unterschieden: **Object by Value** und **Object by Reference**.

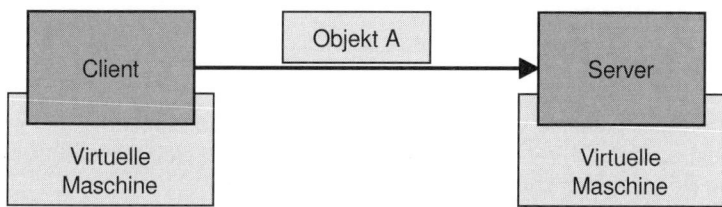

Bild 25-9 Übergabe eines Objektes

25.4.1 Object by Value-Übergabe

Object by Value bedeutet, dass das übergebene Objekt als Klon zum Server gesendet wird. Änderungen in diesem Objekt, die vom Server durchgeführt werden, beeinflussen das beim Client instantiierte Objekt nicht. Damit ein Objekt an den Server übergeben werden kann, muss dieses **serialisierbar** sein.

> Wenn ein Java-Objekt über ein Netzwerk auf einen anderen Rechner – oder in eine andere virtuelle Maschine auf demselben Rechner – übertragen werden soll, so muss es vor der Übertragung in eine dafür geeignete Form umgewandelt werden. Besitzt ein Objekt diese Fähigkeit, dann ist das Objekt serialisierbar. Der Vorgang der Übertragung eines Objektes über ein Netzwerk nennt man auch Objekt-Serialisierung.

Damit ein Objekt die Fähigkeit der Serialisierung besitzt, muss dessen Klasse die Schnittstelle `Serializable` aus dem Paket `java.io` implementieren (siehe Kap. 16.7.1). Diese Schnittstelle enthält keine Methoden und dient lediglich der Markierung – sie ist also ebenfalls eine Marker-Schnittstelle. Beim Kompilieren einer Klasse, welche die `Serializable`-Schnittstelle implementiert, fügt der Compiler dann den für die Serialisierung notwendigen Code hinzu.

Das folgende Beispiel zeigt eine Anwendung, die Object by Value zur Übergabe von Daten verwendet. Im Folgenden der Code der zu serialisierenden Klasse `Data`:

```java
// Datei: Data.java

import java.io.*;

public class Data implements Serializable
{
   public int i;
   public int j;

   public Data (int i, int j)
   {
      this.i = i;
      this.j = j;
   }

   public String toString()
   {
      return "i = " + i + ", j = " + j;
   }
}
```

In der Remote-Schnittstelle wird eine zusätzliche Methode definiert, über welche das Daten-Objekt an den Server übergeben werden kann. Der Schnittstelle `RMIServer2` vom obigen Beispiel wird somit erweitert:

```java
// Datei: RMIServer2.java

import java.rmi.*;

public interface RMIServer2 extends Remote
{
   // Methode des Servers, die remote
   // ausgeführt werden kann
   void setString (String str) throws RemoteException;

   // Methode, der eine Referenz auf ein serialisierbares
   // Objekt übergeben wird
   void setData (Data data) throws RemoteException;
}
```

Entsprechend muss die Methode in der Server-Klasse RMIServerImpl2 implementiert werden. Das ihr übergebene Objekt der Klasse Data wird in der Methode setData() verändert:

```java
// Datei: RMIServerImpl2.java

import java.rmi.*;
import java.rmi.server.*;
import java.net.*;

public class RMIServerImpl2 extends UnicastRemoteObject
                            implements RMIServer2
{
   private static final String HOST = "localhost";
   private static final String SERVICE_NAME = "RMI-Server2";

   public RMIServerImpl2() throws RemoteException
   {
      String bindURL = null;

      try
      {
         bindURL = "rmi://" + HOST + "/" + SERVICE_NAME;
         Naming.rebind (bindURL, this);

         System.out.println (
            "RMI-Server gebunden unter Namen: "+ SERVICE_NAME);
         System.out.println ("RMI-Server ist bereit ...");
      }
      catch (MalformedURLException e)
      {
         System.out.println ("Ungültige URL: " + bindURL);
         System.out.println (e.getMessage());
         System.exit (1);
      }
   }

   public void setString (String s) throws RemoteException
   {
      System.out.println ("Nachricht vom Client erhalten: " + s);
   }
```

```java
public void setData (Data data) throws RemoteException
{
    System.out.println ("Datenobjekt erhalten: " + data);
    data.i = 8;
    data.j = 17;
    System.out.println ("Datenobjekt verändert: " + data);
}

public static void main (String[] args)
{
    try
    {
        new RMIServerImpl2();
    }
    catch (RemoteException e)
    {
        System.out.println (
            "Fehler während der Erzeugung des Server-Objekts");
        System.out.println (e.getMessage());
        System.exit (1);
    }
}
}
```

Auf der Client-Seite wird nun ein Objekt der Klasse Data erzeugt und dessen Referenz der Methode setData() der Server-Klasse übergeben. Hierzu dient die Klasse RMIClient2:

```java
// Datei: RMIClient2.java

import java.rmi.*;
import java.net.*;

public class RMIClient2
{
    private static final String HOST = "localhost";
    private static final String BIND_NAME = "RMI-Server2";

    public static void main (String[] args)
    {
        try
        {
            String bindURL = "rmi://" + HOST + "/" + BIND_NAME;
            RMIServer2 server = (RMIScrver2) Naming.lookup (bindURL);

            System.out.println (
                "Remote-Referenz erfolgreich erhalten.");
            System.out.println ("Server ist gebunden an: " + bindURL);

            Data daten = new Data (1, 2);
            System.out.println ("Data-Objekt erzeugt: " + daten);
            System.out.println (
                "Data-Objekt wird an Server übergeben ...");
            server.setData (daten);
            System.out.println ("Data-Objekt nach Aufruf: " + daten);
        }
```

```
      catch (NotBoundException e)
      {
         // Wenn der Server nicht registriert ist ...
         System.out.println ("Server ist nicht gebunden:\n" +
                              e.getMessage());
      }
      catch (MalformedURLException e)
      {
         // Wenn die URL falsch angegeben wurde ...
         System.out.println ("URL ungültig:\n" + e.getMessage());
      }
      catch (RemoteException e)
      {
         // Wenn während der Kommunikation ein Fehler auftritt
         System.out.println ("Fehler während Kommunikation:\n" +
                             e.getMessage());
      }
   }
}
```

Nachdem das Server-Objekt der Klasse `RMIServerImpl2` an die RMI-Registry gebunden und der Client gestartet wurde, kann in der Konsole des Clients folgende Ausgabe beobachtet werden:

Eine mögliche Ausgabe des Clients ist:

```
Remote-Referenz erfolgreich erhalten.
Server ist gebunden an: rmi://localhost/RMI-Server2
Data-Objekt erzeugt: i = 1, j = 2
Data-Objekt wird an Server übergeben ...
Data-Objekt nach Aufruf: i = 1, j = 2
```

Es ist zu erkennen, dass die Werte der Instanzvariablen unverändert sind, obwohl das `Data`-Objekt an den Server übergeben und dort die Attributwerte geändert wurden:

Eine mögliche Ausgabe des Servers ist:

```
RMI-Server gebunden unter Namen: RMI-Server2
RMI-Server ist bereit ...
Datenobjekt erhalten: i = 1, j = 2
Datenobjekt verändert: i = 8, j = 17
```

25.4.2 Object by Reference-Übergabe

Um eine Referenz zu übergeben, wird Object by Reference verwendet. Hierbei wird eine echte Referenz des Objektes übergeben, dessen Methoden wiederum vom Server aufgerufen werden können. Diese Methoden führen Änderungen beim Client durch.

Damit bei einem RMI-Methodenaufruf die Referenz eines Objektes übergeben werden kann und somit ein Object by Reference-Aufruf ausgeführt wird, muss das Objekt selbst – wie das RMI-Server-Objekt auch – ein Remote-Objekt sein. Das heißt, die Klasse des Objektes, dessen Referenz an den Server übergeben werden soll, muss von der Klasse `UnicastRemoteObject` abgeleitet sein und eine Remote-Schnittstelle mit den ausführbaren Methoden implementieren.

Ist ein Objekt weder serialisierbar, noch ein Remote-Objekt, so wird beim Versuch einer Referenzübergabe zur Laufzeit eine Exception vom Typ `NotSerializableException` geworfen.

Das folgende Beispiel zeigt die Implementierung eines einfachen Chat-Servers. Der RMI-Server stellt für RMI-Clients Methoden zum Anmelden, Abmelden und zum Senden von Nachrichten bereit. Alle Nachrichten, die von den angemeldeten Clients auf dem Server eingehen, werden von diesem nach dem Publisher-Subscriber-Prinzip[244] an alle Chat-Teilnehmer weitergeleitet. Der Server muss also auf allen angemeldeten Clients eine Methode aufrufen, über die er die erhaltene Nachricht an alle Teilnehmer weiterleiten kann. Das bedeutet, der RMI-Client muss dafür dem Server ein Protokoll in Form einer Remote-Schnittstelle zur Verfügung stellen – er muss also selbst ein Remote-Objekt sein.

Als erstes wird die Remote-Schnittstelle des Clients vorgestellt:

```
// Datei: RMIServer3.java

import java.rmi.*;

public interface RMIServer3 extends Remote
{
    // Ein Client kann sich hiermit am Chat-Server
    // anmelden. Ist sein Nickname bereits vergeben,
    // so wird eine ChatException geworfen.
    public void anmelden (RMIClientInterface client)
        throws RemoteException, ChatException;

    // Ein angemeldeter Client ruft diese Methode
    // auf, um eine Nachricht an alle Chat-Teilnehmer
    // zu senden. Der Server verteilt die Nachrichten
    // dann nach dem Publisher-Subscriber-Prinzip
    public void sendeNachricht (
        RMIClientInterface client, String msg)
        throws RemoteException, ChatException;
```

---

[244] Das Publisher-Subscriber-Prinzip ist ein Entwurfsmuster, bei dem ein Nachrichtensender – der Publisher, in unserem Beispiel also ein Client, der eine Chat-Nachricht eingibt – eine Information an eine zentrale Instanz – hier der Chat-Server – sendet. Die zentrale Instanz verteilt dann die erhaltene Nachricht an alle angemeldeten Interessenten, welche die Nachricht erhalten wollen – die Subscriber, in unserem Falle also alle Chat-Clients.

```
      // Angemeldete Clients melden sich mit Aufruf
      // dieser Methode vom Chat-Server ab.
      public void abmelden (RMIClientInterface client)
         throws RemoteException, ChatException;
   }
```

Alle Methoden werfen unter anderem eine Exception vom Typ `ChatException`:

```java
// Datei: ChatException.java

import java.rmi.*;

public class ChatException extends RemoteException
{
   public ChatException (String msg)
   {
      super (msg);
   }
}
```

Die Klasse `RMIServerImpl3` implementiert nun die Schnittstelle `RMIServer3`:

```java
// Datei: RMIServerImpl3.java

import java.rmi.*;
import java.rmi.server.*;
import java.net.*;
import java.util.*;

public class RMIServerImpl3 extends UnicastRemoteObject
   implements RMIServer3
{
   private static final String HOST = "localhost";
   private static final String SERVICE_NAME = "RMI-Server3";

   // Von alle angemeldeten Clients wird die
   // Referenz in diesem Vector<T>-Objekt gespeichert
   private Vector<RMIClientInterface> clients = null;

   public RMIServerImpl3() throws RemoteException
   {
      String bindURL = null;

      try
      {
         bindURL = "rmi://" + HOST + "/" + SERVICE_NAME;
         Naming.rebind (bindURL, this);

         clients = new Vector<RMIClientInterface>();

         System.out.println (
            "RMI-Server gebunden unter Namen: "+ SERVICE_NAME);
         System.out.println ("RMI-Server ist bereit ...");
      }
```

```
      catch (MalformedURLException e)
      {
         System.out.println ("Ungültige URL: " + bindURL);
         System.out.println (e.getMessage());
         System.exit (1);
      }
   }

   // Die Methoden des Servers sind alle synchronisiert, weil diese
   // von mehreren Client gleichzeitig aufgerufen werden können.

   // Methode zum Anmelden
   public synchronized void anmelden (RMIClientInterface client)
      throws RemoteException, ChatException
   {
      String msg = null;
      // Prüfen, ob der Nickname schon vergeben ist
      if (angemeldet (client.getName()))
      {
         msg = client.getName() + " schon vergeben.";
         throw new ChatException (msg);
      }

      // Neuen Client dem Vector hinzufügen
      clients.add (client);

      // Willkommensnachricht senden
      msg = "Willkommen auf RMIChat. " +
            "Zum Abmelden \"Exit\" eingeben.";
      client.sendeNachricht (msg);

      // Alle angemeldeten Clients über
      // neuen Chat-Teilnehmer informieren
      for (RMIClientInterface c : clients)
      {
         msg = "\n" + client.getName() + " hat sich angemeldet.";
         c.sendeNachricht (msg);
      }

      printStatus();
   }

   // Methode zum Senden einer Chat-Nachricht an alle Teilnehmer
   public synchronized void sendeNachricht (
      RMIClientInterface client, String nachricht)
      throws RemoteException, ChatException
   {
      String msg = null;
      // Prüfen, ob der Client angemeldet ist
      if (!angemeldet (client.getName()))
      {
         msg = "Client " + client.getName() +
               " nicht angemeldet.";
         throw new ChatException (msg);
      }
```

```
      msg = client.getName()+" schreibt: " + nachricht;

      // An alle angemeldeten Chat-Teilnehmer
      // die Nachricht des Senders publizieren
      for (RMIClientInterface c : clients)
      {
         c.sendeNachricht ("\n" + msg);
      }
   }

   // Methoden zum Abmelden vom Chat-Server
   public synchronized void abmelden (RMIClientInterface client)
      throws RemoteException, ChatException
   {
      String msg = null;
      // Ist der Chat-Teilnehmer überhaupt angemeldet?
      if (!angemeldet (client.getName()))
      {
         msg = "Client " + client.getName() +
               " nicht angemeldet.";
         throw new ChatException (msg);
      }

      // Referenz auf den Chat-client entfernen
      clients.remove (client);

      // Alle noch verbleibenden Chat-Teilnehmer informieren
      for (RMIClientInterface c : clients)
      {
         msg = "\n" + client.getName() +
               " hat sich abgemeldet.";
         c.sendeNachricht (msg);
      }

      printStatus();
   }

   // Ausgabe, welche Clients momentan angemeldet sind
   private void printStatus() throws RemoteException
   {
      Calendar cal = GregorianCalendar.getInstance();
      String msg = cal.get (Calendar.HOUR) + ":" +
                   cal.get (Calendar.MINUTE) + ":" +
                   cal.get (Calendar.SECOND) + " Uhr: ";

      msg += clients.size() + " User aktuell online: ";

      for (RMIClientInterface c : clients)
      {
         msg += c.getName() + " ";
      }

      System.out.println (msg);
   }
```

```
    // Überprüfung, ob der übergebene Nickname schon vergeben ist
    private boolean angemeldet (String name) throws RemoteException
    {
        for (RMIClientInterface c : clients)
        {
            if (name.equalsIgnoreCase (c.getName()))
            {
                return true;
            }
        }
        return false;
    }

    public static void main (String[] args)
    {
        try
        {
            new RMIServerImpl3();
        }
        catch (RemoteException e)
        {
            System.out.println (e.getMessage());
            System.exit (1);
        }
    }
}
```

Im Folgenden wird das Remote-Protokoll des RMI-Clients vorgestellt. Es ist definiert in der Schnittstelle RMIClientInterface:

```
// Datei: RMIClientInterface.java

import java.rmi.*;
public interface RMIClientInterface extends Remote
{
    // Der Server ruft diese Methode auf, um die eingegangenen
    // Chat-Nachrichten an die Clients zu publizieren.
    void sendeNachricht (String msg) throws RemoteException;

    // Gibt den Namen des Clients zurück
    public String getName() throws RemoteException;
}
```

Die Klasse RMIClientImpl implementiert das Remote-Interface RMIClientInterface. Dadurch, dass die Klasse von UnicastRemoteObject ableitet, ist ein Objekt dieser Klasse ein Remote-Objekt, wodurch Call by Reference ermöglicht wird. Das bedeutet, der Server hält bloß eine Referenz des Clients und bekommt keine Kopie des Objektes übergeben. Des Weiteren implementiert die Klasse die Schnittstelle Runnable. Ein RMI-Client ist also als Thread realisiert:

```
// Datei: RMIClientImpl.java

import java.net.*;
import java.rmi.*;
import java.rmi.server.*;
import java.util.*;
```

```java
public class RMIClientImpl extends UnicastRemoteObject
   implements RMIClientInterface, Runnable
{
   private static final String HOST = "localhost";
   private static final String BIND_NAME = "RMI-Server3";
   private String name;

   public RMIClientImpl (String n) throws RemoteException
   {
      name = n;
   }

   // Implementierung der Methode getName()
   // aus der Schnittstelle RMIClientInterface
   public String getName()
   {
      return name;
   }

   // Implementierung der Methode sendeNachricht()
   // aus der Schnittstelle RMIClientInterface.
   // Der Server ruft sendeNachricht() auf, um dem
   // Client eine Chat-Nachricht mitzuteilen, die
   // ein anderer Chat-Teilnehmer eingegeben hat.
   public void sendeNachricht (String msg)
      throws RemoteException
   {
      System.out.print (msg+ "\nEingabe: ");
   }

   // Methode run() aus Schnittstelle Runnable implementieren.
   public void run ()
   {
      RMIServer3 server = null;

      // Verbindung aufbauen
      try
      {
         String bindURL = "rmi://" + HOST + "/" + BIND_NAME;
         server = (RMIServer3) Naming.lookup (bindURL);
      }
      catch (NotBoundException e)
      {
         // Wenn der Server nicht registriert ist ...
         System.out.println ("Server ist nicht gebunden:\n" +
                             e.getMessage());
      }
      catch (MalformedURLException e)
      {
         // Wenn die URL falsch angegeben wurde ...
         System.out.println ("URL ungültig:\n" + e.getMessage());
      }
      catch (RemoteException e)
      {
         // Wenn während der Kommunikation ein Fehler auftritt
         System.out.println (e.getMessage());
      }
```

```
        // Anmelden und chatten
        try
        {
           // Ameldung am Chat-Server
           server.anmelden (this);

           Scanner eingabe = new Scanner (System.in);
           String msg = null;
           while (true)
           {
              // Solange nicht "exit" eingegeben wird, bleibt
              // der Client angemeldet und kann mit anderen
              // Teilnehmern chatten
              msg = eingabe.nextLine ();
              if (msg.equalsIgnoreCase ("exit"))
              {
                 break;
              }

              server.sendeNachricht (this, msg);
           }

           // Die Endlosschleife wurde verlassen, weil der
           // Client sich abmelden will. Also muss die
           // Methode abmelden() aufgerufen werden.
           server.abmelden (this);
        }
        catch (ChatException e)
        {
           // Ein Fehler ist während des Chats aufgetreten
           System.out.println (e.getMessage());
        }
        catch (RemoteException e)
        {
           // Wenn während der Kommunikation ein Fehler auftritt
           System.out.println (e.getMessage());
        }
     }
}
```

Die Klasse `RMIChat` stellt letztendlich für einen Chatter den Einstiegspunkt zum Chat-Server dar. Sie beinhaltet die Methode `main()`, in der ein neuer Chat-Client erzeugt wird:

```
// Datei: RMIChat.java

public class RMIChat
{
   public static void main (String[] args)
   {
      if (args.length != 1)
      {
         System.out.println ("Aufruf: RMIChat <Nickname>");
         System.exit (1);
      }
```

```
    try
    {
        // Neuen Thread erzeugen
        Thread t = new Thread (new RMIClientImpl (args[0]));

        // starten
        t.start();

        // und warten, bis der Thread zu Ende gelaufen ist
        t.join();
        System.exit (0);
    }
    catch (Exception e)
    {
        System.out.println (e.getMessage());
    }
  }
}
```

Das Starten der RMI-Anwendung unterscheidet sich nicht von den zuvor beschriebenen Beispielen. Alle Dateien müssen sich in einem Verzeichnis befinden. Durch den Aufruf des Compilers werden alle Klassen kompiliert. Danach muss die RMI-Registry gestartet und die Server-Anwendung ausgeführt werden. Nun ist der Chat-Server bereit, die Chat-Clients zu bedienen.

Zur Demonstration der Chat-Anwendung werden zwei Chat-Clients am Server angemeldet. Es wird zuerst ein bisschen "geschwatzt" bevor nach und nach beide Clients den Chat-Raum wieder verlassen. Innerhalb der Konsole, in der der erste Client gestartet wurde, können folgende Ausgaben beobachtet werden:

Der Aufruf war:

```
java RMIChat Myriam
```

Folgende Ausgaben werden beobachtet:

```
Willkommen auf RMIChat. Zum Abmelden "Exit" eingeben.
Eingabe:
Georg hat sich angemeldet.
Eingabe: Hallo. Jemand da?

Georg schreibt: Hallo. Jemand da?
Eingabe:
Myriam schreibt: Hallo Georg. Hier ist Myriam
Eingabe: Hallo Myriam

Georg schreibt: Hallo Myriam
Eingabe: Ich muss weg! Bye

Georg schreibt: Ich muss weg! Bye
Eingabe:
Myriam schreibt: Schade
Eingabe:
Myriam schreibt: Bye
Eingabe: Exit
```

In der Konsole des zweiten Chat-Clients, in der sich der Chatter Georg angemeldet hat, können folgende Ausgaben beobachtet werden:

Der Aufruf war:

```
java RMIChat Georg
```

Folgende Ausgaben werden beobachtet:

```
Willkommen auf RMIChat. Zum Abmelden "Exit" eingeben.
Eingabe:
Georg hat sich angemeldet.
Eingabe: Hallo. Jemand da?

Georg schreibt: Hallo. Jemand da?
Eingabe:
Myriam schreibt: Hallo Georg. Hier ist Myriam
Eingabe: Hallo Myriam

Georg schreibt: Hallo Myriam
Eingabe: Ich muss weg! Bye

Georg schreibt: Ich muss weg! Bye
Eingabe:
Myriam schreibt: Schade
Eingabe:
Myriam schreibt: Bye
Eingabe: Exit
```

Der Chat-Server führt Statistik. Sobald sich ein Chatter an- oder abmeldet werden folgende Status-Informationen auf der Konsole der Server-Anwendung ausgegeben:

Die Ausgabe des Servers ist:

```
RMI-Server gebunden unter Namen: RMI-Server3
RMI-Server ist bereit ...
11:14:12 Uhr: 1 User aktuell online: Myriam
11:14:39 Uhr: 2 User aktuell online: Myriam Georg
11:15:40 Uhr: 1 User aktuell online: Myriam
11:15:45 Uhr: 0 User aktuell online:
```

25.5 Verwendung der RMI-Codebase

Bisher mussten sowohl Client, als auch Server auf demselben Rechner ausgeführt werden. Damit die Anwendung auf mehrere Rechner verteilt werden kann und damit erst ein wirklich verteiltes System entsteht, müssen verschiedene Bedingungen beachtet werden, die im folgenden Abschnitt beschrieben sind.

25.5.1 Laden von Klassen-Code durch Klassenlader

Ein Klassenlader ist dafür verantwortlich, dass der Code einer Klasse oder einer Schnittstelle dynamisch – das heißt zur Laufzeit – in eine virtuelle Maschine geladen werden kann. Wenn während der Ausführung eines Programms der Interpreter angewiesen wird, ein Objekt einer bestimmten Klasse anzulegen, beispielsweise durch die Anweisung:

```
MeineKlasse ref = new MeineKlasse();
```

so muss dafür gesorgt werden, dass der Code der Klasse `MeineKlasse` innerhalb der virtuellen Maschine verfügbar ist. Der Interpreter muss ja wissen, welche Datenfelder das Objekt besitzt und über welche aufrufbaren Methoden es in der Method Area verfügt. Der Code der Klasse muss also geladen werden und bekannt sein.

Im Gegensatz zu statisch kompilierenden Programmiersprachen wie C oder C++, bei denen nach der Übersetzung des Quellcodes die einzelnen Teile zu einem ausführbaren Programm statisch[245] zusammengeführt – man sagt gelinkt – werden, ist Java eine dynamisch kompilierende Programmiersprache. Das bedeutet, dass die einzelnen `class`-Dateien erst in der virtuellen Maschine zu einem ausführbaren Programm zusammen gelinkt werden. Wird ein Java-Programm durch den Aufruf

```
java StartKlasse
```

gestartet, so wird die virtuelle Maschine – diese wird durch den Aufruf des Programms `java` ins Leben gerufen – damit beauftragt, die Methode

```
public static void main (String[] args)
```

aufzurufen und den darin enthaltenen Code auszuführen. Die Methode `main()` muss natürlich in der Klasse `StartKlasse` implementiert sein, sonst wird eine Exception vom Typ `NoSuchMethodError` geworfen. Bekanntermaßen ist jede Klasse in Java direkt oder indirekt von der Klasse `Object` abgeleitet, das heißt, die eigene Klasse steht höchstens an zweiter Stelle in der Klassenvererbungshierarchie – sie ist also mindestens von `Object` abgeleitet. Dadurch entstehen Abhängigkeiten zwischen der eigenen Klasse, deren Code ausgeführt werden soll und anderen Klassen, beispielsweise von Klassen der Java-Klassenbibliothek. Somit ist es notwendig, dass alle Klassen, von denen die Klasse `StartKlasse` abhängt, zusätzlich in die virtuelle Maschine geladen werden.

Damit sich der Programmierer nicht auch noch darum kümmern muss, gibt es für diese Aufgabe mehrere Klassen, die sich um das Laden von Klassen in die virtuelle Maschine kümmern. Solche Klassen werden **Klassenlader** genannt. Ein so genannter **Ur-Klassenlader** – oder **bootstrap class loader** – ist dabei verantwortlich, dass beim Starten der virtuellen Maschine als erstes die Klassen geladen werden, die für die Ausführung der Java-Laufzeitumgebung benötigt werden. Der Ur-Klassenlader wird also beim Starten der virtuellen Maschine instantiiert und ist dafür verantwortlich, die Klassen der Java-Klassenbibliothek zu laden, die im Root-Klassenpfad[246] zu finden sind.

---

[245] In C und C++ besteht natürlich auch die Möglichkeit, durch dynamisch ladbare Bibliotheken – so genannte shared libraries (in Windows dlls = dynamic load libraries) – Code erst zur Laufzeit zu einem Programm dazuzulinken. Um jedoch überhaupt ein ausführbares Programm zu erhalten, müssen zumindest einige Kernbibliotheken des verwendeten Betriebssystems mit dem eigenen Code statisch verlinkt werden, damit ein minimal ausführbares Programm entsteht.

[246] Der Root-Klassenpfad ist der Klassenpfad, in dem die Klassen der Java-Laufzeitumgebung zu finden sind, also im Verzeichnis `lib` des Installationsverzeichnisses des JDK oder der JRE.

Daneben gibt es einen weiteren Klassenlader, den so genannten Anwendungs-Klassenlader – oder **application class loader**. Er ist unter anderem für das Laden von Klassen verantwortlich, die unter dem aktuellen Arbeitsverzeichnis des ausgeführten Programms oder in den Klassenpfaden zu finden sind, die unter der Umgebungsvariable `CLASSPATH` angegeben wurden.

Die einzelnen Klassenlader bilden untereinander eine baumförmige Hierarchie, wobei der Ur-Klassenlader an der Wurzel dieser Hierarchie steht. Dabei kennt jeder Klassenlader immer seinen Vaterklassenlader. Wird nun ein Klassenlader mit dem Laden einer Klasse beauftragt, so gibt der angesprochene Klassenlader als erstes diesen Auftrag an seinen Vaterklassenlader weiter.

> Die Klassenlader arbeiten nach dem **Delegationsprinzip**, um Klassen zur Laufzeit eines Programms zu laden.

Das Weiterdelegieren des Ladeauftrags wird so lange fortgesetzt, bis:

- ein Klassenlader gefunden wird, der in dem Klassenpfad, für den er zuständig ist, den angeforderten Klassencode gefunden hat. Der Code wird dann von diesem Klassenlader geladen und der Vorgang ist beendet.
- die Delegation an der Wurzel der Klassenlader-Hierarchie – also beim Ur-Klassenlader – angelangt ist und dieser ebenfalls nicht den Code der zu ladenden Klasse finden kann. In diesem Fall geht der Ladeauftrag an den ursprünglich damit beauftragten Klassenlader zurück. Dieser versucht dann, die Klasse zu laden.

> Kann kein Klassenlader den angeforderten Code der Klasse laden, – wird also keine entsprechende Klassendefinition gefunden – so wird von der virtuellen Maschine eine Exception vom Typ `NoClassDefFoundError` geworfen.

Die Klassenlader-Funktionalität ist in der Klasse `java.lang.ClassLoader` implementiert. Die Klasse ist abstrakt, was bedeutet, dass von ihr Klassen abgeleitet werden müssen, die dann einen konkreten Klassenlader zur Verfügung stellen. Da die Implementierung eines Klassenladers sehr kompliziert ist und dabei viel falsch gemacht werden kann, sind in der Java-Klassenbibliothek konkrete Implementierungen von Klassenladern für die verschiedensten Aufgabengebiete vorhanden. Beispielsweise gibt es die Klasse `AppClassLoader`, die den Applikations-Klassenlader implementiert. Instanzen davon sind für das Laden von Klassen zuständig sind, die sich im aktuellen Arbeitsverzeichnis und unter dem `CLASSPATH` befinden. Zum Laden einer Klasse stellt die Klasse `ClassLoader` die Methode `loadClass()` zur Verfügung. Ihr wird der Name der zu ladenden Klasse als `String` übergeben.

Eine der Stärken von Java ist es, dass nicht nur Klassen in eine virtuelle Maschine geladen werden können, die sich auf dem Rechner des ausgeführten Programms befinden. Es besteht auch die Möglichkeit, Klassendefinitionen von einem entfernten Rechner – etwa von einem FTP-Server oder einem HTTP-Server – auf den lokalen Rechner herunter zu laden und dort in einer virtuellen Maschine zu einem ausgeführten Programm dynamisch dazuzulinken. Von dieser Funktionalität wurde schon im Kapitel über Applets[247] Gebrauch gemacht – jedoch mehr oder weniger unbewusst. Wird eine HTML-Seite von einem Browser abgerufen, in der sich ein `<APPLET>`-Tag befindet, so wird als erstes das Java-Plugin geladen, das seinerseits eine virtuelle Maschine initialisiert. Nachdem durch den Ur-Klassenlader alle benötigten Kern-Klassen der Java-Laufzeitumgebung in die virtuelle Maschine geladen wurden, muss natürlich auch der Code des auszuführenden Java-Applets in die auf dem lokalen Rechner ausgeführte virtuelle Maschine geladen werden. Für diesen Zweck stellt die Java-Laufzeitumgebung einen weiteren Klassenlader zur Verfügung, den so genann-ten `URLClassLoader` aus dem Paket `java.net`. Er bietet die Möglichkeit, unter Angabe einer URL die dadurch spezifizierte Ressource – also beispielsweise eine Klasse, oder aber ein Textdokument oder eine Bilddatei – von dem entfernten Rech-ner auf den lokalen Computer herunter zu laden und dort zur Verfügung zu stellen. Die URL muss dabei in folgender Form angegeben werden:

```
Protokoll://Hostname/Verzeichnis
```

Als Protokoll kann `file` oder `http` verwendet werden. Wird das `file`-Protokoll ein-gesetzt, so müssen beide Rechner – also der Rechner, von dem die Ressource herunter geladen wird und der Rechner, zu dem die Ressource übertragen werden soll, mit anderen Worten: Server und Client – über ein gemeinsames Dateisystem verfügen. Das heißt, die Ressource, die unter der URL angegeben wird, muss in einem Verzeichnis liegen, auf das Client und Server Zugriff haben. Werden zudem auf beiden Rechnern unterschiedliche Betriebssysteme eingesetzt (z.B. Microsoft Windows und LINUX), kann es somit vorkommen, dass die Pfadangaben nicht richtig interpretiert werden – Windows verwendet zum Beispiel Laufwerksbuchstaben, was unter LINUX unbekannt ist – und damit das Laden der Ressource nicht möglich ist.

Wird stattdessen das `http`-Protokoll eingesetzt, so können auch Ressourcen gela-den werden, die sich auf einem entfernten Web-Server befinden. Es muss dafür jedoch ein HTTP-Server zur Verfügung stehen, der den Download der Ressourcen mit Hilfe des `http`-Protokolls unterstützt.

Das folgende Beispiel zeigt die Verwendung der Klasse `URLClassLoader`. Zum spezifizieren einer URL wird die Klasse `URL` verwendet, die sich ebenfalls im Paket `java.net` befindet. Es wird nun die Klasse `TestKlasse` geladen, die sich im Ver-zeichnis `d:\rmi\classes` befindet:

```java
// Datei: TestKlasse.java

public class TestKlasse
{
   public TestKlasse()
   {
      System.out.println ("Instanz erzeugt");
   }
}

// Datei: URLClassLoaderTest.java

import java.net.*;
```

```
public class URLClassLoaderTest
{
   public static void main (String[] args) throws Exception
   {
      // Der Konstruktor der Klasse URLClassLoader
      // erwartet ein Array von URLs. Es wird nun eine
      // URL auf das Verzeichnis d:\rmi\classes gesetzt.
      URL[] classpath = {new URL ("file:/d:\\rmi\\classes/")};

      // Erzeugen einer Instanz von URLClassLoader
      URLClassLoader loader = new URLClassLoader (classpath);

      // Aufruf der Methode loadClass() mit dem Parameter
      // TestKlasse. Die Klasse TestKlasse muss also im
      // Verzeichnis d:\rmi\classes vorhanden sein!
      Class<?> c = loader.loadClass ("TestKlasse");

      // Nun kann eine Instanz der Klasse TestKlasse erzeugt werden.
      Object ref = c.newInstance();
   }
}
```

Die Ausgabe des Programms ist:

```
Instanz erzeugt
```

25.5.2 Einsatz einer Codebase

In den zuvor diskutierten Beispielen war es nun so, dass der Code der Server-Klasse sowohl vom Client als auch von der RMI-Registry – stets aus dem aktuellen Arbeitsverzeichnis heraus geladen wurde. Hierzu soll das Bild 25-10 betrachtet werden. Es ist dort das Schaubild eines Computers dargestellt, auf dem drei virtuelle Maschinen aktiv sind: die der RMI-Registry, die des RMI-Servers und die des RMI-Clients. Alle drei virtuellen Maschinen werden aus demselben Verzeichnis heraus gestartet, sie haben also alle drei dasselbe Arbeitsverzeichnis. Auch die für die Ausführung der RMI-Anwendung benötigten `class`-Dateien des RMI-Servers und des RMI-Clients liegen alle im selben Verzeichnis. Folgender Ablauf lässt sich nun beim Laden des Server-Codes festhalten:

- **1. Schritt: Binden des Server-Objektes**

  Wird der RMI-Server gestartet, so bewirkt der Aufruf der Methode `bind()`, dass das Server-Objekt an die RMI-Registry gebunden wird. Dabei muss die Remote-Referenz auf das Server-Objekt **serialisiert** werden, weil sie von der virtuellen Maschine des RMI-Servers in die virtuelle Maschine der RMI-Registry übertragen werden muss. Für diesen Vorgang der Serialisierung wird die zu übertragende Remote-Referenz in ein separates Objekt der Klasse `MarshalledObject<T>` aus dem Paket `java.rmi` verpackt. In diesem Objekt wird zusätzlich die Information hinterlegt, wo die RMI-Registry den Server-Code finden kann. In diesem Fall findet die RMI-Registry diesen in ihrem aktuellen Arbeitsverzeichnis. Der Vorgang des Verpackens eines Objektes in ein anderes Objekt wird als **Marshalling**[248] , die Wiederherstellung des Objekts auf der Empfänger-Seite wird als **Unmarshalling** bezeichnet.

- **2. und 3. Schritt: Laden der Remote-Schnittstelle in die VM der RMI-Registry**

Damit das Server-Objekt nun vom Empfänger – hier also die RMI-Registry – verwendet werden kann, wird der Code der Remote-Schnittstelle benötigt. Dadurch, dass in dem `MarshalledObject` die Information hinterlegt ist, wo die `class`-Datei der Remote-Schnittstelle gefunden werden kann, kann ein Klassenlader der virtuellen Maschine der RMI-Registry diesen laden. Dafür wird die Methode `loadClass()` des zuständigen Klassenladers aufgerufen, in diesem Fall des Applikations-Klassenladers. Der Aufruf bewirkt, dass der Code der Remote-Schnittstelle aus dem aktuellen Arbeitsverzeichnis in die virtuelle Maschine der RMI-Registry geladen wird.

Die RMI-Registry benötigt den Code der Remote-Schnittstelle des Servers, weil darin Informationen hinterlegt sind, die von der virtuellen Maschine benötigt werden, um die Stub-Klasse dynamisch generieren zu können. Den Code der Stub-Klasse benötigt die RMI-Registry, weil sie bei einer Anfrage eines Clients ein Stub-Objekt instantiieren muss.

- **4. und 5. Schritt: Client beschafft sich Remote-Referenz**

Danach kann sich der Client mittels `lookup()` ein Objekt der Stub-Klasse von der RMI-Registry beschaffen.

Über das Stub-Objekt, das sich nun im Heap der virtuellen Maschine des Clients befindet, besitzt der Client eine Remote-Referenz auf das im Heap der virtuellen Maschine des Servers lebende Server-Objekt.

Die Übertragung des Stub-Objekts aus der virtuellen Maschine der RMI-Registry in die virtuelle Maschine des RMI-Clients geschieht über Objektserialisierung.

- **6. und 7. Schritt: Generierung der Stub-Klasse in die Client-VM**

Nun benötigt der Client aber auch den Code der Stub-Klasse, damit dessen virtuelle Maschine ebenfalls das mittels `lookup()` erhaltene Stub-Objekt verwenden kann. Für die Generierung der Stub-Klasse benötigt der Client den Code der Remote-Schnittstelle. Die Information, wo sich dieser befindet, ist wiederum im Stub-Objekt hinterlegt. Die virtuelle Maschine des Clients beauftragt also einen Klassenlader mit der Aufgabe, nach dem Code der Remote-Schnittstelle zu suchen und diesen zu laden. Letztendlich wird dann der Applikations-Klassenlader fündig, weil die `class`-Datei der Remote-Schnittstelle im Arbeitsverzeichnis des Clients verfügbar ist.

---

[248] Marshalling (engl.) anordnen, arrangieren: Daten werden in einem Paket zur Übertragung verpackt. Das Auspacken der Daten durch den Empfänger wird als unmarshalling bezeichnet.

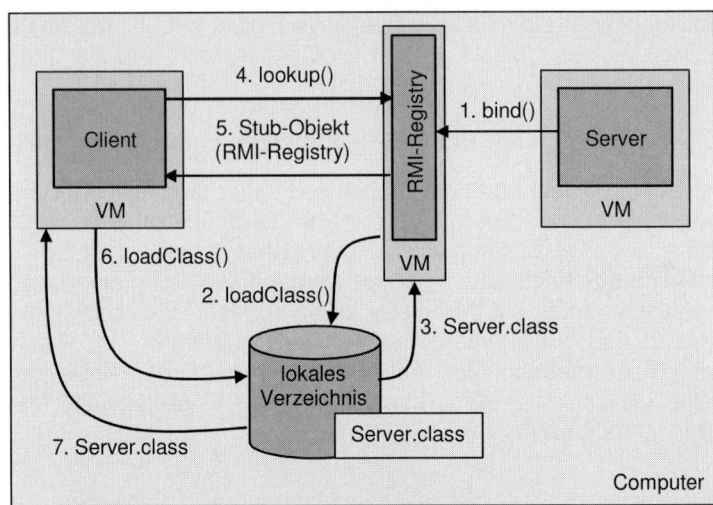

Bild 25-10 Laden des Server-Codes aus lokalem Verzeichnis

Dieser Umstand, dass die Remote-Schnittstelle des Servers bisher immer im Arbeits-
verzeichnis des Clients zur Verfügung stehen musste – oder zumindest unter einem
Klassenpfad auf dem Client-Rechner zu finden sein musste – ist für den sinnvollen
Einsatz von RMI natürlich nicht praktisch. Der Sinn von RMI ist es ja, eine verteilte
Anwendung zu entwickeln, bei der Methodenaufrufe zwischen den zusammenarbei-
tenden Objekten über Rechnergrenzen hinweg funktionieren sollen – eben **R**emote
Method **I**nvocations.

Damit der Client vom Server nun wirklich unabhängig ist, muss der Server eine so
genannte **Codebase** definieren. Die Codebase ist ein Bereich, in dem die Klassen
des Servers abgelegt sind und von dort von allen virtuellen Maschinen, die den Code
benötigen, bezogen werden können. Die Codebase kann dabei ein Verzeichnis auf
dem lokalen Rechner – wenn Client und Server auf derselben Maschine ausgeführt
werden – oder aber ein Verzeichnis auf einem entfernten Server im Internet sein.

Die RMI-Registry muss jedoch immer auf demselben Rechner
verfügbar sein, auf dem der RMI-Server gestartet wird!

Das Bild 25-11 zeigt nun den Ablauf des Downloads der Remote-Schnittstelle auf
den Rechner des Clients, wenn der RMI-Server eine Codebase spezifiziert hat. Der
in Bild 25-11 gezeigte Ablauf des Auffindens und Ladens der Remote-Schnittstelle
unterscheidet sich nicht von dem, der in Bild 25-10 erläutert wurde. Jedoch ist die
Strukturierung der nun wirklich verteilten Anwendung eine grundlegend andere. Die
virtuellen Maschinen des RMI-Servers und der RMI-Registry befinden sich auf einem
Server-Computer, der RMI-Client wird hingegen in einer virtuellen Maschine ausgeführt, die auf einem Client-Computer aktiv ist. Die beiden Rechner sind also wirklich
physikalisch getrennt. Des Weiteren existiert nun eine Server-Codebase, die ebenfalls physikalisch vom Client-Computer und Server-Computer getrennt ist – sie ist
beispielsweise auf einem entfernten HTTP-Server untergebracht. Alle drei Server

müssen dabei über ein Netzwerk – beispielsweise das Internet oder ein LAN[249] – miteinander verbunden sein.

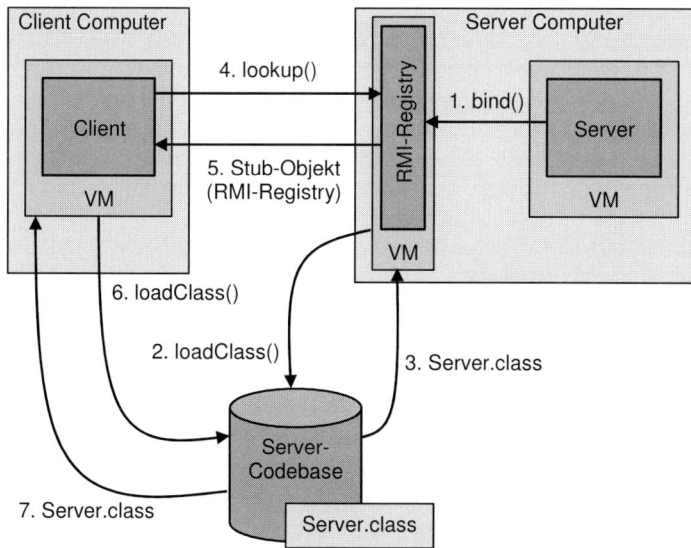

Bild 25-11 Download der Stub-Klasse

Der einzige Unterschied, der nun zwischen beiden Szenarien – im ersten Fall befinden sich alle virtuellen Maschinen auf einem Rechner wobei eine quasi "lokale Codebase" verwendet wird, und im zweiten Fall befindet sich die virtuelle Maschine des Clients auf einem separaten Rechner und es existiert eine externe Codebase – besteht darin, dass beim Starten des RMI-Servers dessen virtueller Maschine die Information mitgegeben wird, wo sich seine Codebase befindet. Dadurch wird es möglich, die RMI-Registry in einem beliebigen Verzeichnis zu starten, da an sie beim Binden des Server-Objektes die Information weitergereicht wird, wo die Remote-Schnittstelle und alle weiteren benötigten Klassen zu finden sind.

> Die RMI-Registry darf die Server-Klasse in ihrem Arbeitsverzeichnis oder unter einem ihr bekannten Klassenpfad – beispielsweise die Pfade, welche unter CLASSPATH eingetragen sind – nicht finden! Ist dies irrtümlicherweise der Fall, so wird der Klassenlader der RMI-Registry auch diese Server-Klasse laden und die ihr mitgeteilte Codebase ignorieren. Dies liegt an dem Delegationsprinzip der Klassenladerhierarchie. Der Klassenlader, der mit dem Laden der Server-Klasse beauftragt wird, gibt diese Aufgabe zuerst an den Applikations-Klassenlader ab, der ja das Arbeitsverzeichnis und alle bekannten Klassenpfade durchsucht!

Lädt die RMI-Registry doch die Server-Klasse aus einem nur ihr bekannten Verzeichnis – Arbeitsverzeichnis oder Klassenpfad – so teilt sie auch einem Client, der eine Anfrage mittels lookup() macht, diesen von ihr verwendeten Klassenpfad

---

[249] **L**ocal **A**rea **N**etwork.

mit. Findet die RMI-Registry also zufälligerweise den Code der Server-Klasse in einem Verzeichnis namens

```
c:\irgendwas\klassen
```

so bekommt der Client auch dieses Verzeichnis als "vermeintliche Codebase" zum Auffinden der Server-Klasse mitgeteilt und versucht, lokal auf seinem Rechner unter diesem Verzeichnis die Server-Klasse zu finden. Dieser Vorgang wird natürlich nicht funktionieren, weil er höchst wahrscheinlich über dieses Verzeichnis nicht verfügt und mit Sicherheit darin nicht die gesuchte Klasse zu finden ist.

Beim Starten teilt der RMI-Server mittels einer System-Property[250] die Codebase der RMI-Registry mit, beispielsweise:

```
java -Djava.rmi.server.codebase=file:/d:\rmi\server\codebase/
```

Damit nun die Remote-Schnittstelle dynamisch von einem entfernten Rechner geladen werden kann, muss beim Client eine so genannte Sicherheits-Richtlinie gesetzt werden. Hierzu muss in der virtuellen Maschine des Clients eine Instanz der Klasse `SecurityManager` vorhanden sein. Der `SecurityManager` sorgt dafür, dass die Client-Anwendung den Server-Code von einer Codebase herunterladen darf und diesen in seiner virtuellen Maschine verwenden kann.

Der `SecurityManager` wird über die Klassenmethode `setSecurityManager()` der Klasse `System` gesetzt:

```
System.setSecurityManager (new RMISecurityManager());
```

> Ein `SecurityManager` muss auch im Server gesetzt werden, wenn der Server vom Client-Rechner Code zu sich herunterladen muss.

Der `RMISecurityManager` befindet sich im Paket `java.rmi`. Die Sicherheits-richtlinien können in einer Datei eingerichtet werden, die über die System-Property `java.security.policy` gesetzt wird, z.B.:

```
java -Djava.security.policy=policy.all
```

Um dem Client alle Zugriffsrechte zu garantieren, kann die Datei folgenden Inhalt haben:

```
// Datei: policy.all

grant
{
    permission java.security.AllPermission "", "";
};
```

---

[250] Eine System-Property wird dem Interpreter über den Schalter `D` mitgegeben, beispielsweise zu
`java -D<System-Property>` MeineKlasse

Damit eine RMI-Anwendung auf mehrere Rechner verteilt werden kann, müssen folgende Punkte unbedingt beachtet werden:

1. Die **Codebase** muss beim **Server** gesetzt werden.
2. Die **Codebase** muss das **Protokoll** zum Laden der Klassen enthalten.
3. Ein **SecurityManager** muss beim Client gesetzt werden.
4. Muss der **Server vom Client Code** über das Netzwerk **laden**, so muss auch der **Server** einen **SecurityManager** setzen.
5. Die **Rechte** des **SecurityManagers** müssen mittels der **Policy** entsprechend gesetzt werden.

Das folgende Beispiel zeigt eine Anwendung eines RMI-Servers, der von einem entfernten Client Bestellungen entgegen nehmen kann. Die Server-Komponente besteht aus der Remote-Schnittstelle `Bestellserver` und der implementierenden Klasse `BestellserverImpl`. Der Client wird durch die Klasse `BestellClient` repräsentiert. Die RMI-Anwendung ist so implementiert, dass sie auf mehrere Rechner verteilt werden kann. Aus diesem Grund befinden sich der Server, die RMI-Registry und die Codebase zusammen auf einem eigenen Rechner. Um die Codebase zu realisieren, ist auf dem Server-Rechner ein Tomcat HTTP-Server installiert. In dessen Root-Verzeichnis `webapps` befindet sich das Unterverzeichnis `codebase`. Des Weiteren werden auf dem Server-Rechner folgende Verzeichnisse verwendet[251]:

- Verzeichnis server: Enthält die Dateien `Bestellserver.class` und `BestellserverImpl.class`

- Verzeichnis `codebase` (liegt im Root-Verzeichnis `webapps` des Web-Servers): Enthält die Datei `Bestellserver.class`

- Verzeichnis `registry`: In diesem Verzeichnis sind keine programmspezifischen Dateien hinterlegt. Von dort aus wird nur die RMI-Registry gestartet.

Natürlich ist keines der Verzeichnisse in der Umgebungsvariable `CLASSPATH` hinterlegt. Im Folgenden wird der Code des Servers vorgestellt:

```
// Datei: Bestellserver.java

import java.rmi.*;
import java.io.*;

public interface Bestellserver extends Remote
{
   // Der Client kann die Methode bestellen des
   // Servers aufrufen, um ihm durch den übergebenen
   // String mitzuteilen, was er bestellen möchte.
   public void bestellen (String s)
      throws RemoteException;
}
```

---

[251] Übersetzt werden müssen die dazugehörigen Quelldateien jedoch in einem Verzeichnis!

```java
// Datei: BestellserverImpl.java

import java.rmi.*;
import java.rmi.server.*;
import java.net.*;

public class BestellserverImpl extends UnicastRemoteObject
   implements Bestellserver
{
   private static final String HOST = "localhost";
   private static final String SERVICE_NAME = "Bestellserver";

   public BestellserverImpl() throws RemoteException
   {
      String bindURL = null;

      try
      {
         bindURL = "rmi://" + HOST + "/" + SERVICE_NAME;
         Naming.rebind (bindURL, this);

         System.out.println (
            "RMI-Server gebunden unter Namen: "+ SERVICE_NAME);
         System.out.println ("RMI-Server ist bereit ...");
      }
      catch (MalformedURLException e)
      {
         System.out.println (e.getMessage());
      }
      catch (Throwable e)
      {
         System.out.println (e.getMessage());
      }

   }

   // Implementierung der Methode bestellen()
   public void bestellen (String s)
      throws RemoteException
   {
      System.out.println ("Bestellt wurde:" + s);
   }


   public static void main (String[] args)
   {
      try
      {
         new BestellserverImpl();
      }
      catch (RemoteException e)
      {
         System.out.println (e.getMessage());
      }
   }
}
```

Die Client-Anwendung wird auf einem separaten Rechner gestartet. Beide Rechner – also der Server-Rechner und der Client-Rechner – müssen natürlich über ein Netzwerk miteinander verbunden sein. Um nun überprüfen zu können, mit welchem Klassenlader die Stub-Klasse beim Client geladen wurde, wird dem Client folgender Code hinzugefügt:

```
ClassLoader classLoader = server.getClass().getClassLoader();
System.out.println (classLoader);
```

Der Aufruf `getClassLoader()` liefert eine Referenz auf den Klassenlader der Remote-Schnittstelle. Übergibt man die Referenz der Methode `println()`, so wird ausgegeben, von welchem Typ der Klassenlader ist:

```
// Datei: BestellClient.java

import java.rmi.*;
import java.net.*;

public class BestellClient
{
   // Dies ist nun die IP-Adresse des entfernten Server-Rechners,
   // auf dem die RMI-Registry und der Server laufen
   private static final String HOST = "192.168.0.161";
   private static final String BIND_NAME = "Bestellserver";

   public static void main (String[] args)
   {
      try
      {
         // Im Client muss der SecurityManager gesetzt werden
         System.setSecurityManager (new RMISecurityManager());

         String bindURL = "rmi://" + HOST + "/" + BIND_NAME;
         Bestellserver server =
            (Bestellserver) Naming.lookup (bindURL);

         // ClassLoader der Server-Klasse
         ClassLoader classLoader =
            server.getClass().getClassLoader();
         System.out.println ("ClassLoader des Stub-Objekts");
         System.out.println (classLoader);

         server.bestellen ("Javabuch");
      }
      catch (Exception e)
      {
         System.out.println (e.getMessage());
         e.printStackTrace ();
      }
   }
}
```

Gestartet wird der Client nun durch den Aufruf:

```
java -Djava.security.policy=policy.all BestellClient
```

Durch den Schalter `-Djava.security.policy=policy.all` wird der virtuellen Maschine mitgeteilt, dass der gesetzte `SecurityManager` seine Sicherheitsrichtlinie der Datei `policy.all` entnehmen soll.

Die Ausgabe des Clients ist:

```
ClassLoader des Stub-Objekts
sun.rmi.server.LoaderHandler$Loader@1457cb
["http://192.168.0.161:8080/rmi/codebase/"]
```

Als Klassenlader wurde eine Instanz der Klasse `LoaderHandler.Loader` aus dem Paket `sun.rmi.server` verwendet. Dies lässt den Rückschluss zu, dass der Server-Code wirklich über das Netzwerk geladen wurde. Der Server hingegen wird nun durch folgenden Aufruf gestartet:

```
java -Djava.rmi.server.codebase=
     http://192.168.0.161:8080/rmi/codebase/ BestellserverImpl
```

Mit dem Schalter

```
-Djava.rmi.server.codebase=
     http://192.168.0.161:8080/rmi/codebase/
```

wird bekannt gemacht, dass sowohl die RMI-Registry als auch alle Clients, die eine Remote-Referenz von dieser erfragen, die Remote-Schnittstelle aus dem Verzeichnis `/rmi/codebase/` laden sollen, dass im Root-Verzeichnis des HTTP-Servers abgelegt ist. Der HTTP-Server ist dabei unter der Adresse `192.168.0.161:8080` erreichbar.

Die Ausgabe des Servers ist:

```
RMI-Server gebunden unter Namen: Bestellserver
RMI-Server ist bereit ...
Bestellt wurde: Javabuch
```

Die Remote-Schnittstelle des Servers muss – wie zuvor schon erwähnt – sowohl in den Arbeitsverzeichnissen von Client und Server als auch im Codebase-Verzeichnis vorhanden sein. Denn sowohl der Server als auch der Client benötigen diese Schnittstelle beim Start der Anwendung.

Soll vom Client eine Referenz auf ein beim Client instantiiertes Remote-Objekt an den Server übergeben werden (Object by Reference), dann muss auch beim Client die Codebase gesetzt werden. D.h. es muss angegeben werden, wo der Server die Remote-Schnittstelle des Clients finden kann, da er diese zum Ausführen von Remote-Methoden benötigt (Callback). Wie zuvor schon erwähnt, muss dann auch der Server einen `SecurityManager` setzen.

25.5.3 Sonderfälle beim Laden des Server-Codes

Es gibt einige Sonderfälle, die man im Zusammenhang mit dem Download der Remote-Schnittstelle in die virtuelle Maschine des Clients und der dynamischen Generierung der Stub-Klasse beachten muss. Obwohl in den nachfolgend beschriebenen Fällen die Regeln für die Verwendung der Codebase verletzt werden, funktioniert die RMI-Anwendung trotzdem einwandfrei.

> Sobald der Client weiteren Code des Servers von dessen Codebase herunter laden muss – beispielsweise weitere Klassen, die als Übergabeparameter genutzt werden – so muss die Codebase stets richtig gesetzt werden und der gesamte Code dort auch verfügbar sein.    Vorsicht!

Es sollte jedoch darauf geachtet werden, dass die in den folgenden Kapiteln beschriebenen Fälle vermieden werden.

25.5.3.1 SecurityManager im Client nicht gesetzt

Wie zuvor erwähnt wurde, benötigt der Client einen `SecurityManager`, sobald er Code über ein Netzwerk in seine virtuelle Maschine laden möchte. Wird jedoch die Zeile

```
System.setSecurityManager (new RMISecurityManager());
```

im Quellcode des Client auskommentiert, neu übersetzt und die Anwendung durch den Aufruf

```
java BestellClient
```

gestartet, so wird Folgendes ausgegeben:

 Die Ausgabe des Clients ist:

```
ClassLoader des Stub-Objekts
sun.misc.Launcher$AppClassLoader@9cab16
```

Der Code ist offensichtlich ohne Probleme ausführbar. Nun ist aber zu sehen, dass als Klassenlader eine Instanz der Klasse `AppClassLoader` verwendet wird, was den Rückschluss zulässt, dass die Remote-Schnittstelle aus dem lokalen Verzeichnis des Clients heraus geladen wurde. Passiert ist folgendes: Die virtuelle Maschine hat beim Auspacken des Stub-Objekts feststellen müssen, dass ihr der Code der Stub-Klasse nicht bekannt ist und dass sie auch nicht die Erlaubnis hat, Code von der Codebase – deren Adresse bekam sie natürlich mitgeteilt – herunter zu laden. Also hat sie den Code der Stub-Klasse selbst generiert. Die dafür benötigten Informationen bekam sie aus der lokal vorhandenen Remote-Schnittstelle des Servers und aus dem von der RMI-Registry erhaltenen Stub-Objekt. Die virtuelle Maschine des Clients ist somit nicht auf den Download von Code von der Codebase angewiesen.

25.5.3.2 Remote-Schnittstelle nicht in der Codebase vorhanden

Wird im Client der `SecurityManager` gesetzt – er ist also berechtigt, Code über das Netz zu laden – die class-Datei der Remote-Schnittstelle ist aber nicht in der Codebase verfügbar, so wird vom Client beim Aufruf

```
java -Djava.security.policy=policy.all BestellClient
```

Folgendes ausgegeben:

Die Ausgabe des Clients ist:

```
ClassLoader des Stub-Objekts
sun.rmi.server.LoaderHandler$Loader@1457cb
["http://192.168.0.161:8080/rmi/codebase/"]
```

Als Klassenlader wurde der `LoaderHandler.Loader` verwendet, der auf die entsprechende Codebase des Servers Zugriff hat. Weil dort aber die Remote-Schnittstelle nicht vorhanden ist, passiert dasselbe, wie im vorherigen Beispiel: die virtuelle Maschine generiert den Code der Stub-Klasse aus dem Stub-Objekt und der lokal verfügbaren Remote-Schnittstelle.

25.5.3.3 Keine Codebase vom Server gesetzt

Wird beim Server keine Codebase gesetzt – die RMI-Registry muss dann in ihrem Arbeitsverzeichnis die Remote-Schnittstelle des Servers finden – so wird dem Client beim Aufruf der Methode `lookup()` auch keine Codebase mitgeteilt. Der Client mit gesetztem `SecurityManager` gibt beim Aufruf

```
java -Djava.security.policy=policy.all BestellClient
```

somit Folgendes aus:

Die Ausgabe des Clients ist:

```
ClassLoader des Stub-Objekts
sun.rmi.server.LoaderHandler$Loader@16897b2["null"]
```

Es wird zwar eine Instanz der Klasse `LoaderHandler.Loader` als Klassenlader verwendet, da aber keine Codebase gesetzt ist – es ist `null` eingetragen – muss die virtuelle Maschine den Code der Stub-Klasse wieder aus der lokal verfügbaren Remote-Schnittstelle generieren.

25.5.3.4 Keine Codebase beim Server, kein SecurityManager beim Client

Ist keine Codebase beim Server gesetzt und wird im Client auch kein `Security-Manager` gesetzt, so wird beim Aufruf des Clients mit

```
java BestellClient
```

Folgendes ausgegeben:

Die Ausgabe des Clients ist:

```
ClassLoader des Stub-Objekts
sun.misc.Launcher$AppClassLoader@9cab16
```

Als Klassenlader wird der Anwendungs-Klassenlader `AppClassLoader` verwendet. Dies muss ja auch so sein, weil kein `SecurityManager` gesetzt ist und die virtuelle Maschine des Clients keinen Klassenlader einsetzen darf, der über ein Netzwerk lädt. Die Remote-Schnittstelle wird also wiederum aus dem aktuellen Arbeitsverzeichnis des Clients geladen.

25.6 Häufig auftretende Fehler und deren Behebung

In den folgenden Kapiteln werden die häufigsten Fehler beschrieben, welche beim Aufruf bestimmter Methoden auftreten können.

25.6.1 Aufruf von `bind()` bzw. `rebind()`

Folgende Fehler können beim Aufruf der Methoden `bind()` bzw. `rebind()` auftreten:

- Beim Starten des Servers wird folgende Fehlermeldung ausgegeben:

```
Connection refused to host: localhost; nested exception is:
    java.net.ConnectException: Connection refused: connect
```

  Ursache: Die RMI-Registry ist nicht gestartet.
  Behebung: Starten Sie die RMI-Registry, um den Fehler zu beheben.

- Die RMI-Registry ist gestartet. Beim Starten des Servers wird folgende Fehlermeldung ausgegeben:

```
RemoteException occurred in server thread; nested exception
is: java.rmi.UnmarshalException: error unmarshalling
arguments; nested exception is:
    java.lang.ClassNotFoundException: Bestellserver
```

  Ursache: Beim Versuch, das Server-Objekt zu binden konnte die RMI-Registry die Definition der Remote-Schnittstelle nicht finden.
  Behebung: Die RMI-Registry muss entweder aus dem Verzeichnis heraus gestartet werden, in dem die Klassen des Servers liegen oder beim Starten des Servers muss eine Codebase angegeben werden.

- Sicherheitspolitik verweigert Zugriff zur RMIRegistry, da die Policy nicht korrekt gesetzt ist, die Policy-Datei nicht vorhanden ist oder die Policy-Datei fehlerhaft ist:

```
java.security.AccessControlException: access denied
(java.net.SocketPermission 127.0.0.1:1099 connect,resolve)
```

- Die RMIRegistry kann eine Klassendefinition nicht finden, da die Codebase nicht korrekt gesetzt wurde oder die Klasse nicht in der Codebase liegt:

```
Error occurred in server thread; nested exception is:
java.lang.NoClassDefFoundError: Klassenname
```

25.6.2 Aufruf von `lookup()`

- Server-Klasse kann nicht geladen werden, da der `SecurityManager` nicht gesetzt wurde:

```
error unmarshalling return; nested exception is: java.lang.Class-
NotFoundException: Bestellserver (no security manager: RMI class
loader disabled)
```

- Sicherheitspolitik verweigert Zugriff auf RMI-Registry, da die Policy nicht korrekt gesetzt wurde, die Policy-Datei nicht vorhanden ist oder die Policy-Datei fehlerhaft ist:

```
java.security.AccessControlException: access denied (
java.net.SocketPermission 127.0.0.1:1099 connect,resolve)
```

25.6.3 Aufruf einer Remote-Methode im Server

- Die vom Client aufgerufene Remote-Methode ist nicht in der Server-Schnittstelle enthalten, da die Server-Schnittstelle geändert wurde, aber nicht zum Client kopiert wurde:

```
RemoteException occurred in server thread; nested exception is:
java.rmi.UnmarshalException: invalid method hash
```

- Die vom Client aufgerufene Remote-Methode ist nicht in der Server-Schnittstelle enthalten, da die Server-Schnittstelle geändert wurde, aber die Server-Klasse nicht erneut generiert wurde:

```
java.lang.NoSuchMethodError at . . . . .
```

- Klasse wurde vom Server nicht gefunden, da die Klasse eines Objektes, das vom Client an den Server übergeben wird nicht in der Codebase liegt oder die Codebase auf der Clientseite nicht korrekt angegeben ist:

```
RemoteException occurred in server thread; nested exception is:
java.rmi.UnmarshalException: error unmarshalling arguments; nested
exception is:
java.lang.ClassNotFoundException: Klassenname
```

Kapitel 26

JDBC

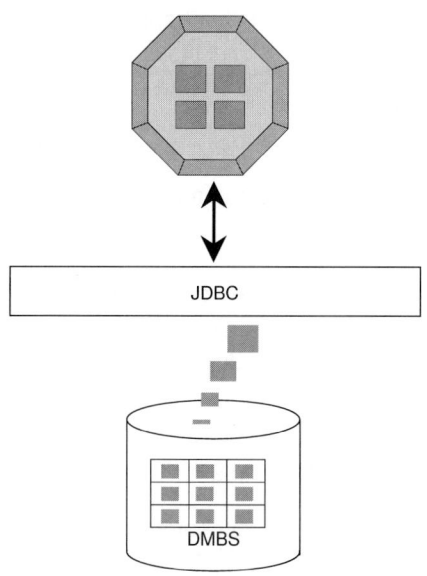

26.1 Einführung in SQL
26.2 JDBC-Treiber
26.3 Installation und Konfiguration von MySQL
26.4 Zugriff auf ein DBMS
26.5 Datentypen
26.6 Exceptions
26.7 Metadaten
26.8 JDBC-Erweiterungspaket
26.9 Connection Pooling

26 JDBC

JDBC ist eine **Low Level-API**, die es ermöglicht, auf einfache Weise **SQL**-Anweisungen auszuführen. SQL (Structured Query Language) ist eine standardisierte Abfragesprache für relationale Datenbanken[252]. Die Grundlagen von SQL werden in Kapitel 26.1.2 erklärt. JDBC ist eine API von Sun Microsystems und steht für "**Java Database Connectivity**". Java bietet mit der JDBC-API einfache Möglichkeiten an, Daten aus Datenbanken in Objekte zu wandeln und diese wieder zurück in eine Datenbank zu schreiben. Außerdem ist JDBC unabhängig vom verwendeten Datenbankverwaltungssystem, sodass man das Datenbankverwaltungssystem wechseln kann, ohne die darüberliegende Anwendung ändern zu müssen[253]. JDBC benutzt einen Treiber, um auf das jeweilige Datenbankverwaltungssystem zuzugreifen. Ist dieser Treiber netzwerkfähig, so können mit JDBC verteilte Anwendungen realisiert werden. Auf die unterschiedlichen Treibertypen wird in Kapitel 26.2 näher eingegangen.

Die JDBC-API ist aktuell in der Version 4.0 verfügbar und ist Teil der Java Standard Edition. Dabei ist die API in zwei Pakete unterteilt:

- `java.sql`

  Dieses Paket stellt die so genannte Core API von JDBC dar. Die dort enthaltenen Schnittstellen und Klassen stellen die Funktionalität bereit, welche für **Client-seitige Anwendungen** benötigt werden. Dies umfasst unter anderem die folgenden Bereiche:

  - Verbindungsaufbau zur Datenbank durch einen Verbindungsmanager
  - Absetzen von SQL-Statements gegen die Datenbank wie zum Beispiel Abfragen oder Updates
  - Auswertung der Ergebnisse eines Abfrage-Befehls und Durchführen von Abänderungen bestehender Datensätze
  - Abbildung Datenbank-spezifischer Datentypen auf Java-konforme Datentypen

  Dieser Teil der API ist kompatibel zur früheren Version JDBC 1.0, die seit dem JDK 1.1 zu Java gehört. Somit sind ältere Programme, die mit JDBC 1.0 entwickelt wurden, immer noch ablauffähig. In der Version 2.0 wurden neben zusätzlichen Datentypen von SQL99[254] auch Erweiterungen bei Abfragen eingebaut. Diese Erweiterungen umfassen unter anderem eine wahlfreie Navigation innerhalb eines Datensatzes oder eine verbesserte Funktionalität zum Einfügen, Löschen oder Verändern von Daten in einer Datenbank. Während die zuvor be-

---

[252] JDBC ermöglicht prinzipiell den Zugriff auf Datenbanken beliebigen "Formates" – beispielsweise Textdatei-basierte oder XML-basierte Datenbanken –, sofern von den Datenbank-Herstellern die entsprechenden JDBC-Treiber (siehe Kap. 26.2) dafür angeboten werden. Im Folgenden werden jedoch der Einsatz und die Arbeitsweise von JDBC anhand relationaler Datenbanken erläutert.

[253] Die Portabilität der Datenbanken ist gegeben, solange nur Funktionalitäten des Base Level der SQL92 Spezifikation verwendet werden, da diese von allen Treiberanbietern implementiert werden müssen. Vor allem komplexere Funktionen werden nicht von allen Datenbanken oder entsprechenden Treibern unterstützt.

[254] SQL99 oder auch SQL3 genannt, ist ein SQL-Standard des American National Standard Institute (ANSI), der 1999 herausgebracht wurde. SQL99 wurde auch von der International Standards Organisation (ISO) als Standard anerkannt.

schriebenen Features mit der darauf folgenden Version 3.0 weiter verfeinert und ausgebaut wurden, ist mit der Version 4.0 neue Funktionalität hinzugekommen, wie beispielsweise die Abdeckung des SQL-2003-Standards[255] oder das Intensivieren von Ease-Of-Development durch den Einsatz von Annotations[256].

- `javax.sql`

  Dieses Paket erweitert die durch das `java.sql`-Paket zur Verfügung gestellte Funktionalität um Klassen und Schnittstellen, die für **Server-seitige Anwendungen** verwendet werden. Es umfasst unter anderem:

  - einen in der Funktionalität erweiterten Verbindungsmanager. Der Zugriff auf das Datenbankverwaltungssystem wird dabei typischerweise über JNDI[257] (Java Naming and Directory Interface) realisiert.
  - die Möglichkeit, bereits aufgebaute Verbindungen zu einer Datenbank in einem so genannten Connection-Pool bzw. vorgefertigte SQL-Statements in einem so genannten Statement-Pool abzulegen, was zu einer höhere Performance der Anwendung führt.
  - die Möglichkeit, verteilte Transaktionen durchzuführen.

  Das Paket `javax.sql` ist ein essentieller Bestandteil der Java Enterprise Edition (Java EE). Seit der JDBC-API Version 3.0 ist es auch in der Java Standard Edition (Java SE) – also seit der JDK-Version 1.4 – enthalten.

JDBC ist eine Low Level-API, in der man sich zum Beispiel nicht mehr um Details wie den Verbindungsaufbau zum Datenbankverwaltungssystem kümmern muss, da diese Funktionalität durch Klassen und Methoden der API zur Verfügung gestellt wird. Der Programmierer muss jedoch selbst die SQL-Befehle in Form von Strings erzeugen und die einzelnen Attribute eines Datensatzes einer Datenbankabfrage in Objekte wandeln. Deshalb wird bei größeren Anwendungen in den meisten Fällen eine zusätzliche Softwareschicht zur **Datenaufbereitung** oberhalb der JDBC-API implementiert, welche den Zugriff auf ein Datenbankverwaltungssystem weiter abstrahiert und als High Level-API von den Anwendungen aufgerufen wird.

26.1 Einführung in SQL

JDBC arbeitet beim Zugriff auf relationale Datenbanken auf der Ebene von SQL. In diesem Kapitel soll erklärt werden, was eine relationale Datenbank ist und welche grundlegenden SQL-Befehle es gibt.

26.1.1 Relationale Datenbanken

Das Datenbankkonzept ermöglicht eine zentrale Speicherung von Daten. Steht ein Datenbankverwaltungssystem (**DBMS**[258]) zur Verfügung, so verwalten und speichern Programme die benötigten Daten nicht mehr selbst, sondern delegieren die Datenhaltung an das Datenbankverwaltungssystem. Das Datenbankkonzept beinhaltet da-

---

[255] Dieser Standard ersetzt den SQL99-Standard, wobei die bis dahin verfügbaren Elemente überarbeitet und von Fehlern bereinigt wurden. Zudem ist ein neuer Teil hinzugekommen, der die Abbildung von XML-Datenstrukturen in eine Datenbank ermöglicht.
[256] Siehe Anhang E.
[257] Siehe Kap. 26.4.2.3.

mit die **Datenbank** als die Menge der zentral gespeicherten Daten und das **Datenbankverwaltungssystem** als Schnittstelle zwischen Programmen und der Datenbank. Das Datenbankverwaltungssystem stellt dabei alle benötigten Funktionen zur Handhabung der gespeicherten Daten zur Verfügung.

Bei relationalen Datenbanken ist die physikalische Speicherung der Daten dem Anwender verborgen. Der Anwender arbeitet nur noch mit den Daten, unabhängig davon, wo und wie diese gespeichert sind. Auch der Zugriff auf die Daten ist über elne eigene Abfragesprache – die **Structured Query Language** (SQL) – vereinheitlicht worden. Relationale Datenbanken speichern ihre Daten in **Tabellen** (**Relationen**[259]). Diese Tabellen bestehen aus mehreren **Datensätzen** (rows, Zeilen), die wiederum aus unterschiedlichen **Attributen** (columns, Spalten) bestehen. Eine Tabelle, die Datensätze von Studenten aufnehmen soll, könnte zum Beispiel die Attribute Name, Vorname und Matrikelnummer beinhalten:

name	vorname	matrikelnr
Riese	Adam	123456
Klein	Eva	123457
Meier	Max	214321
Weiland	Walter	105432

Tabelle 26-1 Die Tabelle studenten

Um auf einen Datensatz in einer Tabelle in eindeutiger Weise zugreifen zu können oder um einen Datensatz einfügen zu können, bedarf es eines **Primärschlüssels** (**Primary Key**). Ein Primärschlüssel ist Bestandteil eines Datensatzes. Er muss wegen der Eindeutigkeit für jeden Datensatz einen jeweils anderen Wert annehmen.

Ein Primärschlüssel identifiziert einen Datensatz in einer Tabelle. Der Wert eines Primärschlüssels muss innerhalb einer Tabelle eindeutig sein.

Ein Primärschlüssel kann eine Kombination verschiedener Felder eines Datensatzes sein, wenn diese Kombination eindeutige Werte annimmt. Viel häufiger ist jedoch der Fall, dass ein neues Attribut speziell für diesen Zweck eingeführt wird, z.B. eine Personal-Nummer in einer Angestellten-Relation. In der Tabelle studenten wird als Primärschlüssel die Matrikelnummer verwendet.

Informationen zu einem Objekt können in mehreren Tabellen gespeichert werden. So wäre zur Studenten-Tabelle noch eine weitere Tabelle für Fachnoten möglich:

matrikelnr	fach	note
123456	Informatik	1,0
123456	Mathematik	3,5
123457	Informatik	2,0

Tabelle 26-2 Die Tabelle fachnoten

---

[258] DBMS = Data Base Management System.
[259] Als Relation bezeichnet man eine logisch zusammenhängende Einheit von Informationen. Relationen werden durch Tabellen realisiert.

In der zweiten Tabelle sind außer der Matrikelnummer keine "persönlichen" Informationen über die Studenten gespeichert. Damit von den Fachnoten auf die Studenten geschlossen werden kann, besitzt jeder Datensatz als Verweis die Matrikelnummer der Studententabelle als so genannten **Fremdschlüssel**.

Ein Fremdschlüssel stellt einen Bezug zu einer anderen Tabelle her. Ein Fremdschlüssel ist immer ein Primärschlüssel in einer anderen Tabelle.

Zur Erläuterung sei darauf hingewiesen, dass der Primärschlüssel in der Tabelle `fachnoten` durch die Kombination der Felder `matrikelnr` und `fach` gebildet wird.

Die einzelnen Attribute (Spalten) einer Tabelle können unterschiedliche Datentypen aufweisen wie zum Beispiel `INT` oder `CHAR`. Diese hängen vom verwendeten DBMS ab. Für die meisten Beispiele in diesem Buch wird eine Tabelle `studenten` mit den Attributen

- `name` vom Typ `CHAR (20)`,
- `vorname` vom Typ `VARCHAR (12)`
- und `matrikelnr` vom Typ `INT`

verwendet. Während der Datentyp `INT` für ganze Zahlen verwendet wird, werden die Datentypen `CHAR` und `VARCHAR` für Zeichenketten verwendet. Bei `CHAR` wird eine Spalte fester Länge verwendet. Im Gegensatz dazu gibt die Längenangabe bei `VARCHAR` nur die maximale Länge an. Kürzere Zeichenketten brauchen somit weniger Platz in der Datenbank.

26.1.2 Grundlegende SQL-Befehle

In diesem Rahmen kann nur eine kleine Einführung in die wichtigsten SQL-Befehle gegeben werden. Für eine ausführliche Beschreibung wird hier auf die entsprechende Literatur verwiesen. Der Befehlssatz von SQL wird in drei Bereiche unterteilt:

- Data Definition Language (DDL),
- Data Manipulation Language (DML),
- und Data Control Language (DCL)

SQL-Befehle sind **case insensitiv**, das heißt, Groß- und Kleinbuchstaben sind gleichwertig. Bei manchen Datenbanksystemen sind auch die Spaltennamen unabhängig von der Groß- und Kleinschreibung. In den Beispielen hier werden zum besseren Verständnis SQL-Befehle wie `SELECT` in Großbuchstaben und Tabellen- und Spaltennnamen – zum Beispiel `studenten` – in Kleinbuchstaben geschrieben.

Alle gängigen Datenbankverwaltungssysteme liefern ein Tool zum interaktiven Arbeiten mit der Datenbank. Dieses Tool kann zum Beispiel in der Form eines Kommandozeileninterpreters oder eines grafischen Werkzeugs existieren. Die folgenden SQL-Befehle mit ihren Ausgaben basieren auf einem textbasierten Kommandozeileninterpreter. Sie können aber auch direkt über JDBC an das DBMS gesendet werden. Dazu mehr in Kapitel 26.4.

Da sich die DBMS-Hersteller bei der Implementierung von SQL meist nicht exakt an den Standard halten, kann sich die Syntax eines SQL-Befehls von Datenbank zu Datenbank mehr oder weniger unterscheiden. Aus diesem Grund sind die folgenden SQL-Befehle konform zur Syntax des MySQL-DBMS. MySQL ist eine frei verfügbare Datenbank, die auch für die folgenden JDBC-Beispiele zum Einsatz kommt und auf der beigelegten CD enthalten ist.

> Werden SQL-Befehle mit Hilfe des MySQL-Kommandozeilen-interpreters an das MySQL-DBMS gesendet, so müssen die SQL-Befehle stets mit einem Semikolon ; abschließen.

26.1.2.1   Data Definition Language

Die unter dem Begriff "Data Definition Language" zusammengefassten SQL-Befehle werden für das Erzeugen, Ändern und Entfernen von Datenbanktabellen verwendet:

Befehl zum Erzeugen und Löschen von Datenbanken

Bevor Relationen in Form von Tabellen angelegt werden können, muss innerhalb des DBMS zuerst ein Speicherbereich geschaffen werden, in dem die Datensätze abgelegt werden. Wie und in welcher Form dieser Speicherbereich verwaltet wird, ist Aufgabe des DBMS. Ein solcher Bereich trägt ebenfalls die Bezeichnung "Datenbank", wodurch ein Namensraum für Datensätze gebildet wird, die logisch zusammengehören – also beispielsweise Tabellen zur Verwaltung von Studenten, Professoren, Prüfungen und Fachnoten.

Eine Datenbank wird mit dem Befehl CREATE DATABASE angelegt. Soll eine Datenbank erstellt werden, welche Daten zur Verwaltung einer Hochschule enthält, so erzeugt man diese mit:

```
CREATE DATABASE hochschule;
```

Nachdem der Befehl abgesetzt ist, können Tabellen in diesem Speicherbereich abgelegt werden. Das Löschen der Datenbank erfolgt mit dem Befehl DROP DATABASE. So könnte die Hochschul-Datenbank mit

```
DROP DATABASE hochschule;
```

vollständig gelöscht werden.

> Der Befehl DROP DATABASE entfernt die Datenbank, womit auch alle Tabellen – und somit die Daten – unwiderruflich gelöscht werden.

Befehl zum Erzeugen einer Tabelle

Mit dem Befehl CREATE TABLE wird eine neue Datenbanktabelle erzeugt. Der Aufruf zum Erzeugen einer Tabelle für Studenten sieht folgendermaßen aus:

```
CREATE TABLE studenten (name CHAR (20),
                        vorname VARCHAR (12),
                        matrikelnr INT NOT NULL,
                        PRIMARY KEY (matrikelnr));
```

Nach dem SQL-Befehl CREATE TABLE wird der neue Tabellenname angegeben – hier studenten. Danach werden in runden Klammern die Spaltennamen und deren Datentyp genannt. In diesem Beispiel ist die erste Spalte name für den Namen vom Typ CHAR (20), was einem String der festen Länge von 20 Zeichen entspricht. Die zweite Spalte vorname repräsentiert den Vornamen ist vom Typ VARCHAR. Die Spalte matrikelnr ist vom Typ INT und dient zur Hinterlegung der Matrikelnummer als ganze Zahl. Der Zusatz NOT NULL legt fest, dass die Matrikelnummer für jeden Datensatz angegeben werden muss. Zudem fungiert die Matrikelnummer als Primärschlüssel, was durch die Angabe von PRIMARY KEY(matrikelnummer) vereinbart wird.

Eine Tabelle, die als Primärschlüssel die Werte zweier Spalten heranzieht, ist die Tabelle fachnoten. Das CREATE TABLE-Statement für diese Tabelle lautet:

```
CREATE TABLE fachnoten (
    matrikelnr INT NOT NULL,
    fach VARCHAR (20) NOT NULL,
    note DOUBLE NOT NULL,
    PRIMARY KEY(matrikelnr, fach),
    FOREIGN KEY(matrikelnr)
        references studenten(matrikelnr)
        ON DELETE CASCADE);
```

Die Anweisung zur Definition des Primärschlüssels umfasst nun die Spalten matrikelnr und fach. Es dürfen somit nur Datensätze eingefügt werden, bei denen die Kombination aus Matrikelnummer und Fach genau einmal vorkommt. Ist ja auch logisch, weil jeder Student, der durch eine eindeutige Matrikelnummer identifiziert wird, pro Fach nur eine Note besitzt. Die Anweisung FOREIGN KEY(matrikelnr) gibt zudem an, dass über die Spalte matrikelnr der Tabelle fachnoten eine Referenz auf die Spalte matrikelnr der Tabelle studenten hergestellt wird. Das bedeutet, dass jeder Eintrag in der Tabelle fachnoten auf genau einen Eintrag in der Tabelle studenten verweist. Dies hat zur Konsequenz, dass nur Matrikelnummern in die Tabelle fachnoten eingetragen werden können, die in der Tabelle studenten existieren. Der Zusatz ON DELETE CASCADE gibt weiterhin an, dass alle Einträge in der Tabelle fachnoten automatisch gelöscht werden, wenn der referenzierende Eintrag in der Tabelle studenten gelöscht wird. Das ist logisch, weil von einem Studenten, der sein Studium beendet hat und somit sein Eintrag aus der Datenbank gelöscht wird, alle Fachnoten aus dem Datenbestand automatisch mitgelöscht werden sollen.

Befehl zum Löschen einer Tabelle

Mit dem Befehl `DROP TABLE` wird eine Datenbanktabelle und ihr Inhalt unwiderruflich gelöscht. Es muss beim Aufruf der Tabellenname angegeben werden. Die
Studententabelle wird mit folgendem Befehl gelöscht:

```
DROP TABLE studenten;
```

Befehl zum Ändern einer Tabelle

Mit dem Befehl `ALTER TABLE` kann der Aufbau einer bestehenden Tabelle geändert
werden. Zum Beispiel können neue Spalten zu einer Tabelle hinzugefügt oder der
Datentyp einer Spalte geändert werden.

26.1.2.2   Data Manipulation Language

Mit Befehlen der "Data Manipulation Language" können **bestehende Tabellen mit
Daten gefüllt werden**. Außerdem gibt es Befehle zum **Löschen**, **Ändern** oder
Auslesen von Datensätzen.

Befehl zum Auslesen von Datensätzen

Der Befehl `SELECT` dient zum Auslesen von Datensätzen. Möchte man zum Beispiel
alle Studenten mit Vornamen und Nachnamen ausgeben, so gibt man den folgenden
Befehl ein:

```
SELECT name, vorname FROM studenten;
```

Die Ausgabe dieser Abfrage ist:

```
NAME            VORNAME
------------    ------------
Riese           Adam
Klein           Eva
Meier           Max
Weiland         Walter
```

Die Reihenfolge der ausgegebenen Datensätze ist dabei nicht festgelegt.

Möchte man alle Attribute einer Tabelle auslesen, so wird anstatt der Spaltennamen
ein Stern verwendet:

```
SELECT * FROM studenten;
```

Die Ausgabe dieser Abfrage ist:

```
NAME            VORNAME         MATRIKELNR
------------    ------------    ----------
Riese           Adam            123456
Klein           Eva             123458
Meier           Max             214321
Weiland         Walter          105432
```

Auch hier ist die Reihenfolge der ausgegebenen Datensätze nicht definiert. Mit den Optionen ORDER BY <spaltenname> ASC[260] und ORDER BY <spaltenname> DESC[261] werden die Datensätze in numerischer und alphabetischer Folge auf- beziehungsweise absteigend sortiert. Der SQL-Befehl, um die Studenten sortiert nach ihren Matrikelnummern in aufsteigender Folge auszugeben, lautet somit:

```
SELECT * FROM studenten ORDER BY matrikelnr ASC;
```

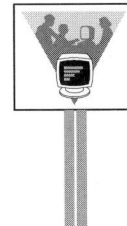

Die Ausgabe dieser Abfrage ist:

```
NAME            VORNAME         MATRIKELNR
------------    ------------    ----------
Weiland         Walter          105432
Riese           Adam            123456
Klein           Eva             123458
Meier           Max             214321
```

Häufig will man eine Datenbankabfrage einschränken. Dazu dient die WHERE-Klausel. Durch einen logischen Ausdruck wird die Abfrage einer Selektion unterzogen. Das folgende Statement liefert nur die Datensätze der Studenten zurück, deren Matrikelnummer kleiner als 130000 ist:

```
SELECT * FROM studenten WHERE matrikelnr < 130000;
```

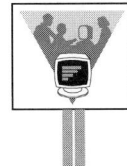

Die Ausgabe dieser Abfrage ist:

```
NAME            VORNAME         MATRIKELNR
------------    ------------    ----------
Riese           Adam            123456
Klein           Eva             123458
Weiland         Walter          105432
```

Es ist möglich, Daten aus mehreren Tabellen in einer Ausgabe zu kombinieren. Zum Beispiel könnte es interessant sein, das Fach und die Noten zusammen mit dem Studentennamen auszugeben. Die Attribute fach und noten sind in der Tabelle fachnoten gespeichert und das Attribut name ist in der Tabelle studenten gespeichert. Die Fächer, die ein Student besucht, und die entsprechenden Noten werden in der Tabelle fachnoten durch die Matrikelnummer identifiziert. Die Matrikelnummer ist dabei der Primärschlüssel der Tabelle studenten und der Fremdschlüssel der Tabelle fachnoten. Der folgende Befehl ermöglicht die kombinierte Ausgabe von Datenfeldern aus Datensätzen beider Tabellen. Hierbei ist zur eindeutigen Identifizierung eines Attributes diesem immer der Tabellenname voranzustellen.

```
SELECT studenten.name, fachnoten.fach, fachnoten.note
    FROM studenten, fachnoten
        WHERE studenten.matrikelnr = fachnoten.matrikelnr;
```

---

[260] Abkürzung für ascending (engl.) = aufsteigend.
[261] Abkürzung für descending (engl.) = absteigend.

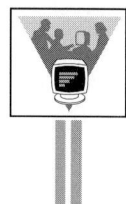

Die Ausgabe dieser Abfrage ist:

```
NAME                FACH                      NOTE
---------------     ---------------------     ----
Riese               Informatik                1,2
Riese               Mathematik                3,4
Klein               Informatik                2,3
```

Befehl zum Einfügen von Datensätzen

Mit dem Befehl INSERT werden Datensätze in Tabellen eingefügt. Dabei müssen Zeichenketten in einfachen Hochkommata eingeschlossen werden:

```
INSERT INTO studenten (name, vorname, matrikelnr)
   VALUES ('Gross', 'Daniel', 135321);
```

Spalten, die nicht mit NOT NULL gekennzeichnet sind, müssen keinen Wert beinhalten. Im folgenden Beispiel wird der Vorname nicht angegeben:

```
INSERT INTO studenten (name, matrikelnr)
   VALUES ('Gross', 135322);
```

Werden alle Attribute einer Tabelle in der ursprünglichen Reihenfolge angegeben, so kann die erste Klammer mit den Spaltennamen weggelassen werden:

```
INSERT INTO studenten
   VALUES ('Kleinlich', 'Hans', 722421);
```

Nachdem das DBMS diese drei INSERT-Befehle ausgeführt hat, sind folgende Datensätze in der Datenbank enthalten:

name	vorname	matrikelnr
Riese	Adam	123456
Klein	Eva	123457
Meier	Max	214321
Weiland	Walter	105432
Gross	Daniel	135321
Gross		135322
Kleinlich	Hans	722421

Tabelle 26-3 Die Tabelle studenten *nach dem Ausführen der* INSERT*-Befehle*

Befehl zum Ändern bestehender Datensätze

Mit dem Befehl UPDATE können die Attribute eines oder mehrerer Datensätze geändert werden. Dabei werden die zu ändernden Datensätze über die WHERE-Bedingung ermittelt. Wird die WHERE-Bedingung vergessen, so werden alle Datensätze geändert! Hier ein einfaches Beispiel:

```
UPDATE studenten
SET name = 'Mueller',
    vorname = 'Ben'
WHERE matrikelnr = 135322;
```

Befehl zum Löschen von Datensätzen

Mit dem Befehl `DELETE` werden Datensätze einer Tabelle gelöscht. Auch hier wird über die `WHERE`-Bedingung geprüft, welche Datensätze gelöscht werden sollen. Wird die `WHERE`-Bedingung hier vergessen, so werden alle Datensätze der Tabelle unwiderruflich gelöscht! Mit der folgenden Anweisung wird der Student mit der Matrikelnummer 123456 gelöscht:

```
DELETE FROM studenten
   WHERE matrikelnr = 123456;
```

Dabei werden alle Einträge in der Tabelle `fachnoten`, die für die Matrikelnummer 123456 hinterlegt sind, automatisch mitgelöscht.

26.1.2.3 Data Control Language

Die SQL-Befehle `COMMIT` und `ROLLBACK` der "Data Control Language" dienen zur Steuerung von **Transaktionen**. Viele Datenbankverwaltungssysteme sind standardmäßig auf die Funktion Auto-Commit eingestellt. Das bedeutet, dass jede Änderung an den Daten der Datenbank sofort gültig wird. Will man dies verhindern, so kann man die Auto-Commit-Funktion ausschalten und den Übernahmezeitpunkt von abgesetzten SQL-Statements gezielt durch den SQL-Befehl `COMMIT` steuern.

Bei **Transaktionen** werden mehrere Datenbankzugriffe als eine **atomare Einheit** zusammengefasst. Dabei sollen entweder alle Anweisungen einer Transaktion ausgeführt oder – falls es technische Schwierigkeiten gibt – alle Anweisungen verworfen werden. Man sagt, dass Transaktionen **atomar** sind, d.h. sie finden entweder als Ganzes statt oder gar nicht.

Ein bekanntes Beispiel für eine Transaktion ist eine Buchung: Wenn von Konto A etwas abgebucht wird, soll derselbe Betrag auf Konto B gutgeschrieben werden:

```
SELECT kontostand FROM konto
WHERE user = 'A'


SELECT kontostand FROM konto
WHERE user = 'B'


UPDATE konto
SET kontostand = (alterStandA - 50)
WHERE user = 'A'


UPDATE konto
SET kontostand = (alterStandB + 50)
WHERE user = 'B'
```

Bild 26-1 Buchung als Transaktion aus mehreren Einzelaufträgen

Tritt bei einer dieser Kontoänderungen ein Fehler auf, so soll die gesamte Buchung rückgängig gemacht werden. Es soll nicht vorkommen, dass zum Beispiel der Betrag von A abgebucht, aber nicht bei B gutgeschrieben wird. Die Verwaltung und Durchführung der Transaktionen erfolgt durch das Datenbankverwaltungssystem. Je nach Anwendungsschnittstelle sind die Verfahren dazu unterschiedlich. In Kapitel 26.4.5 werden Transaktionen mit JDBC näher besprochen.

Mit dem Befehl COMMIT werden die durchgeführten Teilschritte einer Transaktion unwiderruflich festgehalten. Die in diesen Teilschritten erfolgten Änderungen werden endgültig in der Datenbank übernommen. Mit dem Befehl ROLLBACK kann man dagegen die Änderungen einer Transaktion verwerfen.

26.2 JDBC-Treiber

Auf ein DBMS greift man mit JDBC über einen so genannten Treiber zu. Die Aufgabe des Treibers ist es, JDBC-Aufrufe in Anweisungen umzusetzen, die von dem jeweiligen DBMS verstanden werden. Zusätzlich muss der Treiber dann die Ergebnisse von Datenbankabfragen entgegennehmen und in eine für das aufrufende Java-Programm verständliche Form bringen. Der Aufbau der JDBC-Treiber ist von Sun in der JDBC-Treiber-API spezifiziert. Sie sind in den meisten Fällen abhängig vom DBMS und werden von den DBMS-Herstellern oder Drittanbietern entsprechend der JDBC-Spezifikation implementiert.

Der Anwendungsentwickler arbeitet hauptsächlich mit der JDBC-API und somit unabhängig von der eigentlichen Implementierung der Treiber. Die Treiber für den JDBC-Zugriff lassen sich in vier Typen unterteilen, die im folgenden Kapitel vorgestellt werden.

26.2.1 Treiberarchitektur unter Verwendung eines JDBC-Treiber-Managers

Die Anwendung greift über die **JDBC-API** auf einen JDBC-Treiber-Manager[262] zu. Der JDBC-Treiber-Manager ruft über die **JDBC-Treiber-API** einen passenden JDBC-Treiber auf. Der JDBC-Treiber-Manager wird durch die Klasse java.sql.Driver-Manager repräsentiert. Diese Klasse enthält Klassenmethoden zum Laden von Treibern und bietet Unterstützung für das Erzeugen von Verbindungen zu einem DBMS.

Der JDBC-Treiber implementiert das Interface java.sql.Driver. In Kapitel 26.4.1 wird beschrieben, wie der Treiber aufgerufen wird. Je nach Treibertyp verläuft der Zugriff auf ein DBMS unterschiedlich. In Bild 26-2 ist der Zugriff einer Java-Anwendung auf ein DBMS über JDBC beschrieben. Auch Applets können über JDBC auf ein DBMS zugreifen. Applets können jedoch nicht alle Treibertypen verwenden. Dies wird bei der Beschreibung der einzelnen Treibertypen im nächsten Kapitel erklärt. Zusätzlich wird in Bild 26-2 gezeigt, welche Teile einer Anwendung auf dem Client-Rechner, auf einem Applikationsserver-Rechner und auf dem Datenbankserver-Rechner laufen. Natürlich kann der gesamte Code auch auf einem einzigen Rechner ausgeführt werden.

---

[262] Eine andere Möglichkeit ist die Verwendung von DataSource-Objekten (siehe Kap. 26.8).

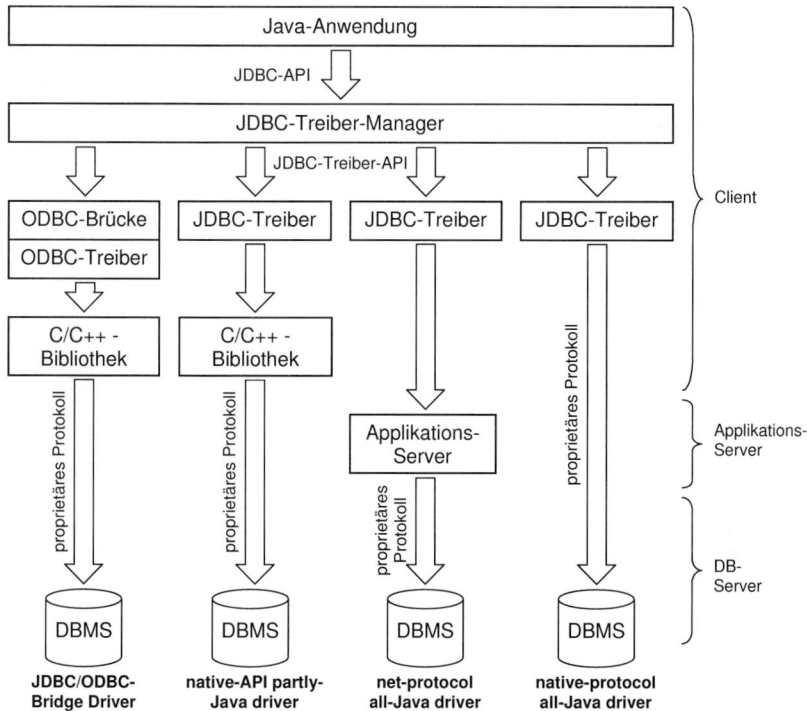

Bild 26-2 JDBC-Treiber in einer Three-Tier-Architektur

26.2.2 Treibertypen

Die Dokumentation von SUN unterteilt die JDBC-Treiber in vier Typen. Häufig gibt es für eine Anwendung mehrere Treiber, die man verwenden kann. Da sich die Treibertypen aber in ihrer Arbeitsweise und Leistungsfähigkeit unterscheiden, ist es wichtig, ihre Arbeitsweise zu kennen. Von der Anwendung wird über die JDBC-API auf alle Treibertypen in gleicher Weise zugegriffen.

Typ 1-Treiber: Die JDBC/ODBC-Bridge

Dieser Treibertyp stellt eine Brücke zu einer weiteren Datenbankschnittstelle dar. Mit der von Sun gelieferten und im JRE bzw. JDK enthaltenen JDBC/ODBC[263]-TreiberKlasse `sun.jdbc.odbc.JdbcOdbcDriver` ist ein Zugriff auf alle Datenbankverwaltungssysteme möglich, für die es einen ODBC-Treiber gibt. Da die meisten Datenbankverwaltungssysteme einen ODBC-Treiber besitzen, kann damit auch auf Datenbankverwaltungssysteme zugegriffen werden, die JDBC nicht direkt unterstützen. Die zu verwendende Datenbank muss auf dem gleichen Rechner wie die Java-Anwendung als ODBC-Datenquelle registriert sein. Aus diesem Grund kann die JDBC/ODBC-Bridge **nicht** über das Netz **von Applets** aufgerufen werden.

---

[263] ODBC (Open Database Connectivity) bezeichnet ein Set von C-Funktionen, mit deren Hilfe auf unterschiedliche Datenbanken auf die gleiche Art und Weise zugegriffen werden kann.

Typ 2-Treiber: Der Native-API Partly Java-Driver

Dieser Treiber ist nur teilweise in Java geschrieben und greift über das Java Native Interface (JNI)[264] auf eine in C oder C++ geschriebene Bibliothek des DBMS-Herstellers zu. Die JDBC-Aufrufe werden in Anweisungen des entsprechenden DBMS konvertiert. Auf dem Client-Rechner müssen auch bei diesem Typ Treiberprogramme installiert sein. Deshalb kann auch der Native-API Partly Java-Driver **nicht** über das Netz **von Applets** aufgerufen werden.

Typ 3-Treiber: Der Net-Protocol All-Java-Driver

Der vollständig in Java geschriebene Treiber setzt JDBC-Aufrufe in ein netzwerkunabhängiges Protokoll um. Dieses Protokoll wird von einem Programm in ein DBMS-spezifisches Protokoll gewandelt. Dieser Treibertyp ist sehr flexibel, da auf dem Client keine zusätzliche Software installiert werden muss. Er kann **auch von Applets** aufgerufen werden.

Typ 4-Treiber: Der Native Protocol All-Java-Driver

Dieser Treibertyp setzt die JDBC-Aufrufe in ein Netzwerkprotokoll um, das direkt vom DBMS verstanden wird und greift über eine Socket-Verbindung auf das DBMS zu. Auch dieser Treiber ist ähnlich wie der Typ 3-Treiber vollständig in Java implementiert und internetfähig. Man kann somit **aus Applets heraus** direkt auf ein DBMS **zugreifen**.

26.3 Installation und Konfiguration von MySQL

Da in den folgenden Kapiteln das freie Datenbanksystem MySQL verwendet werden soll, wird in diesem Kapitel kurz beschrieben, wie die Datenbank installiert und für den Einsatz als Test-Datenbank vorbereitet wird. Da natürlich nicht alle Details erläutert und nur die wichtigsten Befehle aufgelistet werden können, wird an dieser Stelle auf die sehr ausführliche Dokumentation von MySQL unter

```
http://dev.mysql.com/doc/index.html
```

verwiesen. Hierüber kann unter anderem die gesamte SQL-Syntax der MySQL-Datenbank ausführlich nachgelesen werden.

26.3.1 Installation der Datenbank

Die MySQL-Datenbank in der Version 5.0 kann unter dem Link

```
http://dev.mysql.com/downloads/mysql/5.0.html#downloads
```

für die Plattform des eigenen Rechners heruntergeladen werden. Für die Betriebssysteme Microsoft Windows (x86, 32 Bit) und LINUX (x86, 32 Bit, glibc-2-2) sind die Installationsquellen auf der Begleit-CD enthalten.

Die oben gezeigte Download-Seite enthält zudem weiterführende Informationen über die Installation der Datenbank für die jeweilige Plattform.

---

[264] Siehe Kap. 28 auf der CD.

26.3.2 Konfiguration des DBMS

Nachdem man sich mit Hilfe des Kommandozeileninterpreters von MySQL am DBMS als Benutzer `root` – dieser Benutzer besitzt alle Konfigurationsrechte – angemeldet hat, soll als erstes eine Datenbank mit dem Namen `JDBCTest` angelegt werden:

```
CREATE DATABASE JDBCTest;
```

Danach soll ein neues Benutzerkonto mit dem Befehl `CREATE USER` eingerichtet werden, damit die nachfolgenden Programmbeispiele nicht das Benutzerkonto von `root` verwenden müssen. Unserem Benutzer wird der Name `tester` und das Passwort `geheim` zugewiesen:

```
CREATE USER tester IDENTIFIED BY 'geheim';
```

Unserem Benutzer `tester` müssen nun noch die benötigten Rechte zugewiesen werden, damit er auf der angelegten Datenbank `JDBCTest` arbeiten kann. Dies geschieht mit dem Befehl `GRANT`:

```
GRANT ALL ON JDBCTest.* to tester;
```

Dieser Befehl legt fest, dass dem Benutzer `tester` alle Rechte auf der Datenbank `JDBCTest` verliehen werden.

Nun ist die Datenbank `JDBCTest` und der Benutzer `tester` angelegt worden. Meldet man sich nun in einem neuen Fenster des Kommandozeileninterpreters mit dem Befehl

```
mysql -u tester -pgeheim
```

an, und wechselt zur Datenbank `JDBCTest` mittels

```
use JDBCTest;
```

so können die im Kapitel 26.1.2.1 beschriebenen `CREATE TABLE`-Befehle für die Tabellen `studenten` und `fachnoten` für den Benutzer `tester` in der Datenbank `JDBCTest` angelegt werden. Mit dem Befehl

```
show tables;
```

kann überprüft werden, ob die Konfiguration erfolgreich abgeschlossen wurde:

```
+--------------------+
| Tables_in_jdbctest |
+--------------------+
| fachnoten          |
| studenten          |
+--------------------+
2 rows in set (0.00 sec)
```

Bild 26-3 Ausgabe des Befehls `show tables` nach dem Anlegen der Tabellen

26.3.3 Vorbereiten der Arbeitsverzeichnisse

Damit nun die in den folgenden Kapiteln entwickelten Datenbank-Anwendungen ausgeführt werden können, muss der MySQL-Datenbanktreiber im `CLASSPATH` der jeweiligen Anwendung verfügbar sein. Der benötigte Treiber ist in der Klasse `com.mysql.jdbc.Driver` implementiert, die im Java-Archiv `mysql-connector-java-5.0.4-bin.jar`[265] enthalten ist. Dieses Archiv kann in das Arbeitsverzeichnis – beispielsweise `C:\work\jdbc` – hineinkopiert werden.

Seit der JDBC-Version 4.0 ist für den Verbindungsaufbau zum DBMS der Java Service Provider Mechanismus implementiert, mit dem es möglich ist, benötigte Datenbank-Treiber dynamisch durch das Laufzeitsystem laden zu lassen. Soll diese Technik zum Einsatz kommen, so muss im Arbeitsverzeichnis die Ordner-Struktur `META-INF\services\` verfügbar sein, wobei im Ordner `services` dann die Datei `java.sql.Driver` vorhanden sein muss. In dieser Datei werden dann alle Namen der Treiber eingetragen, die beim Programmstart automatisch von der virtuellen Maschine geladen werden sollen. Enthält die Datei beispielsweise den Eintrag `com.mysql.jdbc.Driver`, so wird automatisch ein Klassenlader[266] instantiiert, der den Code der Klasse `Driver` in die virtuelle Maschine lädt. Ein Programm, das JDBC zum Zugriff auf eine MySQL-Datenbank verwendet, kann diesen Treiber dann verwenden, ohne ihn vorher explizit geladen zu haben.

> Die hier beschriebene Technik des dynamischen Ladens des JDBC-Treibers ist erst in der JDBC 4.0-Version implementiert. Komm eine ältere Version von JDBC zum Einsatz, so muss der Treiber mittels `Class.forName()`, beispielsweise
>
> `Class.forName ("com.mysql.jdbc.Driver");`
>
> explizit in die virtuelle Maschine geladen werden. Mit JDBC 4.0 ist dieser Code jedoch ebenfalls lauffähig.

Wird nun beispielsweise in der Methode `main()` der Klasse `JDBCTest` eine Verbindung zu einer MySQL-Datenbank aufgebaut, wozu der MySQL-JDBC-Treiber `Driver` benötigt wird, so kann der Interpreter wie folgt gestartet werden:

```
java -cp mysql-connector-java-5.0.4-bin.jar; JDBCTest
```

26.4 Zugriff auf ein DBMS

Nachdem die im Kapitel 26.3.2 beschriebenen Schritte zur Konfiguration des DBMS erfolgreich durchgeführt worden sind, kann auf die Datenbank `JDBCTest` mittels JDBC zugegriffen werden. Dieser Zugriff auf ein DBMS läuft immer nach einem festgelegten Schema ab. Er lässt sich in mehrere Phasen aufteilen, die hier kurz vorgestellt und in den nächsten Kapiteln ausführlich besprochen werden:

---

[265] Siehe Begleit-CD.
[266] Siehe Kap. 25.5.1.

- Herstellen der **Verbindung zu einem DBMS**. Hierbei gibt es keinen Unterschied, ob die Datenbank sich lokal auf dem gleichen Rechner befindet oder ob über das Netz auf sie zugegriffen wird.

- **Absetzen eines SQL-Statements**. Dieses Statement kann zum Beispiel den Inhalt einer Datenbanktabelle auslesen, Datensätze in eine Tabelle einfügen oder Tabellen löschen.

> Wird JDBC für den Zugriff auf eine MySQL-Datenbank verwendet, so werden die SQL-Statements stets ohne Semikolon an das DBMS gesendet.

- **Auswerten des Ergebnisses**. Bei einer Manipulation der Daten durch ein UPDATE-Statement ist das Ergebnis nur eine Integerzahl, bei einer Abfrage mit SELECT wird eine Referenz auf ein Objekt vom Typ ResultSet zurückgegeben.

- **Schließen des SQL-Statements**.

- **Schließen der Verbindung** zum DBMS.

Neben den Klassen und Schnittstellen für den Verbindungsaufbau und das Bearbeiten von Daten gibt es noch Klassen und Schnittstellen, um Informationen über die Datenbank aufzunehmen oder Abfrageergebnisse zu erhalten. Ein Abfrageergebnis kann z.B. in einem Objekt vom Typ ResultSet übergeben werden. Datenbankinformationen werden in Objekten für so genannte Metadaten[267] übergeben wie beispielsweise einem Objekt vom Typ ResultSetMetaData. Eine Anwendung kann gleichzeitig mehrere Verbindungen zu einem oder mehreren Datenbankverwaltungssystemen aufbauen. Innerhalb jeder Verbindung kann dann eine Folge von SQL-Befehlen ausgeführt werden.

Das folgende Beispiel zeigt, wie in die Tabelle studenten Informationen über drei Studenten mit Hilfe eines INSERT-SQL-Befehls eingefügt werden. Danach werden für jeden Studenten Noten für das Fach Info 1 in die Tabelle fachnoten eingetragen. Anschließend wird mittels eines SELECT-Befehls überprüft, ob alle Informationen richtig im System hinterlegt wurden:

```
// Datei: JDBCTest.java

import java.sql.*;

public class JDBCTest
{
    private static final String[] NAMEN =
        {"Schmidt", "Peters", "Dlugosch"};
    private static final String[] VORNAMEN =
        {"Georg", "Anja", "Andrea"};
    private static final int[] MATRIKELNRN =
        {12345678, 47110815, 54123678};
```

---

[267] Meta (griech.: mit, über). Metadaten sind so genannte beschreibende Daten, die Informationen über die eigentlichen Nutzdaten bereitstellen. So kann über ein Objekt vom Typ ResultSetMeta-Data unter anderem die Anzahl und Namen der Spalten der Ergebnismenge abgefragt werden.

```
private static final double[] NOTEN =
   {1.0, 2.1, 1.7};

public static void main (String[] args)
{
   Connection con = null;
   Statement stmt = null;
   ResultSet rs   = null;

   // Die einzelnen Elemente der url werden später erklärt.
   String url = "jdbc:mysql://localhost:3306/";

   // Es soll die Datenbank JDBCTest verwendet werden.
   String dbName = "JDBCTest";

   // Es wird das Konto des zuvor angelegten
   // Benutzers tester verwendet.
   String user = "tester";
   String passwd = "geheim";

   try
   {
      // Verbindung zum DBMC herstellen. Es wird nun implizit
      // der JDBC-Treiber com.mysql.jdbc.Driver geladen.
      // Der Aufruf liefert ein Objekt vom Typ Connection zurück,
      // das die Verbindung zum DBMS kapselt.
      con = DriverManager.getConnection (
         url + dbName, user, passwd);

      // Der Aufruf der Methode createStatement() auf dem
      // Connection-Obejkt liefert ein Objekt vom Typ
      // Statement zurück. Über dieses Objekt können SQL-
      // Befehle an die Datenbank gesendet werden.
      stmt = con.createStatement();

      String sqlBefehl = null;

      // Als erstes werden die Studenten eingetragen
      for (int i = 0; i < NAMEN.length; i++)
      {
         sqlBefehl = "insert into studenten values (\"" +
            NAMEN [i] + "\",\"" + VORNAMEN [i] + "\"," +
            MATRIKELNRN [i] + ")";

         // Mit der Methode execute() wird der übergebene
         // SQL-Befehl an das DBMS gesendet und dort ausgeführt
         stmt.execute (sqlBefehl);
      }

      // Nun können die Noten für die Studenten hinterlegt werden
      for (int i = 0; i < NAMEN.length; i++)
      {
         sqlBefehl = "insert into fachnoten values (" +
            MATRIKELNRN [i] + ",\"Info 1\"," +
            NOTEN [i] + ")";
         stmt.execute (sqlBefehl);
      }
```

```
            // Mit dem Aufruf von executeQuery können
            // nur SELECT-Staements abgesetzt werden.
            // Das Ergebnis der Abfrage wird ein einem
            // Objekt vom Typ ResultSet zurückgeliefert.
            rs = stmt.executeQuery (
                "SELECT matrikelnr, name FROM studenten");

            // Auswerten des Ergebnisses
            System.out.println (
                "Folgende Studenten sind verzeichnet:");
            System.out.println ("Matrikelnummer   name     ");
            System.out.println ("-----------------------");

            int matrikelnummer = 0;
            String name = null;
            // Der Aufruf von rs.next() setzt einen internen
            // Zeiger im ResultSet-Objekt stets auf den nächsten
            // zu untersuchenden Eintrag in der Ergebnismenge.
            // Es wird solange true zurück geliefert,
            // bis alle Einträge betrachtet wurden.
            while (rs.next())
            {
                matrikelnummer = rs.getInt ("matrikelnr");
                name = rs.getString ("name");
                System.out.println (matrikelnummer + "      " + name);
            }

            // Die Einträge der Noten überprüfen:
            rs = stmt.executeQuery (
                "SELECT matrikelnr, note FROM fachnoten");

            System.out.println (
                "\nSie haben folgende Noten in Info 1 geschrieben:");
            System.out.println ("Matrikelnummer   note     ");
            System.out.println ("-----------------------");

            double note = 0;
            while (rs.next())
            {
                matrikelnummer = rs.getInt ("matrikelnr");
                note = rs.getDouble ("note");
                System.out.println (matrikelnummer + "      " + note);
            }

            // Statement schliessen
            stmt.close();

            // DBMS-Verbindung schließen
            con.close();
        }
        catch (Exception e)
        {
            System.out.println ("Exception: " + e.getMessage());
        }
    }
}
```

Die Ausgabe des Programms ist:

```
Folgende Studenten sind verzeichnet:
Matrikelnummer   name
----------------------
12345678         Schmidt
47110815         Peters
54123678         Dlugosch

Sie haben folgende Noten in Info 1 geschrieben:
Matrikelnummer   note
----------------------
12345678         1.0
47110815         2.1
54123678         1.7
```

Bitte beachten Sie, dass das gezeigte Beispiel nur einmal aufgerufen werden kann, ohne einen Fehler zu verursachen. Der Grund dafür ist, dass beim erneuten Aufruf der Versuch unternommen wird, Studenten mit derselben Matrikelnummer wie zuvor in die Tabelle `studenten` einzufügen. Dieses Vorhaben verstößt dann gegen die Primärschlüssel-Regel, da der Primärschlüssel innerhalb einer Tabelle eindeutig sein muss.

26.4.1 Verbindung zum DBMS mit dem Treiber-Manager

Der Verbindungsaufbau zu einem DBMS besteht aus zwei Teilen. Zuerst muss ein passender JDBC-Treiber geladen und dem JDBC-Treiber-Manager bekannt gemacht werden. Der JDBC-Treiber-Manager erkennt dann beim Verbindungsaufbau anhand der URL und der registrierten Treiber, welchen Treiber er für eine Verbindung verwenden kann. Nach dem Laden kann eine Verbindung aufgebaut und ein Objekt, dessen Klasse das Interface `Connection` implementiert, erzeugt werden.

Eine Anwendung greift immer über einen JDBC-Treiber auf ein DBMS zu. Dazu muss der Treiber als erstes geladen werden. Hierbei gibt es mehrere Möglichkeiten:

- Die wohl einfachste Möglichkeit, den JDBC-Treiber zu laden, ist bereits in Kapitel 26.3.3 betrachtet worden. Hierbei wird beim Aufruf der Methode `getConnection()` auf einer Referenz auf ein Objekt vom Typ `Connection` automatisch die richtige Treiber-Klasse in die virtuelle Maschine geladen, sofern deren Name in der Datei `java.sql.Driver` eingetragen ist. Die Datei muss dabei im Verzeichnis `META-INF\services\` im aktuellen Arbeitsverzeichnis zu finden sein. Der zugrunde liegende Mechanismus ist der so genannte Service Provider Mechanismus (SPM), der erst seit der Version 4.0 für JDBC implementiert ist.

- Die Treiberklasse kann aber auch explizit im Java-Programm geladen und beim JDBC-Treiber-Manager registriert werden. In der `main()`-Methode der Klasse `JDBCTest` aus Kapitel 26.4 könnte somit durch den Aufruf:

```
Class.forName ("com.mysql.jdbc.Driver");
```

der JDBC-Treiber `com.mysql.jdbc.Driver` explizit in die virtuelle Maschine geladen werden. Dabei wird der Klassenmethode `forName()` der Klasse `Class<T>` der Name des zu ladenden Treibers – hier `Driver` – übergeben.

- Der Treiber kann auch beim Programmaufruf der virtuellen Maschine auf der Kommandozeile in der System Property[268] `jdbc.drivers` angegeben werden:

```
java -Djdbc.drivers=com.mysql.jdbc.Driver JDBCTest
```

Sollen mehrere Treiber gleichzeitig registriert werden, so müssen diese durch einen Doppelpunkt voneinander getrennt angegeben werden.

- Die System Property `jdbc.drivers` kann auch im Java-Programm registriert werden. Dazu wird die statische Methode `setProperty()` der Klasse `System` verwendet. Diese Registrierung als Systemeigenschaft könnte im behandelten Programmbeispiel folgendermaßen aussehen:

```
System.setProperty ("jdbc.drivers",
                     "com.mysql.jdbc.Driver");
```

Sollen mehrere Treiber registriert werden, so müssen diese durch Doppelpunkte voneinander getrennt angegeben werden:

```
System.setProperty ("jdbc.drivers",
        "Paketverzeichnis1.Driver1:Paketverzeichnis2:Driver2");
```

- Die letzte Möglichkeit besteht darin, in der Anwendung ein Objekt der Treiberklasse zu erzeugen und eine Referenz darauf der statischen Methode `register-Driver()` der Klasse `DriverManager` zu übergeben:

```
Driver ref = new com.mysql.jdbc.Driver();
DriverManager.registerDriver (ref);
```

Wenn der JDBC-Treiber-Manager einen Treiber für eine DBMS-Verbindung sucht, benutzt er den ersten passenden, den er findet. Dabei sucht er zuerst in der Systemvariablen `jdbc.drivers` und anschließend prüft er – wenn er dort nicht fündig wird – ob in der Anwendung ein Treiber geladen wurde.

Im **zweiten Schritt** baut die Anwendung eine **Verbindung zum DBMS** auf. Diese Verbindung wird durch ein Objekt, dessen Klasse das Interface `Connection` implementiert, repräsentiert. Man erhält ein solches Objekt durch Aufruf der Klassenmethode

```
public static Connection getConnection (
    String url, String user, String password);
```

der Klasse `DriverManager`. Der erste Parameter `url` enthält die JDBC-URL und verweist auf die Datenbank. Mit `user` und `password` wird der Benutzername für das DBMS und das dazugehörige Passwort angegeben. Die Verwendung von Benutzername und Passwort ist DBMS-spezifisch.

---

[268] Ein System Property – oder Systemeigenschaften – sind Parameter der Systemumgebung.

Sobald man die DBMS-Verbindung nicht mehr braucht, sollte sie wieder geschlossen werden, um Systemressourcen freizugeben. Dazu bietet die Schnittstelle `Connection` die Methode `close()` an.

Eine Datenbank wird eindeutig über ihre URL identifiziert. Die URL für eine Datenbankverbindung über JDBC besteht aus drei Komponenten und hat allgemein die Form:

```
jdbc:<subprotokoll>:<subname>
```

Die einzelnen Komponenten der URL sind durch Doppelpunkte getrennt. Ihre Bedeutung ist:

`jdbc`	bezeichnet das verwendete Protokoll JDBC.
`<subprotokoll>`	Das Subprotokoll spezifiziert den Treiber und ist von dem verwendeten DBMS abhängig. Es wird von dem Treiberhersteller definiert. Beispiele für Subprotokolle sind: `mysql` MySQL `db2` DB2 von IBM `oracle` Oracle-Datenbank `odbc` ODBC-Brücke
`<subname>`	Der Subname kann ein beliebiges Format haben, welches vom verwendeten Subprotokoll abhängt. Im Allgemeinen gibt der Subname den Rechner und die zu verwendende Datenbank an. Beispiele für Subnamen sind: `dbName:` Datenbank `dbName`, die auf dem **lokalen** Rechner bekannt gemacht (katalogisiert) wurde. `//pc1:3306/JDBCTest` Datenbank mit dem Namen `JDBCTest` auf dem **entfernten** Rechner `pc1`. Der JDBC-Daemon[269] einer MySQL-Datenbank lauscht standardmäßig auf dem Port `3306`.

Tabelle 26-4 Elemente der JDBC-URL

Wird eine URL der Form `jdbc:odbc:dbName` verwendet, so wird über die **ODBC-Brücke** auf die Datenquelle `dbName` zugegriffen. Bei der URL `jdbc:db2:sample` wird die auf dem lokalen Rechner katalogisierte DB2-Datenbank `sample` über einen **Typ 2-Treiber** angesprochen.

Im Gegensatz dazu erfolgt mit `jdbc:mysql://myhost.domain.de:3306/myDatabase` über TCP/IP der Zugriff auf die MySQL-Datenbank `myDatabase`, die auf dem Rechner `myhost.domain.de` katalogisiert ist. Dabei wird ein **Typ 3-** oder ein **Typ 4-Treiber** verwendet. Der angegebene Port `3306` kann vom Benutzer

---

[269] Der JDBC-Daemon ist ein Server-Programm, das JDBC-Anfragen bearbeitet.

eingestellt werden. Ein weiteres Beispiel für eine netzfähige URL ist `jdbc:oracle:oci8:@server:1521:mydb`, über die auf eine Oracle-Datenbank auf dem Rechner `server` zugegriffen wird, deren Daemon auf Port `1521` lauscht.

26.4.2 Verbindung zum DBMS mit DataSource

Neben dem Treiber-Manager ist die Verwendung von Klassen, die das Interface `DataSource` implementieren, eine weitere Möglichkeit, eine Verbindung zu einem DBMS aufzubauen. Mit dem Interface `DataSource` wurde erstmals mit JDBC 2.0 ein Verfahren eingeführt, die Verbindungsparameter zu einer Datenquelle dynamisch zu verwalten. Seit der JDK-Version 1.4 ist das Interface `DataSource` auch in der Standard Edition enthalten.

Beim Verbindungsaufbau über den Treiber-Manager werden die Angaben zur Verbindung wie Servername oder verwendetes Protokoll direkt im Quellcode angegeben. Demgegenüber werden bei Data-Source-Objekten – **Objekte, deren Klassen das Interface** `DataSource` **implementieren, werden im Folgenden als Data-Source-Objekte bezeichnet** – die Angaben nicht im Code, sondern über Eigenschaften, die so genannten **Properties** festgelegt, wobei diese Verbindungseigenschaften direkt im Data-Source-Objekt hinterlegt werden.

> Properties sind **parametrisierbare Eigenschaften** eines Objektes. Sie sind als private Datenfelder einer Klasse realisiert, deren Wert mit Hilfe einer `set()`-Methode geschrieben und mit Hilfe einer `get()`-Methode ausgelesen werden kann.

Properties kommen unter anderem bei der JavaBeans-Technologie[270] zum Einsatz.

Durch den Einsatz von Data-Source-Objekten wird eine höhere Portabilität der Anwendung erreicht und die Wartbarkeit des Quellcodes entscheidend verbessert. Verändern sich die Parameter zum Zugriff auf eine Datenbank, muss nicht mehr der Code der Anwendung, sondern nur der Wert der Properties des Data-Source-Objektes durch den Aufruf von `set()`-Methoden verändert werden.

Die Vorteile bei der Verwendung von Data-Source-Objekten gegenüber dem Verbindungsaufbau mit dem Treiber-Manager sind:

- Verbesserte Portabilität der Anwendung,
- Wartbarkeit des Quellcodes wird verbessert,
- Transparenz von Verbindungspools[271] und verteilten Transaktionen.

Von Sun wird den Entwicklern ausdrücklich empfohlen, Data-Source-Objekte zum Aufbau von Verbindungen zu Datenquellen dem Treiber-Manager (`Driver-Manager`) vorzuziehen.

---

[270] Siehe Kap. 30 auf der beiliegenden CD.
[271] Engl.: Verbindungsvorrat, Verbindungsreservoir (siehe Kap. 26.9).

Mit dem Begriff **Datenquelle** wird hier ganz allgemein ein Informationsspeicher bezeichnet, der in Form einer Datenbank vorliegen oder aber nur aus einer einfachen Datei bestehen kann. Alle Komponenten der Java Enterprise Edition verwenden für den Verbindungsaufbau zu Datenquellen ausschließlich Data-Source-Objekte, um die Portabilität der Anwendung zu gewährleisten.

Die Implementierungen der Data-Source-Objekte zum Erstellen einer Verbindung zu einem Datenbankverwaltungssystem müssen ebenso wie die JDBC-Treiber von den Herstellern geliefert werden. Eine Data-Source-Klasse muss dazu das Interface `javax.sql.DataSource` implementieren. Durch die einheitliche Verwendung dieses Interface können die Data-Source-Objekte verschiedener Hersteller zum Zugriff auf unterschiedliche Datenquellen problemlos ausgetauscht werden. Die Ermittlung der Treiber wird in den Data-Source-Objekten gekapselt und der benötigte Treiber implizit geladen. Für den Anwendungsentwickler heißt das, dass kein spezifischer Treiber mehr geladen werden muss. Es genügt, die vom DBMS-Hersteller gelieferten Data-Source-Klassen zu verwenden.

Über ein Objekt, dessen Klasse das `DataSource`-Interface implementiert, kann eine Verbindung zu der gewünschten Datenquelle aufgebaut werden. Hierzu wird die Methode `getConnection()` angeboten. Der Rückgabewert ist – genau wie beim Treiber-Manager – ein Objekt vom Typ `Connection`.

26.4.2.1   DataSource-Properties

Eine vom Hersteller gelieferte Implementierung der Schnittstelle `DataSource`, stellt eine Vielzahl von Eigenschaften bereit, mit denen die einzelnen Parameter zum Verbindungsaufbau festgelegt werden können. Einige wichtige Eigenschaften, die für das MySQL-Data-Source-Objekt gesetzt werden können, sind in der nachfolgenden Tabelle 26-5 dargestellt.

Property Name	Datentyp	Beschreibung
`databaseName`	`String`	Name der Datenbank
`serverName`	`String`	Name des Datenbank-Servers
`url`	`String`	Gesamte URL der Datenbank
`description`	`String`	Beschreibung der Datenquelle
`user`	`String`	Datenbank-Benutzername
`password`	`String`	Datenbank-Passwort
`portNumber`	`int`	Portnummer des Servers
`loginTimeout`	`int`	Timeout für den Verbindungsaufbau in Sekunden
`autoReconnect`	`boolean`	Automatischer Verbindungsaufbau nach Verbindungsunterbrechung
`maxRows`	`int`	Anzahl der maximal zurück gelieferten Ergebnisse

Tabelle 26-5 Standard-Properties eines `DataSource`-Objektes

Die implementierende Klasse des Data-Source-Objektes für die MySQL-Datenbank lautet `MysqlDataSource` aus dem Paket `com.mysql.jdbc.jdbc2.optional`. Sie leitet von der Klasse `ConnectionProperties` aus dem gleichen Paket ab. Darin sind noch viele andere Properties für die Verbindung definiert, die je nach Bedarf gesetzt werden können.

Die einzige Eigenschaft, die von allen `DataSource`-Implementierungen bereitgestellt werden muss, ist die Eigenschaft `description`. Alle anderen Eigenschaften werden vom Hersteller nur implementiert, falls die entsprechende Datenquelle diese Eigenschaften auch wirklich unterstützt.

Speziell für Enterprise Applications – also unternehmensbasierte Anwendungen – gibt es zwei Erweiterungen von `DataSource`:

- `XADataSource` wird verwendet, um verteilte Transaktionen zu realisieren.
- `ConnectionPoolDataSource` bietet einen Verbindungspool auf Grundlage von Datenquellen an.

26.4.2.2   Aufbau einer Verbindung mit DataSource

Um über ein Data-Source-Objekt eine Verbindung zu einer Datenbank aufzubauen, muss ein solches Objekt instantiiert und mit den entsprechenden Properties für die Verbindung gefüllt werden. Als Beispiel-Datenbank soll wieder die in Kapitel 26.3.2 konfigurierte MySQL-Datenbank betrachtet werden. Anstatt nun mit dem Treiber-Manager zu arbeiten, der den MySQL-JDBC-Treiber `com.mysql.jdbc.Driver` implizit lädt, wird nun die Klasse `com.mysql.jdbc.jdbc2.optional.Mysql-DataSource` als `DataSource`-Implementierung verwendet. Über den Aufruf der Methode `getConnection()` auf einem Objekt der Klasse `MysqlDataSource` wird wiederum ein Objekt vom Typ `java.sql.Connection` zurück geliefert, das dann die physikalische Verbindung zum DBMS kapselt. Man beachte, dass die Methode `getConnection()` der Klasse `MysqlDataSource` im Gegensatz zur Methode `getConnection()` der Klasse `DriverManager` nun ohne Parameter aufgerufen wird, weil im Objekt vom Typ `MysqlDataSource` die Informationen über Datenbank-URL, Benutzername und Passwort schon hinterlegt sind. Es folgt nun die Implementierung der Klasse `DataSourceTest`:

```
// Datei: DataSourceTest.java

import java.sql.*;
import javax.sql.*;
import com.mysql.jdbc.jdbc2.optional.*;

public class DataSourceTest
{
   public static void main (String[] args)
   {
      try
      {
         // Die Klasse MysqlDataSource implementiert
         // die Schnittstelle javax.sql.DataSoruce.
         MysqlDataSource ds = new MysqlDataSource();

         // Im Data-Source-Objekt selbst werden die
         // Verbindungseigenschaften gesetzt

         // Es soll eine Verbindung zur Datenquelle
         // JDBCTest aufgebaut werden
         ds.setDatabaseName ("JDBCTest");
```

```
        // Sie ist auf dem lokalen Rechner verfügbar
        ds.setServerName ("localhost");

        // Der Datenbank-Deamon lauscht auf dem Port 3306
        ds.setPort (3306);

        // Es wird das Benutzerkonto tester verwendet
        ds.setUser ("tester");
        ds.setPassword ("geheim");

        // Ein Aufruf von getconnection() liefert ein
        // Objekt vom Typ Connection zurück. Darin ist
        // die physikalische Verbindung zum DBMS gekapselt.
        Connection con = ds.getConnection();

        // Über die zurückgelieferte Referenz auf das
        // Connection-Objekt können nun  SQL-Statements
        // erzeugt und abgesetzt werden
        Statement stmt = con.createStatement();
        ResultSet rs = stmt.executeQuery (
           "SELECT * FROM fachnoten");

        System.out.println ("\nInhalt der Tabelle fachnoten:");
        System.out.println ("Matrikelnr  Fach     Note");
        System.out.println ("------------------------");

        while (rs.next())
        {
            System.out.print (rs.getString ("matrikelnr") + "    ");
            System.out.print (rs.getString ("fach") + "   ");
            System.out.print (rs.getDouble ("note"));
            System.out.println();
        }

        // Auch hier sollte die Verbindung zum DBMS
        // mit close() wieder geschlossen werden.
        con.close ();
    }
    catch (Exception e)
    {
        System.out.println ("Exception: " + e.getMessage());
    }
  }
}
```

Die Ausgabe des Programms ist:

```
Inhalt der Tabelle fachnoten:
Matrikelnr  Fach     Note
------------------------
12345678    Info 1   1.0
47110815    Info 1   2.1
54123678    Info 1   1.7
```

Um sämtliche Datenbankaktionen zu protokollieren, wie es für die Erstellung sicher-
heitsrelevanter Systeme unerlässlich ist, kann ebenso wie beim Treiber-Manager

auch bei Data-Source-Objekten ein Ausgabestrom registriert werden. Hierzu wird die Methode `setLogWriter()` des Interfaces `DataSource` angeboten, mit welcher der Datenquelle ein Characterstream zugewiesen werden kann. In diesen Datenstrom werden die Aktionen beim Zugriff auf die Datenquelle protokolliert. Bei dem verwendeten Characterstream handelt es sich um ein Objekt vom Typ `java.io.Print-Writer`. Beim Erzeugen des Data-Source-Objektes wird zunächst kein Ausgabestrom festgelegt, d.h. standardmäßig ist die Protokollierung abgeschaltet.

26.4.2.3 Einsatz von JNDI

Im professionellen Einsatz von Data-Source-Objekten, wie es beispielsweise in großen Unternehmensanwendungen vorkommt, wird ein Data-Source-Objekt, das eine Verbindung zu einer bestimmten Datenquelle darstellt, einmal erzeugt, mit Verbindungseigenschaften gefüllt und in einem globalen **Namens- und Verzeichnisdienst** hinterlegt. Der Zugriff auf einen solchen Namensdienst wird durch das Java Naming and Directory Interface **JNDI** ermöglicht (siehe auch Anhang D).

JNDI kann mit der Funktion und Arbeitsweise der RMI-Registry verglichen werden, die in Kapitel 25.2.3 vorgestellt wurde. Dabei stellt die RMI-Registry einen einfachen Server dar, an den Referenzen auf Objekte unter einem eindeutigen logischen Namen gebunden werden können. Mit Hilfe einer Methode `lookup()` der Klasse `java.rmi.Naming` kann sich dann ein Client unter Angabe dieses logischen Namens eine so genannte Remote-Referenz auf das in der RMI-Registry gebundene Objekt beschaffen.

Ein so genannter JNDI-Server verwaltet auch Referenzen auf Objekte, – beispielsweise Data-Source-Objekte – wobei diese ebenfalls unter einem logischen Namen innerhalb des so genannten JNDI-Namensraums gebunden sind. Ein Client – beispielsweise eine Anwendung, die von einer Datenbank Informationen abfragen möchte – kann sich nun durch den Aufruf der Methode `lookup()` der Klasse `InitialContext` aus dem Paket `javax.naming` eine Referenz auf ein Data-Source-Objekt beschaffen, die im JNDI-Server hinterlegt ist. Das einzige, was der Client hierzu wissen muss, ist der logische Name des Data-Source-Objektes, unter dem es im JNDI-Server gebunden ist. Über die sonstigen Datenbank-spezifischen Verbindungsinformationen muss der Client nicht Bescheid wissen, weil diese Eigenschaften ja im Data-Source-Objekt hinterlegt sind. Ein Datenbank-Administrator, der sich um die Verwaltung und Pflege der Data-Source-Objekte kümmert, kann bei Bedarf die Verbindungseigenschaften der Data-Source-Objekte ändern, beispielsweise wenn dem Datenbank-Server eine andere IP-Adresse zugewiesen wurde oder der DBMS-Deamon unter einem anderen Port erreichbar ist. Dadurch wird eine größtmögliche Flexibilität und Portabilität erreicht, weil die Verbindungen zu allen verfügbaren Datenquellen eines Unternehmens zentral von einer Stelle aus verwaltet werden.

Der Umgang mit JNDI ist ein sehr umfangreiches Fachgebiet, und kann im Rahmen dieses Kapitels nicht ausführlich erklärt werden. Für weiterführende Informationen siehe Anhang D.

26.4.3 Absetzen eines SQL-Statements

Nachdem eine Verbindung zum DBMS aufgebaut wurde, kann eine Abfrage oder ein sonstiges SQL-Statement abgesetzt werden. Jedes SQL-Statement wird dabei durch ein Objekt repräsentiert, das die Schnittstelle `java.sql.Statement` implementiert. Es gibt drei verschiedene Arten von SQL-Statements, die durch die drei Schnittstellen `Statement`, `PreparedStatement` und `CallableStatement` repräsentiert werden, wobei die Schnittstellen die in Bild 26-4 gezeigte Vererbungshierarchie bilden.

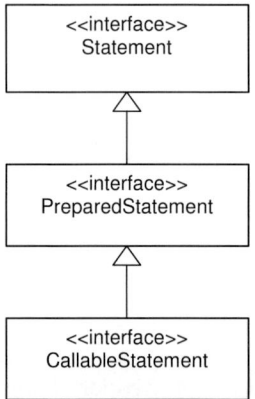

Bild 26-4 Vererbungshierarchie der Schnittstellen vom Typ `Statement`

Um eine Referenz auf ein Objekt zu erhalten, dessen Klasse die Schnittstelle `Statement`, `PreparedStatement` bzw. `CallableStatement` implementiert, stellt die Schnittstelle `Connection` die folgenden drei Methoden:

Statement createStatement() throws SQLException
PreparedStatement prepareStatement() throws SQLException
CallableStatement prepareCall() throws SQLException

zur Verfügung, wobei diese mehrfach überladen sind. Für eine geöffnete DBMS-Verbindung können mehrere Statements erzeugt werden. Die maximale Anzahl dieser Statements hängt von dem verwendeten DBMS ab und kann aus den Metadaten[272] des Datenbankverwaltungssystems durch die Methode `getMaxStatements()` der Schnittstelle `DatabaseMetaData` ausgelesen werden. Eine Referenz auf ein Objekt vom Typ `DatabaseMetaData` erhält man durch Aufruf der Methode `getMetaData()` zu einem `Connection`-Objekt. Ein `Statement`-Objekt existiert von seiner Erzeugung bis zum Aufruf der Methode `close()` für das Statement.

26.4.3.1   Die Schnittstelle Statement

Die Schnittstelle `Statement` – die sich im Paket `java.sql` befindet – stellt Methoden für **statische SQL-Statements** bereit. Bei einem statischen SQL-Statement wird der gesamte SQL-Befehl, der an das DBMS gesandt werden soll, in einem String-Objekt zusammengesetzt und dann zum DBMS geschickt. Das DBMS analysiert dann den String, führt die entsprechenden Anweisungen aus und gibt das Ergebnis zurück. Das Ergebnis kann entweder ein einfacher Rückgabewert sein, der Auskunft über den Erfolg des Statements gibt, oder mehrere Datensätze, die über ein Objekt vom Typ `ResultSet` zurückgegeben werden.

---

[272] Siehe Kap. 26.7.

Es soll nun nochmals die Klasse `DataSourceTest` des vorherigen Beispiels betrachtet werden. Dort wird mit dem Aufruf

```
stmt = con.createStatement();
```

ein `Statement`-Objekt erzeugt und die Referenz darauf der Referenzvariable `stmt` zugewiesen. Um nun mit Hilfe dieses `Statement`-Objektes eine Abfrage auf der Datenbank auszuführen, wird die Methode `executeQuery()` mit dem entsprechenden SQL-Befehl wie folgt aufgerufen:

```
rs = stmt.executeQuery ("SELECT matrikelnr, name
                        FROM studenten");
```

Ein SQL-Statement, das vom DBMS ausgeführt werden soll, wird einfach als String übergeben. Der Rückgabewert ist eine Referenz, die auf ein Objekt vom Typ `ResultSet` zeigt, in welchem die Daten der Abfrage enthalten sind.

Die Methode `executeQuery()` wird zum Absetzen eines `SELECT`-Befehls verwendet. Möchte man Befehle wie `INSERT`, `UPDATE`, `DELETE` oder Statements der Data Definition Language – wie `CREATE TABLE` – an das DBMS senden, so wird die Methode `executeUpdate()` der Schnittstelle `Statement` verwendet. Da die genannten Befehle keine umfangreichen Daten zurückgeben, hat die Methode `execute-Update()` nur einen einfachen Rückgabewert vom Typ `int`. Der folgende Codeausschnitt zeigt, wie in die Studententabelle ein neuer Student eingefügt werden kann:

```
stmt.executeUpdate ("INSERT INTO studenten
                    VALUES ('Waizenegger','Judith',615388)");
```

Verwendet man hingegen die Methode `execute()`, so können beliebige SQL-Befehle zum DBMS gesendet werden, also `SELECT`, `UPDATE` oder `CREATE TABLE`-Befehle. Sie gibt einen booleschen Wert zurück und liefert `true`, falls das abgesetzte SQL-Statement ein Ergebnis in Form eines Objektes vom Typ `ResultSet` zurückgeliefert hat – beispielsweise bei einem `SELECT`-Statement. Die Referenz auf das `ResultSet` kann dann mit der Methode `getResultSet()` besorgt werden. Liefert der Aufruf von `execute()` hingegen `false`, so war das abgesetzte Statement ein `UPDATE`-Befehl.

Möchte man mehrere SQL-Statements hintereinander ausführen, so kann dies durch einen so genannten Batch-Job erfolgen. Hierzu bietet die Schnittstelle `Statement` die Methode `addBatch()`[273] an, mit der man ein SQL-Statement zu einem Batch-Job hinzufügen kann, ohne es gleich an das DBMS zu senden. Mit der Methode `executeBatch()` können die gesammelten SQL-Statements dann gebündelt ausgeführt werden. Sie speichert für jedes ausgeführte SQL-Statement einen Ergebniswert in einem `int`-Array ab und liefert eine Referenz auf dieses Array als Ergebnis zurück. Der Vorteil der gebündelten Ausführung liegt im Performancegewinn gegenüber einer separaten Ausführung eines jeden einzelnen Statements. Das folgende Beispiel `JDBCTest2` zeigt die Anwendung der Schnittstelle `Statement`:

---

[273] Da nicht alle Treiber den vollen JDBC-Standard implementiert haben, kann eine Exception vom Typ `SQLException` oder `AbstractMethodError` geworfen werden, falls dieses Feature nicht unterstützt wird.

```java
// Datei: JDBCTest2.java

import java.sql.*;

public class JDBCTest2
{
   public static void main (String[] args)
   {
      Connection con = null;
      Statement stmt = null;
      ResultSet rs   = null;
      String url = "jdbc:mysql://localhost:3306/";

      // Es soll die Datenbank JDBCTest verwendet werden.
      String dbName = "JDBCTest";
      // Verwenden des Kontos des zuvor angelegten Benutzers tester.
      String user = "tester";
      String passwd = "geheim";

      try
      {
         // Verbindung zum DBMC herstellen.
         con = DriverManager.getConnection (
            url+dbName, user, passwd);

         // Aufruf der Methode createStatement() des Connection-
         // Objektes liefert ein Objekt vom Typ Statement zurück.
         stmt = con.createStatement();

         // Einen Datensatz updaten:
         boolean ergebnis =
            stmt.execute ("UPDATE studenten SET name=\"Schmidt\"" +
               "WHERE name=\"Dlugosch\"");

         System.out.print ("Der SQL-Befehl war ein ");
         if (ergebnis)
         {
            System.out.println ("SELECT-Statement");
         }
         else
         {
            System.out.println ("UPDATE-Statement");
         }

         ergebnis = stmt.execute ("SELECT * FROM fachnoten");
         if (ergebnis)
         {
            rs = stmt.getResultSet();

            System.out.println ("\nTabelle fachnoten:");
            System.out.println ("Matrikelnr  Fach      Note");
            System.out.println ("-------------------------");

            while (rs.next())
            {
               System.out.print (rs.getString("matrikelnr")+"     ");
               System.out.print (rs.getString("fach") + "    ");
```

```
                System.out.println (rs.getDouble("note"));
            }
        }

        // Statements sammeln
        stmt.addBatch ("INSERT INTO studenten " +
            "VALUES ('Jach', 'Philipp', 31412166)");
        stmt.addBatch ("INSERT INTO studenten " +
            "VALUES ('Gross', 'Daniel', 47914545)");

        // Statements des Batch-Jobs ausführen
        stmt.executeBatch();

        ergebnis = stmt.execute ("SELECT * FROM studenten");
        if (ergebnis)
        {
            rs = stmt.getResultSet();
            System.out.println ("\nTabelle studenten:");
            System.out.println ("Matrikelnr\tname\tvorname");
            System.out.println ("-------------------------------");

            while (rs.next())
            {
                System.out.print (rs.getInt ("matrikelnr") + "\t");
                System.out.print (rs.getString ("name") + "\t");
                System.out.println (rs.getString ("vorname"));
            }
        }
        con.close();
    }
    catch (Exception e)
    {
        System.out.println ("Exception: " + e.getMessage());
    }
  }
}
```

Die Ausgabe des Programms ist:

```
Der SQL-Befehl war ein UPDATE-Statement

Tabelle fachnoten:
Matrikelnr  Fach     Note
-----------------------
12345678    Info 1   1.0
47110815    Info 1   2.1
54123678    Info 1   1.7

Tabelle studenten:
Matrikelnr      name    vorname
-------------------------------
12345678        Schmidt Georg
31412166        Jach    Philipp
47110815        Peters  Anja
47914545        Gross   Daniel
54123678        Schmidt Andrea
```

26.4.3.2   Die Schnittstelle PreparedStatement

Häufig müssen mehrere gleiche SQL-Befehle nacheinander an das DBMS gesandt werden, die sich nur in ihren Werten unterscheiden. Ein Beispiel hierfür ist der Fall, dass eine Tabelle mit neuen Daten gefüllt werden muss. Der SQL-Befehl, um einen neuen Studenten als Datensatz in eine Tabelle studenten einzufügen, ist:

```
INSERT INTO studenten VALUES ('Riese', 'Adam', 13413498)
```

Werden mehrere neue Studenten in die Tabelle eingetragen, so ändern sich nur die Werte für Name, Vorname und Matrikelnummer, der restliche SQL-Befehl bleibt unverändert. Ein Beispiel hierfür zeigt die Klasse JDBCTest im Kapitel 26.4, wo der INSERT-Befehl zum Einfügen der Datensätze in die Tabelle studenten aufwendig zusammengesetzt wurde.

Bei einem PreparedStatement hingegen wird das Statement in einen **konstanten** und einen **variablen** Teil zerlegt. Der konstante Teil besteht aus der Struktur des SQL-Befehls, wobei die Fragezeichen Platzhalter für die noch einzusetzenden variablen Anteile darstellen:

```
INSERT INTO studenten VALUES (?, ?, ?)
```

In einem zweiten Schritt wird jedem Fragezeichen ein Wert zugewiesen und anschließend wird das fertige Statement ausgeführt. Die genaue Funktionsweise zeigt das folgende Beispiel:

```java
// Datei: JDBCTest3.java

import java.sql.*;

public class JDBCTest3
{
   private Connection con = null;

   // Baut die Verbindung zur Datenbank auf
   private void connect (String url, String user, String passwd)
   throws Exception
   {
      con = DriverManager.getConnection (url, user, passwd);
      System.out.println ("Connect erfolgreich!");
   }

   // Liefert die nächst freie Matrikelnummer zurück
   private int getNextMatrikelNr() throws SQLException
   {
      Statement stmt = con.createStatement();

      // Die SQL-Funktion MAX() liefert das Maximum
      // einer Spalte zurück. Hier wird das Maximum
      // aus der Spalte matrikelnr gesucht.
      ResultSet rs = stmt.executeQuery (
         "SELECT MAX(matrikelnr) from studenten");

      // Intern den Zeiger auf den ersten Datensatz stellen
      rs.next();
```

```
    // Aktuell höchste Matrikelnummer auslesen
    int mnr = rs.getInt (1);

    // Die nächst höhere zurückliefern
    return ++mnr;
}

// Fügt neue Studenten in die Tabelle studenten ein
private void insertIntoStudenten (
    String[] namen, String[] vornamen)
throws SQLException
{
    // Als erstes muss die nächst freie
    // Matrikelnummer herausgefunden werden:
    int nextMatrikelnr = getNextMatrikelNr();

    // Es wird ein PreparedStatement angelegt, das nun
    // nach belieben mit Informationen "gefüttert" wird
    PreparedStatement stmt = con.prepareStatement (
        "INSERT INTO studenten VALUES (?,?,?)");
    for (int i = 0; i < namen.length; i++)
    {
        stmt.setString (1, namen [i]);
        stmt.setString (2, vornamen [i]);
        stmt.setInt (3, nextMatrikelnr++);
        stmt.executeUpdate();
    }
    stmt.close();
    System.out.println (
        namen.length + " Studenten erfolgreich eingefuegt!");
}

private void print() throws SQLException
{
    Statement stmt = con.createStatement();
    ResultSet rs = stmt.executeQuery ("SELECT * from studenten");

    System.out.println ("\nTabelle studenten:");
    System.out.println ("Matrikelnr\tname\tvorname");
    System.out.println ("--------------------------------");

    int counter = 0;
    while (rs.next())
    {
        System.out.print (rs.getInt ("matrikelnr") + "\t");
        System.out.print (rs.getString ("name") + "\t");
        System.out.print (rs.getString ("vorname"));
        System.out.println();
        counter++;
    }

    System.out.println ("Momentan sind " + counter +
        " Studenten immatrikuliert\n");
}
```

```
private void releaseConnection() throws SQLException
{
    con.close();
    System.out.println ("Verbindung zur Datenbank geschlossen!");
}

public static void main (String[] args)
{
    String url = "jdbc:mysql://localhost:3306/JDBCTest";
    String user   = "tester";
    String passwd = "geheim";
    String[] namen = {"Kafka", "Mueller", "Claasen", "Petz"};
    String[] vornamen = {"Franz", "Martin", "Antje", "Myriam"};

    try
    {
        JDBCTest3 db = new JDBCTest3();

        // Verbindung zum Studentenverwaltungssystem herstellen
        db.connect (url, user, passwd);
        // Neue Studenten einfügen
        db.insertIntoStudenten(namen, vornamen);
        // Tabelle studenten ausgeben
        db.print();
        // Verbindung Schließen
        db.releaseConnection();
    }
    catch (Exception e)
    {
        System.out.println ("Ein Fehler ist aufgetreten:");
        System.out.println (e.getMessage());
    }
}
}
```

Die Ausgabe des Programms ist:

```
Connect erfolgreich!
4 Studenten erfolgreich eingefuegt!

Tabelle studenten:
Matrikelnr      name     vorname
--------------------------------
12345678        Schmidt  Georg
31412166        Jach     Philipp
47110815        Peters   Anja
47914545        Gross    Daniel
54123678        Schmidt  Andrea
54123679        Kafka    Franz
54123680        Mueller  Martin
54123681        Claasen  Antje
54123682        Petz     Myriam
Momentan sind 9 Studenten immatrikuliert

Verbindung zur Datenbank geschlossen!
```

Für die unterschiedlichen Datentypen gibt es unterschiedliche `set()`-Methoden. So gibt es für den Typ `int` die Methode `setInt()` und für den Typ `String` die Methode `setString()` usw. Mit dem aktuellen Parameter 1 in der Methode `setString()` wird das erste Fragezeichen durch den übergebenen Wert `namen [i]` ersetzt, mit dem aktuellen Parameter 2 wird das zweite Fragezeichen von links ersetzt und so weiter. Abschließend wird dann die Methode `executeUpdate()` aufgerufen, um das vollständige SQL-Statement ausführen zu lassen.

> Prepared-Statements können effizienter als statische SQL-Statements ausgeführt werden.

Auch bei einem Prepared-Statement kann ein Batch-Job geschrieben werden. Die Methode `insertIntoStudenten()` aus der Klasse `JDBCTest3` sieht mit der Batch-Job-Variante folgendermaßen aus:

```
private void insertIntoStudenten (
    String[] namen, String[] vornamen)
throws SQLException
{
    // Als erstes muss die nächst freie
    // Matrikelnummer herausgefunden werden:
    int nextMatrikelnr = getNextMatrikelNr();

    // Es wird ein PreparedStatement angelegt, das nun
    // nach belieben mit Informationen "gefüttert" wird
    PreparedStatement stmt = con.prepareStatement (
        "INSERT INTO studenten VALUES (?,?,?)");
    for (int i = 0; i < namen.length; i++)
    {
        stmt.setString (1, namen [i]);
        stmt.setString (2, vornamen [i]);
        stmt.setInt (3, nextMatrikelnr++);
        stmt.addBatch();
    }
    stmt.executeBatch();
    stmt.close();
    System.out.println (
        namen.length + " Studenten erfolgreich eingefuegt!");
}
```

Ein Objekt vom Typ `PreparedStatement` kann nur für ein einziges parametrisiertes SQL-Statement verwendet werden. Nach seiner Verwendung sollte es durch Aufruf der Methode `close()` geschlossen werden.

26.4.3.3   Die Schnittstelle CallableStatement

Inzwischen sind bereits zwei unterschiedliche `Statement`-Typen bekannt, mit denen man beliebige SQL-Statements vom Datenbankverwaltungssystem ausführen lassen kann. Der letzte `Statement`-Typ – das `CallableStatement` – soll hier zum Abschluss kurz angesprochen werden. Die Schnittstelle `CallableStatement` ist von

`PreparedStatement` abgeleitet und stellt damit eine Erweiterung dar. Objekte vom Typ `CallableStatement` werden bei größeren Anwendungen eingesetzt und können mehrere Datenbankabfragen serverseitig ausführen und abhängig von den Abfrageergebnissen und den zum Server gesandten Parametern ein Ergebnis an den Client zurückliefern. Ein Teil der Anwendungslogik[274] wird also auf dem Server implementiert, um den Netzverkehr zu minimieren. Weitere Details zu dieser Optimierungsvariante sollen hier jedoch nicht betrachtet werden[275].

26.4.4 Auswerten eines Abfrage-Ergebnisses

Generell ist es kein Problem, das Ergebnis eines SQL-Statements auszuwerten. Die Methode `executeUpdate()`, die für `UPDATE`, `DELETE` und `INSERT`-Befehle genauso wie für Befehle wie `CREATE TABLE` verwendet werden kann, liefert nur einen einfachen `int`-Wert zurück, der absolut problemlos ausgewertet werden kann. Ein wenig komplizierter wird es bei der Ergebnisauswertung eines `SELECT`-Befehls, der mit der Methode `executeQuery()` abgesetzt wird. Hier ist der Rückgabewert vom Typ `ResultSet`.

Im JDBC-Standard 1.0 ist nur das einmalige Auslesen eines Ergebnisses in festgelegter Reihenfolge möglich. Das Ergebnis einer `SELECT`-Abfrage hat dabei immer die Form einer Tabelle, in der die Spalten die Attribute darstellen und die Zeilen die einzelnen Datensätze. Die Datensätze können nun beginnend mit dem ersten Datensatz nacheinander ausgelesen werden. Im Folgenden soll nochmals die Methode `print()` der Klasse `JDBCTest3` betrachtet werden:

```
private void print() throws SQLException
{
   Statement stmt = con.createStatement();
   ResultSet rs = stmt.executeQuery (
      "SELECT * from studenten");

   System.out.println ("\nTabelle studenten:");
   System.out.println ("Matrikelnr\tname\tvorname");
   System.out.println ("-----------------------------");

   int counter = 0;
   while (rs.next())
   {
      System.out.print (rs.getInt ("matrikelnr") + "\t");
      System.out.print (rs.getString ("name") + "\t");
      System.out.println (rs.getString ("vorname"));
      counter++;
   }
   System.out.println ("Momentan sind " + counter +
      " Studenten immatrikuliert\n");
}
```

Dabei ist darauf zu achten, dass die `next()`-Methode aufgerufen werden muss, bevor man den ersten Datensatz auslesen kann. Die einzelnen Werte des aktuellen Da-

---

[274] Die Teile der Anwendungslogik, die auf dem Server liegen, werden auch als **Stored Procedures** bezeichnet.
[275] Es wird hier auf die Dokumentation von Sun verwiesen.

tensatzes können entweder durch Angabe des Spaltennamens oder durch die Angabe der Spaltenposition abgefragt werden.

Im Gegensatz zu Arrays und Collections wie `Vector<T>` oder `List<E>`, bei denen das erste Element unter dem Index 0 zu finden ist, werden bei einem `ResultSet` die Nutzdaten erst ab dem Index 1 abgelegt. Versucht man auf ein `ResultSet` an der Stelle 0 zuzugreifen – dies ist dann der Fall, wenn **vor** dem ersten Aufruf der Methode `next()` eine `get()`- oder `set()`-Methode auf dem `ResultSet` aufgerufen wird – so wird eine Exception vom Typ `SQLException` geworfen.

Es ist noch zu beachten, dass die Methode `next()` den Wert `true` zurückgibt, solange ein Datensatz zum Auslesen vorhanden ist. Für die unterschiedlichen Datentypen gibt es auch unterschiedliche `get()`-Methoden in der Schnittstelle `ResultSet`.

Leider kann man in der Version JDBC 1.0 die Daten nur einmal und auch nur in festgelegter Reihenfolge auslesen. Dieser Nachteil wurde jedoch ab der Version JDBC 2.0 vollständig aufgehoben, sofern natürlich der verwendete JDBC-Treiber diese Funktionalität unterstützt. Es ist jetzt möglich, beliebig an die Position eines Datensatzes zu springen, vorwärts und rückwärts Datensätze beliebig oft auszulesen und noch vieles mehr. Um noch eine Kleinigkeit zu verraten: es ist sogar möglich, bestehende Datensätze in einem Objekt vom Typ `ResultSet` zu ändern oder zu löschen und neue Datensätze hinzuzufügen. Diese Änderungen können dann je nach eingestellter Option sogar auf der Datenbank wirksam gemacht werden! Im folgenden Beispiel werden ein paar wenige Möglichkeiten gezeigt, die ein Objekt vom Typ `ResultSet` bietet. Es wird nur ein einziges `Statement`-Objekt nach dem Verbindungsaufbau zum DBMS erzeugt. Werden die Parameter `CONCUR_UPDATABLE` und `TYPE_SCROLL_SENSITIVE` in der Methode `createStatement()` angegeben, so kann man ein Objekt vom Typ `ResultSet` beliebig oft auslesen und sogar ein Aktualisieren von in der Datenbank gespeicherten Daten über ein Objekt vom Typ `ResultSet` vornehmen.

```java
// Datei: JDBCTest4.java
import java.sql.*;
public class JDBCTest4
{
   private Connection con = null;
   private ResultSet rs = null;
   private Statement stmt = null;

   private void connect (String url, String user, String passwd)
      throws Exception
   {
      con = DriverManager.getConnection (url, user, passwd);
      stmt = con.createStatement (ResultSet.TYPE_SCROLL_SENSITIVE,
                           ResultSet.CONCUR_UPDATABLE);
      rs = stmt.executeQuery ("SELECT name, vorname, matrikelnr "
                           + "FROM studenten");
      System.out.println ("Connect erfolgreich!");
   }
```

```java
// Führt das Statement aus
private void executeStatement() throws Exception
{
    rs = stmt.executeQuery ("SELECT * FROM studenten");
    System.out.println ("Statement erfolgreich ausgeführt");
}

public void updateStudent (int matrikelnr, String name)
throws SQLException
{
    // Vor den ersten Datensatz springen.
    rs.beforeFirst();
    while (rs.next())
    {
        if (rs.getInt ("matrikelnr") == matrikelnr)
        {
            // Neue Werte eintragen
            rs.updateString (1, name);
            // Änderung vornehmen
            rs.updateRow();
            break;
        }
    }
    System.out.println ("Datensatz des Studenten mit Matrikelnr "+
        + matrikelnr + " wurde erfolgreich aktualisiert.");
}

private void print() throws SQLException
{
    // Zeiger vor den ersten Eintrag setzen
    rs.beforeFirst();

    System.out.println ("\nTabelle studenten:");
    System.out.println ("Matrikelnr\tname\tvorname");
    System.out.println ("-------------------------------");

    int counter = 0;
    while (rs.next())
    {
        System.out.print (rs.getInt ("matrikelnr") + "\t");
        System.out.print (rs.getString ("name") + "\t");
        System.out.print (rs.getString ("vorname"));
        System.out.println();
        counter++;
    }
    System.out.println ("Momentan sind " + counter +
        " Studenten immatrikuliert\n");
}

private void releaseConnection() throws SQLException
{
    con.close();
    System.out.println ("Verbindung zur Datenbank geschlossen!");
}
public static void main (String[] args)
{
    String url = "jdbc:mysql://localhost:3306/JDBCTest";
```

```
        String user   = "tester";
        String passwd = "geheim";

        try
        {
            JDBCTest4 db = new JDBCTest4();

            // Verbindung zum Studentenverwaltungssystem herstellen
            db.connect (url, user, passwd);
            // Tabelle studenten ausgeben
            db.print();
            // Kafka heißt jetzt Brod
            db.updateStudent (54123679, "Brod");
            // Tabelle studenten ausgeben
            db.print();
            // Verbindung Schließen
            db.releaseConnection();
        }
        catch (Exception e)
        {
            System.out.println ("Ein Fehler ist aufgetreten:");
            System.out.println (e.getMessage());
            e.printStackTrace();
        }
    }
}
```

Die Ausgabe des Programms ist:

```
Matrikelnr       name    vorname
--------------------------------
12345678         Schmidt Georg
. . . . .
54123679         Kafka   Franz
. . . . .
54123682         Petz    Myriam
Momentan sind 9 Studenten immatrikuliert
```

**Datensatz des Studenten mit Matrikelnr 54123679
wurde erfolgreich aktualisiert.**

```
Tabelle studenten:
Matrikelnr       name    vorname
--------------------------------
12345678         Schmidt Georg
. . . . .
54123679         Brod    Franz
. . . . .
54123682         Petz    Myriam
Momentan sind 9 Studenten immatrikuliert

Verbindung zur Datenbank geschlossen!
```

> Ein Objekt vom Typ `ResultSet` wird automatisch ungültig und kann nicht mehr verwendet werden, sobald das `Statement`-Objekt – bzw. das `Connection`-Objekt – mit einem Aufruf der Methode `close()` geschlossen wurde, über das das `Result-Set`-Objekt erzeugt wurde. Um mit einem Objekt vom Typ `ResultSet` arbeiten zu können, wird also immer die geöffnete Datenbankverbindung benötigt.

26.4.5 Transaktionen

Häufig müssen mehrere Datenbankanweisungen durch eine Transaktion gekapselt werden. Eine Transaktion bezieht sich dabei immer auf eine geöffnete DBMS-Verbindung. Es gibt auch verteilte Transaktionen, bei denen Datensätze in mehreren Datenbanken innerhalb einer Transaktion geändert werden. Diese sollen hier jedoch nicht betrachtet werden. Bei der Erzeugung eines `Connection`-Objektes ist die Verbindung im Modus "auto commit" geöffnet. Jedes SQL-Statement, das an ein DBMS gesandt wird, wird sofort ausgeführt und wirksam.

Möchte man bestimmen, wann die abgesetzten SQL-Statements ausgeführt werden, so kann man die manuelle Transaktionssteuerung für ein `Connection`-Objekt einstellen. Dies geschieht durch den Aufruf der Methode:

```
con.setAutocommit (false)
```

Danach können mehrere SQL-Statements erzeugt und ausgeführt werden. Abgeschlossen wird eine Transaktion, die aus beliebig vielen SQL-Statements bestehen kann, durch den Aufruf der Methode `commit()` des `Connection`-Objektes. Entscheidet man sich nicht für ein COMMIT, so kann man die Anweisungen der Transaktion durch ein ROLLBACK verwerfen, was durch die Methode `rollback()` bewirkt wird. Wird die Methode `close()` des Connection-Objektes aufgerufen, so werden alle Anweisungen, die noch nicht durch den Aufruf der Methode `commit()` bestätigt wurden, rückgängig gemacht. Das folgende Beispiel beschreibt eine Buchung zwischen zwei Konten als Transaktion. Dabei wird hier nur der "interessante" Teil des Programms angegeben:

```
// Autocommit auf manuelles COMMIT umschalten
con.setAutoCommit (false);

stmt = con.createStatement ();

rs = stmt.executeQuery ("Select betrag from konto "
                      + "where name ='Mueller' ");
rs.next ();
kontostandA = rs.getFloat (1);

rs = stmt.executeQuery ("Select betrag from konto "
                      + "where name ='Maier' ");
rs.next ();
kontostandB = rs.getFloat (1);
```

```java
// 50 Euro umbuchen
stmt.executeUpdate ("UPDATE konto set betrag= "
                  + (kontostandA -50)
                  + " WHERE name = 'Mueller'" );
stmt.executeUpdate ("UPDATE konto set betrag= "
                  + (kontostandB +50)
                  + " WHERE name = 'Maier'" );
stmt.close();

// Transaktion abschliessen
con.commit();
```

26.5 Datentypen

In einer Java-Anwendung werden die bekannten Java-Datentypen wie `int`, `float`, oder `String` verwendet, während in der Datenbank SQL-spezifische Datentypen zum Einsatz kommen. Diese SQL-Datentypen werden in Java durch Konstanten der Klasse `java.sql.Types` definiert. Die Klasse besitzt nur einen als `privat` deklarierten Default-Konstruktor und kann somit nicht instantiiert werden.

Der Wertebereich und der Name eines Typs müssen nicht immer zwischen dem Java-Datentyp und der entsprechenden Repräsentation des SQL-Datentyps in der Datenbank übereinstimmen. Außerdem kann der Wertebereich gleichnamiger Datentypen in unterschiedlichen Datenbanken verschieden sein. Anhand der `get()`-Methoden der Schnittstelle `ResultSet` wird in der folgenden Tabelle gezeigt, welche Datentypen mit welchen Methoden ausgelesen werden können. Die mit einem fetten "**x**" markierten Paare ermöglichen dabei die beste Konvertierung.

	TINYINT	SMALLINT	INTEGER	BIGINT	REAL	FLOAT	DOUBLE	DECIMAL	NUMERIC	BIT	CHAR	VARCHAR	LONGVARCHAR	BINARY	VARBINARY	LONGVARBINARY	DATE	TIME	TIMESTAMP
getByte()	**x**	x	x	x	x	x	x	x	x	x	x	x	x						
getShort()	x	**x**	x	x	x	x	x	x	x	x	x	x	x						
getInt()	x	x	**x**	x	x	x	x	x	x	x	x	x	x						
getLong()	x	x	x	**x**	x	x	x	x	x	x	x	x	x						
getFloat()	x	x	x	x	**x**	x	x	x	x	x	x	x	x						
getDouble()	x	x	x	x	x	**x**	**x**	x	x	x	x	x	x						
getBigDecimal()	x	x	x	x	x	x	x	**x**	**x**	x	x	x	x						
getBoolean()	x	x	x	x	x	x	x	x	x	**x**	x	x	x						
getString()	x	x	x	x	x	x	x	x	x	x	**x**	**x**	x	x	x	x	x	x	x
getBytes()														**x**	**x**	x			
getDate()											x	x	x				**x**		x
getTime()											x	x	x					**x**	x
getTimestamp()											x	x	x				x		**x**
getAsciiStream()											x	x	**x**	x	x	x			
getUnicodeStream()											x	x	**x**	x	x	x			
GetBinaryStream()														x	x	**x**			
getObject()	x	x	x	x	x	x	x	x	x	x	x	x	x	x	x	x	x	x	x

Tabelle 26-6 Auslesen von Werten unterschiedlicher Datentypen

Mit der Methode `getObject()` kann jeder Datentyp ausgelesen werden, wobei die Klasse des Objekts folgendermaßen ermittelt werden kann:

```
Class<?> classRef = rs.getObject (1).getClass();
```

Eine Anwendung kann dann beispielsweise die Formatierung der Ausgabe abhängig von der Klasse gestalten[276]. Die folgenden Codezeilen zeigen, wie der Datentyp zu einem Objekt ermittelt werden kann:

```
rs = stmt.executeQuery("SELECT * FROM studenten");
rs.next();
Object name = rs.getObject ("name");
Object matrikel = rs.getObject ("matrikelNr");
System.out.println (name.getClass());
System.out.println (matrikel.getClass());
```

Eine Besonderheit ist der SQL-Wert `NULL` für ein Attribut, das keinen Wert trägt. Bei Objekten wird der SQL-Wert `NULL` meistens auf eine `null`-Referenz abgebildet. Aber was ist mit elementaren Datentypen wie `int` oder `float`? Wenn beim Auslesen eines Attributes zum Beispiel mit `getInt()` der Wert 0 zurückgegeben wird, weiß man nicht, ob die Spalte den Wert 0 enthält oder ob sie leer war. Mit der Methode `wasNull()` der Schnittstelle `ResultSet` kann man für das zuletzt mit einer `get()`-Methode ausgelesene Attribut feststellen, ob es sich um ein leeres Feld gehandelt hat:

```
rs = stmt.executeQuery ("SELECT note FROM fachnoten");
rs.next();
double note = rs.getDouble ("note");
if (rs.wasNull())
    System.out.println ("Note wurde noch nicht eingetragen");
```

26.6 Exceptions

Beim Zugriff auf ein DBMS kann ein Fehler auftreten. Zum Beispiel kann ein DBMS nicht erreichbar sein oder ein übermitteltes SQL-Statement ist fehlerhaft. In diesem Fall wird eine Exception vom Typ `SQLException` geworfen. Außer der typischen Beschreibung einer Exception kann eine solche Exception noch eine Fehlermeldung des Datenbankverwaltungssystems oder des Treibers enthalten. Bei einem Batch-Job kann zudem eine Exception der Klasse `BatchUpdateException`, die von der Klasse `SQLException` abgeleitet ist, geworfen werden. Sie gibt bei einem Fehler innerhalb eines Batch-Jobs Hinweise, welcher Teil des Jobs abgearbeitet wurde. Neben der Klasse `SQLException` gibt es noch die Klasse `SQLWarning`, die für "leichtere" Fehlermeldungen des Datenbankverwaltungssystems verwendet wird. Eine Exception vom Typ `SQLWarning` wird nicht explizit geworfen, sondern kann über die Methode `getWarnings()` der Schnittstellen `Connection`, `Statement` und `ResultSet` vom DBMS abgefragt werden. Zuletzt gibt es noch die Exception `DataTruncation`, die geworfen wird, wenn ein Attribut beim Schreiben in die Datenbank gekürzt wird. Beim Lesen von der Datenbank wird eine Warnung

---

[276] So kann zum Beispiel eine Spalte innerhalb einer `JTable`-Instanz abhängig von der Klasse des anzuzeigenden Wertes für die Ausgabe formatiert werden.

generiert, falls ein Attribut abgeschnitten wird. Diese kann mit der Methode `getWar-nings()` ausgelesen werden.

26.7 Metadaten

JDBC bietet Informationsklassen an, um Daten über das verwendete DBMS und den JDBC-Treiber sowie über die Ergebnismenge in einem Objekt vom Typ `ResultSet` einer SQL-Abfrage zu bekommen. Die Methoden des Interfaces `DatabaseMeta-Data` liefern zum Beispiel den Namen und die Version des verwendeten Datenbankverwaltungssystems. Außerdem kann geprüft werden, ob optionale Merkmale des JDBC-Standards – zum Beispiel Stored Procedures und somit auch SQL-Statements die mittels der Schnittstelle `CallableStatement` realisiert werden – unterstützt werden. Ein Objekt vom Typ `DatabaseMetaData` kann über das `Connection`-Objekt erfragt werden. Das Interface `ResultSetMetaData` liefert dagegen Informationen über die Ergebnismenge einer Abfrage. Damit kann man zum Beispiel die Anzahl der erhaltenen Spalten und deren Namen auslesen

Das folgende Beispiel zeigt die Verwendung von Metadaten:

```java
// Datei: MetadatenTest.java

import java.sql.*;

public class MetadatenTest
{
   public static void main (String[] args)
   {
      Connection con = null;
      String url = "jdbc:mysql://localhost:3306/";
      // Es soll die Datenbank JDBCTest verwendet werden.
      String dbName = "JDBCTest";
      // Konto des zuvor angelegten Benutzers tester verwenden
      String user = "tester";
      String passwd = "geheim";
      try
      {
         // Verbindung zum DBMC herstellen.
         con = DriverManager.getConnection (url+dbName,user,passwd);

         // Der Aufruf der Methode getMetaDate() auf dem
         // Connection-Objekt liefert eine Referenz auf
         // ein Objekt vom Typ DatabaseMetaData zurück.
         // Diese Objekt kapselt Meta-Informationen über die
         // Datenbank, zu der eine Verbindung aufgebaut ist.
         DatabaseMetaData dbMetaData = con.getMetaData();

         // Ein paar Informationen werden nun abgefragt:
         System.out.println ("Meta-Informationen der Datenbank:");
         System.out.print ("Datenbankhersteller: ");
         System.out.println (dbMetaData.getDatabaseProductName());
         System.out.print ("Produktversion     : ");
         System.out.println (
            dbMetaData.getDatabaseProductVersion());
```

```
      System.out.print ("Verwendeter Treiber: ");
      System.out.println (dbMetaData.getDriverName());

      // Der Aufruf der Methode getTables() auf dem Objekt
      // vom Typ DatabaseMetaData liefert eine Auflistung
      // aller Tabelle in form eines Objektes vom Typ
      // ResultSet zurück, die in der Datenbank JDBCTest
      // definiert sind.
      ResultSet rs =
         dbMetaData.getTables ("JDBCTest","","",null);

      // Es werden nun Meta-Informationen
      // über die Ergebnismenge abgefragt
      ResultSetMetaData rsMetaData = rs.getMetaData();

      int spaltenzahl = rsMetaData.getColumnCount();
      int counter = 0;
      System.out.println ("\nMeta-Informationen vom ResultSet:");
      for (; counter < spaltenzahl; counter++)
      {
         // Die Namen der einzelnen Spalten ausgeben
         System.out.println (
            "Name der " + (counter + 1) + ". Spalte : " +
            rsMetaData.getColumnName (counter + 1));
      }

      System.out.println (
         "\nFolgende Tabellen sind in JDBCTest definiert:");
      // Das zurückgelieferte ResultSet hat folgende Struktur:
      // 1. Spalte: Katalogname = Name der Datenbank
      // 2. Spalte: Schemaname
      // 3. Spalte: Tabellenname
      // 4. Spalte: Tabellen-Typ
      // 5. Spalte: Kommentare
      // Im folgenden wird der Katalogname, Name und
      // Typ der Tabelle ausgelesen:
      counter = 0;
      while (rs.next())
      {
         System.out.println ((++counter) + ". Tabelle:");
         System.out.println ("Definiert in : " +
            rs.getString (1));
         System.out.println ("Name         : " +
            rs.getString (3));
         System.out.println ("Typ          : " +
            rs.getString (4));
         System.out.println ("");
      }
      con.close();
   }
   catch (Exception e)
   {
      System.out.println ("Exception: " + e.getMessage());
   }
  }
}
```

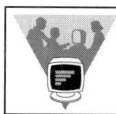

Die Ausgabe des Programms ist:

```
Meta-Informationen der Datenbank:
Datenbankhersteller: MySQL
Produktversion     : 5.0.26-community-nt
Verwendeter Treiber: MySQL-AB JDBC Driver

Meta-Informationen vom ResultSet:
Name der 1. Spalte : TABLE_CAT
Name der 2. Spalte : TABLE_SCHEM
Name der 3. Spalte : TABLE_NAME
Name der 4. Spalte : TABLE_TYPE
Name der 5. Spalte : REMARKS

Folgende Tabellen sind in JDBCTest definiert:
1. Tabelle:
Definiert in : JDBCTest
Name         : fachnoten
Typ          : TABLE

2. Tabelle:
Definiert in : JDBCTest
Name         : studenten
Typ          : TABLE
```

26.8 JDBC-Erweiterungspaket

Seit JDBC 2.0 wird das Erweiterungspaket `javax.sql` ausgeliefert, das seit JDK 1.4 in der Java Standard Edition enthalten ist. Das Erweiterungspaket `javax.sql` ist vor allem für den serverseitigen Einsatz von JDBC vorgesehen. Im Folgenden werden diese Erweiterungen kurz vorgestellt.

Datenquellen

Durch den Einsatz von Datenquellen kann der Verbindungsaufbau zum DBMS einer Datenbank und die Pflege und Verwaltung dieser Verbindungsdaten vereinfacht werden. Der Zugriff auf ein DBMS erfolgt dann über ein `DataSource`-Objekt. Beim Verbindungsaufbau muss lediglich noch der Name der Datenbank bekannt sein. Das Laden des Treibers sowie die Netzwerkverbindung wird durch diese Datenquelle gekapselt. Die Data-Source-Objekte werden dabei in einem globalen Namens- und Verzeichnisdienst hinterlegt und können von Clients erfragt werden.

Connection Pooling

Zum ressourcenschonenden Zugriff auf eine Datenbank wird im Erweiterungspaket das so genannte Connection Pooling unterstützt und kann sinngemäß mit Verbindungsreservoir oder einfach Verbindungspool übersetzt werden. Beim Einsatz eines Verbindungspools wird eine Verbindung zur Datenbank nach dem Gebrauch nicht geschlossen, sondern in einem Pool offener Verbindungen abgelegt. Eine Anwendung, die eine Verbindung zur Datenbank benötigt, öffnet eine Verbindung zum DBMS nicht selbst, sondern fordert diese vom Verbindungspool an. Dadurch wird der zeit- und ressourcenaufwendige Verbindungsaufbau zum DBMS gespart. Im Java-Paket `javax.sql` werden Schnittstellen `PooledConnection` und `Connection-`

`PoolDataSource` deklariert. Im Kapitel 26.9 wird das Thema Connection Pooling genauer behandelt.

Rowsets

Mit dem von `java.sql.ResultSet` abgeleiteten Interface `Rowset` spezifiziert Java die Rahmenbedingungen für die Implementierung einer Datenbankabfrage über die JavaBeans-API[277]. Das Ziel ist, eine Bean zu verwenden, die die DBMS-Verbindung und das Absetzen einer Abfrage kapselt.

Im Gegensatz zu Objekten vom Typ `ResultSet`, die über das Statement-Objekt angefordert werden und somit immer auf die geöffnete Verbindung angewiesen sind, verwalten Objekte vom Typ `RowSet` die Verbindung zum DBMS selbst. Sie können bei bestehender Verbindung zum DBMS als so genannte **connected rowsets** verwendet werden. Jedoch ist auch ihre Verwendung bei geschlossener Verbindung zum DBMS möglich. Ein solches `RowSet` wird dann als **disconnected rowset** bezeichnet. Um Änderungen über ein disconnected rowset am physikalischen Datenbestand durchzuführen, muss die Verbindung zum DBMS jedoch wieder aufgebaut werden.

Verteilte Transaktionen

Die Schnittstelle `XAConnection` wird zum Aufbau von verteilten Transaktionen verwendet. Dabei sind mehrere Datenbankverwaltungssysteme an einer Transakion beteiligt.

26.9 Connection Pooling

Der herkömmliche Verbindungsaufbau mit `DriverManager.getConnection()` oder über Data-Source-Objekte ist ein sehr ressourcenintensiver Prozess. Gerade bei Applikations-Servern, die viele DBMS-Verbindungen gleichzeitig aufbauen und benutzen, wie es zum Beispiel bei dynamischen Webseiten mit Servlets[278] der Fall ist, kann die DBMS-Verbindung leicht zum Flaschenhals des gesamten Systems werden. Um diesem Problem zu begegnen, bietet sich die Verwendung von Connection Pooling an. Beim Connection Pooling wird nicht jede Verbindung zur Datenbank eines DBMS neu erzeugt, sondern aus einem Pool angefordert. Wenn die Verbindung dann nicht mehr gebraucht wird, wird sie wieder in den Pool zurückgestellt und kann später ein weiteres Mal angefordert werden. Das Java-Paket `javax.sql` deklariert hierfür die Schnittstellen `PooledConnection` und `ConnectionPoolDataSource`.

---

[277] Siehe Kap. 30 auf der beiliegenden CD.
[278] Siehe Kap. 22.

Ein Verbindungspool ist ein **Speicher** für **physikalische Datenbankverbindungen**. Er **verwaltet** bestehende Verbindungen im Arbeitsspeicher **gibt** Verbindungen auf Anfrage **ab**.

Die Verbindungspools arbeiten auf Basis der Data-Source-Objekte. Um für ein DBMS Connection Pooling zu unterstützen, muss ein JDBC-Treiber-Hersteller Implementierungen der Interfaces `javax.sql.ConnectionPoolDataSource` und `javax.sql.PooledConnection` zur Verfügung stellen.

Connection Pooling ist vor allem für den Einsatz auf Applikations-Servern vorgesehen. Für die Anwendung auf Client-Seite bleibt ein solcher Verbindungspool unsichtbar.

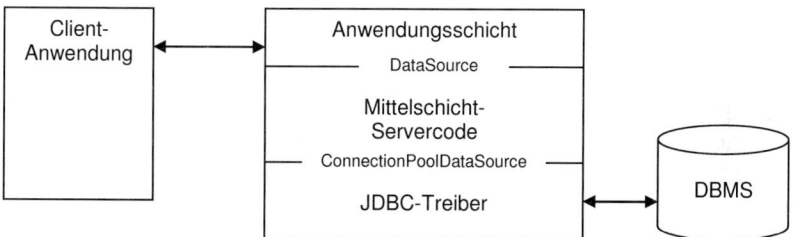

Bild 26-5 Verwendung der Schnittstellen bei Connection Pooling auf dem Server

Bild 26-5 zeigt die Schichten einer serverbasierten Anwendung mit Connection Pooling. Der eigentliche Pool wird dabei in der Mittelschicht gehalten. Der Zugriff vom Pool auf die JDBC-Treiber geschieht mit Hilfe der Schnittstelle `Connection-PoolDataSource`, der Zugriff der Anwendung auf den Pool erfolgt mit der Schnittstelle `DataSource`, wobei der Pool von der Anwendung wie ein gewöhnliches Data-Source-Objekt verwendet wird.

Objekte, die das Interface `ConnectionPoolDataSource` implementieren, sollten nicht direkt von JDBC-Anwendungen verwendet werden. Stattdessen ist es sinnvoll, eine speziell für Connection Pooling entwickelte Implementierung des Interfaces `javax.sql.DataSource` zu verwenden, mit der die Verwaltung mehrerer physikalischer Verbindungen zur Datenbank gekapselt wird. Auf diese Weise verwendet die Anwendung wie gewöhnlich ein Data-Source-Objekt. Bei der Verwendung eines Verbindungspools ändert sich daher für die Anwendung nichts. Sie bezieht zum Verbindungsaufbau zur Datenbank wie bisher eine Referenz auf ein Data-Source-Objekt, nur dass dieses spezielle Data-Source-Objekt nun intern einen Verbindungspool unterhält. Die Verwaltung der Verbindungen geschieht dabei verborgen auf dem Applikations-Server.

Werden die Datenquellen eines Connection Pools mit JNDI verwaltet, so werden diese Datenquellen ebenso wie die herkömmlichen Datenquellen im JNDI-Kontext unter einem logischen Namen eingetragen und können von der Anwendung wie eine gewöhnliche Datenquelle verwendet werden.

Das Data-Source-Objekt, das speziell für Connection Pooling implementiert ist, verhält sich nach außen hin gegenüber der Anwendung wie ein herkömmliches Data-Souce-Objekt. Wird eine Verbindung mit `getConnection()` angefordert, so nimmt das Verbindungspool-Objekt eine bestehende Verbindung aus dem internen Pool und delegiert diese an die Anwendung. Sobald eine Verbindung über ein Objekt vom Typ `Connection` mit `close()` geschlossen wird, signalisiert dies der darunter liegenden Verbindungspool-Schicht, dass die verwendete Verbindung wieder freigegeben wurde und zurück in den Pool von freien Verbindungen gegeben werden kann.

Die physikalische Verbindung zum DBMS wird mit einem Aufruf von `close()` auf dem `Connection`-Objekt seitens des Clients nicht wirklich geschlossen, sondern wieder an den Verbindungspool zurückgegeben und kann von dort wieder neu angefordert werden.

ConnectionPoolDataSource-Properties

Wie bei dem Interface `DataSource` definiert die JDBC-API auch für Implementierungen des Interfaces `ConnectionPoolDataSource` mehrere **Eigenschaften**, die verwendet werden, um das **Verhalten** von **Verbindungspools festzulegen**.

Nachstehende Tabelle zeigt die Standard-Verbindungspool-Eigenschaften:

Property Name	Datentyp	Beschreibung
maxStatements	int	Anzahl an Statements, die der Pool offen halten kann. Mit 0 wird das Halten von Statements deaktiviert.
initialPoolSize	int	Die Anzahl an Verbindungen, die der Pool aufbauen soll, sobald er erzeugt wird.
minPoolSize	int	Die Anzahl an freien Verbindungen, die der Pool mindestens bereithalten soll. Mit 0 werden Verbindungen nur nach Bedarf aufgebaut.
maxPoolSize	int	Die Anzahl an Verbindungen, die der Pool maximal enthalten darf. Mit 0 wird keine Grenze festgelegt.
maxIdleTime	int	Die Anzahl an Sekunden, die eine Verbindung ungenutzt ruhen darf, ehe sie vom Pool geschlossen wird. Mit 0 wird diese Funktion deaktiviert.
propertyCycle	int	Die Wartezeit des Pools in Sekunden, ehe die gesetzten Properties wirksam werden.

Tabelle 26-7 Standardeigenschaften der Klasse `ConnectionPoolDataSource`

Ablauf bei der Verbindungsanforderung

In Bild 26-6 wird das Zusammenspiel der am Verbindungspooling beteiligten Objekte anhand eines Sequenzdiagramms dargestellt. Bitte beachten Sie, dass die Klasse, welche die Schnittstelle `ConnectionPoolDataSource` implementiert, den Namen `DCPoolImpl`, die Klasse, welche `PooledConnection` implementiert, den Namen `PooledConImpl` und die Klasse, welche die Schnittstelle `Connection` implementiert, den Namen `ConImpl` trägt. Weiterhin sind die Methoden `getPooledConnection()` mit `getPoolCon()` und `getConnection()` mit `getCon()` abgekürzt. Das

DSPoolImpl-Objekt ist zuvor erzeugt und mit allen benötigten Parametern wie Servername, Datenbankname, Benutzername und Passwort versorgt worden.

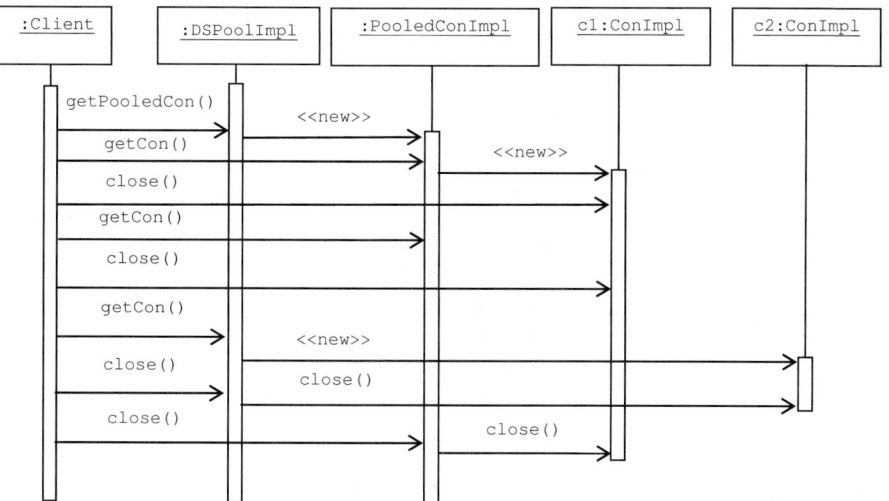

Bild 26-6 Ablauf einer Verbindungsanforderung über Pooled Connections

Es lassen sich folgende Schritte festhalten:

- Der Client fordert durch Aufruf der Methode getPooledCon() auf dem DSPool-Impl-Objekt ein neues PooledConImpl-Objekt an.

- Darauf wird die Klasse PooledConImpl instantiiert und die Referenz auf das Objekt dem Client zurückgeliefert.

- Auf dem PooledConImpl-Objekt ruft der Client nun die Methode getCon() auf und fordert damit eine physikalische Verbindung zur Datenbank an.

- Da noch keine physikalische Verbindung zur Datenbank besteht und die maximal zulässige Anzahl an bestehenden physikalischen Verbindungen noch nicht überschritten ist, erzeugt das PooledConImpl-Objekt eine solche physikalische Verbindung und liefert die Referenz auf das erzeugte ConImpl-Objekt dem Client zurück. Falls jedoch die maximale Anzahl an physikalischen Verbindungen erreicht wurde, so wird eine Exception vom Typ SQLException geworfen.

- Wenn der Client die Verbindung zur Datenbank nicht mehr benötigt, ruft er die Methode close() auf dem ConImpl-Objekt auf. Dieser Aufruf schließt jedoch nicht die physikalische Verbindung, sondern markiert das "geschlossene" ConImpl-Objekt als frei verfügbar.

- Der Client ruft nun erneut auf dem PooledConImpl-Objekt die Methode get-Con() auf, um eine physikalische Verbindung zur Datenbank erneut anzufordern.

- Daraufhin instantiiert das PooledConImpl-Objekt jedoch nicht mehr die Klasse ConImpl, sondern greift auf das frei verfügbare ConImpl-Objekt im Verbindungspool zu, markiert diese Verbindung als belegt und liefert dem Client die Referenz auf das `ConImpl`-Objekt zurück.

- Ein erneuter Aufruf von `close()` auf dem `ConImpl`-Objekt seitens des Clients gibt die Verbindung wieder frei, woraufhin sie erneut dem freien Verbindungspool hinzugefügt wird.

- Ruft nun der Client `getCon()` nicht auf dem `PooledConImpl`-Objekt, sondern direkt auf dem `DSPoolImpl`-Objekt auf, so wird keine Verbindung aus dem Verbindungspool entnommen – auch wenn dort gerade eine freie Verbindung verfügbar wäre. Das `DSPoolImpl`-Objekt instantiiert nun selbst die Klasse `ConImpl` und liefert die Referenz auf das erzeugte Objekt dem Client zurück.

- Ruft der Client nun `close()` auf der zuletzt angeforderten Verbindung auf, so wird diese nicht dem Verbindungspool hinzugefügt, sondern die physikalische Verbindung wird tatsächlich geschlossen.

- Ruft der Client nun die `close()`-Methode auf dem `PooledConImpl`-Objekt auf, so werden alle physikalischen Verbindungen, die über dieses Objekt geöffnet wurden, wirklich geschlossen.

- Das `PooledConImpl`-Objekt delegiert dafür den `close()`-Aufruf an das von ihr geöffnete `ConImpl`-Objekt und schließt damit die physikalische Datenbankverbindung.

Das folgende Beispiel veranschaulicht den zuvor beschriebenen Sachverhalt. Bitte beachten Sie, dass nach jedem Datenbankverbindungsauf- und abbau das Programm im Ablauf um jeweils 5 Sekunden mit dem Aufruf von

```
Thread.sleep (5000);
```

angehalten wird. Sie haben damit die Möglichkeit, in einem weiteren Konsolenfenster durch Eingabe des Befehls

```
netstat -an
```

die physikalisch vorhandenen Datenbankverbindungen nachzuzählen. Bitte beachten Sie dabei, dass eine Verbindung zur MySQL-Datenbank immer zum Port 3306 aufgebaut wird:

```java
// Datei: ConnectionPoolTest.java

import java.sql.*;
import javax.sql.*;
import com.mysql.jdbc.jdbc2.optional.*;

public class ConnectionPoolTest
{
   public static void main (String[] args) throws Exception
   {
      // Objekt erzeugen, das den Verbindungspool darstellt
      MysqlConnectionPoolDataSource cpds =
         new MysqlConnectionPoolDataSource();
```

```
   // Die Verbindungseigenschaften setzen
   cpds.setServerName ("localhost");
   cpds.setPort (3306);
   cpds.setDatabaseName ("JDBCTest");
   cpds.setUser ("tester");
   cpds.setPassword ("geheim");

   // Hiermit können Verbindungen aus dem Pool angefordert werden
   PooledConnection pooledCon = cpds.getPooledConnection();
   Connection con1 = pooledCon.getConnection();
   System.out.println ("Eine phys. Verbindung aufgebaut");
   Thread.sleep (5000);

   // Die Verbindung für dieses Connection-Objekt wird nun
   // geschlossen. Aber physikalisch besteht sie weiterhin
   con1.close();
   System.out.println ("Verbindung \"lokal\" geschlossen");
   Thread.sleep (5000);

   // Wird eine Verbindung direkt vom Verbindungspools -
   // das heißt nicht über das PooledConnection-Objekt -
   // angefordert, so wird diese nicht dem Verbindungspool
   // entnommen, sondern gesondert erzeugt
   Connection con2 = cpds.getConnection();
   System.out.println ("Verbindung direkt angefordert");
   Thread.sleep (5000);

   // Der Aufruf von close() schließt dabei auch
   // die tatsächliche physikalische Verbindung
   con2.close();
   System.out.println (
      "Direkte Verbindung phys. wieder geschlossen");
   Thread.sleep (5000);

   // Hier wird nun dieselbe physikalische Verbindung
   // zurückgeliefert, die bei con1 schon verwendet wurde.
   Connection con3 = pooledCon.getConnection();
   System.out.println ("Dieselbe phys. Verb neu angefordert");
   Thread.sleep (5000);

   // Hier wird eine neue physikalische Verbindung erzeugt
   Connection con4 = pooledCon.getConnection();
   System.out.println ("Neue physikalische Verbindung erzeugt");
   Thread.sleep (5000);

   // Dieser Aufruf schließt alle physikalischen
   // Verbindungen, die über die PooledConnection
   // angefordert wurden.
   pooledCon.close();

   System.out.println (
      "Alle physikalischen Verbindungen geschlossen");
   Thread.sleep (5000);
   }
}
```

Die Ausgabe des Programms ist:

```
Eine phys. Verbindung aufgebaut
Verbindung "lokal" geschlossen
Verbindung direkt angefordert
Direkte Verbindung phys. wieder geschlossen
Dieselbe phys. Verb neu angefordert
Neue physikalische Verbindung erzeugt
Alle physikalischen Verbindungen geschlossen
```

Kapitel 27

Enterprise JavaBeans 3.0

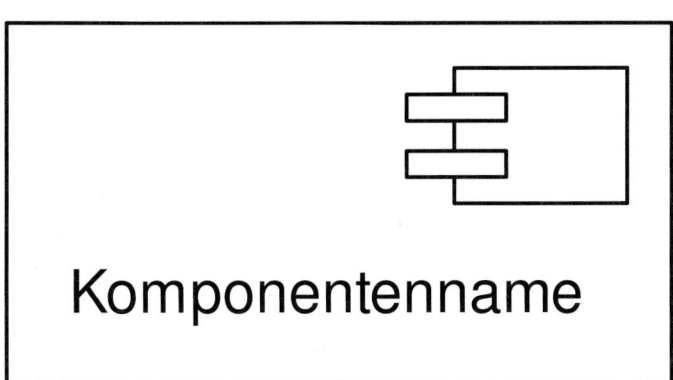

Komponentenname

27.1 Idee der Enterprise JavaBeans
27.2 Objektorientierte Modellierung
27.3 Abbildung von Klassen auf Bean-Typen
27.4 Überblick über die Enterprise JavaBeans-Architektur
27.5 Konzept der EJB-Typen
27.6 Session-Beans
27.7 Der Applikations-Server JBoss
27.8 Java Persistence API
27.9 Vollständiges Beispiel: Eine einfache Bankanwendung

27 Enterprise JavaBeans 3.0

Im Folgenden wird die Enterprise JavaBeans (EJB)-Technologie in ihrer aktuellen Version 3.0 vorgestellt[279]. Es kann von vorne herein klar gesagt werden, dass die Implementierung von Enterprise JavaBeans durch die neue Version 3.0 erheblich vereinfacht wird. Viele Dinge, die nach der alten Spezifikation, d.h. nach der Version 2.1, noch benötigt wurden – wie beispielsweise der Deployment-Deskriptor oder das Home-Interface einer Session-Bean – sind mit der neuen Version weggefallen oder werden nur noch optional eingesetzt.

Die Programmierung von EJBs war früher sehr aufwändig. Schon für kleinste Anwendungen musste man mehrere Interfaces, eventuell nicht benutzte Callback-Methoden[280] und Exception Handler standardmäßig implementieren und bereits zur Erzeugung einer einzigen Enterprise JavaBean benötigte man eine Vielzahl komplexer und damit fehleranfälliger XML Deployment-Deskriptoren.

EJB setzt nun auf das Programmieren von **Plain Old Java Objects** (**POJOs**), die mit Metadaten in der Form so genannter **Annotations** instrumentiert werden. Diese Annotations erlauben eine **Art attributorientiertes Programmieren** und stellen Zusatzinformationen dar, die dem EJB-Container **zur Laufzeit Auskunft über die in den Annotations festgehaltenen Eigenschaften** geben. All das, was man früher mit dem Home-Interface und verschiedensten XML-Deskriptoren definieren musste, kann man jetzt elegant mit Annotations erledigen. Der Programmierer fügt einfach seine Annotations zu Klassen, Datenfeldern und Methoden hinzu und diese werden vom Java-Compiler mitkompiliert. Für den Programmierer sieht es so aus, als würde er einfach nur Modifikatoren wie z.B. `public` oder `private` anschreiben. Während diese Schlüsselwörter jedoch Teil der Programmiersprache Java sind, handelt es sich bei Annotations um Metadaten.

> Annotations stellen eine einfache Möglichkeit dar, Metadaten, die zuvor in diversen Deployment-Deskriptoren auf andere Weise umständlich aufgeschrieben werden mussten, direkt im Quellcode für die entsprechende Komponente – Klasse, Interface, Methode, etc. – anzugeben.

Ein Beispiel für eine Annotation ist

```
@Stateless
```

Mit dieser Notation wird definiert, dass die geschriebene Bean-Klasse "stateless" ist. Kurz und gut, bei den EJBs wird wirklich alles einfacher – der Markt verlangt es. Dennoch ist es weiterhin erlaubt, XML Deployment-Deskriptoren zu verwenden. So kann man mit XML Deployment-Deskriptoren die Annotations überschreiben.

---

[279] Um dieses Kapitel komplett verstehen zu können, sollten auch die Anhänge "Annotations" (siehe Anhang E) und "JNDI" (siehe Anhang D) vom Leser mit einbezogen werden.

[280] Callback-Methoden der EJBs werden bei bestimmten Ereignissen vom umgebenden Framework aufgerufen, z.B. zum Abspeichern von Zuständen beim Shut-down eines Applikations-Servers.

27.1 Idee der Enterprise JavaBeans

Größere Anwendungen in einem Unternehmen existieren heutzutage in der Regel nicht mehr zentral auf einem Rechner, sondern sind auf mehrere Computersysteme verteilt. In diesem Fall spricht man von einer **verteilten Anwendung** oder von einem **verteilten System**. Dabei werden mehrere Ziele verfolgt:

- eine Erhöhung der Ausfallsicherheit,
- günstigere Anschaffungskosten,
- eine schnellere Verarbeitung
- und eine skalierbare Architektur[281].

Um ein verteiltes System zu erzeugen, werden mehrere Rechner miteinander vernetzt, damit sie zusammenarbeiten können[282].

Ein **verteiltes System** besteht aus autonomen Rechnern, die mit Hilfe einer **Systemsoftware** untereinander **vernetzt** sind. Die Systemsoftware versetzt die vernetzten Rechner in die Lage, ihre **Aktivitäten** zu **koordinieren**.

In Bild 27-1 ist das Modell einer **Client/Server-Architektur** in Form einer **Three Tier**[283]**-Architektur**[284] abgebildet.

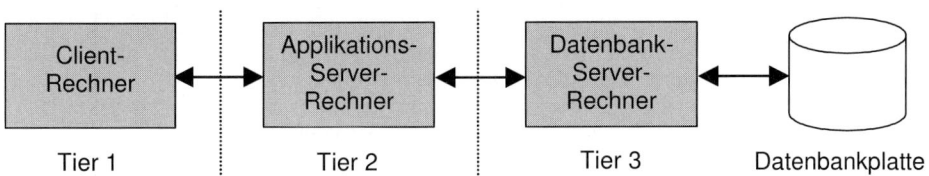

Bild 27-1 Three Tier-Architektur

Die **Enterprise JavaBeans**, mit denen sich das vorliegende Kapitel befasst, befinden sich auf dem **Applikations-Server-Rechner**.

27.2 Objektorientierte Modellierung

Ein Software-Entwickler bekommt von seinem Kunden die Aufgabe gestellt, die Geschäftsprozesse[285] des Kunden durch Programme zu unterstützen. Dazu muss der Software-Entwickler sich zunächst im **Problembereich** bewegen und im Rahmen der

---

[281] Eine Architektur wird als **skalierbar** bezeichnet, wenn sich eine gute Performance des Systems auch bei steigenden Nutzerzahlen einhalten lässt.

[282] Dies ist die so genannte **Shared Nothing-Architektur** eines verteilten Systems. Es gibt auch eine **Shared Disk-Architektur**, bei der sich mehrere Prozessor/Hauptspeicher-Einheiten einen gemeinsamen Externspeicherpool teilen.

[283] Engl.: Schicht, Lage.

[284] Der für die Beispiele dieses Kapitels verwendete Applikations-Server JBoss beinhaltet bereits eine Datenbank, sodass die Schichten Applikations-Server-Rechner und Datenbank-Server-Rechner verschmelzen. Somit stellen die Beispiele in diesem Kapitel eine Two Tier-Architektur dar.

[285] Ein Geschäftsprozess ist ein Ablauf in einer Organisation, der ein bestimmtes Ergebnis hervorbringen soll. Zum Beispiel gibt es bei einer Bank den Geschäftsprozess "Konto eröffnen" mit dem Ergebnis, dass für einen Kunden ein Konto eröffnet worden ist.

Systemanalyse Modelle dieser **Geschäftsprozesse** anfertigen, um anschließend im **Lösungsbereich** beim **Systementwurf** ein **Modell** für das **technische System aus Programmen und Rechnern** in Form einer **Architektur** zu erstellen. Erst dann kommt die Programmierung. Kapitel 27.2.1 zeigt den Unterschied zwischen Problem- und Lösungsbereich auf. Kapitel 27.2.2 stellt die Klassenarten der Systemanalyse vor. Ziel ist es letztendlich, diese Klassen in eine EJB-Architektur abzubilden.

27.2.1 Problembereich und Lösungsbereich

Im Software Engineering unterscheidet man zwischen dem **Problembereich** und dem **Lösungsbereich** eines zu bauenden Systems. Der **Problembereich** ist dabei die Welt der Geschäftsprozesse in einer idealen Welt ohne technisches System, d.h. ohne Rechner. Der Lösungsbereich ist die Welt des Entwurfs und der Programmierung auf einem Rechnersystem. Während man sich in der Welt der **Systemanalyse** um die Logik der Geschäftsprozesse, in anderen Worten um die **Logik der Verarbeitung** in Form von Use Cases[286] oder Anwendungsfunktionen[287] kümmert, kommen im **Lösungsbereich** noch **technische Funktionen** hinzu, da die Geschäftsprozesse auf einem Rechnersystem laufen sollen. In der Sprechweise der Objektorientierung findet man im Rahmen der **Systemanalyse** die **Objekte des Problembereichs**, im **Lösungsbereich** kommen noch viele **technische Objekte** hinzu.

Problembereich
Geschäftsprozesse, in anderen Worten die **Logik der Verarbeitung** bzw. die **Verarbeitungsfunktionen**, werden in der **Systemanalyse** durch die **Zusammenarbeit von Objekten des Problembereichs** modelliert.

Tabelle 27-1 Sicht des Problembereichs

Tabelle 27-2 fasst die Sicht des Lösungsbereichs zusammen. Wie man dort sieht, gibt es die **Verarbeitungsfunktionen** nicht nur in der Systemanalyse, sondern auch beim Systementwurf, da der Grund für den Bau einer Anwendung natürlich die Geschäftsprozesse sind.

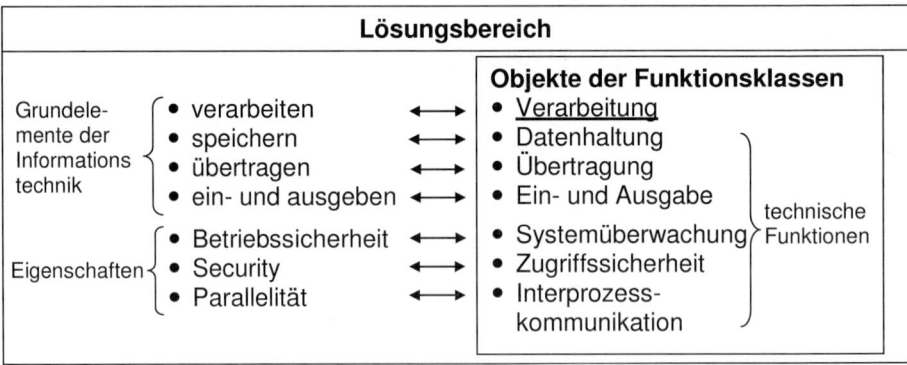

Tabelle 27-2 Sicht des Lösungsbereichs

---

[286] Ein Use Case ist ein Geschäftsprozess oder Teil eines Geschäftsprozesses, der automatisiert wird, d.h. auf den Rechner kommt.

[287] Ein anderes Wort für **Use Case** ist **Anwendungsfall** oder auch **Anwendungsfunktion**.

Die **Datenhaltung** sorgt für die dauerhafte Speicherung der Daten in einem Dateisystem oder einer Datenbank, während die **Übertragung** die benötigten Informationen zwischen den Rechnern eines verteilten Systems austauscht. Die **Ein- und Ausgabe** beschreibt die Wechselwirkung des Systems mit seinen Nutzern. Die **Systemüberwachung** hat die Aufgabe:

- den Start-up und Shut-down des Systems durchzuführen,
- bei Performance-Problemen für ein Load Balancing, d.h. für eine Verlagerung von angeforderten Aufgaben auf andere Rechner zu sorgen,
- Fehler zu erkennen und zu behandeln
- und Fehlermeldungen der verteilten Anwendung an einer zentralen Stelle auszugeben.

Die **Zugriffssicherheit** betrifft die Security – das heißt z.B. Schutz vor unerlaubtem Zugriff, Mitlesen, Umleiten oder Abändern von Daten, die über ein Netzwerk übertragen werden – und die **Interprozesskommunikation** realisiert die Kommunikation zwischen den verschiedenen parallelen Programmen des Systems.

Enterprise JavaBeans sind:

- eine **Technologie des Lösungsbereichs**
- und zwar speziell **für einen Applikations-Server-Rechner** einer Client-Server-Architektur.

Die in Tabelle 27-2 vorgestellte Funktionalität der **Ein- und Ausgabe** läuft in einer Client/Server-Architektur auf einem **Client-Rechner**. Die **Übertragungsfunktionen** sind für den Transport der Informationen paarweise zwischen den verschiedenen Rechnern verantwortlich und müssen daher immer bei beiden Kommunikationspartnern vorhanden sein. Funktionen der Zugriffssicherheit und der Interprozesskommunikation gibt es auf dem Client-Rechner und den Server-Rechnern, während die **Verarbeitung**, die **Schnittstelle zur Datenhaltung** und die **Systemüberwachung** dem **Applikations-Server-Rechner** vorbehalten sind. Die **Datenhaltung selbst** mit einem Datenbankmanagementsystem und der Datenbank, welche eine geordnete Zusammenstellung der Daten darstellt, sind in einer Three Tier-Architektur auf dem **Datenbank-Server-Rechner** angeordnet.

Die Idee, die nun hinter den **Enterprise JavaBeans** steckt, ist, dass der Programmierer sich **nur** noch um die **Implementierung der Geschäftsprozesse** kümmern soll.

Die **technischen Funktionen** der Schnittstelle zur Datenhaltung, der Systemüberwachung und der Interprozesskommunikation auf dem Applikations-Server-Rechner sollen von dem so genannten **Applikations-Server**, einem Stück **Standard-Software**, das als Produkt erhältlich ist wie z.B. JBoss, WebLogic oder WebSphere, zur Verfügung gestellt werden. Der Applikations-Server enthält in seinem Innern auch den so genannten **EJB-Container**, welcher das **Laufzeitsystem der EJBs** darstellt.

Der Programmierer muss sich somit beim Entwurf und bei der Programmierung der Anwendung, die auf dem Applikations-Server-Rechner läuft, überhaupt nicht um die technischen Funktionen kümmern. Welche Klassen **persistent** gespeichert werden sollen, wird über **Annotations** deklariert. Der so genannte **Persistence Manager** führt dann zur Laufzeit den Zugriff auf die Datenbank aus.

Die EJB-Technologie entlastet den Programmierer von der Implementierung der technischen Funktionsklassen für die Interprozesskommunikation/Übertragung, Datenhaltung, Systemüberwachung und Zugriffssicherheit auf den Server-Rechnern. Diese Aufgaben werden vom Applikations-Server übernommen.

Der Programmierer kann sich somit ganz auf die **Implementierung der Geschäftsprozesse** konzentrieren.

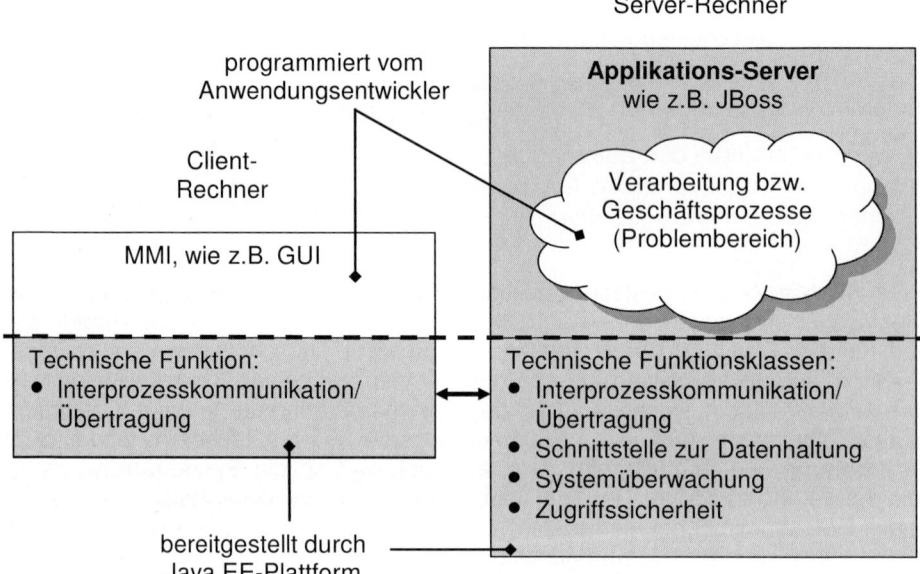

Bild 27-2 Arbeitsteilung zwischen der Standard-Software und den zu erstellenden Anwendungsprogrammen für die Geschäftsprozesse und deren MMI[288]

27.2.2 Klassenarten in der Systemanalyse

Vor Jacobson gab es ursprünglich in der Objektorientierung nur eine einzige Sorte von Objekten – die Entity-Objekte.

Entity-Objekte (Entity-Klassen) sind Objekte (Klassen) des Problembereichs. Sie repräsentieren Abbilder der Realität, d.h. sie haben echte Gegenstücke in dem betrachteten Ausschnitt der realen Welt. Dabei werden aber nur die für die jeweilige Anwendung relevanten Eigenschaften in die Modellierung und Programmierung

---

[288] Abk. für Mensch Maschine-Interface. Beispielsweise stellt eine grafische Benutzerschnittstelle ein MMI dar.

übernommen. Das Wesentliche wird betrachtet und das Unwesentliche wird weggelassen, d.h. man abstrahiert.

Entity-Objekte werden gefunden, indem man einen Ausschnitt
der realen Welt betrachtet und prüft, welche **Gegenstände des
Alltags** in Objekte des Programms überführt werden sollen. So
kann alles Gegenständliche, aber auch ein Konzept wie z.B. ein
Vertrag, durch ein Entity-Objekt repräsentiert werden.

Entity-Objekte haben **Datenfelder** und **Methoden**. Die Datenfelder der Objekte stellen Nutzdaten dar. Sie entsprechen Eigenschaften der Objekte. Diese Eigenschaften
werden langfristig gespeichert. Beim Shut-down des Systems müssen diese Daten
persistent – das heißt dauerhaft – in nicht-flüchtigen Speichermedien gespeichert
werden, damit sie beim Start-up des Systems wiederhergestellt werden können.

Jacobson hat zusätzlich zu den Entity-Objekten noch zwei weitere Typen eingeführt:

- Kontroll-Objekte
- Interface-Objekte

Kontroll-Objekte (Kontroll-Klassen) im Sinne von Jacobson dienen zur Bündelung
komplexer Verarbeitungsvorgänge in einem Objekt. Es wird dadurch verhindert, dass
diese Verarbeitungsvorgänge durch das Zusammenwirken von Methoden in vielen
Objekten beschrieben werden müssen. Damit sind komplexe Algorithmen zentral in
einer Kontroll-Klasse abgelegt und Änderungen an den Algorithmen erfolgen nur in
dieser Kontroll-Klasse.

Kontroll-Objekte müssen sich die zu verarbeitenden Daten oft von vielen anderen
Objekten beschaffen. Ein bekanntes Beispiel von Jacobson ist ein so genanntes
Reporting-Objekt für eine Bankanwendung. Dieses Reporting-Objekt beschafft sich
über get()-Methoden die Kontostände von allen Konto-Objekten – ganz gleich, ob es
sich um Girokonten, Sparbuchkonten oder Geldmarktkonten handelt – und erstellt
daraus einen Bericht.

Die Alternative, eine Berichtsmethode in jedem Objekt unterzubringen, scheitert, da
alle Konto-Objekte gleichberechtigt sind und keines der gleichberechtigten Objekte
mehr als die anderen wissen darf. Daher muss der Aufbau des Berichtes außerhalb
der Konto-Objekte zentral festgelegt werden.

Eine **Kontroll-Klasse** entspricht keiner Entität der realen Welt.
Kontroll-Klassen bündeln komplexe Verarbeitungsvorgänge, in
anderen Worten ein **prozedurales Verhalten**, an zentraler Stelle
in einer Klasse. Eine Kontroll-Klasse stellt damit eine **Wrapper-
Klasse für Prozeduren** dar.

Kontroll-Objekte findet man beim Betrachten von Abläufen, das
heißt beim Studieren der **Use Cases**.

Interface-Objekte (Interface-Klassen) dienen zum Handling der Schnittstellen. Führt man Interface-Klassen ein, so schlagen Änderungen an den Schnittstellen nicht auf die Entity-Klassen oder Kontroll-Klassen durch. **Interface-Objekte** stellen im Rahmen der Systemanalyse nur einen Merker dar, dass an ihrer Stelle im Rahmen des Systementwurfs zahlreiche Objekte stehen können, um ein Interface zu realisieren. So kann an die Stelle einer einzigen MMI-Interface-Klasse der Systemanalyse beim Systementwurf ein ganzes Paket von Klassen treten, um die Mensch-Maschine-Schnittstelle zu realisieren.

Interface-Klassen werden zwischen den betrachteten Entity- und Kontroll-Objekten und den Aktoren eingeschoben. Sie **kapseln die Geräte-Abhängigkeit**, damit die **Entity- und Kontroll-Objekte geräteunabhängig** werden.

Interface-Klassen haben **kein Gegenstück im Problembereich**. Es sind technische Klassen, die Geräte bedienen. Sie sollten erst kurz vor dem Übergang vom Problembereich in den Lösungsbereich eingeführt werden.

Neben den Kontroll-Klassen von Jacobson gibt es noch eine zweite Art von Kontroll-Klassen, die eine reine Steuerungsfunktion im Sinne einer **zustandsbasierten Koordination** anderer Objekte haben. Obwohl das Wort Kontroll-Klasse und Steuerungs-Klasse prinzipiell dasselbe bedeutet, wählen wir das Wort Kontroll-Klasse für die von Jacobson vorgeschlagenen Klassen und das Wort **Steuer-Klasse** für Klassen, die zustandsbasiert andere Objekte koordinieren. Bei Steueraufgaben spielen **Zustände** und **Zustandsübergänge** eine wichtige Rolle.

Eine zustandsbasierte Koordination bedeutet, dass das steuernde Objekt **Zustände** hat, die **makroskopischen, d.h. in der Realität sichtbaren Zuständen** der zu steuernden Umgebung entsprechen.

Je nach erreichtem Zustand wird entsprechend gesteuert. Beispiele für makroskopische Zustände einer Anwendung können sein: eine Reise im Zustand "Flug gebucht" oder im Zustand "Flug nicht gebucht", ein Kinosaal im Zustand "ausverkauft" oder "nicht ausverkauft", ein Ventil im Zustand "offen" oder "geschlossen".

Auch Kontroll-Klassen, Steuer-Klassen und Interface-Klassen können Daten tragen.

So halten beispielsweise Kontroll-Objekte, die einen Bericht erstellen, temporär alle Daten, die sie sich von den Entity-Objekten besorgt haben, so lange, bis diese Daten in den Bericht eingearbeitet sind. Ein Steuer-Objekt, welches eine Schranke öffnet oder schließt, hält den Zustand, ob die Schranke offen oder geschlossen ist in einer Statusvariablen. Die Daten von Kontroll-, Steuer- und Interface-Objekten können je nach Anwendung persistent oder nicht persistent gespeichert werden.

27.3 Abbildung von Klassen auf Bean-Typen

In der Systemanalyse arbeitet man mit Klassen. Beim Entwurf der Applikation, die auf dem Applikations-Server-Rechner läuft, müssen diese Klassen den EJB-Typen zugeordnet werden.

Die Abbildung von Objekten der Systemanalyse auf Enterprise JavaBeans ist zunächst erdenklich einfach:

- den **Kontroll- und Steuerungs-Objekten** entsprechen die **Stateless und Stateful Session Beans**
- und den **Entity-Objekten** entsprechen die **Entity-Beans**.

Diese Abbildung trifft aber nicht ganz zu.

Diese Zuordnung klingt zunächst vollkommen logisch, sie ist aber nur vordergründig korrekt. Die Strategie bei den Entity-Beans ist, dass diese selbst nur get()- und set()-Methoden zum Lesen und Schreiben der Datenfelder aufweisen. Im Gegensatz dazu können Entity-Klassen nach Jacobson zusätzlich Geschäftsmethoden beinhalten, welche die Datenfelder verarbeiten, beispielsweise eine toString()-Methode. Denkt man zunächst an Entity-Klassen nach Jacobson, so muss man die Geschäfts-methoden aus den Entity-Klassen herausschneiden und den Stateless Session-Beans zuordnen.

Klassenart	EJB-Typ
Kontroll-Klasse	Stateless Session-Bean
Steuerungs-Klasse	Stateful Session-Bean
"nackte" Entity-Klasse ohne Geschäftsmethoden	Entity-Bean
Geschäftsmethoden aus Entity-Klassen	Stateless Session-Bean
Interface-Klasse	Kein Bean-Typ, sondern MMI + Dienste des Applikations-Servers

Tabelle 27-3 Zuordnung der Klassenarten zu den Bean-Typen

Die Schnittstelle zur Datenhaltung wird in der Systemanalyse durch eine **Interface-Klasse** modelliert, um die Kontroll- und Entity-Klassen unabhängig vom verwendeten Dateisystem oder Datenbankmanagementsystem zu machen. Im Lösungsbereich stellt der Applikations-Server die Schnittstellen zur Datenhaltung bereit.

Mit Hilfe der **Session-Beans** wird die **Verarbeitungslogik** der Geschäftsprozesse auf dem Server programmiert.

Die Technik der EJBs kehrt weitgehend zur Trennung der Prozeduren und der Daten zurück. Der Grund dafür ist, dass die Entity Beans dem Objekt-relationalen Mapping dienen.

Die Technik der EJBs steht für das **Object-Relational Mapping (ORM)** in starker Konkurrenz beispielsweise zu dem Werkzeug **Toplink** oder zu dem Open Source-Persistenz-Framework **Hibernate**. Auch wenn Daten heute zumeist objektorientiert modelliert werden, so basiert die vorherrschende Speicherungstechnik dennoch auf dem relationalen Datenmodell, da rein objektorientierte Datenbanken am Markt keine große Bedeutung erlangt haben. Zwischen dem objektorientierten und relationalen Datenmodell hat daher ein Mapping – also eine Abbildung der klassenbasierten Datenstruktur auf ein relationales Datenmodell bestehend aus Tabellen und umgekehrt – zu erfolgen.

Entity-Beans speichern Daten. Ein Zugriff auf diese Daten darf nur durch set()- und get()-Methoden erfolgen. Geschäftsmethoden, die in der Systemanalyse bei ihren Daten stehen, müssen beim Entwurf der EJBs in Stateless Session Beans umgeordnet werden.

27.4 Überblick über die Enterprise JavaBeans-Architektur

Enterprise JavaBeans sind **serverseitige Komponenten**, welche die **Geschäftsprozesse (Unternehmenslogik, Geschäftslogik)** einer so genannten **Enterprise-Applikation**[289] kapseln. Der Unterschied von Komponenten zu normalen Klassen ist, dass **alle Methoden** einer Komponente in einem **Interface** definiert sein müssen, bei einer normalen Klasse des Systementwurfs aber nicht. Damit kann man die Realisierung einer Komponente – also die konkrete Implementierung der Schnittstellen durch eine Klasse – problemlos durch eine andere Realisierung austauschen, solange die Verträge der Schnittstellen[290] nicht verletzt werden.

Eine Komponente lässt sich durch die folgenden Eigenschaften beschreiben:

- Eine Komponente stellt Dienste (Funktionen) zur Verfügung.
- Auf diese Dienste kann nur über klar definierte Schnittstellen zugegriffen werden.

Bei EJBs kommt noch die folgende Eigenschaft hinzu:

- Eine EJB-Komponente ist ortstransparent und dadurch räumlich verteilbar.

---

[289] Eine Enterprise-Applikation befasst sich mit der Lösung eines bestimmten Problems – z.B. einer Bankanwendung – und befindet sich dabei auf einem Applikations-Server-Rechner. Die Dienstleistung einer Enterprise-Applikation kann einer großen Anzahl von Client-Rechnern zur Verfügung gestellt werden. Mit den Geschäftsprozessen werden dabei die Teile der Enterprise-Applikation bezeichnet, welche den eigentlichen Zweck der Anwendung implementieren. So könnte dies bei einer Bankanwendung das Öffnen und Schließen von Konten, die Durchführung von Überweisungen oder das Abheben von Geld sein.

[290] Siehe Kap. 11.4.

Mehrere Enterprise JavaBeans beschreiben ein komplexes Zusammenspiel. Die Gesamtheit der Enterprise JavaBeans, die zusammengefasst eine Dienstleistung erbringen, bezeichnet man
als **EJB-Applikation**. Eine EJB-Applikation stellt einen Use Case
des Applikations-Server-Rechners dar. Diese Dienstleistung kann
von einem Client in Anspruch genommen werden, z.B. indem er
Methoden aufruft, welche von den Enterprise JavaBeans bereitgestellt werden.

Enterprise JavaBeans befinden sich innerhalb eines so genannten **EJB-Containers**,
der eine **Laufzeitumgebung** für die EJBs bereitstellt. Der EJB-Container ist
wiederum **Teil des** so genannten **EJB-Servers**. Die Schnittstelle zwischen dem EJB-
Container und dem EJB-Server ist herstellerspezifisch und daher nicht standardisiert.
Die Schnittstelle zwischen dem EJB-Container und den darin befindlichen Enterprise
JavaBeans ist durch die EJB-Spezifikation von Sun standardisiert und daher bei
jedem EJB-Server gleich. Das Bild 27-3 verdeutlicht diesen Zusammenhang.

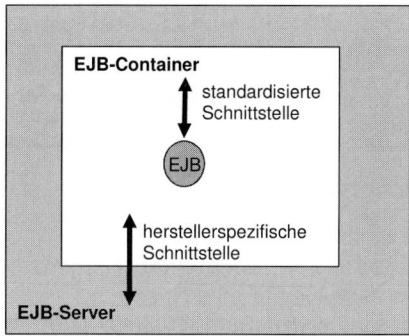

Bild 27-3 Schnittstellen innerhalb des EJB-Servers

Im Folgenden wird zwischen den Begrifflichkeiten EJB-Server und EJB-Container
nicht mehr unterschieden. Dadurch, dass die Schnittstelle zwischen den EJBs und
dem EJB-Container standardisiert ist, ergibt sich eine wichtige Eigenschaft von
Enterprise JavaBeans, und zwar, dass sie voll kompatibel zwischen verschiedenen
Applikations-Servern sind.

Enterprise JavaBeans sind kompatibel und **austauschbar zwischen unterschiedlichen Applikations-Servern**. Eine EJB, die
in einem EJB-Container eines bestimmten Herstellers läuft, ist
ohne Änderung am Code der EJB in einem anderen EJB-Container eines anderen Herstellers lauffähig, wenn beide Hersteller
die EJB-Spezifikation einhalten.

Von einem EJB-Container/-Server werden die folgenden Dienste zur Verfügung
gestellt:

- Ein **Speichermanagement** in Form eines **Ressourcen Poolings** und in Form
  eines **Passivierungsdienstes.**

Beim **Ressourcen Pooling** werden nicht benötigte Stateless Session-Beans und Message-Driven Beans (siehe Kap. 27.5) in einem Pool zwischengespeichert, um sie nicht bei Bedarf erst erzeugen zu müssen, da ein Erzeugungsprozess viel Zeit braucht. Falls ein neues Objekt benötigt wird, kann es dem Pool einfach entnommen werden.

Ein EJB-Server enthält für jeden Typ einer Stateless Session-Bean einen eigenen Pool. Dasselbe gilt in der Regel auch für Message-Driven Beans, da auch diese keine Zustände für einen Client führen.

Beim **Passivieren** werden Stateful Session-Beans im Falle von knappem Speicher aus dem Arbeitsspeicher genommen und in der Datenbank zwischengespeichert, um sie bei Bedarf später wieder zu **aktivieren**.

● **Synchronisationsdienst**

Da der EJB-Server konkurrierende Zugriffe auflöst, müssen die Methoden einer EJB nicht vom Programmierer synchronisiert werden.

● **Kommunikationsdienst**

Dieser Dienst verbirgt die Kommunikationstechnik zwischen den Programmen auf dem Client- und den Server-Rechnern.

● **Namensdienst (Name Service)**

Mit Hilfe eines Namensdienstes können EJBs innerhalb des verteilten Systems gesucht werden. Der EJB-Server stellt einen Namensdienst zur Verfügung und bietet zum Zugriff auf diesen Namensdienst eine geeignete Schnittstelle an. Diese Schnittstelle entspricht der so genannten **Java Naming and Directory Interface**[291]-Spezifikation (JNDI).

Kommunikationsdienst und Namensdienst zusammen werden auch als **Object Brokering** bezeichnet. Sie machen aus einem Objekt bzw. aus einer Komponente ein verteiltes Objekt (distributed object) bzw. eine verteilte Komponente (distributed component).

● **Sicherheitsdienst**

Der Sicherheitsdienst kontrolliert bei einem Zugriff auf eine EJB die Berechtigung des Aufrufers.

● **Transaktionsdienst**

Es wird ein Transaktionsdienst zur Verfügung gestellt, der gewährleistet, dass alle Verarbeitungsschritte einer Transaktion vollständig oder gar nicht abgearbeitet werden.

---

[291] Siehe Anhang D "JNDI".

- **Persistenzdienst**

  Der Persistenzdienst sorgt dafür, dass Änderungen an den Daten, die durch so genannte Entity-Beans[292] repräsentiert werden, dauerhaft gespeichert werden. Transaktionen müssen prinzipiell immer dauerhaft sein, wenn ein so genanntes **Commit**, also die endgültige Bestätigung der Änderungen an den Daten, stattgefunden hat.

- **Objektverteilung (Load Balancing[293])**

  Es besteht die Möglichkeit, eine Enterprise-Applikation, die eine Zusammenstellung mehrerer EJBs darstellt, auf mehreren Applikations-Servern gleichzeitig zu installieren. Das Load Balancing-System verteilt die Anfragen der Clients homogen auf die einzelnen Applikations-Server-Rechner. Dadurch wird eine Lastverteilung erzielt. Für den Client macht diese Lastverteilung keinen Unterschied, weil für ihn der Ort der Enterprise JavaBean, deren Dienstleistung er entgegennimmt, verborgen ist (**Ortstransparenz**).

Dadurch, dass der EJB-Container die eben vorgestellten Funktionen bereits zur Verfügung stellt, muss sich der Entwickler einer EJB um diese Aufgaben nicht mehr kümmern und kann sich somit voll auf die Entwicklung der Logik der Geschäftsprozesse konzentrieren.

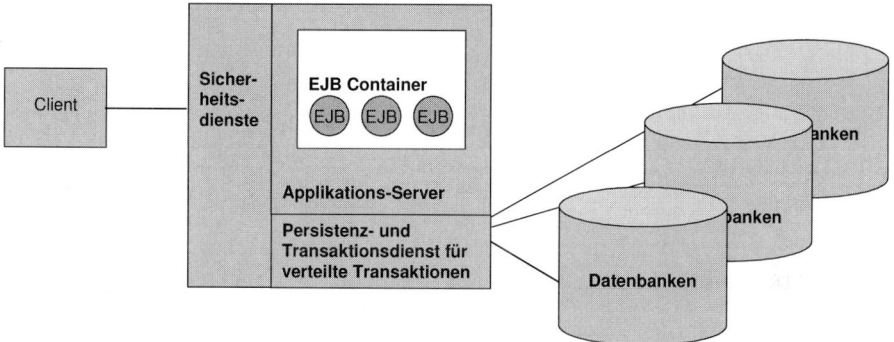

Bild 27-4 Sicherheitsdienste, Persistenz- und Transaktionsdienst als Beispiele für die Dienste eines EJB-Containers/Applikations-Servers

Bild 27-5 veranschaulicht den Aufbau eines Applikations-Server-Rechners, auf dem sich der Applikations-Server befindet. Es wird zudem verdeutlicht, wie der Client mit der Enterprise-Applikation kommunizieren kann.

---

[292] Siehe Kap. 27.5.

[293] Ein mögliches Load Balancing-Verfahren ist das so genannte Round-Robin-Verfahren, bei dem die eingehenden Anfragen der Clients im Rundlauf auf die zur Verfügung stehenden Applikations-Server verteilt werden.

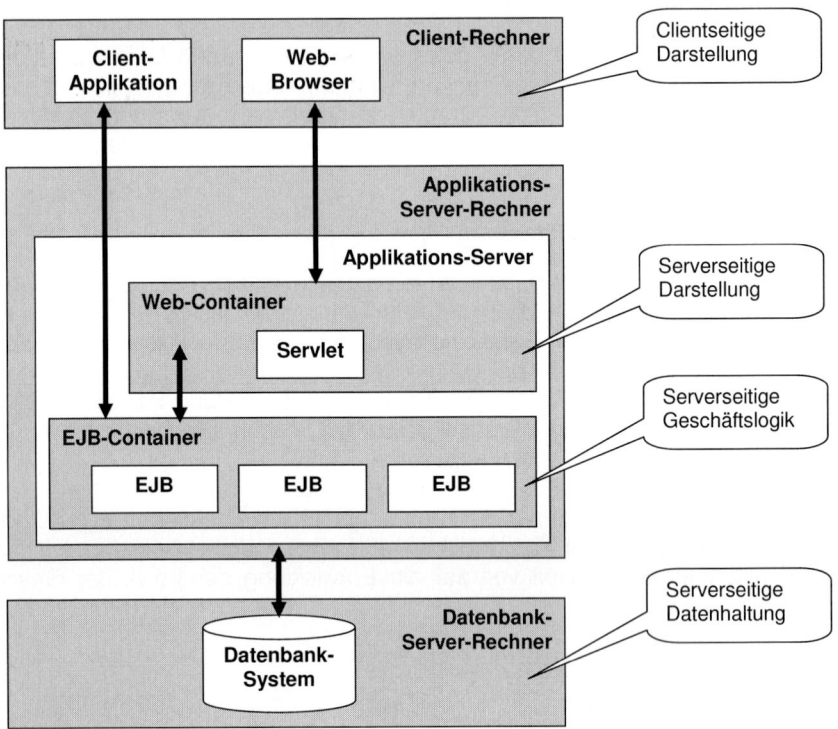

Bild 27-5 Aufbau eines Applikations-Servers und Kommunikationswege mit dem Client

Der **Client-Rechner** greift auf den Applikations-Server-Rechner – genauer gesagt auf den Applikations-Server – über eine Client-Applikation oder einen Web-Browser zu:

● **Client-Applikation**

Die Client-Applikation kommuniziert direkt mit dem EJB-Container und tritt dadurch direkt über das **Business-Interface einer Session-Bean** mit dieser in Kontakt.

● **Web-Browser**

Auch über einen Web-Browser kann auf den Applikations-Server zugegriffen werden. Der Web-Browser kommuniziert jedoch mit dem Web-Container und greift dabei auf ein Servlet[294] zu. Der Web-Container steht wiederum mit dem EJB-Container in Kontakt.

Der **Applikations-Server** stellt die Laufzeitumgebung einer Enterprise-Applikation durch den **EJB-Container** zur Verfügung. Er beheimatet weiterhin den **Web-Container**:

---
[294] Servlets können auch mit Hilfe von Java ServerPages generiert werden.

- **EJB-Container**

  Innerhalb des EJB-Containers leben die Instanzen der Enterprise JavaBeans. Ein EJB-Container stellt somit die Laufzeitumgebung der Enterprise JavaBeans bereit.

- **Web-Container**

  Der Web-Container verwaltet die Ausführung von Java Servlets[295] und bildet somit die Laufzeitumgebung für Servlets.

Der **Applikations-Server** steht direkt mit der **Datenbank** in Verbindung, die sich auf dem **Datenbank-Server-Rechner** befindet.

27.5 Konzept der EJB-Typen

Es wird zwischen **vier verschiedenen Typen** von Enterprise JavaBeans unterschieden:

- **Stateless Session-Beans**

  Ein Client kommuniziert mit einer Stateless Session-Bean-Instanz und ruft deren Methoden auf.

> Eine **Stateless Session-Bean** implementiert die Methoden eines Use Case auf dem Applikations-Server-Rechner und **hat keinen Zustand**.

Sie kann ferner noch private Methoden besitzen, die von außen nicht zugänglich sind. Im Falle von sehr kleinen Use Cases wie "Adresse holen", "Adresse ändern" oder "Adresse löschen", macht es Sinn, dass eine Session-Bean ein Paket von Use Cases implementiert.

- **Stateful Session-Beans**

  Ein Client kommuniziert mit einer Stateful Session-Bean-Instanz und ruft deren Methoden auf.

> Eine **Stateful Session-Bean** implementiert die Methoden eines Use Case auf dem Applikations-Server-Rechner und **hat einen Zustand.**

Sie kann ferner noch private Methoden besitzen, die von außen nicht zugänglich sind. Insbesondere kann eine Stateful Session-Bean je nach internem Zustand auf ein und dieselbe Anfrage des Clients ganz verschieden reagieren.

---

[295] Ein Servlet ist ebenfalls eine serverseitige Komponente, die dem Client, der den Dienst eines Servlets in Anspruch nimmt, dynamisch generierten HTML-Code zurückliefert. Siehe Kap. 22.

- **Entity-Beans**

  Sie sind für die Datenhaltung im Arbeitsspeicher zuständig. Eine Instanz einer Entity-Bean repräsentiert ein Objekt der realen Welt, zum Beispiel ein Konto bei einer Bank oder einen Kunden eines Geldinstituts. Die Persistenzhaltung der Daten wird durch Annotations bewirkt.

- **Message-Driven-Beans (MDB)**

  Mit Hilfe einer Message-Driven-Bean wird die Möglichkeit geschaffen, dass der Client mit der Enterprise-Applikation Informationen asynchron austauscht. Aufgrund der umfangreichen Thematik, die im Zusammenhang mit Message-Driven-Beans betrachtet werden muss, wird diese Art von Enterprise JavaBeans nicht in diesem Lehrbuch behandelt. Es wird hierfür auf die weiterführende Literatur [27] verwiesen.

Alle vier existierenden Arten von **Enterprise JavaBeans** – Stateless Session-Beans, Stateful Session-Beans, Entity-Beans und Message-Driven-Beans – bestehen aus **einfachen Java-Klassen bzw. Java-Interfaces**, welche mit bestimmten **Annotations** versehen werden. Aus diesem Grund spricht man auch von der Programmierung mit **P**ure **O**ld **J**ava **O**bject**s** (**POJOS**).

27.6 Session-Beans

Die Session-Beans **implementieren** die **Use Cases** auf dem Applikations-Server-Rechner. Session-Beans haben kein Gegenstück in der realen Welt und werden daher auch nicht persistent in einer Datenbank gespeichert. Session-Beans können einen **internen Zustand** besitzen. In diesem Fall werden sie als **Stateful Session-Bean** bezeichnet. Die Session-Bean wird als **Stateless Session-Bean** bezeichnet.

Eine grundlegende Neuerung, welche durch die EJB 3.0-Spezifikation Einzug erhält, ist, dass eine Session-Bean aus einem einfachen Java-Interface, dem so genannten **Business-Interface**, und einer einfachen Java-Klasse – der so genannten **Bean-Klasse** –, welche dieses Interface implementiert, besteht. Die Implementierung des Home-Interface, wie es noch bis zur Spezifikation 2.1 vorgeschrieben war, ist nun nicht mehr notwendig.

Im **Business-Interface** einer Session-Bean werden die **Methodenköpfe** eines Use Case deklariert. In anderen Worten, das Business-Interface enthält das Protokoll des von der Session-Bean implementierten Use Case. Die **Bean-Klasse** implementiert dieses Business-Interface und stellt eine **Implementierung der Methodenköpfe** bereit.

Zum Zeitpunkt eines Methodenaufrufs kann eine Instanz einer Session-Bean genau ein Client-Programm bedienen, das sich an die Enterprise-Applikation bindet. Die Bindung eines Client-Programms erfolgt aber nur über ein **automatisch generiertes Stub-Objekt**, welches das Business-Interface einer Session-Bean bereitstellt. Es erfolgt keine Bindung an eine Session-Bean-Instanz selbst. Das Stub-Objekt delegiert die Aufrufe im Falle einer Stateless Session-Bean zu irgendeiner vorhandenen Session-Bean-Instanz im Container. Im Falle einer Stateful Session-Bean delegiert das Stub-Objekt die Aufrufe immer zu derselben Session-Bean-Instanz, im Falle einer Stateless Session-Bean kann jeder Methodenaufruf zu einer anderen Session-Bean-Instanz gehen.

Solange ein Client den Dienst einer Instanz einer Session-Bean durch einen Methodenaufruf benutzt, kann kein anderer Client den Dienst derselben Instanz in Anspruch nehmen. Es besteht somit zwischen einem Client und einer Session-Bean-Instanz zum Zeitpunkt des Methodenaufrufs eine 1-zu-1-Beziehung.

27.6.1 Stateful Session-Bean

Eine **Stateful Session-Bean ist zustandsbehaftet** und merkt sich einen internen Zustand über einen Methodenaufruf hinweg. Der Zustand einer Stateful Session-Bean wird durch die aktuelle Belegung der Datenfelder der Session-Bean-Instanz repräsentiert.

Ein Client ist über mehrere Methodenaufrufe hinweg an ein und dieselbe Stateful Session-Bean gebunden.

Ein Client, welcher mit einer Stateful Session-Bean kommuniziert, ist solange an diese gebunden, bis er diese selbst zerstört.

Ein Client löst sich von einer Stateful Session-Bean-Instanz, indem er eine Methode aufruft, die mit der **Annotation** `@javax.ejb.Remove` versehen ist. Kehrt der Client aus diesem Methodenaufruf zurück, so wird der EJB-Container beauftragt, den Client von der Session-Bean-Instanz zu lösen und diese aus dem Heap zu entfernen.

Weil der Client fest mit einer bestimmten Instanz einer Stateful Session-Bean im Dialog steht, wird der **interne Zustand** der Session-Bean auch als **Dialog-Zustand** bezeichnet.

27.6.2 Stateless Session-Bean

Eine **Stateless Session-Bean ist zustandslos** und merkt sich nicht einen internen Dialog-Zustand. Ruft ein Client eine Methode einer Stateless Session-Bean auf, so kann für die Dauer des Aufrufs ein Zustand in den Datenfeldern der Session-Bean-Instanz hinterlegt werden. Nachdem der Client aus dem Methodenaufruf zurückkehrt, ist dieser temporäre Zustand jedoch wieder verloren.

> Ein Client ist **nur für die Dauer eines Methodenaufrufs an** eine bestimmte Instanz einer **Stateless Session-Bean gebunden** und ist nach der Inanspruchnahme des Dienstes von ihr gelöst.

Da sich eine Stateless Session-Bean nur über den Zeitraum eines Methodenaufrufs hinweg einen Zustand merkt, sind alle unbenutzten Instanzen einer Stateless Session-Bean, die denselben Typ haben, identisch. Der EJB-Container kann somit eine beliebige Instanz einer Stateless Session-Bean aus einem Pool, der Stateless Session-Beans eines bestimmten Typs enthält, einem beliebigen Client zuweisen.

27.6.3 Entscheidungskriterien für den Einsatz

Es stellt sich nun die Frage, wann zustandslose und wann zustandsbehaftete Session-Beans eingesetzt werden sollen. Die folgenden Punkte sind maßgeblich für diese Entscheidung:

- **Zustand**

  Ist das Merken des Zustands über einen Methodenaufruf hinweg wichtig, so muss mit Stateful Session-Beans gearbeitet werden. Dies ist beispielsweise bei Warenkorb-Systemen, Applikationen für Bezahlvorgänge oder Transaktions-Systemen wichtig.

- **Performance der Applikation**

  Stateless Session-Beans lassen prinzipiell eine höhere Performance als Stateful Session-Beans zu. Dies rührt daher, dass eine Stateful Session-Bean unter Umständen bei Inaktivität persistent in eine Datenbank geschrieben wird, um Platz im Arbeitsspeicher zu schaffen, und vor dem Zugriff eines Clients von dort wieder geladen werden muss. Dieser Vorgang beansprucht natürlich Rechenleistung und damit auch Zeit.

  Ist hingegen für den Aufruf einer Methode ein Zustand nicht erforderlich – ein Beispiel hierfür wäre die Prüfung einer Kreditkartengültigkeit – so kann diese Funktionalität auch durch eine Stateless Session-Bean bereitgestellt werden.

- **Skalierbarkeit**

  Mit Stateless Session-Beans lässt sich die Applikation besser skalieren als mit Stateful Session-Beans. Während eine Stateful Session-Bean für eine Client-Anwendung vorgehalten wird, bis diese die Stateful Session-Bean zerstört, kann eine Stateless Session-Bean nach jedem Methodenaufruf eines Clients von jedem anderen Client wieder verwendet werden. Dies bedeutet, dass eine Applikation mit einer bestimmten Anzahl an Instanzen von Stateless Session-Beans mehr Clients bedienen kann als mit derselben Anzahl an Instanzen von Stateful Session-Beans.

  Kommuniziert jedoch ein Client mit einer Stateless Session-Bean und muss bei jedem Methodenaufruf eine erhebliche Menge an Zustandsdaten übertragen, so ist der Einsatz einer Stateful Session-Bean, welche diese Information in ihrem Kontext hinterlegen kann, die bessere Alternative.

27.6.4 Business-Interface

Eine Session-Bean kann von einer Client-Applikation auf dem Client-Rechner oder von einem Servlet im Web-Container aufgerufen werden.

Wird eine Session Bean von einem Client-Programm auf dem Client-Rechner aufgerufen oder allgemein aus einer anderen virtuellen Maschine heraus, so muss das Business-Interface als **Remote** deklariert werden.

Eine Session-Bean kann auch von einer anderen Session-Bean aufgerufen werden. Dies ist der Fall, wenn ein Use Case einen anderen Use Case inkludiert oder wenn es optionale Erweiterungen eines Use Case gibt.

Wird eine Session Bean von einem Client-Programm in derselben virtuellen Maschine heraus aufgerufen, so soll das Business-Interface aus Performance-Gründen als **Local** deklariert werden.

Das Business-Interface bildet die Schnittstelle der EJB zur Außenwelt. Es sind dort alle Köpfe der Methoden eines Use Case deklariert, welche vom Client aufgerufen werden können. Ein Client erhält immer eine Referenz auf ein Objekt vom Typ des Business-Interface. Das Business-Interface kann als **Remote-Interface** markiert sein. Es wird dafür die **Annotation** `@javax.ejb.Remote` verwendet. Ein Client, der mit einer Instanz einer Session-Bean kommuniziert, deren Klasse ein Remote-Interface implementiert, ist folgendermaßen charakterisiert:

- Er kann sich auf einem anderen Rechner befinden und in einer eigenen virtuellen Maschine laufen. Dies ist jedoch nicht zwingend vorgeschrieben. Er kann sich auch in derselben virtuellen Maschine befinden wie die Session-Bean, deren Dienstleistung er in Anspruch nimmt.
- Der Client kann eine Web-Komponente wie z.B. ein Servlet, eine eigenständige Java-Applikation oder selbst eine EJB sein.
- Es ist für den entfernten Client egal, wo sich die Session-Bean befindet. Er erhält eine Remote-Referenz (siehe Kap. 25) auf die gewünschte Session-Bean-Instanz und muss dabei nicht wissen, wo sich diese Instanz tatsächlich befindet. Der Client arbeitet mit der Session-Bean-Instanz genau so, als wäre sie in derselben virtuellen Maschine vorhanden.
- Ruft ein Client eine Methode der Remote-Schnittstelle einer Session-Bean auf und übergibt dieser Methode Referenzen auf Objekte, so müssen diese Objekte serialisierbar sein, weil der Methodenaufruf stets als **call by value** (siehe Kap. 9.2.4) erfolgt. Das ist logisch, da die Übergabe einer Referenz nur innerhalb derselben virtuellen Maschine möglich ist.

Ein **Call-by-Reference-Aufruf** funktioniert nur innerhalb derselben virtuellen Maschine. Sollen die Grenzen einer virtuellen Maschine überschritten werden, so funktioniert dies nur mit einem **Call-by-Value-Aufruf**, was eine aufwändige Serialisierung und Deserialisierung zur Folge hat.

Die Geschäftsmethoden können nach Belieben selbst definierte Exceptions werfen. In diesem Fall muss die Deklaration einer Geschäftsmethode um die entsprechende `throws`-Klausel erweitert werden.

Im Folgenden wird die Implementierung des Remote-Business-Interface einer Stateless Session-Bean vorgestellt. Die Session-Bean soll es dem Client ermöglichen, zwei Zahlen zu addieren, voneinander zu subtrahieren, miteinander zu multiplizieren oder diese durcheinander zu dividieren. Die Methode `dividiere()` wirft die selbstdefinierte Exception `RechnerException`. Hier die Klasse `RechnerException`:

```java
// Datei: RechnerException.java

package rechner.hilfsklassen;

// Eine selbstdefinierte Exception, die von einer Session-Bean an
// den Aufrufer geworfen werden soll, muss serialisierbar sein.
// Die Klasse java.lang.Exception implementiert das Serializable-
// Interface. Somit sind alle von ihr abgeleiteten Klassen ebenfalls
// serialisierbar.
public class RechnerException extends Exception
{
   public RechnerException (String message)
   {
      super (message);
   }
}
```

Und nun die Schnittstelle `RechnerRemote`:

```java
// Datei: RechnerRemote.java

package rechner.beans;
import rechner.hilfsklassen.*;

// Es wird der Code der Annotation javax.ejb.Remote importiert.
import javax.ejb.Remote;

// Durch diese Annotation wird das Interface RechnerRemote
// zum Remote-Interface. Das bedeutet, dass die darin deklarierten
// Methodenköpfe über die Grenzen einer virtuellen Maschine
// hinweg aufgerufen werden können.
@Remote

public interface RechnerRemote
{
   // Die Methode addiere() addiert die Werte
   // von zahl1 und zahl2 und liefert das Ergebnis zurück.
   public int addiere (int zahl1, int zahl2);

   // Die Methode subtrahiere() zieht den Wert von zahl2 vom Wert
   // der zahl1 ab und liefert das Ergebnis zurück.
   public int subtrahiere (int zahl1, int zahl2);

   // zahl1 und zahl2 werden miteinander multipliziert und das
   // Ergebnis zurückgeliefert.
   public int multipliziere (int zahl1, int zahl2);
```

```
   // Diese Methode dividiert zahl1 durch zahl2 und liefert das
   // Ergebnis als double-Zahl zurück. Hat zahl2 den Wert 0, so
   // soll eine Exception vom Typ RechnerException geworfen werden.
   public double dividiere (int zahl1, int zahl2)
      throws RechnerException;
}
```

Das Business-Interface kann aber auch als **lokales Interface** markiert sein. Für diesen Zweck wird die **Annotation** `@javax.ejb.Local` verwendet. Kommuniziert ein Client mit einer Session-Bean-Instanz, deren Klasse ein lokales Business-Interface implementiert, muss der Client die folgenden Eigenschaften erfüllen:

- Der Client muss in derselben virtuellen Maschine laufen wie die Instanz der Session-Bean selbst, mit der er kommuniziert.
- Der Client kann selbst eine EJB sein oder ein Servlet darstellen.
- Der Ort der Session-Bean ist für den Client **nicht transparent**.
- Der Aufruf einer Methode des lokalen Business-Interface erfolgt stets als **call by reference**. Das heißt, die Session-Bean-Instanz arbeitet mit dem Objekt, dessen Referenz bei einem Methodenaufruf übergeben wird.

Soll das **Business-Interface** als **lokales Interface** markiert werden, so lautet die Definition der Schnittstelle wie folgt:

```
package rechner.beans;

import rechner.hilfsklassen.*;
import javax.ejb.Local;

@Local

// Am Namen sollte zu erkennen sein, ob es
// sich um ein lokales Interface handelt.
public interface RechnerLocal
{
   // Der Rest ist identisch zum obigen Beispiel
}
```

Die Entscheidung, ob eine Session-Bean ein lokales oder ein Remote-Interface bereitstellt, hängt von mehreren Gesichtspunkten ab:

- Wenn eine Session-Bean ausschließlich von einer anderen Session-Bean, die sich in derselben virtuellen Maschine befindet, verwendet wird, so soll die verwendete Session-Bean nur ein Local-Interface bereitstellen. Ein Zugriff auf eine Session-Bean-Instanz über ein Remote-Interface erfordert stets einen höheren Aufwand und sollte daher immer vermieden werden, wenn der Zugriff über ein Local-Interface möglich ist. Der erhöhte Aufwand kommt daher, dass beim Aufruf von Methoden eines Remote Business-Interface dieser Aufruf als call by value ausgeführt wird und somit die Objekte, deren Referenzen übergeben wurden, zuerst serialisiert werden müssen, was Zeit und Rechenleistung beansprucht.
- Es hängt auch grundsätzlich von der Architektur der Enterprise-Applikation ab, ob die Session-Beans entfernte oder lokale Schnittstellen bereitstellen. Sind die EJBs über mehrere Server verteilt und stehen untereinander im Zusammenhang, so müssen die verwendeten Session-Beans natürlich Remote-Schnittstellen anbieten. Durch die Verteilung der Enterprise-Applikation erreicht man auch eine

Verteilung der Last. Bedacht werden muss hierbei jedoch, dass die dadurch resultierenden entfernten Methodenaufrufe mehr Ressourcen und damit mehr Zeit beanspruchen.

- Eine Session-Bean kann aber durchaus ein Local- und ein Remote-Interface gleichzeitig implementieren. So ist der Zugriff auf diese Session-Bean innerhalb derselben virtuellen Maschine über die lokale Schnittstelle und von außerhalb – also aus einer anderen virtuellen Maschine heraus – über die entfernte Schnittstelle möglich.

27.6.5 Bean-Klasse

Die Bean-Klasse **implementiert** nun alle **Geschäftsmethoden**, deren Methodenköpfe im Business-Interface deklariert sind. Die Bean-Klasse stellt also die konkrete Implementierung der Geschäftslogik dar. Sie **kann** weiterhin **Hilfsklassen verwenden**, welche für die Implementierung benötigt werden. Die Hilfsklassen müssen keine Enterprise JavaBeans sein, sondern können einfache Java-Klassen darstellen, beispielsweise eine geworfene Exception.

Ob eine Session-Bean zustandsbehaftet oder zustandslos ist, wird durch eine entsprechende Annotation bei der Bean-Klasse festgelegt.

Soll eine Stateful Session-Bean implementiert werden, so muss der Bean-Klasse die **Annotation** `@javax.ejb.Stateful` angefügt werden. Wird sie mit `@javax.ejb.Stateless` annotiert, so ist die Bean-Klasse zustandslos.

Es folgt nun eine beispielhafte Implementierung der Bean-Klasse `RechnerBean`, die eine Stateless Session-Bean darstellt, mit dem bereits vorgestellten Remote Business-Interface `RechnerRemote`:

```
// Datei: RechnerBean.java

package rechner.beans;
import rechner.hilfsklassen.*;
import javax.ejb.Stateless;

// Die Annotation @Stateless dekoriert die Bean-Klasse
// und gibt an, dass sie die Implementierung einer
// zustandslosen Session-Bean darstellt.
@Stateless

// Die Bean-Klasse muss lediglich das Business-
// Interface RechnerRemote implementieren.
public class RechnerBean implements RechnerRemote
{
    // Es folgen nun die Implementierungen der einzelnen Methoden.
    // Zur Vereinfachung der Implementierung soll nicht überprüft
    // werden, ob der gültige Zahlenbereich von int durch die
    // Operation überschritten wird.
```

```
public int addiere (int zahl1, int zahl2)
{
   return zahl1 + zahl2;
}

public int subtrahiere (int zahl1, int zahl2)
{
   return zahl1 - zahl2;
}

public int multipliziere (int zahl1, int zahl2)
{
   return zahl1 * zahl2;
}

public double dividiere (int zahl1, int zahl2)
   throws RechnerException
{
   // Diese Überprüfung verstößt eigentlich gegen die Vor-
   // schriften des Design by Contract. Danach hat der
   // Aufrufer die Pflicht, zu überprüfen, ob die übergebenen
   // Zahlenwerte im gültigen Bereich liegen. Es soll hier jedoch
   // nur veranschaulicht werden, dass eine Session-Bean eine
   // Exception an den Aufrufer werfen kann.
   if (zahl2 == 0)
   {
      throw new RechnerException ("zahl2 hat den Wert 0!");
   }
   return (double) zahl1 / (double) zahl2;
}
}
```

Die EJB 3.0-Spezifikation schreibt keine Namenskonvention vor, wie ein Business-Interface und eine Bean-Klasse benannt werden soll. Trotzdem ist es sinnvoll, die folgende Vereinbarung zu befolgen:

- Die Bean-Klasse soll der Namenskonvention `<Bezeichnung>Bean` entsprechen. Beispielsweise könnte eine Bean-Klasse `RechnerBean`[296] heißen.
- Das Business-Interface der Session-Bean soll der Vorschrift `<Bezeichnung>-Remote` für das Remote Business-Interface bzw. `<Bezeichnung>Local` für das lokale Business-Interface entsprechen. Ein geeigneter Name eines Remote Business-Interface ist beispielsweise `RechnerRemote`.

27.6.6 Client-Applikation

Nachdem nun alle Bestandteile einer Session-Bean – das Business-Interface und die Bean-Klasse – vorgestellt sind, kann eine einfache Client-Applikation für die oben definierte Session-Bean implementiert werden. Wie schon vorweggenommen, kann der Client eine eigenständige Java-Applikation, eine Web-Applikation – beispielsweise ein Servlet – oder selbst eine EJB sein. Im Folgenden wird eine kleine, eigenständige Java-Applikation implementiert, die sich auf einem entfernten Rechner befindet und den Dienst der Stateless Session-Bean in Anspruch nimmt.

---

[296] Natürlich muss die Quelldatei dann den Namen `RechnerBean.java` tragen.

Um mit der EJB arbeiten zu können, muss sich der Client eine Referenz auf die Session-Bean beschaffen. Diese Referenz bekommt er mit Hilfe eines JNDI Lookup.

```java
// Datei: RemoteRechnerClient.java

package rechner.client;

import rechner.beans.*;
import rechner.hilfsklassen.*;
import javax.naming.InitialContext;

public class RemoteRechnerClient
{
   public static void main (String[] args)
   {
      try
      {
         InitialContext ctx = new InitialContext();

         // Die Stateless Session-Bean ist unter dem JNDI-
         // Namen Rechner/RechnerBean/remote gebunden.
         RechnerRemote rechner = (RechnerRemote)
            ctx.lookup ("Rechner/RechnerBean/remote");

         int zahl1 = 5;
         int zahl2 = 3;

         int intErgebnis = 0;
         double doubleErgebnis = 0.0;

         intErgebnis = rechner.addiere (zahl1, zahl2);
         System.out.println(
            "addiere (" + zahl1 + ", " + zahl2 + ") = " +
            intErgebnis);

         intErgebnis = rechner.subtrahiere (zahl1, zahl2);
         System.out.println(
            "subtrahiere (" + zahl1 + ", " + zahl2 + ") = " +
            intErgebnis);

         intErgebnis = rechner.multipliziere (zahl1, zahl2);
         System.out.println(
            "multipliziere (" + zahl1 + ", " + zahl2 + ") = " +
            intErgebnis);

         doubleErgebnis = rechner.dividiere (zahl1, zahl2);
         System.out.println(
            "dividiere (" + zahl1 + ", " + zahl2 + ") = " +
            doubleErgebnis);

         zahl2 = 0;
         doubleErgebnis = rechner.dividiere (zahl1, zahl2);
      }
      catch (RechnerException e)
      {
         System.err.println ("RechnerException: " + e.getMessage());
      }
```

```
    catch (Exception e)
    {
        System.err.println("Exception unbekannt: "+e.getMessage());
    }
  }
}
```

27.7 Der Applikations-Server JBoss

Um die EJB aus dem vorangegangenen Beispiel verwenden zu können, muss ein Applikations-Server mit einem EJB-Container vorhanden sein, welcher der EJB 3.0-Spezifikation entspricht. Ein solcher EJB-Container ist im Applikations-Server JBoss implementiert.

Der Applikations-Server JBoss stellt eine Laufzeitumgebung für Enterprise JavaBeans in Form eines EJB-Containers zur Verfügung und stellt somit einen EJB-Server dar.

JBoss ist ein freier Applikations-Server und steht im Internet als Open-Source-Projekt zum Download unter

```
http://jboss.com/downloads/index
```

zur Verfügung.

27.7.1 Installationsprozess

Die benötigte Installationsdatei `jboss_404.jar` für den JBoss Applikations-Server in der Version 4.0.4 befindet sich auf der dem Buch beigefügten CD.

Für die Installation wird das JDK in der Version 5.0 benötigt. Des Weiteren muss die Installation zwingend mit der mitgelieferten `jar`-Datei durchgeführt werden, weil nur so die benötigten EJB 3.0-Komponenten korrekt installiert werden.

Die `jar`-Datei muss dann mit dem `java`-Interpreter ausgeführt werden. Die Installation wird dann entweder durch einen Doppelklick auf die `jar`-Datei `jboss_404.jar` oder manuell über ein Kommando in einem Kommandozeilenfenster gestartet. Das Kommando lautet dabei:

```
java -jar <Pfad zur Datei jboss_404.jar>\jboss_404.jar
```

Bitte beachten Sie, dass der Gegenschrägstrich \ auf LINUX- bzw. MAC-Plattformen durch einen Schrägstrich / ersetzt werden muss. Weiterhin muss für `<Pfad zur Datei jboss_404.jar>` der jeweilige Pfad eingetragen werden. Befindet sich die Datei `jboss_404.jar` im aktuellen Arbeitsverzeichnis, so kann `<Pfad zur Datei jboss_404.jar>` durch einen Punkt ersetzt werden.

Es öffnet sich nun das Fenster einer Installationshilfe, das den Benutzer schrittweise durch die Installation führt.

Bild 27-6 Installationshilfe für den Applikations-Server JBoss

Im Folgenden werden zwei Punkte erläutert, die während der Installation beachtet werden müssen:

- Zum einen muss das Zielverzeichnis für die Installation des Applikations-Servers ausgewählt werden – unter Windows beispielsweise `C:\Programme\jboss`.

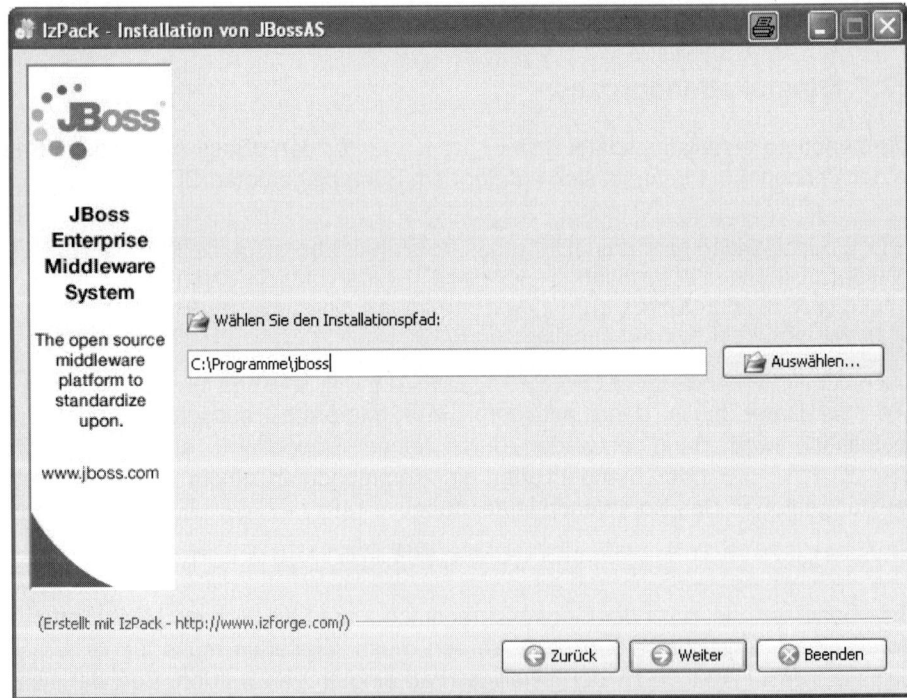

Bild 27-7 Auswahl des Installationsverzeichnisses

- Auf der daraufhin angezeigten Seite muss der Installations-Modus ausgewählt werden. Es wird damit bestimmt, welche Funktionalität der Applikations-Server zur Verfügung stellen soll. Da der Applikations-Server für die Installation und Ausführung von Enterprise JavaBeans 3.0 verwendet wird, muss hier der Modus `ejb3` gewählt werden (siehe Bild 27-8).

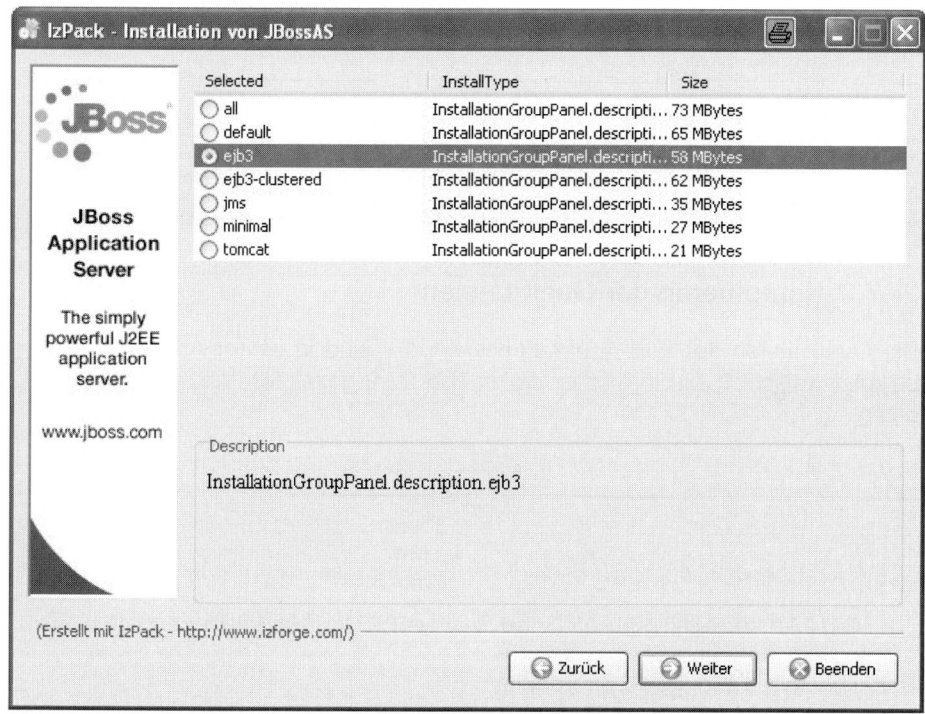

Bild 27-8 Auswahl des Installations-Modus `ejb3`

Für diesen Installations-Modus müssen ca. 60 MB an freiem Speicherplatz zur Verfügung stehen.	

Alle vorherigen und nachfolgenden Schritte müssen jeweils mit der Weiter-Taste ohne sonstige Eingaben bestätigt werden, bis der Installationsprozess angestoßen wird.

Es muss weiterhin die Umgebungsvariable `JAVA_HOME` auf das Installationsverzeichnis des JDK 5.0 – unter Windows beispielsweise `C:\Programme\Java\jdk-1.5.0` – gesetzt werden[297].

Nach der erfolgreich durchgeführten Installation befindet sich nun im Verzeichnis `C:\Programme\` das Verzeichnis `jboss\` und darin das Verzeichnis `bin\`. Das `bin`-Verzeichnis enthält alle Dateien, die für das Starten und Stoppen des JBoss benötigt werden. Auf einem Windows-System kann nun durch einen Doppelklick auf

---

[297] Siehe dazu Kap. 3.5.1.

die Datei `run.bat`[298] der Applikations-Server gestartet werden. Es öffnet sich daraufhin ein neues Kommandozeilenfenster – die so genannte **Server-Konsole** –, in dem Informationen über den Server-Startvorgang ausgegeben werden.

Es dürfen während des Startvorgangs keine Exceptions in der Server-Konsole ausgegeben werden. Werden Exceptions geworfen, so können unter anderem folgende Gründe dafür vorliegen:

- Der Applikations-Server ist nicht richtig installiert und muss erneut installiert werden.
- Es wird nicht die vorgeschriebene JDK-Version 5.0 verwendet.
- Eine Firewall sperrt möglicherweise Ports, die der Applikations-Server für die Kommunikation verwendet.

27.7.2 Kompilieren der Quelldateien

Die Quelldateien der EJB-Applikation `Rechner` sind in einem Arbeitsverzeichnis – beispielsweise `C:\work` – unter der in Bild 27-9 gezeigten Verzeichnisstruktur abgelegt.

Bild 27-9 Verzeichnisstruktur für die Rechner-EJB im Arbeitsverzeichnis `C:\work`

Dabei besteht die folgende Zuordnung:

- Die Quelldateien der Rechner-EJB, d.h. `RechnerRemote.java` und `RechnerBean.java`, liegen im Verzeichnis `rechner\beans`,
- die Quelldatei des Clients `RemoteRechnerClient.java` befindet sich im Verzeichnis `rechner\client`
- und die Quelldatei der benötigten Hilfsklasse `RechnerException.java` ist im Verzeichnis `rechner\hilfsklassen` abgelegt.

Zum Kompilieren der Quelldateien und zum Ausführen der Client-Anwendung wird ebenfalls das JDK 5.0 benötigt. Es muss somit sichergestellt sein, dass der Aufruf von

```
javac -version
```

bzw.

```
java -version
```

jeweils als Versionsnummer `1.5.0_xx` ausgibt.

---

[298] Auf einem LINUX- oder MAC-System muss die Datei `run.sh` in einem Kommandozeilenfenster ausgeführt werden.

Die Klassen können nun in einem Kommandozeilenfenster – wie unten gezeigt – übersetzt werden[299]. Bitte beachten Sie, dass in den folgenden Compiler- bzw. Interpreteraufrufen der Platzhalter `<JDK5_HOME>` durch den Pfad zum Installationsverzeichnis des JDK 5.0 und der Platzhalter `<JBOSS_HOME>` durch `C:\Programme\jboss` ersetzt werden muss. Hier nun die einzelnen Schritte:

- **Übersetzung der Hilfsklasse**

    Als erstes muss die Hilfsklasse `RechnerException` mit einem einfachen Compileraufruf übersetzt werden:

    ```
    <JDK5_HOME>\bin\javac rechner\hilfsklassen\*.java
    ```

- **Übersetzung der EJBs**

    Die EJB-Klassen verwenden Bytecode der EJB 3.0-API, der nicht im JDK der Java Standard Edition enthalten ist.

    > Die Klassen der EJB 3.0-API sind Bestandteil der Java Enterprise Edition und müssen somit beim Übersetzen dem Compiler bekannt gemacht werden.

    Unter dem Installationsverzeichnis des JBoss sind die Klassen der EJB 3.0-API in der Datei `client\jboss-ejb3x.jar` enthalten. Somit können die Quelldateien durch folgenden Compileraufruf übersetzt werden:

    ```
    <JDK5_HOME>\bin\javac
        -cp <JBOSS_HOME>\client\jboss-ejb3x.jar;
        rechner\beans\*.java
    ```

    Der Schalter `cp` fügt beim Compileraufruf die danach folgenden `jar`-Dateien temporär – das heißt nur für die Dauer des Compileraufrufs – dem `CLASSPATH` hinzu. Somit ist der Code, der in der `jar`-Datei `jboss-ejb3x.jar` enthalten ist, beim Kompilieren dem Compiler bekannt und kann bei der Übersetzung der Quelldateien der Rechner-EJB herangezogen werden.

- **Übersetzung des Clients**

    Auch der Client verwendet Bytecode, der Bestandteil der EJB 3.0-API ist. Somit erfolgt die Übersetzung der Client-Klasse `RemoteRechnerClient` durch den Aufruf:

    ```
    <JDK5_HOME>\bin\javac -cp
        -cp <JBOSS_HOME>\client\jboss-ejb3x.jar;
        rechner\client\RemoteRechnerClient.java
    ```

---

[299] Das aktuelle Arbeitsverzeichnis muss hierbei das Verzeichnis `C:\work` sein.

27.7.3 Deployment-Prozess

Durch das Deployment wird die Enterprise-Applikation auf dem Applikations-Server installiert. Wenn dieser Prozess erfolgreich abgeschlossen wurde, kann ein Client den Dienst der Enterprise-Applikation in Anspruch nehmen.

Das Deployment kann unter der Verwendung einer so genannten `ear`[300]-Datei durchgeführt werden. Eine `ear`-Datei ist nichts anderes als eine `jar`[301]-Datei, welche anstatt der Endung `jar` die Endung `ear` trägt – beispielsweise `Rechner.ear`. Sie beinhaltet dabei die folgenden Komponenten:

- Eine `jar`-Datei, welche die kompilierten Bytecode-Dateien der Enterprise JavaBean enthält – für die Rechner-EJB also die Dateien `RechnerRemote.class` und `RechnerBean.class`. Im obigen Beispiel befinden sich diese Dateien im Verzeichnis `rechner\beans\`. Somit müssen die Bytecode-Dateien in der `jar`-Datei unter dem Namen `\rechner\beans\RechnerRemote.class` bzw. `rechner\beans\RechnerBean.class` abgelegt werden. Ein möglicher Name der `jar`-Datei könnte `beans.jar` lauten.

  Nach dem Aufruf des Kommandos

  ```
  <JDK5_HOME>\bin\jar -cf beans.jar rechner\beans\*.class
  ```

  befindet sich im Arbeitsverzeichnis `C:\works` die Datei `beans.jar`, welche die benötigten Bytecode-Dateien der Rechner-EJB enthält. Die Schalter `c` und `f` – diese können direkt hintereinander angeschrieben werden, also `cf` – sind Schalter des Programms `jar`, das Bestandteil des JDK ist. Mit dem Schalter `c` wird angegeben, dass ein neues Archiv erstellt werden soll. Über den Schalter `f` wird der Name des zu erstellenden Archivs angegeben, dessen Name direkt nach dem Schalter `f` erwartet wird – in diesem Fall also das Archiv `beans.jar`. Danach werden – durch Leerzeichen getrennt – alle Dateien angegeben, die dem Archiv hinzugefügt werden sollen – in diesem Falle also alle `class`-Dateien, die sich im Verzeichnis `rechner\beans` befinden.

- Die Session-Bean `RechnerBean` verwendet die Hilfsdatei `RechnerException`, deren Bytecode somit auch auf dem Applikation-Server vorhanden sein muss. Eine Möglichkeit wäre, die `class`-Datei der Klasse `RechnerException` ebenfalls im Archiv `beans.jar` abzulegen, wobei es bei diesem kleinen Demo-Programm keinen großen Unterschied macht, ob eine weitere `class`-Datei im `beans.jar`-Archiv liegt. Sobald jedoch die Enterprise-Applikation sich aus mehreren EJBs und mehreren Hilfsklassen zusammensetzt, macht es Sinn, eine logische Struktur in die Verteilung der `class`-Dateien hineinzubringen. Dafür empfiehlt es sich, die verwendeten Hilfsdateien in ein separates `jar`-Archiv zu packen – beispielsweise mit dem Namen `hilfsklassen.jar` – und dem `ear`-Archiv mit hinzuzufügen. Die `class`-Datei der Klasse `RechnerException` befindet sich im Verzeichnis `rechner\hilfsklassen\` und kann mit folgendem Aufruf in einem neuen `jar`-Archiv verpackt werden:

---

[300] Abkürzung für **E**nterprise **Ar**chive
[301] Abkürzung für **J**ava **Ar**chiv.

```
<JDK5_HOME>\bin\jar -cf hilfsklassen.jar
  rechner\hilfsklassen\*.class
```

Nach dem Kommandoaufruf befindet sich ebenfalls im Arbeitsverzeichnis
C:\work die Datei hilfsklassen.jar.

- Weiterhin muss sich im ear-Archiv ein Ordner mit Namen META-INF befinden. In
  diesem Ordner werden Dateien abgelegt, die beschreibende Informationen über
  die zu installierende Enterprise-Applikation bereithalten. Der Ordner muss mindestens den so genannten **Deployment-Deskriptor für Enterprise-Applikationen**
  application.xml enthalten. Durch den Deployment-Deskriptor für Enterprise-
  Applikationen wird beschrieben, aus welchen Archiven die Enterprise-Applikation
  zusammensetzt ist – im oben beschriebenen Beispiel aus den zwei Archiven
  beans.jar und hilfsklassen.jar. Eine gültige application.xml für das
  Rechner-Beispiel sieht folgendermaßen aus:

```
<?xml version="1.0" encoding="UTF-8"?>
<application version="5" xmlns="http://java.sun.com/xml/ns/javaee"
xmlns:xsi="http://www.w3.org/2001/XMLSchema-instance"
xsi:schemaLocation="http://java.sun.com/xml/ns/javaee
http://java.sun.com/xml/ns/javaee/application_5.xsd">

    <!-- display-name gibt den Namen -->
    <!-- der Enterprise-Applikation an.-->
    <display-name>Rechner</display-name>

    <!-- Mit dem Element module werden die einzelnen Archive -->
    <!-- dem Applikations-Server bekannt gemacht. -->
    <module>
    <!-- Das Element ejb beschreibt, dass das Archiv beans.jar -->
    <!-- den Bytecode der Enterprise JavaBeans enthaelt. -->
        <ejb>beans.jar</ejb>
    </module>

    <module>
    <!-- Mit dem Element java werden gewoehnliche Java-Archive -->
    <!-- dem Applikations-Server bekannt gemacht. -->
    <!-- hilfsklassen.jar ist damit im CLASSPATH von beans.jar -->
    <!-- vorhanden. -->
        <java>hilfsklassen.jar</java>
    </module>
</application>
```

Innerhalb des Arbeitsverzeichnisses wird nun ein weiteres Verzeichnis META-INF
angelegt, in dem die Datei application.xml abgelegt wird (siehe Bild 27-10).

Bild 27-10 Arbeitsverzeichnis mit META-INF-*Verzeichnis*

Im Arbeitsverzeichnis sind nun alle benötigten Informationen – die beiden Archive `beans.jar` und `hilfsklassen.jar` und der Deployment-Deskriptor für Enterprise-Applikationen `application.xml` – hinterlegt, welche für die Erstellung des Enterprise-Archivs `Rechner.ear` benötigt werden. Die Datei `Rechner.ear` wird nun durch folgenden Aufruf erstellt:

```
<JDK5_HOME>\bin\jar -cf Rechner.ear
    beans.jar hilfsklassen.jar META-INF\*.xml
```

Nach diesem Aufruf ist im Arbeitsverzeichnis die Datei `Rechner.ear` hinterlegt.

Nun beginnt der eigentliche Deployment-Prozess. Dazu muss ins Installationsverzeichnis des JBoss gewechselt werden, wo folgende Verzeichnisstruktur vorgefunden wird:

Bild 27-11 Verzeichnisstruktur im Arbeitsverzeichnis des JBoss

Wird nun die Datei `Rechner.ear` in den Ordner `deploy` hineinkopiert, so wird damit die darin enthaltene Enterprise-Applikation im Applikations-Server JBoss installiert – sie wird also "deployt". In der Server-Konsole muss nach einem erfolgreichen Deployment folgende Ausgabe zu sehen sein:

Die Ausgabe des Servers ist:

```
[EARDeployer] Init J2EE application:
    file:/C:/Programme/jboss/server/default/deploy/Rechner.ear
. . . . .
[JmxKernelAbstraction] installing MBean:
    jboss.j2ee:ear=Rechner.ear,jar=beans.jar,
    name=RechnerBean,service=EJB3 with dependencies
[EJBContainer] STARTED EJB: rechner.beans.RechnerBean ejbName:
    RechnerBean
[EJB3Deployer] Deployed:
    file:/C:/Programme/jboss/server/default/tmp/
    deploy/tmp9221Rechner.ear-contents/beans.jar
[EARDeployer] Started J2EE application:
    file:/C:/Programme/jboss/server/default/deploy/Rechner.ear
```

Der Applikations-Server entpackt hierbei das `ear`-Archiv, wertet die Datei `application.xml` aus und bindet die enthaltene Stateless Session-Bean `RechnerBean` im

JNDI-Namensraum an einen eindeutigen oder mehrere eindeutige Namen. Binden bedeutet, dass über den Applikations-Server unter Angabe eines eindeutigen Namens eine Referenz auf eine Instanz einer Stateless Session-Bean abgefragt werden kann. Es findet also eine so genannte **Name-Objekt-Bindung**[302] statt. Dabei vergibt der Applikations-Server die JNDI-Namen nach folgendem Schema:

- Eine Session-Bean, deren Klasse ein lokales Business-Interface implementiert, wird unter dem JNDI-Namen:

```
<Name ear-Datei>/<Name Bean-Klasse>/local
```

gebunden.

- Der JNDI-Name einer Session-Bean, deren Klasse ein Remote Business-Interface implementiert, lautet:

```
<Name ear-Datei>/<Name Bean-Klasse>/remote
```

- Eine Session-Bean, deren Klasse beide Schnittstellen – sowohl das lokale als auch das Remote Business-Interface – implementiert, wird unter beiden JNDI-Namen im Namensraum des JNDI-Servers gebunden.

Nach dem Deployment der Session-Bean aus dem obigen Beispiel kann somit unter Angabe des Namens

```
Rechner/RechnerBean/remote
```

eine Referenz auf eine Instanz[303] der Stateless Session-Bean abgefragt werden.

27.7.4 Starten des Clients

Die Client-Anwendung führt zum Auffinden des Session-Bean-Objektes einen so genannten **JNDI Lookup** durch. JNDI Lookup bedeutet, dass unter Angabe des JNDI-Namens dem Client eine Referenz auf das gesuchte Objekt – bzw. einen Stellvertreter davon – vom JNDI-Server zurückgeliefert wird. Der JNDI Lookup wird mit der Methode `lookup()` der Klasse `InitialContext` durchgeführt. So beschafft man sich eine Referenz auf beispielsweise ein `RechnerBean`-Objekt wie folgt:

```
InitialContext ctx = new InitialContext();
RechnerRemote rechner =
    (RechnerRemote) ctx.lookup ("Rechner/RechnerBean/remote");
```

Es wird vorausgesetzt, dass die Datei `jndi.properties` im Arbeitsverzeichnis vorhanden ist. Dort wird unter anderem definiert, wo sich der JNDI-Server befindet.

---

[302] Siehe Anhang D "JNDI".

[303] Genauer gesagt wird zum Client ein so genanntes **Stub-Objekt** – also ein Stellvertreter – übertragen. Das eigentliche Objekt, mit dem der Client kommuniziert, befindet sich auf dem EJB-Server. Der Client kommuniziert also mit einem entfernten Objekt – einem Remote-Objekt. Das Stub-Objekt kapselt dabei nur die Kommunikationslogik, die benötigt wird, damit ein Client die Methoden des Stateless Session-Bean-Objektes remote – also über ein Netzwerk – aufrufen kann. Siehe auch Kap. 25.

```
// Datei: jndi.properties

java.naming.factory.initial=org.jnp.interfaces.NamingContextFactory
java.naming.provider.url=jnp://localhost:1099
java.naming.factory.url.pkgs=org.jboss.naming:org.jnp.interfaces
```

Eine ausführliche Erklärung der Funktionsweise von JNDI kann im Anhang D nachgelesen werden.

Der virtuellen Maschine, in welcher die Client-Applikation ablaufen soll, müssen nun
mehrere `jar`-Dateien über den `CLASSPATH`-Schalter `cp` übergeben werden. Der
gesamte Aufruf sieht nun folgendermaßen aus:

```
<JDK5_HOME>\bin\java
   -cp <JBOSS_HOME>\server\default\deploy\jboss-aop-jdk50.de-
          ployer\jboss-aop-jdk50.jar;
        <JBOSS_HOME>\server\default\deploy\jboss-aop-jdk50.de-
          ployer\jboss-aspect-library-jdk50.jar;
        <JBOSS_HOME>\client\jbossall-client.jar;
        <JBOSS_HOME>\client\jboss-ejb3-client.jar;
        <JBOSS_HOME>\client\jnp-client.jar;
        .\rechner\hilfsklassen\*;
   rechner.client.RemoteRechnerClient
```

Die Ausgabe des Programms ist:

```
addiere (5, 3) = 8
subtrahiere (5, 3) = 2
multipliziere (5, 3) = 15
dividiere (5, 3) = 1.6666666666666667
RechnerException: zahl2 hat den Wert 0!
```

27.8 Java Persistence API

Ein Entwickler von Java-Anwendungen, deren Daten in einer Datenbank gespeichert
werden sollen, steht vor der Herausforderung, dass die Daten in zweierlei Strukturen
verwaltet werden müssen:

● Zum einen werden die Daten innerhalb der Applikation durch reine Java-Objekte
repräsentiert. Die Daten befinden sich hier in einer objektorientierten Welt. Die
Objekte werden im Heap der virtuellen Maschine der Anwendung abgelegt und
können direkt im Arbeitsspeicher verarbeitet und manipuliert werden. Nach
Beendigung der virtuellen Maschine – gewollt durch Beenden der Applikation oder
durch Neustarten des Servers oder ungewollt durch einen Absturz der Anwendung
– gehen die Daten innerhalb der virtuellen Maschine verloren.

● Sollen die erfassten Daten persistent – das heißt über die Lebensdauer der virtuellen Maschine hinweg – in einer relationalen Datenbank[304] abgespeichert werden, so muss ein relationales Datenmodell einer Datenbank erstellt werden, in das
die Java-Objektwelt abgebildet werden kann. Die Daten sollen also in eine rela-

---

[304] Es müssen nicht zwingend relationale Datenbanken verwendet werden.

tionale Welt überführt werden. Innerhalb des Modells müssen Tabellen modelliert werden, die es erlauben, die Java-Objekte darauf abbilden zu können.

Zwischen der objektorientierten Welt – es wird dort mit Objekten und Referenzen auf Objekte gearbeitet – und der relationalen Welt – es wird dort mit Tabellen und Beziehungen zwischen diesen Tabellen gearbeitet – besteht jedoch eine Lücke, die es zu füllen gilt. Diese Lücke wird als das so genannte **object relational gap** bezeichnet. Der Programmierer steht vor dem Problem, dass die Attribute eines Objekts auf die Spalten einer Tabelle abgebildet werden müssen. Stellt man sich vor, dass ein zu speicherndes Objekt aus sehr vielen Attributen besteht und diese Attribute wiederum Referenzen auf andere Objekte darstellen, wird die Persistenz der Daten schnell zu einem nicht zu vernachlässigenden Problem.

Ein Beispiel hierfür wäre, dass ein Kunde einer Bank Zugriff auf mehrere Konten hat. In der objektorientierten Welt gibt es eine Klasse `Kunde` und eine Klasse `Konto`, wobei die Klasse `Kunde` eine Referenz auf die Klasse `Konto` hat. Werden für einen neu erfassten Kunden – es wird dafür ein Objekt vom Typ `Kunde` benötigt – mehrere Konten angelegt – es müssen also mehrere Objekte von Typ `Konto` instantiiert und mit dem Kunden-Objekt verknüpft werden –, so sollen die erfassten Daten der `Kunde`- und `Konto`-Objekte fest in einer Datenbank gespeichert werden. Es werden somit die Tabellen `TAB_KUNDE` und `TAB_KONTO` benötigt, wobei der Primärschlüssel von `TAB_KUNDE` in der Tabelle `TAB_KONTO` als Fremdschlüssel auftaucht, um die Verbindung zwischen Kunde und die ihm gehörenden Konten herzustellen. Bei der Abspeicherung der Daten werden nun mehrere Fragen aufgeworfen:

- Sollen beim Abspeichern des Objekts `Kunde` auch alle referenzierten Objekte vom Typ `Konto` abgespeichert werden?
- Sollen die `Konto`-Objekte beim Laden des `Kunde`-Objekts oder später geladen werden?
- Was passiert mit den referenzierten `Konto`-Objekten, wenn das `Kunde`-Objekt gelöscht wird?

Es können auch weitere Probleme hinzukommen wie schlechtes Programmieren der Persistenz-Algorithmen und dadurch Verlangsamung der Applikation oder zirkuläre Referenzen innerhalb des Datenmodells. Um dem Object-Relational Gap entgegenzuwirken, bedient man sich eines **Object-Relational Mappers**, der sich um die Aufgaben der Daten-Persistenz kümmert. Mit Hilfe der **Java Persistence API** wird die Möglichkeit geschaffen, datenhaltende Java-Klassen auf Datenbanktabellen abzubilden und damit das object relational gap zu schließen. Diese datenhaltenden Klassen werden auch als **Entity-Klassen** oder im Sinne von Enterprise JavaBeans als **Entity-Beans** bezeichnet. Die Abbildung von Klassen auf Tabellen erfolgt durch Annotations, mit denen die Java-Klassen ausgezeichnet werden.

Die Programmierung von Entity-Beans hat sich im Vergleich zu EJB 2.1 erheblich vereinfacht. Dort musste die Abbildung der Entity-Beans auf eine Tabelle in der Datenbank über den Deployment-Deskriptor vorgenommen werden. In der Version 3.0 erfolgt die Beschreibung des Object-Relational Mapping in einfacher Form mit Hilfe von Annotations.

Die Abbildung der Java-Klassen auf die Datenbanktabellen geschieht für den Programmierer völlig transparent und wird durch den EJB-Container vorgenommen.

Folgende Anforderungen werden an eine Entity-Bean gestellt:

- Um eine reine Java-Klasse als Entity-Bean auszuweisen, muss sie mit der **Annotation** `@javax.persistence.Entity` dekoriert werden. Die Klasse muss serialisierbar sein und muss somit das Interface `java.io.Serializable` implementieren.
- Die Entity-Bean kann weiterhin mit der Annotation `@javax.persistence.Table` markiert werden. Es wird dadurch der Name der Tabelle festgelegt, auf welche die Entity-Bean abgebildet wird. Beispielsweise könnte die Klasse `Kunde` folgendermaßen deklariert werden:

```
@javax.persistence.Entity
@javax.persistence.Table (name = "TAB_KUNDE")
public class Kunde implements java.io.Serializable
{
    // Definition der Klasse Kunde
}
```

Ist die Annotation nicht vorhanden, so wird als Tabellenname der Name der Klasse verwendet.
- Die Klasse der Entity-Bean muss einen `public` oder `protected` Default-Konstruktor besitzen. Sie darf aber auch weitere Konstruktoren besitzen.
- Weder die Klasse selbst, noch deren Methoden oder abzuspeichernde Attribute – die so genannten Persistenz-Attribute – dürfen als `final` deklariert sein.
- Die Entity-Bean-Klassen dürfen wiederum von anderen Entity-Bean-Klassen und Nicht-Entity-Bean-Klassen ableiten. Von einer Entity-Bean-Klasse dürfen weiterhin Nicht-Entity-Bean-Klassen ableiten.
- Die Persistenz-Attribute sollen als `private` deklariert werden und nur über get()- und set()-Methoden zugänglich sein. Diese get()- und set()-Methoden müssen dabei der JavaBeans-Spezifikation entsprechen. Besitzt die Entity-Bean `Kunde` beispielsweise ein Attribut `private String vorname` so müssen die Methoden `public String getVorname()` und `public void setVorname (String vorname)` existieren.
- Der Datentyp der Persistenz-Attribute muss entweder ein einfacher Datentyp wie `int`, `float`, `double` oder `boolean` oder serialisierbar sein.

27.8.1 Primärschlüssel einer Entity-Bean

Für jede Entity-Bean-Klasse kann innerhalb des Datenmodells durch den EJB-Container eine eigene Tabelle angelegt[305] werden. Jedes erzeugte Objekt der Entity-Bean wird durch genau einen Eintrag – das heißt durch genau eine Zeile – in der korrespondierenden Tabelle repräsentiert. Um die Einträge darin eindeutig zu identifizieren, muss für jede Entity-Bean ein Primärschlüssel definiert werden. Es

---

[305] Leitet eine Entity-Bean von einer anderen Entity-Bean ab, so besitzt eine Entity-Bean der Sohnklasse einen Vater- und einen Sohnanteil. Der Entwickler muss entscheiden, ob er den Vater- und den Sohnanteil jeweils für sich getrennt in einer Tabelle abbildet, oder ob er eine Tabelle anlegt, die sowohl den Vater- als auch und den Sohnanteil enthält.

wird nun zwischen einfachen und zusammengesetzten Primärschlüsseln unterschieden.

27.8.1.1 Entity-Bean mit einfachem Primärschlüssel

Um eine Entity-Bean mit einem einfachen Primärschlüssel auszustatten, wird ein so genanntes **Persistenz-Attribut** oder die dazugehörige get()-Methode mit der **Annotation** `@javax.persistence.Id` dekoriert. Das ausgewiesene Attribut ist dann das Primärschlüssel-Attribut der Entity-Bean.

Wird das schon mit der Annotation `@Id` versehene Persistenz-Attribut weiterhin mit der Annotation `@javax.persistence.GeneratedValue` dekoriert, so wird der Wert des Attributs vom EJB-Container automatisch generiert. Das bedeutet, dass bei der Instantiierung einer Entity-Bean der Wert des Primärschlüssel-Attributs nicht durch den Programmierer gesetzt werden darf. Der EJB-Container weist dem Primärschlüssel-Attribut eines jeden erzeugten Objekts einen eindeutigen Wert zu. Der Entwickler muss sich somit um eine fortlaufende Erzeugung von Primärschlüsseln nicht kümmern. Betrachtet man die Entity-Bean `Kunde`, so sind alle Objekte davon innerhalb einer Bank eindeutig durch die Kundennummer identifizierbar. Die Entity-Bean `Kunde` besitzt somit ein Persistenz-Attribut `kundenNr`. Die dazugehörige get()-Methode wird dann mit den **Annotations** `@Id` **und** `@GeneratedValue` dekoriert:

```
@Id
@GeneratedValue
public int getKundenNr()
{
    return kundenNr;
}
```

Das Attribut `kundenNr` ist somit das Primärschlüssel-Attribut der Entity-Bean `Kunde`. Da der Primärschlüssel aus einem Attribut besteht, nennt man ihn auch **einfacher Primärschlüssel**. Die Entity-Bean `Kunde` könnte für die Implementierung eines Bankkunden könnte somit folgendermaßen aussehen:

```
// Datei: Kunde.java

package bank.beans;

import java.util.*;
import javax.persistence.*;
import bank.hilfsklassen.*;

@Entity
@Table (name = "TAB_KUNDE")
public class Kunde implements java.io.Serializable
{
    private int kundenNr;
    private String vorname;
    private String nachname;
    private Collection<Konto> konten = new Vector<Konto>();

    public Kunde()
    { }
```

```
public Kunde (String v, String n)
{
   vorname = v;
   nachname = n;
}

@Id
@GeneratedValue
public int getKundenNr() {return kundenNr;}
public void setKundenNr (int i) {kundenNr = i;}

public String getVorname() {return vorname;}
public void setVorname (String s) {vorname = s;}

public String getNachname() {return nachname;}
public void setNachname (String s) {nachname = s;}

@OneToMany (mappedBy = "besitzer", cascade = {CascadeType.ALL})
public Collection<Konto> getKonten() {return konten;}
public void setKonten (Collection<Konto> col) {konten = col;}

public KundeData gibData()
{
   KundeData data =
      new KundeData (kundenNr, vorname, nachname);
   return data;
}
}
```

Die Klasse `Konto` ist ebenfalls eine Entity-Bean und repräsentiert ein Bankkonto:

```
// Datei: Konto.java

package bank.beans;

import javax.persistence.*;
import bank.hilfsklassen.*;

@Entity
@Table (name = "TAB_KONTO")
public class Konto implements java.io.Serializable
{
   private int knr;
   private double stand = 0;
   private Kunde besitzer;

   public Konto() {}
   public Konto (Kunde b)
   {
      this.besitzer = b;
   }

   @Id
   @GeneratedValue
   public int getKnr() {return knr;}
   public void setKnr (int k) {knr = k;}
```

```
public double getStand() {return stand;}
public void setStand (double k) {stand = k;}

@ManyToOne
public Kunde getBesitzer() {return besitzer;}
public void setBesitzer (Kunde k) {besitzer = k;}

public KontoData gibData()
{
    KontoData data=new KontoData (knr, stand, besitzer.gibData());
    return data;
}
}
```

Ein Kunde kann mehrere Konten besitzen. Das bedeutet, dass ein Objekt vom Typ `Kunde` mehrere Objekte vom Typ `Konto` referenziert. Um diese Beziehung zwischen dem Kunden und seinen Konten zu beschreiben, d.h. um diesen Umstand von der objektorientierten Welt in die relationale Welt abzubilden, werden die beiden Annotations `@javax.persistence.OneToMany` für die Entity-Bean `Kunde` und `@javax.persistence.ManyToOne` für die Entity-Bean `Konto` benötigt. Es wird dadurch eine **bidirektionale 1-zu-N-Beziehung** beschrieben. Auf diese und weitere Beziehungsarten zwischen Etnity-Beans wird im Kapitel 27.8.2.7 genauer eingegangen.

Beim Deployment-Prozess legt der EJB-Container für die Entity-Bean `Kunde` die Tabelle `TAB_KUNDE` bzw. für die Entity-Bean `Konto` die Tabelle `TAB_KONTO` an, wobei in der Tabelle `TAB_KUNDE` die Kundennummer und in der Tabelle `TAB_KONTO` die Kontonummer als Primärschlüssel dient.

27.8.1.2 Entity-Bean mit zusammengesetztem Primärschlüssel

Nun kann es sein, dass ein Eintrag in einer Tabelle nicht eindeutig durch den Wert einer Spalte bestimmt werden kann. Dies ist zum Beispiel bei der Tabelle `TAB_BUCHUNG` der Fall. Findet auf einem Konto eine Geldbewegung statt – wird also ein Betrag auf ein bestimmtes Konto gebucht oder von ihm abgebucht – so werden alle Buchungen in einer Tabelle `TAB_BUCHUNG` hinterlegt. Um einen Eintrag in dieser Tabelle eindeutig zu identifizieren, reicht es nicht aus, beispielsweise die Kontonummer des Kontos als Primärschlüssel zu bestimmen, auf das die Buchung erfolgt bzw. von dem ein bestimmter Betrag abgebucht wurde. Der Primärschlüssel muss sich somit aus mehreren Spalten zusammensetzen. Da auf einem Konto mehrere Buchungen eingehen können, lassen sich die Einträge in der Tabelle `TAB_BUCHUNG` nur anhand folgender Werte unterscheiden:

- Kontonummer des Auftraggebers – hinterlegt in der Variablen `vonKnr` –, welche das Konto bezeichnet, von dem der Betrag abgebucht werden soll,
- Kontonummer des Empfängers – hinterlegt in der Variablen `nachKnr` –, welche das Konto identifiziert, auf das der Betrag gebucht werden soll,
- nanosekundengenauer Zeitstempel, der sich aus einem Objekt vom Typ `java.sql.Timestamp` und dem `long`-Wert `systemNanoTime` ergibt.

In diesem Fall setzt sich der Primärschlüssel aus vier Spalten zusammen, wodurch man von einem **zusammengesetzten Primärschlüssel** spricht. Ein solcher zusammengesetzter Primärschlüssel muss in einer **Primärschlüsselklasse** definiert werden. Eine Primärschlüsselklasse muss folgende Eigenschaften erfüllen:

- Die Klasse muss den Zugriffsmodifikator `public` besitzen und das Interface `java.io.Serializable` implementieren. Weiterhin kann sie als `final` deklariert werden.
- Die Klasse muss einen `public` Default-Konstruktor besitzen.
- Die Primärschlüsselattribute der Primärschlüsselklasse müssen auf Attribute der Entity-Bean abbildbar sein, das heißt, sie müssen vom Datentyp und Namen her identisch sein.
- Es müssen die Methoden `hashCode()` und `equals()` der Klasse `Object` überschrieben werden.

Die Primärschlüsselklasse `BuchungPK` für die Entity-Bean `Buchung` könnte somit folgendes Aussehen haben:

```java
// Datei: BuchungPK.java

package bank.hilfsklassen;
import java.sql.*;

public final class BuchungPK implements java.io.Serializable
{
   public int vonKnr;
   public int nachKnr;
   public Timestamp buchungTs;
   public long systemNanoZeit;

   public BuchungPK() {}
   public BuchungPK (int vonKnr, int nachKnr, long l, Timestamp ts)
   {
      this.vonKnr = vonKnr;
      this.nachKnr = nachKnr;
      this.systemNanoZeit = l;
      this.buchungTs = ts;
   }

   public int getVonKnr() {return vonKnr;}
   public void setVonKnr (int i) {vonKnr = i;}

   public int getNachKnr() {return nachKnr;}
   public void setNachKnr (int i) {nachKnr = i;}

   public Timestamp getBuchungTs() {return buchungTs;}
   public void setBuchungTs (Timestamp t) {buchungTs = t;}

   public long getSystemNanoZeit() {return systemNanoZeit;}
   public void setSystemNanoZeit (long l) {systemNanoZeit = l;}

   public boolean equals (Object refObj)
   {
      if (this == refObj)
         return true;
```

```
      else if (!(refObj instanceof BuchungPK))
         return false;
      BuchungPK refBuchungPK = (BuchungPK) refObj;

      return
         ((buchungTs.getTime()==refBuchungPK.buchungTs.getTime())&&
          (systemNanoZeit == refBuchungPK.systemNanoZeit) &&
          (vonKnr == refBuchungPK.vonKnr) &&
          (nachKnr == refBuchungPK.nachKnr));
   }

   public int hashCode()
   {
      return (vonKnr ^ nachKnr ^ buchungTs.hashCode());
   }
}
```

Das Zeichen ^ stellt den EXCLUSIV-ODER-Operator[306] dar. Er verknüpft zwei Operanden – beispielsweise `vonKnr` und `nachKnr` – auf Bit-Ebene und berechnet daraus einen eindeutigen `int`-Wert. Der Rückgabewert der Methode `hashCode()` ist der so genannte Hash-Wert. Die Entity-Bean `Buchung` muss nun zusätzlich mit der Annotation `@javax.persistence.IdClass` versehen werden, mit der angegeben wird, dass als Primärschlüsselklasse die Klasse `BuchungPK` verwendet wird. Zudem müssen in der Entity-Bean `Buchung` alle Attribute bzw. deren get()-Methoden mit der Annotation `@Id` versehen werden, aus denen sich der Primärschlüssel zusammensetzen soll:

```
// Datei: Buchung.java

package bank.beans;
import java.sql.*;
import javax.persistence.*;
import bank.hilfsklassen.*;

@Entity
@Table (name = "TAB_BUCHUNG")
@IdClass (BuchungPK.class)
public class Buchung implements java.io.Serializable
{
   private int vonKnr;
   private int nachKnr;
   private Timestamp buchungTs;
   private long systemNanoZeit;
   private double betrag;

   public Buchung() {}
   public Buchung (int vonKnr, int nachKnr, Timestamp ts,
      long sysNano, double betrag)
   {
      this.vonKnr = vonKnr;
      this.nachKnr = nachKnr;
      this.buchungTs = ts;
```

---

[306] Siehe Kap. 7.6.6.1.

```
            this.systemNanoZeit = sysNano;
            this.betrag = betrag;
        }
        @Id
        public int getVonKnr() {return vonKnr;}
        public void setVonKnr (int i) {vonKnr = i;}

        @Id
        public int getNachKnr() {return nachKnr;}
        public void setNachKnr (int i) {nachKnr = i;}

        @Id
        public Timestamp getBuchungTs() {return buchungTs;}
        public void setBuchungTs (Timestamp t) {buchungTs = t;}

        @Id
        public long getSystemNanoZeit() {return systemNanoZeit;}
        public void setSystemNanoZeit (long l) {systemNanoZeit = l;}

        public double getBetrag() {return betrag;}
        public void setBetrag (double d) {betrag = d;}

        // Die Systemzeit im Nanosekundenbereich ist uninteressant
        public BuchungData gibData()
        {
            return new BuchungData (vonKnr, nachKnr, betrag, buchungTs);
        }
    }
}
```

Die vorgestellten Entity-Beans Kunde, Konto und Buchung besitzen alle die Methode gibData(). Der Aufruf dieser Methode liefert jeweils eine Referenz auf ein Objekt zurück, das lediglich die Daten der entsprechenden Entity-Bean-Instanz kapselt. Beispielsweise liefert der Aufruf der Methode gibData() auf einem Objekt vom Typ Kunde eine Referenz auf ein Objekt vom Typ KundeData zurück, das dieselben Daten kapselt, wie die Entity-Bean Kunde selbst. Der Sinn dieser Datenobjekte liegt darin, dass ein Client keine Referenz auf ein Entity-Bean-Objekt erhalten soll. Ein Client soll nur mit einer Session-Bean arbeiten. Damit ein Client aber beispielsweise Informationen über einen Kunden abfragen kann, wird ihm dafür ein Datenobjekt – in diesem Falle ein Objekt vom Typ KundeData – übermittelt. Die Datenklassen KundeData, KontoData und BuchungData werden im Kapitel 27.9.3 genauer vorgestellt.

27.8.2 Der Entity Manager

Mit der EJB-Version 3.0 ist die Erzeugung von Entity-Beans sehr einfach geworden. Da Entity-Beans nun wie ganz normale Java-Klassen implementiert werden, die man lediglich mit entsprechenden Annotations versieht, können die Entity-Beans einfach mit Hilfe des new-Operators instantiiert werden. Verwendet man beispielsweise die Entity-Bean Konto zur Repräsentation von Bankkonten, so wird ein Objekt davon folgendermaßen erzeugt:

```
Konto konto = new Konto();
```

Bis zur EJB 2.1-Spezifikation war die Erzeugung einer Entity-Bean noch weit umständlicher. Es musste zuerst eine Referenz auf das so genannte **Home-Interface** beschafft werden. Dieses Interface deklarierte die Lifecycle-Methodenköpfe einer Entity-Bean-Instanz – z.B. `create()` zum Erzeugen einer Instanz – oder Methoden zum Auffinden einer bestimmten Instanz – z.B. `findByName()`. Eine Referenz auf ein Objekt, deren Klasse das entsprechende Home-Interface implementiert, erhielt man mittels JNDI Lookup. Es musste dafür also stets der JNDI-Name der Entity-Bean bekannt sein. Hatte man eine Referenz auf das Home-Interface erhalten, so konnte schließlich mit Hilfe der Methode `create()` eine Instanz der Entity-Bean erzeugt werden. Die Erzeugung, das Auffinden, das Abspeichern und das Löschen einer Instanz übernahm hierbei der EJB-Container[307].

Erstellt man Enterprise JavaBeans nach der EJB 3.0-Spezifikation, so werden die Aufgaben des Auffindens, Abspeicherns und Löschens vom so genannten **Entity Manager** übernommen. Ein EJB-Container, welcher der EJB 3.0-Spezifikation entspricht, stellt einen oder mehrere Entity Manager bereit. Diese Entity Manager sind Java-Klassen, welche das Interface `javax.persistence.EntityManager` implementieren. Ein Entity Manager ist immer mit einem so genannten **Persistenz-Kontext** verbunden. Der Entity Manager ist für folgende Aufgaben verantwortlich:

- Abspeichern von erzeugten Instanzen einer Entity-Bean in den dazugehörigen Persistenz-Kontext.
- Aktualisierung der Attribute von bereits hinterlegten Instanzen im Persistenz-Kontext.
- Löschen von Instanzen aus dem Persistenz-Kontext.
- Auffinden von Instanzen innerhalb des Persistenz-Kontextes anhand ihres Primär-Schlüssels.

Der **Persistenz-Kontext** beschreibt somit die Gesamtheit aller Entity-Beans. Er verwaltet das Datenbank-Schema einer EJB-Applikation, das durch die Entity-Beans und deren Referenzen untereinander beschrieben wird. Innerhalb des Persistenz-Kontextes ist jede Instanz einer Entity-Bean eindeutig auffindbar. Für jede Entity-Bean kann eine eigene Tabelle angelegt werden – beispielsweise die Tabelle TAB_KONTO –, wobei innerhalb der Tabelle die abgespeicherten Instanzen wiederum durch ihren Primärschlüssel an Eindeutigkeit erlangen. Die Instanzen selbst und deren Lifecycle werden innerhalb dieses beschriebenen Kontextes verwaltet.

Der Entity Manager implementiert nun die Methoden des `EntityManager`-Interface, welche der Client benötigt, um mit dem Persistenz-Kontext zu interagieren. In den folgenden Abschnitten wird das `EntityManager`-Interface vorgestellt und dessen wichtigste Methoden erläutert.

27.8.2.1 Beschaffen einer Referenz auf den Entity Manager

Wie schon aus dem vorherigen Kapitel über Session-Beans bekannt ist, implementieren Session-Beans die Geschäftslogik einer Applikation. Der Client kommuniziert somit mit einer Instanz der Session-Bean. Innerhalb der Session-Bean findet dann die Interaktion mit den `Konto`-Objekten statt. Das bedeutet, dass der Client nie eine

---

[307] Bei Container Managed Persistence.

Referenz auf ein Objekt der Klasse `Konto` – sprich auf eine Entity-Bean-Instanz – erhält. Die Session-Bean bildet somit die Schnittstelle zwischen Client und Persistenz-Kontext. Die Session-Bean benötigt dafür eine Referenz auf den Entity Manager. Die Funktionalität des Entity Managers wird vom EJB-Container implementiert und dem Client zur Verfügung gestellt. Der Client beschafft sich eine Referenz auf ein Objekt vom Typ `EntityManager` mit:

```
@PersistenceContext (unitName = "Bank")
public EntityManager em;
```

Die Annotation `@javax.persistence.PersistenceContext` liefert über die so genannte **Dependency Injection** eine Referenz auf ein Objekt vom Typ `Entity-Manager` zurück und diese Referenz wird der Referenzvariablen `em` zugewiesen. Der Client muss sich die Referenz auf den Entity Manager nicht mittels JNDI Lookup besorgen, sondern diese wird vom EJB-Container automatisch zugewiesen. Die Referenz auf den Entity Manager – also die Abhängigkeit – wird dem Client quasi injiziert.

Dieser Vorgang geschieht für den Client vollkommen transparent. Verwaltet der Entity Manager mehrere Persistenz-Kontexte, die auf unterschiedliche Datenbank-Konfigurationen zurückzuführen sind, so kann ein bestimmter Kontext über das Attribut `unitName` der Annotation `@PersistenceContext` ausgewählt werden. Der Name des Persistenz-Kontextes wird in einem Deployment-Deskriptor mit Namen `persistence.xml`[308] gesetzt.

27.8.2.2 Erzeugen und Abspeichern eines Entity-Bean-Objekts

Die Bank stellt die Funktion bereit, Konten anzulegen. Dabei muss ein Objekt vom Typ `Konto` erzeugt werden. Mit der Methode

```
void persist (Object entity)
```

des `EntityManager`-Objekts wird dann das neu angelegte Konto im Persistenz-Kontext des Entity-Managers hinterlegt. Folgendes Codebeispiel zeigt die Erzeugung und das Abspeichern eines `Konto`-Objekts:

```
Konto konto = new Konto();
em.persist (konto);
```

Beim Erzeugen des `Konto`-Objekts generiert der EJB-Container automatisch einen eindeutigen Wert für das Persistenz-Attribut, weil dieses Persistenz-Attribut mit der Annotation `@Id` versehen ist. Der Aufruf `em.persist()` legt dann für das Objekt `konto` einen Eintrag in der entsprechenden Tabelle an, wobei die aktuellen Werte des Objekts dort eingetragen werden. Die Methode wirft folgende (unchecked) Exceptions:

- `EntityExistsException`: Wird geworfen, wenn schon eine Instanz mit dem gleichen Primärschlüssel existiert.

---

[308] Siehe Kap. 27.8.2.6.

- `IllegalStateException`: Wird geworfen, wenn die Verbindung zum Entity-Manager geschlossen ist.
- `IllegalArgumentException`: Wird geworfen, wenn das übergebene Objekt kein Objekt einer Entity-Bean ist.
- `TransactionRequiredException`: Wird geworfen, wenn der Entity-Manager im Transaktionsmodus arbeitet, aber keine Transaktion aktiv ist.

Die Funktionalität des Erzeugens und Abspeicherns einer Entity-Bean-Instanz könnte beispielsweise in der Methode `kontoAnlegen()` passieren. Die Implementierung sähe folgendermaßen aus:

```
public int kontoAnlegen()
{
    Konto konto = new Konto();
    em.persist (konto);
    return konto.getKontonummer();
}
```

Die Methode gibt vor dem Verlassen die Kontonummer des erzeugten `Konto`-Objekts zurück. Die Lebensdauer des `Konto`-Objekts endet mit dem Verlassen der Methode `kontoNeuAnlegen()`. Das `Konto`-Objekt ist nach Rückkehr aus der Methode nicht mehr vorhanden. Die Repräsentation des Objekts existiert nur noch im Persistenz-Kontext – also im dazugehörigen Datenmodell der Bank-Applikation. Von dort kann sich der Client die abgespeicherten Attributwerte wieder beschaffen und mit dem Konto-Objekt weiterarbeiten.

27.8.2.3 Laden und Aktualisieren einer Entity-Bean-Instanz

Für das Auffinden einer Entity-Bean-Instanz stellt das `EntityManager`-Interface die eigenständig generische Methode

```
<T> T find (Class<T> entityClass, Object primaryKey)
```

zur Verfügung. Als erstes Argument erwartet die Methode ein Klassenliteral[309], beispielsweise `Konto.class`, um dem Entity Manager mitzuteilen, in welcher Tabelle er nach dem gewünschten Objekt suchen soll. Das zweite Argument beschreibt den Primärschlüssel des zu findenden Objekts. Besteht dieser aus einem primitiven Datentyp – beispielsweise `int` – so kann der Schlüssel von einem Wrapper-Objekt umhüllt werden. Diese Aufgabe übernimmt seit dem JDK 5.0 jedoch auch der Compiler durch Autoboxing. Der Aufruf

```
em.find (Konto.class, 1);
```

wird somit vom Compiler akzeptiert. Die `find()`-Methode liefert dann das gesuchte Objekt vom Typ `T` zurück, im genannten Beispiel also das `Konto`-Objekt mit der Kontonummer `1`.

Wird der Primärschlüssel von einer Primärschlüsselklasse gebildet, da er ein zusammengesetzter Primärschlüssel ist, so muss eine Instanz der Primärschlüsselklasse

---

[309] Siehe Kap. 17.5.2.

erzeugt und die Referenz darauf der Methode `find()` übergeben werden. Als Beispiel soll die Klasse `Buchung` betrachtet werden, die als Primärschlüsselklasse die Klasse `BuchungPK` besitzt. Soll nun eine Buchung gefunden werden, so muss wie folgt vorgegangen werden:

```
BuchungPK primKey = new BuchungPK (
    vonKonto, nachKonto, systemNanoTime, buchungTS);
Buchung buchung = em.find (Buchung.class, primKey);
```

Kann die Methode das gesuchte Objekt nicht finden, so gibt sie `null` zurück. Die Methode `find()` wirft folgende (unchecked) Exceptions:

- `IllegalStateException`: Wird geworfen, wenn die Verbindung zum Entity Manager geschlossen ist.
- `IllegalArgumentException`: Wird geworfen, falls das Klassenliteral nicht den Typ einer Entity-Bean repräsentiert oder falls das zweite Argument keinen gültigen Primärschlüssel für die Klasse `T` darstellt.

Bei der Implementierung der Buchungsfunktionalität der Bank kann die `find()`-Methode zum Einsatz kommen, weil damit das gewünschte `Konto`-Objekt ausfindig gemacht werden kann. Nachdem auf das Konto ein bestimmter Betrag gebucht wurde – das Attribut `kontostand` also verändert wurde – sollen die Daten auch mit der Datenbank abgeglichen werden, damit beim nächsten Zugriff auf das Konto-Objekt der aktuelle Kontostand zur Verfügung steht. Diese Funktionalität stellt ebenfalls die Methode `persist()` bereit. Beim Aufruf von `persist()` wird der Eintrag – also die Zeile in der entsprechenden Tabelle – aktualisiert, der das Objekt `entity` repräsentiert.

Die Funktionalität "Beträge auf ein Konto buchen" soll nun mit der Methode `buchen()` der Klasse `Bank` umgesetzt werden. Dafür werden der Methode die Kontonummer und die Höhe des zu buchenden Betrages übergeben. Eine einfache Implementierung der Methode `buchen()` kann folgendermaßen aussehen:

```
public void buchen (int kontonummer, double betrag)
{
    Konto konto = (Konto) em.find (Konto.class, kontonummer);
    double kontostand_alt = konto.getStand();
    double kontostand_neu = kontostand_alt + betrag;
    konto.setStand (kontostand_neu);
    em.persist (konto);
}
```

27.8.2.4 Löschen einer Entity-Bean-Instanz

Zum Löschen von Einträgen aus dem Persistenz-Kontext stellt das `Entity-Manager`-Interface die Methode

```
void remove (Object entity)
```

bereit. Dabei erwartet die Methode eine Referenz auf ein Objekt einer Entity-Bean. Die Methode wirft die folgenden Exceptions:

- `IllegalStateException`: Wird geworfen, wenn die Verbindung zum Entity Manager geschlossen ist.
- `IllegalArgumentException`: Wird geworfen, wenn das übergebene Objekt kein Objekt einer Entity-Bean ist oder wenn das Objekt im Persistenz-Kontext nicht gefunden werden kann.
- `TransactionRequiredException`: Wird geworfen, wenn der Entity Manager im Transaktionsmodus arbeitet, aber keine Transaktion aktiv ist.

Die Funktionalität "Konto löschen" kann somit in der Methode `kontoLoeschen()` folgendermaßen umgesetzt werden:

```
public void kontoLoeschen (int kontonummer)
{
    Konto konto = (Konto) em.find (Konto.class, kontonummer);
    em.remove (konto);
}
```

27.8.2.5 EJB Query Language

Ein Bankangestellter möchte sich vielleicht einen Überblick darüber verschaffen, wie viele Konten momentan existieren und wie hoch der gesamte Geldbetrag ist, der von der Bank verwaltet wird. Dafür wäre eine Abfrage sinnvoll, die bei einmaliger Ausführung alle `Konto`-Objekte zurückliefert. Für diesen Zweck definiert der Entity Manager die **EJB Query Language (EJB QL)**, eine Abfragesprache, deren Syntax an die SQL angelehnt ist. Es besteht damit die Möglichkeit, Abfragen an die Datenbank zu richten, um gezielt nach einer Instanz oder einer Menge von Instanzen zu suchen. Das `EntityManager`-Interface stellt dafür unter anderem die Methode

```
Query createQuery (String qlString)
```

zur Verfügung, wobei das übergebene `String`-Objekt ein gültiges EJB QL-Statement sein muss. Ansonsten wirft die Methode eine Exception vom Typ `Illegal-ArgumentException`.

Ist das Statement EJB QL-konform, so liefert `createQuery()` eine Referenz auf ein Objekt zurück, welches die Schnittstelle `javax.persistence.Query` implementiert. Dieses Objekt vom Typ `Query` kapselt die benötigte Logik, um eine EJB QL-konforme Anfrage an die Datenbank zu richten. Die eigentliche Abfrage ist mit der Erzeugung des `Query`-Objekts jedoch noch nicht abgesetzt worden. Dafür stellt das `Query`-Interface die Methode

```
List<E> getResultList ()
```

zur Verfügung. Wird `getResultList()` ausgeführt, so wird die Abfrage an die Datenbank gerichtet und das Ergebnis in einem Objekt zurückgeliefert, dessen Klasse das `List<E>`-Interface implementiert. Die Methode wirft eine Exception vom Typ `IllegalStateException`, falls das `Query`-Objekt, auf dem `getResult-List()` aufgerufen wird, ein `UPDATE`- oder `DELETE`-Statement kapselt.

EJB QL ist eine Abfragesprache, mit deren Hilfe es möglich ist, komplexe Datenbankabfragen auszuführen. Im Folgenden wird das `SELECT`- Statement vorgestellt,
das den Einsatz der EJB QL demonstrieren soll. Eine ausführliche Beschreibung der
EJB QL-Syntax kann unter [27] recherchiert werden.

SELECT-Statement

Ein gültiges `SELECT`-Statement setzt sich aus sechs Teilen zusammen. Es wird in
Backus-Naur-Form folgendermaßen beschrieben:

```
SELECT-Statement ::= SELECT-Klausel FROM-Klausel
                     [WHERE-Klausel] [GROUPBY-Klausel]
                     [HAVING-Klausel] [ORDERBY-Klausel]
```

Neben den benötigten `SELECT`- und `FROM`-Klauseln gibt es die vier weiteren
optionalen `WHERE`-, `GROUPBY`-, `HAVING`- und `ORDERBY`-Klauseln. Im Folgenden
werden ein paar Anwendungsfälle des `SELECT`-Statements vorgestellt:

- **Alle Datensätze einer Tabelle abfragen**

  ```
  SELECT C from Schemaname C
  ```

  `Schemaname` bezeichnet dabei den so genannten **Abstract Schema Name** einer
  Entity-Bean. Wird beispielsweise die Entity-Bean `Konto` wie folgt definiert:

  ```
  @Entity
  class Konto { . . . . . }
  ```

  so ist der Abstract Schema Name der Entity-Bean `Konto` gleich dem Klassennamen, also `Konto`. Wird die Entity-Bean `Konto` hingegen zu:

  ```
  @Entity (name="KTO")
  class Konto { . . . . . }
  ```

  definiert, so erhält die Entity-Bean `Konto` den Abstract Schema Name `KTO`.

  `C` ist ein Stellvertreter für den Abstract Schema Name und kann anstatt von
  `Schemaname` verwendet werden. Mit der `SELECT`-Klausel werden nun alle
  Objekte gesucht, deren Klasse den angegebenen Abstract Schema Name
  besitzen.

  Beispiel:

  ```
  SELECT k FROM Konto k   // Erfasst alle Konto-Objekte
                          // Unsortierte Ausgabe
  SELECT k FROM Konto k ORDER BY k.id desc
                          // Absteigend sortiert nach dem
                          // Attribut id der Klasse Konto
  ```

- **Ergebnis einschränken**

  Mit EJB QL besteht die Möglichkeit, den Abfrage-String dynamisch über Parameter zusammenzusetzen. Dieses Verfahren ist vergleichbar mit der Parametri-

sierung von Prepared Statements in JDBC. Ein Parameter wird mit Hilfe der beiden Methoden

```
Query setParameter (int position, Object value)
```

oder

```
Query setParameter (String name, Object value)
```

an das `Query`-Objekt gebunden[310]. Der erste Parameter der Methoden `setParameter()` – `int position` bzw. `String name` – übergibt den Bezeichner des Parameters, der zweite Parameter `value` beinhaltet seinen Wert. Der Unterschied zwischen beiden Methoden `setParameter()` besteht darin, dass im ersten Fall innerhalb des Statements auf den Parameter über seine Position zugegriffen wird. Der als erstes mit `setParameter()` gesetzte Parameter hat demnach die Position 1, der zweite die Position 2 usw. Innerhalb des Statements erfolgt der Zugriff über ein Fragezeichen ?, gefolgt von der Position.

Beispiel:

```
?1    // Zugriff auf den ersten mit setParameter()
      // gesetzten Parameter.
```

Im zweiten Fall wird der Parameter an einen festen Namen gebunden. Der Zugriff über den Namen erfolgt durch die Angabe eines Doppelpunktes :, gefolgt vom Namen des Parameter.

Beispiel:

```
:low    // mit setParameter() wurde an das Query-Objekt
        // der Parameter mit Namen low gebunden.
```

Beispiel:

```
// Es soll das Konto-Objekt mit der
// Kontonummer 2 gesucht werden:
Query query = em.createQuery (
    "SELECT k FROM Konto k where k.id = :knr");
query.setParameter ("knr", new Integer (2));
List<?> liste = query.getResultList ();

// Alle Konto-Objekte mit den Kontonummern
// zwischen low und high suchen:
SELECT k from Konto k where k.id > :low and k.id < :high
```

27.8.2.6 Der Deployment-Deskriptor persistence.xml

Das Deployment einer EJB-Applikation, die mit Entity-Beans arbeitet und für die aus diesem Grund ein Persistenz-Kontext eingerichtet werden muss, verläuft nach dem

---

[310] Die Methode `setParameter()` wird auf einer Referenz auf ein Objekt vom Typ `Query` aufgerufen und gibt diese Referenz wieder als Rückgabewert zurück.

gleichen Schema, das zuvor in Kapitel 27.7.3 schon vorgestellt wurde. Dem `jar`-Archiv, das den Bytecode der Enterprise JavaBeans enthält, muss jedoch ein wieterer Deployment-Deskriptor hinzugefügt werden, der den Namen `persistence.xml` trägt. In diesem Deployment-Deskriptor wird unter anderem der Name des Persistenz-Kontextes angegeben, der für diese EJB-Applikation eingerichtet werden soll. Beispielsweise wird für die Bank-EJB-Applikation der Persistenz-Kontext mit dem Namen `Bank` folgendermaßen festgelegt:

```
<?xml version="1.0" encoding="UTF-8"?>
<persistence>
  <persistence-unit name="Bank">
    <jta-data-source>java:/DefaultDS</jta-data-source>
    <properties>
      <property name="hibernate.hbm2ddl.auto" value="create-drop"/>
    </properties>
  </persistence-unit>
</persistence>
```

Beim Zugriff auf den Persistenz-Kontext über das `EntityManager`-Interface wird dieser Name über die Annotation `@PersistenceContext` angegeben:

```
@PersistenceContext (unitName = "Bank")
public EntityManager em;
```

Der Referenzvariablen `em` wird somit vom EJB-Container per Dependency Injection eine Referenz auf ein Objekt vom Typ `EntityManager` zugewiesen, über den nun auf dem Persistenz-Kontext `Bank` gearbeitet werden kann.

27.8.2.7 Beziehungen zwischen den Entity-Beans

Befindet man sich in der objektorientierten Welt, so können Entity-Objekte Referenzen auf andere Entity-Objekte haben. Beispielsweise können einem Kunden – also einem Objekt vom Typ `Kunde` – mehrere Konten zugeordnet werden – das `Kunde`-Objekt kann also mehrere Objekte vom Typ `Konto` referenzieren. Solche Beziehungen der objektorientierten Welt müssen auch in die relationale Welt übertragen und im Datenmodell abgebildet werden. Dabei werden die Referenzen zwischen den Objekten in Beziehungen zwischen den Tabellen abgebildet, die über Primärschlüssel und Fremdschlüssel hergestellt werden. Damit sich der Programmierer um diese zum Teil komplizierten Beziehungen nicht kümmern muss, bietet die Java Persistence API dafür diverse Annotations an, mit deren Hilfe der Programmierer diese Beziehungen im Quellcode der Entity-Beans durch "steuernde Kommentare" beschreiben kann.

Die oben vorgestellte Art von Beziehung – es handelt sich dort um eine 1-zu-N-Beziehung, weil einem Kunden N Konten zugeordnet werden – und weitere Arten werden im Folgenden vorgestellt. Es wird zwischen sieben Beziehungstypen unterschieden:

1-zu-1-Beziehung (unidirektional)

Zwischen einem Objekt vom Typ `Kunde` und einem Objekt `Adressdaten`, das weitere Informationen über einen Kunden enthält, wird eine 1-zu-1-Beziehung gepflegt, die unidirektional ist. Unidirektional bedeutet, dass vom `Kunde`-Objekt aus das `Adressdaten`-Objekt referenziert wird, aber nicht umgekehrt.

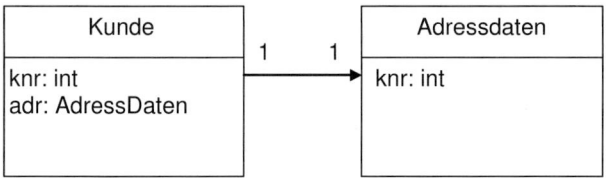

Bild 27-12 Unidirektionale 1-zu-1-Beziehung

In Bild 27-12 wird das Klassendiagramm[311] für die Klasse `Kunde` und die Klasse `Adressdaten` gezeigt. Dort ist zu sehen, dass nur die Klasse `Kunde` eine Referenz auf ein Objekt vom Typ `Adressdaten` besitzt. Damit diese Beziehung im Datenmodell abgebildet wird, muss in der Klasse `Kunde` die Referenzvariable `adr` – bzw. die dazugehörige get()-Methode – mit folgenden Annotations versehen werden:

- `@javax.persistence.OneToOne`

  Diese Annotation gibt an, dass in der objektorientierten Welt ein Objekt vom Typ `Kunde` genau ein Objekt vom Typ `Adressdaten` referenziert. Es kann zudem das Attribut `cascade` gesetzt werden. Das Attribut `cascade` gibt an, was der Entity Manager mit dem referenzierten Datensatz des `Adressdaten`-Objekts unternehmen soll, wenn der Datensatz des `Kunde`-Objekts z.B. mit `persist()` gespeichert bzw. aktualisiert oder mit `remove()` gelöscht wird. Mit `CascadeType.ALL` wird vereinbart, dass alle Operationen – beispielsweise das Abspeichern oder das Löschen des Datensatzes des `Kunde`-Objektes – auch auf den Datensatz des `Adressdaten`-Objekts angewendet werden. So wird der Datensatz des `Adressdaten`-Objekts ebenfalls abgespeichert bzw. aktualisiert, wenn das `Kunde`-Objekt mit `persist()` abgespeichert bzw. aktualisiert wird.

- `@javax.persistence.PrimaryKeyJoinColumn`

  Damit wird angegeben, dass die dazugehörige Beziehung – in diesem Fall eine 1-zu-1-Beziehung – über die Primärschlüssel-Attribute der beiden beteiligten Entity-Beans hergestellt werden soll. Das bedeutet, dass beide Klassen über ein Primärschlüssel-Attribut verfügen, das jeweils denselben Wert hat – im obigen Beispiel aus Bild 27-12 die Kundennummer `knr` des Kunden.

- `@javax.persistence.JoinColumn`

  Anstatt der Annotation `@PrimaryKeyJoinColumn` kann auch die Annotation `@JoinColumn` angegeben werden. Diese Annotation besitzt das Attribut `name`, dem der Name der Spalte übergeben wird, die in die Tabelle `Kunde` eingefügt wird, um das Mapping zwischen dem `Kunde`-Objekt und dem `Adressdaten`-Objekt herzustellen. Wird in der Klasse `Kunde` die get()-Methode `getAdr()` mit den folgenden Annotations versehen:

---

[311] In diesem und in den folgenden Klassendiagrammen werden jeweils nur die Referenzvariablen eingetragen, die für das Verständnis der Beziehungstypen notwendig sind.

```
@OneToOne (cascade={CascadeType.ALL})
@JoinColumn (name="ADR_ID")
public Adressdaten getAdr() {return adr;}
```

so wird im relationalen Datenmodell in der Tabelle TAB_KUNDE die Spalte ADR_ID eingefügt, in welcher der Primärschlüssel der dazugehörigen Adressdaten-Zeile eingetragen wird. Wird keine der beiden Annotations – weder @PrimaryKeyJoinColumn noch @JoinColumn – angeführt, so wird vom Persistenz-Manager eine Standard-Spalte für das Mapping eingeführt.

Im Folgenden werden Ausschnitte aus den Klassen Adressdaten und Kunde gezeigt:

```
@Entity
@Table (name = "TAB_ADRDATA")
public class Adressdaten implements java.io.Serializable
{
    private int knr;
    . . . . .
    // Diesmal wird der Primärschlüssel nicht automatisch
    // generiert, sondern muss vom Programmierer gesetzt
    // werden.
    @Id
    public int getKnr() {return knr;}
    . . . . .
}


@Entity
@Table (name = "TAB_KUNDE")
public class Kunde implements java.io.Serializable
{
    private int knr;
    private Adressdaten adr;
    . . . . .
    @Id
    public int getKnr() {return knr;}
    . . . . .
    @OneToOne (cascade = {CascadeType.ALL})
    @PrimaryKeyJoinColumn
    // oder wahlweise: @JoinCloumn (name="ADR_ID")
    public Adressdaten getAdr() {return adr;}
    . . . . .
}
```

Um nun einen Kunden anzulegen und diesem seine Adressdaten zuzuordnen, wird folgendermaßen vorgegangen:

```
Kunde kunde = new Kunde();
int knr = kunde.getKnr();
Adressdaten adr = new Adressdaten (knr);
kunde.setAdr (adr);
em.persist (kunde);
```

1-zu-1-Beziehung (bidirektional)

Die bidirektionale 1-zu-1-Beziehung zeichnet sich dadurch aus, dass sich in der objektorientierten Welt beide Objekte kennen, welche zueinander in Beziehung stehen. Ein Beispiel hierfür ist die Beziehung zwischen einem Kunden und seiner Kreditkarte. Ein Kunde besitzt eine Kreditkarte und eine Kreditkarte gehört einem Kunden. Taucht nun in der Bank eine Kreditkartenzahlung auf, so soll man über diese Zahlung natürlich auch den Besitzer ausmachen können. Das bedeutet, dass eine Kreditkarte ihren Besitzer kennt.

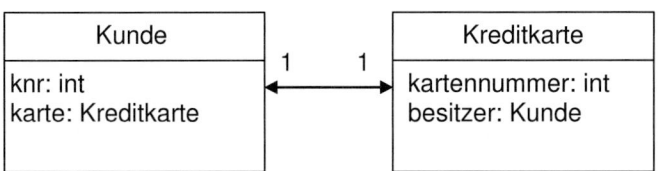

Bild 27-13 Bidirektionale 1-zu-1-Beziehung

Um diese Beziehung herzustellen, muss der Quellcode der Klassen `Kunde` und `Kreditkarte` mit folgenden Annotations versehen werden:

- Klasse `Kreditkarte`

  Die get()-Methode der Referenzvariable `besitzer` vom Typ `Kunde` wird mit der Annotation

  ```
  @OneToOne (mappedBy = "karte")
  public Kunde getBesitzer() {return besitzer;}
  ```

  versehen. Durch das Attribut `mappedBy` der Annotation `@OneToOne` wird angegeben, dass die Referenz auf ein Objekt vom Typ `Kreditkarte` in der Klasse `Kunde` dort in der Referenzvariablen `karte` gespeichert ist.

- Klasse `Kunde`

  Die get()-Methode der Referenzvariable `karte` vom Typ `Kreditkarte` wird mit den Annotations

  ```
  @OneToOne (cascade = {CascadeType.ALL})
  @JoinColumn (name = "ID_KREDITKARTE")
  public Kreditkarte getKarte() {return karte;}
  ```

  versehen. Die Referenzvariable `karte` referenziert somit das dem `Kunde`-Objekt zugeordnete `Kreditkarte`-Objekt. Die Referenzvariable `karte` wurde dabei in der get()-Methode `getBesitzer()` der Klasse `Kreditkarte` als "Mapping-Referenz" angegeben.

Im Folgenden die wichtigen Teile der Klassen `Kreditkarte` und `Kunde`:

```
@Entity
@Table (name = "TAB_KREDITKARTE")
public class Kreditkarte implements java.io.Serializable
{
```

```
    private int kartennr;
    private Kunde besitzer;
    . . . . .
    @Id
    public int getKartennr() {return kartennr;}
    . . . . .
    @OneToOne (mappedBy = "karte")
    public Kunde getBesitzer() {return besitzer;}
    . . . . .
}
@Entity
@Table (name = "TAB_KUNDE")
public class Kunde implements java.io.Serializable
{
    private int knr;
    private Kreditkarte karte;
    . . . . . .
    @Id
    @GeneratedValue
    public int getKnr() {return knr;}
    . . . . .
    @OneToOne (cascade = {CascadeType.ALL})
    @JoinColumn (name = "ID_KREDITKARTE")
    public Kreditkarte getKarte() {return karte;}
    . . . . .
}
```

1-zu-N-Beziehung (unidirektional)

Ein Bankangestellter ist für die Verwaltung mehrerer Konten verantwortlich. Damit müssen in der objektorientierten Welt einem Objekt vom Typ `Bankangestellter` mehrere Objekte vom Typ `Konto` zugewiesen werden. Beim Konto ist die Information, von welchem Bankangestellten es verwaltet wird, nicht interessant. Daher wird diese Beziehung als unidirektionale Beziehung realisiert, wobei über ein `Bank-angestellter`-Objekt mehrere `Konto`-Objekte referenziert werden – aber nicht umgekehrt.

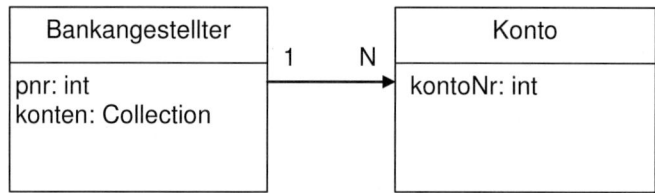

Bild 27-14 Unidirektionale 1-zu-N-Beziehung

Alle Referenzen auf Objekte vom Typ `Konto` werden beim `Bankangestellter`-Objekt in einem Objekt vom Typ `Collection<Konto>` hinterlegt. Die Referenz auf die Collection ist dabei in der Referenzvariablen `konten` gespeichert. Die `Konto`-Objekte bleiben davon unberührt – das heißt, sie merken nicht, ob und von welchem Bankangestellten sie verwaltet werden.

Folgende Annotations müssen im Quellcode der Klasse `Bankangestellter` nun verwendet werden, um diesen Sachverhalt in die relationale Welt zu übertragen:

- `@javax.persistence.OneToMany`

  Die get()-Methode `getKonten()` der Klasse `Bankangestellter`, welche die Referenz auf das `Collection<Konto>`-Objekt zurückliefert, muss mit der `@OneToMany`-Annotation markiert werden. Dadurch wird im Datenmodell der relationalen Welt verankert, dass ein Eintrag in der Tabelle für `Bankange-stellte`-Objekte auf mehrere Einträge in der Tabelle für `Konto`-Objekte zeigt.

- `@javax.persistence.JoinColumn`

  Weiterhin kann die `getKonto()`-Methode mit der Annotation `@JoinCloum` versehen werden, wodurch wiederum ein Spaltenname in der Tabelle für `Bankan-gestellter`-Objekte für das Mapping der `Konto`-Objekte angegeben wird. Wird nichts angegeben, so vergibt der Persistenz-Manager für die Spalte einen Standardnamen.

Im Folgenden werden Fragmente der Klasse `Bankangestellter` gezeigt:

```
@Entity
@Table (name = "TAB_EMPL")
public class Bankangestellter implements java.io.Serializable
{
    private int pnr;
    . . . . .
    private Collection<Konto> konten =
        new Vector<Konto>();
    . . . . .
    @Id
    @GeneratedValue
    public int getPnr() {return pnr;}
    . . . .
    @OneToMany (cascade = {CascadeType.ALL})
    public Collection<Konto> getKonten() {return konten;}
    . . . . .
}
```

Anhand der Methode `kontoAnlegen()` der Bank-EJB wird nun gezeigt, wie einem Objekt vom Typ `Bankangestellter` Objekte vom Typ `Konto` zur Verwaltung zugewiesen werden:

```
public int kontoAnlegen (int angestellter)
{
    Konto k = new Konto();
    Bankangestellter emp =
        em.find (Bankangestellter.class, angestellter);
    emp.getKonten().add (k);
    em.persist (emp);
    return k.getKnr();
}
```

N-zu-1-Beziehung (unidirektional)

Eine unidirektionale N-zu-1-Beziehung liegt dann vor, wenn viele Objekte dasselbe Objekt referenzieren, das referenzierte Objekt davon aber nichts merkt. Ein Beispiel dafür ist die Beziehung von Kunden zu einem Geldautomat. Mehrere Kunden können von ein und demselben Geldautomaten Geld abheben – das heißt die Kunden wissen, wo der Geldautomat steht und kennen somit dessen Lokation. Dem Geldautomaten hingegen ist es egal, wer über ihn Bargeld abhebt – er muss die Kunden also nicht kennen[312].

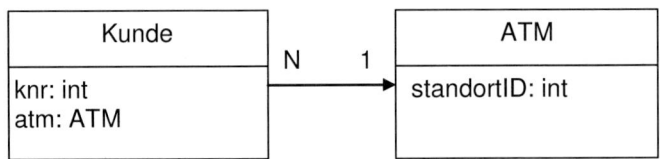

Bild 27-15 Unidirektionale N-zu-1-Beziehung

Der Geldautomat – repräsentiert durch die Klasse ATM[313] – bleibt von der N-zu-1-Beziehung unangetastet. Somit muss die Beschreibung der Beziehung für die Abbildung in die relationale Welt durch geeignete Annotations in der Klasse `Kunde` vorgenommen werden. Es wird dafür die Annotation `@javax.persistence.Many-ToOne` benötigt. Wird die get()-Methode `getATM()` zum Abrufen der Referenzvariablen `atm` vom Typ `ATM` in der Klasse `Kunde` mit der `@ManyToOne` gekennzeichnet, so wird dadurch im Datenmodell spezifiziert, dass viele Objekte vom Typ `Kunde` ein und dasselbe Objekt vom Typ `ATM` referenzieren können.

Es kann wiederum zusätzlich die Annotation `@JoinColumn` angeführt werden, um den Namen der Join-Spalte in der Tabelle für `Kunde`-Objekte anzugeben. Es werden im Folgenden die interessanten Passagen der Klassen `ATM` und `Kunde` gezeigt:

```
@Entity
@Table (name = "TAB_ATM")
public class ATM implements java.io.Serializable
{
    private int standortID;
    . . . . .
    @Id
    @GeneratedValue
    public int getStandortID() {return standortID;}
    . . . . .
}

@Entity
@Table (name = "TAB_KUNDE")
public class Kunde implements java.io.Serializable
{
```

---

[312] Natürlich wird anhand der Kredit- oder EC-Karte, die beim Geldautomaten eingeführt wird, die Identität des Geldabhebenden überprüft. Aber diese Identifizierung findet vielmehr in der Bank statt, mit dem der Geldautomat verbunden ist. Mit anderen Worten, ein Geldautomat ist nicht für einen exklusiven Kundenkreis vorbestimmt, sondern bedient jeden Kunden.

[313] Abk. für **A**utomated **T**eller **M**achine. Engl. für: Geldautomat.

```
    private int kundenNr;
    private ATM atm;
    . . . . .
    @Id
    @GeneratedValue
    public int getKundenNr() {return kundenNr;}
    public void setKundenNr (int k) {kundenNr = k;}

    @ManyToOne
    public ATM getATM() {return atm;}
    public void setATM (ATM a) {atm = a;}
}
```

1-zu-N-Beziehung (bidirektional)

Eine bidirektionale 1-zu-N-Beziehung besteht nun aus einer Kombination der beiden zuvor vorgestellten unidirektionalen Beziehungstypen 1-zu-N und N-zu-1. Eine bidirektionale 1-zu-N-Beziehung bedeutet, dass ein Objekt Referenzen auf beliebig viele andere Objekte besitzen kann, wobei diese referenzierten Objekte wiederum das Objekt kennen, von dem sie referenziert werden. Ein Beispiel hierfür ist die Beziehung zwischen einem Bankangestellten und seinen Kunden. Ein Bankangestellter betreut viele Kunden. Die Kunden kennen dabei den für sie zuständigen Bankangestellten. Diese Beziehung ist also bidirektional.

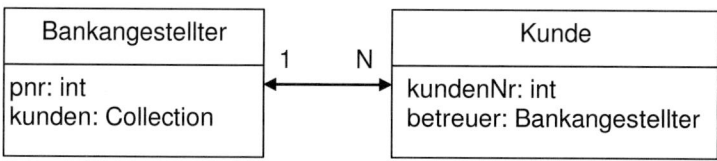

Bild 27-16 Bidirektionale 1-zu-N-Beziehung

In der objektorientierten Welt sind beide Objekt-Typen – sowohl Objekte vom Typ `Bankangestellter` als auch Objekte vom Typ `Kunde` – von dieser Beziehung betroffen. Es werden somit folgende Annotations benötigt, um diese Beziehung in das relationale Datenmodell zu übertragen:

- Klasse `Bankangestellter`

  Die Referenzen auf Objekte vom Typ `Kunde` werden in einer Collection hinterlegt. Die dazugehörige get()-Methode muss mit der Annotation `@OneToMany` kommentiert werden, wobei das Attribut `mappedBy` der Annotation `@OneToMany` den Wert `betreuer` erhält. Der Wert muss deswegen auf `betreuer` gesetzt werden, weil Objekte vom Typ `Kunde` die Referenz auf das `Bankangestellter`-Objekt in der Referenzvariablen `betreuer` abspeichern.

- Klasse `Kunde`

  Die get()-Methode `getBetreuer()`, welche die Referenzvariable `betreuer` vom Typ `Bankangestellter` zurückliefert, muss mit der Annotation `@ManyToOne` annotiert werden.

Im Folgenden werden nochmals die wichtigen Passagen aus den Klassen Bankangestellter und Kunde vorgestellt:

```
@Entity
@Table (name = "TAB_EMPL")
public class Bankangestellter implements java.io.Serializable
{
    private int pnr;
    private Collection<Kunde> kunden =
        new Vector<Kunde>();
    . . . . .
    @Id
    @GeneratedValue
    public int getPnr() {return pnr;}
    . . . . .
    @OneToMany (mappedBy = "betreuer")
    public Collection<Kunde> getKunden() {return kunden;}
    . . . . .
}


@Entity
@Table (name = "TAB_KUNDE")
public class Kunde implements java.io.Serializable
{
    private int kundenNr;
    private Bankangestellter betreuer;
    . . . . .
    @Id
    @GeneratedValue
    public int getKundenNr() {return kundenNr;}
    . . . . .
    @ManyToOne
    public Bankangestellter getBetreuer() {return betreuer;}
    . . . . .
}
```

N-zu-M-Beziehung (bidirektional)

Eine bidirektionale N-zu-M-Beziehung – mit anderen Worten eine Viele-zu-Viele-
Beziehung – liegt dann vor, wenn ein Objekt vom Typ A Referenzen auf beliebig viele
andere Objekte vom Typ B besitzt, wobei diese referenzierten Objekte vom Typ B
ebenso beliebig viele Referenzen auf Objekte vom Typ A verwalten. Beim
Bankbeispiel käme hier die Beziehung zwischen Kunden und Konten in Betracht. Ein
Kunde kann der Inhaber von beliebig vielen Konten sein – beispielsweise einem
Girokonto, einem Festgeldkonto und einem Tagesgeldkonto. Gleichzeitig können auf
ein Konto beliebig viele Kunden zugreifen – beispielsweise können Eheleute den
Zugriff auf gemeinsamen Konten beantragen. Bei den Konten sind dann mehrere
Kunden als Besitzer eingetragen.

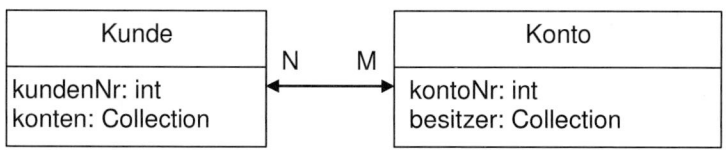

Bild 27-17 Bidirektionale N-zu-M-Beziehung

Aus dem Klassendiagramm in Bild 27-17 kann entnommen werden, dass die bidirektionale N-zu-M-Beziehung in der objektorientierten Welt durch den Einsatz von Collections – beispielsweise eines Objekts vom Typ `Set<E>` oder `Vector<E>` – umgesetzt werden kann. Eine N-zu-M-Beziehung kann jedoch nicht direkt in die relationale Welt des Datenmodells übertragen werden. Die N-zu-M-Beziehung muss aufgelöst und in zwei 1-zu-N-Beziehungen übersetzt werden. Dazu wird zwischen der Tabelle zum Abspeichern der Datensätze von `Kunde`-Objekten `TAB_KUNDE` und von `Konto`-Objekten `TAB_KONTO` eine so genannte Join-Tabelle – beispielsweise `TAB_KUNDE_KONTO` – eingefügt, in der jeweils die Fremdschlüssel der beiden Tabellen `TAB_KUNDE` und `TAB_KONTO` eingetragen werden. Beide Tabellen – `TAB_KUNDE` und `TAB_KONTO` – pflegen dann zu der `KUNDE_KONTO`-Tabelle jeweils eine abbildbare 1-zu-N-Beziehung.

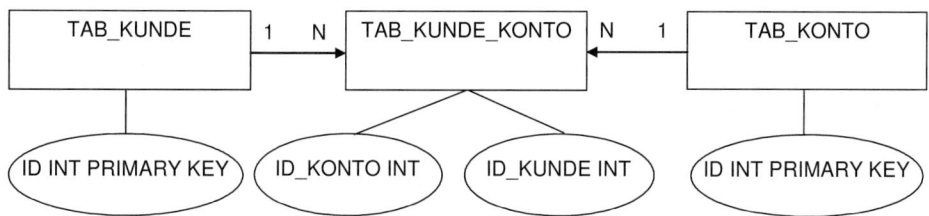

Bild 27-18 Relationales Datenmodell für die bidirektionale N-zu-M-Beziehung

Um in der objektorientierten Welt diesen Ansatz zu beschreiben, werden in den Klassen `Kunde` und `Konto` folgende Annotations benötigt:

- **Klasse `Kunde`**

  Die Referenzvariable `konten` – bzw. die dazugehörige get()-Methode `getKonten()` – muss mit der Annotation **`@javax.persistence.ManyToMany`** kommentiert werden. Des Weiteren benötigt man die Annotation `@javax.persistence.JoinTable`, mit der die Join-Tabelle definiert wird. Von der Annotation `@JoinTable` müssen dann folgende Attribute gesetzt werden:

  - Attribute `name`

    Hier wird der Name der Join-Tabelle angegeben, beispielsweise:

    `name = "TAB_KUNDE_KONTO"`

  - Attribut `joinColumns`

    Dieses Attribut muss mit der Annotation `@JoinColumn` initialisiert werden. Mit `@JoinColumn` wird dann der Name der Spalte in der Join-Tabelle angegeben, in der die Fremdschlüssel der Datensätze für Kunde-Objekte abgespeichert werden, z.B.:

```
joinColumns = {@JoinColumn (name = "ID_KUNDE")}
```

– Attribut inverseJoinColumns

Es wird hier für die Join-Tabelle der Name der Spalte angegeben, der die Fremdschlüssel der korrespondierenden Tabelle enthält, also der Tabelle TAB_KONTO. Die Angabe des Spaltennamens erfolgt wiederum über die Annotation @JoinColumn:

```
inverseJoinColumns = {@JoinColumn (name = "ID_KONTO")}
```

Insgesamt wird die Methode getKonten() folgendermaßen annotiert:

```
@ManyToMany
@JoinTable (name = "TAB_KUNDE_KONTO",
        joinColumns = {@JoinColumn (name = "ID_KUNDE")},
        inverseJoinColumns = {@JoinColumn (name = "ID_KONTO")})
public Collection<Konto> getKonten() {return konten;}
```

- **Klasse Konto**

In der Klasse Konto muss die Referenzvariable besitzer – oder die dazugehörige get()-Methode getBesitzer() – mit der Annotation @ManyToMany annotiert werden, wobei das Attribut mappedBy auf den Wert konten gesetzt wird:

```
@ManyToMany (mappedBy = "konten")
public Collection<Kunde> getBesitzer() {return besitzer;};
```

Es folgen die wichtigsten Passagen der Klassen Kunde und Konto:

```
@Entity
@Table (name = "TAB_KUNDE")
public class Kunde implements java.io.Serializable
{
    private int kundenNr;
    private Collection<Konto> konten = new ArrayList<Konto>();
    . . . . .
    @Id
    @GeneratedValue
    public int getKundenNr() {return kundenNr;}
    . . . . .
    @ManyToMany
    @JoinTable (name = "TAB_KUNDE_KONTO",
        joinColumns = {@JoinColumn (name = "ID_KUNDE")},
        inverseJoinColumns = {@JoinColumn (name= " ID_KONTO")})
    public Collection<Konto> getKonten() {return konten;}
    . . . . .
}
```

```
@Entity
@Table (name = "TAB_KONTO")
public class Konto implements java.io.Serializable
{
    private int knr;
    private Collection<Kunde> besitzer =
        new ArrayList<Kunde>();
    . . . . .
    @Id
    @GeneratedValue
    public int getKnr() {return knr;}
    . . . . .
    @ManyToMany (mappedBy = "konten")
    public Collection<Kunde> getBesitzer () {return besitzer;}
    . . . . .
}
```

N-zu-M-Beziehung (unidirektional)

Eine unidirektionale N-zu-M-Beziehung liegt dann vor, wenn beispielsweise die Konto-Objekte nicht die Kunde-Objekte referenzieren würden. Um diesen Fall zu konstruieren, müsste in der Klasse Konto die Referenzvariable besitzer entfernt werden. Die Klasse Kunde bliebe hingegen unangetastet.

27.9 Vollständiges Beispiel: Eine einfache Bankanwendung

Anhand des Beispiels einer einfachen Bank soll gezeigt werden, wie mit dem Entity Manager gearbeitet wird. Eine Bank soll durch die Stateless Session-Bean Bank-Bean umgesetzt werden. Dabei soll die Bank mehrere Konten und mehrere Kunden verwalten. Ein Konto wird durch die Entity-Bean Konto beschrieben, ein Benutzer durch die Entity-Bean Kunde. Es sollen dabei die Implementierungen der Klassen Kunde und Konto aus Kapitel 27.8.1.1 und Buchung mit der Primärschlüsselklasse BuchungPK aus dem Kapitel 27.8.1.2 verwendet werden. Die Bank stellt nun folgende Funktionen bereit:

- Anlegen eines Kunden.
- Alle Kunden auflisten.
- Für einen Kunden ein Konto anlegen.
- Alle Konten eines Kunden anzeigen lassen.
- Ein Konto löschen.
- Den aktuellen Kontostand eines Kontos anzeigen lassen.
- Geld auf einem Konto einzahlen.
- Geld von einem Konto abheben.
- Beträge zwischen Konten umbuchen.
- Alle Buchungsvorgänge eines Kontos anzeigen lassen.
- Das Gesamtvermögen der Bank abfragen.
- Die Anzahl aller verwalteten Konten abfragen.

27.9.1 Business-Interfaces

Es soll neben einem Remote Business-Interface auch ein lokales Business-Interface bereitgestellt werden, damit ein Client, der sich in derselben virtuellen Maschine befindet – beispielsweise ein Servlet – über das lokale Business-Interface auf die Session-Bean zugreifen kann. Da die Session-Bean somit zwei Business-Interfaces implementiert, die jeweils dieselben Methodenköpfe spezifizieren sollen, wird das Interface `Bank` als herkömmliches Java-Interface definiert:

```
// Datei: Bank.java

package bank.beans;
import java.util.*;
import bank.hilfsklassen.*;

public interface Bank
{
    public int kundeAnlegen (String vorname, String nachname)
       throws BankException;
    public Collection<KundeData> zeigeKunden();
    public int kontoAnlegen (int kundenNr) throws BankException;
    public Collection<KontoData> zeigeKonten (int kundenNr)
       throws BankException;
    public double kontoLoeschen (int knr) throws BankException;
    public double gibKontostand (int knr) throws BankException;
    public void einzahlen (int knr, double betrag)
       throws BankException;
    public double abheben (int knr, double betrag)
       throws BankException;
    public void buchen (int vonKnr, int nachKnr, double betrag)
       throws BankException;
    public Collection<BuchungData> gibKontoauszug (int knr);
    public double gibBankvermoegen();
    public int gibAnzahlKonten();
}
```

Einige Methoden werfen eine Exception vom Typ `BankException`:

```
// Datei: BankException.java

package bank.hilfsklassen;

public class BankException extends Exception
{
    public BankException (String msg)
    {
       super (msg);
    }
}
```

Durch die Schnittstelle `Bank` wird weder das lokale noch das Remote Business-Interface spezifiziert. Für diesen Zweck werden die Schnittstellen `BankRemote` als Remote Business-Interface und `BankLocal` als lokales Business-Interface eingeführt. Beide Schnittstellen leiten jeweils von der Schnittstelle `Bank` ab:

```
// Datei: BankRemote.java
package bank.beans;
import javax.ejb.Remote;
@Remote
public interface BankRemote extends Bank
{}

// Datei: BankLocal.java
package bank.beans;
import javax.ejb.Local;
@Local
public interface BankLocal extends Bank
{}
```

Dadurch wird sichergestellt, dass beide Business-Interfaces stets dieselben Methodenköpfe spezifizieren. Würde man hingegen die Methodenköpfe in beiden Schnittstellen parallel anschreiben, so birgt die so entstehende Code-Redundanz die Gefahr, dass der Quellcode versehentlich "auseinander läuft", wenn die Methodenköpfe geändert werden müssen.

27.9.2 Stateless Session-Bean BankBean

Die Klasse `BankBean` ist eine Stateless Session-Bean und implementiert die beiden Business-Interfaces `BankRemote` und `BankLocal`:

```
// Datei: BankBean.java

package bank.beans;

import java.sql.*;
import java.util.*;
import javax.ejb.*;
import javax.persistence.*;
import bank.hilfsklassen.*;

@Stateless
public class BankBean implements BankRemote, BankLocal
{
   @PersistenceContext (unitName = "Bank")
   public EntityManager em;

   public int kundeAnlegen (String vorname, String nachname)
      throws BankException
   {
      if ((vorname == null ) || (vorname.equals ("")) ||
          (nachname == null ) || (nachname.equals ("")))
      {
         throw new BankException ("Gueltigen Namen angeben.");
      }
      Kunde k = new Kunde (vorname, nachname);
      em.persist (k);
      return k.getKundenNr ();
   }
```

```java
public Collection<KundeData> zeigeKunden()
{
   Collection<KundeData> data = new Vector<KundeData>();
   Query q = em.createQuery ("FROM Kunde k");
   List<?> kunden = q.getResultList();
   for (Object o : kunden)
   {
      data.add (((Kunde)o).gibData());
   }
   return data;
}
public int kontoAnlegen (int kundenNr) throws BankException
{
   Kunde kunde = em.find (Kunde.class, kundenNr);
   if (kunde == null)
   {
      throw new BankException ("Kunde unbekannt: " + kundenNr);
   }
   Konto k = new Konto (kunde);
   kunde.getKonten().add (k);
   em.persist (kunde);
   return k.getKnr();
}

public Collection<KontoData> zeigeKonten (int kundenNr)
   throws BankException
{
   Kunde kunde = em.find (Kunde.class, kundenNr);
   if (kunde == null)
   {
      throw new BankException ("Kunde unbekannt: " + kundenNr);
   }
   Collection<KontoData> data = new Vector<KontoData>();
   for (Object o : kunde.getKonten())
   {
      data.add (((Konto) o).gibData());
   }
   return data;
}

public double kontoLoeschen (int knr) throws BankException
{
   Konto k = em.find (Konto.class, knr);
   if (k == null)
   {
      throw new BankException ("Konto unbekannt: " + knr);
   }
   em.remove (k);
   return k.getStand();
}

public void einzahlen (int knr, double betrag)
   throws BankException
{
   Konto k = em.find (Konto.class, knr);
```

```
      if (k == null)
      {
         throw new BankException ("Konto unbekannt: " + knr);
      }
      double alt = k.getStand();
      k.setStand (alt + betrag);
      em.persist(k);
      sichereBuchung (-1, knr, betrag);
   }

   public double abheben (int knr, double betrag)
      throws BankException
   {
      Konto k = em.find (Konto.class, knr);
      if (k == null)
      {
         throw new BankException ("Konto unbekannt: " + knr);
      }
      double alt = k.getStand();
      if ((alt - betrag) < 0)
      {
         throw new BankException ("Zu wenig Guthaben!");
      }
      k.setStand (alt - betrag);
      em.persist (k);
      sichereBuchung (knr, -1, betrag);
      return betrag;
   }

   public void buchen (int vonKnr, int nachKnr, double betrag)
      throws BankException
   {
      Konto von_k = em.find (Konto.class, vonKnr);
      if (von_k == null)
      {
         throw new BankException ("Konto nicht bekannt: " + vonKnr);
      }
      double von_alt = von_k.getStand();
      if ((von_alt - betrag) < 0)
      {
         throw new BankException ("Zu wenig Guthaben!");
      }
      Konto nach_k = em.find (Konto.class, nachKnr);
      if (nach_k == null)
      {
         throw new BankException ("Konto unbekannt: " + nachKnr);
      }
      double nach_alt = nach_k.getStand();
      von_k.setStand (von_alt - betrag);
      nach_k.setStand (nach_alt + betrag);
      em.persist (von_k);
      em.persist (nach_k);
      sichereBuchung (vonKnr, nachKnr, betrag);
   }

   public double gibKontostand (int knr) throws BankException
   {
```

```java
      Konto k = em.find (Konto.class, knr);
      if (k == null)
      {
         throw new BankException ("Konto unbekannt: " + knr);
      }
      return k.getStand();
   }

   public Collection<BuchungData> gibKontoauszug (int knr)
   {
      Collection<BuchungData> ergebnis = new Vector<BuchungData>();
      Query q = em.createQuery ("FROM Buchung b  WHERE "+
         "vonKnr = :knr OR nachKnr = :knr");
      q.setParameter ("knr", knr);
      List<?> buchungen = q.getResultList();
      for (Object o : buchungen)
      {
         ergebnis.add (((Buchung) o).gibData());
      }
      return ergebnis;
   }

   public double gibBankvermoegen()
   {
      double vermoegen = 0.0;
      Query query = em.createQuery ("FROM Konto k");
      Collection<?> liste = query.getResultList();
      for (Object o : liste)
      {
         vermoegen += ((Konto) o).getStand();
      }
      return vermoegen;
   }

   public int gibAnzahlKonten()
   {
      Query query = em.createQuery ("FROM Konto k");
      Collection<?> liste = query.getResultList();
      return liste.size();
   }

   // Die Methode sichereBuchung() erzeugt ein Objekt
   // vom Typ  Buchung und speichert dieses im Persistenz
   // kontext ab. Dabei soll der Methode eine im Falle
   // ener Geldeinzahlung über die Methode einzahlen () eine
   // -1 für die von-Kontonummer und im Falle einer
   // Geldauszahlung über die Methode abheben() eine -1 für
   // die nach-Kontonummer übergeben werden.
   private void sichereBuchung (int von, int nach, double betrag)
   {
      Timestamp ts = new Timestamp (System.currentTimeMillis());
      long nano = System.nanoTime();
      Buchung b = new Buchung (von, nach, ts, nano, betrag);
      em.persist (b);
   }
}
```

27.9.3 Datenklassen der Entity-Beans

Die Design-Strategie bei Enterprise JavaBeans schreibt vor, dass kein Client –
weder ein lokaler Client noch ein Remote-Client – eine Referenz auf eine Entity-Bean
erhalten soll. Einem Client wird lediglich eine Referenz auf eine Session-Bean
zugewiesen. Mit den Entity-Beans soll ein Client nicht in Berührung kommen.

Nun soll aber ein Client beispielsweise Informationen über einen Kunden, ein Konto
oder über Buchungen abfragen können. Für diesen Zweck werden für die drei Entity-
Beans die Datenklassen `KundeData`, `KontoData` und `BuchungData` definiert.
Diese Datenklassen sind reine Wrapper-Klassen, die lediglich die Daten der entsprechenden Entity-Beans kapseln. Die Objekte dieser Wrapper-Klassen können dann
zum Client übertragen werden:

```java
// Datei: KundeData.java

package bank.hilfsklassen;

import bank.beans.*;

public final class KundeData implements java.io.Serializable
{
    public int kundenNr;
    public String vorname;
    public String nachname;

    public KundeData (Kunde k)
    {
        this (k.getKundenNr(), k.getVorname(), k.getNachname());
    }

    public KundeData (int nr, String v, String n)
    {
        this.kundenNr = nr;
        this.vorname = v;
        this.nachname = n;
    }

    public String toString()
    {
        return vorname+" "+nachname+" (Kundennr: "+kundenNr+")";
    }
}

// Datei: KontoData.java

package bank.hilfsklassen;
import bank.beans.*;

public class KontoData implements java.io.Serializable
{
    public int knr;
    public double stand;
    public KundeData besitzer;
```

```java
    public KontoData (int knr, double stand, KundeData besitzer)
    {
        this.knr = knr;
        this.stand = stand;
        this.besitzer = besitzer;
    }

    public String toString()
    {
        return "[Besitzer: "+besitzer+"] Knr: "+knr+", Stand: "+stand;
    }
}

// Datei: BuchungData.java

package bank.hilfsklassen;
import java.sql.*;

public class BuchungData implements java.io.Serializable
{
    private int vonKnr;
    private int nachKnr;
    private double betrag;
    private Timestamp ts;

    public BuchungData (int vonKnr, int nachKnr, double betrag,
        Timestamp ts)
    {
        this.vonKnr = vonKnr;
        this.nachKnr = nachKnr;
        this.betrag = betrag;
        this.ts = ts;
    }

    public int getVonKnr() {return vonKnr;}
    public void setVonKnr(int i) {vonKnr = i;}

    public int getNachKnr() {return nachKnr;}
    public void setNachKnr (int i) {nachKnr = i;}

    public double getBetrag() {return betrag;}
    public void setBetrag (double b) {betrag = b;}

    public Timestamp getTs() {return ts;}
    public void setTs (Timestamp t) {ts = t;}

    public String toString()
    {
        String msg = "";
        if (vonKnr == -1)
        {
            msg = "Einzahlung auf Knr "+nachKnr+": "+betrag+" Euro.";
        }
        else if (nachKnr == -1)
        {
            msg = "Auszahlung von Knr "+vonKnr+": "+betrag+" Euro.";
        }
```

```
        else
        {
            msg = "Buchung von Knr "+vonKnr+", nach Knr "+nachKnr+": "+
                betrag + " Euro.";
        }
        return msg;
    }
}
```

Aus diesem Grunde stellen die drei Entity-Beans `Kunde`, `Konto` und `Buchung` jeweils eine Methode `gibData()` zur Verfügung, welche beim Aufruf eine Referenz auf ein entsprechendes Daten-Objekt zurückgeben. Beispielsweise stellt die Entity-Bean `Kunde` folgende Implementierung bereit:

```
public KundeData gibData()
{
    KundeData data =
        new KundeData (kundenNr, vorname, nachname);
    return data;
}
```

Durch den Aufruf wird die Klasse `KundeData` instantiiert und das erzeugte Objekt mit den aktuellen Werten der Instanzvariablen der Klasse `Kunde` initialisiert.

27.9.4 Remote Client

Die Klasse `RemoteBankClient` stellt eine Client-Anwendung dar, welche mit der Session-Bean `BankBean` über ein Netzwerk, also remote, interagieren kann. Der Client beschafft sich dabei eine Remote-Referenz auf die Session-Bean über einen JNDI Lookup mit dem Namen `Bank/BankBean/remote` (siehe Kap. 27.9.6):

```
// Datei: RemoteBankClient.java

package bank.client;

import java.util.*;
import javax.annotation.*;
import javax.ejb.*;
import javax.naming.*;
import bank.beans.*;
import bank.hilfsklassen.*;

public class RemoteBankClient
{
    public static void main (String[] args)
    {
        try
        {
            InitialContext ctx = new InitialContext();
            BankRemote bank =
                (BankRemote) ctx.lookup ("Bank/BankBean/remote");
            // Zwei Kunden anlegen
            int kunde1 = bank.kundeAnlegen ("Fritz", "Mueller");
            int kunde2 = bank.kundeAnlegen ("Klaus", "Meier");
```

```java
// Jedem Kunden zwei Konten zuweisen
int kto1 = bank.kontoAnlegen (kunde1);
int kto2 = bank.kontoAnlegen (kunde1);
int kto3 = bank.kontoAnlegen (kunde2);
int kto4 = bank.kontoAnlegen (kunde2);

// Alle Konten des Kunden Mueller auflisten
System.out.println ("Die Konten des Kunden Mueller sind:");
Collection<KontoData> konten1 = bank.zeigeKonten (kunde1);
for (KontoData k : konten1)
{
    System.out.println (k);
}

// Auf die angelegten Konten wird Geld eingezahlt
bank.einzahlen (kto1, 5000);
bank.einzahlen (kto3, 5000);

// Zwischen den Konten werden Betraege gebucht
bank.buchen (kto1, kto4, 288);
bank.buchen (kto3, kto2, 500);

// Vom Konto mit der Kontonummer kto1 wird Geld abgehoben
bank.abheben (kto1, 500);

// Alle Buchungen des Kontos mit
// der Kontonummer knr1 anzeigen
System.out.println (
    "\nDie Buchungen des Kontos knr1 sind:");
Collection<BuchungData> buchungen1 =
    bank.gibKontoauszug (kto1);
for (BuchungData o : buchungen1)
{
    System.out.println (o);
}

// Alle Konten des Kunden Mueller auflisten
Collection<KontoData> konten2 = bank.zeigeKonten (kunde1);
System.out.println (
    "\nDie Konten des Kunden Mueller sind:");
for (KontoData k : konten2)
{
    System.out.println (k);
}

// Alle Konten des Kunden Meier auflisten
System.out.println ("\nDie Konten des Kunden Meier sind:");
Collection<KontoData> konten3 = bank.zeigeKonten (kunde2);
for (KontoData k : konten3)
{
    System.out.println (k);
}

// Bank-Statistik ausgeben:
System.out.print ("\nGesamtes Bankvermoegen: ");
System.out.println (bank.gibBankvermoegen());
```

```
        System.out.print ("Anzahl verwalteter Konten: ");
        System.out.println (bank.gibAnzahlKonten());
    }
    catch (Exception e)
    {
        System.out.println (e.getMessage());
    }
    }
}
```

Ein lokaler Client – beispielsweise ein Servlet – könnte auf die Session-Bean `Bank-Bean` über das lokale Busdness-Interface `BankLocal` folgendermaßen zugreifen:

```
BankLocal bank = (BankLocal)
    ctx.lookup ("Bank/BankBean/local");
```

27.9.5 Kompilieren der Quelldateien

Die Quelldateien der EJB-Applikation `Bank` sind wiederum in einem Arbeitsverzeichnis wie beispielsweise `C:\work` abgelegt.

Bild 27-19 Verzeichnisstruktur für die EJB `Bank` im Arbeitsverzeichnis `C:\work`

Vergleichbar zum Beispiel der Rechner-EJB aus Kapitel 27.7.2 befinden sich in den darin enthaltenen Ordner `bank\beans`, `bank\client` und `bank\hilfsklassen` folgende Quelldateien:

- Ordner `bank\beans`: `Bank.java`, `BankRemote.java`, `BankLocal.java`, `BankBean.java`, `Buchung.java`, `Konto.java`, `Kunde.java`
- Ordner `bank\client`: `RemoteBankClient.java`
- Ordner `bank\hilfsklassen`: `BankException.java`, `BuchungPK.java`, `BuchungData.java`, `KundeData.java`, `KontoData.java`

Die Bank-EJB verwendet nun Code der Java Persistence-API. Diese API wird ebenfalls mit dem JBoss ausgeliefert und befindet sich in der `jar`-Datei `ejb3-persistence.jar` im Verzeichnis `server\default\lib\` unter dem JBoss-Installationspfad. Diese API muss dem Compiler zusätzlich über den CLASSPATH zur Verfügung stehen. Im Folgenden wird die Kompilierung der verschiedenen Klassen vorgestellt:

- **Übersetzung der Hilfsklassen**

  Da die Datenklassen der Entity-Beans `KundeData`, `KontoData` und `BuchungData` mit dem Code der Entity-Beans arbeiten, muss für deren Übersetzung der Code der EJB 3.0-API und der Java-Persistence-API dem Compiler zur Verfügung stehen:

```
<JDK5_HOME>\bin\javac
    -cp <JBOSS_HOME>\client\jboss-ejb3x.jar;
        <JBOSS_HOME>\server\default\lib\ejb3-persistence.jar;
bank\hilfsklassen\*.java
```

- **Übersetzung der EJBs**

  Zur Übersetzung der EJBs wird der Code der EJB 3.0-API und der Java Persistence-API benötigt:

```
<JDK5_HOME>\bin\javac
    -cp <JBOSS_HOME>\client\jboss-ejb3x.jar;
        <JBOSS_HOME>\server\default\lib\ejb3-persistence.jar;
    bank\beans\*.java
```

- **Übersetzung des Clients**

  Der Client hingegen verwendet nur den Bytecode der EJB 3.0-API und benötigt nicht den Code der Java Persistence-API. Somit kann der Client lediglich unter Einbindung der jar-Datei jboss-ejb3x.jar übersetzt werden:

```
<JDK5_HOME>\bin\javac
    -cp <JBOSS_HOME>\client\jboss-ejb3x.jar;
    bank\client\RemoteBankClient.java
```

27.9.6 Deployment-Prozess

Das Deployment verläuft nun in ähnlicherweise wie bei der Rechner-EJB. Es muss jedoch der jar-Datei beans.jar, die den EJB-Bytecode enthalten wird, die Datei META-INF\persistence.xml hinzugefügt werden. Es muss das Arbeitsverzeichnis also wiederum um den Ordner META-INF erweitert werden.

Bild 27-20 Arbeitsverzeichnis mit Ordner META-INF

Im Ordner META-INF befinden sich dann wiederum der Deployment-Deskriptor für Enterprise-Applikationen[314] application.xml, welcher direkt der ear-Datei hinzugefügt wird, und die Datei persistence.xml. In der Datei application.xml muss lediglich der Wert des XML-Elementes <display-name> angepasst und dort Bank eingetragen werden:

```
<display-name>Bank</display-name>
```

---

[314] Siehe Kap. 27.7.3.

Die `jar`-Datei `beans.jar` wird nun folgendermaßen erzeugt:

```
<JDK5_HOME>\bin\jar -cf beans.jar
   bank\beans\*.class
   META-INF\persistence.xml
```

Des Weiteren müssen die Hilfsklassen wiederum zu der `jar`-Datei `hilfsklassen.jar` zusammengefasst werden:

```
<JDK5_HOME>\bin\jar -cf hilfsklassen.jar
   bank\hilfsklassen\*.class
```

Letztendlich wird das `ear`-Archiv mit dem Namen `Bank.ear` durch folgenden Kommandoaufruf erzeugt:

```
<JDK5_HOME>\bin\jar -cf Bank.ear
   beans.jar hilfsklassen.jar META-INF\application.xml
```

Es kann nun das Deployment durch Kopieren der Datei `Bank.ear` in das `deploy`[315]-Verzeichnis des JBoss durchgeführt werden. In der Server-Konsole dürfen wiederum keine Exceptions oder sonstige Fehlermeldungen erscheinen. Zudem muss ersichtlich sein, dass der Persistenz-Kontext `Bank` für die "deployte" EJB-Applikation angelegt wird.

Die Ausgabe des Servers ist:

```
[EARDeployer] Init J2EE application:
    file:/C:/Programme/jboss/server/default/deploy/Bank.ear
. . . . .
[JmxKernelAbstraction] installing MBean:
    persistence.units:ear=Bank.ear,jar=beans.jar,unitName=Bank
. . . . .
[Ejb3Configuration] found EJB3 Entity bean: bank.beans.Buchung
[Ejb3Configuration] found EJB3 Entity bean: bank.beans.Konto
[Ejb3Configuration] found EJB3 Entity bean: bank.beans.Kunde
. . . . .
[AnnotationBinder] Binding entity from annotated class:
    bank.beans.Buchung
[EntityBinder] Bind entity bank.beans.Buchung on table TAB_BUCHUNG
[AnnotationBinder] Binding entity from annotated class:
    bank.beans.Konto
[EntityBinder] Bind entity bank.beans.Konto on table TAB_KONTO
[AnnotationBinder] Binding entity from annotated class:
    bank.beans.Kunde
[EntityBinder] Bind entity bank.beans.Kunde on table TAB_KUNDE
[CollectionBinder] Mapping collection: bank.beans.Kunde.konten ->
    TAB_KONTO
. . . . .
[EARDeployer] Started J2EE application:
    file:/C:/Programme/jboss/server/default/deploy/Bank.ear
```

Der Applikations-Server bindet nun die Session-Bean an die beiden JNDI-Namen `Bank/BankBean/remote` und `Bank/BankBean/local`.

---

[315] Siehe Bild 27-11.

27.9.7 Starten des Clients

Die Client-Anwendung führt zum Auffinden der Session-Bean `BankBean` wiederum einen JNDI Lookup durch. Er verwendet dazu den JNDI-Namen `Bank/Bank-Bean/remote`. Der Client wird nun durch folgenden `java`-Aufruf gestartet:

```
<JDK5_HOME>\bin\java
    -cp <JBOSS_HOME>\server\default\deploy\jboss-aop-
        jdk50.deployer\jboss-aop-jdk50.jar;
    <JBOSS_HOME>\server\default\deploy\jboss-aop-
        jdk50.deployer\jboss-aspect-library-jdk50.jar;
    <JBOSS_HOME>\client\jbossall-client.jar;
    <JBOSS_HOME>\client\jboss-ejb3-client.jar;
    <JBOSS_HOME>\client\jnp-client.jar;
    .\bank\hilfsklassen\*;
bank.client.RemoteBankClient
```

Es muss wiederum die Datei `jndi.properties` im Arbeitsverzeichnis vorliegen, damit auf den Namensdienst des JBoss über JNDI zugegriffen werden kann.

Die Ausgabe des Programms ist:

```
Die Konten des Kunden Mueller sind:
[Besitzer: Fritz Mueller (Kundennr: 1)] Knr: 1, Stand: 0.0
[Besitzer: Fritz Mueller (Kundennr: 1)] Knr: 2, Stand: 0.0

Die Buchungen des Kontos knr1 sind:
Einzahlung auf Knr 1: 5000.0 Euro.
Buchung von Knr 1, nach Knr 4: 288.0 Euro.
Auszahlung von Knr 1: 500.0 Euro.

Die Konten des Kunden Mueller sind:
[Besitzer:Fritz Mueller (Kundennr:1)] Knr: 1, Stand:4212.0
[Besitzer:Fritz Mueller (Kundennr:1)] Knr: 2, Stand: 500.0

Die Konten des Kunden Meier sind:
[Besitzer:Klaus Meier (Kundennr: 2)] Knr: 3, Stand: 4500.0
[Besitzer:Klaus Meier (Kundennr: 2)] Knr: 4, Stand: 288.0

Gesamtes Bankvermoegen: 9500.0
Anzahl verwalteter Konten: 4
```

Anhang A Der ASCII-Zeichensatz

Der ASCII-Zeichensatz ist die US-nationale Ausprägung des ISO-7-Bit-Codes (ISO 646). Eine weitere nationale Ausprägung des ISO-7-Bit-Codes ist der nach DIN 66003 spezifizierte deutsche Zeichensatz, bei dem die Zeichen Ä, Ö, Ü, ä, ö, ü und ß berücksichtigt wurden. Im DIN-Zeichensatz sind gegenüber dem ASCII-Zeichensatz folgende Änderungen vorgenommen worden:

[=Ä   \=Ö   ]=Ü   {=ä |=ö   }=ü   ~=ß

Bei manchen Rechnern wie z.B. beim IBM-PC wird aber ein erweiterter ASCII-Zeichensatz eingesetzt, bei dem alle 8 Bits verwendet werden. Die ersten 128 Zeichen stimmen dabei mit dem 7-Bit ASCII-Code in Tabelle überein. Die Sonderzeichen Ä, Ö, Ü, ä, ö, ü und ß befinden sich dabei im Bereich 128-255.

Wie aus Tabelle A-1 und Tabelle A-3 ersichtlich ist, enthält der ASCII-Zeichensatz Buchstaben, Ziffern, Sonderzeichen und Steuerzeichen. Da jedem Zeichen im Rahmen des jeweiligen Codes eine 7- bzw. 8-stellige Binärzahl eindeutig zugeordnet ist und die Binärzahlen selbst eine geordnete Menge darstellen, bilden damit in jedem dieser Codes die Zeichen eine geordnete Menge. Es gibt für die Zeichen also ein vorher (<) und nachher (>), sodass die Zeichen dem Code entsprechend alphabetisch sortiert werden können.

Dez.	Hex.	Ctrl-Ch.	Char.	Dez.	Hex.	Char.	Dez.	Hex.	Char.	Dez.	Hex.	Char.
0	00	^@		32	20		64	40	@	96	60	`
1	01	^A	☺	33	21	!	65	41	A	97	61	a
2	02	^B	☻	34	22	"	66	42	B	98	62	b
3	03	^C	♥	35	23	#	67	43	C	99	63	c
4	04	^D	♦	36	24	$	68	44	D	100	64	d
5	05	^E	♣	37	25	%	69	45	E	101	65	e
6	06	^F	♠	38	26	&	70	46	F	102	66	f
7	07	^G	•	39	27	'	71	47	G	103	67	g
8	08	^H	◘	40	28	(	72	48	H	104	68	h
9	09	^I	○	41	29	)	73	49	I	105	69	i
10	0A	^J	◙	42	2A	*	74	4A	J	106	6A	j
11	0B	^K	♂	43	2B	+	75	4B	K	107	6B	k
12	0C	^L	♀	44	2C	,	76	4C	L	108	6C	l
13	0D	^M	♪	45	2D	-	77	4D	M	109	6D	m
14	0E	^N	♫	46	2E	.	78	4E	N	110	6E	n
15	0F	^O	☼	47	2F	/	79	4F	O	111	6F	o
16	10	^P	►	48	30	0	80	50	P	112	70	p
17	11	^Q	◄	49	31	1	81	51	Q	113	71	q
18	12	^R	↕	50	32	2	82	52	R	114	72	r
19	13	^S	‼	51	33	3	83	53	S	115	73	s
20	14	^T	¶	52	34	4	84	54	T	116	74	t
21	15	^U	§	53	35	5	85	55	U	117	75	u
22	16	^V	▬	54	36	6	86	56	V	118	76	v
23	17	^W	↨	55	37	7	87	57	W	119	77	w
24	18	^X	↑	56	38	8	88	58	X	120	78	x
25	19	^Y	↓	57	39	9	89	59	Y	121	79	y
26	1A	^Z	→	58	3A	:	90	5A	Z	122	7A	z
27	1B	^[	←	59	3B	;	91	5B	[	123	7B	{
28	1C	^\	∟	60	3C	<	92	5C	\	124	7C		
29	1D	^]	↔	61	3D	=	93	5D	]	125	7D	}
30	1E	^^	▲	62	3E	>	94	5E	^	126	7E	~
31	1F	^_	▼	63	3F	?	95	5F	_	127	7F	⌂

Tabelle A-1 Der ASCII-Zeichensatz mit 128 Zeichen

In der Spalte Control-Character (Steuerzeichen), abgekürzt durch Ctrl-Ch., werden spezielle Tastenkombinationen angegeben, mit denen Steuerzeichen erzeugt werden können. Hierbei kann es je nach Betriebssystem auch geringfügige Modifikationen geben. Die ersten 32 ASCII-Zeichen stellen Steuerzeichen für die Ansteuerung von Peripheriegeräten und die Steuerung einer rechnergestützten Datenübertragung dar. Diese Zeichen tragen die Namen:

Dez.	Symbol	Dez.	Symbol	Dez.	Symbol	Dez.	Symbol	Dez.	Symbol	Dez.	Symbol
0	NUL	6	ACK	12	FF	18	DC2	24	CAN	30	RS
1	SOH	7	BEL	13	CR	19	DC3	25	EM	31	US
2	STX	8	BS	14	SO	20	DC4	26	SUB		
3	ETX	9	HAT	15	SI	21	NAK	27	ESC		
4	EOT	10	LF, NL	16	DLE	22	SYN	28	FS		
5	ENQ	11	VT	17	DC1	23	ETB	29	GS		

Tabelle A-2 Namen der 32 Steuerzeichen des ASCII-Zeichensatzes

So ist beispielsweise FF die Abkürzung für Form Feed, d.h. Seitenvorschub, oder CR die Abkürzung für Carriage Return, dem Wagenrücklauf, der schon von der Schreibmaschine her bekannt ist.

Dez	Hex	Char	Dez	Hex	Char	Dez	Hex	Char	Dez	Hex	Char	Dez	Hex	Char	Dez	Hex	Char
0	00		43	2B	+	86	56	V	129	81	ü	172	AC	¼	215	D7	╫
1	01	☺	44	2C	,	87	57	W	130	82	é	173	AD	¡	216	D8	╪
2	02	●	45	2D	-	88	58	X	131	83	â	174	AE	«	217	D9	┘
3	03	♥	46	2E	.	89	59	Y	132	84	ä	175	AF	»	218	DA	┌
4	04	♦	47	2F	/	90	5A	Z	133	85	à	176	B0	░	219	DB	█
5	05	♣	48	30	0	91	5B	[	134	86	å	177	B1	▒	220	DC	▄
6	06	♠	49	31	1	92	5C	\	135	87	ç	178	B2	▓	221	DD	▌
7	07	●	50	32	2	93	5D	]	136	88	ê	179	B3	│	222	DE	▐
8	08	◘	51	33	3	94	5E	^	137	89	ë	180	B4	┤	223	DF	▀
9	09	○	52	34	4	95	5F	_	138	8A	è	181	B5	╡	224	E0	α
10	0A	◙	53	35	5	96	60	`	139	8B	ï	182	B6	╢	225	E1	β
11	0B	♂	54	36	6	97	61	a	140	8C	î	183	B7	╖	226	E2	Γ
12	0C	♀	55	37	7	98	62	b	141	8D	ì	184	B8	╕	227	E3	π
13	0D	♪	56	38	8	99	63	c	142	8E	Ä	185	B9	╣	228	E4	Σ
14	0E	♫	57	39	9	100	64	d	143	8F	Å	186	BA	║	229	E5	σ
15	0F	☼	58	3A	:	101	65	e	144	90	É	187	BB	╗	230	E6	µ
16	10	►	59	3B	;	102	66	f	145	91	æ	188	BC	╝	231	E7	τ
17	11	◄	60	3C	<	103	67	g	146	92	Æ	189	BD	╜	232	E8	φ
18	12	↕	61	3D	=	104	68	h	147	93	ô	190	BE	╛	233	E9	θ
19	13	‼	62	3E	>	105	69	i	148	94	ö	191	BF	┐	234	EA	Ω
20	14	¶	63	3F	?	106	6A	j	149	95	ò	192	C0	└	235	EB	δ
21	15	§	64	40	@	107	6B	k	150	96	û	193	C1	┴	236	EC	∞
22	16	▬	65	41	A	108	6C	l	151	97	ù	194	C2	┬	237	ED	Ø
23	17	↨	66	42	B	109	6D	m	152	98	ÿ	195	C3	├	238	EE	ε
24	18	↑	67	43	C	110	6E	n	153	99	Ö	196	C4	─	239	EF	∩
25	19	↓	68	44	D	111	6F	o	154	9A	Ü	197	C5	┼	240	F0	≡
26	1A	→	69	45	E	112	70	p	155	9B	¢	198	C6	╞	241	F1	±
27	1B	←	70	46	F	113	71	q	156	9C	£	199	C7	╟	242	F2	≥
28	1C	∟	71	47	G	114	72	r	157	9D	¥	200	C8	╚	243	F3	≤
29	1D	↔	72	48	H	115	73	s	158	9E	Pts	201	C9	╔	244	F4	⌠
30	1E	▲	73	49	I	116	74	t	159	9F	ƒ	202	CA	╩	245	F5	⌡
31	1F	▼	74	4A	J	117	75	u	160	A0	á	203	CB	╦	246	F6	÷
32	20		75	4B	K	118	76	v	161	A1	í	204	CC	╠	247	F7	≈
33	21	!	76	4C	L	119	77	w	162	A2	ó	205	CD	═	248	F8	°
34	22	"	77	4D	M	120	78	x	163	A3	ú	206	CE	╬	249	F9	•
35	23	#	78	4E	N	121	79	y	164	A4	ñ	207	CF	╧	250	FA	·
36	24	$	79	4F	O	122	7A	z	165	A5	Ñ	208	D0	╨	251	FB	√
37	25	%	80	50	P	123	7B	{	166	A6	ª	209	D1	╤	252	FC	ⁿ
38	26	&	81	51	Q	124	7C	|	167	A7	º	210	D2	╥	253	FD	²
39	27	'	82	52	R	125	7D	}	168	A8	¿	211	D3	╙	254	FE	■
40	28	(	83	53	S	126	7E	~	169	A9	⌐	212	D4	╘	255	FF	
41	29	)	84	54	T	127	7F	⌂	170	AA	¬	213	D5	╒			
42	2A	*	85	55	U	128	80	Ç	171	AB	½	214	D6	╓			

Tabelle A-3 Der erweiterte ASCII-Zeichensatz (256 Zeichen)

Anhang B Gültigkeitsbereiche von Namen

Unter dem **Gültigkeitsbereich eines einfachen Namens** versteht man den **Bereich im Programm**, innerhalb dessen die **Deklaration des Namens bekannt** ist.

Qualifizierte Namen dienen zum Zugriff auf die Komponenten eines **Pakets** und auf die Methoden und Datenfelder von **Referenztypen** wie einer Klasse oder Schnittstelle.

Soll beispielsweise in einer Klasse eine Klasse eines anderen Pakets benutzt werden, so erfolgt der Zugriff mit Hilfe eines **qualifizierten Namens**. Ein **qualifizierter Name** besteht aus einem **Namen**, einem **Punkt** und einem **Bezeichner**. Hierbei versteht man unter einem **Bezeichner** einen **einfachen Namen**.

Ähnliche Zugriffsformen sind die Zugriffe auf Datenfelder und Methoden von Objekten über Referenzen. Diese Zugriffe erfolgen auch mit Hilfe des Punkt-Operators.

Bei den im Folgenden erörterten Gültigkeitsbereichen geht es nicht um Zugriffe von außen, sondern um die Gültigkeit von Namen, die bei ihrer **Deklaration**, d.h. wenn sie dem Compiler bekannt gegeben werden, stets **einfache Namen** sind.

Deklarationen können in Teilen ihres Gültigkeitsbereichs **verdeckt werden** durch andere Deklarationen mit demselben Namen. Wird der entsprechende Name durch eine weitere Einheit mit demselben Namen verdeckt, so ist der Name immer noch gültig, aber nicht sichtbar, da bei seiner Verwendung der Zugriff auf die verdeckende Einheit erfolgt. Ein Beispiel für das Verdecken ist das Verdecken eines Datenfeldes mit dem Namen x durch eine lokale Variable mit dem Namen x, oder das Verdecken einer Marke in einem äußeren Block durch eine Marke mit demselben Namen in einem inneren Block.

Wird ein Name nicht verdeckt, so kann innerhalb des Gültigkeitsbereichs über den Namen auf die entsprechende Einheit Bezug genommen werden.

Nicht immer führt ein gleicher Name dazu, dass ein anderer Name verdeckt wird. Durch die Verwendung von Kontexten kann Java Namenskonflikte minimieren. So dürfen beispielsweise Typen, Methoden und Datenfelder in Java denselben Namen tragen. Aus der Verwendung wird dabei klar, um was es sich jeweils handelt.

Man unterscheidet zwischen den Gültigkeitsbereichen:

- von Paketen,
- von importierten Klassen und Schnittstellen,
- eines Klassen- oder Schnittstellennamens,
- von Datenfeldern und Methoden innerhalb einer Klasse oder einer Schnittstelle,
- von formalen Parametern einer Methode oder eines Konstruktors,
- von lokalen Variablen innerhalb eines Blocks,
- von lokalen Variablen, die in der Initialisierungsklausel einer `for`-Schleife definiert werden,
- und eines Exception-Parameters in einem `catch`-Block.

B 1 Pakete

Pakete entsprechen Verzeichnissen in der Verzeichnisstruktur eines Speichermediums. Auf welche Pakete auf der obersten Ebene zugegriffen werden kann, d.h. welche Paketnamen auf der obersten Ebene gültig sind, wird durch Einstellungen auf der Betriebssystem-Ebene festgelegt.

B 2 Importierte Klassen und Schnittstellen

Wird ein Klassenname oder ein Schnittstellenname in einer Übersetzungseinheit (Datei) importiert, so ist er ab der `import`-Vereinbarung in der ganzen Übersetzungseinheit sichtbar. Dies gilt für einen vollständig qualifizierten Namen wie z.B.:

```
import java.awt.Frame;
```

ebenso wie für die Verwendung von Wildcards

```
import java.awt.*;
```

Werden Wildcards verwendet, so werden alle entsprechenden `public`-Typen des genannten Pakets importiert, sofern sie benötigt werden. Die Gültigkeit der importierten Namen erstreckt sich nur auf die Datei, nicht auf das gesamte Paket.

B 3 Klassen und Schnittstellennamen

Der Gültigkeitsbereich einer in einem Paket definierten Klasse oder Schnittstelle bezieht sich auf alle Übersetzungseinheiten (Dateien) des Pakets. Eine Vorwärtsdeklaration ist nicht erforderlich.

B 4 Datenfelder und Methoden innerhalb einer Klasse oder einer Schnittstelle

Wenn ein Attribut, d.h. ein Datenfeld oder eine Methode, in einer Klasse oder Schnittstelle definiert wird oder von der Klasse bzw. Schnittstelle geerbt wird, so ist das Attribut – unabhängig von der Reihenfolge der Attribute – in der gesamten Definition der Klasse bzw. Schnittstelle gültig, es sei denn, es wird ein Datenfeld zur Initialisierung eines Datenfeldes benutzt. Ist dies der Fall, dann muss das zur Initialisierung verwendete Datenfeld bereits selbst definiert sein, wenn es zur Initialisierung eines Datenfeldes herangezogen wird. Deshalb wird beim folgenden Beispiel ein Fehler erzeugt.

```
// Datei: Inittest.java

class Inittest
{
   int alpha = beta; //nicht zulässig
   int beta  = 3;
}
```

Die Meldung des Compilers lautet:

```
Inittest.java:5: illegal forward reference
       int alpha = beta; //nicht zulässig
```

Zulässig ist aber:

```
// Datei: Inittest2.java

class Inittest2
{
   Inittest2()
   {
      alpha = 3;
   }

   int beta = 1;
   int alpha;
}
```

Ebenso ist zulässig:

```
// Datei: Inittest3.java

class Inittest3
{
   int alpha = beta;
   static int beta = 3;
}
```

da eine Klassenvariable bereits beim Laden initialisiert wird.

B 5 Formale Parameter bei Methoden und Konstruktoren

Der Gültigkeitsbereich des Namens eines formalen Parameters ist der ganze Methodenrumpf. Es ist nicht zulässig, den Namen eines formalen Parameters zu verdecken, d.h. der Name eines formalen Parameters kann nicht für die Definition einer lokalen Variablen oder eines Exception-Parameters innerhalb der Methode verwendet werden. Auf formale Parameter kann nur unter Verwendung ihres einfachen

Namens, nicht aber mit einem qualifizierten Namen Bezug genommen werden. Formale Parameter eines Konstruktors werden wie formale Parameter von Methoden behandelt.

B 6 Lokale Variablen innerhalb eines Blocks

Der Gültigkeitsbereich einer lokalen Variablen ist der Rest des Blocks ab der Definition der Variablen einschließlich weiterer Definitionen im Rahmen ihrer Deklarationsanweisung. Lokale Variablen verlieren am Ende ihres Blockes ihre Gültigkeit.

B 7 Lokale Variablen in einer for-Anweisung

Der Gültigkeitsbereich einer lokalen Variablen, die im Initialisierungskonstrukt einer for-Schleife definiert wird, erstreckt sich über die Initialisierungsklausel mit der eigenen Definition und den Definitionen rechts davon, über den Ausdruck BoolescherAusdruck, die Aktualisierungs-Ausdrucksliste und schließlich die Anweisung. An die Stelle der Anweisung kann ein Block treten. Nach der Schleife verlieren die in der Initialisierungsklausel definierten Variablen ihre Gültigkeit.

Das folgende Beispiel demonstriert den Gültigkeitsbereich einer in der Initialisierungsklausel definierten lokalen Variablen i:

```java
// Datei: Calc.java

class Calc
{
   public static void main (String [] args)
   {
      for (int n = 10; n <= 15; n++)
      {
         int summe = 0;
         for (int i = 1, j = n; i <= n / 2; i++, j--)
            summe = summe + i + j;
         // i ist nicht mehr gültig
         if ( n % 2 != 0)
            summe = summe + n / 2 + 1;
         System.out.println ("Die Summe von 1 bis " + n + " ist: "
                             + summe);
      }
   }
   // n ist nicht mehr gültig
}
```

Die Ausgabe des Programms ist:

```
Die Summe von 1 bis 10 ist: 55
Die Summe von 1 bis 11 ist: 66
Die Summe von 1 bis 12 ist: 78
Die Summe von 1 bis 13 ist: 91
Die Summe von 1 bis 14 ist: 105
Die Summe von 1 bis 15 ist: 120
```

Wird versucht, auf i bzw. n nach der jeweiligen Schleife zuzugreifen, so resultiert ein Kompilierfehler.

B 8 Parameter eines Exception-Handlers

Ein catch-Konstrukt besitzt genau einen Parameter, den Exception-Parameter, als formalen Parameter in der Liste der Übergabeparameter:

```
catch (Exceptiontyp name)
{                              //
   . . . . .                   // catch-Block
}                              //
```

Der Gültigkeitsbereich des Exception-Parameters erstreckt sich auf den catch-Block. Der Name des Exception-Parameters darf nicht verdeckt werden, d.h. es darf kein lokaler Parameter oder keine Exception mit demselben Namen im catch-Block definiert werden. Nach dem catch-Block verliert der Exception-Parameter seine Gültigkeit. Wird er nach dem catch-Block verwendet, so resultiert ein Kompilierfehler. Dies zeigt das folgende Beispiel:

```
// Datei: Except.java

class Except
{
   Except()
   {
      try
      {
      }
      catch (ArrayIndexOutOfBoundsException e)
      {
         e.getMessage();
      }
      e.getMessage();
   }
}
```

Die Meldung des Compilers lautet:

```
Except.java:14: cannot find symbol
symbol  : variable e
location: class Except
        e.getMessage();
```

Auf Exception-Parameter kann nur über einfache Namen, nicht über qualifizierte Namen Bezug genommen werden.

Anhang C Die Klasse System

Die Klasse `System` stellt eine Reihe systemnaher Methoden und Variablen zur Verfügung. Da alle Methoden und Variablen dieser Klasse statisch (`static`) sind, ist es nicht notwendig, eine Instanz der Klasse zu erzeugen. Dieser Umstand wird zusätzlich erzwungen, da alle Konstruktoren der Klasse `System` als `private` deklariert sind. Die Klasse `System` befindet sich im Paket `java.lang`. Im Folgenden werden die wichtigsten Methoden der Klasse `System` aufgezeigt.

C 1 Die Klassenvariablen in, out und err

Die wohl am häufigsten benötigten Elemente der Klasse `System` sind mit Sicherheit die beiden Klassenvariablen `in` und `out`. Sie dienen zur Ein-/Ausgabe von Zeichen und Zeichenketten. So wurde in den Buchkapiteln schon häufig der Aufruf `System.out.println()` verwendet, um Text auf dem Bildschirm auszugeben. Analog dazu wurden Texteingaben des Benutzers mit Hilfe von `System.in.read-Line()` über die Tastatur eingelesen. Ein Aufruf sah z.B. so aus:

```
System.out.println ("Geben Sie Ihren Namen ein: ");
String name = System.in.readLine();
```

Neben `in` und `out` beinhaltet die Klasse `System` mit `err` eine weitere Variable zur Textausgabe. Diese Variable funktioniert analog zu `out`, dient aber dazu, Fehlermeldungen auszugeben. Dadurch ist eine Trennung zwischen normaler Textausgabe und erweiterten Meldungen wie z.B. Fehlermeldungen möglich. Wird die Standardausgabe `out` in eine Datei umgeleitet, so können dennoch Fehlermeldungen über die Variable `err` auf dem Bildschirm ausgegeben werden.

Hinter den drei Variablen `in`, `out` und `err` stehen Objekte verschiedener Stream-Klassen. Die beiden Klassenvariablen `out` und `err` sind vom Typ `PrintStream`. `PrintStream` ist eine Klasse, die zum Ausgeben von Text auf der Konsole verwendet wird. Die Klassenvariable `in` ist vom Typ `InputStream` und wird zum Einlesen von Zeichen verwendet.

Die Klasse `System` ermöglicht es dem Programmierer, den Datenstrom auf eigene Stream-Objekte umzulenken. Beispielsweise können Textausgaben in eine Datei umgeleitet werden oder die Daten für eine Texteingabe aus einer Datei gelesen werden. Hierzu werden die folgende Methoden zur Verfügung gestellt:

```
static void setIn (InputStream in)
static void setOut (PrintStream out)
static void setErr (PrintStream err)
```

C 2 Properties

Properties bieten Informationen über das Betriebssystem. Eine Property ist ein Wertepaar bestehend aus einem Schlüssel und dem dazugehörenden Wert. Diese Daten werden jeweils in einem String gehalten. Die Klasse `System` beinhaltet eine Instanz der Klasse `java.utils.Properties`. Auf diese Instanz kann über die

Klassenmethode `getProperties()` zugegriffen werden. Über die Klassenmethode `setProperties()` kann die Instanz gesetzt werden.

Das direkte Arbeiten mit der Klasse `java.utils.Properties` ist in der Regel nicht notwendig, da die Klasse `System` die folgenden Methoden zur Verfügung stellt:

```
static String setProperty (String key, String value)
static String getProperty (String key)
```

So lässt sich mit der Methode `setProperty()` eine bestehende Property abändern oder eine neue Property anlegen. Dies sieht folgendermaßen aus:

```
System.setProperty ("MyProperty", "Meine eigene Property");
System.out.println (System.getProperty ("MyProperty"));
```

Die Ausgabe des Programms ist:

```
Meine eigene Property
```

Die Laufzeitumgebung stellt standardmäßig folgende Properties zur Verfügung:

Property	Bedeutung
`file.separator`	Trennzeichen für die Bestandteile eines Pfadnamens
`java.class.path`	Aktueller Klassenpfad
`java.class.version`	Versionsnummer der verwendeten Java-Klassenbibliothek
`java.home`	Installationsverzeichnis der Java Laufzeitumgebung
`java.vendor`	Herstellerspezifische Zeichenkette der Java Laufzeitumgebung
`java.vendor.url`	Internet-Link zum Hersteller der Java Laufzeitumgebung
`java.version`	Versionsnummer der verwendeten Java Laufzeitumgebung
`line.separator`	Zeilenendezeichen
`os.arch`	Betriebssystem-Architektur
`os.name`	Name des Betriebssystems
`os.version`	Versionsnummer des Betriebssystems
`path.separator`	Trennzeichen zwischen einzelnen Pfadnamen
`user.dir`	Aktuelles Arbeitsverzeichnis
`user.home`	Home-Verzeichnis des angemeldeten Benutzers
`user.name`	Name des angemeldeten Benutzers

Tabelle C-1 Properties

C 2.1 Beenden der Java-Laufzeitumgebung

Die Klasse `System` beinhaltet eine Klassenmethode zum sofortigen Beenden der Laufzeitumgebung. Diese Methode ist folgendermaßen definiert:

```
static void exit (int status);
```

Durch den Aufruf dieser Methode werden das Programm und die dazugehörige Laufzeitumgebung beendet. Der Parameter dient als Statuscode. Es ist eine Konvention, dass ein von 0 verschiedener Statuscode eine abnormale Beendigung anzeigt. Ein Ablauf im Fehlerfall könnte folgendermaßen aussehen:

```
if (isVerbindungVerfuegbar() == false)
{
   System.out.println ("Verbindung nicht verfügbar!");
   System.exit (5);
}
```

C 2.2 Weitere Methoden

Die Klasse System bietet weitere Methoden an, von denen zwei hier noch näher erläutert werden sollen. Die anderen Methoden werden der Vollständigkeit halber noch kurz erwähnt.

Manchmal ist es wünschenswert, den Garbage Collector direkt zu starten. Hierfür bietet die Klasse System eine Methode gc() an, mit der eine Speicherbereinigung durch die Garbage Collection angefordert werden kann. Es ist allerdings zu beachten, dass dadurch der Garbage Collector nicht explizit aufgerufen wird. Der Methodenaufruf kann eine Speicherbereinigung durch den Garbage Collector nur erbitten und keinesfalls erzwingen. Die Methode gc() ist wie folgt definiert:

```
static void gc();
```

Die zweite Methode, die hier vorgestellt werden soll, ermöglicht es dem Programmierer, die seit dem 1.1.1970 verstrichene Zeit in Millisekunden zu ermitteln. Diese Methode hat die folgende Syntax:

```
static long currentTimeMillis();
```

Es folgt ein kleines Beispiel, welches 5 Sekunden lange wartet:

```
long timeSnap = System.currentTimeMillis();
while (System.currentTimeMillis() < timeSnap + 5000);
```

Anhang D JNDI

Verzeichnisdienste spielen für verteilte Systeme eine große Rolle, da sie das Auffinden der verteilten Systemkomponenten ermöglichen. Verzeichnisdienste unterstützen das Speichern und Abfragen diverser Informationen über Benutzer, Rechner, Anwendungen und Netzwerke. Verzeichnisdienste verwenden oft so genannte **Namensdienste**, um die Informationen in einer verständlicheren Sprache für den Benutzer leichter zugänglich zu machen.

Das folgende Kapitel behandelt das **Java Naming and Directory Interface**, kurz **JNDI**. JNDI wurde mit dem JDK 1.3 eingeführt. Es stellt eine einheitliche Schnittstelle für den Zugriff auf Namens- und Verzeichnisdienste zur Verfügung. Somit verbirgt die JNDI-API den verwendeten Dienst und stellt eine allgemeine Zugriffsmöglichkeit dar. Des Weiteren bietet JNDI die Möglichkeit, auf Basis des so genannten **Service Provider Interfaces** eigene Namensdienste zu realisieren. Die Dienste der Service Provider können mittels eines Plugin-Mechanismus von JNDI zugänglich gemacht werden. Es wird zwischen Namens- und Verzeichnisdienst unterschieden.

Ein **Namensdienst** stellt eine Zuordnung zwischen Namen und Objekten her. Die Zuordnung eines Namens zu einem Objekt wird **Bindung** (engl. binding) genannt. Das Auffinden eines Objektes über dessen Namen mit Hilfe des Namensdienstes wird als **Namensauflösung** (engl. lookup) bezeichnet. Der Namensdienst gibt entweder eine lokale Referenz oder eine Remote-Referenz (siehe Kap. 25) auf das gesuchte Objekt zurück.

Wird eine lokale Referenz zurückgegeben, so bedeutet dies, dass sich das referenzierte Objekt in derselben virtuellen Maschine wie der Client befindet. Das vom Namens- bzw. Verzeichnisdienst erfragte Objekt wird dann als Kopie zum Client übertragen. Im Gegensatz dazu werden von Client-Server-Anwendungen so genannte Proxy[316]- oder Stellvertreter-Objekte verwendet, um den Zugriff auf entfernte Objekte zu ermöglichen. Der Client bekommt dabei ein Stellvertreter-Objekt des eigentlich gesuchten Objektes zurückgeliefert, wobei dieses Stellvertreter-Objekt dann eine Remote-Referenz auf das gesuchte Objekt darstellt, das sich auf einem anderen Rechner – oder zumindest in einer anderen virtuellen Maschine – befindet. Als Beispiele für den Zugriff auf entfernte Objekte über einen Stellvertreter sind die EJB-Architektur (siehe Kap. 27) oder die RMI-Middleware zu sehen.

JNDI ist dabei selbst in der Lage, Objekte, welche sich außerhalb des Namensdienstes befinden, zu verwalten. Es macht für den Client beim Lookup keinen Unterschied, wo sich das Objekt befindet, da JNDI die Art und Weise, wie Objekte verwaltet werden, vor dem Client versteckt.

---

[316] Proxy-Objekte entsprechen lokalen Stellvertretern von entfernten Objekten.

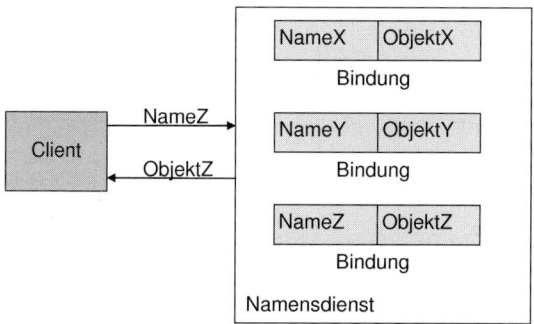

Bild D-1 Namensdienst

Verzeichnisdienste bieten gegenüber einem Namensdienst erweiterte Funktionalität an. Mit Hilfe eines Verzeichnisdienstes können Objekte in einer hierarchischen Verzeichnisstruktur abgelegt und verwaltet werden. Zusätzlich stehen Mechanismen zur Verfügung, um Attribute für Objekte zu definieren, welche in eine Suche miteinbezogen werden können. Ein gutes Beispiel für einen Verzeichnisdienst ist das Dateisystem eines Computers. Dort sind die Verzeichnisse und Dateien hierarchisch abgelegt und besitzen zusätzliche Informationen wie z.B. Größe, Typ oder Erstelldatum.

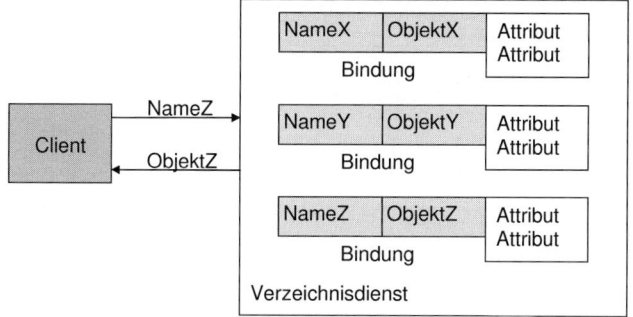

Bild D-2 Verzeichnisdienst

D 1 Die JNDI-Architektur

Die JNDI-Architektur selber setzt sich aus drei Teilen zusammen:

● **JNDI API**

Die JNDI API bietet den Zugriff auf vorhandene Namens- und Verzeichnisdienste an, die durch verschiedene Service Provider zur Verfügung gestellt werden. JNDI definiert dafür eine Schnittstelle, mit der einheitlich auf verschiedene Namens- und Verzeichnisdienste zugegriffen werden kann. Diese Abstraktion ermöglicht ein Austauschen des Dienstes, ohne dass der Client von diesem Austausch etwas mitbekommt. Er ist somit unabhängig vom verwendeten Dienst und kann jeden Dienst auf dieselbe Weise ansprechen, so lange dieser Dienst die JNDI-Spezifikation einhält.

- **JNDI SPI**

  Das JNDI Service Provider Interface dient dazu, einen eigenen Dienst, der einen Zugriff auf einen Namens- bzw. Verzeichnisdienst bietet, in den Naming Manager zu integrieren und somit Anwendungen zur Verfügung zu stellen.

- **Naming Manager**

  Der Naming Manager verwaltet die verschiedenen Namensanfragen und liefert die passenden Ergebnisse an die jeweilige Anwendung zurück. JNDI stellt den Naming Manager als Vermittler zwischen der JNDI API und dem JNDI SPI zur Verfügung. Er ermöglicht das Erstellen von so genannten **Kontexten**, welche von den Service Providern den Clients zugänglich gemacht werden.

Das folgende Bild D-3 zeigt die Zusammenhänge der einzelnen JNDI-Komponenten.

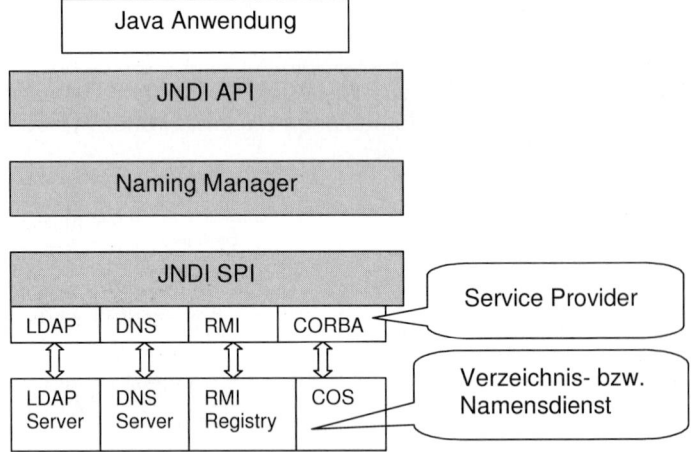

Bild D-3 JNDI- Architektur

Java-Anwendungen können über die JNDI API auf den entsprechenden Namens- bzw. Verzeichnisdienst zugreifen. Der Naming Manager übernimmt dabei die korrekte Zuordnung zwischen dem Client und dem Dienst.

D 2 Kontexte und Namensräume

Mit Namens- und Verzeichnisdiensten eng verbunden ist der Begriff **Kontext**. Alle Operationen auf diese Dienste, wie z.B. Binden, Suchen und Löschen von Objekten, erfolgen relativ zu einem Kontext.

Ein Kontext entspricht einer Menge von Name-Objekt-Bindungen.

Befindet sich ein Kontext relativ zu einem anderen Kontext, so wird von einem so genannten **Subkontext** gesprochen. Dieser Sachverhalt kann am besten am Beispiel eines Dateisystems veranschaulicht werden. Ein Ordner A stellt einen Kontext dar. Enthält der Ordner A einen weiteren Ordner B als Unterverzeichnis, so entspricht der Ordner B ebenfalls einem Kontext und stellt einen Subkontext bezüglich des Kontext von A dar.

Für den Einsatz von JNDI ist weiterhin der Begriff **Namensraum** wichtig.

> Als Namensraum wird die Menge aller möglichen gültigen Namen innerhalb eines Namendienstes bezeichnet. Namensräume dienen vor allem zur Ordnung von Namen innerhalb des Dienstes.

Dabei kann die Anordnung der Namen flach oder hierarchisch sein. Flach bedeutet, dass sich alle Namen auf einer einzigen Ebene befinden. Um sich diesen Ansatz besser vorstellen zu können, kann ein einzelner Ordner betrachtet werden, in dem sich ausschließlich Dateien befinden. Ein hierarchischer Aufbau würde dann dem von Windows bekannten Dateisystem mit verschachtelten Ordnern entsprechen. Hierarchische Namensräume haben den Vorteil, dass durch die Baumstruktur Namen doppelt vorkommen dürfen, da sie relativ zu ihrem Kontext gesehen werden. Weiterhin wird durch die bessere Strukturierung die Lokalisierung von Objekten erleichtert. Als Beispiel sei hier der Domain Name Service[317] (DNS) genannt, welcher die Namen in einer hierarchischen Baumstruktur verwaltet.

Bevor Operationen, wie z.B. Binden, Suchen und Löschen auf einen Namens- oder Verzeichnisdienst ausgeführt werden können, muss ein so genannter **initialer Kontext** festgelegt werden. Dieser definiert den Startpunkt und stellt somit die Wurzel dar, von der aus alle Namensoperationen erfolgen. Die Zugriffe erfolgen anschließend relativ zu diesem Startpunkt. Zugriffe dienen vor allem der Suche nach gewünschten Objekten innerhalb des festgelegten Kontextes oder eines Subkontextes.

D 3 Aufbau von Namen

Der Aufbau von Namen innerhalb eines Namensdienstes muss syntaktischen Regeln entsprechen. Die Namenskonventionen sind vom jeweiligen Service Provider abhängig. Das DNS-System baut beispielsweise seine Namen (Adressen) mittels Punkt . auf. Im Gegensatz dazu werden Verzeichnisstrukturen im UNIX-Dateisystem durch Schrägstriche / getrennt. Weiterhin ist zu beachten, dass selbst die Leserichtung differiert. Hierarchische Adressen werden von rechts nach links gelesen, während Verzeichnispfade genau umgekehrt interpretiert werden.

> Jeder Namensdienst hat eine eigene Namenskonvention. Namen verschiedener Service Provider können sich demnach unterscheiden. Somit kann ein Unterschied in der Syntax, wie z.B. die Leserichtung, die zulässigen Zeichen und verwendete Trennzeichen, vorhanden sein.

---

[317] DNS wird zur Umsetzung von Domainnamen in IP-Adressen und umgekehrt verwendet.

Ebenfalls können Mischformen bei der Namensbildung auftreten. Dies entspricht einer Verknüpfung von mehreren Namensräumen. Das folgende Beispiel zeigt eine URL, die aus einer Adresse und einer Verzeichnisstruktur besteht und betrifft demzufolge die Namensräume des DNS-Systems und eines Dateisystems:

```
foo.bar.com/ordner/datei.html
```

Dabei entspricht `foo.bar.com` einer Adresse und `/ordner/datei.html` einer Dateisystemstruktur.

Namen können sich aus unterschiedlichen Bestandteilen zusammensetzen:

- **Atomarer Name**

  Ein atomarer Name (engl. atomic name) ist ein nicht zerlegbarer Teil eines zusammengesetzten Namens in einem bestimmten Kontext. In obiger URL entspricht z.B. `bar` einem atomaren Namen.

- **Zusammengesetzter Name**

  Ein zusammengesetzter Name (engl. compound name) ist ein Name innerhalb eines Namensraums. Dieser wird aus atomaren Namen hierarchisch aufgebaut. Somit stellen `foo.bar.com` und `/ordner/datei.html` zusammengesetzte Namen dar.

- **Zusammengefasster Name**

  Das Zusammenfassen mehrerer compound names wird als zusammengefasster Name (engl. composite name) bezeichnet. Ein solcher Name besteht somit aus zusammengesetzten Namen verschiedener Namensräume. Die komplette oben beschriebene URL entspricht daher einem composite name.

D 4 Anordnung von Objekten im Namensdienst

Dieses Kapitel befasst sich mit der Speicherung von Objekten in einem Namensdienst, ohne detailliert auf die Implementierung einzugehen. Wie oben bereits erwähnt, werden Objekte in einer Struktur innerhalb eines Dienstes abgelegt. Die Anordnung erfolgt meist in einer hierarchischen Baumstruktur, dessen Einstiegspunkt dem initialen Kontext entspricht.

Jeder Ast im Baum entspricht einem **Subkontext**. Die Blätter stellen die Bindungen zwischen einem Namen und einem Objekt innerhalb eines Kontextes dar.

Für die Bindung der Objekte an einen Namen verwenden die Service Provider eine Map-Implementierung. Der Einsatz einer Map ermöglicht die Zuordnung von Schlüsseln zu Werten. Das JDK stellt durch die Collection-API[318] einige Klassen wie z.B. die Klasse `java.util.Hashtable<K,V>` bereit, die das Interface `Map<K,V>` implementieren. Die Subkontexte werden ebenfalls in dieser Map abgelegt. Bei einer

---

[318] Siehe Kap. 18.

Anfrage muss der Service Provider rekursiv entlang eines Pfades im Baum die Maps der jeweiligen Kontexte durchlaufen, bis das gesuchte Objekt gefunden ist. Zur besseren Illustration dient das Bild D-4:

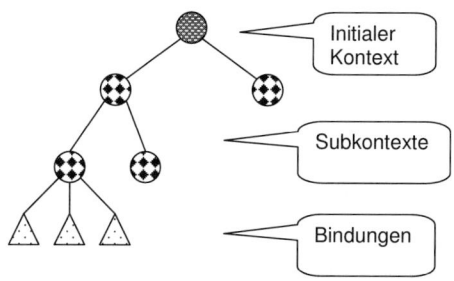

Bild D-4 Hierarchischer Dienst

D 5 Namens- und Verzeichnisdienste in Java verwenden

Das JDK bietet vier Service Provider-Module an, um auf folgende Dienste zuzugreifen:

- Lightweight Directory Access Protocol (LDAP)[319],
- CORBAs Common Object Services (COS),
- DNS-Systeme,
- Java RMI Registry.

Applikations-Server wie z.B. JBoss (siehe Kap. 27) müssen ebenfalls einen Namensdienst bereitstellen. Für den Zugriff auf den Namensdienst bietet der Applikations-Server-Hersteller wiederum eine geeignete Schnittstelle an, die der JNDI-Spezifikation entspricht. Im Folgenden werden die notwendigen Schritte erklärt, um auf einen dieser Namens- bzw. Verzeichnisdienste zugreifen zu können.

Die zentralen Klassen für den Zugriff auf einen Namens- bzw. Verzeichnisdienst stellen die Klassen `javax.naming.InitialContext` bzw. `javax.naming.InitialDirContext` dar. Dabei implementiert die Klasse `InitialContext` das `javax.naming.Context`-Interface und die Klasse `InitialDirContext` die Schnittstelle `javax.naming.DirContext`. Beide Schnittstellen deklarieren Methodenköpfe, die beispielsweise für das Binden und das Auffinden von Objekten benötigt werden. So deklariert das Interface `Context` unter anderem den Methodenkopf

```
void bind (String name, Object obj)
```

mit der das Objekt `obj` innerhalb eines Kontexts an den Namen `name` gebunden wird.

---

[319] LDAP ist ein offenes Netzwerkprotokoll zum Zugriff auf Verzeichnisdienste. LDAP wird vor allem verwendet für Ressourcen-, Benutzer- und Zertifikatsverwaltung.

- Die **Klasse `InitialContext`** stellt den Startpunkt für sämtliche Operationen in einem **Namensdienst** dar.
- Die **Klasse `InitialDirContext`** stellt den Startpunkt für sämtliche Operationen in einem **Verzeichnisdienst** dar.
- Ein **`Context`-Objekt** entspricht einem **Knoten innerhalb** der Struktur **eines Dienstes**.

D 5.1 Zugriff auf einen Namensdienst

Im Folgenden wird davon ausgegangen, dass auf einen Namensdienst zugegriffen wird. Der Zugriff auf einen Verzeichnisdienst erfolgt analog dazu. Anstatt eines Objektes der Klasse `InitialContext` wird dann ein Objekt vom Typ `InitialDirContext` verwendet.

Beim Zugriff auf einen Namensdienst sind nun folgende Schritte durchzuführen:

- Setzen von Parametern für das Erzeugen eines `InitialContext`-Objektes
- Instanziieren eines `InitialContext`-Objektes
- Aufrufen der `lookup()`-Methode, um eine Referenz auf das gewünschte Objekt zu erhalten.

Die konkrete Implementierung des initialen Kontexts wird zur Laufzeit bestimmt. Welche tatsächliche Ausprägung des `Context`-Interfaces für das Instanziieren des `InitialContext`-Objekts von der Laufzeitumgebung gewählt wird, kann über Konfigurationseinstellungen festgelegt werden. In den Einstellungen sind der Service Provider anzugeben, der eine Implementierung zur Verfügung stellt und der Ort, um diesen Dienst zu lokalisieren.

Die Konfigurationseinstellungen werden im Konstruktor der `InitialContext`-Klasse per `Hashtable<K,V>`-Objekt übergeben. Neben der Angabe des zu verwendenden Service Providers können weitere Einstellungen – beispielsweise bezüglich Security oder der zu verwendeten Sprache – gemacht werden. Einige Einstellungen sind wiederum vom verwendeten Service Provider abhängig.

```
Hashtable<String, String> env =
   new Hashtable<String, String>();

env.put (Context.INITIAL_CONTEXT_FACTORY,
   "com.sun.jndi.ldap.LdapCtxFactory");
env.put (Context.PROVIDER_URL,
   "ldap:389//ldap.foo.com");

Context context = new InitialContext (env);
```

Der obige Codeausschnitt benutzt einen Service Provider für den Zugriff auf einen LDAP-Server. Die Provider URL legt fest, unter welcher Adresse der JNDI-Dienst zu finden ist.

Die Konfiguration, um ein `InitialContext`-Objekt zu erstellen, kann über verschiedene Arten erfolgen. Im obigen Codefragment wird ein `Hashtable<String,`

`String>`-Objekt verwendet, um Konfigurationsinformationen zu übergeben. Alternativ dazu können auch so genannte **Systemeigenschaften** gesetzt werden. Das Setzen von Systemeigenschaften kann auf unterschiedliche Weise erfolgen:

- **Setzen im Programmcode:**

  Bevor eine Instanz von `InitialContext` erzeugt wird, sind über die Methode `setProperty()` der Klasse `System` die gewünschten Eigenschaften zu setzen:

  ```
  System.setProperty ("java.naming.factory.initial",
     "com.sun.jndi.ldap.LdapCtxFactory");
  System.setProperty ("java.naming.provider.url",
     "ldap:389//ldap.foo.com");
  ```

  Die beiden Einträge führen zum selben Ergebnis wie bei der Verwendung des obigen `Hashtable<String, String>`-Objektes.

- **Anlegen einer** `jndi.properties`**-Datei:**

  Die Systemeigenschaften können auch in einer Datei mit dem Namen `jndi.properties` abgelegt werden. JNDI liest automatisch diese Datei ein, wenn sie sich innerhalb des Klassenpfades oder im `lib`-Verzeichnis des Java Runtime Environment-Verzeichnisses befindet. Das folgende Beispiel zeigt die Einträge in der `jndi.properties` Datei, um einen CORBA-Namensdienst anzusprechen:

  ```
  java.naming.factory.initial=
     com.sun.jndi.cosnaming.CNCtxFactory
  java.naming.provider.url=iiop://localhost:1050
  ```

- **Setzen beim Programmstart in der Kommandozeile:**

  Als letzte Variante können die Systemeigenschaften beim Starten des Programms über den Schalter `D` gesetzt werden.

  ```
  java -Djava.naming.factory.initial=
     com.sun.jndi.cosnaming.CNCtxFactory
     -Djava.naming.provider.url=iiop://localhost:1050
  ```

Als die beste Variante kann das Setzen der Konfiguration über die `jndi.properties` gesehen werden. Sie ermöglicht eine schnelle und flexible Anpassung aller Clients und wirkt sich nicht auf deren Quellcode aus. Falls eine individuelle Anpassung pro Client notwendig ist, ist das Setzen über die Kommandozeile zu bevorzugen.

Ein Objekt im Kontext wird über die Methode `lookup()` gesucht. Existiert zum angegebenen Namen eine passende Objekt-Bindung, so wird eine Referenz auf das Objekt zurückgegeben:

```
Object object = context.lookup ("name");
```

Zur Ermittlung der durch den Kontext gebundenen Objekte stehen unter anderem die beiden Methoden zur Verfügung:

- `NamingEnumeration<NameClassPair> list (String name):`

  Mit der Methode `list()` werden alle an den Kontext gebundenen Objekte zurückgegeben. Der Rückgabewert ist ein Objekt vom Typ `NamingEnumeration<T>`, welches Referenzen auf `NameClassPair`-Objekte enthält. Ein `NameClassPair`-Objekt beinhaltet den Namen eines Objektes und den Namen der dazugehörigen Klasse.

- `NamingEnumeration<Binding> listBindings (String name):`

  Die Methode `listBindings()` gibt ebenfalls ein `NamingEnumeration`-Objekt zurück. Allerdings referenziert das `NamingEnumeration<T>`-Objekt Objekte vom Typ `Binding`. Die `Binding`-Klasse kapselt den Namen des Objektes, sowie die Referenz auf das Objekt und repräsentiert somit eine Name-Objekt-Bindung.

Zum Ablegen von Objekten in einem bestimmten Kontext können die Methoden

```
void bind (String name, Object obj)
```

bzw.

```
void rebind (String name, Object obj)
```

verwendet werden. Mit `bind()` wird ein Objekt an einen Namen gebunden und eine neue Bindung erzeugt. Falls der Name im Kontext schon vorhanden ist, wird eine Exception vom Typ `javax.naming.NameAlreadyBoundException` geworfen. Die `rebind()`-Methode hingegen überschreibt evtl. vorhandene Bindungen. Beide Methoden bewirken das Speichern des Objekts unter dem angegebenen Namen in der Map des Namensdienstes. Weitere nützliche Methoden des Interfaces `Context` sind:

- `void unbind (String name)`

  Um bestehende Bindungen zu lösen, wird `unbind()` aufgerufen. Dadurch wird der Eintrag in der Map des angesprochenen Kontexts gelöscht.

- `void rename (String alterName, String neuerName)`

  Mit Hilfe der `rename()`-Methode können bestehende Bindungen umbenannt werden. Es wird eine `NameAlreadyBoundException` geworfen, falls ein Objekt schon unter dem neuen Namen gebunden ist.

- `Context createSubcontext (String name)`

  Die `createSubcontext()`-Methode bietet die Möglichkeit, einen Subkontext zu erstellen und diesen an den initialen Kontext oder einen Kontext zu binden, der direkt oder indirekt über das `InitialContext`-Objekt referenziert wird.

Das folgende Beispiel illustriert den Zugriff auf einen JBoss[320]-Namensdienst. Bevor Objekte im Namensdienst abgespeichert werden können, muss der JBoss-

---

[320] Der Applikations-Server JBoss wird in Kapitel 27.7 vorgestellt.

Applikations-Server gestartet werden. Danach kann die JMX[321]-Konsole mittels

```
http://localhost:8080/jmx-console/
```

im Browser angezeigt werden:

JMX Agent View NewYork

ObjectName Filter (e.g. "jboss:*", "*:service=invoker,*") : [   ] [ApplyFilter]

Catalina

- type=Server
- type=StringCache

JMImplementation

- name=Default,service=LoaderRepository
- type=MBeanRegistry
- type=MBeanServerDelegate

jboss

- database=localDB,service=Hypersonic
- name=PropertyEditorManager,type=Service
- name=SystemProperties,type=Service
- partition=DefaultPartition,service=FarmMember
- partitionName=DefaultPartition,service=DistributedReplicantManager
- partitionName=DefaultPartition,service=DistributedState
- readonly=true,service=invoker,target=Naming,type=http
- service=ClientUserTransaction
- service=CorbaNaming
- service=CorbaORB
- service=CorbaTransaction
- service=DefaultPartition
- service=HAJNDI
- service=HASessionState
- service=JNDIView
- service=KeyGeneratorFactory,type=HiLo
- service=KeyGeneratorFactory,type=UUID

Bild D-5 JMX-Konsole

Über den Link `service=JNDIView` kann der interne Namensdienst beobachtet werden. Um sich die Baumstruktur des Namensdienstes anzeigen zu lassen, muss über den Button **invoke**, die `list()`-Methode aufgerufen werden.

List of MBean operations:

---

java.lang.String list( )

Output JNDI info as text

Param	ParamType	ParamValue	ParamDescription
verbose	boolean	⦿True ○False	If true, list the class of each object in addition to its name

[Invoke]

Bild D-6 Aufrufen der `list()`-Methode

---

[321] Siehe Kap. 33 auf der beiligenden CD.

Danach erscheint im Browser der Baum des JBoss-Namensdienstes, wovon in Bild D-7 ein Ausschnitt dargestellt ist. Es ist dort zu erkennen, dass beispielsweise unter dem Namen `topic/testTopic` eine Referenz auf ein Objekt vom Typ `org.jboss.mq.SpyTopic` gebunden ist.

```
+- topic (class: org.jnp.interfaces.NamingContext)
|   +- testDurableTopic (class: org.jboss.mq.SpyTopic)
|   +- testTopic (class: org.jboss.mq.SpyTopic)
|   +- securedTopic (class: org.jboss.mq.SpyTopic)
+- queue (class: org.jnp.interfaces.NamingContext)
|   +- A (class: org.jboss.mq.SpyQueue)
|   +- testQueue (class: org.jboss.mq.SpyQueue)
|   +- ex (class: org.jboss.mq.SpyQueue)
|   +- DLQ (class: org.jboss.mq.SpyQueue)
|   +- D (class: org.jboss.mq.SpyQueue)
|   +- C (class: org.jboss.mq.SpyQueue)
|   +- B (class: org.jboss.mq.SpyQueue)
```

Bild D-7 Baumstruktur des Namensdienstes

Bisher sind noch keine eigenen Name-Objekt-Bindungen innerhalb des JBoss-Namensdienstes erzeugt worden. Die folgende Klasse `JBossClient` bindet zwei Objekte an den JBoss-Namensdienst. Dabei wird ein `String`-Objekt im initialen Kontext unter dem Namen `bindName` abgelegt. Danach wird ein Sub-Kontext bezüglich des initialen Kontext mit dem Namen `subkontext` erzeugt. Darin wird ebenfalls ein String-Objekt unter dem Namen `subkontext/weitererName` gebunden. Für das Binden der Objekte wird dabei stets die Methode `bind()` verwendet. Nach dem Binden werden die Referenzen auf die zuvor gebundenen String-Objekte mittels `lookup()` wieder abgefragt:

```java
// Datei: JBossClient.java

// Im Paket javax.naming liegen die Schnitt-
// stellen und Klassen der JNDI-API
import javax.naming.*;

public class JBossClient
{
   public static void main (String[] args)
   {
      // Es müssen die folgenden vier System-
      // eigenschaften gesetzt werden
      System.setProperty ("java.naming.provider.url",
         "jnp://localhost:1099");
      System.setProperty ("java.naming.factory.initial",
         "org.jnp.interfaces.NamingContextFactory");
      System.setProperty ("java.naming.factory.url.pkgs",
         "org.jboss.naming:org.jnp.interfaces");
      System.setProperty ("jnp.socket.Factory",
         "org.jnp.interfaces.TimedSocketFactory");
      try
      {
         // Der initiale Kontext wird erzeugt
         Context initialerContext = new InitialContext();
         System.out.println ("Initialer Kontext erzeugt\n");
```

```
            // Das String-Objekt, dessen Referenz in der Referenz-
            // variable ref hinterlegt ist, wird unter dem
            // Namen "bindName" im initialen Kontext gebunden.
            String ref = new String ("String-Objekt");
            initialerContext.bind ("bindName", ref);
            System.out.println ("Objekt \"" + ref + "\" unter dem " +
            "Namen " + "\"bindName\" im initialen Kontext gebunden\n");

            // Innerhalb des initialen Kontextes wird ein Sub-
            // Kontext mit dem Namen "subkontext" erzeugt
            Context subContext =
                initialerContext.createSubcontext ("subkontext");
            System.out.println("Sub-Kontext \"subkontext\" erzeugt\n");

            // Es wird dort die ebenfalls eine
            // Name-Objekt-Bindung erzeugt
            ref = new String ("Objekt im Sub-Kontext");
            subContext.bind ("weitererName", ref);
            System.out.println ("Objekt \""+ref+"\" unter dem Namen "+
                "\"weitererName\" im Sub-Kontext gebunden\n");

            // Aus dem initialen Kontext wird nun wieder die Referenz
            // auf das String-Objekt, das dort unter dem Namen bindName
            // bebunden ist, ausgelesen.
            String stringObjekt1 =
                (String) initialerContext.lookup ("bindName");
            System.out.println ("String-Objekt \"" + stringObjekt1 +
              "\" vom initialen Kontext mit \"bindName\" abgefragt\n");

            // Aus dem Sub-Kontext wird nun das unter dem
            // Namen weitererName abgelegte Objekt abgefragt
            String stringObjekt2 =
                (String) subContext.lookup ("weitererName");
            System.out.println ("String-Objekt \"" + stringObjekt2 +
                "\" vom Sub-Kontext mit \"weitererName\" abgefragt\n");

            // Vom initialen Kontext aus ist das im Sub-Kontext
            // "subkontext" gebundene Objekt unter dem Namen
            // subkontext/weitererName erreichbar
            stringObjekt2 = (String) initialerContext.lookup (
                "subkontext/weitererName");
            System.out.println ("String-Objekt \"" + stringObjekt2 +
                "\" vom initialen Kontext mit " +
                "\"subkontext/weitererName\" abgefragt");
        }
    catch (NamingException e)
    {
        System.out.println ("Fehler: " + e.getMessage());
    }
  }
}
```

Die Ausgabe des Programms ist:

```
Initialer Kontext erzeugt

Objekt "String-Objekt" unter dem Namen "bindName" im
initialen Kontext gebunden

Sub-Kontext "subkontext" erzeugt

Objekt "Objekt im Sub-Kontext" unter dem Namen
"weitererName" im Sub-Kontext gebunden

String-Objekt "String-Objekt" vom initialen Kontext mit
"bindName" abgefragt

String-Objekt "Objekt im Sub-Kontext" vom Sub-Kontext mit
"weitererName" abgefragt

String-Objekt "Objekt im Sub-Kontext" vom initialen Kontext
mit "subkontext/weitererName" abgefragt
```

Wird nun erneut der Baum des JBoss-Namensdienstes abgerufen, so ist zu erkennen, dass jetzt unter den beiden Namen `bindName` und `subkontext/weitererName` jeweils ein `String`-Objekt gebunden ist. Das Bild D-8 zeigt wiederum den interessanten Ausschnitt.

```
+- subkontext (class: org.jnp.interfaces.NamingContext)
|   +- weitererName (class: java.lang.String)
+- bindName (class: java.lang.String)
```

Bild D-8 Ausschnitt des Namensdienstes nach Ausführen des Programms

D 5.2 Benutzung von Verzeichnisdiensten

Ein wichtiger Aspekt bei der Organisation von Objekten in Verzeichnisdiensten ist, komplexe Suchanfragen formulieren zu können. Das Interface `DirContext` erweitert das `Context`-Interface um Methoden, die das Suchen von Objekten über Attribute erlauben. Die Attribute werden aus diesem Grund mit Objekten in Bezug gesetzt. Ein Verzeichnisdienst kann somit auch als eine Art Branchenverzeichnis gesehen werden.

Das Interface `javax.naming.directory.Attribute` repräsentiert ein Attribut, welches einem Objekt zugeordnet ist. Falls eine ganze Sammlung von Attributen benötigt wird, kann auf das Interface `javax.naming.directory.Attributes` zurückgegriffen werden.

Um eine Suche im Verzeichnisdienst durchzuführen, muss die `search()`-Methode eines Objektes vom Typ `DirContext` ausgeführt werden. Diese `search()`-Methode ist in mehreren Ausprägungen vorhanden. Generell muss immer der Kontext, in dem gesucht werden soll, übergeben werden. Als Suchkriterien können dann entweder die oben genannten Attribute oder aber reguläre Ausdrücke verwendet werden. Es wird stets ein Objekt vom Typ `javax.naming.Naming-Enumeration<T>` zurückgegeben.

Das folgende Programm soll den beschriebenen Sachverhalt anhand eines Zugriffs auf einen Active Directory[322]-Dienst verdeutlichen. Dabei ist zu beachten, dass die Domain HSA.local vorliegt, in welcher der Benutzer mit dem Namen "Daniel Förster" eingetragen ist. Sowohl die Domäne als auch der Benutzer werden durch Knoten – also Kontexte – im Namensdienst abgespeichert. Die Kontexte für die Benutzer befinden sich unterhalb der Domainen-Kontexte:

```java
// Datei: ActiveDirectoryClient.java

import java.util.Hashtable;
import javax.naming.*;
import javax.naming.directory.*;

public class ActiveDirectoryClient
{
   public static void main (String[] args)
   {
      Hashtable<String, String> env =
         new Hashtable<String, String>();
      env.put (Context.INITIAL_CONTEXT_FACTORY,
      "com.sun.jndi.ldap.LdapCtxFactory");
      env.put (Context.PROVIDER_URL, "ldap://192.168.0.203:389");
      env.put (Context.SECURITY_AUTHENTICATION, "simple");
      env.put (Context.SECURITY_PRINCIPAL, "HSA\\Daniel");
      env.put (Context.SECURITY_CREDENTIALS, "passwort");

      try
      {
         DirContext context = new InitialDirContext (env);

         //     Alle Attribute von
         // Daniel Förster.Users.HSA.local ausgeben.
         System.out.println ("Der Knoten Daniel Förster.Users." +
            "HSA.local besitzt die Attribute:");
         Attributes alleAttribute = context.getAttributes
            ("cn=Daniel Förster,cn=Users,dc=HSA,dc=local");

         NamingEnumeration attributeEnum =
            alleAttribute.getAll();

         while (attributeEnum.hasMore())
         {
            Attribute attr = (Attribute) attributeEnum.next();
            System.out.print ("\n" + attr.getID());

            NamingEnumeration values = attr.getAll();
            while (values.hasMore())
            {
               // Ausgabe der Attribut-Werte wird aus
               // Übersichtlichkeitsgründen weggelassen.
               values.next();
            }
         }
```

---

[322] Active Directory ist ein Verzeichnisdienst von Microsoft Windows 2000/2003 Server, wo Informationen über das Netzwerk wie Benutzer, Gruppen und Computer gespeichert werden können.

```java
        System.out.println ("\n\nSuche über regulären " +
            "Ausdruck in Subkontexten von HSA.local:");

        SearchControls cons = new SearchControls();
        cons.setSearchScope (SearchControls.SUBTREE_SCOPE);

        NamingEnumeration<SearchResult> suchErgebnisseReg =
        context.search ("dc=HSA,dc=local",
            "(&(objectclass=user)(cn=Daniel Förster))",
            cons);
        ActiveDirectoryClient.ausgabe (suchErgebnisseReg);

        System.out.println("\nSuche über " +
            "Attribut-Klassen im Kontext " +
            "Users.HSA.local:");

        DirContext sub =
            (DirContext) context.lookup
            ("cn=Users,dc=HSA,dc=local");
        Attributes matchingAttribute = new BasicAttributes();
        matchingAttribute.put
            (new BasicAttribute ("objectclass", "user"));
        matchingAttribute.put
            (new BasicAttribute ("cn", "Daniel Förster"));
            NamingEnumeration<SearchResult> suchErgebnisse =
                sub.search ("", matchingAttribute);

        ActiveDirectoryClient.ausgabe (suchErgebnisse);
    }
    catch (NamingException e)
    {
        e.printStackTrace();
    }
}

public static void ausgabe (
    NamingEnumeration<SearchResult> suchErgebnisse)
{
    try
    {
        while (suchErgebnisse.hasMoreElements())
        {
            SearchResult suchErgebnis =
                suchErgebnisse.next();

            Attributes attribute =
                suchErgebnis.getAttributes();
            Attribute benutzer =
                attribute.get ("userPrincipalName");
            Attribute benutzerGruppe =
                attribute.get ("primaryGroupID");
            Attribute accountVerfall =
                attribute.get ("accountExpires");

            System.out.println ("Benutzer: " +
                benutzer.get());
```

```
                  System.out.println ("Der Benutzer gehört" +
                     "zur Gruppe mit der ID: " +
                     benutzerGruppe.get());
                  System.out.println ("Account verfällt: " +
                     accountVerfall.get() +
                     " Sekunden nach dem 1.1.1970");
            }
      }
      catch (NamingException e)
      {
            e.printStackTrace();
      }
   }
}
```

Die Ausgabe des Programms ist:

```
Der Knoten Daniel Förster.Users.HSA.local besitzt die
Attribute:

displayName
givenName
. . . . .
name

Suche über regulären Ausdruck in Subkontexten von
HSA.local:
Benutzer: daniel@HSA.local
Der Benutzer gehört zur Gruppe mit der ID: 513
Account verfällt: 9223372036854775807 Sekunden nach dem
1.1.1970

Suche über Attribut-Klassen im Kontext Users.HSA.local:
Benutzer: daniel@HSA.local
Der Benutzer gehört zur Gruppe mit der ID: 513
Account verfällt: 9223372036854775807 Sekunden nach dem
1.1.1970
```

Zuerst werden Einstellungen für den Zugriff auf den Active Directory-Verzeichnisdienst gemacht. Als Anmelde-Account wird der Benutzer Daniel der Domaine `HSA` und dessen Passwort verwendet. Danach werden alle Attribute des Knoten `Daniel Förster.Users.HSA.local` ausgegeben. Zu beachten ist, dass hier die Leserichtung von rechts nach links erfolgt. Zum Schluss wird über zwei verschiedene Arten nach dem Benutzer Daniel Förster gesucht. Das Attribut `cn` (engl. common name) steht für einen vollständigen Benutzernamen und repräsentiert daher einen Knoten, der sich im Baum unterhalb eines Domänen-Knoten befindet. Knoten, die Domänen abbilden, verwenden das Attribut `dc`. Daher besitzt sowohl der Knoten für die Domäne `local` als auch der Knoten für die Subdomäne `HSA` dieses Attribut. Der gesuchte Benutzer ist innerhalb des Active Directory als `user` gekennzeichnet. Daher muss für das Attribut `objectclass` der Wert `user` angegeben werden.

Als Erstes erfolgt die Suche von der Wurzel aus über einen regulären Ausdruck. Mit `cons.setSearchScope (SearchControls.SUBTREE_SCOPE)` wird festgelegt, dass nicht nur der Kontext (Knoten) selber, sondern auch dessen Subkontexte, also auch die untergeordneten Knoten im Baum, durchsucht werden sollen.

Die Suche unter Verwendung des `Attribute`-Interfaces bezieht sich lediglich auf den gewählten Kontext. Daher muss mittels

```
context.lookup ("cn=Users,dc=HSA,dc=local")
```

zunächst im Baum zum Kontext `Users` navigiert werden, bevor die `search()`-Methode aufgerufen wird. Anschließend kann dann nach dem Eintrag für `Daniel Förster` gesucht werden.

Wenn der gesuchte Benutzer in der Domaine vorhanden ist, werden sein Domain-Name, die ID seiner Gruppe und die Zeit, wann sein Benutzer-Account abläuft, ausgegeben. Die Daten für den Benutzer sind zweimal zu sehen, da der gesuchte Benutzer über beide Sucharten gefunden wurde.

Anhang E Annotations

Neben `javadoc` gibt es seit dem JDK 5.0 eine weitere Möglichkeit, so genannte **Metadaten** direkt im Quellcode zu integrieren, die so genannten **Annotations**. Metadaten – oder so genannte beschreibende Daten – sind Daten, die Informationen über andere Daten enthalten. Die Metadaten eines Buches beispielsweise, sind der Name des Autors oder der Name des Verlags. Annotations ermöglichen neben dem Kommentieren das automatische Generieren von Code. Außerdem können Annotations zur Laufzeit zur Verfügung stehen und beispielsweise mit Hilfe der Java Reflection[323] API ausgewertet werden. Dabei ermöglicht es die Java Reflection API unter anderem, den Aufbau von Java-Typen wie beispielsweise Klassen oder Schnittstellen zur Laufzeit zu untersuchen.

In der Praxis werden Annotations hauptsächlich im Enterprise-Bereich verwendet, um beispielsweise automatisiert eine Datei mit SQL-Befehlen erzeugen zu lassen oder um sicherheitskritische Funktionen als solche zu markieren. Zur Laufzeit kann dann geprüft werden, ob ein Client, der die Funktion aufrufen möchte, die benötigte Berechtigung dazu besitzt.

Seit der Enterprise JavaBeans 3.0[324]-Spezifikation können alternativ zu den Deployment-Deskriptoren, welche unter anderem für die Konfiguration der Enterprise JavaBeans benötigt werden, nun auch Annotations eingesetzt werden. Der Programmierer hat durch den Einsatz von Annotations die Möglichkeit, die umständliche und komplizierte Handhabung der Deployment-Deskriptoren zu umgehen. Es wird somit das von Sun favorisierte **Ease of Development** vorangetrieben, dessen Ziel es ist, Strategien und Techniken zu entwickeln, die dem Programmierer die Entwicklung von Programmen vereinfacht.

Annotations sind streng genommen spezielle Java-Schnittstellen, die mit einem @-Zeichen definiert werden. So wird eine Annotation beispielsweise mit

```
public @interface MeineAnnotation {}
```

definiert. Mit Annotations können dann unter anderem Pakete, Klassen, Konstruktoren, Methoden oder Datenfelder markiert werden, beispielsweise:

```
@MeineAnnotation
public class AnnotierteKlasse { . . . . . }
```

Annotations können weiterhin Attribute besitzen, die entweder mit Standardwerten vorbelegt sind oder die bei der Anwendung der Annotation mit eigenen Werten initialisiert werden müssen.

E 1 Annotations der Java Standard Edition

Seit dem JDK 5.0 existieren in der Java Standard API insgesamt sieben vordefinierte Annotations. Diese werden in so genannte **Standard-Annotations** und in **Meta-Annotations** aufgeteilt. Mit Standard-Annotations können direkt Elemente wie

---

[323] Siehe Kap. 31 auf der beiliegenden CD.
[324] Siehe Kap. 27.

Klassen, Methoden oder Datenfelder dekoriert werden. Meta-Annotations hingegen werden dazu verwendet, benutzerdefinierte Annotations zu erstellen. Somit können mit Meta-Annotations nur Annotations, aber keine anderen Elemente wie Klassen oder Datenfelder markiert werden:

Es gibt die folgenden drei Standard-Annotations:

- `@java.lang.Deprecated`

  Mit `@Deprecated` können Elemente markiert werden, die nicht mehr verwendet werden sollen, weil sie veraltet sind. Wird ein solches Element trotzdem benutzt, gibt der Compiler eine Warnung aus.

- `@java.lang.Override`

  Eine mit `@Override` markierte Methode weist den Compiler darauf hin, dass eine Methode der Vaterklasse überschreiben wird. Für den Fall, dass eine mit `@Override` markierte Methode keine Methode der Vaterklasse überschreibt, wird vom Compiler eine Fehlermeldung ausgegeben.

- `@java.lang.SupressWarnings`

  Mit `@SupressWarnings` können Warnungen des Compilers unterdrückt werden. Wird beispielsweise eine Methode verwendet, die durch `@Deprecated` markiert ist, kann durch `@SupressWarnings` die Warnung des Compilers unterdrückt werden.

Weiterhin sind folgende Meta-Annotations verfügbar:

- `@java.lang.annotation.Documented`

  Eine durch `@Documented` markierte Annotation wird bei der Erzeugung der Dokumentation durch `javadoc` berücksichtigt.

- `@java.lang.annotation.Inherited`

  Eine durch `@Inherited` markierte Annotation wird automatisch vererbt. Für den Fall, dass ein Element mit einer Annotation markiert wird, welche wiederum mit `@Inherited` annotiert ist, wird das Element auch in allen Sohnklassen mit dieser Annotation markiert.

- `@java.lang.annotation.Retention`

  `@Retention` legt die Gültigkeit der Annotation fest. Die Annotation `@Retention` besitzt das Attribut `value` vom Typ `java.lang.annotation.Retention-Policy`, das bei der Verwendung der Annotation gesetzt werden muss. `RetentionPolicy` ist ein Aufzählungstyp und definiert die folgenden Aufzählungskonstanten:

  - SOURCE: Der Compiler entfernt die Annotation. Sie entspricht in ihrer Wirkung einem Kommentar.

- CLASS: Die Annotation wird in die class-Datei aufgenommen, aber nicht von der virtuellen Maschine geladen. Damit ist der Zugriff zur Laufzeit nicht möglich (Standardeinstellung).

- RUNTIME: Die Annotation wird in die class-Datei aufgenommen und von der virtuellen Maschine geladen. Damit ist der Zugriff auf die Annotation zur Laufzeit möglich.

So steht der Code einer Annotation, die mit

```
@Retention (value = RetentionPolicy.RUNTIME)
```

annotiert wurde, auch zur Laufzeit zur Verfügung und kann mit Hilfe der Java Reflection API ausgewertet werden.

- **@java.lang.annotation.Target**

  Durch @Target wird festgelegt, welche Elemente – z.B. Klassen, Methoden oder Datenfelder – mit der zu definierenden Annotation markiert werden können. Dazu werden dem Attribut value durch ein Array beliebig viele Aufzählungskonstanten vom Typ java.lang.annotation.ElementType übergeben. Soll beispielsweise die Annotation @MeineAnnotation dazu dienen, Konstruktoren und Methoden zu markieren, so muss Folgendes geschrieben werden:

  ```
  @Target (value={ElementType.CONSTRUCTOR, ElementType.METHOD})
  public @interface MeineAnnotation { . . . . . }
  ```

Durch den Aufzählungstyp ElementType werden neben den oben verwendeten Aufzählungskonstanten CONSTRUCTOR und METHOD noch weitere Konstanten wie beispielsweise PACKAGE, ANNOTATION_TYPE oder FIELD deklariert.

Mit dem JDK 6.0 sind weitere vordefinierte Annotations eingeführt worden, die sich in den Paketen javax.lang.annotation und javax.lang.annotation.processing befinden. Sie werden unter anderem für die Entwicklung von Programmen eingesetzt, die ein automatisiertes Auslesen von Annotations aus dem Quellcode ermöglichen. Diese Annotations bilden die so genannte **Pluggable Annotation Processing API**, auf die jedoch nicht weiter eingegangen wird.

E 2 Eigene Annotations definieren

Neben den vordefinierten Annotations können, wie bereits erwähnt, auch eigene Annotations definiert werden. Dazu sind folgende Schritte nötig:

- **Annotation definieren mit** @interface

  Die Definition einer Annotation entspricht der Definition eines Interfaces, wobei dem **Schlüsselwort interface** zusätzlich ein @-Zeichen vorangestellt wird.

- **Funktionsweise und Verhalten festlegen**

  Die Funktionsweise und das Verhalten der Annotation werden über die oben genannten Meta-Annotations beschrieben.

- **Attribute definieren**

  Annotations können Attribute besitzen. Für jedes Attribut, das die Annotation besitzen soll, wird eine Methode mit entsprechendem Rückgabetyp erzeugt. Der Name des Attributs entspricht dabei dem Namen der Methode.

- **Standardwerte der Attribute festlegen**

  Optional können Standardwerte für ein Attribut angegeben werden. Dazu wird das Schlüsselwort `default`, gefolgt von dem Standardwert an den Methodennamen angehängt. Alle Attribute, denen bei der Definition kein Standardwert zugewiesen wurde, müssen bei der Verwendung der Annotation mit einem Wert initialisiert werden.

Beim Übersetzen des Quellcodes der Annotation wird die Annotation automatisch vom Interface `java.lang.annotation.Annotation` abgeleitet. Aus der Definition

```
public @interface MeineAnnotation
```

wird vom Compiler somit folgender Code generiert:

```
public interface MeineAnnotation
    extends Annotation
```

Bitte beachten Sie, dass Schnittstellen, die ein Programmierer selbst von der Schnittstelle `Annotation` ableitet, keine Annotations darstellen. Eine Annotation muss also immer mit dem Schlüsselwort `@interface` definiert werden.

Die Definition einer Annotation soll an einem Beispiel gezeigt werden. In einem Software-Unternehmen soll den Entwicklern die Möglichkeit gegeben werden, zu Konstruktoren und Methoden Notizen hinzuzufügen, die später mit Hilfe der Java Reflection[325] API ausgewertet werden können. Zu diesem Zweck wird die Annotation `NotizAnnotation` definiert:

```
// Datei: NotizAnnotation.java

// Die verwendeten Meta-Annotations @Target und @Retention
// sowie die Aufzählungstypen ElementType und RetentionPolicy
// befinden sich im Paket java.lang.annotation
import java.lang.annotation.*;

// Die Annotation @NotizAnnotation wird mit @Target annotiert,
// wobei dem Attribut value die Aufzählungskonstanten CONSTRUCTOR
// und METHOD übergeben werden. Somit dürfen mit der Annotation
// @NotizAnnotation nur Konstruktoren und Methoden annotiert werden.
// Kommentiert man mit der Annotation @NotizAnnotation beispiels-
// weise eine Klasse, so wird vom Compiler ein Fehler generiert.
@Target (value={ElementType.CONSTRUCTOR,ElementType.METHOD})
```

---

[325] Siehe Kap. 31 auf der beiliegenden CD.

```
// Die Annotation NotizAnnotation soll zur Laufzeit verfügbar sein.
// Damit wird eine Auswertung der Methoden oder Konstruktoren, die
// mit @NotizAnnotation annotiert sind, zur Laufzeit ermöglicht.
@Retention (RetentionPolicy.RUNTIME)

// Die Annotation @NotizAnnotation wird nun mit dem Schlüsselwort
// interface mit vorangestelltem @-Zeichen definiert.
public @interface NotizAnnotation
{
   // Die Annotation NotizAnnotation besitzt zwei Attribute.
   // Das Attribut entwickler wird mit dem Standardwert "Unbekannt"
   // belegt. Das bedeutet, dass das Attribut bei der Verwendung der
   // Annotation @NotizAnnotation nicht gesetzt werden muss.
   String entwickler() default "Unbekannt";

   // Dem Attribut notiz hingegen wird kein Standardwert mitgegeben.
   // Die Konsequenz ist, dass es bei der Verwendung der Annotation
   // @NotizAnnotation vom Programmierer gesetzt werden muss, da
   // sonst ein Compiler-Fehler ausgegeben wird.
   String notiz();
}
```

In der Klasse `AnnotationTest` werden nun die dort definierten Konstruktoren und Methoden mit der Annotation `@NotizAnnotation` markiert. In der Methode `main()` werden dann mit Hilfe der Java Reflection API die definierten Konstruktoren und Methoden der Klasse `AnnotationTest` abgefragt und untersucht, ob diese mit der Annotation `@NotizAnnotation` versehen sind:

```
// Datei: AnnotationTest.java

// Es wird zur Untersuchung, ob ein Konstruktor oder eine Methode
// mit der Annotation @NotizAnnotation markiert ist, die Java
// Reflection API verwendet, die sich im Paket java.lang.reflect
// befindet.
import java.lang.reflect.*;

// Der Versuch, die Klasse direkt mit der Annotation @Notiz-
// Annotation zu markieren, würde vom Compiler abgelehnt werden!
public class AnnotationTest
{
   // Auch eine Instanzvariable kann nicht mit der Annotation
   // @NotizAnnotation markiert werden, weil bei der Definition
   // von @NotizAnnotation durch @Target angegeben wurde, dass
   // diese Annotation nur an Konstruktoren und Methoden stehen
   // darf.
   private Integer instanzVariable;

   // Hier kann @NotizAnnotation stehen. Bitte beachten Sie, dass
   // nach der schließenden runden Klammer der Annotation kein
   // Semikolon stehen darf
   @NotizAnnotation (
      entwickler = "Will Bates",
      notiz = "Dieser Konstruktor ist noch " +
              "nicht vollständig implementiert."
   )
```

```
public AnnotationTest (Integer init)
{
}

// Die Methode testMethode() wird mit @NotizAnnotation
// markiert, wobei nur das Attribut Notiz gesetzt wird.
@NotizAnnotation (
   notiz = "Diese Methode muss noch verbessert werden"
)
public void testMethode()
{
   // nicht relevant
}

// Eine Methode mit @NotizAnnotation zu markieren, ohne ein
// Attribut zu setzen, wird vom Comiler abgelehnt, weil
// mindestens das Attribut notiz belegt werden muss.
// @NotizAnnotation
public void andereTestMethode()
{
   // nicht relevant
}

public static void main (String[] args)
{
   // Die Java Reflection API arbeitet stets mit dem Class<T>-
   // Objekt, das für jeden instantiierten Typ in der virtuellen
   // Maschine vorhanden ist.
   Class<AnnotationTest> testClassObj = AnnotationTest.class;

   // Das Class<T>-Objekt der Annotation @NotizAnnotation
   // wird auch benötigt.
   Class<NotizAnnotation> notizAnnoClass = NotizAnnotation.class;

   // Die Klasse Class<T> stellt die Methode getMethods() zur
   // Verfügung. Beim Aufruf auf einem Class<T>-Objekt wird eine
   // Referenz auf ein Array von Objekten vom Typ Method zurück-
   // geliefert. Jedes Method-Objekt repräsentiert dann eine
   // Methode, die in der Klasse AnnotationTest definiert ist.
   Method[] definierteMethoden = testClassObj.getMethods();

   System.out.println ("Annotierte Methoden:");
   for(Method methode : definierteMethoden)
   {
      // Mit der Methode isAnnotationPresent() der Klasse Method
      // wird überprüft, ob die repräsentierte Methode mit der
      // Annotation versehen ist, von der eine Referenz auf ihr
      // Class<T>-Objekt beim Aufruf übergeben wird. Es wird hier
      // die Referenz auf das Class<T>-Objekt der Annotation
      // @NotizAnnotation übergeben
      if (methode.isAnnotationPresent (notizAnnoClass))
      {
         System.out.println ("Die Methode \""+methode.toString()+
            "\" ist mit einer Notiz versehen:");
         // Eine Referenz auf die Annotation kann dann über die
         // Methode getAnnotation() der Klasse Method beschafft
         // werden.
```

```
            NotizAnnotation annotation =
               methode.getAnnotation (notizAnnoClass);

            // Auf die definierten Attribute der Annotation greift
            // man über deren Namen mit nachgestellten runden
            // Klammern zu.
            System.out.println ("Der Entwickler \"" +
               annotation.entwickler() + "\" notiert: " +
               annotation.notiz());
         }
      }

      // Es werden nun die Konstruktoren untersucht
      System.out.println("\nAnnotierte Konstruktoren: ");
      Constructor[] definierteKonstruktoren =
         testClassObj.getConstructors();

      for(Constructor konstruktor : definierteKonstruktoren)
      {
         if (konstruktor.isAnnotationPresent (notizAnnoClass))
         {
            System.out.println ("Der Konstruktor \"" +
               konstruktor.toString() +
               "\" ist mit einer Notiz versehen:");

            NotizAnnotation annotation =
               konstruktor.getAnnotation (notizAnnoClass);
            System.out.println ("Der Entwickler \"" +
               annotation.entwickler() +
               "\" notiert: " + annotation.notiz());
         }
      }
   }
}
```

Die Ausgabe des Programms ist:

```
Annotierte Methoden:
Die Methode "public void AnnotationTest.testMethode()" ist
mit einer Notiz versehen:
Der Entwickler "Unbekannt" notiert: Diese Methode muss noch
verbessert werden

Annotierte Konstruktoren:
Der Konstruktor "public AnnotationTest(java.lang.Integer)"
ist mit einer Notiz versehen:
Der Entwickler "Will Bates" notiert: Dieser Konstruktor ist
noch nicht vollständig implementiert.
```

Bei der Verwendung einer Annotation müssen für alle ihre Attribute Werte angegeben werden, wenn die Attribute nicht in der Definition der Annotation mit Standardwerten belegt sind.

Neben den zuvor verwendeten Klassen `Method` und `Constructor` der Java Reflection API sind dort weitere Klassen wie beispielsweise `Field` oder `Array` definiert, die zur Untersuchung der entsprechenden Elemente dienen. All diese Klassen implementieren unter anderem das Interface `java.lang.reflect.Annotated-Element`, das insgesamt folgende vier Methodenköpfe für die Untersuchung von an den Elementen angeschriebenen Annotations deklariert:

- `<T extends Annotation> T getAnnotation (`
    `Class<T> annotationClass)`

    Der Aufruf dieser Methode gibt eine Referenz auf das `Annotation`-Objekt zurück, dessen `Class<T>`-Objekt übergeben wurde. Wird die Methode beispielsweise auf einer Referenz auf ein Objekt vom Typ `Method` aufgerufen und die repräsentierte Methode ist nicht mit der gesuchten Annotation markiert, so gibt der Aufruf der Methode `getAnnotation()` `null` zurück.

- `boolean isAnnotationPresent (`
    `Class<? extends Annotation> annotationClass)`

    Der Aufruf dieser Methode gibt `true` zurück, wenn das Element mit der durch `annotationClass` spezifizierten Annotation versehen ist, ansonsten `false`. Die übergebene Referenz auf das `Class<T>`-Objekt muss dabei einen Typ repräsentieren, der das Interface `Annotation` implementiert.

- `Annotation[] getAnnotations()`

    Diese Methode gibt alle Annotations zurück, mit denen das Element versehen ist. Dazu gehören auch alle geerbten Annotations.

- `Annotation[] getDeclaredAnnotations()`

    Diese Methode ist ähnlich zu der Methode `getAnnotations()`. Es werden beim Aufruf der Methode allerdings keine geerbten Annotations zurückgegeben.

Begriffsverzeichnis

Abstraktion

Abstraktion ist immer damit verbunden, dass man sich mit dem **Wesentlichen** befasst und die unwesentlichen Dinge gedanklich weglässt. Die Abstraktion bei einem Objekt befasst sich mit der Festlegung des nach außen sichtbaren Verhaltens eines Objekts, d.h. mit der Definition der von außen aufrufbaren Methoden eines Objekts.

Abstrakte Basisklasse

Eine **Abstrakte Basisklasse** dient zur Abstraktion in einer Klassenhierarchie. Von einer abstrakten Basisklasse werden **keine Objekte gebildet**.

Aggregation

Bei der **Aggregation** enthält ein Objekt eine **Referenz auf ein anderes Objekt**. Über die Referenz "enthält" das "Groß-Objekt" (aggregierendes Objekt) ein "Klein-Objekt" (aggregiertes Objekt). Das aggregierte Objekt kann auch weiterleben, wenn das aggregierende Objekt vernichtet wird.

Applet

Ein **Applet** ist ein kleines Programm, das in einer Web-Seite läuft.

Array

Ein **Array** ist eine Datenstruktur, die aus Komponenten aufgebaut ist. Das Besondere an einem Array ist, dass **alle Komponenten denselben Datentyp** besitzen müssen. Über einen Array-Index kann gezielt auf eine bestimmte Komponente des Arrays zugegriffen werden.

Basisklasse

siehe **Superklasse**

Bibliotheksklasse

Eine **Bibliotheksklasse** ist eine Klasse, welche durch die Java-API, d.h. durch die Klassenbibliothek des Java Development Kits, zur Verfügung gestellt wird.

Bindung

Wird eine Methode aufgerufen, so ist der entsprechende Programmcode der Methode, d.h. der Methodenrumpf, auszuführen. Die **Zuordnung des Methodenrumpfes zum Aufruf der Methode**, d.h. dem Methodenkopf, nennt man Bindung.

Bindung, frühe (statische)

Bei der **frühen Bindung** erfolgt die Zuordnung des Methodenrumpfes zum Methodenkopf der Aufrufstelle **zur Kompilierzeit**.

Bindung, späte (dynamische)

Bei der **späten Bindung** erfolgt die Zuordnung des Methodenrumpfes zum Methodenkopf der Aufrufstelle **zur Laufzeit** des Programms.

Bit

Binärziffer, d.h. Ziffer, die die Werte 0 oder 1 annehmen kann (engl. bit = **bi**nary dig**it**).

Block

Ein **Block** ist eine besondere Anweisung. Ein Block **kann keine, eine oder mehrere Anweisungen enthalten**, die in der Reihenfolge, wie sie notiert sind, abgearbeitet werden. Von der Syntax der Sprache her zählt ein Block wie eine einzige Anweisung. Damit ist der Block ein elegantes Hilfsmittel an Programmstellen, an denen die Syntax der Sprache nur eine einzige Anweisung zulässt, tatsächlich aber mehrere Anweisungen erforderlich sind.

Browser
Ein **Browser** ist ein **Werkzeug**, um durch hierarchische Strukturen wie z.B. eine Verzeichnisstruktur auf einer Festplatte durchzulaufen (zu navigieren). Im Falle des Internets dient ein Browser **zur Navigation** durch das Internet und zur Darstellung der gefundenen Web-Seiten.

Byte
Ein **Byte** stellt eine Folge von 8 zusammengehörigen Bits dar.

Casten
Ein Wert eines bestimmten Datentyps wird in einen anderen Datentyp gewandelt (**Typkonvertierung**). Hierzu ist eine Typverträglichkeit erforderlich.

Datenfeld
Ein **Datenfeld** ist eine Komponente einer Klasse bzw. eines Objektes, die einen Wert oder eine Referenz aufnehmen kann.

Datentyp
Ein **Datentyp** ist der **Bauplan für** eine **Variable**. Der Datentyp legt fest, welche Operationen auf einer Variablen möglich sind und wie die Darstellung (Repräsentation) der Variablen im Speicher des Rechners erfolgt. Mit der Darstellung wird festgelegt, wie viele Bytes die Variable im Speicher einnimmt und welche Bedeutung ein jedes Bit dieser Darstellung hat.

Datentyp, abstrakt
Ein **abstrakter Datentyp** wird spezifiziert durch die Festlegung seiner Operationen, die öffentlich bekannt sind. Die Darstellung des Typs und die Implementierung der Operationen kennt nur der Ersteller des Typs, dem Benutzer des Typs sind sie verborgen.

Datentyp, einfacher
Ein **einfacher Datentyp** ist ein Bauplan für **einfache Variablen**. Das sind Variablen, die atomar sind und nur einen einzigen Wert tragen können.

Datentyp, selbst definiert
Selbst definierte Datentypen sind dem Compiler standardmäßig nicht bekannt. Wenn die Programmiersprache hierfür die Sprachmittel anbietet, so ist es dem Programmierer möglich, eigene Datentypen zu erfinden, die für die Modellierung einer Anwendung von Bedeutung sind, und diese dem Compiler bekannt zu machen. Java bietet hierfür das Sprachkonstrukt der Klasse (`class`).

Default-Konstruktor
Ein **Default-Konstruktor** ist eine Konstruktor ohne Übergabeparameter.

Definition
Eine **Definition** einer Variablen umfasst die Deklaration und das Anlegen der Variable. Eine Definition einer Methode und einer Klasse umfasst die Deklaration und das Festlegen des Methodenrumpfes bzw. des Klassenrumpfes.

Deklaration	Eine **Deklaration** gibt dem Compiler einen Typ und zugehörigen Namen an, wie z.B. bei der Deklaration einer Variablen oder einer Klasse.
Exception	Eine **Exception** ist eine Ausnahme. In Java werden Exceptions als Klassen modelliert. Tritt eine Ausnahme im Programm auf, so wird ein Objekt einer Exception „geworfen", d.h. vom Anwendungsprogramm an die virtuelle Maschine gegeben, die dann im Anwendungsprogramm nach einem Exception Handler sucht, der in der Lage ist, auf die Exception zu reagieren.
Exemplar	siehe **Objekt**
Gültigkeit	Die **Gültigkeit** einer Variablen bedeutet, dass an einer Programmstelle der Namen einer Variablen dem Compiler durch eine Vereinbarung bekannt ist.
Hauptprogramm	Mit dem **Hauptprogramm** beginnt ein klassisches Programm seine Ausführung. In der Programmiersprache C heißt das Hauptprogramm `main()`. In Anlehnung daran beginnt eine Java-Anwendung ihre Ausführung bei der Methode `main()` einer Startklasse.
Information Hiding	Die Daten eines Objekts können im Idealfall nur durch die Methoden des Objekts selbst manipuliert werden. Sie sind also nach außen nicht direkt sichtbar und sind damit verborgen. Ein solches Objekt tritt mit seiner Umwelt im Idealfall nur über **wohldefinierte Schnittstellenmethoden** in Kontakt. Die Implementierungseigenschaften der Klasse, d.h. die Struktur der Datenfelder, die Methodenrümpfe und private Hilfsmethoden sind ein Implementierungsgeheimnis. Nur die Schnittstellenmethoden und ihre Parameter werden offen gelegt.
Initialisierung	Der Vorgang der **Initialisierung** dient dazu, Variablen mit definierten **Anfangswerten** zu versehen.
Instantiierung	Unter **Instantiierung** versteht man das Erzeugen einer **Instanz einer Klasse** gemäß dem Bauplan der Klasse. Bei der Instantiierung wird eine Instanz der Klasse, mit anderen Worten ein **Exemplar** der Klasse oder **Objekt** im Arbeitsspeicher **erzeugt**.
Instanz	siehe **Objekt**
Instanzmethode	Eine **Instanzmethode** kann nur direkt für eine Instanz (ein Objekt) aufgerufen werden. Eine Instanzmethode arbeitet auf den Datenfeldern des Objektes, den Instanzvariablen, kann aber auch auf Klassenvariablen zugreifen.
Instanzvariable	Eine **Instanzvariable** eines Objektes besitzt den in der Klasse angegebenen Namen und Typ und hat grundsätzlich **für jedes Objekt einen individuellen Wert**. So hat beispielsweise jedes Objekt der Klasse `ZweidimensionalerPunkt` seine individuellen Koordinaten `x` und `y`.

Iteration	Bei einer **Iteration** wird ein Verarbeitungsschritt mehrmals hintereinander ausgeführt.
Java-Anwendung	Zu einer **Java-Anwendung** gehört eine Methode `main()`. In der Methode `main()` werden Objekte geschaffen und Methoden aufgerufen.
Java-Plattform	Eine **Plattform** ist die Kombination von Betriebssystem und zugehöriger Rechner-Hardware.
JDK	Das **J**ava **D**evelopment **K**it stellt eine Entwicklungsumgebung dar, die aus Werkzeugen wie Compiler und Interpreter besteht, und darüber hinaus alle Klassen der Java-Klassenbibliothek bereit stellt.
Kapselung	Daten und die Methoden, die auf ihnen arbeiten, werden nicht mehr getrennt wie in der klassischen Programmierung, sondern als Einheit betrachtet – **Daten und Methoden** sind zusammen **in einer Kapsel**. Sie verschmelzen zu einem Objekt. Diese Kapselung ist eines der wichtigsten Konzepte der objektorientierten Programmierung.
Klasse (class)	Eine **Klasse** bildet ein Objekt der realen Welt in ein Schema ab, das der Compiler versteht, wobei ein Objekt z.B. ein Haus, ein Vertrag oder eine Firma sein kann - also prinzipiell jeder Gegenstand, der für einen Menschen eine Bedeutung hat und den er sprachlich beschreiben kann. Eine Klasse besteht aus dem Klassennamen, Datenfeldern (siehe Datenfeld) und Methoden (siehe Methode).
Klasse, abgeleitete	siehe Unterklasse
Klassenmethode	Eine **Klassenmethode** kann nur auf Klassenvariablen arbeiten, nicht jedoch auf Instanzvariablen, es sei denn, man übergibt eine Referenz auf ein Objekt an die Klassenmethode.
Klassenvariable	Eine **Klassenvariable** stellt eine Variable dar, die **allen Exemplaren (Objekten) einer Klasse gemeinsam** ist und die in der Klasse selbst und nicht bei einem Objekt gespeichert wird. De facto ist eine Klassenvariable eine globale Variable, auf die zumindest alle Objekte dieser Klasse zugreifen können.
Komposition	Bei der **Komposition** hat ein "Groß-Objekt" als Datenfeld ein "Klein-Objekt". Da das Datenfeld eines Objektes untrennbar mit dem Objekt selbst verknüpft ist, sind die Lebensdauern von "Groß-Objekt" und "Klein-Objekt" identisch.
Konstante	**Konstanten** sind Werte, die während des Programmablaufs nicht geändert werden können. Es gibt literale Konstanten, die einfach angeschrieben werden wie z.B. die Zahl 46. Es gibt auch symbolische Konstanten, die unter einem Namen angesprochen werden, denen aber während eines Programmlaufs ein fester Wert zugeordnet ist. So kann man z.B. eine Konstante PI einführen. Muss eventuell der Wert der Konstanten wie z.B.

die Genauigkeit von PI abgeändert werden, so hat man den Vorteil, dass man nur an einer Stelle, nämlich an der Stelle der Definition der Konstanten, eine Änderung durchführen muss. Die Änderung gilt dann an all den Stellen des Programms, an denen die Konstante mit Namen, d.h. als Symbol, steht.

Konstruktor

Ein **Konstruktor** ist eine spezielle Methode einer Klasse, die dazu dient, um ein **Objekt zu initialisieren**.

Konstruktor mit Parameter

Ein **Konstruktor mit Parametern** erlaubt es, **Werte zur Initialisierung** als aktuelle Parameter an den Konstruktor zu **übergeben**.

Kontrollfluss

Die Reihenfolge der Abarbeitung der Anweisungen eines Programms wird als der **Kontrollfluss** des Programms bezeichnet.

Kontrollstruktur

Konstrukte einer Programmiersprache, die den Kontrollfluss – d.h. die Abarbeitungsreihenfolge der Anweisungen – steuern, werden **Kontrollstrukturen** genannt.

Laufzeitsystem

siehe Laufzeitumgebung

Laufzeitumgebung

Die **Laufzeitumgebung** (auch Laufzeitsystem genannt) für das auszuführende Programm wird von der virtuellen Maschine gebildet. Die Laufzeitumgebung stellt einem Programm zusätzliche Funktionen (Routinen) zur Verfügung, welche für die Ausführung des Programms benötigt werden. Dazu gehören unter anderem Funktionen zur Speicheranforderung oder Fehlererkennung.

Lebensdauer

Die **Lebensdauer** ist die Zeitspanne, in der die virtuelle Maschine einer Variablen einen **Platz im Speicher** zur Verfügung stellt. Mit anderen Worten, während ihrer Lebensdauer besitzt eine Variable einen Speicherplatz.

lokale Variable

Eine **lokale Variable** lebt nur innerhalb einer Methode oder innerhalb eines Blocks. Dies bedeutet, dass nur während der Abarbeitung der Methode bzw. des Blocks für sie Platz im Arbeitsspeicher bereitgestellt wird.

Lösungsbereich

Die **Welt der technischen Lösung**, bei Programmiersprachen der Bereich der Programmkonstruktion.

L-Wert

Ein **L-Wert** ist eine **Variable**. Eine Variable hat eine Adresse im Arbeitsspeicher und kann Werte aufnehmen.

Maschinencode

Maschinencode ist eine prozessorspezifische Programmiersprache, die ein spezieller Prozessor direkt versteht.

Mehrfachvererbung

Unterstützt eine Programmiersprache das Sprachmittel der **Mehrfachvererbung**, so kann eine **Klasse von mehreren Klassen abgeleitet** werden und erbt dabei Datenfelder und Methoden aus mehreren Klassen.

Methode	Eine Methode stellt eine Funktion dar, die für ein Objekt im Falle einer **Instanzmethode** (siehe Instanzmethode) bzw. für eine Klasse im Falle einer **Klassenmethode** (siehe Klassenmethode) aufgerufen werden kann. Methoden dienen dazu, um Werte an das Objekt (die Klasse) zu übergeben, um mit den im Objekt (in der Klasse) gespeicherten Daten Berechnungen durchzuführen und um Werte vom Objekt (der Klasse) abzuholen.
Modifikator	Ein **Modifikator** dient zur verfeinerten Festlegung der Eigenschaften von Datenfeldern, Methoden, Konstruktoren, Klassen und Schnittstellen.
Nebeneffekt	Ein **Nebeneffekt** liegt vor, wenn ein Operator nicht nur den Wert eines Ausdrucks beeinflusst, sondern **nebenbei** auch noch den Wert einer **Variablen abändert**.
Oberklasse	siehe Superklasse
Object	Die Klasse **Object** ist die Wurzelklasse aller Java-Klassen. Eine jede Klasse in Java stellt einen Untertyp der Klasse **Object** dar.
Objekt	Ein **Objekt** ist eine Variable, die nach dem Datentyp einer Klasse gebaut ist. Andere Begriffe für Objekt sind **Instanz** und **Exemplar**.
Operand	**Operanden** werden durch Operatoren manipuliert. So verknüpft der Operator + die beiden Operanden a und b im Ausdruck a + b zur Summe.
Operation	Eine Operation stellt in abstrakter Weise eine **Verarbeitungsvorschrift** dar. Eine Operation wird als Methode in einer Klasse implementiert. Eine Operation kann in verschiedenen Klassen verschiedene Implementierungen erhalten, dabei wird jedoch stets die abstrakte Verarbeitungsvorschrift der Operation eingehalten.
Operator	Ein Operator ist eine **Rechenvorschrift in Symbolform** wie z.B. der Vorzeichenoperator - (Ändere das Vorzeichen) oder der Additionsoperator + (Bilde die Summe).
Paket	Pakete dienen zur Gruppierung von inhaltlich zusammengehörigen Klassen und Schnittstellen. Ein **Paket** stellt eine **Bibliothek** für einen bestimmten Zweck dar.
Polymorphie	Vielgestaltigkeit
Polymorphie von Objekten	Eine **Polymorphie von Objekten** gibt es nur bei Vererbungshierarchien. An die Stelle eines Objektes in einem Programm kann stets auch ein abgeleitetes Objekt treten. Der Grund dafür ist, dass ein **Objekt einer abgeleiteten Klasse polymorph** ist. Es kann sich **als Objekt einer abgeleiteten Klasse, aber auch als ein Objekt irgendeiner Basisklasse verhalten**.
Polymorphie von	Bedeutet, dass eine Operation vom Objekt selbst interpretiert wird, d.h. dass der Sender einer Nachricht nicht die Klasse des

Operationen	Empfängers, sondern nur den Namen des Empfänger-Objektes kennen muss und damit nicht wissen muss, wie die Methode in der Empfänger-Klasse implementiert ist.
Problembereich	Der **Problembereich** oder **Problem Domain** ist die Welt der **Anwendung**. Er ist derjenige Ausschnitt aus der realen Welt, der später durch die zu realisierende Software abgedeckt werden soll.
Protokoll	Die Menge der Methoden, die für ein Objekt aufgerufen werden können, wird "**Protokoll**" eines Objektes genannt. Nach außen ist von einem Objekt nur sein Protokoll sichtbar.
Quellcode	Ein in einer Programmiersprache geschriebenes Programm oder Programmstück.
Referenztyp	Variablen eines Referenztyps stellen **Referenzen (Zeiger)** dar. Dies bedeutet, dass die gesuchte Information an einer anderen Stelle steht, nämlich an der Stelle, auf die die Referenz verweist.
Rekursion	Ein rekursiver Algorithmus enthält im Falle einer **direkten Rekursion** Abschnitte, die sich selbst direkt aufrufen. Im Falle einer **indirekten Rekursion** rufen sich Abschnitte wechselseitig auf.
R-Wert	Ein R-Wert ist ein Wert, dem **keine Adresse** im Speicher zugeordnet ist und der nur temporär existiert.
Selbst geschriebener Default-Konstruktor	Ein **selbst geschriebener Default-Konstruktor** wird im Gegensatz zu einem voreingestellten Default-Konstruktor vom Programmierer selbst geschrieben.
Selektion	Fallunterscheidung
Sichtbarkeit	Die **Sichtbarkeit** einer Variablen bedeutet, dass man von einer Programmstelle aus die Variable sieht, das heißt, dass man auf sie über ihren Namen zugreifen kann.
Sohnklasse	Eine abgeleitete Klasse, die direkt von einer Vaterklasse abgeleitet ist. Sohnklasse und Vaterklasse stehen in direkt benachbarten Hierarchieebenen.
Standardtyp	Eine Programmiersprache stellt selbst standardmäßig einige Datentypen bereit, die ein Programmierer in der vorgesehenen Bedeutung ohne weitere Maßnahmen verwenden kann. Ein Beispiel hierfür ist in Java der Datentyp int.
Startklasse	Eine Klasse, die eine Methode main() enthält, und damit von der Virtuellen Maschine gestartet werden kann.
String	Ein **String** ist eine **Zeichenkette**, d.h. eine bestimmte Folge von zusammengehörigen Zeichen.

Subklasse	Eine Klasse, die von einer anderen Klasse abgeleitet ist, ist eine **Subklasse** dieser Klasse. Die Subklasse wird auch abgeleitete Klasse oder Unterklasse genannt.
Superklasse	Eine Klasse, von der eine andere Klasse abgeleitet ist. Eine Superklasse wird auch Basisklasse oder Oberklasse genannt.
this-Referenz	Eine **this-Referenz** ist eine Referenz (ein Zeiger) auf das aktuell betrachtete Objekt.
Typkonvertierung	siehe Casten
Überschreiben	Definiert eine Unterklasse eine Methode mit demselben Namen, Rückgabetyp und derselben Parameterliste wie eine Superklasse, so ist direkt über den Namen nur die Methode der Unterklasse sichtbar. Dies wird als **Überschreiben** bezeichnet. Physikalisch findet jedoch kein Überschreiben statt. Wenn auch nicht direkt über den Namen, so kann dennoch über andere Mechanismen auf die überschriebene Methode zugegriffen werden.
Unterklasse	siehe Subklasse
Variable	Eine **Variable** in einer Programmiersprache ist eine benannte Speicherstelle im Arbeitsspeicher des Rechners. Über den **Variablennamen** kann der Programmierer auf die entsprechende Speicherstelle zugreifen. Eine Variable hat vier Kennzeichen: Variablennamen, Datentyp, Wert und Adresse. In Java ist die Adresse einer Variablen dem Programmierer verborgen. Siehe auch **lokale Variable**.
Vaterklasse	Eine Klasse, von der eine Sohnklasse abgeleitet ist. Sohnklasse und Vaterklasse stehen in direkt benachbarten Hierarchieebenen.
Verdecken	Gibt es in einem Programmstück mehrere gültige Variablen, die den gleichen Namen tragen, wie z.B. ein Datenfeld und eine lokale Variable mit demselben Namen, so ist über den Namen in definierter Weise nur eine der Variablen erreichbar. Auf die andere kann direkt über den Namen nicht zugegriffen werden, mit anderen Worten, sie ist verdeckt.
Vereinbarung	Oberbegriff für Deklaration und Definition von Variablen.
Vererbung	Eine Unterklasse erbt alle Methoden und Datenfelder ihrer Superklasse. Sie müssen bei der Definition der Unterklasse nicht erneut angeschrieben werden.
Virtuelle Maschine	Eine **virtuelle Maschine verbirgt** eine **spezielle Plattform** vor einem Programm. Damit wird erreicht, dass Programme Plattform-unabhängig – mit anderen Worten portabel – werden. Natürlich braucht man für jede Plattform die entsprechende virtuelle Maschine.

voreingestellter Default-Konstruktor	Ein **voreingestellter Default-Konstruktor** wird vom Compiler für jede selbst geschriebene Klasse zur Verfügung gestellt, wenn der Programmierer selbst keinen Konstruktor schreibt.
Wrapper-Klasse	Eine **Wrapper-Klasse** wird gebraucht, wenn man ein **nicht-objektorientiertes Verhalten in eine objektorientierte Form bringen** muss. Bespiele hierfür sind das Wrappen (Einpacken) einer Prozedur in Form einer `main()`-Methode in eine eigene Klasse oder das Einpacken einer Variablen eines einfachen Datentyps in die Gestalt eines Objektes, das in seinem Innern eine einfache Variable enthält.
Zustand, makroskopisch	Ein Zustand eines Objektes, der **für eine Anwendung eine Bedeutung** hat. So kann ein Objekt der Klasse Fahrstuhl sich beispielsweise im Zustand "fahren" oder im Zustand "Türen öffnen" befinden.
Zustand, mikroskopisch	Jede Kombination von Datenfeldwerten eines Objekts stellt einen Zustand dar, der als **mikroskopischer Zustand** eines Objektes bezeichnet wird.

Literaturverzeichnis

[1]   Dijkstra, E.W., Go To Statement Considered Harmful, in Communications of the ACM, vol. 15, no. 10, p. 859, October 1972

[2]   Nassi I., Shneiderman B.: Flowchart Techniques for Structred Programming, in SIGPLAN, S. 12-26, Aug.1973

[3]   DIN 66001, Sinnbilder und ihre Anwendung, Beuth-Verlag, Berlin 1983

[4]   DIN 66261, Sinnbilder für Struktogramme nach Nassi-Shneiderman, Beuth-Verlag, Berlin 1985

[5]   Meyer, B., Object-Oriented Software Construction, 2nd ed., Prentice Hall, 1997

[6]   Booch, G., Objektorientierte Analyse und Design, Addison-Wesley, 1994

[7]   The Unicode Standard, Version 4.0, Addison-Wesley, 2003, ISBN: 0-321-18578-1

[8]   Arnold, K., Gosling, J., The Java Programming Language, Third Edition Addison-Wesley, 2000

[9]   Kernighan, B.W., Ritchie, D.M., The C Programming Language, Prentice Hall, 1978
        Kernighan, B.W., Ritchie, D.M., Programmieren in C, 2. Ausgabe, Hanser, München, 1990

[10]   IEEE 754 Standard for Binary Floating-Point Arithmetic, ANSI/IEEE Standard 754-1985

[11]   Eckel, B., Thinking in Java, Second Edition, Prentice Hall, 2000

[12]   Gosling, J., Joy, B., Steele, G., Java – Die Sprachspezifikation, Addison-Wesley, 1997

[13]   Fowler, M., Scott, K., UML Distilled, Second Edition, Addison-Wesley, 2000

[14]   Oaks, S., Java Security, OReilly Associates, 1998

[15]   Bengel, G., Betriebssysteme: Aufbau, Architektur und Realisierung, Hüthig, Heidelberg, 2000

[16]   Dausmann, M., Bröckl, U., Goll, J., C als erste Programmiersprache, 5. Auflage, Teubner, 2005

[17]   Wirth, N., The Programming Language PASCAL, Acta Informatica, Vol 1, No 1, 1971

[18]   Schmeil, 0., Tierkunde, Quelle & Meyer Heidelberg, 1964

[19]   Nowak, J., Fortgeschrittene Programmierung mit Java 5, Generics, Annotations, Concurrency and Reflection – mit allen wesentlichen Neuerungen des J2SE 5.0, dpunkt Verlag, 2004

[20]   Cunningham, W. und Beck, K., A Diagram for Object-Oriented Programs, Proceedings of OOPSLA-86, Oktober 1986

[21] Hruschka, P., Ein pragmatisches Vorgehensmodell für die UML, OBJEKT-spektrum 2/98, Seite 34

[22] Jacobson, I., Object-Oriented Software Engineering, A Use Case Driven Approach, Addison-Wesley, ISBN: 0-201-54435-0

[23] Liskov, B., Liskov Substitution Principle, Data Abstraction and Hierarchy, SIGPLAN Notices, 23 , 5, (Mai 1988)

[24] Buschmann F., Meunier R., Rohnert H., Sommerlad P., Stal M.: „Pattern-orientierte Architektur", Addison Wesley Longman, ISBN: 3-8273-1282-5, 1998

[25] Gamma E.: „Design Patterns. Elements of Reusable Object-Oriented Software", Addison-Wesley Professional, ISBN: 0201633612, 1997

[26] Esser F.: Das Tiger-Release Java 5 im Einsatz, Generics, Enums, Concurrent Programming, Galileo Computing, ISBN: 3-89842-459-6

[27] Monson-Haefel R., Enterprise JavaBeans 3.0, 5. Auflage, O'Reilly, ISBN: 059600978X, 2006

Index

A

Abbruchkriterium
  Erreichen des ~ 292
abgeleitete Klasse *Siehe* Sohnklasse
Ableitung *Siehe* Vererbung
`abstract` 115, 154, 383
abstrakte Basisklasse 382, 519
abstrakte Methode 504
Abstraktion 496
Abstraktionsebene 39
Accessibility 893
Adapterklasse 548, 815
Adresse 18
Aggregation 39, 354
Aktualisierungs-Ausdrucksliste 253
aktuell parametrisierte Klasse 617
  Repräsentation ~ 619
aktueller Parameter 273
aktueller Typ-Parameter 617
Algorithmus 4
  Merge-Sort-~ 691
  Quicksort-~ 691
Alphabet
  Binäralphabet 16
  Dezimalalphabet 16
Alternative
  einfach 13
  mehrfach 13
Annotation 1199
  `@Deprecated` 1200
  `@Documented` 1200
  `@Entity` 1132
  `@GeneratedValue` 1133
  `@Id` 1133
  `@IdClass` 1137
  `@Inherited` 1200
  `@interface` 1201
  `@JoinColumn` 1147
  `@JoinTable` 1155
  `@Local` 1117
  `@ManyToMany` 1155
  `@ManyToOne` 1152
  `@OneToMany` 1151
  `@OneToOne` 1147
  `@Override` 1200
  `@PersistenceContext` 1140
  `@PrimaryKeyJoinColumn` 1147
  `@Remote` 1115
  `@Remove` 1113
  `@Retention` 1200
  `@SupressWarnings` 1200
  `@Table` 1132
  `@Target` 1201
  EJB und ~ 1098
  Meta-~ 1199
  Pluggable ~ Processing API 1201
  selbst definierte ~ 1201
  Standard-~ 1199
anonyme Klasse 539, 549
  Einschränkungen 554
  Realisierung 561
anonymes Paket 444
Anweisung 5, 205
  `assert`-~ 483
  `break`-~ 251, 258
  `continue`-~ 260
  `do-while`-~ 257
  `else-if`-~ 246
  `for`-~ 252
  `if-else`-~ 246
  `return`-~ 272
  `super()`-~ 372
  `switch`-~ 247
  `synchronized`-~ 749, 751
  `throw`-~ 470
  `try`-~ 466
  `while`-~ 251
Anwendungsschicht 967
API
  ~ Dokumentation 62
  Java-~ 62
  JDBC-~ 1047, 1056
  JDBC-Treiber-~ 1056
  Servlet-~ 917
Applet 59, 772
  ~ in HTML-Seite 783
  Importieren von Audio-Clips 796
  Importieren von Bildern 794
  Lebenszyklus 788
  Parameterübernahme 793
Appletviewer 786
Applikations-Server 901, 1101
  ~-Rechner 1099, 1109
  JBoss 1101
Architektur
  Client/Server~ 1099
  Three-Tier-~ 1099
Architekturmuster
  MVC 802, 805
Archiv 69
arithmetischer Ausdruck 13

Array   154
    assoziatives ~   siehe Verzeichnis
    aus Basisklassen   162, 394
    aus einfachen Datentypen   157
    aus Referenzen   159
    Casten auf einen ~-Typ   370
    Datenfeld length   157
    Default-Wert   158
    eindimensionales ~   155
    Erzeugung   156, 157, 159
    Grenzen   156
    Initialisierung   156, 158, 160
    Initialisierungsliste   158, 161
    Komponente   155
    mehrdimensionales ~   162
    Objektcharakter   161
    offenes ~   162
    Referenzen auf ~   157
    Syntax-Varianten   165
Array-Index   155
Array-Objekt   155
Array-Variable   157
ascending   1053
ASCII-Zeichensatz   17, 1171
assert   115, 483
Assoziativität   208, 228
atomic name   1186
Attribut   1048
Attributorientiertes Programmieren   1098
Aufzählungskonstante   166
Aufzählungstyp   165
Ausdruck   13, 203, 204, 205
    bedingter ~   228
    konstanter ~   117
    Rückgabewert eines ~   205
Ausdrucksanweisung   206
ausführbares Programm   63
Ausgabe
    formatierte ~   99
Ausgabestrom   572
Ausgabestrom-Klasse   573
Ausnahme   Siehe Exception
Ausnahmebehandlung   464
Auswertungsreihenfolge   207
Auto-Commit   1055
AWT-Klasse
    Applet   829
    BorderLayout   875, 878
    CardLayout   875
    Dialog   829
    FlowLayout   875, 876
    Frame   829
    GridBagLayout   875, 881
    GridLayout   875, 879
    Window   829

B

Backslash   107
Basis   20
Basisklasse   Siehe Superklasse
    abstrakte ~   382, 519
batch-Betriebssysteme   724
Baum   710
    Blatt   710
    Knoten   710
    Wurzel   710
Bean   59
bedingte Anweisung   245
Bedingung   13
Bedingungsoperator   228, 419
Beobachter-Muster   806
Betriebsmittel
    räumlich aufteilbar   727
    virtuell   725
    zeitlich aufteilbar   727
Betriebssystem-Prozess   725, 728
Bewertungsreihenfolge   209
Bezeichner   114
Bibliotheksklasse   22, 70
Big-Endian   589
Binden des Servers   1008
binding   1182
Bindung   396
    dynamische ~   Siehe späte Bindung
    finale Methode   399
    frühe ~   396, 397
    private Methode   399
    späte ~   396, 397
    statische ~   Siehe frühe Bindung
Bit   17
Bit-Operatoren   223
blank   107
Block   11, 244, 266
    Schachtelung   268
    synchronisierter ~   749
blocked   729
boolean   115, 132
Boolesche Konstante   117, 120
Boolescher Ausdruck   13
Boolescher Wert   121
Boxing   189
break   115, 251, 258
BREAK-Anweisung   15
Bridge-Klasse   591, 593, 594
Broadcast   992
Buchstaben   106
Business-Interface   1115
    call by reference   1117
    call by value   1115
    JNDI-Bind-Name   1129
    Local   1117

Remote   1115
byte   115, 132
Bytecode   58, 65, 67
Bytecode-Interpreter   61
Byte-InputStream-Klasse   583
Bytestream
    Klasse   572, 575, 579

C

call by value   276
Callback   1002
Callback-Methode   1098
case   115, 248, 249
case insensitiv   1049
case sensitiv   108
case-Marke   248, 249
cast-Operator   80, 230, 419
catch   115, 466
catch-Konstrukt   466, 469, 475
CGI   908
char   115, 132
Character Encoding   595
Characterstream
    Klasse   572, 575, 591
Checked Exception   465, 473
class   115, 134
CLASSPATH   70, 440
Client   903
    Fat ~   905
    Thin ~   901, 905
Client/Server-Architektur   902, 1099
Client-Rechner   904, 905
Code (Codierung)   17
Code Sharing   617
Codebase   1034
Codeerzeugung   66
Codierung   17
Coersion   658
Cohesion   496
Collection   668
    ~-Schnittstellen   671
    blocking ~   719
    bounded ~   719
    concurrent ~   719
    geordnete ~   670, 691
    sortierte ~   670
    thread-safe ~   719
Common Gateway Interface   Siehe CGI
Compiler   19
composite name   1186
compound name   1186
concurrent   Siehe nebenläufig
Connection Pooling   1089
const   115
Container   668, 863

Content-Pane   833
Content-Type   918, 919
continue   115, 260
Controller   805
Cookie   920
CORBA   904
Coupling   496
critical section   Siehe kritischer Abschnitt

D

Daemon-Thread   765
Data Control Language   1049, 1055
Data Definition Language   1049, 1050
Data Manipulation Language   1049, 1052
Dateinamenserweiterung   64
Dateizeiger   83
Datenbank   1048
    relationale ~   1047
Datenfeld   32, 137
    Default-Initialisierung   317
    klassenbezogenes ~   302
    manuelle Initialisierung   317
    objektbezogenes ~   302
    Verdecken   375, 376
Datenquelle   568
Datensenke   568
Datentransparenz   1002
Datentyp   19, 21, 128, 130
    abstrakter ~   128
    Bibliotheksklasse   22
    boolean   115, 132
    byte   115, 132
    char   115, 132
    double   115, 133
    einfacher ~   19, 130, 131
    float   115, 133
    int   19, 115, 132
    Klasse   29
    Klassen-Typ   133
    Konvertierung von ~   230
    long   115, 132
    Referenztyp   130, 133
    selbst definierter ~   22, 29
    short   116, 132
    Standardtyp   19
    Übersicht   130
    zusammengesetzter ~   22
DBMS   1047
DCL   1049
DDL   1049
Deadlock   760
default   115, 249, 448
Default-Encoding   595
Default-Wert   317
Definition   140

Klassen~   133
Schnittstellen~   502
Variablen~   140
Deklaration   140
    Methoden~   134
    Paket   435
    Schnittstellen~   502
Deklarationsanweisung   266
Dekorierer   578
Delegate   808
Delegationsprinzip   93, 578
Dependency Injection   1140
Deployment   915, 1126
Deployment-Deskriptor   910, 914, 1098
    Annotations als Ersatz für~   1098
descending   1053
Design by Contract   399
Dezimalzahl   118
Dialog   869
Division
    ganzzahlige ~   214
DML   1049
DNS   908, 968
do   115
Domain Name Service   Siehe DNS
double   115, 133
do-while-Schleife   14, 257
Down-Cast   366, 367
Drag and Drop   892, 893
dynamisches Laden   65

E

Ease of Development   1199
Ebenenmodell   832
Eigenschaften   354
einfache
    ~ Alternative   245
    ~ Datentypen   19
Einfachvererbung
    Schnittstelle   518
Eingabedatei   83
Eingabestrom   83, 572
Eingabestrom-Klasse   573
Eingabesymbole   108
eingebettete Klasse
                    Siehe geschachtelte Klasse
EJB   1098
    @Local   1117
    @Remote   1115
    @Remove   1113
    @Stateful   1118
    @Stateless   1118
    ~ und Lösungsbereich   1100
    ~ und Problembereich   1099
    ~-Container   1107
    ~-Server   1107
    Annotations und ~   1098
    application.xml   1127
    Architektur-Überblick   1106
    Bean-Klasse   1112, 1118
    Business-Interface   1112, 1115
    call by reference   1117
    call by value   1115
    Deployment-Prozess   1126
    ear-Datei   1126
    EJB-Applikation   1107
    Entity-Bean   1131
    Idee von ~   1101
    JBoss   1121
    JNDI-Bind-Name   1129
    Kompilieren   1124
    Lokales Business-Interface   1117
    Namenskonvention   1119
    Object Relational Mapping   1106
    objektorientierte Modellierung   1099
    Remote Business-Interface   1115
    Remote Client   1119, 1129
    serverseitige Komponenten   1106
    Session-Bean   1112
    Stateful Session-Bean   1112, 1113
    Stateless Session-Bean   1112, 1113
    Stub-Objekt   1112
    technologische Zuordnung   1101
    Zuordnung Klassenarten   1105
EJB QL   1143
EJB-Container   1101
    Kommunikationsdienst   1108
    Load Balancing   1109
    Namensdienst   1108
    Persistenzdienst   1109
    Ressourcen Pooling   1108
    Sicherheitsdienst   1108
    Speichermanagement   1107
    Synchronisationsdienst   1108
    Transaktionsdienst   1108
Elementklasse   539, 540
    Einschränkungen   545
    Realisierung   557
    Syntax   542
    Zugriffsschutz   541
else   115, 245
else-if   246
Encoding   595
    Default-~   595
    Setzen eines ~   596
Endian
    Big-~   589
    Little-~   589
Endlos-Schleife   252, 256
Enterprise JavaBeans 3.0   1098
Enterprise-Applikation   1106

Entity-Beans   1112
Entwurfsmuster
    Beobachter   806
    Dekorierer   578
    Marker   525
enum   115, 165
Ereignis
    High-Level-~   814
    Low-Level-~   814
Ereignisart   814, 815
Ereignisbehandlung   811, 818
    ~ und Nebenläufigkeit   817
    mit anonymer Klasse   819
    mit Elementklasse   819
Ereignisempfänger   811, 814, 816
Ereignisnachricht   811
Ereignisquelle   811, 816
Ereignis-Typen   821
    Maus-Ereignis   821
    Tastatur-Ereignis   825
Ersatzdarstellung   107, 122
    in konstanten Zeichenketten   122
    in Zeichenkonstanten   122
    oktal   123
    Unicode ~   107, 123
Erweitern   359
Euklid   16
EVA-Prinzip   803
Event-Adapter   815
Event-Listener   Siehe Ereignisempfänger
Event-Objekt   811
Event-Source   Siehe Ereignisquelle
Exception   464
    ableiten   470
    Ankündigen einer ~   480
    ArithmeticException   213
    ArrayIndexOutOfBoundsExceptio
        n   476
    Behandeln einer ~   475
    Checked ~   465, 473
    ClassNotFoundException   604
    CloneNotSupportedException   342,
        525
    Error   472
    Exception   473
    Fangen einer ~   476
    IllegalMonitorStateException
                                                 757
    IllegalThreadStateException   731
    InterruptedException   731, 732
    IOException   592, 593
    Klassenbaum   470
    NameAlreadyBoundException   1190
    NoSuchMethodError   608
    NotSerializableException   602

    OutOfMemoryError   336
    Propagieren einer ~   469
    RuntimeException   474
    Throwable   472
    Unchecked ~   473
    Weiterreichen einer ~   479
    Werfen einer ~   468
Exception Handling   464
Exception-Handler   466, 467, 475
    Reihenfolge   477
Exception-Hierarchie   472, 477, 813
Exception-Objekt   468
executable program   63
Exemplar   Siehe Instanz
Exponent   20, 119, 133
Exponential-Anteil   119
Exponentialzahl   20
extends   372, 503
Extension   64

F

Fallunterscheidung   8
Fat Client   905
Feld   156
FIFO   Siehe Warteschlange
final   115, 154, 504
finale Klasse   381
finale Methode   381
finalize()   339, 342
finally-Konstrukt   115, 466, 469
flache Kopie   526
Fließkommakonstanten   119
float   115, 133
Flussdiagramm   11
for   115, 252, 255
for-each Schleife   256
formaler Parameter   273
formaler Typ-Parameter   614, 616
    Ersetzung beim Kompilieren   622
formatierte Ausgabe   99, 598
Forms   919
for-Schleife   252
Freigabe von Speicher   336
Fremdschlüssel   1049
friendly   Siehe default

G

ganze Zahl   19
Ganzzahlige Konstante   117, 118
Garbage Collector   152, 336
Gegenschrägstrich   107
Geheimnisprinzip Siehe Information Hiding
Generalisierung   39, 358
generische Klassen

Implementierung von ~   615
Instanzmethoden von ~   617
Notation   622
Speicherabbild von ~   621
Subtyping und ~   623
Übersetzen von ~   617
Vererbungsbeziehungen und ~   626
generische Methode   631
Notation   631
generische Schnittstellen
Bounds und ~   645
Implementierung von ~   642, 643
Notation   641
Vererbungsbeziehungen und ~   648
generischer Konstruktor
Notation   631
Generizität   614
Coersion und ~   658
Die Klasse `Class<T>`   653
generische Klasse   615
generische Methode   631
generische Schnittstellen   641
generischer Konstruktor   631
Lower Bound Wildcard   640
Polymorphie und ~   657
Unbounded Wildcard   635
Upper Bound Wildcard   637
Wildcards   635
gepufferte Eingabe   83
geschachtelte Klasse   538
anonyme Klasse   539, 549
Elementklasse   539, 540
lokale Klasse   539, 545
Realisierung   557
statisch ~   554
geschachtelte Schnittstelle   539
Gleitpunktkonstante   117, 119
Mantisse   119
Gleitpunktzahl   19, 133
IEEE-Format   133
`goto`   115
Groß- und Kleinschreibung   108
Gültigkeit   269
Gültigkeitsbereich   139
Datenfeld   1175
einfacher Name   1174
Klassenname   444
Methode   1175

H

Halbbyte   119
Hashing   706
Hash-Code   706
Hash-Funktion   706
Heap   145, 146, 151, 311

hexadezimale Konstante   118
Hierarchie   38
"is a"-~   38
"kind-of"-~   38
"part-of"-~   38
Exception-~   472
Schnittstellen-~   503
Vererbungs~   39
Zerlegungs~   38
Hilfsklasse   435
Hilfsmethode   32
Home-Interface   1098
HTML   773
Bild   782
Dokumenten-Kopf   775
Dokumenten-Rumpf   775
Hervorhebung   777
Liste   778
Überschrift   776
HTML-Browser   789
HTML-Dokument   900
HTML-Seite   772, 789
Parameterübergabe an Applet   793
HTTP
~-Anfrage   908
~-Befehl   908
~-Kommando   919, 926
~-Protokoll   900
~-Request   907
HTTP-Kommando
`GET`   926
`POST`   926
HTTP-Server   772
Hypertext   780
Hypertextfähigkeit   780

I

Icon   840
IEEE 754   133
`if`   115, 245
Imperative Sprachen   18
`implements`   115, 505, 512
`import`   115, 437
Information Hiding   36, 302, 496
initialer Kontext   1185
Initialisierung   147, 317
Default-~   317
durch Zuweisung   149
manuelle ~   149, 317
mit Initialisierungsblock   320
mit Konstruktor   85, 323
Reihenfolge   325
Variable   9
von Arrays   160
Initialisierungsblock   320

nicht statischer ~   321
  statischer ~   320
Initialisierungsklausel   253
Initialisierungsliste
  für Arrays   158, 161
Initialisierungsreihenfolge   325
Initialwerte   18
Inklusions-Polymorphie   658
innere Klasse   *Siehe* geschachtelte Klasse
Inputstream   *Siehe* Eingabestrom
Installation des JDKs   69
`instanceof`   115, 415, 419, 525, 526
Instantiierung   43, 334
  Ablauf bei der ~   334
  Verhindern der ~   335
Instanz   43
Instanzmethode   35, 88
  synchronisierte ~   748, 751
Instanzvariable   35, 149, 302
`int`   115, 132
Integer   *Siehe* `int`
Integer-Erweiterung   233
integral promotion
                    Siehe Integer-Erweiterung
`interface`   115, 497, 503
Internationalisierung   893
Internet   900
Internetschicht   967
Interpunktionszeichen   107
Invariante   400, 402
IP-Adresse   900, 967
IP-Paket   900
IP-Protokoll   967
is a Beziehung   354
Iteration   7, 14, 206, 251, 290, 675
  for-each Schleife   676
  Iterator   675

J

Jacobson
  Entity-Klassen   1102
  Interface-Klassen   1104
  Kontroll-Klassen   1103
  Steuer-Klassen   1104
`jar`   1126
`java`   3, 61
Java 2D   893
Java Foundation Classes   892
Java Homepages   71
Java Persistence API   1130
  `@Entity`   1132
  `@GeneratedValue`   1133
  `@Id`   1133
  `@IdClass`   1137
  `@JoinColumn`   1147

`@JoinTable`   1155
`@ManyToMany`   1155
`@ManyToOne`   1152
`@OneToMany`   1151
`@OneToOne`   1147
`@PersistenceContext`   1140
`@PrimaryKeyJoinColumn`   1147
`@Table`   1132
Beziehungen zwischen Entity-Beans
                                           1146
einfacher Primärschlüssel   1133
EJB Query Language   1143
Entity Manager   1138
Entity-Bean   1131
`persistence.xml`   1145
Persistenz-Kontext   1139
Primärschlüssel   1132
Primarschlüsselklasse   1136
zusammengesetzter Primärschlüssel
                                           1135
Java Virtuelle Maschine   61
`JAVA_HOME`   70
Java-Anwendung   71
Java-API   62
Java-Applet   71
`javac`   3, 65
`javadoc`   111
Java-Plattform   60
JavaScript   71
JavaServer Pages   71
JBoss   1121
  `application.xml`   1127
  Applikations-Server   1101
  Deployment-Prozess   1126
  `ear`-Datei   1126
  EJB kompilieren   1124
  Installationsprozess   1121
JDBC   1046
JDBC-API   1047, 1056
JDBC-Treiber   1056, 1064
JDBC-Treiber-API   1056
JDK   68
  Bezugsquelle   68
  Installation   69
  Konfiguration   69
JNDI   1182
  atomic name   1186
  binding   1182
  composite name   1186
  compound name   1186
  initialer Kontext   1185
  Kontext   1184
  lookup   1182
  Namensdienst   1182
  Namensraum   1185

Naming Manager 1184
Service Provider Interface 1184
Subkontext 1184
Verzeichnisdienst 1182, 1183

K

Kapselung 32
Klasse 22, 433
  abgeleitete ~ 355
  AbstractList<E> 677
  AbstractSequentialList<E> 677
  Adapter~ 815
  aktuell parametrisierte ~ 617
  anonyme ~ 539, 549
  ArrayList<E> 677, 679, 689
  AudioClip 796
  Basis~ 355
  Binding 1190
  BufferedInputStream 585
  BufferedOutputStream 581
  BufferedReader 593
  BufferedWriter 593
  ByteArrayInputStream 584
  ByteArrayOutputStream 580
  CharArrayReader 593
  CharArrayWriter 592
  Collections 690
  Component 787, 796
  DataInputStream 585, 589
  DataOutputStream 581, 589
  Definition einer ~ 133
  Dictionary<K,V> 714
  Element~ 539, 540
  EnumMap 673, 717
  EnumSet 673, 705, 711
  Error 472
  EventObject 813
  Exception 473
  FileInputStream 584
  FileOutputStream 580
  FileReader 593
  FileWriter 595
  FilterReader 593
  FilterWriter 593
  finale ~ 381
  Formatter 598
  generische ~ 615
  Graphics 788
  HashMap<K,V> 714
  HashSet<E> 705, 706, 709
  Hashtable<K,V> 714
  InetAddress 969
  InitialContext 1187

  InitialDirContext 1187
  InputStream 574, 576, 598
  InputStreamReader 593
  InputStreamWriter 594
  Instantiierung einer ~ 334
  LineNumberReader 593
  LinkedBlockingQueue<E> 700
  LinkedList<E> 677, 690, 695, 697
  lokale ~ 539, 545
  NameClassPair 1190
  NamingEnumeration<T> 1190
  Object 62, 341
  ObjectInputStream 586, 602
  ObjectOutputStream 582, 602
  OutputStream 574, 576, 579
  OutputStreamWriter 594
  PipedInputStream 585
  PipedOutputStream 580
  PipedReader 593
  PipedWriter 592
  PrintStream 582, 598, 1179
  PrintWriter 593
  PriorityBlockingQueue<E> 704
  PriorityQueue<E> 704
  Properties 714
  PushbackInputStream 585
  PushbackReader 593
  Reader 574, 576, 593
  Root~ 355
  RuntimeException 474
  Scanner 99, 101
  selbst definierte ~ 70
  SequenceInputStream 585
  Sohn~ 355
  Stack<E> 677, 686
  Start~ 67
  static geschachtelte ~ 539
  String 173
  StringBuffer 173, 178
  StringBuilder 183
  StringReader 593
  StringWriter 592
  Sub~ 355
  Super~ 355
  System 598
  Thread 733, 734
  Throwable 470, 472
  TreeMap<K,V> 716
  TreeSet<E> 705, 709
  Unter~ 355
  URLConnection 973
  Vater~ 355
  Vector<E> 677, 679

Vertrag	403
`WeakHashMap<K,V>`	718
`Writer`	574, 576, 591, 592
Wurzel~	355
Klasse-A-Netz	992
Klasse-B-Netz	992
Klasse-C-Netz	992
Klassenbaum	
Exception	472
Klassenbibliothek	433
Klasseninvariante	402
Klassenlader	67
Klassenmethode	35, 305
synchronisierte ~	747, 751
Klassenname	42
Klassen-Typ	133
Klassenvariable	35, 149, 302, 304
kombinierte Zuweisungsoperatoren	217
Kommentar	42, 110
Dokumentationskommentar	111
Kommentarblock	110
Zeilenkommentar	110
Kompilierung	65
bei Aggregation	420
bei Vererbung	420
Komponente	
EJB	1106
schwergewichtige ~	828
Unterschied zu Klassen	1106
Komposition	39
Konfiguration des JDKs	69
Konkatenationsoperator	123
Konstante	116, 117
Aufzählungs~	166
Boolesche ~	117, 120
`false`	121
ganzzahlige ~	117, 118
Gleitpunkt~	117, 119
hexadezimal	118
literale	117
`MAX_VALUE`	120
`MIN_VALUE`	120
`NaN`	120
`NEGATIVE_INFINITY`	120
Null~	117, 124, 130
oktale ~	118
`POSITIVE_INFINITY`	120
String~	117
symbolische ~	76, 116
symbolische Gleitpunkt~	120
`true`	121
Zeichen~	117, 121
konstante Ausdrücke	117
konstante Variable	153
konstante Zeichenkette	123, 173
Konstruktor	87, 323
abgeleitete Klasse	371
Aufruf eines ~ im ~	328
Default-~	87, 327
mit Parameter	326, 327
parameterloser ~	327
selbst geschriebener Default-~	327
vordefinierter Default-~	88
voreingestellter Default-~	327, 373
Zugriffsschutz	452
Konsument	*Siehe* Warteschlange
Kontext	1184
Kontext-Pfad	912
Kontextwechsel	726
Kontrollfluss	6, 244
Kontrollstruktur	7, 244
Iteration	7, 12, 14
Selektion	7, 12
Sequenz	12, 244
Kooperation	727
Kopie	
flache ~	526
tiefe ~	527
kritischer Abschnitt	727, 744, 747

L

Laden	
dynamisches ~	65
Laufzeit	63
Laufzeitsystem	67, 145
Laufzeitumgebung	67
EJB-Container	1107
Layered Pane	832
Layout-Management	875
Layout-Manager	
BorderLayout	878
BoxLayout	886
CardLayout	886
FlowLayout	876
geschachtelte ~	887
GridBagLayout	881
GridLayout	879
Klassendiagramm	875
Null-Layout	887
OverlayLayout	887
SpringLayout	886
ViewportLayout	887
Lebensdauer	39, 139, 269
leere Anweisung	267
leerer Block	267
Leerzeichen	107, 110
leichtgewichtige Komponente	829
leichtgewichtiger Prozess	728
Lesezeiger	83
Lexikalische Analyse	65

lexikalische Einheiten 106, 108
LIFO *Siehe* Stapel
linksassoziativ 208
Liskov Substitution Principle 384, 399
~ und generische Klassen 624
Liste 669, 677
  Laufzeiteigenschaften 688
  sortieren einer ~ 690
  traversieren 680
  verkettete ~ 680
Literale 117
literale Konstante 117
Little-Endian 589
logische Bit-Operatoren 224
logische Operatoren 221
lokale Klasse 539, 545
  Einschränkungen 549
  in einer Instanzmethode 546
  in einer Klassenmethode 546
  Realisierung 558
lokale Schnittstelle 1004
lokale Variable 149, 267
long 115, 132
Look and Feel 808
  Metal ~ 810
  Pluggable 809
  Windows ~ 810
Look-up 993, 1009, 1182
lvalue *Siehe* L-Wert
L-Wert 209

M

MAC-Adresse 967
makroskopischer Zustand 33
Mantisse 20, 119, 133
Map *Siehe* Verzeichnis
Marke 248, 249, 258
Marshalling 1033
Maschinencode 61, 1211
mehrfache Alternative 246, 247
Mehrfachvererbung
  Schnittstelle 518
Mehrfachzuweisung 216
Memory Management 728
Menge 669, 705
  ~ für Aufzählungstypen 711
  ~ mit Bäumen 709
  ~ mit Hashing 706
Menü 852
Menüleiste 834
Message-Driven-Beans 1112
Metadaten 1087
Method-Area 153, 311, 417
Methode 32, 134, 266, 271
  abstrakte ~ 504

add() 678
Aufruf einer ~ 271
available() 584
binarySearch() 720
bind() 1032, 1043
Callback~ 1098
clone() 342, 524, 526
close() 579, 584, 592, 593
compare() 690
compareTo() 649
contains() 705
containsKey() 713
containsValue() 713
currentTimeMillis() 1181
Definition 271
Deklaration 271
destroy() 791
disjoint() 720
drawImage() 795
drawOval() 800
drawString() 788
eigenständig generische ~ 631
element() 696
empty() 686
equals() 341, 706, 715
exit() 1180
finale ~ 381
finalize() 339, 340, 342
flush() 579, 592
format() 598, 600
forName() 654
frequency() 720
gc() 1181
get() 677, 713
getAudioClip() 796
getClass() 653
getCodeBase() 795
getHeight() 795
getImage() 794
getLine() 800
getMessage() 473
getParameter() 793
getPriority() 742
getWidth() 795
hashCode() 706, 715
hasNext() 676
init() 790
Instanz~ 35
interrupt() 731, 732
isAlive() 733
isDaemon() 765
isEmpty() 698

`iterator()`	676
`join()`	732
`keySet()`	713
Klassen~	35, 305
`listIterator()`	676
`loadClass()`	1033
`lookup()`	1033, 1044
`mark()`	584, 593
`markSupported()`	584, 593
mit Parametern	137, 272
`newInstance()`	654
`next()`	676
`notify()`	755, 756
`notifyAll()`	756
`offer()`	696, 699
ohne Parameter	136, 271
`paint()`	787
`parseInt()`	186
`peek()`	686, 696
`play()`	796
`poll()`	696, 699
`pop()`	686
`print()`	598
`printf()`	99, 598
`println()`	598, 1179
`push()`	686
`put()`	699, 713
`read()`	584, 593
`readDouble()`	590
`readExternal()`	606
`readInt()`	590
`readObject()`	602
`ready()`	593
`rebind()`	1043
Remote-~	1044
`remove()`	678, 696
`replace()`	692
`replaceAll()`	720
`reset()`	584, 593
`reverse()`	720
`rotate()`	720
`run()`	734, 736
`search()`	687
`set()`	677
`setDaemon()`	765
`setIn()`	1179
`setOut()`	1179
`setPriority()`	742
`shuffle()`	720
`skip()`	584, 593
`sleep()`	731
`sort()`	719
`start()`	731, 735, 790
`stop()`	790
`take()`	699
`toString()`	189, 341
Überladen einer ~	284
Überschreiben einer ~	362
`valueOf()`	188
`values()`	713
Vertrag einer ~	401
`wait()`	755, 756
`write()`	579, 592
`writeDouble()`	590
`writeExternal()`	606
`writeInt()`	590
`writeObject()`	602
`yield()`	732
Methodendeklaration	134
Methodenkopf	134, 397
Methodenrumpf	134, 271, 397
Methodentabelle	417
mikroskopischer Zustand	33
MIME-Bezeichner	918
Model	806
Modifikator	154
`abstract`	154, 383
`final`	154, 504
`native`	154
`private`	154
`protected`	154
`public`	154
`static`	154
`synchronized`	154, 747, 750
`transient`	154, 605
`volatile`	154
Modulo-Operator	21
Monitorkonzept	
~ allgemein	746
~ in Java	747
Mulitmedia	893
Multicast	992
Multithreading	728, 983
Multithreading-Sicherheit	817
mutal exclusion	
Siehe wechselseitiger Ausschluss	
MVC	802, 805

N

Nachbedingung	400
Nachricht	34
Name	109, 114
qualifizierter ~	438, 1174
Variablen~	139
Namensdienst	1182
Namensraum	433, 540, 1185

Naming Manager 1184
Nassi-Shneiderman-Diagramm 11, 245
native 115, 154
Nebeneffekt 207, 223, 239
nebenläufig 724
Nebenwirkung *Siehe* Nebeneffekt
nested class *Siehe* geschachtelte Klasse
new 116, 145
Nullkonstante 117, 124, 130
null-Referenz 124, 130, 141
null-Typ 130, 141

O

Oberflächenprogrammierung 802
Object by Reference 1002, 1015
Object by Value 1002, 1015
object relational gap*Siehe* Java Persistence API
Object Relational Mapping 1106
Object-Relational Mapper*Siehe* Java Persistence API
Objekt
  implizite ~ 938
  Schlüssel~ 750
  zusammengesetzt 92
Objekterzeugung 84, 334
Objektserialisierung 601
ODBC 1057
offenes Array 162
oktale Konstante 118
One-Tier-Architektur 904
Open Database Connectivity *Siehe* ODBC
Operand 204
Operator 124, 204
  Additions~ 213
  Additions-Zuweisungs~ 216
  arithmetischer ~ 211, 212
  Bedingungs~ 228, 420
  binärer ~ 21, 204
  Bit-Operatoren 223
  cast-~ 80, 230, 419
  Divisions~ 213
  dreistelliger ~ 204
  einstelliger ~ 204, 207
  Exklusiv-ODER-Operator für Bits 225
  für Referenzen 419
  Gleichheits~ 218
  Größer~ 220
  Größergleich~ 220
  instanceof-~ 415, 419
  Kleiner~ 220
  Kleinergleich~ 220
  Linksshift-~ 227
  logischer ~ 221
  logischer Negations~ 222

logischer ODER-~ 222
logischer UND-~ 221
mehrstelliger ~ 207, 208
Modulo-~ *Siehe* Restwertoperator
Multiplikations~ 213
Negations-Operator für Bits 225
negativer Vorzeichen~ 211
new-~ 145
ODER-Operator für Bits 224
positiver Vorzeichen~ 211
Postfix-Dekrement~ 212
Postfix-Inkrement~ 211
Präfix-Dekrement~ 212
Präfix-Inkrement~ 212
Prioritätentabelle 228
Punkt~ 137
Punkt~ für Referenzen 419
Rechtsshift-~ 226, 227
relationaler ~ 218
Restwert~ 21, 214
Shift-~ 223, 226
Subtraktions~ 213
unärer ~ 21, 204, 205
UND-Operator für Bits 224
Ungleichheits~ 220
Vergleichs~ 78, 218
Verkettungs-~ 419
Vorzeichen~ 118
Zuweisungs~ 78, 216, 420
zweistelliger ~ 204
Outputstream *Siehe* Ausgabestrom
Outputstream-Klasse 579
Overloading *Siehe* überladen

P

package 116, 435
Paket 59, 432, 433
  anonymes ~ 444
  java.lang 439
  java.sql 1046
  java.util 669
  java.util.concurrent 719
  javax.sql 1047
  Komponente 437
Paketname 435
  eindeutiger ~ 444
  vollständiger ~ 442
Parameter 149
  aktueller ~ 273
  als einfacher Datentyp 276
  als Referenztyp 276
  Auswertungsreihenfolge 277
  formaler ~ 273
  für Methode main() 288
  Schnittstellentyp 509

parametrische Polymorphie	657
Parser	109
PATH-Variable	69
Peer-Objekt	828
persistence.xml	1145
Persistenz-Kontext	1139
Pipe	755
Plain Old Java Objects	1098
Plattform	60
Pluggable Look and Feel	809
POJO	1098
Polymorphie	354, 384
Inklusions-~	658
parametrische ~	657
von Methoden	282
von Objekten	385
von Operationen	384
Portierbarkeit	60
Postfix-Operator	205
Präfix-Operator	205
preemptive scheduling	725
Primärschlüssel	1048, 1132
einfacher ~	1133
Primarschlüsselklasse	1136
zusammengesetzter ~	1135
Primary Key	Siehe Primärschlüssel
printf()	99
Priorität	208, 223, 228
Prioritätentabelle	228
private	116, 154, 448
Problembereich	28, 37
Processingstream-Klasse	572, 575, 581
Produzent	Siehe Warteschlange
Programm	4, 10
Programmeinheit	432
Programmierstil	78, 114
Propagieren	469
protected	116, 154, 448
Protokoll	35, 498
Schnittstelle	512
Sohnklasse	359
Vaterklasse	359
Proxy	1003
Prozess	
leichtgewichtiger ~	728
schwergewichtiger ~	726, 728
Prozesskontext	726
Prozesskonzept	724
Prozessumgebung	726
Pseudocode	12
formal	12
frei	12
public	116, 154, 448
Punktoperator	137
für Referenzen	419

Q

qualifizierter Name	1174
quasi parallel	725
Quellcode-Datei	64
Quelldatei	64
Queue	Siehe Warteschlange

R

Race Condition	742
Reader/Writer-Problem	742
Reader-Klasse	593
ready-to-run	729
Rechner-Plattform	58
rechtsassoziativ	208, 209
reelle Zahlen	21
Referenz	40, 143
null-~	124, 130, 141
Remote-~	1009
this-~	310
Zuweisung an eine ~	143
Referenztyp	130, 133
Schnittstelle	506
Referenzvariable	141, 142, 506
Registrierung	816
Rekursion	290
direkt	290
indirekt	290
Relationale Operatoren	218
Remote Method Invocation	904, 964, 1002
Remote-Methode	1044
Remote-Referenz	1009
Remote-Schnittstelle	1004, 1005
Repeat-Schleife	14
reserviertes Wort	Siehe Schlüsselwort
return-Anweisung	116, 272
RMI	Siehe Remote Method Invocation
RMI-Registry	1008, 1009
Rootklasse	Siehe Wurzelklasse
RTTI	Siehe Run Time Type Identifikation
Rückgabetyp	206
Rückgabewert	204, 205, 206, 272
Run Time Type Identifikation	416
running	729
rvalue	Siehe R-Wert
R-Wert	209

S

Satzzeichen	107, 109, 124
Scanner	108
Schaltfläche	839
Scheduler	725
Scheduling	728
Schichtenmodell	902, 966
Schleife	76

abweisende ~   14, 251, 252
annehmende ~   14, 257
endlose   252, 256
for-each ~   255, 676
Schlüsselobjekt   750
Schlüsselwort   109, 115
Schnittstelle   37, 433, 496
  als Datentyp   506
  AnnotatedElement   1206
  BlockingQueue<E>   696
  CallableStatement   1079
  Cloneable   522
  Collection<E>   671
  Comparable   649
  Comparable<E>   710
  Comparable<T>   690
  Comparator<T>   690
  Context   1187
  Definition   502
  Deklaration   502, 503
  DirContext   1187, 1194
  EntityManager   1139
  Event-Listener-~   818
  Externalizable   606
  generische ~   641
  ImageObserver   795
  Implementieren einer ~   498, 505, 509
  Iterable<E>   671
  Iterator<E>   676
  List<E>   672, 677, 695
  Listener   814
  ListIterator<E>   676
  Map<K,V>   672, 714, 718
  Marker-~   525
  Mehrfachvererbung   518
  PreparedStatement   1076
  Queue<E>   672, 695
  ResultSet   1061, 1080
  Runnable   733, 736
  Serializable   602
  Set<E>   672
  SortedMap<K,V>   716
  SortedSet<E>   709, 710
  Statement   1072
  static geschachtelte   539, 554
  Typsicherheit   508
  Vererbung   518
Schnittstellenschicht   967
schwergewichtiger Prozess   726, 728
Scrollbar   864
Seiteneffekt   Siehe Nebeneffekt
Seitengenerierung
  dynamische ~   900
Seitenvorschub   110

Selektion   7, 12, 206, 244
  bedingte Anweisung   13, 245
  einfache Alternative   13, 245
  mehrfache Alternative   13, 246, 247
Semantik
  dynamische ~   66
  statische ~   66
Semantische Analyse   66
Semaphor   744
  signal()-Befehl   744
  wait()-Befehl   744
  Warteschlange   744
Semaphorkonzept
  ~ allgemein   744
separators   107
Sequenz   8, 12, 244
Serialisierung   601
serialVersionUID   605
Server   903
  Applikations-~   901
  paralleler ~   983
Server-API   909
Server-Rechner   904, 905
Server-Stub   1003
Service Provider Interface   1184
Service-Klasse   Siehe Hilfsklasse
Service-Methode   Siehe Hilfsmethode
Servlet   71, 900
  Lebenszyklus eines ~   921
  Methode destroy()   922
  Methode init()   921
  Methode service()   922
Servlet-API   917
Servlet-Container   900, 909, 910
Servlet-Engine   Siehe Servlet-Container
Session-Bean   1112
  Bean-Klasse   1112
  Business-Interface   1112
  JNDI-Bind-Name   1129
  Verarbeitungslogik   1105
Set   Siehe Menge
short   116, 132
Sicht
  implementierende ~   497
  konzeptionelle ~   497
  spezifizierende ~   497
Sichtbarkeit   269, 433
  innere Klasse   538
  Klasse   447
  Schnittstelle   447
single entry   8
single exit   8
Singleton   335
Sinkstream-Klasse   572, 575, 580, 592
Socket   964, 975

Sohnklasse	354, 355, 359
Sonderzeichen	107
Speicher	
Freigabe von ~	336
Spezialisierung	39, 357, 358
Sprachen	
formal	10
natürlich	10
Springstream-Klasse	572, 575, 584
Sprunganweisung	206, 258
SQL	1047
SQL-Befehl	
ALTER TABLE	1052
COMMIT	1055, 1056
CREATE TABLE	1051
DELETE	1055
DROP TABLE	1052
INSERT	1054
ROLLBACK	1055
SELECT	1052
UPDATE	1054
SQL-Statement	1061, 1071
statisches ~	1072
variables ~	1076
SSL Session	920
Stack	146, 150, 685
Abbau des ~	293
Aufbau des ~	292
Standardausgabe	598
Standardeingabe	83, 598
Standardtyp	19
Stapel	686
Abbau des ~	293
Aufbau des ~	292
Stapelspeicher	685
Startklasse	64, 67
Stateful Session-Bean	1111, 1112, 1113
Dialog-Zustand	1113
Stateless Session-Bean	1111, 1112, 1113
static	116, 154, 304
Static imports	439
statisch geschachtelte Klasse	554
statisch geschachtelte Schnittstelle	554
Stellvertreter	1003
Steuerzeichen	107
Stream	568
Stream-Konzept	575
Streuspeicher-Verfahren	*Siehe* Hashing
strictfp	116
String	3, 173
Erzeugung	174
Methode equals()	177
Methode length()	174, 177
Methode substring()	177
Methode trim()	178

Methoden der Klasse ~	177
Vergleichen	176
Verkettung	181, 182, 193
string constants	123
string literals	123
StringBuffer	
Erzeugung	179
Vergleichen	181
Verkettung	181
StringBuilder	183
String-Konstante	117, 123
String-Objekt	174
Strom-eindeutige Bezeichner	605
strong typed	807
Struktogramme	10
Strukturierte Programmierung	8, 11
Style Guide	114
Paketname	435
Subklasse	355
Subkontext	1184
Subsystem	496
super	116, 371, 372, 379
Superklasse	355
Swing	802
~-Architektur	808
~-Komponente	834
Swing-Klasse	
GridBagConstraints	881
ImageIcon	840
JApplet	829, 831
JButton	839
JCheckBox	842
JComboBox	846
JDialog	829, 830
JEditorPane	838
JFileChooser	869
JFormattedTextField	837
JFrame	829, 830
JLabel	834
JList	845
JMenu	853
JMenuBar	852
JMenuItem	853
JOptionPane	869
JPanel	864
JPasswordField	836
JPopupMenu	855
JProgressBar	850
JRadioButton	843
JRootPane	832
JScrollPane	864
JSlider	848
JSpinner	847
JSplitPane	865

JTabbedPane   867
JTable   857
JTextArea   838
JTextField   835
JToggleButton   841
JTree   860
JWindow   829, 831
KeyEvent   825
SwingUtility   818
switch   116, 247
symbolische Gleitpunkt-Konstanten   120
symbolische Konstante   76, 78, 116
Synchronisation   727
   Block   749
   Instanzmethode   748, 751
   Klassenmethode   747, 751
   mit Reihenfolge   752, 755
synchronisierte Blöcke   749
synchronized   116, 154, 747, 750
Syntaxanalyse   66

T

Tabelle   857
Tabulator   110
Tag   774
Tastatur-Eingabespeicher   83
Tastaturpuffer   82
TCP   *Siehe* Transmission Control Protocol
TCP/IP-Architektur   900, 966
Teilsystem   *Siehe* Subsystem
Thin Client   901, 905
this   116
this()   328
this-Referenz   310
Thread   433, 724
   Beenden von ~   738
   Daemon-~   765
   Erzeugung   733
   Priorität   742
   Scheduling   741
   Zustandsübergang   730
Threads   695, 718
Three-Tier-Architektur   904, 1099
throw   116, 468, 469, 470
throws   116, 470, 473, 480
tiefe Kopie   527
Time Slice   725
Token   106, 108
Top-Level-Container   829
Top-Level-Klasse   556
Top-Level-Schnittstelle   556
Trace-Tabelle   9
Transaktion   1055, 1084
   verteilte ~   1090

transient   116, 154, 605
Transmission Control Protocol   977
Transportschicht   967
Trenner   109
try   116, 466
try-Anweisung   479
try-Block   466
Two-Tier-Architektur   905
Typ
   Aufzählungs~   165
   null-~   130
Typ Erasure   619
   Kompilieren und ~   619
   Schnittstellen und ~   647
   Upper Bound Wildcards und ~   637
Typbegriff   521
Type Erasure   637
Typerkennung   416
Typkonvertierung
   einfacher Datentypen   232
   explizite ~   80, 230, 231, 364
   explizite ~ von Referenzen   366
   für binäre Operatoren   233
   für numerische Typen   233, 235
   für unäre Operatoren   233
   implizite ~   80, 230, 231, 364
   implizite ~ von Referenzen   364
   von Referenzen   364
   Vorschriften   235
Typ-Parameter
   aktueller ~   617
   Ausradieren des formalen   619
   Ersetzung des formalen ~   617
   formaler ~   614, 616
   mehrere formale ~   622
Typ-Parameter-Sektion
   ~ bei generischen Klassen   622
   ~ bei generischen Konstruktoren   631
   ~ bei generischen Methoden   631
Typsicherheit
   ~ von Schnittstellen   508
   Erhöhung der ~   615
Typ-Suffix   119, 120
Typumwandlung   *Siehe* Typkonvertierung

U

Überladen   284
Überschreiben
   Zugriffsmodifikator   453
   zur Optimierung   362
   zur Verfeinerung   362
UDP   *Siehe* User Datagram Protocol
Umgebungsvariable   440
Umwandlungszeichen   599, 600
Unboxing   189

Unchecked Exception   473
Unicast   992
Unicode   18, 106, 108
Unicode-Ersatzdarstellungen   123
Uniform Resource Locator   Siehe URL
Unmarshalling   1033
Unterklasse   355
Untermenü   853
Unterpaket   438
Up-Cast   366, 367
URL   902, 971
URL Rewriting   920
User Datagram Protocol   967, 988

V

Variable   8, 128
  Definition   140
  dynamische ~   137, 145
  Instanz~   35, 149
  Klassen~   35, 149, 304
  konstante ~   153
  lokale ~   138, 149, 267
  ohne Namen   151
  PATH-~   69
  Referenz~   141
  statische ~   137, 139
  Variablennamen   139
  Wert   18
variable Zeichenkette   173, 178
Vaterklasse   354, 355, 359
Verarbeitungsschritt   11
  Sinnbild   11
verdecken   375, 376
Vereinbarung
  Begriff der ~   140
  import-~   437
Vererbung   96, 354
  Exception   470
  Schnittstelle   503, 518
Vererbungshierarchie   39
Verfeinerung   497, 498, 520
Vergleichsoperator   78, 218
Verkettung   193
Verkettungsoperator   123
  ~ für String-Objekte   419
Verknüpfungsreihenfolge   223
Verschiebeoperator   Siehe Shift-Operator
verteilte Anwendung   1099
verteiltes System   1099
Vertrag   399
  einer Klasse   403
  einer Methode   401
  überschriebene Methode   403
Verzeichnis   669, 713
  ~ für Aufzählungstypen   717

~ mit Bäumen   716
~ mit Hashing   714
Verzeichnisdienst   1182, 1183
View   806
Virtuelle Maschine   61, 67
void   116, 130
volatile   116, 154
Vorbedingung   400
Vorzeichenbit   133
Vorzeichenoperator   118

W

Wahrheitstabelle   225
Wahrheitswert   Siehe Boolescher Wert
Warteschlange   669, 695, 755
  blockierende ~   699, 704
  einfache ~   696
  Konsument   699
  priorisierte ~   698
  Produzent   699
weak typed   807
Web-Anwendung   911
Webseite
  dynamische ~   908
  statische ~   908
Web-Server   60, 900, 910
wechselseitiger Ausschluss   727
while   116, 251
while-Schleife   251
Whitespace-Zeichen   109, 110
Wiederholung   14
Wiederverwendung
  Quellcode   354
Wildcard   635
  Lower Bound ~   640
  Typ Erasure und Upper Bound ~   637
  Unbounded ~   635
  Upper Bound ~   637
Word Wide Web   900
Wrapper-Klasse   120, 185
  Boolean   185, 194
  Byte   185
  Character   185, 194
  Double   185, 194
  Float   185, 194
  Integer   185, 194
  Long   185, 194
  Short   185
  Void   186
Writer-Klasse   591
Wurzelklasse   355
WWW   Siehe World Wide Web

Z

Zahlensysteme	118
Zahlenüberlauf	20
Zeichen	16
Buchstaben	17
einlesen von ~	81
Sonderzeichen	17
Steuerzeichen	17
Whitespace-~	109, 110
Ziffern	17
Zeichenkette	3, 173
konstante ~	107, 173
variable ~	173, 178
Zeichenkonstante	117, 121
Zeichenliteral	121
Zeichensatz	106
Zeichenverkettungsoperator	189
Zeichenvorrat	16, 17, 106
Zeilentrenner	110
Zeitscheibe	725
Zeitscheiben-Betriebssystem	725
Zerlegungshierarchie	38
Ziffer	16, 107
Zugriffsmodifikator	43, 447
beim Überschreiben	453
private	154, 447
protected	154, 447
public	154, 447
Schnittstelle	504
Zugriffsschutz	447
Datenfeld	448
default	447
Elementklasse	541
Klasse	447
klassenbezogen	449
Konstruktor	452
Methode	448
objektbezogen	449
Schnittstelle	447
Übersicht	452
zusammengesetzte Anweisung	244, 266
zusammengesetzte Objekte	92
Zusicherung	400
Invariante	400, 402
Nachbedingung	400
Vorbedingung	400
Zustand	
blocked	729, 730
dead	730
eines Objektes	32
makroskopischer ~	33
mikroskopischer ~	33
new	730
ready-to-run	729, 730
running	729, 730
Zustandssynchronisation	727
Zustandsübergangsdiagramm	
für Betriebssystem-Prozesse	729
Thread	731, 733
Zuweisung	9
zuweisungskompatibel	231
Zuweisungsoperator	78, 215, 420
Zweierkomplement	132
Zwischencode	65